W0414492

Alexander Steireif, Rouven Alexander Rieker, Markus Bückle

Handbuch Online-Shop

Strategien, Erfolgsrezepte, Lösungen

Rheinwerk
Computing

Liebe Leserin, lieber Leser,

der E-Commerce ist ein sehr schnelllebiges Geschäft. Ständig gilt es, neue Trends zu berücksichtigen und Maßnahmen den geänderten Bedingungen anzupassen. Damit Sie einen erfolgreichen Online-Shop aufbauen und auch langfristig führen können, benötigen Sie verlässliches Expertenwissen. Das vorliegende Buch wird Sie in jeder Situation – von der ersten Planung, der Wahl der richtigen Software bis zum Launch Ihres Shops – begleiten und eine enorme Hilfe sein. Sie erhalten unzählige Erfolgsrezepte, hilfreiche Tipps und Tricks und wertvolles Praxiswissen.

Sie erfahren, wie Sie eine Markt- und Konkurrenzanalyse erstellen, mit welchen Kosten Sie rechnen müssen und was Sie in den Bereichen Usability und Design beachten sollten. Sie werden schnell feststellen, dass Sie viele Entscheidungen treffen müssen: Welcher Versanddienstleister und welche Zahlungsmethode ist für Sie und Ihre Kunden am besten geeignet? Wie schaffen Sie es, eine hohe Kundenzufriedenheit zu erzielen? Mit welchen Maßnahmen können Sie Kunden langfristig an Ihren Shop binden? Was müssen Sie beim Suchmaschinen-Marketing und bei der Conversion-Optimierung berücksichtigen? Welche Auswirkungen hat die DSGVO für Ihren Online-Shop? Diese Liste an Fragen lässt sich problemlos erweitern, aber seien Sie beruhigt, Sie finden in diesem Buch die für Sie richtigen Antworten.

Um die Qualität unserer Bücher zu gewährleisten, stellen wir stets hohe Ansprüche an Autoren und Lektorat. Falls Sie dennoch Anmerkungen und Vorschläge zu diesem Buch formulieren möchten, so freue ich mich über Ihre Rückmeldung.

Und nun wünsche ich Ihnen viel Erfolg mit Ihrem Online-Shop!

Ihr Stephan Mattescheck
Lektorat Rheinwerk Computing

stephan.mattescheck@rheinwerk-verlag.de
www.rheinwerk-verlag.de
Rheinwerk Verlag · Rheinwerkallee 4 · 53227 Bonn

Auf einen Blick

Wir hoffen, dass Sie Freude an diesem Buch haben und sich Ihre Erwartungen erfüllen. Ihre Anregungen und Kommentare sind uns jederzeit willkommen. Bitte bewerten Sie doch das Buch auf unserer Website unter **www.rheinwerk-verlag.de/feedback**.

An diesem Buch haben viele mitgewirkt, insbesondere:

Lektorat Stephan Mattescheck, Anne Scheibe
Korrektorat Annette Lennartz, Bonn
Herstellung Arkin Keskin
Typografie und Layout Vera Brauner
Einbandgestaltung Silke Braun
Satz SatzPro, Krefeld
Druck Beltz Grafische Betriebe, Bad Langensalza

Dieses Buch wurde gesetzt aus der TheAntiquaB (9,35/13,7 pt) in FrameMaker.
Gedruckt wurde es auf chlorfrei gebleichtem Offsetpapier (90 g/m²).
Hergestellt in Deutschland.

Das vorliegende Werk ist in all seinen Teilen urheberrechtlich geschützt. Alle Rechte vorbehalten, insbesondere das Recht der Übersetzung, des Vortrags, der Reproduktion, der Vervielfältigung auf fotomechanischen oder anderen Wegen und der Speicherung in elektronischen Medien.

Ungeachtet der Sorgfalt, die auf die Erstellung von Text, Abbildungen und Programmen verwendet wurde, können weder Verlag noch Autor*innen, Herausgeber*innen oder Übersetzer*innen für mögliche Fehler und deren Folgen eine juristische Verantwortung oder irgendeine Haftung übernehmen.

Die in diesem Werk wiedergegebenen Gebrauchsnamen, Handelsnamen, Warenbezeichnungen usw. können auch ohne besondere Kennzeichnung Marken sein und als solche den gesetzlichen Bestimmungen unterliegen.

Bibliografische Information der Deutschen Nationalbibliothek:
Die Deutsche Nationalbibliothek verzeichnet diese Publikation in der Deutschen Nationalbibliografie; detaillierte bibliografische Daten sind im Internet über *http://dnb.dnb.de* abrufbar.

ISBN 978-3-8362-8503-2

3., aktualisierte und erweiterte Auflage 2022
© Rheinwerk Verlag, Bonn 2022

Informationen zu unserem Verlag und Kontaktmöglichkeiten finden Sie auf unserer Verlagswebsite **www.rheinwerk-verlag.de**. Dort können Sie sich auch umfassend über unser aktuelles Programm informieren und unsere Bücher und E-Books bestellen.

Inhalt

Kapitel 1
Bevor Sie starten – analysieren und vorbereiten

Immer mehr Unternehmen setzen auf das Thema E-Commerce, um Neukunden zu gewinnen, Umsätze zu steigern und sich für die Kundenbedürfnisse des 21. Jahrhunderts fit zu machen. Bei einem Online-Shop handelt es sich aber nicht nur um ein Stück Software, sondern um ein komplexes Projekt, das nicht unterschätzt werden darf.

Herzlichen Glückwunsch! Mit dem Kauf dieses Buches haben Sie die Entscheidung getroffen, im E-Commerce aktiv zu werden bzw. Ihr Engagement im digitalen Handel zu vertiefen. Auch wenn der elektronische Handel in Deutschland schon seit Jahren auf dem Vormarsch ist – die ersten Online-Shops gingen 2001/2002 an den Start –, herrscht aktuell weiterhin eine Goldgräberstimmung. Immer mehr Branchen entdecken die Vorteile des elektronischen Handels, seien es Prozesskostenoptimierungen, die Steigerung der Umsätze und der Gewinne, die Optimierung durchschnittlicher Bestellwerte oder auch einfach nur die Chance, den eigenen Kunden einen weiteren und flexibleren Absatzkanal zu bieten.

Der E-Commerce bietet tatsächlich eine Vielzahl an Vorteilen und vor allem Chancen, sowohl für Unternehmen als auch für die Kunden. Aber der E-Commerce birgt ebenfalls Herausforderungen und Hürden. Auch wenn die Goldgräberstimmung noch anhält – denken Sie einfach an die Lebensmittelunternehmen, die sich, abgesehen von einer Handvoll Ausnahmen wie REWE, bislang im elektronischen Handel sehr zurückgehalten haben und nun immer mehr Interesse an dem digitalen Absatzkanal finden –, werden die Hürden für Unternehmen, die nun im E-Commerce aktiv werden, konstant höher. Konnte man vor Jahren noch mit überschaubaren Investitionen, zum Teil rudimentären Marketingkonzepten und einfachen Produktideen stolze Umsätze und Erfolge erzielen, so ist der Markt heute wesentlich professioneller. Die Professionalität spiegelt sich aber nicht nur in der technischen Realisierung wider. Heutzutage ist es mehr denn je notwendig, ein passendes Konzept zu haben, die Marketingkanäle gut zu kennen, Produkte perfekt zu positionieren, eine solide technische Lösung zu betreiben, rechtliche Aspekte zu kennen und vereinfacht gesagt sich mit allen Bereichen des E-Commerce zu beschäftigen. Die »Rosinenpickerei« der vergangenen Jahre, in denen sich Unternehmen nur auf gute Preise oder eine gute Vermarktung konzentriert haben, führt heute nicht mehr zum Erfolg. Erfolg im E-Commerce – und das ist auch Ihr Ziel, sonst hätten Sie dieses Buch nicht gekauft – entsteht ausschließlich durch eine ganzheitliche Betrachtung. Und genau diese ganzheitliche Betrachtung ist auch der Anspruch der folgenden Kapitel. Wir möchten mit Ihnen gemeinsam das Thema E-Commerce umfassend beleuchten, Ihnen Themen und Bereiche näherbringen, mit denen Sie sich zwangsläufig beschäftigen müssen, und gemeinsam mit Ihnen die Komplexität aus dem digitalen Handeln nehmen. Denn auch wenn die Hürden und Anforderungen hoch sind, bietet der E-Commerce so viele Chancen und Möglichkeiten für Sie und Ihr Unternehmen, Erfolge zu erzielen, dass Sie an dieser Stelle nur zwei Dinge benötigen: Neugierde und Mut. Wenn Sie diese beiden Eigenschaften vorweisen, dann können Sie genau wie die Glücksucher im Wilden Westen die Goldgräberstimmung nutzen, Ihre Schaufel nehmen und nach Ihrem Glück und Erfolg suchen.

1.1 Bevor Sie mit dem Lesen dieses Buches starten

Bevor wir mit der Planung und Konzeption Ihres Online-Shops starten und damit in die Thematik einsteigen, möchten wir Ihnen an dieser Stelle noch ein paar Hinweise geben, wie Sie am besten mit diesem Buch arbeiten können und vor allem an wen wir uns mit diesem Buch wenden.

1.1.1 An wen richtet sich dieses Buch?

Das Buch ist geschrieben worden für Unternehmen, für Projektmanager, Online-Shop-Betreiber, Enthusiasten und alle Personen, die in den E-Commerce involviert sind und aktuell die Realisierung eines Online-Shops planen oder in der Vergangenheit damit gescheitert sind und nun einen neuen Anlauf unternehmen möchten. Dabei spielt es primär keine Rolle, ob Sie Zalando vom Thron stoßen wollen oder einfach nur mit einem kleinen Online-Shop beginnen möchten, denn die Anforderungen sind im Grunde genommen sehr ähnlich.

Das Buch soll Ihnen als Leser vor allem dabei helfen, das Thema E-Commerce viel genauer einzuschätzen, und Ihnen die Augen öffnen, was denn bei der Realisierung eines E-Commerce-Projekts und dem Betrieb eines Online-Shops alles bedacht und erledigt werden muss. Denn gerade aufgrund unseres Beratungs- und Agenturalltags sehen wir, dass Unternehmen dieses Thema viel zu oft auf die leichte Schulter nehmen, »mal kurz« einen Online-Shop installieren und nach ein paar Wochen die Segel streichen, weil die Erfolge ausgeblieben sind. Unser Ziel ist es daher, Ihnen dabei zu helfen, die oftmals vorhandene rosarote E-Commerce-Brille abzunehmen, ohne dabei pessimistisch zu sein. Für den Erfolg ist aber eine Eigenschaft ganz wichtig, und zwar ein Thema bzw. ein Projekt realistisch einzuschätzen und einzuordnen – und genau das möchten wir leisten.

1.1.2 Wie arbeiten Sie am besten mit diesem Buch?

Wir haben dieses Buches so konzipiert, dass Sie die Kapitel auch einzeln lesen können. Wir verfolgen zwar einen roten Faden vom ersten bis zum letzten Kapitel, doch wenn Sie der Meinung sind, sich in einem Thema, das wir in einem Kapitel behandeln, bereits perfekt auszukennen, dann können Sie das Kapitel natürlich überspringen. Sofern Sie das Buch von Anfang bis Ende lesen – was wir Ihnen übrigens empfehlen, denn vielleicht ist ja doch noch der eine oder andere Tipp für Sie verborgen, selbst wenn Sie sich in einem bestimmten Thema schon gut auskennen –, dann werden Sie erkennen, dass wir bei der Planung und Realisierung des Online-Shops chronologisch vorgehen. Das heißt, wir beschreiben den kompletten Entwicklungsprozess, beginnen dabei bei der Konzeption, wechseln zur Auswahl der geeigneten Software, dem Aufbau des Produktsortiments, besprechen das Marketing und schließlich die Optimierung. Das sind letztendlich alle Phasen, die Sie bei der Realisierung eines E-Commerce-Projekts berücksichtigen und beachten müssen. Sofern sinnvoll, bieten wir Ihnen innerhalb eines Kapitels an geeigneten Stellen Querverweise zu anderen Kapiteln. Wichtige Informationen werden übrigens in Form von Infokästen besonders hervorgehoben.

1.1.3 Was dieses Buch nicht leistet

Auch wenn wir versuchen, so praxisnah und mit so vielen Beispielen wie möglich zu arbeiten, ist eines klar: Jedes Unternehmen ist anders, jedes Produkt muss anders aufgebaut und verkauft werden, auch die Vermarktung hängt ganz speziell von der anvisierten Zielgruppe und vielen weiteren Faktoren ab. Dementsprechend werden wir innerhalb dieses Buches keine generellen Rezepte präsentieren können, die immer funktionieren. Vielmehr erklären wir Vorgehensweisen, Muster und Möglichkeiten. Sie entscheiden, ob diese für Sie und Ihr Unternehmen einen gangbaren Weg aufzeigen. Denn letztendlich ist der E-Commerce so wahnsinnig komplex, dass es keine allgemeingültigen Lösungen gibt. Würden wir Ihnen diese an dieser Stelle versprechen, wäre es einfach nicht die Wahrheit.

1.2 Ist Ihr Unternehmen bereit für den Online-Handel?

Eine zentrale Frage, die Sie sich zuallererst stellen müssen, lautet: Ist mein Unternehmen bereit für den Online-Handel? Diese Frage klingt banal, und Sie werden sie sicherlich spontan mit Ja beantworten, denn ansonsten hätten Sie dieses Buch nicht gekauft. Aber es handelt sich hierbei um eine Frage, die Sie in Ruhe beleuchten müssen. Unserer Erfahrung nach denken sehr viele Unternehmen, dass sie bereit für den digitalen Handel sind, meinen damit aber wirklich nur die reine Installation eines Online-Shops. Aber E-Commerce ist mehr als das reine Installieren einer Online-Shop-Software. E-Commerce bedeutet, dass Sie in Ihrem Unternehmen und Ihrer Organisation einen weiteren Vertriebskanal etablieren, gegebenenfalls etablierte Vertriebskanäle wie den Außendienst ablösen und diese Veränderungen auch leben. Das betrifft schlussendlich auch die Preis- und Kundenpolitik, interne Prozesse und hat Einfluss auf das Unternehmensimage. Kurzum: Der Online-Handel krempelt, wenn Sie sich auf diesen Pfad begeben, Ihre komplette Organisation um und macht diese fit für die Zukunft. Damit verbunden ist eine Vielzahl an Änderungen, die Ihnen stellenweise einfacher, aber auch schwerer fallen werden.

Um nun diese zentrale Frage zu beantworten, möchten wir in diesem Abschnitt vor allem bei den Grundsätzen anfangen und gemeinsam mit Ihnen herausfinden, wo Sie mit Ihrem Unternehmen stehen, was Sie an Vorarbeit leisten müssen und wie Sie im E-Commerce starten können.

1.2.1 Akzeptanz für das Thema E-Commerce

Mit der Akzeptanz steht oder fällt der Erfolg eines jeden E-Commerce-Projekts! Wenn Sie gerade selbst ein Unternehmen gegründet haben bzw. eine »One-Man-Show« sind, haben Sie glücklicherweise mit diesem Problem nicht zu kämpfen. Sind Sie hingegen E-Commerce-Verantwortlicher in einem Unternehmen, ist es wichtig, im ersten Schritt die Akzeptanz in Ihrer Organisation für Ihr E-Commerce-Engagement zu erfragen. Oftmals stoßen Sie als E-Commerce-Verantwortlicher anfangs auf Ablehnung, speziell wenn Sie einen neuen Online-Shop einführen und bislang noch kein Engagement im E-Commerce betrieben wurde. Diese Ablehnung kann die verschiedensten Gründe haben und auch aus den unterschiedlichsten Abteilungen kommen. Die Ängste, die dahinterstehen, sind häufig unbegründet, und daher können Sie an dieser Stelle ansetzen und das Unternehmen für das Thema E-Commerce sensibilisieren.

Doch mit welchen Ablehnungshaltungen können Sie in der Praxis konfrontiert werden? Speziell der Vertrieb stellt sich oftmals quer, da die Vertriebler im Online-Shop immer einen günstigeren Ersatz ihrer eigenen Arbeitsleistung vermuten. Denn was möchten Sie mit Ihrem Online-Shop erreichen? Klar, Produkte und Dienstleistungen verkaufen. Und was macht Ihr Vertrieb den gesamten Tag? Eben, Produkte und Dienstleistungen verkaufen! Also ist es doch nur menschlich und naheliegend, dass Ihre Mitarbeiter im Vertrieb befürchten, durch eine »günstigere« Lösung ersetzt zu werden, die nicht jeden Monat einen Gehaltsscheck benötigt. Das wird zwar meist nicht angesprochen, erklärt aber die oftmals ablehnende Haltung der Vertriebsmitarbeiter gegenüber dem Online-Shop oder allgemein gegenüber dem Engagement im E-Commerce. Sie werden dann mit Argumenten konfrontiert wie »Die Kunden möchten eine persönliche Beratung« oder »Unsere Kunden werden den Online-Shop nicht verstehen, sie möchten weiterhin per Fax oder E-Mail bestellen«.

Doch ist das wirklich so? Lassen Sie Ihren Kunden die Wahl, wie sie bestellen möchten, und setzen Sie sich mit Ihrem Vertrieb auseinander. Argumentieren Sie, dass ein Online-Shop ein zusätzlicher Vertriebskanal ist, der als Ergänzung, nicht als Ersatz dient. Denn Mitarbeiter dafür zu bezahlen, Daten in Masken einzugeben, ist in der heutigen Zeit ein Luxus, den sich kein Unternehmen mehr leisten kann. Und genau diese Tätigkeit nimmt Ihnen Ihr Online-Shop ab. Dieser ermöglicht die selbstständige Eingabe von Produkten und Zahlungsinformationen, wodurch Ihre Kunden vollkommen problemlos und selbstständig einkaufen können. Für diese Tätigkeit benötigen Sie keine teuren Vertriebsmitarbeiter, aber sehr wohl, um dafür zu sorgen, dass neue Unternehmen oder Privatpersonen Kunden von Ihnen werden, Stichwort CRM (Customer Relationship Management): Kundenbeziehungen müssen gepflegt und ausgebaut werden, Neukunden müssen akquiriert werden. Das ist die Aufgabe Ihres Vertriebs, und wenn Sie dies entsprechend kommunizieren, wird auch die Akzeptanz für den Online-Shop steigen, und Sie haben einen Bereich weniger, der Ihnen in die Parade fahren kann. Machen Sie Ihren Vertriebsmitarbeitern daher klar, dass sich ihr Aufgabenspektrum ändern wird. Die Zielsetzung des Vertriebs muss nun darin bestehen, vor allem potenzielle Interessenten zu Kunden zu konvertieren und »Feel-Good-Management« zu betreiben, nicht aber Bestellungen am Telefon entgegenzunehmen. Die Komplexität wird steigen, die Herausforderungen werden zunehmen – eine Änderung, die sicherlich nicht jedem Mitarbeiter willkommen erscheint.

Neben dem Vertrieb, der bei einem E-Commerce-Projekt das größte Gefahrenpotenzial darstellt, haben Sie aber auch weitere Abteilungen in Ihrer Organisation, die Sie mit ins Boot holen müssen. Die Werbeabteilung hat oftmals Angst, dass das Image »beschädigt« oder falsch transportiert werden könnte, und die Geschäftsführung sieht oftmals einfach nur die Kosten und nicht den Nutzen eines Online-Shops. Auch hier gilt es im ersten Schritt, die entsprechenden Ängste zu sammeln und für das Thema E-Commerce zu werben. Denn auch ein Online-Shop kann das Image Ihres Unternehmens verbessern, nämlich wenn Kunden plötzlich rund um die Uhr einkaufen und sich über Ihre Produkte informieren können. Und ein Online-Shop verursacht zwar Kosten, spielt aber auch wieder Gewinne ein. Wenn die Planung im Vorfeld stimmt, ist die Argumentation bei der Geschäftsführung ebenso kein Problem.

Bevor Sie daher mit der Planung Ihrer E-Commerce-Strategie starten, schauen Sie, inwiefern mögliches Störpotenzial bei Ihnen im Unternehmen vorhanden ist, und setzen Sie sich mit den entsprechenden Personen zusammen. Arbeiten Sie gemeinsam an der E-Commerce-Strategie für Ihr Unternehmen. Wenn Sie sich dagegen selbst zu einer One-Man-Show zählen, haben Sie zumindest in diesem Punkt ein Problem weniger, denn wenn Sie selbst nicht vom E-Commerce überzeugt wären, hätten Sie dieses Buch sicherlich nicht gekauft!

1.2.2 Kunden und potenzielle Kunden

Der schönste Online-Shop mit der besten Marketingstrategie und einer perfekten Usability nützt Ihnen nichts, wenn Ihre (Bestands-)Kunden den Online-Shop ablehnen und keinen Nutzen darin erkennen. Genau aus diesem Grund müssen Sie sich im Vorfeld, bevor Sie mit der Planung und Realisierung Ihres Online-Shops starten, Ihre Kunden etwas genauer ansehen. Denn letztendlich entwickeln Sie den Online-Shop für Ihre Kunden und nicht für sich selbst! Wie hoch ist das durchschnittliche Alter Ihrer Kunden, sind sie tendenziell internetaffin oder verzichten sie eher auf die Arbeit mit Computern oder Smartphones? Sind Ihre Kunden überhaupt tagsüber in einem Büro oder den gesamten Tag unterwegs? Gerade dieser Punkt hat schon einen großen Einfluss auf den Online-Shop. So gibt es Berufsgruppen, die tagsüber auf einer Baustelle unterwegs sind. Bestellungen wären daher nur morgens oder am späten Abend möglich. Sie müssen sich also ein umfassendes Bild machen, ob ein Online-Shop Ihren Kunden wirklich einen Mehrwert bietet, denn wenn Ihre Kunden keinen Mehrwert in einem Online-Shop sehen, werden sie diesen nicht akzeptieren.

Wie können Sie nun am einfachsten herausfinden, ob sich ein Online-Shop für Ihre Kunden lohnen würde? Vor allem Bestellungen per Fax, E-Mail oder Telefon sind ein Indiz dafür, dass Sie auch einen Online-Shop etablieren können. Wenn Sie daher ausschließen können, dass Ihre Kunden Ihre Verkäufer persönlich sehen müssen, wie es beispielsweise in einem Ladengeschäft der Fall ist, so werden Sie Ihre Kunden weg vom Telefon, dem Fax und der E-Mail hin zu einem Online-Shop lotsen können. Denn ein Telefonat kostet Zeit, viel Zeit und geht nur zu Uhrzeiten, an denen Ihre Hotline besetzt ist. Ein Fax ist mit Aufwand verbunden, genau wie eine E-Mail. Hier würde ein Online-Shop den Aufwand reduzieren, und die Minimierung von Aufwand wird von Kunden stets positiv wahrgenommen. Zusätzlich empfiehlt es sich, bei einer Handvoll guter Kunden im Vorfeld anzufragen, wie sie dem Thema E-Commerce gegenüberstehen, was ihnen bei einem Online-Shop wichtig ist und auf was Sie achten sollten.

1.2.3 Lieferanten bzw. Hersteller

Die Lieferanten bzw. Hersteller sind ein oftmals unterschätztes Rädchen im Getriebe des E-Commerce. Denn sind wir einmal ehrlich, ohne Lieferanten können Sie keinen Online-Shop betreiben, außer Sie sind Ihr eigener Hersteller, was aber oftmals nicht der Fall ist. Bevor Sie den Schritt in den E-Commerce wagen, sprechen Sie Ihre Lieferanten auf Ihr Vorhaben an. Denn es gibt Branchen, da wird das Engagement im E-Commerce gar nicht einmal so gerne gesehen. Lieferanten argumentieren oftmals mit dem Preisverfall oder der »Beschädigung« des Images. Insgeheim geht es aber eher darum, dass viele Lieferanten auch direkt an Endkunden verkaufen und Ihnen kein Stück vom Kuchen abgeben möchten. Aber selbst wenn Lieferanten keine Probleme mit einem Online-Shop haben, müssen Sie im Vorfeld gewisse Rahmenbedingungen klären. In der Sportartikelbranche beispielsweise gibt es UVPs, die Sie unter keinen Umständen unterbieten dürfen, auch wenn das aufgrund der Margen möglich wäre. Die Konsequenz, wenn Sie dies dennoch tun: Sie werden einfach nicht mehr beliefert. Schwierig wird es immer dann, wenn Sie beispielsweise eine Tiefpreisstrategie planen, um im E-Commerce Fuß zu fassen und Neukunden zu gewinnen, dies aber aufgrund von Limitierungen der Verkaufspreise gar nicht möglich ist. Denn dann löst sich Ihr Konzept binnen Minuten in Luft auf, und Sie brauchen einen Plan B.

Förderung der E-Commerce-Aktivität durch Lieferanten

Vielen Shop-Betreibern ist es nicht bewusst, aber es gibt Lieferanten bzw. Hersteller, die sich an den E-Commerce-Aktivitäten ihrer Kunden finanziell beteiligen oder auch Materialien wie Bilder und Texte zur Verfügung stellen. Schon allein aus diesem Grund sollten Sie sich mit Ihren wichtigsten Lieferanten und Herstellern hinsichtlich Ihrer E-Commerce-Aktivitäten unterhalten, da eine Unterstützung immer im Rahmen des Möglichen liegt.

Schaffen Sie daher vor der Planung Ihrer E-Commerce-Strategie Fakten, und stecken Sie gemeinsam mit Ihren Lieferanten bzw. Herstellern die Rahmenbedingungen ab.

1.2.4 Vorhandene Ressourcen

Die Entwicklung und Betreuung eines Online-Shops erfordert volles Engagement, denn die Zeiten, in denen Sie »mal so nebenbei« einen erfolgreichen Online-Shop aufbauen konnten, sind vorbei. Der Betrieb eines Online-Shops ist ein Fulltime-Job. Umso erstaunlicher ist die Vorgehensweise vieler Unternehmen, die irgendeinen armen Mitarbeiter aus der IT- oder Marketingabteilung für den Online-Shop abstellen. Diese Person darf dann zusätzlich zum eigentlichen Tagesgeschäft unregelmäßig nach dem Online-Shop schauen und die Punkte abarbeiten, die gerade anfallen. Das ist, deutlich gesprochen, ein No-Go, denn wenn Sie seriös und erfolgreich im E-Commerce Fuß fassen möchten, dann muss sich eine Person zu 100 % um den Online-Shop kümmern. Denn Produktpflege, Bestellabwicklung, Marketing und strategische Weiterentwicklung betreibt man nicht nebenbei, dafür sind diese Aufgaben viel zu wichtig!

1.2.5 Vorhandenes Know-how

Ressourcen selbst helfen Ihnen auch noch nicht weiter. Selbst wenn Sie über genügend Manpower verfügen, benötigen Sie auch Manpower mit dem entsprechenden Know-how. Genau das ist aber bei vielen Unternehmen, die im E-Commerce starten möchten, ein Knackpunkt. Es mangelt am grundlegenden Verständnis, wie ein E-Commerce-Projekt konzipiert und realisiert wird, aber auch in Sachen Logistik, Marketing und der Strategieentwicklung gibt es oftmals Defizite. Ohne E-Commerce-Know-how in Ihrer Organisation werden Sie jedoch niemals einen erfolgreichen Online-Shop erstellen und betreiben können. Sie sind allerdings auf einem guten Weg, da Sie dieses Buch gekauft haben und sich somit einen breiten Überblick über die verschiedensten Themen im E-Commerce verschaffen können.

1.2.6 Investitionsbereitschaft

Wie Sie später in diesem Kapitel lesen können, kostet ein Online-Shop Geld. Denn alles, was Geld erzeugt, benötigt zuallererst Geld. Zumindest ist uns kein Geschäftsmodell bekannt, bei dem Sie ohne Investitionen in Form von Zeit und Geld am Ende des Tages Gewinne erwirtschaften, von denen Ihr Unternehmen leben kann. Interessanterweise ist jedoch gerade bei Unternehmen im E-Commerce das Verständnis hierfür nicht vorhanden, gibt es doch kostenlose Online-Shop-Software, erfolgt die Vermarktung doch kostenlos über organische Google-Rankings, und die Mitarbeiter können sich ja zusätzlich um den Online-Shop kümmern. Alles in allem kann man, so die Überlegung mancher Unternehmen, mit so gut wie keinen Investitionen einen Online-Shop aufbauen. Stopp! Wenn in Ihrem Unternehmen eine solche Einstellung vorherrscht, müssen Sie direkt an diesem Punkt ansetzen und von Anfang an definieren, ob Investitionsmöglichkeiten vorhanden sind oder nicht.

Wenn Sie Ihr eigener Chef sind und einen Online-Shop planen, dann gilt dies im Übrigen auch für Sie. Auch wenn es hart klingen mag, aber Erfolge im Online-Shop erfordern Investitionen. Wenn Sie daher von Ihrem Online-Shop leben möchten, und diese Absicht unterstellen wir Ihnen, dann werden Sie gewisse Investitionssummen benötigen. Auch wenn es ehrenhaft ist, anfangs viel selbst machen zu wollen, Sie werden an einigen Stellen Profis brauchen, und Profis kosten nun einmal Geld. Oder arbeiten Sie gerne für »einen Appel und ein Ei«?

Leider ist es aufgrund des immer komplexeren Marktumfeldes und der immer größeren Erwartungshaltung Ihrer Kunden nicht mehr wie früher möglich, mit vermeintlich einfachen Lösungen gute Umsätze zu erzielen – dieser Zug ist leider abgefahren. Daher raten wir den Unternehmen, die bei uns anfragen und bei denen ein gewisser Budgetkonflikt besteht, schon im Vorfeld von der Realisierung eines E-Commerce-Projekts ab, denn sie tun sich damit keinen Gefallen, wenn am Ende des Projekts die erhofften Bestellungen und Kunden ausbleiben.

Finanzierung von E-Commerce-Projekten

Da die Themen Investitionsbereitschaft und Investitionsmöglichkeiten immer heiß diskutiert werden und auch wichtig sind, haben wir in diesem Kapitel zusätzliche Informationen zusammengestellt, welche Möglichkeiten im Bereich Fördermittel, Finanzierung etc. existieren.

1.2.7 Das richtige Mindset

Wir haben in den letzten Jahren viele Unternehmen auf dem Weg der Digitalisierung begleitet. Bei einigen Unternehmen ist der erhoffte Erfolg eingetreten, bei anderen hingegen nicht. Gründe für das Scheitern gibt es genug, eine Sache ist aber enorm wichtig: Die Unternehmen, die nicht über das richtige Mindset verfügt haben, sind größtenteils im E-Commerce gescheitert. Damit ist gemeint, dass Unternehmen tatsächlich die Chancen und den Nutzen des E-Commerce erkennen müssen, bevor sie den eigenen Online-Shop aufbauen. Wenn Sie nur »Mitläufer« eines innovativen Konkurrenten sind, müssen Sie den Schritt in den E-Commerce gar nicht erst wagen. Sie müssen für sich und Ihr Unternehmen die vielen Vorteile erkennen und auch bereit sein, Ihre Organisation umzukrempeln und drastisch zu verändern.

1.2.8 Eignen sich Ihre Produkte für den Online-Handel?

Was sind eigentliche »gute« Produkte für den elektronischen Handel, und welche Produkte lassen sich gar nicht verkaufen? Einfache Antwort: Sie können alle Produkte online verkaufen. Die Befürchtung, dass gewisse Artikel online nicht verkauft werden können, dass es »perfekte« Produkte für den E-Commerce gibt, ist unbegründet. Denken Sie doch einmal nach, welche Unternehmen erfolgreich im E-Commerce agieren und Ihnen auch geläufig sind.

Amazon

Klar, der Branchenprimus. Sobald Sie im E-Commerce aktiv werden, stolpern Sie früher oder später über Amazon. Denn Amazon ist ein enorm faszinierendes Unternehmen. Vom einfachen Buchversandhandel bis hin zum Cloud-Anbieter hat Amazon in den letzten Jahren ein enormes Wachstum vollzogen. Und welche Produkte vertreibt Amazon heutzutage? Vom Buch über die DVD bis hin zu Elektronikartikeln, Süßigkeiten und Toilettenpapier – auf Amazon finden Sie fast alles!

Das sehen Sie auch in Abbildung 1.1 beim Aufruf der Startseite von Amazon. Neben Spielzeug, das mir empfohlen wird, sind auf derselben Seite Bücher, eine Whisky-Werbung und weitere Spiele abgebildet.

Das Faszinierende an Amazon ist dabei die Tatsache, dass sehr viele Artikel auch erfolgreich verkauft werden. Selbst der Verkauf digitaler Inhalte läuft an, und das ist auch schon eine wichtige Erkenntnis. Sie können all die Produkte vertreiben, bei denen eine gewisse Nachfrage besteht. Die Voraussetzung ist also schlicht die Nachfrage und weniger die Beschaffenheit und Eigenschaft eines Artikels. Wenn Sie jedoch merken, dass nach Ihren Artikeln keine große Nachfrage besteht, wird es schwierig. Denn nur wenige Unternehmen haben die Möglichkeit, selbst für die Nachfrage zu sorgen und sie zu generieren.

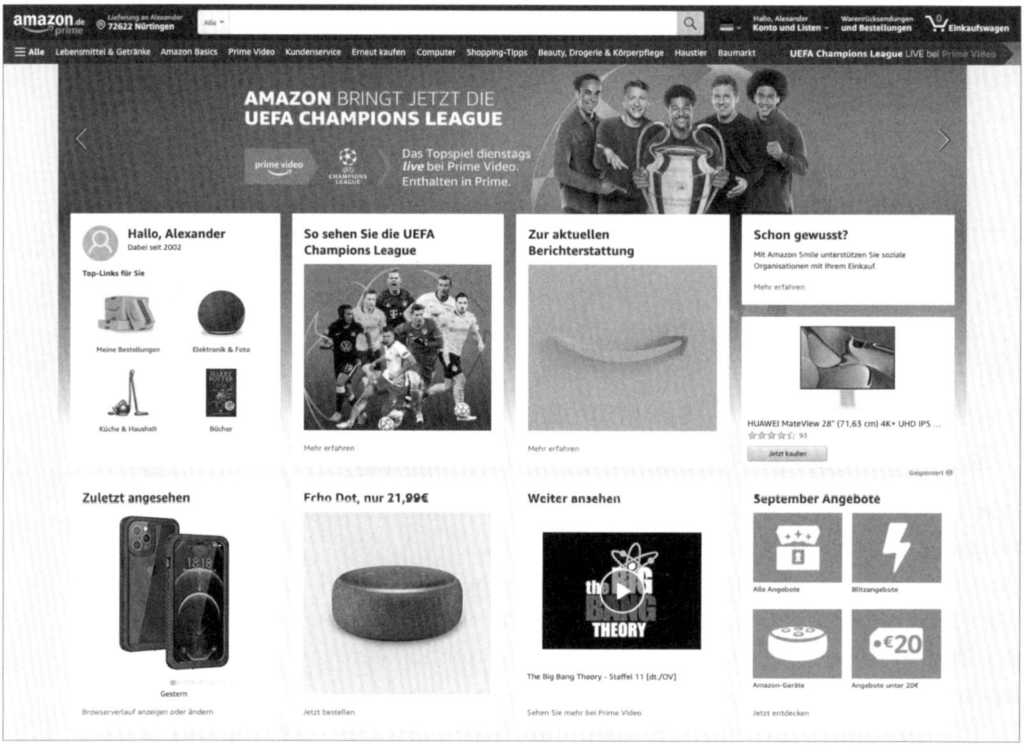

Abbildung 1.1 Amazon ist zweifelsohne der Branchenprimus.

Otto

Sicherlich kennen Sie noch die dicken Otto-Kataloge, die regelmäßig an gefühlt alle Haushalte in Deutschland versendet wurden. Diese Zeit ist zum Glück vorüber, denn Otto macht über den eigenen Shop sagenhafte Umsätze und verkauft sein komplettes Produktsortiment. Wie Sie in Abbildung 1.2 sehen können, haben Sie die Möglichkeit, angefangen bei einem Sofa über Schuhe bis hin zu einem iPad Produkte online zu bestellen. Otto hat mittlerweile einen beachtlichen Produktkatalog und ist aus diesem Grund auch der umsatzstärkste Online-Shop nach Amazon in Deutschland.

Otto hat schon früh damit angefangen, keine Differenzierung des Produktsortiments im Vergleich zum Katalog zu machen. Alle Produkte konnten und können online bestellt werden, weswegen Otto auch im Jahr 2018 nach knapp 68 Jahren den Versand des berühmt-berüchtigten Katalogs eingestellt hat.

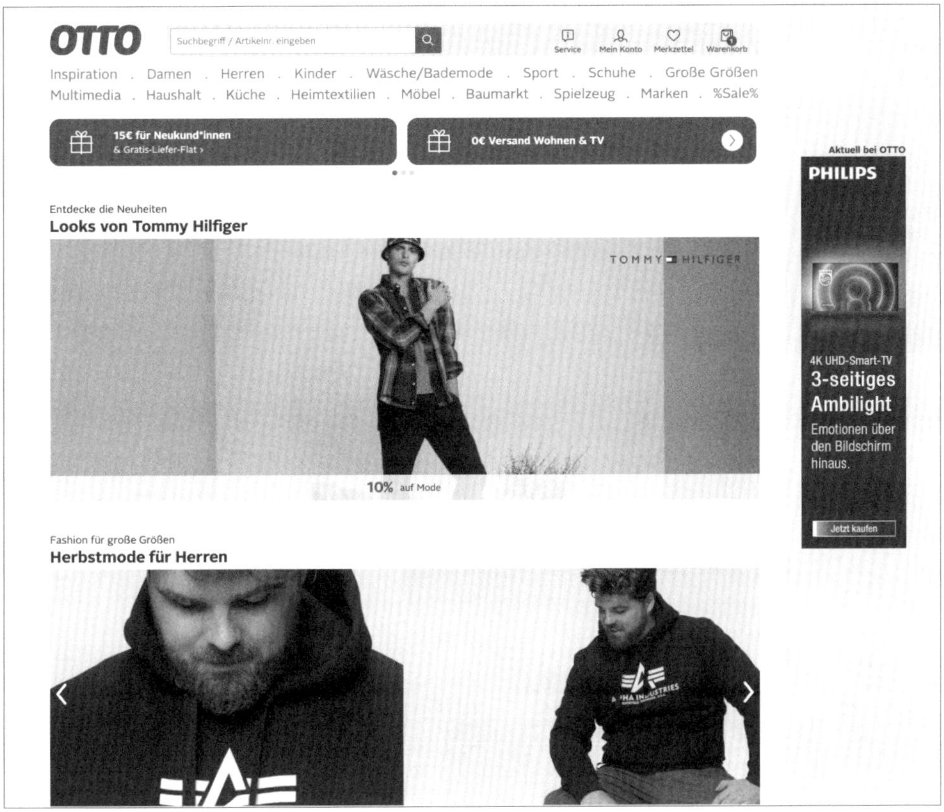

Abbildung 1.2 Otto verkauft online sein gesamtes Produktsortiment, das aus den nicht mehr existenten Katalogen bekannt ist.

Otto verkauft nun alle Produkte online, unabhängig von Gewicht, Größe oder Preis. Interessanterweise hat Otto, im Gegensatz zu Quelle oder Neckermann, die Transformation zum reinen Online-Händler perfekt geschafft.

REWE

Der Lebensmittelhändler REWE hat in den letzten Jahren einen recht starken Einstieg in den digitalen Handel hingelegt. Lebensmittel online zu verkaufen ist aufgrund der Anforderungen an die Logistik alles andere als einfach, speziell wenn Sie frische Lebensmittel vertreiben. Die Ware muss gut gekühlt und pünktlich beim Kunden ankommen, ein zweiter Zustellversuch sollte in der Regel vermieden werden, und das alles zu Lieferkosten, die von den Kunden ohne Murren bezahlt werden. In Deutschland halten sich daher noch viele Lebensmittelhändler beim Einstieg in den E-Commerce zurück, obwohl REWE anhand der eigenen Plattform zeigt, wie der Schritt in den digitalen Handel aussehen kann. Denn REWE vertreibt einen Großteil der Artikel – und dazu zählen auch die frischen Lebensmittel – über den eigenen Online-Shop, wie Sie in Abbildung 1.3 sehen.

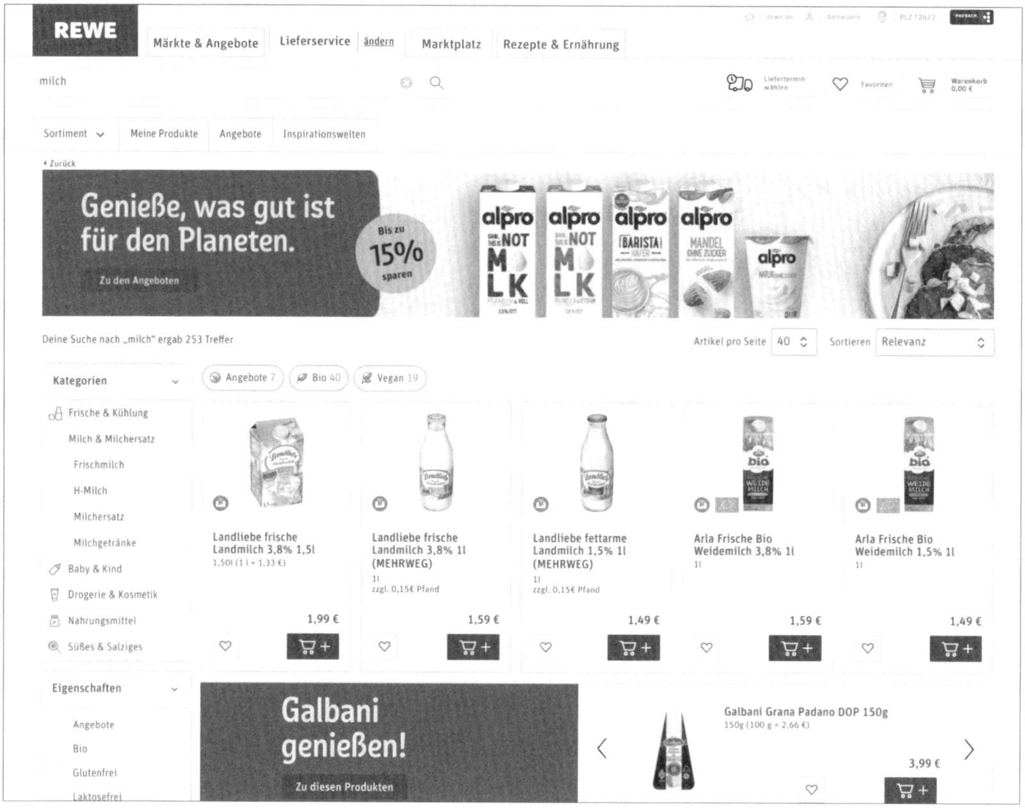

Abbildung 1.3 Auch Milch kann problemlos bei REWE online bestellt werden.

Lassen Sie sich daher nicht entmutigen, wenn Sie Hürden und Herausforderungen in der Logistik sehen. Selbst komplexe Artikel wie Lebensmittel können mittlerweile online bestellt und Kunden in einer guten Qualität zugestellt werden.

HelloFresh

Apropos Lebensmittel: Wenn ein E-Commerce-Unternehmen im Bereich Lebensmittel erwähnt werden sollte, dann HelloFresh. Auch HelloFresh hat es geschafft, den Logistikprozess so weit aufzubauen, dass problemlos Lebensmittel deutschlandweit versendet werden können. Das Geschäftsmodell unterscheidet sich dabei jedoch stark von einem reinen Händler wie REWE. Wie Sie Abbildung 1.4 sehen, vertreibt HelloFresh vordefinierte Gerichte im Abomodell. Sprich, Sie können als Kunde aus mehreren Gerichten wählen und erhalten anschließend alle Lebensmittel per DPD. Enthalten sind selbstverständlich auch frische Lebensmittel wie Fleisch, Butter und Milch.

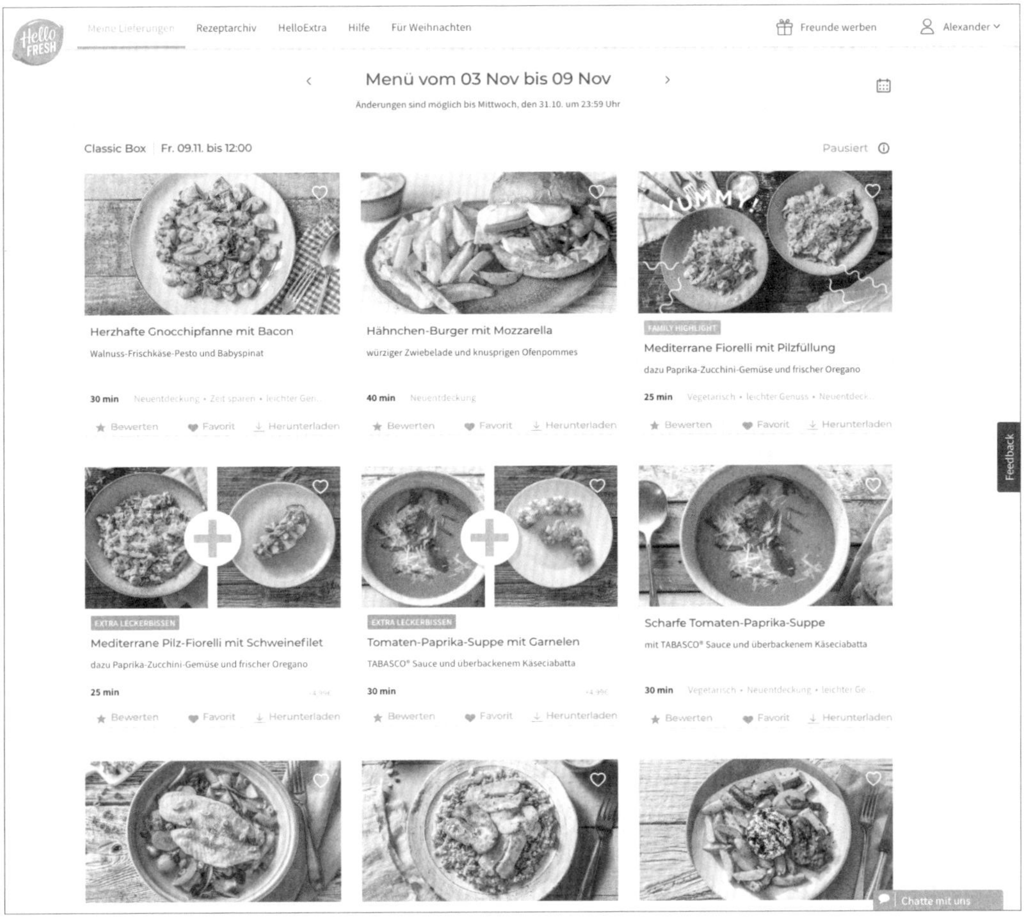

Abbildung 1.4 HelloFresh vertreibt Lebensmittel im Abomodell.

Aus eigener Erfahrung können wir berichten, dass HelloFresh, speziell der Logistikprozess, hervorragend funktioniert und die Qualität der Produkte so weit immer vollkommen in Ordnung war. Interessant an HelloFresh ist aber nicht nur der Versand der Lebensmittel, sondern auch das Abomodell, wodurch HelloFresh planbarer als beispielsweise REWE Umsätze und den Bedarf an Produkten kalkulieren kann.

MEVACO GmbH

Haben Sie schon einmal online ein Lochblech konfiguriert und anschließend bestellt? Nein? Das wird Ihnen beispielsweise von dem Unternehmen MEVACO ermöglicht. Speziell MEVACO ist ein hervorragendes Beispiel dafür, dass Sie grundsätzlich alle Produkte online verkaufen können, wenn Sie es denn richtig angehen. Denn auch wenn früher die Lochbleche, Streckmetalle und Wellengitter nur telefonisch verkauft wurden, spricht doch absolut gar nichts dagegen, diese Artikel online zu vertreiben.

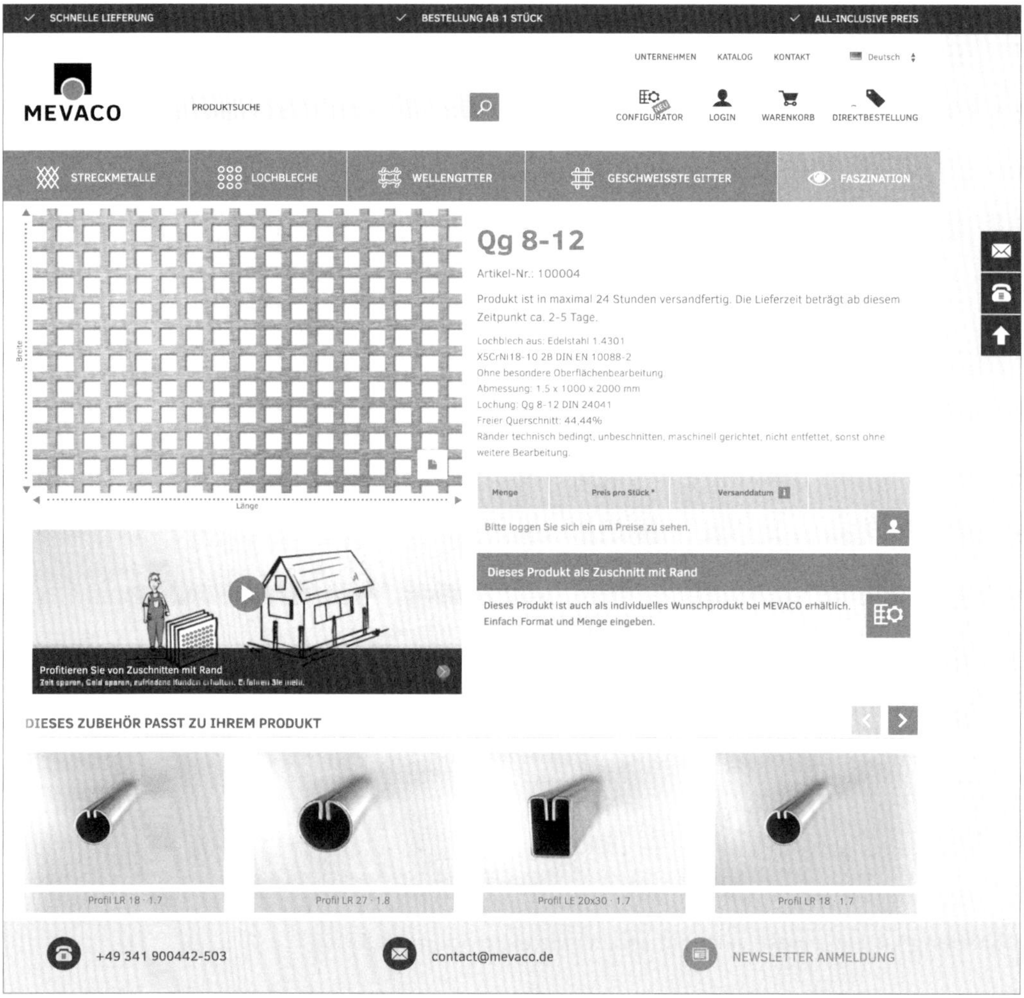

Abbildung 1.5 Bei MEVACO können Sie Ihre Produkte einfach und schnell konfigurieren und direkt online bestellen.

Auch bei solch exotischen Artikeln müssen Sie sich von dem Gedanken lösen, das Produkt sei zu »komplex« oder »schwierig« und könne online gar nicht in der notwendigen Form abgebildet werden. Wie Sie in Abbildung 1.5 sehen können, schaffen Sie dies, so im Fall von MEVACO, mit einem sehr reduzierten und einfachen Online-Shop. Stellen Sie sich daher nicht die Frage, *ob* Sie einen Artikel online verkaufen können, sondern *wie*!

Zalando

Zalando ist der ideale Beweis dafür, dass Modeprodukte online verkauft werden können. Gab es am Anfang noch Zweifler, die meinten, T-Shirts und Hosen müssten anprobiert werden, wurden sie eines Besseren belehrt. Es ist daher mit einer gut durchdachten und realisierten E-Commerce-Lösung auch gar nicht wichtig, ob ein Produkt anprobiert oder angefasst werden muss. Mittlerweile gibt es smarte Ansätze und Lösungen, wie Ihre Kunden die »richtige« Größe finden. Dadurch vermeiden Sie Retouren, Kosten und steigern gleichzeitig die Kundenzufriedenheit. Mehr sei an dieser Stelle aber nicht verraten, weiterführende Infos erhalten Sie in den späteren Kapiteln. Dass Mode nicht gut online verkauft werden kann, ist unserer Meinung nach einfach ein Irrglaube.

Mister Spex

Haben Sie bereits eine Brille online gekauft? Mister Spex bietet Ihnen genau diese Möglichkeit. Wenn Sie bereits bei einem Optiker waren, werden Sie sich nun fragen, wie denn der Beratungs- und Anprobeprozess online abgebildet werden kann. Mister Spex hat hierfür eigens einen virtuellen Assistenten entwickelt. Mithilfe dieses Assistenten – Sie sehen ihn in Abbildung 1.6 – können Sie eine Brille virtuell anprobieren. Natürlich kennt diese Technologie Grenzen, und Sie wissen nicht, wie gut oder schlecht die Brille sitzt. Jedoch können Sie bereits im Vorfeld feststellen, ob Ihnen das ausgewählte Modell steht und ob es Ihnen gefällt. Dadurch reduzieren Sie als Shop-Betreiber potenzielle Retouren, da es anschließend nur noch um die Passform, nicht aber den Stil als solches geht.

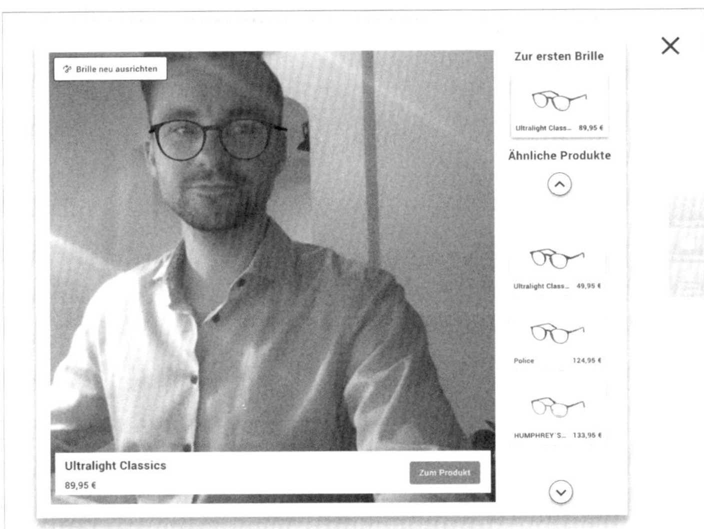

Abbildung 1.6 Mithilfe eines virtuellen Assistenten sehen Sie direkt, ob Ihnen das Produkt steht.

Lassen Sie sich daher auch nicht von Produkten abschrecken, die »angefasst« oder »anprobiert« werden müssen. Mithilfe von virtuellen Assistenten können Sie oftmals auch diese Hürde problemlos überspringen und Ihren Kunden eine gute Shopping Experience bereitstellen.

mymuesli

E-Commerce macht nicht vor verderblichen Artikeln halt, das haben Sie auf den vorherigen Seiten bereits gesehen. Wie Sie in Abbildung 1.7 sehen können, ist auch der Verkauf von Müsli gar kein Problem. Ein gutes, da erfolgreiches Beispiel hierfür ist *mymuesli.de*, ein Online-Shop, in dem Sie sich Ihr Müsli selbst zusammenmischen und anschließend nach Hause liefern lassen können. Das ist so einfach und intuitiv, dass auch »gelegentliche E-Commerce-Nutzer« damit problemlos klarkommen.

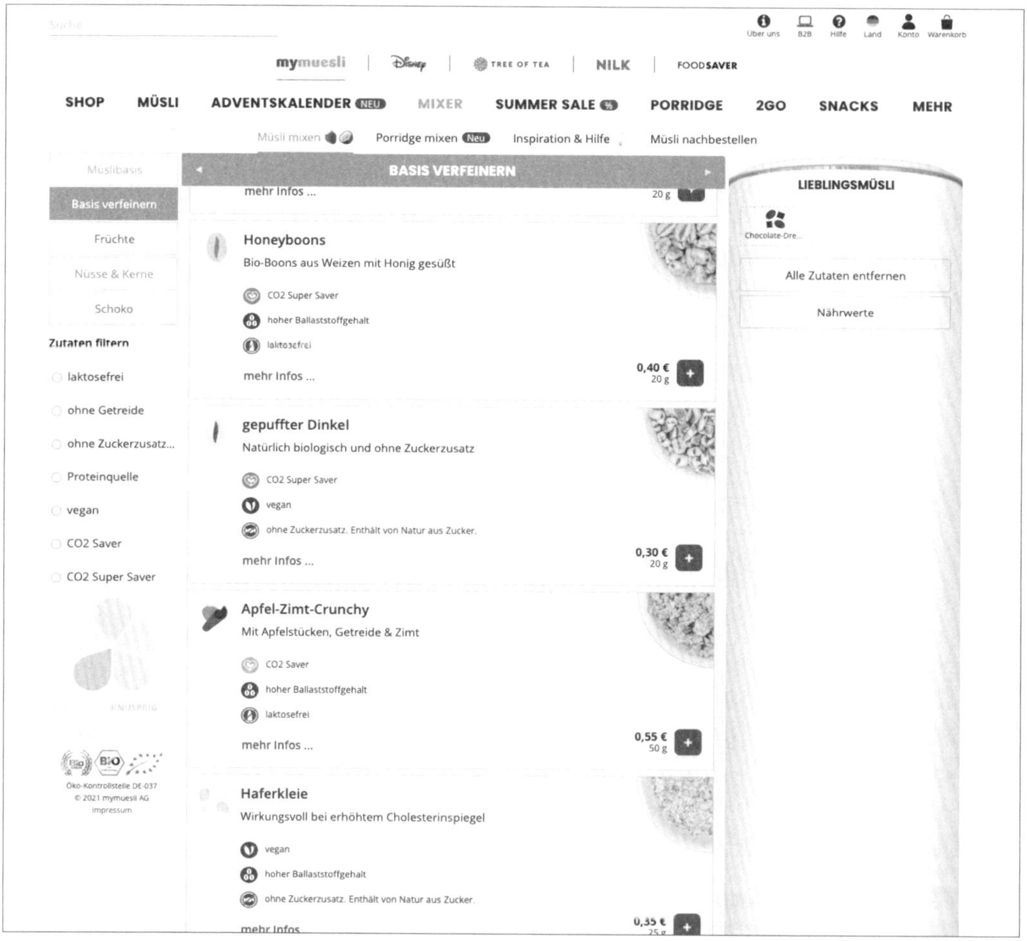

Abbildung 1.7 Konfigurieren Sie Ihr Müsli selbst auf www.mymuesli.de.

Aber mymuesli ist nicht ausschließlich ein Beispiel für den erfolgreichen Vertrieb von Lebensmitteln. Wenn Sie sich die Preise der Müslimischungen ansehen, werden Sie anfangs staunen, denn diese sind im Vergleich zum Müsli im Supermarkt sehr hoch. Aber auch das hat keinen negativen Einfluss auf den Erfolg, denn der Nutzen wird entsprechend kommuniziert – ein Paradebeispiel dafür, dass ein Online-Shop nicht ausschließlich mit Dumpingpreisen weit unter denen im stationären Handel bestehen kann. mymuesli schafft es mittlerweile sogar – denn die Produkte werden in Supermärkten gelistet –, auch in Supermärkten den höheren Preis durchzusetzen. Insgesamt ist mymuesli auch ein sehr gutes Beispiel für den Start eines Online-Pure-Players, der im Nachgang stationäre Filialen eröffnet und dessen Produkte in Filialen anderer Unternehmen gelistet werden.

Home24

Der Online-Shop von home24 steht de facto für die Möbelbranche im E-Commerce. Besonders interessant ist dabei die Bewältigung der logistischen Aufwände und der Komplexität. So müssen gewisse Produkte per Spedition versendet werden, andere wiederum ganz normal per Versanddienstleister. Das stellt home24 vor erhebliche Herausforderungen, die jedoch gut gemeistert werden. Immerhin weist der Online-Shop schon seit Jahren Wachstumsraten auf und zählt du den populärsten Online-Shops im deutschsprachigen Raum.

Was möchten wir Ihnen nun eigentlich mit den oben aufgeführten Beispielen sagen? Sie sollen zwei Fakten verdeutlichen: Zuallererst können Sie alles online verkaufen, und damit meinen wir wirklich alles. Es gibt nicht den »perfekten« E-Commerce-Artikel, genauso wenig wie es das »ungeeignetste« Produkt gibt. Lassen Sie sich daher anfangs nicht von irgendwelchen »Profis« einreden, man könne Ihre Artikel online überhaupt nicht vertreiben. Zweitens sollen Ihnen die genannten Beispiele vor Augen führen, dass jedes Produkt, jede Branche und jede Zielgruppe Vor- und Nachteile hat. Darauf muss man sich einstellen, denn wie bei den Artikeln gibt es auch hier nicht die »perfekte« Zielgruppe oder die »ideale« Branche. Jede Branche kann sich online durchsetzen, und Sie können jede Zielgruppe online ansprechen. Je nachdem, für welche Zielgruppe oder Branche Sie sich entscheiden, haben Sie aber sehr wohl unterschiedliche Herausforderungen zu bewältigen. In der Modebranche gibt es beispielsweise hohe Margen, was ja erst einmal sehr positiv ist. Dafür haben Sie aber auch höhere Retourenquoten als beispielsweise in der Lebensmittelbranche. Dafür haben Sie in der Lebensmittelbranche mit höheren Anforderungen an die Logistik zu kämpfen, schließlich möchten Sie frische Produkte ausliefern. Wenn Sie zudem Produkte mit niedrigen Margen haben, müssen Sie viele Produkte verkaufen und Ihren Gewinn über die Masse erzielen. Bei Luxusprodukten reicht ein geringeres Bestellvolumen, dafür haben Sie aber auch einen höheren Wareneinsatz. Wie Sie es auch drehen, Vor- und Nachteile sind immer vorhanden.

Das Wissen um die Vor- und Nachteile der Produkte ist also entscheidend für den Erfolg im E-Commerce. Wie Sie die Vor- und Nachteile analysieren und was das für Sie bedeutet, schauen wir uns in Abschnitt 1.3, »Der Start in den Online-Handel«, genauer an.

Grutto (ehemals Kaufnekuh.de)

An dieser Stelle möchten wir noch ein weiteres Beispiel ergänzen, wie E-Commerce funktionieren kann und welche Produkte überhaupt online verkauft werden können. Essen Sie gerne Fleisch? Dann sollten Sie einmal bei Grutto vorbeischauen. Kein Witz, denn hier können Sie gezielt auswählen, welches Stück einer Kuh Sie gerne hätten. Neben Kühen werden inzwischen aber auch Hühner und Schweine angeboten, das Portfolio hat sich also entsprechend weiterentwickelt.

Auch wenn es etwas makaber klingt, erfreut sich das Geschäft sehr großer Beliebtheit und zeigt eben auch, dass abseits von großen Lebensmittelhändlern und Unternehmen auch junge und kleinere Unternehmen beispielsweise Lebensmittel online vertreiben können und dies erfolgreich.

1.2.9 Sonstiges

Unternehmen tun sich unserer Meinung nach schwer, und daraus können Sie auch ableiten, ob Sie bereit für den Online-Handel sind. Wenn der Online-Shop ausschließlich als Nice-to-have-Feature angesehen wird und der Fokus nicht auf dem Online-Shop liegt, werden Sie früher oder später in eine Art Teufelskreis kommen. Denn in dem Fall gibt es oftmals starke Limitierungen beim Budget und der Manpower; dann werden Sie womöglich keine nennenswerten Erfolge erzielen können. Und wenn Ihnen die Erfolge fehlen, werden Sie es umgekehrt schwer haben, Budgeterhöhungen durchzusetzen. Dementsprechend ist es von Anfang an notwendig, mit Vollgas in den E-Commerce einzusteigen und eine umfangreiche und umfassende E-Commerce-Lösung zu entwickeln. Hierfür ist jedoch sowohl die Rückendeckung des Unternehmens als auch wie erwähnt ein gewisses Kapital nötig. Wenn Sie beides haben, sind Sie bereit für den Online-Handel, falls nicht, müssen Sie an diesen Punkten ansetzen, bevor Sie weitere Schritte angehen.

Investitionsbereitschaft und Akzeptanz

Essenziell für die erfolgreiche Ausarbeitung und Realisierung einer E-Commerce-Strategie sind unserer Meinung nach die vollständige Akzeptanz des Projekts im Unternehmen und eine vorhandene Investitionsbereitschaft. Wenn Abteilungen Ihren Online-Shop boykottieren und nicht genügend finanzielle Mittel zur Verfügung stehen, wird Ihr Online-Shop nie aus dem »Mittelmaß« heraustreten, und Sie werden keine namhaften Erfolge vorweisen können.

1.3 Der Start in den Online-Handel

Wenn Sie nun bereit sind, in den Online-Handel zu starten und Ihren eigenen Online-Shop aufzubauen, müssen Sie im Vorfeld unterschiedlichste Dinge beachten. Da wir in unserem täglichen Berater- bzw. Agenturalltag viele neue E-Commerce-Projekte betreuen, erleben wir, dass oftmals dieselben Fehler gemacht werden, die Sie letztendlich Zeit, Nerven und Geld kosten. Genau diese Fehler gilt es aber zu vermeiden, weswegen wir Ihnen auf den folgenden Seiten sowohl Denkanstöße als auch Tipps und Vorgehensweisen an die Hand geben möchten, damit Ihr Start in den E-Commerce von Erfolg gekrönt sein wird.

1.3.1 Vom stationären Handel ins Internet

Ein Online-Shop ist ein exzellenter ergänzender oder primärer Vertriebskanal, was mittlerweile immer mehr Unternehmen anerkennen, weswegen sie sich weg vom klassischen stationären Handel hin zum Online-Handel bewegen. Möglicherweise vertreiben Sie Ihre Produkte momentan telefonisch, über Außendienstmitarbeiter oder über einen Katalog, aber auch hierbei ergeben sich neue und spannende Möglichkeiten, wenn Sie einen Online-Shop als zusätzlichen Vertriebskanal integrieren.

Stellen Sie sich von Anfang an die Frage, welche Rolle der Online-Shop in Ihrer Vertriebsstrategie einnimmt. Denn je nachdem, welche Entscheidung Sie hier treffen, ergeben sich für den Online-Shop ganz unterschiedliche technische, wirtschaftliche und auch werbliche Anforderungen. Sie müssen daher im ersten Schritt die zentrale Frage beantworten, warum Sie einen Online-Shop aufbauen und etablieren möchten. Mögliche Gründe hierfür können unter anderem sein:

- Prozesskostenreduzierung oder -optimierung
- Erschließung neuer Kundengruppen
- Skalierung
- Internationalisierung
- Imagegewinn
- alternative Bestellmöglichkeit
- Vertriebstool
- technische Basis für zukünftige Entwicklungen

Prozesskostenreduzierung oder -optimierung

Die Prozesskostenreduzierung oder -optimierung ist interessanterweise der unserer Meinung nach am meisten unterschätzte Grund, den Start in den Online-Handel zu wagen. Aktuell dürften Sie in Ihrem Unternehmen (zu) hohe Prozesskosten für Bestellungen haben. Das ist oftmals der Fall, wenn Sie Bestellungen ausschließlich telefonisch oder per Fax akzeptieren. Bei einer telefonischen Bestellhotline benötigen Sie mindestens einen Mitarbeiter, in der Praxis weitaus mehr, denn Ihre Kunden können schließlich parallel anrufen, und ein Besetztzeichen macht immer einen schlechten Eindruck. Die telefonische Erreichbarkeit ist außerdem durch Ihre Bürozeiten eingeschränkt, es sei denn, Sie haben eine 24-Stunden-Hotline, was wiederum zusätzliches Geld kostet, da diese schließlich besetzt sein muss. Telefonische Bestellannahme ist daher teuer, denn Sie benötigen Mitarbeiter, die letztendlich nichts anderes tun, als Bestellungen entgegenzunehmen und mit Ihren Kunden zu telefonieren. Alternativ empfangen Sie gegebenenfalls Bestellungen per Fax. Aber auch das erzeugt unnötige Kosten, denn wenn das Fax bei Ihnen ankommt, muss es weiterverarbeitet werden. Auch das erzeugt eigentlich unnötige Kosten, denn Sie bezahlen einen oder mehrere Mitarbeiter dafür, Faxe zu lesen und Daten zu übertragen. Je nachdem, wie groß Ihr Unternehmen ist und wie komplex die Prozesse sind, können die oben genannten Beispiele auch ausufern, beispielsweise wenn die Faxe erst weitergeleitet werden müssen oder aufgrund des Anrufvolumens ein Empfang dazwischengeschaltet werden muss.

Ein Online-Shop kann Ihnen in solchen Situationen dabei helfen, Prozesskosten zu senken, indem Sie, böse gesagt, die oben beschriebene Arbeit Ihre Kunden machen lassen. Denn wenn Ihr Kunde ein Fax schreibt und es Ihnen zusendet, kann dieser Kunde alternativ die Bestellung auch direkt im Online-Shop aufgeben. Sie haben in diesem Fall gar keine Arbeit mehr, denn die Bestellung fließt vom Online-Shop direkt in Ihre nachgelagerten Systeme. Das Gleiche gilt für eine telefonische Bestellhotline. Anstatt Ihre Kunden bei Ihnen anrufen zu lassen und dadurch an Ihre Bürozeiten zu binden, können diese die Bestellung direkt im Online-Shop aufgeben, und das zu jeder Tageszeit, zu der sie bestellen möchten! Für Sie als Unternehmen bedeutet dies eine bessere Verteilung der vorhandenen Ressourcen. Denn aufgrund der durch den Online-Shop gewonnenen Prozessoptimierung können Sie diese Mitarbeiter an anderen Stellen einsetzen oder müssen sie erst gar nicht beschäftigen. Sie sehen also, ein Online-Shop erzeugt nicht nur Kosten, sondern kann diese auch durch Automatisierung im Bestellablauf senken.

Erschließung neuer Kundengruppen

Ein Online-Shop kann Ihnen zudem auch dabei helfen, neue Kundengruppen zu erschließen. Speziell wenn Sie bislang auf einen klassischen Vertrieb setzen, bei dem beispielsweise ein Vertreter zu den Kunden nach Hause kommt, ist ein Online-Shop ein perfektes Mittel, um diejenigen Kunden zu erreichen, die nicht in Ihrer Kundendatenbank stehen, von Werbesendungen nicht erreicht werden oder einfach »allergisch« auf diese Art des Vertriebs reagieren. Ein Online-Shop ist daher ein weiteres Mittel, um bestimmte Kundengruppen anzusprechen, die sich gegebenenfalls auch rein online bewegen und die Sie dadurch mit Ihren altbewährten Marketingkanälen gar nicht erst erreichen. Sie können dies unter anderem ganz einfach überprüfen, indem Sie einmal die monatlichen Suchanfragen nach den für Ihr Unternehmen bzw. Ihre Produkte relevanten Keywords prüfen und sehen, wie viele Personen sich für die von Ihnen vertriebenen Produkte oder Dienstleistungen interessieren. Die Recherche der Suchanfragen können Sie ganz einfach mit dem Keyword-Planer von Google Ads durchführen. Wie das im Detail funktioniert, erfahren Sie in Abschnitt 15.1.3, »Ermitteln Sie die Nachfrage nach Ihren Produkten und Dienstleistungen«. Wenn diese Zahl enorm hoch ist, wissen Sie, wie viele potenzielle Kunden Sie durch einen Online-Shop erreichen könnten, wenn Sie denn einen hätten. Nutzen Sie daher einen Online-Shop, um die Kunden anzusprechen und abzuholen, die Sie bislang nicht erreicht haben.

Skalierung

Angenommen, Sie verkaufen aktuell primär mithilfe Ihres Außendiensts, dann existiert eine maximale Anzahl an Bestellungen. Denn wenn für jeden Abschluss ein Außendienstmitarbeiter benötigt wird, kann dieser nur innerhalb seiner Arbeitszeit verkaufen, und diese ist limitiert. Vielleicht sind es keine 8 Stunden, aber mehr als 24 Stunden sind auch theoretisch nicht möglich. Bei einem Online-Shop haben Sie diese Limitierung nicht, vorausgesetzt, die Prozesse im Hintergrund sind automatisiert. Dann spielt es nämlich keine Rolle, wie viele Bestellungen angenommen werden, wenn bei den nachgelagerten Prozessen wie der Bestellbearbeitung und der Auslieferung keine menschlichen Ressourcen benötigt werden. Zugegebenermaßen gibt es auch hierbei irgendwann ein Limit, aber gerade, wenn Sie auf einen externen Logistikpartner setzen und eben über einen hohen Grad an Automatisierung verfügen, existiert das Limit nicht auf Ihrer Seite. Ein Online-Shop mit automatisierten Prozessen kann also wesentlich mehr leisten und besser skalieren als Ihre Vertriebsmannschaft.

Internationalisierung

Zugegebenermaßen handelt es sich hierbei auch um neue Kundengruppen, wenn Sie plötzlich im Ausland verkaufen, dennoch soll dieser Vorteil an dieser Stelle nochmals gesondert herausgestellt werden: Mithilfe eines Online-Shops können Sie viel schneller und kostengünstiger in neue Länder vordringen. Sie ersparen sich den Aufbau einer Niederlassung, müssen kein Personal vor Ort einstellen und einarbeiten. Dadurch können Sie wesentlich schneller in ein neues Land eintreten und Produkte verkaufen. Auch ermöglicht Ihnen der Online-Shop, in einem neuen Land mit überschaubaren Kosten und Aufwänden eine Art Testballon zu starten.

Imagegewinn

Auch wenn dies zugegebenermaßen ein relativ schwacher Grund ist, so können Sie doch zugunsten eines Imagegewinns einen Online-Shop realisieren. In der heutigen

Zeit ist das Image eines Unternehmens gefühlt wichtiger als seine Produkte oder Dienstleistungen, und so kann es vorkommen, dass man einfach modern wirken muss, und diese »Message« transportieren Sie mit einem Online-Shop. Denn es sagt Ihren Kunden: »Wir gehen mit der Zeit.« Meistens ist jedoch der Erfolg eines Online-Shops, der aufgrund des Images aufgebaut wird, fraglich. Denn ist der Shop erst einmal online, wird er oft nicht weiter gepflegt, und es wird nicht in Optimierungen und Verbesserungen investiert. Es wurde eine tolle Fassade gebaut, die in ein paar Jahren veraltet ist, in der Zwischenzeit aber für den angeführten Imagegewinn sorgt.

Alternative Bestellmöglichkeit

Jeder Ihrer Kunden tickt anders und hat andere Vorlieben. Gegebenenfalls möchten Sie in Ihrem Unternehmen die Bestellung per Telefon oder Fax auch gar nicht abschaffen, denn ein Großteil Ihrer Kunden wünscht diese Möglichkeiten einfach. Dennoch gibt es immer einige Kunden, die sich einen Online-Shop wünschen, um in Ruhe und unabhängig von Uhrzeit oder Wochentag einkaufen zu können. Daher können Sie Ihren Online-Shop auch als alternative Bestellmöglichkeit konzipieren und zusätzlich zu Ihren weiteren Bestellmöglichkeiten anbieten. Der Online-Shop wäre dann letztendlich eine von vielen Optionen, die von Ihren Kunden genutzt oder eben nicht genutzt werden können.

Alternative als Anfang der Prozesskostenoptimierung

Wenn Unternehmen einen Online-Shop als alternative Bestellmöglichkeit anbieten, führt dies schnell in Richtung Prozesskostenoptimierung. Denn das Unternehmen erkennt letztendlich die Vorteile für sich, aber auch für die Kunden. Der nächste Schritt besteht anschließend immer darin, durch günstigere Preise, ein größeres Sortiment oder eine schnellere Lieferung die Kunden von den restlichen Bestellmöglichkeiten auf den Online-Shop zu lenken.

Vertriebstool

Und zu guter Letzt kann Ihr Online-Shop auch als Vertriebstool fungieren. Dieser Punkt wird ebenso wie die Prozesskostenoptimierung in der Regel unterschätzt. Wenn Sie direkt an der Haustür Ihren potenziellen Kunden Ihre Produkte und Dienstleistungen verkaufen oder persönliche Gespräche bei Einkäufern in den Unternehmen haben, können Sie beispielsweise durch einen auf Tablets optimierten Online-Shop Ihren Kunden die Produkte oder Dienstleistungen direkt zeigen. Sie haben damit einen »Produktkatalog« immer und an jedem Ort bei sich.

Ein Online-Shop ist im Vergleich zum gedruckten Papier immer aktuell, und Änderungen können kurzfristig durchgeführt werden. Zudem ist der Online-Shop wesentlich interaktiver, zum Beispiel können auch Videos gezeigt werden. Durch den fehlenden Druck von Katalogen, Broschüren und Infomaterial für Ihre Vertreter sparen Sie darüber hinaus Druckkosten und leisten zusätzlich einen Dienst für die Umwelt, denn überlegen Sie mal, wie viele Tonnen Papier von Katalogen und Broschüren jährlich – oft ungelesen – in die Mülltonne wandern. Sie haben letztendlich unbegrenzte Möglichkeiten, auf Basis des Online-Shops ein grandioses Vertriebstool zu erstellen, das über Produktkonfiguratoren, umfangreiches Bild- und Videomaterial und eine konstante Aktualität verfügt!

Technische Basis für zukünftige Entwicklungen

Ein Online-Shop kann zudem der zentrale Baustein für zukünftige technische Entwicklungen sein, die im direkten Zusammenhang mit dem Verkauf von Produkten und Dienstleistungen stehen. Wenn Sie beispielsweise mittels Amazon Alexa – Sie kennen vermutlich den smarten Lautsprecher, der sich mit »Skills« funktionell erweitern lässt – Produkte verkaufen möchten, könnte Amazon Alexa direkt mit Ihrem Online-Shop verbunden sein und Bestellungen abwickeln. Der sogenannte Voice Commerce ist aktuell ein Thema, das stark im Kommen ist und in Zukunft an Relevanz gewinnen wird. Doch Voice Commerce können Sie nicht einfach mittels eines verstaubten ERP-Systems anbieten. Ein Online-Shop bzw. eine technologische Basis hierfür ist Voraussetzung, und genau als dieser technologische Baustein könnte Ihr Online-Shop fungieren. Mit einem Online-Shop machen Sie Ihr Unternehmen grundsätzlich fit für die Zukunft!

Für welchen Grund Sie sich auch entscheiden – eventuell haben Sie ja auch ganz andere Gründe für die Realisierung eines Online-Shops –, seien Sie sich vor der Realisierung im Klaren darüber, weshalb Sie einen Online-Shop benötigen und diesen betreiben möchten. Denn wenn Sie etwa nur aus Imagegründen einen Online-Shop entwickeln, dann können Ihnen Automatismen, Schnittstellen und technische Spielereien egal sein. Wenn Sie den Shop als Vertriebstool einsetzen möchten, dann muss dieser weitaus mehr leisten als ein »normaler« Online-Shop, denn immerhin wird Ihr gesamter Vertrieb mit dem Tool arbeiten. Sie sehen also, je nach Zielsetzung muss Ihr Online-Shop unterschiedliche Anforderungen erfüllen. Und genau aus diesem Grund ist es wichtig, direkt von Anfang an die Ziele zu definieren und klarzumachen, was der Online-Shop letztendlich leisten muss.

1.3.2 Analyse der Herausforderungen

Gute Planung im Vorfeld ist mit Abstand das Wichtigste, was Sie in einem E-Commerce-Projekt tun können. Wichtig ist es, im Vorfeld die Herausforderungen, Chancen und den Nutzen zu analysieren und zu bewerten. Denn zum jetzigen Zeitpunkt wissen Sie lediglich, dass Sie einen Online-Shop betreiben wollen. Gehen wir einmal davon aus, Sie beabsichtigen, Ihren Online-Shop als zusätzlichen Vertriebskanal zu platzieren, um neue Kunden zu gewinnen. In diesem Fall sind die Bestandskunden erst einmal nebensächlich; diese können und sollen zwar ebenfalls über den neuen Online-Shop einkaufen, aber Ihnen geht es primär um die Gewinnung von Neukunden. Dadurch hat der Online-Shop exakt dieselben Voraussetzungen wie bei einem Unternehmen, das erst vor der Gründung steht und noch über keinen Kundenstamm verfügt.

Konkurrenten identifizieren

Im ersten Schritt ist ein Blick auf die Konkurrenz und das Marktumfeld unerlässlich. Eine Möglichkeit hierfür ist die Nutzung von Google. Mithilfe von Google können Sie prüfen, wie viele Marktbegleiter aktiv sind. Gehen wir davon aus, Sie möchten Bürobedarf wie Aktenordner, Drucker, Kugelschreiber, Briefumschläge etc. verkaufen. Dann müssen Sie zuallererst den Oberbegriff Ihrer Produkte definieren, in diesem Fall Bürobedarf oder Bürozubehör. Innerhalb dieses Oberbegriffs sind nun relevante Produkte essenziell, beispielsweise Aktenordner oder ganz konkret Leitz-Aktenordner. Wenn Sie eine grobe Idee haben – Sie machen sich am besten eine Liste –, schauen Sie im ersten Schritt bei Google nach diesen Begriffen, und Sie werden sofort sehen, mit was für einer Konkurrenz Sie es zu tun haben. Werfen Sie hierfür einen Blick auf Abbildung 1.8. Sie sehen dort eine Suchanfrage nach Bürobedarf sowie die ausgelieferten Ergebnisse. Betrachten Sie zuallererst die Anzahl der Ergebnisse, denn diese verrät Ihnen, wie viele Ergebnisse Google grundsätzlich zu diesem Thema findet. Sind es sehr viele, wie im Fall von Bürobedarf knapp 17 Millionen, dann haben Sie es mit einer großen Konkurrenz zu tun. Die große Anzahl an Ergebnissen ist aber per se nicht schlecht, denn aktuell wissen Sie noch gar nicht, ob es sich ausschließlich um Online-Shops handelt oder gegebenenfalls um Informationsseiten.

Denn eventuell sind die meisten Ergebnisse ja Testberichte, Blogbeiträge oder sonstige Informationsquellen. Schauen Sie sich anschließend die bezahlten Anzeigen im oberen sowie im unteren Bereich der Suchergebnisseite an. Beachten Sie auch die Google-Shopping-Anzeigen im rechten Bereich der Seite. Hier werden Sie in der Regel Online-Shops bzw. Unternehmen finden, die ihre Produkte und Leistungen vertreiben möchten, denn für die Bereitstellung von Informationen schalten die wenigsten Unternehmen Ads-Anzeigen. Im organischen Bereich auf der Suchergebnisseite, also in den »klassischen« Suchergebnissen, finden Sie darüber hinaus weitere potenzielle Marktbegleiter und Konkurrenten. Basierend auf unserem Beispiel mit dem Bürobedarf würde eine erste Liste auf Basis der Google-Suche mit potenziellen Konkurrenten wie folgt aussehen:[1]

1 Verstehen Sie die abgebildete Liste ausschließlich als Auszug, gerade im Bereich des Bürobedarfs gibt es voraussichtlich Hunderte Konkurrenten.

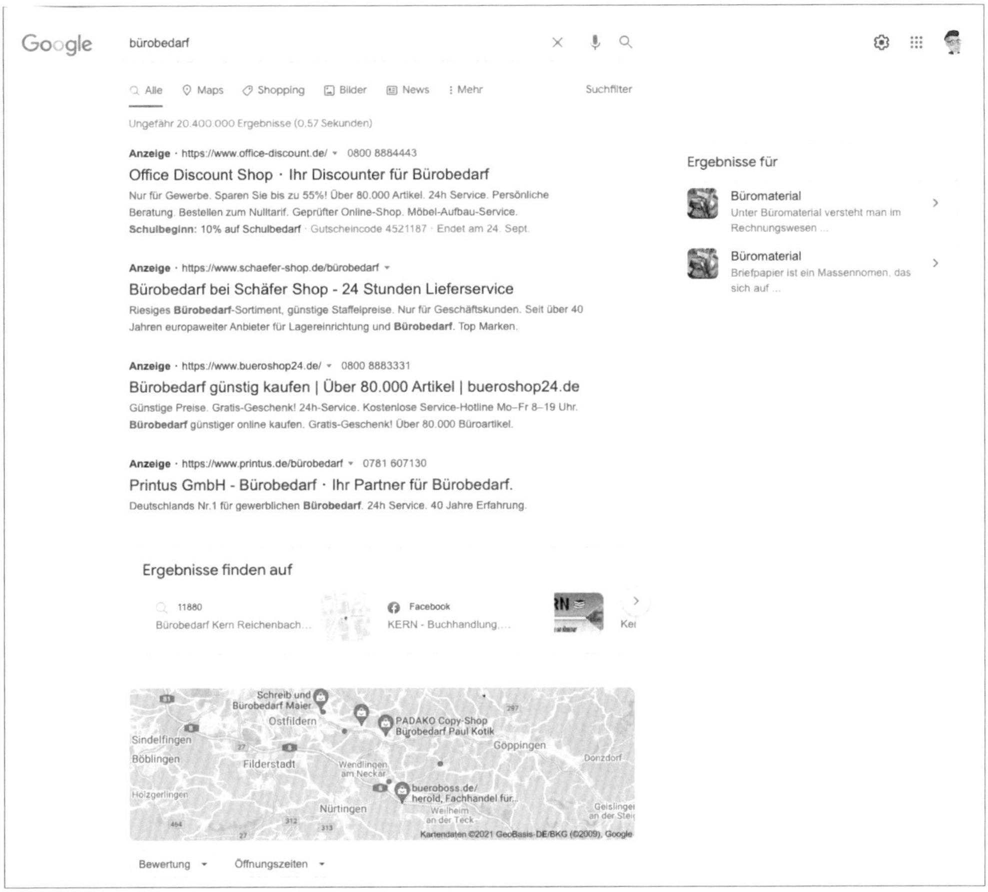

Abbildung 1.8 Mit Google finden Sie innerhalb von Sekunden die relevantesten Marktbegleiter.

- Viking
- Otto Office
- Office Discount
- Printus
- Amazon
- Büroplus
- etc.

Mittlerweile verkaufen zudem sehr viele Online-Shops auch auf Amazon. Daher lohnt sich immer ein Blick auf *amazon.de*, um zu verstehen, welche Konkurrenten sich im Markt befinden. Geben Sie dort ebenfalls das Suchwort »Bürobedarf« ein. Sie werden direkt anhand der Anzahl der Produkte sehen, ob Sie in einem spannenden und lukrativen Markt unterwegs sind oder ob es sich eher um uninteressantere Produkte handelt, die wiederum nicht von vielen Mitbewerbern vertrieben werden. Suchen Sie sich anschließend aus der Suchergebnisliste ein Produkt heraus, in unserem Beispiel haben wir uns für den Artikel »PLUS Japan, Klammerloser Hefter in Blau, Heftleistung 5 Blatt, 1er Pack (1×1 Hefter)« entschieden, wie Sie auch in Abbildung 1.9 sehen können. Im rechten Bereich der Seite sehen Sie nun eine Auflistung aller Verkäufer dieses Artikels. Amazon ist in vielen Fällen nicht der einzige Verkäufer, und als Kunde haben Sie die Möglichkeit, den Verkäufer frei zu wählen, auch wenn oft natürlich Amazon als Standardverkäufer hinterlegt ist. Anhand der Anzahl der Verkäufer je Artikel können Sie ebenfalls recherchieren, wer zu Ihren Konkurrenten zählt. Im Fall des Hefters verkaufen neben Amazon auch All4MyOffice, priz24 sowie limuno das Produkt. Schauen Sie sich im nächsten Schritt die Amazon-Seiten der Verkäufer etwas genauer an.

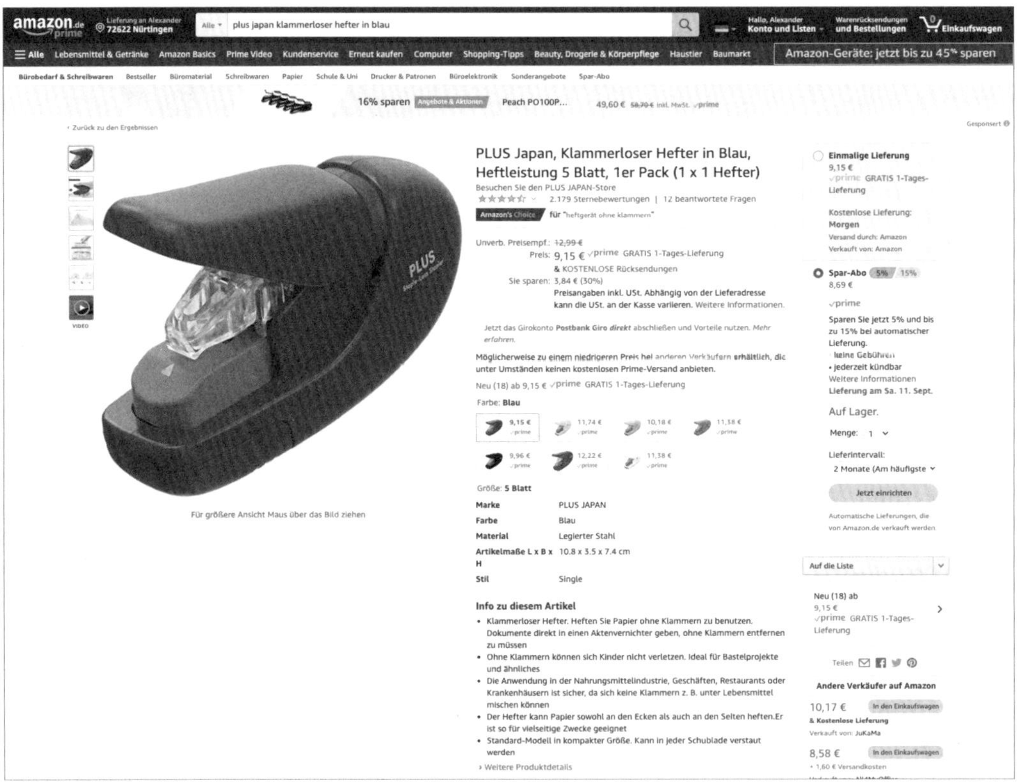

Abbildung 1.9 Konkurrenten können auch einfach via Amazon identifiziert werden.

In der Regel sind dort auch die URLs der Webshops dieser Unternehmen hinterlegt, denn oftmals haben starke Amazon-Seller auch eigene Online-Shops. Mit dieser Vorgehensweise kommen Sie also an weitere URLs und können weitere Online-Shops identifizieren und analysieren. So sehen Sie relativ schnell, mit welchen Unternehmen bzw. Shops Sie es zu tun haben werden.

Das »Erforschen« der Konkurrenten hört aber an diesem Punkt nicht auf. Sie müssen nun mit weiteren Begriffen Ihre Liste an Konkurrenten vervollständigen, um ein möglichst umfassendes Bild zu erhalten. Wenn Sie mit den Oberbegriffen durch sind, müssen Sie im nächsten Schritt direkt nach den Produkten googeln bzw. Amazon durchforsten, in unserem Fall zum Beispiel nach »Aktenordner«. Nachdem Sie bei Google diese Suchanfrage abgeschickt haben, erhalten Sie neue Ergebnisseiten, bei denen sich aber gewisse Online-Shops im Vergleich zur vorher ausgeführten Suchanfrage wiederholen dürften. So sind beim Keyword »Aktenordner« beispielsweise wieder Amazon, Office Discount und Büroplus vertreten. Je mehr Suchanfragen Sie im Folgenden absenden, desto konkreter wird Ihre Liste mit potenziellen Konkurrenten, die es im Folgenden zu analysieren gilt.

Das Beispiel mit dem Bürobedarf war nun bewusst aufgrund der Einfachheit gewählt. Was aber, wenn Sie komplexe Produkte verkaufen und gar nicht wissen, wie Ihre Kunden nach diesen Begriffen suchen? Das ist übrigens einer der häufigsten Fehler im E-Commerce: Shop-Betreiber wissen nicht, wonach ihre Kunden im Internet suchen, und als Folge wird auf die falschen Begriffe hin optimiert. Sie haben also keine Möglichkeit, ihre Kunden abzuholen. Google kann Ihnen diesbezüglich mit Google Ads ein wenig auf die Sprünge helfen.

Ein kurzer Abstecher in Richtung Online-Marketing

Wir müssen an dieser Stelle etwas vorgreifen und schon im Detail auf die Keyword-Recherche und -Analyse eingehen. Weitere Informationen und eine noch detailliertere Erklärung erhalten Sie in Kapitel 8, »Online-Marketing – Kunden gewinnen, Umsätze steigern«.

Alles, was Sie hierfür benötigen, ist ein Google-Account, mit dem Sie anschließend auf die Google-Dienste wie Analytics oder Ads zugreifen können. Sollten Sie noch nicht über einen Google-Account verfügen, empfiehlt es sich, diesen nun direkt anzulegen. Denn Sie werden in diesem Buch früher oder später einen Google-Dienst nutzen müssen, und somit ist die Registrierung bei Google nur eine Frage der Zeit.

Rufen Sie die Google-Ads-Startseite unter *https://ads.google.com* auf, und melden Sie sich anschließend bei Google Ads an. Klicken Sie im oberen Bereich der Seite auf Tools • Keyword-Planer • Neue Keywords ermitteln. Beim Keyword-Planer handelt es sich um ein kleines, aber feines Tool, das Ihnen zum einen Ideen für Keywords liefert, Ihnen zusätzlich aber auch das Suchvolumen anzeigen kann – eine ideale Hilfe, wenn Sie unsicher sind, nach welchen Keywords Ihre Kunden suchen und vor allem welche Keywords tatsächlich eine Rolle spielen. Gehen wir in diesem Fall davon aus, dass Sie Schneckengetriebe verkaufen möchten. Sie sind sich unsicher, ob Ihre Kunden tatsächlich nach diesem Keyword suchen oder einen äquivalenten Begriff verwenden. Sie geben daher beim Keyword-Planer in Google Ads »Schneckengetriebe« ein und klicken auf ABSENDEN. Anschließend erhalten Sie eine Darstellung wie in Abbildung 1.10.

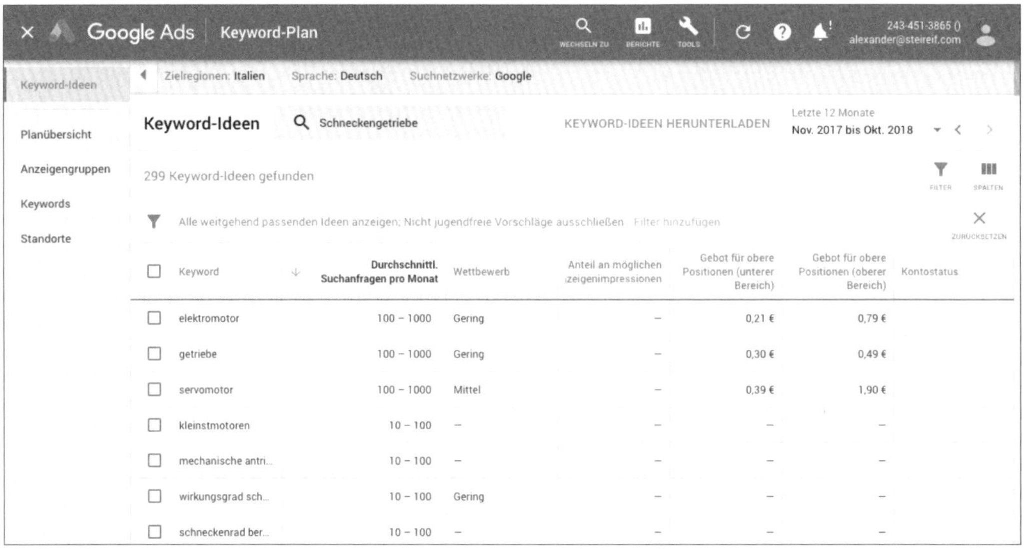

Abbildung 1.10 Mit dem Keyword-Planer die richtigen Suchphrasen finden

Basierend auf den Ergebnissen sehen Sie nun, dass nach Elektromotor, Getriebe und Servomotor wesentlich häufiger gesucht wird. Google zeigt Ihnen ähnliche und verwandte Begriffe, und Sie haben eine weitere Idee davon, welche Begriffe für Ihren Online-Shop relevant sein können. Mithilfe dieser Begriffe können Sie nun weiter nach Konkurrenten suchen. Sie müssen jedoch die Daten, das heißt die Keywords und die Suchvolumen, auch entsprechend interpretieren. Nur weil es gegebenenfalls hohe Suchvolumen gibt, heißt das nicht zwangsläufig, dass es sich um den »richtigen« Traffic handelt. Jemand, der nach »Elektromotor« sucht, kann sich auch einfach für den technologischen Aufbau eines Elektromotors interessieren. Es bedeutet nicht zwangsläufig, dass diese Person auch einen Elektromotor kaufen möchte. Daher müssen Sie die Ergebnisse auch immer ein Stück weit deuten und für sich bewerten.

Konkurrenten analysieren

Nachdem Sie eine Liste mit potenziellen Konkurrenten aufgestellt haben, gilt es, diese zu analysieren. Bleiben wir beim Beispiel Bürobedarf. Auf der von mir aufgestellten Liste befindet sich beispielsweise das Unternehmen Viking. Damit Sie für sich entscheiden können, ob Viking tatsächlich zu den Konkurrenten zählt oder womöglich eine komplett andere Zielgruppe anspricht, schauen Sie sich diesen Online-Shop nun im Detail an. Prüfen Sie im Folgenden die Online-Shops der Konkurrenten und in diesem Beispiel Viking auf folgende Kriterien hin:

- Zielgruppe
- Produktsortiment
- Preispolitik
- Marktmacht und Präsenz
- technologisches Set-up/Features

Spricht der Online-Shop denn überhaupt Ihre favorisierte Zielgruppe an? Ein klassisches Beispiel hierfür ist die Trennung zwischen B2C (Business-to-Consumer) und B2B (Business-to-Business), das heißt nach Privatkunden und Geschäftskunden. Wenn Sie mit Ihrem Online-Shop für Bürobedarf ausschließlich Privatkunden ansprechen, dann tut Ihnen der B2B-Online-Shop des Konkurrenten nicht weh, denn es gibt eine klare Trennung nach Zielgruppen. Eine Trennung der Zielgruppen muss aber nicht ausschließlich unter dem B2B/B2C-Aspekt erfolgen. Gegebenenfalls möchten Ihre Konkurrenten nur Produkte in großen Stückzahlen verkaufen, Sie hingegen präferieren den Verkauf in kleinen Stückzahlen. Grenzen Sie daher die anvisierten Zielgruppen ab, und schauen Sie, welcher Online-Shop welche Zielgruppe anspricht und mit welchem Unternehmen Sie Überschneidungen haben, denn das ist letztendlich Ihre Konkurrenz.

Eine Abgrenzung kann ebenso über das Produktsortiment erfolgen. Es ist nicht unüblich, dass sich Online-Shops auf bestimmte Produkte bzw. Produkttypen konzentrieren. Sie kennen das beispielsweise von Elektronik-Online-Shops, die gegebenenfalls Computer und Tablets verkaufen, aber dafür keine Waschmaschinen oder Geschirrspüler. Prüfen Sie daher das Produktsortiment Ihrer potenziellen Konkurrenten, und schauen Sie, welcher Online-Shop welche Produkttypen forciert und wo es gegebenenfalls mit Ihrem Online-Shop zu Überschneidungen kommt. Die Abgrenzung über die Preispolitik spielt ein wenig in das Produktsortiment hinein. Denn auch wenn Sie Aktenordner verkaufen, können Sie sich von Ihren potenziellen Konkurrenten abgrenzen, indem Sie eine Premium- oder Low-Budget-Marke verkaufen. So können Sie sich gezielt aufgrund des Produktsortiments von Ihren Konkurrenten unterscheiden. Wenn der Markt mit Premiumartikeln gesättigt ist, wäre also eine Empfehlung, Produkte zu vertreiben, die günstiger bzw. im Niedrigpreissektor angesiedelt sind. Speziell in der Produktpolitik begehen viele Shop-Betreiber oftmals den größten Fehler. Denn nicht selten wird versucht, exakt die gleichen Artikel von demselben Hersteller wie die alteingesessenen Konkurrenten zu demselben bzw. einem teureren Preis zu verkaufen. Das kann auf Dauer nicht funktionieren, da Sie Ihren Kunden hiermit keinen Vorteil bieten. Grenzen Sie sich daher, falls möglich, speziell im Bereich des Produktsortiments ab.

Ob Sie sich mit einem Konkurrenten direkt anlegen oder nicht, sollten Sie unter anderem von der Marktmacht und Präsenz abhängig machen. Nehmen wir als Beispiel hierfür einmal Amazon und Zalando. Wenn Sie betrachten, wie stark Amazon in den Medien, bei Google Ads und einer Vielzahl von Portalen vertreten ist, ist ein direkter Wettbewerb mit Amazon schwierig. Das Gleiche gilt für Zalando, die mit TV-Werbung sowie Werbung auf Google & Co. so gut wie überall präsent sind. Wenn Sie nun den Plan haben, exakt dieselben Schuhe und Modeartikel wie Zalando zum selben Preis verkaufen zu wollen, dann wird das aller Voraussicht nach nicht erfolgreich für Sie ausgehen.

Zu guter Letzt sollten Sie auch den Online-Shop als solchen etwas genauer anschauen und bewerten. Welche Features werden den Kunden angeboten? Gibt es gegebenenfalls Konfiguratoren und Produktassistenten? Wie versucht das Unternehmen, den Einkauf für die Kunden so einfach wie möglich zu gestalten? Aber auch die Aufbereitung und Aussteuerung der Inhalte sollten Sie sich genauer ansehen. Interessant sind vor allem Funktionen wie die Personalisierung von Angeboten und Inhalten. Schauen Sie sich daher den Shop mit unterschiedlichen Rechnern bzw. Browsern etwas genauer an, und vergleichen Sie, ob auch die Darstellung der Ergebnisse auf allen Rechnern identisch ist oder ob es hier zu Unterschieden kommt. Personalisierung ist ein immer größeres und wichtigeres Thema; daran können Sie unter anderem erkennen, wie gut Ihre Konkurrenz in technologischer Hinsicht aufgestellt ist. Machen Sie sich ein Bild von den Möglichkeiten, Features und dem Online-Shop als solchem, und ermitteln Sie den gegebenenfalls vorhandenen technischen Vorsprung Ihrer Mitbewerber.

1.3.3 Vorteile identifizieren und entwickeln

Wie bereits erwähnt, macht es keinen Sinn, sich mit großen Unternehmen wie Zalando oder Amazon anzulegen, indem Sie exakt dieselben Artikel zu einem ähnlichen oder teureren Preis verkaufen. Dafür sind die Konkurrenten zu groß, und Sie steigen zu spät in den Markt ein. Das größte Problem im E-Commerce besteht heute darin, dass alle Branchen so gut wie besetzt sind. Wenn Sie daher nicht gerade mit einer enormen finanziellen Summe versuchen, eine gesamte Branche auf den Kopf zu stellen, werden Sie es ohne Kreativität schwer haben, etwas vom Kuchen abzubekommen. Sie schaffen dies nur, wenn Sie Ihren Kunden Vorteile gegenüber einer Bestellung bei den großen Shops bieten. Daher spielt die Ausarbeitung der *Unique Selling Points (USPs)* in der Konzeptphase eines Online-Shops eine enorm wichtige Rolle. Denn diese USPs müssen in Ihrem Online-Shop permanent kommuniziert werden. Leider gibt es in der Praxis genügend Beispiele, in denen Online-Shop-Betreiber eben keine Vorteile, keinen Nutzen aufzuweisen haben, und das sind erfahrungsgemäß diejenigen Online-Shops, die im »Mittelmaß« vor sich hin dümpeln. Wie können Sie Vorteile identifizieren? Gerade gegenüber den großen Marktbegleitern können Sie sich gegebenenfalls wie folgt absetzen:

- Produktsortiment
- Know-how
- persönliches Engagement
- Vor-Ort-Service
- exklusive Lieferanten oder Produkte
- etc.

Wenn Sie mit Ihrem Bürobedarf mit Unternehmen wie Otto Office oder Viking konkurrieren möchten, dann können Sie eine Abgrenzung über das Produktsortiment eventuell nicht schaffen. Denn sowohl Viking als auch Otto Office verfügen über eine sehr breite Produktpalette. Gegebenenfalls können Sie sich aber auf bestimmte Bürozubehörprodukte spezialisieren und damit durch Ihr Know-how überzeugen. Eine Strategie wäre daher etwa, ausschließlich Hygieneartikel fürs Büro zu vertreiben, angefangen beim Desinfektionsspray bis hin zum Display-Reiniger, Toilettenpapier und allen notwendigen Produkten für den Putzdienstleister. Da Hygieneartikel regelmäßig benötigt werden, können Sie Ihren Kunden darüber hinaus ein praktisches Abo wie eine wöchentliche Hygienebox anbieten, und schon haben Sie eine starke Differenzierung zu Otto Office oder Viking. Denn Sie vertreiben keinen Bürobedarf, Sie sind der Spezialist für Hygieneartikel im Bürobereich, und Ihr Ziel ist die Sauberkeit in den Unternehmen. Wenn Ihre Branche daher mit sehr vielen großen Playern besetzt ist, müssen Sie zwangsläufig eine Nische belegen. Eine Nische macht immer dann Sinn, wenn sie groß genug und nicht durch Konkurrenten besetzt ist. Denn wenn schon einige Unternehmen die Idee mit der Spezialisierung auf Hygieneartikel haben, macht ein weiterer Shop keinen Sinn. Es ist kein Problem, einen Kuchen in mehrere Stücke aufzuteilen. Aber wenn Sie ein Stück nochmals in Teilstücke zerlegen und dann die Krümel aufteilen, wird niemand satt.

Die Flucht in eine Nische

Wenn zu viele große Konkurrenten im Markt aktiv sind, bleibt oftmals nur die Flucht in die Nische. Schauen Sie aber immer, ob die Nische groß genug ist, um wirtschaftlich erfolgreich zu sein, und ob sie noch nicht von anderen Unternehmen besetzt wurde. Auch hier können Ihnen Google und der Google Keyword-Planer nützliche Tipps und Informationen bereitstellen.

Neben der Flucht in eine Nische ist die Verschmelzung von Offline- und Online-Welt ein weiterer Vorteil, den große Online-Shops nicht leisten können. Gerade wenn Sie Elektronikartikel verkaufen, ist es ein ausgezeichneter Service, wenn Ihre Kunden zuerst in ein Ladengeschäft kommen können, um sich die Artikel anzusehen, oder nach einem Kauf im Online-Shop einen lokalen Ansprechpartner haben.

E-Commerce-Player erkennen den Vorteil, »offline« vertreten zu sein

Immer mehr reine E-Commerce-Unternehmen erkennen genau den Vorteil der Verschmelzung der Online- und Offline-Welt und eröffnen aus diesem Grund stationäre Filialen. Besonders Notebooksbilliger und Cyberport haben diesen Weg vorgemacht, aber auch Unternehmen wie mymuesli verfügen mittlerweile über Filialen in Deutschlands Innenstädten. Gegebenenfalls können Sie diese Karte daher gar nicht mehr spielen, da die Pure Player in den stationären Handel investieren.

Wenn Sie also über ein stationäres Ladengeschäft verfügen, kommunizieren Sie das ebenfalls in Ihrem Online-Shop. Denn auch hiermit können Sie sich von Ihren Konkurrenten absetzen. Oftmals reicht ein sympathisches und ehrliches Auftreten gegenüber Kunden, um diese für sich zu gewinnen. Denn große Online-Shops wie Amazon und Zalando haben einen Nachteil: Sie sind anonym, und vielen Menschen ist ein persönlicher Bezug zu den Personen »hinter« dem Online-Shop wichtig. Nutzen Sie dies, und versuchen Sie gegenüber Ihren Konkurrenten mit einer emotionalen Bindung zu Ihren Kunden zu überzeugen.

1.3.4 Mögliche Werbe- und Vermarktungskanäle

Machen Sie sich direkt zu Beginn Ihres E-Commerce-Projekts Gedanken darüber, wie Sie Ihren Online-Shop später bewerben möchten bzw. bewerben können. Denn je nachdem, für welche Marketingkanäle Sie sich entscheiden, entstehen weitere technische Anforderungen an Ihr E-Commerce-System. Wenn Sie so herausfinden, dass Google Ads zu teuer ist und es nur die Möglichkeit gibt, über eine ausgeklügelte Multi-Channel-Strategie Kunden zu gewinnen, müssen Sie Ihre Online-Shop-Software auch unter dem Gesichtspunkt der Anbindung an eBay und Amazon aussuchen. Wenn Sie hingegen nur durch *SEO (Search Engine Optimization)*, sprich die Optimierung der organischen Suchergebnisse, erfolgreich sein können, benötigen Sie einen eigenen Online-Shop und können mit einem reinen eBay-Shop nicht erfolgreich agieren. Die Vermarktung wird gerade am Anfang gerne unterschätzt – es reicht ja schließlich, sich Gedanken zu machen, wenn der Online-Shop bereits fertig ist. Aber genau das Gegenteil ist der Fall. Machen Sie sich, *bevor* Sie den Online-Shop entwickeln, Gedanken darüber, wie Sie genügend Besucher anziehen und in Kunden konvertieren können. Aufgrund der Komplexität des Themas finden Sie im Buch ein eigenes Kapitel dazu: In Kapitel 8, »Online-Marketing – Kunden gewinnen, Umsätze steigern«, erfahren Sie alle relevanten Informationen, wie Sie Ihren Online-Shop bewerben können und worauf dabei zu achten ist. Planen Sie also direkt am Anfang, wie Sie die kritische Masse an Besuchern generieren möchten und welche Auswirkungen die gewählten Marketingkanäle auf Ihren Online-Shop haben.

1.3.5 Eigener Online-Shop oder Marktplätze?

Auch diese Frage hat eine gewisse Berechtigung. Benötigen Sie für den Anfang überhaupt einen eigenen Online-Shop, oder reicht es Ihnen, auf Amazon und eBay die ersten Erfahrungen zu sammeln? Wenn Sie im E-Commerce starten möchten, gibt es zwei Wege, wobei Sie sich für einen der beiden entscheiden müssen.

Beim ersten Weg bauen Sie einen eigenen Online-Shop auf. Das heißt, unter einer eigenen Domain wie *www.meinshop.de* errichten Sie nach Ihren Vorstellungen einen Online-Shop, den Sie optisch und von der Funktionsweise her komplett Ihren Vorstellungen und Wünschen anpassen können. Diesen Online-Shop müssen Sie aber zuallererst entwickeln lassen. Was das im Detail bedeutet, sehen Sie am Ende dieses Kapitels, denn dort spielen wir die Planung eines solchen Online-Shops durch. Bei einem eigenen Online-Shop haben Sie die größte Freiheit, denn Sie sind Ihr eigener Herr, und es gibt keine Vorgaben, an die Sie sich halten müssen.

Der zweite Weg ist die Nutzung eines bereits bestehenden Marktplatzes wie eBay oder Amazon. Der Vorteil besteht in der bereits vorhandenen Technik und den vorhandenen Benutzern. Sie müssen keinen eigenen Online-Shop konzipieren und entwickeln. Technik spielt für Sie absolut keine Rolle, und Sie können sich von Anfang an auf Ihre Produkte konzentrieren.

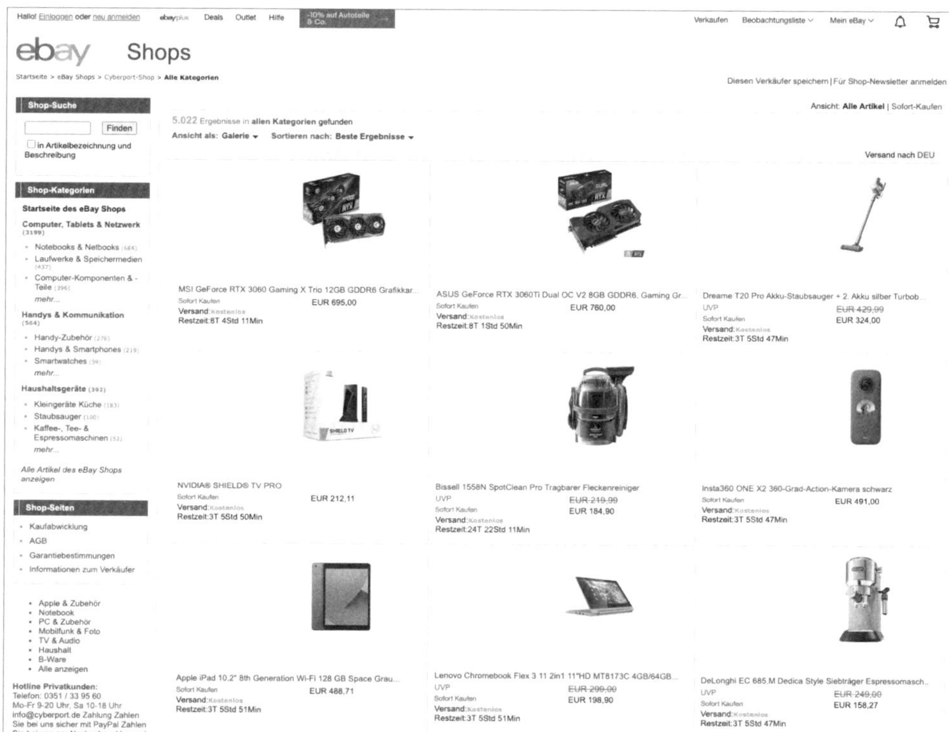

Abbildung 1.11 eBay-Shop von cyberport.de

Sie sehen einen beispielhaften eBay-Shop in Abbildung 1.11. Natürlich haben Sie beschränkte Möglichkeiten, die Optik anzupassen; alles in allem sind Sie jedoch im eBay-System »gefangen« und müssen sich an die gegebenen Rahmenbedingungen halten. Die technischen Limitierungen sind sicherlich ein Nachteil, auf der anderen Seite sind Sie im Handumdrehen auf einem Marktplatz vertreten, der tagtäglich sehr stark frequentiert ist. Hier geht es wirklich ausschließlich um die Produkte und die Preise, gutes oder schlechtes Marketing spielt eine geringere Rolle. Aber auch die Vergleichbarkeit ist sehr hoch, denn andere Händler verkaufen hier womöglich exakt dieselben Produkte wie Sie. Zusätzlich verdient eBay an jedem Verkauf Ihrer Produkte, was Transaktionskosten und geringere Gewinnmargen bedeutet.

Was ist nun besser, ein eigener Online-Shop oder die Nutzung von Marktplätzen? Diese Frage ist pauschal gar nicht einfach zu beantworten. Amazon oder eBay sind hervorragende Möglichkeiten, um die grundsätzliche Akzeptanz von Artikeln zu testen, sprich, ob es im Internet eine Nachfrage gibt und für welche Preise bestimmte Artikel verkauft werden können etc. Als »Testballon« lohnen sich Marktplätze daher auf jeden Fall, da Sie eben keinen technischen Overhead haben und Produkte direkt einstellen und verkaufen können. Wissen Sie jedoch, dass sich gewisse Artikel erfolgreich verkaufen lassen, macht der Verkauf über einen eigenen Online-Shop immer mehr Sinn. Denn wenn Sie wie bei Amazon 10–15 % Transaktionskosten haben, bleibt oftmals vom Gewinn einer Bestellung nicht mehr viel übrig. Dementsprechend ist der Verkauf über einen eigenen Online-Shop, auch wenn die Entwicklung gewisse Kosten verursacht, immer die wirtschaftlich »bessere« Alternative.

Übrigens: Natürlich können Sie auch beides machen und einen eigenen Online-Shop sowie einen Shop auf eBay betreiben. Im Rahmen einer Multi-Channel-Strategie ist das auch ein ganz normales Vorgehen. In diesem Buch erlauben wir uns in den ersten Kapiteln jedoch eine gewisse Schwarzweißdenkweise, da Sie mit einem der beiden Ansätze starten müssen. Würden Sie direkt mehrere Kanäle von Anfang an bespielen, würde das mit hoher Wahrscheinlichkeit Ihre Ressourcen sowohl personell als auch finanziell überfordern. Konzentrieren Sie sich lieber auf einen Absatzkanal, und bespielen Sie diesen »richtig«, statt zwei Dinge nur halbherzig zu tun.

Eigener Online-Shop vs. Marktplätze

In Kapitel 2, »Welcher Shop ist der richtige? Technische Lösungen und Möglichkeiten«, werden Ihnen verschiedene Online-Shop-Softwarelösungen vorgestellt, und anschließend können Sie sich auch ein Bild davon machen, mit welchen Aufwänden Sie bei der Realisierung rechnen müssen. Wenn Sie dabei merken, dass der Aufwand und die Investitionen einfach zu hoch sind, empfiehlt es sich, erst einmal mit einem Amazon- oder eBay-Shop zu starten. Denn hier haben Sie keine hohen Investitionskosten und können direkt mit der Generierung von Umsätzen loslegen.

1.3.6 Planen Sie lieber etwas länger und dafür genauer

Bevor Sie mit der Planung und Konzeption Ihres Online-Shops beginnen, ist die Arbeit im Vorfeld die mit Abstand wichtigste. Wie Sie auf den vorherigen Seiten gesehen haben, müssen Sie zuallererst Ihre Hausaufgaben machen, da ansonsten womöglich die falsche Zielsetzung gewählt wird, die falschen Produkte angeboten werden und die USPs nicht klar ausgearbeitet sind. Ob Sie Ihre Hausaufgaben gemacht haben, können Sie letztendlich herausfinden, indem Sie folgende Frage beantworten: *Welchen Mehrwert bietet mein Online-Shop meinen Kunden gegenüber den Online-Shops meiner Konkurrenten?* Wenn Sie hierauf wie aus der Pistole geschossen eine kurze und knappe Erklärung in ein bis zwei Sätzen liefern können, steht dem Start in den Online-Handel nichts mehr im Weg.

1.4 Grundsätzliche Unterschiede zwischen B2C und B2B

Ganz gleich, mit welchen Unternehmen Sie sich messen wollen, also wer zu Ihren Marktbegleitern gehört oder eben nicht, stellt sich von Anfang an die Frage, ob Sie an Privatkunden (B2C) oder Geschäftskunden (B2B) Ihre Waren und Dienstleistungen verkaufen möchten. Natürlich kann es auch vorkommen, dass Sie beide Kundengruppen adressieren möchten, also sowohl B2C als auch B2B.

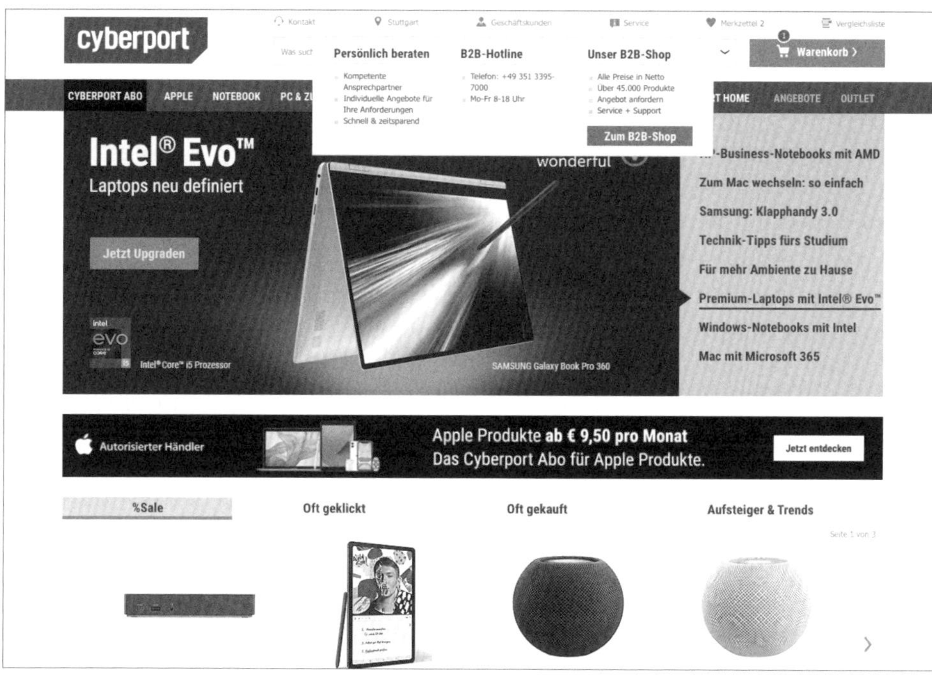

Abbildung 1.12 Cyberport bietet den Absprung in den Geschäftskundenshop direkt im Kopfbereich.

Wie Sie in Abbildung 1.12 am Beispiel von Cyberport sehen, gibt es einen direkten Absprungbereich in den Geschäftskunden-Shop. Aber warum eigentlich, warum bedarf es getrennter Bereiche und wie stark unterscheiden sich B2C und B2B? Lassen Sie uns, um diese Frage zu beantworten, einen grundsätzlichen Blick auf dieses Thema werfen.

1.4.1 Business-to-Consumer (B2C)

Wenn Sie privat im Internet Waren und Dienstleistungen beziehen, handelt es sich um das klassische B2C-Szenario. Ein Unternehmen verkauft Ihnen als Privatperson Produkte und Leistungen, bzw. Sie beziehen diese als Privatperson. Die Besonderheiten und Eigenheiten sind Ihnen, wenn vielleicht auch nicht ganz so bewusst, definitiv bekannt. Endkunden wie Sie treffen schnell Kaufentscheidungen und geben in der Regel überschaubare Beträge aus. Ja, es gibt auch die Möglichkeit, für mehrere 1.000 € Sofas, Küchengeräte und Computer zu kaufen. Aber oftmals sprechen wir im B2C über Warenkörbe von 50 €–100 €, zum Beispiel für Drogerieartikel, Bücher, Computerspiele etc. Das ist ein sehr großer Unterschied zum B2B, wie Sie später auch sehen werden. Zudem werden Kaufentscheidung häufig emotional getroffen. Denn Hand aufs Herz: Wie oft haben Sie schon etwas bestellt, obwohl Sie es gar nicht benötigen? Aus eigener Erfahrung können wir sagen, dass uns dies zumindest ab und an passiert ist. Denn Einkaufen macht Spaß, und Endkunden kaufen eben auch gerne zum Spaß ein.

Die Intention eines Einkaufs im B2C ist also nicht immer rein bedarfsgetrieben, vielmehr passieren an dieser Stelle auch Lustkäufe. Dementsprechend müssen B2C-Online-Shops genau auf das einzahlen. Es werden sehr häufig Geschichten erzählt, Kunden emotional abgeholt, und in erster Linie geht es darum, Ihnen als Interessent etwas zu verkaufen, auch wenn Sie es gar nicht benötigen. Komfort spielt eine große Rolle, sowohl optisch als auch technisch. Denn als Privatkunden bezahlen wir gerne per Kreditkarte oder PayPal, lassen uns Produkte gerne zu Packstationen senden und möchten auch, wenn die Kaufentscheidung einmal getroffen ist, sehr schnell bezahlen und den Shop wieder verlassen, ähnlich wie bei einem Ladengeschäft in der Innenstadt. Oder stehen Sie gerne stundenlang an Kassen, nur um Produkte zu bezahlen, und merken dann frustriert, dass nur eine Barzahlung möglich ist, obwohl Sie per Kreditkarte bezahlen möchten?

Apropos bezahlen und einkaufen: Auch Kundentreue ist im B2C ein spannendes Thema. Denn je nach Produkt, Zielgruppe, Branche und natürlich Ihrer Positionierung existiert diese de facto nicht. Speziell Preissuchmaschinen sind im B2C Fluch und Segen zugleich: Segen, weil sie Ihnen Kunden auf das System leiten können, Fluch, weil viele Endkunden vor allem auf den Preis achten und dann dort bestellen, wo es am günstigsten ist.

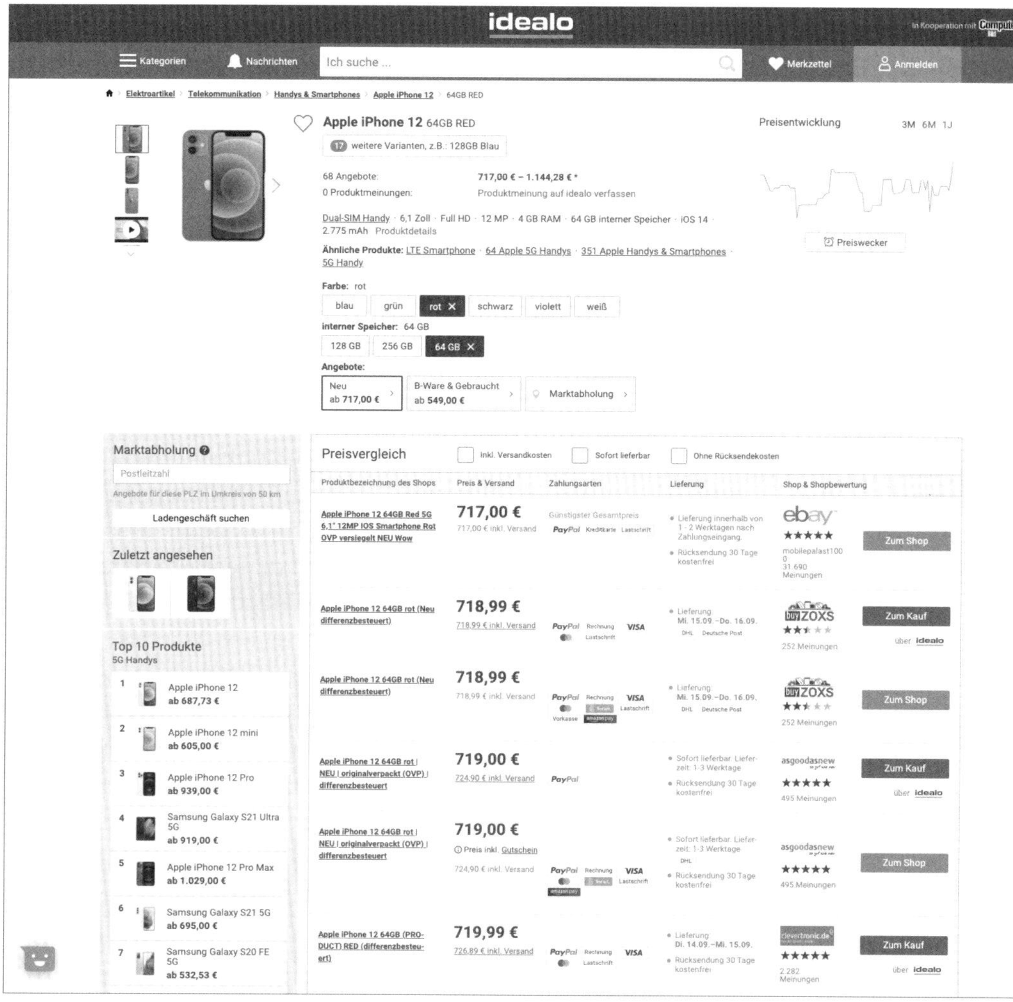

Abbildung 1.13 Oftmals gewinnt der günstigste Online-Shop den Kunden.

Aber um es an dieser Stelle gleich vorwegzunehmen: Das Rennen, immer der günstigste Shop zu sein, werden Sie definitiv verlieren. Versuchen Sie es also erst gar nicht, denn es gibt immer Online-Shops, die Produkte günstiger anbieten können. Das macht aber tatsächlich die Sache im B2C etwas komplex, denn wenn die Kundenloyalität abnimmt und es immer günstigere Mitbewerber gibt, erhöhen sich für Sie die Aufwände. Denn dann müssen Sie über zusätzliche Services und Nutzen punkten – ein Thema, das Sie im Buch durchgehend begleiten wird.

Ansonsten erfordert das B2C noch weitere Eigenschaften bzw. Voraussetzungen, die Sie beispielsweise im B2B nicht haben: schnelle Lieferzeiten, einfache Bestellmöglichkeiten per Smartphone, günstige Versandkondition etc. Eine komplette Liste würde an dieser Stelle sicherlich den Rahmen sprengen, schauen Sie sich aber bei der Bewertung vor allem einmal Endkundenshops an und identifizieren Sie deren Eigenheiten. Sie werden vermutlich relativ schnell feststellen, auf was Sie achten müssen und wie das B2C »tickt«.

1.4.2 Business-to-Business (B2B)

Neben dem B2C gibt es auch noch das B2B, also den Verkauf an Geschäftskunden. Im direkten Vergleich ist der B2B-E-Commerce in Deutschland noch etwas unterentwickelt, ticken doch die Branchen und Kundenbedürfnisse ein wenig anders. Aber es bedeutet auch, dass speziell im B2B noch sehr gute Wachstumschancen und Möglichkeiten existieren. Doch was unterscheidet das B2B vom B2C im Detail?

Da Unternehmen einkaufen, geht es vor allem um die Deckung eines Bedarfs. Lustkäufe kommen daher praktisch nicht vor, und die werbliche Komponente, die im B2C enorm wichtig ist, rückt eher in den Hintergrund. Unternehmen wissen in der Regel, was sie benötigen, und es geht in einem Online-Shop für Unternehmen primär darum, schnell die gewünschten Produkte zu finden und diese zu beziehen. Beim Kauf liegen oftmals auch Rahmenvereinbarungen und Verträge vor, weswegen eine genaue Kalkulation der Preise, auch was Versandkosten angeht, oftmals gar nicht notwendig ist. Denken Sie vor allem an komplexe Ersatzteile für Maschinen. Hier sind meistens weder exakte Liefertermine noch exakte Versandkosten vorhersehbar, weswegen Unternehmen auch ohne die exakte Angabe von Preisen einkaufen. Es ist natürlich ein Extrembeispiel, denn wenn Sie als Geschäftskunde bei Cyberport eine Bestellung aufgeben, so erhalten Sie immer die exakten Nettopreise und Lieferzeiten. Aber es geht eben auch anders, und je komplexer und individueller Ihre Branche tickt, desto wahrscheinlicher ist dies.

Übrigens: In B2B-Online-Shops ist es auch gar nicht gesagt, dass Sie sofort Bestellungen aufgeben können. Oft sind diese Online-Shops »gesperrt«, und man muss sich anmelden, um Zugriff zu erhalten. Anmelden kann man sich aber erst nach einer erfolgreichen Registrierung, bei der dann auch Daten wie ein Gewerbenachweis geprüft werden. Der Prozess direkt zu bestellen ist also länger als im B2C, denn in B2C-Shops zählen auch Gastbestellungen mittlerweile zum Standard. Gastbestellungen im B2B sind hingegen sehr unüblich bis gar nicht vorhanden.

Auch was technische Funktionen betrifft, unterscheiden sich B2C und B2B signifikant. Das ist auch der Grund, warum es bei den Online-Shop-Softwares immer die Unterscheidung dieser beiden Kategorien gibt. B2B-Systeme können beispielsweise ganze Unternehmen mit mehreren Ansprechpartnern, Rahmenaufträgen, kundenindividuellen Preisen sowie komplexen Produkten abbilden. B2C-Shop-Systeme können dies in der Regel nicht. B2B-Shop-Systeme sind oftmals in der Implementierung kostenintensiver, bei B2C-Systemen können Sie hingegen häufig schnell starten.

Was das Design bzw. die Optik angeht – werfen Sie gerne einmal einen Blick auf Abbildung 1.14 – sind B2B-Online-Shops oftmals etwas altbacken und langweilig.

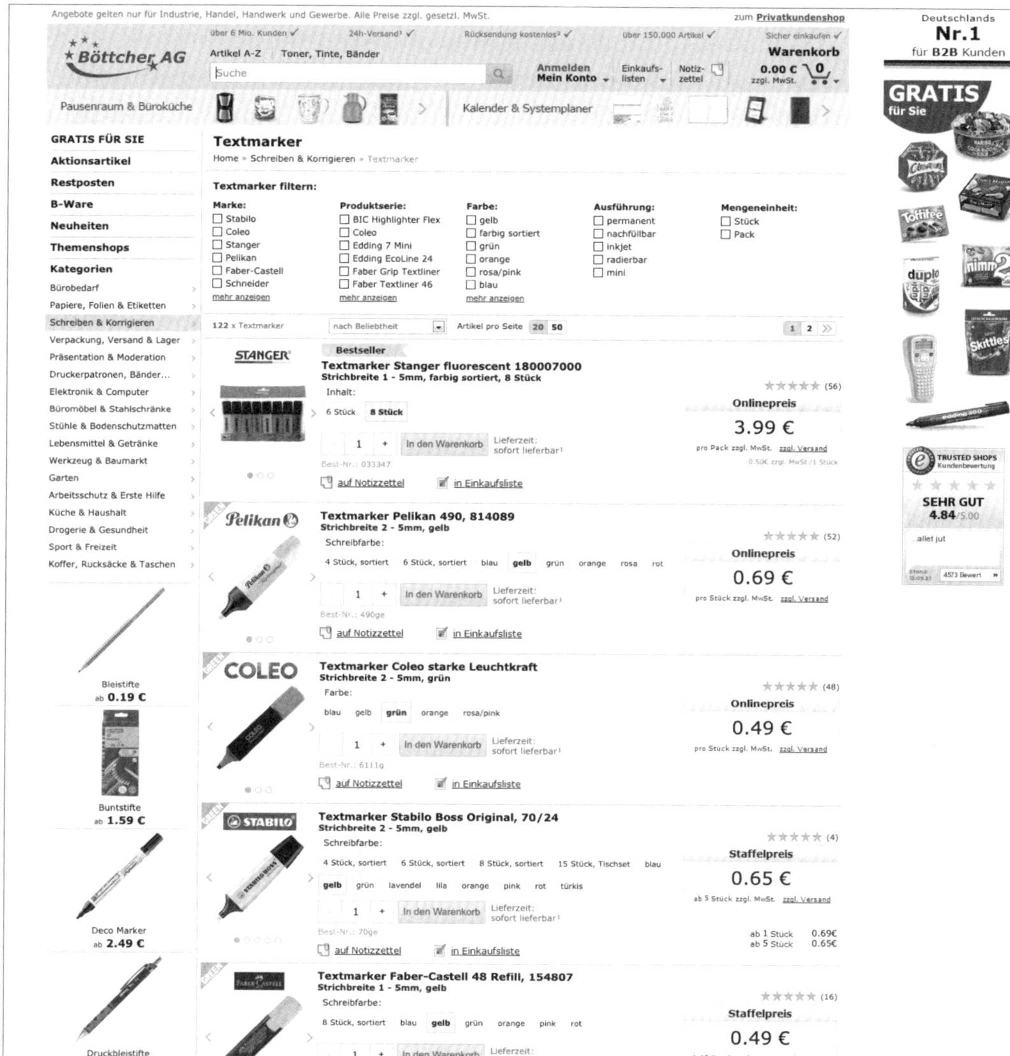

Abbildung 1.14 B2B-Shops erkennt man oft an Nettopreisen und etwas altmodischen Designs.

Dies ändert sich jedoch aktuell stark, und auch bei B2B-Online-Shops wird verstärkt Wert auf eine gute Usability und ein moderneres Auftreten gelegt. Bieten Sie daher Ihren Kunden definitiv eine ansprechende Plattform, denn die Geschäftskunden, die gegebenenfalls bei Ihnen einkaufen, sind Systeme aus dem Privatkundengeschäft gewohnt, die einfach funktionieren, übersichtlich sind und schnell zum Ziel führen.

1.4.3 Treffen Sie eine Entscheidung

Speziell wenn Sie im E-Commerce starten und limitierte Ressourcen und Kapazitäten haben, sollten Sie sich auf eine B2C- oder B2B-Strategie festlegen und nicht zweigleisig fahren. Zudem ist es von Anfang an wichtig, ob Sie Endkunden oder Geschäftskunden ansprechen möchten, wirkt sich dies doch auf die Wahl der Software, auf Absatz- und Marketingkanäle und praktisch auf Ihre gesamte E-Commerce-Strategie aus. Daher können und dürfen Sie auch nicht die Strategie kurzfristig ändern. Werden Sie sich von Anfang an bewusst, welchen Markt bzw. welche Kundenstruktur Sie ansprechen möchten, und behalten Sie dies konsequent im Hinterkopf.

1.5 Der Faktor Ihrer Branche

Gibt es branchenspezifische Unterschiede? Ja, aber es kommt darauf an. Wenn Sie in den E-Commerce starten, brauchen Sie auf jeden Fall ein gutes Verständnis dafür, wie die Branche und die Kunden in Ihrer Branche ticken. Dementsprechend ist es auch schwierig, wenn Sie ohne großes Produktwissen einfach in den E-Commerce einsteigen und mit einem Online-Shop starten. Doch was bedeuten branchenspezifische Unterschiede konkret?

Nehmen wir als Beispiel eine Branche, die Sie sicherlich auch gut kennen, wenn auch nur aus Sicht des Konsumenten. Wenn Sie in der Modebranche/Fashion unterwegs sind, werden Sie mit Ihren Kunden im E-Commerce anders umgehen müssen, als wenn Sie Elektronikartikel verkaufen. Denn das größte Problem in der Modebranche sind definitiv Retouren. Ihr Fokus wird also darauf liegen müssen, Retouren zu vermeiden. Denn wenn Sie Retouren vermeiden, können Sie profitabel agieren und Ihr Business aufbauen. Wenn Sie das hingegen nicht schaffen, werden Sie ca. 50–60 % Rückläufer erhalten und sowohl Umsatz nicht erzielen als auch mit horrenden Prozesskosten zu kämpfen haben.

Doch wie können Sie Retouren vermeiden? An dieser Stelle können wir Ihnen dieses Geheimnis nicht verraten, ehrlich gesagt kennen wir es nicht. Unternehmen wie Zalando und OTTO arbeiten mit Hochdruck an der Lösung, doch immerhin gibt es einfache Wege und Ansätze, um die Retourenquoten klein zu halten. Daher haben Sie in der Modebranche vor allem mehr Erklärungen, mehr Nutzerfeedback und auch Werkzeuge, die Kunden bei der Wahl der passenden Größe bzw. Wahl des passenden Outfits weiterhelfen. In anderen Branchen hingegen spielt dieses Thema eine untergeordnete Rolle, weswegen auf diese Strategien und Tools verzichtet werden kann.

Was bedeutet dies konkret für Sie? Sie müssen, bevor Sie in den E-Commerce starten, ganz klar analysieren, mit welchen Herausforderungen und Fragestellungen die Branche zu kämpfen hat, sowohl digital als auch analog. Sie müssen diese Probleme kennen und frühzeitig identifizieren. Auf Basis dieser Auswertung können Sie anschließend evaluieren, wie Sie diese besonderen Fragestellungen im E-Commerce lösen können, beispielsweise durch bestimmte Webshop-Lösungen, zusätzliche Tools, Inhalte bzw. Strategien. Wichtig ist an dieser Stelle einfach der Hinweis, dass in jeder Branche diese Besonderheiten existieren, wie auch immer sie im Detail aussehen, und dass Sie sich mit diesen auseinandersetzen müssen.

1.6 Mit welchen Kosten und Zeitinvestitionen müssen Sie rechnen?

Sie werden sicherlich zustimmen, dass ein Online-Shop Geld kostet. Diese Aussage ist aber leider, entgegen der weitverbreiteten Meinung in Unternehmen, falsch. Ein Online-Shop kostet kein Geld, vielmehr erfordert ein Online-Shop Investitionen. Dieser kleine, aber feine Unterschied ist keine sprachliche Spitzfindigkeit, denn Kosten und Investitionen sind keine Synonyme. Aufgrund unserer Erfahrung in E-Commerce-Projekten lässt sich aber behaupten, dass die Differenzierung zwischen Kosten und Investitionen ein mentaler Faktor ist, der einen erfolgreichen von einem erfolglosen Online-Shop-Betreiber unterscheidet. Denn wenn Sie das Empfinden haben, dass Sie kein Geld ausgeben, sondern Geld investieren, werden Sie im E-Commerce die Entscheidungen treffen, die Ihnen letztendlich Umsatzsteigerungen und Erfolge bescheren. Wenn Sie hingegen bei jedem Feature oder jeder Werbekampagne denken: »Jetzt möchte die Agentur schon wieder Geld, die Kosten in diesem Monat explodieren«, dann müssen Sie Ihre innere Einstellung nochmals überdenken. Ja, ein Online-Shop erfordert Investitionen, aber – und das ist der springende Punkt – am Ende muss dabei immer mehr herauskommen, als Sie reingesteckt haben. Bei Kosten ist das hingegen anders. Kosten fallen an und werden beglichen. Punkt. Investitionen hingegen werden getätigt und liefern ein Ergebnis.

Leider wird in der heutigen Zeit der Aufwand, der für die Realisierung eines E-Commerce-Projekts notwendig ist, gerne unterschätzt. Da viele E-Commerce-Lösungen »einfach« installiert werden können, wird dies gerne mit einem kompletten E-Commerce-Projekt gleichgesetzt. Denn man »installiert« ja nur eine Online-Shop-Software und pflegt Produkte ein, und schon kann es losgehen. Weit gefehlt, innerhalb eines E-Commerce-Projekts müssen die verschiedensten Tätigkeiten und Jobs durchgeführt werden. Damit Sie ein besseres Gespür dafür bekommen, was tatsächlich nötig ist, werden wir Ihnen an dieser Stelle eine exemplarische Auflistung der Tätigkeiten an die Hand geben.

1.6.1 Entwicklung der E-Commerce-Strategie

Sie können nicht einfach mit einem Online-Shop starten, sondern müssen zuallererst eine ganzheitliche E-Commerce-Strategie entwickeln. Welche Produkte möchten

Sie vertreiben, wie setzen Sie sich von Ihren Konkurrenten ab, wie soll der Online-Shop beworben werden? Das sind nur wenige Fragen, die Sie sich innerhalb der Strategieentwicklung stellen müssen. Auf den vorherigen Seiten haben Sie einen Einblick bekommen und wissen nun, welcher Aufwand allein für die Markt- und Mitbewerberanalyse betrieben werden muss, damit Sie mit einem möglichst guten Konzept starten können. Nehmen Sie sich für die Strategieentwicklung bitte die notwendige Zeit, und brechen Sie nichts übers Knie. Die Strategie können Sie dabei auch mit Bekannten und Geschäftspartnern diskutieren, denn hier werden Sie das erste Feedback erhalten, ob Sie auf dem richtigen Weg sind oder Anpassungen vornehmen müssen. Da die Strategie die Basis Ihres Engagements ist, muss Ihr Schwerpunkt voll und ganz auf der Strategieentwicklung liegen.

1.6.2 Ausarbeitung der Anforderungen und Projektplanung

Sobald Sie die Anforderungen Ihres Online-Shops kennen, kann mit der eigentlichen Planung begonnen werden. Denn zu diesem Zeitpunkt haben Sie ausschließlich nichttechnische Anforderungen wie »Mein Online-Shop benötigt eine Anbindung an eBay«. Diese Anforderungen müssen nun konkretisiert werden, das heißt, es muss geklärt werden, wie diese Anbindung stattfindet. Oder wenn Sie beispielsweise einen Produktkonfigurator benötigen, wird innerhalb dieser Phase genau definiert, wie dieser zu funktionieren hat. Letztendlich benötigen Sie eine Art Pflichtenheft oder User-Storys, die alle Anforderungen auflisten und, wenn möglich, schon einen groben Plan skizzieren, wie diese gelöst werden sollen. Auch hier sollten Sie nicht zu schnell zum Ende kommen. Die Anforderungen sind sozusagen das technische Fundament, auf dem Sie Ihren Online-Shop aufbauen. Versuchen Sie Ihre Anforderungen so gut wie möglich zu spezifizieren, sodass unterschiedliche Personen beim Lesen der Anforderungen sofort verstehen, was gewünscht und gewollt ist.

1.6.3 Designentwicklung

Da Ihr Online-Shop natürlich auch optisch etwas hermachen muss, wird vor der technischen Realisierung zuerst ein Design entwickelt. Dieser Prozess findet immer in Absprache mit dem Kunden, der Technik und der Grafik statt. Als fertiges Ergebnis benötigen Sie von allen relevanten Ansichten Grafikdateien, die der Technik als Vorlage dienen. Denn nur wenn Sie eine 100%ige Vorgabe der jeweiligen Ansicht haben, kann diese Ansicht auch in Form eines Templates für Ihren Online-Shop umgesetzt werden. Behalten Sie bitte im Hinterkopf, dass die Designentwicklung ein sehr kommunikativer Teil innerhalb Ihres E-Commerce-Projekts ist. Sorgen Sie dafür, dass die notwendigen Ansprechpartner zur Verfügung stehen und Feedback schnell erfolgt.

1.6.4 Technische Realisierung

Sofern alle technischen Anforderungen spezifiziert sind und das Design vorliegt, kann mit der technischen Realisierung des Online-Shops begonnen werden. Innerhalb dieser Phase geht es um die »Programmierung«, das heißt, nicht vorhandene Funktionen werden entwickelt, das Design wird umgesetzt, und alle Anforderungen werden realisiert. In diese Phase fällt auch die Anbindung des Shops an externe Systeme, zum Beispiel an einen Payment-Provider und einen Logistikdienstleister. Erfahrungsgemäß handelt es sich bei der technischen Realisierung um einen sehr agilen Projektabschnitt. Es ist utopisch, im Vorfeld alle Anforderungen bis ins kleinste Detail planen zu können. Daher ergeben sich vor allem in dieser Phase oftmals sehr viele Änderungen und Anpassungen. Es liegt an Ihnen, diesen einen Riegel vorzuschieben, denn wenn Sie in dieser Phase zu viel Zeit verschenken und sich »verkünsteln«, hat dies den meisten Einfluss auf den Zeitplan.

1.6.5 Inhaltserstellung

Ein Online-Shop benötigt Inhalte, viele Inhalte. Dieser Punkt wird immer unterschätzt. Tun Sie sich daher den Gefallen, und unterschätzen Sie diesen Punkt bei Ihrem Projekt nicht. Für jede Ansicht Ihres Online-Shops, sei es die Startseite, das Impressum oder der Teil »Über uns«, werden Inhalte in Form von Texten und Bildern benötigt. Aber auch die Produktdaten sind Inhalte, die bereitgestellt werden müssen. Es handelt sich bei der Inhaltserstellung um eine Aufgabe, die zeitgleich zur technischen Realisierung erfolgen muss, da hier weitaus mehr Aufwand nötig ist, als man denkt. Neben einer Vielzahl an Seiten Text, die Sie erstellen müssen, benötigen Sie ebenso gute Fotos und abschließend eine Prüfung aller Inhalte. Das kostet eine Menge Zeit, und gerade die fehlenden Inhalte verzögern oftmals die Fertigstellung eines Projekts.

1.6.6 Ausarbeitung und Durchführung der Werbemaßnahmen

Basierend auf Ihrem E-Commerce-Konzept müssen Werbemaßnahmen geplant und durchgeführt werden. Dazu zählen die Entwicklung und Umsetzung von Google-Ads-Kampagnen, die Suchmaschinenoptimierung, die Entwicklung von Landingpages und die Anbindung von Preissuchmaschinen und Marktplätzen. Unterschätzen Sie auch diesen Punkt nicht, denn gute Werbemaßnahmen erfordern Zeit und Kreativität. Beginnen Sie daher schon frühestmöglich mit der Planung und Umsetzung, sodass Sie beim Go-live des Online-Shops nur noch den Hebel umlegen müssen.

1.6.7 Schulung der Mitarbeiter

Letztendlich haben Sie die Wahl, ob Sie Ihre Mitarbeiter gemäß dem Learning-by-Doing-Prinzip durch den Online-Shop irren oder sie schulen lassen. Fakt ist: Vor dem Go-live müssen sich Ihre Mitarbeiter gut mit dem Online-Shop auskennen, sodass Bestellungen problemlos bearbeitet und Artikel effizient eingepflegt werden können. Binden Sie Ihre Mitarbeiter daher so früh wie möglich in den Realisierungsprozess mit ein, und stellen Sie in unregelmäßigen Abständen eine Testversion für Ihre Mitarbeiter bereit. Denn wenn Sie relevante Funktionsweisen und Abläufe erst nach dem Go-live klären, ist das oftmals zu spät.

1.6.8 Testphase und Go-live

Die Werbekampagnen stehen, Ihre Mitarbeiter kennen sich mit dem Online-Shop aus, und die technische Realisierung ist abgeschlossen. Alle Inhalte sind eingepflegt, und es kann mit dem Verkaufen losgehen. Genau an diesem Punkt müssen Sie eine Testphase integrieren, in der wirklich alle Funktionen auf Herz und Nieren geprüft werden. In einer Testphase, das war in der Geschichte von E-Commerce-Projekten noch nie anders, werden auch immer Punkte ans Licht kommen, die man bisher nicht bedacht oder nicht richtig durchdacht hatte. Deswegen ist es essenziell, nach einer Testphase ebenso eine Korrekturphase einzuplanen, in der die größten Hindernisse aus dem Weg geräumt werden. Erst wenn dies geschehen ist, können Sie guten Gewissens mit Ihrem Online-Shop live gehen.

Grob zusammengefasst sind das die wichtigsten Phasen und Schritte, die jeder Online-Shop-Betreiber bei der Realisierung durchlaufen muss. Wohlgemerkt haben wir uns bei der Auflistung am unteren Rahmen des Möglichen orientiert, sprich, es handelt sich um die Minimalanforderungen. Wenn Sie einmal betrachten, welche Phasen es gibt, und sich Gedanken zur jeweiligen Zeitspanne machen, die für ihre Realisierung angesetzt werden muss, werden Sie selbst sehen, dass ein Online-Shop nicht »mal kurz« oder innerhalb einer Woche realisiert werden kann. Interessanterweise ist dies aber die Anspruchshaltung der meisten Anfragenden bzw. Unternehmen, die mit einem Online-Shop aktiv werden möchten. Es ist, wie Sie sehen, also nicht mit der bloßen Installation einer Software getan.

Sie werden sich vermutlich fragen, was dies nun in Euro ausgedrückt für Sie bedeutet und welche Investitionen mindestens getätigt werden müssen, um die »Minimalanforderungen« zu erfüllen. Eine pauschale Aussage ist schwierig, denn viele Faktoren bestimmen letztendlich den Aufwand. Welche Software nutzen Sie, welchen Stundensatz hat der Dienstleister, wie groß ist der Umfang des Projekts, welche Tätigkeiten übernehmen Sie selbst, und welche Tätigkeiten lassen Sie von Ihrem Dienstleister erledigen? Beginnen wir mit den Stundensätzen. Je nach Region und Größe des Dienstleisters liegen diese im Schnitt bei 100 bis 200 €. Es hängt ein wenig davon ab, auf welche E-Commerce-Lösung Sie setzen, denn diese beeinflusst maßgeblich den Stundensatz der Agentur, aber rechnen Sie einmal grob mit der genannten Preisspanne. Was die Dauer angeht, hängt wiederum vieles von der Online-Shop-Software ab, die Sie einsetzen, jedoch ist eine Projektlaufzeit von unter vier bis sechs Wochen utopisch. Wenn Sie einen kleinen Online-Shop planen und den Schritt in den E-Commerce wagen möchten, müssen Sie mit den genannten vier bis sechs Wochen rechnen. Nach oben gibt es keine Grenzen, auch Projektlaufzeiten mit sechs bis acht Monaten können sich schnell ergeben, je nachdem, wie groß und umfangreich die Anforderungen sind und welche E-Commerce-Lösung Sie einsetzen. Das bedeutet für Sie, dass es so gut wie unmöglich ist, ohne ein hohes fünfstelliges Budget einen vernünftigen Online-Shop zu realisieren!

Günstige Dienstleister mit geringen Budgets

Es wird immer Dienstleister geben, die mit günstigen Preisen oder Mietmodellen für ein paar Euro im Monat argumentieren. Stellen Sie sich hierbei einfach die Frage, wie es klappen soll, bei geringen Investitionen richtig gute Umsätze und Geld zu verdienen. Sie müssen erst einmal eine gewisse Summe Geld in die Hand nehmen, damit Profis gemeinsam mit Ihnen ein E-Commerce-Projekt konzipieren und realisieren können, und das erfordert nun einmal eine gewisse Zeit. Wenn Sie die Zeit streichen und begrenzen, haben Sie gegebenenfalls einen funktionierenden Online-Shop, der aber ohne Konzept, Strategie und Einfallsreichtum nicht überzeugen kann.

1.7 Finanzierung von E-Commerce-Projekten

Erfolgreiche E-Commerce-Engagements erfordern entsprechende Investitionen. Das bedeutet aber nicht, dass Sie die notwendigen finanziellen Mittel direkt auftreiben bzw. bereitstellen müssen. Auch wenn es immer eine Entscheidung von Fall zu Fall ist, lassen sich verschiedene Wege für die Finanzierung von E-Commerce-Projekten einschlagen, die wir Ihnen an dieser Stelle aufzeigen möchten.

1.7.1 Leasing

Sie werden nun eventuell etwas verdutzt dreinschauen, aber ja, Sie können E-Commerce-Projekte auch leasen. Was Sie von Autos kennen, funktioniert auch im E-Commerce, vorausgesetzt Ihr Dienstleister kann dies zusammen mit einer Bank anbieten. Der Vorteil beim Leasing ist, abgesehen von der Schonung Ihrer Liquidität, die Planbarkeit der monatlichen Kosten. Auch kann in der Regel nach drei bis vier Jahren das Projekt komplett abgelöst werden und Sie erhalten sozusagen wieder einen »neuen« Webshop. Durch das Leasing wird der E-Commerce zu einem planbaren monatlichen Kostenblock, der einfach als Grundrauschen mitläuft.

1.7.2 Fördermitteln

Speziell seit der Covid-19-Pandemie gibt es zusätzliche und weitere Fördermittel, die Sie bei Aufbau und Umsetzung einer E-Commerce-Strategie verwenden können. Deutschlandweit sollten Sie sich Go-Digital als Förderprogramm anschauen, einen Ansatz, der Ihnen unabhängig vom Bundesland zur Verfügung steht. Daneben gibt es, dies ist aber bundesländerspezifisch, weitere Förderungen. In Baden-Württemberg erhalten Sie beispielsweise von der L-Bank einen nicht rückzahlbaren Zuschuss in Höhe von 6.000 € bis 12.000 €, abhängig vom Projektvolumen. Wenn Sie also in den E-Commerce starten wollen, sollten Sie auf jeden Fall die Fördermöglichkeiten Ihres Bundeslandes evaluieren bzw. sich grundsätzlich Go-Digital im Detail ansehen.

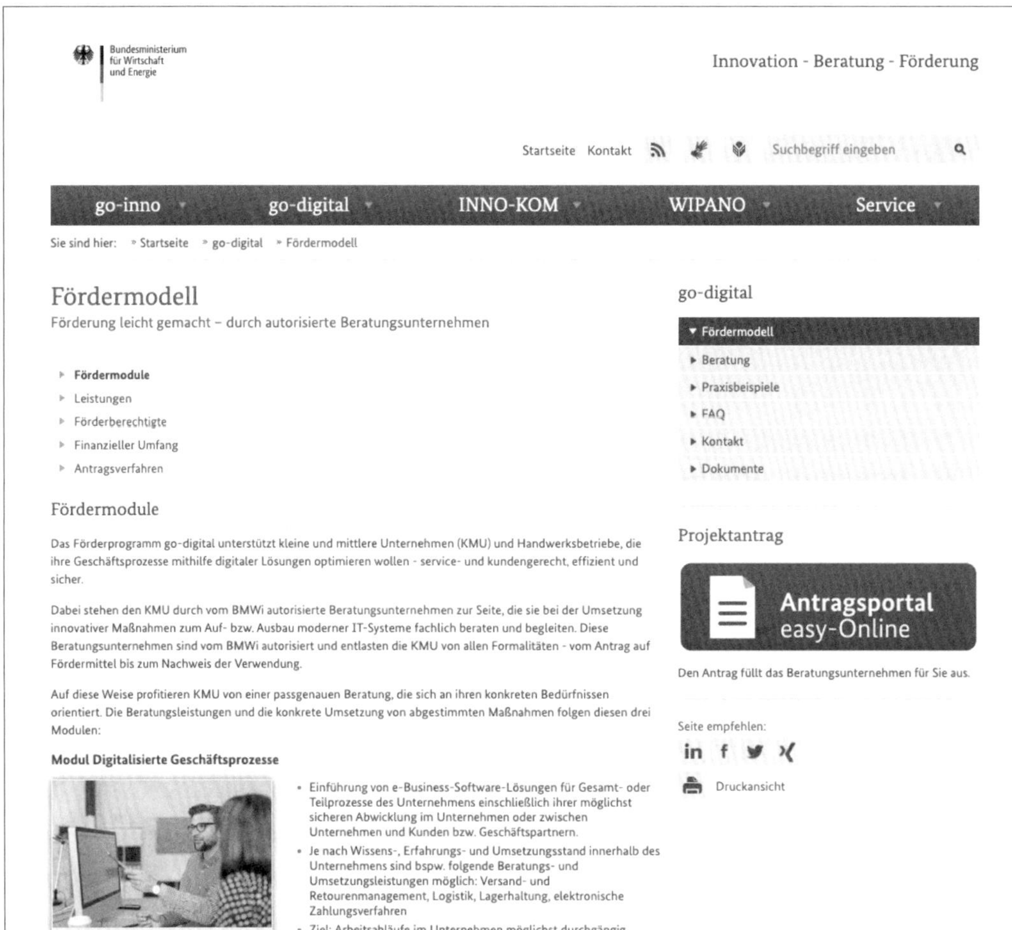

Abbildung 1.15 Go-Digital ist deutschlandweit verfügbar (https://www.innovation-beratung-foerderung.de).

1.7.3 Beteiligungen

Auch wenn dieser Fall eher selten vorkommt, so gibt es auch Implementierungspartner und Agenturen, die sich an Ihrem Vorhaben beteiligen und dadurch hinsichtlich der Kosten und Investitionen eine andere Struktur aufweisen. Ob für Sie aber eine Beteiligung infrage kommt, immerhin müssen Sie ein Stück vom Kuchen abgeben, bleibt Ihnen überlassen. Grundsätzlich können Sie das Thema aber bei Ihrem präferierten Partner anschneiden und vorfühlen, ob diese Möglichkeit besteht.

Erfolgsabhängige Vergütung im Online-Marketing

Speziell im Online-Marketing werden Sie Dienstleister und Partner vorfinden, die sich auf eine erfolgsabhängige Vergütung einlassen. Im Online-Marketing ist dies stellenweise aber auch etwas einfacher als bei der Implementierung. Denn hier kann eine Vergütung pro erzielten Verkauf bzw. generierten Kunden vereinbart werden.

1.8 Projekte mit einer Agentur oder inhouse durchführen

Die Pläne sind fertig, die Strategie ist ausgearbeitet, und nun geht es an die Realisierung. Sie stehen nun vor der vermeintlich schwierigen Frage, ob Sie das Projekt intern oder extern realisieren lassen. Beide Wege haben Vor-, aber auch Nachteile, sind aber gangbare Wege. Für welchen Weg Sie sich entscheiden, hängt letztendlich von unterschiedlichen Faktoren ab, die wir uns im Folgenden etwas genauer ansehen.

1.8.1 Vor- und Nachteile einer Inhouse-Entwicklung gegenüber einer Zusammenarbeit mit Agenturen

Für die Inhouse-Entwicklung müssen Sie als Voraussetzung die notwendigen Kapazitäten und das notwendige Know-how vorweisen. Die Kapazitäten sind oftmals gar nicht so das Problem, das Know-how dagegen schon. Denn im Gegensatz zur eigenen Werbe- oder IT-Abteilung beschäftigen sich E-Commerce-Agenturen tagtäglich mit einem oder zwei E-Commerce-Systemen und sind Profis. Gerade im Magento-Umfeld ist es beispielsweise nicht ungewöhnlich, wenn die E-Commerce-Agentur ausschließlich mit Magento arbeitet. Denn das notwendige Know-how, das man für die Realisierung eines Projekts benötigt, ist speziell bei diesem System enorm, und deswegen ist der Fokus auf ein oder zwei Systeme notwendig. Intern kann man dieses Know-how jedoch nur schwer aufbauen. Einzige Möglichkeit ist das Finden von Entwicklern, die sich speziell mit der selbst präferierten E-Commerce-Lösung auseinandersetzen. Doch wer sich etwas mit dem Arbeitsmarkt im Bereich der Softwareentwicklung beschäftigt, weiß, dass es wahrlich einfachere Aufgaben gibt. Für die Inhouse-Entwicklung benötigen Sie darüber hinaus vom Projektstart bis zum Ende weitaus mehr Ressourcen als bei der nachträglichen Weiterentwicklung und Optimierung, auch das müssen Sie bei dieser Rechnung bedenken. Positiv ist die Unabhängigkeit von einem oder mehreren Dienstleistern, denn bei der Inhouse-Entwicklung bündeln Sie das Wissen direkt in Ihrem Unternehmen.

Der Vorteil bei der Realisierung durch einen Dienstleister liegt speziell in dessen Know-how. Ihr Dienstleister agiert immer mit dem Blick über den Tellerrand und kann Erkenntnisse und Einflüsse aus anderen Branchen und von anderen Kunden einfließen lassen. Darüber hinaus ist ein Dienstleister immer ein Profi: Sowohl was die Projektplanung, die Kommunikation als auch die Realisierung angeht, hat ein Dienstleister immer den Vorteil, Tag für Tag nichts anderes zu tun, als E-Commerce-Projekte zu realisieren. Und genau von dieser Erfahrung müssen Sie speziell am Anfang profitieren. Denn das Wissen im E-Commerce lässt sich nicht mit ein paar Büchern und nach der Trial-and-Error-Methode aufbauen.

Oft wird bei der Wahl zwischen einer internen und externen Entwicklung mit den Kosten argumentiert. Dies ist jedoch meist eine Milchmädchenrechnung. Viele Unternehmen haben bei der Erfassung der tatsächlichen Kosten eine etwas »verzerrte« Sicht. Das liegt vermutlich daran, dass Sie von Ihrem Dienstleister klare Angebote und auch eine eindeutige Rechnung bekommen. Wenn Sie ein Angebot anfragen, werden Sie ein Angebot mit einer Endsumme x erhalten. Das sind die Kosten für das Feature oder das Projekt, und die stehen erst einmal im Raum. Der geleistete Arbeitsaufwand einer Inhouse-Entwicklung wird hingegen oftmals gar nicht richtig erfasst. Würde man die geleisteten Zeiten aller Beteiligten exakt einrechnen und Mitarbeitern nicht in Form von Überstunden projektspezifische Aufgaben aufbürden, käme am Ende des Tages die Inhouse-Entwicklung nicht wesentlich günstiger, nicht zuletzt, da für gewisse Tätigkeiten aufgrund mangelnder Erfahrung wesentlich mehr Zeit benötigt wird.

Die One-Man-Show-Projektrechnung

Gerade Start-ups oder Unternehmen, die aus einer Person bestehen, argumentieren oftmals mit zu hohen Projektkosten. Wenn Sie für ein gesamtes E-Commerce-Projekt beispielsweise 10.000 € veranschlagen, sind das im Schnitt maximal 12–15 Arbeitstage. Wenn Sie selbst einen Online-Shop realisieren, müssen Sie Ihre Arbeitszeit, die Sie für den Shop verwenden und eigentlich für andere Tätigkeiten verwenden müssten, natürlich gegenrechnen, und da liegen Sie oftmals weit über den 12–15 Arbeitstagen.

Verzichten Sie daher bei der Entscheidung, ob Sie das E-Commerce-Projekt intern oder extern entwickeln lassen, auf eine Argumentation über die Kosten, denn diese basiert oftmals auf einer verzerrten Datenbasis.

Idealerweise finden Sie eine Hybridlösung, bei der Sie einen Dienstleister finden, der federführend das E-Commerce-Projekt realisiert, parallel aber Ihre Mitarbeiter und gegebenenfalls Entwickler schult, sodass Sie das Projekt nach der Realisierung selbstständig weiterentwickeln können. Dadurch können Sie in Ihrem Unternehmen das notwendige Know-how ansammeln, haben auf der anderen Seite aber auch einen effizienten und professionellen Projektverlauf. Diese Hilfe zur Selbsthilfe ist unserer Meinung nach die ideale Form der Zusammenarbeit zwischen Kunde und Dienstleister.

1.8.2 Welche Informationen müssen im Vorfeld erarbeitet werden?

Wenn Sie einen externen Dienstleister mit der Realisierung Ihres E-Commerce-Projekts beauftragen möchten, müssen Sie im Vorfeld über die notwendigen Informationen verfügen, damit ein Angebot überhaupt abgegeben werden kann. In der Praxis ist das nämlich bei angehenden Projekten das größte Problem. Dienstleister erhalten meist ein paar Stichworte und sollen laut Kunde ein umfassendes Angebot abgeben, was jedoch absolut nicht möglich ist. Als Kunde fragen Sie selbstverständlich verschiedene Dienstleister an, da Sie die verschiedenen Angebote vergleichen und auf deren Basis eine Entscheidung treffen möchten. Die Intention, die Sie dabei verfolgen, ist absolut nachvollziehbar, denn wer möchte schon die Katze im Sack kaufen. Wenn Sie aber mit einem unvollständigen Briefing an Agenturen herantreten, werden Sie den Effekt haben, nicht vergleichbare Angebote zu erhalten. Denn jede Agentur reagiert auf solche Anfragen unterschiedlich, wobei die Reaktionen in zwei Lager aufgeteilt werden können: Es gibt Agenturen, die daraufhin zu wenige Funktionen und Leistungen anbieten, um einen möglichst geringen Preis zu erzielen. Auf der anderen Seite gibt es Agenturen, die Ihnen zu viele Funktionen und Leistungen anbieten, weil sie der Meinung sind, dass diese benötigt werden. Als Resultat haben Sie anschließend eine hohe Projektsumme. Als Kunde müssen Sie nun eine Entscheidung zwischen Angeboten treffen, bei denen die Kosten um ein paar hundert Prozent variieren. Es ist in der Praxis nicht unüblich, Angebote zwischen 5.000 und 75.000 € zu erhalten, basierend auf denselben (unvollständigen) Informationen eines Kunden.

Was ist die Konsequenz? Als Kunde sind Sie natürlich verunsichert und nehmen weder den teuersten noch den günstigsten Anbieter. Die Angebote werden Sie inhaltlich ebenso wenig vergleichen können, also gehen Sie zu dem Anbieter, bei dem Sie das beste »Bauchgefühl« haben und der bei den Kosten im unteren Drittel liegt. Damit fahren Sie vermutlich am Anfang ganz gut, aber im Projektverlauf werden Sie früher oder später auf Anforderungen stoßen, die gar nicht berücksichtigt wurden und nachkalkuliert werden müssen. Infolgedessen steigen die Projektkosten, eine Verdopplung der Kosten ist keine Seltenheit. Damit sind weder Sie als Kunde glücklich noch Ihr Dienstleister, der ein schlechtes Gefühl haben wird, denn diese Entwicklung wirkt sich früher oder später auf das Klima der Zusammenarbeit aus. Doch wie können Sie diesen Verlauf umgehen? Auch wenn Sie als Kunde es nicht gerne hören, aber die Probleme resultieren letztendlich aus dem Verhalten der Kunden, also Ihrem Verhalten. Sie haben zwei Möglichkeiten, wie Sie im Vorfeld ein sauberes und genaues Angebot erhalten können: Entweder Sie erstellen ein umfangreiches und detailliertes Projektbriefing, was einen gewissen Aufwand für Sie bedeutet, denn innerhalb von ein paar Stunden ist das nicht geschrieben. Alternativ hierzu müssen Sie bei einem Dienstleister, auf den Sie sich im Vorfeld festlegen, einen Workshop buchen, woraufhin der Dienstleister für Sie letztendlich das Briefing und die Anforderungen erstellt. Beide Varianten kosten Geld, bei Variante 1 in Form Ihrer Arbeitszeit und bei Variante 2 aufgrund der Beauftragung eines Dienstleisters.

Die Anzahl der Artikel hat keinen Einfluss auf den Aufwand

An dieser Stelle möchten wir Ihnen die Illusion rauben, die Anzahl der zu verkaufenden Artikel habe einen Einfluss auf den Aufwand und somit die Kosten des Projekts. Es spielt keine Rolle, ob Sie drei Produkte oder 3.000 verkaufen. Der Aufwand für die Konzeption und Realisierung ist immer der gleiche. Dennoch wird dieses Argument bei der Diskussion von Angeboten und Aufwänden interessanterweise oft vorgebracht. Sie können uns aber glauben: Die Anzahl der Artikel spielt absolut keine Rolle!

Wenn Sie im ersten Schritt keinen Workshop beauftragen, aber dennoch ein gut strukturiertes und umfangreiches Briefing erstellen möchten, was auf jeden Fall zu empfehlen ist, werfen Sie bitte einen Blick in Abschnitt 1.10, »Erstellung eines Anforderungskatalogs«, der sich mit der Entwicklung eines Briefings beschäftigt.

1.8.3 Ihre Rolle innerhalb eines E-Commerce-Projekts

Egal, ob Sie Ihr E-Commerce-Projekt intern oder extern realisieren – das Projekt wird nicht von selbst laufen, und Ihre Rolle als »E-Commerce-Verantwortlicher« ist von enormer Wichtigkeit. In der Praxis erleben wir oft die Anspruchshaltung, man müsse ja selbst in einem Projekt nichts tun, wo doch die Agentur der Profi ist. Natürlich sind die Agentur, die Sie beauftragen, oder die eigene Entwicklungsabteilung in der Lage, ein Projekt zu realisieren, dennoch sind letztendlich Sie der »Kopf« des Online-Shops, und Sie müssen Feedback, Informationen und Wissen bereitstellen. Denn ein E-Commerce-Projekt ist nicht ausschließlich ein technisches Projekt. Wissen über Produkte, die Zielgruppe und die Branche sind von enormer Wichtigkeit. Das merken Sie speziell, wenn es um komplexe Anforderungen wie Konfiguratoren geht. Natürlich kann ein Dienstleister Ihnen ein Formular entwickeln, bei dem Sie Zahlen eingeben und auf einen Knopf drücken können, um als Ergebnis eine Zahl oder ein Produkt zu erhalten. Dennoch haben Agenturen gerade am Anfang des Projekts wenig Informationen darüber, wie Ihre Zielgruppe »tickt«, wie diese vorgeht oder auch welche Informationen bei Produkten und deren Konfiguration notwendig sind. Gerade das Wissen über die Produkte und die Branche müssen Sie daher an Ihre Dienstleister oder auch an Ihre Inhouse-Entwickler weitergeben, denn sonst erhalten Sie gegebenenfalls eine Lösung, die zwar rein technisch betrachtet funktioniert, aber an den Anforderungen der eigenen Kunden vorbeigeht.

Darüber hinaus können Sie sich aufgrund der Erfahrung in Ihrem Unternehmen und der Branche besonders gut in die eigenen Kunden hineindenken, und genau das ist auch Ihre Aufgabe. Letztendlich müssen Sie den Online-Shop prüfen, indem Sie sich in Ihre Kunden hineinversetzen und genauso agieren, wie diese es tun.

1.8.4 Projektmanagement und Qualitätssicherung

Egal, ob Sie die Entwicklung Ihres Shops inhouse durchführen oder einen externen Dienstleister beauftragen, das Projektmanagement und die Qualitätssicherung sind zwei wichtige Bestandteile, die sich direkt auf den Erfolg oder Misserfolg Ihres Projekts auswirken. Dementsprechend müssen Sie als Projektverantwortlicher selbst einen Blick auf diese beiden Projektbestandteile haben.

Die Methode beim Projektmanagement wird in der Regel von Ihrem externen Dienstleister vorgegeben. Dementsprechend haben Sie hierbei sowieso keinen allzu großen Einfluss. Letztendlich ist es auch gar nicht so wichtig, ob agile Projektplanung nach Scrum verfolgt oder klassisch mit dem Wasserfallmodell entwickelt wird. Wichtig, und das ist unser Tipp an dieser Stelle, ist die saubere Definition aller Aufgaben im Vorfeld. Diese Aufgaben müssen anschließend in Meilensteine zerlegt und priorisiert werden. Die Meilensteine haben wiederum feste Daten, an denen Sie sofort sehen können, wo Sie aktuell mit Ihrem Projekt stehen. Es ist darüber hinaus ratsam, die Aufgaben so zu planen, dass Sie spätestens alle zwei Wochen eine Testversion haben, die Ihnen das Testen des gesamten Systems erlaubt. Denn so können Sie bei Fehlentwicklungen möglichst früh eingreifen und gegensteuern. Es gibt immer noch Agenturen, die wochenlang vor sich hin entwickeln, bevor sie schließlich das Ergebnis präsentieren. Anschließend ist der Kunde verärgert, denn er hat sich etwas gänzlich anderes vorgestellt. Um diese Situation zu vermeiden, fordern Sie regelmäßige Testversionen, um Features direkt testen und abnehmen zu können.

Bei der Qualitätssicherung macht es darüber hinaus Sinn, Funktionslisten, beispielsweise in Excel, zu definieren. Hier können Sie bei den verschiedenen Funktionen das gewünschte Verhalten definieren. Tritt das Verhalten ein, ist der Test bestanden, und Sie wissen, dass die Komponente funktionstüchtig ist. Ein Beispiel hierfür könnte sein:

- **Komponente**
  Benutzerregistrierung

- **Ablauf**
  Kunde klickt auf der Startseite auf den Link REGISTRIERUNG und gibt einen Namen und eine E-Mail-Adresse ein. Anschließend erfolgt ein Klick auf den Button REGISTRIERUNG.
- **Gewünschtes Verhalten**
  Der Kunde bekommt eine Bestätigungsmeldung angezeigt und erhält eine E-Mail mit seinem Benutzernamen und weiterführenden Informationen zum Online-Shop.

Wenn Sie eine Liste in diesem Muster aufstellen, können Sie die Funktionen und gewünschten Funktionsweisen immer relativ schnell überprüfen und kontrollieren lassen. Denn es ist genau definiert, was bei welcher Aktion passieren soll.

1.9 Den richtigen Implementierungspartner finden

Angenommen, Sie können aufgrund mangelnder Ressourcen oder nicht vorhandenen Know-hows Ihren Online-Shop nicht inhouse entwickeln, so müssen Sie sich zwangsläufig einen Implementierungspartner suchen. Dieser Implementierungspartner, in der Regel handelt es sich um eine E-Commerce-Agentur, unterstützt Sie sowohl bei der Spezifikation bzw. Dokumentation der Anforderungen als auch bei der technischen Realisierung. Viele Agenturen haben hierbei auch den Schwerpunkt auf der technischen Realisierung und verstehen sich in erster Linie als »Werkbank«, die die von Ihnen definierten Anforderungen umsetzt.

Die Wahl des Implementierungspartners ist nicht einfach. Immerhin müssen Sie im Vorfeld eine Agentur bestimmen, mit der Sie womöglich noch nie zusammengearbeitet haben. Dieser Agentur übergeben Sie einen Anforderungskatalog sowie das Projektbudget und hoffen, dass mit dem vorhandenen Budget alles umgesetzt wird, was Sie sich an Anforderungen ausgedacht haben. Sprich, es erfordert von Ihnen auch ein gewisses Vertrauen in die Leistung der Agentur, und bei diesem Vertrauen handelt es sich um einen Vorschuss, den Sie leisten müssen. In der Praxis fällt dies vielen Unternehmen sehr schwer, und es zeigt sich häufig, dass der falsche Implementierungspartner gewählt wurde. Oftmals kommt diese Erkenntnis jedoch mitten im Projekt, ein Wechsel des Partners ist zu diesem Zeitpunkt nicht mehr möglich bzw. mit horrenden Kosten verbunden.

Auch wenn wir Ihnen an dieser Stelle leider nicht den idealen Implementierungspartner nennen können, denn dieser hängt immer vom jeweiligen Projekt und auch Ihren Vorlieben ab, möchten wir Ihnen einen kleinen »Leitfaden« mit an die Hand geben, wie Sie den idealen Realisierungspartner identifizieren können. Hierbei geht es in erster Linie um die Methodik, die Sie anwenden müssen.

Definition der Anforderungen an den Implementierungspartner

Im ersten Schritt müssen Sie entscheiden, mit was für einer Art Firma Sie zusammenarbeiten möchten. Soll diese direkt in Ihrer Stadt bzw. Region beheimatet sein? Präferieren Sie größere Agenturen mit einigen hundert Mitarbeitern, die klare und oftmals komplexe Strukturen und Entscheidungswege haben, oder bevorzugen Sie kleinere Agenturen, bei denen Sie gegebenenfalls direkt mit dem Geschäftsführer sprechen können? Sind Ihnen Zertifizierungen einer Agentur wichtig und, wenn ja, welche? Stellen Sie sich diese und noch mehr Fragen, und versuchen Sie, den idealen Implementierungspartner zu beschreiben. Denn im ersten Schritt müssen Sie sich darüber klar werden, mit welcher Art Firma Sie zusammenarbeiten möchten.

Entwickeln Sie eine Longlist

Wenn Sie die groben Rahmenparameter Ihres präferierten Implementierungspartners kennen, können Sie mit der Entwicklung der Longlist beginnen. Bei der Longlist handelt es sich um die erste große und ungefilterte Liste von Unternehmen, die Sie sich als Partner vorstellen können. Nutzen Sie beispielsweise Google zur Recherche, aber auch Branchenportale oder gegebenenfalls Events. Bei dieser groben Recherche geht es in erster Linie darum, eine gewisse Anzahl an Agenturen zu finden, die Sie auf den ersten Blick ganz interessant finden und die Sie sich als Partner vorstellen können.

Entwickeln Sie eine Shortlist

Wir empfehlen Ihnen, die Eingrenzung auf Basis der Longlist gemeinsam in einem Gremium bzw. mit Kollegen vorzunehmen. Sie haben nun eine Liste mit beispielsweise 25 Agenturen. Stellen Sie alle Rahmenparameter der Agenturen in einer Excel-Liste nebeneinander. Sie sehen nun auf einen Blick, wie viele Mitarbeiter jede Agentur hat, aus welcher Stadt die jeweilige Agentur kommt, wie lange diese am Markt aktiv ist etc. Diese Informationen geben Ihnen im ersten Schritt die Möglichkeit, alle Agenturen zu vergleichen.

Entwickeln Sie nun ein Projektbriefing, das die Anforderungen Ihres E-Commerce-Projekts grob beschreibt. Neben Rahmenparametern sollten Sie bereits grob skizzieren, welche Anforderungen Sie an Ihren Online-Shop stellen. Auf den nächsten Seiten erfahren Sie hierzu noch einige Details, daher möchten wir an dieser Stelle gar nicht weiter ins Detail gehen. Wichtig ist letztendlich, dass Sie ein Dokument mit wenigen Seiten erstellen, das von allen Agenturen recht schnell konsumiert werden kann.

Basierend auf diesem Dokument starten Sie nun eine Anfrage an alle Agenturen auf der Longlist. Sie bitten diese, anhand der Anforderungen eine grobe Kostenindikation zu erstellen. Natürlich, das sei an dieser Stelle nochmals besonders hervorgehoben, ist es unmöglich, auf Basis dieses Dokuments genau den Projektpreis zu beziffern. Darum geht es auch gar nicht. Vielmehr geht es darum, zu erfahren, wie jede Agentur auf Ihre Anfrage reagiert, wie viel Zeit für Rückfragen investiert wird und welchen Kostenrahmen Sie als Feedback zurückgeliefert bekommen. Achten Sie tatsächlich in dieser Phase weniger auf die Kosten als vielmehr auf den Umgang der Agentur mit Ihrer Anfrage. Wie oft werden Sie angerufen? Welche Qualität haben die Rückfragen? Wie stark bemüht sich die Agentur, Ihr Projekt zu verstehen und Sie glücklich zu machen?

Geben Sie allen Agenturen einen überschaubaren Zeitraum von zwei bis drei Wochen, und ergänzen Sie Ihre Longlist um die Ergebnisse aus dem Anschreiben. Fügen Sie Stunden- und Tagessätze, den kalkulierten Projektbudgetrahmen und alle Informationen hinzu, die Sie gegenüberstellen möchten und die Ihnen bei der Wahl der richtigen Agentur weiterhelfen.

Bestimmen Sie daraufhin mit Ihren Kollegen und gegebenenfalls Ihren Vorgesetzten, welche drei Agenturen Ihrer Meinung nach den besten Job gemacht haben: Welche drei Agenturen haben Ihr Projekt am besten verstanden und auch Kostenschätzungen abgeliefert, die grob zu Ihrem Projektbudget passen?

Laden Sie die Shortlist-Agenturen zum Gespräch ein

Nachdem Sie sich für maximal drei Agenturen entschieden haben, laden Sie diese zu sich ein, und sprechen Sie mit den Agenturen über Ihr Vorhaben. Nutzen Sie den Termin, der in der Regel 90 bis 120 Minuten dauert, um sowohl ein Gefühl für die Agentur als auch für die Ansprechpartner zu bekommen. Zudem kann die Agentur die Zeit nutzen, um offene Fragen zu klären und gegebenenfalls den Kostenrahmen zu überdenken.

Im Nachgang zu den persönlichen Gesprächen sollten Sie einen, maximal zwei Favoriten identifiziert haben, mit denen Sie sich die gemeinsame Realisierung des Online-Shops vorstellen können.

Verhandeln Sie Konditionen

Erfahrungsgemäß steht in dieser Phase der exakte Leistungsumfang des Online-Shops noch gar nicht zur Verfügung, deswegen macht eine Verhandlung der Projektsumme zu diesem Zeitpunkt keinen Sinn. Nutzen Sie aber die Möglichkeit, und sprechen Sie mit Ihrem Favoriten über Konditionen, wie beispielsweise Tagessätze. Versuchen Sie hierbei, das Optimum für sich und Ihr Unternehmen herauszuholen, geben Sie aber der Agentur immer noch die Möglichkeit, für eine vernünftige Entlohnung zu arbeiten.

Bestimmen Sie Ihren favorisierten Partner

Im Anschluss können Sie sich für Ihren favorisierten Implementierungspartner entscheiden und mit dieser Agentur gemeinsam ins Projekt starten. In der Praxis wird, da die Anforderungen für den Online-Shop nicht ganz klar sind, im ersten Schritt gerne ein Workshop beauftragt, der auch ganz regulär von der Agentur abgerechnet wird. Dieser Workshop hilft der Agentur und auch Ihnen, die Anforderungen genauer zu definieren und das Projekt im Anschluss realistisch zu schätzen. Halten Sie sich auch die Option offen, die Zusammenarbeit mit der Agentur nach dem Workshop beenden zu können. Sie haben bis zu diesem Zeitpunkt nur die Konditionen verhandelt und einen Workshop beauftragt, nicht aber die gesamten Projekte. Mit dieser Vorgehensweise sichern Sie sich als Auftraggeber die maximale Flexibilität. Für einen Großteil der Agenturen ist diese Vorgehensweise auch vollkommen in Ordnung und akzeptiert. Sollte Sie der Partner direkt auf die Beauftragung des Projekts festnageln, ohne dass die Anforderungen klar definiert sind, sollte Ihnen das eine Warnung sein.

Auch wenn wir Ihnen die Auswahl der geeigneten Agentur im Schnelldurchlauf vorgestellt haben, sollten Sie sich so weit wie möglich an diese Methodik halten. Sie sind aber gefragt, die Parameter zu definieren, beispielsweise welche Anforderungen Sie an eine Agentur haben und welche Eigenschaften Sie für wichtig erachten. Wie groß oder klein Sie die Short- bzw. Longlist gestalten, bleibt natürlich Ihnen überlassen.

1.10 Erstellung eines Anforderungskatalogs

Können Sie sich vorstellen, was eines der größten Probleme in der Agenturbranche ist? Es sind nicht die komplexen Projekte, an denen man monatelang arbeitet, es ist auch nicht der zeitliche Druck, schnell am Markt zu sein. Es ist vielmehr die fehlende Spezifikation der Kunden. Sie können es ruhig glauben, die meisten Anfragen bei Agenturen lauten: »Ich möchte XYZ online verkaufen, machen Sie mir ein Angebot.« In diesem Fall ist es zumindest schon einmal super, dass ein Unternehmen den Schritt in den E-Commerce wagt. Wie aber bereits erwähnt, unterschätzen viele Unternehmen schlicht die Komplexität eines E-Commerce-Projekts. Der Preis ist wichtig, genau wie der Endtermin. Was der Shop aber schlussendlich können soll und wie das Konzept aussieht, interessiert den Kunden im ersten Schritt gar nicht. Genau das ist der springende Punkt bzw. der große Fehler.

Damit Ihnen das nicht passiert, haben wir an dieser Stelle einen eigenen Abschnitt vorgesehen, in dem es um die Erstellung eines Projektbriefings geht – sozusagen als Hilfestellung, damit Sie selbst in der Lage sind, alle notwendigen Informationen im ersten Schritt zusammenzutragen und zu wissen, was Sie eigentlich möchten und benötigen. Dieses Briefing können Sie getrost als Grundlage für Anfragen bei Agenturen bzw. Dienstleistern verwenden. Es hilft Ihnen, schon einmal einen groben Überblick über die zu erstellenden Leistungen zu gewinnen. Sie können dabei das Briefing selbstverständlich beliebig erweitern und um eigene Informationen ergänzen. Wir diskutieren letztendlich an dieser Stelle die Basis, die alle relevanten Informationen und Fakten enthält, jedoch beliebig erweitert werden kann.

1.10.1 Realisierungszeitraum (Start und Ende)

Definieren Sie zuallererst, in welchem groben Zeitraum Sie das Projekt umsetzen möchten, denn der Go-live-Termin hängt oftmals von Messen, Unternehmensjubiläen oder ähnlichen Faktoren ab. Dementsprechend müssen Sie sich so früh wie möglich darüber klar werden, wann Sie mit einem Projekt starten möchten, welchen Realisierungszeitraum Sie anstreben und wann der Online-Shop anschließend live gehen soll. Rechnen Sie dabei großzügig mit Puffern, und lassen Sie gerade beim Projektende etwas Luft nach hinten. Wenn Sie ein wichtiges Firmenjubiläum am 21.10.2022 haben, dann sollte das Projektende am 15.9.2022 liegen, sodass Sie bei Problemen notfalls noch etwas Luft haben. Beim Projektbeginn sollten Sie beachten, dass Agenturen nicht selten einen Vorlauf von mehreren Wochen haben. Bis es also zur Realisierung kommt, können ein bis zwei Monate vergehen. Fragen Sie daher frühestmöglich Agenturen an, oder setzen Sie den Projektbeginn entsprechend nach hinten.

Insgesamt gilt: Planen Sie konservativ bis pessimistisch, aber gehen Sie nie davon aus, dass ein IT-Projekt ohne Zwischenfall und Anpassung problemlos durchläuft. Es wird immer zu Verzögerungen kommen, weswegen Puffer Ihr Rettungsring sind. Unsere Empfehlung ist übrigens, diesen Puffer nicht ganz so transparent gegenüber Dienstleistern zu kommunizieren. Die Praxis zeigt, dass dadurch die Puffer nur genutzt und überzogen werden. Puffer sind daher Ihr internes »Geheimnis«, mit dem Sie arbeiten können.

1.10.2 Projektbudget

Das Projektbudget richtet sich nie nach dem Angebot, sondern muss vor den Angeboten der Dienstleister feststehen. In der Praxis kommunizieren Kunden anfangs nie Budgets, da sie Angst haben, Agenturen könnten das Angebot entsprechend auf das Budget ausrichten. Das ist aber genau die falsche Vorgehensweise, denn wenn Sie von Anfang an ganz klar ein Budget kommunizieren, können Dienstleister sofort abschätzen, was innerhalb des Projekts möglich ist oder nicht. Fehlt die Angabe hinsichtlich des Budgets, laufen Sie nur Gefahr, unpassende Angebote zu erhalten, die entweder weit über Ihrem Budget liegen oder nicht alle Leistungen enthalten, die Sie benötigen. Daher gilt: Spielen Sie mit offenen Karten, denn das hilft Ihnen und Ihrem Dienstleister. Kommunizieren Sie ganz klar das Projektbudget, auch wenn Sie einen internen Puffer, den Sie sich vorhalten, nicht kommunizieren, und schauen Sie gemeinsam mit der Agentur, wie weit Sie mit diesem Budget kommen.

1.10.3 Wird ein neuer Online-Shop entwickelt oder ein bestehender Shop abgelöst?

Sollten Sie bereits einen Online-Shop haben, ist das in gewisser Hinsicht ein Pluspunkt, denn Sie können ganz klar Probleme und Schwächen kommunizieren, und der Dienstleister kann sich die bisherige Umsetzung anschauen und auf dieser Basis weitere Informationen sammeln. Wenn Sie daher bereits über einen Online-Shop verfügen, ist es sinnvoll, einen Zugang bereitzustellen und mit Ihrem Dienstleister offen über die Probleme und Schwächen der aktuellen Lösung zu diskutieren.

1.10.4 Welche Sprachen werden benötigt, und in welchen Ländern sind Sie aktiv?

Planen Sie eine Mehrsprachigkeit bzw. lokalisierte Varianten Ihres Online-Shops? Sollte dies der Fall sein, sollten Sie dies eingangs direkt erwähnen und gegebenenfalls schon über rechtliche Besonderheiten in den jeweiligen Ländern aufklären. Auch muss die Frage geklärt werden, ob Sie die Übersetzungen bereitstellen und selbst integrieren oder ob Sie Ihren Dienstleister damit beauftragen möchten.

1.10.5 Währungen und Preisbildungen

Speziell wenn Sie im Ausland verkaufen möchten, müssen Sie in Ihrem Online-Shop unterschiedliche Währungen implementieren. Das ist ein grundlegendes Feature vieler Online-Shop-Lösungen. Dennoch muss geklärt werden, in welchen Abständen die Währungskurse aktualisiert werden und ob dies automatisch oder manuell geschehen soll. Auch ist es relevant zu erfahren, ob Preise einfach »umgerechnet« werden oder ob es in den jeweiligen Währungen eigenständige Preisbildungen gibt. Idealerweise erstellen Sie eine Liste mit den gewünschten Währungen und definieren, wie sich die Preise in jeder Währung ergeben.

1.10.6 Multi-Store-Funktionalität

Ein Feature, das besonders von der E-Commerce-Lösung Magento gefeiert wird, ist die Multi-Store-Funktionalität. Darunter sind mehrere Online-Shops zu verstehen, die unterschiedliche Domains und eigene Designs haben können, aber auf Basis einer Instanz betrieben werden, beispielsweise wenn Sie Schuhe verkaufen, aber einen eigenen Shop für Nike-Produkte erstellen möchten. Technisch gesehen ist das in der Regel kein Problem, Sie müssen aber definieren, inwiefern sich die verschiedenen

Stores unterscheiden, ob die Produkte unterschiedliche Preise haben und wie genau die Trennung zwischen den jeweiligen Stores gedacht ist.

1.10.7 Präferierte Software

Die Software ist letztendlich nur ein Mittel zum Zweck, und Ihr Dienstleister wird Ihnen sagen können, ob die Nutzung der gewünschten Software in Ihrem Fall sinnvoll ist oder nicht. Nichtsdestotrotz müssen Sie sich im Vorfeld selbst informieren und speziell die Bedienung und Usability der verschiedenen E-Commerce-Lösungen testen. Denn es bringt nichts, sich eine E-Commerce-Software vorschlagen zu lassen, mit der Sie nicht zurechtkommen. Schauen Sie sich daher die Administrationsbereiche der verschiedenen Lösungen an, die für Sie infrage kommen, und testen Sie diese. Legen Sie Artikel an, bearbeiten Sie Bestellungen, und verwalten Sie Kunden. Wenn Sie anschließend mit der Software zufrieden sind, kann diese in Ihre engere Wahl einfließen.

Machen Sie sich zudem Gedanken darüber, ob Sie eine Software as a Service oder eine On-Premises-Lösung wünschen. Bei ersterer Variante »mieten« Sie sich in eine Software ein, bei der sich der Hersteller um Updates, die Wartung und grundsätzlich um das Patching kümmert. Dadurch haben Sie geringere Möglichkeiten bei der Anpassung. Eine sehr beliebte SaaS-Lösung ist beispielsweise Shopify: schnell aufgesetzt, fast kein Administrationsaufwand, und Sie können direkt loslegen. Magento wäre beispielsweise eine On-Premises-Lösung. Diese betreiben Sie selbst und können sie, da Sie den kompletten Zugriff auf den Quellcode haben, auch selbst anpassen. Die Flexibilität ist wesentlich höher, dafür existieren auch höhere Anforderungen an Sie bzw. Ihren Implementierungspartner. Auch wenn Sie sich noch nicht auf eine bestimmte Software festlegen, sollten Sie zumindest ermitteln, welches »Betriebskonzept«, sprich SaaS oder on premises, Sie fahren möchten. Diese grobe Vorabentscheidung hilft zudem sehr stark bei der Identifizierung der möglichen Software, die zu Ihren Anforderungen passt.

1.10.8 Schulungen

Haben Sie bereits Erfahrung im Umgang mit der gewünschten Online-Shop-Lösung? Falls ja, kommunizieren Sie dies direkt am Anfang, dann werden Ihnen unnötige Informationen im Vorfeld erspart, und Sie können gemeinsam mit Ihrem Dienstleister gleich zur Sache kommen. Falls nicht, ist es ebenso wichtig, dies zu kommunizieren. Denn Schulungen machen im Vorfeld, das heißt vor Projektbeginn, mehr Sinn als danach, denn wenn Sie sich sehr gut in den Prozessen und Möglichkeiten der E-Commerce-Lösung auskennen, werden Sie schon bei der Definition der Anforderungen direkt sehen, welche Anforderungen sinnvoll sind, einfach umgesetzt werden können und an welchen Stellen man idealerweise nicht eingreift.

1.10.9 Möchten Sie das Shop-Backend selbst pflegen?

Wenn Sie grundsätzlich alle Einstellungen und Inhalte selbst pflegen möchten, müssen Sie dies speziell definieren. Denn das ist keine Selbstverständlichkeit. Oftmals sind technisch gewisse Werte wie E-Mail-Adressen in Formularen oder Inhalte bei der Entwicklung von Modulen und Erweiterungen direkt zu hinterlegen. Denn für alle Werte, die Sie selbst ändern möchten, müssen Eingabemasken entwickelt werden, was wiederum Aufwand erzeugt. Wenn Sie dies jedoch wünschen, müssen Sie das direkt mit Ihrem Dienstleister besprechen, sodass er dies bei der Entwicklung des Angebots berücksichtigen kann.

1.10.10 Gütesiegel und Zertifizierungen

Sollten Sie von Anfang an bestimmte Zertifizierungen wie die von Trusted Shops oder TÜV Süd anstreben, hat dies einen Einfluss auf die Entwicklung bestimmter Features, Inhalte und Prozesse. Es ist daher ratsam, sich über diesen Punkt von Anfang an Gedanken zu machen und sich für eine oder mehrere Zertifizierungen zu entscheiden. Denn so können die Anforderungen der Zertifizierungen bei der Realisierung berücksichtigt werden, und Sie ersparen sich zusätzlichen Entwicklungsaufwand durch nachträgliche Korrekturen. Doch welche Gütesiegel und Zertifizierungen gibt es? Nachfolgend erhalten Sie einen Überblick über die wichtigsten und anerkanntesten.

Gütesiegel und Zertifizierungen schaffen Vertrauen

Wie Sie im Verlauf des Buches noch erfahren werden, spielt das Vertrauen Ihrer potenziellen Kunden eine enorm wichtige Rolle für den Erfolg Ihres Online-Shops. Gütesiegel und Zertifizierungen helfen Ihnen dabei, Vertrauen, Sicherheit und Seriosität zu schaffen. Aus diesem Grund ist es empfehlenswert, mindestens eines der nachfolgenden Siegel bzw. eine der Zertifizierungen zu integrieren.

Trusted Shops

Trusted Shops zählt sicherlich zu den Vorreitern und Marktführern im Bereich der Gütesiegel. Große Online-Shops wie Zalando verwenden das Gütesiegel und werben auch offensiv in TV-Spots mit Trusted Shops. Infolgedessen kennt ein Großteil der Bevölkerung das Trusted-Shops-Logo und assoziiert damit positive Eigenschaften.

Sollten Sie sich für Trusted Shops entscheiden, wird Ihr Online-Shop, nach eigenen Aussagen, auf über 100 Kriterien geprüft. Das fängt bei der Darstellung und Platzierung bestimmter Elemente an, zum Beispiel dem Link zum Impressum. Trusted Shops prüft aber auch Ihren kompletten Check-out-Prozess, die AGB und das Widerrufsrecht. Basierend darauf erhalten Sie einen Änderungskatalog. Sollten Sie alle

Trusted-Shops-Anforderungen erfüllen, dürfen Sie das Trusted-Shops-Logo in Ihre Seite integrieren. Mittlerweile bietet Trusted Shops aber weitaus mehr als nur ein Gütesiegel. Ihre Besucher können ebenso auf einen Käuferschutz zurückgreifen, der ihnen im Streitfall den Bestellwert erstattet, der bis zu mehreren tausend Euro betragen darf. Das wirkt ebenfalls vertrauensfördernd, denn hier klinkt sich eine »unabhängige Institution« ein und ergreift Partei für Ihre Kunden. Zusätzlich können Sie den Trusted-Shops-Bewertungsservice nutzen. Hierbei können Ihre Kunden nach erfolgter Bestellung Ihren Online-Shop bewerten; Sie können diese Meinungen wiederum als verkaufsförderndes Element integrieren. Letztendlich handelt es sich bei Trusted Shops um das »rundeste« Paket, denn neben dem Gütesiegel, dem Käuferschutz und den Bewertungen kann bei Bedarf auf die Hilfe von Juristen zurückgegriffen werden.

- *www.trustedshops.de*

Trusted Shops sorgt zusätzlich für Rechtssicherheit

Ein weiterer großer Vorteil der Trusted-Shops-Zertifizierung besteht in der rechtlichen Prüfung Ihres Online-Shops. So kaufen Sie sich nicht nur ein Gütesiegel, sondern gleichzeitig auch die Gewissheit, nicht gegen geltendes Recht zu verstoßen. Bedenkt man die Kosten für einen Anwalt, so relativiert sich doch die monatliche Gebühr nochmals. Trusted Shops bietet Ihnen als Shop-Betreiber daher viele interessante Möglichkeiten.

EHI

Wenn Sie Ihren Shop rechtlich prüfen lassen möchten und ein populäres Gütesiegel benötigen, dann ist EHI eine gute Anlaufstelle für Sie, denn nach der Beantragung wird Ihr Online-Shop komplett geprüft, und das aus Sicht Ihrer Kunden! Ebenso erhalten Sie Zugriff auf Rechtstexte und werden dadurch vor Abmahnungen geschützt. Nach der bestandenen Prüfung haben Sie das Recht, das EHI-Gütesiegel in Ihren Online-Shop zu integrieren, was sich positiv auf Ihre Conversion-Rate auswirken wird. Mittlerweile gibt es auch eine Kooperation zwischen EHI und eKomi, wodurch Sie ein ähnliches Paket wie bei Trusted Shops schnüren können, bestehend aus einer Shop-Prüfung mit Gütesiegel sowie Bewertungen.

- *www.shopinfo.net*

eKomi

Feedback ist wichtig, denn positives Feedback Ihrer Kunden fördert für Besucher den Einkauf in Ihrem Online-Shop. Ohne jetzt mit schwindeligen Fallstudien zu argumentieren, die immer an der einen oder anderen Stelle angreifbar sind: Positives Kundenfeedback steigert immer Ihre Conversion-Rate. Ob es aber am Ende des Tages 5 % sind oder gar 15 % oder aufwärts, das hängt auch immer von Ihrer Zielgruppe, den Produkten und der Branche ab.

Das Unternehmen eKomi konzentriert sich komplett auf das »Feedback« und bietet einen Service, durch den Ihre Kunden nach dem Einkauf zum Bewerten des Einkaufs aufgefordert werden. Dieses Feedback wird wiederum übersichtlich in Ihrem Online-Shop dargestellt. Dabei kann auf ein allgemeines Bewertungs-Widget zurückgegriffen werden, aber auch produktspezifische Bewertungen stellen kein Problem dar. Sie werden sich aber nun genau die Frage stellen, die sich jeder Shop-Betreiber stellt: Warum sollte man für einen Bewertungsdienst monatlich Geld investieren? Online-Shops haben doch selbst Bewertungssysteme. Letztendlich gibt es gute Gründe, auf eKomi zu setzen. Bewertungen werden auch durch eKomi geprüft und geblockt bzw. zugelassen. Die Übertragung zu Google und die damit verbundene Darstellung in den Suchergebnissen bzw. Google-Ads-Anzeigen sind durch eKomi gar kein Problem, denn es gibt eine Schnittstelle zu Google. Auch sorgt ein unabhängiges »Siegel« bzw. Bewertungs-Widget für einen gewissen Wiedererkennungswert, denn eKomi ist Bestandteil vieler großer Online-Shops. Probieren geht über Studieren, speziell im E-Commerce. Testen Sie es doch einfach einmal.

- *www.ekomi.de*

Händlerbund

Der Händlerbund schlägt einen ähnlichen, wenn nicht gleichen Weg wie Trusted Shops ein. Ein großer Vorteil liegt speziell in den Rechtstexten, die Sie über den Händlerbund beziehen können. Als Shop-Betreiber werden Sie daher vor allem bei den AGB, dem Datenschutz und der Widerrufsbelehrung rechtlich unterstützt. Sollten Sie abgemahnt werden, haben Sie beim Händlerbund einen Ansprechpartner, und auch hier werden Sie unterstützt. Daneben können Sie ein Gütesiegel integrieren, das sich speziell auf die rechtliche Prüfung Ihres Shops bezieht.

- *www.haendlerbund.de*

TÜV Süd

Die Zertifizierung durch TÜV Süd ist für Sie als Online-Shop-Betreiber eine interessante Sache, denn wenn Sie einmal überlegen, wo Ihnen im Alltag überall das TÜV-Logo begegnet, dann werden Sie einige Gelegenheiten finden. Ich fahre beispielsweise jeden Morgen in unserem Büro mit dem Aufzug in die entsprechende Etage und sehe jeden Morgen das TÜV-Gütesiegel bzw. die Prüfung. Das zeigt mir als Verbraucher doch ganz klar, dass hier alles in Ordnung und geprüft ist. Und da gerade im Alltag das TÜV-Logo an so vielen Stellen vorkommt, ist auch der Wiedererkennungswert bei einem Online-Shop gigantisch. Denn der TÜV hat einfach eine gewisse »Stellung«, und man vertraut ihm, so auch im E-Commerce. Letztendlich wird Ihr Shop komplett »auseinandergenommen«, Prozesse werden durchgespielt und analysiert und Sicherheitschecks durchgeführt. Kommt es einmal zum Streitfall zwischen einem Kunden und Ihnen, schaltet sich der TÜV Süd auch als Vermittler ein. Wie bei den Mitbewerbern erhalten Sie nach bestandener Prüfung auch hier ein entsprechendes Gütesiegel, das Sie in Ihren Online-Shop integrieren können.

- *www.safer-shopping.de*

Google-Kundenrezensionen

Der Suchmaschinenbranchenprimus Google bietet mittlerweile ebenfalls eine Zertifizierung für Online-Shops an, auch wenn sich diese in Deutschland unserer Meinung nach nicht allzu großer Beliebtheit erfreut. Wenn Sie sich erfolgreich bei Google zertifizieren lassen, können Sie ein entsprechendes Badge in Ihren Shop integrieren und steigern damit, so zumindest die Aussage von Google, die Conversion-Rate und die durchschnittliche Bestellmenge. Zusätzlich fließen die Verkäuferbewertungen in Google Ads ein, wodurch bei Werbekampagnen zusätzlich die Bewertungen in Form von Sternchen ausgelesen werden.

Interessanterweise ist das Händlerprogramm momentan kostenlos verfügbar, das heißt, es fallen für Sie als Shop-Betreiber keinerlei Kosten an.

- *https://support.google.com/merchants/answer/7188525?hl=de*

1.10.11 Gewünschte Endgeräte

Desktop, Smartphone oder Tablet? Für welche Endgeräte Sie sich auch entscheiden, die Entscheidung muss von Anfang an feststehen. Eine mobile Version ist nachträglich nur mit einem erhöhten Aufwand zu implementieren, von einer nachträglichen Entwicklung eines Responsive Designs ist grundsätzlich abzuraten. Dementsprechend ist die Entscheidung, für welche Endgeräte Ihr Online-Shop optimiert sein soll, elementar und hat ebenso einen sehr großen Effekt auf die Projektkosten.

1.10.12 Branche und Produkte

Für die Einschätzung der notwendigen Features und des Projektvolumens spielen die Branche und die Produkte eine wichtige Rolle. Wenn Sie bei einer Agentur anfragen, sollten Sie kurz umreißen, was Sie verkaufen, wie Ihre Kunden aussehen und in welcher Branche Sie aktiv sind. Denn dies hilft, die technischen Anforderungen und nichtfunktionalen Anforderungen besser in ein Gesamtbild einzuordnen.

Den Aufbau Ihrer Produkte sollten Sie idealerweise bis ins kleinste Detail beschreiben. Können Ihre Produkte konfiguriert werden? Handelt es sich um digitale Artikel, sprich Downloads? Ist es eventuell möglich, die Artikel zu individualisieren? Idealerweise stellen Sie in Form einer Excel-Liste einen beispielhaften Aufbau Ihrer Artikel mit allen relevanten Produkteigenschaften zur Verfügung, sodass sich Ihr Dienstleister ein Bild vom Aufbau der Produkte machen kann.

1.10.13 Geschäftsmodell

Fassen Sie in ein paar kurzen Worten bzw. Sätzen Ihr Geschäftsmodell zusammen bzw. Ihren Plan, wie Sie mit Ihrem Online-Shop erfolgreich agieren möchten. Basierend auf diesen Informationen kann Ihr Dienstleister Ihnen gleich ein Feedback geben, ob sich Ihre Planung realistisch anhört oder ob man gegebenenfalls an Ihrem Geschäftsmodell nochmals etwas feilen muss. Bedenken Sie immer, dass E-Commerce-Agenturen tagtäglich in verschiedenen Branchen aktiv sind und somit einen ganz guten Überblick haben, welches Geschäftsmodell funktionieren kann und welches nicht. Wenn Sie mit der falschen Idee einen funktionierenden Online-Shop umsetzen, haben Sie am Ende des Tages nichts gewonnen! Eine gute E-Commerce-Agentur agiert immer ein Stück weit wie ein Unternehmensberater, der ganz offen und ehrlich mit Ihnen diskutiert, ob das Projekt in der gewünschten Form erfolgreich sein kann oder ob die Chancen eher schlecht stehen.

1.10.14 B2B oder B2C

Möchten Sie Endkunden ansprechen oder ausschließlich Unternehmen beliefern? Je nachdem, für welche Zielgruppe Sie sich entscheiden, existieren unterschiedliche rechtliche Anforderungen, aber auch die technischen Anforderungen variieren. Dementsprechend ist eine Eingrenzung der Zielgruppe für eine gründliche Projektplanung essenziell.

1.10.15 Konkurrenten

Basierend auf einer Liste der größten Konkurrenten ermöglichen Sie Ihrem Dienstleister einen Einblick in die Branche und geben ihm die Chance, die »Professionalität« zu bewerten. Denn es geht schließlich immer darum, »besser« als Ihre Mitbewerber zu werden. Die Analyse der Mitbewerber ist letztendlich die Basis für die Entwicklung der Strategie und der technischen Anforderungen.

1.10.16 Screendesign des Online-Shops

Haben Sie eventuell bereits ein Screendesign Ihres Online-Shops, oder möchten Sie dieses von Ihrem Dienstleister erstellen lassen? Falls Sie die Entwicklung eines Designs wünschen, schreiben Sie ein kleines »Briefing«, was Ihnen beim Design wichtig ist, welche Shops Sie schön bzw. ansprechend finden und wie Sie sich das Design vorstellen. Gehen Sie auch speziell auf verschiedene Darstellungen je nach Endgerät ein. Wie soll sich der Online-Shop auf einem Smartphone verhalten, wie hat die Darstellung auf einem Tablet auszusehen? Genau diese Punkte müssen Bestandteil des Briefings sein. Denn speziell bei der Optik entstehen oft Missverständnisse, und als Kunde muss man zuallererst mit der Agentur über die eigenen Vorstellungen sprechen.

Das Design ist eine der komplexesten Aufgaben im Projekt

Werfen Sie unbedingt einen Blick in Kapitel 4, »Mit Usability, Design und Sicherheit zu hohen Conversion-Raten«, da wir in diesem Kapitel den gesamten Designentwicklungs- und Realisierungsprozess im Detail beleuchten. Ein großes »Gefahrenpotenzial« besteht bei E-Commerce-Projekten immer innerhalb dieser Phase, da hier die Kommunikation besonders knifflig und das Potenzial für Missverständnisse sehr hoch ist.

1.10.17 Kundenspezifische Anforderungen

Möchten Sie mit unterschiedlichen Kundengruppen arbeiten? Falls ja, wie unterscheiden sich diese Kundengruppen voneinander, das heißt, existieren unterschiedliche Preise, oder gibt es Anpassungen beim Produktsortiment? Welche Möglichkeiten wünschen Ihre Kunden in Ihrem Online-Shop? Definieren Sie zum einen die funktionalen Anforderungen wie die Möglichkeit, Bestellungen und Rechnungen einzusehen, grenzen Sie aber gegebenenfalls vorhandene Unterscheidungen zwischen den Benutzer- und Kundengruppen ab. Ein kleiner Tipp: Erfahrungsgemäß erfordern kundenspezifische Preise immer weitreichende Anpassungen. Speziell solche Details sollten Sie von Anfang an klar kommunizieren. Auch die Frage, ob Gäste bei Ihnen einkaufen dürfen oder ein Benutzerkonto zwingend notwendig ist, sollten Sie beantworten.

1.10.18 PDFs und E-Mails

Gibt es für PDFs und E-Mails, beispielsweise die Rechnung oder den Lieferschein, bestimmte Vorgaben wie eine Corporate Identity? Wenn ja, wie sehen diese Vorgaben aus? Idealerweise übermitteln Sie ein Dummy-PDF sowie eine Dummy-E-Mail, falls es hierfür Richtlinien gibt.

1.10.19 Navigationskonzept

Verfügen Sie bereits über ein Navigationskonzept? Falls nein, senden Sie am besten mögliche Navigationspunkte oder Warengruppen an Ihren Dienstleister. Dies hilft speziell bei der Entwicklung des Designs, denn wenn Sie nicht wissen, welche Navigationselemente abgebildet werden müssen, ist es nur begrenzt möglich, ein Navigationskonzept zu entwickeln.

1.10.20 Funktionsumfang und Anforderungen

Das ist mit Abstand der umfangreichste und komplexeste Punkt. Für die Kalkulation der Aufwände und die Auswahl der »besten« E-Commerce-Lösung müssen im Vorfeld alle funktionalen Anforderungen definiert werden. Hierzu zählen beispielsweise:

- Merkliste
- Wunschzettel
- Produktvergleich
- Cross-Selling, Up-Selling, Zubehör
- Rabatte und Gutscheine
- Produktbewertungen und Umfragen
- Druckfunktion
- Bonitätsprüfungen
- Einkauflimits
- Vorbestellmöglichkeit
- Produktkonfiguratoren
- Produktsuche und Filterung
- etc.

Basierend auf dem E-Commerce-Konzept wissen Sie, welche Anforderungen Ihr Online-Shop erfüllen muss, damit Sie sich gegen Ihre Konkurrenten durchsetzen können. Zusätzlich gibt es gegebenenfalls Wünsche Ihrer Kunden bzw. Ihres Unternehmens, die berücksichtigt werden müssen. Fassen Sie diese funktionalen Anforderungen zusammen, sodass Ihr Dienstleister sofort erkennen kann, welche Funktionen Bestandteil der Software sind und welche Funktionen entwickelt werden müssen.

1.10.21 Prozesse

Die Definition von Prozessen gehört ebenfalls zu einer guten Anforderungsspezifikation. Was passiert eigentlich, wenn eine Bestellung aufgegeben wird? Welche Systeme sind hierbei involviert und welche Daten müssen in welcher Form an die IT-Infrastruktur übergeben werden? Investieren Sie im Vorfeld, ähnlich wie für die Definition der Anforderungen, die notwendige Zeit, und skizzieren Sie alle Prozesse, die für Ihren Online-Shop relevant sein könnten. Anhand von Prozessen lassen sich im Übrigen Anforderungen oftmals einfacher besprechen und ein gemeinsames Verständnis schaffen.

1.10.22 Anbindung an externe Systeme

Soll der Online-Shop ein Bestandteil Ihrer IT-Infrastruktur werden? Wenn Sie eine Anbindung an Ihre Warenwirtschaft oder Ihr CRM-System wünschen, sollte dies auch von Anfang an geplant und bedacht werden, da dies oftmals den Aufbau der Produkte im Shop beeinflusst. Dienstleister müssen zum einen wissen, welche Software Sie an Ihren Online-Shop anbinden möchten. Darüber hinaus ist es relevant, welche Daten Sie in welchem Format mit welchem Aufbau austauschen möchten.

Systemlandschaft und führende Systeme

Für Implementierungspartner ist es immer wichtig, zu sehen, welche Systeme grundsätzlich existieren und welche der Systeme für welche Aufgaben führend sind. So ist ein ERP-System in der Regel das führende System für Artikeldaten und Warengruppen. Erstellen Sie daher eine übersichtliche Auflistung aller Systeme, und vermerken Sie die Zuständigkeit der jeweiligen Lösung.

1.10.23 Bezahl- und Versandmöglichkeiten

Auch wenn es auf den Projektumfang und somit die Kosten keinen allzu großen Einfluss hat, ist es ratsam, sich von Anfang an Gedanken über gewünschte Zahlungs- und Versandmethoden zu machen. Denn die Integration ist, abhängig von der gewünschten Online-Shop-Software, mal besser, mal schlechter. Neben dem Versanddienstleister spielen hingegen die Versandkosten eine größere Rolle, denn hierbei gibt es unendlich viele Möglichkeiten für die Berechnung. Definieren Sie daher die Versandkostenberechnung, sodass diese auf Machbarkeit hin geprüft werden kann.

1.10.24 Inhalte und deren Verwaltung

Wie viele statische Inhalte werden Sie verwalten? Gibt es ein Blog oder einen FAQ-Bereich? Je nachdem, wie wichtig das Thema Content für Sie in Ihrem Projekt ist, empfiehlt sich die Implementierung eines zusätzlichen Content-Management-Systems. Da dies Kosten verursacht, muss im Vorfeld die Relevanz dieses Themas diskutiert werden. Definieren Sie daher, wie viele Inhaltsseiten Sie voraussichtlich verwalten werden und ob dynamische Inhalte wie Blog- oder News-Beiträge eine Rolle spielen.

1.10.25 Hosting

Auch die Anforderungen an das Thema Hosting sollten relativ schnell bedacht werden. Wichtig ist hierbei Ihre Kalkulation, mit wie vielen Usern Sie pro Tag rechnen, wie viele Bestellungen voraussichtlich durchgeführt werden und wie viele Marketingaktionen Sie regelmäßig planen. Basierend auf diesen Werten, auch wenn es sich im Vorfeld natürlich nur um grobe Kalkulationen handelt, kann Ihnen Ihr Dienstleister ein Angebot hinsichtlich eines Hosting-Set-ups zukommen lassen.

1.10.26 Marketing (SEO)

Welche Rolle spielt die organische Suchmaschinenoptimierung (SEO), und welche Anforderungen ergeben sich hieraus für Ihren Online-Shop? Je nachdem, auf welche Marketingkanäle Sie setzen, unterscheiden sich die Anforderungen. Sind Marktplätze und Preissuchmaschinen wichtig, müssen Exporte entwickelt werden. Ist SEO ein heißes Thema für Sie, muss der Quellcode entsprechend aufbereitet und optimiert werden. Geben Sie Ihrem Dienstleister daher einen Ausblick auf Ihre Vermarktungs- und Werbestrategie.

1.10.27 Rechtliche Anforderungen

Mittlerweile gibt es immer mehr rechtliche Rahmenbedingungen, die eingehalten werden müssen. Speziell wenn es sich um branchenspezifische Besonderheiten handelt, sollten Sie diese in Ihrem Briefing erwähnen. Müssen gegebenenfalls bei Produkten bestimmte Warnhinweise dargestellt werden, oder müssen Sie Kunden nach der Bestellung nach gewissen Kriterien automatisiert prüfen? Auch kommt es in der Praxis häufig vor, dass bestimmte Artikel des Produktsortiments in einige Staaten nicht geliefert werden dürfen, der Großteil des Produktsortiments hingegen schon. Lassen Sie daher im Vorfeld eine Auflistung rechtlich relevanter Themen erstellen, und integrieren Sie diese in das Briefing.

1.10.28 Sonstiges

Gibt es sonst noch Details, die für die Kalkulation des Aufwands notwendig sind? Falls ja, lassen Sie diese auf jeden Fall einfließen.

Wie Sie anhand der aufgeführten Punkte sehen können, ist für die Entwicklung eines Angebots sehr viel Input von Ihnen als Kunde nötig. Basierend auf Aussagen wie »Ich möchte Schuhe verkaufen, unterbreiten Sie mir bitte ein Angebot« kann kein Dienstleister der Welt ein seriöses Angebot entwickeln. Wenn Sie hingegen die aufgeführten

Fragen beantworten und Ihrem Dienstleister entsprechend bereitstellen, ist zumindest eine Eingrenzung des Aufwands möglich. So haben Sie eine erste Hausnummer und merken gleich, mit welchen Kosten Sie rechnen müssen!

1.11 Qualitätssicherung und Steuerung

Wenn Sie erst einmal den richtigen Implementierungspartner gefunden haben und die Anforderungen bekannt sind, möchten Sie selbstverständlich so schnell wie möglich in das Projekt einsteigen. Gerade die Steuerung des Projekts stellt jedoch viele Unternehmen vor gewisse Herausforderungen. Wird ein Projekt im Vorfeld aber nicht gut geplant und während der Realisierung gesteuert, kommt es zu Verzögerungen, höheren Kosten und gegebenenfalls Qualitätsmängeln. Im schlimmsten Fall erhalten Sie als Kunde einfach nicht das »Produkt«, das Sie sich vorgestellt haben. Wir haben an dieser Stelle gar nicht den Anspruch, ein komplettes IT-Projektmanagement-Buch »einzubetten« und bei Adam und Eva zu beginnen – dafür möchten wir Ihnen vielmehr Tipps aus der Praxis geben. Wenn Sie diese Tipps befolgen, werden Sie unserer Meinung nach ein erfolgreiches Projekt realisieren und den einen oder anderen Anfängerfehler vermeiden, den Sie ansonsten begangen hätten.

1.11.1 Entscheiden Sie sich zwischen einem Wasserfall- und einem agilen Projekt

Die Art und Weise, wie Sie das Projekt realisieren, sollte von Anfang an klar definiert sein. Vereinfacht gesagt gibt es zwei Ansätze, die von Implementierungspartnern gerne verwendet werden. Zum einen kann ein Projekt nach der Wasserfallmethode realisiert werden. Bei der Wasserfallmethode definieren Sie ganz am Anfang alle Anforderungen und arbeiten diese Schritt für Schritt ab. Sollten Sie während der Realisierungsphase merken, dass sich Anforderungen ändern, so müssen Sie erst einmal den definierten Weg beschreiten und das Projekt komplett realisieren. Abbildung 1.16 zeigt Ihnen ganz gut, wie der Ablauf innerhalb eines Wasserfallprojekts ausschaut.[2]

Das größte Problem an der Wasserfallmethode besteht in der langen Entwicklungszeit für das Pflichtenheft. Ist dieses erst einmal nach einigen Wochen oder gar Monaten entwickelt, wird auch genau das Pflichtenheft realisiert. Müssen Sie aber in dieser Zeit die Anforderungen ändern, haben Sie erst einmal schlechte Karten. Natürlich versuchen Dienstleister oftmals, diese Änderungen zu implementieren, das entspricht aber eigentlich nicht dem Gedanken der Wasserfallmethode.

2 Quelle: *https://de.wikipedia.org/wiki/Wasserfallmodell#/media/File:Waterfall_model-de.svg*

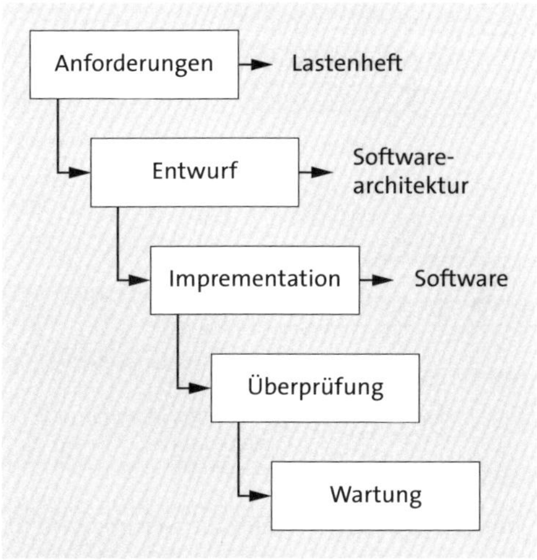

Abbildung 1.16 Bei der Wasserfallmethode werden alle Anforderungen auf Basis des Pflichtenhefts abgearbeitet.

Anstelle der Wasserfallmethode können Sie auch auf eine agile Vorgehensweise setzen, beispielsweise Kanban oder Scrum. Bei einer agilen Vorgehensweise wissen Sie am Anfang gar nicht genau, wie viel das Projekt eigentlich kostet. Natürlich können grobe Kostenrahmen definiert werden, da Sie aber die Anforderungen initial nicht komplett zu Ende spezifizieren, kann keine exakte Kostenschätzung und damit auch kein Fixpreis wie bei einem Wasserfallprojekt erstellt werden.

Vielmehr mieten Sie ein Team an Leuten und arbeiten in Sprints. Ein Sprint ist dabei ein Zeitraum von, in der Praxis, zwei bis vier Wochen. Vor jedem Sprint definieren Sie, was in diesen zwei bis vier Wochen erreicht werden soll. Als Ergebnis entsteht dabei immer eine neue Version des Online-Shops, die um Funktionalitäten ergänzt wird. Sie sehen das Vorgehen in Abbildung 1.17.[3]

Da Sie in überschaubaren Zeiträumen denken, sind Sie wesentlich flexibler. Ändern sich nach zwei Sprints die Anforderungen, können Sie diese im nächsten Sprint berücksichtigen und entsprechend entwickeln lassen. Auf der anderen Seite haben Sie aber keine Sicherheit bezüglich der Kosten und müssen hier vor allem Ihrem Partner vertrauen, dass er mit Ihrem Budget sorgsam und intelligent umgeht.

Welche Methode für Sie am besten passt, kommt immer auf das individuelle Projekt an. Erfahrungsgemäß neigen Unternehmen heutzutage jedoch zur agilen Methodik, da Projekte schneller begonnen werden können und die Flexibilität in der Entwicklungsphase wichtiger als ein fixer Kostendeckel ist.

3 Quelle: *https://de.wikipedia.org/wiki/Scrum#/media/File:Scrum_process-de.svg*

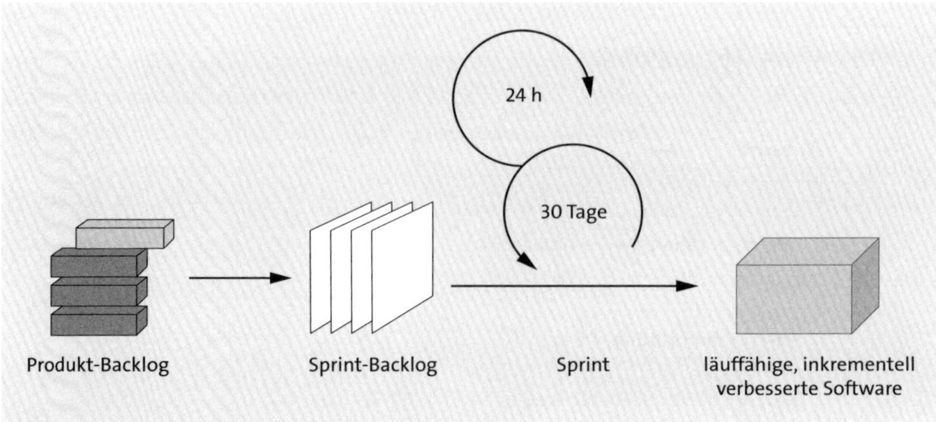

Abbildung 1.17 Bei der agilen Vorgehensweise, beispielsweise auf Basis von Scrum, wird in sogenannten Sprints gearbeitet.

1.11.2 Schaffen Sie Transparenz

Je transparenter ein Projekt, desto wahrscheinlicher ist auch sein Erfolg. Führen Sie beispielsweise eine Intranetlösung ein bzw. nutzen Sie eine bestehende, um aktuelle Projektstände für alle Projektbeteiligten offen und klar zu kommunizieren. Viele Unternehmen nutzen hierfür die populäre Software Confluence. Mithilfe von Confluence, aber auch einer alternativen Lösung können Sie alle Projektbeteiligten und auch den Implementierungspartner über den aktuellen Stand informieren, indem dort beispielsweise Aufgabenlisten zentral abgebildet werden.

1.11.3 Definieren Sie einen fixen wöchentlichen Austausch

Es ist unerlässlich, mindestens einmal in der Woche mit Ihrem Ansprechpartner des Implementierungspartners zu sprechen. Setzen Sie sich einen wöchentlichen Jourfixe-Termin, der immer zur selben Zeit stattfindet, und begrenzen Sie diesen auf 30 Minuten. Nutzen Sie diese Zeit nicht für Detaildiskussionen, sondern sprechen Sie über offene Aufgaben, mögliche Showstopper und sonstige Probleme. Disziplinieren Sie sich, diesen Termin wahrzunehmen, und führen Sie die Agentur dadurch eng.

1.11.4 Kommunizieren Sie Deadlines

Sobald Ihnen Deadlines bekannt sind, beispielsweise für einen internen Testzeitraum oder die Präsentation des aktuellen Standes für die Geschäftsleitung, kommunizieren Sie diese so früh wie möglich an die Agentur. Nur so können Sie vermeiden, dass durch Nachtschichten versucht wird, ein Ergebnis zu erzielen, wodurch nachhaltig die Qualität leidet.

1.11.5 Akzeptieren Sie auch ein Nein

Versuchen Sie bitte nicht, auf Biegen und Brechen jede Anforderung oder jede unrealistische Deadline einzuhalten, wenn es von Ihrem Implementierungspartner Bedenken gibt. Viele Kunden hören nicht auf ihre Agenturen, dies ist aber zumindest stellenweise ratsam. Geben Sie daher der Agentur auch die Möglichkeit, bei größeren Bedenken Nein zu sagen, und akzeptieren Sie diese Aussage.

Ansonsten können wir Ihnen an dieser Stelle nur den grundsätzlichen Rat an die Hand geben, mit allen Projektbeteiligten so transparent wie möglich zu kommunizieren und Klarheit im Projekt zu schaffen. Immer dann, wenn alle Fakten auf dem Tisch liegen und auch Risiken bekannt sind, laufen die Projekte reibungsloser, da keine unbekannten Probleme auftreten.

1.12 Checkliste: Wo stehen Sie aktuell?

Auf den vorherigen Seiten haben Sie einiges darüber gelernt, welche Vorarbeit Sie leisten müssen und was im Rahmen eines E-Commerce-Projekts auf Sie zukommen wird. Bevor Sie im nächsten Kapitel mit der Auswahl einer geeigneten Online-Shop-Lösung starten und anschließend Ihr Produktsortiment aufbauen und sich Gedanken um die Vermarktung machen, erhalten Sie im Folgenden eine Checkliste mit zwölf wichtigen Fragen (siehe Tabelle 1.1), die Sie größtenteils mit Ja beantworten sollten, bevor Sie weiterlesen. Denn es handelt sich hierbei um die »Basics«, die Sie erfüllen müssen, bevor die weiteren Arbeiten an Ihrem Online-Shop Sinn machen.

Frage	Ja/Nein
Möchten Sie einen Online-Shop wirklich für die Erfolgssteigerung nutzen (und »rennen« Sie nicht einfach Mitbewerbern hinterher)?	
Wissen Sie genau, was der Online-Shop leisten soll (Umsatzsteigerung, Kundenakquise, Prozesskostenoptimierung)?	
Können Sie die Zielgruppe bzw. die potenziellen Kunden definieren, die Sie ansprechen möchten?	
Wissen Sie, welche Produkte Sie verkaufen und welche Sie gegebenenfalls nicht verkaufen möchten?	
Verfügen Sie über genügend Manpower für die Realisierung und den Betrieb eines Online-Shops?	
Verfügen Sie über die notwendige Investitionsbereitschaft bzw. das notwendige Budget?	

Tabelle 1.1 Checkliste: Sind Sie bereit für den E-Commerce?

Frage	Ja/Nein
Kennen Sie Ihre Mitbewerber, und wissen Sie, wie diese im E-Commerce agieren?	
Haben Sie eine konkrete Vorstellung davon, was Ihr Online-Shop leisten muss, um erfolgreich zu sein?	
Haben Sie einen Businessplan, und wissen Sie, wie viel der Online-Shop kosten darf und wie viel Umsatz er generieren muss?	
Planen Sie für die ersten Erfolge mit Monaten und Jahren und nicht mit Wochen?	
Verfügen Sie bereits über ein Pflichtenheft bzw. eine Spezifikation?	
Sind Sie von dem Thema E-Commerce so überzeugt, dass Sie es als Chance und nicht als Gefahr wahrnehmen?	

Tabelle 1.1 Checkliste: Sind Sie bereit für den E-Commerce? (Forts.)

Gratulation, wenn Sie die Fragen mit Ja beantworten können, erfüllen Sie alle Voraussetzungen, um im E-Commerce durchzustarten! In den nächsten Kapiteln gehen wir nun Schritt für Schritt den Ablauf eines E-Commerce-Projekts durch und beginnen mit der Auswahl einer geeigneten Online-Shop-Software. Diese dient später als Unterbau, und gerade deswegen handelt es sich um eine der wichtigsten Entscheidungen, die Sie am Anfang eines E-Commerce-Projekts treffen müssen.

1.13 Fazit

Gute Vorbereitung und Planung ist alles! Nehmen Sie sich am Anfang lieber etwas mehr Zeit, und investieren Sie in eine fundierte Markt- und Wettbewerberanalyse. Denn die Zeit, die Sie am Anfang in das Konzept und die Anforderungen investieren, zahlt sich spätestens im Projektverlauf mehrfach wieder aus. Wichtig ist beim Start in den Online-Handel vor allem das wirtschaftliche Konzept. Überlegen Sie gut, welche Vorteile bzw. welchen Nutzen Sie Ihren Kunden bieten können, sodass diese bei Ihnen und nicht bei Ihrer Konkurrenz einkaufen. Wenn Sie die USPs erst einmal ausgearbeitet haben, geht es um die Definition der Funktionen und das Werbekonzept. Sobald Sie hier den »Durchblick« haben, können Sie Dienstleister anfragen und Angebote einholen und somit den Grundstein für Ihr Projekt legen.

Kapitel 2

Welcher Shop ist der richtige? Technische Lösungen und Möglichkeiten

Vor dem Einstieg in den Online-Handel steht die Auswahl der Shop-Software. Doch aufgepasst: Die Auswahl ist groß, unübersichtlich und je nach Lösung haben Sie mit unterschiedlichen Vor- und Nachteilen zu kämpfen. Eine kluge Auswahl der Software ist wichtig, denn schließlich entscheiden Sie sich für ein Fundament, auf dem in den nächsten Jahren Ihr komplettes Unternehmen aufgebaut ist.

Was beim stationären Handel am Anfang die Auswahl des idealen Standortes ist, ist im Bereich E-Commerce die Auswahl der richtigen E-Commerce-Software. Eine solche Software dient idealerweise als Ausgangsbasis für alle E-Commerce-Aktivitäten eines Online-Handel-Unternehmens und soll einen Shop-Betreiber über möglichst viele Jahre hinweg verlässlich begleiten. Die E-Commerce-Lösung soll dabei einerseits die aktuellen Anforderungen und Prozesse des Shop-Betreibers abbilden können, andererseits aber auch die nötige Flexibilität für die zukünftige Entwicklung bieten, ohne dass bereits nach einem Jahr die ausgewählte Lösung durch eine neue Lösung ersetzt werden muss.

Mit dem stetigen Anstieg des E-Commerce-Anteils im Handel in den letzten Jahren ist zugleich auch das Angebot der am Markt verfügbaren E-Commerce-Lösungen gewachsen, die dabei immer mehr Aspekte und Anforderungen aller Branchen und Märkte abdecken. Dies macht jedoch die Auswahl zusehends unübersichtlicher und schwieriger. Die einen E-Commerce-Systeme sind dabei auf bestimmte Märkte, Branchen und technische Rahmenbedingungen festgelegt, während andere Systeme mehr Flexibilität und Individualisierung ermöglichen. Auch unterscheiden sich E-Commerce-Systeme in Bezug auf die Zielgruppe. So gibt es E-Commerce-Systeme, die direkt auf die Bedürfnisse eines B2C- oder B2B-Umfeldes oder sogar beider Bereiche zugeschnitten sind.

Abgrenzung B2B/B2C

Unter B2C (*Business-to-Consumer*) versteht man den Handel eines Unternehmens mit Endverbrauchern, während man unter B2B (*Business-to-Business*) den Handel eines Unternehmens mit anderen Unternehmen versteht.

Es gibt dabei auch noch viele weitere Handelsbeziehungen, wie zum Beispiel C2C (*Consumer-to-Consumer*), also der Handel zwischen Endverbrauchern, oder A2C bzw. A2B (*Administration-to-Consumer/Business*), also der Handel zwischen Regierungsorganisationen und Endverbrauchern bzw. Unternehmen.

Gab es früher ausschließlich Anbieter kommerzieller E-Commerce-Systeme (sogenannte *Closed-Source-Systeme*), die Sie kaufen und installieren mussten, wird diese Trennung immer mehr aufgehoben. Die Vielzahl der verwendeten E-Commerce-Systeme ist heutzutage quelloffen (sogenannte *Open-Source-Systeme* oder auch *Open-Code-Systeme*).

Dabei verändern sich auch die Geschäftsmodelle vieler Anbieter: Anbieter, die früher ausschließlich kommerzielle Systeme vertrieben haben, öffnen ihre Systeme und ergänzen ihr Produktportfolio um quelloffene Software, während andere Anbieter nun immer öfter auch kommerzielle Versionen ihrer Software mit erweitertem Funktionsumfang oder weiteren Leistungen anbieten. Der Quellcode ist dabei oftmals offen und von jedem einsehbar, lediglich beim Einsatz in Produktivsystemen oder bei Beginn der Entwicklungsarbeiten werden Lizenzgebühren fällig.

Open-Source-Software

Unter *Open-Source-Software* versteht man Software, deren Quelltext nicht verschlüsselt vorliegt und gemäß den Lizenzen, denen diese unterliegt, auf unterschiedliche Art und Weise verwertet, vervielfältigt und bearbeitet werden kann. Oftmals räumen die Lizenzen von Open-Source-Software lediglich das Nutzungsrecht ein.

In diesem Kapitel geben wir Ihnen einen Überblick über die aktuellen E-Commerce-Lösungen, zeigen Ihnen die Vorteile zwischen Kauf- und Miet-Shops auf, stellen Ihnen einige Anbieter von E-Commerce-Systemen vor und geben Ihnen auch einen Leitfaden für die Auswahl der richtigen E-Commerce-Lösung an die Hand.

2.1 Überblick über die aktuellen E-Commerce-Lösungen

Der elektronische Handel besteht heutzutage nicht mehr nur aus dem Verkauf von Produkten über das Internet, sondern es geht vielmehr um die Bereitstellung eines intelligenteren, überzeugenden und ansprechenden Kauferlebnisses für Kunden. Diese Kauferlebnisse sollen heutzutage nicht mehr nur online, sondern über alle Vertriebskanäle und Interaktionspunkte mit Ihrem Unternehmen hinweg erfahrbar sein und Menschen in den Situationen abholen und ansprechen, in denen sie sich gerade befinden.

Gerade größere Unternehmen mit beispielsweise vielen Niederlassungen, stationären Geschäften, Callcentern etc. benötigen eher eine größere E-Commerce-Lösung, um die E-Commerce-Prozesse in der bestehenden IT-Infrastruktur abbilden zu können. Kleinere Unternehmen, in denen der Online-Shop oft das einzige Standbein ist, werden sich tendenziell eher für eine kleinere Lösung entscheiden. Egal, welche Lösung Sie wählen, die meisten Online-Shop-Softwares bieten unterschiedliche Interaktionspunkte mit Kunden zur Auswahl an.

Während vor wenigen Jahren noch gesagt wurde, dass Unternehmen neben einer ansprechenden Desktop-Seite auch eine mobile Seite oder sogar eine eigene App anbieten sollen, sind Unternehmen heute schon fast gezwungen, sich zunächst um eine großartige mobile User Experience zu kümmern und erst im nachfolgenden Schritt um Lösungen für Desktop-Geräte.

Die Meinungen darüber, ob man eine eigene App als E-Commerce-Unternehmen besitzen sollte oder nicht, gehen auseinander. Es lässt sich aber durchaus pauschal sagen, dass man heutzutage einen Online-Shop nicht mehr ohne eine auf Mobilgeräte optimierte Seite veröffentlichen sollte.

Kunden wollen primär an den Stellen abgeholt werden und einkaufen können, an denen sie sich gerade befinden: in der Bahn, im Restaurant, beim Wandern oder an anderen Orten. Dieser Trend wird auch durch verschiedene Studien – wie beispielsweise den Salesforce Shopping Index – unterstrichen, die besagen, dass in Deutschland im Jahr 2021 bereits über 50 % aller Bestellungen über mobile Endgeräte getätigt werden.

Auch soziale Netzwerke sind sehr weit verbreitet und stellen Möglichkeiten für Unternehmen bereit – es wäre für ein Unternehmen fatal, wenn es solche Kanäle nicht nutzen würde, um Kunden auch auf diesen Wegen zu begegnen.

Des Weiteren ist es für Unternehmen mit stationären Ladengeschäften oder einem eigenen Kundenservice bzw. Callcenter wichtig, dass man jederzeit die gesamte *Customer Journey* des Kunden – also alle Interaktionspunkte, die ein Kunde mit einem Unternehmen hat, zum Beispiel Bestellungen, Rücksendungen, Fragen etc. – einsehen kann und ihm so jederzeit eine optimale Auskunft und Beratung garantieren kann. Diese Anstrengungen können helfen, den Umsatz, die Kundenzufriedenheit und die Kundenbindung zu steigern. Da die Kunden heutzutage durch die immer größer werdenden Informationsquellen im Internet besser informiert und sachkundiger werden, ist es auch zugleich immer schwieriger, einen Kunden an sich zu binden bzw. überhaupt auf seine Artikel aufmerksam zu machen. Konkurrenzprodukte, die beispielsweise billiger, einfacher zu finden oder einfacher zu kaufen sind, sind oft nur einen Mausklick entfernt.

All diese Herausforderungen des E-Commerce im 21. Jahrhundert müssen – je nach Branche und Geschäftsmodell des Unternehmens mal mehr, mal weniger intensiv – auch in den verschiedenen E-Commerce-Lösungen implementiert sein bzw. angeboten werden können. Es gibt dabei E-Commerce-Lösungen, die Lösungen für alle möglichen Kanäle anbieten, aber auch solche, die sich nur auf einen Kanal (zum Beispiel Online-Shop) fokussieren.

Hierbei haben sich in den letzten Jahren hauptsächlich drei wesentliche Kategorien für E-Commerce-Lösungen herausgebildet: *Shop-Lösungen*, *Software-as-a-Service-Lösungen* und *Marktplatzlösungen*, die in den folgenden Abschnitten genauer vorgestellt werden.

2.1.1 Shop-Lösungen

Unter Shop-Lösungen versteht man klassische Online-Shop-Software, die ein Händler oder Hersteller kauft oder kostenlos herunterlädt, um damit seine Waren und/oder Dienstleistungen zum Verkauf oder zur Miete anzubieten. Der Shop-Betreiber hat hier die Möglichkeit, über alle Bereiche seines E-Commerce-Geschäfts individuell zu entscheiden, die Software auch noch individueller seinen Bedürfnissen anpassen zu lassen und ist somit grundsätzlich viel flexibler als mit anderen Lösungen.

Bei Shop-Lösungen unterscheidet man grundsätzlich zwischen *Open-Source-Software*, *kostenfreier Software* oder *proprietärer Software*. Bei einer Open-Source-Software ist der Programmcode quelloffen, liegt also nicht verschlüsselt vor. Kostenfreie Software kann beispielsweise verschlüsselten Programmcode enthalten, wird jedoch kostenfrei vertrieben. Bei proprietärer Software erwirbt ein Shop-Betreiber eine Lizenz – gerade bei größeren E-Commerce-Lösungen ist dies oftmals auch verknüpft mit Wartungsgebühren – für eine E-Commerce-Lösung, deren Programcode verschlüsselt ist, aber auch unverschlüsselt vorliegen kann und die er je nach Lizenz unbegrenzt oder nur für eine bestimmte Zeit einsetzen kann. Als Shop-Betreiber müssen Sie sich also entscheiden, mit welchem Nutzungsmodell Sie Ihren Online-Shop betreiben möchten.

Ein weiterer Punkt nach der Auswahl der Shop-Lösung ist das Hosting, also die Art und Weise, wo die Software installiert wird und wie sie im Internet erreichbar ist. Auf der einen Seite können Sie sich als Shop-Betreiber für Ihr Unternehmen eigene Serverhardware anschaffen und diese dann in einem eigenen Rechenzentrum oder in selbst verwalteten Servern bei einem Rechenzentrum Ihrer Wahl betreiben lassen. Dies wird vermutlich aber nur für große Unternehmen mit eigenen Rechenzentren oder einer eigenen Abteilung für die Serveradministration infrage kommen. Da für das Hosting und die Verwaltung der Server einige Ressourcen benötigt werden, ist die überwiegende Mehrheit an Shop-Betreibern besser beraten, die benötigte Serverhardware bei einem professionellen Hosting-Unternehmen anzumieten, das bereits entsprechende Lösungen für Ausfallsicherheit, Skalierbarkeit, Anbindung an das Internet anbietet und zugleich auch die Wartung der Serverhardware und -software übernimmt.

Ist die Software installiert, müssen Sie sich an die Einrichtung und Konfiguration des Systems machen. Dies kann – je nach Komplexität des verwendeten Systems – von sehr einfach und unkompliziert bis hin zu sehr komplex und kompliziert sein. Oftmals wird von den E-Commerce-Lösungsanbietern eine Standardkonfiguration bereitgestellt, die jedoch erfahrungsgemäß nie zu 100 % auf einen Kunden passt. So müssen oftmals die Steuer-, Zahlungs- und Versandeinstellungen pro Shop individuell eingestellt werden. Diese Einstellungen können einige Zeit und einigen Aufwand in Anspruch nehmen.

Nach der Einrichtung und Konfiguration muss man auch noch die Kategorien und Produkte einpflegen – je nach Anzahl und Komplexität der Produkte kann das einige Zeit dauern. Es ist hier vor allem darauf zu achten, dass die Produkte gut beschrieben und ansprechend dargestellt werden. Bei Unternehmen mit einer Anbindung an ERP- oder PIM-Systeme werden die Produkte und Kategorien oftmals im externen System gepflegt und dann über eine Schnittstelle mit dem Online-Shop-System synchronisiert. Dies hat den Vorteil, dass die Produktdaten nur an einer Stelle gepflegt werden müssen und so die zeitaufwendige und fehleranfällige manuelle Befüllung reduziert werden kann und auch Fehler schneller korrigiert werden können.

Die wenigsten Shop-Lösungen sind nun an dieser Stelle »fertig«. So kommt es regelmäßig vor, dass die bestehenden Funktionen des Online-Shops nicht ausreichen, sondern angepasst oder auch um neue Funktionen erweitert werden müssen. Jedes System gibt in der Regel auch einen definierten Prozess für bestimmte Abläufe (zum Beispiel Bestellprozess) vor. Je nach Prozess im Unternehmen müssen auch die notwendigen Prozessanpassungen berücksichtigt werden. Auch das Layout des Shops wird sehr häufig noch angepasst, um das eigene Corporate Design zu implementieren oder sich von den Shops der Wettbewerber abzuheben. Je nach Komplexität des verwendeten Shop-Systems sind hier mehr oder weniger intensive Programmierkenntnisse notwendig.

Nach der Installation, Einrichtung, Konfiguration und Anpassung des Online-Shops kann der eigene Online-Shop nun live gehen. Hierbei ist der Shop-Betreiber dann selbst für das Marketing und das Bewerben der eigenen Lösung verantwortlich. Dies kann sich dabei je nach Branche als mehr oder weniger kompliziert herausstellen: In einer viel beworbenen Branche, wie beispielsweise der Schuhmode, ist das deutlich schwieriger als beispielsweise in einer Nische, wo es tendenziell weniger Wettbewerber gibt. In vielen Fällen kann es deshalb ratsam sein, sich professionelle Unterstützung für diesen Bereich in Form zum Beispiel einer Marketing- oder SEO-/SEA-Agentur zu suchen und sie in den Prozess mit einzubinden.

Nicht zu unterschätzen sind bei einer Shop-Lösung auch der Wartungs- und Update-Aufwand. Eine Software kann durchaus einmal Fehler enthalten, oder es werden die rechtlichen Rahmenbedingungen geändert, was Anpassungen erfordert. Auch wird die E-Commerce-Software in der Regel vom Anbieter kontinuierlich weiterentwickelt, sodass regelmäßig Updates und Patches mit neuen Funktionen oder der Behebung eines Fehlers veröffentlicht werden, die ebenso angewendet werden sollten.

Ein wichtiger Punkt für eine Shop-Lösung ist die Möglichkeit der Anbindung an Drittsysteme (zum Beispiel ERP, Warenwirtschaft, PIM etc.). Einige Shop-Hersteller bieten hierfür auch schon fertige Module für gängige Drittsysteme an, was die Pflege der Kategorie- und Produktdaten sowie die Abwicklung der Bestellungen enorm erleichtern kann. Darüber hinaus hat man als Shop-Betreiber – gegebenenfalls mit Unterstützung eines Partners – auch die Möglichkeit, eigene Schnittstellen zu programmieren und so das Shop-System optimal in die eigene IT-Infrastruktur einzubinden.

Wie Sie sehen können, gibt es bei dem Aufbau einer eigenen Shop-Lösung sehr viel zu beachten. Sollten Sie kein eigenes Know-how im Unternehmen haben, das Sie beim Aufbau einer eigenen Shop-Lösung unterstützen kann, gibt es für viele Shop-Lösungen Dienstleister, die Ihnen hierbei unter die Arme greifen können.

2.1.2 Software-as-a-Service-Lösungen

Eine Software-as-a-Service-Lösung (*SaaS*) geht in eine ähnliche Richtung wie eine Shop-Lösung, hat jedoch einige entscheidende Unterschiede. SaaS ist ein Teilbereich des Cloud-Computings und basiert auf dem Grundsatz, dass die Software bei einem externen IT-Dienstleister betrieben wird und vom Shop-Betreiber als Service genutzt werden kann. Für diesen Service wird oftmals eine monatliche und/oder transaktionsabhängige Gebühr erhoben, die der Shop-Betreiber an den IT-Dienstleister zu entrichten hat.

Der Shop-Betreiber muss sich hierbei nicht für eine Shop-Software oder eine bestimmte Technologie entscheiden und diese anschließend selbst installieren und konfigurieren, sondern kann sich einen SaaS-Anbieter auswählen, der sich um die Programmierung, Weiterentwicklung, den Betrieb und die Aktualisierung der Software kümmert.

Sobald Sie bei einem SaaS-Anbieter ein Konto angelegt haben oder einen separaten Vertrag eingegangen sind, werden Ihnen – oftmals noch sofort oder am gleichen Tag – entsprechende Zugangsdaten zugesendet und die Software freigeschaltet. Sie können nun direkt loslegen, indem Sie die notwendigen (aber oft nur wenigen) Konfigurationseinstellungen vornehmen. Anschließend können Sie direkt mit dem Einpflegen der Kategorien und Produkte beginnen. Viele SaaS-Anbieter haben verschiedene Shop-Layouts im Angebot, aus denen Sie Ihr Shop-Layout auswählen und – oft in einem begrenzten Rahmen – anpassen können.

Je nach Anbieter der SaaS-Lösung sind hier auch noch weitere Anpassungen in größerem Maße möglich, sie können aber auch sehr restriktiv sein und sich auf ein notwendiges Minimum beschränken. Auch die Integration des Online-Shops in andere IT-Systeme eines Unternehmens ist häufig nicht möglich oder zumindest deutlich schwieriger als beispielsweise bei einer Shop-Lösung.

2.1.3 Marktplatzlösungen

Die dritte Variante sind sogenannte Marktplatzlösungen, auf denen ein Händler nicht direkt einen eigenen Shop betreibt, sondern auf denen viele Händler und viele Kunden aktiv sind. Der Marktplatzbetreiber tritt hierbei als Vermittler zwischen den Händlern und den Kunden auf und stellt von der Hardware über die Software bis hin zur Konfiguration alles bereit.

Bei den Marktplatzlösungen gibt es oftmals vordefinierte Kategorien, in denen ein Händler seine Artikel anbieten kann. Dies hat den Vorteil, dass ein Kunde nicht lange nach den Produkten über die Suchmaschinen suchen muss, um den passenden Shop zu finden, sondern die Artikel werden direkt dargestellt und können von dort gekauft werden.

Ein Shop-Betreiber muss sich also nur ein Konto bei einem Marktplatz erstellen und kann mit dem Einpflegen der Artikel und dem anschließenden Verkauf beginnen.

Je nach gewähltem Marktplatzanbieter ist es zusätzlich auch noch möglich, einen eigenen »Shop« innerhalb des Marktplatzes zu betreiben, in dem ausschließlich die eigenen Artikel eingestellt werden. Hier kann dann auch innerhalb eines gewissen Rahmens das Layout entsprechend den eigenen Vorstellungen anpasst werden.

Weitere Informationen zu diesem Thema finden Sie in Kapitel 11, »Omni-Channel als Erfolgsmotor im E-Commerce«.

2.1.4 Fazit

Jede der genannten Lösungen hat ihre Existenzberechtigung; sie unterscheiden sich oftmals nur beim Aufwand, den Sie für die Einrichtung, Anpassung und Wartung des Systems aufbringen müssen, bzw. bei der Flexibilität, die Sie bei der Anpassung und Erweiterung der Lösung besitzen. Mit einfachen Lösungen kann der benötigte finanzielle Aufwand sowie die *Time to Market*, also die Zeit bis zum Start am Markt, niedrig gehalten werden und somit schneller verkauft werden und beispielsweise eine E-Commerce-Idee getestet werden. Bei komplexen Lösungen wird hier jedoch oft mehr Zeit für die Anpassung und die Erweiterung der Softwarelösung bzw. die Integration in die bestehende IT-Landschaft benötigt. Am Ende erhalten Sie jedoch eine speziell auf Ihre Bedürfnisse angepasste E-Commerce-Lösung, die nahtlos in die Geschäftsprozesse Ihres Unternehmens integriert ist.

2.2 Unterschiede zwischen Frameworks und Online-Shop-Software

Was vermutlich als erste legitime Online-Transaktion gegolten hat, war im August 1994 der Verkauf einer CD des Amerikaners Dan Kohn an einen Freund in Philadelphia, der seine Kreditkartendaten sicher und verschlüsselt über das Internet übermittelt hat. Was damals noch sehr rudimentär über die Bühne ging, hat sich durch den technologischen Wandel und die vielen Veränderungen und Verbesserungen bis heute enorm gewandelt. Man spricht auch von der »Evolution der E-Commerce-Systeme«. Heute befinden wir uns gerade im Wechsel von der dritten zur vierten Generation der E-Commerce-Systeme: den reinen E-Commerce-Frameworks. Auch die dritte Generation kann bereits als eine Art »Framework« betrachtet werden, da hier bereits oftmals die richtigen Ansätze gelegt sind.

In diesem Abschnitt stellen wir Ihnen diese Generationen vor und grenzen die E-Commerce-Frameworks von der »klassischen« Online-Shop-Software ab.

2.2.1 Erste Generation: ERP-Zentrierung

Die erste Generation der E-Commerce-Systeme, wie in Abbildung 2.1 schematisch abgebildet, ist hauptsächlich eine Shop-Oberfläche, die direkt auf das ERP-System des Unternehmens aufgesetzt wurde. Der Shop hat hierbei eine direkte Anbindung an alle Stammdaten des Unternehmens und kann so auch schnell auf Kunden- und Produktdaten zugreifen. Die Shop-Oberflächen sind meistens jedoch mit einem sehr rudimentären Funktionsumfang ausgestattet und auch in der Möglichkeit limitiert, wie man das Shop-Layout verändern kann.

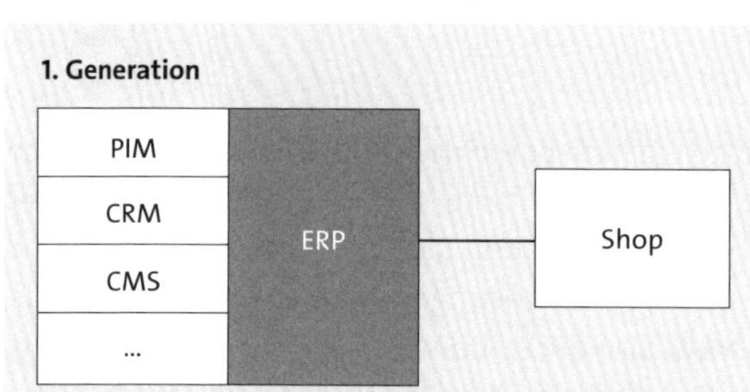

Abbildung 2.1 Erste Generation der E-Commerce-Systeme: ERP-Zentrierung

2.2.2 Zweite Generation: Shop-Zentrierung

Nach der ersten Generation wurde überlegt, wie man den Systemaufbau generell verändern und verbessern kann. Dies führte dazu, dass man nicht mehr das ERP, sondern den Shop in den Mittelpunkt stellt, wie in Abbildung 2.2 schematisch dargestellt.

Dem E-Commerce-System an sich wurden dann einige weitere Funktionen (zum Beispiel Kunden- und Produktverwaltung) hinzugefügt, sodass man das E-Commerce-System theoretisch auch unabhängig vom ERP-System betreiben kann. So kann man als Shop-Betreiber in diesem Fall alle E-Commerce-relevanten Prozesse und Layouts individuell gestalten. Herausfordernd wird es in diesem Konstrukt jedoch bei der Anbindung des ERP-Systems sowie dann, wenn man feststellt, dass die oftmals rudimentären Funktionen im Shop für komplexere Themen nicht ausreichend sind und nur schwer austauschbar bzw. erweiterbar sind.

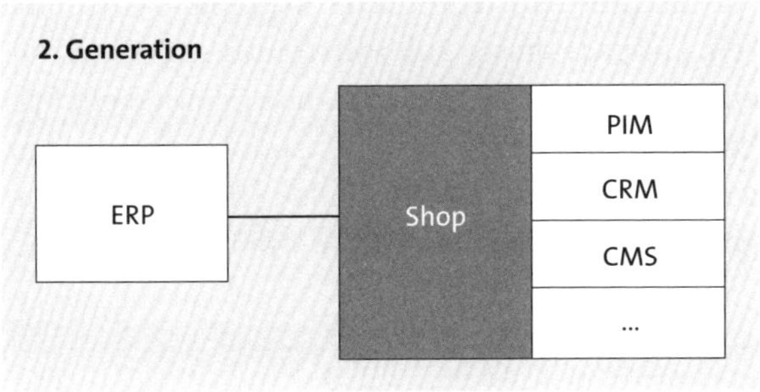

Abbildung 2.2 Zweite Generation der E-Commerce-Systeme: Shop-Zentrierung

2.2.3 Dritte Generation: Suite-Zentrierung

Mit der dritten Generation der E-Commerce-Systeme betrachtet man den Shop als einen Baustein von vielen. Es kann sich hierbei um seine Kernaufgabe kümmern: die Darstellung und den Verkauf von Artikeln. Für alle weiteren Aufgaben (zum Beispiel Kunden- und Produktdaten) wird ein anderes, spezialisiertes System betrieben und mit dem Online-Shop verbunden. Die Daten werden dann über definierte Schnittstellen untereinander ausgetauscht. Dem E-Commerce-System kommt in diesem Netzwerk an Systemen eine zentrale Rolle zu, wie in Abbildung 2.3 schematisch dargestellt.

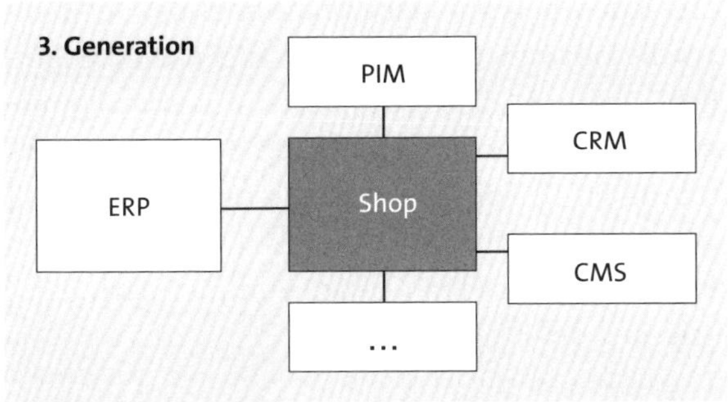

Abbildung 2.3 Dritte Generation der E-Commerce-Systeme: Suite-Zentrierung

2.2.4 Vierte Generation: Kundenzentrierung

Ein klassisches Shop-System, wie in den vorherigen drei Generationen dargestellt, ist meistens auf den Betrieb auf einem Desktop-Rechner und/oder mobilen Endgeräten ausgelegt. Mit der zunehmenden Digitalisierung und dem technologischen Wandel entstehen jedoch immer mehr Interaktionspunkte, an denen ein Kunde angesprochen und über die er auch die Produkte und/oder Dienstleistungen eines Unternehmens kaufen kann. Mögen es Geräte sein, die per Spracheingabe steuerbar sind, Chat-Bots in Form eines digitalen Verkaufsberaters oder gar das eigene Auto, an jedem digitalen Interaktionspunkt besteht – zumindest theoretisch – die Möglichkeit, eine Verkaufskomponente zu integrieren. Ein paar dieser Zukunftstrends stellen wir Ihnen in Abschnitt 2.7 vor. Vor diesem Hintergrund benötigen Unternehmen ein System, das es ermöglicht, dem Kunden möglichst viele Interaktionspunkte anzubieten, die direkt mit allen E-Commerce-relevanten Systemen verbunden sind. Die Antwort hierauf sind die sogenannten *E-Commerce-Frameworks*, wie in Abbildung 2.4 schematisch dargestellt.

Was ist ein Framework?

Ein Framework ist selbst noch kein fertiges Programm, sondern stellt ausschließlich einen Rahmen zur Verfügung, innerhalb dessen ein Softwareentwickler dann die gewünschten Anforderungen umsetzen kann, sodass am Schluss eine fertige Anwendung zur Verfügung steht.

E-Commerce-Frameworks zeichnen sich insbesondere durch folgende Kriterien aus:

- Jeder Bestandteil des Frameworks muss ersetzbar sein.
- Änderungen am Framework selbst dürfen nicht erlaubt sein.
- Das Framework muss um kundenspezifische Anforderungen erweiterbar sein.

Ein solches E-Commerce-Framework ist kein fertiges System, das direkt für den Verkauf von Produkten und Dienstleistungen eingesetzt werden kann. Hat man sich als Unternehmen für diesen Ansatz entschieden, beginnt hier erst die richtige Arbeit: innerhalb des vorgegebenen Rahmens die notwendigen Anforderungen und Anbindungen an Drittsysteme herzustellen. Dadurch, dass jeder Bestandteil des Frameworks ersetzbar sein muss, müssen die einzelnen Komponenten des Frameworks funktional gekapselt sein. Das System muss beispielsweise bestimmte Daten nicht einmal zwingend selbst vorhalten, sondern nur Schnittstellen bereitstellen, über die dann die Daten ausgetauscht werden können. Das Framework kümmert sich dann nur um die Darstellung und Aktualisierung der Daten.

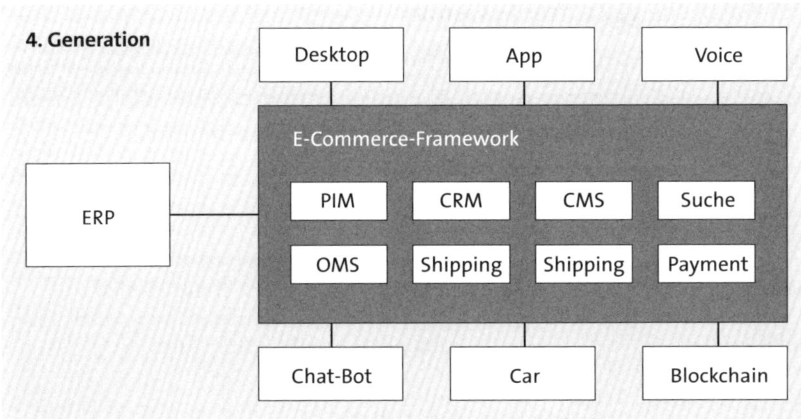

Abbildung 2.4 Vierte Generation der E-Commerce-Systeme: Kundenzentrierung

2.2.5 Fazit

Die E-Commerce-Systeme sind über die Jahre hinweg mit den Anforderungen und Herausforderungen des Alltags gewachsen. Jede der genannten Generationen hat auch heute noch ihre Existenzberechtigung. Abhängig von den Anforderungen und Prozessen eines Unternehmens kann es durchaus richtig sein, auch noch Online-Shops mit E-Commerce-Systemen der ersten Generation zu erstellen.

Als Shop-Betreiber müssen Sie sich hier entscheiden, welchen Weg Sie gehen möchten und welchen (finanziellen) Aufwand Sie tatsächlich auch bei der Erstellung eines Online-Shops betreiben möchten. Bekommen Sie bei den ersten beiden Generationen jeweils fertige Systeme, mit denen Sie direkt loslegen können, sind bei der dritten und (insbesondere) vierten Generation deutlich höhere Aufwände für die Integration und Anpassung der Systeme erforderlich, bevor Sie damit produktiv arbeiten können.

2.3 Den Online-Shop kaufen oder mieten?

Herzlichen Glückwunsch – Sie haben sich entschieden, einen eigenen Online-Shop zu eröffnen. Doch nun stellt sich die Frage: Sollen Sie Ihre E-Commerce-Lösung als SaaS-Lösung mieten, oder verwenden/lizenzieren Sie eine Shop-Lösung, oder starten Sie zunächst einmal damit, dass Sie ein paar Artikel über verschiedene Marktplätze verkaufen? Die Entscheidung ist nicht einfach, da jede Lösung ihre Vor- und Nachteile hat. In diesem Abschnitt stellen wir diese einander gegenüber und bewerten sie, sodass Sie am Ende sicherer entscheiden können, welche Richtung für Sie die beste ist.

2.3.1 Vor- und Nachteile gekaufter Systeme

Bei einem gekauften System handelt es sich typischerweise um eine Shop-Lösung, die Sie für das eigene E-Commerce-Geschäft implementieren. Eine solche Lösung kann viele Vor- und Nachteile haben. Die wichtigsten Kriterien sehen Sie in Tabelle 2.1 einmal im kurzen Überblick.

Vorteile	Nachteile
hohe Flexibilität	höhere Kosten und höheres Risiko
größere Unabhängigkeit	langsame Implementierung
bessere Integrationsmöglichkeiten	höhere Komplexität
höhere Daten- und Transaktionssicherheit	schlechtere Fokussierung auf das Kerngeschäft

Tabelle 2.1 Die Vor- und Nachteile eines gekauften Systems im Überblick

Der große Vorteil einer solchen Lösung liegt in der hohen Flexibilität, die solch ein System bietet. Sie sind als Shop-Betreiber nicht zwingend an den Funktionsumfang bzw. den Hersteller gebunden, sondern können den Funktionsumfang selbst erweitern oder Ihre spezifischen Anpassungen selbst implementieren. Dadurch haben Sie eine deutlich größere Unabhängigkeit von dem Anbieter der E-Commerce-Lösung. Sie müssen also nicht wegen jeder kleineren Anpassung beim Hersteller nachfragen, ob die Änderung programmierbar ist, und darauf hoffen, dass er es auch wirklich implementiert. In Zeiten tagtäglicher Hacker-Angriffe und der Ausnutzung bekannter Sicherheitslücken hat so eine Lösung auch den Vorteil, dass Sie selbst die Hoheit über Ihre Daten behalten und so besser sicherstellen können, dass Ihre Daten und Transaktionen so gespeichert und abgewickelt werden, dass sie hohen Sicherheitsstandards genügen. Insbesondere bei größeren Unternehmen mit vielen Kundendaten und Transaktionen oder Unternehmen, die in einem Markt tätig sind, in dem sensible Daten erhoben werden, ist das ein gewichtiges Argument. Ein weiterer großer Vorteil gekaufter Lösungen ist, dass hier meist eine deutlich bessere Integration in die bestehende IT- und Prozesslandschaft möglich ist. So wird sichergestellt, dass der Online-Shop nicht nur als autarkes System betrieben, sondern direkt mit allen anderen Systemen verknüpft wird. Dies kann – je nach Integration – auch deutlich den Automatisierungsgrad erhöhen und damit die Prozesskosten senken.

Der große Nachteil ist dabei, dass sie – je nach verwendeter Lösung und der Anzahl an zusätzlichen kundenspezifischen Anforderungen – deutlich *höhere Kosten* für die Bereitstellung erzeugen. Dies stellt für ein Unternehmen jeder Größe oftmals ein nicht unerhebliches Investitionsrisiko dar, das zunächst einmal die Liquidität senkt und sich selbstverständlich über die Laufzeit des Systems hinweg auch amortisieren muss. Die große Flexibilität, die man mit einer gekauften Lösung gewinnt, bringt zugleich eine deutlich höhere Komplexität mit sich, insbesondere was die Installation, Einrichtung und Konfiguration betrifft. Es ist nicht so, dass man einfach ein System installiert und fertig ist, sondern man muss häufig noch viel Zeit für die Einrichtung, Konfiguration und Anpassung des Systems aufwenden. Dies führt mitunter zu einer schlechten Fokussierung auf die Kernkompetenzen des Shop-Betreibers, sodass unter Umständen andere wichtige Bereiche während des Aufbaus des E-Commerce-Unternehmens vernachlässigt werden. Während in größeren Firmen gegebenenfalls ein Mitarbeiter abgestellt oder eine eigene E-Commerce-Abteilung gegründet werden kann, sind hierfür bei kleineren Unternehmen oft nicht die notwendigen Ressourcen vorhanden. Der Shop-Betreiber muss sich neben seinen Kernkompetenzen – dem Verkauf von Produkten und der Beratung von Kunden – nun auch noch um das System, die Konfiguration, Wartung und Weiterentwicklung kümmern. Auch das Thema *Skalierbarkeit*, also die Steigerung der Leistung durch das Hinzufügen von Ressourcen (zum Beispiel Serverhardware), ist bei Kauflösungen immer ein Thema. Diese werden oft auf virtuellen oder dedizierten Servern gehostet und haben eine bestimmte Grundausstattung, die man nicht oder nur bedingt erweitern kann. Das erwartete Besucheraufkommen muss deshalb gut geplant werden und die Hardware so dimensioniert sein, dass diese auch gegebenenfalls auftretende Lastspitzen bewältigen kann. Neben der Skalierbarkeit wird in Zeiten zunehmender Angriffe auf Online-Shop-Systeme auch das Thema *Sicherheit/Security* relevant, also der Schutz und die Absicherung des eigenen Systems und der Kunden- und Bestelldaten. Dies kann auch einen nicht unerheblichen Aufwand darstellen.

2.3.2 Vor- und Nachteile von gemieteten Systemen

Auch die Verwendung von gemieteten Lösungen, womit vornehmlich Software-as-a-Service-Lösungen gemeint sind, hat einige Vor- und Nachteile, die in Tabelle 2.2 als kurze Übersicht zusammengestellt sind.

Vorteile	Nachteile
transparente Kosten und geringes Investitionsrisiko	Datenschutz und Compliance Issues
schnelle Implementierung	hohe Abhängigkeit
geringere Komplexität und höhere Mobilität	geringere Integrationsmöglichkeiten
Konzentration auf das Kerngeschäft	höhere Inflexibilität

Tabelle 2.2 Die Vor- und Nachteile eines gemieteten Systems im Überblick

Der große Vorteil gemieteter Systeme liegt in den transparenten Kosten, da die Anbieter oftmals klare Pakete und Regelungen haben, wie viel die Bereitstellung des Service monatlich kostet bzw. wie hoch die Gebühr für die Transaktionen ist. Dies führt zu einem deutlich geringeren Investitionsrisiko, da die Kosten überschaubar und auch planbar sind. Sollte sich eine Investition nicht rentieren, können Sie – selbstverständlich je nachdem, wie viel Aufwand Sie initial investiert haben – den Anbieter auch wechseln. Ein weiterer Vorteil ist, dass eine gemietete Lösung oftmals einen deutlich schnelleren Markteintritt durch kürzere Implementationszeiten ermöglicht. Dies kommt mitunter dadurch zustande, dass sich ein Shop-Betreiber wesentlich besser auf seine Kernkompetenzen konzentrieren kann und sich nicht um das System, die Bereitstellung, die Anpassung etc. kümmern muss. Auch müssen Sie sich in der Regel über das Thema *Skalierbarkeit* keine Gedanken machen, da die Anbieter gemieteter Systeme hier bereits entsprechende Lösungen bereitstellen bzw. oftmals auch auf Cloud-Service-Anbieter zurückgreifen.

Ein großer Nachteil ist dabei die hohe Abhängigkeit von einem Anbieter – Sie legen sprichwörtlich Ihr gesamtes Geschäft in die Hände eines Anbieters und müssen darauf vertrauen, dass dieser seine Leistungen vertragsgemäß erbringt und auch noch die nächsten zwei, fünf oder zehn Jahre am Markt aktiv sein wird und die Dienstleistung nicht eingestellt oder das Unternehmen geschlossen wird. Insbesondere in Zeiten der Datenschutzgrundverordnung (DSGVO) und weiterer Bestrebungen, das Datenschutzniveau zu erhöhen, müssen Sie bei einer gemieteten Lösung immer beachten, dass dies *Datenschutzprobleme* und *Compliance-Probleme* nach sich ziehen kann. Schließlich werden die kompletten Daten eines Unternehmens – oftmals auch sensible wie Kundendaten und Passwörter – in die Hände eines anderen Unternehmens gelegt. Auch besteht immer das Risiko, dass der Anbieter eventuell eine Sicherheitslücke übersieht und deshalb potenzielle Einfallstore für Hacker offen stehen. SaaS-Lösungen lassen sich zudem oftmals auch deutlich schlechter in bestehende IT- und Prozesslandschaften integrieren, da Sie keinen oder nur einen sehr restriktiven Zugriff auf die SaaS-Anwendung bekommen und nicht immer APIs oder gut dokumentierte APIs vorhanden sind. Gerade bei größeren Unternehmen kann eine schlechte Integration zu deutlich höheren Prozesskosten führen, wenn keine individuellen Anpassungen und Integrationen vorgenommen werden können. Dies führt schlussendlich zu einer deutlich höheren Inflexibilität, da viele kundenspezifische Anpassungen nicht vorgenommen werden können oder so hohe Kosten verursachen, dass Sie auch eine Shop-Lösung in Betracht ziehen könnten.

Eine Marktplatzlösung zählt hierbei auch als gemietetes System, da sie ebenfalls gegen eine entsprechende monatliche Gebühr oder gar kostenlos angelegt werden kann. Die Nachteile in Bezug auf die Inflexibilität verstärken sich hier nur noch mehr, da Sie an die meist sehr restriktiven Vorgaben und Funktionen gebunden sind.

2.3.3 Fazit

Wie Sie sehen konnten, hat jede Lösung wie eine Medaille immer zwei Seiten. Wählt man ein System, dass man kauft und anpasst, hat man die größere Flexibilität und kann besser eigene Wünsche und Vorstellungen abbilden, während bei einer gemieteten Lösung die planbaren und transparenten Kosten und der schnellere Markteintritt von Vorteil sind. Die Entscheidung, in welche Richtung Sie Ihr E-Commerce-Unternehmen entwickeln, hängt von Ihren gewünschten Funktionen, den damit verbundenen notwendigen Anpassungen und letztendlich auch dem Budget ab.

Als größeres Unternehmen werden Sie wahrscheinlich eher zu einer eigenen, individuell angepassten Shop-Lösung tendieren, um einen hohen Integrationsgrad in den anderen Systemen in Ihrer bestehenden IT- und Prozesslandschaft zu erreichen.

Als kleineres Unternehmen oder Start-up, das keine großen Anpassungen benötigt oder noch ein kleines Budget hat und sich primär auf das Verkaufen der Produkte oder das Testen einer neuen Idee konzentrieren möchte, tendieren Sie wahrscheinlich eher zu einer günstigen SaaS-Lösung.

2.4 Cloud-Lösungen verstehen

Wenn man im E-Commerce-Bereich über eine Cloud-Lösung spricht, spricht man in der Regel über eine klassische Software-as-a-Service-Lösung, die man bei einem Anbieter anmietet und betreibt. Dieser Ansatz ist jedoch nur einer von aktuell drei gängigen Cloud-Lösungsansätzen. Um die einzelnen Lösungen besser voneinander abgrenzen zu können, ist es sinnvoll, sich einmal die drei Schichten einer klassischen Cloud-Computing-Architektur, wie sie in Abbildung 2.5 dargestellt ist, vor Augen zu führen.

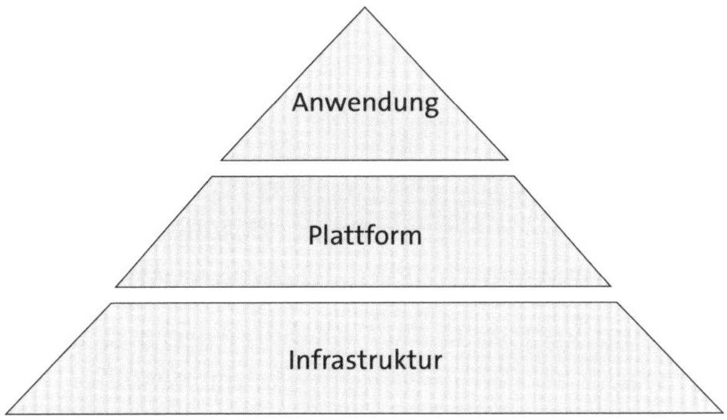

Abbildung 2.5 Klassische Cloud-Computing-Architektur

Je nachdem, welche dieser Schichten Sie selbst betreiben oder einem anderen Anbieter überlassen möchten, lassen sich hieraus drei Ansätze für Cloud-Lösungen ableiten: *Software as a Service* (*SaaS*), *Platform as a Service* (*PaaS*) und *Infrastructure as a Service* (*IaaS*). Bei jeder Schicht geht es darum, ob Sie diese Kompetenz an einen externen Anbieter auslagern oder intern abbilden. In diesem Abschnitt wollen wir Ihnen diese drei Ansätze vorstellen.

2.4.1 Software as a Service (SaaS)

Bei Software-as-a-Service-Lösungen handelt es sich um die verbreitetste und bekannteste Form der Cloud-Lösungen. Ein Shop-Betreiber mietet bei dieser Variante die bestehende Anwendung eines Anbieters und muss sich ausschließlich um die Konfiguration und Pflege des Systems kümmern. Er erhält hierbei weder Zugriff auf die Anwendung selbst und damit die Möglichkeit, Veränderungen an der Programmlogik vorzunehmen, noch auf die Plattform und die Infrastruktur selbst. Wie in Abbildung 2.6 schematisch dargestellt, liegt die Verantwortlichkeit für alle drei Schichten direkt beim Anbieter (dargestellt durch schwarze Hintergrundfarbe). Der Anbieter kümmert sich hier neben der Pflege und Weiterentwicklung der Anwendung auch um die mandantenfähige, skalierbare und ausfallsichere Infrastruktur sowie die entsprechenden Skripte, sodass die Anwendung auch auf der Infrastruktur ausgerollt werden kann.

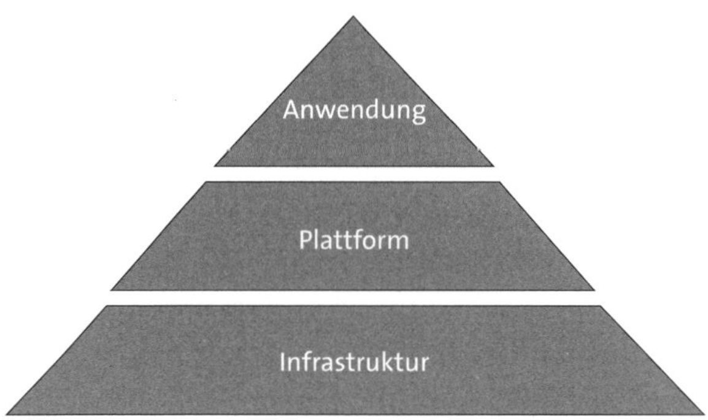

Abbildung 2.6 Verteilung der Verantwortlichkeit bei Software as a Service

Der große Vorteil dieser Cloud-Lösungsvariante ist, dass Sie sich als Shop-Betreiber ausschließlich um das Pflegen der Artikel und das Abarbeiten der Bestellungen kümmern müssen, dagegen weder um die Anwendung noch um die Infrastruktur.

Nachteil ist hierbei, dass die Prozesse und Vorgaben einer solchen Anwendung oftmals sehr klar definiert sind und nur wenig Anpassungsmöglichkeiten bestehen.

Beispiel für eine Software-as-a-Service-Lösung wäre Shopify, eine sehr beliebte Lösung aus Kanada, die von vielen Online-Shop-Betreibern genutzt wird.

2.4.2 Platform as a Service (PaaS)

In einer Platform-as-a-Service-Variante geht die Verantwortlichkeit für die Anwendung auf den Shop-Betreiber über, wie schematisch in Abbildung 2.7 dargestellt.

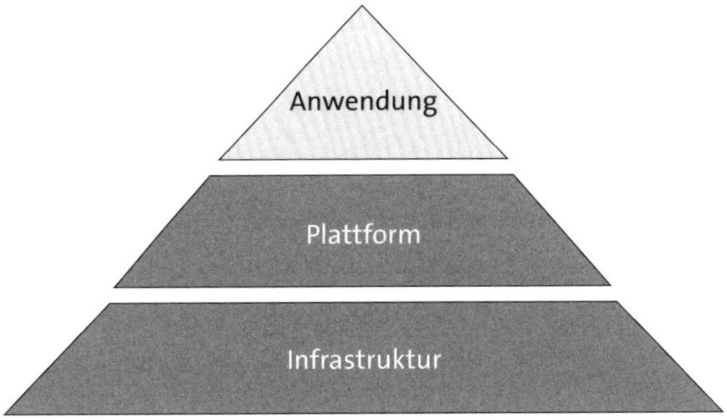

Abbildung 2.7 Verteilung der Verantwortlichkeit bei Platform as a Service

Ein Shop-Betreiber kümmert sich hierbei um die komplette Installation, Konfiguration und Anpassung der Anwendung selbst und schaltet anschließend einen Anbieter ein, der wiederum die Infrastruktur bereitstellt und das notwendige Wissen und Know-how für das Ausrollen der Anwendung auf der bereitgestellten Infrastruktur hat. Der Anbieter wiederum stellt für das Ausrollen der Anwendung definierte Programmierschnittstellen und vorgegebene Skripte zur Verfügung.

Salopp gesprochen sagt der Shop-Betreiber dem PaaS-Anbieter: »Hallo lieber Anbieter! Hier ist meine fertige Anwendung mit der anwendungsspezifischen Konfiguration, bitte stelle das auf den gemieteten Servern zur Verfügung.«

Der große Vorteil ist, dass Sie sich als Shop-Betreiber nun um die Entwicklung der Anwendung kümmern können und eine skalierbare Infrastruktur erhalten, ohne sich dabei tatsächlich um die Bereitstellung und Administration der Infrastruktur kümmern zu müssen.

Als Shop-Betreiber haben Sie bei dieser Variante jedoch keinen – oder nur einen sehr eingeschränkten – Zugriff auf die Infrastruktur selbst, sodass keine Veränderungen möglich sind. Dies kann bei komplexeren Anforderungen an eine Anwendung und die benötigte Infrastruktur ein nicht unerheblicher Nachteil sein.

Beispiel für eine Platform-as-a-Service-Lösung wäre *Adobe Commerce Cloud*, wo Adobe neben der lizenzierten Software auch eine skalierbare und individuell auf das Unternehmen abgestimmte Hosting-Infrastruktur bereitstellt.

2.4.3 Infrastructure as a Service (IaaS)

Die dritte Cloud-Lösungsvariante ist eine sogenannte Infrastructure-as-a-Service-Lösung. Ein Shop-Betreiber übernimmt hierbei auch die Verantwortung für die Plattformschicht, wie in Abbildung 2.8 schematisch dargestellt. Die Infrastruktur wird hierbei über einen Anbieter eingekauft – prominente Beispiele hierfür sind Amazon Web Services oder Google Cloud Engine.

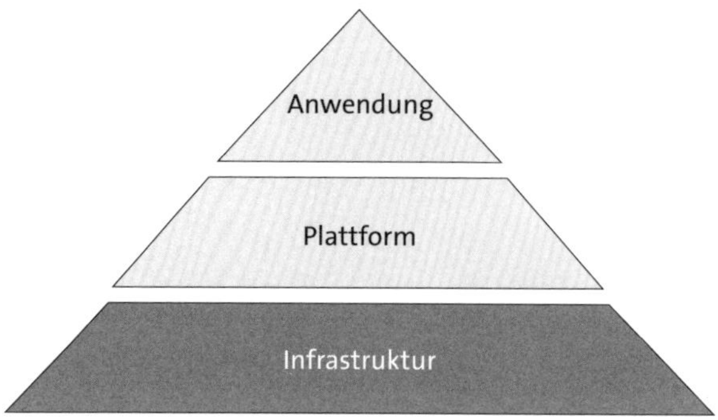

Abbildung 2.8 Verteilung der Verantwortlichkeit bei Infrastructure as a Service

Ein Shop-Betreiber kann also beliebig viele Ressourcen über einen solchen Anbieter einkaufen, ist jedoch eigenständig dafür verantwortlich, diese Ressourcen miteinander zu verknüpfen, sie bereitzustellen und zu administrieren. Auch das Thema »Deployment«, also der Prozess, wie eine Anwendung auf der Infrastruktur bereitgestellt wird, muss durch den Shop-Betreiber selbst definiert und umgesetzt werden.

2.4.4 Zusammenfassung

In diesem Abschnitt haben Sie die drei unterschiedlichen Arten der Cloud-Lösungen kennengelernt. Diese reichen von der einfachen Variante, bei der Sie sich als Shop-Betreiber nur um die Pflege des Systems kümmern müssen, bis hin zu der komplexen Variante, bei der Sie sich neben der Anwendung selbst auch noch um die ganze Bereitstellung und Administration der Infrastruktur kümmern müssen.

Kleinere Shop-Betreiber tendieren deshalb meist zu einer SaaS-Lösung, da sie nicht die Ressourcen und das Budget besitzen, sich um die komplette Anwendung und Infrastruktur zu kümmern. Größere Unternehmen besitzen oftmals bereits eine entsprechende Infrastruktur oder zumindest die Mitarbeiter mit dem entsprechenden Know-how. Selbstverständlich ist es jedoch auch für kleine wie große Unternehmen möglich, einen entsprechenden Dienstleister an Bord zu holen, der sich um Teilbereiche kümmert.

2.5 E-Commerce-Lösungen im Überblick

Nachdem Sie nun in den letzten Abschnitten einen groben Überblick über die verschiedenen E-Commerce-Lösungen bekommen haben und die Vor- und Nachteile von Kauf- und Mietlösungen gegenübergestellt wurden, stellen wir Ihnen nun verschiedene E-Commerce-Lösungen vor, die Sie bei der Realisierung Ihres E-Commerce-Projekts in Betracht ziehen können.

Am Ende jeder vorgestellten E-Commerce-Lösung finden Sie jeweils in einer Übersicht die wichtigsten Fakten zu der Software zusammengestellt. Diese umfassen folgende Punkte:

- Anbieter der Lösung
- Technologieansatz (gehostet, SaaS)
- Lizenzmodell und zu erwartende Lizenzkosten

2.5.1 Shopify

Shopify ist ein kanadisches Unternehmen, das 2004 gegründet und seit 2006 mit einer eigenen E-Commerce-Lösung am Markt aktiv ist und sich zum Ziel gesetzt hat, die Eintrittsbarrieren in den E-Commerce-Markt signifikant zu reduzieren und so einfach wie möglich zu gestalten. Ein Kunde soll durch die Shopify-Lösung nicht mehr mehrere Monate darauf warten, bis er seinen Online-Shop eröffnen kann, sondern bereits nach wenigen Stunden einen fertig eingerichteten Shop besitzen, mit dem er Produkte verkaufen kann. Da die Gründer von Shopify auf der Suche nach einem Online-Shop-System für ihre Produkte und ihre Anforderungen keine solch einfache Lösung gefunden haben, haben Sie anschließend ein eigenes System auf die Beine gestellt und dieses sukzessive mit anderen Personen geteilt und so ihr System immer weiter verbreitet – aktuell nach eigenen Angaben mit über 1.000.000 Shops.

Shopify bietet Ihnen hierbei sehr viele Möglichkeiten und Funktionen an:

- Es bietet über 70 professionelle Designvorlagen bekannter Designer zur Auswahl, inklusive der Möglichkeit, den Shop auch individuell anzupassen.
- Nicht nur Desktop-Geräte, sondern auch mobile Endgeräte werden von Haus aus unterstützt.
- Über zehn verschiedene Zahlungsarten sind in Deutschland wählbar.
- Keine Sorgen um die korrekten Steuern: Shopify übernimmt die korrekte Steuerberechnung.
- Von Haus aus ist Shopify (und alle seine anhängenden Shops) mehrsprachig per Mausklick.
- Keine Sorgen um das Hosting: Shopify gewährleistet eine 24/7-Erreichbarkeit.
- Es bestehen umfangreiche Möglichkeiten, um Produkte (auch in Varianten) zu pflegen.
- Rudimentäre ERP-Funktionen, wie zum Beispiel Lagerverwaltung inklusive Tracking der Lagerbewegungen, sind vorhanden.

Diese Liste stellt nur einen kleinen Auszug der vielfältigen Möglichkeiten dar, die Shopify seinen Kunden anbietet. Die gesamte Feature-Liste können Sie unter *www.shopify.de/onlineshop-erstellen/ecommerce* einsehen.

Die Zielgruppe von Shopify sind sowohl Privatpersonen, die in den E-Commerce-Bereich einsteigen möchten, als auch Unternehmen, die mit einem standardisierten System arbeiten können und keine direkte Anbindung an die eigene IT-Landschaft benötigen. Ein Beispiel sehen Sie in Abbildung 2.9.

Abbildung 2.9 Freeletics setzt auf Shopify.

Aus Entwicklersicht bietet Shopify jedoch auch eine sehr umfangreiche API (Schnittstelle) an, mit der man seine eigenen Applikationen andocken kann und so den limitierten Funktionsumfang von Shopify über externe Systeme erweitern oder Schnittstellen zu anderen Systemen schaffen kann. Das Shopify-System selbst lässt sich jedoch nicht erweitern. Die Fakten zu Shopify lesen Sie zusammengefasst in Tabelle 2.3.

Anbieter	**Shopify**
Am Markt seit	2004
Zielgruppe	kleine Unternehmen

Tabelle 2.3 Shopify – die Fakten

E-Commerce-Erfahrung beim Kunden	Einsteiger
Time to Market	kurz
Technologieansatz	SaaS
Lizenzmodell	Abonnement
Lizenzkosten	Monatliche Kosten beginnen bei ca. 29 US$ und reichen bis ca. 299 US$ neben transaktionsabhängigen Gebühren.

Tabelle 2.3 Shopify – die Fakten (Forts.)

2.5.2 Jimdo

Eine eigene Website zu programmieren ist nicht einfach. Das Team von *Jimdo* hat deshalb ein Baukastensystem entwickelt, mit dem man anfangs ausschließlich reine Webseiten erstellen konnte. Über die Jahre am Markt hat sich die Anwendung stetig weiterentwickelt und wurde um eine Shop-Komponente erweitert. Jimdo-Kunden haben nun die Möglichkeit, ohne Vorkenntnisse und ohne Programmiererfahrung in relativ wenigen Schritten einen eigenen Shop auf ihrer Website einzubinden und rechtssicher Produkte zu verkaufen.

Jimdo bietet derzeit drei verschiedene Pakete an, bei denen man auch einen Online-Shop hinzufügen kann. Die Pakete unterscheiden sich hauptsächlich in den zur Verfügung stehenden Funktionen für den Shop, den verfügbaren Zahlungsarten und den zur Auswahl stehenden Designs. Das Hosting wird beim Buchen eines Pakets ebenfalls komplett von Jimdo übernommen. Je nach Paket können Sie auch eine eigene Domain mit eigenen E-Mail-Adressen wählen, sodass Sie nach außen einen professionellen Eindruck machen. In jedem kostenpflichtigen Paket steht auch die Möglichkeit bereit, schon fertige, individuelle Designs von Jimdo zu verwenden. Diese sind bereits sowohl für Desktop-Rechner als auch für mobile Endgeräte optimiert. Zudem sind sie werbefrei, sodass auch ein professioneller Eindruck entsteht.

Die Zielgruppe von Jimdo sind Privatpersonen oder kleine Unternehmen, die schnell und einfach einen eigenen Online-Shop eröffnen möchten und neben einem individuellen Design keine großen technischen Anforderungen besitzen. Diese wären aufgrund der Geschlossenheit des Systems nicht realisierbar. Ein entsprechendes Shop-Beispiel sehen Sie in Abbildung 2.10.

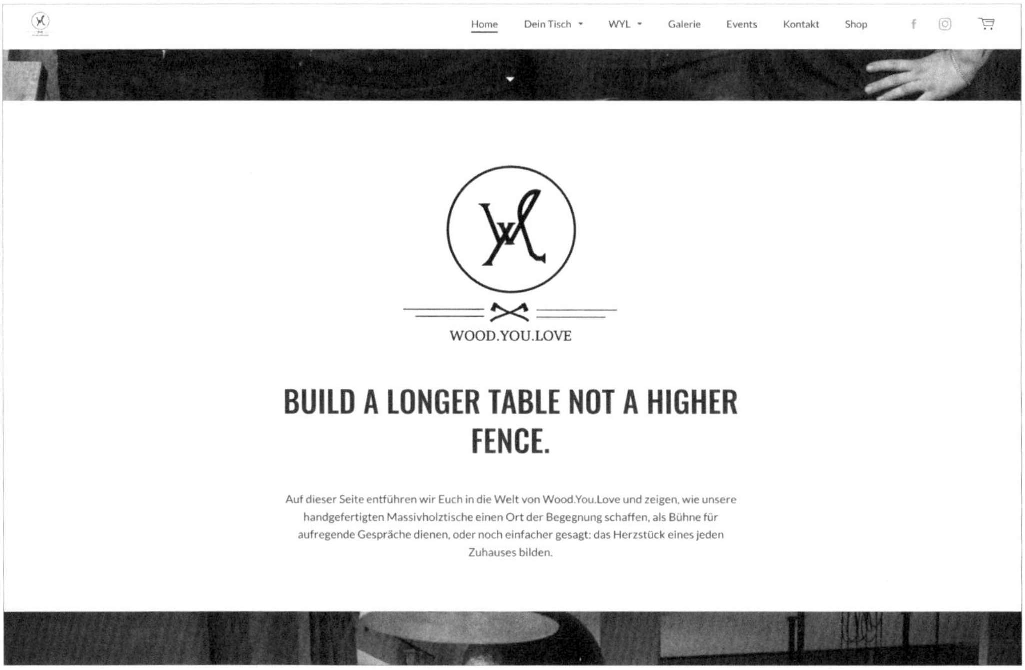

Abbildung 2.10 WOOD.YOU.LOVE setzt auf die Jimdo-Lösung für das E-Commerce-Geschäft.

Die Fakten zu Jimdo bietet Tabelle 2.4 im Überblick.

Anbieter	**Jimdo**
Am Markt seit	2004
Zielgruppe	Privatpersonen, kleine Unternehmen
E-Commerce-Erfahrung beim Kunden	Einsteiger
Time to Market	kurz
Technologieansatz	SaaS
Lizenzmodell	Abonnement
Lizenzkosten	ab 15 € bis 35 € pro Monat bei jährlicher Abrechnung

Tabelle 2.4 Jimdo – die Fakten

2.5.3 Wix

Wix ist ein israelisches Unternehmen, das bereits mehrere Investoren überzeugt hat und seit 2013 auch an der amerikanischen NASDAQ-Börse gelistet ist. Wix hat sich ähnlich wie andere Anbieter zum Ziel gesetzt, dass jede Person bzw. jedes Unternehmen schnell und einfach eine Website oder einen Online-Shop erstellen kann. Hierfür stellt das Unternehmen – ähnlich wie Jimdo – ein umfangreiches Baukastensystem mit Drag-&-Drop-Funktion zur Verfügung, mit dem man sich schnell und einfach eine Website »zusammenklicken« kann. Ein Beispiel hierfür ist in Abbildung 2.11 zu sehen.

Abbildung 2.11 Der BeardTamer nutzt Wix für das Online-Geschäft.

Es werden derzeit drei dezidierte Business- und eCommerce-Pakete angeboten: Basic, Unlimited und VIP. Die Pakete bauen aufeinander auf, und die höheren Pakete werden durch weitere Funktionen erweitert.

Die Zielgruppe von Wix sind ganz klar Privatpersonen oder kleine Unternehmen, die schnell und einfach einen eigenen Online-Shop eröffnen möchten und neben einem individuellen Design keine großen technischen Anforderungen besitzen. Diese wären aufgrund der Geschlossenheit des Systems nicht realisierbar. Wix hat jedoch einen App-Markt herausgebracht, über den Entwickler mithilfe einer speziellen Programmbibliothek eigene Web-Apps für Wix entwickeln und diese dann allen Shop-Betreibern zur Verfügung stellen können.

Die Fakten zum Online-Shop von Wix bietet Tabelle 2.5 im Überblick.

Anbieter	**Wix.com**
Am Markt seit	2006
Zielgruppe	Privatpersonen, kleine Unternehmen
E-Commerce-Erfahrung beim Kunden	Einsteiger
Time to Market	kurz
Technologieansatz	SaaS
Lizenzmodell	Abonnement
Lizenzkosten	ab ca. 21 € bis ca. 41 € pro Monat

Tabelle 2.5 Wix – die Fakten

2.5.4 Amazon

Amazon ist der globale E-Commerce-Player schlechthin, der über viele Länder und Kontinente hinweg bekannt ist. Sehr viele Menschen haben schon einmal bei Amazon eingekauft bzw. werden in Zukunft bei Amazon einkaufen. Während Amazon zu Beginn ausschließlich selbst Artikel verkauft hat, wandelte sich das Unternehmen über die Jahre hinweg zu einem großen Marktplatz, auf dem auch andere Händler ihre Waren anbieten können. Amazon unterstützt Sie dabei aber nicht nur beim Verkaufen von Artikeln, sondern bietet auch weitere Lösungen, wie zum Beispiel Einlagerung und Versand der Artikel aus Amazon-Logistikzentren oder auch die Möglichkeit, über Amazon zu bezahlen.

Aufgrund der enormen Popularität von Amazon und der vielen Besucher auf der Seite bietet sich hier für ein Unternehmen eine gute Möglichkeit, schnell einen weiteren Vertriebskanal zu erschließen, da die Artikel schneller gefunden und gekauft werden können, ohne dass Sie einen Kunden erst auf Ihre eigene Seite leiten müssen. Ein weiterer Vorteil ist auch, dass der Bezahlvorgang von Amazon bereits von vielen Kunden genutzt und so optimiert wurde, dass Bestellabbrüche reduziert werden.

Das Verkaufen über Amazon funktioniert dabei über folgende Schritte:

1. Sie stellen Ihre Produkte bei Amazon ein.
2. Kunden sehen Angebote beim Surfen auf der Amazon-Seite.
3. Kunden kaufen Ihre Produkte bei Amazon über den gewohnten Bezahlvorgang.
4. Sie bearbeiten die Bestellung und versenden die gekauften Produkte an die Kunden.
5. Amazon schreibt Ihnen den zustehenden Betrag gut.

Die Zielgruppe von Amazon sind auf der einen Seite Händler, die keinen eigenen Online-Shop eröffnen, sondern lediglich ihre Artikel über eine bekannte Plattform absetzen möchten. Auf der anderen Seite stehen Händler, die Amazon als zusätzlichen Vertriebskanal für ihre Produkte nutzen und so gegebenenfalls auch die Bekanntheit des eigenen Unternehmens erhöhen möchten. Abbildung 2.12 zeigt einen Beispiel-Store bei Amazon.

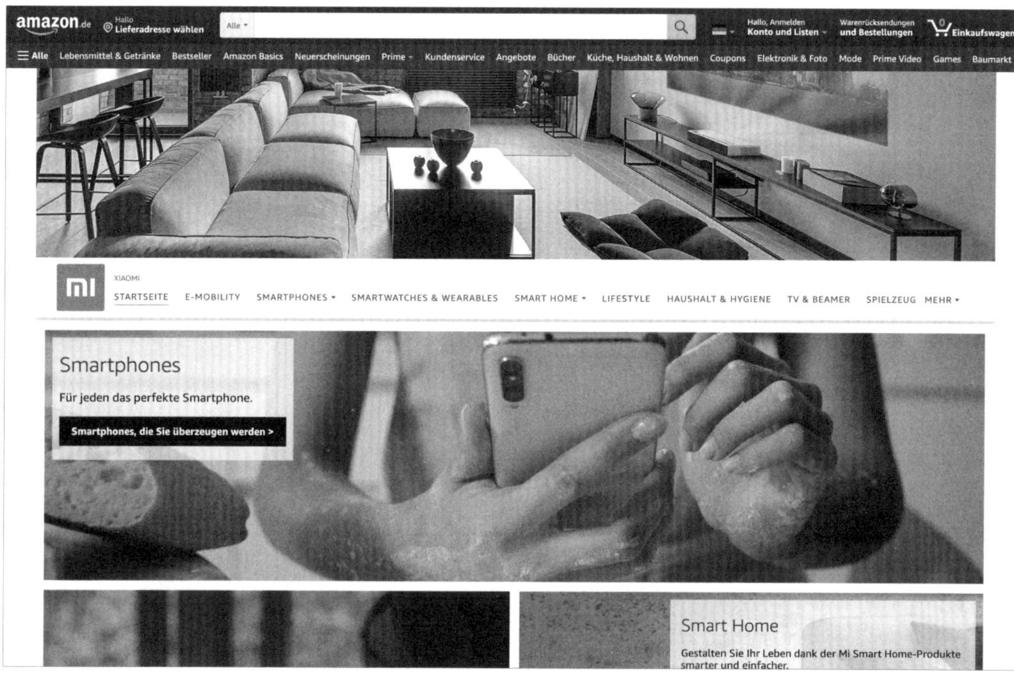

Abbildung 2.12 Amazon-Storefront des Handy-Herstellers XIAOMI

Tabelle 2.6 zeigt die Fakten rund um Amazon noch einmal kurz und knackig auf.

Anbieter	**Amazon**
Am Markt seit	1994
Zielgruppe	kleine und mittelständische Unternehmen
E-Commerce-Erfahrung beim Kunden	Einsteiger
Time to Market	kurz
Technologieansatz	Marketplace
Lizenzmodell	Abonnement

Tabelle 2.6 Amazon – die Fakten

Lizenzkosten	Basiskonto: feste Gebühr von 0,99 € pro verkauftem Artikel zzgl. transaktionsabhängiger Gebühren Professionelles Anbieterkonto: ca. 39 € im Monat zzgl. transaktionsabhängiger Gebühren

Tabelle 2.6 Amazon – die Fakten (Forts.)

2.5.5 plentymarkets

plentymarkets versteht sich als E-Commerce-Komplettlösung, in der ein Online-Händler alle Prozesse des E-Commerce abbilden kann, ohne eine weitere Softwarelösung zu benötigen. Die Bausteine von plentymarkets sind:

- Online-Shop
- Multi-Channel
- Warenwirtschaft/Statistik
- Auftragsabwicklung
- Prozesse
- CRM
- PIM
- Point of Sale
- Hosting

Die Zielgruppe sind hauptsächlich Händler, die eine Komplettlösung suchen, in der sowohl ein Online-Shop als auch zugleich ein Warenwirtschaftssystem ohne großen Integrationsaufwand angebunden werden kann. Waldorfshop betreibt beispielsweise ein Shop, der das plentymarkets-System nutzt (siehe Abbildung 2.13).

Abbildung 2.13 Beim Waldorfshop kommt plentymarkets zum Einsatz.

Kurz und bündig finden Sie die Fakten zu plentymarkets in Tabelle 2.7.

Anbieter	plentymarkets
Am Markt seit	2001
Zielgruppe	kleine und mittelständische Unternehmen
E-Commerce-Erfahrung beim Kunden	Einsteiger
Time to Market	kurz bis mittel
Technologieansatz	SaaS/PaaS
Lizenzmodell	Abonnement, kommerziell
Lizenzkosten	Die monatlichen Kosten für die Cloud-Version beginnen bei ca. 39 € für die Basisvariante und sind unter anderem an die eingehenden Aufträge und Funktionen gekoppelt. Weitere Pakete sind für 129 €/249 €/ 1.250 € im Monat verfügbar. Preise für die Enterprise-Version sind auf Anfrage erhältlich.

Tabelle 2.7 plentymarkets – die Fakten

2.5.6 eBay

eBay betreibt das größte und vermutlich auch bekannteste Auktionshaus der Welt mit über 250 Millionen Mitgliedern, die über eBay Waren kaufen oder verkaufen. Darüber hinaus werden auf eBay über 500.000 sogenannte »eBay Shops« betrieben, auf denen Händler in einem eigenen Bereich die Artikel Ihres Unternehmens vertreiben können.

Für viele Händler kann es Sinn machen, ihre Waren zusätzlich auf eBay anzubieten, da sehr viele Menschen die Seite täglich besuchen und so die Artikel ihrer Wahl schnell finden können. eBay tritt hierbei als Vermittler eines Kaufvertrags zwischen Verkäufer und Kunde auf und stellt alle notwendigen Dienstleistungen bereit, damit ein Kauf reibungslos abgeschlossen und abgewickelt werden kann. Hierfür stehen drei mögliche Verkaufskonzepte zur Auswahl:

- **Verkauf gegen Höchstgebot**
  Es ist das Verkaufskonzept, mit dem eBay bekannt und erfolgreich wurde. Hierbei wird ein Produkt mit einem Startpreis und einer Laufzeit eingestellt, auf das die Interessenten dann mit einem Betrag bieten können. Der Interessent mit dem höchsten Gebot erhält letztendlich den Zuschlag.

- **Verkauf zum Festpreis**
  Bei diesem Verkaufskonzept wird das Produkt mit einer festen Laufzeit und einem festen Preis eingestellt. Der Interessent, der als Erster bereit ist, den aufgerufenen Preis zu bezahlen, erhält den Zuschlag.
- **Permanentes Angebot**
  Beim dritten Verkaufskonzept kann ein Händler seine Produkte permanent auf eBay in einem eigenen eBay Shop anbieten. Die Produkte müssen hierbei nicht mit einem Verfallstermin eingestellt werden.

Beispiel für ein solches permanentes Angebot ist der eBay-Shop von Werkzeugstore24, der in Abbildung 2.14 zu sehen ist.

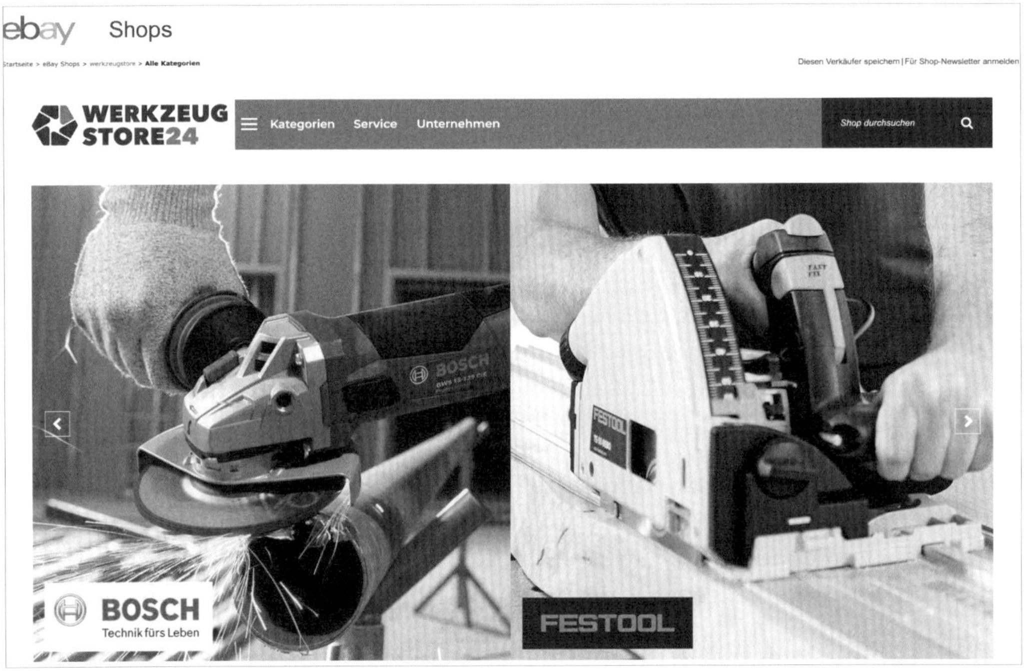

Abbildung 2.14 eBay Shop von werkzeugstore24

Der Shop hat hierbei ein individuelles Design, das sich am Corporate Design des Unternehmens orientiert, dabei jedoch in einen Rahmen von eBay eingefasst ist, sodass ein Kunde auch gleich weiß, wo er sich befindet.

Ob der Marktplatz von eBay zu Ihnen passt, sehen Sie gebündelt in Tabelle 2.8.

Anbieter	eBay
Am Markt seit	1995
Zielgruppe	Endverbraucher, Unternehmen jeglicher Größe
E-Commerce-Erfahrung beim Kunden	Einsteiger
Time to Market	kurz
Technologieansatz	Marketplace
Lizenzmodell	Marktplatz, Auktion
Lizenzkosten	unterschiedliche Shop-Pakete ab 39,95 € bis hin zu 4.999,95 € zur Auswahl – jeweils mit unterschiedlichen Konditionen und Transaktionsgebühren

Tabelle 2.8 eBay – die Fakten

2.5.7 WooCommerce

WordPress ist die weltweit verbreitetste Blog- und CMS-Software. Keine Software wird öfter für die Website-Erstellung eingesetzt. Es besticht vor allem durch die einfache Handhabung und das sehr flexible Plugin-System. Die logische Konsequenz ist, dass jemand auch ein E-Commerce-Plugin für WordPress entwickelt. Das am weitesten verbreitete und bekannteste Plugin ist *WooCommerce*, das sich nahtlos in die WordPress-Software integriert. Dadurch ist es mit vielen WordPress-Versionen kompatibel und flexibel erweiterbar. Von Haus aus ist es jedoch für den deutschen Markt nicht direkt einsetzbar. Es gibt jedoch diverse Plugins und Tutorials im Internet, wie man WooCommerce schnell und einfach rechtssicher im deutschen Markt betreiben kann.

In WooCommerce befinden sich schon standardmäßig sehr viele Funktionen, die für Einsteiger im E-Commerce in der Regel ausreichend sind. Wie bei anderen Shop-Systemen gibt es auch hier einen eigenen Plugin-Marktplatz, auf dem Sie kostenlose und kostenpflichte Plugins erwerben und so beispielsweise neue Zahlarten hinzufügen können.

Ein Beispiel für einen WooCommerce-Shop sehen Sie in Abbildung 2.15. Alle weiteren Fakten zu diesem System sehen Sie in Tabelle 2.9.

Abbildung 2.15 Der Shop von Good Dye Young nutzt WooCommerce als Basis für den Online-Shop.

Anbieter	**WordPress/WooCommerce**
Am Markt seit	2011
Zielgruppe	kleine Unternehmen
E-Commerce-Erfahrung beim Kunden	Einsteiger
Time to Market	kurz
Technologieansatz	gehostet
Lizenzmodell	kostenfreie Version, durch kostenpflichtige Plugins erweiterbar
Lizenzkosten	keine

Tabelle 2.9 WooCommerce – die Fakten

2.5.8 xt:Commerce

xt:Commerce ist der Klassiker unter den E-Commerce-Lösungen und erfreut sich schon seit vielen Jahren großer Beliebtheit. Während die Version xt:Commerce 3 noch Open Source war, hat die Firma hinter xt:Commerce 2008 die Strategie gewechselt und sich mit den neueren Versionen ab xt:Commerce 4.0 von der Quelloffenheit verabschiedet und einen kommerziellen Nachfolger veröffentlicht. Ein Großteil des Quellcodes wird nicht quelloffen bereitgestellt, sondern durch das Programm ioncube verschlüsselt, was es wiederum etwas schwieriger macht, Anpassungen vorzunehmen, da man den genauen Quellcode weder sehen noch nachvollziehen kann und da andererseits auch zusätzliche Anforderungen an das Server-Hosting gestellt werden. Das Beispiel eines Online-Shops auf Basis von xt:Commerce sehen Sie in Abbildung 2.16.

Die integrierten Funktionen in xt:Commerce sind nicht zu unterschätzen und teilweise sogar mächtiger, als es noch die Open-Source-Variante war:

- Mehrsprachigkeit
- Mandantenfähigkeit/Multi-Shop-Funktionalität
- flexibles Plugin-System und viele Erweiterungen
- umfangreiche Möglichkeiten, den Produktkatalog zu verwalten
- und vieles mehr

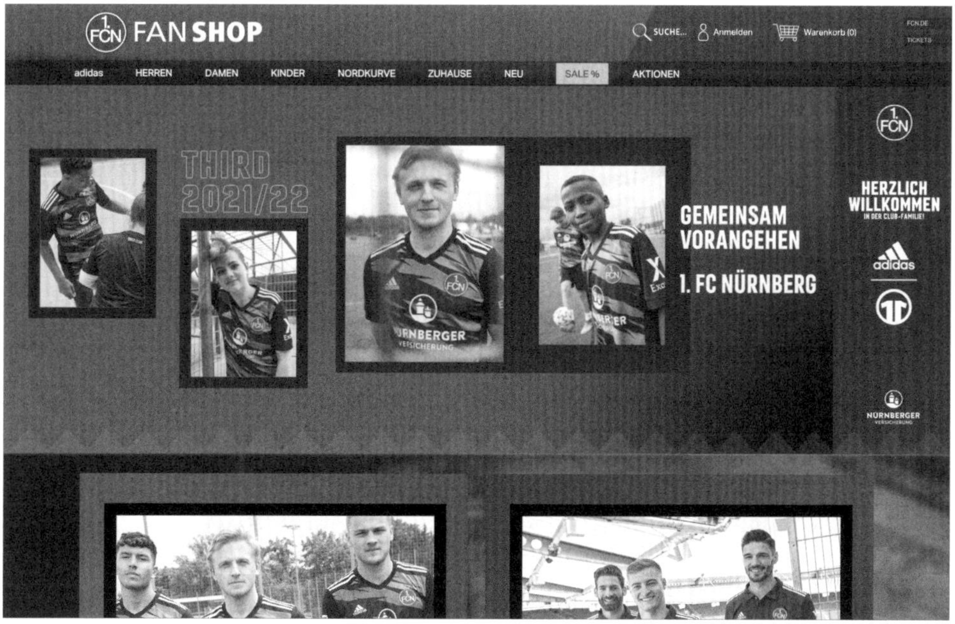

Abbildung 2.16 xt:Commerce ist beim Fanshop des 1. FC Nürnberg als Shop-System im Einsatz.

Wie viele andere Shop-Systeme besitzt auch xt:Commerce einen eigenen Marktplatz für Plugins und Templates, die darüber bezogen und im eigenen Shop installiert werden können. Besonderheit ist hier, dass die Erweiterungen direkt über den Store gekauft werden können und Sie nicht auf den Shop des Plugin-Entwicklers weitergeleitet werden. Die Fakten zu xt:Commerce finden Sie in Tabelle 2.10.

Anbieter	**xt:Commerce GmbH**
Am Markt seit	2003
Zielgruppe	kleine Unternehmen
E-Commerce-Erfahrung beim Kunden	Einsteiger
Time to Market	kurz
Technologieansatz	gehostet
Lizenzmodell	kostenfreie Version/kommerziell
Lizenzkosten	einmalige Lizenzkosten ab ca. 449 € für die kommerzielle Version

Tabelle 2.10 xt:Commerce – die Fakten

2.5.9 PrestaShop

PrestaShop wurde ursprünglich als Studienprojekt an der französischen Universität Epitech begonnen und anschließend weiterentwickelt und als Open-Source-Projekt veröffentlicht. Dabei wurde der Praxisbezug besonders berücksichtigt: Mehrere kleine Händler waren aktiv an der Entwicklung mit ihrem Wissen und ihren Bedürfnissen beteiligt. 2007 wurde dann eine eigene Firma gegründet, die sich mit der Weiterentwicklung des Systems beschäftigt.

Das System ist sehr stark modular aufgebaut, sodass Funktionen und Erweiterungen relativ einfach hinzugefügt bzw. entfernt werden können. Hierzu steht wie bei anderen Online-Shop-Systemen ebenfalls ein eigener Marktplatz für Module und Designs zur Verfügung, über den die verschiedenen Zahlungsmodule, Funktionen etc. bezogen werden können.

Doch auch ohne Erweiterungen ist das PrestaShop-System schon von Haus aus sehr mächtig. Ein paar besondere Funktionen, die PrestaShop etwas von anderen Open-Source-Systemen abheben, sind beispielsweise:

- fortschrittliche Lagerverwaltung inklusive Unterstützung unterschiedlicher Lager
- moderne Produktpräsentation mit Schnellansichtsfunktion eines Artikels
- flexible Administrationsoberfläche, die sich an das verwendete Endgerät optimal anpasst
- länderspezifische Adressformate, sodass ein Kunde in jedem Land das Adressformat aus seinem Land sieht

- umfangreiches und anpassbares Reporting mit intelligenten *KPIs (Key Performance Indicators)* und einer Berechnung der Nettogewinnmarge in Echtzeit

Die Umsetzung eines Online-Shops mit PrestaShop zeigt Abbildung 2.17.

Abbildung 2.17 HUYGENS setzt auf PrestaShop als Shop-Lösung.

Gab es anfangs noch das Problem, dass PrestaShop am deutschen Markt nicht rechtssicher eingesetzt werden konnte, gibt es inzwischen mehrere Module[1], mit denen Sie ein PrestaShop-System rechtssicher für den deutschen Markt bekommen. Alle Fakten zu PrestaShop bietet Tabelle 2.11 im Überblick.

Anbieter	**PrestaShop SAS**
Am Markt seit	2008
Zielgruppe	kleine Unternehmen
E-Commerce-Erfahrung beim Kunden	Einsteiger
Time to Market	kurz
Technologieansatz	gehostet

Tabelle 2.11 PrestaShop – die Fakten

1 EU-Legal-Modul: *https://www.onlineshop-module.de/rechtssicherheit-prestashop-17/*

Lizenzmodell	Open Source
Lizenzkosten	–

Tabelle 2.11 PrestaShop – die Fakten (Forts.)

2.5.10 Shopware

Shopware ist ein in Deutschland entwickeltes modulares Shop-System, das in den letzten Jahren ebenfalls einen rasanten Anstieg der Nutzerzahlen erfahren hat. Dies liegt besonders daran, dass das Unternehmen im Vergleich zu anderen Herstellern sehr innovativ ist, die Shop-Lösung stetig weiterentwickelt, für Shop-Betreiber relevante Funktionen bereitstellt sowie die Einstiegshürde für E-Commerce-Anfänger relativ gering hält.

Während Shopware früher ausschließlich kostenpflichtig lizenziert werden konnte, wurde Ende 2010 eine kostenfreie Community Edition veröffentlicht, die seit 2012 auch unter einer Open-Source-Lizenz steht.

Für den schnellen Start in den Online-Handel stellt Shopware seit Kurzem auch eine Cloud-Version zur Verfügung, mit der Online-Händler schnell und einfach einen Shop als Software as a Service (SaaS) mieten und online durchstarten können.

Das Shopware-System kann wie andere Systeme, etwa Magento, auch über verschiedenste Erweiterungen ausgebaut werden, die über einen Community Store bezogen werden können. Diese Erweiterungen können hierbei kostenfrei oder aber auch kommerziell sein. Daneben können auch Erweiterungen aus der höchsten kommerziellen Version erworben und als sogenannte Premium-Plugins in die Open-Source-Version integriert werden. Der Erwerb der Erweiterungen erfolgt immer direkt über den Shopware Store, und man wird nicht zu der Shop-Seite des Erweiterung-Entwicklers weitergeleitet.

Die besonderen Features von Shopware sind folgende:

- **Ansprechendes Basisdesign**
  Das standardmäßig mitgelieferte Basisdesign von Shopware ist sehr ansprechend und setzt Maßstäbe in Sachen Usability und Attraktivität. Das Design lässt sich dabei auch relativ einfach anpassen.
- **Flexibilität/Erweiterbarkeit**
  Durch die besondere Softwarearchitektur von Shopware lässt sich das System sehr schnell um Funktionen erweitern und stellt viele Möglichkeiten für Entwickler zur Verfügung, ihre eigenen Funktionen zu integrieren.

- **Umfangreiches Reporting**
  Das Reporting von Shopware ist sehr umfangreich, viele Statistiken können eingesehen werden. Hervorzuheben sind auch Analysen/Reports, wie zum Beispiel eine Auswertung über die abgebrochenen Warenkörbe mit der Möglichkeit, einen Kunden via Gutschein doch noch zum Kauf zu bewegen.
- **Einkaufswelten/Landingpages**
  Ein großer Vorteil von Shopware ist auch die Möglichkeit, sogenannte Einkaufswelten bzw. Landingpages im Backend durch »Zusammenklicken« erstellen zu können, ohne hierfür Programmierkenntnisse besitzen zu müssen. Dies ist bei anderen Systemen nicht so einfach und flexibel möglich.

Ein Beispiel für einen Shopware-Shop zeigt Abbildung 2.18.

Abbildung 2.18 Der offizielle Online-Shop von ArmedAngels setzt auf Shopware.

Tabelle 2.12 fasst die Fakten zu Shopware noch einmal übersichtlich zusammen.

Anbieter	shopware AG
Am Markt seit	2000
Zielgruppe	kleine und mittelständische Unternehmen

Tabelle 2.12 Shopware – die Fakten

E-Commerce-Erfahrung beim Kunden	Einsteiger und erfahrene Anwender
Time to Market	kurz bis mittel
Technologieansatz	gehostet/SaaS
Lizenzmodell	Open Source/kommerziell
Lizenzkosten	Für die Open-Source-Version fallen keine Kosten an. Die Lizenzkosten für die kommerziellen Versionen können monatlich oder einmalig bezahlt werden und starten für die Professional Edition bei 199 € im Monat bzw. 2.495 € einmalig sowie für die Enterprise Edition 2.495 € im Monat bzw. 39.995 € einmalig – je nach gewählten Modulen und Support-Subscription aber auch mehr.

Tabelle 2.12 Shopware – die Fakten (Forts.)

2.5.11 OXID

OXID eShop ist eine Online-Shop-Software aus Deutschland, die sich vor allem auf dem Heimatmarkt Deutschland immer größerer Beliebtheit erfreut. Hierbei spielen zwei Faktoren eine besondere Rolle. Zum einen ist der Shop auf den deutschen Markt und seine rechtlichen Rahmenbedingungen schon optimal vorbereitet und ermöglicht es einem Händler so, relativ einfach zu starten. Zum anderen gibt es eine kleine, internationale Community, die sich sehr rege und aktiv an der Weiterentwicklung und Erweiterung des Systems beteiligt. Dies ist möglich, da der Shop-Anbieter seine Strategie etwas geändert hat und nicht mehr nur kommerzielle Lizenzen verkauft, sondern im Jahr 2008 auch eine Community Edition unter einer Open-Source-Lizenz veröffentlicht hat. Abbildung 2.19 zeigt, was mit OXID möglich ist.

Die Shop-Software von OXID verfügt über diverse Funktionen, die ein Online-Shop sowohl für eine nationale als auch eine internationale Ausrichtung benötigt – die Internationalisierung soll mit OXID nicht abschrecken. Des Weiteren liefert OXID schon von Haus aus verschiedene Lösungen für ein B2C- und ein B2B-Umfeld mit – Bereiche, die sich in vielen Punkten grundsätzlich unterscheiden.

Durch die Community Edition hat man bei OXID die Möglichkeit, den Funktionsumfang des Systems durch Weiterentwicklungen und Erweiterungen für spezielle Anforderungen und Geschäftsprozesse des eigenen Unternehmens beliebig zu erweitern.

Abbildung 2.19 Bergfreunde.de setzt auf OXID für ihr Online-Geschäft.

Wie viele andere Hersteller stellt OXID einem Online-Händler auch die Möglichkeit zur Verfügung, die Software als Cloud-Version direkt vom Hersteller mieten und bereitstellen zu lassen.

Ähnlich wie Shopware und Magento hat OXID ebenfalls einen eigenen Marktplatz für Erweiterungen – genannt OXID exchange –, über den verschiedenste Module für diverse Anwendungsfälle, wie zum Beispiel Zahlungsmethoden, Versandmethoden, Bonitätsprüfungsdienstleistungen, Schnittstellen etc., bezogen und in das eigene System integriert werden können. Wie immer fasst eine Tabelle alle Fakten noch einmal zusammen (siehe Tabelle 2.13).

Anbieter	OXID
Am Markt seit	2003
Zielgruppe	kleine und mittelständische Unternehmen
E-Commerce-Erfahrung beim Kunden	Einsteiger und erfahrene Anwender
Time to Market	kurz bis mittel
Technologieansatz	gehostet/SaaS

Tabelle 2.13 OXID – die Fakten

Lizenzmodell	Open Source/kommerziell
Lizenzkosten	keine Kosten für die Open-Source-Version, einmalige Lizenzkosten für die Professional Edition ab ca. 3.000 € und die Enterprise Edition ab ca. 12.000 € – je nach gewählten Modulen auch mehr

Tabelle 2.13 OXID – die Fakten (Forts.)

2.5.12 Magento

Kein Shop-System wurde in den letzten Jahren so gehypt und hat so ein großes Wachstum erfahren wie *Magento*. Mit Stand November 2021 ist Magento nach Shopify die weltweit meist verwendete Online-Shop-Software.

Hinter Magento steckt das Unternehmen Adobe, das Magento 2019 vollständig gekauft hat. Magento wurde ursprünglich entwickelt, weil das Unternehmen mit den damals bestehenden E-Commerce-Lösungen unzufrieden war, sodass es aus diesem Grund 2007 ein eigenes System konzipiert hat. Magento hat dieses System als Open-Source-Version mit einem beträchtlichen Funktionsumfang auf den Markt gebracht, sodass jeder mit dem System arbeiten konnte, ohne etwas dafür bezahlen zu müssen. Dies war – insbesondere aufgrund der vielen Funktionen, wofür andere Hersteller viel Geld verlangen – eine Revolution zu diesem Zeitpunkt. Andere Hersteller haben über die Jahre nachgezogen und ebenfalls Open-Source-Versionen (meist mit abgespeckter Funktionalität) auf den Markt gebracht. Die Umsetzung eines Online-Shops mit Magento sehen Sie in Abbildung 2.20.

Besondere Funktionen von Magento sind:

- **Multi-Site-Funktionalität**
  Magento bietet die Möglichkeit, viele verschiedene Shops auf *einer* Instanz zu betreiben und zu verwalten, sie jedoch für den Kunden nach außen hin getrennt erscheinen zu lassen. So können Sie in einem Shop Elektronikartikel anbieten, während Sie in einem anderen Shop Fahrräder und in einem dritten Shop Pflanzen und Saatgut verkaufen.
- **Internationaler Handel**
  Mehrere Länder, mehrere Sprachen, mehrere Währungen? Kein Problem! Magento bietet Ihnen die Option, unterschiedliche Steuersätze und Währungen für verschiedene Länder zu definieren. Ebenso ist es möglich, die Zahlungsarten und die Versandoptionen je nach Land individuell zu aktivieren.

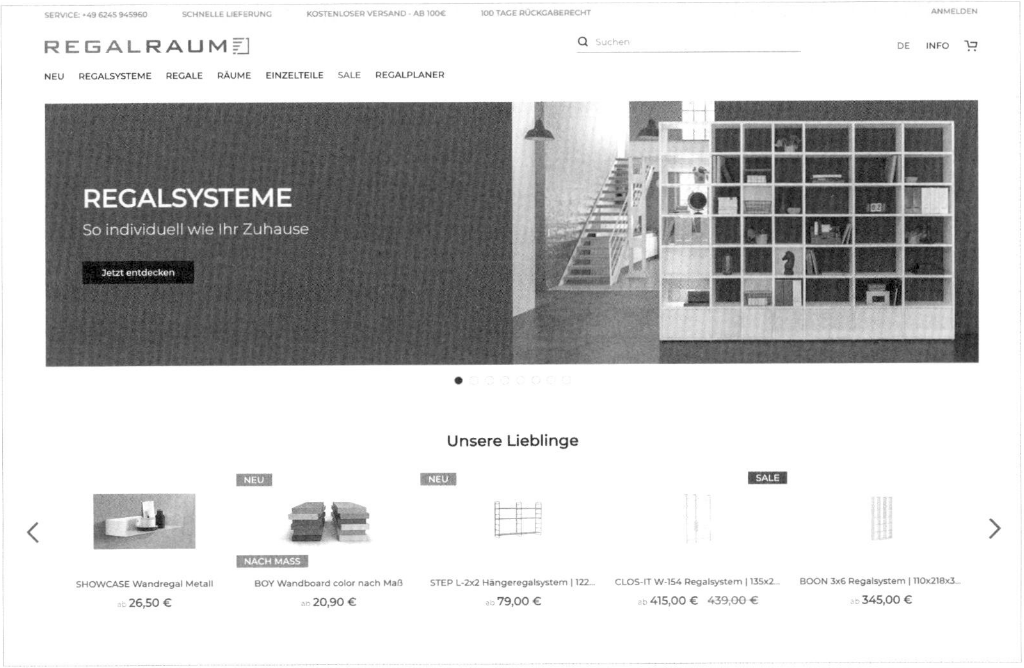

Abbildung 2.20 Regalraum setzt auf Magento.

- **Flexibilität**
  Magento besitzt eine sehr flexible Softwarearchitektur, die es Ihnen ermöglicht, das System beliebig zu erweitern und Ihre eigenen Funktionen zu integrieren. Zudem verfügt Magento über einen Marktplatz für Erweiterungen, genannt *Magento Marketplace*, in dem Sie eine Vielzahl von möglichen weiteren Funktionen finden. Nachteil ist, dass die Erweiterungen nicht direkt auf der Magento-Site erworben werden können, sondern man immer auf den Shop des Modulentwicklers weitergeleitet wird.
- **Produktkatalog**
  Magento unterstützt von Haus aus viele verschiedene Produkttypen und kann so viele Artikeltypen abbilden, was andere Systeme so nicht erlauben.
- **Bezahlvorgang**
  Die Kunden müssen mit Magento nicht mehr durch einen mehrstufigen Bezahlvorgang auf vielen verschiedenen Seiten, sondern können dank moderner Technologien alles über einen Bezahlvorgang auf einer Seite abwickeln, was die Kaufabbruchrate deutlich reduziert.

Magento hat neben der Edition Magento Open Source (ehemals Community Edition), die kostenlos zur Verfügung steht, auch eine kostenpflichtige Version Magento Commerce im Angebot. Diese basiert auf der kostenlosen Version, besitzt jedoch viel mehr Funktionen und beinhaltet unter anderem auch Gewährleistung und Support. Darüber hinaus stellt Magento mit der B2B-Edition auch noch eine Edition bereit, die sich primär an B2B-Shops mit entsprechenden Funktionalitäten richtet, wie zum Beispiel Einkaufshierarchien und Berechtigungen im Kundenkonto, kundenspezifische Kataloge und Preislisten, Kreditlimits etc.

Während die zwei genannten Produkte reine Shop-Lösungen sind, also heruntergeladen bzw. gekauft und auf einer eigenen Infrastruktur betrieben werden können, stellt Magento mit der Magento Commerce Cloud auch eine Platform-as-a-Service-Lösung bereit. Als Shop-Betreiber können Sie hier die Anwendung selbst entwickeln und erweitern und dann auf einer von Magento bereitgestellten Infrastruktur bereitstellen.

Durch die Akquisition anderer Firmen stellt Magento mit Magento BI oder Magento Order Management beispielsweise noch weit mehr Produkte als die klassischen Shop-Lösungen für Shop-Betreiber zur Verfügung. Ersteres ist eine Business-Intelligence-Lösung, also eine Anwendung, um Daten aus verschiedenen Quellen zusammenzuführen und über Algorithmen auszuwerten. Zweiteres ist eine Software, um die Bestellprozesse eines Unternehmens zu optimieren. Hierzu werden die Bestellungen aus unterschiedlichen Quellen, beispielsweise mehreren Online-Shops oder einem Online-Shop und einem Ladengeschäft, an einer zentralen Stelle zusammengeführt. In dem System kann dann die gesamte Auftragsabwicklung inklusive Lagerverwaltung abgebildet werden.

Tabelle 2.14 listet die Fakten zu Magento noch einmal im Einzelnen auf.

Anbieter	**Magento/Adobe**
Am Markt seit	2007
Zielgruppe	kleine und mittelständische Unternehmen
E-Commerce-Erfahrung beim Kunden	Einsteiger und erfahrene Anwender
Time to Market	kurz bis lang
Technologieansatz	gehostet/SaaS
Lizenzmodell	Open Source/kommerziell

Tabelle 2.14 Magento – die Fakten

Lizenzkosten	Für die Open-Source-Version fallen keine Kosten an. Die jährlichen Lizenzkosten für Magento Commerce beginnen ab ca. 22.000 US$ bzw. ab ca. 40.000 US$ für die Magento Commerce Cloud. Die Lizenzkosten sind dabei abhängig vom tatsächlichen Umsatz des Unternehmens. Je mehr Umsatz ein Unternehmen macht, desto höher sind die Lizenzkosten.

Tabelle 2.14 Magento – die Fakten (Forts.)

2.5.13 OroCommerce

Die Firma Oro wurde vom ehemaligen Magento-Gründer Yoav Kutner sowie zwei ehemaligen Magento-Mitarbeitern gegründet. Das Unternehmen begann zunächst mit der Entwicklung eines webbasierten CRM-Systems *OroCRM* und einer allgemeinen Technologiebasis, die inzwischen auch von anderen Produkten wie *Akeneo*, einem webbasierten PIM-System, oder *Marello*, einem webbasierten ERP-System, genutzt wird. Im Jahr 2017 veröffentlichte Oro dann das Produkt *OroCommerce*, eine Shop-Lösung mit dem alleinigen Fokus auf reinen B2B-Shops. Dementsprechend wurden in OroCommerce auch viele reine B2B-Funktionalitäten entwickelt, die man in anderen Systemen gar nicht oder nur mit sehr hohem Aufwand nachrüsten kann. Ein paar dieser Funktionen sind folgende:

- **Abbildung der Einkaufshierarchie eines Unternehmens**
  OroCommerce ermöglich es, dass Sie komplexe, hierarchische Account-Strukturen abbilden können. Dies können Sie einerseits als Shop-Betreiber, aber auch als Kunde selbst tun und so beispielsweise definieren, welche Accounts nur Artikel in den Warenkorb legen dürfen und welche Accounts tatsächlich dann eine Bestellung auslösen dürfen.
- **Kundenspezifische Kataloge und Preislisten**
  Als Shop-Betreiber können Sie in OroCommerce für jeden Kunden einen individuellen Produktkatalog definieren. Für diesen Produktkatalog können Sie dann auch unterschiedliche Preislisten je Kunde oder Firma in unlimitierter Anzahl und mit verschiedenen Staffeln definieren.
- **Mehrere Einkauflisten**
  Kunden können sich im Shop-System selbst mehrere unterschiedliche Einkauflisten anlegen. Als Einkäufer hat man so die Möglichkeit, Bestellungen logisch zu gruppieren und separat zu bestellen, anstatt einen großen Warenkorb zu befüllen. Ein netter Nebeneffekt ist, dass diese Einkaufslisten auch für die Zukunft gespei-

chert werden können, sodass man als Kunde auch wiederkehrende Bestellungen deutlich schneller auslösen kann und sich nicht jeweils den Warenkorb neu zusammenstellen muss.

- **Flexible Workflow-Engine**
  Gerade im B2B-Umfeld sind oftmals viele Prozesse individuell und müssen deshalb auch in einem Shop-System entsprechend abgebildet werden. Hier kommt die Workflow-Engine von OroCommerce in Spiel, mit der Sie als Shop-Betreiber die Möglichkeit haben, alle Einkäufer- und Verkäuferprozesse flexibel anzupassen, sodass die Verkäufe gesteigert werden. Beispielsweise kann der Bestellprozess angepasst werden oder können automatisierte Benachrichtigungen versendet werden, wenn bestimmte Kriterien in einem Prozess auftreten.

Für OroCommerce steht – wie bei anderen Online-Shop-Systemen ebenfalls – ein eigener Marktplatz für Module und Designs zur Verfügung, über den die verschiedenen Zahlungsmodule, Funktionen etc. bezogen werden können.

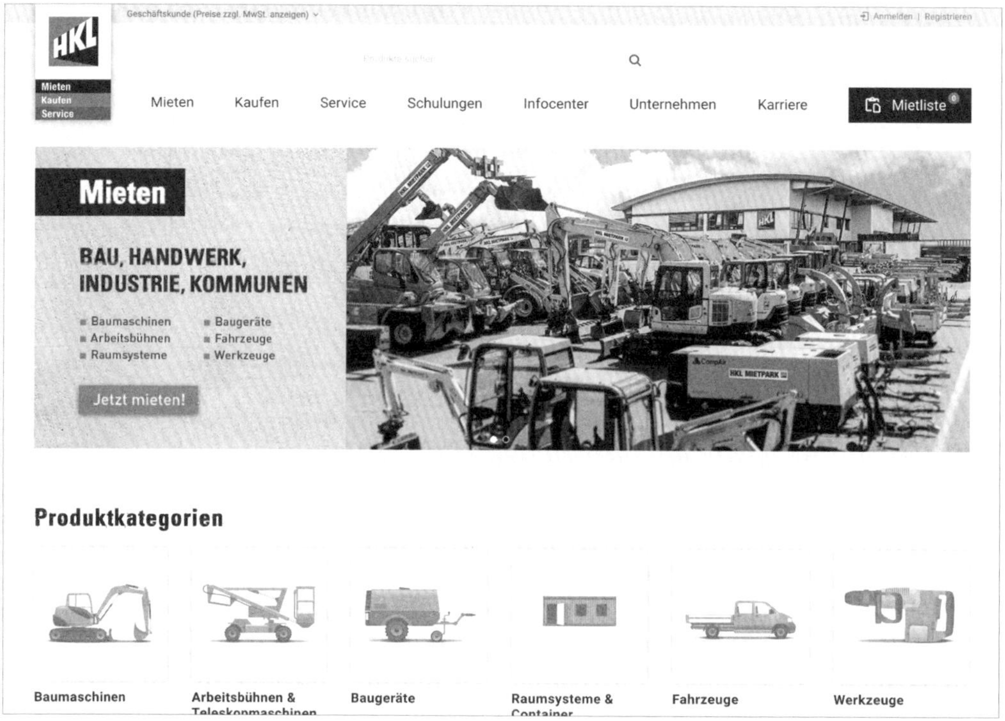

Abbildung 2.21 HKL Baumaschinen setzt auf OroCommerce.

Da OroCommerce noch relativ jung ist, sind noch nicht allzu viele Implementierungen öffentlich bekannt. Ein bekannter deutscher Online-Shop basierend auf OroCommerce ist in Abbildung 2.21 dargestellt. Alle weiteren Fakten zu der Shop-Lösung sind in Tabelle 2.15 zusammengefasst.

Anbieter	**Oro**
Am Markt seit	2017
Zielgruppe	kleine und mittelständische Unternehmen
E-Commerce-Erfahrung beim Kunden	erfahrene Anwender
Time to Market	kurz bis lang
Technologieansatz	gehostet/SaaS
Lizenzmodell	Open Source und kommerziell
Lizenzkosten	Die Community Edition ist kostenlos, die Kosten der Enterprise Edition sind abhängig vom Umsatz und beginnen bei ca. 45.000 US$ pro Jahr.

Tabelle 2.15 OroCommerce – die Fakten

2.5.14 Sylius

Das noch sehr junge und hochmoderne Open-Source-Framework für individuell maßgeschneiderte E-Commerce-Plattformen, *Sylius*, ist eines der aktuell am schnellsten wachsenden E-Commerce-Systeme. Neben einer hohen Codequalität besticht das System insbesondere durch den modularen Baukastenansatz und flexibel anpassbare Datenmodelle, die es erlauben, Funktionalitäten modular zu integrieren und auch komplexere und maßgeschneiderte E-Commerce-Lösungen abzubilden. Doch auch bereits der standardmäßig enthaltene Funktionsumfang ist umfangreich:

- flexibler Produktkatalog mit individuell anlegbaren Attributen und Optionen
- Abbildung kundenspezifischer Kaufprozesse
- Unterstützung für verschiedene Steuersätze in unterschiedlichen Ländern
- flexibel anlegbare Taxonomien für neue und bestehende Datenmodelle
- mehrere Währungen und verschiedene Verkaufsplattformen
- Versand und Rückerstattung bereits integriert
- umfangreiche API zur Anbindung von Drittsystemen

Wie bei anderen Online-Shop-Systemen steht auch bei OroCommerce ein eigener Marktplatz für Erweiterungen (Plugins) zur Verfügung, über den die verschiedenen Zahlungsmodule, Funktionen etc. bezogen werden können.

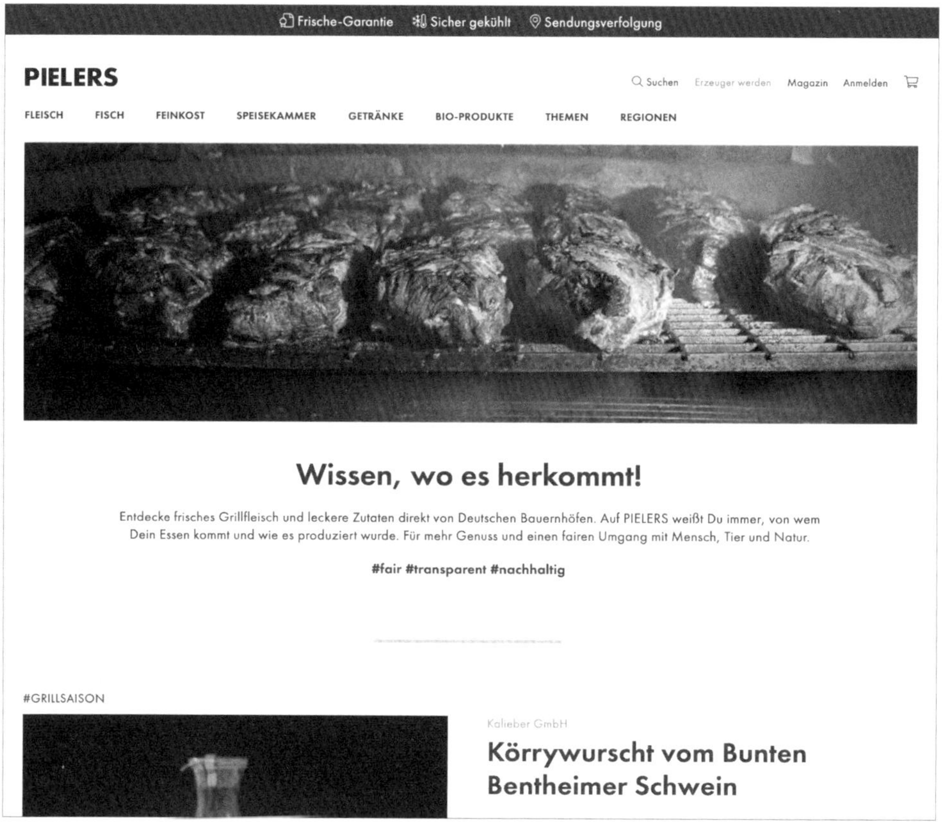

Abbildung 2.22 Sylius ist bei PIELERS im Einsatz.

Der Online-Shop für nachhaltig erzeugte Lebensmittel unterschiedlicher Erzeuger, PIELERS, ist ein bekannter Online-Shop basierend auf Sylius. Er ist in Abbildung 2.22 dargestellt. Alle weiteren Fakten sind in Tabelle 2.16 zusammengefasst.

Anbieter	Sylius
Am Markt seit	2017
Zielgruppe	kleine und mittelständische Unternehmen
E-Commerce-Erfahrung beim Kunden	erfahrene Anwender
Time to Market	kurz bis lang
Technologieansatz	gehostet
Lizenzmodell	Open Source und kommerziell

Tabelle 2.16 Sylius – die Fakten

Lizenzkosten	Die Open-Source-Version ist kostenlos, die Lizenzkosten für Sylius Plus sind abhängig vom Umsatz und starten bei ca. 14.900 € pro Jahr.

Tabelle 2.16 Sylius – die Fakten (Forts.)

2.5.15 commercetools

commercetools bietet seinen Kunden eine API-first-Cloud-Lösung an. Es stellt eine Art E-Commerce-Framework dar, über das Sie als Shop-Betreiber beliebig viele Interaktionspunkte für den Kunden implementieren und die eingegangenen Bestellungen dann über die commercetools-Plattform an die entsprechenden Drittsysteme weiterleiten können. Primäre Ziele sind einerseits die Skalierbarkeit der Plattform und andererseits die hohe Flexibilität durch die Konzentrierung auf APIs. Ein Beispiel für ein commercetools-Shop ist in Abbildung 2.23 abgebildet.

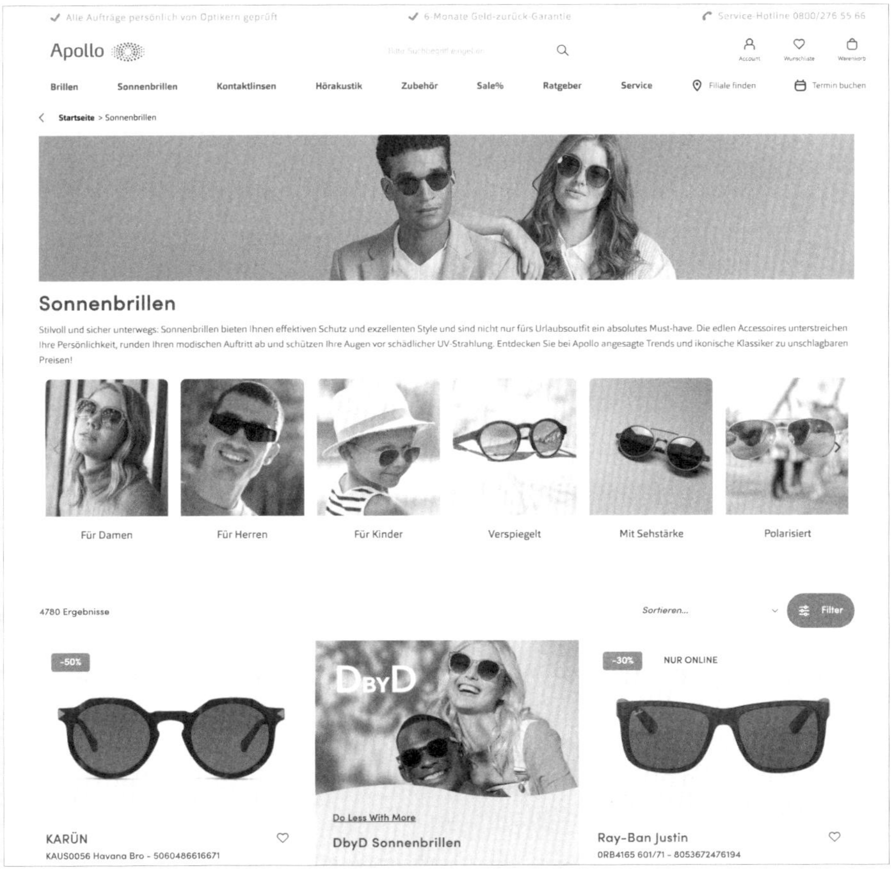

Abbildung 2.23 commercetools kommt bei Apollo zum Einsatz.

Als Shop-Betreiber erhalten Sie mit commercetools keine fertige Shop-Lösung, sondern eher eine Art Baukasten in Form verschiedener APIs. Mit diesen APIs können Sie dann entsprechende Anwendungen direkt für den jeweiligen Interaktionspunkt implementieren und an die commercetools-Plattform anbinden lassen.

Alle Fakten zu commercetools sind in Tabelle 2.17 zusammengefasst.

Anbieter	**commercetools GmbH**
Am Markt seit	2006
Zielgruppe	mittelständische und große Unternehmen
E-Commerce-Erfahrung beim Kunden	erfahrene Anwender
Time to Market	kurz bis lang
Technologieansatz	SaaS/PaaS
Lizenzmodell	kommerziell
Lizenzkosten	5.000 €–10.000 € pro Monat, abhängig vom Umsatz (B2C) bzw. von der Kataloggröße (B2B)

Tabelle 2.17 commercetools – die Fakten

2.5.16 Spryker

Spryker ist ein relativ neues E-Commerce-Framework. Es richtet sich primär an Unternehmen, die einen hohen Anspruch an Innovationen und individuelle Lösungen haben. Dabei sollten entsprechende E-Commerce-Erfahrungen bereits im Unternehmen vorhanden sein. In Abbildung 2.24 ist ein erfolgreicher B2B-Shop auf Basis von Spryker dargestellt.

Mit Spryker bekommen Sie von Haus aus keine fertige E-Commerce-Lösung, sondern ein Framework, das voneinander unabhängige Komponenten besitzt. Als Shop-Betreiber können Sie hier die benötigten Komponenten nach einer Art Baukastenprinzip zusammenstellen oder durch die Entwicklung eigener Komponenten integrieren. Während viele Shop-Systeme immer mit Frontend (also dem, was der Kunde sieht) und Backend (also dem, was der Shop-Betreiber sieht) fest verdrahtet ausgeliefert werden, trennt Spryker diese zwei Themen konsequent. Dies ermöglicht eine hohe Skalierbarkeit und eine gute Performance, da ressourcenintensive Rechenoperationen bzw. Datenabfragen in den Hintergrund gelegt werden und sich ein Endkunde so schneller durch den Shop klicken und einkaufen kann.

Alle Fakten zu Spryker sind in Tabelle 2.18 zusammengefasst.

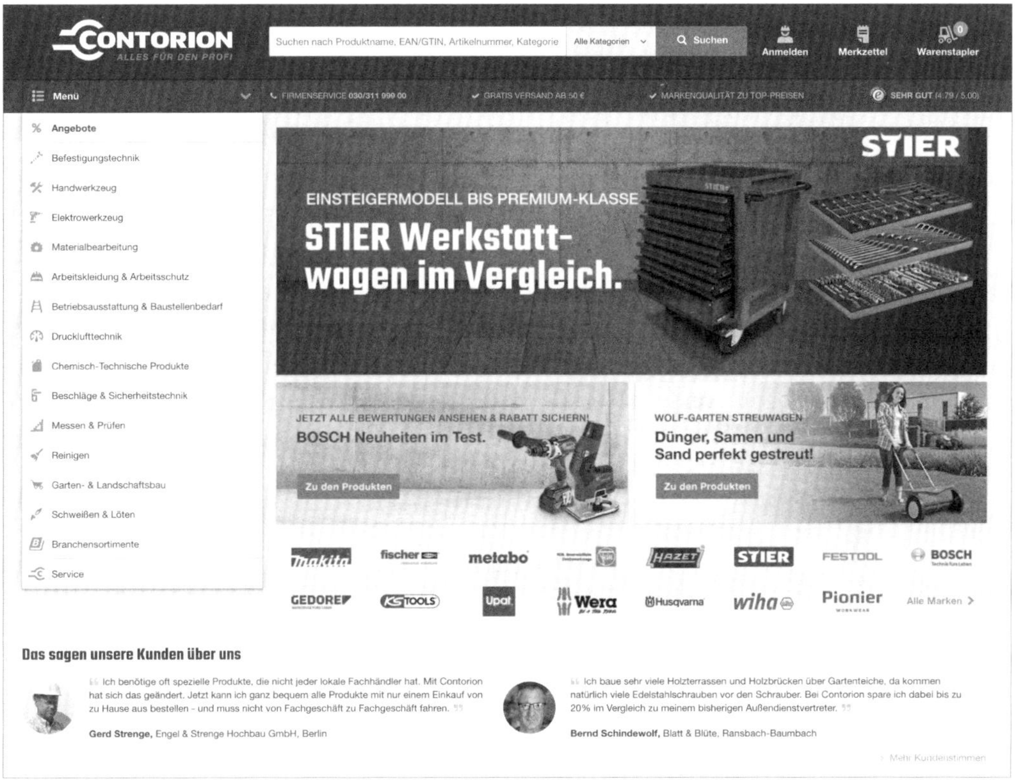

Abbildung 2.24 Contorion setzt auf Spryker für das E-Commerce-Geschäft.

Anbieter	**Spryker Systems GmbH**
Am Markt seit	2006
Zielgruppe	mittelständische und große Unternehmen
E-Commerce-Erfahrung beim Kunden	erfahrene Anwender
Time to Market	kurz bis lang
Technologieansatz	gehostet
Lizenzmodell	kommerziell
Lizenzkosten	Ab 15.000 € pro Jahr, abhängig von der Anzahl an Entwicklern, die an dem Projekt arbeiten. Es stehen auch Monats- und Quartalslizenzen zur Verfügung.

Tabelle 2.18 Spryker – die Fakten

2.5.17 SAP Commerce Cloud (ehemals Hybris)

SAP Commerce Cloud (ehemals *Hybris*) ist ein Anbieter von Standardsoftware für Multi-Channel Commerce und Communication, der 1997 gegründet und 2013 vollständig von SAP übernommen wurde. Die Strategie von SAP Commerce Cloud basiert auf der langjährigen Erfahrung, dass Unternehmen über sämtliche Vertriebskanäle mit Kunden und Partnern stets konsistent, aktuell und relevant kommunizieren müssen.

Es wurde deshalb eine integrierte Lösung entwickelt, mit der sich alle relevanten Kommunikations-, Vertriebs- und Kundenserviceprozesse über alle Kanäle hinweg optimal steuern lassen. SAP Commerce Cloud deckt dabei nicht nur die BC2-Geschäftsmodelle ab, sondern hat auch entsprechende Lösungen speziell für den B2B-Bereich im Angebot. Ein Beispiel für einen Online-Shop auf Basis von SAP Commerce Cloud sehen Sie in Abbildung 2.25.

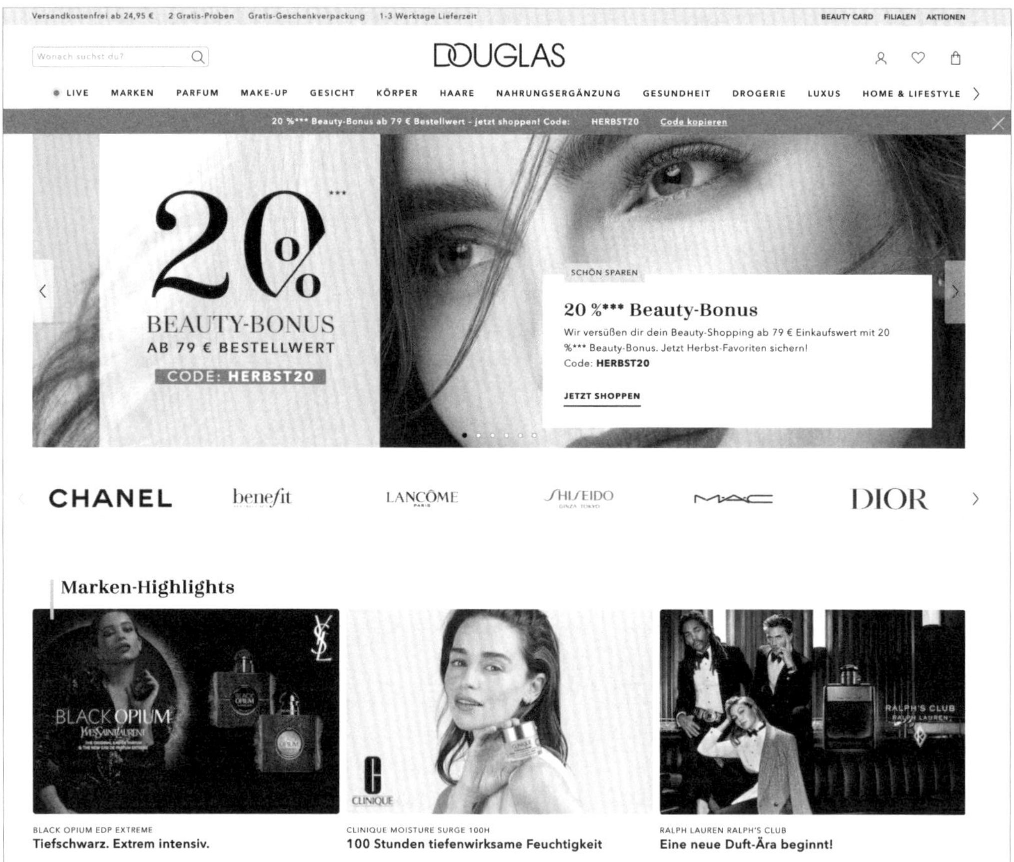

Abbildung 2.25 Douglas ist ein bekannter Online-Shop auf Basis von SAP Commerce Cloud.

Das System von SAP Commerce Cloud ist hierbei sehr flexibel gehalten und modular aufgebaut. So gibt es aktuell folgende Module, die für jede Installation individuell lizenziert werden können:

- B2C Commerce – Lösung für den Verkauf an Endkunden über alle Interaktionspunkte hinweg
- B2B Commerce – Lösung für den Verkauf an B2B-Kunden
- Master Data Management – zentrale und effiziente Stammdatenverwaltung von Kunden und Produkten
- Order Management – optimierte Bestellprozesse durch zentrales Bestellmanagement
- Mobile Commerce – Kunden mobil ansprechen
- In Store – Online-Einkaufserlebnis auch im Ladengeschäft verfügbar machen

Aktuell beschränkt sich Hybris alias SAP Commerce Cloud hauptsächlich auf den europäischen Markt, investiert jedoch – nicht zuletzt seit der Übernahme durch SAP – massiv in das globale Wachstum. Ob SAP Commerce Cloud Ihren Erwartungen entspricht, können Sie mit Tabelle 2.19 herausfinden.

Anbieter	**SAP SE**
Am Markt seit	1997
Zielgruppe	mittelständische und große Unternehmen
E-Commerce-Erfahrung beim Kunden	erfahrene Anwender
Time to Market	mittel bis lang
Technologieansatz	gehostet/SaaS
Lizenzmodell	kommerziell
Lizenzkosten	Einmalige Lizenzkosten starten bei ca. 80.000 € und sind abhängig von den gewählten Modulen und der Anzahl an CPUs.

Tabelle 2.19 SAP Commerce Cloud – die Fakten

2.5.18 Salesforce Commerce Cloud

Die *Salesforce Commerce Cloud* ist ein Produkt des US-amerikanischen Softwareanbieters Salesforce, der im Jahr 2016 die Firma *Demandware* übernommen und in seine Cloud-Dienste integriert hat und seither das Produkt Demandware unter dem Namen Salesforce Commerce Cloud weiterführt. Die Salesforce Commerce Cloud ist eine reine SaaS-Lösung, sprich, der Anbieter stellt hierbei einerseits die komplette technologische Infrastruktur des Shops bereit, andererseits kümmert er sich auch um das Hosting der E-Commerce-Lösung. Diese cloudbasierte Lösung führt regelmäßig Updates durch und übernimmt dabei auch die Migration auf die nächsthöhere Version.

Oberstes Ziel bzw. gelebte Philosophie ist es, Ihnen als Shop-Betreiber zu helfen, dass Sie sich primär auf Ihre Kernkompetenzen im E-Commerce konzentrieren können – Produkte verkaufen und Kunden beraten. Salesforce Commerce Cloud bietet deshalb seine Software ausschließlich als Software-as-a-Service-Lösung an und reduziert so die Komplexität im IT-Bereich eines Unternehmens, da keine IT-Infrastruktur extra für das E-Commerce-Geschäft angeschafft bzw. lizenziert werden muss. Der Puma-Online-Shop ist ein Beispiel für eine Salesforce-Commerce-Cloud-Umsetzung (siehe Abbildung 2.26).

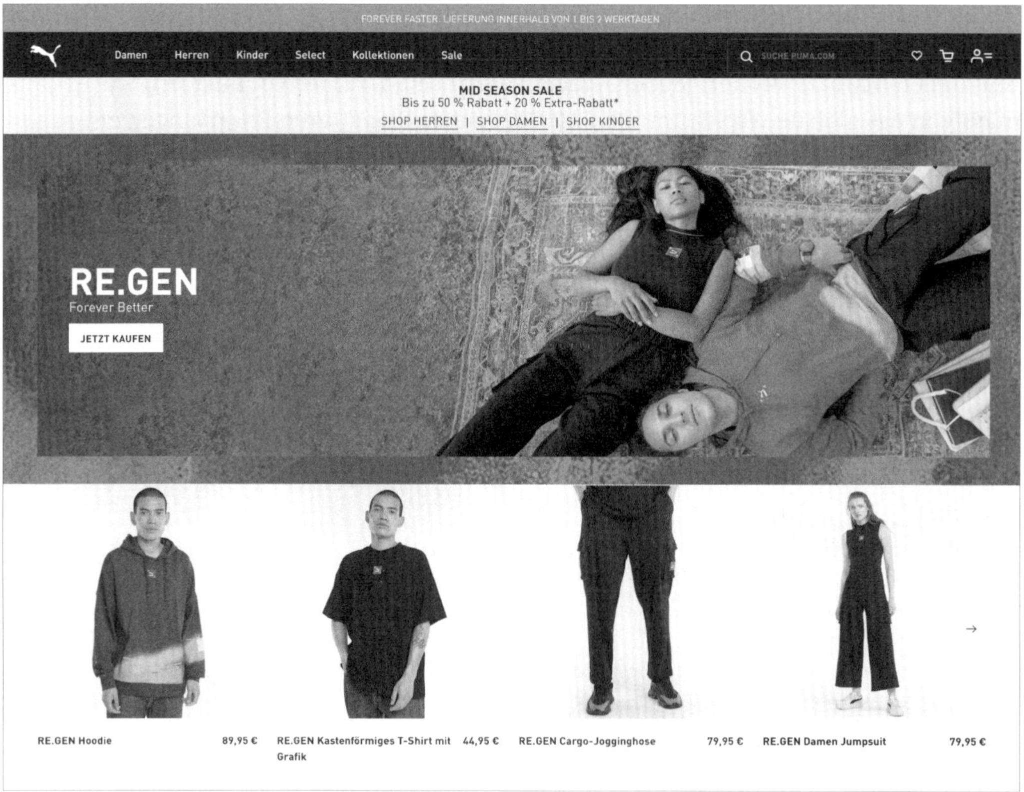

Abbildung 2.26 Puma setzt auf die Salesforce Commerce Cloud.

Die Zielgruppe von Demandware sind dabei überwiegend mittelständische und große Unternehmen, oftmals aus dem Fashion-Bereich.

Besondere Features der Salesforce Commerce Cloud sind:

- umfangreiche Kundensegmentierung
- dynamische Werbeaktionen
- Bestandsüberwachung in Echtzeit über mehrere Niederlassungen hinweg
- tagesgenaues, detailliertes Reporting über alle wichtigen Kennzahlen über mehrere Niederlassungen hinweg
- verbesserte Zusammenarbeit der Teammitglieder über alle Niederlassungen hinweg durch eigene Arbeitsbereiche und Aufgabenmanagement
- umfangreiche B2B-Funktionen

Einen Überblick über die Fakten zur Salesforce Commerce Cloud finden Sie in Tabelle 2.20.

Anbieter	**Salesforce.com Inc.**
Am Markt seit	Salesforce seit 1999, Demandware seit 2004
Zielgruppe	mittelständische und große Unternehmen
E-Commerce-Erfahrung beim Kunden	Einsteiger und erfahrene Anwender
Time to Market	kurz
Technologieansatz	SaaS
Lizenzmodell	kommerziell
Lizenzkosten	monatliche Kosten im Bereich von 1 % bis 2,5 % vom Umsatz sowie abhängig von diversen weiteren Kriterien

Tabelle 2.20 Salesforce Commerce Cloud – die Fakten

2.5.19 Intershop

Intershop wurde 1992 in Jena gegründet und ist damit eine der am längsten am deutschen Markt verfügbaren E-Commerce-Lösungen. Es richtet sich primär an große Unternehmen, die oftmals jährlich mehr als 100 Millionen US$ Umsatz erwirtschaften. Intershop verfolgt wie die anderen Hersteller in diesem Umfeld einen Multi-Channel-Ansatz und möchte einen Kunden in allen relevanten Prozessen des E-Commerce unterstützen. Wie das aussehen kann, zeigt der Würth-Shop in Abbildung 2.27.

Intershop unterstützt viele verschiedene Geschäftsmodelle, Vertriebswege und Interaktionspunkte mit den Kunden, was sich in umfangreichen Features folgender Module äußert:

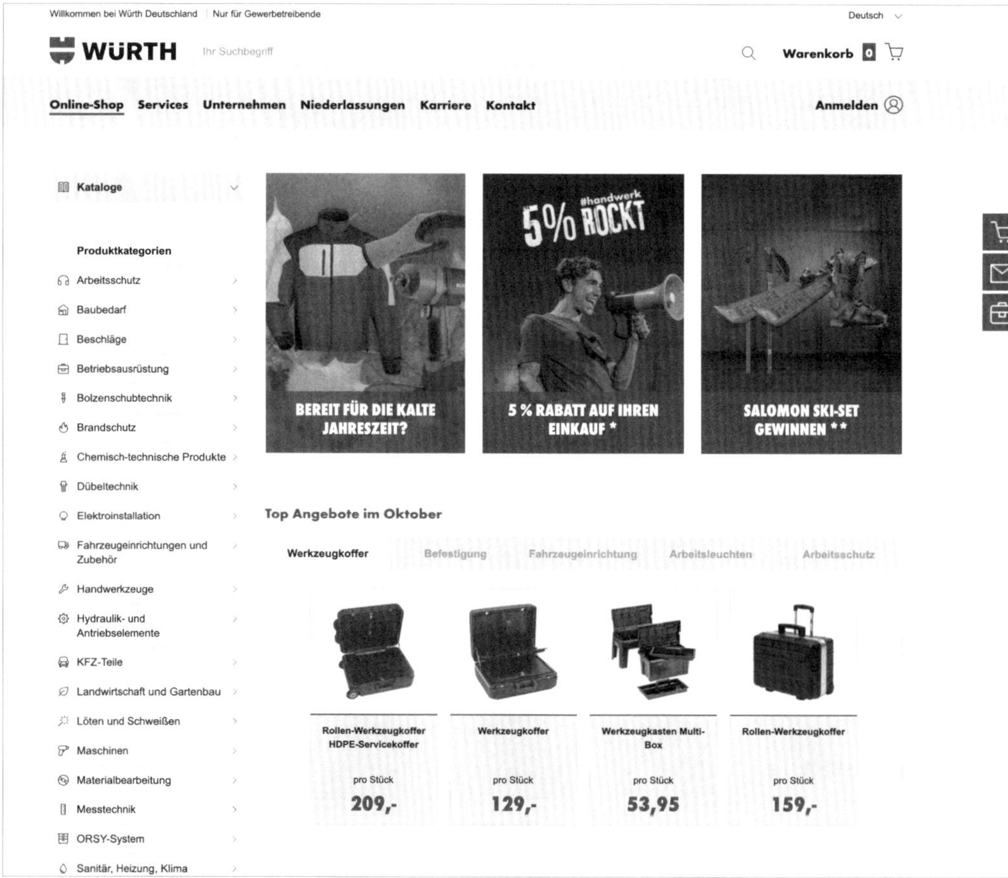

Abbildung 2.27 Würth setzt auf eine Lösung von Intershop.

- **Web Store**
  In dieser Komponente werden alle wichtigen Prozesse des E-Commerce-Geschäfts abgebildet. Darunter befinden sich beispielsweise eine komplexe Stammdatenverwaltung für Produkte, Bestellverwaltung und umfangreiche Marketingfunktionen.
- **Mobile Commerce**
  Produkte und Dienstleistungen werden heutzutage nicht mehr nur über Desktop-Rechner verkauft, sondern auch oftmals über mobile Endgeräte. Intershop bietet hier eine entsprechende Möglichkeit an, die sich nahtlos in die Applikation und in die Prozesse integriert.
- **Call Center**
  Gerade größere Unternehmen betreiben oftmals ein eigenes Callcenter, um den Kundenservice abzubilden. Intershop bietet hier eine personalisierte Serviceum-

gebung an, in der Kunden schnell und effizient beraten und geholfen werden kann.

- **In-Store**
  Viele Konsumenten fordern längst ein kanalübergreifendes Einkaufserlebnis vom Smartphone bis zum Ladengeschäft. Doch fällt es vielen Unternehmen schwer, dieses abzubilden. Intershop unterstützt Händler in diesen Bereichen, indem entsprechende Lösungen bereitgestellt werden, die auch im Ladengeschäft genutzt werden können und alle relevanten Daten vernetzen.

Alle Fakten zu Intershop fasst Tabelle 2.21 noch einmal zusammen.

Anbieter	**Intershop Communications AG**
Am Markt seit	1992
Zielgruppe	mittelständische und große Unternehmen
E-Commerce-Erfahrung beim Kunden	erfahrene Anwender
Time to Market	mittel bis lang
Technologieansatz	gehostet
Lizenzmodell	kommerziell
Lizenzkosten	Es gibt verschiedene Lizenzmodelle (inklusive Abonnement). Einmalige Lizenzkosten starten bei ca. 75.000 € und sind abhängig von der Anzahl der CPUs.

Tabelle 2.21 Intershop – die Fakten

2.5.20 HCL Commerce

Das 1911 gegründete Unternehmen *IBM* (International Business Machines) zählt mit zu den bekanntesten IT-Unternehmen weltweit und war mit federführend bei der technologischen Entwicklung im 20. Jahrhundert. Seit 1996 bietet IBM unter der Software IBM WebSphere Commerce eine kanalübergreifende E-Commerce-Plattform für verschiedene Geschäftsmodelle im B2C- und B2B-Umfeld an, mit der alle Prozesse des E-Commerce abgebildet werden können. Das gesamte Produkt IBM WebSphere Commerce wurde Mitte 2019 an HCL Commerce verkauft und ist seither als *HCL Commerce* bekannt.

Ein Beispiel eines mit HCL Commerce umgesetzten Shops sehen Sie in Abbildung 2.28.

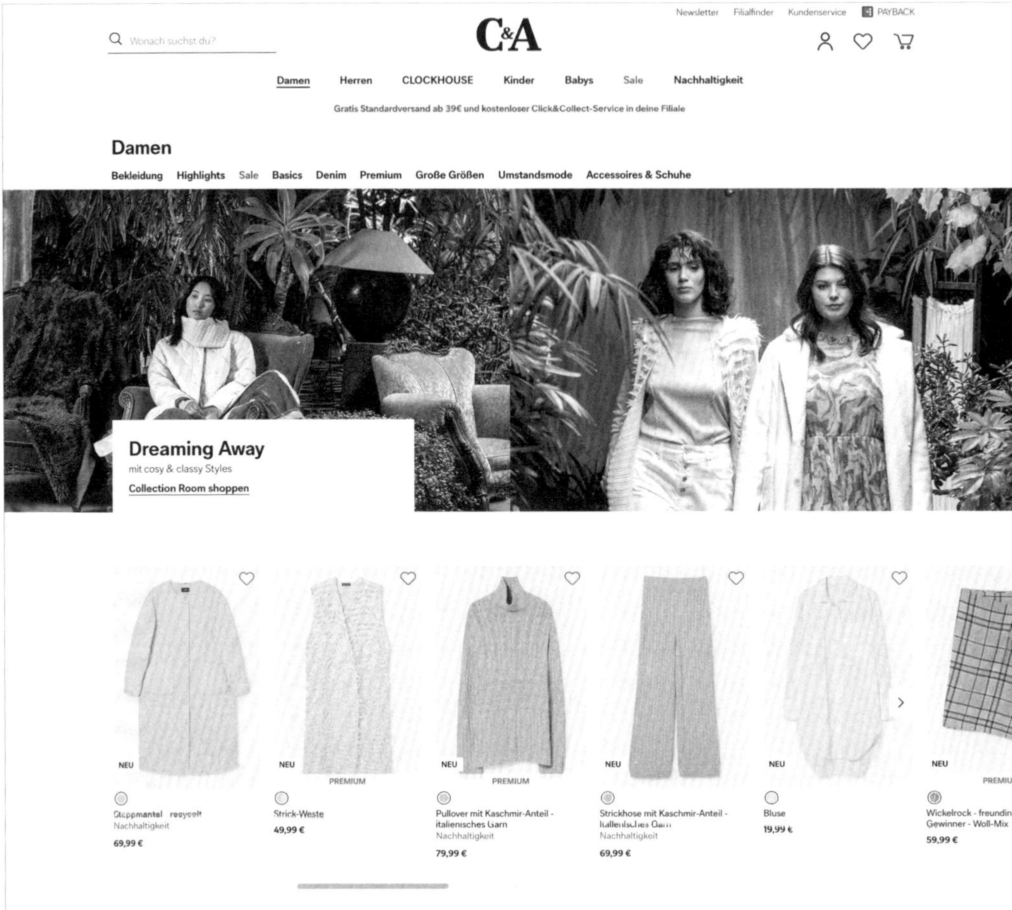

Abbildung 2.28 Der Online-Shop von C&A basiert auf einer HCL-Commerce-Lösung.

Die HCL-Commerce-Lösung umfasst folgende Features:

- Verschiedene Geschäftsmodelle können auf einer Plattform betrieben werden.
- Verschiedene Vertriebskanäle und Interaktionspunkte werden unterstützt, sodass ein Kunde an jeder möglichen Stelle »abgeholt« und bedient werden kann.
- Umfangreiche Marketing- und Merchandising-Tools können dem kanalübergreifenden Online-Verhalten des Kunden entsprechend gesteuert werden.
- Seit der Übernahme wurde HCL Commerce noch konsequenter auf einen cloudbasierten Betrieb ausgerichtet, sodass eine höchste Verfügbarkeit gerade auch für Online-Shops, die sehr viel Traffic erzeugen, ermöglicht wird.

Eine tabellarische Übersicht der Fakten zu HCL Commerce finden Sie in Tabelle 2.22.

Anbieter	HCL Commerce
Am Markt seit	IBM wurde 1911 gegründet und startete mit WebSphere im Jahr 1996. HCL Technologies ist seit 1976 am Markt.
Zielgruppe	mittelständische und große Unternehmen
E-Commerce-Erfahrung beim Kunden	erfahrene Anwender
Time to Market	kurz bis lang
Technologieansatz	gehostet und SaaS
Lizenzmodell	kommerziell
Lizenzkosten	Lizenzkosten starten bei ca. 300.000 € auf drei Jahre gerechnet.

Tabelle 2.22 HCL Commerce – die Fakten

2.5.21 Fazit

Die Auswahl der richtigen E-Commerce-Lösung ist nicht einfach. Wie Sie gesehen haben, gibt es die unterschiedlichsten Systeme: kleine Systeme für kleine Shops und kleine Budgets, große Systeme für große Shops und größere Budgets. Auch technologisch unterscheiden sich die Systeme deutlich voneinander, was wiederum unterschiedliche Anforderungen an das Know-how der IT-Abteilung bzw. des Integrationspartners, aber auch an die benötigte IT-Infrastruktur stellt.

Wir möchten Ihnen deshalb im nachfolgenden Abschnitt etwas unter die Arme greifen und Ihnen helfen, die richtige Lösung auszuwählen.

2.6 Leitfaden für die Auswahl einer E-Commerce-Lösung

Wie Sie in Abschnitt 2.5 gesehen haben, gibt es sehr viele Anbieter mit den unterschiedlichsten Lösungen am Markt, sodass Sie jetzt vielleicht etwas unschlüssig vor der Frage stehen, welche Lösung Sie denn nun tatsächlich verwenden sollen. In diesem Abschnitt werden Sie einen Leitfaden zu der Auswahl der richtigen E-Commerce-Lösung kennenlernen. Dieser Leitfaden ist dabei lediglich nur ein Weg von vielen und unterteilt sich in die in Abbildung 2.29 gezeigten Schritte.

Diese Phasen bezeichnen hierbei die sogenannten Makrophasen, die anschließend in verschiedene Mikrophasen untergliedert werden, um die einzelnen Schritte darin besser darstellen zu können.

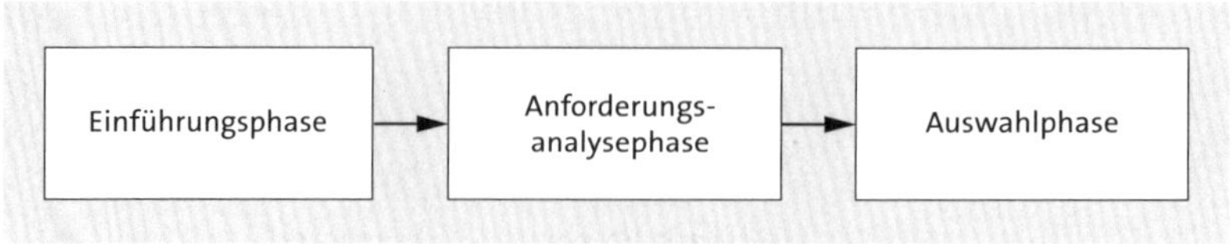

Abbildung 2.29 Wichtige Schritte zur Entscheidungsfindung

Jede Auswahl einer neuen E-Commerce-Lösung sollte mit einer *Einführungsphase* beginnen, in der die genaue Planung durchgeführt wird und in der auch das Projekt abgegrenzt und Ziele definiert werden. Bei der *Anforderungsanalysephase* beschäftigt man sich detaillierter mit den Anforderungen an die neue E-Commerce-Lösung und legt sich auch schon strategisch auf eine Richtung, zum Beispiel eine technische Plattform, fest. In der anschließenden *Auswahlphase* gelangt man zu dem Kern des ganzen Leitfadens – der Auswahl der Lösung. Hierbei werden die verfügbaren Lösungen am Markt gesichtet, anhand der zuvor definierten Anforderungen evaluiert und abschließend bewertet. Am Ende kann dann eine Entscheidung für ein System getroffen werden.

2.6.1 Einführungsphase

Zu Beginn einer jeden Auswahl einer E-Commerce-Lösung steht die Einführungsphase. Je nach Größe des Unternehmens bzw. Anzahl der Projektteilnehmer ist diese Phase aufwendiger oder weniger aufwendig zu gestalten. Gerade wenn in einem Unternehmen viele Abteilungen und Personen beteiligt sind, ist es wichtig, schon frühzeitig alle Beteiligten zu informieren und auch um Unterstützung für das Projekt innerhalb einer Organisation zu werben.

In der Einführungsphase beginnt die detaillierte Projektplanung für die einzuführende E-Commerce-Lösung, deren Ergebnis am Ende ein Projektplan ist, auf den sich alle Projektbeteiligten verpflichten können. Einen Projektplan bezeichnet man auch als »Gesamtheit aller im Projekt vorhandenen Pläne«.

In dem Projektplan sind idealerweise folgende Punkte berücksichtigt:

- **Planung der Projektstruktur**
  Das Projekt wird hierbei in plan- und kontrollierbare Elemente untergliedert und in Teilaufgaben und Arbeitspakete unterteilt. Die Planung ist die zentralste Planung, da sie als Ausgangsbasis für alle weiteren Pläne dient und zugleich auch wichtige Erkenntnisse für das Risikomanagement und das Controlling des Projekts liefert.
- **Planung der Meilensteine**
  Meilensteine stellen wichtige Ereignisse innerhalb eines Projekts dar, die von allen Projektbeteiligten kontrolliert werden können müssen. Sie bezeichnen dabei Zeit-

punkte, bis zu denen bestimmte Aufgaben innerhalb eines Projekts erledigt werden müssen.

- **Terminplanung**
  Basierend auf den Teilaufgaben und Arbeitspaketen und der Zuweisung zu den entsprechenden Meilensteinen lässt sich dann eine genaue Terminplanung für das Projekt aufstellen.
- **Planung der Verantwortlichkeiten**
  Schon zu Beginn komplexer Projekte mit vielen Beteiligten sollten die Verantwortlichen bzw. Rollen definiert und mit geeigneten Personen besetzt werden. Dies sollte jedoch nur auf einer Metaebene geschehen, sprich noch nicht für die konkreten Aufgaben selbst. Es sollte beispielsweise eine Person für die Schnittstellen verantwortlich sein, eine Person für die Artikelstammdaten, eine Person für das Marketing etc. So sind die Verantwortlichkeiten klar geregelt, und während des Projektverlaufs ist es für alle Projektbeteiligten einfacher, wenn sie wissen, mit wem sie im Zweifelsfall sprechen müssen.

Neben dem Aufstellen des Projektplans darf man die strategische Planung des E-Commerce-Projekts nicht vergessen: Definieren Sie schon zu Beginn, wie Sie sich strategisch mit dem Online-Shop (weiter)entwickeln möchten, welche Ziele Sie mit Ihrem Online-Shop erreichen möchten, welche Märkte und Zielgruppen Sie erschließen möchten etc.

Sollten Sie bereits eine IT-Infrastruktur besitzen, wäre in diesem Schritt auch schon abzuklären, inwieweit die E-Commerce-Lösung in die bestehende Landschaft integriert werden soll bzw. ob dadurch wesentliche Auswirkungen auf die Interoperabilität, also das möglichst nahtlose Zusammenspiel mit anderen internen und externen Systemen, entstehen.

Definieren Sie auch schon den Budgetrahmen für Ihr E-Commerce-Projekt. Seien Sie dabei jedoch realistisch, und prüfen Sie genau, wie viel Sie in Ihr Projekt investieren können, und richten Sie hiernach auch Ihre Bedürfnisse aus – man kann nicht erwarten, dass man einen Porsche 911 zum Preis eines Fiat 500 bekommt.

Bedenken Sie dabei nicht nur die initialen Projektkosten für die Auswahl der richtigen E-Commerce-Lösung und auch nicht nur die Kosten für die Implementierung der Anwendung, sondern noch weitere projektbegleitende bzw. fortlaufende Kosten, wie zum Beispiel IT-Infrastruktur, Marketing und Werbung, Produktmanagement. Es empfiehlt sich zudem immer, einen finanziellen Puffer mit einzukalkulieren, da erfahrungsgemäß bei der späteren Anforderungsdefinition immer wieder Punkte vergessen werden.

2.6.2 Anforderungsanalysephase

Nach der Einführungsphase des E-Commerce-Projekts erfolgt anschließend die Anforderungsanalysephase, in der alle Anforderungen an das neue System strukturiert ermittelt und auch (falls bereits ein System existiert) der aktuelle Stand betrachtet und Optimierungspotenzial herausgearbeitet wird. Je nach Größe des E-Commerce-Projekts bietet es sich auch an, ein eigenes Projektbüro einzurichten und geeignete Personen aus den beteiligten Fachabteilungen für die Anforderungsanalyse zu bestimmen. Diese Phase ist dabei in mehrere unterschiedliche Punkte unterteilt.

Ist-Analyse vorbereiten

Der Beginn einer jeden guten Analyse ist die Planung. Als erster Schritt ist deshalb die genaue Planung und Vorbereitung der Analyse notwendig. Es sind dabei die Prüflisten, Fragebögen etc. für die Ist-Analyse zu erstellen, mit denen der aktuelle Stand aufgenommen und die Bedürfnisse für das neue Projekt ermittelt werden können. Des Weiteren sind innerhalb der betroffenen Anwender (idealerweise aus jeder Fachabteilung bzw. niederlassungsübergreifend) die richtigen Interviewpartner auszuwählen.

Ist-Analyse durchführen

Nach der Vorbereitung erfolgt die Durchführung der Ist-Analyse. Hierzu werden die zuvor erstellten Fragebögen an die Interviewpartner ausgegeben bzw. darüber hinaus der aktuelle Stand des Systems aufgenommen.

Wichtige Fragen bei der Analyse des Ist-Standes des Unternehmens bzw. eines bestehenden E-Commerce-Systems sind die folgenden:

- Welche Systeme sind schon im Unternehmen vorhanden und inwieweit müssen sie mit dem neuen E-Commerce-System interagieren?
- Gibt es spezielle Prozesse im Unternehmen, die ebenfalls in der E-Commerce-Lösung implementiert werden müssen?
- Welche E-Commerce-Lösung wird derzeit in welcher Version und mit welchen Komponenten eingesetzt?
- Welche Funktionen in der Lösung werden aktuell genutzt? Wo gibt es Probleme? Welche Funktionen fehlen bzw. haben Lücken und sollten optimiert werden?
- Welche kundenspezifischen Anpassungen wurden am aktuellen System vorgenommen?
- Welche (internen und externen) Schnittstellen gibt es zu der aktuellen E-Commerce-Lösung? Welche der Schnittstellen müssen darüber hinaus noch mit unterstützt werden, da sie nicht mehr aktualisiert wurden?

- Welche rechtlichen Rahmenbedingungen gilt es in der neuen E-Commerce-Lösung zu berücksichtigen bzw. haben sich seit der letzten Version rechtliche Rahmenbedingungen geändert, die noch mit umgesetzt werden müssen?
- Gibt es wirtschaftliche Rahmenbedingungen, zum Beispiel ein bewilligtes Budget, das bei der Analyse bzw. Konzeption mitberücksichtigt werden muss?

Als Ergebnis der Analyse haben Sie nun viele verschiedene Eindrücke von allen möglichen Interviewpartnern, ohne dass diese genau geprüft und gegebenenfalls bereinigt wurden. Dies erfolgt nun im nächsten Schritt.

Ist-Analyse auswerten

Nach der durchgeführten Analyse haben Sie – ähnlich wie nach einem Brainstorming – viele verschiedene, chaotisch strukturierte und oftmals nicht geprüfte oder bereinigte Ergebnisse.

Diese Ergebnisse müssen nun konsolidiert und in eine leichter auswertbare Struktur gebracht werden. Oftmals haben viele Projektteilnehmer die gleichen oder ähnlichen Wünsche, sodass es sich hier lohnt, diese Punkte entsprechend um Duplikate zu bereinigen oder auf einen gemeinsamen Nenner zu reduzieren.

Nach diesem Schritt sollten Sie eine Liste mit den Mindestanforderungen an die Basisfunktionalität des neuen Systems erstellen. Oftmals gibt es bei dieser Analyse und Strukturierung aber auch viele Zusatzanforderungen, die Sie nicht direkt als Basisfunktionalität bezeichnen würden. Diese Punkte sollten deshalb in einer weiteren, separaten Liste geführt werden.

Soll-Konzeption durchführen

Die aus der Ist-Analyse gewonnenen Anforderungen müssen nun geprüft und gegebenenfalls um noch fehlende Aspekte und Anforderungen ergänzt werden. Idealerweise werden die Anforderungen dann schon in die umzusetzenden Teilsysteme gruppiert und gemäß ihrer Wichtigkeit priorisiert. Bitte spezifizieren Sie die Anforderungen an diesem Punkt schon so detailliert wie möglich.

In diesem Schritt können Sie auch schon definieren, ob offene Standards bzw. Open-Source-Systeme beim Projekt zum Einsatz kommen sollen oder ob man sich auf eine proprietäre Lösung bzw. eine SaaS-Lösung fokussiert.

Auch können in diesem Schritt schon die qualitativen Anforderungen, wie zum Beispiel die Einhaltung von gewissen Qualitätssicherungsstandards, und Anforderungen an den Systembetrieb, wie zum Beispiel die zu erwartenden Besucher auf der Seite und die daraus resultierenden Anforderungen an das Hosting, definiert werden und als sogenannte nichtfunktionale Anforderungen in die Liste der Anforderungen aufgenommen werden.

Ergebnis der Analysephase

Das Ergebnis der Analysephase ist die Beschreibung aller funktionalen und nichtfunktionalen Anforderungen an das neue System. Diese Einteilung bzw. das Ergebnis finden oft auch Eingang in ein sogenanntes Lastenheft.

Funktionale und nichtfunktionale Anforderungen

Eine Anforderung ist die Beschreibung einer zu erfüllenden Eigenschaft oder zu erbringenden Funktion eines Produkts, eines Systems oder eines Prozesses. Dabei unterscheidet man funktionale und nichtfunktionale Anforderungen.

Unter einer funktionalen Anforderung versteht man, was eine Funktion genau tun soll. Dies sind zum Beispiel Felder, die bei der Kundenregistrierung ausgefüllt, oder Zahlungsarten, die implementiert werden müssen. Mit nichtfunktionalen Anforderung beschreibt man die genauen Eigenschaften einer Funktion, also wie gut ein System etwas leisten soll. Kriterien sind hier unter anderem die Performance, Usability, Sicherheit.

2.6.3 Auswahlphase

Anhand der in der Auswahlphase erstellten und priorisierten Anforderungen und strategischen Entscheidungen über die zu verwendende Plattform müssen nun die grundsätzlich infrage kommenden E-Commerce-Lösungen vorausgewählt werden. Es sollten hierbei nur die Systeme berücksichtigt werden, die man anhand der Funktionen auch gut vergleichen kann und die möglichst viele der gewünschten Anforderungen abdecken.

Bei der Auswahl der E-Commerce-Lösung sind zudem auch die wirtschaftlichen und rechtlichen Aspekte zu betrachten. Bei den wirtschaftlichen Aspekten ist einerseits zu prüfen, wie hoch die Lizenzkosten ausfallen, und andererseits, wie viel Geld gegebenenfalls für den Wartungsvertrag anfällt. Des Weiteren ist zu prüfen, bis zu welchem Grad die gewünschten Anforderungen in einem System bereits abgebildet sind und wie viel Aufwand für die Anpassung des Systems notwendig ist. Bei der Prüfung der rechtlichen Aspekte ist zu berücksichtigen, ob das ausgewählte System alle rechtlichen Anforderungen an den jeweiligen Markt, an dem man aktiv werden möchte, unterstützt oder ob sich ein System relativ einfach dahingehend anpassen lässt.

Auch die Risikoanalyse darf in diesem Schritt nicht fehlen. Es ist zu ermitteln, mit welchen Risiken das Unternehmen konfrontiert wird und welche während des E-Commerce-Projekts auftreten können. Für diese Risiken muss anschließend bewertet werden, mit welcher Wahrscheinlichkeit sie eintreten können.

Nachdem der Markt gesichtet, die wirtschaftlichen und rechtlichen Aspekte von allen infrage kommenden E-Commerce-Lösungen betrachtet wurden und die Risikoanalyse durchgeführt wurde, gelangen Sie schließlich zur Entscheidung. Die Projektteilnehmer treffen nun gemeinsam eine Entscheidung für eine E-Commerce-Lösung oder erarbeiten einen entsprechenden Vorschlag für den Entscheidungsträger des Projekts im Unternehmen.

2.7 Zukunftstrends

An innovativen und trendigen Themen in der digitalen Welt mangelt es aktuell wahrhaftig nicht. Immer mehr Interaktionspunkte mit den Kunden werden digitalisiert und schaffen neue Möglichkeiten, *das* nächste große Ding am Markt zu werden. Doch ob sich so ein Trend tatsächlich durchsetzen kann, hängt maßgeblich von zwei Faktoren ab: Ob er einen echten Mehrwert für die Kunden bietet oder ob er bereits Teil der Gewohnheit der Kunden ist. In diesem Abschnitt wollen wir Ihnen einige dieser Zukunftstrends vorstellen.

2.7.1 Chatbots

Bei einem *Chatbot* handelt es sich um ein Dialogsystem, mit dem per Texteingabe oder Sprache kommuniziert werden kann. Sie werden häufig eingesetzt, um Anfragen automatisiert und ohne direkten Eingriff durch einen Menschen zu beantworten oder zu bearbeiten. Der Vorteil für den Online-Handel liegt auf der Hand: Anstatt eine komplexe Filternavigation oder eine mehrstufige Kategorienavigation anzubieten, durch die sich ein Kunde klickt, kann man als Shop-Betreiber zukünftig auch einen Chatbot als eine Art »digitalen Verkaufsberater« integrieren. So kann ein Kunde über diesem Weg auf schnelle, einfache, natürliche und auch etwas spielerische Art und Weise direkt zum passenden Produkt gelangen. Ein Beispiel hierfür ist in Abbildung 2.30 abgebildet.

Aktuell sind Chatbots in der Lage, im Vorfeld definierte Schlüsselwörter in den Eingaben zu erkennen und die damit verknüpften Antworten auszugeben. So muss man aktuell schon vorab die potenziellen Eingaben eines Kunden antizipieren und relativ viele Kombinationen vorab definieren, damit der Chatbot auch vernünftige Antworten zurückgibt und ein Kunde nicht frustriert abbricht. Es liegt jedoch auf der Hand, dass man niemals alle potenziellen Eingaben eines Kunden vorab erkennen und entsprechende Antworten definieren kann. Den Einsatz von *künstlicher Intelligenz* (KI) und maschinellem Lernen bietet hier jedoch die optimale Möglichkeit, durch den Aufbau von entsprechenden Wissensdatenbanken, selbstlernende und immer bessere Chatbots zu realisieren. Das ständige Training und die Analyse der Kundenantworten helfen dem Chatbot dabei, den Kontext einer Frage besser zu verstehen und so noch genauere Antworten geben zu können.

Auch wenn die Implementierung eines Chatbots aufwendig und komplex sein kann, sollten Online-Händler diese Technologie nichtsdestotrotz im Auge behalten, da sie

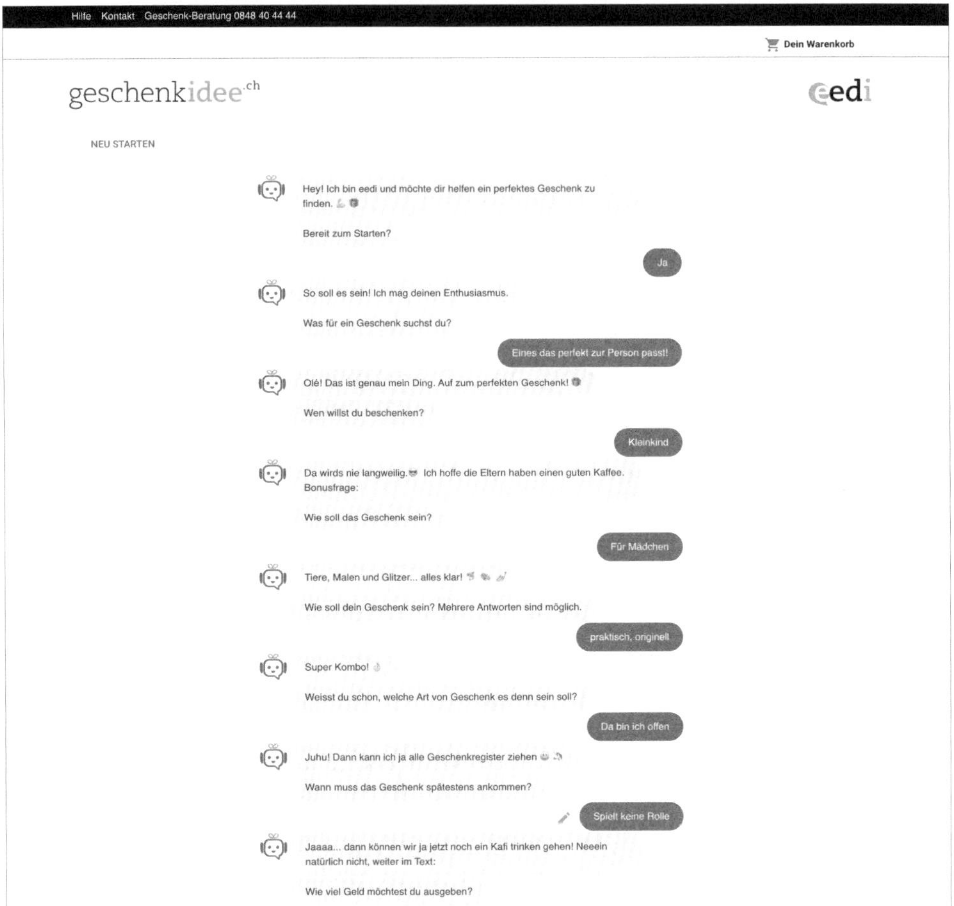

Abbildung 2.30 Der Chatbot von geschenkidee.ch

wahrscheinlich schon in naher Zukunft durch die stetige Verbesserung der Hardware und Software – insbesondere der Spracherkennung – immer einfacher und bezahlbarer zu implementieren ist.

2.7.2 Voice Commerce

Beim *Voice Commerce* handelt es sich um einen Teil des *Conversional Commerce*, also einen Kanal, über den mithilfe der Spracherkennung und die Suche via Sprache Artikel gefunden und gekauft werden können. Wieso sich dieses Thema immer größerer Beliebtheit erfreut, liegt auf der Hand: Sprache ist die natürliche Art der Kommunikation. Hinzu kommt, dass es oftmals sehr bequem, schnell und einfach zu benutzen ist, wenn man per Sprache etwas diktiert, anstatt umständlich auf einem Endgerät etwas einzutippen. Es ist daher nur eine Frage der Zeit, bis immer mehr Menschen die

Sprachsteuerung und digitale Assistenten für sich entdecken werden und auch online über diese Wege einkaufen wollen.

Aktuell stehen die Technologie und ihre Möglichkeiten jedoch noch am Anfang, da erst einmal die notwendige Grundlagenarbeit nötig ist. Firmen wie Apple, Google und Amazon haben mit den entsprechenden Investitionen in die Technologie bereits einige Grundlagen gelegt und Produkte veröffentlicht, die Endverbraucher und Unternehmen kaufen und benutzen. Jedoch liegt das tatsächliche Bestellen von Artikeln verschiedenen Umfragen zufolge auf den letzten Plätzen.

Grund hierfür ist mitunter auch, dass selbst für relativ einfache Artikel umfangreiche Sprachbefehle notwendig sind, um einen Artikel in den Warenkorb zu legen, geschweige denn zu bestellen. Ein Mensch würde nämlich aus Gewohnheit sagen: »Ich brauche Batterien, die ganz kleinen dünnen, für die Fernbedienung.« So eine Spracheingabe jedoch verwertbar weiterzuverwenden stellt jeden digitalen Assistenten vor eine Herausforderung. Bei komplexen Artikeln nimmt der Aufwand, so einen Artikel per Sprache zu bestellen, exponentiell zu. Beispiel Kaffeemaschine: Siebträger, Halb- oder Vollautomat? Integriertes Mahlwerk oder nicht? Ein oder zwei Heizkreise? Gewünschter Dampf- und Brühdruck? Mit der Möglichkeit, Cappuccino und Latte macchiato zu machen oder nicht? Potenzielle Probleme mit der Sprache, wie beispielsweise Dialekte, sind hierbei noch nicht mit eingerechnet. Auf lange Sicht wird sich bei der Spracherkennung und Weiterverarbeitung der Spracheingaben noch einiges verbessern, so dass es für Online-Händler weiter ratsam ist, sich mit diesem Thema zu beschäftigen.

2.7.3 PWA – Progressive Web Apps

Progressive Web Apps, kurz PWAs, bringen deutliche Veränderungen in den IT- und E-Commerce-Markt ein. Während man früher noch darüber diskutiert hat, ob sich mobile Apps oder responsive Websites durchsetzen werden, ist diese Frage heutzutage geklärt: Es ist eher die Ausnahme als die Norm, dass Websites nicht mehr responsiv erstellt werden. Das Schlüsselwort lautet: Mobile First. Ein Grund dafür ist, dass große Technologiefirmen, vor allem Google, Website- und Shop-Betreiber immer mehr dazu zwingen, ihre Seiten für mobile Endgeräte zu optimieren. Doch was ist nun eine PWA und welche Vorteile hat sie?

Eine Progressive Web App ist im Prinzip eine responsive Website, die durch einen bestimmten Technologieansatz (sogenannte *Service Worker*) Offline-Funktionalitäten erhalten. Während früher Unternehmen immer eine native App entwickeln mussten, um Inhalte auch offline verfügbar zu machen, ist diese doppelte Entwicklung nun durch eine PWA überflüssig. Eine PWA ist also eine mobile Website, die gleichzeitig App-ähnliche Merkmale aufweist und auch offline Funktionalitäten bereitstellt. Darüber hinaus stellen PWAs bestimmte Sonderfunktionen bereit, die sonst nur von nativen Apps bekannt waren:

- **Add-to-Homescreen**
  Bei geöffneten PWAs gibt es oftmals die Funktion, dass man diese dem Homescreen hinzufügen kann. So wird auf dem Bildschirm des Handys ein entsprechendes Icon angelegt, und die App kann so einfach – auch ohne Datenverbindung – gestartet werden.
- **Push Notifications**
  Mit den sogenannten *Push Notifications* kann man als Inhaber einer PWA den Benutzern Nachrichten auf das Telefon senden, wie zum Beispiel Aktionen oder besondere Rabatte.
- **Offline-Funktionalität**
  Inhalte der Website werden auch offline verfügbar gemacht, sodass ein Endverbraucher direkt die Inhalte auf der Website konsumieren kann, auch wenn er gerade keine Datenverbindung hat.
- **Keine Installation**
  PWAs haben den Vorteil, dass keine App auf das mobile Endgerät heruntergeladen werden muss. Dies reduziert einerseits den Datenverbrauch beim Endverbraucher, andererseits wird kein Speicherplatz auf dem mobilen Endgerät benötigt.

Die mobile Website von Spotify, wie in Abbildung 2.31 dargestellt, ist ein Beispiel für eine PWA. Sie bietet Website-Besuchern ein besonderes Erlebnis wie die regulären Apps.

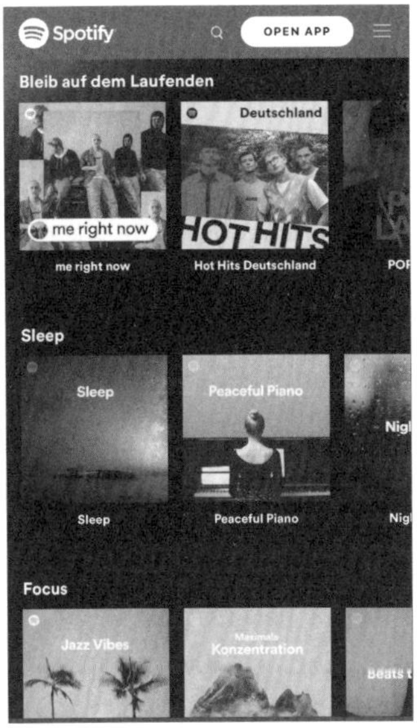

Abbildung 2.31 Progressive Web App von Spotify

2.7.4 Augmented Reality

Unter dem Begriff *Augmented Reality* (AR), zu Deutsch »erweiterte Realität«, versteht man die Überlagerung der realen Welt durch computergestützte virtuelle Momente in Echtzeit, die dabei alle Sinne eines Menschen ansprechen können. Meist wird hier eine visuelle Erweiterung der Wahrnehmung geschaffen. Dabei wird mithilfe einer Kamera ein Abbild der realen Welt erzeugt und mit Zusatzinformationen in Form von Texten, Grafiken, Bildern, Animationen oder Videos überblendet. Damit sollen alltägliche, aber auch spezifische Handlungen besser erfasst werden können. Ein Beispiel hierfür ist die App *Lego AR Studio*, die Sie in Abbildung 2.32 sehen.

Abbildung 2.32 Augmented Reality im Einsatz bei Lego (Quelle: https://youtu.be/0i4kRywBMm8)

Wenn man dies nun auf den E-Commerce überträgt, entstehen hierbei viele potenzielle Anwendungsfälle. So könnte man beispielsweise in der Möbelbranche schon einmal neue Möbel vorab im eigenen Wohnzimmer betrachten oder aber auch Kleidung, Brillen oder Kosmetika digital vor dem Kauf »an- und ausprobieren«.

Aktuell kommt diese Technologie jedoch oftmals nur verkaufsunterstützend zum Einsatz, sprich, der Kunde kann prinzipiell vor dem Kauf schon einmal etwas digital ausprobieren. Den letztendlichen Kaufabschluss muss er dann jedoch an einem Computer oder einem mobilen Endgerät vornehmen. Es wird hier mit hoher Wahrscheinlichkeit noch einige technische Veränderungen geben, damit man auch direkt aus der AR heraus den Kaufabschluss durchführen kann.

2.7.5 Blockchain

Das Thema *Blockchain* ist spätestens seit dem Hype um die neue digitale Währung Bitcoin sehr vielen Menschen bekannt. Diese Währung, die auf der Blockchain-Technologie basiert, kann hierbei zum Bezahlen in Online-Shops verwendet werden. Doch was ist die Blockchain?

Die Blockchain ist eine dezentrale und neutrale Datenbank zur Informationsverarbeitung, deren oberste Maxime die Transparenz ist. Dabei werden die Transaktionen innerhalb der Infrastruktur in sogenannten »Blocks« gespeichert, mittels komplexer Verschlüsselungsverfahren verschlüsselt und miteinander verbunden. Dadurch bilden die Informationen eine Art Kette – die Blockchain. Durch die Verschlüsselungsverfahren wird sichergestellt, dass die Informationen innerhalb des Blocks unveränderlich und somit sehr resistent gegenüber Manipulation sind. Auch können diese Informationen, wenn sie einmal in der Blockchain gespeichert sind, nicht mehr gelöscht werden. Es ist nur eine Änderung der Daten möglich, was jedoch auch wieder gespeichert wird, sodass eine maximale Transparenz herrscht. Nachteil hierbei ist jedoch, dass zwar die Schlüssel der beteiligten Parteien bekannt sind, aber die letztendlichen Identitäten hinter den Schlüsseln nicht, da diese Informationen nicht notwendig sind, um so einen Schlüssel zu generieren.

Für den Online-Handel bedeutet das neben den sogenannten Kryptowährungen wie Bitcoin zum Empfangen von Zahlungen, dass man auch noch andere Informationen auf der Blockchain speichern kann. Die Art der im Block gespeicherten Informationen kann dabei sehr unterschiedlich sein – von Bezahlvorgängen über Kaufverträge bis hin zu Dateien. Beispielsweise wäre eine Idee, die Produktdaten in der Blockchain zu speichern, sodass jeder potenziell die Daten auch weiterverwenden kann.

Seit Neuestem wurden auch die sogenannten *Smart Contracts* hinzufügt. Mit Smart Contracts kann man relativ kleine Computerprogramme in der Blockchain speichern und bestimmte Aufgaben automatisieren. Dies eröffnet neue Möglichkeiten für den Online-Handel, da theoretisch jeder E-Commerce-Prozess automatisiert werden kann. Beispielsweise könnte man die Lagerbestandskontrolle in die Blockchain verlagern: Bei jeder Bestellung wird der Lagerbestand reduziert, und sobald ein gewisser Schwellenwert erreicht ist, wird automatisch eine Nachbestellung beim Lieferanten ausgelöst.

2.7.6 Fazit

Die in diesem Abschnitt vorgestellten Zukunftstrends sind nur ein kleiner Ausschnitt aus den Technologien, die uns zukünftig begegnen werden und die einen Einfluss auf Ihr Online-Business haben können. Theoretisch besteht die Möglichkeit, dass Sie Ihre Kunden an jedem digitalen Interaktionspunkt abholen können.

2.8 Mittels MVP zu einem schnellen Go-live

In zahlreichen E-Commerce-Projekten ist es oft der Fall, dass Händler bereits genau wissen, was sie wollen. Sie haben ihre klaren Vorstellungen in Listen oder Lastenheften erarbeitet und wollen dabei jeden einzelnen Punkt im Projekt umgesetzt haben.

Doch oftmals kommt man während der Implementierungsphase zu dem Punkt, an dem sich herauskristallisiert, dass sich – trotz sorgfältigster Planung und guten Projektmanagements – Anforderungen und Wünsche ändern oder das neue System nicht so gut bei Endverbrauchern angenommen wird, wie gehofft. Zurück bleiben oft erhebliche Zusatzaufwände für die notwendigen Anpassungen und Weiterentwicklungen sowie längere Projektlaufzeiten.

In vielen E-Commerce-Projekten kommt deshalb verstärkt die Methodik des *Minimum Viable Products* (MVP – minimal lebensfähiges Produkt) zum Einsatz. Dabei handelt sich weniger um ein Produkt als vielmehr um einen agilen Prozess bzw. eine Herangehensweise an ein Projekt, mit der ein neues E-Commerce-Projekt in kürzester Zeit, mit geringem zeitlichen und finanziellen Aufwand entwickelt wird, um schnell an den Markt zu gehen und so erste Erfahrungen zu sammeln und wertvolle Rückmeldungen zu erhalten, wie beispielhaft in Abbildung 2.33 dargestellt.

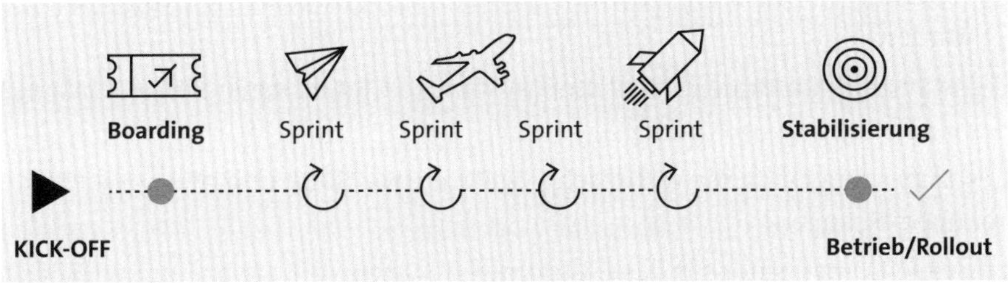

Abbildung 2.33 MVP-Ansatz (Quelle: OXID eSales)

Diese Vorgehensweise – vom Papierflieger zur Rakete – gibt einem Shop-Betreiber frühzeitig belastbare Daten und Erkenntnisse an die Hand und trägt maßgeblich zur Steuerung des weiteren Vorgehens im Projekt bei. Es geht nicht darum, dass man alle Annahmen richtig trifft, sondern Ziel ist, dass man schneller lernt, was funktioniert – und was nicht. Nur so können Ressourcen und Budget für Themen verwendet werden, die tatsächlich einen Mehrwert für die Endverbraucher bringen und damit auch maßgeblichen Einfluss auf den eigenen Umsatz haben und das unternehmerische Risiko minimieren.

2.9 Checkliste: So finden Sie die richtige Lösung

In den vorherigen Abschnitten haben Sie einiges über die verschiedenen E-Commerce-Systeme und über technologische Ansätze bei der Implementierung verschiedener Methoden zur Projektvorgehensweise gelernt. Bevor Sie im nächsten Kapitel mehr darüber erfahren, wie Sie Kunden ansprechen und zum Kauf animieren, erhalten Sie im Folgenden noch eine Checkliste mit wichtigen Fragen, die Sie bei der Auswahl eines E-Commerce-Systems klären und beachten sollten:

- Welche Software wird bereits in Ihrem Unternehmen verwendet?
- Welche Systeme sollen mit dem neuen E-Commerce-System verbunden werden?
- Sollen Bestelldaten aus dem Online-Shop in ein anderes System zur weiteren Bearbeitung exportiert werden?
- Welche Art von Produkten sollen im E-Commerce-System abgebildet werden?
- Wie viele Artikel sollen in dem Online-Shop verfügbar sein?
- Gibt es bereits fertige Design-Templates, die Sie verwenden können? Wie aufwendig sind Anpassungen am Design?
- Welche Zahlungsarten sind standardmäßig integriert?
- Welche Zielgruppen und deren Anforderungen können in dem System angesprochen/abgebildet werden (Verkauf an Endverbraucher vs. Verkauf an Geschäftskunden)?
- Können in dem Online-Shop mehrere Sprachen bzw. mehrere Währungen abgebildet werden?
- Wird das System kontinuierlich weiterentwickelt? Gibt es regelmäßige Updates? Gibt es einen Support im Notfall?
- Gibt es Anpassungen an die technische Weiterentwicklung und neue gesetzliche Rahmenbedingungen?
- Gibt es viele Dienstleister für das E-Commerce-System, die Sie bei einem Projekt unterstützen können?
- Können Programmieranpassungen selbst vorgenommen werden oder erfordern diese immer die Unterstützung des Herstellers oder eines Dienstleisters?
- Welches E-Commerce-System inklusive der benötigten Anpassungen passt zu Ihrem Projektbudget?

2.10 Fazit

Wie Sie in diesem Kapitel gelernt haben, gibt es sehr viele Anbieter von E-Commerce-Lösungen am Markt, und auch die zunehmende Digitalisierung schafft immer mehr Interaktionspunkte mit Ihren potenziellen Kunden. Dies macht die Auswahl der richtigen Lösung für Ihr Online-Business deshalb nicht leicht. Entscheiden Sie sich hier nicht vorschnell für ein vermeintlich gutes oder gehyptes E-Commerce-System, sondern arbeiten Sie nach einem strukturieren Plan und finden Sie die Lösung, die optimal auf Sie und Ihre Bedürfnisse zugeschnitten ist.

Kapitel 3
Kunden zum Kaufen animieren – Produkte und Warengruppen

Die Präsentation Ihres Produktsortiments beeinflusst nicht nur den Erfolg Ihres Online-Shops hinsichtlich des Umsatzes. Schlechte Bilder, unvollständige Texte und mangelnde Informationen fördern zusätzlich die Retourenquote und belasten Sie dadurch mit unnötigen Kosten.

Wann macht die Arbeit im E-Commerce am meisten Spaß? Wenn Sie erfolgreich sind! Auch wenn Sie bislang gelernt haben, dass sich der Erfolg im E-Commerce aus ganz vielen unterschiedlichen Bestandteilen zusammensetzt, so gibt es doch ein ganz zentrales Erfolgselement – Ihr Produktkatalog.

Das beste Marketing und die beste Technik nützen Ihnen nichts, wenn es für Ihre Produkte keine Kunden gibt oder Sie viele potenzielle Kunden in Ihrem Shop haben, die aber Ihre Produkte uninteressant finden und diese nicht kaufen. Aber wann finden Kunden Produkte eigentlich spannend bzw. interessant, und was muss man beim Aufbau des Produktkatalogs, speziell im E-Commerce, beachten? Dieser zentralen Frage gehen wir in diesem Kapitel nach und liefern Ihnen praxisnahe Tipps, was Sie beim Aufbau Ihres Produktkatalogs beachten müssen.

3.1 Psychologische Aspekte und Grundlagen

Lassen Sie uns im ersten Schritt mit etwas Theorie starten. Aber keine Sorge, auch ein theoretischer Aspekt kann spannend sein und zum Lesen verleiten. Man könnte fast sagen, dass wir Menschen etwas »einfacher ticken«, als wir das von uns selbst behaupten. Auch heutzutage gehen wir noch Jahrtausende alten Trieben und Emotionen nach. Diese Emotionen und Triebe verleiten uns in Online-Shops zum Einkaufen. Denn wenn Sie verstehen, wie Menschen agieren und Kaufentscheidungen treffen, können Sie Ihren eigenen Online-Shop genau darauf abstimmen. Einfache Hebel können vor allem bei den Produkten und Warengruppen angesetzt werden. Genau diesen Aspekt möchten wir mit Ihnen auf den folgenden Seiten erörtern und Ihnen anhand von Beispielen zeigen, wie Sie mittels kleiner psychologischer Eigenheiten und Ansätze den Erfolg Ihres Online-Shops verbessern können. Ach übrigens, wenn Sie dies nun für Manipulation halten bzw. denken, man müsste Menschen manipulieren, dann ist dies definitiv nicht die Intention. Es geht nicht darum, Menschen mit fiesen Methoden und Tricks zu überzeugen, sondern so gezielt anzusprechen, dass eine Kaufentscheidung möglichst einfach getroffen werden kann.

3.1.1 Exklusivität

Menschen reagieren auf Verknappung und Exklusivität. Sie kennen dies vermutlich aus eigener Erfahrung. Sobald gewisse Dinge nur einer begrenzten Anzahl an Personen zugänglich gemacht werden oder einfach die verfügbare Menge knapp ist, entsteht ein gewisser Reiz. Exklusivität ist dabei eine wahnsinnig starke Waffe, die Sie auch im E-Commerce einsetzen können. Das kann sich auf bestimmte Produkte und Kategorien beziehen oder auf einen gesamten Shop! Ein Paradebeispiel hierfür ist BestSecret, ein Shop, den Sie in Abbildung 3.1 sehen.

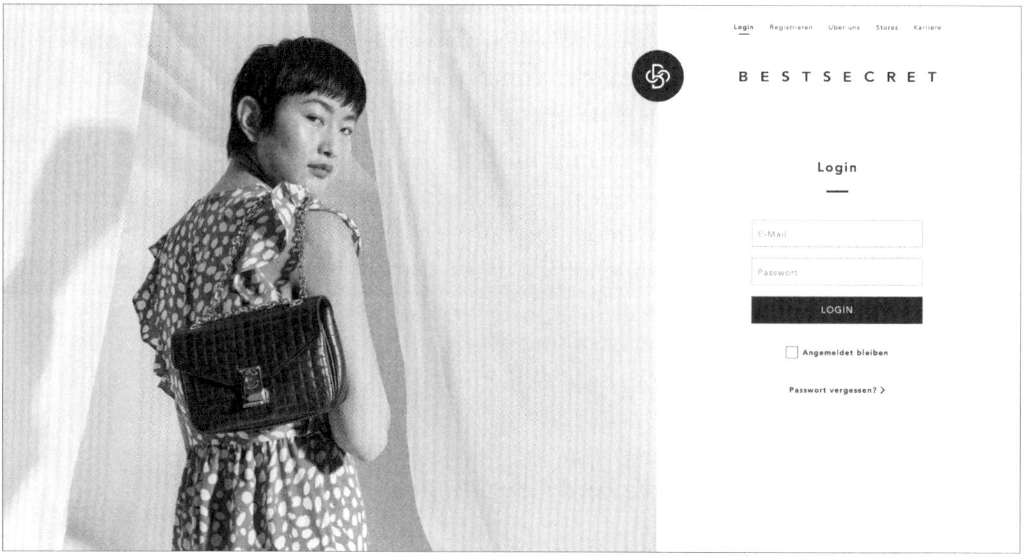

Abbildung 3.1 Ein geschlossenes System, für das Sie eine Einladung benötigen

Sicherlich kennen Sie ähnliche Seiten, wie zum Beispiel Veepee oder Brands4Friends. Auch diese Shops sind sozusagen »gesperrt«, wobei Sie sich problemlos registrieren können und anschließend Zugriff haben. Der Schutz existiert daher nicht wirklich, und die Exklusivität ist begrenzt. Bei BestSecret ist es hingegen etwas anders gelagert. Hier müssen Sie wirklich von Bekannten oder Freunden eingeladen werden, um anschließend Zugriff auf die sehr guten Konditionen und günstigen Preise zu haben. Eine Selbstregistrierung ist daher nicht möglich, was natürlich zu einem gewissen Reiz verführt. Viele Menschen wollen bei BestSecret einkaufen, haben aber schlicht keinen Zugang. Das wirkt sich psychologisch wahnsinnig stark aus, und ohne zu wissen, was BestSecret im Detail verkauft, wollen Menschen einfach nur unbedingt einen Zugang.

Sie können sich auch überlegen, ob zumindest ein gewisses Sortiment nur durch einen exklusiven Zugang beschafft werden kann. Das wird auch bei Ihnen bzw. Ihren Kunden die Attraktivität erhöhen. Ob Sie hingegen den gesamten Shop abschotten, das sollten Sie gut überlegen. Denn bei einem geschlossenen System werden Sie keine Nutzer über zum Beispiel Google erhalten. Geschlossene Systeme müssen sich selbst sehr stark bewerben, wodurch eben auch wieder ein bestimmtes Budget notwendig wird.

3.1.2 Verknappung

Ähnlich wie bei der Exklusivität spielt auch die Verknappung eine wichtige Rolle. Bei der Verknappung geht es darum, die verfügbare Menge und die Verfügbarkeit stark einzuschränken, was eben wiederum die Kauflust erhöht. Sie kennen sicherlich noch die Szenen vor Apple Stores, als Apple-Fans stundenlang kampiert haben, um ein neues iPhone zu erhalten. Wenn es genug iPhones zum Launch geben würde, wäre das nicht notwendig. Da die Anzahl aber immer begrenzt ist, entwickelt sich eine gewisse Eigendynamik. Im E-Commerce spielt die Verknappung auch eine wichtige Rolle, aber Vorsicht: Ganz legal ist es nicht, betrügerisch zu agieren. So sind hier Grenzen gesetzt und Sie können den Bogen nicht überspannen. Gerade booking.com hat in der Vergangenheit ganz stark auf das Thema Verknappung gesetzt (nur noch 2 Zimmer verfügbar), was aber stellenweise untersagt wurde. Dementsprechend ist es zwar okay, wenn Sie die verfügbare Anzahl an Artikeln anzeigen, aber dies muss eben auch der Wahrheit entsprechen.

3.1.3 Attraktivität

Wie können Sie ein Angebot attraktiv machen?

Das gelingt, indem Sie aufzeigen, wie viele andere Personen es gekauft bzw. bezogen haben. Auch hier ist booking.com wieder führend, was Sie in Abbildung 3.2 sehen. Denn booking.com zeigt Ihnen direkt an, in welcher Unterkunft wie viele Buchungen in den letzten Stunden erfolgte. Die Intention ist klar: Wenn eine Unterkunft sehr begehrt ist, wird zum einen das Angebot knapp (es gibt keine Zimmer mehr), aber es spricht auch für die Unterkunft. Menschen bekommen dann die umgangssprachliche FOMO (Fear of Missing out), haben also die Angst, etwas zu verpassen. Und bevor sich Menschen dieser Angst stellen, schlagen sie zu und kaufen bzw. buchen in diesem Fall die Unterkunft.

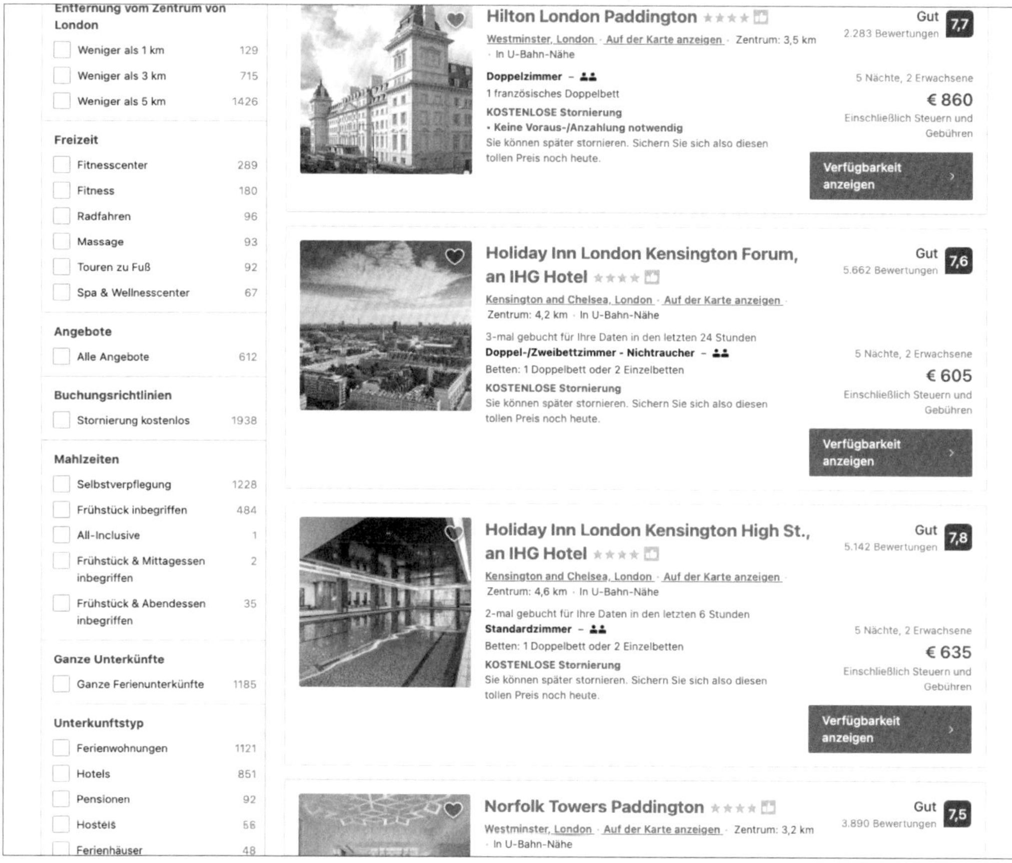

Abbildung 3.2 booking.com zeigt gerne, wer alles Zimmer bucht.

Nutzen Sie das, und stellen Sie gerne bei den Produkten dar, wie häufig bzw. auch wer das Produkt gekauft hat.

3.1.4 Prominente Markenbotschafter

Ebenso können Sie schlagartig die Attraktivität und den Erfolg Ihres Online-Shops erhöhen, wenn Sie auf bekannte Markenbotschafter setzen. Es müssen dabei nicht immer »richtige« Prominente sein, auch Influencer können dabei helfen. Die Idee ist klar, wenn ein bekannter Mensch einen Shop oder ein Produkt empfiehlt, folgen wir dieser Empfehlung und schlagen dann auch gegebenenfalls schneller bzw. ohne nachzudenken zu. Das funktioniert aber letztendlich auch nur dann, wenn der Markenbotschafter die Werte und Sympathie des Publikums teilt. Wenn Sie einen Milliardär haben, der in einem Webshop werbewirksam platziert wird, der 1-€-Artikel verkauft, ist die Aussage sicherlich gleich null. Die Gleichung erfolgreiche und sehr reiche Person und Billigartikel passt nicht. Wenn Sie hingegen einen bekannten Sportler haben, der Werbung für Ihre Sportartikel macht, dann haben Sie einen Match.

3.1.5 Empfehlung durch die breite Masse

Ihre Artikel benötigen aber nicht zwangsläufig eine Empfehlung durch eine prominente Person. Auch die Platzierung von Produktbewertungen (idealerweise positive) kann bei uns Menschen einen psychologischen Effekt triggern. Denn wenn mehrere tausend Menschen ein Produkt hilfreich, nützlich und qualitativ gut finden, dann übernehmen wir diese Meinung. Das sehen Sie in Abbildung 3.3 am Beispiel von Amazon. Was glauben Sie wohl, welche iPhone-Hülle wird eher gekauft und betrachtet? Die mit ein paar hundert oder das Produkt mit mehreren tausend Bewertungen? Ganz klar natürlich das »populärere« bzw. »bessere« und das ist schlussendlich der Artikel mit den meisten Bewertungen. Die Kehrseite der Medaille ist aber sicherlich der systematische Betrug, der in den letzten Jahren in diesem Bereich entstanden ist. Fake-Bewertungen haben zugenommen, weswegen der psychologische Effekt nicht mehr ganz so groß ist wie noch vor Jahren. Denn viele Menschen wissen mittlerweile, dass man Bewertungen nicht blind vertrauen sollten.

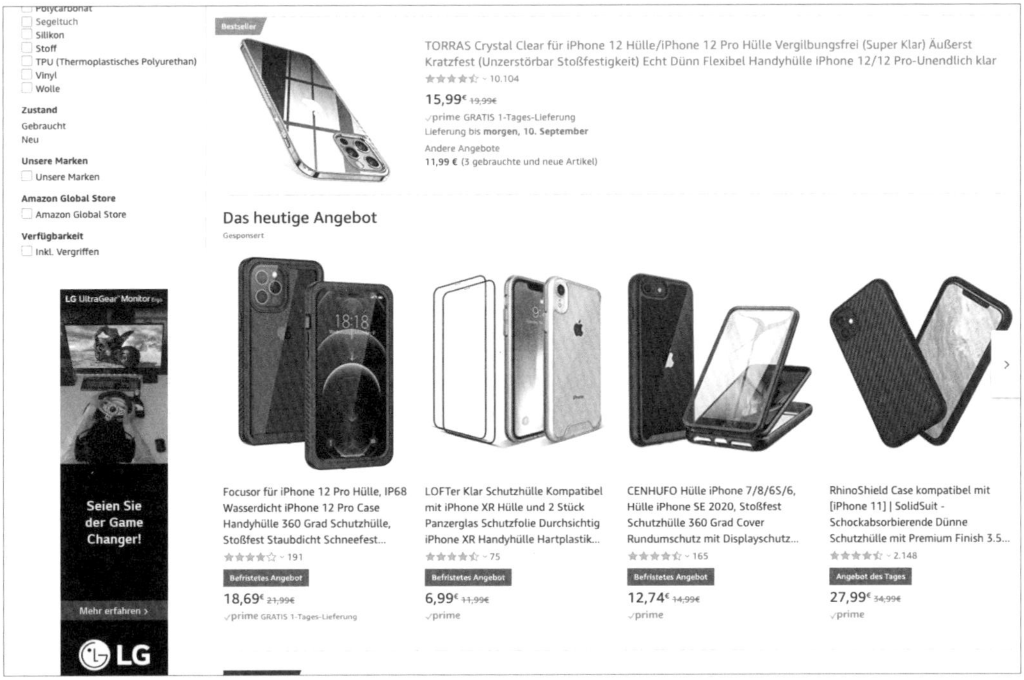

Abbildung 3.3 Bewertungen spielen bei Amazon eine große Rolle.

Aber – und das ist an dieser Stelle wichtig – Bewertung Ihrer Produkte helfen definitiv dabei, die Attraktivität zu steigern.

3.1.6 Druck

Als weiteres Mittel hilft Druck – Druck, eine Entscheidung zu treffen, und Druck, die Bestellung abzusenden. Sie müssen den Druck aber nicht nur sprachlich aufbauen, zum Beispiel über den Produkttext, sondern können auch auf der Produktdetailseite beispielsweise mit einer Information wie »Bestellen Sie in den nächsten X Stunden und erhalten Sie den Artikel morgen« argumentieren. Das zwingt den Nutzer dazu, jetzt schnell eine Entscheidung zu treffen.

3.1.7 Weitere Mittel und Möglichkeiten

Abgesehen davon stehen Ihnen noch weitere Möglichkeiten und psychologische Trigger zur Verfügung, die Sie einsetzen können. Damit das an dieser Stelle aber kein Psychologiebuch wird, möchten wir es bei diesen Tipps belassen. Als Literaturempfehlung können wir Ihnen aber das Buch »PsyConversion« ans Herz legen, denn es beleuchtet auf knapp 300 Seiten die psychologischen Maßnahmen, Effekte und Strategien im E-Commerce. Wissenschaftlich und mit Studien belegt ist es somit ein sehr gutes Einstiegs- und Nachschlagewerk, wenn es um die Psychologie im E-Commerce geht.

3.2 Der Einstieg über die Startseite

Lassen Sie uns nun, ganz abseits der psychologischen Trigger und Maßnahmen, konkret darüber sprechen, wie Sie die Attraktivität Ihres Online-Shops erhöhen bzw. hoch gestalten können. Der Einstieg in den Einkaufsprozess erfolgt dabei in der Regel über die Startseite. Viele Menschen, außer die Nutzer kommen mit detaillierten Google-Suchphrasen auf Ihre Produktdetailseiten, nutzen die Startseite als Ausgangspunkt. Umso wichtiger ist es, dass Sie eine gut aufgebaute Startseite haben. Doch was macht eine gute Startseite aus? Wie kann eine Startseite Kunden zum Kaufen animieren?

Lassen Sie uns dies gemeinsam am Beispiel von cyberport.de diskutieren, einem Online-Shop, der Ihnen in diesem Buch an ein paar Stellen begegnen wird. Cyberport.de unterteilt die Startseite in verschiedenste Bereiche und startet ganz oben mit Angeboten. So gibt es regelmäßig wechselnde Specials wie »Zum Mac wechseln« oder »Windows-Notebooks mit Intel«.

Abbildung 3.4 Die Cyberport-Startseite

Sie sehen dies in Abbildung 3.4. Damit erreichen Sie erst einmal alle Kunden, die nicht speziell auf der Suche nach einem ganz bestimmten Produkt sind. Es ist der Schuss ins Blaue mit Aktionen, die für jeden Kunden interessant sein könnten oder eben auch nicht. Da Sie nicht wissen, was Ihr Kunde auf der Startseite erwartet, ist dies auch ein valider Ansatz.

Weiter darunter folgen die Registerkarten NEUHEITEN, SALE, BELIEBTE PRODUKTE und OFT GEKAUFT. Was ist die Intention? Cyberport kann somit relativ schnell und einfach ganz viele verschiedene Artikel darstellen, angefangen bei Neuheiten bis hin zu beliebten Produkten, was in dieser Form die Wahrscheinlichkeit erhöht, dass Sie als Nutzer daraufklicken. Speziell beim Thema beliebte Produkte ist die Wahrscheinlichkeit groß, dass auch hier etwas für Sie dabei sein kann. Somit hat Cyberport zum einen den Aktionsbereich, aber auch den Artikelbereich, der eine breite Masse an Nutzern ansprechen dürfte.

Darunter folgen anschließend Links in Form von Kacheln, die vor allem auf Serviceangebote abzielen, zum Beispiel eine Kaufberatung oder Cashback-Aktionen. Die Startseite schließt mit Marken, die innerhalb der Plattform vertreten sind. Diese verweise logischerweise auf Markenseiten mit allen Produkten.

Warum ist die Startseite unserer Meinung nach gelungen? Die wichtigste Aufgabe einer Startseite muss in der Kreation von Interesse und dem schnellen Weiterleiten der Nutzer in die jeweiligen Bereiche liegen. Würde Cyberport nun nur Restwaren oder Apple-Produkte bewerben, dann würden sich sehr viele Nutzer eben nicht angesprochen fühlen. Da Cyberport aber versucht, praktisch alle und jeden anzusprechen, dürften die Abbruchquoten gering sein und die Nutzer sehr schnell zu den für sie relevanten Produkten kommen.

3.3 Aufbau der Kategorienstruktur

Das Herzstück Ihres Online-Shops ist die Navigation und damit in der Regel die Struktur Ihrer Produktkategorien bzw. Warengruppen. Aber Vorsicht: Die Navigation in heutigen Online-Shops muss nicht mehr zwangsläufig über die klassische Warengruppenstruktur erfolgen. Die E-Commerce-Lösung Magento hat beispielsweise die *Filternavigation* salonfähig gemacht. Hierbei liegen alle bzw. eine große Anzahl der verfügbaren Produkte in einer Kategorie, und Sie können auf dieser Basis filtern. Wie eine solche Filternavigation aussehen könnte, sehen Sie in der linken Bildschirmhälfte in Abbildung 3.5.

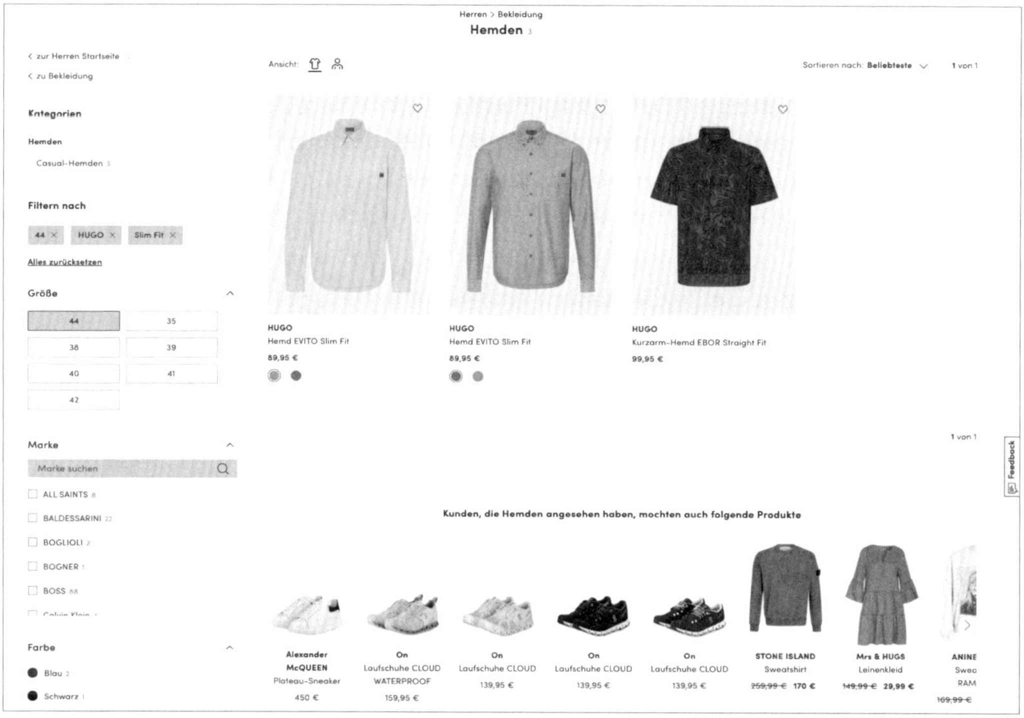

Abbildung 3.5 Im Modebereich ein Must-have – die Filternavigation

Der große Vorteil liegt darin, dass Sie als Besucher verschiedenste Produktmerkmale eingeben können und direkt das »passende« Ergebnis geliefert bekommen, beispielsweise wenn Sie ein Hemd von Hugo Boss in Größe 38, Slim-Fit und ausschließlich einen reduzierten Artikel suchen. In einer klassischen Warengruppenstruktur können Sie diesen Artikel hingegen nicht so leicht finden, denn Sie müssten sich am Anfang für eine Kategorie entscheiden, »reduziert« oder »Hugo Boss«.

Im krassen Gegensatz zur Filternavigation steht die nicht ganz so flexible Navigation über Kategorien bzw. Warengruppen. Diese müssen Sie sich wie einen Baum vorstellen, bei dem Sie von oben nach unten immer eine Abzweigung nehmen. So können Sie, bleiben wir doch bei dem Beispiel der Hemden, zwar in die Kategorie »Hugo Boss« gehen, finden hier aber keine speziellen Unterkategorien wie Größe 38 mit der weiteren Unterkategorie »reduziert« vor. In diesem Fall würde es viel mehr eine Hauptkategorie »Reduzierte Artikel« geben, in der aber natürlich auch Produkte von anderen Herstellern zu finden sind. Ein Beispiel für die Umsetzung einer solchen Navigation finden Sie in Abbildung 3.6. Mindfactory setzt bei der Kategorienstruktur ganz klar auf den Navigationsbaum und ermöglicht somit die präzise Eingrenzung der Produkte, worunter auf der anderen Seite die Flexibilität für den Kunden leidet. So können Sie, das sehen Sie in Abbildung 3.6, eben nicht mehrere Arbeitsspeichertypen gleichzeitig darstellen lassen, sondern müssen sich für eine konkrete Variante entscheiden.

Ob Sie beide Navigationsvarianten in Kombination verwenden oder sich für eine der beiden entscheiden, wird von unterschiedlichen Faktoren abhängen. Zum einen muss die Software technisch betrachtet diese Art der Navigation unterstützen. Magento leistet dies beispielsweise in der kostenfreie Open Source Edition ebenso wie Shopware. Andere E-Commerce-Lösungen sind hingegen gar nicht in der Lage, eine Filternavigation darzustellen. Aber Sie müssen sich auch die inhaltliche Frage stellen, ob eine Filternavigation bei Ihren Produkten überhaupt sinnvoll ist. Denn ein Filter ist nur dann relevant und nützlich, wenn Sie Ihren Besuchern die Eingrenzung auf Basis von Produkteigenschaften ermöglichen möchten. Es gibt aber sicherlich auch Artikel, bei denen das nicht die ideale Möglichkeit ist. Oder entscheiden Sie beim Kauf eines Buches auf Basis der Seitenanzahl oder der Art des Einbandes?

In der Praxis setzt man auf Hybridlösungen

Viele Online-Shops verwenden eine Kombination aus Kategorie- und Filternavigation. Anhand von Kategorien wird eine grobe Eingrenzung der Produkte getätigt und anschließend die Auswahl mithilfe von Filtern gezielt eingeschränkt. Auch lassen sich in vielen Shops mittlerweile Suchergebnisse mithilfe einer Filternavigation eingrenzen, eine Baumstruktur würde hier definitiv an die Grenzen der Usability stoßen.

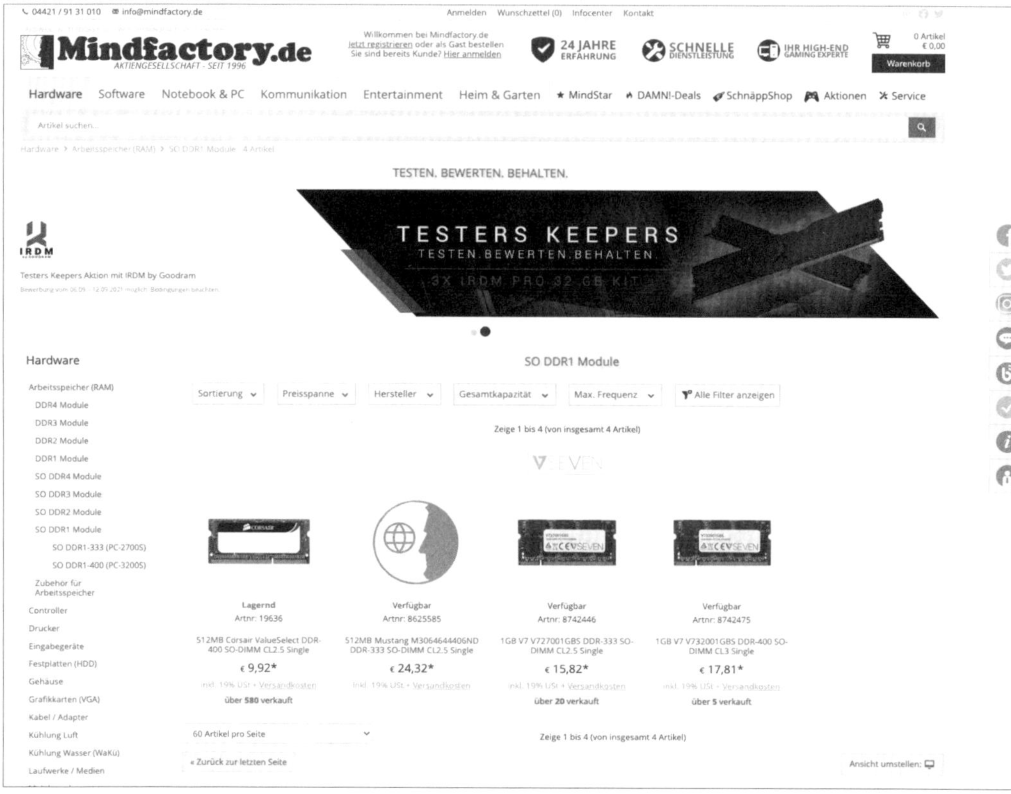

Abbildung 3.6 Mindfactory bietet eine klassische Navigation über Warengruppen.

Wie Sie sich auch entscheiden, es ist in jedem Fall sinnvoll, die Kategorisierung optimal aufzubauen, weswegen wir uns in diesem Abschnitt mit ihrer Gliederung und Darstellung im Detail beschäftigen.

Stellen Sie sich zuerst die Frage, wieso man in einem Online-Shop überhaupt Kategorien benötigt. Was wäre die Konsequenz, wenn Sie nur eine Kategorie hätten und dieser alle Produkte zuwiesen? Richtig, sobald Sie mehr als 20 oder 30 Produkte im Sortiment haben, ist die Unübersichtlichkeit kaum zu übertreffen, sofern sich alle Produkte in dieser einen Kategorie befinden. Auch – und das wird oftmals unterschätzt – zeigen Kategorien Ihren Kunden sowie Suchmaschinen direkt auf der Startseite an, was Sie verkaufen. Viele der Besucher werden Ihren Online-Shop zum allerersten Mal aufrufen, das heißt, es handelt sich um klassische Neukunden. Der Neukunde kennt Sie in der Regel nicht, findet Ihren Shop über beispielsweise eine Google-Ads-Anzeige oder einen Affiliate-Link und öffnet Ihren Online-Shop zum ersten Mal. In diesem Moment ist dem Neukunden Ihr Produktkatalog oft noch gar nicht bekannt, er entscheidet sich aber in dem Bruchteil einer Sekunde, ob er weiter in Ihrem Online-Shop stöbert oder die Seite wieder verlässt.[1] Daraus resultiert eine weitere Anforderung an Ihre Warengruppenstruktur: Neben der Übersichtlichkeit beim Einkaufen spiegelt die Struktur auch Ihr Produktsortiment und Know-how wider.

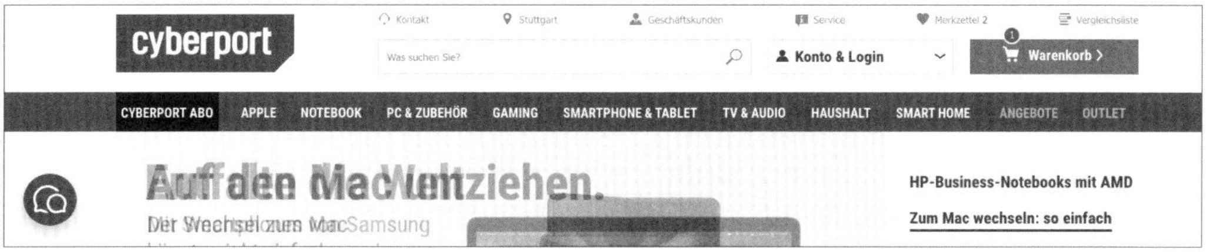

Abbildung 3.7 Bei Cyberport erkennen Sie sofort, welche Produkte vertrieben werden.

Nehmen wir als Beispiel hierzu noch einmal den Elektronik- und Lifestyle-Online-Shop *cyberport.de*. Die Kategorienstruktur von Cyberport können Sie Abbildung 3.7 entnehmen. Wenn Sie Cyberport nicht kennen und das erste Mal in dem Online-Shop unterwegs sind, werden Sie sofort feststellen, welche Produkte Sie dort erwerben können. Die Warengruppenstruktur auf der obersten Ebene besteht aus folgenden Kategorien: CYBERPORT ABO, APPLE, NOTEBOOK, PC & ZUBEHÖR, GAMING, SMARTPHONE & TABLET, TV & AUDIO, HAUSHALT, SMART HOME, ANGEBOTE sowie OUTLET. Ob Sie nun einen Fernseher oder einen iPod benötigen, die Hauptkategorisierung zeigt Ihnen deutlich, dass Sie in diesem Online-Shop beide Produkte kaufen können.

Inhaltlich betrachtet haben Sie beim Aufbau der Kategorienstruktur mehrere Möglichkeiten, die sich speziell an der Möbelbranche gut erklären lassen. Möchten Sie Ihren Kunden die Lösung für ein Problem präsentieren oder nur den Weg dorthin aufzeigen? Moment mal, welches Problem eigentlich? Im Grunde ist Ihr Online-Shop nur ein »Problemlöser«, denn Kunden kaufen in der Regel Produkte und Dienstleistungen, weil sie es müssen, weil ein Problem existiert und dieses gelöst werden muss. Denken Sie doch einmal daran, was Sie benötigen, wenn Sie in eine neue Wohnung ziehen und noch keine Möbel besitzen oder die alten Möbel nicht umziehen möchten. Dann haben Sie viele unterschiedliche Probleme: Sie können nirgendwo essen, weil Sie nicht sitzen können, Sie können nicht kochen, weil Sie keine Küche haben, Sie können nicht fernsehen, weil Ihnen der Fernseher fehlt etc. Das gilt übrigens auch für den Jogger, der während seines Trainings Musik hören möchte, aber das Problem des fehlenden Audio-Players hat, oder für den Geschäftsmann, der unterwegs E-Mails abrufen möchte und hierfür eine Lösung benötigt. Kurz gesagt, Ihr Online-Shop ist ein

1 Wenn ein Kunde Ihren Online-Shop aufruft und direkt wieder verlässt, handelt es sich bei der Erfassung um die sogenannte *Bounce-Quote*. Die Bounce-Quote ist der prozentuale Anteil der Besucher, die nach dem Aufruf Ihrer Seite nicht weiterklicken und Ihren Online-Shop direkt wieder verlassen.

Problemlöser für Ihre Kunden, und Sie müssen sich dessen bewusst werden. Und hier stellt sich die Frage, wie Sie die Probleme der Kunden lösen können. Hierzu zwei Beispiele von Kategorienstrukturen:

- Esszimmer, Schlafzimmer, Büro
- Schreibtische, Esstische, Kleiderschränke

In beiden Shops werden Sie dieselben Produkte vorfinden, wie Sie aber zu den Produkten kommen, ist in beiden Fällen komplett unterschiedlich. Im ersten Beispiel haben Sie einen eher abstrakten Weg. Hier beschreiben Sie einen allgemeinen Zweck, alle Produkte rund um das Esszimmer. Bei Cyberport gibt es eine ähnlich abstrakte Beschreibung bei einigen Kategorien, zum Beispiel HAUSHALT. Basierend auf diesen Beschreibungen können Sie noch nicht genau identifizieren, welche Produkte der Kunde in diesen Kategorien findet, sondern Sie bieten ihm eine Lösung für das Problem mit seinem Esszimmer an. Ob er einen Esstisch oder Esszimmerstühle benötigt, ist in diesem Moment noch nicht klar. Die zweite Navigationsstruktur verweist direkt auf die Lösung des Problems, zum Beispiel auf die Kategorie Schreibtische. In der Kategorie Schreibtische werden Sie auch nur Schreibtische finden, keine Schreibtischstühle oder Schreibtischlampen.

In welchen Fällen macht nun die abstrakte und in welchen die eindeutige Variante Sinn? Das hängt ganz besonders von Ihren Produkten und Kunden ab. Wenn Sie Kunden mit Problemen haben, deren Lösung sie noch nicht exakt kennen, macht die etwas weiter gefasste Navigationsart durchaus Sinn. Alternativ können Sie jedoch auch eine Hybridvariante fahren. Momentan tut das *home24.de*, wie Sie in Abbildung 3.8 sehen können. In der ersten Kategorienebene bezeichnet home24.de den Menüpunkt mit »Möbel« doch recht weit. Wenn Sie mit der Maus über diesen Menüpunkt fahren, sehen Sie die verschiedensten Räume in einem Megamenü dargestellt und pro Raum die verschiedenen Produktarten, die verkauft werden. Bei diesem Ansatz zeigen Sie dem Nutzer auf einen Blick alle relevanten Informationen an, jedoch kann dies auch zu einer Überforderung bzw. schlechten Usability führen, da es eben in der Regel zu viele Informationen auf einen Blick sind.

Stellen Sie sich einfach vor, dass Sie gerade dabei sind, Ihr Wohnzimmer neu einzurichten. Klar, Sie wissen, dass Sie eine Couch und eventuell einen schicken Ohrensessel benötigen. Aber wissen Sie auch, welche Dekoartikel gut zu Ihrer Einrichtung passen? Wenn Sie, pauschal und überspitzt ausgedrückt, keine Frau sind, dann eher nicht. Daher lassen Sie sich einfach von den Artikeln im Bereich Wohnzimmer inspirieren und kaufen eventuell auch Dinge, an die Sie zuerst nicht gedacht haben.

Im Gegensatz hierzu steht die erste Navigationsvariante. Denken Sie doch einmal an Ihren Computer, bei dem die Festplatte kaputtgegangen ist. Sie wissen also, dass Sie eine neue Festplatte benötigen. Wenn Sie nun in einen Online-Shop gehen, brauchen Sie die Kategorie »Computer« und die Unterkategorie »Festplatten«.

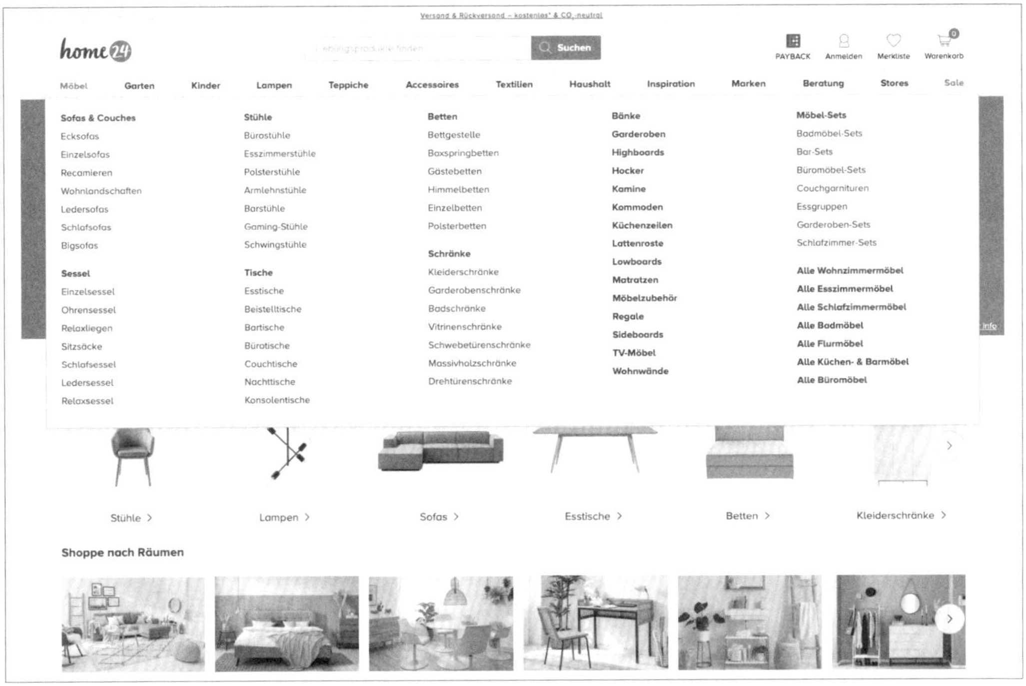

Abbildung 3.8 Bei home24.de werden im Megamenü die beiden diskutierten Ansätze vermischt.

Sie wissen ganz genau, was Sie benötigen, und möchten möglichst schnell, das heißt mit möglichst wenigen Klicks, ans Ziel. Sie möchten nicht erst den Umweg über Elektronikartikel gehen, hier dann einen Computer heraussuchen und sich inspirieren lassen, welche Bestandteile Ihr Computer sonst noch benötigen könnte. Nein, Sie möchten eine übersichtliche Auflistung der Festplatten und innerhalb der Auflistung schnell und unkompliziert die passende Festplatte finden.

Und das ist aus unserer Sicht auch die Faustregel, die wir Ihnen an dieser Stelle mit auf den Weg geben möchten: Wenn Sie davon überzeugt sind, dass Ihre Kunden wissen, was sie bei Ihnen kaufen möchten, nehmen Sie die klare und einfache Struktur. Das ist oftmals bei Werkzeugen, Zubehörartikeln und Elektronik der Fall. Wenn Ihre Kunden hingegen nur ein Problem haben und die Lösung hierfür gar nicht kennen, setzen Sie auf die etwas weiter gefasste Kategorisierungsvariante. Denn so muss sich der Besucher in Ihrem Online-Shop nicht sofort festlegen und kann stöbern und sich inspirieren lassen. Sollten Sie aber keine genaue Entscheidung treffen können, bleibt Ihnen auch immer noch die Möglichkeit, einen gemischten Ansatz wie beispielsweise home24.de zu wählen, aber nur, wenn Sie sich sicher sind, dass Sie dadurch den Nutzer nicht überfordern.

Wenn Sie sich anschließend für eine grobe inhaltliche Gliederung entschieden haben, gibt es weitere Punkte, die Sie bei der Kategorisierung beachten müssen, unabhängig davon, für welche Variante der Navigation Sie sich entscheiden. Wichtig sind nämlich vor allem die Anzahl der Kategorien sowie deren Tiefe.

Haben Sie sich einmal erfolgreiche Online-Shops genauer angesehen, beispielsweise Cyberport oder Zalando? Sie werden feststellen, dass pro Kategorienebene maximal sieben bis acht Einträge angezeigt werden. Es gibt natürlich auch Shops, die sich nicht an diese »geheime« Regel halten, meistens sind das aber populärere Shops, deren Navigation bereits bekannt ist. Man hat herausgefunden, dass sich ein Mensch im Schnitt sieben +/– zwei Punkte bzw. Listeneinträge gut merken kann. Sind es mehr Einträge, wird es schwierig.[2] Wenn Sie daher viele Kategorien auf einer Ebene vorweisen, ist das zwar technisch kein Problem, und Ihre Kunden werden auch in Ihrem Shop umherklicken, aber die ersten Einträge werden nicht im Gedächtnis behalten. Speziell wenn Sie viel mit Neukunden zu tun haben, möchten Sie natürlich, dass Ihre Kunden sich möglichst alle Informationen merken können, ansonsten entsteht beim Kunden das Gefühl, dass er sich in Ihrem Shop nicht zurechtfindet.

Die 7–2-Regel bzw. die 7–2–2-Regel

Es ist nachgewiesen, dass sich Menschen sieben (+/– zwei) Navigationspunkte, Elemente, Aufzählungen merken können. Alles darüber hinaus wird vergessen bzw. nicht richtig wahrgenommen. Aus diesem Grund sollte Ihre Hauptnavigation aus sieben +/– zwei Einträgen bestehen. Aufgrund der Übersichtlichkeit empfiehlt sich darüber hinaus eine maximale Tiefe von zwei weiteren Unterebenen. Damit lautet die Merkregel 7–2–2. Das bedeutet: 7 +/– 2 Kategorien auf einer Ebene mit jeweils 2 Unterebenen.

Sofern Sie in der ersten Kategorienebene mit sieben Einträgen auskommen, haben Sie schon einmal einen großen Fortschritt erreicht. Was Sie nun auf jeden Fall beachten müssen, ist die Anzahl der Unterkategorien. Theoretisch können Sie beliebig viele Unterkategorien anlegen, die wiederum beliebig viele Unterkategorien haben. Je nach Darstellung in Ihrem Shop kann dies aber schnell zu Verwirrung führen. Sofern anwendbar, können Sie sich unsere 7–2–2-Regel merken[3] (siehe Kasten) und bei zwei Unterkategorien bleiben.

Abgesehen von Ihren potenziellen Kunden und Webshop-Nutzern gibt es übrigens noch jemanden, der Ihre Shop-Kategorien nutzt, und zwar den Google-Bot bzw. allgemein Suchmaschinen-Robots. Google ist in der Lage, die Kategorisierung innerhalb

2 Hierbei spricht man auch von der millerschen Zahl: *http://de.wikipedia.org/wiki/Millersche_Zahl*

3 Die 7–2–2-Regel ist eine persönliche Empfehlung. Bei manchen Branchen bzw. Produkten ist der Einsatz aber weniger sinnvoll – sehen Sie diese Regel daher nicht als strikte Vorgabe.

Ihres Online-Shops auszuwerten und bei Suchergebnissen entsprechend darzustellen. Wie das bei Google anschließend aussieht, sehen Sie in Abbildung 3.9.

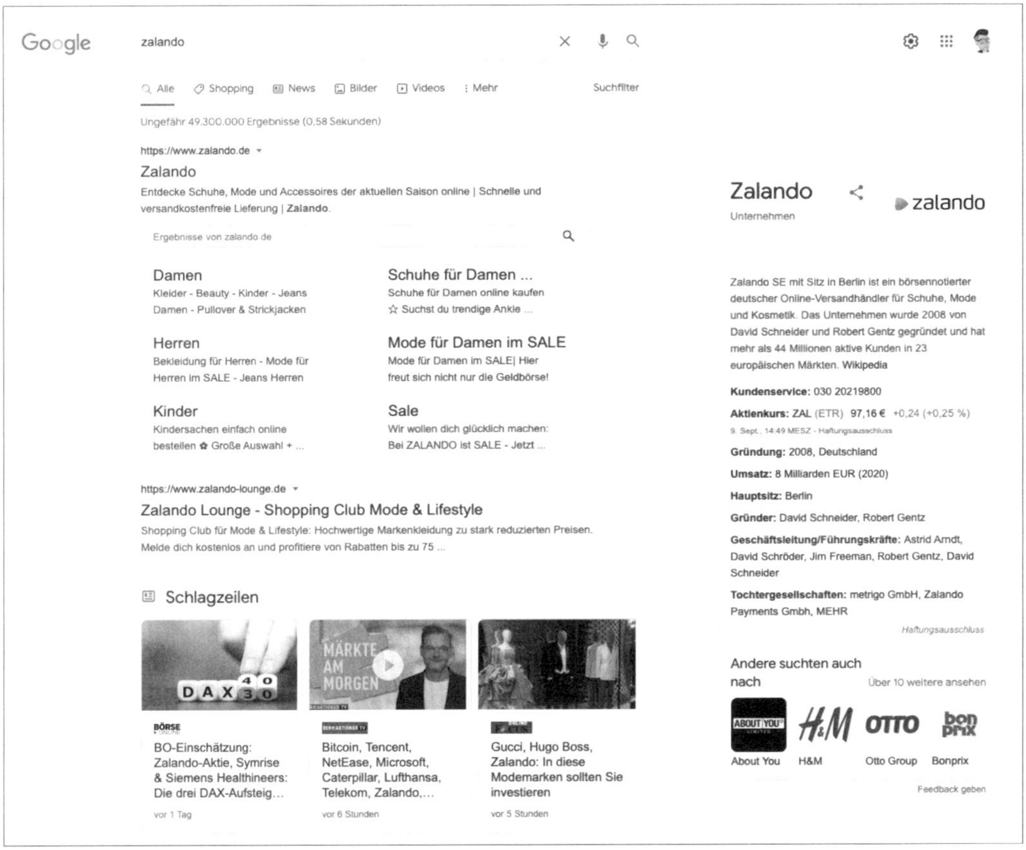

Abbildung 3.9 Google erkennt automatisch die Kategorie »Damen«.

Sie werden sich nun vielleicht fragen, ob denn die Darstellung bei Google selbst eine so große Rolle spielt. Hierzu sei an dieser Stelle gesagt, dass natürlich die reine Darstellung auf der Suchergebnisseite bei Google nicht entscheidend ist, Google sehr wohl aber auch eine saubere und durchdachte Kategorisierung in Bezug auf die organische Suchmaschinenoptimierung honoriert. Weitere Informationen hierzu finden Sie in Kapitel 8, »Online-Marketing – Kunden gewinnen, Umsätze steigern«, wenn wir speziell die Themen SEO und Marketing behandeln.

Was bedeutet dies nun ganz konkret für Sie als Shop-Betreiber und wie lautet die ideale Vorgehensweise bei der Entwicklung einer Kategorienstruktur für Ihren Online-Shop? Die wichtigste Vorgabe, an die Sie sich halten müssen, sind die Anzahl der Hauptkategorien sowie die Anzahl der Unterebenen. Wenn Sie also vor Ihrem Produktsortiment sitzen, überlegen Sie sich im ersten Schritt, in welche sieben +/– zwei logischen Überpunkte Sie Ihr Sortiment untergliedern können. Gehen wir einmal davon aus, Sie verkaufen Möbel. Dann wäre eine Möglichkeit, dass Sie sich Räume überlegen, die als Oberpunkte fungieren, also Wohnzimmer, Esszimmer, Schlafzimmer. Hier müssen Sie sich nur auf sieben +/– zwei festlegen, dann haben Sie schon gewonnen. Alternativ hierzu können Sie versuchen, die Möbelstücke zu untergliedern, also in Stühle, Tische, Lampen. Wenn Sie die Produktgruppen auf sieben +/– zwei reduzieren können, dann ist diese Strukturierung ebenso vollkommen in Ordnung!

Wenn Sie über die Hauptkategorien verfügen, »weisen« Sie gedanklich den sieben +/– zwei Hauptkategorien Produkte zu. Wenn Sie merken, dass Sie pro Kategorie weit mehr als 100 Artikel haben, müssen gegebenenfalls Unterkategorien eingefügt werden. Angenommen, Sie haben 500 Esstische, dann wissen Sie, dass eine Kategorie mit 500 Artikeln einfach zu unübersichtlich ist, zu aufgebläht. Dementsprechend benötigen Sie eine Untergliederung, beispielsweise durch die Beschaffenheit, das Material oder die Zielgruppe. Ob Sie die Untergliederung anhand von Filtern oder weiteren Unterkategorien vornehmen, bleibt Ihnen überlassen. Es kommt hier auch meist auf den konkreten Fall an und ist unter anderem eine Frage des Designs. Bei Esstischen, bleiben wir bei diesem konkreten Beispiel, können Sie eine weitere Ebene einfügen und hierfür das Material nehmen. Daraus ergeben sich Unterkategorien wie Kiefer, Buche, Eiche, Nussbaum. Weisen Sie nun gedanklich diesen Kategorien wieder Ihre Produkte zu. Jetzt haben Sie pro Kategorie schon wesentlich weniger Artikel. Wenn Sie merken, dass Sie bei einer Unterkategorie immer noch weit mehr als 100 Artikel haben, müssen Sie sich erneut Gedanken machen, ob sich eine weitere Untergliederung anbietet. Danach ist aber Schluss! Wenn Sie nämlich vier bis fünf Unterkategorien erstellen, wird der ganze Shop aus Sicht der Navigation zu unübersichtlich. Abhilfe können dann zwar wiederum Filter schaffen, jedoch müssen Sie gerade in der letzten Ebene die Anzahl der Produkte in einem vernünftigen Rahmen halten. Andernfalls lautet die Konsequenz, dass Sie die Haupt- und maximal zwei Unterkategorien unklug gewählt haben und anschließend vor einem Chaos an Produkten und Kategorien stehen.

Je nachdem, welche Artikel Sie verkaufen, ist die Eingrenzung mal einfacher oder auch schwieriger. Die grundsätzliche Vorgehensweise ist aber immer dieselbe, unabhängig davon, ob Sie Elektronikzubehör verkaufen oder Sanitärzubehör.

Behalten Sie bitte bei der Entwicklung der Kategorisierung immer im Hinterkopf, dass diese maßgeblich zur Übersichtlichkeit und Usability in Ihrem Online-Shop beiträgt. Dementsprechend sollten Sie hierbei keine Schnellschüsse machen, sondern sich genau überlegen, wie Sie Ihre Kunden am schnellsten und bequemsten zum Ziel lotsen können und dabei die allgemeine Übersichtlichkeit in Ihrem Shop wahren.

3.4 Produktinformationen

Handelt es sich bei den Kategorien um die Struktur Ihres Online-Shops, so sind die Produkte sicherlich der Inhalt, und auf den kommt es primär an. Denn die beste Strukturierung hilft Ihnen nichts, wenn Sie innerhalb der Produktbeschreibungen und Informationen die Nutzer nicht überzeugen können. Und genau darum geht es im E-Commerce. Sie müssen Ihre Kunden überzeugen und sie dabei im positiven Sinne unterstützen, eine Kaufentscheidung zu treffen.

Denken Sie doch einmal daran, wie der klassische Verkauf funktioniert. Sie betreten ein Geschäft, aber natürlich nur die Sorte von Geschäft, die Sie bereits kennen und in der Sie positive Erfahrungen gemacht haben, oder ein Geschäft, das von außen einen guten Eindruck macht und einladend wirkt. Wenn Sie im Geschäft sind, haben Sie vermutlich eine grobe Idee davon, was Sie kaufen möchten bzw. für was Sie sich interessieren. Sie schauen sich ein wenig um, und früher oder später wird ein Verkäufer auf Sie zukommen und Sie bei Fragen beraten sowie als »Kaufunterstützung« fungieren. Je nachdem, wie gut sich der Verkäufer verhält, steigert er durch sein Tun Ihre Kaufbereitschaft. Speziell wenn Ihnen ein charmanter und sympathischer Verkäufer gegenübertritt, der sein Handwerk versteht, wird die Wahrscheinlichkeit eines Einkaufs stark steigen.

Das Problem im E-Commerce ist nun, dass Sie keine kompetente Verkäuferin und keinen charmanten Verkäufer haben, die bzw. der Sie überzeugt. Sie haben ausschließlich einen Online-Shop, der aber genau dasselbe leisten muss: ein gutes Gefühl erzeugen, Unsicherheit reduzieren und zum Kauf animieren. Um genau diesen Effekt zu erzielen, müssen Sie sich im E-Commerce mit vielen Themen befassen. Hier gibt es leider nicht nur ein einziges Rädchen, an dem Sie drehen müssen, um den Effekt zu erzielen. Zumindest eine große Zacke im besagten Rädchen sind aber die Produkte samt Fotos, Texten und Informationen. Denn wenn sich ein potenzieller Kunde schon einmal bis zu einem Produkt vorgeklickt hat, ist ein gewisses Kaufinteresse bereits vorhanden. Doch was muss man beim Aufbau und der Verwaltung des Produktkatalogs beachten?

Schauen Sie sich im ersten Schritt einmal an, wie eine gute Produktdarstellung aussehen könnte. Als Inspiration hierfür können Sie Abbildung 3.10 betrachten, ein Beispiel aus dem Online-Shop Zalando.

Wenn Sie Produkte anlegen und verwalten, müssen Sie immer im Hinterkopf behalten, dass Sie in erster Linie Ihren Kunden eine übersichtliche und vor allem vollständige Produktpräsentation ermöglichen möchten. Übersichtlich bedeutet in diesem Kontext, dass Beschreibungen, Titel etc. eine angemessene Länge haben. Vollständig heißt nichts anderes, als dass Sie alle Informationen zur Verfügung stellen müssen, die bei Ihren Kunden für eine Kaufentscheidung relevant sind. So wenige Informationen wie möglich, so viele wie nötig. Denn beachten Sie auch, dass Internetnutzer grundsätzlich Texte und Informationen nur überfliegen, komprimierte Informationen haben möchten und auch stärker auf Bilder als auf Beschreibungen reagieren.

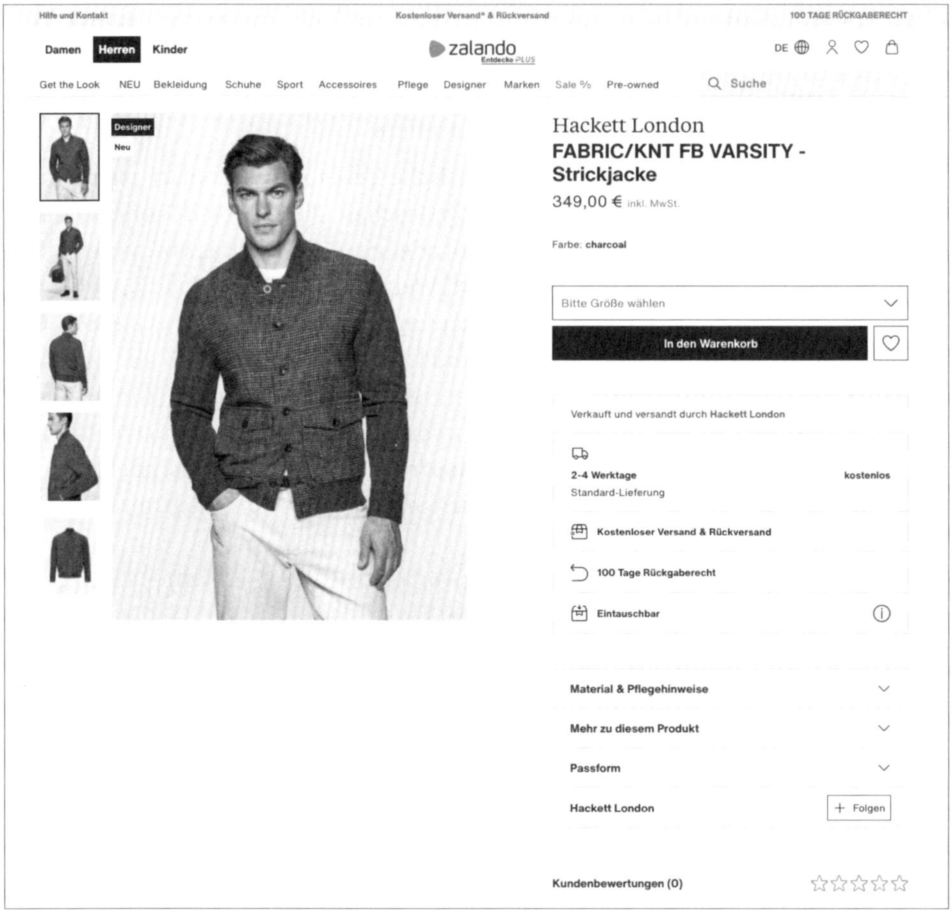

Abbildung 3.10 Produktdetailseite von Zalando

Bei Zalando stehen bei einem Artikel beispielsweise immer folgende Informationen:

- Produktname
- Hersteller/Marke
- Produktdetails/Produktbeschreibung
- Produkteigenschaften wie Material, Pflegehinweise etc.
- Informationen zum Hersteller
- Individualisierungsmöglichkeiten, zum Beispiel Farbe oder Größe
- Lieferzeit

- Preis
- Sonderpreis, sofern vorhanden
- ähnliche Produkte (persönliche Empfehlungen)
- verwandte Produkte (»Mach den Look komplett«) sowie »passend dazu«

Es kommt natürlich sehr stark darauf an, was für Produkte Sie vertreiben und in welcher Branche Sie vertreten sind; stellen Sie sich einfach die Frage, welche Informationen Sie benötigen, um eine Kaufentscheidung treffen zu können. Wenn Sie beispielsweise T-Shirts verkaufen, dann müssen Sie Informationen zu Farbe, Größe, Material und Beschaffenheit zwingend angeben. Wenn Sie Smartphones verkaufen, dann müssen Sie technische Details preisgeben, denn diese sind ein Kriterium für einen Kauf.

Neben den harten Fakten müssen Sie darüber hinaus weitere Informationen bei Ihren Produkten speichern. Hierzu zählen beispielsweise Cross-Selling-Informationen, also welche Artikel werden zusätzlich gekauft, oder auch Zubehörartikel, Produktserien, schlichtweg verwandte Artikel. Auch werden Sie für Besucher nicht sichtbare Informationen hinterlegen müssen, beispielsweise den Lagerbestand, Einkaufspreis etc.

Aus diesem Grund müssen Sie sich primär zwei Fragen stellen: Welche Informationen muss ich einem Artikel zuordnen, die intern relevant sind, und welche Informationen müssen abgebildet werden, damit ein Kunde eine Kaufentscheidung treffen kann?

Kaufentscheidungsrelevante Artikelinformationen

Um eine Kaufentscheidung treffen zu können, benötigen Besucher möglichst umfangreiche Informationen. Wichtig sind speziell Daten, die Sicherheit vermitteln und Vertrauen schaffen. Deswegen sollten Sie immer Informationen zum Hersteller und der Qualität des Produkts bereitstellen. Bei Variantenartikeln sind außerdem Ausprägungsinformationen wie Farbe, Größe, Länge, Breite etc. zwingend notwendig.

3.5 Wie werden Produkttexte richtig geschrieben?

Wie eine ideale Struktur Ihrer Kategorien aussehen sollte und welche Produktinformationen dargestellt werden sollten, haben Sie auf den vorherigen Seiten gesehen. Aber dennoch gibt es eine weitere große Schwierigkeit, die Sie in Ihrem Online-Shop meistern müssen. Hierbei geht es um die inhaltliche Beschreibung Ihrer Produkte und Dienstleistungen. Denn wenn Sie Besucher haben, die ein Produkt betrachten, muss es Ihre Aufgabe als Shop-Betreiber sein, diesen Besucher in einen Kunden zu konvertieren oder zumindest eine Anfrage, einen sogenannten Lead, zu generieren. Für die Kaufentscheidung bzw. den Schritt zur Anfrage ist der Produkttext ein wichtiges Kriterium. Je besser Ihre Produktbeschreibungen sind, desto höher ist die Wahrscheinlichkeit, dass Sie den Artikel auch tatsächlich verkaufen. Doch worin liegen hier genau die Schwierigkeiten, und weshalb tun sich so viele Shop-Betreiber mit dem Thema Produkttexte schwer?

Beginnen wir zuerst einmal bei Ihren Besuchern bzw. potenziellen Kunden. Besucher lassen sich in zwei Gruppen aufteilen: Es gibt zum einen Besucher, die ganz genau wissen, was sie möchten, und nur noch nach dem passenden Online-Shop suchen. Das ist beispielsweise dann der Fall, wenn Sie mit einer genauen Vorstellung, welches Smartphone Sie kaufen möchten, Online-Shops besuchen. Informationen darüber, welches Smartphone Sie kaufen möchten, haben Sie bereits auf anderen Seiten in Erfahrung gebracht, beispielsweise auf Technikportalen wie Chip Online oder Connect. Kurz gesagt: Sie wissen, was Sie wollen, Sie müssen sich nur noch Gedanken darüber machen, wo Sie Ihren Artikel bestellen. In diesem Fall sind für Sie also die Lieferzeit, der Preis und die Seriosität des Online-Shops relevant, nicht aber primär die Produktbeschreibung. Im Gegensatz zu diesen Kunden haben Sie aber auch Besucher, die ein Problem haben und die passende Lösung suchen. Diese Besucher haben beispielsweise das Problem, dass sie ein neues Smartphone benötigen. Welches Smartphone sie aber tatsächlich kaufen möchten, entscheiden sie aufgrund der Informationen, des Preises und der Empfehlungen, die sie in einem Online-Shop vorfinden. Und genau diese Besucher können Sie mit gut geschriebenen Produkttexten überzeugen, denn hier ist im Vorfeld noch gar keine Kaufentscheidung getroffen worden. Sie als Shop-Betreiber haben wie der Verkäufer in einem Ladengeschäft die Möglichkeit, den Besucher vom Produkt und dem Einkauf zu überzeugen.

Und genau das ist das Ziel guter Produkttexte, sie müssen Besucher überzeugen und Kaufanreize setzen! Um diesem Ziel ein Stück näher zu kommen, sollten Sie die folgenden acht Punkte beachten.

3.5.1 Kommunizieren Sie Produktvorteile, und verlieren Sie sich nicht in Prosa

Ein Besucher kauft immer dann Produkte bei Ihnen, wenn er sich dadurch einen Vorteil verspricht. Er gibt Ihnen Geld, damit Sie ihm helfen, ein Problem zu lösen. Das klingt zwar banal, aber genau das ist der Grund, warum Menschen Dinge kaufen und Unternehmen diese verkaufen. Das gilt sowohl für die Frau, die aufgrund des Kaufs eines Kleides schöner aussehen möchte, als auch für den Manager, der ein neues Notebook benötigt, um schneller und effizienter arbeiten zu können. Beiden Personen müssen Sie mit Ihren Texten genau diesen Vorteil kommunizieren. Es geht also nicht darum, dass Sie Ihren Kunden beschreiben, aus welchem Material das Kleid ist und wie es gebügelt werden muss. Es geht vielmehr darum, dass Sie mithilfe Ihrer Texte das Gefühl erzeugen, dass man in dem Kleid eine tolle Ausstrahlung hat und gut aussieht. Genauso ist es für den Manager irrelevant, ob ein Intel i5- oder i7-Prozessor verbaut ist. Dem Manager müssen Sie überzeugend vermitteln, dass er mit dem Notebook einen zuverlässigen Wegbegleiter erwirbt, der auch in den nächsten drei bis vier Jahren alle Office-Anwendungen problemlos ausführen kann, dass der Hersteller bei Problemfällen schnell ein Ersatzgerät bereitstellt, der Akku einen gesamten Arbeitstag hält etc.

Sie denken nun vermutlich: Das klingt doch banal! Ja, das tut es auch. Viele Online-Shop-Betreiber neigen bei Produkttexten zum reinen Feature-Battle und versuchen in Form von wunderschönen Tabellendarstellungen, einen Artikel zu verkaufen, aber darum geht es nicht. Auch wenn technische Daten natürlich abgebildet werden müssen – bei den Produkttexten geht es immer und ausschließlich um den Vorteil des Produkts. Wie Sie es nicht machen sollten, beweist der Online-Shop *www.griffin-store.com* mit verschiedensten Artikeln (siehe Abbildung 3.11). Als Produktbeschreibung gibt es insgesamt einen Satz ohne tatsächliche Nutzenkommunikation oder weiterführende Informationen. Keine Produkteigenschaften, keine zusätzlichen Informationen wie Datenblätter. Wenn Sie als Kunde nicht ganz genau wissen, was Sie möchten, sind Sie an dieser Stelle aufgeschmissen. Sollten Sie das Produkt nicht kennen, werden Sie es vermutlich auch nicht bestellen, da Sie nicht gut genug mit Informationen versorgt werden, um eine Kaufentscheidung zu treffen. Neben dem reinen Text wird Ihnen jedoch in Abbildung 3.11 auch das Bildmaterial auffallen. Zwar ist ein großes Produktbild hinterlegt, es handelt sich jedoch um das einzige Bild für diesen Artikel. Das ist gelinde gesagt kein Vorteil. Auch bei Verbrauchsgütern schätzen es Kunden, wenn sie im Vorfeld so viele Informationen wie möglich erhalten – dazu gehören eben auch Bilder.

Unserer Erfahrung nach tun sich vor allem Unternehmen, die im B2B aktiv sind, sehr schwer, wenn es um die Vorteilskommunikation der Produkte geht. Immerhin sind das Unternehmen, die in den letzten Jahrzehnten mit Katalogen, bestehend aus reinen Produkttabellen ohne eine Vielzahl an Informationen, gearbeitet haben. Von dieser Katalogdenkweise muss man sich jedoch im E-Commerce lösen. Auch B2B-Produkte wie Werkzeuge können und müssen »sexy« beschrieben werden. Denn speziell die Neukunden gilt es zu überzeugen, und es ist unwahrscheinlich, dass sich alle Kunden mit allen Produkten perfekt auskennen. Daher lassen wir die Ausrede für den B2B-E-Commerce nicht gelten, Produkte müssten gar nicht im Detail beschrieben werden und die Vorteilskommunikation spiele keine Rolle. Auch im B2B-E-Commerce gelten die Regeln wie im klassischen Endkundengeschäft, arbeiten Sie daher immer an einer vernünftigen Vorteilskommunikation.

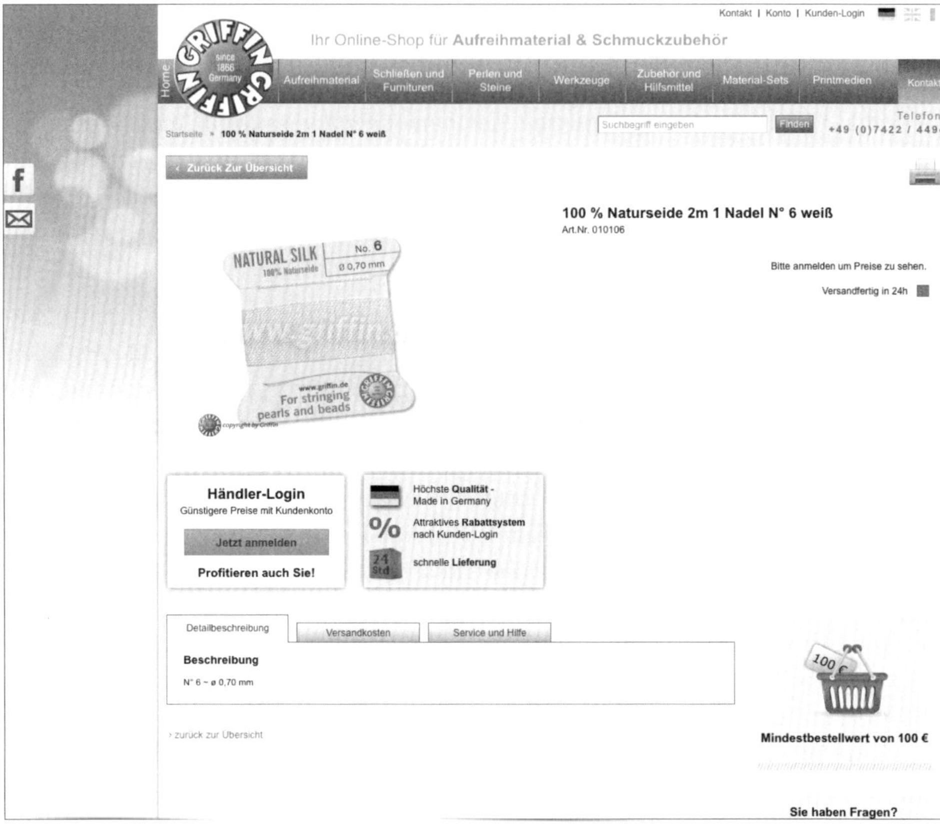

Abbildung 3.11 Produkttexte müssen immer Vorteile kommunizieren. Tatsächlich gibt es diesen Shop so in dieser Form nicht mehr – warum wohl?

3.5.2 Achten Sie auf die Textlänge, und bleiben Sie kompakt

Neben dem schlechten Inhalt zeigt uns die Produktbeschreibung in Abbildung 3.11 ein weiteres Problem auf: die Länge. Aber merken Sie sich auch, lange Texte sind nicht per se besser als kurze Texte. Allzu oft neigen Shop-Betreiber dazu, möglichst viel über das Produkt zu schreiben. Der Ansatz ist zwar verständlich, aber in der Regel beruht die große Textlänge auf der mangelnden Fähigkeit, kurze und prägnante Texte zu entwerfen. Denn Sie müssen mit Ihren Texten den Kundennutzen in wenigen Sekunden kommunizieren können. Im E-Commerce möchten Kunden nicht allzu lange Texte lesen und sich mit diesen beschäftigen müssen. Vielmehr wollen sie sofort nach dem Aufruf einer Produktdetailseite entscheiden, ob sie den Text überhaupt lesen und wie viel Zeit sie sich dafür nehmen. Auch »scannen« Besucher im ersten Schritt die Texte nach Keywords. Das können Sie wiederum anhand von Schlüsselwörtern beeinflussen, die Sie gegebenenfalls fett formatieren. Nutzen Sie auch die Möglichkeit von Bullet-Point-Listen. Diese eignen sich hervorragend, um

Key-USPs schnell herauszuarbeiten und darzustellen. Für Sie als Shop-Betreiber bedeutet das: Halten Sie Texte immer so kurz wie möglich und so lange wie nötig.

3.5.3 Schreiben Sie verständlich und präzise

Ob ein Kunde Ihre Texte versteht oder nicht, hängt vom Inhalt und der Satzstruktur ab. Achten Sie daher darauf, keine allzu verschachtelten Sätze zu bauen. Ansonsten besteht die Möglichkeit, dass sich die Kunden in Ihren Texten verlieren, Sinnzusammenhänge nicht richtig zuordnen können. Wenn der Kundennutzen nicht kommuniziert werden kann, sind die Vorteile nicht mehr begreiflich. Eine Kaufentscheidung kann nicht getroffen werden, wodurch Sie keine Umsätze generieren.

Zu lange und zu komplizierte Texte wirken abschreckend auf Besucher. Denken Sie also daran, Sätze kurz und prägnant zu formulieren. Ebenso müssen Sie darauf achten, eine einfache und angenehme Sprache zu verwenden. Damit ist natürlich nicht gemeint, dass Sie in »Kindersprache« formulieren sollen, aber im Gegensatz zum Irrglauben vieler Shop-Betreiber besuchen keine »Fachidioten« Ihren Online-Shop. Vielmehr sind das ganz normale Kunden, denen die einen oder anderen branchenspezifischen Ausdrücke gar nicht geläufig sind, bei deren Verwendung Sie mehr Fragezeichen hinterlassen als vor Betrachten des Produkts. Ein einfacher, aber sehr wirksamer Test besteht darin, Ihrem Partner oder einem Bekannten, der am besten keinerlei Ahnung von Ihren Produkten und Ihrer Branche hat, die Produkttexte zu zeigen. Wenn anschließend keine Fragen auftauchen, sind Sie Ihrem Ziel schon ein gutes Stückchen näher gekommen.

3.5.4 Werden Sie selbst kreativ, und übernehmen Sie nicht nur Herstellertexte

Es kommt ein wenig auf die Branche und die Unternehmen an, mit denen Sie arbeiten, aber viele Webshops verwenden für Produktbeschreibungen ausschließlich die Texte, die ihr Hersteller zur Verfügung stellt. Auch gibt es Online-Shops, die gar nicht über das Know-how und die Zeit verfügen, selbst Texte zu schreiben. Getreu dem Motto »Besser irgendein Text als gar kein Text« werden anschließend die vorgefertigten Texte des Herstellers übernommen. Hierdurch entstehen aber einige Probleme, beispielswiese in Bezug auf die Suchmaschinenoptimierung mit Google, wie Sie in Abschnitt 3.6, »Produkttexte in Bezug auf Google und weitere Suchmaschinen«, näher betrachten können. Auch werden Sie Probleme dadurch haben, dass Sie sich aufgrund des Textes gar nicht mehr von Ihren Mitbewerbern absetzen können. Eventuell passen die Texte, die Sie geliefert bekommen, auch gar nicht auf Ihre Zielgruppe. Und zu guter Letzt: Nur weil Ihnen ein Hersteller Produkttexte zukommen lässt, müssen diese nicht zwangsläufig gut sein. Denn auch Hersteller sind in der Lage, schlechte Produkttexte zu schreiben.

Ihr Online-Shop benötigt Alleinstellungsmerkmale

Die Alleinstellungsmerkmale beziehen sich nicht nur auf die Inhalte, denn Ihr Online-Shop muss sich grundsätzlich von den Mitbewerbern in irgendeiner Form absetzen. Wenn Sie aber einfach Herstellertexte übernehmen, so wie dies andere Online-Shops auch tun, bieten Sie Ihren Nutzern überhaupt keine Vorteile. Im Zweifel bestellt der Nutzer dann einfach beim günstigsten Händler. Gute Texte dienen auch immer dazu, dass Sie sich auszeichnen und von der Konkurrenz absetzen können, indem Sie mit Ihrem Know-how und Ihrer Erfahrung glänzen.

Wenn Sie daher die erforderlichen Kapazitäten haben und darüber hinaus das Know-how: Schreiben Sie Ihre Texte selbst! Denn hier können Sie mit Ihrer Expertise und Ihrem Charme glänzen und Ihre Kunden davon überzeugen, bei Ihnen und nicht bei der Konkurrenz einzukaufen.

3.5.5 Verwenden Sie magische Worte

Bei den magischen Worten handelt es sich um ein sprachliches Mittel, das gerne von Apple verwendet wird. Einen kurzen Beitrag hierzu gibt es auf dem Blog von konversionskraft.de,[4] die diesen sogenannten *Endowment-Effekt* beschreiben. Kurz gesagt: Sobald Sie Wörter wie »mein«, »dein«, »unser« etc. verwenden, wirkt sich das positiv auf die Stimmung des Kunden aus. Denn wenn man sich den Besitz einer Sache vorstellen kann, und Sie implizieren mit diesen Worten den Besitz, ist die Sache für einen Menschen wertvoller. Sobald Sie es dann geschafft haben, dass Ihr Besucher Ihr Produkt »wertvoll« findet, haben Sie einen weiteren Schritt zum erfolgreichen Verkauf unternommen.

3.5.6 Schaffen Sie Vertrauen, und erzeugen Sie Sicherheit

Ein wichtiges Kriterium für den Verkauf von Produkten ist die schon mehrmals erwähnte Sicherheit bzw. das Vertrauen, das die Besucher Ihnen gegenüber aufbauen müssen, um den Abschluss zu machen. Aus diesem Grund sollten Sie Ihre Produkttexte auch dahingehend entwickeln, dieses Vertrauen bei Ihren Kunden zu wecken. Als Besucher muss man das Gefühl haben, mit dem Kauf das »Richtige« zu tun, und dieses Gefühl, das kennen Sie sicherlich aus eigener Erfahrung, haben Sie vor allem dann, wenn Sie wissen, dass das Produkt langlebig ist, gute Bewertungen in der Fachpresse hat etc.

4 Den ausführlichen Blogbeitrag finden Sie unter: *www.konversionskraft.de/tipps/5-regeln-fur-gute-produkttexte.html*

3.5.7 Achten Sie auf Aktualität

Produkttexte sollten nie in Stein gemeißelt sein, speziell wenn Sie Trendprodukte verkaufen. Denken Sie daran, auch innerhalb der Texte auf aktuelle Trends einzugehen und diese entsprechend zu erwähnen. Wenn Sie beispielsweise grüne Pullover verkaufen und genau wissen, dass im kommenden Sommer die neue Trendfarbe Grün ist, dann arbeiten Sie doch diese Information auch in Ihre Produkttexte ein. Das bedeutet für Sie natürlich einen noch höheren Aufwand, denn Sie überarbeiten bzw. ergänzen ja bereits entwickelte Texte. Auf der anderen Seite werden es Ihnen Ihre Kunden danken, nämlich in Form von höheren Umsätzen. Bleiben Sie daher in Ihrer Branche und bei Ihren Produkten stets auf dem Laufenden, nutzen Sie neue Trends ebenfalls für Ihre Texte, und lassen Sie Ihre Produkte davon profitieren.

3.5.8 Behalten Sie Ihre Zielgruppe im Hinterkopf

Viele Online-Shop-Betreiber haben die Vorstellung, jeder Mensch auf diesem Planeten zähle zur potenziellen Zielgruppe, und daher ist der Online-Shop für alle und jeden. Diese Vorstellung ist Quatsch. Wenn Sie genau darüber nachdenken, werden Sie relativ schnell eine grobe Zielgruppe definieren können, und dass müssen Sie auch tun. Wenn Sie Texte und Produktinformationen aufbereiten, behalten Sie auch diese Zielgruppe im Hinterkopf. Natürlich müssen Produkttexte für Handwerker, die Bauzubehör benötigen, anders aufgebaut sein als beispielsweise für junge Frauen, die Modeartikel bestellen. Ein Handwerker braucht keine lange Beschreibung, die ihm erklärt, wie man einen Nagel in die Wand schlägt. Eine Frau hingegen freut sich sicherlich über Anwendungstipps für das Make-up, die im Produkttext enthalten sind. Zugegebenermaßen ist dies ein sehr polarisierendes Beispiel, aber behalten Sie die Zielgruppe im Hinterkopf, verwenden Sie deren Vokabeln, und entwickeln Sie die Texte in der Form, in der sie für Ihre Zielgruppe am besten und einfachsten zu konsumieren sind.

Wenn Sie diese acht Empfehlungen zukünftig beim Texten Ihrer Produktbeschreibungen beachten, werden Sie recht schnell ein Gefühl dafür bekommen, wie Sie gute Produkttexte schreiben können. Sie können und sollten sich natürlich auch immer ein wenig von Ihren Marktbegleitern inspirieren lassen und sich gerade an sehr erfolgreichen Online-Shops orientieren: Welche Informationen und vor allem in welcher Form werden sie dort dargestellt? Alles im allem sind es wirklich nur simple Dinge, die Sie beachten müssen. Wichtig ist vor allem das Bewusstsein hierfür und dass Sie sich immer wieder die Frage stellen, was Ihr Kunde wissen muss, um eine Kaufentscheidung treffen zu können.

3.6 Produkttexte in Bezug auf Google und weitere Suchmaschinen

Wie Sie gesehen haben, sind Produkttexte dafür verantwortlich, ob ein potenzieller Kunde bei Ihnen ein Produkt kauft oder nicht. Der Produkttext ist also einer von vielen Faktoren für den Erfolg Ihres Online-Shops. Das ist zwar alles richtig, aber nur die halbe Wahrheit. Denn Ihre Produkttexte sind unter anderem auch für die Position, sprich das Ranking, innerhalb von Google verantwortlich. Und die Position in den Suchergebnissen bei Google ist – spielt denn die organische Positionierung im Rahmen Ihrer Marketingstrategie eine wichtige Rolle – wiederum ein Erfolgsfaktor. Denn mithilfe von guten Rankings erhalten Sie viel Traffic, bei schlechten Rankings dementsprechend wenig Traffic. Und die Königsdisziplin besteht nun darin, es sowohl den potenziellen Kunden als auch Google recht zu machen, denn so wie potenzielle Kunden eher wenig Text und viele Bilder bevorzugen, liebt Google gute und lange Inhalte und honoriert die Mühe, die Sie sich bei der Erstellung gemacht haben. Da Google ganz andere Anforderungen an Texte stellt als Ihre »normalen« Kunden, möchten wir an dieser Stelle besonders auf die Produkttexte für Suchmaschinen eingehen.

Bei den acht Regeln für eine gute Produktbeschreibung ging es primär um den Kundennutzen, um Aufbau und Satzstruktur und verkaufsfördernde Formulierungen. Google interessiert sich für diese Informationen und Ansätze hingegen nicht, da Google gar nicht in der Lage ist, diese Informationen korrekt auszuwerten. Für Google spielen die Formulierung und die Verwendung bestimmter Keywords eine wesentlich wichtigere Rolle als Verkaufsschlagerphrasen. Wenn Sie daher unter Berücksichtigung von Suchmaschinen Texte schreiben, sollten Sie speziell auf die folgenden Dinge achten.

3.6.1 Erstellen Sie einzigartige Texte

Google straft Seiten ab, die Inhalte kopieren. Sprich, es darf keine Seiten bzw. Online-Shops geben, die über dieselben Inhalte verfügen. Dieses Problem entsteht vor allem dann, wenn Sie auf die von Herstellern gelieferten Texte setzen. Denn genau wie Sie wird sicherlich auch Ihre Konkurrenz den einen oder anderen Text von Ihrem Hersteller übernehmen. Dadurch haben Sie dann aber schlicht das Problem, dass Google oftmals gar nicht richtig zuordnen kann, wer eigentlich der Autor ist und wer die Texte kopiert hat. Im besten Fall bringt dann ein solcher Text keine Verbesserung für das Ranking Ihres Online-Shops in den Suchmaschinen, im schlechtesten Fall werden Sie abgestraft und verlieren kostbare Plätze. Das gilt natürlich auch dann, wenn Sie von einem Konkurrenten Texte übernehmen. Das ist zwar technisch kein Problem, Sie werden aber wieder das Problem mit dem Duplicate Content[5] haben. Das bedeutet für Sie: Schreiben Sie Ihre Texte immer selbst, und sorgen Sie dafür, dass in Ihrem Online-Shop möglichst viele individuelle und selbst erstellte Texte vorhanden sind.

3.6.2 Achten Sie auf das Format und die Struktur

Auch wenn es oftmals an der inhaltlichen Auswertung etwas hapert, Google kann sehr wohl erkennen, ob die Formatierung von Texten gut oder schlecht ist. Google bevorzugt in den Suchergebnissen immer die Seiten, die dem Besucher das »beste« Erlebnis bieten, das heißt diejenigen, die einfach strukturiert sind, schnelle Ladezeiten haben und die »passenden« Inhalte liefern. Dementsprechend müssen Sie bei Ihren Texten sehr auf die Strukturierung achten. Sie können natürlich 20 Sätze, die Ihren Artikel beschreiben, ohne Punkt und Komma hintereinander schreiben und darstellen, aber das erschwert letztendlich Ihren Kunden nur das Lesen und die Verarbeitung der Informationen. Nutzen Sie daher Absätze, unterstreichen Sie relevante Wörter, oder formatieren Sie diese fett, und setzen Sie auf Listen. Gerade wenn Sie eine Aufzählung von Produktvorteilen oder Dingen machen möchten, die beachtet werden müssen, eignen sich Listen hervorragend, um möglichst übersichtlich Informationen bereitzustellen. Überlegen Sie sich einfach, wie Sie Ihren Besuchern die Informationen möglichst einfach und übersichtlich präsentieren können – in der Regel ist das auch genau das, was Google von Ihnen sehen möchte.

3.6.3 Denken Sie an Keywords, Keywords, Keywords und Keywords

Keywords sind zugegebenermaßen eine knifflige und heikle Sache. Gemeint sind dabei Wörter bzw. Sätze, nach denen gezielt in Google gesucht wird und mit deren Hilfe Sie mit Ihrem Online-Shop möglichst weit oben erscheinen möchten. Knifflig sind Keywords aus dem Grund, weil Sie zuerst wissen müssen, wonach überhaupt gesucht wird. Wenn Sie wissen, nach welchen Begriffen Ihre potenziellen Kunden suchen, können Sie diese Keywords anschließend in Ihre Produktbeschreibungstexte einarbeiten. Doch die Frage »Wie wird gesucht?« ist oft gar nicht so einfach zu beantworten, da in vielen Branchen bzw. bei vielen Produkten Synonyme zum Einsatz kommen, das heißt, Ihre potenziellen Kunden suchen ganz anders oder zum Teil nach »falschen« Begriffen.

Um die Problematik zu verdeutlichen, ist das Notebook/Laptop-Beispiel ideal. Wenn Sie in Ihrem Online-Shop Notebooks verkaufen und in den Produktbeschreibungen von den Notebooks schwärmen, die Akkulaufzeiten und das Display hervorheben, dann bringt Ihnen das alles nichts, wenn die Leute nach Laptops suchen. Denn wenn

5 Zum Thema Duplicate Content können Sie auch folgenden ergänzenden Artikel lesen: *www.site-check.cc/themen/duplicate-content.html*

in Ihrem Produkttext nicht einmal das Wort Laptop vorkommt, dann werden Sie in Google unter diesem Begriff auch nicht gefunden. Noch kniffliger wird es, wenn Sie zwar an das Synonym denken, aber die Leute gar nicht nach Notebook oder Laptop suchen, sondern direkt die Bezeichnung »Macbook Pro« eingeben.

Und genau aus diesen Gründen müssen Sie sich Gedanken darüber machen, nach welchen Begriffen Ihre potenziellen Kunden suchen und bei welchen Suchbegriffen eine Optimierung aufgrund der Konkurrenz überhaupt möglich ist. Denn wenn Sie in Ihrem Online-Shop Apple-Produkte verkaufen, wird es schwierig sein, aufgrund von gezielten Optimierungen besser gefunden zu werden als Apple selbst.

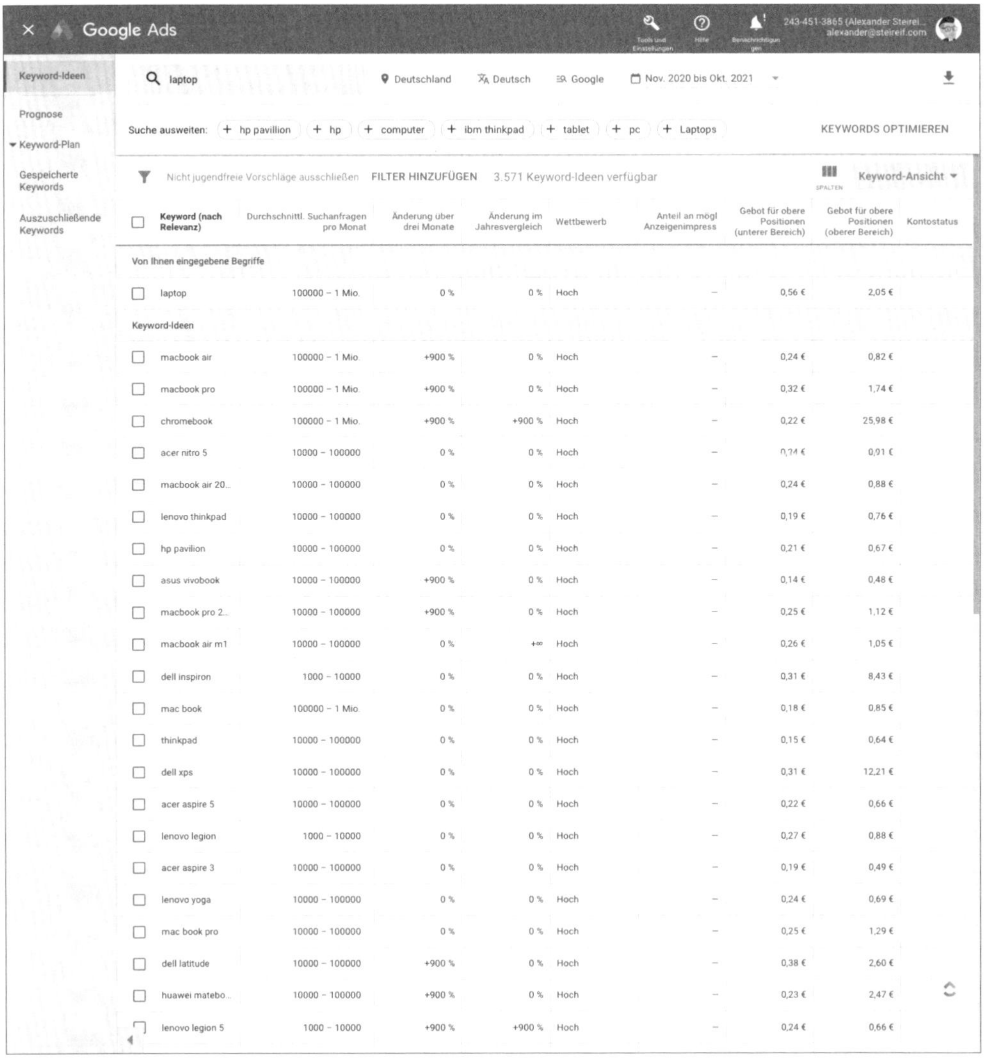

Abbildung 3.12 Der Google Keyword-Planer zeigt die Anzahl der Suchanfragen und schlägt alternative Suchbegriffe vor (Ausschnitt).

Keyword-Recherche

Google Ads eignet sich hervorragend für die Keyword-Recherche. Selbst wenn Sie keine Google-Ads-Anzeigen schalten, kann Ihnen Google Ads bei der Identifizierung von wichtigen und relevanten Keywords helfen. Das Tool ist dabei vollkommen kostenlos – eine echte Empfehlung!

Bei der Evaluierung geeigneter Suchbegriffe unterstützt Sie übrigens Google Ads mit dem Keyword-Planer. Der Keyword-Planer, den Sie in Abbildung 3.12 sehen, kann Ihnen die geschätzten Suchanfragen sowie alternative Suchanfragen anzeigen. Auf Basis der Anzahl der Suchanfragen können Sie wiederum entscheiden, welche Keywords für Sie sinnvoll sind und welche dieser Keywords innerhalb Ihrer Produkttexte verarbeitet werden müssen. Beachten Sie dabei – das ist aber nur eine grobe persönliche Vorgabe von uns –, dass Sie sich speziell Keywords mit mehr als 2.000 monatlichen Suchanfragen heraussuchen sollten.

3.6.4 Schreiben Sie Texte in der Landessprache

Wenn Sie mit Ihrem Online-Shop in verschiedenen Ländern aktiv sind, empfiehlt es sich dringend, die Texte in der jeweiligen Landessprache zu erstellen. Es ist nicht selten, dass ein Online-Shop, der beispielsweise auch in Frankreich aktiv ist, dort englische Texte anzeigt. Gerade wenn aus dem jeweiligen Land noch nicht viele Bestellungen eintreffen und dadurch der Umsatz keine große Signifikanz hat, werden Inhalte in der »Standardsprache«, oftmals Englisch, dargestellt. Nicht nur Nutzer, sondern auch Suchmaschinen erkennen dies aber sofort. Dies wiederum wirkt sich zum einen negativ – oder zumindest nicht positiv – auf Ihr Ranking aus, und auch Nutzer werden damit natürlich nicht überzeugt. Erstellen Sie daher alle Texte auch immer in der jeweiligen Landessprache, sollten Sie im Ausland aktiv sein.

3.6.5 Vermeiden Sie Wiederholungen

Dieser Tipp gilt nicht nur für Suchmaschinen, sondern allgemein für die Entwicklung von Texten. Vermeiden Sie Wiederholungen. Sollten Sie feststellen, dass sich gewisse Passagen wiederholen, überarbeiten Sie den Text nochmals. Weniger ist mehr, und einfach nur um Größe zu gewinnen, macht es wenig Sinn, einzelne Informationen oder gar ganze Passagen zu wiederholen.

Auch wenn Google bzw. Suchmaschinen generell für das Marketing eine immer größere Rolle spielen: Am Ende kaufen Menschen Ihre Produkte. Es ist daher zwar schon wichtig, gewisse Spielregeln von Google zu beachten, um besser gefunden zu werden. Dennoch arbeiten Sie für menschliche Kunden, die zum Teil etwas andere Bedürfnisse haben. Wenn der Spagat nicht gelingt, sollten Sie sich immer für die bessere Lösung für Ihre Kunden entscheiden und gegebenenfalls Einbußen bei den organischen Rankings in Kauf nehmen.

3.7 Auswirkungen einer Multi-Channel-Strategie auf Produkttexte und Produktinformationen

Wie Sie im Verlaufe dieses Buches noch im Detail sehen werden, können Sie Ihre Produkte nicht nur über einen eigenen Online-Shop, sondern auch über Plattformen und Marktplätze wie Amazon oder eBay verkaufen. Aufgrund der zunehmenden Wettbewerbssituation, steigender Werbeausgaben und der Zunahme der technischen Anforderungen an den eigenen Online-Shop ist es mittlerweile nicht mehr unüblich, zusätzlich oder exklusiv auf Marktplätzen bzw. externen Plattformen zu verkaufen. Denn auf diesen Seiten tummelt sich eine enorme Anzahl an kaufwilligen Nutzern, die nur darauf warten, beim »besten« Händler zu bestellen. Lassen Sie uns aber an dieser Stelle noch nicht vorgreifen, denn die Multi-Channel-Distribution wird in diesem Buch noch im Detail in Kapitel 11 behandelt. Wir gehen aber hier davon aus, dass Sie als Händler zusätzlich auf Marktplätzen bzw. externen Plattformen Ihre Produkte vertreiben werden. Welche Auswirkung hat diese Entscheidung auf Ihre Produkttexte bzw. allgemein auf den Aufbau Ihrer Produkte?

Vereinfacht gesagt nehmen Komplexität und Aufwand zu. Je nach Plattform und Marktplatz müssen Sie Ihre Produktinformationen ergänzen, umschreiben bzw. strukturell überarbeiten. Es kann jedoch auch passieren, dass Sie selbst gar keine Möglichkeit haben, auf Produktinformationen auf externen Plattformen einzuwirken. Lassen Sie uns aber genau diese Anforderungen anhand ein paar konkreterer Beispiele im Detail analysieren.

3.7.1 Amazon

Wenn Sie auf Amazon verkaufen, müssen Sie in der Regel gar keine eigenen Produktinformationen erstellen, sofern der zu verkaufende Artikel bereits existiert. Angenommen, Sie möchten »Monkey 47« und somit Gin verkaufen, so liegt dieser Artikel bereits in der Amazon-Datenbank vor. Die Detailseite von Monkey 47 (siehe Abbildung 3.13) enthält beispielsweise Bullet-Points mit Vorteilen, einen Titel, ein Produktbild und – wenn Sie weiter nach unten scrollen – sehr viel Beschreibungstext.

Beim Verkauf des Artikels hängen Sie sich nun an das bereits vorhandene Produkt, und Sie müssen nur Ihren Verkaufspreis definieren. Abgesehen vom Verkaufspreis müssen Sie an Amazon keine weiteren Informationen übermitteln. Dieser Ansatz ist für Sie auf der einen Seite perfekt, denn Sie ersparen sich die zeitaufwendige und auch kostenintensive Erarbeitung von Produktinformationen. Sie müssen keine Beschreibungstexte entwickeln und nach Artikeldetails recherchieren und können direkt mit dem Verkauf loslegen. Amazon verbietet es explizit, dass für ein und denselben Artikel mehrere Texte bzw. Produktinformationen vorliegen. Es existiert immer ein führendes Produkt, das von mehreren Unternehmen verkauft werden kann. Diese haben keinen Einfluss auf die Produktdarstellung und die Produktinformationen.

Sollte ein Artikel, den Sie auf Amazon verkaufen möchten, jedoch noch nicht existieren, so müssen Sie diesen über die Amazon Seller Central anlegen. Wie Sie das im Detail machen, möchten wir an dieser Stelle nicht thematisieren, da dies den Rahmen sprengen würde.[6] Benötigt werden aber weitreichende Produktinformationen, vom Herstellungsland über den Hersteller an sich, Beschreibungstexte und weiterführende Produkteigenschaften. Hier sind Sie also gefordert, und eine Ausweitung vorhandener Produkttexte ist vermutlich notwendig.

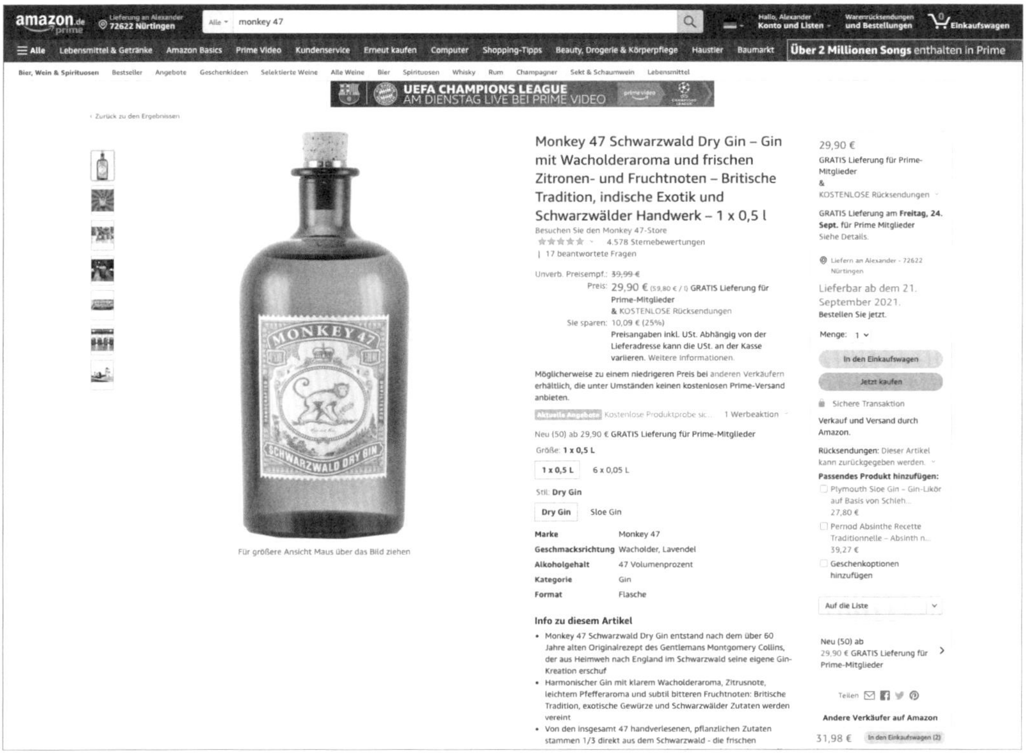

Abbildung 3.13 Existiert der Artikel auf Amazon bereits, müssen Sie keine weiteren Daten liefern.

6 Wenn Sie sich für den Verkauf von Produkten über Amazon interessieren, empfehlen wir Ihnen das beim Rheinwerk Verlag erschienene Buch: »Amazon Marketplace: Das Handbuch für Hersteller und Händler«.

3.7.2 eBay

Neben Amazon ist eBay der zweite große Marktplatz, der oftmals in der Multi-Channel-Strategie von E-Commerce-Händlern auftaucht. Bei eBay können Sie im Gegensatz zu Amazon alle Produkte, die Sie verkaufen möchten, selbst anlegen. Dadurch haben Sie selbst Einfluss auf die Texte und die Darstellung des Artikels. Schauen Sie sich hierfür Abbildung 3.14 an, die den unteren Bereich einer eBay-Seite des Gins »Monkey 47« zeigt.

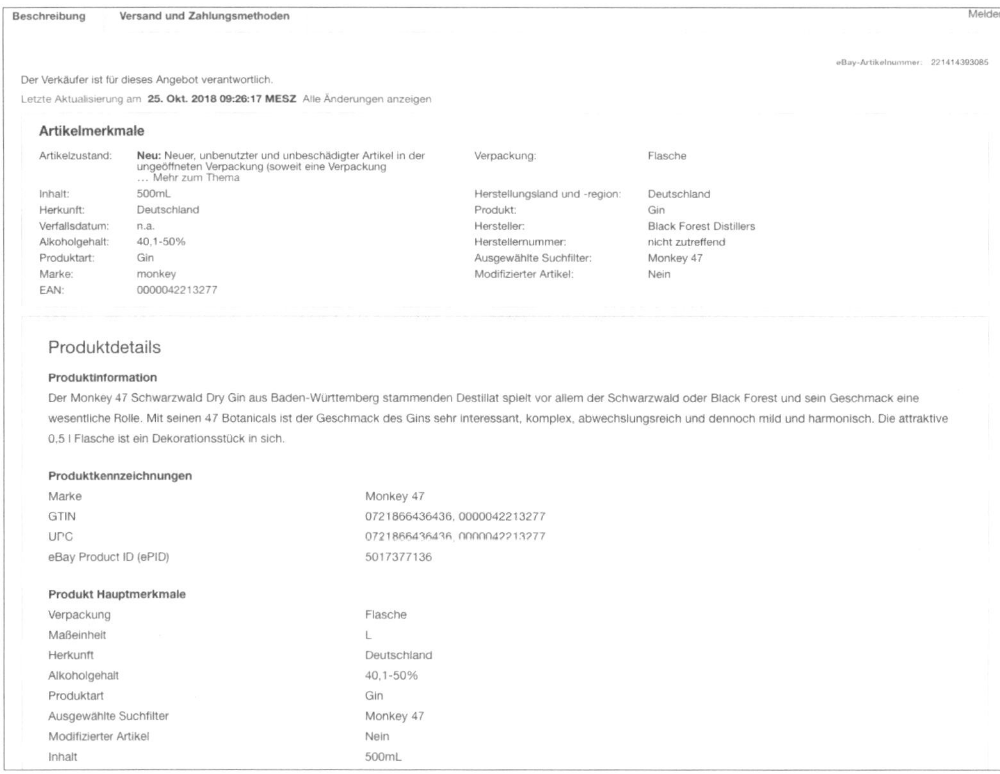

Abbildung 3.14 Auf eBay können eine ganze Menge Produkteigenschaften hinterlegt werden.

Es nimmt schon fast technische Züge an, wie dieses Produkt auf eBay dargestellt ist. Wie Sie sehen, gibt es relativ viele Produkteigenschaften, die hinterlegt werden können, beispielsweise das Herstellungsland, die Herkunft, die Verpackungs- und Maßeinheit etc. Erfahrungsgemäß haben Sie in Ihrem eigenen Online-Shop meistens weniger oder andere Produkteigenschaften. Daher ist es immer essenziell, zu schauen, welche Eigenschaften auf der jeweiligen Plattform bzw. dem jeweiligen Marktplatz benötigt werden. Bei nicht allen Eigenschaften handelt es sich um Pflichtfelder, sehr wohl aber bei vielen. Speziell wenn Sie bei eBay verkaufen, werden Sie mit sehr großer Wahrscheinlichkeit den Produktdatenstamm in Ihrem Online-Shop um einige Attribute erweitern müssen, sodass Sie alle relevanten Produkteigenschaften überhaupt speichern können.

3.7.3 kaufland.de (ehemals real.de)

Als dritte große Plattform sehen wir in Deutschland momentan kaufland.de. Von der Funktionsweise ist kaufland.de ähnlich wie Amazon aufgebaut. Jeder Artikel existiert nur einmal, verschiedene Händler können den Artikel verkaufen und werden dann auf der Produktseite als Lieferanten aufgeführt. Dadurch können Sie, ohne dass Sie über eigene Produkttexte verfügen, direkt mit dem Verkauf von Artikeln beginnen, indem Sie sich an die vorhandenen Artikel heften. Dies geschieht auf Basis der EAN (*European Article Number*; Näheres dazu unter *https://www.eancode.net/fragen-und-antworten.php*), wodurch eine Relation zwischen Ihren Artikeln und den bereits auf kaufland.de vorhandenen Artikeln hergestellt werden kann. Im Vergleich zu eBay bzw. Amazon werden bei kaufland.de nicht ganz so viele Produktdaten dargestellt, wie Sie auch in Abbildung 3.15 sehen können.

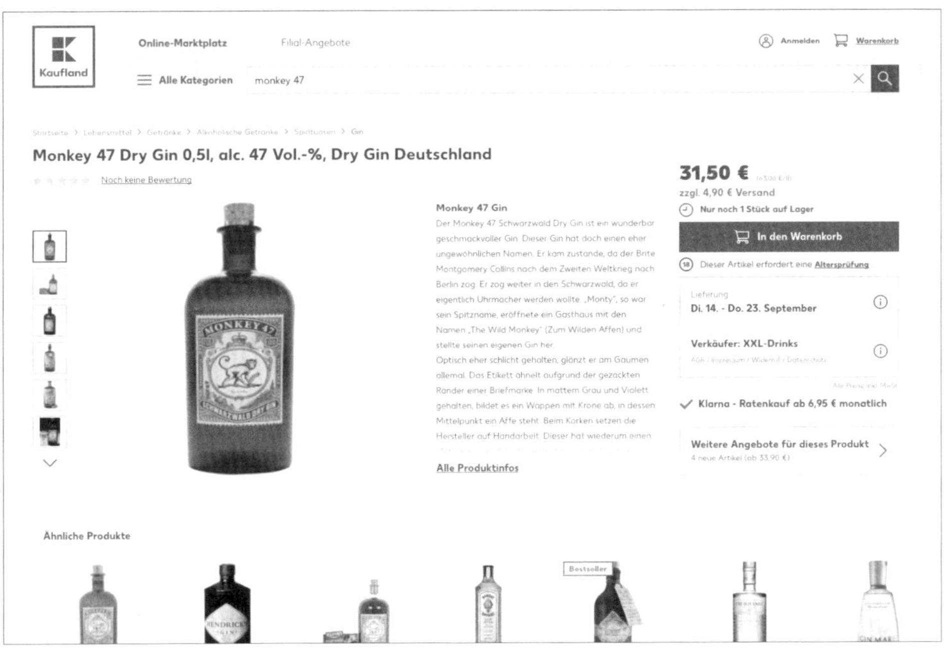

Abbildung 3.15 Auch auf kaufland.de existieren bereits Artikel, an die Sie sich heften können.

Wenn Sie neue Artikel anlegen, können Sie Produktinformationen übermitteln, die aber in der Regel ignoriert werden. kaufland.de verfügt über ein eigenes Team, das bei neuen Artikeln die Produktdaten prüft und gegebenenfalls eigene Texte und Informationen hinterlegt. Das nimmt Ihnen auf der einen Seite eine gewisse Flexibilität, denn Sie können keine Produktdaten hinterlegen und damit als Händler glänzen. Auf der anderen Seite wird Ihnen jedoch auch ein gewisser Aufwand abgenommen. Uns ist es allerdings in der Vergangenheit schon ab und an passiert, dass auf kaufland.de hinterlegte Produktdaten falsch bzw. unvollständig waren. Als Händler haben Sie selbst jedoch keine Möglichkeit, diese anzupassen. In solchen Situationen müssen Sie den kaufland.de-Support kontaktieren und um Korrektur bitten. Dies funktioniert erfahrungsgemäß gut; im schlimmsten Fall können jedoch Diskussionen mit Kunden entstehen, die Produkte von Ihnen auf kaufland.de kaufen, sich dann aber auf fehlerhafte Produktinformationen berufen, die kaufland.de selbst hinterlegt hat. Das kann zu Unstimmigkeiten und einem erhöhten Diskussionsbedarf führen.

Welche Rolle spielen nun ganz konkret Marktplätze und Plattformen bei der Entwicklung von Inhalten? Es kommt ganz auf die jeweilige Plattform an. Wenn Sie auf kaufland.de oder Amazon verkaufen, müssen Sie selbst gar nicht so viel an Ihren bestehenden Artikeln anpassen. Im ersten Schritt müssen Sie sicherstellen, dass ein sogenanntes Matching mit den auf den Plattformen vorhandenen Artikeln durchgeführt werden kann. Hierfür benötigen Sie in der Regel die EAN oder eine sonstige Produktidentifikationsnummer. Ansonsten müssen Sie aber keine weiteren Anstrengungen unternehmen, da diese beiden Plattformen die Produkttexte zur Verfügung stellen, sofern die Artikel bereits existieren.

Auf der anderen Seite gibt es jedoch auch Plattformen wie eBay, bei denen Sie als Shop-Betreiber alle relevanten Produktinformationen selbst liefern müssen. Diese Plattformen verlangen dabei meist Eigenschaften, die Sie für die Artikel gar nicht gepflegt haben, da Sie in Ihrem eigenen Online-Shop nicht auf sie zurückgreifen. In diesen Fällen bleibt Ihnen nichts anderes übrig, als die vorhandenen Produktdaten um diese Eigenschaften zu erweitern.

Wenn es Ihre Strategie zulässt, empfehlen wir Ihnen daher im ersten Schritt den einfachen Einstieg in die Multi-Channel-Distribution und legen Ihnen speziell Amazon oder eben kaufland.de ans Herz, da aus Content-Sichtweise die Einstiegshürden bei diesen beiden Marktplätzen sehr gering sind und Sie von den bereits vorhandenen Produktdaten profitieren können.

3.8 Textbroker als Content-Lieferanten

Das Produzieren von guten Inhalten, seien es Produktbeschreibungen, Kategorientexte oder im Allgemeinen Texte für Ihre Website, kostet viel Zeit, nämlich so viel Zeit, dass dieser Punkt in 80 % aller E-Commerce-Projekte komplett unterschätzt wird. In der Praxis ist es nicht unüblich und kommt auch in unserem Agenturalltag sehr oft vor, dass der Online-Shop »schlüsselfertig« übergeben werden kann, die technische Basis zu 100 % steht, Marketingkampagnen vorbereitet sind, jedoch richtig gute Inhalte für den Online-Shop fehlen. Das resultiert nicht etwa daraus, dass sich der Kunde »weigert«, die entsprechenden Texte zu liefern. Aber erst wenn Sie sich einmal an ein paar Produkttexten versucht haben, merken Sie, wie schwierig es ist, hochwertige Texte zu produzieren. Denn wie Sie auf den vorherigen Seiten gelesen haben, geht es schlussendlich nicht nur darum, Kunden zum Kauf zu animieren. Sie müssen bei Ihren Produkttexten auch Google berücksichtigen und optimierten Inhalt für Suchmaschinen erstellen, der sich darüber hinaus für Ihre Kunden gut liest. All das kostet Zeit, und wie Sie bereits gesehen haben, ist Zeit im E-Commerce kostbar und muss von Ihnen als Shop-Betreiber perfekt genutzt werden, denn Sie müssen sich schließlich noch um viele weitere Aufgaben rund um Ihren Online-Shop kümmern!

An diesem Punkt kommen Textbroker ins Spiel. Denn wenn Sie nicht die Zeit oder womöglich auch nicht das Know-how haben, perfekte Inhalte für Ihren Online-Shop zu produzieren, können Sie diese Aufgabe natürlich auch delegieren, intern oder extern. Wenn Sie in Ihrem Unternehmen über keine Kapazitäten bzw. kein Know-how verfügen, ist eine einfache und effiziente Variante die Nutzung eines Textbrokers. Ein Textbroker ist ein Portal, das Aufträge zwischen Kunden und Lieferanten vermittelt. Sprich, auf diesen Portalen tummeln sich zahlreiche Autoren, die nur darauf warten, Inhalte zu produzieren, und Kunden, die Inhalte benötigen. Der Textbroker spielt nun den Vermittler, indem er Ihnen als Kunde ein Portal zur Verfügung stellt, auf dem Sie sagen können, was Sie möchten, und dann den Kontakt zu den Autoren herstellt, die die Inhalte liefern. Der ganz große Vorteil an diesem System ist der, dass Sie aus einem riesigen Pool an Autoren auswählen können und das Preisniveau sehr niedrig ist.[7] Textbroker sind daher speziell für kleine Online-Shops eine interessante Lösung, da man kosteneffizient Aufgaben auslagern kann und die Ergebnisse durchaus in Ordnung sind. Um Ihnen an dieser Stelle ein besseres Gefühl zu geben, wie Textbroker in der Praxis funktionieren und was es zu beachten gibt, erklären wir Ihnen an zwei Beispielportalen den entsprechenden Workflow.

3.8.1 content.de

Geworben wird auf *content.de* speziell mit dem Versprechen, Unique Content zu produzieren. Da die Suchmaschinen eine immer größere Rolle spielen und gute Rankings primär aufgrund von guten Texten erzielt werden können, ist das für Sie als Shop-Betreiber ein sehr wichtiger Faktor. Die Projekte lassen sich mit wenigen Mausklicks anlegen, und als Zielgruppe werden vor allem Webseiten, Blogs und Communitys angesprochen. Die Preisbildung wird durch mehrere Faktoren bestimmt. Auf content.de wird im ersten Schritt nach verschiedenen Qualitätsleveln unterschieden.

7 Teilweise sind die Preise so günstig, dass man sich fragen muss, ob ein Autor hier überhaupt noch Geld verdienen kann.

Dabei sind 2 Sterne das »schlechteste« Level, 5 Sterne das beste. Darüber hinaus können Sie Aufträge allen Autoren, bestimmten Gruppen oder auch direkt einem bestimmten Autor anbieten. Auch dies hat Einfluss auf den Preis, den Sie letztendlich bezahlen müssen. Die Preise im Allgemeinen starten dabei bei 1,2 Cent pro Wort und reichen bis zu 6 Cent pro Wort. Gehen wir einmal von Produkttexten mit ca. 100 Wörtern aus und einem durchschnittlichen Preis von 4 Cent, wären das 4 € pro Produkttext. Wenn Sie das mit Ihrer Arbeitszeit gegenrechnen und davon ausgehen, dass Sie pro Text 30 Minuten benötigen, sehen Sie, dass ein Textbroker eigentlich eine günstige Lösung ist. Dank eines Angebotsrechners, den Sie in Abbildung 3.16 finden, behalten Sie grundsätzlich den Überblick über die Kosten.

Beachten Sie auch, dass ein hohes Qualitätslevel nicht zwangsläufig einen besseren Text erzeugt. Sie finden auf der Website von content.de unter *www.content.de/preise* eine detaillierte Auflistung, welches Qualitätslevel für welchen Fall herangezogen werden kann. In den höheren Leveln ist oftmals einfach ein größerer Rechercheaufwand beinhaltet, was speziell für schwierige Texte sinnvoll ist. Oftmals fahren Sie aber auch mit einem mittleren Qualitätslevel gut, gerade wenn es um Themen geht, die kein detailliertes Fachwissen erfordern. Denken Sie dabei beispielsweise an einen Beschreibungstext für die Kategorie zum Thema Laufschuhe. Hier werden Sie als Autor sicherlich weniger Rechercheaufwand benötigen als bei einem Kategorienbeschreibungstext für Schneckengetriebe.

Abbildung 3.16 Ein Angebotsrechner sorgt für Transparenz.

Als Kunde können Sie sich im ersten Schritt innerhalb von 1–2 Minuten vollkommen kostenlos registrieren. Anschließend haben Sie innerhalb Ihres Benutzerkontos die Möglichkeit, einen neuen Auftrag zu platzieren. Zuallererst müssen Sie dabei festlegen, welchem Publikum Sie diesen Auftrag zur Verfügung stellen:

- Open Order
- Group Order
- Direct Order

Die Open Order ist dabei speziell für den Anfang geeignet, um neue Autoren zu finden, denn wenn Sie bislang noch keine Aufträge auf content.de vergeben haben, können Sie eine personelle Eingrenzung in der Regel noch nicht vornehmen. Im Rahmen der Group Order können Sie eine Gruppe von Autoren definieren, denen Sie den Auftrag anbieten möchten, bei der Direct Order können Sie hingegen speziell einen Autor aussuchen. Der Vorteil darin, alle Aufträge an denselben Autor abzugeben, liegt natürlich in einer gewissen Konstanz in Ihren Texten, was die Sprache und Struktur angeht.

Da Sie aber Ihren ersten Auftrag bei content.de platzieren, wählen Sie im ersten Schritt die Open Order aus, um möglichst viele potenzielle Autoren anzusprechen. Über das Auftragsformular haben Sie nun die Möglichkeit, einen Auftrag anzulegen. Beachten Sie hierfür Abbildung 3.17 mit einem klassischen Auftragsformular.

Für eine bessere Übersicht und Struktur können Sie in den AUFTRAGSDETAILS ein PROJEKT auswählen. Beispielsweise können Sie ein Projekt namens »Produkttexte Kategorie Laufschuhe« und ein weiteres Projekt namens »Kategorietexte Sport« anlegen. Dadurch lassen sich Aufträge besser gruppieren, und Sie behalten die Übersicht. Im nächsten Dropdown-Menü wählen Sie eine Kategorie aus, die den gewünschten Text eingrenzt und dem Autor verdeutlicht, worum es sich bei dem Text handelt und für welche Kategorie ein Text geschrieben werden soll. Neben Dienstleistungsbeschreibungen, Pressetexten etc. stehen auch Produktbeschreibungen sowie Kategorientexte in der Hauptkategorie SHOPPING zur Verfügung.

Das QUALITÄTSNIVEAU, das Sie im nächsten Schritt auswählen müssen, bestimmt nun maßgeblich, wie »gut und teuer« der zu erstellende Text sein soll.

Prepaid – zuerst müssen Sie Ihr Konto aufladen

content.de setzt auf ein Prepaid-System. Bevor Sie also einen Auftrag platzieren können, müssen Sie Ihr Konto aufladen, und zwar per Sofortüberweisung, PayPal oder Rechnung. Beachten Sie dabei, dass die minimale Einzahlung 25 € beträgt. Um das Konto aufzuladen, klicken Sie in Ihrem Benutzerkonto im linken Bildschirmbereich unter IHRE FAVORITEN auf KONTO AUFLADEN, oder rufen Sie direkt *www.content.de/client/deposit* auf.

Wie eingangs schon erwähnt, bedeutet ein niedriges Qualitätsniveau nicht zwangsläufig einen schlechten Text. Vielmehr wird, je komplexer der zu erstellende Text sein muss, das Qualitätsniveau höher sein. Denn für komplexe Produkte mit komplexen Beschreibungen benötigen Sie einen höheren Rechercheaufwand. Hier gilt aber, dass Sie die verschiedenen Niveaus einmal austesten müssen und erst nach ein paar Testläufen wirklich sicher sagen können, welches für Sie am meisten Sinn ergibt. Initial ist ein gesundes Mittelmaß immer eine gute Vorgehensweise, weswegen wir Ihnen die 4 Sterne empfehlen. Neben der gewünschten Qualität können Sie ebenso noch eine BEARBEITUNGSDAUER festlegen.

Interessant ist im nächsten Schritt die Anzahl der Wörter, wobei Sie hier eine Spanne vorgeben müssen, sowie die Keyword-Dichte. Bei der Anzahl der Wörter kommt es

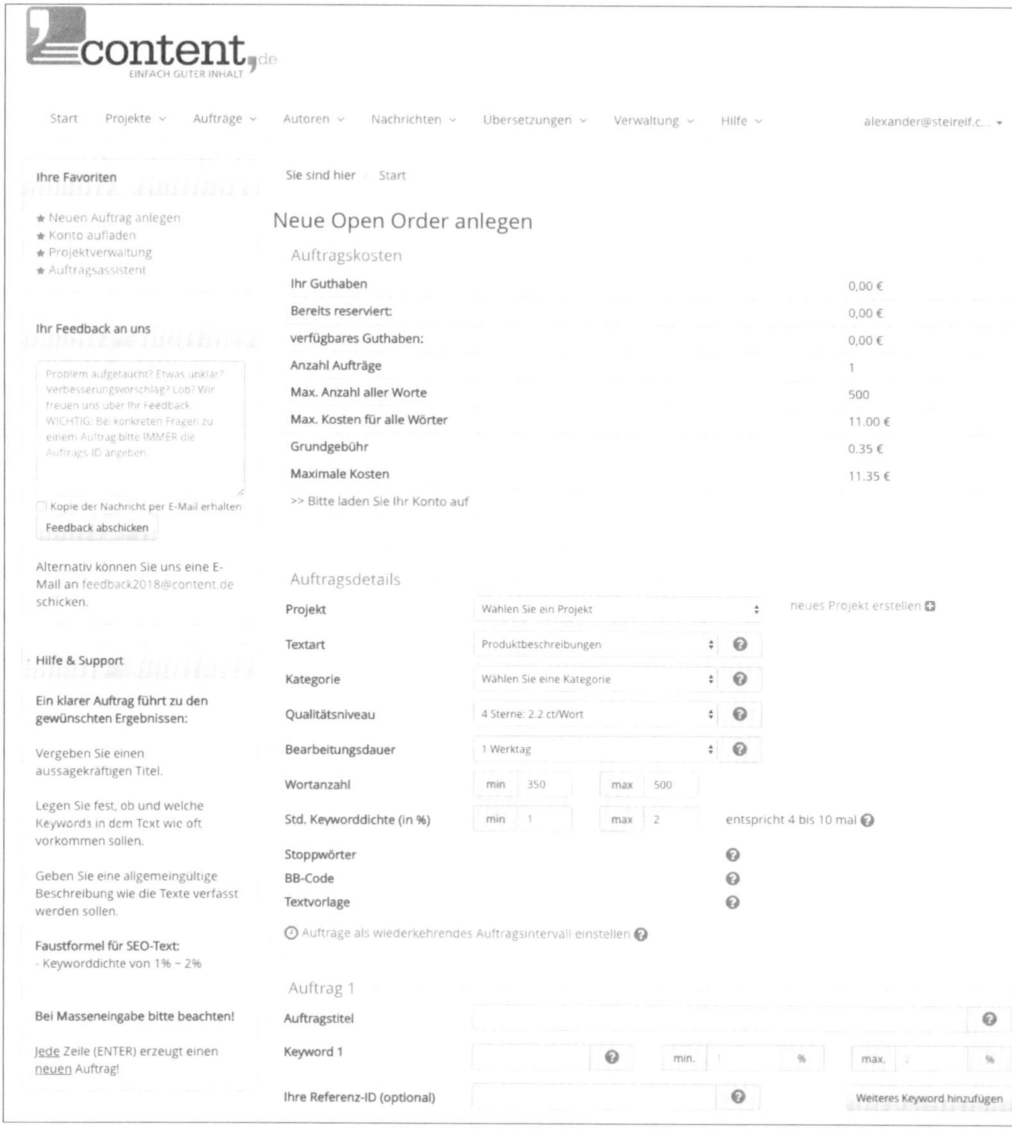

Abbildung 3.17 Anlage eines Auftrags auf content.de

nun speziell auf Ihre Branche und Ihre Produkte an. Ein Pullover wird beispielsweise kürzer beschrieben als ein Apple iPhone. Hier sollten Sie am besten einen Blick auf die Mitbewerber haben, um grob einzugrenzen, wie kurz oder lang Ihre Texte sein sollten. Die KEYWORDDICHTE hingegen ist speziell für Google relevant, denn Ihr Text sollte für die organische Suchmaschinenoptimierung relevante Keywords enthalten, die auch in einer gewissen Dichte verwendet werden. Hierzu gibt es kein Patentrezept, da Google selbst nicht kommuniziert, welche Keyword-Dichte gut oder schlecht ist. Als Faustregel kann eine Dichte von 4–6 % sinnvoll sein, das heißt, bei einem Text mit 100 Wörtern sollte das Keyword vier- bis sechsmal vorkommen.

Damit sind für die Autoren die groben Rahmenbedingungen klar. Darüber hinaus sollten Sie noch ein Briefing erstellen, damit Sie die bereits angegebenen Informationen etwas verfeinern. Für Produkttexte liefert content.de bereits einen Vordruck, den Sie nur ausfüllen und, sofern sinnvoll, ergänzen müssen:

> **Aufgabe:**
> *Ein Online-Shop für (SHOPGEGENSTAND) benötigt eine Produktbeschreibung für das Produkt [TITLE] unter Berücksichtigung der vorgegebenen Keywords: [KEYWORDS].*
>
> **Inhalt und Aufbau:**
> *Genauere Informationen zu dem Produkt finden Sie unter:*
> *(HERSTELLERLINK)*
>
> *Stellen Sie die wichtigsten Aspekte und Eigenschaften des Produktes dar.*
>
> *Verzichten Sie aber auf eine Aneinanderreihung technischer Daten, die gesondert im Shop dargestellt werden.*
>
> *Bedenken Sie, dass noch andere Produkte in dem Shop angeboten werden.*
>
> *Formulieren Sie daher nicht zu allgemein, sondern fokussieren Sie auf das geforderte Produkt. Erwähnen Sie bitte kein optionales Zubehör, da der Shop ggf. nicht alle Produkte des Herstellers im Angebot hat.*
>
> **Tonalität:**
> *Der Text sollte sachlich sein und das Kaufinteresse wecken.*
>
> *Sprechen Sie den Käufer nicht direkt an.*

Sie sind aber nicht an die Vorlage gebunden, sie dient Ihnen ausschließlich als Orientierung, was Sie im Idealfall in dem Briefing erwähnen sollten. Denken Sie bitte daran, den Text, den Sie sich wünschen, so gut wie möglich zu beschreiben und den Autoren so viele Informationen wie möglich zu übermitteln. Denn je präziser Sie beschreiben, was Sie möchten, desto größer ist die Wahrscheinlichkeit, dass Sie mit dem gelieferten Text sehr zufrieden sind.

Wenn Sie das Briefing abgeschlossen haben, können Sie den Auftrag anlegen, und anschließend wird dieser im System bereitgestellt.

Auftragsassistent

Sollten Sie bei dieser Art der Auftragserstellung noch unsicher sein, können Sie alternativ auch den Auftragsassistenten nutzen. Dieser führt Sie Schritt für Schritt durch die Auftragserstellung und liefert noch detailliertere Informationen zu den jeweiligen Abfragen. Sie finden den Auftragsassistenten unter AUFTRÄGE • AUFTRAGSASSISTENT.

Wie lange Sie anschließend auf den Text warten müssen, hängt von vielen verschiedenen Faktoren ab. Komplexe Texte dauern in der Regel etwas länger als »einfache« Produktbeschreibungen. Grundsätzlich hängt die Bearbeitungsdauer auch von der aktuellen Nachfrage nach Texten und dem Angebot ab, immerhin muss sich bei der offenen Anfrage ein Autor speziell Ihren Text aussuchen. Positiv ist ebenfalls die Tatsache, dass Sie auch am Wochenende Feedback erhalten, sprich, die Autoren arbeiten größtenteils auch an einem Samstag und Sonntag. Hat sich ein Autor Ihres Textes angenommen, erhalten Sie anschließend per E-Mail ein Feedback und können den produzierten Text prüfen.

Wenn Sie den gelieferten Text geprüft haben, können Sie ihn annehmen, verbessern lassen oder auch selbst editieren. Verbesserungswünsche können dabei die Rechtschreibung, inhaltliche Fehler, unpassender Stil etc. sein. Sie haben daher die Möglichkeit, sofern Ihnen der gewünschte Text nicht zu 100 % gefällt, dem Autor ein entsprechendes Feedback zukommen zu lassen und eine Überarbeitung anzufordern. Ebenso können Sie den Text selbst editieren und auf Wunsch dem Autor als weitere Form des Feedbacks Ihre überarbeitete Version zukommen lassen. In Abbildung 3.18 sehen Sie dabei exemplarisch, wie der Feedbackprozess auf content.de gestaltet ist. Sind Sie hingegen mit dem Text komplett einverstanden, können Sie ihn annehmen und bewerten.

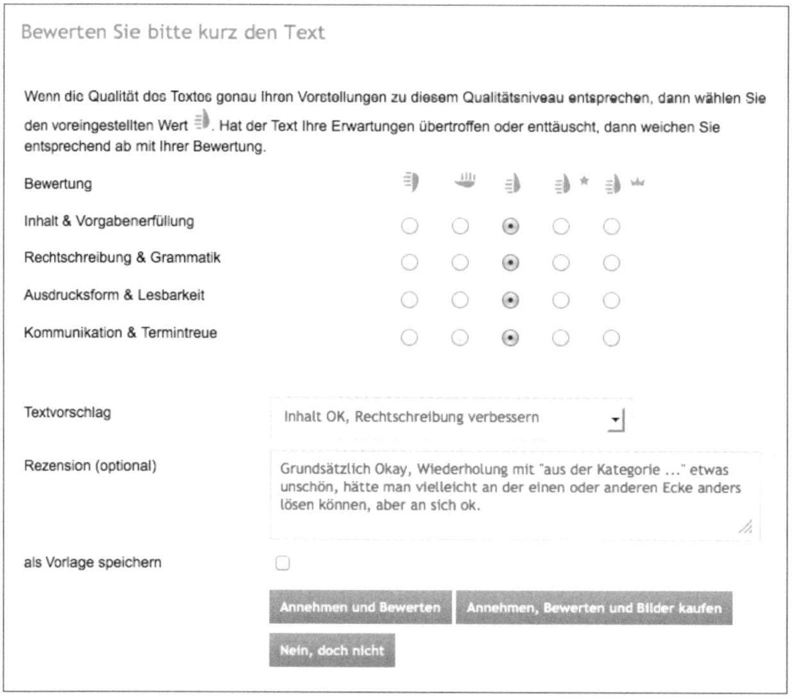

Abbildung 3.18 Feedbackmaske, nachdem Sie den Text erhalten haben

Anschließend ist die Transaktion beendet, Sie haben Ihren Text erhalten, und der Autor erhält die entsprechende Vergütung.

3.8.2 textbroker.de

Neben content.de existieren noch weitere Textbroker. Als Alternative zeigen wir Ihnen die Beauftragung von Texten bei der Plattform *textbroker.de*. Das Ergebnis wird dabei natürlich letztendlich das gleiche sein wie bei content.de: Sie vergeben den aufwendigen Texterstellungsprozess an externe Autoren und erhalten in relativ kurzer Zeit Texte zu Ihren Produkten.

Wie bei content.de hängen die Kosten für die Texte unter anderem von einem Qualitätslevel ab. Dieses wird bei textbroker.de in vier Gruppen aufgeteilt: von 2 bis 5 Sterne. Im niedrigsten Qualitätslevel werden 1,3 Cent netto pro Wort fällig, im höchsten Qualitätslevel 6,5 Cent netto pro Wort. Die Texte können dabei ebenfalls ausgewählten Autoren oder dem gesamten Autorenpool zur Verfügung gestellt werden.

Nachdem Sie sich erfolgreich und kostenfrei registriert haben, können Sie mit der Beauftragung von Texten starten. Zuallererst ist es aber erforderlich, dass Sie Ihr Guthabenkonto aufladen. Auch hier gibt es wie bei content.de einen Mindesteinzahlungsbetrag von 25 €. Die Einzahlung kann bequem per PayPal oder Überweisung erfolgen.

Um einen Auftrag zu erstellen, klicken Sie bitte auf AUFTRÄGE und anschließend auf NEUER AUFTRAG. Innerhalb der darauffolgenden Eingabemaske werden Sie nun gefragt, welchen Autoren Sie den Auftrag zur Auswahl stellen möchten. Das System ist hierbei, wie eingangs kurz erwähnt, ähnlich wie auf content.de.

Bei der OpenOrder kann sich jeder Autor innerhalb des Netzwerkes den Auftrag schnappen und diesen erledigen. Bei der DirectOrder hingegen können Sie direkt einen bestimmten Autor auswählen und ihm den Auftrag übergeben. Wählen Sie die TeamOrder, wird der Auftrag, wie der Name schon impliziert, einem Team zur Auswahl bereitgestellt. Das Autorenteam können Sie dabei individuell zusammenstellen, sofern Sie Aufträge bereits platziert haben und dadurch auch eine entsprechende Liste an Autoren besitzen. Da Sie neu auf der Plattform sind, wählen Sie die OpenOrder und klicken auf AUFTRAG STARTEN. Das System von textbroker.de lädt nun eine Eingabemaske, die Sie in Abbildung 3.19 sehen. Beginnen Sie mit den allgemeinen Auftragsdaten. Hier können Sie zur besseren Übersicht und Untergliederung ein PROJEKT erstellen. Die Untergliederung bleibt dabei Ihnen überlassen, sinnvoll ist sicherlich ein Projekt für Kategorien- bzw. Produkttexte, aber Sie können auch eine strengere inhaltliche Untergliederung erstellen, beispielsweise Texte für bestimmte Hersteller oder gewisse Produktgruppen.

Neben dem Projekt müssen Sie ebenfalls eine KATEGORIE auswählen, einfach damit die Autoren eine erste Eingrenzung sehen. Die STERNESTUFE, die Sie als Nächstes de-

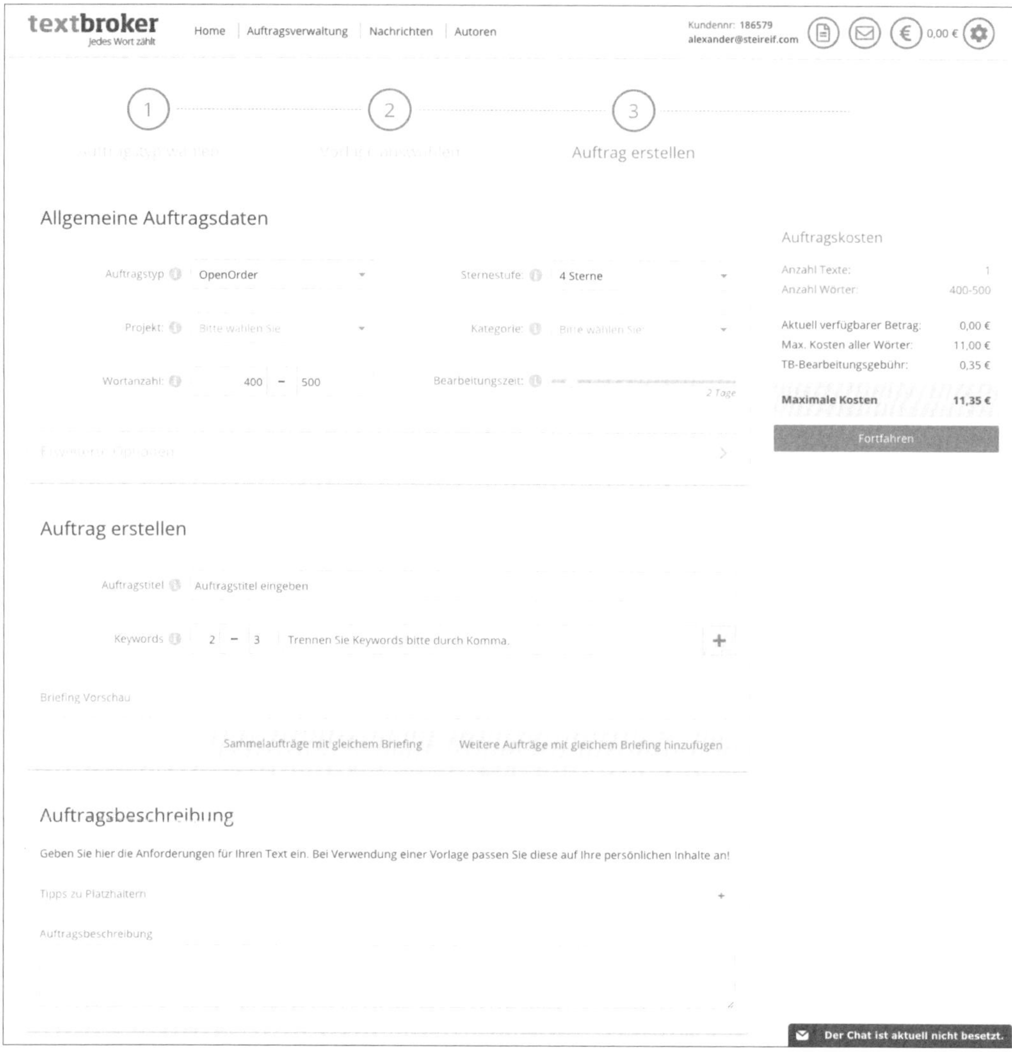

Abbildung 3.19 Auswahl der Eingabemasken

finieren, ist wohl die wichtigste Auswahl, die Sie treffen müssen. Denn zum einen wird durch die Qualitätsstufe der Preis, zum anderen schließlich auch die Qualität Ihres Textes bestimmt. Auch hier gilt wieder, dass eine niedrige Qualitätsstufe nicht zwangsläufig schlecht sein muss. Gerade für »Mainstream«-Produkte, bei denen keine große Produktrecherche notwendig ist, können Sie mit einer niedrigen Qualitätsstufe und damit verbunden auch niedrigen Kosten solide Ergebnisse erzielen. Ist Ihr Produkt und damit auch der Text komplexer, empfiehlt sich ein höheres Qualitätslevel. Durch die Anzahl der Wörter können Sie nun noch die Länge des Textes eingrenzen. Bedenken Sie hier, dass Qualität gegenüber Quantität oftmals Priorität hat.

Ihre Kunden wünschen schnelle und präzise Informationen; dafür eignen sich in der Regel kürzere, dafür aber gute Produkttexte.

Wenn Sie die erweiterten Optionen aufklappen, können Sie zudem noch weitere Eigenschaften definieren, die sich direkt auf das Thema SEO (Suchmaschinenoptimierung) auswirken. Sie haben beispielsweise die Möglichkeit, die Keyword-Prüfung zu aktivieren und auch Stoppwörter auszuschließen. Zum Schluss benötigen Sie noch eine Auftragsbeschreibung, in der Sie den Autoren mitteilen, was Sie genau möchten, für wen der Text bestimmt sein soll etc. Bitte denken Sie auch hierbei daran, dass die Wahrscheinlichkeit, dass Sie den Text genau so erhalten, wie Sie ihn sich vorstellen, umso größer ist, je präziser das Briefing ist. Investieren Sie daher Zeit in ein möglichst umfassendes Briefing, damit die Autoren eine »Anleitung« erhalten und wissen, was Sie sich vorstellen. Haben Sie das Briefing erstellt, können Sie den Auftrag platzieren.

Prüfen Sie Ihre Texte auf Duplicate Content!

Denken Sie bitte immer daran, gelieferte Texte unter dem Aspekt des Duplicate Contents zu prüfen. Denn wenn ein Autor ganze Textpassagen von bereits existierenden Inhalten übernimmt, wirkt sich das negativ auf Ihr Google-Ranking aus. Die einfachste Variante, die Texte zu prüfen, ist eine Google-Suche, indem Sie beispielsweise den gesamten Text bzw. Sätze oder Absätze in die Google-Suche einfügen und schauen, ob hierfür Ergebnisse vorliegen. Sollte dies der Fall sein, halten Sie mit dem jeweiligen Autor Rücksprache, und lassen Sie die Texte umschreiben.

Die Reaktionszeit hängt nun auch wieder von einigen Faktoren ab, beispielsweise der Komplexität des Textes, aber auch der allgemeinen Auslastung der Plattform, und das Verhältnis zwischen Angebot und Nachfrage spielt eine Rolle. Mit etwas Glück haben Sie aber binnen weniger Tage Ihren Text, können diesen gegebenenfalls kontrollieren lassen oder direkt akzeptieren.

Wie Sie sehen, ist die Vorgehensweise bei beiden Plattformen sehr ähnlich, selbst die Kosten für die Texte befinden sich in einem ähnlichen Preisbereich. Für welche Plattform Sie sich letztendlich entscheiden, ist Geschmackssache. Über die Qualität lässt sich pauschal schlecht urteilen. Denn manchmal erwischen Sie einen guten Autor, manchmal einen etwas weniger guten. Das Phänomen haben Sie auf beiden Plattformen. Grundsätzlich ist aber die Möglichkeit, Produkt- und Kategorientexte, wenn auch nur teilweise, an Dritte zu vergeben, eine praktische Lösung, da Sie als Shop-Betreiber Zeit sparen, die Sie gerade am Anfang an wichtigeren Ecken investieren können.

Der Vollständigkeit halber sei an dieser Stelle auch noch die Alternative zu Textbrokern erwähnt. Neben diesen Plattformen, auf denen es zugegebenermaßen auch um den Preis geht, können Sie bei Text- oder auch SEO-Agenturen hochwertige Inhalte in Auftrag geben und erhalten – es kommt natürlich immer auf die Agentur bzw. den

Dienstleister an – ein sehr gutes Ergebnis. In einem solchen Szenario müssen Sie aber mit weitaus höheren Kosten rechnen, die speziell in der Anfangsphase von Shop-Betreibern oft gar nicht gestemmt werden können.

3.9 Mehrsprachige Texte

Zugegebenermaßen betrifft eine Internationalisierungsstrategie nicht nur die Texte in Ihrem Online-Shop, sondern das gesamte System. Dennoch gibt es speziell bei Ihren Texten gewisse Dinge zu beachten, wenn Sie planen, in ausländischen Märkten aktiv zu werden.

Andere Länder, andere Sitten. Wenn Sie in anderen Ländern aktiv werden möchten, müssen Sie zuallererst ein Verständnis für die jeweilige Kultur entwickeln. Das spielt selbst in Europa eine Rolle, obwohl es doch eigentlich gar nicht so viele Unterschiede zwischen Deutschland und beispielsweise Italien gibt, oder? Weit gefehlt. Denn alle Länder bzw. ihre jeweiligen Bewohner »ticken« ein wenig anders. Wenn Sie nun mit Ihrem Online-Shop aus Deutschland heraus beispielsweise die Schweiz beliefern möchten, müssen Sie sich zuerst die Frage stellen, wie denn die Schweizer Online-Shop-User denken. Wie schon erwähnt: Das ist nicht nur eine Anforderung an die Texte, sondern an den kompletten Online-Shop und Themen wie Payment oder Versand, aber am Beispiel der Schweiz können wir einmal betrachten, welche Anforderungen direkt an die Texte gestellt werden.

Der Schweizer Markt ist nämlich primär dadurch gekennzeichnet, dass Sie gleich drei Sprachen anbieten müssen: Deutsch bzw. Schweizerdeutsch, Italienisch und Französisch. Planen Sie daher die Eröffnung eines Shops in der Schweiz, sollten Sie dies auf jeden Fall im Hinterkopf behalten. Sie denken nun vermutlich, dass anschließend nur der Aufwand in Form der Übersetzungen entsteht. Wenn Sie jedoch erfolgreich am Markt agieren möchten, geht es nicht nur um reine 1:1-Übersetzungen. Sie müssen vielmehr herausfinden, welche Begriffe in den jeweiligen Ländern verwendet werden.

Das ist eine Sache, die gerade den Personen schwerfällt, die eine Sprache erlernt haben, die nicht ihre Muttersprache ist. Denn in der Praxis werden oftmals Wortverkürzungen bzw. Synonyme verwendet, die Sie gar nicht im Lehrbuch finden. Aus diesem Grund empfehlen wir, Übersetzungen immer von einem Übersetzer durchführen zu lassen, der die jeweilige Sprache als Muttersprache erlernt hat.

Abgesehen davon müssen Sie sich auch wieder um das Thema Suchmaschinenoptimierung kümmern. Nur weil in Deutschland nach »Notebook« gesucht wird, bedeutet das nicht zwangsläufig, dass Sie in der Schweiz auch auf »Notebook« optimieren müssen, obwohl es eigentlich ein Begriff ist, den auch Franzosen und Italiener verwenden. Denn in der Praxis neigen andere Länder zu anderen Keywords. Führen Sie daher im Vorfeld die entsprechenden Analysen durch, und lösen Sie sich von der Vorstellung, eine Übersetzung wäre eine 1:1-Übernahme von Wörtern von einer Sprache in die andere. Teilweise müssen Sie strukturell, inhaltlich und begrifflich auf einer ganz anderen Ebene arbeiten.

Aufgrund der Komplexität des Themas beschäftigt sich ein separates Kapitel damit. Ausführlichere Informationen finden Sie daher in Kapitel 15, »Internationalisierung – neue Märkte erschließen, Zielgruppen erweitern und Umsätze steigern«.

3.10 Produktbilder

Auch wenn es sich um ein mittlerweile abgedroschenes Sprichwort handelt, eine gewisse Wahrheit steckt in der Aussage: »Ein Bild sagt mehr als tausend Worte.« Im E-Commerce ist diese Aussage pauschal etwas zu hart, denn es kommt bei der Frage, welchen Stellenwert Produktbilder letztendlich haben, immer auf Ihre Produkte und die Branche an. Stellen Sie sich einmal vor, dass Sie mit Ihrem Online-Shop Lochbleche und Streckmetalle verkaufen. Ihre Kunden werden in diesem Fall nicht auf Basis des Produktbildes eine Kaufentscheidung treffen, sondern auf Basis der »nackten« Fakten, zum Beispiel Material, Breite, Tiefe, Zuschnitt etc. Verkaufen Sie hingegen Trauringe, dann ist es zwar wichtig, zu wissen, ob der Ring aus 333er Gelbgold oder 585er Weißgold besteht, aber Kunden werden die Kaufentscheidung auf Basis der Optik treffen, sprich des Produktbildes. Wenn sie der Ring optisch anspricht, schlagen sie zu, falls nicht, dann nicht.

Je nachdem, welche Produkte Sie für welche Zielgruppe verkaufen, können Produktbilder daher verkaufsentscheidend sein oder nicht. Verkaufen Sie Produkte, die nicht aufgrund der Produktbilder verkauft werden, haben Sie zumindest in diesem Punkt einen kleinen Vorteil. Denn gute Produktbilder sind selten, ihre Produktion ist aufwendig und teuer. Wenn Sie aber nicht über gute Produktbilder verfügen, schlägt sich das gleich in der Conversion-Rate nieder. Das heißt, Sie haben gar nicht die Wahl: Sie müssen gute Produktbilder besitzen.

Weshalb Produktbilder die Kaufentscheidung beeinflussen

Produktbilder erlauben es Ihren Besuchern, die Qualität eines Produkts einzuschätzen, und aufgrund des optischen Feedbacks wird das Bedürfnis geweckt, das Produkt zu besitzen. Ebenso vermittelt ein Produktbild Sicherheit, denn sie sehen genau, was sie kaufen, und können sich den Einsatz besser vorstellen.

Doch wie kommen Sie an geeignete Produktbilder? Es gibt hierfür drei Möglichkeiten:

- **Variante 1:** Sie bekommen von Ihren Lieferanten oder Herstellern Produktbilder zur Verfügung gestellt.
- **Variante 2:** Sie beauftragen eine Agentur oder einen Fotografen.
- **Variante 3:** Sie machen die Produktbilder selbst.

3.10.1 Produktbilder vom Hersteller

Auch wenn es verlockend klingt, Variante 1 ist nicht immer die beste. Denn in der Praxis bekommen Sie gerade von Herstellern häufig grenzwertiges Material geliefert, bei dem die Auflösung zu schlecht ist, ein schlechtes Motiv gewählt wurde und das zum Teil gar nicht zum eigenen Konzept passt. Denn Produkte werden auf der emotionalen Schiene verkauft. Wenn Sie aber das Bild eines freigestellten Whirlpools in einer Ansicht von oben erhalten, bringt Ihnen das nichts. Denn Sie brauchen den Whirlpool eingebaut in einem Haus mit einem glücklichen Paar, das gerade ein Glas Sekt trinkt. Dementsprechend sind Bilder vom Herstellern erst einmal die günstigste, aber in der Praxis nicht die beste Variante. Bedenken Sie auch, dass Ihre Konkurrenten wahrscheinlich dasselbe Bildmaterial nutzen – wieder ein Punkt, über den Sie sich dann nicht von den Mitbewerbern absetzen können. Gegebenenfalls erhalten Sie aber Bilder im Rohformat und können diese selbst weiterbearbeiten. Prüfen Sie in jedem Fall, ob die gelieferten Bilder Ihren Anforderungen genügen. Falls nicht, sollten Sie noch mal bei Ihrem Hersteller nachhaken oder selbst Bildmaterial erzeugen.

3.10.2 Produktbilder von einer Agentur/einem Fotografen erstellen lassen

Sie können selbstverständlich auch eine Agentur mit dem Shooting beauftragen, müssen aber mit entsprechenden Kosten rechnen. Es ist zwar die schnellste und schmerzfreieste Variante, aber nicht direkt die günstigste.[8] Wichtig ist bei der Beauftragung einer Agentur bzw. eines Fotografen, dass Sie ihm genau schildern, in welchem Kontext die Bilder benötigt werden. Dabei spielt es eine Rolle, ob die Bilder später freigestellt werden sollen, um diese im Online-Shop zu integrieren, oder ob Sie gegebenenfalls das Produkt gar nicht alleine dargestellt haben möchten, sondern in Kombination mit Personen oder der Umgebung. Dementsprechend müssen Sie im ersten Schritt ein Briefing durchführen. Innerhalb des Briefings muss definiert werden, welche Produkte fotografiert werden sollen und wo diese später überall integriert werden. Wenn Sie das Bildmaterial neben dem Einsatz im Online-Shop zusätzlich noch für Flyer, Broschüren etc. nutzen möchten, ist das Format auch ein wichtiger Punkt. Wenn Sie später nur Breitbildformatbilder haben, der Shop aber auf Hochkant-

8 Wenn Sie selbst Bilder machen, müssten Sie natürlich die eigene Arbeitszeit entsprechend ansetzen. Berücksichtigt man das, ist die Beauftragung einer Agentur nicht zwangsläufig die teuerste Variante.

bilder ausgelegt ist, haben Sie ein Problem. Klären Sie also das Format im Vorfeld. Zusätzlich muss geklärt werden, ob die Bilder freigestellt werden sollen oder nicht oder ob Sie das Bildmaterial in beiden Kontexten wünschen, was wiederum die teuerste Variante ist.

Technische Produkte wie Schrauben, Werkzeug etc. werden in der Regel freigestellt und auch entsprechend fotografiert. Modeprodukte, nehmen wir als Beispiel ein T-Shirt, werden auch freigestellt abgebildet, jedoch auch immer noch in Verbindung mit einer Person, sodass man sich den Artikel besser »vorstellen« kann.

3.10.3 Produktbilder selbst machen

Sollten Sie die Bilder selbst machen wollen, dann müssen Sie wenige, aber wichtige Punkte beachten. Im ersten Schritt müssen Sie über das richtige Equipment verfügen. Sie müssen nicht die teuerste Spiegelreflexkamera kaufen, aber es macht grundsätzlich schon einen Unterschied, ob Sie mit einer sehr günstigen Kompaktkamera oder einer »professionellen« Spiegelreflexkamera ein Bild machen. Da es sich bei der Kamera auch um eine Investition für die nächsten Jahre handelt, sollten Sie hier nicht sparen. Eine vernünftige und preiswerte Kamera bekommen Sie mit Objektiven ab 600–700 €, eine Summe, mit der Sie rechnen sollten. Da Ihnen die Kamera aber wie gesagt einige Jahre erhalten bleibt, sind die Kosten bezogen auf die Nutzungszeit recht gering. Neben der Kamera und Ihren künstlerischen Fähigkeiten – denn es kommt nicht nur auf die Technik an, sondern auch darauf, wie Sie die Kamera einsetzen – müssen Sie für eine gute Umgebung sorgen. Keine Sorge, es muss kein separates Fotostudio aufgebaut werden. Aber es ist sinnvoll, sich eine Ecke bzw. einen Raum zu suchen, den Sie entsprechend abdunkeln können und der somit über optimale Lichtverhältnisse verfügt. Ebenso müssen Sie dann für die richtige Ausleuchtung sorgen. Wenn Sie daher einen Raum bzw. Platz entbehren können, an dem Sie nicht immer das gesamte Equipment aufbauen müssen, sparen Sie sich langfristig eine Menge Zeit.

Sobald Sie Ihre Produkte fotografiert haben, müssen Sie auch noch Zeit für die Nachbearbeitung am Computer einrechnen. Je nachdem, wie Sie Ihre Produkte platzieren möchten, müssen Sie nun die Bilder freistellen, mit einem Hintergrund versehen, gegebenenfalls Details im Bild entfernen. Stellen Sie sich beim Shooting immer die Frage, wie Sie das Produkt richtig in Szene setzen können. Sie müssen beim Besucher die Lust am Einkaufen wecken. Zusätzlich müssen Details erkennbar sein, und der Gesamteindruck muss stimmen.

360-Grad-Produktfotos

Ein Trend, der sich noch nicht in vielen Shops durchgesetzt hat, aber oftmals für einen Aha-Effekt sorgt, sind 360-Grad-Produktbilder. Sie sind zwar in der Produktion wesentlich aufwendiger, dafür können aber Details wesentlich besser erkannt werden. Denn hier lässt sich der Artikel von jeder Seite bis ins kleinste Detail betrachten. Sollten Sie die Möglichkeit für 360-Grad-Produktfotos haben, sollten Sie diese auf jeden Fall nutzen.

Natürlich spielt bei Produktfotos auch das Talent immer eine wichtige Rolle. Auch wenn Sie sich das Handwerk aneignen können, so ist dennoch ein guter Blick für die Perspektive wichtig und wie man das Produkt in Szene setzt. Sollten Sie sich hierbei schwertun, sollten Sie das Thema Fotos besser auslagern. Denn wenn Sie als Shop-Betreiber Ihre Zeit in etwas investieren, das nur mittelmäßige oder schlechte Ergebnisse liefert, dann bringt Ihnen das nichts, und für den Erfolg Ihres Online-Shops ist eine solche Vorgehensweise ebenso schädlich.

3.11 Wo werden Produktinformationen verwaltet?

Bisher haben Sie in diesem Kapitel viel darüber erfahren, wie Sie Ihre Warengruppen idealerweise strukturieren sollten und worauf es bei der Entwicklung von Produkttexten ankommt. Wir möchten an diesem Punkt auch nicht zu technisch werden, aber dennoch sollte kurz thematisiert werden, wo denn idealerweise Produktinformationen überhaupt gespeichert bzw. verwaltet werden.

In vielen E-Commerce-Lösungen wie Shopware und Magento haben Sie die Möglichkeit, Produkte und Texte direkt innerhalb der Online-Shop-Software anzulegen und zu verwalten. Diese Funktionalitäten sind erfahrungsgemäß jedoch eher rudimentär. Sprich, Sie können zwar Produkte verwalten, aber haben an der einen oder anderen Stelle mit Einschränkungen zu kämpfen, beispielsweise im Bereich der Massenbearbeitung oder auch bei Freigabeworkflows. Doch was ist der Best-Practice-Ansatz, wenn es um die Verwaltung von Artikelinformationen geht?

3.11.1 Kategorien und Warengruppen

Tatsächlich werden die Kategorien bzw. Warengruppen in vielen Fällen direkt in der Online-Shop-Software angelegt und verwaltet. Auch bei Unternehmen, die ein ERP-System bzw. eine Warenwirtschaftslösung an den Online-Shop angebunden haben, ist dies der präferierte Weg. Innerhalb des ERP-Systems haben Sie zwar auch immer Warengruppen oder Kategorien, meistens besitzen diese aber interne Bezeichnungen, die Sie in dieser Form gar nicht in Ihrem Online-Shop wünschen. So könnte die Kategorie »Schreibtische« in Ihrem ERP-System »Bürotische« heißen, aus SEO-Sicht wäre aber der erste Begriff besser. Da Sie im ERP-System in der Regel nicht einfach die Bezeichnungen abändern können, ist es daher in der Praxis nicht unüblich, die Warengruppen bzw. Kategorien in der Online-Shop-Software anzulegen und über eine Verknüpfungstabelle eine Relation zu den Kategorien im ERP-System herzustellen.

3.11.2 Artikelstammdaten

Zu den Artikelstammdaten gehört beispielsweise der Name, der Preis, aber auch die Artikelnummer. Hierbei handelt es sich um die »Hard Facts« eines Produkts, ohne zusätzliche Details wie eine ausufernde Produktbeschreibung. Diese Artikelstammdaten werden in der Regel immer in einem ERP-System bzw. einer Warenwirtschaftslösung gespeichert und verwaltet und anschließend per Schnittstelle in den Online-Shop übertragen. Der Grund dafür ist, dass oftmals Preise bzw. die Preisfindung als solche, aber eben auch die Stammdaten wesentlich komfortabler und einfacher innerhalb des ERP-Systems verwaltet werden können. Dort stehen Massenbearbeitungsfunktionen, aber auch simple und einfache Export- und Importmöglichkeiten zur Verfügung, die in vielen Online-Shop-Softwarelösungen fehlen.

3.11.3 Produkteigenschaften und Beschreibungstexte

Zu guter Letzt gibt es noch die Produkteigenschaften und die Beschreibungstexte, also jene Informationen, mit denen wir uns primär in diesem Kapitel befasst haben. Hierzu zählen Produktattribute, aber natürlich auch Bilder, Videos und zusätzliche Medien. Für die Verwaltung dieser Informationen wird in der Praxis eine sogenannte PIM-Software verwendet. Die Abkürzung PIM steht für Product Information Management und ist eine zusätzliche Software, die sich ausschließlich mit der Verwaltung von Produktdaten beschäftigt. Der Markt für PIM-Lösungen ist mittlerweile unüberschaubar, ein sehr populärer Vertreter der PIM-Systeme ist jedoch akeneo (siehe Abbildung 3.20).

Der große Vorteil eines PIMs besteht darin, auf einfache Art und Weise Daten zu importieren und diese zu exportieren. Zudem stehen Massenbearbeitungsmöglichkeiten zur Verfügung, mit denen Sie auf einfache Art und Weise eine Vielzahl an Produkten bearbeiten können. Die Produktdatenpflege in einem PIM ist in der Regel wesentlich angenehmer als über die eigentliche Online-Shop-Software. Natürlich erfordert ein PIM Schnittstellen, sodass Ihr Online-Shop an die entsprechenden Daten herankommen bzw. diese importieren kann.

In der Praxis – es hängt aber immer ganz speziell vom jeweiligen Projekt ab – kommen für die Produktdatenverwaltung gerne drei Systeme infrage, die sich die Aufgaben ein wenig aufteilen. Wenn Sie anfangs jedoch schnell starten möchten, können Sie vermutlich, ohne an dieser Stelle die Software zu kennen, die Sie später als Produktmanagement-Lösung einsetzen, mit der Datenpflege innerhalb Ihrer Online-Shop-Software beginnen und ein PIM auch nachträglich einführen.

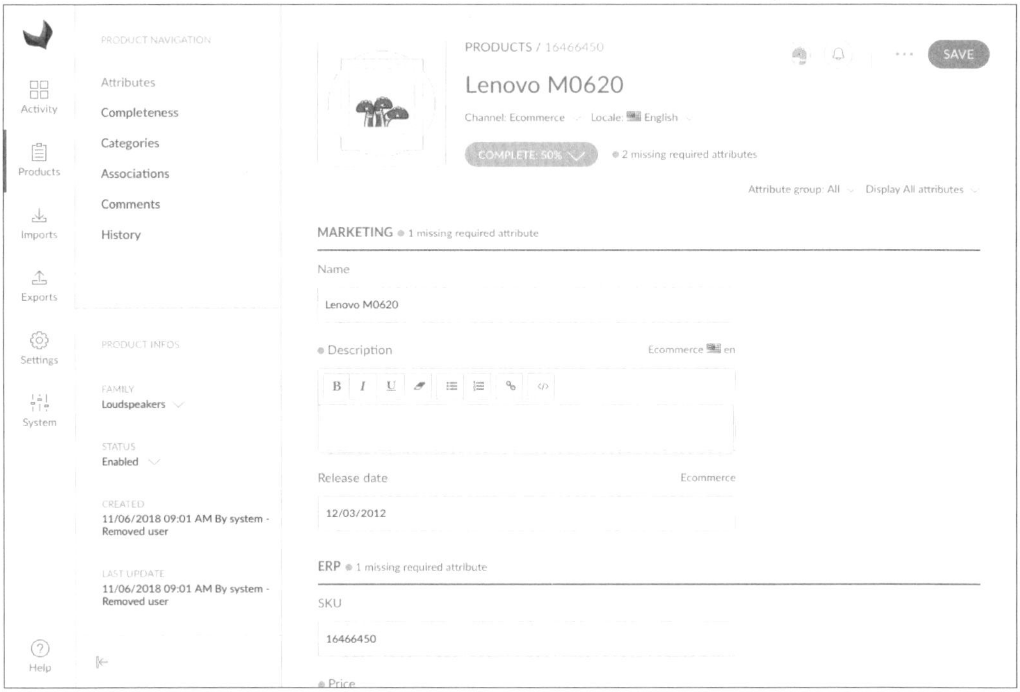

Abbildung 3.20 akeneo zählt zu den populärsten PIM-Lösungen am Markt.

Sollten Sie bereits über ein ERP verfügen – das ist speziell bei kleinen und mittelständischen Unternehmen in der Regel der Fall – versuchen Sie, dieses so früh wie möglich an Ihren Online-Shop anzubinden.

3.12 360-Grad-Ansichten

War es vor einigen Jahren noch undenkbar, 360-Grad-Produktansichten in Online-Shops abzubilden, so ist das heutzutage kein allzu großes Hexenwerk mehr. Die Frage, die Sie sich in erster Linie stellen müssen, lautet: Braucht es eine 360-Grad-Ansicht, oder handelt es sich hierbei ausschließlich um eine Nice-to-have-Funktionalität, die zwar für Staunen sorgt, aber letztendlich nicht zu mehr Kunden führt?

Erfahrungsgemäß erfordern die meisten Produkte keine 360-Grad-Ansicht. Stellen Sie sich einen Pullover oder ein Notebook vor. Wenn Sie für diese Produkte mehrere Bilder integrieren (was definitiv zu empfehlen ist), ist es für den Nutzer vollkommen verständlich, wie die jeweiligen Seiten des Artikels ausschauen. Das heißt, Sie können diese Informationen auch ohne eine spezielle Technologie bereitstellen, indem Sie einfach mit mehreren Fotos arbeiten. Letztendlich geht es ja immer nur darum, dem Kunden alle notwendigen Informationen für eine Kaufentscheidung zu liefern, und bei diesen Produkttypen reichen Fotos aus unterschiedlichen Blickwinkeln aus.

Auf der anderen Seite gibt es aber auch Produkte, die Sie sich im Vorfeld zuerst aus unterschiedlichen Winkeln anschauen müssen, um eine Kaufentscheidung treffen zu können.

Bei technischen Produkten ist es unter Umständen wichtig, zu erfahren, ob am Gehäuse gewisse Auskerbungen bestehen oder Teile überstehen. Bilder können, wenn diese nicht aus genügend Perspektiven aufgenommen wurden, ein unklares Bild erzeugen, wodurch der Nutzer den Artikel anschließend vermutlich nicht bestellt. Um Sicherheit zu schaffen, ist daher eine 360-Grad-Ansicht von Vorteil. Ein Beispiel hierfür sehen Sie in Abbildung 3.21.

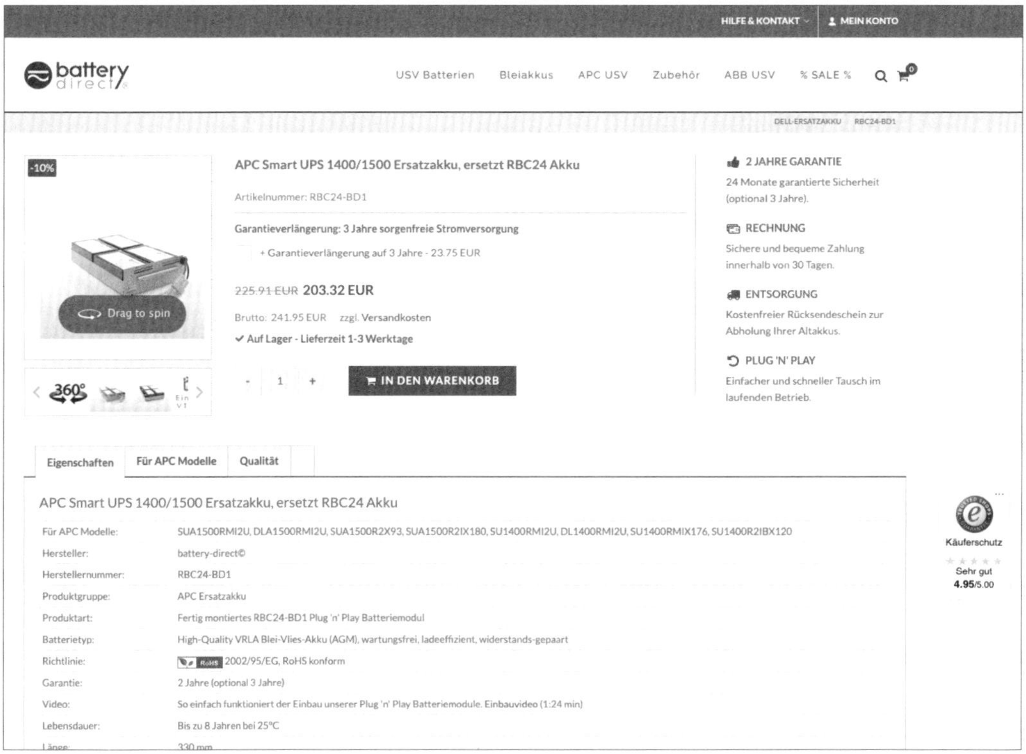

Abbildung 3.21 Nutzer können das Produkt beliebig drehen.

Der Online-Shop Battery Direct hat für eine Vielzahl der Artikel sowohl 360-Grad-Ansichten als auch Einbauvideos, agiert also vorbildlich in der Bereitstellung von relevanten Informationen, damit Nutzer eine Kaufentscheidung treffen können.

Wenn Sie mit dem Gedanken spielen, 360-Grad-Produktfotos anzubieten, stellen Sie sich im Vorfeld bitte zuerst die Frage, ob dadurch auch ein Mehrwert für Ihre Nutzer entsteht oder ob es sich in erster Linie nur um eine coole Spielerei handelt. Wenn Sie damit keinen echten Mehrwert liefern, ist es unnötig verwendetes Budget, das Sie sicherlich an anderen Stellen besser einsetzen können.

3.13 Produktkonfiguratoren

Die Nutzung von Produktkonfiguratoren ist in vielen Fällen ein zweischneidiges Schwert. Auf der einen Seite machen Sie Ihre Kunden aufgrund von Individualisierungsmöglichkeiten glücklich und können sich im besten Fall von Ihren Wettbewerbern absetzen. Auf der anderen Seite bedeuten Produktkonfiguratoren bei der Entwicklung und Implementierung aber auch immer hohe Aufwände. Denn es ist rein technisch betrachtet natürlich wesentlich einfacher, einen Standardartikel »von der Stange« zu verkaufen als einen konfigurierbaren Artikel.

Es kommt dabei auch ganz besonders auf Ihr Geschäftsmodell an, ob ein Produktkonfigurator sinnvoll ist oder nicht. Und diese Frage müssen Sie sich initial und losgelöst von technischen Anforderungen stellen. Gerade wenn Sie in einem Markt aktiv sind, in dem es viele Konkurrenten gibt, macht ein Produktkonfigurator Sinn, um sich von der Masse absetzen zu können. Es gibt aber auch schlichtweg Artikel, die eine Konfiguration erfordern. Wenn Sie Trauringe verkaufen, dann müssen Sie Ihre Besucher danach fragen, in welcher Breite und Höhe sie den Ring bestellen möchten. In einem solchen Fall müssen Sie also einen Konfigurator anbieten und haben gar nicht erst die Möglichkeit, zu entscheiden, auf welche Art und Weise Sie Ihre Produkte verkaufen. Auch können Sie sich in Ihrem Geschäftsmodell dazu entschließen, ausschließlich konfigurierbare Produkte zu vertreiben, womöglich Produkte, die bislang noch gar nicht online vertrieben werden konnten. Ein Beispiel hierfür sehen Sie in Abbildung 3.22 bei dem Online-Shop *metallbau-onlineshop.de*. Bei dem Verkauf von Zäunen und Fenstergittern müssen Sie zwingend eine Individualisierung der Produkte durch Ihre Kunden zulassen, denn es handelt sich nun mal um Artikel, die speziell für sie hergestellt werden müssen.

Die Nutzung von Produktkonfiguratoren ist daher ein gutes Mittel, um sich von Konkurrenten abzusetzen und Ihren Besuchern ein noch besseres Einkaufserlebnis durch individualisierte Produkte zu ermöglichen.

3.14 Preisbildung

Auch wenn wir, entgegen der weitläufigen Meinung, nicht davon überzeugt sind, dass der Preis immer das wichtigste Kriterium bei einer Kaufentscheidung ist, so spielt er sicherlich eine gewisse Rolle. Doch was ist der richtige Preis für Ihre Produkte? Die Frage klingt banal, denn wenn Sie bereits ein Geschäft betreiben, haben Sie sicherlich schon Verkaufspreise ermittelt. Letztendlich benötigt man als Grundlage ja nur den Einkaufspreis, addiert allgemeine Kosten und seine Gewinnmarge, und schon entsteht ein Verkaufspreis:

Einkaufspreis + allgemeine Kosten + Gewinn = Verkaufspreis

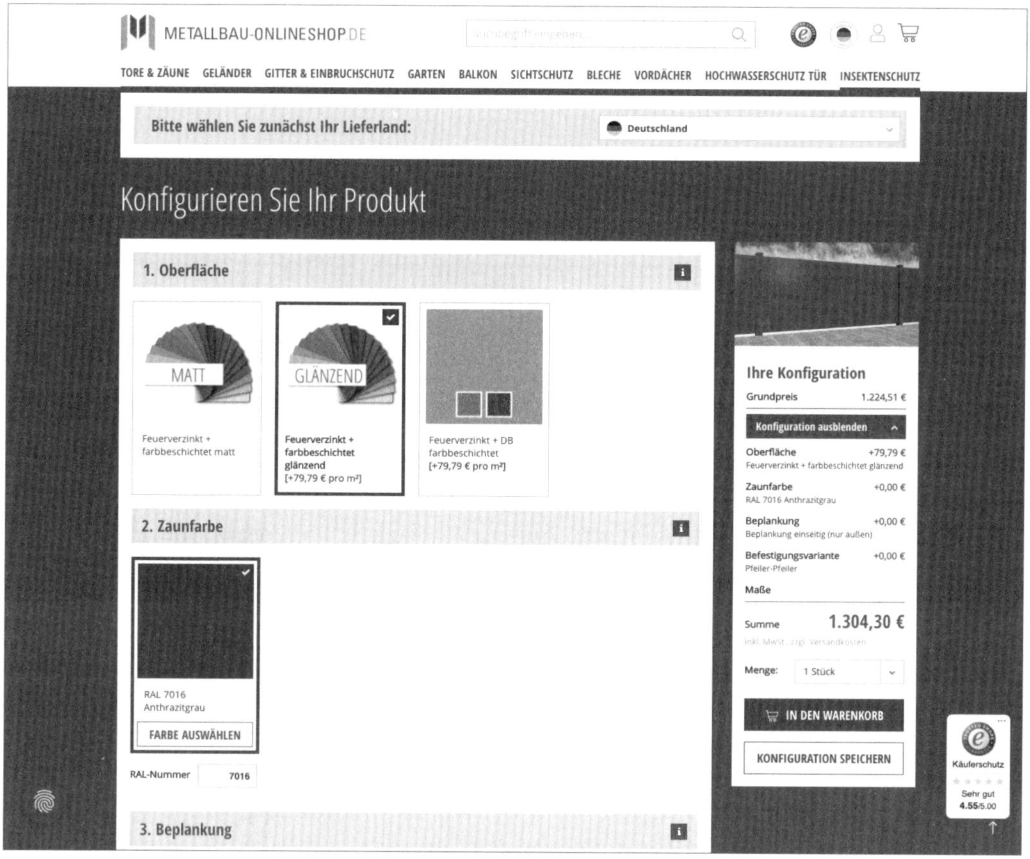

Abbildung 3.22 Ein Zaun muss konfiguriert werden, weshalb ein Konfigurator auf metallbau-onlineshop.de zwingend für das Geschäftsmodell ist.

Im E-Commerce ist die Sache mit dem Preis nur leider nicht ganz so einfach wie im klassischen Handel. Zum einen müssen Sie Ihren Kunden aus rechtlichen Gründen online sofort den exakten Verkaufspreis nennen. Das ist gerade in den produzierenden Branchen relativ schwierig, denn dort ist die Preiskalkulation sehr komplex und liegt zum Teil auch im Ermessen des Verkäufers. Zum anderen sind Sie online problemlos mit anderen Mitbewerbern vergleichbar. Das ist immer dann sekundär, wenn sich Produkte nicht exakt miteinander vergleichen lassen: wenn Sie beispielsweise eine Jeans kaufen möchten und im Online-Shop A eine Levi's-Jeans 89 € kostet und in Online-Shop B eine Lee-Jeans 110 €. Die Kaufentscheidung wird hierbei sicherlich nicht ausschließlich aufgrund des Preises erfolgen, denn Schnitt, Markenname, Status etc. sind ebenfalls Faktoren, die eine Rolle spielen, die Sie aber gar nicht miteinander vermischen können.

Wenn Sie hingegen ein iPhone X bestellen möchten, und es kostet in Online-Shop A 1.099 € und in Online-Shop B 1.049 €, dann wären Sie »blöd«, wenn Sie nicht das günstigere iPhone bestellen würden, handelt es sich doch um ein und dasselbe Produkt. Zugegebenermaßen sind das zwei extreme Beispiele. Unterscheidet sich das iPhone beispielsweise nur durch eine Differenz von 10 €, wird man sicherlich überlegen, ob man das Smartphone nicht in dem Online-Shop bestellt, von dem man weiß, dass es bei einer Reklamation dort keinerlei Probleme gibt. Das ist übrigens auch der große USP von Amazon. Amazon ist nie der günstigste Anbieter, auch wenn es sicherlich einmal Ausnahmen gibt. Amazon ist aber der Anbieter mit der effizientesten Abwicklung: Sie haben den Artikel in der Regel am nächsten Tag, und das bei einem erstklassigen Reklamationsprozess, denn im Zweifelsfall erstattet Ihnen Amazon recht schmerzfrei den Kaufpreis zurück. Die Psychologie spielt also eine große Rolle, denn eine Kaufentscheidung wird unter anderem aufgrund der Abwicklung im Schadensfall getroffen, nicht primär aufgrund des Preises.

Für die Ermittlung und Bestimmung des richtigen Preises müssen Sie zuerst einmal analysieren, welche Preise es im E-Commerce gibt. Denn es gibt nicht nur »den« Preis, sondern es gibt unterschiedlichste Preise, die es zu kalkulieren gibt. Hierzu zählen:

1. Normalpreis
2. Kundengruppenpreis
3. Staffelpreis
4. Paketpreis
5. Sonderpreis

Neben dem klassischen Verkaufspreis ist es oftmals notwendig, kundengruppenspezifische Preise, aber auch Staffelpreise, Sonderpreise und Paketpreise zu errechnen. Alle diese Preise haben dabei aber eine Gemeinsamkeit. Zieht man vom Normalpreis Ihre Gewinnmarge ab, so erhalten Sie die Preisuntergrenze. Wenn Sie unterhalb dieses Preises verkaufen, machen Sie letztendlich Verlust. Nur wie errechnen Sie diese Preisuntergrenzen? Hierfür müssen Sie folgende Kostenfaktoren mit in die Preisformel einbeziehen:

- Einkaufspreis bzw. Produktionskosten
- Kosten für den Online-Shop (einmalig)
- Support- und Servicekosten des Online-Shops
- Hosting-Kosten
- Werbekosten
- Versandkosten, falls diese nicht separat berechnet werden
- Retourenquote
- Personalkosten
- Payment-Kosten
- Gewinn

Nehmen wir nun für die Berechnung ein einfaches Beispiel. Sie möchten in Ihrem Online-Shop ein rotes T-Shirt verkaufen, wissen aber nicht, wie Sie den Verkaufspreis bestimmen müssen. Im ersten Schritt informieren Sie sich nun nach dem Einkaufspreis. Der Großhändler teilt Ihnen in diesem Fall mit, dass der Einkaufspreis 10 € beträgt. Würden Sie nun auf die 10 € einen Gewinn addieren, hätten Sie zwar einen Verkaufspreis, dieser würde aber nicht alle entstandenen Kosten widerspiegeln. Aus diesem Grund ziehen Sie nun im nächsten Schritt die Kosten für den Online-Shop heran. Bei der Entwicklung fallen grundsätzlich immer einmalige Kosten an, gehen wir bei unserem Beispiel-Online-Shop von 20.000 € aus. Im Schnitt können Sie einen Online-Shop sicherlich drei bis vier Jahre auf derselben Basis ohne Relaunch betreiben, das heißt, auf das Jahr heruntergerechnet haben Sie Kosten von 5.000 €. Wenn Sie nun wissen möchten, wie Sie die 5.000 € auf eine Bestellung umlagern, müssen Sie wissen, wie viele Artikel Sie pro Jahr verkaufen. Am Anfang haben Sie hier nur ganz grobe Werte, wenn Sie auch einen Businessplan erstellt haben. In unserem Beispiel sagt der Businessplan voraus, dass Sie pro Jahr 50.000 T-Shirts verkaufen, sprich ca. 137 T-Shirts pro Tag. Also müssen Sie pro T-Shirt, in diesem Fall pro Bestellung, 0,10 € für die erstmalige Entwicklung Ihres Online-Shops umlegen.

Ebenso entstehen monatliche Weiterentwicklungs- und Support-Kosten in Höhe von 2.000 €, die Sie in Relation zu den 3.167 Bestellungen pro Monat setzen. Daraus folgen weitere 0,48 €, die Sie bei einer Bestellung kalkulieren müssen. Damit der Online-Shop im Netz erreichbar ist, wird eine Hosting-Infrastruktur benötigt. Bei kleineren Shops halten sich die Kosten hierfür in Grenzen, je mehr Bestellungen Sie aber verarbeiten, desto höher werden in absoluten Zahlen auch die Hosting-Kosten. Für unseren Beispiel-Online-Shop setzen Sie daher einen mittleren Wert von 250 € pro Monat an, das heißt, in Bezug auf die 3.167 Produkte entspricht das 0,06 €.

Bei der Ermittlung der Werbekosten wird es nun ziemlich knifflig, da sich diese je nach Marketingkanal unterschiedlich schwer ermitteln lassen. Setzen Sie beispielsweise auf Google Ads, können Sie recht genau bestimmen, was Sie eine Bestellung gekostet hat. Denn wenn Ihre Anzeige 100-mal auf Google angeklickt wird und Sie pro Klick 1 € bezahlen, dann haben Sie in absoluten Zahlen erst einmal Kosten von 100 €. Von diesen 100 Klicks erzielen Sie, wenn Sie gut sind, vier bis fünf Bestellungen. Das heißt, eine Bestellung hat bei Ihnen Kosten in Höhe von 20 €. Das Problem besteht nun darin, dass Sie wissen müssen, wie hoch der durchschnittliche Bestellumsatz ist, denn ein Kunde kauft nicht nur ein T-Shirt, sondern oftmals viele unterschiedliche Produkte. Dementsprechend wäre es aber unfair, wenn Sie dem T-Shirt nun alle Kosten aufhalsten. Also müssen Sie letztendlich wissen, wie hoch der durchschnittliche Bestellwert bezogen auf eine Conversion aus dem Marketingkanal ist. Gehen wir einmal davon aus, dass neben dem roten T-Shirt noch vier weitere T-Shirts bestellt werden. Teilen Sie die 20 € Google-Ads-Kosten auf fünf T-Shirts pro Bestellung auf, ergeben sich dadurch Werbekosten von 4 €. Rechnen Sie Versandkosten mit in den Verkaufspreis, beispielsweise wenn Sie versandkostenfrei versenden, müssen Sie diese an dieser Stelle ebenfalls berücksichtigen.

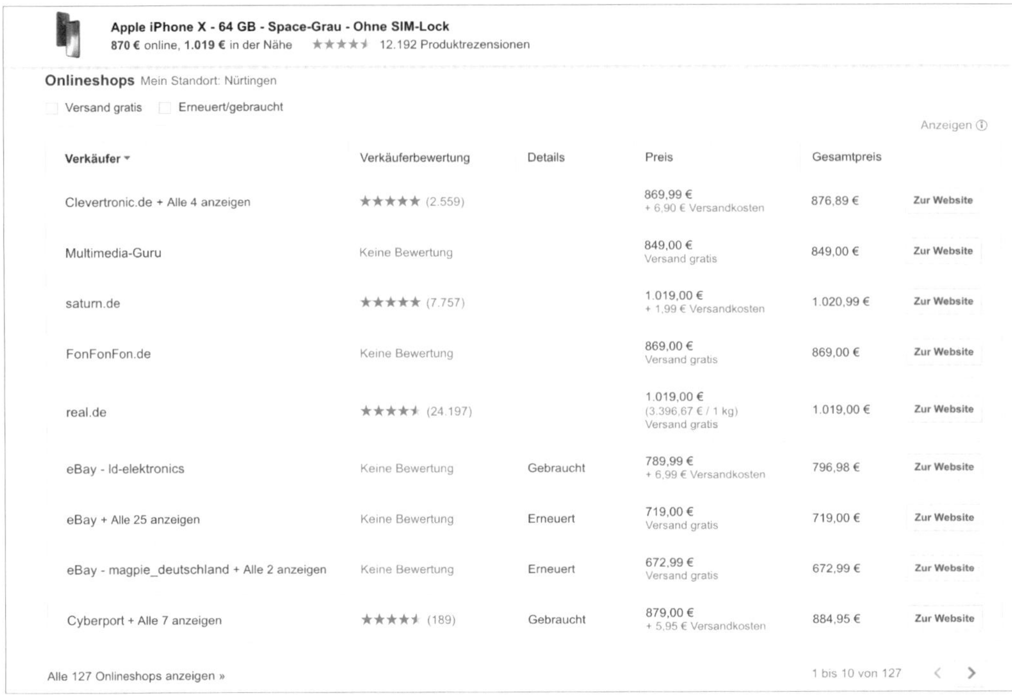
Apple iPhone X - 64 GB - Space-Grau - Ohne SIM-Lock
870 € online, 1.019 € in der Nähe 12.192 Produktrezensionen

Onlineshops Mein Standort: Nürtingen

Versand gratis Erneuert/gebraucht

Anzeigen

Verkäufer	Verkäuferbewertung	Details	Preis	Gesamtpreis	
Clevertronic.de + Alle 4 anzeigen	★★★★★ (2.559)		869,99 € + 6,90 € Versandkosten	876,89 €	Zur Website
Multimedia-Guru	Keine Bewertung		849,00 € Versand gratis	849,00 €	Zur Website
saturn.de	★★★★★ (7.757)		1.019,00 € + 1,99 € Versandkosten	1.020,99 €	Zur Website
FonFonFon.de	Keine Bewertung		869,00 € Versand gratis	869,00 €	Zur Website
real.de	★★★★½ (24.197)		1.019,00 € (3.396,67 € / 1 kg) Versand gratis	1.019,00 €	Zur Website
eBay - ld-elektronics	Keine Bewertung	Gebraucht	789,99 € + 6,99 € Versandkosten	796,98 €	Zur Website
eBay + Alle 25 anzeigen	Keine Bewertung	Erneuert	719,00 € Versand gratis	719,00 €	Zur Website
eBay - magpie_deutschland + Alle 2 anzeigen	Keine Bewertung	Erneuert	672,99 € Versand gratis	672,99 €	Zur Website
Cyberport + Alle 7 anzeigen	★★★★½ (189)	Gebraucht	879,00 € + 5,95 € Versandkosten	884,95 €	Zur Website

Alle 127 Onlineshops anzeigen » 1 bis 10 von 127

Abbildung 3.23 Google Shopping berücksichtigt in der Gesamtsumme auch die Versandkosten.

Die Versandkosten sind dabei eines der am heißesten diskutierten Themen im E-Commerce in Bezug auf die Verkaufspreisbildung. Soll man diese entsprechend ausweisen, oder bietet man einen kostenlosen Versand an und rechnet diese in den Produktpreis ein? Früher hatte man faktisch bei Preissuchmaschinen ein etwas leichteres Spiel, wenn der Produktpreis niedrig war und zusätzlich Versandkosten berechnet wurden. So wurden Ihre Produkte besser gefunden als die Produkte der Konkurrenz, die etwas teurer waren, weil Versandkosten eingerechnet wurden.

Heutzutage sind aber so gut wie alle Preissuchmaschinen so transparent, dass zusätzliche Versandkosten in den Gesamtpreis miteinbezogen werden und eigentlich nur noch der Gesamtpreis eine Rolle spielt. Im Hinblick auf Preissuchmaschinen spielt es also keine Rolle, ob Sie Versandkosten berechnen oder nicht. Das sehen Sie auch in der Auflistung von Google Shopping in Abbildung 3.23. Dem Kunden wird sehr transparent immer der Gesamtpreis einer Bestellung dargestellt, das heißt Versandkosten sowie Artikelkosten. Nichtsdestotrotz hat ein kostenloser Versand einen gewissen psychologischen Effekt, bei dem Ihre Kunden vermuten, etwas geschenkt zu bekommen. In Wirklichkeit steckt natürlich eine (Misch-)Kalkulation dahinter, denn der Online-Shop-Betreiber darf bei einem Verkauf nie Verluste einfahren.

Neben den bereits aufgeführten Faktoren wirkt sich außerdem die Retourenquote auf den Verkaufspreis aus. Denn hier fallen Prozesskosten an, Sie müssen die Retoure ja bearbeiten. Auch kann es sein, dass gewisse Retouren nicht wiederverkauft werden können. Dadurch müssen Sie die entstandenen Kosten komplett selbst tragen. Leider lässt sich hierbei keine pauschale Aussage treffen. Je nach Branche und Produkten unterscheiden sich die Retourenquoten doch immens. Daher müssen Sie in diesem Bereich Erfahrungen sammeln und wissen nach einiger Zeit, mit welchen Retourenquoten Sie rechnen müssen.

Zu guter Letzt müssen Sie ebenfalls die Personalkosten berücksichtigen. Diese können Sie ebenfalls auf ein T-Shirt umlegen. Wenn Sie am Anfang beispielsweise 5.000 € Personalkosten haben, bedeutet das einen Anteil von 1,20 € pro T-Shirt. Neben diesen Kosten folgt nun noch der Gewinn, den Sie erzielen möchten. Das hängt natürlich auch wieder von der Branche und Ihrem Marktumfeld ab, wir möchten uns aber ein Ziel von 20 % pro Produkt bzw. Bestellung setzen.

In unserem Beispiel haben Sie nun folgende Kosten: 10,00 Einkaufspreis + 0,10 Entwicklung + 0,48 Support + 0,06 Hosting + 4,00 Werbung + 1,20 Personal = 15,84 €. Sobald Sie Ihr T-Shirt unter diesem Preis verkaufen, machen Sie Verluste. Wenn Sie einen Gewinn von 20 % anstreben, dann müssen Sie das T-Shirt für 19,00 € vertreiben. Nicht mit eingerechnet sind hierbei Versand- und Retourenkosten.

Grundsätzlich gilt: An den Kosten selbst können Sie nicht viel machen, nur bei der Gewinnmarge sind Sie flexibel. Wenn Sie daher Staffelpreise oder eben auch Sonderpreise anbieten möchten oder gar anbieten müssen, dann ist das Ihre Stellschraube, an der Sie drehen können, nicht aber an den Kosten. Überlegen Sie daher im ersten Schritt genau, welche Kosten neben dem Einkaufspreis und den Personalkosten tatsächlich anfallen. Eventuell benötigen Sie für Ihr E-Commerce-Geschäftsmodell noch weitere Software, für die Lizenzkosten anfallen, oder weitere Investitionen. Diese müssen Sie auf ein Produkt bzw. eine Bestellung umlegen; anschließend haben Sie einen Hinweis darauf, wie Ihr Verkaufspreis aussieht. Auch müssen Sie immer das Marktumfeld im Auge behalten. Aber auch dieses hat höchstens Einfluss auf Ihre Gewinnmarge, nicht aber auf die grundsätzliche Kostenstruktur.

3.15 Qualität statt Quantität

Masse schlägt niemals Klasse, weder bei Produktbeschreibungstexten noch bei der Anzahl der Kategorien oder weiteren Inhalten in Ihrem Online-Shop. Dieses Credo sollten Sie im Online-Handel stets befolgen. Oft ist weniger doch mehr.

Viele Online-Shop-Betreiber unterliegen dem Irrglauben, dass sie möglichst viele Produkte und Kategorien benötigen, um Kompetenz auszustrahlen. Aber in der Praxis sind definitiv nur die großen Online-Shops bzw. E-Commerce-Player überhaupt in der Lage, mit einem riesigen Produktportfolio am Markt zu agieren. Start-ups bzw. E-Commerce-Neulingen sei empfohlen, einen Fokus zu setzen. Das kann ein Fokus auf die Zielgruppe, aber auch auf bestimmte Produktbereiche sein. Denn wenn Sie heutzutage erfolgreich im E-Commerce agieren möchten, dann müssen Sie ein Experte für Ihr Thema sein. Wenn Sie Sportartikel verkaufen, tun Sie sich immer leichter, wenn Sie ein Experte für Wintersport oder Ballsportarten sind. Wenn Sie aber vom Golf bis hin zum Fußball alles verkaufen, dann tun Sie sich gerade in übersättigten Märkten schwer. Setzen Sie daher ganz klar einen Fokus, und versuchen Sie, sich so weit wie möglich abzugrenzen.

Dasselbe Prinzip gilt auch für die Darstellung und Platzierung Ihrer Produkte. Es ist wesentlich schwerer, kurze und einprägsame Produktbeschreibungen zu entwickeln oder statt zehn schlechten Fotos drei gute zu platzieren – aber das ist genau die Herausforderung, die Sie annehmen müssen. Starten Sie klein, bauen Sie Ihren Online-Handel Schritt für Schritt aus, und versuchen Sie sich nicht daran, mit einem immensen Produktsortiment und semiprofessionellen Texten und Bildern zu starten. Denn wenn Sie erst einmal einen schlechten Eindruck hinterlassen haben, ist es wesentlich schwerer, diesen zu korrigieren, als es gleich von Anfang an »richtig« zu machen.

3.16 Ein Beispiel aus der Praxis

Die Theorie und Vorgehensweise, wenn es um Texte und den inhaltlichen Aufbau eines Online-Shops geht, haben Sie nun kennengelernt. Aber welche Shops setzen diese »Vorgaben« denn auch in der Praxis sehr gut um? Lassen Sie uns im Folgenden einen Blick auf einen ausgewählten Online-Shop werfen, der inhaltlich vieles richtig gemacht hat. Denn speziell im E-Commerce sollten Sie öfter einmal einen Blick auf die »Konkurrenz« werfen, diese analysieren und interessante Vorgehensweisen für Ihren eigenen Online-Shop adaptieren.

Bezogen auf den Umsatz und die Entwicklung der letzten Jahre zählt Breuninger sicherlich zu einem der erfolgreichsten Online-Shops im Bereich Mode und Fashion, die es in Deutschland gibt. Da man sich immer an den führenden Unternehmen orientieren sollte, ziehen wir daher Breuninger als Beispiel für den Aufbau eines Online-Shops heran. Sie können in Abbildung 3.24 einen Blick auf den Online-Shop von Breuninger werfen.

Bezogen auf die Kategorisierung werden Sie sofort die 7–2-Regel wiedererkennen, denn Breuninger verwendet insgesamt acht Kategorien in der Hauptnavigation.

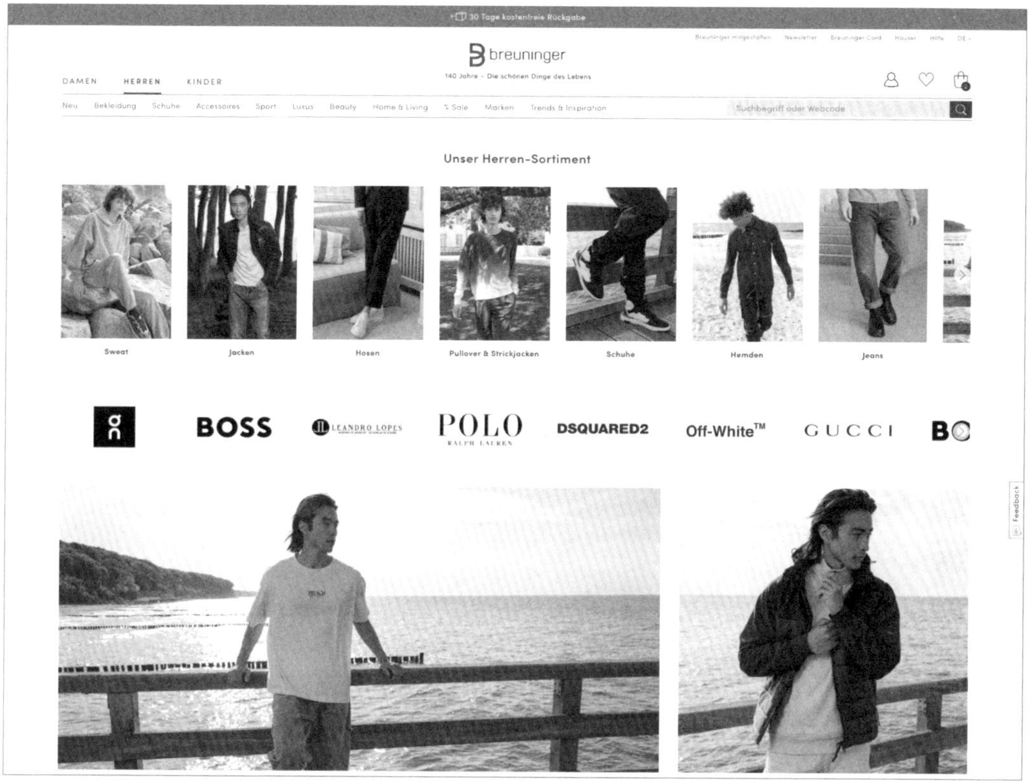

Abbildung 3.24 Die Startseite von Breuninger wirkt aufgeräumt und äußerst übersichtlich.

Innerhalb des Flyout-Menüs sind wesentlich mehr Kategorien auf einen Blick sichtbar, in der Hauptnavigation im linken Bereich von Breuninger hingegen ist die Übersichtlichkeit aufgrund der klaren Darstellung der Struktur wesentlich höher. Breuninger fährt in diesem Bereich also zweigleisig. Es gibt ein großes Flyout-Menü, in dem Sie alle Kategorien auswählen können, sowie eine Baumstruktur im linken Bereich des Webshops. Beachten Sie gerade bei der Kategorisierung auch die Tatsache, dass Breuninger primär Kategorienamen verwendet, die Keywords in Google entsprechen. Denn in Google werden Sie auch speziell nach »Jeans« oder »Pullover« suchen.

Auch wenn Breuninger bei der Kategorisierung und der Darstellung der Navigationswege nicht alles richtig macht, beispielsweise durch die Überfrachtung im Flyout-Menü und die doch teilweise sehr tiefe Struktur, können Sie sich zweifelsohne ein wenig an diesem Online-Shop orientieren.

Auf der Produktebene spielt Breuninger gekonnt Trümpfe aus, um den Besucher zu überzeugen: beispielsweise bei einem Pullover der Marke Hackett London. Hier wird nicht speziell das Produkt, sondern der Nutzen beschrieben:

Der feine Strickpullover von HACKETT LONDON ist ein Gewinn für Ihr Repertoire. Im Vordergrund stehen die feine Materialmischung aus Wolle und Cashmere sowie das cleane Design mit V-Neck. Gönnen Sie sich für die neue Saison einen tollen Allrounder für Business oder Freizeit!

Wie schon auf den vorherigen Seiten erwähnt, geht es bei der Produktbeschreibung primär um die Kommunikation des Kundennutzens. Als Kunde interessieren Sie daher weniger die Pflegehinweise, Sie müssen aber das Gefühl bekommen, in dem Pullover unwiderstehlich gut auszusehen. Gekoppelt wird dieses Gefühl bei Breuninger an die Produktbilder, wie Sie in Abbildung 3.25 sehen.

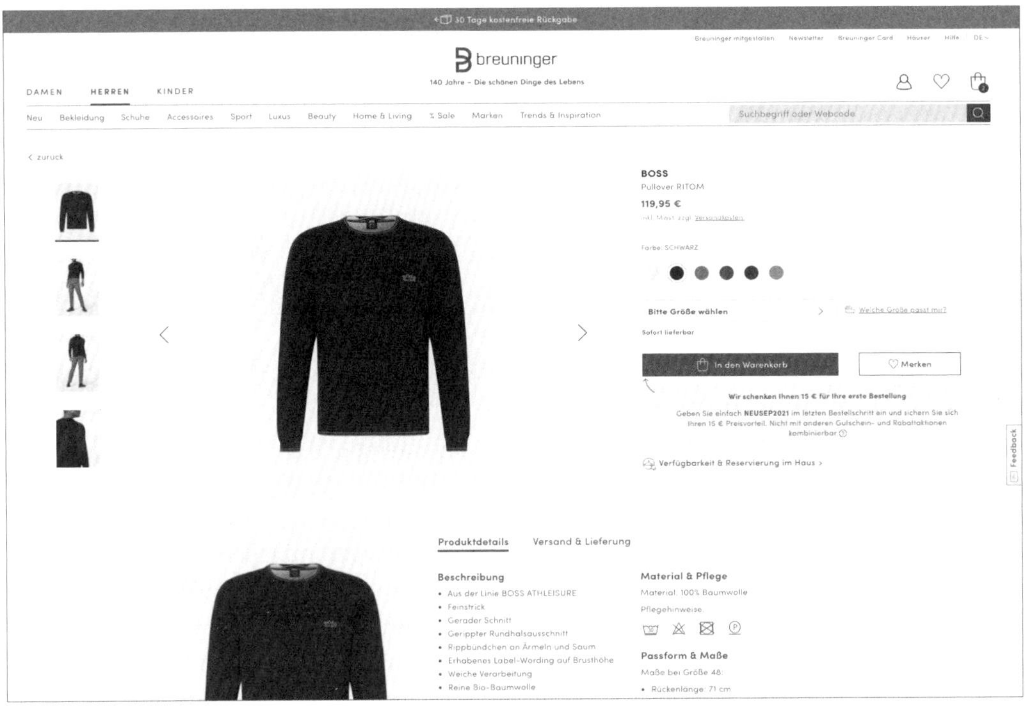

Abbildung 3.25 Breuninger zeigt den Pullover aus unterschiedlichsten Perspektiven.

Gerade bei Modeprodukten ist es wichtig, die Artikel an Menschen zu sehen, denn das stärkt die Vorstellungskraft, wie die Produkte am eigenen Körper aussehen. Ebenso sind verschiedene Blickwinkel relevant, Breuninger bietet daher eine Vielzahl an Bildern pro Produkt an. Darüber hinaus werden die Produktinformationen durch harte Fakten wie Beschaffenheit, Größe etc. ergänzt. Diese sind in diesem Fall sekundär, wenn auch nicht zu vernachlässigen.

Zusätzlich zu den abgebildeten Produktinformationen empfiehlt Breuninger darüber hinaus auf der Produktdetailseite direkt weitere Artikel. Hier gibt es zum einen ähnliche Artikel, das heißt in diesem Fall alternative Pullover. Aber auch Artikel, die von anderen Personen gekauft wurden, werden im unteren Bereich der Seite angezeigt. Hier werden uns in diesem konkreten Fall Jeans und weitere Pullover empfohlen. Selbst wenn Ihnen der ursprünglich ausgewählte Artikel nicht gefällt, haben Sie somit relativ einfach die Möglichkeit, auf verwandte bzw. ebenfalls interessante Artikel zu springen und diese zu evaluieren. Auch diese Informationen, sprich diese Querverweise, müssen in irgendeiner Form bei der Pflege der Produktdaten berücksichtigt und hinterlegt werden.

Bei der Preisgestaltung lässt sich keine pauschale Aussage treffen. Wenn Sie einige Artikel vergleichen, werden Sie aber feststellen, dass Breuninger nicht gerade zu den günstigsten Anbietern gehört, oftmals sogar zu den teuersten. Hier kommt es wirklich speziell auf das Produkt an, das Sie gerade vergleichen.

Was können Sie als Shop-Betreiber also von Breuninger lernen? Sicherlich vieles, wenn auch viele Inspirationen gerade im Bereich Design entstehen können. Inhaltlich handelt es sich aber um einen sauber strukturierten und übersichtlichen Shop, der gerade bei den Produktbeschreibungen und Bildern als Vorbild dienen kann.

3.17 Fazit

Die wohl wichtigste Aufgabe, die vor Ihnen liegt, ist es, die Rahmenbedingungen und Weichen in Ihrem Online-Shop für den Verkauf der Produkte zu stellen. Ob der potenzielle Kunde dann aber letztendlich einkauft oder Ihren Shop ohne Transaktion verlässt, hat viele Ursachen. Einen starken Einfluss haben sicherlich die Texte, die inhaltliche Struktur und die Produktbilder in Ihrem Online-Shop. Auch wenn es aufgrund des Aufwands für Shop-Betreiber ein oftmals »verhasstes« Thema ist – denn gute Texte und perfekte Produktbilder erfordern Zeit –, sollten Sie dennoch ein großes Augenmerk darauf richten, was und wie Sie Ihren Kunden gegenüber kommunizieren. Nutzen Sie daher die Möglichkeiten, die gute Produkttexte und Bilder bieten, und kurbeln Sie die Verkäufe in Ihrem Online-Shop an!

Kapitel 4
Mit Usability, Design und Sicherheit zu hohen Conversion-Raten

Bei dem Erscheinungsbild Ihres Online-Shops spielen nicht nur schöne Grafiken und die richtige Farbwahl eine wichtige Rolle. Ebenso müssen Usability, User Experience und auch Vertrauenswürdigkeit gegeben sein. Erfahren Sie in diesem Kapitel, was Sie bei der individuellen Gestaltung Ihres Shops beachten sollten.

Als Shop-Betreiber haben Sie eine äußerst schwierige Aufgabe. Sie müssen Ihre Besucher überzeugen, bei Ihnen und nicht bei der Konkurrenz einzukaufen, ohne dass Sie persönlich mithilfe von Sympathie und Charme den Kunden umgarnen können. Dabei ist es wichtig, dass Ihre Kunden schnell zum Ziel kommen und sich nicht – nehmen wir die Analogie eines Kaufhauses – direkt hinter dem Eingang verlaufen. Darüber hinaus muss Ihr Online-Shop Vertrauen schaffen und einen seriösen Eindruck hinterlassen, denn je kostenintensiver die Produkte sind, die Sie vertreiben möchten, desto größer ist die Gefahr, dass Ihre potenziellen Kunden misstrauisch sind und im Zweifelsfall doch nicht bei Ihnen einkaufen.

Genau aus diesem Grund nehmen das Design, die Sicherheit und die Usability eine so wichtige Rolle in Ihrem Online-Shop ein. Denn das beste Produktsortiment mit den tollsten Preisen hilft Ihnen nicht weiter, wenn Ihre Besucher Ihren Online-Shop nicht verstehen und infolgedessen nicht nutzen. Als Shop-Betreiber muss es daher immer Ihr Ziel sein, einen für Ihre Zielgruppe hervorragend benutzbaren Shop zu konstruieren, der optisch zum Einkaufen einlädt, aber auch schnelle und unkomplizierte Prozesse wie den Bestellprozess ermöglicht.

Lassen Sie sich als Shop-Betreiber nicht von der Standardoptik, die jede Online-Shop-Software mitbringt, irritieren. Auch wenn jede Software über eine Startseite, eine Kategorieseite und weitere Ansichten verfügt, so müssen diese nicht zwangsläufig das Optimum darstellen! Denn je nachdem, welche Produkte Sie verkaufen und an welche Zielgruppe Sie sich wenden, ergeben sich individuelle Anforderungen. Mit der Installation des Online-Shops ist daher das Thema Design und Usability nicht erledigt! Was Sie im Detail beachten müssen und worauf es ankommt, erfahren Sie in diesem Kapitel.

4.1 Was sind eigentlich Usability, User Experience bzw. Design?

Bevor wir starten, müssen wir uns zuallererst klar werden, was mit dem Begriff *Usability* überhaupt gemeint ist. Eine unserer Meinung nach wunderschöne, denn einfach verständliche und aussagekräftige Definition dieses Begriffs lautet wie folgt:

> *»Benutzerfreundlichkeit. Bei einem Website-Design bedeutet dies z. B., dass Seiten ins Netz gestellt werden, die sich schnell aufbauen, übersichtlich und einfach zu navigieren sind.«*[1]

Oftmals wird das Design eines Online-Shops mit der Usability gleichgesetzt. Ein Beispiel hierfür ist die Navigation, denn wenn diese hübsch und übersichtlich ist, so ist auch die Usability, sprich die Benutzerfreundlichkeit, gut. Das ist so gesehen auch nicht falsch, denn es gibt zwischen Design und der Usability sicherlich Überschneidungen. Die Usability selbst wird aber auch durch designübergreifende Faktoren bestimmt. Denn wie in der oben aufgeführten Definition gehört beispielsweise auch ein schneller Seitenaufbau zur Usability. Stellen Sie sich doch einfach einmal vor, dass Sie in einem Online-Shop unterwegs sind, den Sie perfekt verstehen. Sie wissen, wo Sie klicken müssen, Sie finden sich zurecht, und Sie kommen problemlos zu den Artikeln. Wenn Sie dabei pro Seitenaufruf 2 Minuten warten müssen, ist die Usability aber dennoch katastrophal schlecht. Oder wenn es in einem Online-Shop, auf dem Sie unterwegs sind, eine perfekt zugängliche und übersichtliche Suchfunktion gibt, die Sie auch nutzen, die Ergebnisse aber nicht zur Suchanfrage passen, haben Sie eine schlechte Usability.

Aus diesem Grund passt das Wort »Benutzerfreundlichkeit« in diesem Zusammenhang sehr gut. Denn ein Online-Shop ist benutzerfreundlich, wenn er schnell, übersichtlich, »hübsch«, einfach aufgebaut ist und dem Besucher bzw. potenziellen Kunden die Informationen liefert, die er benötigt. Alle diese Faktoren wirken sich daher auf die Usability aus.

Doch in der Praxis wird die Usability allzu gerne auf das Design reduziert, und man hört im Agenturalltag Aussagen wie: »Der Button ist nicht blau genug« oder auch »Der Warenkorb muss von links nach rechts.« Was mit diesen Änderungen bewirkt werden soll, ist klar: Der Shop-Betreiber möchte seinen Besuchern das Einkaufen im eigenen Online-Shop erleichtern. Doch gegebenenfalls muss man in einer solchen Situation nicht den Warenkorb an einer anderen Stelle platzieren, sondern den Beschreibungstext oder die Namensgebung ändern. Und der Button hat gegebenenfalls die richtige Farbe, aber das falsche Label oder eine unleserliche Schrift. Klar ist jedenfalls, dass das Design und die Usability zwei Themen sind, die miteinander verbunden sind, wenn auch nicht ganz so stark, wie man es als Shop-Betreiber vermutet.

1 Quelle: *www.bauermedia.de/glossar.html*, wobei sich diese Seite aktuell leider nicht mehr aufrufen lässt.

Behalten Sie daher bitte für die Zukunft im Hinterkopf, dass das Design die Usability beeinflusst, aber für ein perfektes Einkaufserlebnis wesentlich mehr geboten werden muss als ausschließlich ein schönes Design!

4.2 Die Arbeit mit einem gekauften Theme/Template

Wenn Sie mit dem eigenen Online-Shop starten, dann stellen Sie sich zwangsläufig die Frage, ob Sie ein eigenes Design komplett von Grund auf erstellen oder ein fertiges Design, sprich ein Template, kaufen und anpassen sollen. Da diese Fragestellung in jedem Projekt vorkommt – wir kennen es praktisch von unseren Kunden gar nicht anders –, aber insgesamt eine gewisse Brisanz beinhaltet, nehmen wir diese Thematik in diesem Kapitel auf. Denn das Design ist mehr oder weniger das Herzstück Ihres Online-Shops, Ihre Besucher kommen zuallererst mit dem Design in Berührung, und hier müssen Sie überzeugen. Doch was ist für Sie, gerade wenn Sie einen neuen Online-Shop erstellen bzw. Ihr Unternehmen gründen, die »richtige« Wahl? Lassen Sie uns zuerst mit der Vorgehensweise bei einem gekauften Template starten.

4.2.1 Auswahl eines geeigneten Templates

Es hängt ein wenig von Ihrer Online-Shop-Software ab, wenn Sie jedoch eine populäre Lösung wie Shopify, Magento, OXID eSales oder Shopware einsetzen, haben Sie eine große Auswahl an fertigen Designs. Ein fertiges Design bedeutet, Sie kaufen eine Darstellung, installieren diese, und Ihr Online-Shop sieht auf einen Schlag komplett anders aus. Dadurch ist der Kauf eines Templates die mit Abstand schnellste Variante, um den eigenen Online-Shop von der »Standarddarstellung« des Herstellers zu befreien und eine halbwegs individuelle Gestaltung umzusetzen. Eine Plattform, auf der es beispielsweise für Magento sehr viele Designs gibt, ist Themeforest. Auf *https://themeforest.net* gibt es aktuell mehrere tausend Designs, und es handelt sich schlussendlich nicht um die einzige Plattform.

Plattformen für Templates und Themes

Auf *https://themeforest.net* sowie *www.templatemonster.com* finden Sie eine riesige Auswahl an Kauf-Templates. Wenn Sie sich daher für den Kauf eines Designs entscheiden sollten, haben Sie gute Chancen, auf diesen beiden Plattformen ein ansprechendes und kostengünstiges Design zu finden.

Als Shop-Betreiber können Sie nun aus einer Vielzahl an Themes/Designs wählen und diese für relativ wenig Geld kaufen, die meisten kosten zwischen 50 und 100 US$. Wenn Sie bedenken, dass eine eigene Entwicklung des Designs gut und gerne in einer einfachen Ausführung zwischen 10.000 € und 50.000 € kosten kann, ist der Preisunterschied immens. Es ist also eine Möglichkeit, innerhalb eines Projekts Kosten und Aufwände einzusparen, wenn Sie auf ein fertiges Theme setzen.

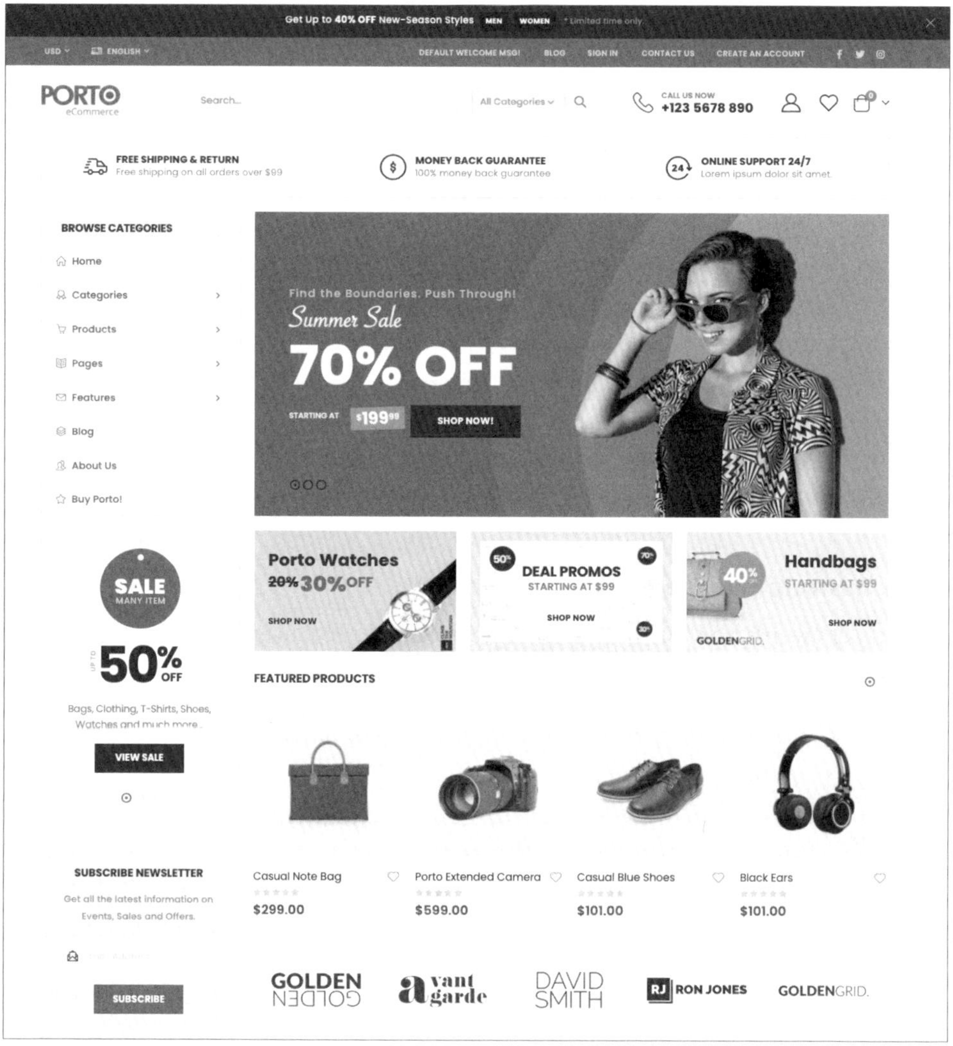

Abbildung 4.1 Im Handumdrehen erhält Ihr Online-Shop ein Facelift. Das Theme Porto zählt dabei 2021 zu den beliebtesten Magento-Designs.

Beachten Sie im Vorfeld auch die Lizenzbedingungen, wenn Sie sich für ein Template entscheiden. Denn oftmals dürfen Sie vorhandene Grafiken nicht abändern und müssen das Template genauso verwenden, wie Sie es gekauft haben. Hier gilt es, vor dem Kauf einen Blick auf das Template zu werfen und zu prüfen, was Sie genau beim Kauf erhalten und wie Sie mit dem gekauften Template umgehen dürfen. Ein wichtiger Punkt ist dabei auch immer das Copyright. Shop-Betreiber möchten dieses häufig gerne entfernen, aber je nach Lizenzbedingungen ist das gegebenenfalls gar nicht erlaubt.

4.2.2 Installation des Themes

Das Theme ist meistens innerhalb weniger Minuten installiert, und Ihr Online-Shop erstrahlt anschließend in einer komplett neuen Darstellung, wie Sie in Abbildung 4.1 sehen können. Dabei handelt es sich übrigens aktuell um das beliebteste Magento-Theme auf Themeforest, das bereits mehrere tausend Male heruntergeladen wurde. Nachdem Sie das Design installiert haben, können über den Administrationsbereich weitere Anpassungen vorgenommen werden, so beispielsweise bei Magento-Themes. Unabhängig von der gewählten Webshop-Software ist die Installation aber grundsätzlich in wenigen Minuten erledigt.

Achten Sie auf die individuelle Note

Erfolgreiche und hübsche Themes wie das Theme Porto für Magento haben gleichzeitig einen großen Nachteil. Die Verbreitung und Nutzung nimmt rapide zu. Es wirkt daher immer etwas unseriös, wenn Ihr Online-Shop fast genauso wie der eines Mitbewerbers aussieht. Beachten Sie diese Tatsache unter anderem bei der Auswahl eines geeigneten Themes für Ihren Online-Shop.

4.2.3 Individualisierung

Auch wenn Sie sich für ein fertiges Theme bzw. Design entscheiden, möchten Sie wahrscheinlich Anpassungen und Individualisierungen vornehmen. Je nach Theme geht dies einfach oder ist komplexer. Grundsätzlich sollten Sie auf die Variante »Kaufdesign und Individualisierung« nur dann zurückgreifen, wenn das Design zu 90 % Ihren Vorstellungen entspricht. Sehen Sie das Design nicht als Basis, sondern als fertiges Produkt an, bei dem Sie anschließend noch Ihr Logo integrieren, ein paar Farben abändern, aber dann das Design unverändert belassen. Denn aufgrund der günstigen Preise wird oftmals eine mittelmäßige Qualität bei der Designentwicklung erzielt. Dadurch funktionieren die Designs für die bedachten Zwecke, sobald Sie aber umfangreiche Änderungen vornehmen möchten, machen Sie gegebenenfalls mehr kaputt, als Sie gewinnen, und dadurch nimmt die Individualisierung enorm viel Zeit in Anspruch und erzeugt horrende Kosten.

4.2.4 Vor- und Nachteile auf einen Blick

Die Auswahl an Designs ist groß, die Preise sind niedrig – was spricht eigentlich gegen die Nutzung eines Templates? Folgende Aspekte sind die unserer Meinung nach wichtigsten, die es bei der Entscheidung zu berücksichtigen gilt, ob und, wenn ja, welches Template Sie einsetzen.

So spielt die Kompatibilität eine wichtige Rolle, das heißt die Darstellung des Templates in den verschiedenen Browsern und verschiedenen Endgeräten. Oftmals unterstützen die Kauf-Templates nur bestimmte Browser und Endgeräte, wodurch Sie Besucher gezielt ausschließen bzw. diesen ein schlechtes Einkaufserlebnis ermöglichen. Aufgrund der geringen Kosten für ein Kauf-Template ist es nur logisch, dass die Entwickler das Design nicht sorgfältig und unter allen Aspekten durchtesten können. Selbst wenn die Darstellung auf den meisten Endgeräten »in Ordnung« ist, stellt sich die Qualitätsfrage. Funktioniert das Template auch tatsächlich unter allen Browsern identisch und sind alle Funktionen enthalten?

Das zweite Kriterium ist die Suchmaschinenfreundlichkeit bzw. On-Page-Optimierung. Ist der Quellcode qualitativ hochwertig entwickelt, sind HTML-Tags korrekt gesetzt, und wurde das Design nach den gängigen Google-Best-Practices entwickelt? Es nützt nichts, wenn Sie einen hübschen Online-Shop haben, der bei Google aber nicht gut platziert wird, weil die On-Page-Optimierung vernachlässigt wurde. Auch dies ist wieder ein Effekt, der vor allem unter Zeitmangel auftritt. Bedenken Sie immer, wie günstig Templates verkauft werden und welcher enorme Aufwand in der Entwicklung, bei Magento-Templates sind es einige Wochen, eigentlich entgegenstehen müsste.

Schnelligkeit spielt eine immer größere Rolle

Es gibt Templates bzw. Themes, die dazu neigen, komplett mit Eye-Candy-Features überfrachtet zu sein. Die Navigation poppt auf, etwas wird in den Warenkorb gelegt – begleitet von optisch ansprechenden Effekten. All diese Gimmicks wirken sich auf die Ladezeit und somit auch auf das Ranking aus. Suchen Sie daher lieber nach einem minimalistischen und flotten Design, anstelle eines überfrachteten und von visuellen Features nur so tropfenden Designs.

Auch die Usability spielt eine gewaltige Rolle. Sind wichtige Elemente gut sichtbar, sind Mouse-over-Effekte vorhanden, und lässt sich der Shop einfach nutzen? Gerne wird die Usability vernachlässigt, es zählt einfach nur, dass das Design »hübsch« aussieht. Gutes Design und gute Usability sind aber zwei Paar Schuhe und sollten bei der Designentwicklung ebenso berücksichtigt werden.

Und zu guter Letzt fehlt Ihnen in der Regel die Individualität, und zwar diejenige, die Sie rein optisch von Ihrer Konkurrenz unterscheidet. Beim Design geht es darum, dass Sie Ihrer Zielgruppe basierend auf Ihren Produkten eine angepasste Darstellung und Aufmachung bieten, damit sich Ihre Besucher in Ihrem Online-Shop wohlfühlen und zurechtfinden. Ein Design und die damit verbundene Benutzerführung müssen immer auf die Zielgruppe Ihres Online-Shops zugeschnitten sein. Das kann ein

Theme nicht leisten, denn dieses wird erstellt, ohne eine bestimmte Zielgruppe im Auge zu haben. Wenn Sie sich nun erneut Abbildung 4.1 ansehen und beispielsweise an das Unternehmen Hugo Boss denken, dann sehen Sie, dass das Design des Online-Shops nie das Unternehmen Hugo Boss verkörpern würde. Denn die Marke selbst wird mit Eleganz, Luxus und einer hohen Qualität verbunden. Würden Sie dem Design in Abbildung 4.1 diese Eigenschaften zuordnen?

Ein Design muss immer auf Ihr Unternehmen zugeschnitten werden

Auch wenn Sie ein hübsches Theme finden, das Sie für ein paar Dollar erwerben können, so ist dieses in der Regel nicht auf Ihr Unternehmen, Ihre Zielgruppe und Ihre Produkte zugeschnitten. Mit einem Theme für Modeartikel können Sie nun einmal keine Ersatzteile für Waschmaschinen verkaufen. Denn hier gibt es bei der Darstellung von Informationen, der Benutzerführung etc. schlicht und einfach einen Zielkonflikt.

Die Schlussfolgerung wäre nun, ein Template zu kaufen und dieses an die eigene Corporate Identity und Zielgruppe anzupassen. Das ist zwar naheliegend, aber oftmals aufgrund der Qualität der Themes gar nicht möglich. Wenn Sie nun diese Wege und Strukturen verlassen möchten, dann ist dies immer mit einem gewissen Aufwand verbunden. Wenn Sie sich daher für ein Theme entscheiden sollten, behalten Sie dieses im Hinterkopf. Korrekturen, minimale Anpassungen und Angleichungen sind möglich, auf alles darüber hinaus sollten Sie verzichten. Ist also schon in der Basis die Usability schlecht, dann werden Sie das ohne großen Aufwand voraussichtlich nicht korrigieren können.

4.2.5 Empfehlungen für Portale zum Theme-Kauf

Auch wenn Sie sicherlich mithilfe von Google eine riesige Anzahl an Portalen, die Themes verkaufen, vorfinden, möchten wir Ihnen dennoch an dieser Stelle ein paar Empfehlungen mit an die Hand geben. In der Praxis werden Sie dasselbe Theme auf mehreren Portalen finden, das heißt, inhaltlich unterscheiden sich diese Seiten gar nicht so signifikant. Daher spielen auch Faktoren wie die Usability, Suche sowie die Zahlungsabwicklung eine wichtige Rolle. Beim mehrfach erwähnten Portal Themeforest (*https://themeforest.net*) können Sie beispielsweise bedenkenlos einkaufen und finden zudem eine große Auswahl an Themes für die unterschiedlichsten Systeme. Ebenfalls empfehlenswert ist die Seite Templatemonster (*www.templatemonster.com/de*), die über eine ähnliche Anzahl an Themes wie Themeforest verfügt. Auch können Sie bedenkenlos Zahlungen bei Templatemonster durchführen; Sie müssen sich keine Gedanken über das Thema Sicherheit machen. Ergänzend hierzu lohnt sich immer ein Blick auf Mojo Themes (*www.mojo-themes.com*) und Theme Snap (*www.themesnap.com*). Je nachdem, welches System Sie später verwenden, verfügen Lösungen auch über eigene Marktplätze (wie beispielsweise Magento), auf denen

Themes gekauft werden können. Ein Abstecher auf diese Marktplätze ist ebenfalls immer ratsam. Als erste Anlaufstelle empfehlen wir Ihnen aber Themeforest bzw. Templatemonster.

Zusammenfassend eignet sich der Kauf eines Templates daher immer dann, wenn das fertige Produkt Ihren Vorstellungen entspricht und Sie sich mit nur kleinen Anpassungen begnügen.

4.2.6 Vorgehensweise bei SaaS Lösungen wie Shopify

Sollten Sie zukünftig auf eine Software-as-a-Service-E-Commerce-Lösung wie beispielsweise Shopify setzen, können Sie in der Regel Themes und Designs über eigene Marktplätze beziehen. Das heißt, Sie müssen nicht auf Portalen und Websites wie Themeforest nach dem für Sie passenden Design schauen. Die Hersteller bringen in der Regel solche Markplätze direkt mit, weswegen Ihnen die Auswahl des Designs leichter fällt. Bei Shopify finden Sie diesen unter *https://apps.shopify.com/category/store-design?locale=de*. Zudem sind diese Designs oftmals einfacher installiert bzw. konfiguriert. Dementsprechend haben diese kleineren Lösungen speziell für den Start in den E-Commerce sicherlich einen gewissen Charme und Vorteil.

4.3 Ein Design von Grund auf selbst entwickeln

Wenn es keine fertige Lösung gibt, die den eigenen Ansprüchen gerecht wird, dann muss man die Lösung selbst erschaffen. Das ist oftmals der präferierte Weg, den Kunden gehen möchten. Dabei wird aber der gesamte Entwicklungsprozess vielfach zu stark reduziert, und man hat gegebenenfalls anfangs gar nicht das Gespür, worauf man sich einlässt und was im Rahmen einer Designentwicklung überhaupt notwendig ist. Lassen Sie uns daher davon ausgehen, dass Sie für Ihren Online-Shop ein komplett individuelles Design erstellen lassen möchten.

4.3.1 Gute Planung ist alles

Im ersten Schritt ist es wichtig, sich grundlegende Gedanken über das Design zu machen. Wenn Sie bereits eine Corporate Identity haben und hierfür ein Leitfaden besteht, dann ist zumindest einmal die Basis gelegt. Denn die Grafik und Darstellung Ihres Online-Shops sollte auf jeden Fall Ihrer Corporate Identity entsprechen. Dabei muss nicht nur die Farbgebung beachtet werden, sondern auch Themen wie die Bildsprache, Schriftarten und verwendete Elemente. Wenn Sie über keinen Corporate-Identity-Leitfaden verfügen, müssen Sie an diesem Punkt starten.

Als Basis dient oftmals ein Corporate-Design-Leitfaden

Idealerweise haben Sie in Ihrem Unternehmen einen Corporate-Design-Leitfaden, an dem man sich bei der Designentwicklung orientieren kann. Dieser Leitfaden definiert in der Regel Farben, Schriftgröße und Schrifttypen sowie die Bildsprache.

Der nächste Schritt besteht darin, ein grobes Layout zu skizzieren. Bevor es an die Gestaltung der verschiedenen Elemente wie den Warenkorb, den Check-out-Prozess oder die Produktdetailseiten geht, müssen Sie zuerst kommunizieren, welche Elemente Sie an welcher Stelle haben möchten. Es ist sinnvoll, im ersten Schritt eine Liste zu erstellen, welche Elemente es überhaupt gibt und welche benötigt werden. Selbstverständlich gibt es Inhaltselemente, die in jedem Shop vorhanden sind, zum Beispiel einen Warenkorb. Aber vielleicht benötigen Sie für Ihr Unternehmen und Ihren Shop ganz spezielle Inhalte, an die ein Grafiker bzw. Gestalter gar nicht denkt. Machen Sie sich hierzu ein paar Notizen, um einen groben Überblick zu erhalten.

Screen- und Interfacedesigner oder Grafikdesigner?

Bedenken Sie bei der Wahl des zu engagierenden Designers bitte, dass viele Grafiker keine gelernten E-Commerce-Experten sind. Das müssen sie auch gar nicht sein, denn Grafiker sind Künstler, die für das »Hübschmachen« Ihres Online-Shops verantwortlich sind. Da haben Sie dann auch schon das Problem, denn oftmals erhalten Sie von Ihrem Grafiker zu verspielte Entwürfe, die zwar hübsch sind, aber über eine schlechte Usability verfügen. Fast könnte man meinen, dass sich die Optik und die Usability ein Stück weit zu bekämpfen versuchen. Aus diesem Grund ist es wichtig, dass Sie bei der Designentwicklung (zusätzlich) mit einem Interface- bzw. Screendesigner zusammenarbeiten, der neben der Optik auch die Usability berücksichtigt.

Im nächsten Schritt ist es sinnvoll, mit der Entwicklung von Wireframes zu beginnen. Wireframes sind Skizzen bzw. Pläne, die keine Designs sein sollen, sondern die Elemente abbilden und deren Positionierung vorgeben. Es handelt sich also letztendlich um eine gute und einfache Möglichkeit, Layouts zu erstellen, denn Sie als Shop-Betreiber müssen kein ausgebildeter Gestalter sein und auch künstlerisch keine große Begabung haben, sollten Sie die Wireframes selbst erstellen wollen. Sie müssen aber sehr wohl wissen, welche Informationen, Elemente und Schaltflächen an welchen Stellen benötigt werden. Gerade in der Kommunikation zwischen Designer und Auftraggeber helfen Wireframes, denn hier konzentriert man sich im ersten Schritt auf die Benutzerführung und vertieft sich nicht in ein Klein-Klein mit endlosen Diskussionen über Farbtöne und Farbverläufe.

Wenn Sie erst einmal die Wireframes für die verschiedensten Ansichten erstellt haben, haben Sie und der Designer eine ideale Basis, um über das zu erstellende Design zu sprechen und initial Änderungen auf Basis der Wireframes zu diskutieren. Darüber hinaus können Sie Testpersonen oder Bekannten die Wireframes zeigen und nach einer Meinung fragen. Denn gerade was die Benutzerführung angeht, verraten Wireframes schon einiges über die Benutzerfreundlichkeit des zu entwickelnden Online-Shops. Passen Sie bei der Entwicklung jedoch auf, nicht zu frei zu arbeiten. Denn Ihre Online-Shop-Lösung gibt Ihnen auch wieder einen Weg bzw. Pfad vor, auf dem Sie wandeln sollten. Es ist zwar technisch betrachtet nie unmöglich, vom Pfad abzuweichen, aber dann werden Sie vermutlich mit einem höheren Aufwand konfrontiert, als wenn Sie innerhalb der Parameter blieben. In Abbildung 4.2 sehen Sie exemplarisch die Darstellung einer Produktdetailseite in Form eines Wireframes.

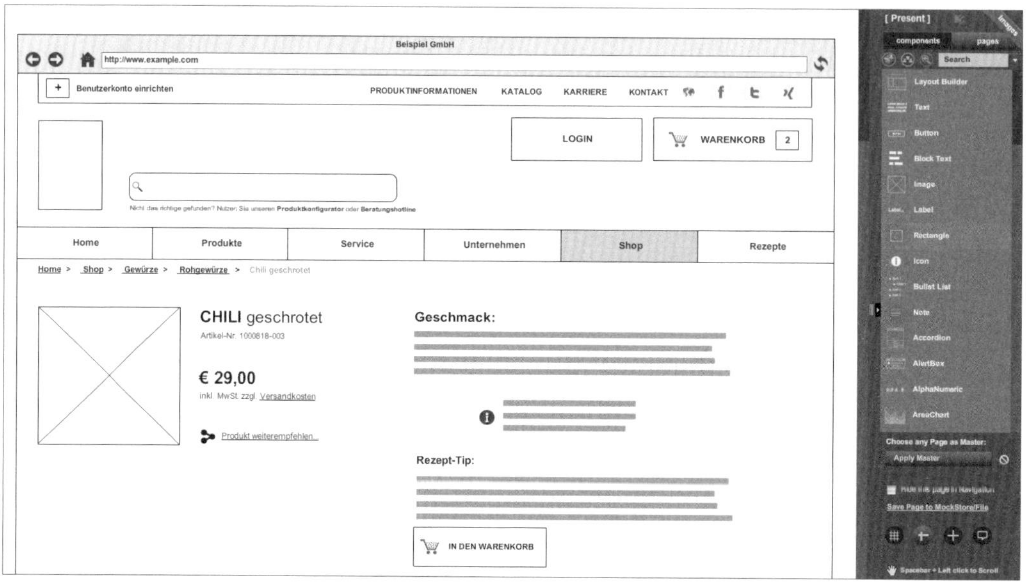

Abbildung 4.2 Die Entwicklung eines Wireframes spart letztendlich viel Zeit bei der Designentwicklung.

Sie denken nun vermutlich, dass die Darstellung etwas wild und vielleicht auch unsinnig aussieht, aber die in Abbildung 4.2 enthaltenen Informationen sind letztendlich genau die Dinge, die ein Grafiker bei seiner Arbeit wissen muss, nämlich: Welche Elemente gibt es, und wo wünschen Sie sich ihre Positionierung? So sehen Sie beispielsweise eine große Leiste am oberen Rand des Online-Shops mit einer Metanavigation, Verweise auf soziale Netzwerke und die Möglichkeit, ein Benutzerkonto anzulegen. Darunter finden Sie im linken Bereich ein Logo sowie eine sehr große und prominente Suchleiste. Rechts davon haben Sie den Login und Warenkorb, darunter wieder auf der gesamten Breite die Hauptnavigation, gefolgt von einer Breadcrumb-Leiste. Unterhalb des Headers sind ein großes Produktbild, die Produktinformationen sowie weitere Produkttexte und der Warenkorb-Button zu sehen. Wie Sie also in Abbildung 4.2 sehen, geht es darum, Informationen, Schaltflächen und sonstige Elemente zu positionieren und diese entsprechend für Ihren Grafiker in Form eines Plans aufzubereiten. So vermeiden Sie im Übrigen auch das Vergessen wichtiger Elemente. Denn oftmals vergisst man eben doch noch ein wichtiges Detail und kann dies gegebenenfalls in der Designphase gar nicht mehr komplett korrigieren. Denn wenn erst einmal ein Raster und bestimmte Elemente erstellt sind, ist das nachträgliche Abändern schwierig.

Wireframes mit Mockflow

Werkzeuge für die Entwicklung von Wireframes gibt es freilich viele, unser persönlicher Favorit ist Mockflow. Denn Mockflow ist webbasiert, verfügt ergänzend jedoch auch über eine Desktop-Anwendung. Ebenso können Sie im Team gemeinsam an Entwürfen arbeiten, und die Anwendung ist mehr als selbsterklärend. Gerade für Anfänger und Einsteiger handelt es sich um eine sehr benutzerfreundliche Lösung, die darüber hinaus Ihren Geldbeutel schont. Weitere Informationen zu Mockflow finden Sie unter *www.mockflow.com*.

4.3.2 Wichtige Ansichten in einem Online-Shop

Wie Sie bereits auf den vorherigen Seiten gelesen haben, ist es enorm wichtig, alle relevanten Ansichten in einem Online-Shop zu bedenken, die Funktionsweise von Elementen zu beschreiben und insgesamt bei der Planung eine möglichst umfassende Dokumentation abzuliefern, sodass Ihr Grafiker bei der Realisierung eines Entwurfs alle relevanten Dinge berücksichtigt.

Dummerweise handelt es sich bei einem Online-Shop nun aber um eine äußerst komplexe Software, die über eine Vielzahl an Möglichkeiten, Funktionen und Darstellungen verfügt. Damit Sie ein möglichst präzises Gespür dafür erhalten, werden wir im Folgenden die wichtigsten Ansichten eines Online-Shops im Detail beleuchten und Ihnen wichtige Tipps für die Realisierung des Designs mit an die Hand geben. Als Basis hierfür hält exemplarisch ein nacktes Magento-System her. Denn als Shop-Betreiber werden Sie, unabhängig davon, für welche Software Sie sich entscheiden, zuerst vor einem nackten System stehen, das es anzupassen gilt. Je nach ausgewählter Online-Shop-Software gibt es hierbei natürlich Abweichungen, denn Shopware etwa hat andere Prozesse, Ansichten und Funktionen als Magento. Der Grundgedanke und die grundsätzliche Vorgehensweise sind aber immer dieselben.

Startseite

Oftmals ist die Startseite die erste Seite im Online-Shop, mit der Ihre Besucher in Kontakt kommen. Das bedeutet, dass Sie Ihre Besucher auf dieser Seite sofort überzeugen müssen, ansonsten verlassen Ihre Besucher Ihren Shop und kommen auch so schnell nicht mehr zurück. Dementsprechend müssen Sie speziell Ihrer Startseite eine gewisse Aufmerksamkeit widmen, denn genau wie bei einem ersten Date, bei dem Sie eine Frau oder einen Mann von sich überzeugen möchten und sich fein herausputzen, müssen Sie dies auch mit Ihrem Online-Shop machen. In einer Standard-Magento-Installation sieht die Startseite aus wie in Abbildung 4.3.

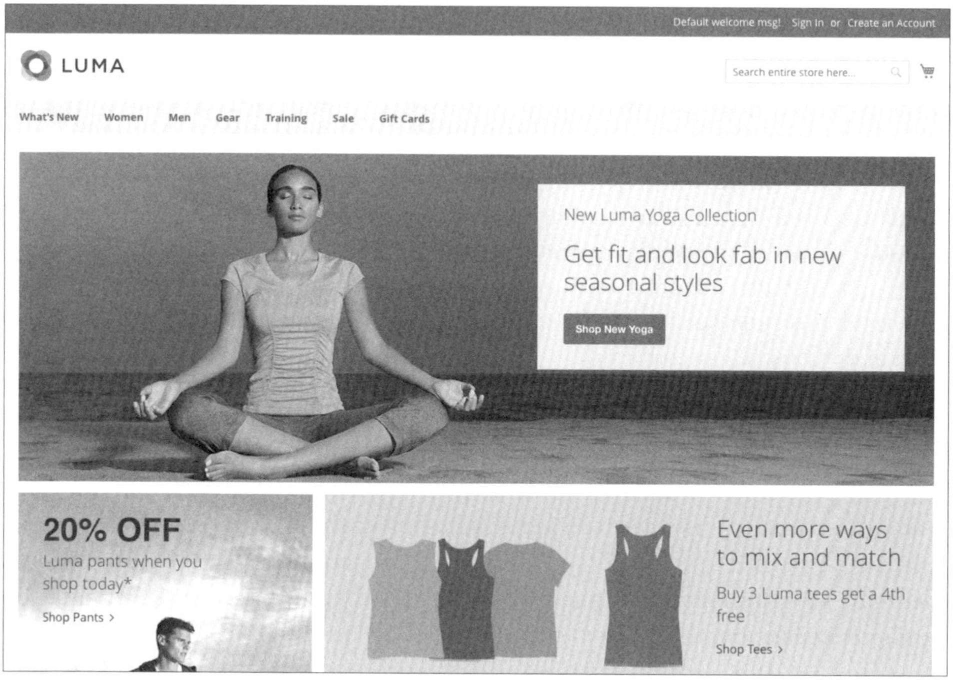

Abbildung 4.3 Die Startseite einer nackten Magento-Installation

Hinsichtlich der Usability spielt, wie Sie gelernt haben, weniger die Farbgebung oder die Darstellung der Grafiken eine wichtige Rolle als vielmehr die optimale Aufteilung von Elementen und deren Platzierung auf der Seite. Bezogen auf die Startseite ergeben sich – wir bleiben beim Beispiel Magento – folgende wichtige Elemente, die Sie in Ihrem Online-Shop-Design platzieren müssen:

- Logo
- Navigationsleiste (primär)
- Navigationsleiste (sekundär)
- Suchleiste bzw. Verweis auf die Suchfunktion
- Warenkorb
- Produkte, die beworben werden
- Teaser-Grafiken bzw. Werbebanner
- Fußbereich mit Links
- Sprachauswahl

Das Logo dient primär der Wiederkennung. Gerade wenn Sie bereits ein Unternehmen betreiben und Ihre Kunden Sie kennen, erfolgt die Identifikation in der Regel anhand des Logos. Das ist im E-Commerce nichts anderes als in Werbeanzeigen. Grundsätzlich platziert man das Logo bevorzugt im linken bzw. mittleren oberen Bereich und schafft um das Logo herum etwas Platz, damit es gut erkennbar ist und wirken kann. Sie können das gut in Abbildung 4.4 sehen. Beachten Sie auch, dass das Logo sowie das Corporate Design maßgeblich für das Farbschema Ihres Online-Shops verantwortlich sind. Wenn Sie also ein pinkfarbenes Logo haben, macht es Sinn, den Shop in ähnlichen Farben zu realisieren, zumindest in Farben, die sich nicht beißen. Das Logo vererbt so gewissermaßen die Farbe an den Online-Shop.

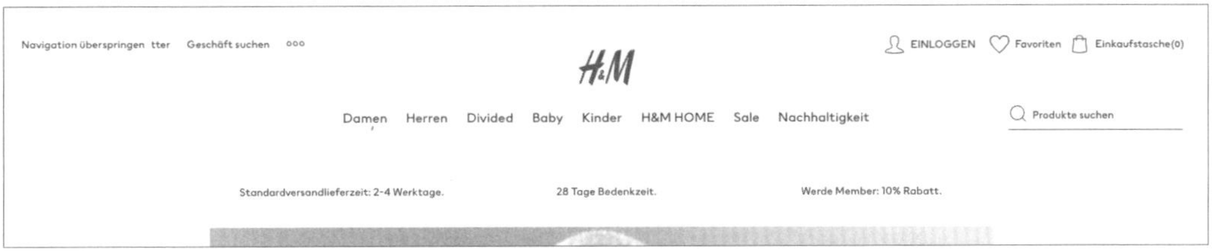

Abbildung 4.4 Kopfbereich des Online-Shops von H&M

Diese Farbvererbung können Sie in den meisten Shops erkennen, als konkretes Beispiel kann der Online-Shop von ARLT herhalten, den Sie unter *www.arlt.com* aufrufen können. Das Logo selbst besitzt die Farben Schwarz und Rot, dementsprechend sind die restlichen Elemente im Shop entweder schwarz, rot oder weiß.

Im Kopfbereich des Online-Shops und somit auch im Bereich des Logos (dieses wird momentan übrigens sehr gerne mittig platziert) positioniert man gerne die sekundäre Navigationsleiste und die Suchfunktion. Die sekundäre Navigationsleiste beinhaltet keine Verlinkung auf Kategorien oder Produkte, sondern relevante Verlinkungen im Shop selbst, wie beispielsweise das Benutzerkonto, die Benutzerregistrierung und den Warenkorb. In diesem Bereich wird zusätzlich noch die Suchfunktion, in der Regel in Form einer einfachen Suchleiste, integriert. Sie können diesen Aufbau in einem Beispiel aus der Praxis, nämlich *www.breuninger.com*, in Abbildung 4.5 erkennen.

Abbildung 4.5 Klassischer Aufbau eines Kopfbereichs mit Logo, Suchleiste und sekundärer Navigation mit Warenkorb

Sie sehen also, die Kopfbereiche der Online-Shops sind alle enorm ähnlich aufgebaut, einfach weil Kunden diesen Aufbau gewohnt sind und sich dementsprechend leichttun. Wenn nämlich die Suchleiste immer im Kopfbereich des Online-Shops platziert ist und ein neuer Besucher sich auf Ihren Online-Shop verirrt, wird er auch bei Ihnen nach der Suchleiste im Kopfbereich suchen. Wichtig ist – wie Sie anhand der Suche erkennen können – die prominente Platzierung eines solchen Schlüsselelements. Verfolgen Sie einen anderen Aufbau als andere Online-Shops, entsteht erst einmal eine gewisse Irritation, die dann gegebenenfalls zu einem Kaufabbruch führen kann.

Kunden lieben die Einfachheit und möchten nicht umdenken

Nutzer sind faul. Aus diesem Grund haben Sie auch den Effekt, dass sehr viele Online-Shops, bezogen auf das Layout, recht ähnlich aufgebaut sind. Dadurch finden sich auch neue Nutzer relativ schnell zurecht und müssen nicht umdenken. Es geht also gar nicht so sehr darum, etwas komplett Innovatives zu entwickeln. Orientieren Sie sich am gängigen Standard, denn damit kommen Ihre Nutzer besser zurecht.

Ebenso im Kopfbereich müssen Sie die primäre Navigationsleiste unterbringen. Diese ermöglicht Ihren Besuchern, auf alle Warengruppen und somit Produkte zuzugreifen. Speziell bei diesem Navigationselement müssen Sie ein großes Augenmerk auf eine saubere und übersichtliche Struktur legen. Wie Sie in Kapitel 3, »Kunden zum Kaufen animieren – Produkte und Warengruppen«, gelernt haben, empfiehlt es sich, die 7–2-Regel einzuhalten. Sofern das bei Ihnen realisierbar ist, können Sie Ihre Navigation wie in Abbildung 4.4 umsetzen.

Sollten Sie sich nicht an diese Regel halten können, müssen Sie in Richtung eines »Mega-Menüs« denken, das heißt einer Navigation, die sehr viele Elemente darstellen kann und dabei die gesamte Breite des Online-Shops nutzt. Ein Beispiel hierfür können Sie in Abbildung 4.6 erkennen.

In diesem Fall sind Sie gezwungen, sofern Sie die Inhalte nicht anders strukturieren können, alle Unterpunkte in Form einer übersichtlichen Navigation anzuzeigen. Was Sie auf jeden Fall vermeiden müssen, ist die Verschachtelung in zig Ebenen und auch die Darstellung ausschließlich einer Ebene. Denn der Vorteil eines Mega-Menüs besteht darin, Ihren Besuchern auf Anhieb alle Kategorien und Warengruppen darzustellen. Man kann also direkt erkennen, welche Produkte Sie vertreiben. Durch die Verschachtelung ist das nicht möglich – und glauben Sie uns, es gibt mittlerweile so viele Online-Shops, die wahrscheinlich auch dieselben Artikel wie Sie vertreiben, dass ein Besucher einfach zur Konkurrenz geht, wenn er auf Anhieb nicht seine gewünschten Artikel bei Ihnen findet.

Nach dem Kopfbereich folgt auf der Startseite der eigentliche Inhalt. Hierbei setzt man, das ist auch unsere Empfehlung für Sie, zuerst auf eine Slideshow bzw. ein großes Titelbild und bietet direkt danach Produkte an.

Abbildung 4.6 Mega-Menü bei Breuninger, das seinem Namen alle Ehre macht

Das große Titelbild können Sie in Abbildung 4.3 erkennen; es dient im ersten Schritt dazu, die Aufmerksamkeit auf diesen Bereich zu lenken. Hierfür eignen sich Emotionsbilder beispielsweise hervorragend. Denn Sie möchten bei Ihrem Besucher ja schließlich eine gute Stimmung erzeugen, auf eine einfache Art und Weise Informationen transportieren und eine Aussage treffen. Alternativ setzt man in diesem Bereich gerne auch auf Aktionsbanner bzw. Specials.

Im Anschluss ist es enorm wichtig, Produkte anzupreisen. Denn so können Sie Ihren Besuchern direkt mitteilen, was Sie genau verkaufen, Topseller bewerben, und darüber hinaus sind speziell solche Produktinformationen für Suchmaschinen und die Suchmaschinenoptimierung ein wichtiger Bestandteil.

Bei der Konzeption Ihres Online-Shop-Designs müssen Sie daher auf der Startseite einen Platz für die Darstellung der Produkte (siehe Abbildung 4.7) sowie weiter oben (leider in der Abbildung nicht zu sehen) einen Werbeplatz für eine Slideshow oder ein Banner bedenken. Nach dem eigentlichen Inhalt folgt eine Fußzeile, die Sie dafür nutzen können, alle wichtigen Links und Informationen nochmals zugänglich zu machen. In der Praxis sind dort häufig Verlinkungen zu den AGB, zum Impressum, den Datenschutzbestimmungen, aber auch Produktkategorien zu finden. Achten Sie speziell hierbei auf eine logische Aufteilung der Links. So können Sie den Fußbereich in vier bis fünf Blöcke bzw. Spalten unterteilen und jedem Block eine Überschrift geben, zum Beispiel Kategorien, Kundenservice, wichtige Links, soziale Netzwerke. Jedem Block weisen Sie ausschließlich die für ihn relevanten Links und Inhalte zu, wodurch Sie eine gewisse Übersichtlichkeit entwickeln und Ihre Besucher wesentlich einfacher die für sie relevanten Links finden.

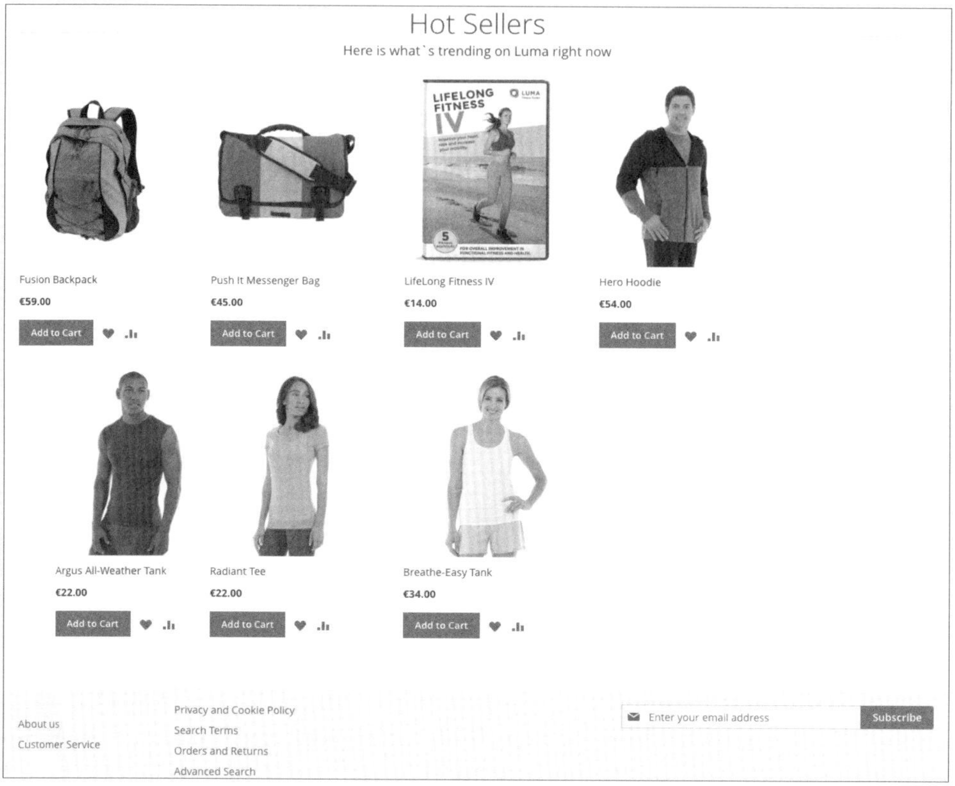

Abbildung 4.7 Der Inhalt und Fußbereich bei einer Magento-Installation

Kategorieansicht

Die Kategorieansicht hat primär das Ziel, Ihren Kunden auf übersichtliche Art und Weise die vorhandenen Produkte darzustellen und diese zu präsentieren. Vergleicht man die Startseite mit einem Schaufenster, das primär das Ziel verfolgt, Kunden in das Geschäft zu locken, so ist die Kategorieansicht ein Bereich bzw. eine Abteilung in Ihrem Geschäft und muss dafür sorgen, Ihren Kunden einen Überblick über die Ware zu verschaffen. Und sind wir einmal ehrlich, es gibt doch nichts Schlimmeres als eine unübersichtliche Anordnung von Produkten und ein zusammengewürfeltes Sortiment innerhalb einer Abteilung, wodurch man schon fast dazu genötigt wird, das Geschäft zu verlassen.

Magento verfügt im Standard bereits über eine sehr aufgeräumte Form der Darstellung, die Sie in Abbildung 4.8 erkennen können. Wichtige Elemente innerhalb der Kategorieansicht sind:

- Filternavigation
- Produkte

- Sortiermöglichkeiten
- Breadcrumb-Navigation

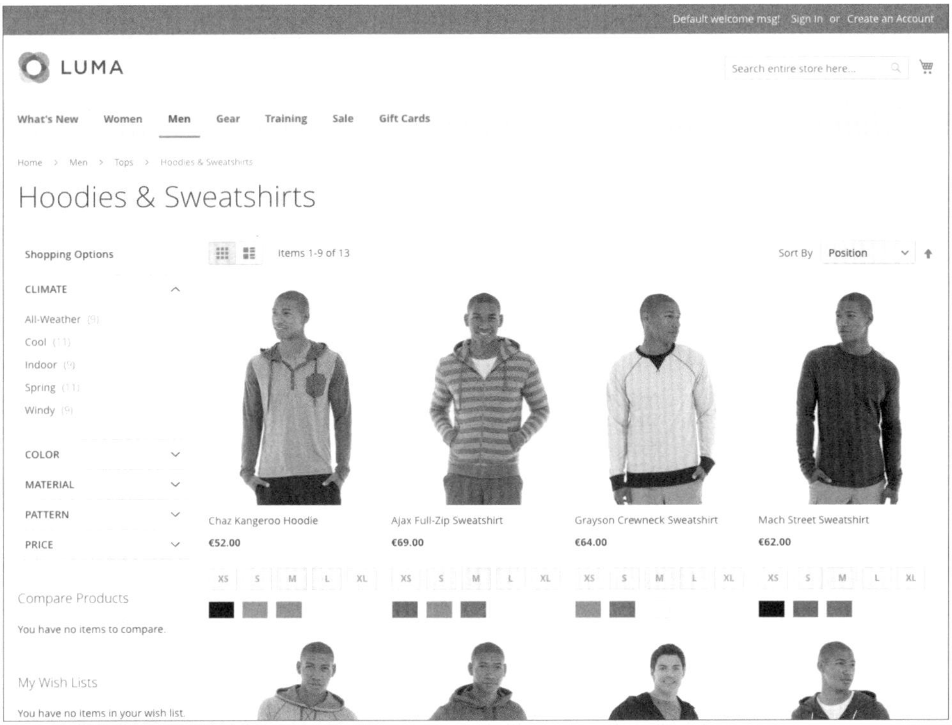

Abbildung 4.8 Kategorieansicht von Magento

Die Breadcrumb-Navigation zeigt Ihnen als Besucher sofort an, auf welcher Seite oder, wie in diesem Fall, in welcher Kategorie Sie sich befinden. Da diese Navigation der Orientierung dient, empfiehlt es sich, diese grundsätzlich und auf allen Seiten zu integrieren. Ebenso wichtig im Bereich der Navigation ist die Filternavigation. Hierbei wird es etwas trickreich, denn die Filternavigation ist ein großes Feature von Magento, und nicht jede Online-Shop-Software verfügt über eine solche Navigationsmöglichkeit. Bei der Filternavigation können Sie gezielt nach Produkteigenschaften filtern. Wenn Sie also wie im Beispiel in Abbildung 4.8 in der Kategorie Hoodies & Sweatshirts sind und nun 200 Shirts vorfinden, werden Sie aufgrund der Vielzahl schlicht überfordert sein. Die Filternavigation kann Ihnen dabei helfen, die Ergebnismenge einzuschränken. Man könnte beispielsweise eine oder mehrere Farben auswählen, dazu noch die passende Größe und eine beliebige Schnittform. Daraufhin erhalten Sie nur die Artikel, die über die ausgewählten Eigenschaften verfügen. Eine wirklich praktische und aus Usability-Sicht notwendige Form der Navigation, die aber nicht in allen Online-Shop-Lösungen zur Verfügung steht. In der Praxis wird eine solche Form der Navigation vor allem im Modebereich gerne genutzt, da hier viele Besucher im Vorfeld nach Größe, Farbe und Hersteller filtern und dadurch wesentlich übersichtlichere Ergebnisse erhalten. So setzt auch der Branchenprimus Zalando auf eine entsprechende Filternavigation, die Sie in Abbildung 4.9 sehen.

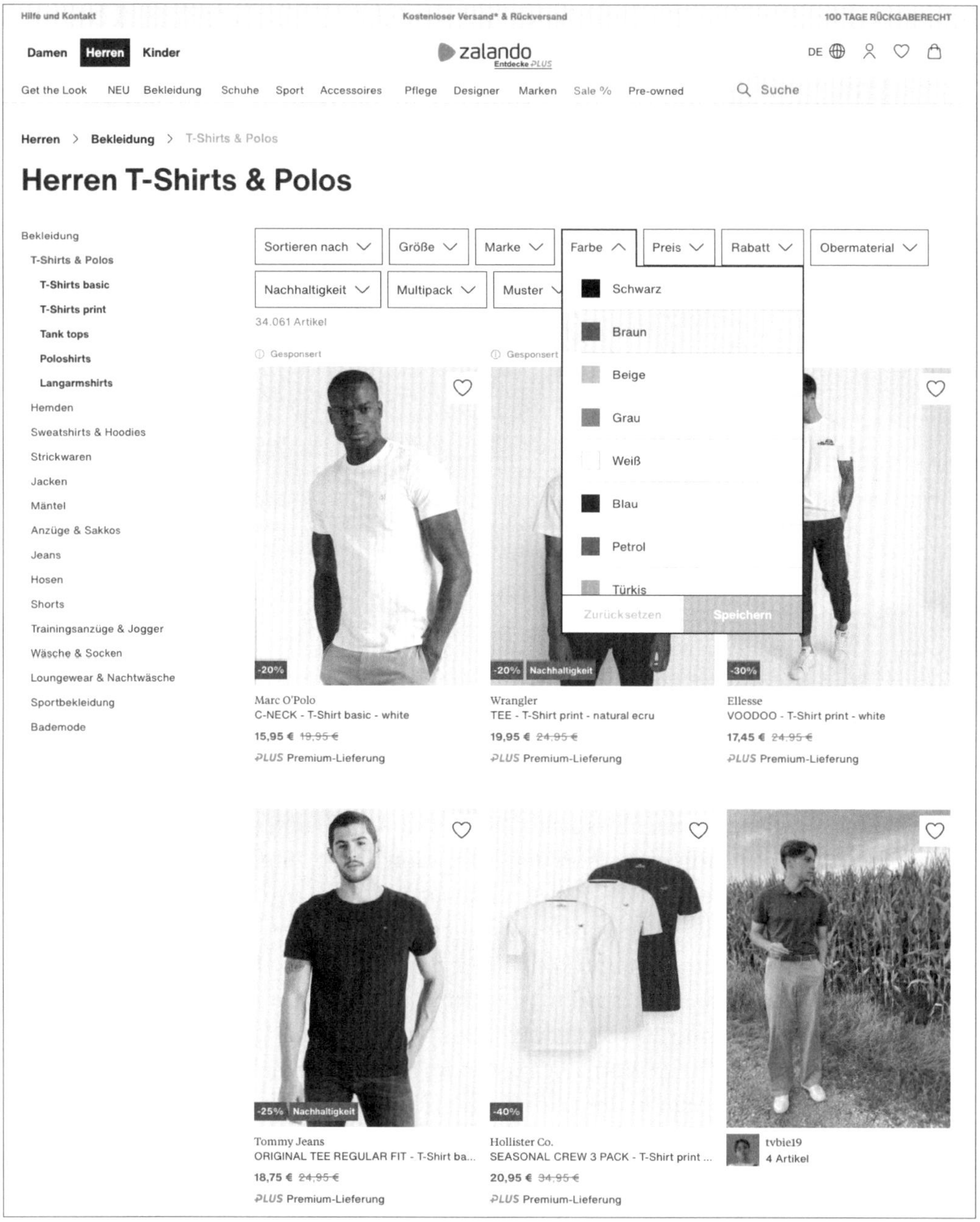

Abbildung 4.9 Filternavigation bei Zalando

Zusätzlich zur Filterung ist eine Anpassung der Sortierreihenfolge sinnvoll. Denn so können Besucher nach Preis auf- oder absteigend oder nach Herstellern sortieren. Dadurch wird zwar die Ergebnismenge nicht reduziert, aber die Besucher erhalten für sie relevante Ergebnisse am Anfang und haben somit die interessanten Artikel im Fokus. Zalando nutzt diese Funktion ebenso, wie Sie in Abbildung 4.9 sehen können, und setzt standardmäßig auf die Beliebtheit. Das bedeutet, dass beliebte Artikel, also meistverkaufte, zuerst erscheinen.

Das Kernstück der Kategorieansicht ist zuletzt die Produktdarstellung. Die Krux besteht darin, möglichst viele Artikel auf eine übersichtliche Art und Weise darzustellen, alle relevanten Produktinformationen abzubilden, dabei aber den Kunden nicht zu überfordern. Zu den relevanten Informationen zählen der Produktname, das Produktbild, mögliche Produktvarianten wie Größen und Farben, der Preis und gegebenenfalls vorhandene Bewertungen.

Vorsicht beim Preis, wenn Sie im Hochpreissegment unterwegs sind

Speziell bei hochpreisigen Artikeln sowie für den Fall, dass Sie wesentlich teurer sind als die Konkurrenz, sollten Sie nicht direkt auf der Kategorieansicht die Preise abbilden. Denn hier können Sie Ihre Kunden vom Kauf noch nicht überzeugen und verschrecken sie eher. Auf der Detailansicht hingegen können Sie immer noch für einen hohen Preis argumentieren.

Produktdetailansicht

Nachdem sich die Besucher in der Kategorieansicht für ein oder mehrere Artikel entschieden haben, landen sie zwangsläufig auf der Produktdetailseite, auf der Sie als Shop-Betreiber alle relevanten Informationen, die für die Kaufentscheidung notwendig sind, präsentieren müssen. Wichtige Elemente (siehe Abbildung 4.10) sind folgende:

- Produktname
- Lagerbestand/Verfügbarkeit
- Konfigurationsmöglichkeiten bzw. Produktvarianten
- Produktbeschreibung und technische Informationen
- Preis
- Produktbild sowie gegebenenfalls weitere Ansichten
- Warenkorbfunktionalität

Das Wichtigste zuerst: Ihr Besucher muss wissen, was er sich gerade anschaut, daher sind der Produktname und das Bild essenziell. Auch hier gibt es im E-Commerce ein Standardraster, sodass oftmals auf der linken Seite das Produktbild folgt, rechts neben dem Bild bzw. dicht darüber der Name. So erkennt man auf den ersten Blick, was man sich gerade ansieht. Wenn der Artikel in mehreren Konfigurationsvarianten vorliegt, macht es darüber hinaus Sinn, den Produktnamen durch die Spezifikation zu ergänzen. So schaut man sich nicht einfach ein Macbook an, sondern ein Macbook Pro, 13 Zoll, mit 256-GB-SSD-Festplatte. Ansonsten kann man eventuell nicht direkt erkennen, ob es sich wirklich um die gewünschte Produktvariante handelt.

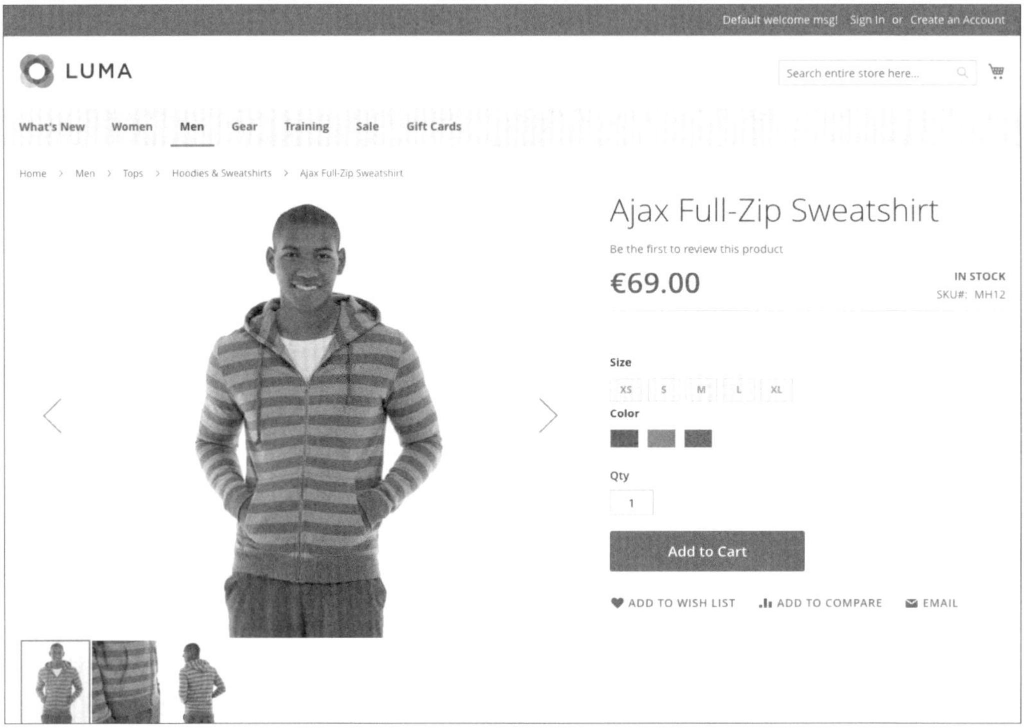

Abbildung 4.10 Produktdetailseite am Beispiel von Magento

Ebenso wichtig und auch praktischerweise im Bereich der Überschrift ist der Lagerbestand, bei dem Sie nicht die exakte Lagermenge anzeigen müssen, aber sehr wohl, ob der Artikel auf Lager ist, welche Lieferzeit der Artikel hat und gegebenenfalls bis wann der Kunde bestellen muss, um den Artikel am nächsten Tag geliefert zu bekommen. Achten Sie hierbei auf eine Darstellung, die auf Farben setzt. Wenn der Artikel auf Lager ist, visualisieren Sie dies in Grün, wenn der Artikel nicht verfügbar ist, in Rot. Durch die farbliche Kennzeichnung machen Sie es Ihren Besuchern wesentlich einfacher zu erkennen, ob der Artikel verfügbar bzw. nicht verfügbar ist.

Ebenso wichtig ist die Darstellung möglicher Konfigurationsoptionen, sprich die Auswahl der passenden Produktvariante. Diese sollte sich direkt in der Nähe des Preises befinden, sodass man auch die Auswirkung der Auswahl auf den Preis sofort erkennen kann. Wie Sie in Abbildung 4.10 sehen, ist bei Magento im Standard die Darstellung in diesem Bereich sehr kompakt. Der Preis ist gut isoliert auf der rechten Seite zu sehen, darunter folgt die Auswahl der Produktvariante, und man hat auf einen Blick direkt die Warenkorbfunktionalität, um den Artikel zu kaufen. Aus Usability-Sicht müssen genau diese Informationen ohne Notwendigkeit zum Scrollen ersichtlich sein. Sehr gut gelöst hat dies Zalando, wie Sie in Abbildung 4.11 erkennen können.

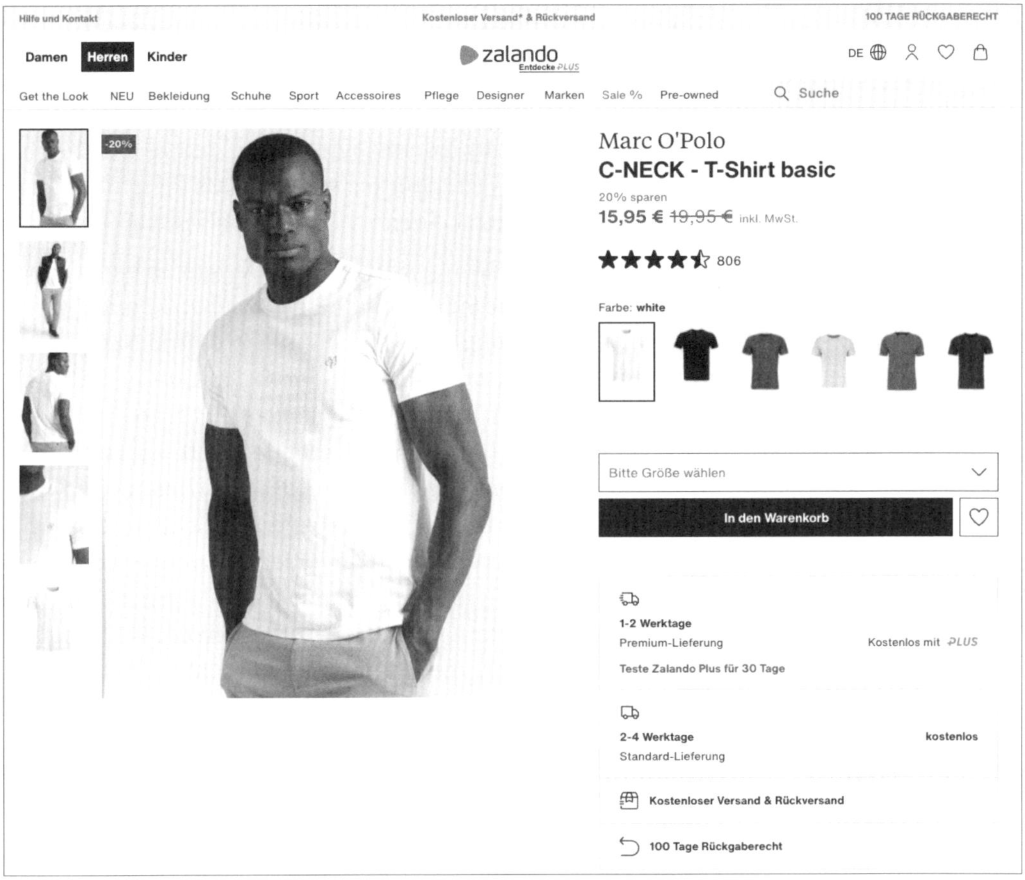

Abbildung 4.11 Sehr kompakte Darstellung der Produktdetailseite

Zusätzlich zu den bereits angemerkten Informationen müssen Sie darüber hinaus noch technische Informationen, sofern vorhanden, weitere Produktbilder und auch eine Produktbeschreibung abbilden. Diese Informationen werden aber gerne unterhalb der gerade beschriebenen Informationen dargestellt, da sie viel Platz benötigen. Bei den meisten Online-Shops – daher ist diese Lösung als Best Practice anzusehen – erfolgen Detailinformationen zum Artikel unterhalb des groß dargestellten Produktbildes. Denn wenn ein Besucher sich im Detail informieren möchte, kann er nach unten scrollen.

Beim erstmaligen Aufruf der Produktdetailansicht sind daher keine Details relevant; hier spielen vielmehr eine große Darstellung des Produktbildes, des Namens und des Preises eine wichtige Rolle sowie die einfache Möglichkeit, den Artikel in den Warenkorb zu legen.

Benutzerregistrierung und Login

Neben den Seiten in Ihrem Online-Shop, auf denen es speziell um Produkte geht, gibt es weitere Ansichten, die Sie im Zuge eines Designprozesses berücksichtigen müssen. Basierend auf unseren Erfahrungen aus der Praxis können wir Ihnen aber sagen, dass hier oftmals das Design nur adaptiert, jedoch nicht komplett neu aufgebaut wird. Denn fangen wir mit der Registrierung und dem Login an, handelt es sich hierbei nicht um kriegsentscheidende Seiten. Es ist natürlich wichtig, dass diese funktional sind, aber Sie müssen bei diesen Ansichten keinen Schönheitspreis gewinnen.

In Magento müssen Sie sich beispielsweise nur um die Darstellung von ein paar wenigen Textfeldern Gedanken machen, die Sie in Abbildung 4.12 sehen können. Wenn Sie sich als Benutzer registrieren möchten, müssen Sie Ihren Vor- und Nachnamen sowie eine E-Mail-Adresse und ein Passwort angeben. Bei Bedarf können Sie sich noch für den Newsletter registrieren. Aus Usability-Sicht ist es hierbei wichtig, dem Besucher klar darzustellen, welche Informationen Sie benötigen, und – sollte eine Validierung vorhanden sein – bei einem Fehler ganz klar zu kommunizieren, was falsch eingegeben wurde. Gerade bei den Passworteingaben erhalten Besucher öfter einmal Meldungen wie »Passwort ungültig«, eben weil ein Sonderzeichen oder eine Zahl vorausgesetzt wird. Geben Sie hier Ihrem Besucher aber nicht nur die generische Meldung »Passwort fehlerhaft« zurück, sondern sagen Sie ihm, warum ein Fehler aufgetreten ist. Dies gilt übrigens für alle Eingaben in Ihrem Online-Shop. Sollte es zu einem Fehler kommen, geben Sie immer eine exakte Fehlerbeschreibung an.

Zu guter Letzt müssen Sie sich noch an das KISS-Prinzip halten – »Keep it simple, stupid«. Fragen Sie nur die Daten ab, die Sie wirklich benötigen. Es macht keinen Sinn, zum Beispiel eine Faxnummer abzufragen, wenn Sie Ihren Kunden keine Faxe zusenden möchten. Ebenso ist die Abfrage der Firma in reinen B2C-Shops selten sinnvoll. Konzentrieren Sie sich daher ausschließlich auf Informationen, die Sie brauchen.

Gleiches gilt für den Login, wobei hier in der Regel nur relevante Daten abgefragt werden. Wichtig ist aber bei der Benutzeranmeldung ebenfalls das Fehler-Handling. Denn oftmals vergessen Benutzer schlicht ihre Login-Daten. Geben Sie daher beim Login an, ob Sie eine E-Mail-Adresse oder einen Benutzernamen benötigen. Zusätzlich müssen Sie die Passwort-vergessen-Funktionalität optisch hervorgehoben darstellen, denn wenn wirklich einmal das Passwort vergessen wurde, gibt es nichts Ärgerlicheres, als lange nach dem Passwort-Reset suchen zu müssen.

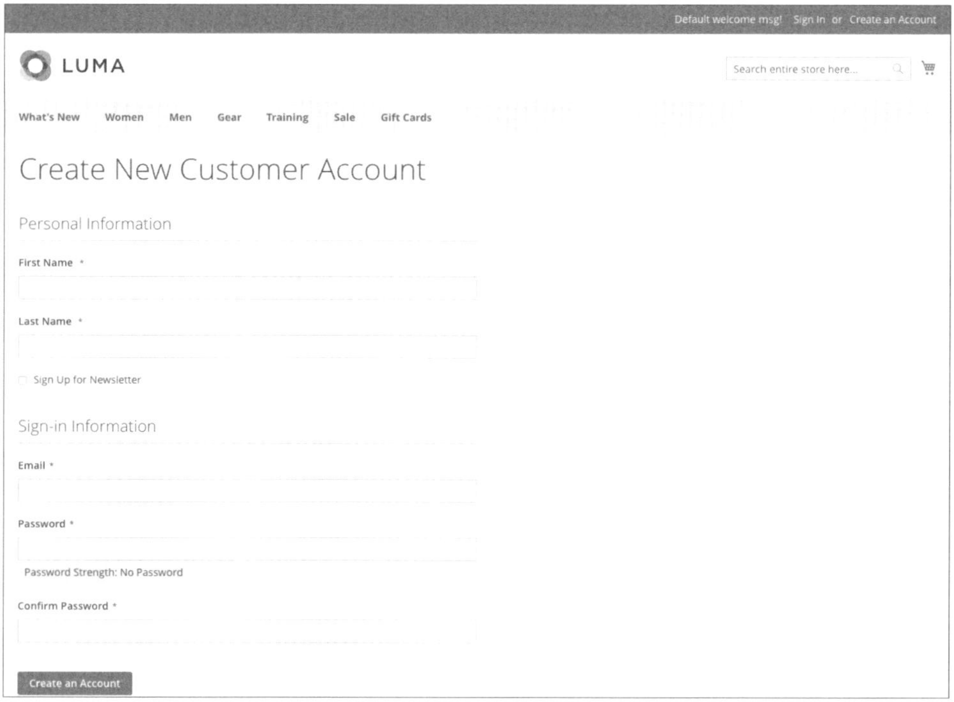

Abbildung 4.12 Für die Registrierung sind nur ein paar Informationen notwendig.

Warenkorb und Bezahlvorgang

Beim Warenkorb und dem Bezahlvorgang kommt es vor allem darauf an, eine gewisse Sicherheit durch die optische Gestaltung zu schaffen und dem Besucher die Angst vor dem Einkauf und dem Ungewissen zu nehmen. Speziell mit dem Thema Sicherheit befasst sich Abschnitt 4.7, »Der Faktor Vertrauen«, in dem die Darstellung des Warenkorbes und Bezahlvorgangs im Detail erklärt wird. Einen gelungenen Warenkorb- bzw. Bezahlvorgang können Sie aber, um an dieser Stelle einen schnellen Einblick zu erhaschen, am Beispiel von Breuninger in Abbildung 4.13 sehen.

So zeigt Breuninger im Kopfbereich der Seite zuerst den Schritt an, in dem Sie sich gerade befinden. Dadurch entsteht eine gewisse Orientierung, und Sie können sofort sehen, wie viele Schritte Sie noch bis zur Bestellaufgabe hinter sich bringen müssen. Das Design als solches wirkt enorm ruhig, abgesehen vom Logo und dem Produktbild gibt es keine farbigen Elemente. Dafür ist aber das Call-to-Action-Element, der Kaufen-Button, farblich abgesetzt. Das Layout ist einfach zu verstehen und folgt einem logischen Raster. In Summe handelt es sich daher um eine Darstellung, die sofort zu durchschauen und zu verstehen ist. Die Einfachheit an dieser Stelle ist aber dabei der Komplexitätstreiber, denn einen Check-out-Prozess sehr einfach und reduziert darzustellen, ist alles andere als einfach.

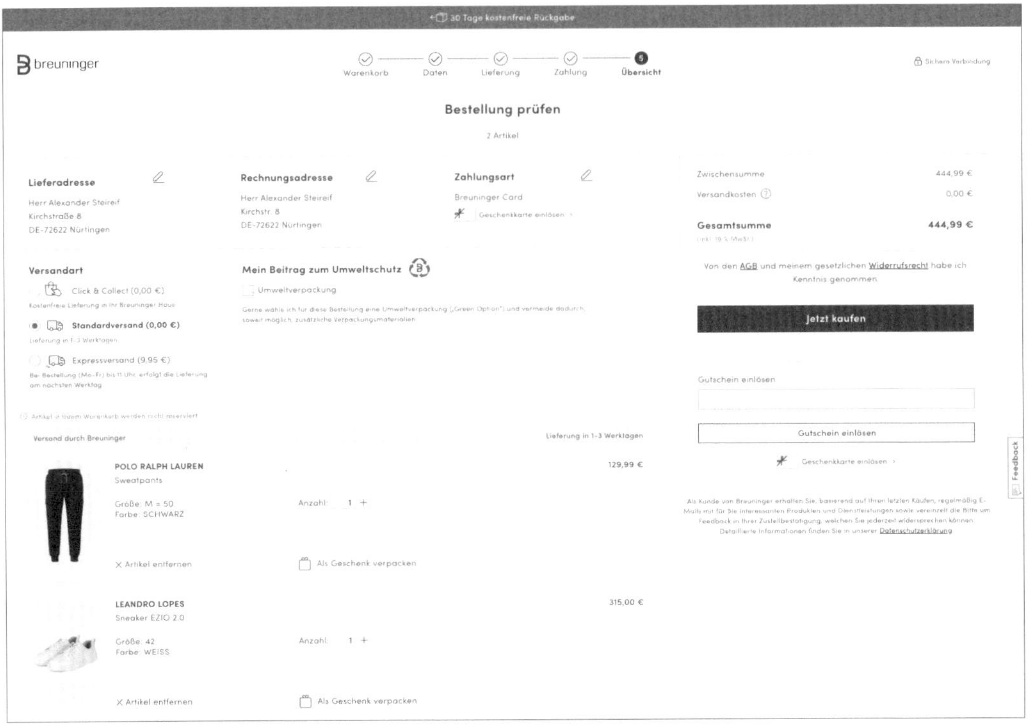

Abbildung 4.13 Weniger ist mehr – denn dadurch steigt die Übersichtlichkeit.

Wunschliste/Merkzettel

In manchen E-Commerce-Systemen nennt sich die Funktion Merkzettel, in wieder anderen Wunschliste. Gemeint ist in beiden Fälle aber dasselbe: Ein Nutzer soll die Möglichkeit haben, Produkte auf eine Liste zu setzen, um später einen oder mehrere Artikel von genau dieser Liste bestellen zu können. Das ist speziell für unentschlossene Nutzer eine interessante Option, die beim Surfen innerhalb des Online-Shops eben nicht direkt den Artikel in den Warenkorb legen möchten.

Die Anforderungen an den perfekten Merkzettel sind dabei gar nicht so hoch, wie man anfangs vermuten könnte. Eine klare und einfache Darstellung samt aller relevanten Artikelinformationen ist ausreichend. Positiv sind zudem Funktionen, mit denen sich der Merkzettel weiterverarbeiten lässt, beispielweise eine Download-Funktion. Cyberport demonstriert, wie dies in der Praxis aussehen könnte (siehe Abbildung 4.14).

Auf der linken Seite existieren alle möglichen Funktionen, um mit der Merkliste bzw. dem Wunschzettel zu arbeiten. Auf der rechten Seite hingegen finden Sie relevante Artikelinformationen.

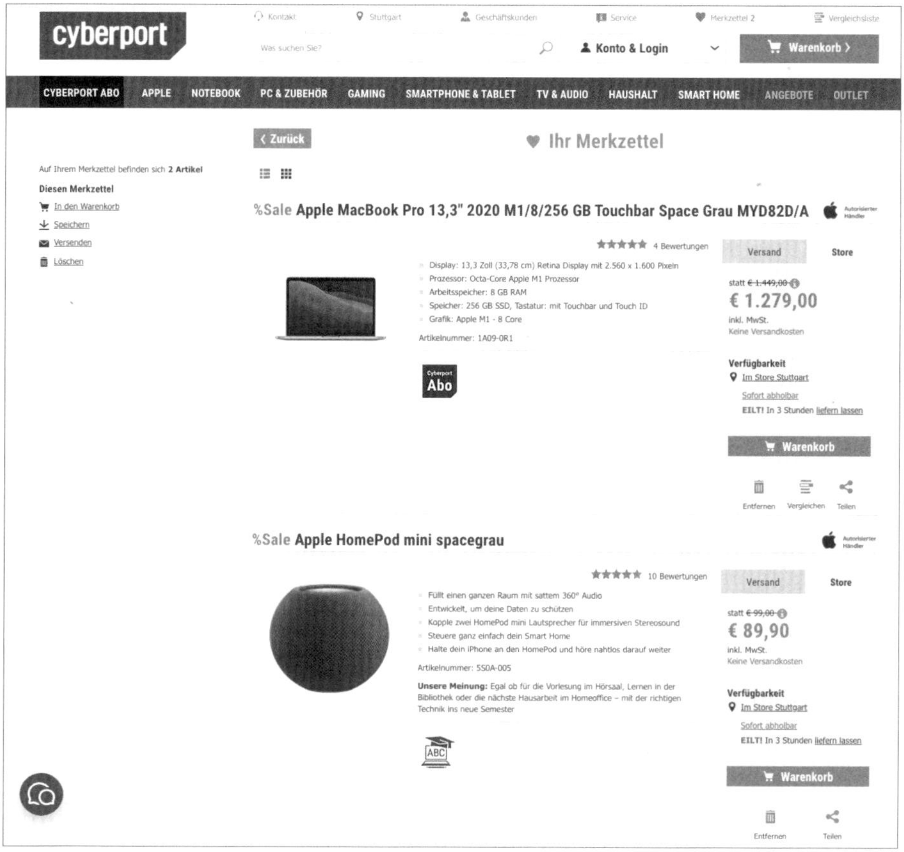

Abbildung 4.14 Eine Merkliste eignet sich perfekt, um einen möglichen Warenkorb vorzubereiten.

Benutzerkonto

Auch beim Benutzerkonto möchten wir den Online-Shop von Breuninger positiv hervorheben. Oftmals werden Benutzerkonten viel zu kompliziert aufgebaut: Betreiber überfrachten ihre Kunden mit aberwitzigen Funktionen, die jedoch in der Praxis häufig gar nicht benötigt werden. Breuninger fährt hierbei, Sie sehen dies in Abbildung 4.15, einen eher minimalistischen Ansatz. Kunden können getätigte Bestellungen einsehen, die eigenen Stammdaten verwalten, Lieferadressen pflegen und die Breuninger Card managen – nicht mehr und nicht weniger.

Wenn Sie das Benutzerkonto Ihres Online-Shops konzipieren, sollten Sie sich genau diese Grundsätze vor Augen halten und sich fragen, welche Funktionalitäten wirklich von den Kunden benötigt werden. Wobei handelt es sich um ein Must-have, und bei welchen Funktionen handelt es sich hingegen um Nice-to-have-Features? Implementieren Sie anschließend nur die Must-haves, denn dadurch erreichen Sie die Einfachheit und Übersichtlichkeit, die Ihre Kunden lieben werden.

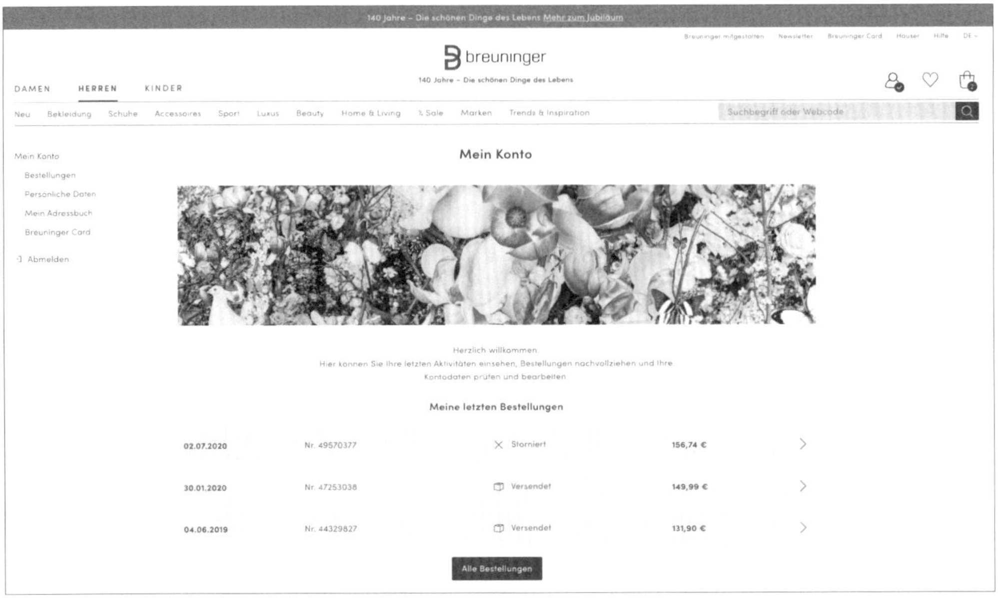

Abbildung 4.15 Das Breuninger-Benutzerkonto besticht durch Einfachheit.

Suchergebnisseite

In der Regel können Sie die Suchergebnisseite ähnlich wie eine Kategorieseite aufbauen, das heißt, hierbei müssen Sie sich keine gesonderten Gedanken machen. Immerhin stellen Sie dort auch nur Artikel dar, die gefiltert und sortiert werden können. Wenn Sie den Aufbau daher entsprechend der Kategorieseite gestalten, ist das in der Regel der richtige Weg.

Sonstige Ansichten

Neben den thematischen Ansichten gibt es natürlich viele weitere Ansichten in Ihrem Online-Shop, beispielsweise statische Seiten, die für FAQ- und Hilfebereiche verwendet werden. Die aufgeführten Ansichten sind aber mit Abstand die wichtigsten, und in der Praxis werden Sie, allein budgetbedingt, ausschließlich die relevanten Ansichten gestalten und umsetzen lassen. Für alle übrigen Ansichten reicht es in der Regel aus, das Farbschema entsprechend anzupassen und diese Ansicht an die Optik Ihres Online-Shops anzugleichen.

4.3.3 Das Zusammenspiel mit einer Grafikagentur/einem Grafiker

Wenn Sie bzw. Ihr Designer die für Ihren Online-Shop relevanten Ansichten in Form von Wireframes erstellt hat, kann die eigentliche Gestaltungsphase starten. Als Ergebnis sollten Sie von Ihrem Designer eine Photoshop- oder Fireworks-Datei erhalten. Denn diese benötigt wiederum Ihr Entwickler, der das Theme erstellt. Ihr Designer ist daher dafür zuständig, Ihrem Entwickler die Entwürfe so präzise wie möglich aufzubereiten. Aus diesem Grund ist es ebenso notwendig, jede Ansicht innerhalb des Online-Shops zu gestalten, denn Ihr Entwickler kann nur das umsetzen, was er geliefert bekommt. Eine weitere wichtige Aufgabe des Designers besteht darin, Änderungen, Korrekturwünsche und Anpassungen aufzunehmen und visuell umzusetzen. Denn Abstimmungen auf Basis von Photoshop- oder Fireworks-Dateien gemeinsam mit Ihrem Grafiker sind immer effizienter, als wenn Ihr Entwickler Änderungen durchführen muss. Oftmals neigen Shop-Betreiber dazu, Grafikentwürfe schnell durchzuwinken, denn wenn erst einmal alles umgesetzt ist, hat man ein besseres Bild und kann Anpassungen auf dieser Basis vornehmen. Das ist zwar technisch betrachtet korrekt, der Aufwand ist aber sicherlich um den Faktor 3 oder 4 höher, als wenn Ihr Designer die Entwürfe anpasst und Sie diese prüfen und gegebenenfalls Änderungen veranlassen. Sorgen Sie wirklich dafür, dass Sie von Ihrem Designer vollständige Entwürfe erhalten, auf deren Basis Sie eine Entscheidung treffen können und ein Gespür für den Online-Shop erhalten. Ihr Entwickler sollte nur noch Abweichungen wie Detailkorrekturen oder grobe Fehler anpassen müssen!

4.3.4 Technische Umsetzung des Entwurfs

Hat Ihr Grafiker die Entwürfe entsprechend fertiggestellt, werden diese an Ihren Entwickler übergeben. Dieser »wandelt« die Entwürfe in PHP, HTML, CSS und JavaScript um – ganz vereinfacht gesagt. Ihr Entwickler ist dafür zuständig, dass Ihr Online-Shop exakt wie die Entwürfe aussieht. Dies ist vor allem deshalb so zeitintensiv und schwierig, weil die momentan gängigen Browser unterschiedliche Darstellungen haben. Sprich, Ihr Entwickler setzt den Entwurf um und muss anschließend die Details in den verschiedenen Browsern prüfen und nachjustieren. Erschwert wird dies durch den M-Commerce, denn dadurch müssen die Entwürfe für unterschiedliche Endgeräte wie Smartphones und Tablets erstellt und geprüft werden.

Erst wenn Ihr Entwickler seine Arbeit beendet hat, können Sie die Funktionen des Shops testen, denn Designumsetzungen beeinflussen zwangsläufig die Funktionalität eines Online-Shops. Funktioniert alles problemlos, sollte Ihr Grafiker einen letzten Blick auf den Online-Shop werfen, denn ein Grafiker betrachtet gewisse Stellen mit anderen Augen als ein Entwickler. Gibt Ihr Grafiker das Go, ist das Design fertig und das Projekt »Online-Shop-Designerstellung« beendet.

Zugegeben, dies ist ein stark vereinfachter Workflow, denn über Briefings und Workshops haben wir uns in diesem exemplarisch skizzierten Szenario noch überhaupt nicht unterhalten. Sie können aber sicherlich den zeitlichen Aufwand dadurch grob einschätzen und wissen, dass Sie »in ein paar Tagen« keinesfalls ein gut geplantes und realisiertes Design entwickeln können. Dies dauert Wochen, wenn nicht gar Monate. Und damit haben Sie auch schon den größten Unterschied zu einem Kauf-

Template. Denn bis Sie ein individuelles Design realisiert haben, vergeht viel Zeit, und die Kosten eines Designs machen gut und gerne 50–60 % der gesamten Projektsumme aus.[2]

Ob Sie ein Design selbst erstellen oder auf ein fertiges Template zurückgreifen, müssen Sie von Fall zu Fall selbst entscheiden. Primär ist es eine Frage des Budgets, denn oftmals ist vereinfacht gesagt kein Budget für ein individuelles Design vorhanden. Auf der anderen Seite können Sie nur auf diese Art und Weise tatsächlich in die Usability eingreifen, da Sie Ihr Projekt von null an planen können. Greifen Sie daher, wann immer es geht, zu einem individuellen Design, und versuchen Sie nicht krampfhaft, ein fertiges Template so weit zu verbiegen, dass es Ihren Anforderungen entspricht, denn das geht in den meisten Fällen schief.

Wie Sie sich auch entscheiden, Sie möchten als Shop-Betreiber in beiden Fällen eine gute Usability. Doch was müssen Sie hierfür alles beachten?

4.4 Usability-Faktoren, die Sie beachten müssen

Auch wenn wir auf den vorherigen Seiten über das Thema Design bzw. Optik gesprochen haben und Sie nun wissen, welche Elemente umgesetzt und gestaltet werden müssen, gibt es darüber hinaus Optimierungspotenziale und Usability-Aspekte, die nichts mit der eigentlichen Gestaltung des Shops zu tun haben. Leider gibt es aber kein allgemeingültiges Rezept mit drei Stellschrauben, an denen Sie drehen müssen. Viele Faktoren spielen eine wichtige Rolle, und zwar als großes Ganzes. Nur wenn Sie viele Details beachten und daran arbeiten, können Sie ein hervorragendes Endergebnis produzieren und Ihren Besuchern ein geniales Einkaufserlebnis bieten.

Und da es nicht nur ein paar wenige Stellschrauben gibt, werden wir auf den folgenden Seiten die Details besprechen, und zwar Schritt für Schritt. Denn wenn Sie genau auf diese Details achten und an Ihrem Online-Shop arbeiten, können auch Sie die Usability Ihres Online-Shops signifikant steigern. Lassen Sie uns daher direkt durchstarten!

4.4.1 Technische Fehler

Sicherlich ist es Ihnen bei der täglichen Arbeit mit Ihrem Computer auch schon einmal passiert, dass Sie schnell etwas erledigen mussten, und dann hat eines Ihrer Programme gestreikt. Anschließend nehmen Sie mehrere verschiedene Anläufe, um ans Ziel zu kommen, und irgendwann funktioniert es auch. Die Aufgabe haben Sie zwar erledigt, aber Sie sind auch ein Stück weit gefrustet. Das Problem im E-Commerce liegt nun darin, dass sich Ihre Besucher nicht mit Ihnen und Ihrem Online-Shop be-

2 Speziell im Magento-Umfeld ist das kein unüblicher Wert.

schäftigen müssen, denn die Konkurrenz liegt in 90 % aller Fälle nur einen Klick entfernt. Ihre Besucher brauchen also gar nicht die Geduld wie am heimischen Computer aufzuwenden, sie gehen einfach zu Ihrer Konkurrenz. Daher werden im E-Commerce Fehler enorm schnell bestraft, denn Ihnen geht Umsatz und damit Gewinn verloren, und noch viel schlimmer: Sie vergraulen Ihre Besucher. Wenn diese erst einmal im Bewusstsein haben, Ihr Shop ist voller Fehler, dann bleiben Folgebesuche in der Regel aus. Und diese Besucher zurückzugewinnen, wird äußerst schwierig.

Doch wie genau sehen die »klassischen« technischen Fehler in einem Online-Shop aus?

- Schaltflächen bzw. Buttons sind nicht verlinkt. Ein Klick bewirkt also nichts, und der Besucher versteht nicht, warum.
- Schaltflächen oder Buttons sind falsch verlinkt. Man klickt beispielsweise auf den Button ZUR KASSE und landet im Warenkorb.
- Funktionen sind grundsätzlich beeinträchtigt. Sie fordern ein Passwort an und erhalten keine E-Mail, Sie bestellen und erhalten keine Bestellbestätigung etc.
- Der Online-Shop zeigt unregelmäßig aufgrund von Überlastungen eine Fehlerseite an.
- Darstellungsfehler beeinträchtigen das Lesen und Erfassen von Informationen, beispielsweise durch optische Überschneidungen von Elementen.
- Oder allgemein formuliert: Das Verhalten einer Funktion entspricht nicht dem, was 90 % Ihrer Besucher erwarten.

Sollten Sie nun mit der Intention starten, einen perfekten und fehlerfreien Online-Shop entwickeln zu lassen, so ist das mehr als utopisch. Denn Online-Shop-Lösungen sind komplexe Softwareanwendungen, die von Haus aus nicht fehlerfrei sein können. Denn je komplexer eine Software ist, desto höher ist die Wahrscheinlichkeit, dass Fehler enthalten sind. Letztendlich sind die Entwickler dieser Lösungen auch nur Menschen und versuchen, einen guten Job zu machen, ausschließen können Sie Probleme aber nie. So existierte beispielsweise in der E-Commerce-Lösung Magento jahrelang ein Rundungsfehler, der durch gewisse Konstellationen provoziert werden konnte. Der Rundungsfehler hat sich auf die Berechnung der Umsatzsteuer ausgewirkt, so weit ist das noch gar nicht so tragisch. Bei einem Einkauf via PayPal wurde aber aufgrund der falsch gemeldeten Umsatzsteuer die Bestellung als Betrugsversuch gewertet, wohlgemerkt nach dem Einkauf. Das ist zwar ein unschöner Fehler, keine Frage, aber er hält erst einmal nicht vom Einkauf ab. Den Umsatz haben Sie eingeheimst, und das muss auch Ihr primäres Ziel sein.

Damit Sie in Ihrem Online-Shop einen möglichst fehlerfreien Shopping-Prozess ermöglichen können, müssen Sie eine Sache konsequent tun: testen. Denn speziell durch die konstante Weiterentwicklung ist es in der Praxis nicht unüblich, dass sich

Fehler einschleichen und mit neuen Funktionen und Updates alte Funktionen beeinträchtigt werden. Nehmen Sie sich daher wöchentlich Zeit, um Ihren Shop zu testen und die Funktionsweise zu gewährleisten. Idealerweise können Sie das Testen auch an Freunde oder Bekannte delegieren, da diese nochmals einen komplett anderen Blick auf Ihren Online-Shop haben. Damit Sie einen effizienten Testprozess haben, machen Sie sich zuallererst eine Liste mit Abläufen, die Sie testen möchten. Diese könnte wie folgt aussehen:

- Registrierung im Kundenkonto: Besucher klickt oben auf REGISTRIEREN, gibt seine Daten in das Formular ein und klickt auf ABSENDEN. Kommt die Opt-in-E-Mail an, und kann diese bestätigt werden?
- Der Besucher legt einen Artikel in den Warenkorb. Ist die korrekte Summe im Warenkorb anschließend vorhanden, ist der Artikel im Warenkorb?
- Der Besucher kauft die Artikel im Warenkorb ein. Er klickt auf den Button JETZT KAUFEN, füllt die nachgelagerten Formulare aus und klickt auf BESTELLEN. Stimmt die Summe, ist das Geld korrekt transferiert worden, bekommt der Besucher eine Bestellbestätigung?
- etc.

Konzentrieren Sie sich auf die 10 oder 15 wichtigsten Möglichkeiten in Ihrem Online-Shop, denn jede Funktionsweise können Sie sowieso nicht testen. Prüfen Sie daher, ob die Registrierung und der Login funktionieren, Produkte in den Warenkorb gelegt werden können und Einkäufe möglich sind. Wenn Sie spezielle Individualisierungen wie Produktkonfiguratoren haben, dann sollten Sie diese Funktionen ebenso in Ihre Liste mit aufnehmen. Anschließend haben Sie eine Prüfliste erstellt, die Sie Stück für Stück abarbeiten können und bei Bedarf auch an Bekannte oder Freunde verteilen können. Wenn Sie hinter jeden Punkt einen grünen Haken machen können, haben Sie zumindest einmal die Gewissheit, dass die wichtigsten Funktionen in Ihrem Online-Shop anstandslos klappen.

Automatisierte Oberflächentests mit Selenium

Bestimmte Funktionen und Abläufe wie die Registrierung, das Einkaufen etc. können Sie mittlerweile auch automatisiert testen lassen. Ein gutes Tool hierfür ist Selenium, das unter anderem auch als Browser-Extension für den Firefox verfügbar ist. Sie können mit diesem Tool eine Vorgehensweise aufzeichnen, die Sie zuvor zusammengeklickt haben, und anschließend abspulen. Wenn hierbei jeder Button geklickt, jedes Formular ausgefüllt und abgeschickt werden kann, ist der Test bestanden. Dadurch können Sie letztendlich wieder viel Zeit sparen, da Sie sich nicht persönlich durch Ihren Online-Shop klicken müssen. Sprechen Sie hierauf einmal Ihren Entwickler an, er wird Ihnen sicherlich weiterhelfen können.

- *www.seleniumhq.org*

Neben regelmäßigen Tests sollten Sie bei Aktualisierungen und Erweiterungen Ihres Online-Shops, sprich bei Deployments, ebenso ein gewisses Fingerspitzengefühl haben. Sofern Sie die Möglichkeit haben, spielen Sie die Erweiterung bzw. das Update erst auf einem Staging-System durch. Sollte dort alles geklappt haben, können Sie sich um das Live-System kümmern. Nehmen Sie die Live-Seite lieber 10 Minuten mit einer entsprechenden Meldung offline, aktualisieren Sie dann die Online-Shop-Software, testen Sie die Änderungen, und gehen Sie dann mit Ihrem Online-Shop wieder online. Denn während Deployments wird es zwangsläufig zu Fehlern kommen. Es wäre schade, wenn Sie dadurch bei Ihren Besuchern für Unmut sorgen würden. Kommunizieren Sie daher Wartungsarbeiten offen, denn hierfür werden Ihre Besucher sicherlich Verständnis haben.

4.4.2 Ladezeiten

Bleiben wir beim nächsten Punkt noch einmal bei der technischen Komponente Ihres Online-Shops. Die Ladezeiten Ihres Online-Shops wirken sich direkt auf die Conversion-Rate, aber auch auf die Usability aus. Denn wer möchte bei einem Klick schon ein paar Minuten auf eine Antwort warten? Hier gilt ähnlich wie bei Fehlern: Die Konkurrenz ist nur einen Klick entfernt. Wenn Ihnen das Surfen auf Cyberport zu lange dauert, dann gehen Sie eben zu Amazon oder Alternate, um die gewünschten Produkte zu bestellen. In der Regel gibt es zwischen den Besuchern und Ihnen als Online-Shop-Betreiber bzw. Ihrem Online-Shop keinerlei emotionale Bindung, Ihre Besucher wollen am Ende des Tages nur möglichst schnell an die gewünschten Artikel kommen. Schnell ist dabei das Zauberwort, denn Ihr Online-Shop muss schnell sein. Doch was ist schnell? Erfahrungsgemäß sind Ladezeiten um die 2 Sekunden okay und akzeptabel, Sie sollten aber auf jeden Fall schauen, Richtung 1-Sekunde-Marke zu kommen. Das heißt, wenn Ihr Online-Shop beim Laden ca. 1 Sekunde braucht, ist alles in Ordnung.

Fangen wir damit an, wie Sie die Ladezeit Ihres Online-Shops messen können, denn wenn Sie nicht wissen, wie schnell oder langsam Ihr Online-Shop ist, können Sie die Ladezeit auch nicht optimieren. Auch hierfür gibt es wieder eine Vielzahl an Werkzeugen. Ein unserer Meinung nach gutes Tool, weil es einfach zu bedienen ist und sofort Resultate liefert, ist Pingdom. Unter *http://tools.pingdom.com* können Sie einfach die zu testende URL eingeben, wobei Sie unter SETTINGS am besten Amsterdam als Serverstandort wählen, da uns dieser geografisch am nächsten kommt. Wenn Sie eine URL definiert haben, beispielsweise die Startseite, klicken Sie auf TEST NOW. Sie erhalten daraufhin eine Zusammenfassung, wie viele Daten in welcher Zeit ausgeliefert wurden, sowie eine Auflistung aller Dateien, die heruntergeladen werden mussten. Schlussendlich müssen Sie eine ähnliche Darstellung wie in Abbildung 4.16 haben. Mein gewähltes Beispiel Zalando kommt auf eine Ladezeit von 960 Millisekunden und eine Seitengröße von 1,3 MB bei 46 Requests.

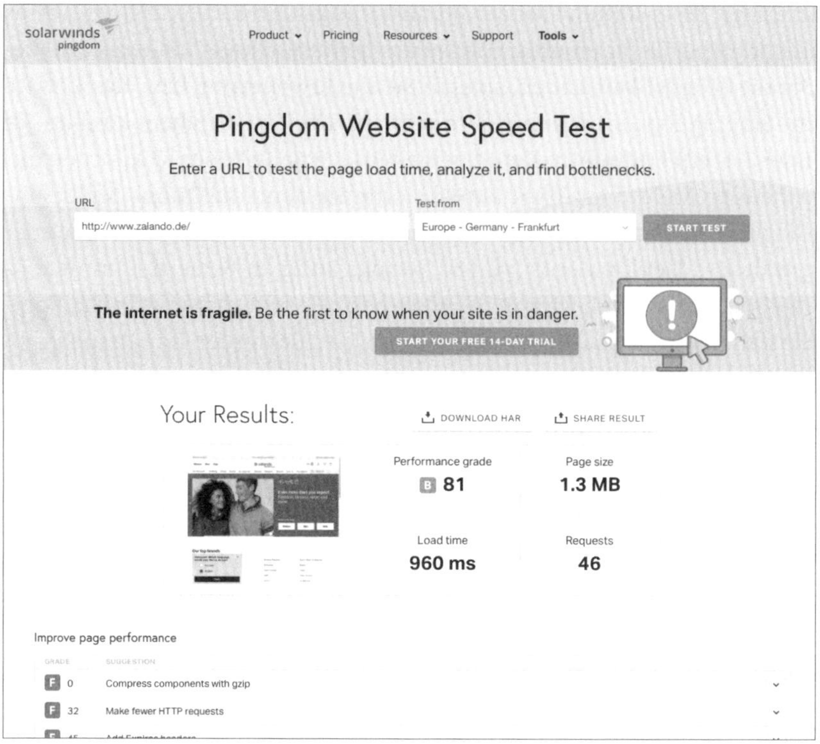

Abbildung 4.16 Auswertung der Ladezeit am Beispiel von Zalando

Darüber hinaus können Sie erkennen, wie sich die 1,3 MB zusammensetzen. Werden viele Bilder geladen, werden große JavaScript-Dateien benötigt, oder ist Ihre Seite inhaltlich so »aufgebläht«, dass eine große Seitengröße zustande kommt?

Pingdom hilft Ihnen im ersten Schritt für eine grobe Bestandsaufnahme, auf deren Basis Sie sagen können, Ihr Online-Shop ist langsam oder schnell. Wenn Sie nun ermitteln, dass Ihr Online-Shop langsam ist, dann kann es hierfür mehrere Gründe geben, die sukzessive geprüft werden müssen. Ist die Auslieferung der Seite langsam oder die darauffolgende Darstellung? Ersteres Problem ist beim Server und der Software angesiedelt. Durch komplexe Datenbankabfragen kann es sein, dass Ihr Online-Shop erst einmal eine gewisse Zeit benötigt, an Daten zu kommen und diese zu verarbeiten. Wenn diese Informationen zur Verfügung stehen, werden sie an den Browser übergeben, und dieser stellt sie dar. Krankt es daran, müssen Sie die Online-Shop-Software und das Server-Set-up untersuchen lassen und gegebenenfalls mit Caches gegensteuern.

Unter Caching versteht man, dass gewisse Ergebnisse oder gar ganze Seiten zwischengespeichert werden. Wenn ein Besucher Ihren Online-Shop aufruft, muss die Datenbank nicht mehr angefragt werden, die Software selbst muss keine Daten mehr verarbeiten, wodurch wesentlich weniger Last anfällt und die Geschwindigkeit steigt.

Es kann jedoch auch passieren, dass der Server alle Daten zügig ausliefert, die Darstellung im Browser aber sehr lange benötigt. Das ist gerade bei komplexen JavaScript-Anwendungen, vielen und großen Bildern keine Seltenheit. Hier würde ein Cache nicht viel bewirken, denn die Daten müssen so oder so im Browser dargestellt werden. In einem solchen Fall wäre eine Performance-Optimierung im direkten Zusammenhang mit dem Template bzw. dem Design sinnvoll. Denn man müsste, läge es tatsächlich am JavaScript-Code, diesen optimieren oder Bilder gegebenenfalls komprimieren, um so auch die herunterzuladende Datenmenge zu reduzieren.

Die »größten« und schlimmsten Fehler können Sie übrigens auch durch einen Google-Service ermitteln. Unter *https://developers.google.com/speed/pagespeed/insights* können Sie Ihren Online-Shop oder Ihre Website testen lassen, Sie erhalten ein Scoring mit Optimierungsmöglichkeiten, wie Sie in Abbildung 4.17 sehen.

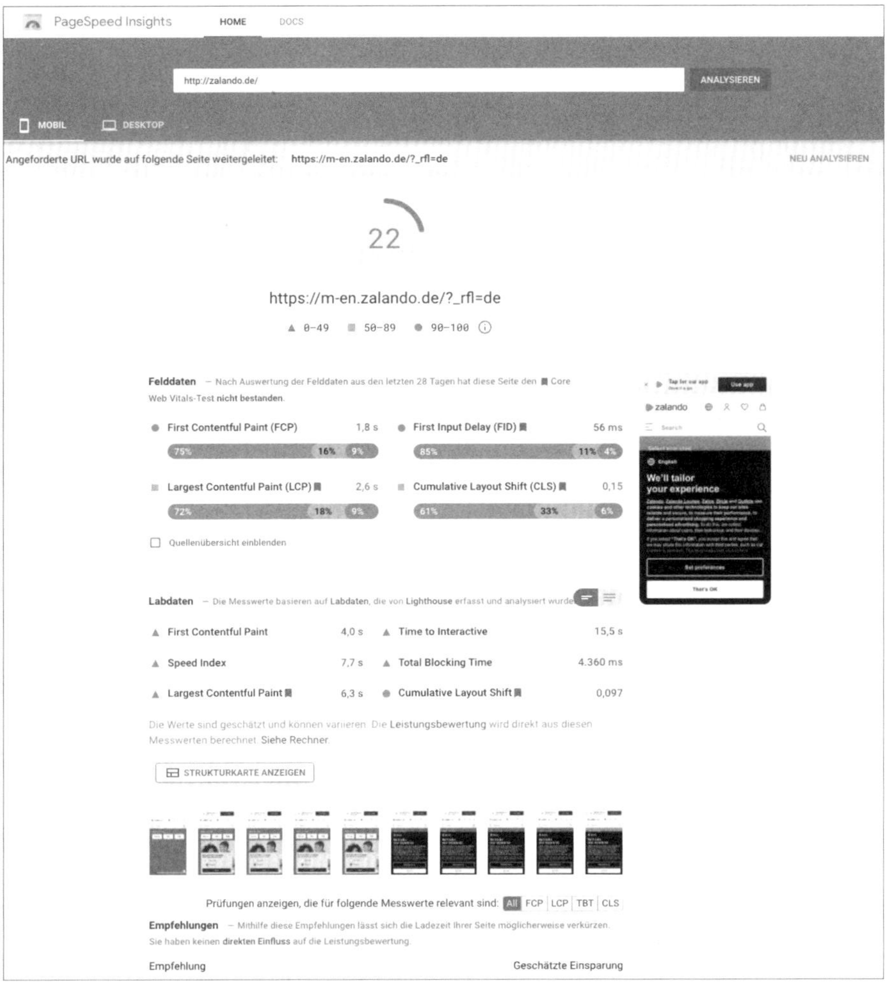

Abbildung 4.17 Google PageSpeed Insights weist Sie auf große Fehler hin.

Wenn Sie aber grundsätzlich vor einem Software- bzw. Serverproblem stehen, wird die Analyse etwas komplexer und aufwendiger. Als gutes Tool hat sich in den letzten Jahren Newrelic herauskristallisiert. Denn diese Application-Monitoring-Software zeigt Ihnen recht deutlich, welche Datenbankabfragen oder auch Softwarebestandteile eine hohe Last verursachen und viel Performance benötigen. Für die Implementierung und Auswertung müssen Sie definitiv Rücksprache mit Ihrem Entwickler halten, denn hier wird es sehr technisch.

Die Optimierung der Ladezeit ist kein Hexenwerk, es gibt verschiedene Tools, mit denen Sie zuerst die Probleme identifizieren und basierend auf der Diagnose auch lösen können. Wichtig ist nur, dass Sie als Shop-Betreiber die Performance als kritisches Thema ansehen und sich dieses Themas annehmen und konstant an der Optimierung arbeiten.

4.4.3 Buttons und Links kenntlich machen

Es ist enorm wichtig, ein optisches Feedback bei klickbaren Elementen zu geben. Das heißt, sobald ein Button, ein Link oder eine Fläche klickbar ist und man mit der Maus über diese fährt, muss sich optisch etwas verändern. Es spielt dabei eine nicht so wichtige Rolle, ob Sie den Link bzw. Button unterstreichen oder die Farbe ändern, Hauptsache, Ihre Besucher verstehen den Klickeffekt. Nehmen wir hierfür als Beispiel Zalando.

Wenn Sie mit der Maus über einen Navigationspunkt fahren, wird dieser automatisch in einer anderen Farbe dargestellt, wie Sie in Abbildung 4.18 sehen können.

Denn wenn etwas unterstrichen bzw. farblich hervorgehoben wird, dann klicken Ihre Besucher auch darauf oder verstehen zumindest die Interaktion. Prüfen Sie daher Ihren Online-Shop speziell unter diesem Gesichtspunkt. Alle Links und Schaltflächen müssen ein optisches Feedback bei einem Mouse-over liefern.

Daneben gibt es auch noch Fälle, in denen klickbare Elemente überhaupt nicht wahrgenommen werden. Das heißt, ein optisches Feedback bei einem Mouse-over hätte keinerlei Auswirkung, da der Besucher gar nicht mit seiner Maus über das Element fährt. In diesem Fall geht also der Button oder die Schaltfläche komplett unter. Um dies zu vermeiden, sollten Call-to-Action-Elemente besonders auffällig dargestellt werden. Als Shop-Betreiber müssen Sie nun im ersten Schritt die Call-to-Action-Elemente erst einmal definieren. Es sind Elemente, bei denen Sie eine Interaktion mit dem Besucher wünschen. Ein klassisches Beispiel ist der Button In den Warenkorb. Natürlich möchten Sie, dass ein Besucher darauf klickt, denn dieser Klick verspricht Ihnen Umsatz. Jedoch kann auch eine Kontaktanfrage oder eine Katalogbestellung ein Prozess sein, in den Sie Ihre Besucher schicken möchten.

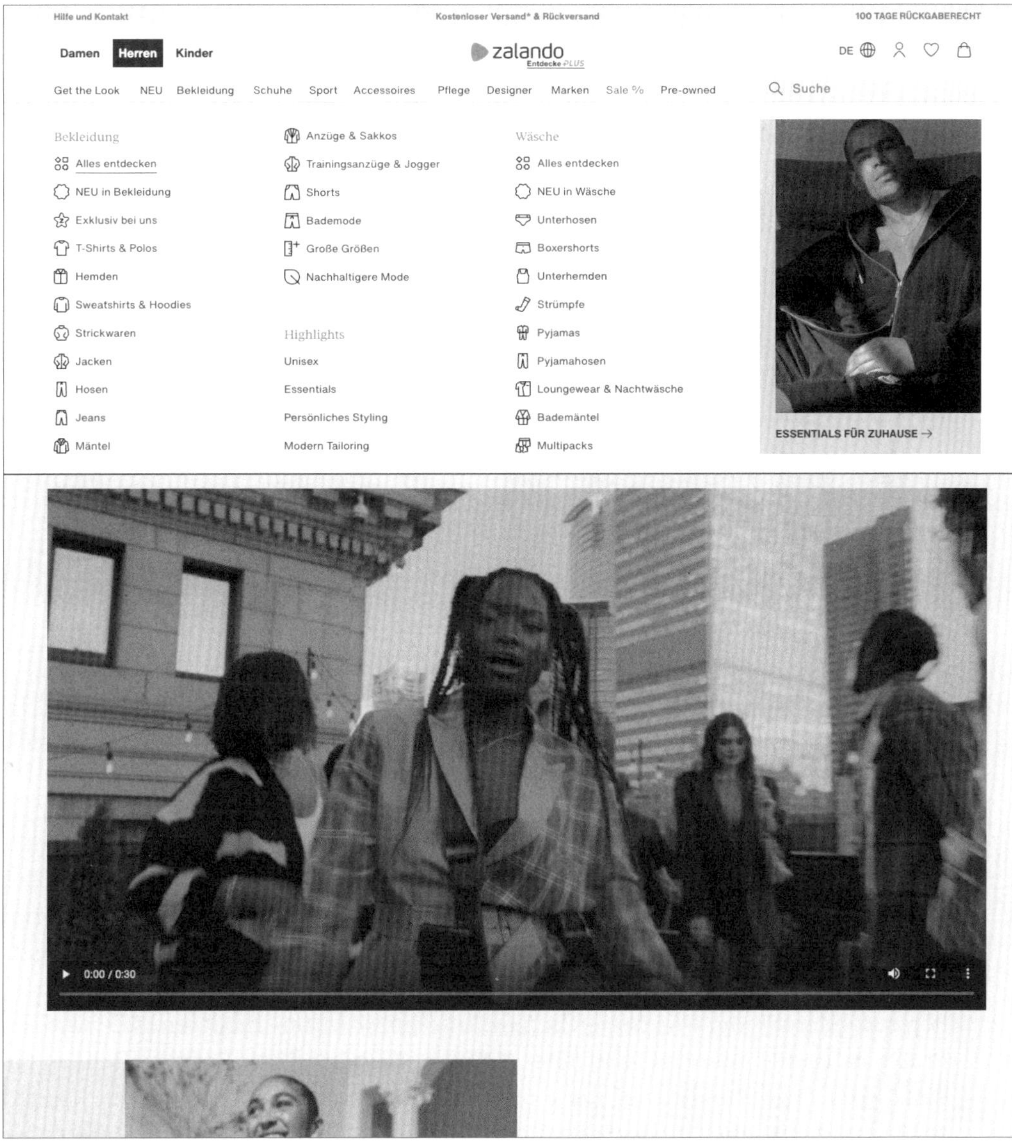

Abbildung 4.18 Klickbare Elemente erfordern stets ein optisches Feedback.

Bleiben wir beim Beispiel von Zalando. Wenn Sie Abbildung 4.19 einmal ansehen, werden Sie sofort die Call-to-Action-Elemente finden.

Denn besonders auffällig sind der Button IN DEN WARENKORB und der Suchfeld-Button, mit dem Sie eine Suchanfrage abschicken können. Sie werden als Besucher daher ganz gezielt durch eine optische Hervorhebung auf Buttons bzw. Schaltflächen aufmerksam gemacht. Speziell bei einer sehr schlichten Seite wie Zalando, die weiß und grau ist, sticht ein großer Button natürlich sehr ins Auge.

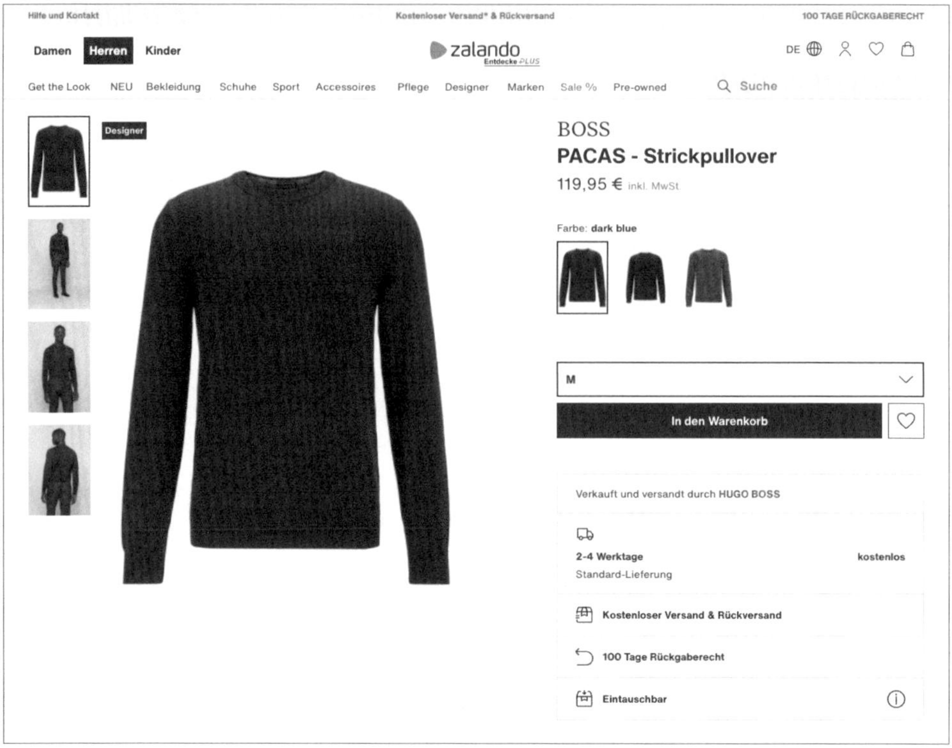

Abbildung 4.19 Produktdetailansicht bei Zalando

Lösen Sie sich auch von dem Gedanken der Manipulation. Oftmals wird durch die angesprochenen Usability-Änderungen die unterbewusste Manipulation der Besucher unterstellt. Sozusagen, als ob man den Besucher überlisten und ihn indirekt zum Einkauf zwingen würde, da der Aufbau der Seite genau so ist, dass der Besucher ordentlich einkauft. Aber darum geht es gar nicht. Sie möchten Ihre Besucher nicht manipulieren, sondern ihnen eine übersichtliche Seite bereitstellen, mit deren Hilfe sie ohne Probleme und Hindernisse einkaufen können. Denn als Shop-Betreiber lenken Sie den Fokus Ihrer Kunden auf die einzelnen Prozessschritte, wodurch der Einkauf schnell und effizient durchgeführt werden kann. Helfen Sie Ihren Besuchern daher bei der Navigation innerhalb Ihres Online-Shops, und setzen Sie Call-to-Action-Elemente sparsam, aber zielgerichtet ein.

4.4.4 Suchfunktion

Nutzen Sie Google? Und nutzen Sie häufig Google? Gerade wir in Deutschland sind wahrhaftige Google-Fans. Sobald eine Information benötigt wird, ruft man schnell *www.google.de* auf, gibt seine Frage, entweder in einzelnen Worten oder in ganzen

Sätzen, in einen Suchschlitz ein und erhält anschließend genau die Ergebnisse, die einem bei der Beantwortung der Frage weiterhelfen. Klingt ja eigentlich ganz banal, oder? Google arbeitet mittlerweile seit mehr als einem Jahrzehnt mit einer Armee an Ingenieuren und Softwareentwicklern genau an dieser vermeintlich einfachen Funktion und ist immer noch nicht am Ende angekommen. Was hat dies nun mit Ihrem Online-Shop zu tun? Ganz einfach, Ihre Besucher erwarten von Ihrer Suchfunktion genau dieselbe Funktionsweise, aber Sie haben nicht die Manpower von Google, geschweige denn die notwendigen Kapazitäten und das Know-how. Das Resultat: eine im Schnitt mittelmäßige Suchfunktion, die zwar Produkte findet, aber irgendwie sind es immer die falschen. Und das ärgert Ihre Besucher, und sie verlieren langsam die Lust am Einkaufen.

Sicherlich ist diese Aussage etwas pessimistisch, denn die Suchfunktion hängt selbstverständlich von der E-Commerce-Lösung ab; ein Magento sucht nämlich nicht gleich gut oder gleich schlecht wie beispielsweise ein OXID. Aber, ohne einer E-Commerce-Lösung bzw. deren Entwickler zu nahe treten zu wollen, mehr als durchschnittliche Ergebnisse werden Sie voraussichtlich nicht erhalten.

Auch sind oftmals weitere Eingrenzungen der Suche, beispielsweise mithilfe einer Filterung, nur mit zusätzlichen Erweiterungen möglich.

Eine gelungene Suchfunktion können Sie bei Zalando testen (siehe Abbildung 4.20). So erhalten Sie bei der Eingabe von Buchstaben oder eines Begriffs Vorschläge, sprich Empfehlungen. Dementsprechend müssen Sie auch gar nicht genau wissen, wie ein bestimmtes Produkt heißt, die Suche vervollständigt Ihre Anfrage und liefert zusätzlich Ideen für die Suche nach anderen Artikeln. Darüber hinaus besteht nach der Suche die Möglichkeit, die Ergebnisse einzuschränken, sprich zu filtern. Wenn Sie bei Zalando nach einem Pullover suchen, erhalten Sie eine große Anzahl an Artikeln; so weit dürfte Sie das nicht verwundern. Jetzt haben Sie aber die Möglichkeit, Ihre Suchergebnisse einzuschränken, durch den Preis, die Beschaffenheit, Kategorien etc. Auch das ist eine sehr wichtige Funktion, die Sie Ihren Besuchern anbieten müssen. Denn ein Suchergebnis umfasst in der Regel eine recht große Ergebnismenge. Ihre Besucher möchten diese jedoch eingrenzen, um sich nicht eine Vielzahl an Artikeln ansehen zu müssen, und hierfür ist eine Filterung unumgänglich.

Wie eingangs erwähnt, hängt die Suche sehr stark von der eingesetzten Shop-Software ab. Es gibt Anbieter, die dieses Problem lösen, indem sie eine Suchtechnologie anbieten, bei der die Suche gar nicht mehr in Ihrem Shop durchgeführt wird, sondern direkt bei dem Anbieter. Und da sich dieser Anbieter auf das Thema »Suchen und Finden« spezialisiert hat, erhalten Sie sehr gute Ergebnisse. Technologisch ist die Anbindung relativ simpel. Letztendlich müssen Sie einen Export Ihrer Produktdaten bereitstellen. Es sind also alle Daten notwendig, die durchsucht werden sollen. Anschließend muss der Suchanbieter in Ihren Shop integriert werden.

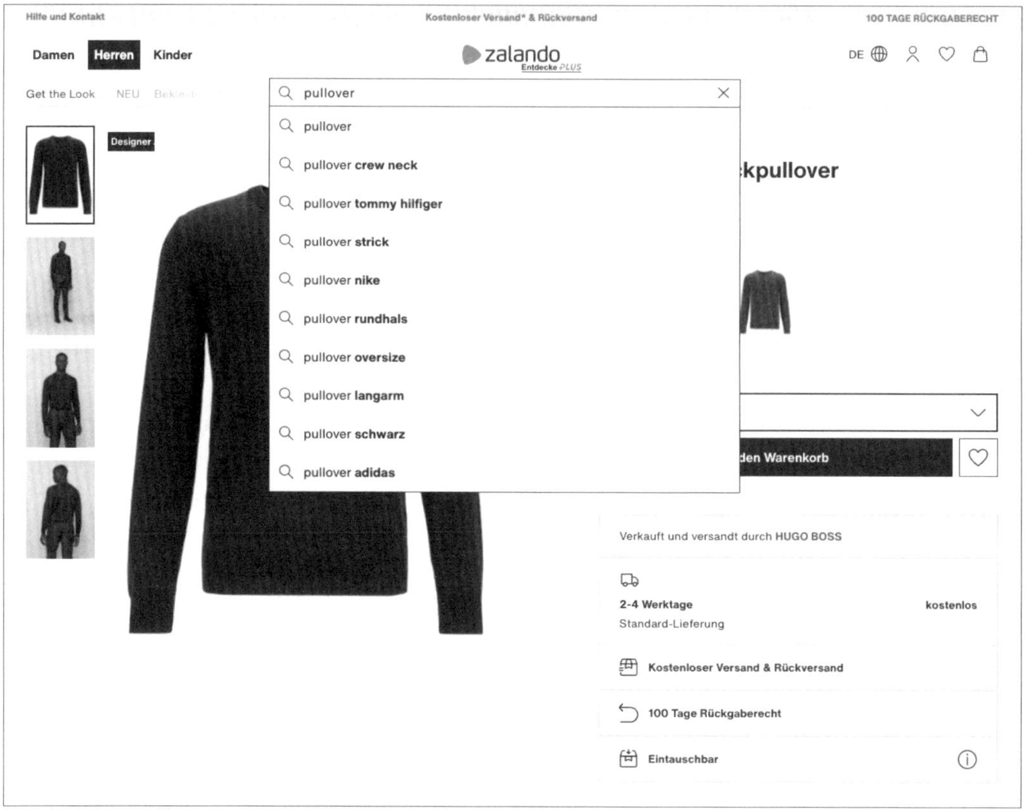

Abbildung 4.20 Auto Suggest und Filterung

In der Regel existieren hierfür bereits Plugins und Module, die im Idealfall »out of the box« funktionieren, im Worst Case als Basis für die eigene Implementierung dienen. Eines dieser Unternehmen ist Fact-Finder, das neben einer Auto-Suggest-Funktion auch die Filterung der Ergebnisse ermöglicht und darüber hinaus noch weitere interessante Dienstleistungen anbietet. Alternativ hierzu können Sie sich auch bedenkenlos bei findologic informieren, die ein ähnliches Leistungsspektrum anbieten. Kann man eine professionelle Suche auch selbst anbieten, ohne sich auf einen externen Dienstleister zu verlassen? Sie haben auch die Möglichkeit, sich einen eigenen Suchserver aufzubauen, diesen zu konfigurieren und mit Ihrem Online-Shop zu verbinden. Das Zauberwort hierfür heißt Apache Solr. Es handelt sich dabei um eine Suchservertechnologie, die Sie selbst betreiben müssen. Der große Nachteil liegt aber vor allem im notwendigen Know-how. Denn während Suchdienstleister ein Plug-&-Play-Feeling vermitteln (möchten), müssen Sie bei der Apache-Solr-Lösung viel Wissen über Server, Apache Solr und PHP sowie über Ihr Webshop-System haben. Dafür haben Sie natürlich mehr Freiheiten, bezogen auf die Kosten macht aber ein Suchdienstleister in der Regel mehr Sinn.

Auch hier gilt: Für welche Lösung Sie sich letztendlich auch entscheiden, das Ergebnis muss stimmen. Immer mehr Besucher nutzen die Suche als eine Art Navigation, glänzen Sie daher mit passenden und treffenden Ergebnissen, und ermöglichen Sie Ihren Besuchern das einfache Auffinden von Informationen.

4.4.5 Gastbestellungen und Benutzerkonten

Auch wenn wir etwas später noch im Detail in den Check-out-Prozess einsteigen, soll an dieser Stelle gesagt sein, dass Sie in Ihrem Online-Shop auf jeden Fall Bestellungen von Gästen erlauben sollten. Denn einige Online-Shops haben die Pflicht und den Zwang, nur registrierten und angemeldeten Benutzern das Bestellen zu ermöglichen. Da sich aber nicht jeder Benutzer in Ihrem Shop direkt mit allen Daten registrieren möchte, wenn er nur gerade auf der Suche nach einem Artikel ist und diesen schnellstmöglich kaufen möchte, sollten Sie es besser machen und das auch ermöglichen.

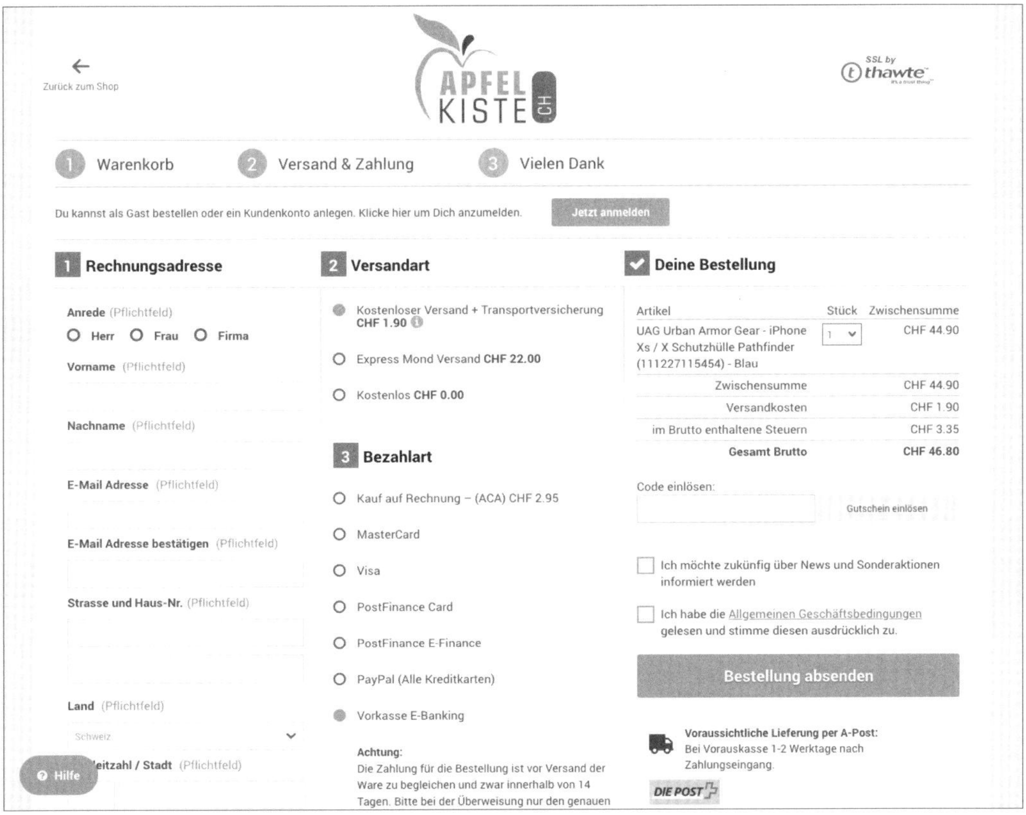

Abbildung 4.21 apfelkiste.ch verzichtet komplett auf den Benutzerkontenzwang.

Am Beispiel von *www.apfelkiste.ch* sehen Sie in Abbildung 4.21, dass dort sogar das Thema Benutzerkonto im Check-out-Prozess komplett ausgeblendet wird. Vielmehr geht man dort von dem Standpunkt aus, der Benutzer gibt nur kurz seine Daten ein, erhält dann den Artikel und erspart sich, ein Konto anzulegen, dies erst bestätigen zu müssen, ein Passwort zu setzen etc. Durch den fehlenden Benutzerkontenzwang können Sie Ihre Conversion-Rate voraussichtlich signifikant steigern. Dennoch hat dieser Ansatz, das möchten wir an dieser Stelle nicht verschweigen, auch Nachteile. Immer dann, wenn sich Nutzer frühestmöglich innerhalb eines Check-out-Prozesses anmelden, können Sie mit den Nutzern arbeiten, speziell wenn diese den Einkauf abbrechen. Wenn Sie wissen, dass Herr Max Müller ein iPhone im Warenkorb hatte, den Check-out-Prozess aber nicht beendet hat, können Sie durch nachgelagerte Marketingmaßnahmen versuchen, den nicht erzielten Umsatz zurückzuholen. Daher ist es an und für sich wichtig, den Nutzer zu identifizieren, diesen zu registrieren bzw. zum Login zu »zwingen«. Auf lange Sicht gesehen sollte das Ihr primäres Ziel sein, auch wenn dies stellenweise auf Kosten der Usability und der Conversion-Rate im Check-out-Prozess geht.

4.4.6 Hintergrundinformationen zum Online-Shop-Betreiber

Besucher möchten sich im Vorfeld darüber informieren, wer ihnen Produkte und Dienstleistungen verkauft und wer »hinter« dem Online-Shop steckt. Insofern ist es wichtig, sich als Unternehmen zu präsentieren. Sehen Sie daher in Ihrem Design auf jeden Fall Platz für Informationen rund um Ihr Unternehmen vor. Ob Sie diesen Bereich so prominent wie mymuesli hervorheben müssen (siehe Abbildung 4.22), ist reine Geschmackssache. Fakt ist jedoch, dass Sie Ihren Besuchern auf jeden Fall einen Blick hinter die Kulissen ermöglichen sollten.

Weiterer Vorteil: Wenn Sie gekonnt die Geschichte hinter dem Online-Shop und den Machern in Ihren Auftritt integrieren, sorgen Sie für Sympathien und können dadurch überzeugen und sich gegebenenfalls von der Konkurrenz absetzen.

Verkaufen Sie über Emotionen

Ein »Über uns«-Bereich ist die perfekte Stelle, um die Geschichte Ihres Unternehmens sowie Ihre Motivation und Ihre Ziele darzustellen. Es handelt sich also um den perfekten Ort, um Emotionen zu erzeugen und die Nutzer in Kunden zu konvertieren. Nutzen Sie daher diese Möglichkeit, indem Sie mit einer emotionalen Bildsprache und ansprechenden Texten die Nutzer und potenziellen Kunden von Ihrem Unternehmen überzeugen.

Abbildung 4.22 www.mymuesli.com bietet Informationen zu den Machern.

4.4.7 Produktinformationen

Hierbei handelt es sich um ein Thema, das in Abschnitt 4.7, »Der Faktor Vertrauen«, im Detail erklärt wird. Abgesehen vom Vertrauensaspekt ist es aber auch für die Usability ein entscheidendes Kriterium, wichtige Produktinformationen gut und übersichtlich auf der Produktdetailseite darzustellen. Wenn Sie das nicht tun, laufen Sie Gefahr, dass der Besucher den Prozess, in dem er sich gerade befindet, abbricht. Würden Sie einen Artikel in den Warenkorb legen, ohne über alle relevanten Informationen zu verfügen? Prüfen Sie daher, ob Sie mindestens folgende Informationen gut und übersichtlich auf Ihrer Produktdetailseite darstellen:

- Produktname und technische Eigenschaften, soweit vorhanden
- Produktbilder, Skizzen oder Zeichnungen
- die voraussichtliche Lieferzeit
- Lagerbestand bzw. Verfügbarkeit
- vollständiger Preis sowie, falls vorhanden, Versandkosten
- Informationen zur Garantie und Gewährleistung

Es reicht aber schlussendlich nicht einfach, die notwendigen Informationen darzustellen, diese müssen auch einfach zu erfassen und übersichtlich sein.

4.4.8 Layout und Raster

Lassen Sie uns nun zum großen Thema Design kommen. Wie eingangs erwähnt, entbrennen in Projektbesprechungen häufig Diskussionen über die Button-Größe, Farben oder darüber, ob besser Tabs oder eine Akkordeon-Darstellung umgesetzt werden sollten.

Aber letztendlich sind diese Punkte sekundär, entscheidend ist am Anfang das Layout, nämlich welche Elemente Sie an welcher Position platzieren und wie übersichtlich diese dargestellt sind. Nehmen wir als Beispiel die Produktdarstellung von Breuninger, die Sie in Abbildung 4.23 sehen. Wenn Sie zum ersten Mal diesen Online-Shop aufrufen, werden Sie uns sicherlich recht geben, wenn wir behaupten, dass dieser über eine sehr übersichtliche und klare Darstellung verfügt. Das ist vor allem der Raumaufteilung und den Abständen geschuldet. Denn der Online-Shop wirkt nicht überfrachtet, und das bedeutet nichts anderes, als dass den Elementen dort genügend Abstand zu den anderen Elementen gegeben wird. Wenn Sie beispielsweise den Header betrachten, so besteht zwischen dem Logo und der Navigation ein recht großer Abstand. Ebenfalls existiert ein guter Abstand zum Bereich mit dem Benutzerkonto und dem Warenkorb. Das System setzt sich auch in der eigentlichen Produktdarstellung fort, bei der alle Elemente über großzügige Abstände verfügen.

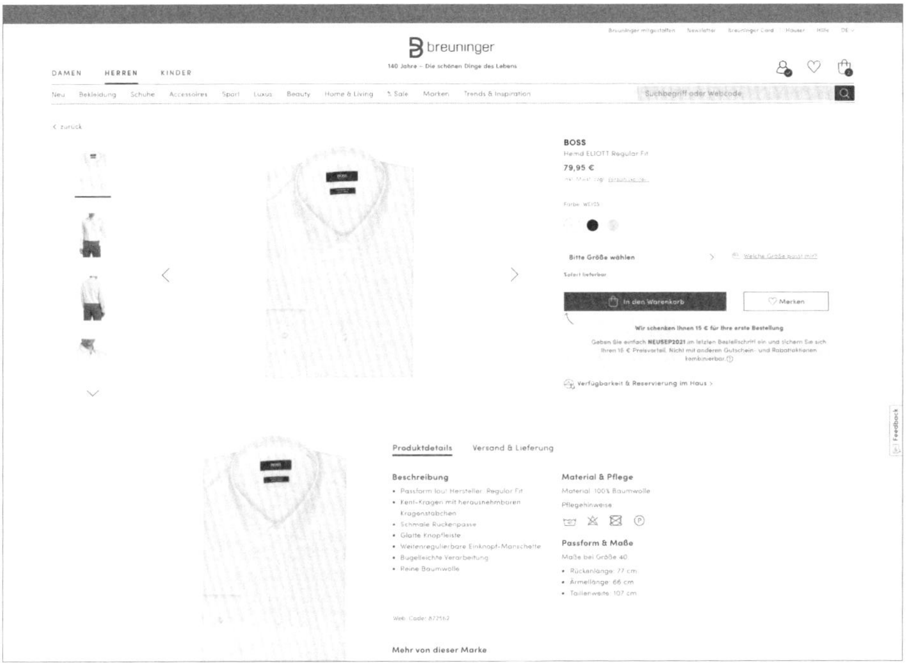

Abbildung 4.23 Produktdetailseite von www.breuninger.com

Als Gegenbeispiel hierzu sehen Sie in Abbildung 4.24 einen Screenshot des Online-Shops von Pearl.

Ohne den Online-Shop von Pearl schlechtmachen zu wollen, sehen Sie auf den ersten Blick den großen Unterschied. Auf *www.pearl.de* gibt es eine Unmenge an Informationen, die auf kleinstem Raum untergebracht sind. Der Begriff »überladen« ist in diesem Kontext eine Untertreibung, denn wenn Sie den Online-Shop nun selbst aufrufen und auch einmal nach unten scrollen, werden Sie feststellen, dass die Überfrachtung noch schlimmer wird. Pearl scheint sich gegen alle guten Regeln der E-Commerce-Usability zu stellen, denn es geht letztendlich nicht nur um die mangelnden Abstände, auch die Anzahl der Produkte wirkt in vielen Darstellungen einfach nur überfrachtet.

Besonderes optisches Erscheinungsbild als Markenzeichen

An dieser Stelle geht es wirklich nicht darum, den Online-Shop von Pearl schlechtzureden. Jedoch würde in der heutigen Zeit, selbst vor einigen Jahren, keine Agentur einen Shop wie *pearl.de* designen. Das Design wirkt altbacken, altmodisch und verstößt gegen jede Usability-Regel, die in den letzten zehn Jahren aufgestellt wurde. Auf der anderen Seite gehört diese – nennen wir sie »besondere« – Darstellung schon zum Markenkern von Pearl. Es kann daher auch ein Alleinstellungsmerkmal sein, einen »besonderen« Online-Shop zu betreiben.

Abbildung 4.24 Viele Informationen auf wenig Raum. Pearl wirkt einfach nur chaotisch.

Was bedeutet dies konkret für Ihren Online-Shop? Achten Sie bei der Umsetzung des Designs darauf, allen Elementen genügend Freiräume und Platz zu geben. Verschwenden Sie keinen Platz, denn dieser ist kostbar, aber achten Sie auf ein klares Raster, innerhalb dessen Sie sich bewegen und die Elemente positionieren. Alle Elemente sollten an einem entsprechenden Raster ausgerichtet sein und genügend Abstände zu benachbarten Elementen aufweisen. Denn wenn Sie mit zu wenig Freiraum arbeiten, kleben Elemente förmlich aufeinander, und die Differenzierung empfinden wir als schwierig. Dadurch geht Übersichtlichkeit verloren, und Ihre Besucher benötigen viel mehr »Kraft« als nötig, um Inhalte und Informationen zu erfassen.

4.4.9 Farben und Schriftgrößen

Achten Sie auf eine passende Schriftgröße und Farbe. Bei der Farbe spielt speziell der Hintergrund eine wichtige Rolle, denn dunkelgraue Schrift auf einem schwarzen Hintergrund ist genauso schlecht leserlich wie Neongelb auf einer weißen Hintergrundfläche. Wenn der Kontrast nicht hoch genug ist, nehmen wir die Schrift als schlecht leserlich wahr und müssen uns stark anstrengen, um den Inhalt zu begreifen. Oftmals erwischt man als Grafiker auch eine Schriftart, die zwar schön anzusehen ist, aber bei der Lesbarkeit nicht ganz so überzeugen kann. Entscheiden Sie sich im Zweifelsfall für die »hässlichere« Schrift, die man dafür besser lesen kann, ganz nach dem Motto: »Form follows function«.

4.4.10 Formulare

Sogenannte intelligente Formulare helfen Ihren Besuchern beim Ausfüllen von einzelnen Textfeldern oder ganzen Formularen. Das Wort »intelligent« wird immer dann verwendet, wenn das Formular Ihrem Besucher direkt einen Hinweis auf eine Falscheingabe liefert. Stellen Sie sich beispielsweise einen Bezahlvorgang vor, bei dem Sie auf einer einzigen Seite komplett alle Informationen, beginnend bei der Liefer- und Rechnungsadresse bis hin zu Versand- und Bezahloptionen etc., eingeben können. Sie geben alle Informationen ein, klicken auf ABSENDEN, und es erscheint nur die Meldung: »Das Formular kann nicht abgesendet werden, da ein Fehler enthalten ist.« Was haben Sie falsch gemacht? Ohne ein visuelles Feedback müssen Sie jede Eingabe prüfen und sich auch Gedanken darüber machen, ob die Telefonnummer eventuell mit 0049, +49 oder ganz ohne Vorwahl für Deutschland angegeben werden muss. Als Besucher können Sie das aber gar nicht wissen. Auch sind uns schon Formulare untergekommen, die keine Sonderzeichen wie ein »ß« erlaubten. Wenn Sie nun in der Max-Müller-Straße wohnen, können Sie das Formular nicht absenden – das System sagt Ihnen aber nicht, warum. Deswegen benötigen Sie Formulare, die Ihren Besuchern direkt Feedback bei einer falschen Eingabe liefern.

Ein gelungenes Beispiel für direktes Formularfeedback können Sie in Abbildung 4.25 am Beispiel von About You sehen. Wenn Sie im Check-out-Prozess beispielsweise Ihre Adresse eingeben oder auch gar nicht erst hinterlegen, erhalten Sie nach der Eingabe des Formulars bzw. nach dem Absenden hinter jedem Formularfeld ein Feedback. Ist Ihre Eingabe korrekt, wird ein grüner Haken dargestellt. Haben Sie ein Feld falsch ausgefüllt, wird dieses mit einer roten Meldung angemerkt. Wichtig ist nicht nur die Anzeige eines Fehlers. Sie müssen Ihren Besuchern vermitteln, was sie falsch gemacht haben. So gibt About You bei einer fehlerhaften Postleitzahl die Meldung aus: »Deine PLZ ist nicht valide.« Zudem erklärt About You, warum gewisse Informationen benötigt werden. Beim Geburtsdatum, das viele Nutzer nicht gern ausfüllen, weil sie den Grund dafür nicht kennen, zeigt About You die Erklärung für die Abfrage an: »Wir benötigen Dein Geburtsdatum für die Bezahlmethoden im letzten Schritt des Bestellvorgangs.« Wenn Sie Nutzern erklären, weshalb Sie die Daten benötigen, steigt die Wahrscheinlichkeit, dass Ihnen Ihre Nutzer die Informationen auch freiwillig zur Verfügung stellen.

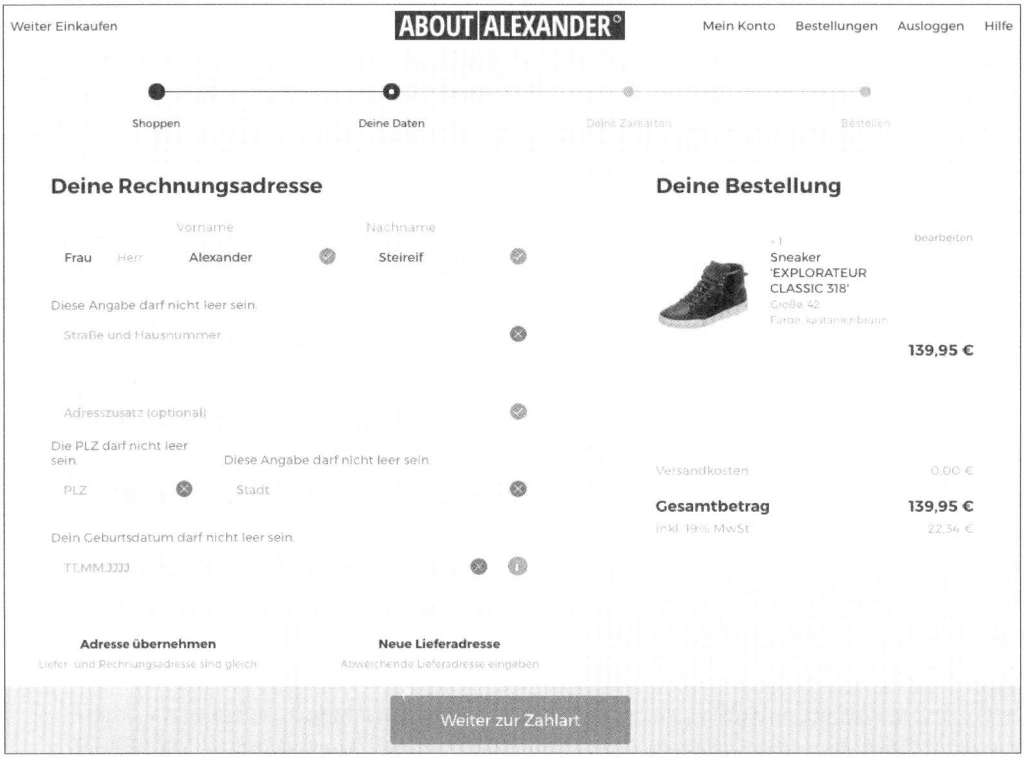

Abbildung 4.25 Validierung der Formulare auf www.aboutyou.de

Sofern technisch möglich, sollten Sie auf jeden Fall auf intelligente Formulare setzen, denn wenn Fehler frühzeitig und klar dargestellt werden, können Sie bei Ihren Besuchern Frustration vermeiden und eine schnelle Bearbeitung der Formulare ermöglichen.

4.4.11 Mobile Endgeräte

Der Usability-Killer schlechthin in der heutigen Zeit: Ihre Besucher greifen mit dem falschen Endgerät auf Ihren Online-Shop zu oder, anders formuliert, Ihr Online-Shop kann mit mobilen Endgeräten nicht umgehen. Immer mehr Besucher verwenden Smartphones oder Tablets, um online einzukaufen. Dementsprechend erhöhen sich hierbei auch die Anforderungen an die Shop-Betreiber. Das »Schlimmste«, was Sie als Shop-Betreiber in der heutigen Zeit machen können, ist, einen Mobile-User auf eine Desktop-Seite zu schicken, die weder gut aussieht noch funktionsfähig ist. Denn damit erzeugen Sie einen sofortigen Absprung von dem Online-Shop, und dieser Besucher wird kein zweites Mal in Ihrem Online-Shop auftauchen.

Nun ist eine auf mobile Endgeräte optimierte Seite auch immer mit Kosten verbunden, und gerade in der Anfangszeit lohnt sich vermutlich die Entwicklung einer mobilen Seite nicht, denn das Kosten-Nutzen-Verhältnis ist zu schlecht. Überlegen Sie aber dennoch, ob nicht Lösungen wie Shopgate[3] speziell in der Anfangszeit hilfreich sein können, denn mit Shopgate können Sie zumindest für den kleinen Geldbeutel eine mobile Version Ihres Online-Shops anbieten und eventuell dadurch noch an den einen oder anderen Kunden kommen. Falls Sie sich gegen eine solche Lösung entscheiden, gehen Sie zumindest offen damit um, dass Ihr Online-Shop nicht für mobile Endgeräte geeignet ist, und zeigen Sie eine entsprechende Meldung in Ihrem Online-Shop an. Gegebenenfalls überlegt sich der Besucher, ob er Ihren Shop später am Desktop-Rechner erneut aufruft.

4.4.12 Barrierefreiheit

Bei der Barrierefreiheit geht es darum, die Nutzung Ihres Online-Shops auch Menschen mit Behinderungen zu ermöglichen. Die Beeinträchtigung kann von einer Sehschwäche bis zur vollkommenen Blindheit reichen. Im Rahmen der Barrierefreiheit werden beispielsweise ganz simple Dinge beachtet, wie zum Beispiel, dass Texte skaliert werden müssen. Sie sollten daher auf Grafiken verzichten, die Texte enthalten, denn hier können die Texte nicht vergrößert werden. Die Texte müssen vielmehr direkt als HTML-Code ausgegeben werden. Auch muss der komplette Quellcode Ihres Online-Shops entsprechend »aufbereitet« werden, damit Screenreader damit zurechtkommen und Texte vorlesen können. Da es Hilfsmittel für Menschen mit Beeinträchtigungen gibt, die bei der Nutzung von Websites bzw. Online-Shops unterstützen, ist es ebenso notwendig, dass JavaScript keine Voraussetzung für die Nutzung der Seite ist, denn die Hilfsmittel, sprich Softwaretools, kommen speziell mit JavaScript nicht richtig klar.

3 Mehr hierzu unter: *https://www.shopgate.com*

Abgesehen davon gibt es weitere Kriterien und Best Practices, die bei der Realisierung eines barrierefreien Online-Shops zum Tragen kommen. Beachten Sie jedoch auch, dass Sie in der Praxis unter wirtschaftlichen Gesichtspunkten nicht alles umsetzen können, da viele Online-Shop-Lösungen wie Magento oder Shopware von Haus aus gar nicht als barrierefreie Lösungen konstruiert sind.

4.4.13 Bezahlvorgang

Das Wichtigste kommt zum Schluss. Lassen Sie uns daher jetzt noch einen umfangreicheren Blick auf das Thema Bezahlvorgang werfen. Denn beim Bezahlvorgang können Sie als Shop-Betreiber die größten Fehler machen. Innerhalb des Check-out-Prozesses müssen Sie daher viel Wert auf die Usability legen, damit Ihnen die Besucher unterwegs nicht abspringen.

Das Thema intelligente Formulare bzw. Fehlermeldungen haben wir bereits am Beispiel About You verdeutlicht. Neben der Umsetzung von intelligenten Formularen hat dieser Shop auch in Sachen Bezahlvorgang alles richtig gemacht. Lassen Sie uns hierfür einen Blick auf Abbildung 4.26, den Warenkorb, werfen. Gerade bei einer kleinen Auflösung haben Sie hier alle wichtigen Elemente direkt im Blick. Sie sehen auch deutlich das Call-to-Action-Element, um in den Bestellvorgang einzutauchen.

Neben den Artikeln, die Sie bestellen wollen, finden Sie am unteren Ende der Seite gut sichtbar USPs und Trust-Elemente. Ihnen als Besucher wird daher auch im Warenkorb nochmals die Angst genommen, und durch die Darstellung der USPs fühlen Sie sich in Ihrer Kaufabsicht noch einmal bestätigt.

Für die Usability ist ebenso äußerst wichtig, alle relevanten Informationen auf einen Blick zu haben. Sie sehen daher bei den Produkten die ausgewählte Farbe, die Größe und die aktuelle Lieferzeit. Die Gesamtsumme samt Versandkosten wird transparent dargestellt, alle Informationen, die man als Besucher zu diesem Zeitpunkt benötigt, sind vorhanden.

Voraussichtliches Lieferdatum

Wirklich genial ist das voraussichtliche Lieferdatum im Warenkorb. So sehen Sie als Kunde direkt, wann die Bestellung voraussichtlich bei Ihnen eintrifft. Und mal ganz ehrlich: Juckt es Ihnen nicht auch unter den Fingern, die Bestellung direkt abzuschließen, wenn Sie sofort sehen, dass Sie vermutlich morgen das Paket schon in den Händen halten werden?

Nicht ganz perfekt löst About You unserer Meinung nach den Check-out-Prozess, da an dieser Stelle nochmals Produkte und Bereiche wie der Sale beworben werden. Die Intention ist klar: Der Warenkorbwert soll durch zusätzliche Produkte gesteigert werden. Das kann aber – es hängt immer von der Zielgruppe und der Branche ab – auch nach hinten losgehen. Wenn der Kunde im Warenkorb ist, sollte er so schnell wie möglich in den Check-out-Prozess übergehen – das ist zumindest unsere Empfehlung. Rabatte, Aktionen und zusätzliche Artikel lenken den Kunden aber von genau diesem nächsten Schritt ab, weswegen im Zweifel der Kunde den gesamten Check-out-Prozess abbricht.

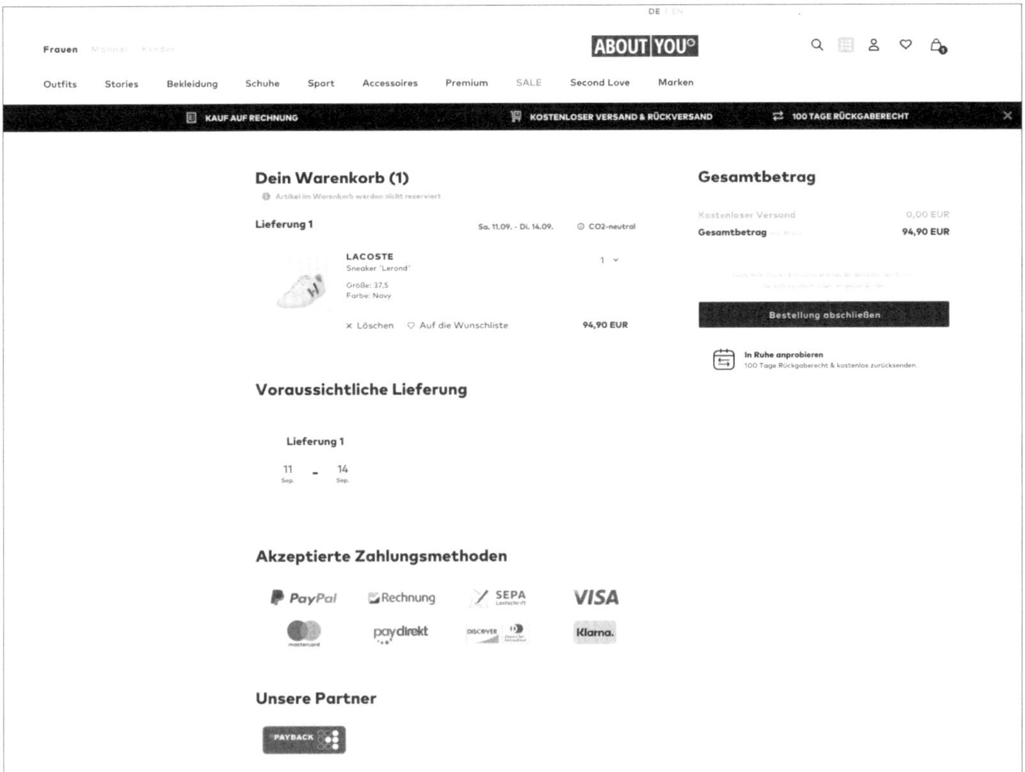

Abbildung 4.26 Der Bezahlvorgang startet im Warenkorb auf www.aboutyou.com.

Im Bezahlvorgang selbst ändert sich das Design, so wie es sein sollte, komplett. Denn alle Informationen und Menüpunkte, die nichts mit dem Bezahlvorgang zu tun haben, abgesehen von ein paar wenigen Ausnahmen, werden ausgeblendet (siehe Abbildung 4.27). In Bezug auf die Usability ist diese Vorgehensweise ideal, denn Sie werden als Besucher nicht von »störenden« Buttons oder Schaltflächen abgelenkt, die zu Sonderangeboten oder Rabatten führen. Das ist nämlich speziell im Check-out-Prozess ein K.-o.-Kriterium. Interessant ist auch die Personalisierung innerhalb des Check-outs; so verändert sich im Beispiel About You in About Alexander, da ich diesen Vornamen bereits im Check-out-Prozess hinterlegt habe. Viele Online-Shops zeigen hier die klassische Navigation an, die auch im Online-Shop selbst auf jeder Seite vorhanden ist, und in der Regel sind dort auch Menüpunkte wie »Rabatt« oder »Reduziert« enthalten. Was machen dann aber viele Online-Shop-Besucher während des

Bestellvorgangs? Sie klicken genau auf diese Schaltflächen und verlassen damit den Bestellprozess. Sofern technisch möglich, reduzieren Sie den kompletten Bestellvorgang auf die wesentlichen Informationen, und blenden Sie alles aus, was hier stören könnte.

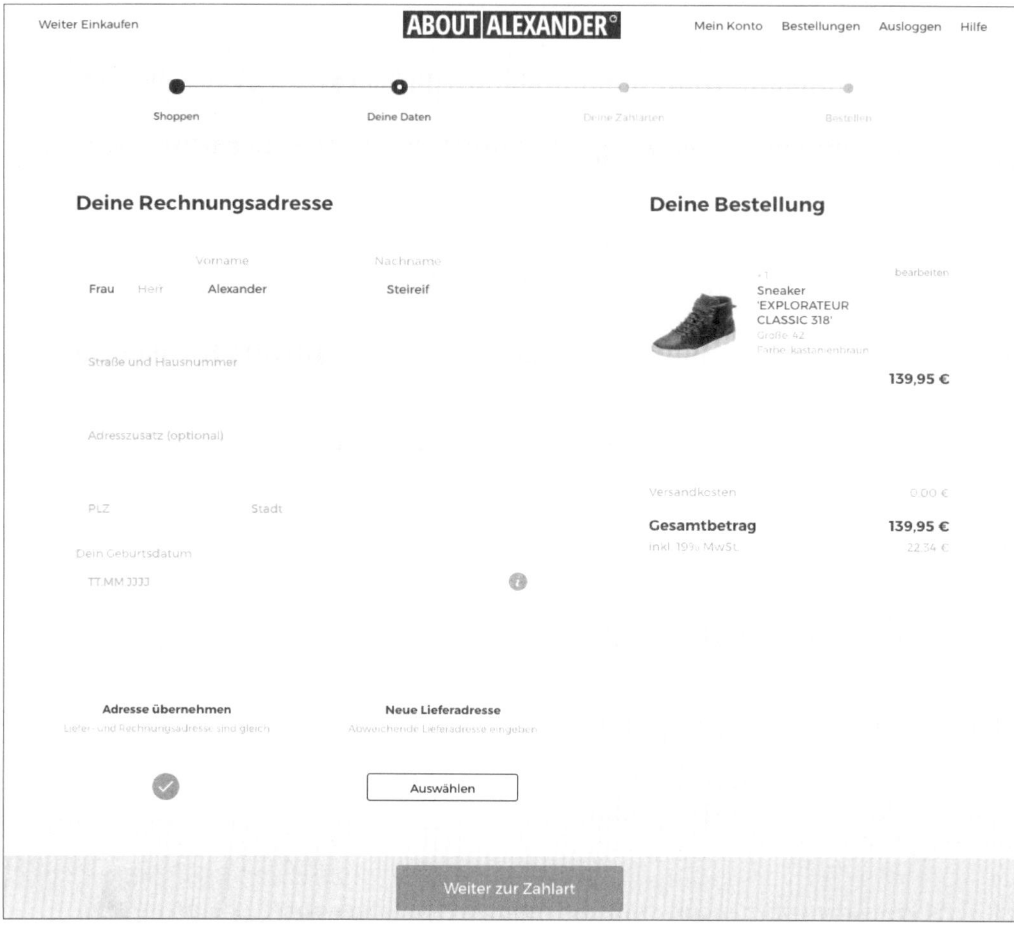

Abbildung 4.27 Im Check-out-Prozess reduziert sich das Design auf das Wesentliche.

Wiederum schade ist die fehlende Integration von Facebook, denn Besucher hassen es, Formulare auszufüllen. Durch den Login auf Facebook können schon einmal die wichtigsten Informationen übertragen werden, der Besucher spart sich Zeit, und der Bezahlvorgang kann wesentlich schneller abgeschlossen werden. Viele Online-Shops bieten mittlerweile diese Funktion, About You ist aber noch nicht auf diesen technologischen Zug aufgesprungen.

Zwecks Transparenz wird im rechten Bereich der aktuelle Warenkorb dargestellt, man sieht also in jedem Schritt, um welche Produkte und um welche Summe es sich handelt. Bei der Gestaltung der Formulare, das sehen Sie im nächsten Schritt des Bestellprozesses, wurde eine weitere simple Weisheit beachtet: »Keep it simple«. Fragen Sie nur die Informationen ab, die Sie auch tatsächlich benötigen, und wenn Sie kritische Informationen wie ein Geburtsdatum benötigen, erklären Sie dem Nutzer die Hintergründe. Uns ist es schon untergekommen, dass Informationen wie eine Faxnummer oder das Bundesland ohne Erklärung abgefragt wurden. Wieso? Denn das sind Informationen, die Sie eigentlich gar nicht benötigen. »Nerven« Sie daher Ihre Besucher nicht mit der Frage nach Daten, die gar nicht relevant sind. About You konzentriert sich bei der Abfrage ausschließlich auf die wesentlichen Daten.

Einen interessanten Ansatz verfolgt About You zudem bei der Auswahl der Versandmethode – es gibt keine. Nachdem Sie Ihre Rechnungsadresse hinterlegt haben, springen Sie direkt zur Auswahl der Zahlmethode, wie Sie in Abbildung 4.28 sehen.

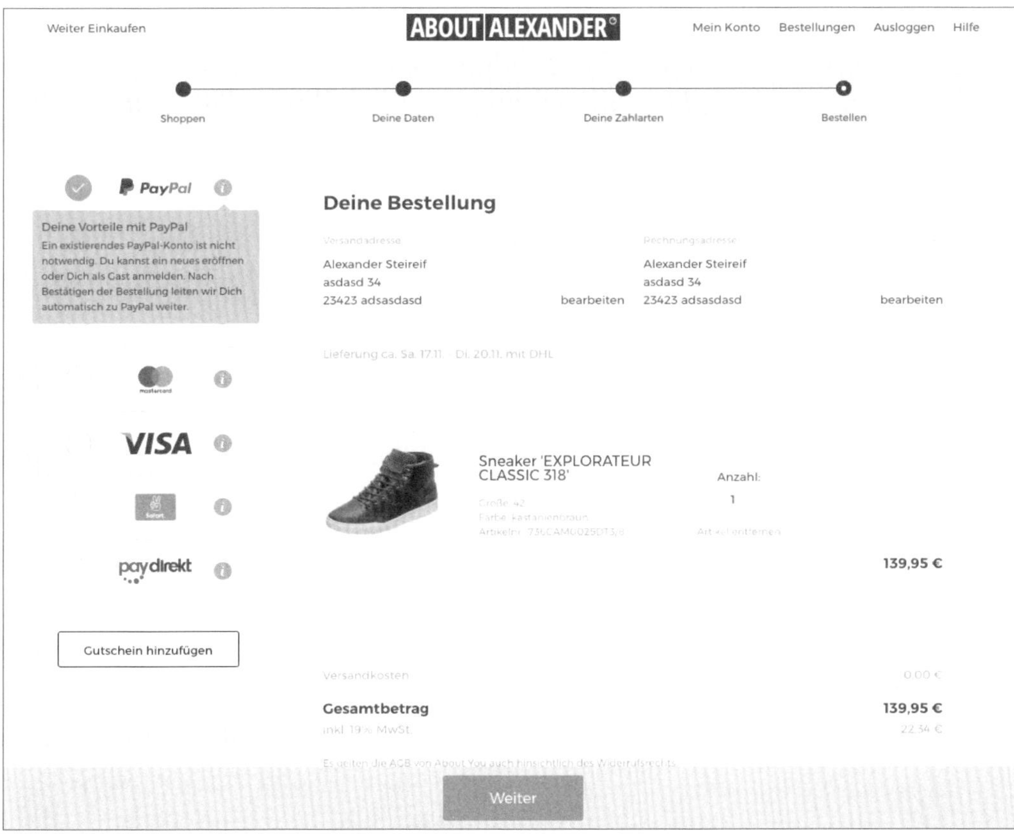

Abbildung 4.28 Die verschiedenen Zahlungsmethoden werden im Detail erklärt.

Normalerweise würden Sie, wenn Sie verschiedene Versandmethoden anbieten, die Unterschiede darstellen. Wenn es einen Expressversand gibt: Wie viel kostet dieser, und was bringt er dem Kunden an Vorteilen? Wenn es unterschiedliche Versanddienstleister gibt, sollten diese entsprechend übersichtlich aufgelistet werden. Das Gleiche gilt für die Zahlungsmethoden. Hier ist es zusätzlich sinnvoll, die Vor- und Nachteile der verschiedenen Methoden klar darzustellen. About You liefert relativ umfangreiche Erklärungen zu den verschiedenen Zahlungsmethoden und bietet, das ist ebenso ein sehr wichtiger Punkt, eine Vielzahl an unterschiedlichen Methoden, wodurch der Kunde die für ihn »beste« Zahlungsmethode wählen kann.

Durch die Erklärungen wird die nötige Transparenz geschaffen, denn Sie sehen direkt, welche Vorteile Sie durch die Bezahlung per PayPal, SEPA-Lastschrift, Rechnung, MasterCard, Visa, Sofortüberweisung oder Paydirekt haben. Nachdem sich der Nutzer für eine Zahlungsmethode entschieden hat, kann er zudem auf der rechten Seite nochmals die Bestellung prüfen und erhält dafür eine Zusammenfassung aller Artikel und Kosten. An dieser Stelle ist es besonders wichtig, alle relevanten Informationen auf einen Blick einsehen zu können. Gerade bei Modeartikeln sollten Sie Ihrem Kunden auf jeden Fall nochmals die gewählte Größe und Farbe darstellen. Diese Informationen sorgen für Sicherheit und vermeiden zudem Fehlbestellungen.

Der KAUFEN-Button sollte anschließend farblich abgesetzt werden, ganz im Sinne des Call-to-Action-Konzepts, wie Sie in Abbildung 4.29 sehen können.

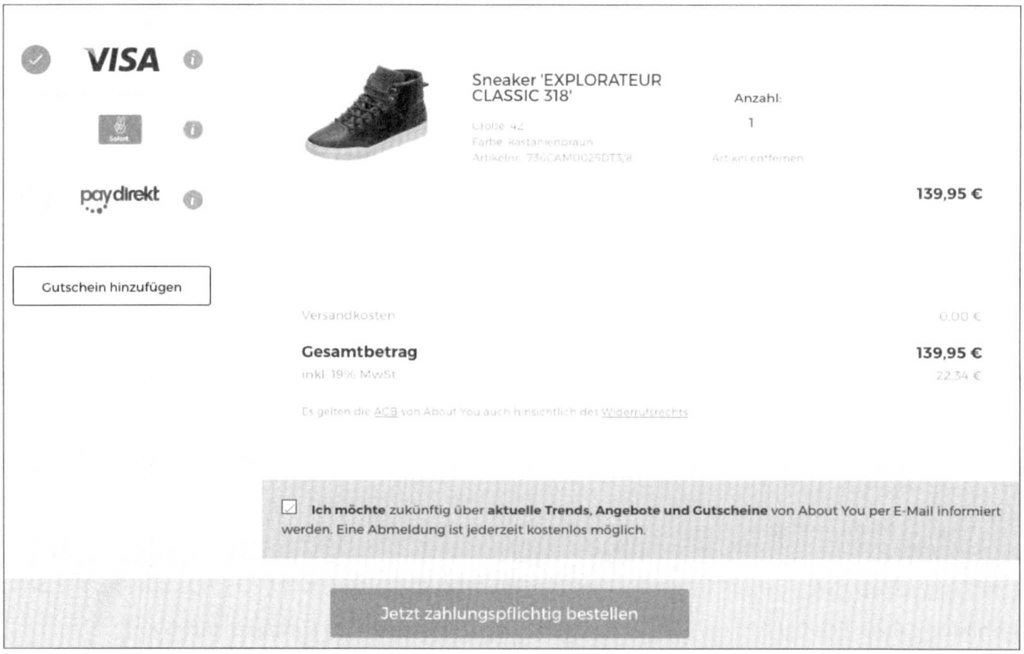

Abbildung 4.29 Übersichtliche Darstellung des Einkaufs und Call-to-Action-Kauf-Button

Worauf müssen Sie, zusammengefasst, bei der Realisierung Ihres Bezahlvorgangs achten, damit die Usability möglichst hoch ist? Es gibt fünf wichtige Punkte. Wenn Sie diese befolgen, haben Sie schon einmal eine Menge gewonnen.

1. Wählen Sie eine minimalistische Optik, konzentrieren Sie sich auf das Wesentliche. Der Kunde darf im Bestellprozess nicht abgelenkt werden.
2. Stellen Sie die Produktinformationen immer vollständig dar, das heißt Lieferzeit, Eigenschaften der Artikel etc.
3. Sorgen Sie für Transparenz bei den Preisen, und erklären Sie Ihrem Kunden, wie sich die Bestellsumme zusammensetzt.
4. Sorgen Sie für Auswahl bei den Versand- und Bezahlmethoden. Dann kann Ihr Kunde den für sich besten Lieferanten und die beste Zahlungsart selbst auswählen.
5. Weniger ist mehr: Fragen Sie nur Informationen ab, die Sie tatsächlich benötigen, und stellen Sie nur Informationen dar, die wirklich relevant sind.

Wenn Sie diese Ratschläge befolgen, erhöhen Sie definitiv die »Benutzbarkeit« Ihres Bezahlvorgangs und können damit verbunden sicherlich auch die Conversion-Rate steigern!

4.5 Mobile First, Responsive Design und Progressive Web Apps

Auf den vorherigen Seiten haben Sie bereits einen tiefen Einblick in das Thema Design und Usability erhalten. Wir haben thematisiert, welche Vor- und Nachteile beim Kauf eines fertigen Templates bzw. der Eigenentwicklung bestehen. Auch haben Sie einen Einblick in gute und weniger gute Beispiele erhalten. Ein wichtiges Thema, mit dem Sie sich nun beschäftigen müssen, sind aber Ansatz und Technologie, damit Ihr Design auf möglichst vielen Endgeräten funktioniert und Ihr Online-Shop nahezu überall genutzt werden kann. Klingt komplex? Ist es aber gar nicht, lassen Sie uns daher die aktuellen Wege und Strategien beleuchten und mit einer Definition der Begrifflichkeiten starten.

4.5.1 Mobile First

Wenn von *Mobile First* gesprochen wird, ist der Ansatz gemeint, ein Design in erster Linie für mobile Endgeräte zu konzipieren. Sprich, Sie entwickeln das Design von der ersten Minute an für ein Smartphone und ergänzen anschließend, sobald das Design fertig ist, die weiteren Ansichten wie Desktop oder Tablet. Warum startet man beim Smartphone? Tatsächlich ist es schwieriger, Elemente zu entfernen als Elemente hinzuzufügen. Wenn Sie nun mit einer Smartphone-Ansicht starten, müssen Sie wahnsinnig viel Hirnschmalz investieren, um auf kleinem Raum alle relevanten Elemente darzustellen. Starten Sie hingegen bei einer großen Desktop-Ansicht, können Sie inflationär mit dem Raum umgehen und stehen anschließend vor dem Problem, wie Ihre Smartphone-Ansicht aussehen könnte.

Abbildung 4.30 Von klein nach groß zu denken ist einfacher als umgekehrt. (Quelle: http://blog.webjeda.com)

Wenn Ihnen das zu abstrakt klingt, werfen Sie einen kurzen Blick auf Abbildung 4.30. Hier sehen Sie, wie sich eine Navigationsleiste von der Smartphone- über die Tablet- bis hin zur Desktop-Ansicht entwickelt. Dabei entsteht vor allem mehr Raum, aber die Elemente an sich bleiben bestehen. Dieser Ansatz funktioniert damit auf allen Endgeräten und erlaubt einen wahnsinnig schnellen und leichten Ansatz.

Spielen für Sie mehrere Endgeräte bzw. vor allem mobile Endgeräte eine Rolle und möchten Sie Ihr Design von Grund auf selbst entwickeln, sollten Sie definitiv mit dem Mobile-First-Ansatz starten.

4.5.2 Responsive Design

Beim *Responsive Design* geht es in erster Linie darum, ein Design zu entwickeln und dieses umzusetzen, das sich auf allen möglichen Bildschirmgrößen und Auflösungen entsprechend ähnlich verhält. Ähnlich aus dem Grund, da ein exakt identisches Verhalten fast nicht möglich ist. Das Design passt sich also der Auflösung an und ist nicht für eine bestimmte Auflösung konzipiert. In der Vergangenheit wurden tatsächlich sehr häufig Designs auf feste Pixel und Auflösungen entwickelt, zum Beispiel 1.280 px in der Breite. Da es aber immer mehr Endgeräte, Auflösungen und Bildschirmgrößen gibt, ist dies schlicht nicht mehr praktikabel. Die Varianz ist zu groß, und Sie müssten zig Auflösungen abdecken.

Ein gutes Beispiel für ein Responsive Design ist Cyberport. Sie sehen dieses in Abbildung 4.31 und können natürlich jetzt schnell selbst die Website besuchen. Bei Cyberport sieht man, dass von Anfang an nicht Mobile First gedacht wurde, da die Website schon sehr überfrachtet daherkommt. Dennoch passt sich das Design flexibel der Bildschirmgröße und Auflösung an. Ziehen Sie einfach einmal Ihr Browserfenster zusammen, und Sie werden sehen, dass ab einer gewissen Größe eine Änderung des Designs stattfindet.

Abbildung 4.31 Cyberport passt sich größtenteils der Auflösung an.

Dabei gibt es hier nicht verschiedene Designs bzw. Ansichten. Es ist ein Design, das sich automatisch der Fenstergröße anpasst und entsprechend Aussehen und aber auch Funktionen abändert. Bei den Funktionen werden Sie vor allem in Sachen Navigation Änderungen feststellen, speziell wenn Sie mit einem Smartphone auf die Seite zugreifen.

Viele aktuelle Systeme kommen tatsächlich gedanklich vom Responsive-Ansatz, das heißt, man gestaltet das Design für den Desktop und überlegt sich anschließend, wie gewisse Elemente auf kleineren Bildschirmen und Auflösungen dargestellt werden sollen. Oftmals führt dies aber zu einer Überfrachtung oder Ausblendung von Elementen. Denn es ist nachträglich einfach schwieriger, vorhandene Dinge zu entfernen als diese erst gar nicht zu integrieren.

4.5.3 Progressive Web Apps

Können Sie sich noch an die Zeiten vor einigen Jahren erinnern, in denen es praktisch für alles eine Smartphone-App gab? Shop-Betreiber und E-Commerce-Unternehmen hatten dabei immer gewisse Probleme, denn die wenigsten Kunden haben sich rein für einen Einkauf extra eine App heruntergeladen. Dennoch wollten die Shop-Betreiber auch eine gute Performance und Usability auf Smartphones gewährleisten.

Die Lösung für dieses Dilemma heißt *Progressive Web Apps* oder kurzum PWA. Das sind Websites bzw. Frontend-Technologien, die sich bei der Nutzung auf Smartphones aber wie Apps anfühlen. Speziell für Unternehmen im E-Commerce tun sich damit ganz neue Möglichkeiten auf. Wie Sie in der folgenden Statistik sehen, ist es auch der heiße Trend, der aktuell stattfindet.

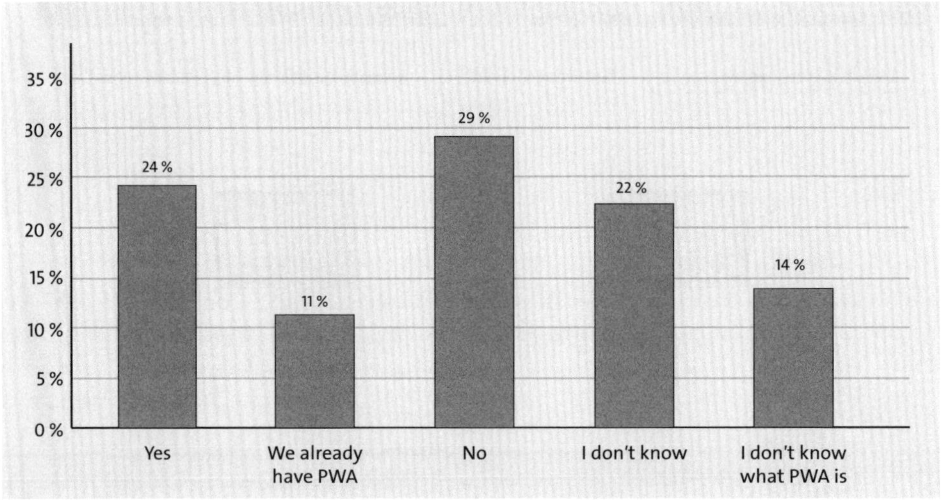

Abbildung 4.32 35 % der Unternehmen nutzen schon oder wollen PWA nutzen. (Quelle: Statista)

Wichtig zu wissen ist an dieser Stelle, auch wenn Sie vermutlich nicht zur Riege der Softwareentwickler gehören, ist Folgendes: Bei Progressive Web Apps handelt es sich nicht gerade um eine neue Technologie, sondern vielmehr um eine Ansammlung und Bündelung bestehender Technologien. Mithilfe dieser Technologien können Designs so umgesetzt werden, dass sich diese auf Smartphones wie native Apps verhalten. Dazu zählen nicht nur die Optik, sondern auch Themen wie Notifications oder das Zwischenspeichern von Daten auf dem Smartphone. Es ist also letztendlich eine App-ähnliche Anwendung.

Der Vorteil besteht darin, dass bei einer nativen App für jede Plattform immer relativ viel Entwicklungsaufwand anfällt. Sie können eine iOS-Anwendung nicht einfach auf Android übertragen. Eine PWA hingegen läuft im Browser bzw. wir dort ausgeführt und kann auf allen Betriebssystemen genutzt werden. Auch müssen Sie diese nicht über die Apps Stores distribuieren, es genügt der Aufruf einer URL.

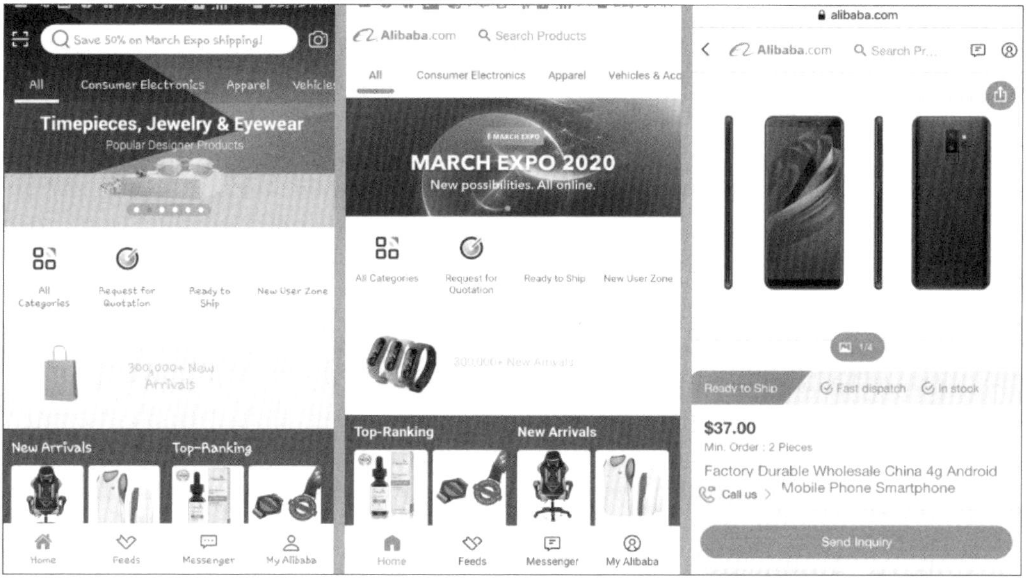

Abbildung 4.33 Alibaba setzt auf PW. (Quelle: onilab.com)

Wie das Ganze aussieht, bleibt natürlich den Designern überlassen, Sie können sich in Abbildung 4.33 aber ein grobes Bild davon machen. Viele E-Commerce-Unternehmen, wie beispielsweise Alibaba, setzen bereits auf die PWA-Technologie, und vermutlich wird es nur eine Frage der Zeit sein, bis sich diese als Standard etabliert.

4.5.4 Was dies konkret für Sie bedeutet

Hat man vor einigen Jahren noch gefragt, ob eine mobile Ansicht notwendig ist, so erübrigt sich im Jahr 2021 diese Frage komplett. Sie müssen mit Ihrem Online-Shop verschiedene Endgeräte, Auflösungen und Bildschirmgrößen abdecken. Daher ist das Minimum, das Sie gehen müssen, ein Responsive Design, also ein Design, das sich flexibel der Größe des Endgeräts anpasst. Wenn Sie selbst in der Konzeption sind, können Sie aber direkt Mobile First denken. Entwickeln Sie das Shop-Design erst für Smartphones, und nutzen Sie dann den freien Raum größerer Auflösungen, um das Design zu adaptieren. Je nach System und technischen Möglichkeiten kann dann dieses Design mittels PWA-Technologie umgesetzt werden. Das gibt Ihnen nochmals mehr technische Funktionen auf Smartphones und bringt das »App-ähnliche Feeling« direkt aufs Smartphone. Statistiken belegen, dass in diesem Zuge dann auch zwangsläufig die Conversion-Rate und der Erfolg Ihres Webshops zunimmt.

4.6 Akzeptanz eines Designs analysieren

Auch wenn Sie sich im Vorfeld noch so viele Gedanken über ein perfektes Design und die Usability machen – am Ende kommt es doch anders, und Nutzer haben mit Elementen und Abläufen Probleme, an die Sie im Vorfeld einfach nicht gedacht haben. Die Akzeptanz Ihres Designs bzw. Ihres Online-Shops müssen Sie daher grundsätzlich messen. Hierfür spielt die Webanalyse eine bedeutende Rolle, weswegen wir mit Kapitel 12, »Der Kompass im E-Commerce – Conversion-Messung und -Optimierung«, auch ein ganzes Kapitel der Webanalyse widmen. Mittlerweile können Sie nämlich auf Basis von Zahlen, Daten und Fakten komplett verstehen, wie Ihre Nutzer ticken und wo genau Probleme bestehen.

An dieser Stelle möchten wir einen kurzen Ausflug unternehmen und Ihnen zeigen, wie Sie die Akzeptanz Ihres Designs messen können, ohne dass wir dabei den Inhalten des Kapitels zur Webanalyse vorgreifen. Damit Sie ein Gefühl dafür bekommen, wie gut oder schlecht Ihr Design von Ihren Nutzern akzeptiert wird, können Sie Tools nutzen, die Heatmaps erzeugen und analysieren oder auch Sessions aufzeichnen und wiedergeben. Bei Heatmaps handelt es sich um eine Visualisierung Ihres Online-Shops, anhand derer Sie sehen, welche Bereiche Ihrer Seite betrachtet und angeklickt werden. Bei Sessions hingegen handelt es sich um die Aufzeichnung der Mausbewegung der Nutzer, auf deren Basis das Nutzerverhalten rekonstruiert werden kann. Oder anders formuliert: Sie sehen genau, an welchen Stellen der Mauszeiger eines Nutzers war, worauf der Nutzer geklickt hat und an welchen Stellen der Nutzer eine Pause eingelegt hat.

Ein Werkzeug, das beide Analysearten beherrscht, ist Mouseflow. Mouseflow hilft Ihnen dabei, das Verhalten Ihrer Nutzer auszuwerten, indem Sie Heatmaps erstellen oder sich die Sessions der Nutzer anschauen können. In Abbildung 4.34 sehen Sie eine exemplarische Heatmap des Shops Gin in a Bottle.

Bei der aufgeführten Heatmap handelt es sich um die Auswertung der »Attention«, sprich, auf welche Bereiche die Nutzer besonders reagiert haben. Vereinfacht gesagt sehen Sie anhand des Bildes, welche Bereiche des Shops für Nutzer besonders interessant waren. Je dunkler der Abschnitt, desto interessanter war dieser für die Nutzer. In Abbildung 4.34 sehen Sie ein großes Interesse in dem Bereich, in dem die Produkte dargestellt wurden. Das klingt so weit schlüssig, denn ein Produkt ist natürlich wesentlich interessanter als beispielsweise das Logo. In diesem Bereich haben die Nutzer daher am meisten geklickt bzw. Zeit verbracht. Hierbei handelt es sich um eine äußerst wichtige Information, mit deren Hilfe Sie einschätzen können, welche Bereiche innerhalb Ihres Online-Shops »interessant« sind und welche nicht. Im Umkehrschluss finden Sie damit aber auch heraus, welche Bereiche uninteressant sind, und in der Konsequenz können Sie diese entfernen oder interessanter gestalten.

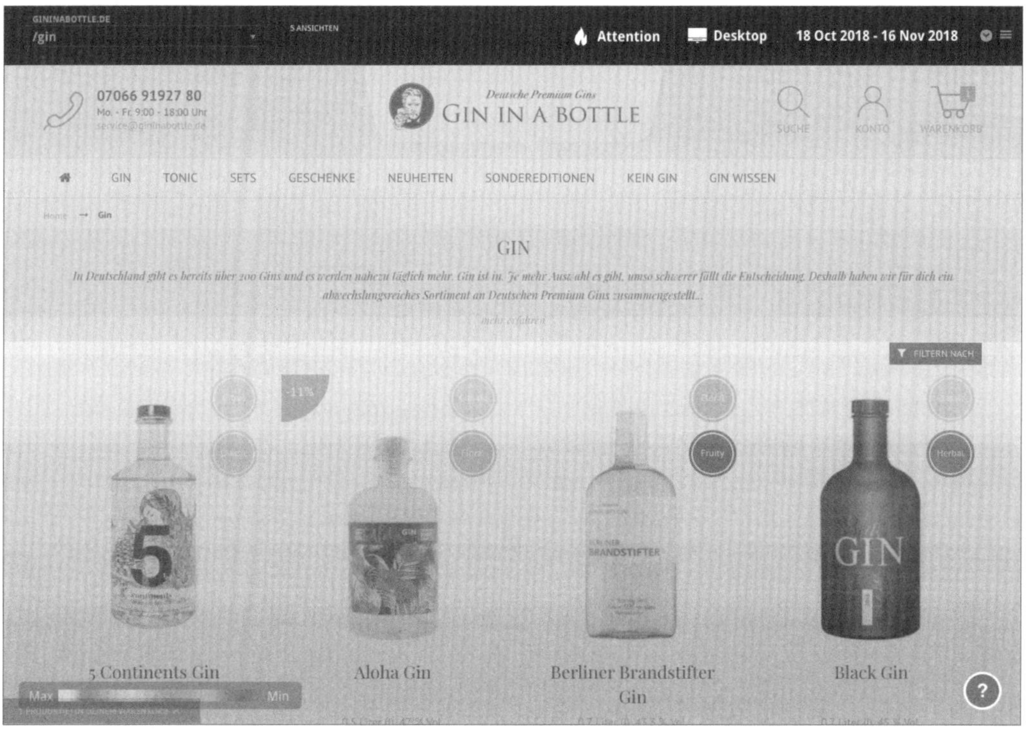

Abbildung 4.34 Mouseflow zeigt Ihnen, auf welche Stellen Nutzer besonders reagieren.

Ergänzend zur Heatmap können Sie aber auch Sessions, das heißt Videos, von dem Verhalten Ihrer Nutzer einsehen. Dabei wird pro Nutzer nicht wirklich ein Video aufgezeichnet. Das Tool ermittelt nur die Mausbewegungen und legt diese anschließend über eine aktuelle Version Ihres Online-Shops. Sie können das Verhalten in Abbildung 4.35 sehr gut erkennen. In diesem Fall war ein Nutzer mit einem mobilen Endgerät im Online-Shop, weswegen die Darstellung auch in Form eines Smartphones erfolgt.

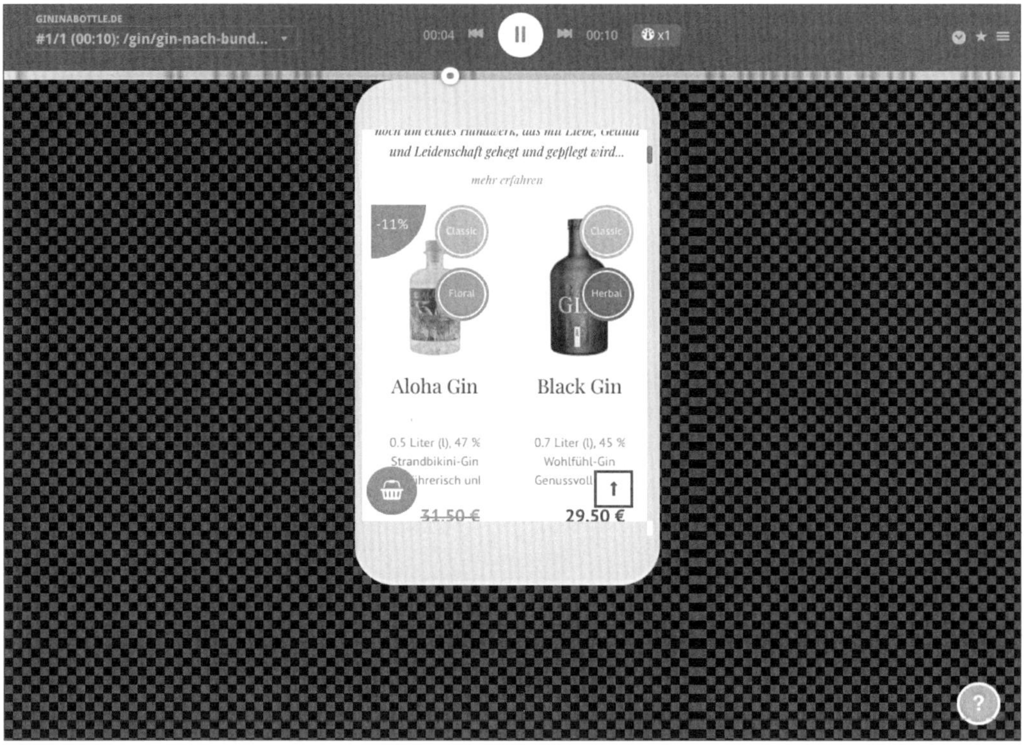

Abbildung 4.35 Mouseflow zeichnet die Mausbewegungen aller Nutzer auf, die sich anschließend einfach auswerten lassen.

Innerhalb von Mouseflow können Sie sich nun das gesamte Verhalten inklusive Mausbewegungen bzw. Smartphone-Klicks des Nutzers in Form eines Videos anschauen. Sie sehen durch die Emulation des Endgeräts, welchen Bildschirmausschnitt der Nutzer vor sich hatte, und zudem, in welche Bereiche der Nutzer mit seiner Maus gegangen ist. Auch können Sie Klicks erkennen, selbst auf Elemente, die nicht existieren. Das Video ist dabei ungekürzt, auch wenn also ein Nutzer minutenlang ohne Interaktion auf einer Unterseite verweilt, können Sie dies dem Video entnehmen. Letztendlich haben Sie mit dieser Technologie die Möglichkeit, Ihren Nutzern praktisch über die Schulter zu schauen und zu erkennen, ob Probleme aus Design- und Usability-Sicht vorhanden sind oder ob Nutzer gut mit Ihrem System klarkommen.

Selbstverständlich gibt es noch weitere Tools und Technologien, die Sie einsetzen können, um zu verstehen, wie gut Nutzer mit Ihrem System umgehen. Auch die Nutzung eines Usability-Labs, in dem die Nutzer gefilmt und befragt werden, ist denkbar.

Für den Anfang empfehlen wir Ihnen aber den sanften Start und die Nutzung von nicht ganz so komplexen Methoden und Tools. Hierfür kann Mouseflow Ihre erste Anlaufstelle sein. Wir selbst haben bislang mit diesem Werkzeug sehr gute Erfahrungen gemacht und damit den einen oder anderen Usability-Fehler in E-Commerce-Plattformen aufspüren können.

4.7 Der Faktor Vertrauen

Gleich zu Beginn dieses Abschnitts starten wir mit einer provokanten These, zu der wir aufgrund unserer Erfahrungen im E-Commerce gekommen sind:

Die meisten Online-Shop-Besucher sind misstrauisch!

Was ist eigentlich Vertrauen? Wikipedia definiert Vertrauen wie folgt:

»Vertrauen ist in psychologisch-persönlichkeitstheoretischer Perspektive definiert als subjektive Überzeugung von der (oder auch als Gefühl für oder Glaube an die) Richtigkeit, Wahrheit bzw. Redlichkeit von Personen, von Handlungen, Einsichten und Aussagen eines anderen oder von sich selbst (Selbstvertrauen). Zum Vertrauen gehört auch die Überzeugung der Möglichkeit von Handlungen und der Fähigkeit zu Handlungen. Man spricht dann eher von Zutrauen.«[4]

Auf den E-Commerce übertragen, bedeutet dies nichts anderes, als dass ein Großteil der Besucher Ihres Online-Shops Zweifel hat, das »Richtige« zu tun, da Sie Ihren Kunden persönlich nicht bekannt sind, daher eine persönliche Einschätzung hinsichtlich der Vertrauenswürdigkeit nicht möglich ist und deshalb dem Kunden die Überzeugung und das Bewusstsein fehlen, mit einem Kauf in Ihrem Online-Shop das Richtige zu tun. Sie müssen daher Ihre Online-Shop-Besucher überzeugen. Dabei reicht es nicht, sie von Ihren Produkten zu überzeugen, Sie müssen Ihre Besucher vollständig überzeugen, von Ihren Produkten, von Ihrem Online-Shop, von Ihrem Service und auch von Ihnen als Person! Und genau hierin liegt die Schwierigkeit, denn da die Kunden Ihnen persönlich nicht gegenüberstehen und nur auf technologische Art und Weise mit Ihrem Online-Shop interagieren, wird die Vertrauensbildung erschwert. Sollten Sie es nicht schaffen, das Vertrauen Ihrer Besucher zu wecken, werden Sie dies relativ schnell anhand der Daten nachvollziehen können, die Sie aus der Webanalyse gewinnen.

Besonders eine hohe Zahl an stehen gelassenen Warenkörben, hohe Bounce-Raten auf Start-, Kategorie- und Produktseiten und niedrige durchschnittliche Warenkorbwerte können ein Zeichen für mangelndes Vertrauen sein.

4 Den kompletten Wikipedia-Artikel finden Sie unter *http://de.wikipedia.org/wiki/Vertrauen*. Eine sehr gute Ergänzung finden Sie unter: *http://de.wikipedia.org/wiki/Vertrauen_(Wirtschaft)*.

Für Sie als Shop-Betreiber gibt es einen Blumenstrauß an Möglichkeiten, um Vertrauen zu wecken und die Seriosität Ihres Online-Shops zu untermauern. Lassen Sie uns, bevor wir im Folgenden auf die Möglichkeiten und Umsetzungshinweise eingehen, drei Online-Shops beispielhaft hinsichtlich der verwendeten vertrauensbildenden Maßnahmen analysieren.

4.7.1 Zalando

Sollten Sie nicht genau bei diesem Abschnitt mit dem Lesen unseres Buches anfangen, dann ist Ihnen *Zalando* als Beispiel für einen gelungenen Online-Shop bereits an der einen oder anderen Stelle begegnet. Auch beim Thema Vertrauensbildung macht Zalando einiges richtig, vorwiegend diejenigen Dinge, die Sie als Shop-Betreiber ebenfalls beachten können. Denn Vertrauensbildung ist in erster Linie keine kostspielige Investition, sondern eine Frage der richtigen Umsetzung.

Kopfbereich und grundsätzliches Erscheinungsbild

Starten wir mit der Analyse von Zalando, einem der erfolgreichsten Online-Shops für Mode in Deutschland. Gehen wir davon aus, dass wir Zalando nicht kennen und dadurch keinerlei Vorkenntnisse hinsichtlich Größe und Seriosität haben. Wenn Sie beim ersten Besuch Zalando aufrufen, werden Sie dieselbe Ansicht wie in Abbildung 4.36 sehen. Der Screenshot ist bewusst in der Höhe reduziert, denn Sie dürfen beim Aufruf der Startseite nicht immer davon ausgehen, dass Ihre Besucher die gesamte Seite sehen. Das hängt stark von der Bildschirmauflösung ab, und im Zweifelsfall gehen Sie bitte von einer zu kleinen Bildschirmauflösung aus. Welche Bildschirmauflösung Ihre Besucher vorwiegend nutzen, können Sie übrigens in Kapitel 12, »Der Kompass im E-Commerce – Conversion-Messung und -Optimierung«, über die Webanalyse nachlesen. Wenn Sie Abbildung 4.36 genauer betrachten, werden Sie verschiedene Kennzeichnungen in Form von Zahlen erkennen. Diese sind natürlich nicht Bestandteil des Zalando-Designs, sondern von uns für eine einfachere Erklärung der jeweiligen vertrauensbildenden Maßnahmen integriert worden.

Im oberen Blickfeld werden Sie bei Zalando sofort Aussagen und auch Symbole erkennen, die bei Ihnen unbewusst direkt Vertrauen wecken sollen. Am oberen Bildschirmrand finden Sie bei Zalando, optisch abgesetzt, eine Leiste, die drei USPs kommuniziert (❶ bis ❸ in Abbildung 4.36). Es handelt sich dabei aber nicht um USPs wie »wir haben die günstigsten Preise«, denn günstige Preise würden kein Vertrauen schaffen. Sie finden hingegen einen direkten Link zur Hilfe bzw. zum Kontaktformular, die Informationen zu kostenlosem Versand und Rücksendung sowie zum 100-tägigen Rückgaberecht. Wenn Sie sich einmal Gedanken über diese drei Aussagen machen, werden Sie verstehen, worauf Zalando damit abzielen möchte.

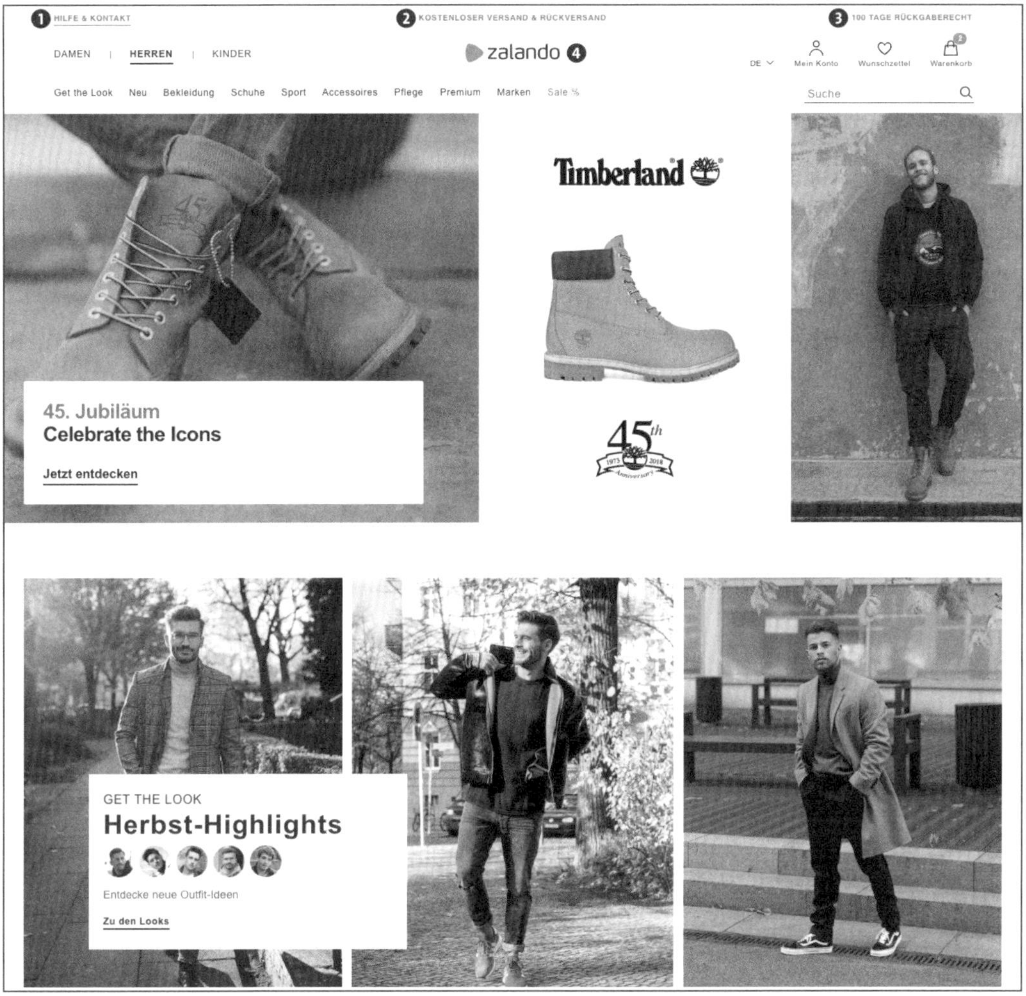

Abbildung 4.36 Vertrauensbildende Maßnahme im Header bei Zalando

Kontaktmöglichkeit, Support und Hilfebereich

Fangen wir bei HILFE & KONTAKT ❶ an. Eine direkte Kontaktmöglichkeit sorgt immer für Vertrauen, speziell wenn die Telefonnummer entsprechend einfach gefunden werden kann. Denn eine Kontaktmöglichkeit bedeutet immer, dass auf der »anderen Seite« jemand sitzt, den man anrufen oder anmailen kann und bei Fragen und Problemen ansprechen kann. Vor einiger Zeit hatte Zalando übrigens noch direkt im Kopfbereich eine Telefonnummer dargestellt. Diese ehemalige 0800er-Nummer stand darüber hinaus für ein deutschsprachiges Unternehmen, oder – um es salopp zu formulieren – es handelt sich nicht um einen unseriösen Online-Shop aus dem Ausland. Als Besucher müssen Sie sich daher nicht mehr die Frage stellen, ob Sie bei einem Problem jemanden erreichen, sondern ob Sie nun telefonisch oder per E-Mail-Kontakt aufnehmen würden. Leider hat Zalando aber mittlerweile die Telefonnummer aus dem Header verbannt, da vermutlich das Support-Aufkommen enorm zugenommen hat. Dennoch besteht weiterhin eine einfache Möglichkeit der Kontaktaufnahme. Es gibt also Hilfekanäle, die genutzt werden können. Sofern Sie die Möglichkeit haben, eine kostenfreie Hotline im Kopfbereich zu platzieren, sollten Sie das tun. Achten Sie dabei auch auf das Wording und nennen Sie Ihre Hotline, wie Zalando dies in der Vergangenheit gemacht hat, ruhig kostenlose Hotline oder Experten-Hotline. Keine teure »Abzocke«, keine 0900er-Nummer, bei der Sie pro Minute ein paar Euro bezahlen müssen, nein, wie Zalando bieten Sie eine kostenfreie Hotline an, denn dadurch implizieren Sie, dass bei Problemen direkt weitergeholfen werden kann.

Übrigens: Eine Experten-Hotline ist speziell bei elektronischen Artikeln interessant, denn hier werden vor dem Kauf in der Regel technische Spezifikationen abgefragt und diskutiert, und hierfür benötigen Sie auf jeden Fall einen Experten auf der anderen Seite der Telefonleitung.

Versandkosten

Die Kontaktmöglichkeiten sorgen im ersten Schritt für Vertrauen; erweitert wird dies durch den kostenlosen Versand und die kostenlose Rücksendung ❷. Denn was könnte die große Sorge der Zalando-Besucher vor dem Kauf sein? Gerade in der Modebranche werden Sie – das wissen Sie sicherlich aus eigener Erfahrung – immer eine gewisse Unsicherheit hinsichtlich der Größe haben. Wenn Sie Produkte von einem neuen Modelabel kaufen, können die Jeans oder T-Shirts unterschiedlich ausfallen, Sie wissen gegebenenfalls nicht, was Ihre richtige Größe ist. Und wenn Sie unsicher sind, bestellen Sie im Zweifelsfall lieber nicht, denn sonst zahlen Sie im schlimmsten Fall Versand- und Rücksendekosten und können die bestellte Ware nicht behalten, da sie Ihnen schlicht und einfach nicht passt. Auf diese ärgerliche Situation haben Ihre Online-Shop-Besucher keine Lust! Verschärft wird dies übrigens durch die europaweiten Änderungen des Widerrufrechts, die am 13. Juni 2014 in Kraft getreten sind. Seit diesem Zeitpunkt können Sie als Online-Shop-Betreiber die Kosten für die Rücksendung Ihren Kunden in Rechnung stellen; bislang wurden die Rücksendekosten bei Bestellungen in einem Wert ab 40 € vom Shop-Betreiber getragen. Als Online-Shop-Besucher können Sie ab sofort also in zwei Fettnäpfchen treten: die falschen Produkte bestellen und auf den Versandkosten sitzen bleiben und zusätzlich noch die Rücksendekosten tragen. Wenn dann bei einem T-Shirt für 20 €, überspitzt formuliert, 10 € für einen Fehlkauf möglich sind, werden Sie es sich im Zweifelsfall gut überlegen und aller Voraussicht nach das Risiko scheuen und nicht im Online-Shop bestellen. Zalando versucht nun, genau diese beiden Problemfälle aufzugreifen und eine kundenfreundliche Lösung zu liefern. Das geschieht, indem Zalando keine Versandkosten berechnet und auch keine Rücksendekosten in Rechnung stellt. Was bedeutet das für Sie als Online-Shop-Besucher? Sie können völlig sorgen- und risikofrei Artikel bestellen. Wenn sie Ihnen passen, behalten Sie sie, wenn nicht, senden Sie sie kostenfrei zurück. Ein super Service von Zalando, der bei den Besuchern Vertrauen und ein Gefühl von Sicherheit schafft.

Es gibt keinen kostenlosen Versand im E-Commerce

Wie schon in Abschnitt 3.14, »Preisbildung«, erwähnt, gibt es de facto keinen kostenlosen Versand. Online-Shops, die mit kostenlosen Versandkosten werben, rechnen die Kosten entsprechend in die Produktpreise ein und verwenden hierfür in der Regel eine Mischkalkulation. Die Außenwirkung eines kostenlosen Versands ist enorm, auch wenn der Kunde indirekt für den Versand bezahlt.

Rückgaberecht

Zu guter Letzt wirbt Zalando mit einem 100-tägigen Rückgaberecht ❸. Auch dies erzeugt beim Besucher Vertrauen und vor allem ein Gefühl von Sicherheit, denn er steht nicht unter Druck, die Ware direkt nach dem Erhalt zu prüfen und innerhalb von 14 Tagen zurückzusenden. Vielmehr ist das Werben mit einer so langen Rückgabefrist auch ein Zeichen dafür, dass der Online-Shop-Betreiber womöglich gar nicht mit Retouren rechnet, da seine Produkte entsprechend gut sind, und – falls doch – einen so exzellenten Kundendienst bietet und die Frist für Rücksendungen entsprechend hoch ansetzt. Auf der anderen Seite muss man sich auch die berechtigte Frage stellen, wer die bestellten Produkte tatsächlich bis zu 100 Tage zu Hause aufbewahrt und diese erst kurz vor Ablauf der Frist zurücksendet. Natürlich ist es ein klasse Service von Zalando, der sich positiv auf die Außenwirkung auswirkt; auf der anderen Seite wird mit etwas geworben, das wohl die wenigsten in Anspruch nehmen. Diese Tricks müssen Sie als Shop-Betreiber erkennen und für sich nutzen. Denn sicherlich können auch Sie in Ihrer Branche und mit Ihren Produkten so werben, dass Sie eine hervorragende Außenwirkung erzeugen, Kunden den Service aber gar nicht in Anspruch nehmen. Stellen Sie sich doch einmal vor, Sie würden Küchenelektronikprodukte verkaufen und in Ihrem Shop mit einem kostenlosen Installationsgespräch winken. Sie wissen, dass 99 % der Besucher in der Lage sind, einen Toaster selbst ohne Probleme anzuschließen, aber auf Ihre Besucher wirkt es erst einmal äußerst positiv, wenn ein solcher Service kostenfrei angeboten und beworben wird. Und so verhält es sich auch mit den Rückgabefristen. Sofern möglich, setzen Sie diese auch etwas höher als vorgeschrieben an, denn so können Sie sich von Ihrer Konkurrenz absetzen, und wenn Ihr Kunde etwas retournieren möchte, spielt es eigentlich keine Rolle, ob er dies innerhalb von 14 oder 30 Tagen tut.

Unternehmenslogo

Bezogen auf die Bekanntheit Ihres Unternehmens stellt das Logo ❹ als solches, wie Sie in Abbildung 4.36 sehen können, auch eine vertrauensbildende Maßnahme dar. Dies funktioniert aber nur dann, wenn Ihr Unternehmen eine gewisse Popularität und Bekanntheit vorweisen kann. Wenn Sie beispielsweise an WMF denken, dann wird die Integration des WMF-Logos automatisch mit den geläufigen »Eigenschaften« von WMF assoziiert, das heißt qualitativ hochwertige und langlebige Produkte auf einem hohen Preisniveau. Sofern Sie daher die Möglichkeit haben, das Logo als vertrauensbildende Maßnahme zu nutzen, profitieren Sie auch von diesem positiven Effekt. Das funktioniert übrigens auch dann, wenn Sie als Unternehmen einen Shop »absplitten« und dann ein Logo in Form von »audible.com – an amazon company« nutzen können, nur um Ihnen hierfür ein Beispiel aus der Praxis zu liefern.

Abschließend schafft Zalando mit den Navigationspunkten darüber hinaus das sogenannte »gute Gefühl« beim Online-Shop-Besucher. Denn ein Hilfebereich signalisiert Sicherheit und – so blöd es auch klingen mag – die Stellenanzeigen und Informationen zu Jobs auch. Denn wer einstellt, ist erfolgreich, und wer erfolgreich ist, der bietet dem Kunden auch eine Sicherheit. Sie können also allein durch die Navigationspunkte ein gutes Gefühl beim Kunden erzeugen. Auch wenn dies nur das Tüpfelchen auf dem »i« darstellt und natürlich als reine Maßnahme zu wenig ist.

Offensive Darstellung von Marken

Betrachtet man den Inhalt der Startseite von Zalando – Sie sehen sie ausschnittweise in Abbildung 4.37 –, gibt es einen weiteren Trick, um ein Gefühl von Sicherheit beim Benutzer zu schaffen.

Denn wenn Sie bekannte Marken vertreiben, geht auch ein Teil der mit der Marke verbundenen Sicherheit und des Vertrauens auf Sie als Online-Shop-Betreiber über. Denn es stellt sich nicht die Frage nach der Qualität oder nach gegebenenfalls auftretenden Problemen mit dem Produkt als solchem. Wenn Zalando daher Produkte von Nike verkauft und Sie Artikel von diesem Sportausrüster besitzen und damit zufrieden sind, werden Sie auch beim Kauf der Produkte auf Zalando nicht zweifeln. Als Shop-Betreiber müssen Sie daher nur für das Vertrauen in den Shop, aber nicht für das Vertrauen in die Produkte sorgen.

Hier kommt es daher speziell auf die Branche und Ihre Produkte an. Wenn Sie selbst produzieren, müssen Sie immer im Hinterkopf behalten, dass es »Angst« und Zweifel in Bezug auf Ihre Produkte geben könnte. Wenn Sie hingegen Markenartikel vertreiben, dann strahlt die Marke als solche schon ein gewisses Vertrauen aus oder ist gegebenenfalls negativ belastet.

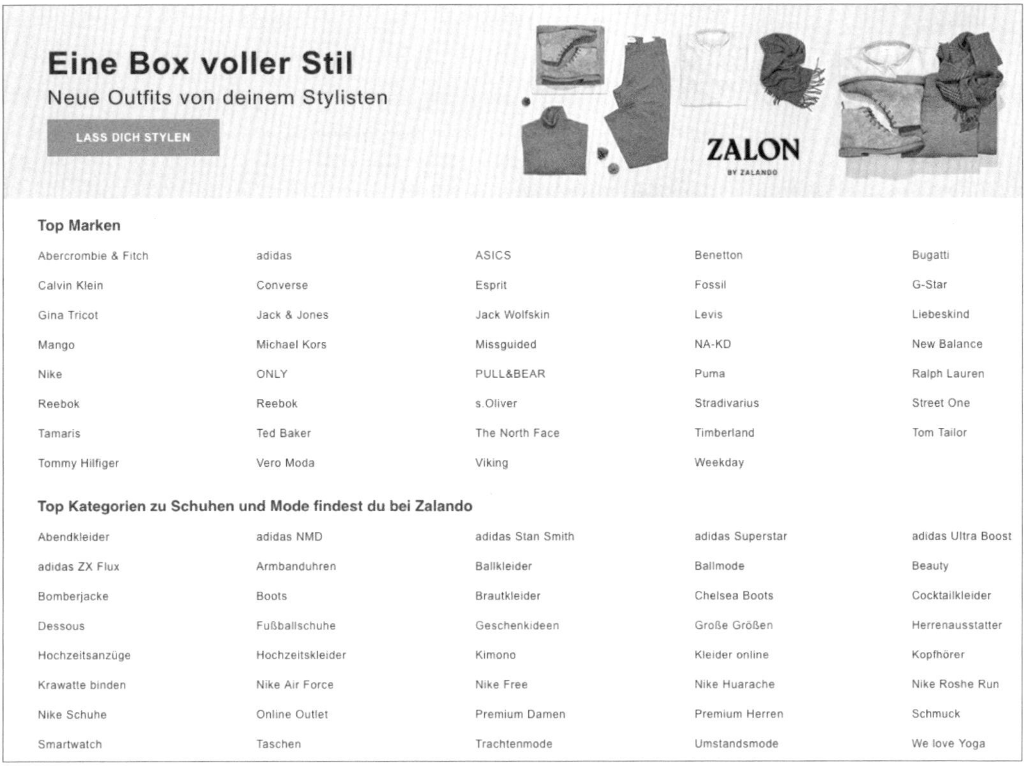

Abbildung 4.37 Das Vertrauen in die verkauften Marken lässt sich transportieren.

Als Shop-Betreiber selbst können Sie aber an der beim Kunden vorhandenen Meinung nichts ändern, denn so wie WMF für Qualität steht, gibt es auch Marken, die für weniger gute Qualität, dafür aber gegebenenfalls für einen guten Preis stehen.

Vor einiger Zeit hatte Zalando übrigens die Marken in Form von Grafiken dargestellt. Diese Variante, zumindest ist dies unsere Einschätzung, ist ein wenig eleganter als die reine Darstellung von Links. Denn wenn Nutzer ein Logo sehen, erfolgt sofort eine Assoziation. Bei der aktuellen Textwüste von Zalando ist es hingegen eher schwer, alle relevanten Marken auf einen Blick zu erkennen. Sofern möglich, setzen Sie daher auf visuelle Elemente, speziell bei der Kommunikation über Marken.

Fußzeile

Betrachten wir im nächsten Schritt den Footer, den Sie in Abbildung 4.38 sehen. Der Footer, das heißt die Fußzeile, wird von Shop-Betreibern gerne vernachlässigt, aber auch das Ende eines Online-Shops wird betrachtet. Denn wenn Sie beispielsweise auf einer Kategorieseite Produkte betrachten, scrollen Sie in der Regel auch bis zum Ende der Seite.

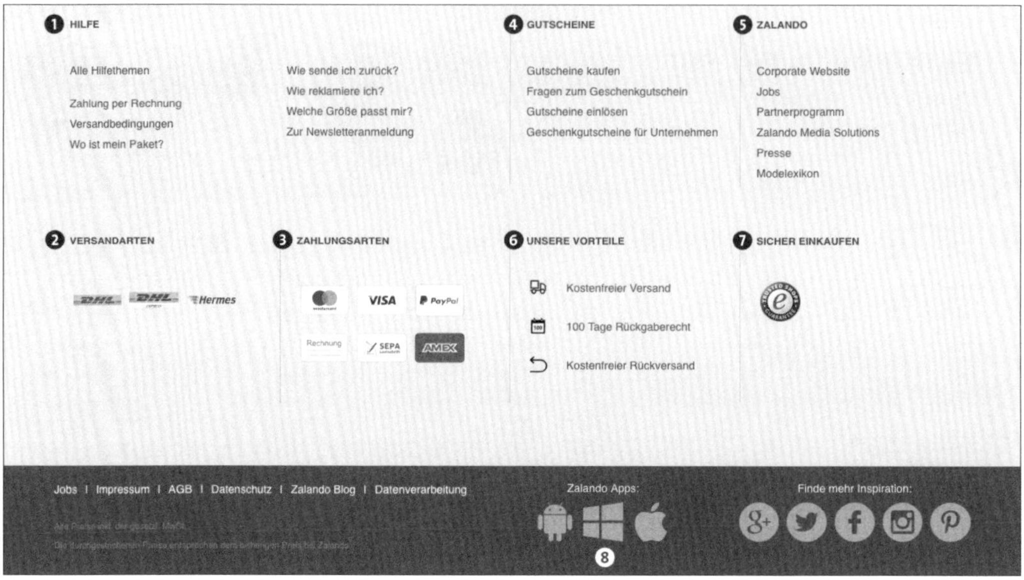

Abbildung 4.38 Der Footer von Zalando wirkt übersichtlich und klar.

Leider hält sich hierbei der Mythos, dass es beim Überzeugen der Besucher nur auf den Header ankommt, denn dieser fällt beim Aufrufen der Seite sofort ins Blickfeld. Das ist sicherlich richtig, aber wenn Sie mit dem Header initial überzeugen, können Sie mit dem Footer abschließend überzeugen. Umso wichtiger ist es, diesen Platz perfekt auszunutzen und Vertrauen, Sicherheit und auch einen gewissen Überblick zu schaffen. Zalando beginnt, Sie sehen das in Abbildung 4.38, zuallererst mit dem Hilfebereich ❶. Innerhalb des Hilfebereichs haben Sie einen direkten Zugriff auf alle relevanten Fragen, die vor oder nach dem Kauf auftreten können:

- Zahlung per Rechnung
- Versandbedingungen
- Wo ist mein Paket?
- Wie sende ich zurück?
- Wie reklamiere ich?
- Welche Grösse passt mir?
- Zur Newsletteranmeldung

Abgesehen vom letzten Punkt dürfte es sich bei diesen Fragen um die 80 % wichtigsten Themen vor bzw. direkt nach einem Einkauf handeln. Zalando verlinkt direkt auf diese und ermöglicht den Nutzern von allen Seiten aus den Zugriff auf die Fragen bzw. Antworten. Das ist äußerst smart, denn so müssen die Nutzer nicht erst im Hilfebereich nach diesen Themen suchen. Zudem bietet Zalando optional den direkten Zugriff auf alle Hilfethemen. Der Ansatz, den Zalando mit diesem prominenten Hilfebereich bzw. Fragen und Antworten fährt, dürfte sicherlich die Frustration einiger Kunden vermeiden helfen.

Direkt unter dem Hilfebereich stellt Zalando die VERSANDARTEN ❷ dar. Das ist auch wichtig, da es sich unserer Meinung nach um das zweitwichtigste Thema neben den Zahlungsweisen handelt, denn auch hier kann, wie Sie in Kapitel 5, »Schnelle Lieferung, schneller Erfolg!«, lesen werden, einiges schiefgehen. Umso wichtiger ist es, Ihre Kunden darüber zu informieren, mit welchem Lieferdienst Sie kooperieren. Zalando wirbt direkt mit DHL bzw. DHL Express sowie Hermes. Mit Hermes dürfte Zalando keinen Blumentopf bei den Nutzern gewinnen, aber zumindest die Existenz des DHL-Expressversands ist in der Kommunikation wichtig. Viele Nutzer möchten Waren am nächsten Tag erhalten; Zalando zeigt ihnen mit dieser Versandart, dass genau das kein Problem darstellt.

Rechts neben den Versandmethoden finden Sie die ZAHLUNGSARTEN ❸. Dies ist ebenfalls wichtig, da beim Thema Geld oftmals eine gewisse Unsicherheit besteht. Ihre Kunden, speziell die Erstbesteller, fragen sich natürlich, ob ein Einkauf sicher ist. Werden meine Zahlungsinformationen geschützt, was passiert, wenn man bezahlt hat, aber keine Ware geliefert wird? Kann man ausschließlich mit einer Kreditkarte bezahlen, wobei man diese Daten nicht preisgeben möchte? Ihre Besucher stellen sich eine Menge Fragen – umso notwendiger ist daher die Aufklärung. Zalando platziert hierfür bekannte Markenlogos, beispielsweise von PayPal oder Visa. Diese suggerieren Sicherheit, denn Visa kennt man, und man kann auch darauf vertrauen, dass mit den eigenen Daten sicher verfahren wird. Auch PayPal ist mittlerweile ein Synonym für sicheres Bezahlen.

Neben dem reinen Sicherheitsaspekt werden Zahlungsinformationen auch dahingehend genutzt, die Conversion-Rate zu steigern. Wenn Sie beispielsweise nur die Zahlung per Vorkasse anbieten, wird dies bei vielen potenziellen Kunden auf Ablehnung stoßen, denn die Vorkasse ist ein Synonym für langsame Lieferungen und einen komplizierten Prozess. Als Kunde müssen Sie erst eine Überweisung durchführen. Im Zeitalter des Online-Bankings kann das schnell gehen, aber unterstellen Sie nicht allen Besuchern, dass sie Online-Banking nutzen. Ist die Überweisung getätigt, wird das Geld voraussichtlich erst zwei bis drei Tage später auf dem Konto des Empfängers landen; dann wird der Versand der Ware gegebenenfalls nochmals ein bis zwei Werktage in Anspruch nehmen, und schon wartet man auf eine Bestellung knapp eine Woche. Zalando bewirbt an dieser Stelle bewusst diejenigen Zahlungsarten, die sicher und schnell sind, genau die Anspruchshaltung, die ein potenzieller Kunde hat.

Im rechten Bereich des Footers von Zalando finden Sie in der oberen Hälfte den Bereich GUTSCHEINE ❹. Zugegebenermaßen handelt es sich hierbei um einen eher exotischen Bereich in einem Footer, normalerweise stellen Unternehmen nicht explizit Informationen zu den Gutscheinen im Footer dar. Zalando verweist direkt auf die Kaufmöglichkeit eines Gutscheins und bietet Informationen bezüglich des Einlösens an. Auch häufig gestellte Fragen werden beantwortet. Vermutlich verkauft Zalando eine signifikante Anzahl an Gutscheinen, weswegen dieser Bereich im Fall von Zalando sinnvoll erscheint. Grundsätzlich müssen Sie das aber nicht adaptieren, in den meisten Fällen würden wir sogar von diesen Informationen abraten. Neben den Gutscheinen finden Sie zudem Informationen zu ZALANDO ❺. So können Nutzer Jobs einsehen oder auf das Modelexikon zugreifen. Diese Informationen sind ein Nice-to-have, aber definitiv kein Muss.

Etwas weiter unten listet Zalando zudem nochmals alle Vorteile auf ❻. Diese finden Sie aber auch im Header, weswegen es sich hierbei um keine neuen USPs handelt, sondern es werden nur die bestehenden wiederholt. Neben den Vorteilen wird zudem ein Gütesiegel ❼ dargestellt. Die Trusted-Shops-Zertifizierung ist mittlerweile sehr angesehen und auch bei »normalen« Besuchern aufgrund der Präsenz in einer Vielzahl von Online-Shops, aber auch in TV-Spots bekannt. Jeder Shop, der Trusted-Shops-zertifiziert ist, ist erst einmal seriös und bietet den Besuchern auch Vorteile wie einen Käuferschutz (mehr zu den Siegeln erfahren Sie in Abschnitt 1.10.10, »Gütesiegel und Zertifizierungen«).

Zu guter Letzt erfolgt eine Integration der verschiedenen Social-Media-Kanäle und vorhandenen Apps ❽. Auch diese können bei der Vertrauensbildung behilflich sein. Nehmen wir einmal das Beispiel Facebook. Wenn Sie einen Online-Shop nicht kennen und auch hinsichtlich der Seriosität nicht überzeugt sind, hilft oftmals ein Blick auf die Facebook-Präsenz, sofern vorhanden. Denn wenn die Seite über einige tausend Likes verfügt und auch die Kommentare durchweg positiv sind, strahlt dies ein gewisses Vertrauen aus. Auch das Gegenteil könnte der Fall sein: In den Kommentaren hagelt es Beschwerden zu Lieferzeiten, der Qualität der Ware oder allgemein zur Abwicklung.

Sie sehen also, dass Vertrauen mithilfe der unterschiedlichsten Mittel erzeugt werden kann, angefangen bei den Marken bzw. Produkten, die Sie führen, über die vorhandenen Kontaktmöglichkeiten bis hin zur Integration von Gütesiegeln bzw. Shop-Zertifizierungen. Und kein anderer Teil eines Online-Shops als der Footer ermöglicht eine bessere und übersichtlichere Darstellungsmöglichkeit. Nutzen Sie daher bewusst den »Schluss« Ihres Online-Shops, um bei Ihren Besuchern im Hinblick auf Vertrauen und Seriosität zu punkten.

Kategorieansicht

Vertrauensbildende Maßnahmen hören aber nicht bei der Startseite auf, weswegen es wichtig ist, einen »roten Faden« des Vertrauens durch den kompletten Online-Shop zu ziehen. Wenn der Einstieg gelungen ist, sprich, die Bounce-Quoten auf der Startseite gering sind, ist die nächste Ansicht die Produktdetailansicht, auf der Sie Vertrauen und ein Gefühl von Sicherheit erzeugen müssen. Sie werden sich nun vermutlich fragen, warum Vertrauen auf der Kategorieansicht nicht notwendig ist bzw. wir diese an dieser Stelle übersprungen haben. Durch die positive Wirkung auf der Startseite haben Sie erst einmal ein grundsätzliches Vertrauen geschaffen. Klickt der Besucher nun von der Startseite die verschiedenen Kategorien an, müssen Sie sich an dieser Stelle darauf konzentrieren, dem Kunden möglichst übersichtlich die Produktauswahl darzustellen. Hier müssen Sie aber nicht speziell auf vertrauensbildende Maßnahmen eingehen.

Kundenbewertungen auf der Kategorieseite

Der einzige Nachteil der Zalando-Kategorieansicht besteht darin, dass Kundenbewertungen in Form von Sternen bzw. Symbolen auf der Kategorieseite komplett ignoriert werden. Denn hier können Sie Ihren Besuchern ein direktes Feedback geben, welche Produkte als »sehr gut« bzw. »gut« angesehen werden.

Produktdetailseite

Relevant wird dies erst wieder in der Produktdetailansicht. Denn hier hat sich Ihr Besucher ein bestimmtes Produkt herausgesucht, spielt mit dem Gedanken, es zu kaufen, und genau an diesem Punkt müssen Sie Ihrem Kunden die letzten Zweifel nehmen. Bedenken Sie auch immer, dass ein Nutzer direkt auf der Produktdetailseite landen kann, wenn er beispielsweise bei Google nach einem bestimmten Begriff sucht. Produktdetailseiten ranken meistens besser als beispielsweise Kategorieseiten, daher können diese Seiten auch als eine Art Landingpage fungieren. Es ist essenziell, auf einer Produktdetailseite alle relevanten Informationen in kompakter Form darzustellen.

Auch hierfür gibt es wieder eine Art »Baukasten« an Möglichkeiten, wie Sie Ihrem potenziellen Kunden Vertrauen suggerieren können. Lassen Sie uns das am konkreten Beispiel von Zalando im Detail anschauen (siehe Abbildung 4.39). Wie in Abschnitt 4.3, »Ein Design von Grund auf selbst entwickeln«, und in Abschnitt 4.4, »Usability-Faktoren, die Sie beachten müssen«, bereits erwähnt, gehen wir davon aus, dass der Blick links oben startet, das heißt, in der linken oberen Ecke die Aufmerksamkeit beim Aufruf der Seite gebündelt wird. Zalando positioniert daher gut sichtbar genau in diesem besagten Bereich die verschiedenen Produktbilder und auch Videos. Im Fall des Strellson-Anzugs, den Sie in Abbildung 4.39 sehen, können Sie eine Vielzahl verschiedener Ansichten für diesen Artikel sehen ❶. Es sind sogar so viele Produktabbildungen hinterlegt, dass Sie mittels einer Pfeilfunktion, also eines vertikalen Sliders, durch die Bilder gehen können. Die Produktbilder sorgen beim Kunden im ersten Schritt für Vertrauen und geben dem Nutzer ein Feedback, ob er auch gerade ein Produkt betrachtet, das für ihn relevant ist. Im Modebereich kann diese Frage am besten anhand von Produktabbildungen beantwortet werden. Wenn Sie hingegen Kugelschreiber, sprich Bürozubehör, verkaufen, macht es weniger Sinn, dem Kunden 20 verschiedene Ansichten eines Bleistiftes bereitzustellen.

Gute Produktbilder schaffen Sicherheit

Als Shop-Betreiber hat man oftmals das Problem, gute Produktbilder aufzutreiben, speziell wenn Sie diese nicht vom Hersteller erhalten. Selbst Bilder zu erstellen, ist auf der anderen Seite mit gewissen Kosten verbunden, und aus diesem Grund haben viele Online-Shops in der Praxis katastrophale Produktbilder und vor allem zu wenig Bilder pro Artikel. Bedenken Sie aber immer: Gute Bilder schaffen Vertrauen, geben Sicherheit und reduzieren auch die Retourenquote. Denn wenn Ihre Besucher im Vorfeld exakt die Beschaffenheit und Eigenheit des Produkts sehen können, wird die eine oder andere Retoure nicht bei Ihnen aufschlagen, und das spart Geld. Mehr hierzu erfahren Sie in Abschnitt 3.10, »Produktbilder«.

Hier würden eine Abbildung und weitere Informationen zum Produkt wie Spezifikationen reichen. Direkt rechts neben den verschiedenen Ansichten sehen Sie das Hauptbild des Artikels ❷. Dieses ändert sich, je nachdem, welches Bild Sie auf der linken Seite ausgewählt haben. Mit einer Lupenfunktion können Sie zudem innerhalb des Hauptbildes zoomen und somit weitere Details, bei einem Anzug beispielsweise das exakte Muster, erkennen. Auch dieses visuelle Feedback soll dem Kunden wieder Gewissheit hinsichtlich des ausgewählten Produkts geben; speziell im Fall von Anzügen haben diese oft Muster, die Sie von Weitem gar nicht wahrnehmen und erst mithilfe eines Zooms erkennen können.

Rechts neben dem großen Produktbild ist das Logo des Herstellers (❸ in Abbildung 4.39) abgebildet. Ein Logo strahlt an sich immer eine gewisse Seriosität aus, außerdem hilft es dem Kunden bei der Orientierung. In diesem Fall bekommt der Besucher also direkt angezeigt, dass es sich um das Strellson-Produkt handelt, das er aufgerufen hat. Es mag auch ein wenig abgedroschen klingen, aber speziell in anderen Produktbereichen und Branchen stellt sich auch immer die Frage nach der Echtheit der Ware. Durch die Integration des Herstellerlogos erzeugen Sie Vertrauen, indem Sie Ihren Besuchern ganz klar mitteilen, dass es sich um ein Markenprodukt handelt. Je stärker die Marke des aufgerufenen Artikels, desto stärker können Sie die Unsicherheiten reduzieren. Denn wenn Sie beispielsweise bei einem WMF-Artikel einen guten Preis halten können, dann überlegt sich Ihr Kunde nicht mehr, ob der Artikel wirklich in Ordnung und gut verarbeitet ist, es stellt sich nur noch die Frage, ob er dieses Produkt jetzt direkt benötigt oder auch nicht. Im Beispiel von Zalando ist das Logo übrigens direkt mit der Markenseite auf Zalando verlinkt, das heißt, wenn Sie bei einem interessanten Artikel gelandet sind, können Sie sich zudem mit einem Klick alle Artikel des Herstellers anschauen.

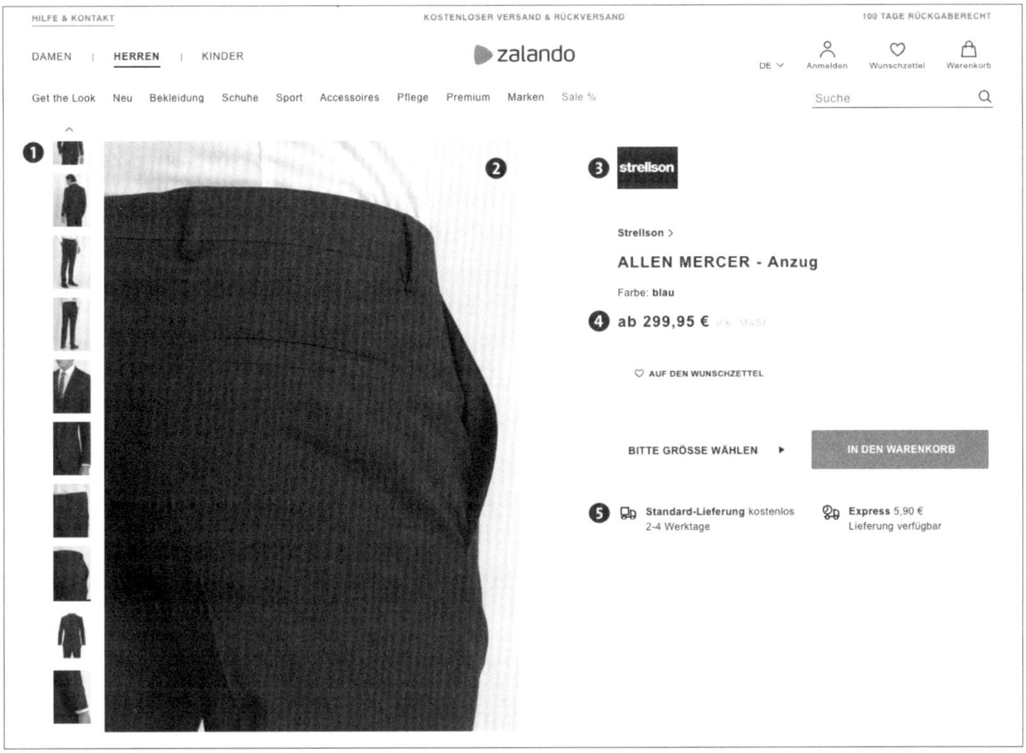

Abbildung 4.39 Produktdetailansicht bei Zalando

Direkt unter dem Logo befinden sich wiederum der Produktname, die ausgewählte Konfiguration und der Preis, wie Sie in Punkt ❹ sehen können. Der Produktname spielt bei vielen Modeartikeln keine allzu große Rolle, dennoch muss er dargestellt werden, auch wenn eine prominente Darstellung nicht ganz so wichtig ist. Wichtiger ist hierbei vielmehr, dass Nutzer anhand des Namens einen Artikel finden können, was bei Zalando gegeben ist. Zudem ist bei Modeartikeln immer die Konfiguration relevant: Viele Artikel gibt es in unterschiedlichen Farben. Daher müssen Sie dem Kunden immer ganz klar darstellen, in welcher Farbe der Artikel aktuell ausgewählt ist. Oftmals ist es nämlich schwer zu unterscheiden, ob es sich nun um ein klassisches Schwarz oder doch eher um ein dunkles Blau handelt. Direkt unter dem Artikelnamen und der Konfiguration finden Sie nun den Preis und die Möglichkeit, den Artikel auf den Wunschzettel zu legen. Beim Preis ist es wichtig, diesen transparent zu kommunizieren, was Zalando auch tut. Es ist in diesem Fall sogar ein Ab-Preis, das heißt, für den Nutzer ist eine mögliche Preisänderung, basierend auf der ausgewählten Größe, ersichtlich. Die Größe lässt sich wiederum direkt unter dem Preis auswählen. Der prominente Warenkorb-Button rundet schließlich die Ansicht aus einer Usability-Sicht ab – es handelt sich auf dieser Seite um den einzigen Button, der in einer anderen Farbe dargestellt ist.

Im rechten und somit äußersten Drittel unterstreicht Zalando speziell die Lieferzeit (❺ in Abbildung 4.39) und mögliche Kosten für eine Expresslieferung, die direkt neben dem Warenkorb-Button platziert sind. Auch dies sorgt für Sicherheit, denn Sie können sich exakt darauf einstellen, wann Ihnen die Artikel geliefert werden. Das klingt auch wieder banal, aber stellen Sie sich einmal vor, Sie benötigten einen neuen Anzug für eine Veranstaltung, die Sie besuchen möchten. Würden Sie in einem Online-Shop einkaufen, der auf die Angabe der Lieferzeit verzichtet, was übrigens rechtlich auch gar nicht zulässig ist? Sie wüssten gar nicht, ob Sie die Lieferung noch rechtzeitig erhalten würden, und genau aus diesem Grund würden Sie auch nicht in diesem Online-Shop einkaufen. Nutzen Sie doch die Lieferzeit als USP – das ist auch bei kleineren Online-Shop-Betreibern möglich. Sie können schnell liefern und die Produkte schnell zu Ihrem Kunden bringen.

Wie Sie sehen, haben die Zalando-Nutzer die wichtigsten Informationen auf einen Blick: Die Produktabbildungen, den Hersteller, Preis, Lieferzeiten und Lieferkosten sowie die Möglichkeit, den Artikel in den Warenkorb zu legen. Darüber hinaus existieren aber noch weitere Detailinformationen, die Sie dann sehen, wenn Sie etwas nach unten scrollen und somit in der zweiten Hälfte der Produktdetailansicht landen.

Fehlende Produktbewertungen wirken nicht gut

Erfahrungsgemäß haben speziell kleinere Shop-Betreiber oftmals Probleme, an Produktbewertungen zu kommen, denn welcher Kunde macht sich aus freien Stücken daran, einen Kommentar zu schreiben – das kostet schließlich Zeit. Und oftmals erhalten Sie vorwiegend negative Bewertungen, denn wenn alles in Ordnung ist, werden sich nur wenige bei Ihnen bedanken. Wenn aber etwas schiefgelaufen ist oder die Verarbeitung des Produkts schlecht ist, erhalten Sie umgehend Feedback. Überlegen Sie sich daher ein System, wie Sie Kunden für Bewertungen belohnen können. Seien Sie hierbei kreativ: Es muss nicht immer ein 5-Euro-Gutschein sein; eventuell haben Sie für bewertende Kunden ein Goodie oder einen Gratisartikel, den Sie als Belohnung verteilen können.

Für weitere Detailinformationen setzt Zalando auf sogenannte Tabs, nämlich zu Beschreibung, Passform, Versand und Bewertungen. Werfen Sie hierfür einen Blick auf Abbildung 4.40.

Innerhalb des Tabs BESCHREIBUNG ❶ werden dem Nutzer nochmals alle »Hard Facts« des Artikels dargestellt. Aus welchem Material besteht das Produkt, wie muss es gereinigt werden, welche Dimensionen hat der Artikel etc. Das heißt, an dieser Stelle wird nochmals für Sicherheit gesorgt, wenn der Nutzer sich speziell über die Beschaffenheit des Artikels informieren möchte.

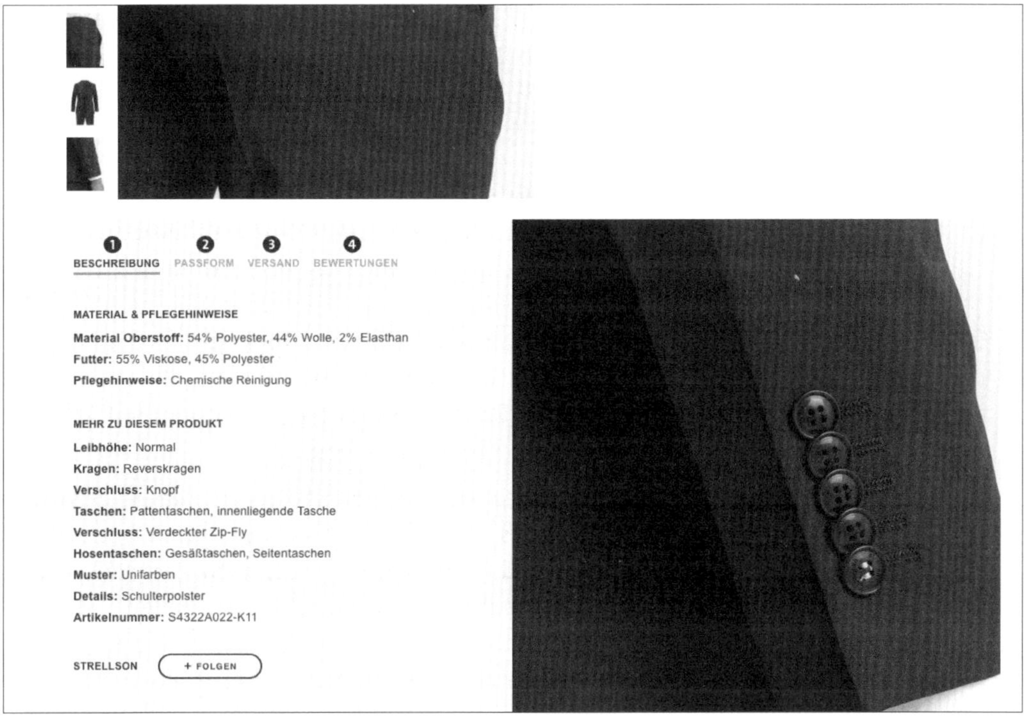

Abbildung 4.40 Darstellung der Bewertungen bei Zalando

Oftmals spielen bei Modeartikeln vor allem die verwendeten Materialien eine große Rolle, weswegen Zalando diese hier ganz klar kommuniziert. Im oben aufgeführten Beispiel, wir bleiben bei dem Anzug der Firma Strellson, erhalten Sie Informationen zum Material des Oberstoffs und des Futters, zur Pflege, zu Leibhöhe, Kragen und Verschluss, Taschen, Hosentaschen, Muster, weiteren Details sowie eine Artikelnummer. Im ersten Moment könnte man meinen, genügend Informationen zu erhalten, um das Produkt selbst herstellen zu können. Zalando verhält sich also sehr vorbildlich und stellt dem Nutzer vor dem Kauf alle relevanten Informationen zur Verfügung.

Im zweiten Tab, der PASSFORM ❷, werden zudem weiterführende Informationen zur Passform dargestellt. Speziell bei Anzügen ist dieser Tab wichtig, um ein Gefühl für die jeweiligen Längen und Breiten zu erhalten. Beim VERSAND ❸ wird es spannend, denn in diesem Tab gruppiert Zalando, unserer Meinung nach etwas unglücklich, neben den Versandinformationen auch die USPs. Hierzu zählt der kostenlose Versand und Rückversand sowie das 100-tägige Rückgaberecht. Ergänzend sehen Sie nochmals die Versandzeiten und die Kosten für den Expressversand. Warum jedoch die USPs in einem Tab versteckt werden, denn 100 Tage Rückgaberecht bietet nicht jeder Shop, ist nicht ganz verständlich. Im letzten Tab sehen Sie zudem die Produktbewertungen, auch wenn wir in unserem konkreten Fall keine BEWERTUNGEN ❹ zu diesem Artikel haben.

Produktbewertungen sind äußerst wichtig, daher sei an dieser Stelle auch im Detail darauf eingegangen. Als Besucher sehen Sie sofort, wie gut oder wie schlecht andere Kunden diesen Artikel bewertet haben. Auch dies sorgt wieder für Vertrauen und reduziert die Unsicherheit, denn wenn das direkte Feedback anderer Kunden durchweg positiv ist, haben Sie logischerweise auch ein wesentlich besseres Gefühl beim Einkauf. Denn bei Kundenbewertungen erzählt nicht der Shop-Betreiber etwas über den Artikel, was Sie gegebenenfalls nicht verifizieren können. Vielmehr erhalten Sie ein Feedback anderer Kunden, die ihre ehrliche Meinung über das Produkt äußern. Shop-Betreiber neigen leider oftmals dazu, Bewertungen zu verstecken, häufig mit der Begründung, Produktbeschreibungen etc. seien wichtiger. Zuerst geht es aber darum, bei Ihren Besuchern ein gutes Gefühl zu erzeugen; das schaffen Sie über Bilder, Ratings und Markenlogos. Beschreibungstexte können Sie immer noch auf der Seite darstellen, gegebenenfalls etwas weniger hervorgehoben.

Unserer Meinung nach sollte Zalando die Produktbewertungen wieder etwas prominenter darstellen. Im ersten Schritt ist es positiv und auch notwendig, den Besuchern auf einer Skala von zum Beispiel 1 bis 5 die Meinung der Kunden darzustellen. Jedoch ist es ebenso wichtig, das detaillierte Feedback der Kunden bereitzustellen. Denn Ihre Besucher möchten wissen, was genau gut oder eben schlecht an dem jeweiligen Artikel ist. Auch wenn ein Produkt grundsätzlich positive Bewertungen aufweist, gibt es sicherlich auch ein paar wenige negative.

Stellen Sie Ihren Besuchern also übersichtlich das Kundenfeedback dar, und nutzen Sie immer die Möglichkeit einer aggregierten Wertung. Ansonsten können Ihre Besucher, sollten viele Bewertungen vorliegen, gar keine Schlüsse daraus ziehen, wie gut oder schlecht die Endnote ist.

Die Produktseite muss Ihre Besucher überzeugen, sowohl vom Produkt selbst als auch von Ihrem Online-Shop. Haben Sie erst einmal diese Hürde geschafft, ist Ihnen der Umsatz zu 50 % sicher. Die 50 % sind nicht nur eine Floskel, sondern ungeachtet der Shop-Größe branchen- und produktübergreifende Durchschnittswerte hinsichtlich der Kaufquote im Warenkorb. Sie haben richtig gelesen, 50 % oder teilweise noch mehr Umsatz gehen Ihnen tagtäglich verloren, obwohl ein Besucher mit Kaufabsicht Artikel bereits in den Warenkorb gelegt hat. Der Warenkorb ist daher eine enorm wichtige und oft scheußlich vernachlässigte Seite innerhalb des kompletten Einkaufprozesses. Denn wenn Sie hier den Sprung in den Check-out-Prozess schaffen, dann machen Sie in der Regel auch den Umsatz.

Wenn Sie das nicht schaffen, haben Sie Geld investiert, um einen Besucher in den Online-Shop zu bekommen, und machen doch kein Geschäft. Sie zahlen also letztendlich drauf und machen einen Verlust. Aber genau dies möchten wir verhindern!

Warenkorb

Gehen Sie einmal von sich persönlich aus. Sie sind in einem tollen Online-Shop unterwegs, haben ein Produkt gefunden, das Ihnen gefällt und das auch preislich in Ordnung ist. Sie möchten den Artikel kaufen und legen ihn in den Warenkorb. Welche Gründe könnte es geben, die Sie daran hindern, die Bestellung tatsächlich durchzuführen?

Zweifel kommen in der Regel dann auf, wenn Sie als Shop-Betreiber dem potenziellen Kunden im Vorfeld nicht alle notwendigen Informationen bereitstellen und ihn nicht zum Kauf animieren. Daher muss das Ziel eines guten Warenkorbes eine übersichtliche Darstellung, vollständige Informationen und das Vorhandensein eines gewissen Kaufanreizes sein. Lassen Sie uns daher die Umsetzung von Zalando einmal näher beleuchten (siehe Abbildung 4.41).

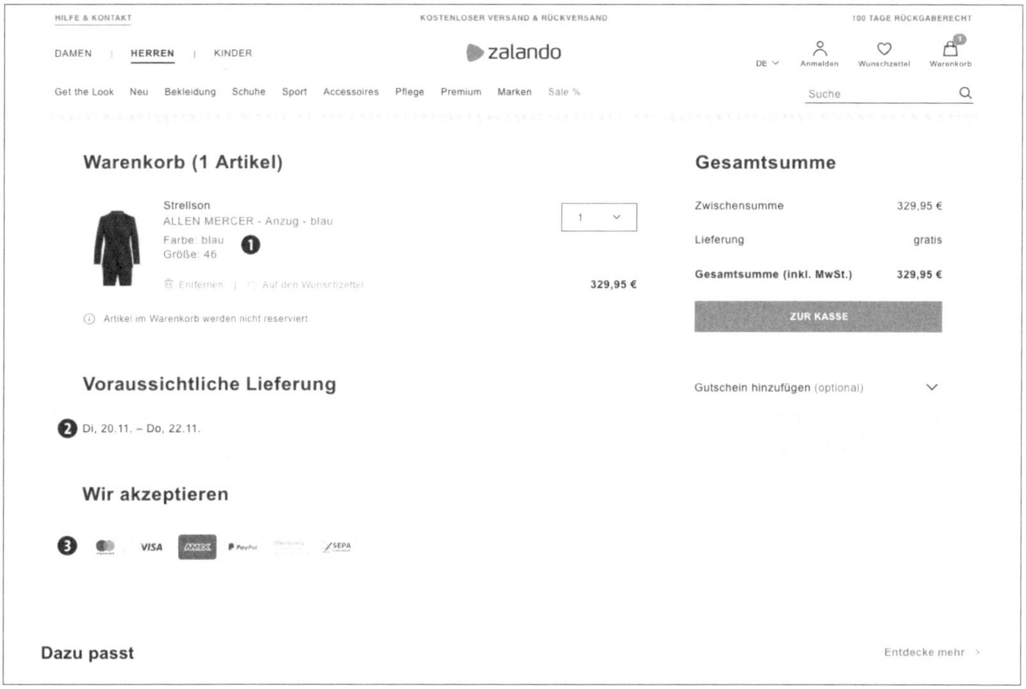

Abbildung 4.41 Warenkorb bei Zalando

Um Unsicherheit zu reduzieren, ist es essenziell, dem Besucher alle relevanten Artikelinformationen zur Bestätigung darzustellen ❶. Gerade bei Produkten, die konfiguriert werden können, das heißt, die sich beispielsweise durch Farbe und Größe unterscheiden, ist es wichtig, dem Besucher seine ausgewählte Variante darzustellen. Dies ist mittlerweile auch rechtlich notwendig, denn als Shop-Betreiber müssen Sie im Warenkorb alle relevanten Artikelinformationen abbilden. Der positive Nebeneffekt ist auf jeden Fall die geringere Absprungquote, denn im Zweifelsfall muss der

Besucher nicht nochmals in die Produktdetailansicht zurückkehren, um sich über die genauen Produkteigenschaften zu informieren. Informationen schaffen also ein Gefühl von Sicherheit. Stellen Sie Ihren Besuchern daher alle relevanten Informationen zur Verfügung, so wie auch Zalando es macht.

Halten Sie Ihre Besucher im Warenkorb

Das Ziel eines guten Warenkorbes muss immer darin bestehen, den Besucher auf dieser Seite zu halten und ihn an die Kasse zu schicken. Absprünge zum Beispiel auf Kategorie- oder Produktdetailseiten sollten in der Regel vermieden werden. Denn dies würde einen Rückschritt bedeuten. Als Shop-Betreiber muss es Ihr persönliches Ziel sein, den Kunden zum Ende zu schicken, sprich zum Einkauf.

Die Lieferzeitthematik haben wir bereits bezüglich der Produktdetailseite diskutiert; im Warenkorb greift Zalando sie noch einmal auf ❷ (siehe Abbildung 4.41). Denn gerade wenn mehrere Artikel im Warenkorb vorhanden sind, möchte Ihr Besucher ganz genau wissen, wann die Sendung bei ihm eintrifft. Auch hier möchten Sie vermeiden, dass der Besucher nochmals alle Detailansichten aufruft und sich über die Lieferzeit informiert – das würde den Kaufprozess unterbrechen. Dementsprechend zeigt Zalando an einer recht prominenten Stelle das voraussichtliche Lieferdatum an. Beachten Sie hierbei auch, dass es sich um das Lieferdatum handelt, nicht um das Datum, zu dem die Ware versendet wird. Dem Besucher wird daher ganz klar angezeigt: Wenn er nun bestellt, ist die Ware voraussichtlich am nächsten Tag da. Unterbewusst wirkt sich das auf viele Besucher wie ein positiver Kaufimpuls aus, da man hier schon darüber nachdenkt, wann die Ware eintrifft. Sofern es Ihnen daher möglich ist, ein Lieferdatum zu kalkulieren, stellen Sie es Ihren Besuchern prominent dar, und nutzen Sie auch Formulierungen wie: »Bestellen Sie in den nächsten 2 Stunden, und erhalten Sie morgen die Ware.« Denn speziell solche Formulierungen wirken sich definitiv positiv auf Ihre Conversion-Rate aus.

Artikel im Warenkorb werden nicht reserviert

Zalando gibt übrigens als einer von wenigen Shops an, Artikel im Warenkorb nicht zu reservieren. Das heißt, wenn nur noch ein Artikel verfügbar ist, Sie diesen im Warenkorb liegen haben und zwischenzeitlich ein anderer Nutzer diesen Artikel bestellt, haben Sie keine Möglichkeit mehr, den Artikel zu erwerben. Das erhöht auf der einen Seite etwas den Druck, den Artikel sofort zu bestellen, auf der anderen Seite verhindert diese Information auch eine mögliche Frustration, da das Verhalten des Systems im Vorfeld ganz klar kommuniziert wird.

Gefolgt von den Versandinformationen sehen Sie in Abbildung 4.41 die möglichen Zahlungsarten ❸. So sieht der Nutzer auf einen Blick, mit welchen Zahlungsmethoden sich die Ware bestellen lässt, im Fall von Zalando handelt es sich um MasterCard,

Visa, American Express, PayPal, Rechnung und SEPA-Lastschrift. Auch diese Information beugt der Frustvermeidung im Vorfeld vor, da dadurch im Check-out-Prozess nicht das böse Erwachen kommt, dass die präferierte Zahlungsart gar nicht vorhanden ist.

Unser Tipp: Ergänzen Sie den Check-out um Trust-Symbole

Auch im Check-out gilt es, nochmals die Gründe zu unterstreichen, weshalb der Besucher bei Ihnen einkaufen sollte. Diese Gründe können Sie Ihren Besuchern eigentlich gar nicht oft genug nennen. Und sind wir mal ehrlich, das ist auch genau die Art und Weise, wie es ein Verkäufer machen würde. Denn dieser würde auch nicht nur einmal am Rande erwähnen, warum sein Unternehmen und seine Produkte gekauft werden sollten. Da unser Online-Shop im Prinzip nichts anderes als ein Verkäufer ist, müssen wir daher auch die USPs hervorheben, selbstverständlich an sinnvollen Positionen. Neben den USPs sollten Sie auch Gütesiegel integrieren. Auch diese helfen beim Einkauf, da dadurch Sicherheit vermittelt wird. Denn wenn Käufer ein Trusted-Shops- oder TÜV-Gütesiegel sehen, haben sie automatisch Vertrauen zum Unternehmen und vermuten auch keine Probleme bei der Bezahlung oder Datensicherheit. Nutzen Sie diese, speziell wenn Sie in Branchen unterwegs sind, die eigene Gütesiegel haben, und platzieren Sie sie prominent im Warenkorb. Durch die dadurch erzeugte Sicherheit werden Sie definitiv Kaufabbrüche vermeiden können und damit ohne Erhöhung Ihres Marketingbudgets automatisch mehr Umsatz und Gewinn machen.

Früher hat Zalando neben den Zahlungsmethoden zudem noch Gütesiegel und USPs dargestellt. Dies ist heute nicht mehr der Fall, was aber wiederum mit der Bekanntheit von Zalando zu tun hat. Zalando muss nicht mehr kommunizieren, dass es sich um einen seriösen Online-Shop handelt, da Zalando mittlerweile den meisten Menschen in Deutschland ein Begriff ist. Dadurch kann Zalando auf Gütesiegel und USPs verzichten, das gilt aber nicht für Sie. An dieser Stelle müssen Sie sich daher anders als Zalando verhalten und mit USPs und Gütesiegel um das Vertrauen der Nutzer werben. Dies wird die Conversion-Rate und damit den Erfolg Ihres Online-Shops signifikant steigern!

Bestellprozess

Gütesiegel und USPs sind bei Zalando auch im nächsten Schritt nicht mehr vorhanden, auch wenn wir Ihnen diese an dieser Stelle ganz klar empfehlen. Zalando setzt mittlerweile im Check-out-Prozess mehr auf eine abgespeckte Ansicht, die vor Klarheit nur so strotzt, wie Sie in Abbildung 4.42 sehen.

Nachdem Sie im Warenkorb alle Informationen geprüft haben, können Sie im nächsten Schritt in den Check-out-Prozess einsteigen. Am oberen Rand ❶ sehen Sie das Zalando-Logo sowie das Label »Sichere Bestellung«. Früher hatte Zalando an dieser

Stelle noch USPs platziert, aber durch die allgemeine Entfernung der USPs sind diese nun auch aus dem Check-out-Prozess verschwunden.

Direkt unter dieser Leiste zeigt Zalando den aktuellen Schritt innerhalb des Check-out-Prozesses an. Denn Orientierung schafft ein Gefühl von Sicherheit, dementsprechend ist es nur logisch, wenn Sie Ihren Besuchern die aktuelle »Position« und den noch zurückzulegenden Weg darstellen ❷ (siehe Abbildung 4.42). Zalando nutzt hierfür eine Art Prozessgrafik, die dem Besucher gleich veranschaulicht, wo er sich befindet und wie viele Schritte noch auf ihn warten. Der Besucher bekommt ein direktes Feedback, was es noch zu tun gibt, und kann unter anderem dadurch auch die Dauer bis zum Einkauf einschätzen.

Abbildung 4.42 Erster Schritt im Bestellprozess bei Zalando

Direkt unter der besagten Prozessgrafik haben Sie als Nutzer nun die Möglichkeit, sich zu registrieren bzw. am System anzumelden. Dahinter folgen Zahlungslogos ❸, die die Seite sozusagen abschließen. Denn neben Trust-Symbolen, die aktuell bei Zalando fehlen, erzeugen auch seriöse Payment-Logos wie Visa, MasterCard und American Express eine gewisse Sicherheit. Denn hatten Sie schon einmal unberechtigte Abbuchungen, wenn Sie mit diesen Kreditkarten eingekauft haben? Seriöser und sicherer geht es kaum. Genau dieses Gefühl der Seriosität und Sicherheit müssen Sie an dieser Stelle erzeugen, um den Nutzer zu überzeugen und zu einem Kunden zu konvertieren!

Im Folgenden haben Sie nun die Möglichkeit, sich einzuloggen oder zu registrieren. Gehen wir einmal davon aus, dass Sie bereits Zalando-Kunde sind. Nach dem Login landen Sie direkt im letzten Schritt des Check-out-Prozesses, der Bestellübersicht.

Und genau diese Ansicht führt zum Umsatz, ihr sollten Sie also besondere Beachtung schenken.

In Abbildung 4.43 sehen Sie den letzten Schritt im Zalando-Check-out-Prozess.

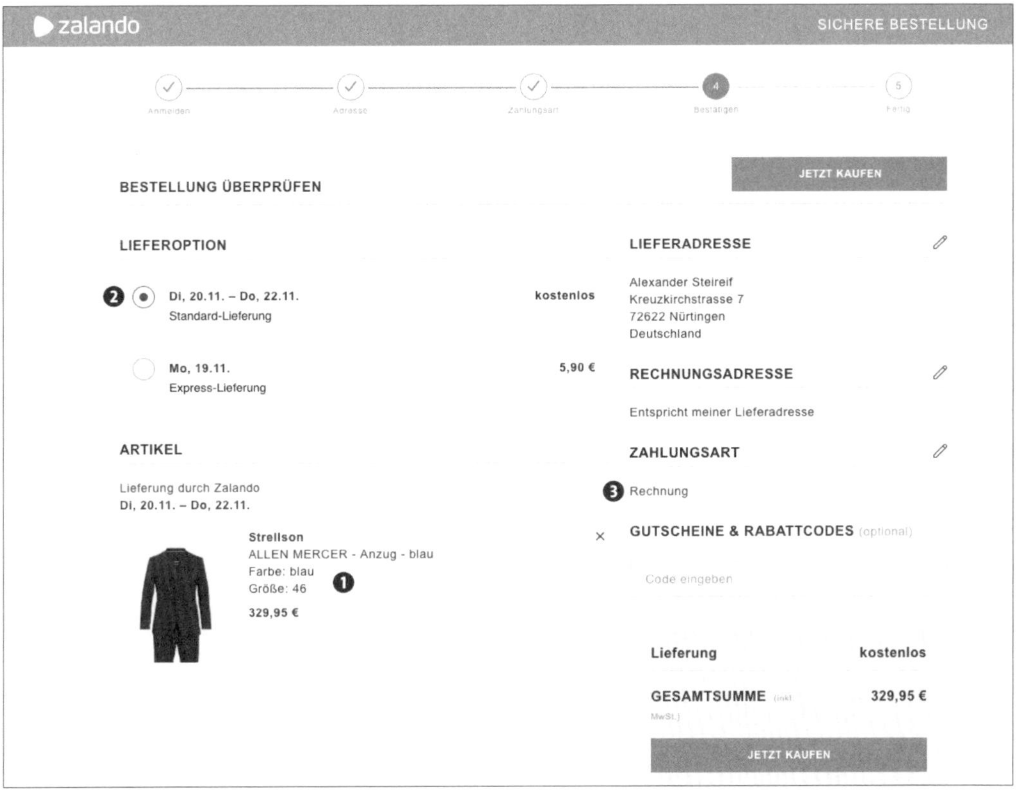

Abbildung 4.43 Der letzte Schritt bei Zalando

Die relevanten Produktinformationen ❶ sind zwar nicht ganz oben in der Ansicht platziert, aber dennoch die wichtigsten Informationen auf dieser Seite. Welcher Artikel wurde in welcher Konfiguration in den Warenkorb gelegt? Speziell in diesem Schritt sind alle relevanten Produktinformationen notwendig, denn im letzten Bestellschritt müssen Sie als Shop-Betreiber jeden Abbruch vermeiden. Der Besucher darf gar nicht die Möglichkeit haben, erneut zur Produktansicht zu springen oder gar etwas anderes zu unternehmen, als den Kauf abzuschließen. Vermeiden Sie daher den Wunsch, diesen Schritt zu verlassen, indem Sie unter anderem alle relevanten Informationen darstellen. Dies betrifft nicht nur Produkte, sondern auch die gewählte Zahlungsmethode ❸ inklusive des voraussichtlichen Lieferzeitraumes ❷.

Auf der finalen Seite vor dem Kaufabschluss müssen Sie Ihrem Besucher alle Informationen, auch die der vorherigen Check-out-Schritte, nochmals übersichtlich darstellen. Denn auch dies sorgt für Sicherheit, nämlich nichts falsch ausgewählt bzw.

eingestellt zu haben – und es nützt nichts, solch wichtige Details zu verstecken. Zalando schafft es konsequent auf allen Seiten, Kunden zu überzeugen und Vertrauen zu schaffen, und setzt hierbei auf ganz simple Mittel: Zum einen werden Informationen perfekt platziert auf allen Seiten dargestellt, zum anderen sind alle Ansichten recht minimalistisch gehalten und dadurch einfach zu verstehen. Auch wenn Zalando vieles richtig macht, gibt es sicherlich den einen oder anderen Punkt, den man gegebenenfalls auch unter Berücksichtigung einer bestimmten Branche oder Zielgruppe anders lösen sollte, beispielsweise die fehlende Integration von Trust-Elementen. Die Basis und die Grundgedanken sind aber richtig umgesetzt, und sicher können Sie sich als Shop-Betreiber die eine oder andere Umsetzung abschauen.

4.7.2 Weltbild

Auch wenn Zalando speziell durch die Medien große Bekanntheit erlangt hat, gibt es weitere sehr große und erfolgreiche Online-Shops, von denen man als Shop-Betreiber in Bezug auf die Umsetzung einiges lernen kann. Ein sehr interessanter Online-Shop ist beispielsweise *Weltbild*. Mit ca. 100 Millionen Euro Umsatz im Jahr 2021 muss bei der Umsetzung des Online-Shops sicherlich einiges richtig gelaufen sein. Lassen Sie uns in der folgenden Analyse wieder speziell die Punkte Sicherheit, Vertrauen und Kaufmotivation analysieren.

Kopfbereich und grundsätzliches Erscheinungsbild

Starten wir mit der Startseite von *www.weltbild.de* und konzentrieren uns hierbei speziell auf den Header, also den Kopf der Website. Vergleichen Sie diesen mit Zalando, werden Sie sicherlich ähnliche Merkmale wiederfinden. Direkt im Blickfeld, wenn Sie die Seite aufrufen, entdecken Sie eine USP-Leiste ❶ (siehe Abbildung 4.44). Hier geht es primär darum, einen gewissen Kaufanreiz zu schaffen; darüber hinaus werden Versandkosten kommuniziert. Diese entfallen nämlich, wenn Sie ein Buch kaufen bzw. wenn die Bestellung ein Buch enthält. Auch erkennen Sie als Nutzer direkt, dass ein Rechnungskauf möglich ist, und Sie können auf den »Weltbild Vorteil«[5] springen, sich über die Abholung in der Filiale informieren und den Service und Hilfebereich aufrufen. Gerade was den Hilfebereich angeht, existieren definitiv Ähnlichkeiten zur Realisierung bei Zalando.

Direkt unter der USP-Leiste finden Sie die Suchfunktion ❷, mit der Sie das gesamte Sortiment durchsuchen können. Ursprünglich hatte Weltbild an dieser Stelle noch mit dem enorm großen Sortiment von über 3 Millionen Artikeln geworben. Wenn der Online-Shop über 3 Millionen Artikel im Sortiment hat, dann kann es ja gar nicht

5 Letztendlich handelt es sich bei dem Vorteil um einen günstigeren Preis. Wenn Sie Ihren Kunden jedoch einen Vorteil bieten, klingt das auf den ersten Blick besser, als wenn Sie einfach nur Produkte billig verkaufen.

die One-Man-Show um die Ecke sein, sondern eine gewisse Größe wird hinter dem Online-Shop stehen. In Zeiten von Amazon und einer immer größeren Konkurrenz ist diese Zahl aber nicht mehr beeindruckend genug, weswegen Weltbild diese Information entfernt hat.

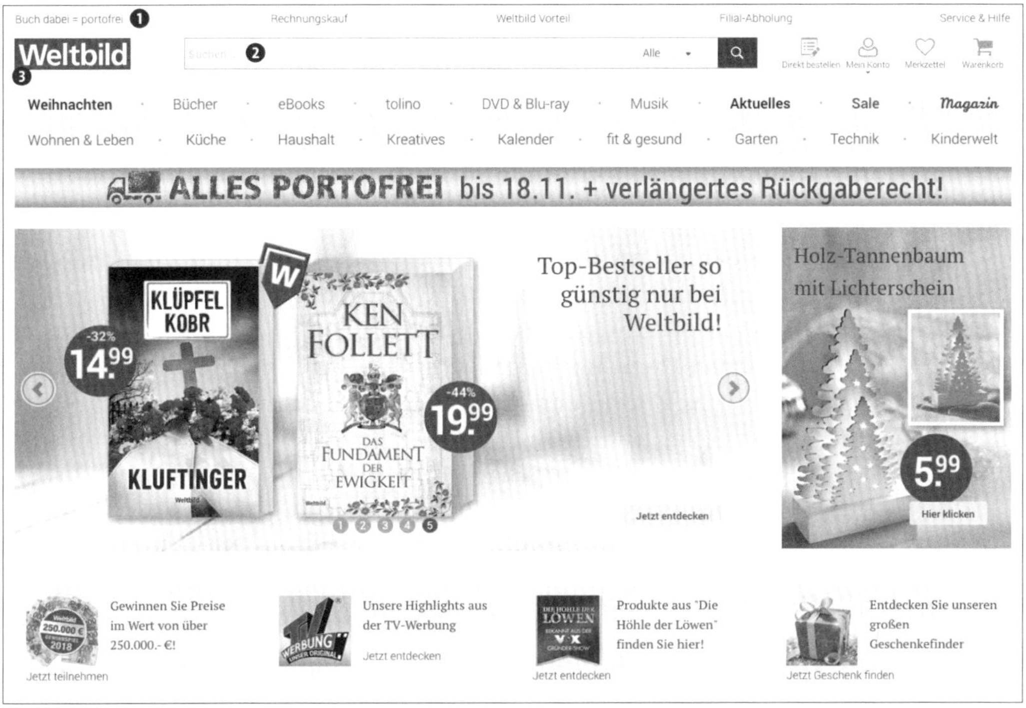

Abbildung 4.44 Der Kopfbereich des Online-Shops von Weltbild

Das Weltbild-Logo ❸ sorgt für Vertrauen und vermittelt Sicherheit. Das funktioniert aber natürlich nur, wenn Ihr Logo bzw. Ihre Marke auch über das Internet hinaus bei Ihren Kunden bekannt ist und mit der Marke gewisse Aussagen verknüpft werden können.

> **Das Logo hat einen Wiedererkennungswert**
>
> Abgesehen von Sicherheit und Vertrauen sorgt ein Logo auch für einen Wiedererkennungseffekt. Da dies für Sie als Shop-Betreiber notwendig und wichtig ist, ist ein Logo immer auffällig und gut sichtbar platziert. Man kann getrost behaupten, dass in 99 % aller Online-Shops das Logo in der oberen linken Ecke angesiedelt ist.

Ein weiteres Muster, das Sie bereits bei Zalando kennengelernt haben, ist die fehlende Integration von Trust-Symbolen. Weltbild hat vor einiger Zeit relativ prominent das EHI-Gütesiegel dargestellt, das nun aber aus dem neuen Design verschwunden ist.

Weltbild geht also einen ähnlichen Weg wie Zalando und verzichtet auf die Darstellung von Gütesiegeln. Unserer Meinung nach können sich große Online-Shops dies zwar erlauben, aber speziell wenn Ihr Unternehmen noch nicht die Bekanntheit wie Weltbild oder Zalando hat, brauchen Sie Gütesiegel. Denn wenn ein Besucher eine solche Grafik sieht, weiß er, dass auf dieser Seite alles in Ordnung ist und es sich um einen seriösen Online-Shop handelt. Über die Unterschiede und Möglichkeiten der einzelnen Gütesiegel können Sie in Abschnitt 1.10.10, »Gütesiegel und Zertifizierungen«, mehr erfahren.

Interessant ist an dieser Stelle aber nochmals die Entwicklung des Designs, speziell wenn Sie auch das Design von Zalando berücksichtigen. Große Online-Shops neigen in den letzten Jahren dazu, Gütesiegel zu entfernen, da sie sich scheinbar nicht mehr auf die Conversion-Rate auswirken. Dadurch entsteht im Kopfbereich mehr Raum und Platz, der durch andere Elemente gefüllt werden kann. Weltbild nutzt diesen Platz, um das gedrängte Design, das ursprünglich vorhanden war, stellenweise aufzulockern. Die fehlenden Elemente werden also nicht durch neue Elemente ersetzt; vielmehr geht es darum, eine minimalistischere Darstellung zu erzielen und weniger Elemente auf demselben Raum zu platzieren. Dieser Trend ist auch bei anderen Shops erkennbar, getreu dem Motto »Weniger ist mehr«. Die Einfachheit steht momentan im Vordergrund, und der Trend geht wieder dahin, weniger Elemente und ablenkende Informationen zu platzieren, um den Kunden den Einkauf so einfach wie möglich zu machen. Bei Weltbild wird seit einiger Zeit auch weniger auf farbige Elemente gesetzt, sondern abgesehen vom Logo, Bildern und Call-to-Action-Elementen auf ein Farbschema in Grau, Weiß und Schwarz.

Bleibt bezogen auf die Startseite noch der Footer, also der untere Rand Ihres Bildschirms. Beachten Sie hierfür Abbildung 4.45.

Weltbild erzeugt im ersten Schritt durch eine aufgeräumte und nicht überfrachtete Gestaltung eine gewisse Übersichtlichkeit. Das Ziel liegt bei dieser Form des Footers vor allem darin, wichtige und relevante Informationen auf einen Blick verfügbar zu machen. Denn es gibt nichts Schlimmeres für einen Online-Shop-Besucher, als wenn er sich beispielsweise über die Versandkosten und Zahlungsmethoden informieren möchte, die entsprechende Informationsseite aber nicht findet. Denn schwer zugängliche oder gar nicht vorhandene Informationen sorgen letztendlich immer für Misstrauen. Fehlende Transparenz sollten Sie sich als Online-Shop-Betreiber sicherlich nie ankreiden lassen. Umgehen bzw. lösen können Sie das Problem mit einer Darstellung, wie beispielsweise Weltbild sie nutzt. Wenn Sie Abbildung 4.45 betrachten, sehen Sie die wichtigsten Shop-Links ❶. Mithilfe dieser Schnellnavigation können Sie auf relevante Informationen im Online-Shop direkt zugreifen. Ebenso wichtig sind direkte Links zu wichtigen Unternehmensseiten ❷. Wie Sie wissen, sorgen Informationen über das Unternehmen bzw. die Menschen »hinter dem Online-Shop« für

Sympathie und Vertrauen, denn es ist wichtig, den Online-Shop mit einem Gesicht zu identifizieren. Auch ist der Verweis auf Partner, Stellenanzeigen und weiterführende Informationen an dieser Stelle genau richtig platziert, denn wenn Sie mit starken Partnern zusammenarbeiten, »erben« Sie auch immer ein Stück weit deren Reputation.

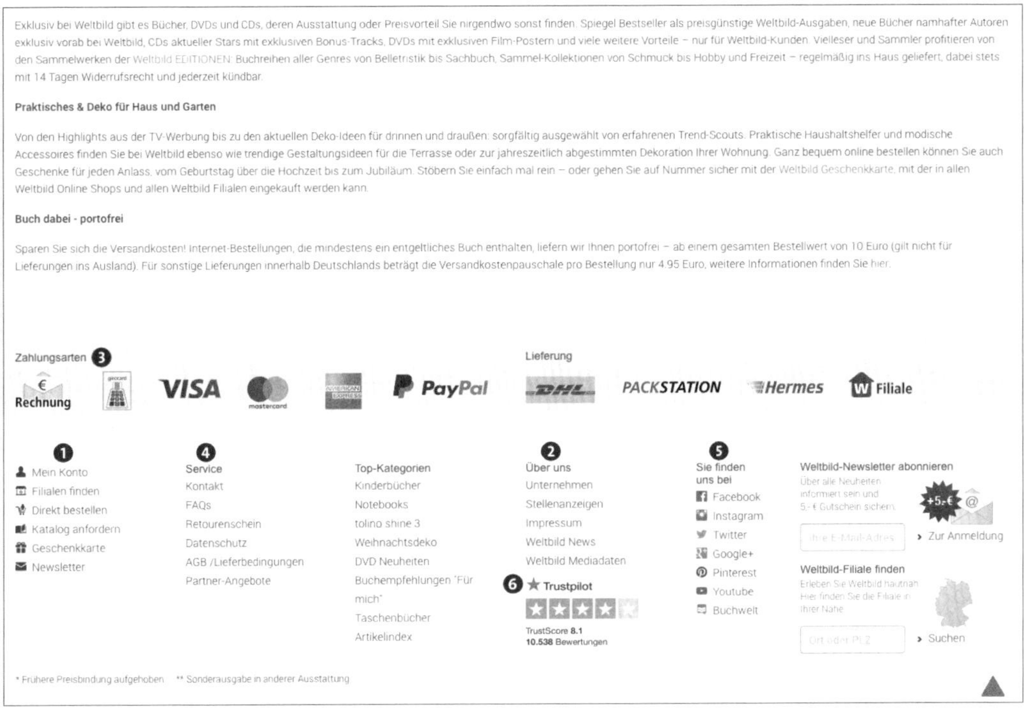

Abbildung 4.45 Der Fußbereich von Weltbild gestaltet sich übersichtlich und leicht verständlich.

> **Starke Partner sind gerade für Neulinge wichtig**
>
> Wenn Sie bzw. Ihr Online-Shop anfangs nicht bekannt ist, dann helfen vor allem starke Partner oder auch Lieferanten bei der Vertrauensbildung, denn das Vertrauen in diese Unternehmen geht auch ein Stück weit auf Sie über. Wenn Sie beispielsweise DHL als Partner haben, machen sich Ihre Besucher schon mal keine Sorgen, dass das Paket oder die Lieferung nicht ankommt, denn bei DHL klappt doch immer alles problemlos. Bei Ihnen daher auch.

Gefolgt von den wichtigsten Links wird im Weiteren mit den Logos von Zahlungsarten bzw. Zahlungsdienstleistern geworben ❸, ähnlich wie bei Zalando – mittlerweile gehört es bei Online-Shops zum guten Ton, im Footer nochmals alle Zahlungsmethoden aufzulisten. Die Service-Links (❹ in Abbildung 4.45) sind letztendlich eine Erweiterung der Shop-Links ❶, wobei hier speziell die Seiten genannt werden, die Ihnen den Kontakt mit Weltbild ermöglichen oder Ihnen Serviceinformationen liefern.

Spannend wiederum ist die Auflistung der sozialen Netzwerke ❺, denn auch hier gilt es wieder, Reputation und Vertrauen zu übertragen. Speziell wenn Sie auf Facebook sehr viele Fans oder Likes haben, positive Meinungen und Postings verbreitet werden, kann sich das wiederum positiv auf Ihren Online-Shop auswirken. Denn es wird auf den sozialen Netzwerken letztendlich nichts anderes gemacht, als eine Empfehlung bzw. eine Bewertung auszusprechen. Durch die Integration dieser sozialen Netzwerke können Sie Ihre Besucher gezielt auf diese lenken, und die Meinungsbildung beginnt. Abgerundet wird der Footer durch eine Art Gütesiegel, nämlich Trustpilot ❻. Es handelt sich dabei nicht direkt um ein Gütesiegel, sondern vielmehr um eine Bewertungsplattform, auf der Meinungen über den Online-Shop veröffentlicht werden können. Wenn Sie wie Weltbild eine sehr hohe Anzahl an Bewertungen verbunden mit einer guten durchschnittlichen Note haben, wirkt sich das auf das Sicherheitsempfinden Ihrer Besucher natürlich sehr positiv aus. Denn Sie bieten mit dieser Form der Transparenz Ihren Besuchern die Möglichkeit, unabhängige Meinungen über Sie einzusehen, und wenn diese positiv sind, ist auch eine vermeintliche Unsicherheit schnell verflogen.

Kategorieansicht

Verlassen wir nun gemeinsam die Startseite von Weltbild.de und gehen, genau wie die Besucher, einen Schritt weiter. Da die Startseite bislang einen sehr guten und vertrauenswürdigen Eindruck gemacht hat, wird der Online-Shop-Besucher nun in eine Kategorie eintauchen und sich dem Produktsortiment widmen, denn dieser Online-Shop ist als seriös im Hinterkopf abgespeichert. Den einzigen größeren Fauxpas von Zalando hat Weltbild nicht begangen, wie Sie in Abbildung 4.46 sehen können: Denn Weltbild stellt Produktbewertungen direkt in der Kategorieansicht übersichtlich und aufgeräumt in Form eines Sterne-Ratings dar ❶. Dadurch können Ihre Besucher sofort erkennen, welche Artikel positiv oder auch gar nicht bewertet wurden. Darüber hinaus wird der bei gewissen Produkten vorhandene Weltbild-Vorteil kommuniziert ❷. Wenn Sie Ihre Besucher bei bestimmten Artikeln »belohnen«, sollten Sie das auch direkt in der Kategorieansicht darstellen.

Ansonsten forcieren Sie nur das mehrmalige Hin- und Herspringen zwischen verschiedenen Artikeln, was bei Ihren Besuchern Frust erzeugt. Denn je mehr unnütze Klicks nötig sind, desto stärker sind auch Ärger oder ein daraus resultierendes Desinteresse. Ebenso nutzt Weltbild die Kategorieseite, um direkt auf Aktionen zu verweisen ❸. Es ist natürlich sehr smart, innerhalb der Kategorieansicht eine kostenfreie Lieferung zu bewerben, wenn diese für alle Artikel gilt. Das kann tatsächlich dazu führen, dass der eine oder andere Nutzer eine Bestellung aufgibt, speziell wenn der Online-Shop erst ab einem gewissen Mindestbestellwert liefert.

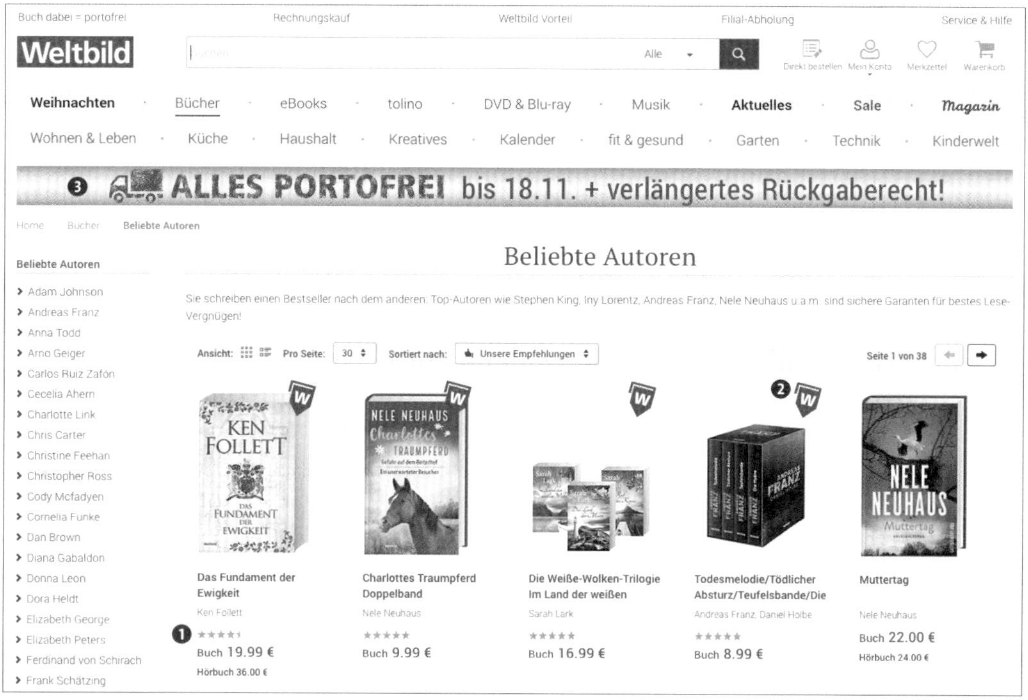

Abbildung 4.46 Produktbewertungen werden bei Weltbild direkt in der Kategorieansicht dargestellt.

Kommunizieren Sie daher ruhig innerhalb der Kategorieansicht Aktionen, um Ihre Nutzer zum Kauf zu bewegen.

Produktdetailansicht

Hat Ihr Besucher ein interessantes Produkt auf der Kategorieseite entdeckt, wird er sich im nächsten Schritt die Produktdetailseite ansehen, und das ist speziell die Seite, auf der Sie Vertrauen und ein Gefühl von Sicherheit in Bezug auf den Artikel schaffen und kurz gesagt verkaufen müssen.

In diesem Beispiel (siehe Abbildung 4.47) wird mit der portofreien Lieferung geworben ❶, was auf der Produktdetailseite äußerst wichtig ist. Versandkostenfreie Lieferungen wirken grundsätzlich verkaufsfördernd. Sie haben aber auch einen weiteren Effekt. Ist sich ein Besucher nicht sicher, ob er ein bestimmtes Produkt wirklich möchte, ob es die richtige Größe, Farbe oder Konfiguration ist, werden hohe Versandkosten eher verkaufsmindernd wirken. Man bekommt zwar den Preis für das Produkt erstattet, nicht aber die Versandkosten. Eine versandkostenfreie Lieferung lädt daher gerade dazu ein, bei einer gewissen Unsicherheit den Artikel dennoch zu bestellen. Dabei spielt es auch keine Rolle, ob es sich nur um eine zeitlich begrenzte Aktion handelt oder ob Sie grundsätzlich kostenfrei liefern. Sobald Sie eine versandkostenfreie

Lieferung in Ihrem Online-Shop anbieten, müssen Sie dies auch auf der Produktdetailseite kommunizieren.

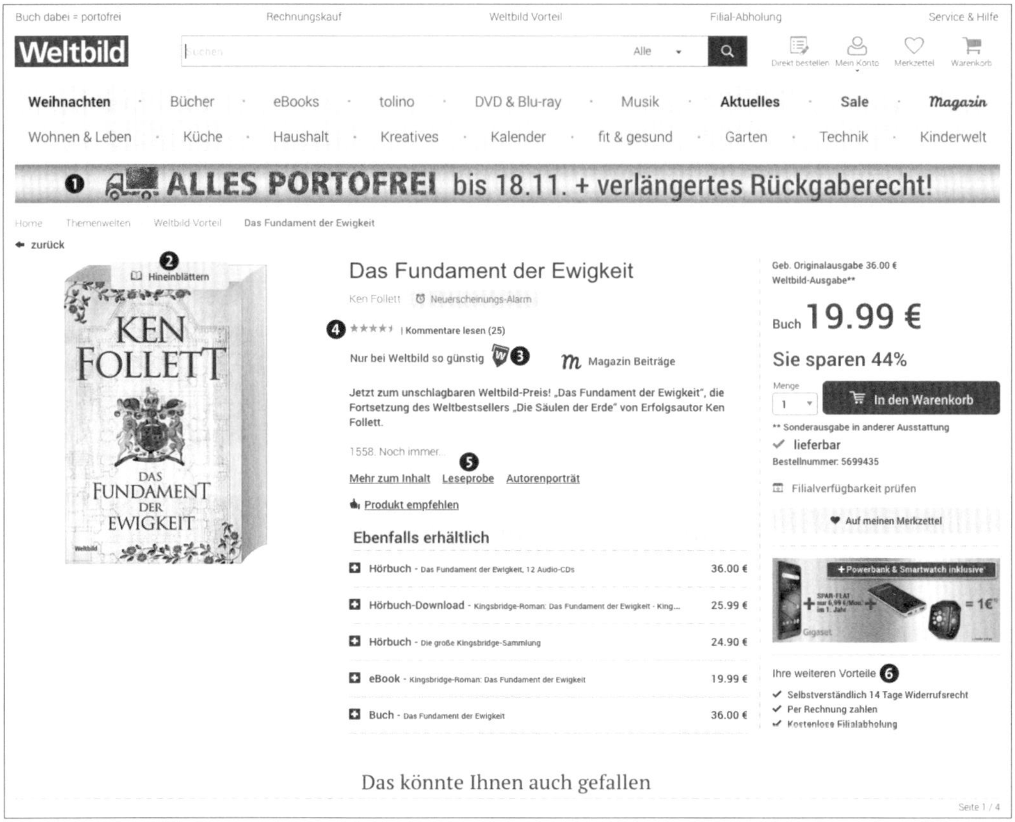

Abbildung 4.47 Vorteilskommunikation und Sicherheit sorgen für Verkaufserlöse.

Das Hineinblättern ❷ wird Ihnen nur bei Büchern eine wirkliche Hilfe sein. Aber darum geht es letztendlich auch gar nicht. Es geht vielmehr um die Möglichkeit, Ihrem Besucher einen Einblick in das Produkt zu gewähren, weitere Informationen bereitzustellen, mit deren Hilfe eine Kaufentscheidung getroffen werden kann. Denn wenn Sie ein Produkt nicht anfassen oder testen können, ist eine Kaufentscheidung schwierig. Einkaufen werden Sie nur, wenn es ein rein technisches Produkt ist und Sie sich nach gewissen Kennzahlen richten können oder wenn das Produkt durch Dritte ein positives Feedback erhalten hat. Ansonsten ist aber eine seriöse Kaufentscheidung schwierig. Bei Büchern haben Sie aber die Möglichkeit, durch eine Leseprobe ❺ Vertrauen und Sicherheit zu schaffen. Die Frage, die Sie sich daher stellen müssen, lautet: Wie können Sie Ihrem Besucher eine Kostprobe Ihres Produkts über das Internet servieren?

Den bereits erwähnten Weltbild.de-Vorteil ❸ sowie eine Zusammenfassung der Kundenbewertungen ❹ finden Sie hier ebenfalls. Die Darstellung ähnelt der von Zalando – Sie können die Darstellung der Kundenmeinung in dieser Form gerne als geläufiges Muster ansehen und dies entsprechend auch für Ihren Online-Shop adaptieren. Unter dem Button IN DEN WARENKORB, leider etwas unschön getrennt durch einen Werbebanner, findet die nächste Vorteilskommunikation statt, wie schon unter ❶: der kostenlose Versand. Grundsätzlich ist die Darstellung von vertrauensbildenden Maßnahmen in der Nähe des Call-to-Action-Buttons IN DEN WARENKORB wie ein Ritt auf der Rasierklinge. Denn auf der einen Seite ist in diesem Bereich die Aufmerksamkeit des Kunden gebündelt, allein durch die Nutzung von Call-to-Action-Elementen. Auf der anderen Seite möchten Sie Ihren Besucher genau von diesen Call-to-Action-Elementen nicht ablenken. Dementsprechend müssen Sie wichtige Informationen prominent darstellen, aber nicht so prominent, dass Ihre Besucher bei diesen hängen bleiben. Bei Weltbild ist es gut gelöst: Check-Haken zeigen mir als Besucher ganz klar an, was meine persönlichen Vorteile sind ❻.

Kundenfeedback und Bewertungen

Auch wenn an dieser Stelle aufgrund der starken Ähnlichkeit zu Zalando nicht speziell auf die Kundenbewertungen auf der Produktdetailseite eingegangen wird, sind diese vorhanden. Der Aufbau ähnelt im Prinzip dem bei Zalando, ein weiteres Muster, das Sie sich also für Ihren eigenen Shop »abschauen« können.

Warenkorb

Wenn es Ihr Besucher erst einmal geschafft hat, den richtigen Artikel in den Warenkorb zu legen, haben Sie als Shop-Betreiber sozusagen die 50:50-Chance, dass ein Verkauf folgt. Wie Sie aber auch schon am Beispiel Zalando gesehen haben, ist das weniger ein Glücksspiel als vielmehr eine Frage, wie optimiert Ihr Warenkorb ist. Denn der Warenkorb ist ein Bindeglied und ein Zwischenschritt zwischen Produktauswahl und Einkaufsprozess. Als Shop-Betreiber muss es Ihnen gelingen, den Shop-Besucher vom Warenkorb in den Check-out-Prozess zu lotsen. Die Macher von Weltbild.de haben sich hierfür ein paar interessante Ansätze ausgedacht, die wir uns im Folgenden etwas genauer ansehen.

Die Anzahl der Optimierungen ist groß, und hier ergeben wirklich kleine Puzzleteile in Summe ein stimmiges Bild. Starten wir mit ❶ in Abbildung 4.48: Weltbild.de ermöglicht Ihnen als Besucher die direkte Suche nach Artikeln und das Hinzufügen zum Warenkorb. Das ist äußerst praktisch, wenn Ihnen im Warenkorb einfällt, dass noch ein Artikel fehlt bzw. Sie einen weiteren Artikel kaufen möchten. Denn so müssen Sie nicht den Warenkorb verlassen (Vorsicht: Kaufabbruchmöglichkeit), sondern bleiben in diesem geschlossenen Prozess.

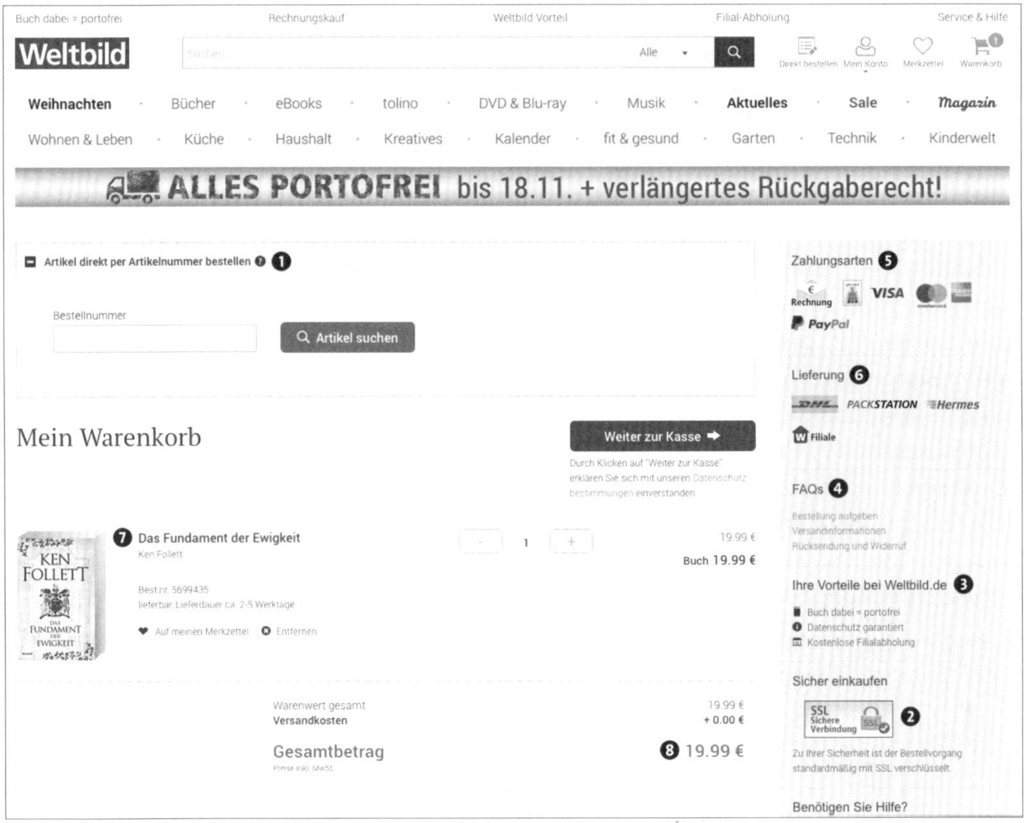

Abbildung 4.48 Der Warenkorb von Weltbild berücksichtigt sehr viele Kleinigkeiten und erzeugt in Summe ein gutes Gefühl beim Verbraucher.

Einziges Manko ist die Tatsache, dass Sie die Artikelnummer kennen müssen. Sprich, Sie haben keine Freitextsuche und können nicht nach einem bestimmten Titel suchen, sondern müssen gezielt die Artikelnummer eingeben. Dennoch ist die Möglichkeit ein interessanter Ansatz, die Besucher innerhalb des Warenkorbes zu halten.

Fast am unteren Ende der Seite sticht das SSL-Logo SICHER EINKAUFEN ins Auge ❷. Dadurch wird Vertrauen geschaffen und dem Besucher ein sicherer Einkaufsprozess suggeriert. Dabei gehört SSL zum Standard und ist eigentlich nichts Besonderes. Sie schreiben ja auch nicht: »Ihre Daten werden nicht weiterverkauft«, da man selbstverständlich davon ausgeht. Weltbild nutzt dieses Aufmerksamkeitsfenster und stellt weitere verkaufsfördernde Elemente dar ❸. So wird unter anderem nochmals der USP mit der kostenfreien Lieferung kommuniziert, sofern Sie mindestens ein Buch kaufen. Auch wird, wenn auch in einer sehr kleinen Schriftgröße, auf den garantierten Datenschutz verwiesen.

Sollten Fragen bestehen, die den Besucher gegebenenfalls vom Kauf abhalten könnten, kann er aus dem Warenkorb direkt auf FAQs (Häufig gestellte Fragen) zum Thema Bestellung und Lieferung springen ❹. Die Idee ist gut, die Umsetzung jedoch nicht. Denn wenn Sie auf den Link klicken, fliegen Sie zwangsläufig aus dem Bestellprozess und landen in einer FAQ-Datenbank. Die Wahrscheinlichkeit, dass der Einkauf nicht fortgesetzt wird, nimmt dadurch zu. Besser wäre es, die Informationen in Form eines Overlays oder Pop-ups bereitzustellen, den Kunden jedoch im Warenkorb zu lassen.

Die Darstellungen von Logos der Lieferanten und Zahlungsarten sind weitere vertrauensbildende Maßnahmen (❺ und ❻). Sie sehen somit auf einen Blick, mit wem versendet wird und wie bezahlt werden kann. Gerade der Überblick über die Zahlungsarten ist ein wichtiger und relevanter Punkt, da falsche bzw. fehlende Zahlungsmethoden letztendlich zu Abbrüchen im Kaufvorgang führen können. Es macht daher Sinn, im Vorfeld die möglichen Zahlungsvarianten darzustellen.

Die Produktinformationen werden ebenfalls gut sichtbar dargestellt ❼. Hierbei handelt es sich schlussendlich vor allem um die rechtlich notwendigen Daten, das heißt, Sie müssen diese Informationen in Ihrem Online-Shop darstellen. Eine Zusammenfassung der Kosten erfolgt ebenso transparent ❽. Es ist äußerst wichtig – da dies die »Angst« vor Betrug nimmt –, wenn Sie die Endsumme und die jeweiligen Kostenblöcke möglichst übersichtlich und vor allem verständlich abbilden. Das gilt vor allem auch für Zusatzkosten oder zusätzliche Möglichkeiten. In unserem Beispiel können Sie bequem Gutschein- oder Aktionscodes hinzufügen. Dadurch kann sich der Gesamtpreis verändern (siehe ❾ in Abbildung 4.49).

Umschlossen wird die Auflistung der Produkte und Kosten durch das Call-to-Action-Element WEITER ZUR KASSE, das sich am oberen Rand, aber auch am unteren Rand der Seite befindet. In der Nähe des unteren Bestell-Buttons finden Sie zusätzlich auf der rechten Seite nochmals eine Kontaktmöglichkeit, nämlich die Support-Hotline ❿. Sollten also zu diesem Zeitpunkt, kurz vor dem Gang zur Kasse, noch Fragen offen sein, können Sie diese telefonisch klären.

Unter dem Call-to-Action-Element WEITER ZUR KASSE finden Sie Empfehlungen ⓫, das heißt Produkte, die Ihnen auch gefallen könnten. Gut umgesetzt ist die Möglichkeit, Produkte direkt in den Warenkorb einzufügen, ohne den Warenkorb zu verlassen. Die Möglichkeit wird mithilfe eines Overlays realisiert. Zugegebenermaßen muss man sich die Frage stellen, ob ein Buch gekauft wird, ohne im Vorfeld das Inhaltsverzeichnis bzw. die Kundenbewertungen gelesen zu haben. Wenn Sie hingegen Elektronikartikel vertreiben und an dieser Stelle passendes Zubehör darstellen würden, wäre die Kaufwahrscheinlichkeit wesentlich höher.

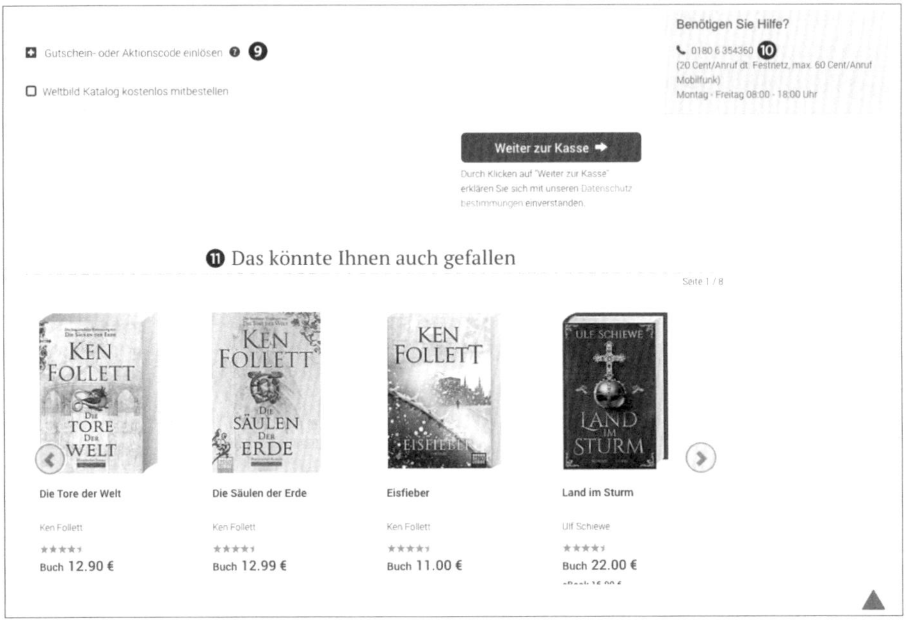

Abbildung 4.49 Die untere Hälfte des Warenkorbes zeigt Empfehlungen und den Button »Weiter zur Kasse«.

Bezahlvorgang

Wenn Sie sich im Warenkorb für den Kauf der Artikel entschieden haben und zur Kasse gehen, werden Sie eine vollkommen veränderte Darstellung wahrnehmen. So ist der eigentliche Check-out-Prozess von Weltbild sehr klar und strukturiert gestaltet. Überflüssige Elemente, die vom Einkauf ablenken, beispielsweise die Hauptnavigation, wurden komplett entfernt. Innerhalb des eigentlichen Check-out-Prozesses erhalten Sie auf der linken Bildschirmseite eine Übersicht darüber, an welcher Stelle im Kaufvorgang Sie sich aktuell befinden. Die erledigten Schritte sind entsprechend abgehakt, wie beispielsweise der Warenkorb. Neben der Prozessanzeige sehen Sie gut und klar dargestellte Eingabefelder. Auf der rechten Bildschirmseite sehen Sie den Inhalt Ihres Warenkorbs, Sie wissen also zu jedem Zeitpunkt, was Sie gerade einkaufen. Das sorgt für Transparenz und ein gutes Gefühl.

Wer sagt eigentlich, dass der Bestellvorgang nicht anders aussehen darf?

Viele Shop-Betreiber trauen sich an das Thema Check-out-Prozess nicht so recht heran. Denn Fakt ist: Dieser Prozess muss nicht genau wie Ihr Online-Shop aussehen. Amazon reduziert beispielsweise den Check-out-Vorgang so weit, dass Sie nur noch einkaufen können. Aber auch inhaltliche Anpassungen wie auf Weltbild.de machen durchaus Sinn, denn im Check-out-Prozess benötigt ein Online-Shop-Besucher ganz andere Informationen als im Produktkatalog oder auf der Startseite.

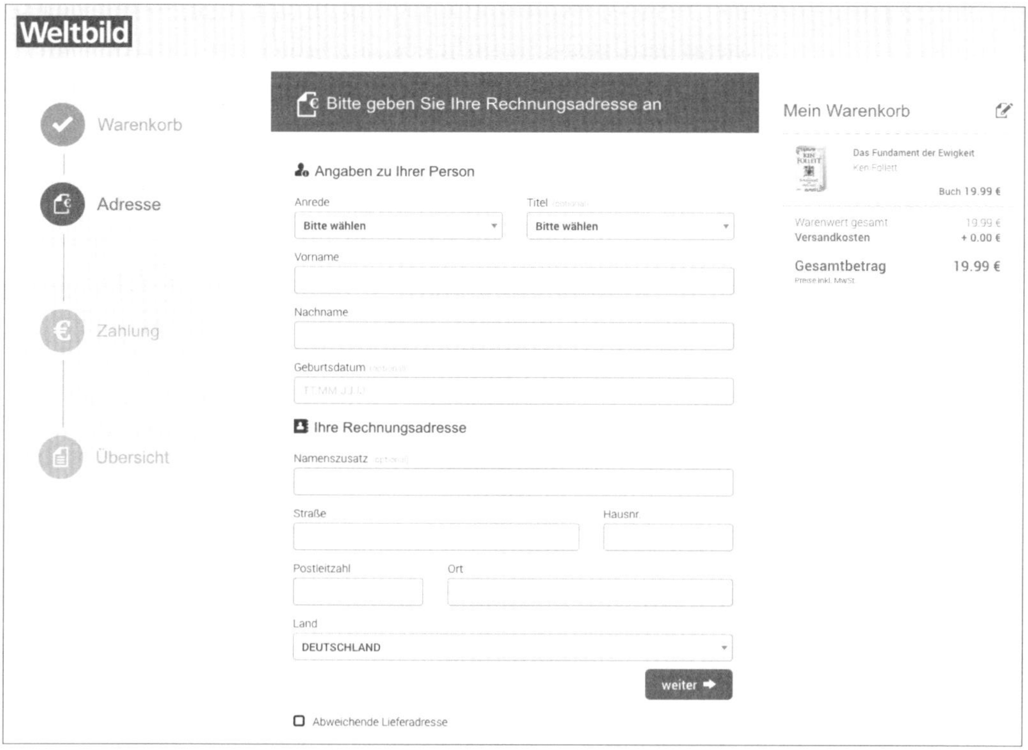

Abbildung 4.50 Der reduzierte Check-out-Prozess von Weltbild

Im Gegensatz zur Hauptnavigation hat sich Weltbild bei der Fußzeile dazu entschlossen, sie wie bei den anderen Seiten zu belassen. Hier gibt es keine Veränderungen, wenn auch die Check-out-Seite insgesamt wesentlich aufgeräumter und übersichtlicher als andere Seiten wirkt.

Wie Sie am Beispiel von Weltbild sehen können, ist es wichtig, durch transparente und klar dargestellte Informationen Vertrauen zu schaffen. Unterstützt wird das vor allem durch eine reduzierte Darstellung der Seite innerhalb des Check-out-Prozesses.

4.7.3 Cyberport

Lassen Sie uns abschließend mithilfe eines dritten Beispiels das Thema »Sicherheit schaffen und Kunden überzeugen« abrunden. *Cyberport* erzielte im Jahr 2020 einen Umsatz von ca. 620 Millionen Euro und gehört damit zweifelsohne zu den umsatzstärksten Online-Shops in Deutschland. Verkauft werden elektronische Produkte, angefangen bei der Spülmaschine bis hin zu Computern, Fernsehgeräten und Tablets. Da sich – denken Sie nur an einen großen Fernseher oder einen guten Kühlschrank – die Produkte tendenziell in einem höheren Preissegment befinden als beispielsweise bei Weltbild, sind das Gefühl von Sicherheit und das Vertrauen der Kunden maßgeblich für den Erfolg des Online-Shops verantwortlich. Denn Sie bezahlen nicht »mal so eben« ein paar tausend Euro, wenn Sie nicht von den Produkten und dem Online-Shop überzeugt sind. Lassen Sie uns daher im Detail anschauen, wie Cyberport für ein sicheres und vor allem vertrauensvolles Umfeld sorgt.

Kopfbereich und grundsätzliches Erscheinungsbild

In Abbildung 4.51 können Sie einen ersten Blick auf den Kopfbereich bzw. das grundsätzliche Erscheinungsbild von Cyberport werfen.

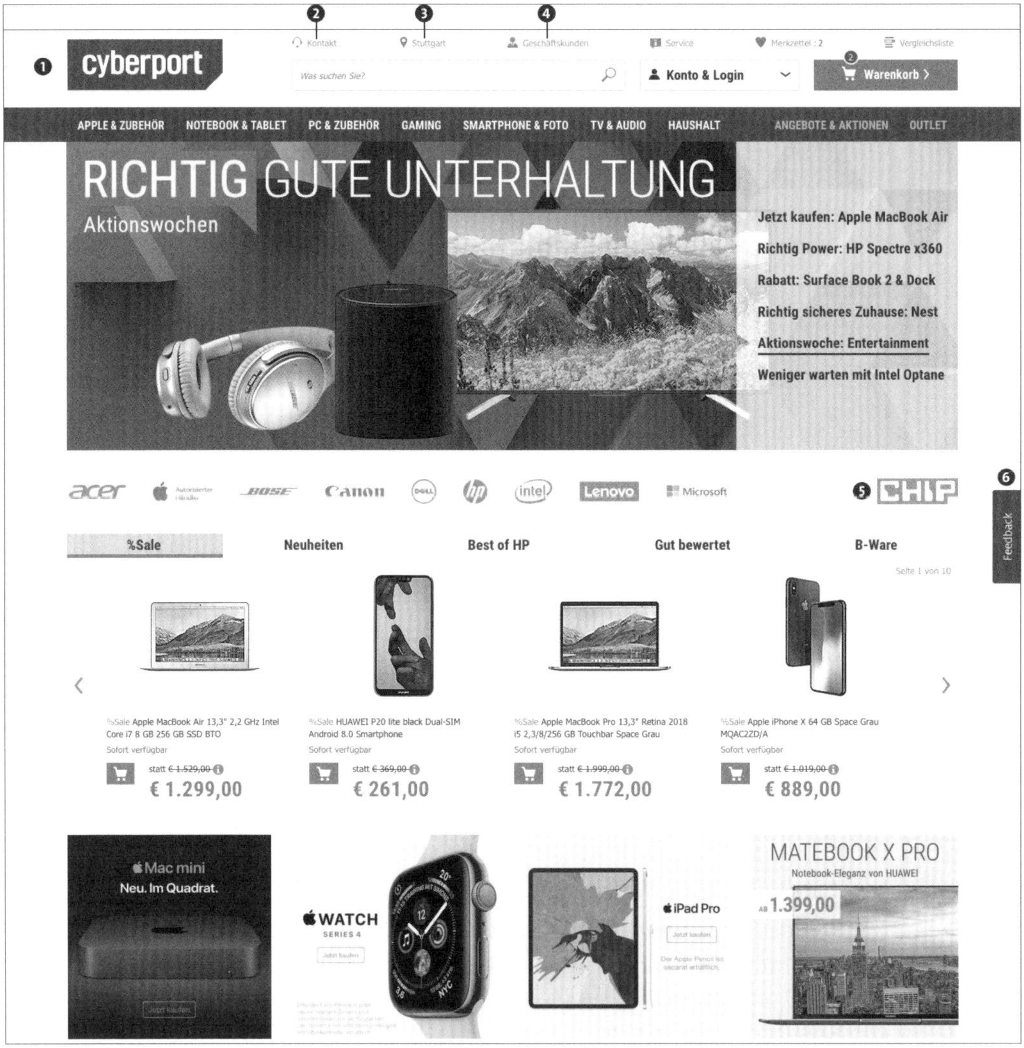

Abbildung 4.51 Die Startseite von www.cyberport.de verfügt über eine Vielzahl an vertrauensbildenden Maßnahmen.

Nach dem großen Design-Relaunch im vergangenen Jahr wirkt Cyberport nicht mehr wie ein exotischer Online-Shop mit einem »altbackenen« Design, sondern hat sich von der Logik und dem Aufbau den großen Online-Shops wie Home24, Zalando & Co. angeglichen.

In der linken oberen Ecke finden Sie das Logo ❶, wodurch der Nutzer direkt erkennt, in welchem Online-Shop er gelandet ist. Auch wenn man via Google eine Kategorie- oder Produktdetailseite aufruft, ist somit immer sofort ersichtlich, in welchem Online-Shop man sich gerade befindet. Rechts neben dem Logo ist eine direkte Verlinkung zu den Kontaktmöglichkeiten ❷ platziert, das heißt, wenn ein Problem bestehen sollte, lässt sich direkt Kontakt mit Cyberport aufnehmen. Auch das schafft Vertrauen. Denn gerade bei Cyberport ist es nicht unüblich, Produkte im Wert von mehreren tausend Euro zu bestellen. Daher ist es enorm wichtig, direkt zum Kontakt springen zu können. Neben dem Kontakt finden Sie zudem noch die ausgewählte Filiale ❸, immerhin verfügt Cyberport über immer mehr stationäre Geschäfte. Das ist übrigens auch ein Vertrauensbonus, den Sie spielen können, wenn Sie stationäre Filialen besitzen. Denn das bedeutet für den Nutzer letztendlich, dass er bei einem Problem auch getrost in der Filiale vorbeischauen kann. Man kann mit richtigen Menschen interagieren, was natürlich die »Angst« vor dem reinen E-Commerce stellenweise nimmt.

Neben der Filialauswahl bestehen zudem weitere Verlinkungen, wie auf den Geschäftskundenbereich ❹ sowie auf den Service, den Merkzettel und die Vergleichsliste. Direkt unter bzw. neben dem Logo ist die prominente Suchfunktion platziert, die den schnellen und einfachen Zugriff auf das gesamte Produktsortiment ermöglicht.

Je bekannter der Shop, desto unwichtiger sind Trust-Symbole

Es gibt einen direkten Zusammenhang zwischen der Popularität und Bekanntheit eines Online-Shops und der Notwendigkeit und dem Nutzen von Trust-Symbolen. So benötigt Amazon beispielsweise weder eine TÜV-Süd-Zertifizierung noch den Trusted-Shops-Käuferschutz. Amazon macht seit Jahrzehnten einen guten Job, und das wissen Kunden sowie potenzielle Neukunden. Unbekannte Online-Shops hingegen profitieren sehr stark von vertrauensbildenden Maßnahmen wie Gütesiegeln. Cyberport hat sich mittlerweile auch den Status eines »bekannten« Online-Shops erarbeitet, weswegen Trust-Symbole aus dem Kopfbereich entfernt wurden.

Weiterhin gibt es einen Verweis auf einen starken Partner ❺, denn Cyberport ist ein Partner von CHIP Online. Falls Sie CHIP Online nicht kennen sollten: Es handelt sich um ein äußerst populäres Print-Magazin bzw. Online-Portal für Technikbegeisterte. Neben Neuigkeiten aus der IT-Branche werden Hardwarekomponenten, Notebooks, Tablets sowie Smartphones getestet und bewertet. Für einen Online-Shop mit dem Augenmerk auf Elektronikprodukten ist dies natürlich ein geniales Zusammenspiel.

Das Online-Portal kann bei Testberichten auf eine Einkaufsmöglichkeit verweisen, Cyberport selbst kann bei seinen Produkten die Testberichte von CHIP Online integrieren und wiederum auf diese verweisen. Darüber hinaus sorgt diese Verbindung aber auch für ein gewisses seriöses Erscheinungsbild, denn sowohl CHIP Online als auch Cyberport sind seit Jahrzehnten in der Szene aktiv, bekannt und etabliert.

Im rechten Bereich der Seite und unter dem CHIP-Online-Logo befindet sich eine Feedbackbox ❻. Hierdurch signalisiert Cyberport direkt, dass Kritik und Verbesserungsvorschläge willkommen sind und sich das Unternehmen gerne die Kritik und das Feedback der Nutzer anhört. Auch wenn die wenigsten Nutzer tatsächlich Feedback geben, erweckt eine Feedbackbox doch immer einen positiven Gesamteindruck. Sie können sich daher auch überlegen, ob Sie in Ihrem Online-Shop nicht eine solche Box integrieren. Technisch betrachtet handelt es sich ja schlussendlich nur um ein Formular, das vom Nutzer ausgefüllt werden kann und wodurch Sie eine E-Mail erhalten. Das tut niemandem weh, erhöht aber den positiven Eindruck innerhalb des Online-Shops.

Im Vergleich zum früheren Design hat Cyberport übrigens relativ viele Änderungen vorgenommen. So wurde von einem zweispaltigen Design auf ein einspaltiges umgestellt, viele Gütesiegel wurden aus dem direkt sichtbaren Bereich entfernt, die Support-Hotline mit direkter Anzeige der Nummer ist verschwunden, und auch markige Sprüche und vorhandene Payment-Logos wurden entfernt. Es gleicht daher einer Radikalkur, der sich Cyberport unterzogen hat. Genau wie Weltbild und Zalando wurden die Informationen stark vereinfacht und überflüssige Elemente entfernt. Dadurch ist ein wesentlich schlankeres und aktuelleres Design entstanden. Auch hier sieht man den Trend, Dinge zu vereinfachen und zu viele USPs und Logos einfach wegzulassen.

Verschmelzung von Online und Offline

E-Commerce-Unternehmen, die zusätzlich über Ladengeschäfte verfügen, haben den großen Vorteil, direkt innerhalb des Online-Shops auch auf diese verweisen zu können. Dies wirkt ebenso vertrauensbildend, da Sie bei Problemen direkt in einer Filiale vorbeischauen können, idealerweise direkt in Ihrer Stadt. Cyberport hat diesen Vorteil und kommuniziert die entsprechenden Filialen offensiv – ein Vorteil, den gegebenenfalls auch Sie ausspielen können.

Fußzeile

Widmen wir uns im Folgenden dem Footer (siehe Abbildung 4.52). Ähnlich wie bei den anderen beiden Beispielen befindet sich im Footer ein Informationsblock, der die wichtigsten Links zum Thema Kundenservice und Support beinhaltet ❶. Sollten vor dem Kauf Fragen auftreten, kann der Besucher direkt eine entsprechende Seite, also das Ziel, finden. Neben der Hilfestellung integriert Cyberport weiterführende Informationen zum Unternehmen, den Standorten und bietet einen Pressebereich an ❷. Ganz links außen im Block ❸ platziert Cyberport zudem alle Kontaktmöglichkeiten wie eine Beratungs- und Bestellhotline, aber auch den Kundenservice und Support. In beiden Fällen sind die Telefonnummern samt Öffnungszeiten der Hotline abgebildet. Ebenso kann direkt Kontakt per E-Mail aufgenommen und ein kostenfreier Rückruf angefordert werden.

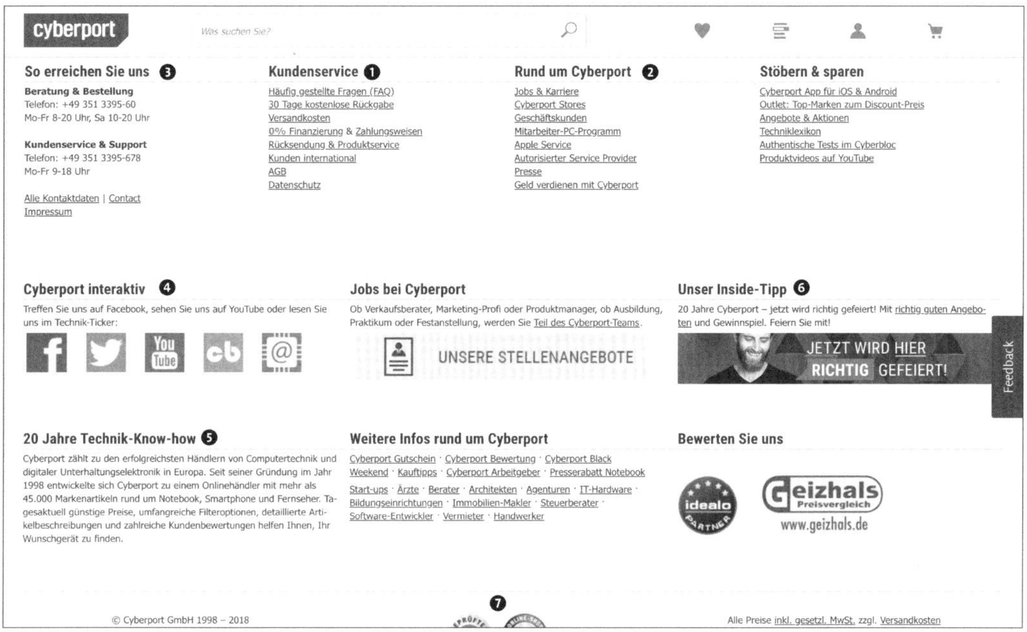

Abbildung 4.52 Informieren und überzeugen ist die Hauptaufgabe eines guten Footers, wie hier bei Cyberport.

Wenn Sie sich anschließend über externe Meinungen informieren möchten, können Sie direkt zu den jeweiligen sozialen Netzwerken wie Facebook oder Twitter springen ❹. In einem weiteren Abschnitt unterstreicht Cyberport erneut die Kompetenz des Unternehmens ❺, informiert über Aktionen und gibt verschiedenste weitere Arten von Informationen ❻. Die ursprünglich im Kopfbereich vorhandenen Gütesiegel ❼ sind nach dem Redesign des Shops nun in die Fußzeile gewandert. Hier finden Sie sowohl die EHI-Auszeichnung als auch ein Zertifikat von CHIP Online.

Auch Cyberport befolgt bei der Umsetzung des Footers daher die klassischen Vorgaben, sowohl Informationen bereitzustellen als auch Vertrauen durch Gütesiegel, soziale Netzwerke etc. zu generieren.

Haben Sie erst einmal den Einstieg geschafft, wissen Sie sicherlich, welche Seite die Besucher voraussichtlich als Nächstes ansteuern. Richtig, die Kategorieseite! Und diese müssen wir in diesem speziellen Beispiel interessanterweise gar nicht näher betrachten, denn Cyberport verzichtet auf ihr komplett auf vertrauensbildende Maßnahmen, mit Ausnahme der linken Seitenleiste, die Sie auf der Startseite bereits kennengelernt haben. Ansonsten werden, ähnlich wie auch bei Zalando, keine besonderen Anstrengungen unternommen, um Unsicherheiten bei den Besuchern zu reduzieren bzw. zu eliminieren. Einzig die Darstellung der Kunden-Ratings in Form von Sternen unterscheidet die Kategorieseite, bezogen auf den Aufbau, von Zalando. Springen wir daher direkt zur Produktseite, sprich der Detailansicht eines Artikels.

Kategorieseite

Im Vergleich zu den beiden auf den vorherigen Seiten analysierten Online-Shops gibt es bei Cyberport hinsichtlich der Kategorieseite keine Besonderheiten, die an dieser Stelle explizit herausgestellt werden müssten. Was Cyberport definitiv gut macht, ist die Darstellung der Verfügbarkeit, die mit einem Blick ins Auge springt. Auch die Preistransparenz ist innerhalb der Kategorieansicht gegeben. So werden bei reduzierten Artikeln Streichpreise dargestellt, wodurch der Nutzer direkt die vermeintliche Ersparnis wahrnehmen kann. Ansonsten folgt Cyberport dem üblichen Standard und zeigt Bewertungen sowie die kurz zusammengefassten Produktinformationen an.

Produktdetailseite

In der Produktdetailansicht (siehe Abbildung 4.53) wird im Gegensatz zur gerade erwähnten Kategorieansicht vertrauensfördernd auf den Besucher eingewirkt. Sie sehen dies beispielhaft bei der Integration des Apple-Händlerlogos ❶. Sollten Sie für bestimmte Artikel ein autorisierter, geprüfter oder bevorzugter Händler sein, müssen Sie dies auf jeden Fall in Ihrem Online-Shop erwähnen. Denn Händler, die direkt vom Produzenten ausgewählt oder gar ausgezeichnet wurden, genießen einen guten Ruf, was sich wiederum positiv auf das Einkaufsverhalten in Ihrem Online-Shop auswirkt.

So wissen Sie – bleiben wir beim Beispiel mit dem Apple iPhone –, dass Sie sich bei Problemen mit dem Artikel auch direkt an den Online-Shop wenden können, dieser Ihr Produkt sogar selbst reparieren kann und gar nicht erst beim Produzenten anfragen muss. Das erspart Ihnen als Kunde Mühe und sorgt im Zweifelsfall für einen schnellen Prozess.

Zudem wird im Bereich der Herstellerlogos auch nochmals die Partnerschaft mit CHIP Online beworben. Da CHIP zu einem der bekanntesten Magazine im Bereich Computer bzw. Technologie gehört, dürfte genau diese Partnerschaft sich verkaufsfördernd auswirken und die Vertrauenswürdigkeit des gesamten Online-Shops stärken.

Unter diesem Bereich finden Sie zudem die Anzahl der Bewertungen ❷ sowie das aggregierte Ergebnis. Anhand der Sternebewertungen, die jedermann bekannt sein sollte, kann man direkt das Rating des Produkts durch die Nutzer erkennen. Je besser die

Bewertung, desto höher die Wahrscheinlichkeit, dass dieser Artikel vom Nutzer bestellt wird. Unter den Bewertungen erhalten Sie zudem Informationen zu den Versandkosten ❸ sowie zum Kaufpreis des Artikels. Cyberport setzt des Weiteren auf der Produktdetailseite auf die Integration einer Merk- und Vergleichsliste und eine Weiterempfehlungsfunktion per E-Mail ❹. Bislang halten sich vertrauensbildende Maßnahmen jedoch noch in Grenzen.

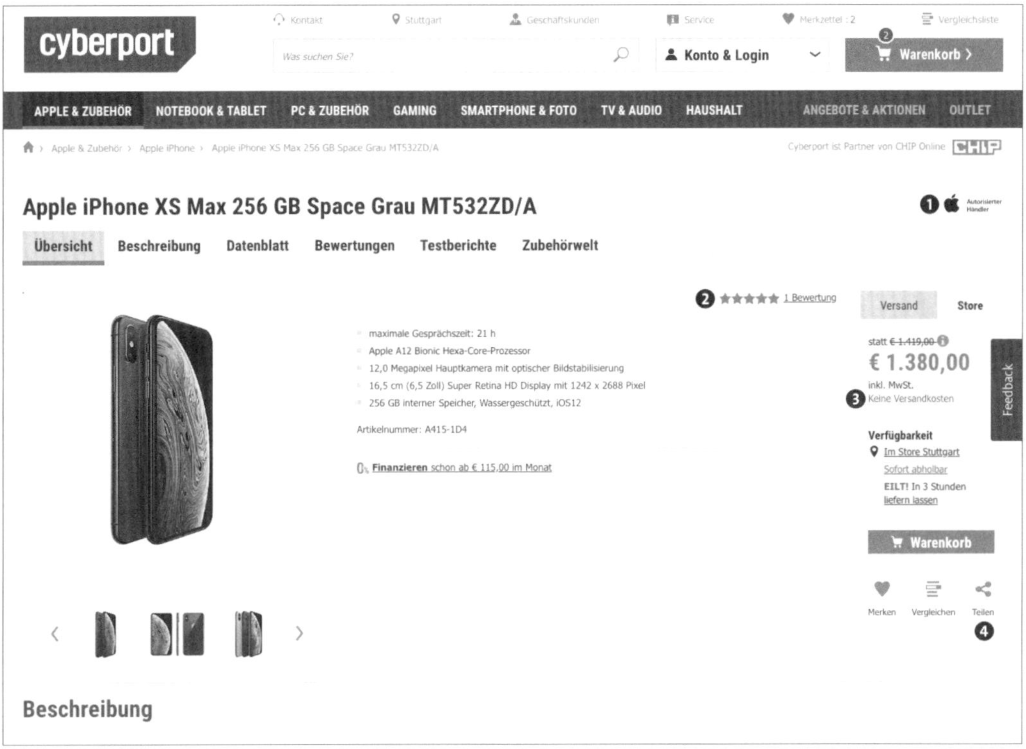

Abbildung 4.53 Die Produktdetailansicht erzeugt Vertrauen und schafft ein Gefühl von Sicherheit.

Innovativ wird das Ganze durch TESTBERICHTE, die Cyberport neben reinen Kundenbewertungen integriert (siehe Abbildung 4.54, ❺ bzw. ❻). Testberichte sind interessant, weil mittlerweile viele Bewertungen von Kunden als manipuliert bzw. gekauft angesehen werden. Diesen Effekt haben Sie vor allem bei Amazon. Es ist teilweise schon sehr offensichtlich, wenn man sich die Bewertung von Kunden anschaut. Wenn ein Produkt nur Top- und Flop-Bewertungen hat, kann irgendetwas nicht stimmen. Dadurch nimmt auch stellenweise das Vertrauen der Nutzer ab, denn sie können sich ja nicht sicher sein, ob es sich um reale oder gekaufte Bewertungen handelt. Dadurch schwindet auch der bisher positive Effekt auf die Conversion-Rate. Cyberport steuert hier nun ein wenig gegen und zeigt neben den Kundenbewertungen auch direkt Testberichte und deren Ergebnisse an. Bei Testberichten kann man, wenn diese von einem seriösen Magazin produziert wurden, von einer realen Bewertung ausgehen. Das stärkt wiederum das Vertrauen des Kunden in das Produkt. Wenn Sie nun wie am Beispiel des Apple iPhone XS ausschließlich positive Testberichte und positive Kundenbewertungen haben, kommen Sie bezüglich des Produkts erst gar nicht ins Zweifeln, da schlicht zu viele externe Quellen eine positive Erfahrung mit dem Artikel ausgesprochen haben.

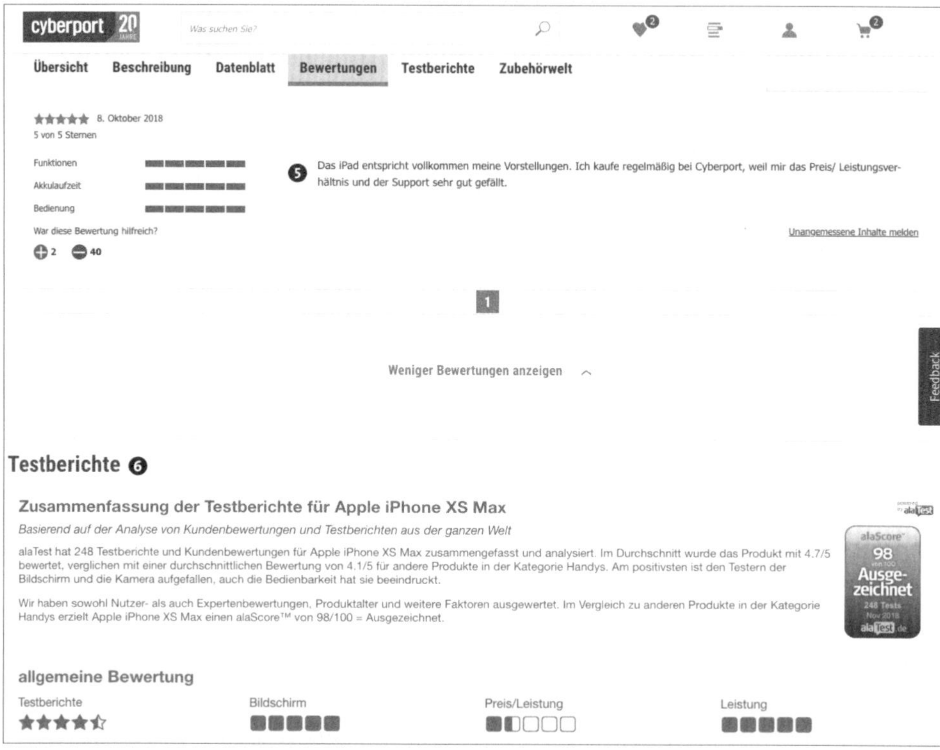

Abbildung 4.54 Kundenmeinungen helfen potenziellen Kunden bei der Kaufentscheidung.

Früher hatte Cyberport zudem noch ein Frage-und-Antwort-Spiel zwischen Kunden und Mitarbeitern, das leider eingestellt wurde. Als Besucher hatten Sie so die Möglichkeit, vor dem Kauf Fragen zu stellen, und bekamen vom Cyberport-Team eine entsprechende Antwort. Da dies alles vollkommen transparent und öffentlich ablief, konnten Sie sich als potenzieller Kunde im Vorfeld sehr gut informieren. Denn oftmals wurden die eigenen Fragen schon von anderen Besuchern gestellt, und da die Antworten ebenso öffentlich waren, konnten Sie diese einsehen. Es wurden also gezielt im Vorfeld Zweifel und Ängste aus dem Weg geschafft. Gerade im Elektronikbereich ist das genial, denn letztendlich gibt es dort Fragen wie: »Funktioniert dieser Artikel auch im Zusammenspiel mit Artikel XYZ?«, »Hat dieser Artikel folgende Anschlüsse?«, oder »Gibt es regelmäßige Updates für das Produkt ABC?«. Transparenz sorgt für Vertrauen, und wenn im Vorfeld möglichst viele Fragen beantwortet werden und eingesehen werden können, ist das enorm positiv.

Fragen und Antworten sind nicht immer sinnvoll

Die Integration eines Frage-Antwort-Systems hängt maßgeblich von Ihren Produkten, der Branche und Ihrer Zielgruppe ab. Im B2B werden Sie zu spezielle Fragen und zu wenig Traffic haben. Bei Modeprodukten gibt es erfahrungsgemäß recht wenig Fragen, denn über das Material und die Beschaffenheit wird in der Regel in der Produktbeschreibung informiert. Bei technischen Artikeln kann aber ein Frage-Antwort-System durchaus Erfolg versprechend sein.

Warenkorb

Springen wir von der Produktdetailseite in den Warenkorb, werden Sie wiederum eine gewisse Veränderung sehen. Denn ähnlich wie Weltbild nutzt auch Cyberport ein angepasstes Design. Der Kopfbereich ist vollständig überarbeitet und lässt keinen Sprung in andere Kategorien zu; insgesamt wurden all diejenigen Elemente, die für Ablenkung sorgen können, ausgeblendet. Interessant ist speziell der Footer, den Sie in Abbildung 4.55 sehen. Denn hier wurden nochmals gesondert Auszeichnungen und Gütesiegel integriert und nicht relevante Informationen, bezogen auf den Bezahlvorgang, ausgeblendet.

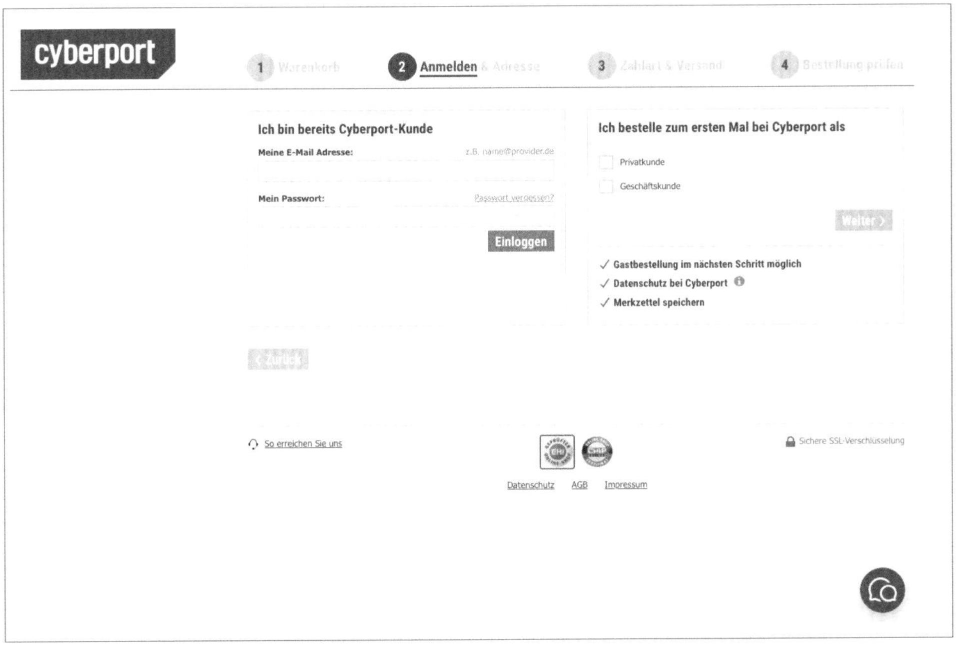

Abbildung 4.55 Cyberport hat den Check-out-Prozess visuell enorm reduziert.

Dieses System findet sich auch in den nachgelagerten Schritten wieder. Hier wurde ebenso auf die Darstellung von nicht relevanten Informationen verzichtet und eine sehr kompakte und übersichtliche Darstellung gewählt.

Abschließend werden Sie sicherlich einige Gemeinsamkeiten zwischen Cyberport und den zuerst analysierten Online-Shops feststellen. Genau wie Zalando verzichtet Cyberport immer mehr auf die sogenannten Trust-Elemente wie Gütesiegel. Auch wurde das Design mittlerweile so weit »entschlackt«, dass es ähnlich clean und übersichtlich gehalten ist wie eben Zalando. Cyberport kann sich dies auch erlauben, da der Online-Shop seit mehr als 20 Jahren aktiv ist. Dadurch hat sich Cyberport eine gewisse Reputation aufgebaut, und die Seriosität und Zuverlässigkeit wird gar nicht mehr so stark hinterfragt. Dementsprechend sind Gütesiegel auch nicht mehr das Wichtigste. Cyberport setzt daher stärker auf Auszeichnungen und beispielsweise das Apple-Händlerlogo.

4.7.4 Wie Sie Vertrauen schaffen

Auf den vorherigen Seiten haben Sie nun drei sehr große und wirtschaftlich erfolgreiche Online-Shops im Detail kennengelernt. Die Frage, die Sie sich nun stellen müssen, lautet aber: Was bedeutet dies konkret für meinen Online-Shop, wie kann ich Vertrauen bei den Nutzern erzeugen? Auch wenn Sie nicht alle Dinge 1 : 1 adaptieren sollten, möchten wir Ihnen zusammenfassend noch ein paar Ratschläge mit auf den Weg geben.

Angenommen, Ihr Unternehmen hat noch keine sehr große Bekanntheit bzw. Reputation, ist es enorm wichtig, dass externe Organisationen und Personen Vertrauen auf Sie und Ihren Online-Shop übertragen. Im einfachsten Fall erfolgt dies anhand von Gütesiegeln. Denn wenn diese Gütesiegel bekannt sind, vertrauen die Nutzer auf deren Einschätzung bzw. Empfehlung, und wenn Sie in Ihrem Online-Shop daher ein Siegel integriert haben, wird sozusagen dieses Vertrauen auf Sie vererbt.

Abgesehen von Gütesiegeln sollten Sie zudem mit Ihrem Online-Shop immer persönlich wirken. Durch klar kommunizierte Hotlines und im Idealfall sogar Ansprechpartner nehmen Sie die kalte Anonymität des Internets ein Stück weit von Ihrem Shop weg und geben sich selbst ein Gesicht und einen Namen. Das steigert ebenfalls das Vertrauen der Menschen, denn ab diesem Zeitpunkt interagieren sie mit einem Menschen und nicht einfach nur mit einem Stück Software.

Als dritten Tipp können wir Ihnen zudem empfehlen, so transparent wie möglich zu agieren, Versandkosten, Versandmethoden, Preise, Rabatte, Aktionen & Co. klar zu kommunizieren und nicht zu verstecken. Nutzer hassen es nämlich, »veräppelt« zu werden, beispielsweise wenn im gesamten Online-Shop von Versandkosten keine

Rede ist und diese plötzlich im Check-out-Prozess auftauchen. Eine klare und offene Kommunikation sorgt für Vertrauen und erhöht letztendlich auch die Conversion-Rate und damit den Erfolg Ihres Online-Shops!

4.8 Tools für die Entwicklung von Wireframes

An dieser Stelle möchten wir Ihnen noch ein paar Tools und Werkzeuge mit an die Hand geben, die Ihnen bei der Entwicklung eines Designs helfen. Dabei geht es weniger um das finale Screendesign, sondern mehr um die Konzeption. Das richtige Stichwort hierfür lautet Wireframes. Denn mit diesen Tools können Sie zumindest eine grobe Skizze und Vorstellung eines möglichen Designs aufzeigen, in dem Sie wichtige Inhaltselemente platzieren und Anordnen.

4.8.1 Adobe XD

Hierbei handelt es sich um ein kostenfreies Tool aus dem Hause Adobe. Mit Adobe XD können Sie kleine Prototypen und Designs entwickeln, die anschließend als Basis für die Abstimmung mit Ihrer Agentur bzw. Ihren Partnern dienen können. Neben der Tatsache, dass es sich um ein kostenfreies Tool handelt, ist zudem die Nutzbarkeit relativ einfach, und Sie werden sich sicherlich sehr schnell zurechtfinden. An sich ist Adobe XD nicht nur für die Entwicklung von Webdesigns vorgesehen, Sie können damit auch Apps skizzieren, aber das sollte Sie an dieser Stelle nicht stören.

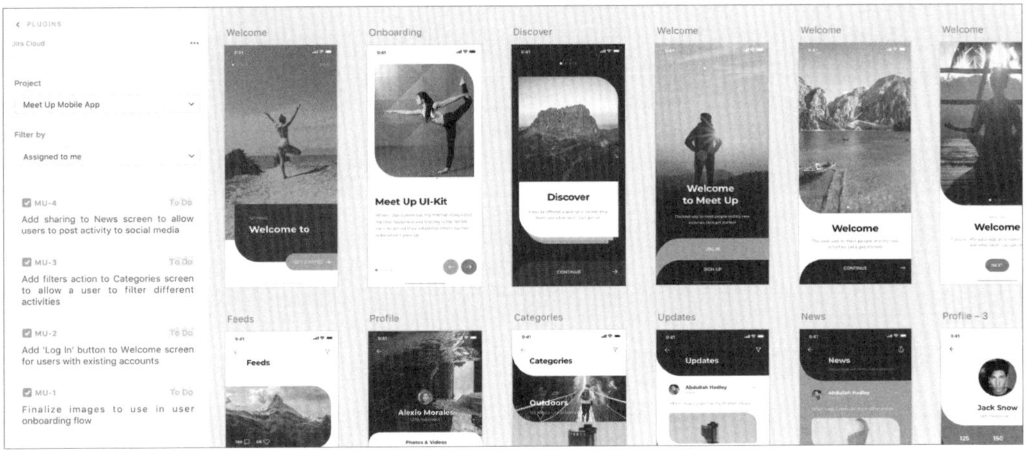

Abbildung 4.56 Mit Adobe XD lassen sich einfach Designs entwickeln bzw. skizzieren. (Quelle: medium.com/adobetech)

4.8.2 Lucidchart

Bei Lucidchart handelt es sich um meinen persönlichen Favoriten, da das Tool ebenfalls schnell und einfach genutzt werden kann und die Kosten mit wenigen Euro im Monat sehr gering sind. Mittels Lucidcharts können Sie eine Menge anstellen, unter anderem eben auch Wireframes entwickeln. Das Ganze sieht anschließend aus wie in Abbildung 4.57. Sie können relativ einfach alle Elemente platzieren, ein Layout konstruieren und auch Seiten miteinander verlinken. Dadurch klicken Sie sich praktisch durch den Prototyp und können somit auch prüfen, ob das Design, das Layout und die Navigationswege gut verstanden werden können oder ob Sie an der Usability schrauben müssen.

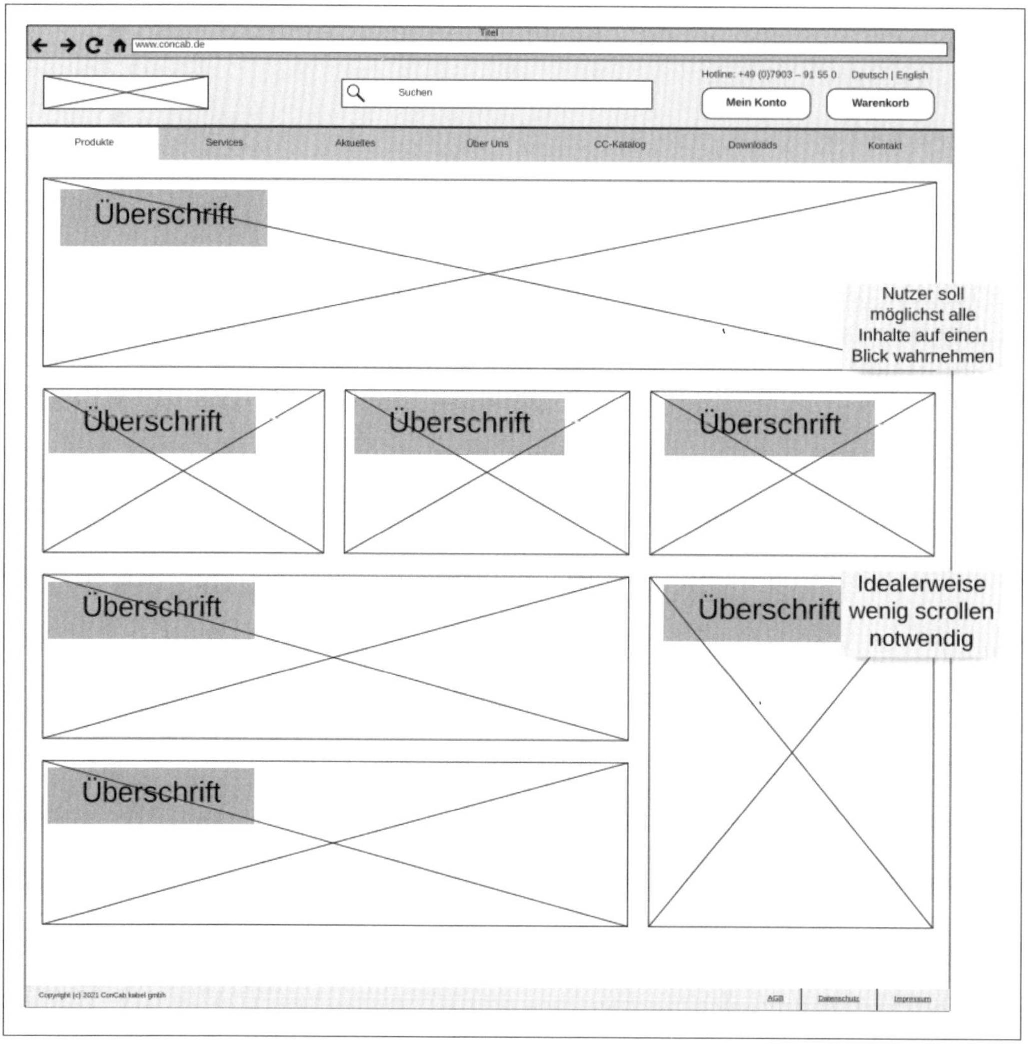

Abbildung 4.57 Wireframes helfen bei der Designentwicklung.

4.8.3 Balsamiq

Ähnlich wie Lucidchart hilft Ihnen auch Balsamiq dabei, schnell und einfach Wireframes zu entwickeln. Dabei steht Balsamiq als Desktop-, aber auch als Browser-Anwendung zu Verfügung. Die Kosten sind höher als bei Lucidchart, dafür erhalten Sie auch ein Werkzeug, das sich ganz auf die Entwicklung und das Management von Wireframes spezialisiert hat. Ebenfalls praktisch: Integrationen in populäre Lösungen wie Google Drive, Jira und Confluence.

4.9 Checkliste: Ist Ihr Design geeignet für Ihre Kunden?

Wie Sie in diesem Kapitel gesehen haben, nimmt das Thema Design und Usability einen wahnsinnig großen Stellenwert für Sie als Shop-Betreiber ein. Es gibt eine Menge Dinge zu beachten, und auch die Ansätze, wie Sie letztendlich zum »passenden« Design kommen, sind unterschiedlich. Die Gefahr besteht natürlich speziell beim Einstieg in den E-Commerce, dass Ihnen Fehler unterlaufen. Fehler sind per se nicht schlecht, denn Fehler können korrigiert werden. Problematisch wird es immer dann, wenn Sie Fehler nicht erkennen und nicht gegensteuern. Wir möchten Ihnen an dieser Stelle aber natürlich so viel Wissen und Erfahrung mit an die Hand geben, dass Sie zumindest die klassischen Fehler nicht machen und einen leichteren Start in den E-Commerce haben. Aus diesem Grund haben wir eine kurze Checkliste entwickelt. Mithilfe dieser Checkliste können Sie final nochmals prüfen, ob Sie bei der Planung bzw. Umsetzung Ihres Designs an die wichtigsten Punkte gedacht haben. Falls nicht, können Sie direkt gegensteuern, für einen Online-Shop, der am Ende des Tages gut konvertiert und Ihnen hohe Umsätze beschert.

Maßnahme	Geprüft bzw. erfüllt
Haben Sie bei der Konzeption an alle relevanten Endgeräte wie Smartphones, Tablets und Desktop-Computer gedacht und diese berücksichtigt?	
Ist Ihr Online-Shop-Design auf Ihre Zielgruppe und Branche optimiert, beispielsweise in Sachen Text-Bild-Verhältnis?	
Entspricht das Design Ihrer Corporate Identity, Ihrem Corporate Design, in Farbgebung, Schriften und Bildsprache?	
Ist der Warenkorb bzw. Link zum Check-out auf jeder Seite gut erkennbar und vorhanden?	
Für den Fall, dass die Suche bei Ihnen eine große Rolle spielt, ist diese im Kopfbereich gut sichtbar?	

Maßnahme	**Geprüft bzw. erfüllt**
Haben Sie eine übersichtliche Navigationsstruktur?	
Sind Trust-Icons und vertrauenserweckende Symbole gut sichtbar integriert?	
Ist es für Nutzer ersichtlich, welche Elemente angeklickt werden können, zum Beispiel durch Hover-Effekte?	
Haben Sie Call-to-Action-Elemente definiert und optisch so hervorgehoben, dass Sie Ihre potenziellen Kunden von der Startseite bis zum Produkt in den Check-out-Prozess führen?	
Filterfunktionen helfen bei einer Vielzahl an Produkten. Sollte das bei Ihnen der Fall sein, prüfen Sie, ob Sie an die Filter gedacht haben.	
Inhaltliche Transparenz spielt eine große Rolle, schauen Sie daher nach einer klaren Preis- und Verfügbarkeitsanzeige bzw. Kommunikation.	
Sind im Warenkorb alle Gebühren und Kosten klar ersichtlich und sofort einsehbar?	
Haben Sie im Check-out-Prozess eine klare Darstellung der verfügbaren Versand- und Zahlungsoptionen?	
Kann Ihr Check-out-Prozess in weniger als 3–4 Minuten durchlaufen werden?	
Kann ein Nutzer auf jeder Seite direkt ins Impressum bzw. zum Kontakt springen?	
Verfügen Ihre Produkte über prominent und gut dargestellte Informationen und ergänzende Bilder?	
Ist die Ladezeit Ihres Webshops in Ordnung (das heißt < 3 Sekunden), und erfüllen Sie die technischen Kriterien von zum Beispiel Google Page Speed Insights?	

Auch wenn wir Ihnen an dieser Stelle noch 50 weitere Faktoren mit an die Hand geben könnten, so handelt es sich doch sicherlich um die relevantesten und wichtigen Themen, die Sie beachten müssen. Entwickeln Sie aber auf Basis dieser Checklist gerne auch eine eigene Checkliste, die Sie nochmals um die für Sie wichtigen Punkte ergänzen und anschließend vor dem Launch Ihres Webshops gegenprüfen.

4.10 Fazit

Mit dem Design und der Usability steht oder fällt Ihr Online-Shop. Natürlich gibt es viele Faktoren für den Erfolg. Aber ein super Produktsortiment mit einem genialen Preis-Leistungs-Verhältnis und einer Unmenge an Besuchern bringt Ihnen nichts, wenn die Besucher Ihren Online-Shop nicht verstehen und abspringen. Denn dann haben Sie teuer bezahlten Traffic und doch keine Umsätze! Ebenso haben Sie ein Problem, wenn Ihre Besucher verunsichert und gegebenenfalls misstrauisch sind. Daher ist es so wichtig, Vertrauen zu schaffen und Ihre Besucher von sich und Ihren Produkten zu überzeugen. Denn die Unsicherheit ist ein großer Faktor, warum eine Bestellung nicht durchgeführt oder erst gar nicht begonnen wird.

Wenn Sie aber strukturiert an die Sache gehen und auch die Vorgehensweise, die Möglichkeiten und Ideen, die Sie in diesem Kapitel gerade bei anderen Online-Shops gesehen haben, adaptieren, können auch Sie in Ihrem Online-Shop ganz bewusst für Ihre Kunden Vertrauen und ein Gefühl von Sicherheit schaffen und darüber hinaus eine gute Usability und Optik entwickeln. Und das ist das Wichtigste, das Sie speziell am Anfang unternehmen müssen und das Ihnen langfristig dabei hilft, die Conversion-Rate und auch Ihre Umsätze zu steigern.

Kapitel 5
Schnelle Lieferung, schneller Erfolg!

Heute bestellt, morgen zugestellt. Amazon hängt beim Thema Versand die Latte für Sie als Shop-Betreiber sehr hoch. Der Versand ist die Achillesferse jedes Online-Shops, denn ob Kunden schnell und vor allem die gewünschten Produkte erhalten, ist mittlerweile ein erfolgskritischer Faktor im E-Commerce.

Die Geschwindigkeit spielt im E-Commerce eine sehr wichtige Rolle. Ginge es nach dem Willen der Kunden, müsste die morgens bestellte Ware im Idealfall am selben Abend noch den Empfänger erreichen – eine Erwartungshaltung, die vielen Online-Shop-Betreibern zeigt, wo zukünftig die Reise hingeht. Denn sogenannte Same-Day-Delivery-Angebote werden auch in Deutschland, zumindest in großen Städten, bereits getestet bzw. angeboten. Speziell Amazon zählt beim Same-Day-Delivery-Service im Großraum München zu den Vorreitern und bietet den Service schon seit einer geraumen Zeit erfolgreich an. Auch wenn die Covid-19-Pandemie zumindest das Same-Day-Delivery-Angebot zurückgeworfen hat, so ist klar, dass die Reise genau in diese Richtung geht. Aber auch wenn die Ware nicht am selben Tag ausgeliefert werden muss, ist das Thema Versand komplexer und wichtiger, als man zuallererst vermutet, denn Ihre Kunden werden von Ihnen eine zügige, fehlerfreie und problemlose Lieferung sowie Retoure erwarten. Was Sie als Shop-Betreiber leisten müssen, um diesen Erwartungen gerecht zu werden, lesen Sie in diesem Kapitel im Detail.

5.1 Flexibilität und Schnelligkeit sind Schlüsselfaktoren

Als Shop-Betreiber müssen Sie sich die zentrale Frage nach dem Bestellprozess stellen, das heißt, wie die bestellten Artikel zu Ihren Kunden kommen. Wenn Sie erst einmal einen Verkauf in Ihrem Online-Shop generiert haben, müssen Sie liefern, und das möglichst schnell und fehlerfrei. Geschwindigkeit spielt für Konsumenten im E-Commerce, wie bereits eingangs erwähnt, eine enorm wichtige Rolle. Zahlungstransaktionen sollten – dies hängt ebenfalls mit dem Versandprozess zusammen – im Idealfall sofort bearbeitet werden, wodurch der Shop-Betreiber direkt bei der Bestellung erkennt, ob ihm das Geld gutgeschrieben wurde oder nicht. Der nachgelagerte Bestellbearbeitungsprozess muss möglichst schnell und daher automatisiert durchlaufen werden, denn natürlich wünschen sich Ihre Kunden eine möglichst schnelle Auslieferung der bestellten Artikel.

Diese Anspruchshaltung hat sich in den letzten Jahren geändert – für Online-Shop-Betreiber zum Schlechteren. Bedanken können Sie sich hierfür unter anderem bei Online-Shops wie Amazon, denn diese haben einen derart optimierten Versandprozess, dass die Kunden die Ware im Regelfall direkt am nächsten Tag erhalten. Wenn Sie auf Amazon ein Produkt betrachten (siehe Beispiel in Abbildung 5.1), können Sie sogar erkennen, bis wann Sie einen Artikel bestellen müssen, damit Sie ihn noch am nächsten Tag erhalten: Wenn Sie als Besucher in diesem Fall den abgebildeten Artikel innerhalb der nächsten 4:32 Stunden erwerben, haben Sie ihn schon am nächsten Werktag. Solch ein Feature ist für Sie als Shop-Betreiber äußerst interessant und lukrativ. Mit einer solchen Aussage können Sie gezielt die Conversion-Rate beeinflussen. Denken Sie dabei immer daran, dass Ihre Kunden ungeduldig sind und nicht warten können oder möchten! Außerdem erhöht speziell diese Aussage den Druck beim Konsumenten, zu bestellen, denn er möchte den Artikel ja möglichst schnell in Empfang nehmen.

Abbildung 5.1 Amazon gibt schon beim Produkt die voraussichtliche Lieferzeit an.

Aber nicht nur Amazon setzt beim Thema Versand bzw. Versandbearbeitung ganz neue Maßstäbe. Der Elektronikversandhändler Cyberport bietet gar einen Lieferservice an, der Bestellungen innerhalb von 3 Stunden ausliefert. In diesem Fall sind wir dann schon beim Same-Day-Delivery-Service angekommen, der aktuell vor allem in den USA etabliert wird.

Sie können den Service von Cyberport in Abbildung 5.2 sehen. Nachdem Sie einen Artikel ausgewählt und zusätzlich die Ihnen geografisch nächstgelegene Filiale markiert haben, zeigt Ihnen der Online-Shop die Möglichkeit der Lieferung in 3 Stunden an.

Eine Lieferung in einer solch kurzen Zeit stellt hohe Anforderungen an die Logistik. Cyberport kann dies unter anderem nur aufgrund der stationären Filialen anbieten, die in einigen deutschen Ständen vorhanden sind. Die kurze Lieferzeit lässt sich also damit erklären, dass die Bestellungen nicht aus einem Zentrallager, sondern von der örtlichen Filiale ausgeliefert werden. Darum ist der Lieferservice auch nicht deutschlandweit verfügbar, sondern unterliegt einer geografischen Einschränkung.

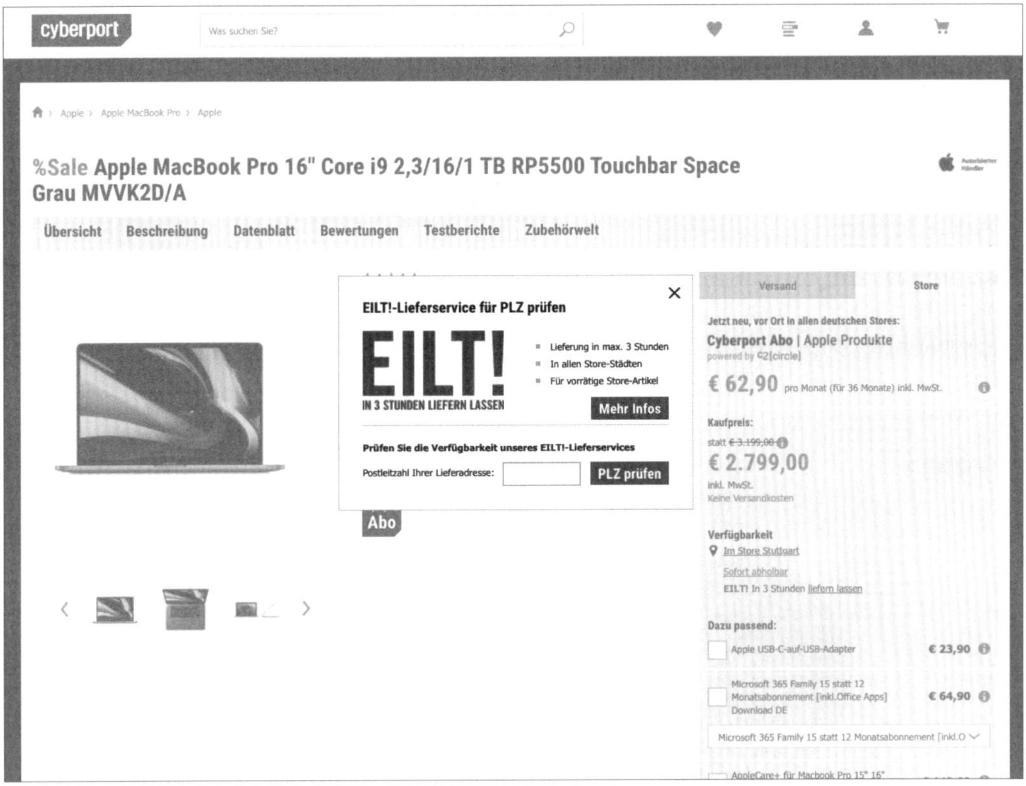

Abbildung 5.2 Sie benötigen eine Lieferung am selben Tag? Auf www.cyberport.de ist das unter gewissen Umständen möglich.

Parallel zu diesen Möglichkeiten gibt es eine weitere Vorgehensweise beim Versand von Artikeln. Denn wenn Sie die Bestellung nicht zum Kunden bringen, dann müssen Sie den Kunden zur Bestellung bringen. Klingt komisch, funktioniert aber auch. Ein Beispiel hierfür liefert Media Markt (siehe Abbildung 5.3). Denn neben der klassischen Lieferung der Online-Shop-Bestellung können Sie die Ware auch direkt in der nächsten Filiale abholen. Diese Verfahrensweise namens Click & Collect erfreut sich speziell bei Retailern einer immer größeren Beliebtheit, da sie gezielt ihre stationären Filialen als USP einsetzen können.

Sie fragen sich nun vielleicht, worin dann der Vorteil des Online-Shops besteht. Zum einen können Sie online ungestört das gesamte Sortiment betrachten, Produkte vergleichen und parallel im Internet Kundenmeinungen, Bilder und Videos zu interessanten Produkten zur Kaufentscheidungsfindung heranziehen. Zum anderen können Sie darüber hinaus online die Zahlung vornehmen; in der Regel werden dabei online attraktivere Zahlungsmethoden als in der Filiale angeboten, und Sie müssen in der Media-Markt-Filiale nur noch den gekauften Artikel abholen. Lange Wartezeiten an der Kasse entfallen. Auch sind die Preise online in der Regel etwas günstiger als direkt in der Filiale, wobei die Filiale auf Nachfrage den Preis aus dem Online-Shop oft ebenfalls akzeptiert.

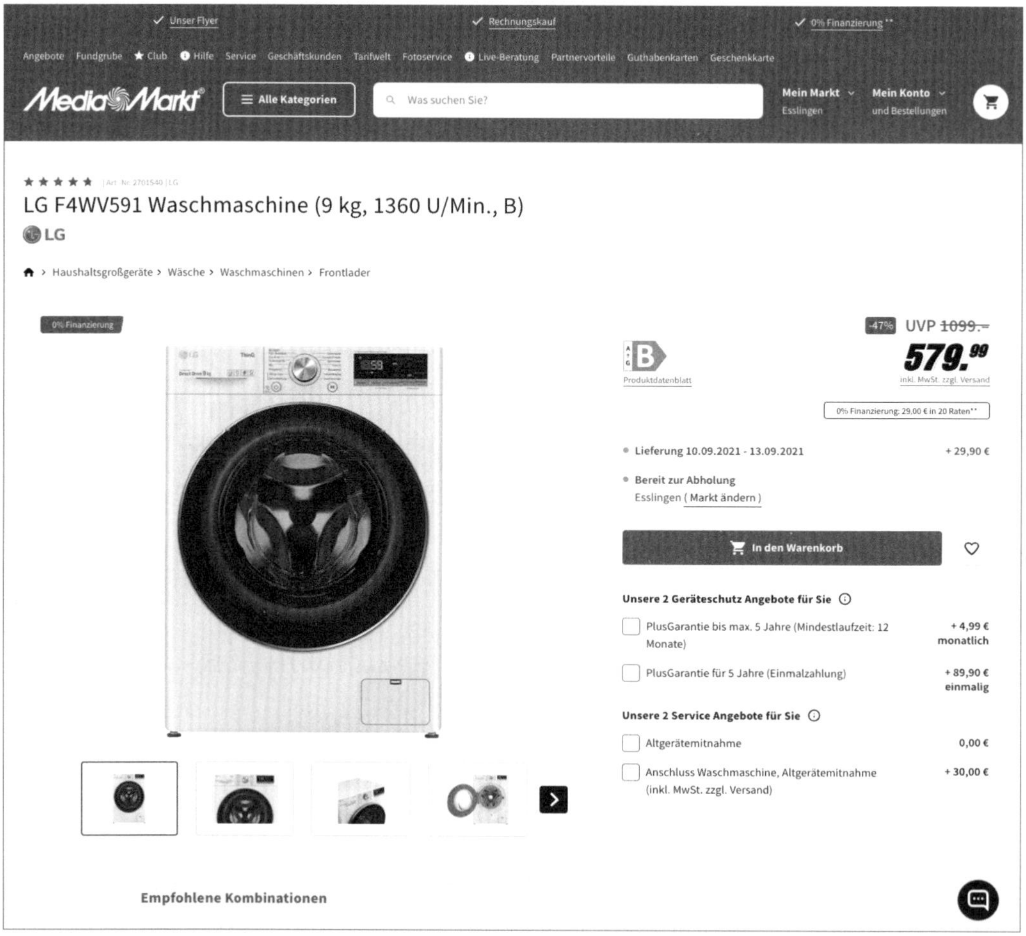

Abbildung 5.3 Media Markt bietet die Abholung direkt in der Filiale als Versandmethode an.

Wenn Sie Lebensmittel bzw. Speisen verkaufen, ergeben sich zudem in Sachen Versand und Zustellung nochmals ganz andere Möglichkeiten. Denn in diesem Marktsegment gibt es Unternehmen, wie beispielsweise Deliveroo, die sich um die Zustellung bzw. den »Versand« kümmern. Es bleibt abzuwarten, ob sich deren Geschäftsmodell rein auf das Szenario von Restaurants beschränkt oder ob es gegebenenfalls auf weitere Branche ausgedehnt wird. Vermutlich werden wir in naher Zukunft einige Unternehmen sehen, die sich rein auf die Zustellung von Produkten, dann aber am selben Tag, spezialisieren.

Beim Thema Versand geht es daher, vereinfacht gesagt, darum, wie Sie am einfachsten und kundenfreundlichsten die Bestellung zum Kunden bringen oder in manchen Fällen eben auch den Kunden zur Bestellung. Hierfür gibt es mehrere Vorgehensweisen und Möglichkeiten, die wir uns nun im Detail ansehen. Wichtig für Sie als Shop-Betreiber ist dabei das Verständnis, dass es sich beim Versand um eine zeitkritische Komponente handelt, weshalb eine gewisse Flexibilität enorm wichtig ist. Sie sehen das bei den großen Online-Shops wie Cyberport, Amazon oder eben Media Markt, die es versuchen und auch schaffen, Bestellung und Kunde möglichst unkompliziert und schnell zueinanderzubringen.

5.2 Herausforderungen von Click & Collect

Laut einer Studie aus dem Jahr 2014[1] wünscht sich jeder zweite Konsument Click & Collect als Liefermethode (zugegebenermaßen ist die Studie etwas älter, aber dennoch aktueller denn je). Das Problem für Sie als Shop-Betreiber besteht aber darin, dass Sie Click & Collect gar nicht so einfach umsetzen können. Zum einen brauchen Sie ein Netzwerk von Filialen, in denen die Kunden die Bestellungen abholen können, zum anderen ist die Ermittlung des korrekten Lagerbestandes alles andere als einfach. Gerade dann, wenn Sie schnelldrehende Produkte verkaufen, beispielsweise Lebensmittel, können Sie gar nicht exakt den Lagerbestand Ihrer Produkte bestimmen. Denn zu dem Zeitpunkt, zu dem Sie den genauen Lagerbestand kennen, kann der Artikel in der stationären Filiale theoretisch erneut gekauft worden sein. Die Konsequenz ist die Darstellung von nicht korrekten Lagerbeständen oder der Aufbau von eigens für den Online-Shop genutzten Lagern innerhalb jener Filiale. Letzterer Ansatz ist jedoch recht starr und auch mit höheren Kosten verbunden, da Sie letztendlich Ware nur für einen Kanal »blockieren«, der diese Ware gegebenenfalls gar nicht benötigt.

1 Alle Details zur Studie finden Sie unter: *https://web.archive.org/web/20170419071858/https://www.locafox.de/blog/click-and-collect-der-grosse-unterschied-zwischen-buy-and-collect-und-reserve-and-collect/*

Auf der anderen Seite, deswegen ist Click & Collect entsprechend bei den Konsumenten beliebt, bringt diese Liefermethode viele Vorteile mit sich, die Sie in Abbildung 5.4 sehen.

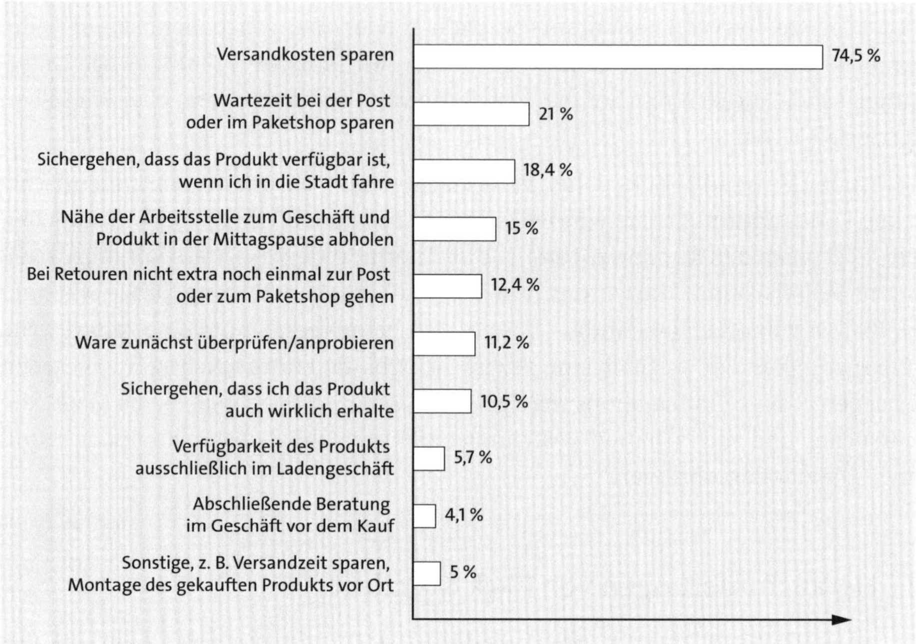

Abbildung 5.4 Warum holen Kunden bestellte Ware im Ladengeschäft ab? Die meisten Konsumenten schätzen die nicht vorhandenen Versandkosten bei Click & Collect. (Quelle: ECC Köln, 2014)

Speziell die Versandkosten, die bei Click & Collect entfallen, werden von den Konsumenten sehr geschätzt. Besonders bei geringen durchschnittlichen Warenkorbwerten entsteht so ein Anreiz für Click & Collect. Je höher die Warenkorbwerte sind, desto unattraktiver wird hingegen dieser Vorteil, da sich in diesem Fall die Versandkosten in den Produktpreis einrechnen lassen und dem Kunden somit ein kostenfreier Versand angeboten werden kann.

Wie Sie sehen, hat Click & Collect seinen Reiz. Weitere Details möchte ich Ihnen an dieser Stelle jedoch ersparen, da Click & Collect wirklich nur für einen ganz kleinen Teil der Online-Händler überhaupt infrage kommt. Denn ohne Filialen können Sie diese Versandmethode nicht anbieten, und der Aufbau eines Filialnetzes ist im ersten Schritt mit horrenden Kosten verbunden.

Click & Collect für Filialisten zu Covid-19

Tatsächlich hat Click & Collect während der Covid-19-Pandemie den einen oder anderen Händler gerettet. Als die Geschäfte geschlossen waren, konnten dennoch Produkte bestellt werden. Covid-19 hatte aber speziell auf Versanddienstleister weitgehende Folgen, weswegen es hier auch zu massiven Verzögerungen durch Überlastungen kam. Click & Collect war daher für viele eine angenehme Alternative, lokale Händler zu unterstützen, die Vorzüge eines Webshops zu nutzen und schnell an Waren zu kommen.

5.3 Versand im Fall digitaler Güter

Bevor wir auf den nächsten Seiten in Details springen, soll an dieser Stelle auch das Thema »Digitale Güter« zumindest kurz behandelt werden. Natürlich ist der »Versand« wesentlich einfacher, wenn Sie keine physischen Produkte vertreiben. Eine Softwarelizenz muss nicht via DHL versendet werden, Retouren landen nicht in einem Lager, und grundsätzlich haben Sie wesentlich geringere Kosten bei der Auslieferung.

All das stimmt so weit, aber auch hier steckt der Teufel wieder im Detail. Denn wenn Sie digitale Güter verkaufen, erwartet der Kunde im Anschluss zur Bestellung ebenfalls einen reibungslosen und vor allem schnellen »Versandprozess«. Die Erwartungshaltung ist sogar noch höher, da es sich schließlich nur um ein digitales Produkt handelt. Die Technik im Hintergrund – es kommt natürlich immer auf das jeweilige Produkt an – sollte aber nicht kleingeredet werden. In der Regel müssen Lizenzserver angebunden werden, und auch die Bereitstellung der Zugangsdaten bzw. Lizenzschlüssel muss vollautomatisch erfolgen. Das kann in Summe sogar komplexer sein als der einfache Versand eines Produkts per DHL. Behalten Sie daher bitte stets im Hinterkopf, dass auch die Auslieferung digitaler Güter einen Versandprozess beinhaltet, der im Idealfall komplett automatisiert abgebildet wird. Nur so schaffen Sie es, Ihre Kunden zufriedenzustellen.

5.4 Einordnung des Versands im Bestellbearbeitungsprozess

Betrachtet man den gesamten Bestellbearbeitungsprozess, zählt der Versand zu den finalen Tätigkeiten, die Sie als Shop-Betreiber abwickeln müssen (siehe Abbildung 5.5).

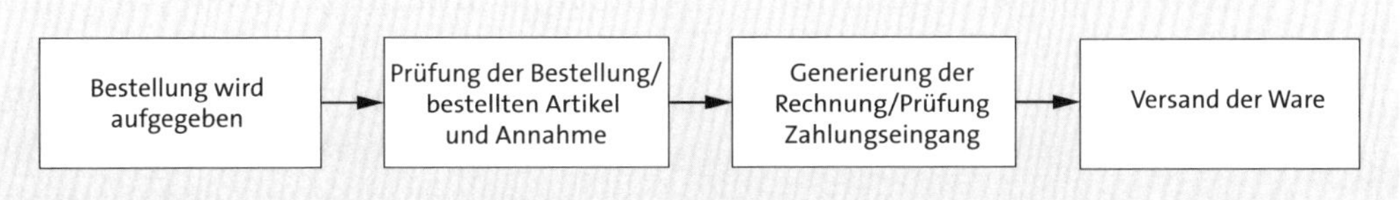

Abbildung 5.5 Beispielhafter Bestellbearbeitungsprozess

Sie haben die Ware zwar schon verkauft und Umsatz gemacht, dennoch kann auch in diesem letzten Schritt noch einiges schiefgehen. Denn durch das vierwöchige Widerrufsrecht kann ein Kunde, wenn ihm der tatsächliche Versand zu lange dauert oder die Ware gar nicht auf Lager ist, schnell bei der Konkurrenz kaufen und Ihre Lieferung direkt widerrufen oder nach Erhalt zurücksenden. Sie als Shop-Betreiber tragen so gesehen immer ein gewisses Risiko. Denn mit dem Verkauf der Ware schreiben Sie zwar unmittelbar Umsatz, dieser ist aber nicht sicher und kann Ihnen innerhalb der ersten vier Wochen vom Kunden ganz problemlos wieder genommen werden. Unserer Erfahrung nach wirkt sich ein zu langsamer Versand speziell auf Plattformen wie Amazon oder eBay äußerst negativ aus. Denn Konsumenten sind auf diesen Plattformen schnelle Lieferzeiten gewohnt. Wenn Sie aber erst nach einigen Tagen die Ware versenden, widerrufen Kunden meistens zu diesem Zeitpunkt schon wieder die Bestellung. Sie haben damit eine sichere Retoure und müssen auch zwangsläufig die Kosten für die Retoure tragen. Dadurch entstehen Ihnen massenhaft Kosten, und Ihre Reputation leidet durch negative Bewertungen. Sorgen Sie daher speziell auf externen Marktplätzen für geschmeidige und optimierte Versandprozesse.

Umso bitterer ist diese Tatsache, da Ihnen Prozesskosten für die Bearbeitung der Bestellung entstehen und Rückläufe oftmals gar nicht mehr verkauft werden können, wie Sie im Verlauf des Kapitels noch sehen werden. Wie schaffen Sie es also, dass der Kunde auch in diesem letzten Schritt nicht verärgert wird und der Prozess problemlos durchlaufen werden kann?

5.5 Auswahl des Versanddienstleisters

Als Shop-Betreiber müssen Sie sich auf einen oder mehrere Versanddienstleister festlegen. Doch der Markt ist groß: Neben DHL, UPS, TNT, DPD oder Hermes gibt es auch eine Vielzahl von kleineren Versanddienstleistern oder Speditionen, die die Bestellungen aus Ihrem Online-Shop zu Ihren Kunden bringen. Bei der Auswahl des »richtigen« Versanddienstleisters spielen viele Punkte eine wichtige Rolle, weswegen Ihre Wahl bedacht ausfallen sollte. Denn am Ende des Tages ist nicht nur der Preis ausschlaggebend. Werben Sie mit dem »falschen« Versanddienstleister in Ihrem Online-Shop, kann sich dies schon negativ auf die Conversion-Rate auswirken oder eben beim Erhalt der Ware für Unmut sorgen.

Der Branchenprimus Amazon hat in Deutschland von Beginn an Pakete immer mit DHL versendet. Im Jahr 2009 wurde zusätzlich zu DHL Hermes ins Programm genommen, vermutlich aus Kostengründen. Denn es ist kein Geheimnis, dass DHL nicht der billigste aller Versanddienstleister am Markt ist. Ein vermeintlicher Sieg für Amazon, denn Kosten wurden reduziert, und es geht doch nur um den Transport einer Bestellung von A nach B. Weit gefehlt! Sie können ja einmal in einer ruhigen Minute mithilfe von Google nach Amazon und Hermes suchen und werden sicherlich verwundert feststellen, wie viele Diskussionen, meist negativer Art, es diesbezüglich in den Amazon-Foren gibt. Hier äußern sich Kunden, die sich über verspätete Lieferungen beschweren, deren Pakete beschädigt ankamen oder einfach in den Garten des Nachbarn gestellt wurden. Fehler können natürlich immer passieren, auch bei anderen Versanddienstleistern. Diese Fehler führen zu Frustration bei Kunden, auch wenn Sie als Amazon-Kunde bei einer Beschwerde sehr häufig mit einem kleinen Gutschein besänftigt werden. Hat daher unter dem Strich die Reduzierung der Versandkosten durch die Wahl eines günstigeren Anbieters wirklich so viel mehr gebracht, wenn negative Presse und Gutscheinaktionen die Konsequenz sind?

Amazon baut eigenen Versanddienstleister auf

Mittlerweile hat Amazon begriffen, wie wichtig ein optimaler Versandprozess ist, und baut daher einen eigenen »Versanddienstleister« auf, sprich, Amazon transportiert die Pakete selbst. Dadurch ist Amazon wesentlich flexibler, kann pro Tag mehr Pakete ausliefern und den Kunden einen optimalen Service bieten. Dieser USP, den aktuell nur Amazon besitzt, vergrößert die Vormachtstellung von Amazon weiter, was jedoch im ersten Moment den Kunden von Amazon zugutekommt.

Bevor Sie also bei verschiedensten Versanddienstleistern Angebote einholen, sollten Sie sich im Vorfeld Gedanken zu den folgenden Punkten machen und basierend auf diesen Erkenntnissen eine Auswahl treffen. Denn der Preis allein ist nicht alles!

5.5.1 Haben Sie viele unterschiedliche Produkte?

Es klingt banal, aber überlegen Sie zuallererst, welche Produkte Sie über Ihren Online-Shop vertreiben möchten und wie diese aufgebaut sind. Verkaufen Sie größtenteils ähnliche Artikel, bezogen auf Gewicht und Größe, oder haben Sie beispielsweise von der Batterie bis zum Notebook unterschiedlichste Artikel im Sortiment? Wenn Ihre Artikel alle eine ähnliche Größe sowie ein ähnliches Gewicht haben, müssen Sie im Folgenden auch nur einen Versanddienstleister ermitteln, der Ihnen genau diese Produktkategorie möglichst gut befördert. Sind Ihre Artikel recht unterschiedlich, kann es notwendig sein, unterschiedliche Versanddienstleister mit ins Boot zu holen. Kleinteile versenden Sie dann per Post oder als DHL-Päckchen. Die großen Artikel müssen Sie gegebenenfalls per Spedition versenden. Machen Sie sich daher eine Liste mit allen Artikeln, die Sie haben, und charakterisieren Sie diese. Eine solche Liste könnte dabei wie in Tabelle 5.1 aussehen.

In der Tabelle sind exemplarisch das Gewicht und die Größe als Bezugspunkte gewählt. Das liegt vor allem an der Kostenberechnung der Versanddienstleister. Wenn Sie, das kennen Sie sicherlich aus dem privaten Bereich, bei der Post ein Paket versenden, wird der Preis durch das Gewicht und die Größe bestimmt. Das gilt im Prinzip auch im E-Commerce für einen Großteil der Online-Shop-Betreiber.

	< 100 g	bis 500 g	ab 1 kg	1–2 kg	> 2 kg
10 × 10 cm	10	24	0	0	0
25 × 25 cm	300	8	1	2	0
50 × 50 cm	1	25	1	3	0
100 × 100 cm	0	10	12	11	2

Tabelle 5.1 Charakterisierung der Online-Shop-Artikel – Eingrenzung der Artikel auf Basis von Größe und Gewicht

Aber Vorsicht, es hängt von Ihren Produkten ab! Wenn Sie empfindliche Artikel versenden, zum Beispiel Wein oder Porzellan, dann müssen Sie dies in Ihrer Matrix berücksichtigen. Das gilt auch, wenn Sie zeitkritische Artikel wie Ersatzteile versenden. Wenn es bei Ihnen Artikel gibt, die schlicht und einfach am nächsten Tag bei Ihren Kunden ankommen müssen, dann müssen Sie diese Expresszustellung auch bei der Wahl des Versanddienstleisters berücksichtigen. Bezogen auf Tabelle 5.1 würden Sie als Shop-Betreiber einen Versanddienstleister wählen, der vor allem kleine und leichte Produkte schnell versenden kann. 10 × 10 cm unter 100 g können Sie in einem Luftpolsterumschlag versenden, als möglicher Versender wäre also die Post eine Option. Wenn es sich hierbei aber um einen leicht zerstörbaren Artikel handelt, ist eine gewisse Polsterung notwendig. Das Paket wird also größer und schwerer, und somit ist ein Versand per Luftpolsterumschlag eventuell gar nicht mehr möglich.

Einen Sonderfall stellen übrigens alle Artikel dar, die per Spedition versendet werden müssen. Oftmals können Sie im Vorfeld, ohne den exakten Warenkorb und damit den Umfang der Lieferung zu kennen, gar keine Kosten für die Sendung ermitteln. Sobald Sie daher Ihre Artikel per Spedition versenden müssen, läuft es erfahrungsgemäß auf eine Mischkalkulation hinaus. Hierbei ist es also wesentlich schwerer, den perfekten Versanddienstleister zu finden.

Grundsätzlich gilt: Analysieren Sie zuerst Ihre Artikel, und charakterisieren Sie diese anschließend. Anhand dieser Informationen können Sie anschließend den Kreis der Versanddienstleister stark einengen.

5.5.2 In welche Länder versenden Sie Ihre Artikel?

Deutschland, Österreich und die Schweiz? Europa oder doch gleich die ganze Welt? Machen Sie sich auf jeden Fall Gedanken darüber, in welche Länder Sie versenden möchten, denn dies hat einen erheblichen Einfluss auf Ihren Versanddienstleister. Erfahrungsgemäß neigen viele Online-Shop-Betreiber in diesem Punkt zum »Größenwahn« und möchten im ersten Schritt alle Länder, die es gibt, beliefern. Denn wenn man das nicht tut, geht einem ja Umsatz verloren. Spinnen wir den Gedanken einmal weiter und gehen davon aus, Sie möchten einen Versand nach ganz Europa ermöglichen. Sie wählen einen Dienstleister, der nicht nur in Deutschland schnelle Lieferzeiten garantiert, und haben dadurch eventuell pro Paket etwas höhere Kosten als bei der Konkurrenz, aber dafür können Sie den Versand in ganz Europa abdecken. Ihr Online-Shop geht live, und Sie erhalten in den ersten Monaten keine einzige Bestellung mit Lieferanschriften außerhalb von Deutschland.

Für welche Versandländer Sie sich entscheiden, hat absolut nichts mit der Wahl des Versanddienstleisters zu tun! Die Strategie bestimmt die Länder und nicht die Möglichkeiten des Versanddienstleisters. In welche Länder Sie liefern, ist ausschließlich eine strategische Entscheidung, wie Sie in den anderen Kapiteln sehen werden. Denn es bringt Ihnen nichts, den Versand nach Frankreich zu ermöglichen, wenn Ihr Online-Shop gar nicht in einer französischen Variante vorliegt. Und den Versand nach Russland müssen Sie auch nicht ermöglichen, wenn Ihre Artikel, aus welchen Gründen auch immer, in Russland überhaupt nicht nachgefragt werden. Das reine Können ist nämlich in erster Linie vollkommen unwichtig. Die Praxis zeigt jedoch, dass viele Shop-Betreiber genau danach handeln und sich keine Möglichkeiten verbauen möchten. Das ist jedoch ein rein theoretisches Spiel. Schauen Sie lieber nach Ihren aktuellen Anforderungen, erfüllen Sie diese, und denken Sie nicht darüber nach, was theoretisch in einigen Jahren relevant werden kann. Angenommen, Sie versenden nur innerhalb von Deutschland: Wählen Sie dann lieber einen guten Anbieter, der das deutsche Gebiet beherrscht, als einen Allrounder, der Ihre Pakete sowieso nie über die Grenze befördert, da keine entsprechenden Aufträge vorliegen.

Die Wahl der erlaubten Versandländer sollten Sie daher primär davon abhängig machen, ob Sie in diesen Ländern mit einer lokalisierten Version Ihres Online-Shops vertreten sind oder ob es in diesen Ländern genügend deutschsprachige Personen gibt, die Ihre Artikel nachfragen.

Der Sonderfall mit der Schweiz

Shop-Betreiber in Deutschland neigen gerne dazu, Österreich und die Schweiz aufgrund der fehlenden Sprachbarriere als Versandoptionen anzubieten. Österreich ist dabei in der Regel kein Problem, die Schweiz dagegen schon. Beachten Sie, dass Sie sich beim Versand in die Schweiz auch um Themen wie Verzollung, Zollgebühren und die Rückabwicklung bei der Nutzung des Widerrufsrechts kümmern müssen. In der Praxis ist es nicht selten so, dass ein Rückläufer aus der Schweiz gleich den Gewinn mehrerer Sendungen auffrisst. Daher müssen Sie dieses Szenario von Anfang an gut durchrechnen. Werfen Sie für weiterführende Informationen einen Blick in Kapitel 15, »Internationalisierung – neue Märkte erschließen, Zielgruppen erweitern und Umsätze steigern«.

Ein kleiner Tipp bei der Bestimmung der Versandoptionen: Schauen Sie einfach regelmäßig mit einem Webanalysetool, wie beispielsweise Google Analytics, die aktuellen Zahlen Ihres Online-Shops im Hinblick auf Zugriffsländer an. Wenn Sie feststellen, dass sehr viele Zugriffe aus der Schweiz, Frankreich und Italien erfolgen, können Sie diese Länder immer noch den Versandoptionen hinzufügen. Aber starten Sie im ersten Schritt klein, und kümmern Sie sich zunächst um den reibungslosen Versand in Deutschland.

5.5.3 Welche Rolle spielt die Geschwindigkeit?

Je nach Zielgruppe und Branche spielt die Geschwindigkeit eine große oder sehr große Rolle. Grundsätzlich erwarten Kunden im Regelfall einen Versand innerhalb von maximal 24 Stunden. Im besten Fall bestellt man daher an einem Montagnachmittag und bekommt an einem Dienstagmorgen das Paket. Diese Erwartungshaltung bezieht sich aber primär auf die klassischen Konsumgüter wie Bücher, DVDs oder Elektronikartikel. Heutzutage wird aber wesentlich mehr online verkauft, zum Teil hochkomplexe Artikel. Ein Kunde von uns verkauft zum Beispiel individuell konfigurierbare Zäune aus Aluminium. Wenn Sie in diesem Online-Shop Ihren persönlichen Zaun konfigurieren und bestellen, wird dieser für Sie produziert, das heißt, der Artikel kann gar nicht auf Lager liegen. Hierbei ergeben sich gewisse Versandzeiten schon aufgrund der Fertigungsdauer. Sie können als Online-Shop-Betreiber den Artikel gar nicht am nächsten Tag zustellen. Wenn Sie daher einen Artikel verkaufen, bei dem die Fertigung gegebenenfalls drei bis vier Wochen benötigt, spielt ein nachgelagerter Expressversand oder eine grundsätzlich sehr schnelle Zustellung keine große Rolle. Natürlich ist es für Ihre Kunden schön, Artikel so schnell wie möglich zu erhalten, aber ob sie vier Wochen oder einen Tag länger warten, erzürnt die wenigsten Kunden. Die Lieferzeit muss daher immer im Kontext der Produkte und der Zielgruppe gesehen werden, auch wenn pauschal gilt: je schneller, desto besser.

5.5.4 Benötigen Ihre Artikel einen speziellen Schutz?

Als bekennende E-Commerce-Fans bestellen wir so gut wie alle Artikel online. Dabei machen wir auch vor alltäglichen Bedarfsgütern wie Deo, Duschgel oder Shampoo keinen Halt. Gerade die klassische Drogerie wie dm oder Rossmann führt unserer Meinung nach hervorragende Produkte für den Vertrieb im Internet. Die Retourenquote dürfte relativ gering sein, denn wer schickt schon ein Shampoo für 2 € wieder zurück und macht sich die gesamte Mühe der Rückabwicklung? Auch sind die Artikel relativ klein und handlich, zudem bestellen die Kunden im Gegensatz zur Modebranche nicht möglichst viel in unterschiedlichen Größen, um es erst einmal zu testen. Ebenso dürfte sich das Einkaufsverhalten der Kunden nicht stark ändern; wer einmal das Shampoo einer bestimmten Firma gekauft hat und zufrieden war, wird dieses wieder kaufen. Eigentlich die perfekte Branche mit den perfekten Produkten für den E-Commerce, wäre da nicht das Thema Verpackung. Denn wenn Sie als Online-Shop-Betreiber bei der Verpackung schludern, wird Ihnen genau das passieren, was einem von uns vor einiger Zeit passiert ist und was Sie in Abbildung 5.6 sehen können.

Abbildung 5.6 Nach dem Einkauf ist vor dem Einkauf – verärgern Sie Ihre Kunden nicht mit einer solchen Lieferung.

In dem konkreten Fall hat der Online-Shop für relativ wenige Artikel eine recht große Verpackung gewählt und diese nicht mit Polstermaterial wie Zeitungen oder Luftpolsterfolie aufgefüllt. Es entstand also ein relativ großer Leerraum innerhalb der Verpackung, der wohl dazu geführt hat, dass ein Produkt, nämlich das Duschgel, aus welchen Gründen auch immer ausgelaufen ist. Dies hat dann die halbe Verpackung zerstört und natürlich die restlichen Artikel des Pakets ruiniert. Als Kunde ahnen Sie das Desaster schon, noch bevor Sie den Karton aufmachen.

Was soll Ihnen diese Geschichte sagen? Natürlich kann es immer einmal vorkommen, dass ein Paket bzw. ein Produkt beschädigt ankommt, aber als Shop-Betreiber haben Sie die Pflicht, alles dafür zu tun, dass die Wahrscheinlichkeit möglichst gering ist. Und das fängt bei der Wahl der Versandverpackung, der Verpackungsart samt Polsterung und der Wahl des Versanddienstleisters an. Denn auch hier gibt es gravierende Unterschiede, oder warum denken Sie, dass der eine Dienstleister wesentlich günstiger ist als der andere? Machen Sie sich also Gedanken, ob und, falls ja, welche Artikel bei Ihnen einen besonderen Schutz benötigen und wie Sie dies beim Versand berücksichtigen können. Wenn Sie beispielsweise Wein oder Spirituosen versenden, benötigen Sie hierfür spezielle Kartons, die ein Inlay haben, das sich um die Positionierung und die Stabilität der Flaschen kümmert. Wenn Sie Gemälde verschicken, müssen Sie bedenken, diese mehrmals mit Luftpolsterfolie zu umwickeln und kratz- und stoßsicher zu verpacken. Verkaufen Sie Elektronikartikel wie LCD-Displays oder Fernsehgeräte, müssen Sie diese auch speziell schützen.

Übrigens, der Versandschaden ist schon vor Jahren passiert; seit diesem Zeitpunkt hat der Betroffene vor allem aufgrund der Reaktion des Kundenservice so gut wie nichts mehr bei diesem Online-Shop bestellt. Auch Ihr Online-Shop lebt von Bestandskunden: Vergraulen Sie sie nicht, indem Sie an den falschen Stellen sparen.

5.5.5 Wünschen Ihre Kunden die Lieferung an eine Packstation?

Wenn Sie oft online bestellen, so gut wie nie zu Hause sind und aus irgendwelchen Gründen eine Anlieferung der Pakete im Büro nicht gestattet ist, haben Sie ein Problem: Die Lieferungen können Ihnen nicht zugestellt werden. Dieses Problem hat DHL vor etwas mehr als einem Jahrzehnt entdeckt und daraufhin Packstationen eingeführt.

Packstationen sind dabei nichts anderes als Stationen, an die DHL Pakete anliefert oder von dort auch wieder einsammelt. Zurzeit gibt es in Deutschland rund 8.500 solcher Packstationen, gerade in größeren Städten sollten Sie relativ wahrscheinlich auf eine Packstation zugreifen können. Für das Jahr 2023 sind sogar 12.000 Packstationen prognostiziert!

Der Vorteil der Packstation besteht darin, dass zu jeder Uhrzeit Pakete angeliefert und auch wieder abgeholt werden können. Wenn Sie als Privatkunde daher einfach das Problem haben, nicht da zu sein, wenn die Post bzw. der Versanddienstleister kommt, dann ist die Packstation eine hervorragende Alternative. Das erzeugt aber wiederum bei Ihnen als Online-Shop-Betreiber eine Anforderung, denn die Lieferung an Packstationen ist nur über DHL bzw. die Deutsche Post möglich. Die Packstation selbst kann Pakete, Päckchen, Großbriefe, Maxibriefe, Bücher- und Warensendungen entgegennehmen. Wenn Sie daher nicht gerade Artikel versenden, die eine enorme Größe haben, sollte die Packstation kein Problem darstellen.

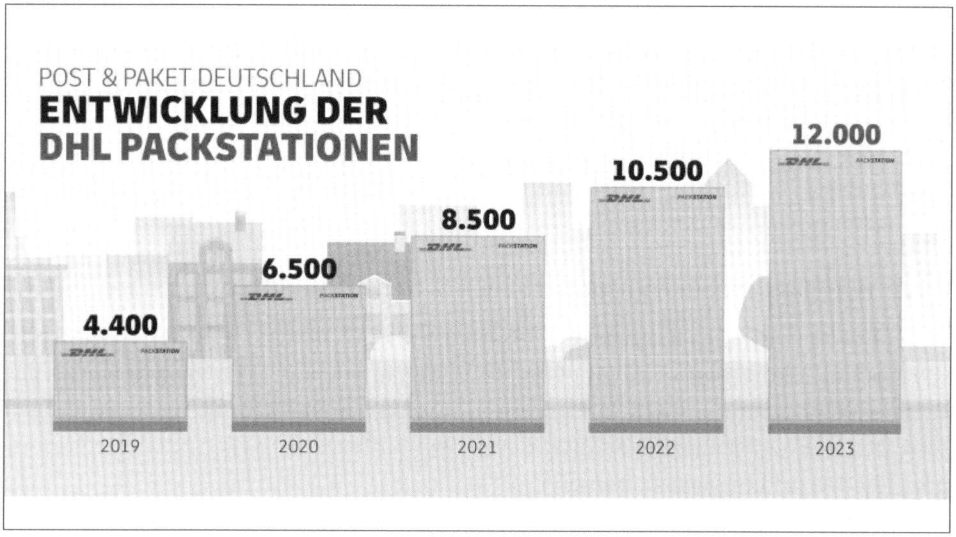

Abbildung 5.7 Die Anzahl der Packstationen hat rasant zugenommen. (Quelle: dpdhl.com)

Für den Kunden oder auch Sie ändert sich bei der Anlieferung an eine Packstation recht wenig. Das Wichtigste ist, dass Ihr Kunde sie entsprechend bei der Anschrift vermerkt, die beispielsweise wie folgt aussieht:

Hans Mustermann
12345678
Packstation 123
12345 Musterstadt

Ihr Kunde muss dabei neben seinem Namen auch die Postnummer eingeben, die ihm zugeteilt wurde. Für den Kunden ist die Nutzung einer Packstation daher eine praktische Möglichkeit, die aber nur von diesem einen Versanddienstleister angeboten wird. Auch das kann also Ihre Wahl beeinflussen. Machen Sie sich daher schlau, welche Zielgruppen speziell auf Packstationen setzen, und prüfen Sie, ob diese mit der von Ihnen anvisierten Zielgruppe eine Schnittmenge bilden. Eventuell sprechen Sie ja exakt die Kunden an, die positiv auf Packstationen reagieren. Sollte das der Fall sein, müssen Sie sich überlegen, ob Sie DHL zumindest als eine Alternative unter Ihren Versanddienstleistern aufnehmen.

5.5.6 Wie kommt das Paket zum Versanddienstleister?

Eine interessante Frage für Sie als Shop-Betreiber: Wie kommen Ihre Pakete eigentlich zum Versanddienstleister? Das ist speziell, wenn Sie bei Ihren Artikeln auf eine Spedition setzen müssen, eine berechtigte Frage, denn nicht alle Versanddienstleister holen die Ware direkt bei Ihnen ab, sondern erwarten selbst eine Anlieferung.

Wenn Sie sich verschiedene Versanddienstleister anschauen, sollten Sie daher auf jeden Fall prüfen, wie die Warenanlieferung erfolgt. Hier spielt auch die Taktung eine Rolle, das heißt, bis zu welcher Uhrzeit können Pakete angeliefert werden, wie oft pro Woche ist eine Anlieferung möglich und sonstige Gegebenheiten, die Sie auf jeden Fall berücksichtigen sollten. Fragen Sie daher bei den Versanddienstleistern nach, wie dieser Prozess gelöst wird.

5.5.7 Was passiert bei Transportschäden?

In der Praxis kommt es häufiger vor, als man denkt, dass eine Lieferung Mängel aufweist oder gar komplett beschädigt beim Kunden ankommt. Erinnern Sie sich an das Beispiel einer Sendung mit ausgelaufenem Duschgel aus Abschnitt 5.5.4, »Benötigen Ihre Artikel einen speziellen Schutz?«. Aber wer haftet letztendlich bei einem Transportschaden und muss nachbessern?

Sobald der Verkäufer die Ware an den Transportdienstleister übergeben hat, trägt normalerweise der Kunde das Risiko des Verlusts bzw. der Beschädigung. Dies ist in § 447 des BGB geregelt. Eine Ausnahme wird jedoch bei beweglichen Sachen gemacht. Hier gilt § 447 BGB nicht, sondern der Online-Shop-Betreiber trägt die Verantwortung dafür, dass die Ware unbeschadet beim Kunden ankommt. Heißt im Klartext: Sobald Sie in Ihrem Online-Shop bewegliche Sachen verkaufen, was in 99 % der Fälle zutrifft, tragen Sie als Online-Shop-Betreiber das Transportrisiko. Kommt eine Ware daher beschädigt oder gar nicht an, kann bzw. muss sich Ihr Kunde im ersten Schritt direkt an Sie wenden.

Ausschluss des Transportrisikos über AGB unwirksam

Gemäß § 307 Abs. 1 BGB sind in den AGB jene Bestimmungen unwirksam, die den Vertragspartner unangemessen benachteiligen. Das bedeutet: Sie können das Transportrisiko nicht auf den Kunden abwälzen. Sie dürfen daher in Ihre AGB keine Klauseln integrieren, wie beispielsweise: »Das Transportrisiko trägt der Käufer.« Diese sind schlicht unwirksam.

Sie werden sich vermutlich fragen, warum Sie als Online-Shop-Betreiber dafür verantwortlich sind, wenn Ihr Transportdienstleister Mist baut und die Ware beim Kunden beschädigt anliefert. Wäre es da nicht naheliegend, nicht dem Kunden das Transportrisiko zu übertragen, sondern dem Transportdienstleister? Dies ist jedoch rechtlich nicht möglich. Laut § 309 Ziff. 7 b) BGB können Sie die Haftung für Schäden oder Verzögerungen nicht auf das Transportunternehmen übertragen. Dieses wird als »Erfüllungsgehilfe« des Händlers angesehen, das heißt, »verbockt« Ihr Transportdienstleister etwas, haftet der Händler, also Sie.

Wenn Ihr Kunde bei einer Anlieferung einen Transportschaden entdeckt, hat er mehrere Möglichkeiten, mit dieser Situation umzugehen. Entweder macht Ihr Kunde von seinem Widerrufsrecht Gebrauch; dann kann er die Ware zurücksenden, und Sie müssen ihm den Kaufpreis erstatten. Alternativ kann er sich auf seine Gewährleistungsrechte berufen, was für Sie eine erneute Lieferung bedeutet. Für Sie als Online-Shop-Betreiber bedeuten beide Varianten im ersten Moment einen Verlust, da die eigentliche Lieferung auf Ihre Kappe geht und Sie dem Kunden die Artikel erneut zusenden müssen. Gerade bei sehr geringen Margen und niedrigen Bestellwerten können Ihnen schon bei der zweiten Lieferung die Versandkosten den Gewinn kaputt machen, die eigentlichen Artikel noch gar nicht eingerechnet. Deswegen ist es für Sie als Online-Shop-Betreiber umso wichtiger, sich gegen Transportschäden bzw. Mängel abzusichern.

Vorsicht im B2B-Geschäft

Die oben aufgeführten Regelungen beziehen sich rein auf das Geschäft mit Privatkunden. Wenn Sie Geschäftskunden beliefern, trägt tatsächlich wie in § 447 BGB geregelt der Käufer das Transportrisiko. Erhält in diesem Fall Ihr Kunde eine kaputte Sendung, so ist das im ersten Schritt das Problem des Käufers.

Bei dem Versanddienstleister DHL werden beispielsweise Pakete von Haus aus gegen Verlust oder Beschädigung bis 500 € versichert. Wenn Sie Warensendungen mit höheren Werten versenden, können Sie die Sendung bis zu 25.000 € zusätzlich absichern lassen. Aber auch hierbei ist Vorsicht geboten. Werfen Sie einmal einen Blick in das »Kleingedruckte« von DHL.[2] Hierin ist definiert, was versichert ist und welche Schäden beispielsweise ausgeschlossen werden. Hier lässt speziell ein Absatz aufhorchen: »Schäden, die durch fehlende oder mangelnde Verpackung oder Vorbereitung der Sendung Ihrerseits entstanden sind«, werden nicht übernommen. Denn wenn es hart auf hart kommt und beispielsweise ein Fernseher einen Transportschaden erleidet, muss erst einmal darüber diskutiert werden, ob denn die Verpackung auch in Ordnung war. Und in der Regel gibt es hierbei kein Richtig oder Falsch, und man ist auf die Kulanz des Transportdienstleisters angewiesen.

In der Praxis kommt es daher nicht selten vor, dass Sie als Shop-Betreiber auf den Kosten eines Transportschadens sitzen bleiben, da der Kunde immer aus dem Schneider ist und Sie sich mit Ihrem Versanddienstleister darüber streiten dürfen, wann, wo und wie der Schaden entstanden ist und ob Sie alles unternommen haben, um die Sendung auch möglichst sicher zu verpacken.

2 Die Informationen zur Transportversicherung finden Sie unter: *https://www.dhl.de/content/dam/images/pdf/GK/Services/dhl-infoblatt-transportversicherung-de-092021.pdf*

5.5.8 Ist ein Tracking möglich?

Die Nachverfolgung von Paketen ist heutzutage ein gewünschtes Feature, denn dadurch können Ihre Kunden sehen, wo das Paket aktuell ist und ob es beispielsweise eventuell schon bei einem Nachbarn abgegeben wurde. Achten Sie daher bei der Wahl Ihres Versanddienstleisters darauf, ob ein Tracking angeboten wird. Auch müssen Sie in Erfahrung bringen, wie die sogenannten Trackingcodes abgefragt werden können, sodass Sie diese wiederum in Ihren Online-Shop integrieren können. Aktuell bieten alle großen Versanddienstleister wie DHL, UPS, Hermes & Co. eine Trackingfunktionalität an, erfahrungsgemäß müssen Sie aber speziell bei Speditionen detailliert nachfragen, welche Trackingmöglichkeiten bestehen und genutzt werden können. Interessant ist vor allem die Integration des Trackings in den eigenen Online-Shop, daher spielen Schnittstellen und Webservices eine wichtige Rolle. Erörtern Sie, inwiefern Sie die Daten von dem Versanddienstleister abfragen und in den eigenen Shop integrieren können.

5.5.9 Liefert der Versanddienstleister direkt zum Kunden?

Sie werden nun vermutlich etwas verwundert auf die Überschrift schauen, denn die primäre Aufgabe eines Versanddienstleisters besteht doch darin, Pakete direkt zum Kunden zu liefern. Da haben Sie recht, jedoch spielt vor allem Hermes gerade mit der Idee, höhere Kosten für die direkte Zustellung zu einem Kunden zu verlangen. Ist dies nicht gewünscht, werden die Pakete einfach in einem Hermes-Paketshop abgegeben. Aktuell handelt es sich hierbei noch nicht um eine beschlossene Sache, Sie sollten jedoch das Thema im Hinterkopf behalten. Erfahrungsgemäß wünschen Konsumenten aus Gründen der Einfachheit eine direkte Zustellung. Sollte diese jedoch mit höheren Kosten verbunden sein, werden sowohl Konsumenten als auch Sie als Shop-Betreiber, der vermutlich einen Teil der Kosten tragen muss, unglücklich sein.

5.5.10 Zustellversuche

Die Frage nach den Zustellversuchen ist primär eine Frage des Kundenservice. Angenommen, ein Paket kann Ihrem Kunden nicht zugestellt werden, was soll als Nächstes passieren? Idealerweise wird das Paket am nächsten Tag erneut zugestellt, in der Hoffnung, dass der Kunde dies nun entgegennehmen kann. Dieser Ablauf ist für den Kunden vorteilhaft, da bequem. Er muss nichts Weiteres tun, als einen weiteren Tag abzuwarten. Doch ob ein zweiter Zustellversuch erfolgt, hängt vom Dienstleister ab. Denn es ist auch nicht unüblich, dass das Paket beispielsweise in einem Paketshop oder bei der Post abgegeben wird und der Kunde dies selbst abholen muss. Wenn hierfür keine große Strecke zurückgelegt werden muss, ist das noch verkraftbar, aber es gibt auch Fälle, in denen die Bestellung in einem mehrere Kilometer entfernten Paketshop abgegeben wird und der Kunde erst einmal dorthin fahren muss. Guter

Service sieht anders aus! Daher müssen Sie entscheiden, wie wichtig Ihnen auch beim Thema Versand der Kundenservice ist.

Versandsoftware

Wohlgemerkt ist das kein allzu wichtiger Punkt, aber Sie müssen sich dennoch Gedanken darüber machen. Wenn Sie am Tag mehrere Pakete versenden, können Sie natürlich nicht wie im privaten Rahmen brav Paketscheine ausfüllen und auf das Paket kleben. Hierfür bieten letztendlich alle großen Versanddienstleister Software an, die Ihnen die Arbeit abnimmt und gleich die passenden Paketscheine ausdruckt sowie eine Trackingnummer abfragt. Erörtern Sie im Vorfeld, welche Software ausgeliefert wird und ob Sie diese auch problemlos betreiben können. Selbstverständlich ist das nicht immer. Speziell bei DHL ist hier viel im Umbruch, so wurde unter anderem das bekannte *EasyLog*, das zum Beispiel unter macOS gar nicht ausgeführt werden konnte, abgeschafft. Immer mehr Versanddienstleister verlagern auch die Softwarelösung ins Web, wodurch ein einfacher Browser zur Administration reicht. Schauen Sie sich die Möglichkeiten im Vorfeld aber genau an, und informieren Sie sich auch hinsichtlich vorhandener Schnittstellen. Denn es ist essenziell, dass Ihr ERP oder Ihre E-Commerce-Lösung direkt mit der Versandsoftware kommunizieren kann.

5.5.11 Integration in Ihre E-Commerce-Lösung

Sie werden einen Versanddienstleister, klammern wir kleine Speditionen aus, immer auf irgendeine Art mit Ihrem Webshop verbinden können. Dies ist auch notwendig, oder möchten Sie jeden Tag zig Trackingcodes von Hand aus der Software des Versanddienstleisters in Ihre Online-Shop-Software eintragen? Die Frage ist nur, wie einfach Sie den Versanddienstleister mit Ihrem Online-Shop verbinden können. Fragen Sie daher im Vorfeld, ob bereits fertige Lösungen existieren und genutzt werden können. DHL ist beispielsweise in Verbindung mit Magento relativ stark aufgestellt. Wenn Sie DHL nutzen, haben Sie eine fast nahtlose Integration in Ihren Online-Shop, können direkt Versanddokumente drucken sowie die jeweiligen Trackingcodes abfragen und übernehmen. Das erspart Ihnen im Tagesgeschäft wiederum viel Arbeit. Das sollte für Sie zwar kein entscheidendes Kriterium sein, aber sicherlich berücksichtigt werden.

5.5.12 Kundenservice

Jeder Versanddienstleister ist unterschiedlich »kundenfreundlich«, und zwar zum einen zu Ihnen als Online-Shop-Betreiber und zum anderen zu Ihren Kunden. Wenn es beispielsweise um einen Transportschaden geht, haben einige Anbieter schon vorgefertigte PDF-Dokumente, weshalb sich der Reklamationsprozess relativ schnell durchlaufen lässt:

- **DHL/Deutsche Post**
  www.dhl.de/content/de/de/privatkunden/hilfe-kundenservice/sendungsverfolgung/probleme-loesungen.html
- **TNT**
  https://www.tnt.com/express/de_de/site/shipping-services/insurance/transport-damage.html
- **Hermes**
  www.myhermes.de/content/pdf/hg_schadenmeldung_privatpaketservice.pdf
- **UPS**
  http://forwarding.ups-scs.com/documentcenter/cargoClaimForms/UPS-SCS%20Customercargoclaim_GERMANY_GERMAN_April1_2009.pdf
  bzw. *www.ups.com/de/de/help-center/sri/pay7.page*

Bei anderen Versanddienstleistern müssen Sie hingegen einen Schaden mündlich beim Zustellfahrer melden. Das geht zwar auch, ist aber umständlich.

Wie Sie sehen, gibt es viele Faktoren, die bei der Auswahl des Versanddienstleisters eine Rolle spielen. Sie können aber, das zeigt die Praxis, nicht alle Faktoren beachten und vor allem keinen Anbieter finden, der in allen Bereichen eine Topleistung erbringt. Das ist utopisch und einfach nicht möglich. Daher müssen Sie für sich herausfinden, welche Faktoren ganz speziell für Ihren Online-Shop relevant sind.

Das bereits erwähnte Beispiel des Verkäufers individueller Zäune aus Aluminium bräuchte in erster Linie keinen extrem schnellen Transportdienstleister, wohingegen die Abwicklung im Schadensfall sehr wohl wichtig ist, da eine Lieferung gut und gerne mehrere tausend Euro kostet. Ein anderer Händler, der Handyhüllen und Handyersatzteile vertreibt, muss sich hingegen über Transportschäden bei Produktwerten im einstelligen Eurobereich keine Gedanken machen, seine Kunden wünschen aber eine Zustellung am nächsten Werktag.

Es kommt daher einfach darauf an, was für Sie wichtig ist. Wenn Sie Ihre Faktoren gefunden haben, können Sie gezielt bei verschiedenen Versanddienstleistern anfragen und versuchen, die jeweiligen Stärken einzuordnen und auf dieser Basis eine Entscheidung zu treffen.

5.6 Shipping Service Provider

Da die Wahl des passenden Versanddienstleisters aber gar nicht so einfach ist, könnten Sie unter Umständen auch mehrere Dienstleister anbinden. Sicherlich stellen Sie sich nun die Frage, ob dies den Aufwand nicht enorm erhöht. Denn mehrere Dienstleister anzubinden ist doch wesentlich aufwendiger, als nur einen zum Beispiel USP zu integrieren. Das ist an sich korrekt, aber mittlerweile gibt es auch sogenannte Shipping Service Provider, sozusagen das Pendant zum Payment Service Provider.

Einer dieser Provider ist shipcloud. An dieser Stelle möchten wir Ihnen am Beispiel von shipcloud zeigen, welche Möglichkeiten durch die Nutzung eines solchen Dienstes entstehen. Dabei ist es keine Werbung bzw. Präferenz für diesen Dienstleister. Wenn das Thema für Sie interessant ist, empfiehlt es sich immer, mit mehreren Dienstleistern zu sprechen und zu prüfen, wo man am besten betreut wird und wo die Konditionen passen.

Was macht nun shipcloud als sogenannter SSP? shipcloud selbst verfügt über Integrationen zu den verschiedensten Versanddienstleistern wie Hermes, DPD, DHL etc. Als Shop-Betreiber binden Sie nun aber nicht jeden Dienst einzeln an, sondern Sie verknüpfen Ihren Webshop mit shipcloud. Anschließend haben Sie praktisch die Möglichkeit, jeden Versanddienstleister anzusteuern bzw. diesen zu nutzen. Das ist speziell für den Anfang sicherlich eine sehr gute Vorgehensweise, da shipcloud selbst Konditionen für DHL, UPS und DPD anbieten kann und mit relativ geringen Gebühren startet, wie Sie auch in Abbildung 5.8 sehen. Zudem haben Sie je nach Tarif Ihre eigenen Versandkonditionen, oder eben die von shipcloud. Zugegebenermaßen ist dies vor allem für Einsteiger interessant, sind doch meistens zu diesem Zeitpunkt die eigenen Konditionen nicht die besten, da einfach kein großes Volumen erzeugt wird.

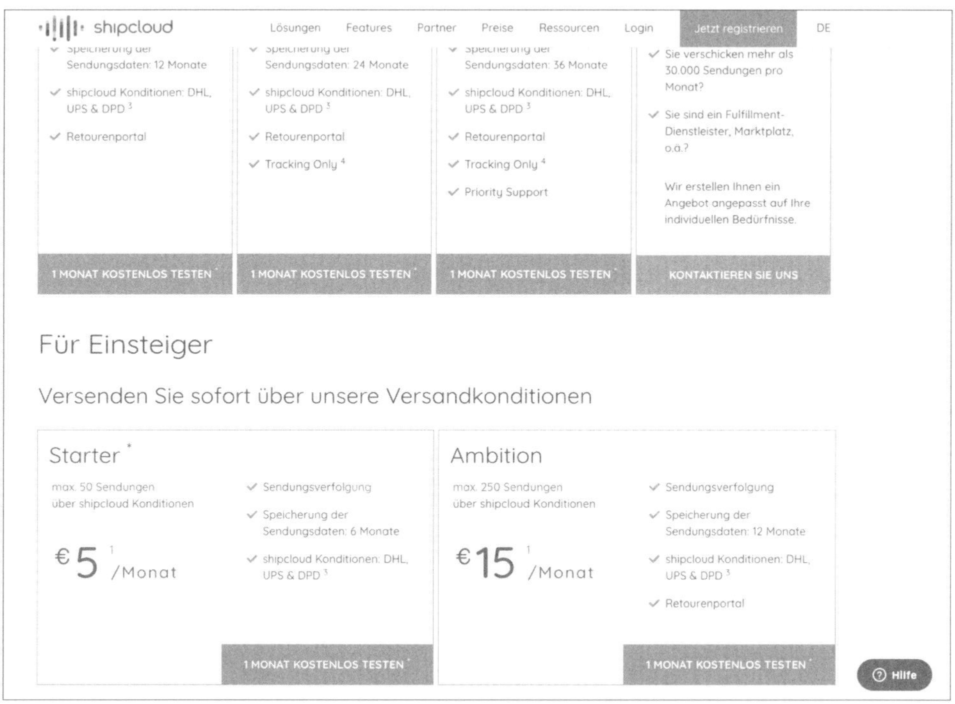

Abbildung 5.8 shipcloud bietet Konditionen ab 5 € im Monat.

Nachdem Sie sich einen Account zugelegt haben – die Registrierung nimmt nur wenige Minuten in Anspruch –, haben Sie innerhalb Ihres Accounts direkt die Möglichkeit, mit dem System zu arbeiten, das heißt, Sendungen zu erstellen, Abholaufträge zu erzeugen, Etiketten zu drucken etc. Die Software lässt sich dabei über APIs aber direkt an Ihre E-Commerce- oder ERP-Lösung anbinden. Zu den unterstützten Lösungen sowohl im Bereich der Webshop-Systeme als auch Versanddienstleister finden Sie mehr unter *www.shipcloud.io/de/partner/integrationen* bzw. *www.shipcloud.io/de/partner/carriers*. Sie werden aber direkt sehen, dass shipcloud relativ viele Lösungen unterstützt, was für Sie vor allem eine niedrige Integrationsschwelle bedeutet.

Neben dem Versand werden zudem die Themen Tracking und Retouren ebenfalls behandelt. Für das Thema Retouren ermöglicht Ihnen der Dienst den Aufbau eines eigenen »Retourenportals«, das heißt einer Interaktionsmöglichkeit für Ihre Kunden, um Retouren zu erstellen bzw. diese zu verwalten. Der Kunde erhält dabei automatisiert ein Retourenlabel als PDF bzw. als Download, und zudem haben Sie die Möglichkeit, mehrere Dienstleister für die Rücksendung anzubieten. Kurzum ist das hier ein enorm spannender Punkt. Denn Retouren sind immer ein Thema, und der Aufbau eines eigenen Retourenbereichs ist oftmals komplex.

Viele Shop-Software-Lösungen können das nicht, und Shop-Betreiber enden nicht selten im manuellen Versand von PDF-Dokumenten und Retourenlabeln. Dieser Dienst nimmt Ihnen diese Arbeit komplett ab und ermöglicht Ihren Kunden einen Selfservice.

Neben den Retouren haben Sie zudem noch mittels Trackingtools die Möglichkeit, den Überblick über die Sendungen zu behalten, bzw. Ihre Kunden können auch auf den Sendungsstatus zugreifen. Grundsätzlich unterstützt Sie der Dienst bei der konstanten Kommunikation mit Ihrem Kunden, wo sich das Paket befindet bzw. wann das Paket beim Kunden eintrifft.

Shipping Service Provider (SSP) können Ihnen einen großen Teil Ihrer Arbeit abnehmen und sind vor allem dann spannend, wenn Sie mit mehreren Versanddienstleistern zusammenarbeiten möchten. Sollte das bei Ihnen der Fall sein, schauen Sie sich gerne shipcloud bzw. Marktbegleiter an, um selbst einen Eindruck zu erlangen.

5.7 Berechnung der Logistikkosten

Gewöhnen Sie sich bei der Berechnung der Versandkosten schon einmal an die berühmt-berüchtigte Mischkalkulation, denn die genauen Versandkosten werden Sie aus unterschiedlichsten Gründen in einem Online-Shop gar nicht exakt bestimmen können.

Für die Berechnung der Versandkosten gibt es verschiedene Ansätze:

- Fixpreis für die Sendung
- Fixpreis pro Artikel
- preisabhängig
- gewichtabhängig
- Zuschläge aufgrund bestimmter Faktoren

Bei dem Fixpreis pro Sendung unterstellen Sie, dass, egal, was der Kunde in Ihrem Online-Shop bestellt, für Sie als Shop-Betreiber die Versandkosten immer gleich hoch sind. Das können Sie beispielsweise immer dann machen, wenn Sie der Meinung sind, in Ihrem Online-Shop wird immer nur ein Artikel bestellt. Denken Sie dabei beispielsweise an einen Online-Shop, der Badewannen oder Duschen verkauft. Wie realistisch ist es, dass ein Besucher gleich zwei Badewannen bestellt? In einem solchen Shop könnten Sie daher schon damit werben, dass bei jeder Bestellung x € Versandkosten fällig werden. Welche Badewanne gekauft wird und ob eventuell noch ein bis zwei Zubehörteile in das Paket gelegt werden, ist für Sie als Shop-Betreiber, was die Versandkosten betrifft, eigentlich egal. Das ist natürlich auch eine Art der Mischkalkulation, die nicht immer aufgehen muss, die aber in 90 % der Fälle sicherlich gut greift.

Eine abgeschwächte Art hiervon wäre eine Kalkulation mit einem Fixpreis pro Artikel. Sie unterstellen im Prinzip, dass Sie für jeden Artikel ein Paket benötigen, ein Paket kostet Sie x €, also sind die Versandkosten x € multipliziert mit der Anzahl der Artikel, die gekauft werden. Mit dieser Kalkulationsvariante müssen Sie aber vorsichtig sein, denn Sie bestrafen damit die Leute, die möglichst viel bestellen möchten. Das ist grenzwertig, aber manchmal notwendig.

Wenn Sie mit Fixpreisen arbeiten, werden Sie feststellen, dass eine gewisse Flexibilität fehlt. Wie Sie beim zweiten Beispiel sehen, bestrafen Sie ja gerade die Kunden, die viel Geld bei Ihnen ausgeben möchten und viele Artikel bestellen. Daher macht es Sinn, die Versandkosten zu staffeln und an eine Bedingung zu knüpfen. Eine Bedingung ist der Bestellwert. Sie kennen das sicherlich von dem einen oder anderen Online-Shop, beispielsweise wenn mit Slogans geworben wird à la: »Ab 100 € Bestellwert entfallen die Versandkosten.« Wenn Sie die Versandkosten von der Bestellsumme abhängig machen, können Sie ab gewissen Grenzen versandkostenfrei liefern oder die Versandkosten eben schrittweise reduzieren. Dieser Mechanismus erlaubt es Ihnen – und dieser Punkt ist nicht zu vernachlässigen –, den durchschnittlichen Warenkorbwert Ihrer Kunden zu beeinflussen und zu steigern. Wenn Sie nämlich wissen, dass Ihre Kunden im Schnitt für beispielsweise 37,80 € bei Ihnen einkaufen, können Sie eine kostenfreie Lieferung ab 40 € anbieten. Wenn Sie diese entsprechend promoten, wird sich der durchschnittliche Warenkorbwert schnell erhöhen, da für Ihre Kunden somit die Versandkosten entfallen. Sie belohnen also diejenigen Kunden, die möglichst viel bei Ihnen bestellen.

Verkaufen Sie schwere Produkte, haben Sie das Risiko, dass die Versandkosten »durch die Decke gehen«, je mehr bei Ihnen bestellt wird. In der Praxis gibt es in Online-Shops den Fall, dass der Versand eines Artikels beispielsweise über UPS gar kein Problem ist, werden aber zwei bis drei Artikel bestellt, benötigt man schon eine Spedition. Nun unterscheiden sich die Kosten zwischen Spedition und »klassischen« Transportdienstleistern enorm. Daher haben Sie auch die Möglichkeit, bei der Versandkostenstaffelung das Gewicht als Faktor miteinfließen zu lassen. Das heißt, je schwerer die Bestellung wird, desto teurer wird sie auch. Dies kommt der tatsächlichen Berechnung der Versandkosten bei Ihrem Versanddienstleister auch am nächsten, in der Regel zahlen Sie hier nach Gewicht.

Individuelle Zuschläge sind das letzte Mittel, um bei bestimmten Bestellungen als Online-Shop-Betreiber nicht in die Verlustzone zu rutschen. Wenn Sie Elektronikartikel verkaufen, können Sie normalerweise mit fixen Versandkosten arbeiten, zum Beispiel 5 € pro Sendung. Wenn bei Ihnen jemand eine externe Festplatte bestellt oder einen Kopfhörer, ist in der Regel alles in Ordnung. Wenn nun aber jemand einen Fernseher bestellt, haben Sie ein Problem, denn diesen müssen Sie per Spedition anliefern lassen. Das kostet mehr als 5 €, und wer die Margen im Elektroniksegment kennt, weiß, dass dies auch nicht einfach in den Produktpreis eingerechnet werden kann. Der Nachteil an diesen Ausnahmen ist die daraus resultierende mangelnde Transparenz. Wenn plötzlich jeder Artikel bei Ihnen unterschiedliche Versandkosten aufweist, verwirren Sie den Besucher enorm. Eine möglichst transparente Darstellung wie in Abbildung 5.9 ist also Pflicht. Daher sollte der Zuschlag wirklich nur die Ausnahme und nicht die Regel darstellen!

Basierend auf den Artikeln, die Sie verkaufen, und den Angeboten, die Sie von den verschiedenen Versanddienstleistern erhalten haben, können Sie sich im nächsten Schritt überlegen, welche Versandkostenberechnung in der Regel den für Sie tatsächlich anfallenden Versandkosten am ehesten entspricht. Überlegen Sie sich dabei einfach, wie der durchschnittliche Warenkorb bei Ihnen aussieht. Wie viele Artikel kaufen Ihre Kunden im Schnitt, wie »teuer« ist im Schnitt der Warenkorbwert? Anschließend überlegen Sie sich, da Sie dann wissen, wie schwer und groß das Paket ist, ob Sie diese Kosten fix oder basierend auf Bestellsumme oder Gewicht berechnen können. Denn es geht hierbei nur darum, möglichst nah an die Ihnen in Rechnung gestellten Versandkosten zu kommen, exakt in jedem Fall werden Sie diese nicht berechnen können.

Leichter wird es in der Regel mit dem Expressaufschlag, denn dies ist ein Fixpreis, den Sie auch so weitergeben können. Sendungen ins Ausland müssen Sie entsprechend kalkulieren; wenn Sie jedoch erst einmal eine allgemeingültige Versandkostenberechnungsformel gefunden haben, müssen Sie hierbei nur die Preise anpassen, aber nicht die Formel als solche.

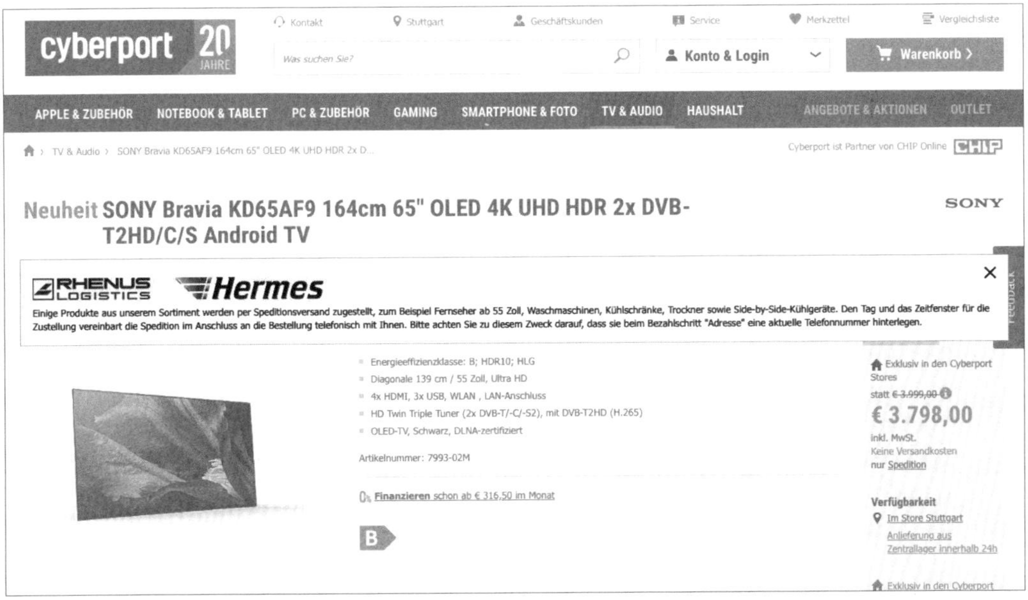

Abbildung 5.9 Auf www.cyberport.de werden die Versandkostenzuschläge für bestimmte Produkte direkt unter dem Verkaufspreis ausgewiesen, weitere Informationen werden in einem Overlay dargestellt.

Widmen wir uns zum Schluss noch der Frage, ob Sie die Versandkosten überhaupt separat ausweisen oder ob Sie grundsätzlich eine versandkostenfreie Lieferung anbieten sollten. Nun, die versandkostenfreie Lieferung ist ja schlussendlich nichts anderes als die Erhöhung der Produktpreise um die Versandkosten, denn im Online-Handel müssen Sie ja nichts verschenken. Die Frage ist also, was Sie Ihren Kunden lieber anbieten möchten:

- Produkt A für 100 € zzgl. 5 € Versandkosten
- Produkt B für 105 € inkl. Versandkosten

Optisch macht letztere Variante meist einen besseren Eindruck, denn Sie können in Ihrem Shop mit einer versandkostenfreien Lieferung werben. Wenn Ihre Konkurrenz dies nicht tut, dann kann das für Sie als Shop-Betreiber einen USP darstellen. Da es sich hierbei aber um einen Fixpreis handelt, den Sie in Ihre Produkte einkalkulieren, bestrafen Sie wieder diejenigen, die viel bei Ihnen einkaufen. Denn wenn ein Kunde fünfmal Produkt A kauft, zahlt er bei der ersten Variante 505 € und bei der zweiten 525 €. Besteht Ihr Warenkorb im Schnitt nur aus einem Artikel (erinnern Sie sich an das Beispiel mit den Badewannen und Duschen) und sind Ihre Kunden nicht ganz so preissensibel, sodass egal ist, ob die Wanne nun 958 oder 965 € kostet, dann hat die zweite Variante einen leichten Vorteil, da Sie eben werbewirksam die Botschaft nutzen können: »Bei uns zahlen Sie als Kunde keine Versandkosten.«

Haben Sie gemischte Warenkörbe mit mehreren Artikeln, sollten Sie von Variante 2 absehen und eher ab einem bestimmten Bestellwert den Versand kostenfrei anbieten, nämlich dann, wenn der Gewinn der jeweiligen Produkte Ihre Versandkosten übertrifft. Aber Vorsicht, auch das ist eine Mischkalkulation, was bedeutet, dass Sie bei manchen Bestellungen gut verdienen und bei manchen Bestellungen draufzahlen. Es ist also entscheidend, aus Erfahrungswerten Schlüsse zu ziehen und gegebenenfalls gegenzusteuern.

Übrigens, früher hatte man noch einen Vorteil, wenn man die Versandkosten separat ausgewiesen hat, da die Preissuchmaschinen wie Google Shopping immer die Artikel mit dem günstigsten Produktpreis zuerst angezeigt hat. Wenn Sie also Produkt A für 80 € mit 25 € Versandkosten verkauft haben, hatten Sie einen Vorteil gegenüber dem Händler, bei dem es Produkt A für 105 € versandkostenfrei gab. Dieses Problem ist aber mittlerweile gelöst, und Preissuchmaschinen berücksichtigen ausschließlich die Gesamtkosten, wie Sie in Abbildung 5.10 anhand von Google Shopping sehen können.

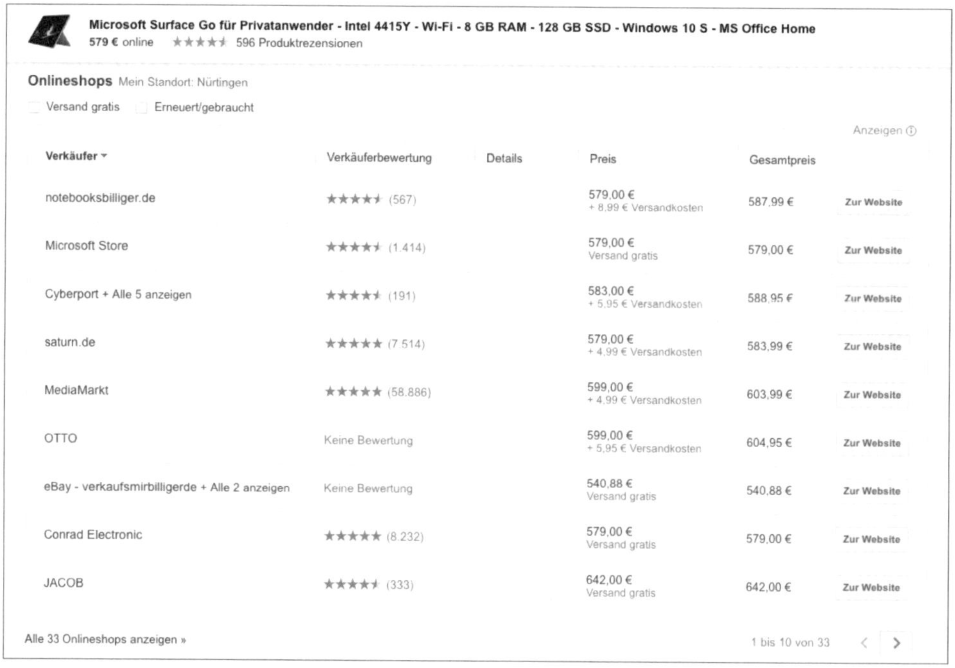
Microsoft Surface Go für Privatanwender - Intel 4415Y - Wi-Fi - 8 GB RAM - 128 GB SSD - Windows 10 S - MS Office Home
579 € online 596 Produktrezensionen

Onlineshops Mein Standort: Nürtingen
Versand gratis Erneuert/gebraucht
Anzeigen

Verkäufer	Verkäuferbewertung	Details	Preis	Gesamtpreis	
notebooksbilliger.de	(567)		579,00 € + 8,99 € Versandkosten	587,99 €	Zur Website
Microsoft Store	(1.414)		579,00 € Versand gratis	579,00 €	Zur Website
Cyberport + Alle 5 anzeigen	(191)		583,00 € + 5,95 € Versandkosten	588,95 €	Zur Website
saturn.de	(7.514)		579,00 € + 4,99 € Versandkosten	583,99 €	Zur Website
MediaMarkt	(58.886)		599,00 € + 4,99 € Versandkosten	603,99 €	Zur Website
OTTO	Keine Bewertung		599,00 € + 5,95 € Versandkosten	604,95 €	Zur Website
eBay - verkaufsmirbilligerde + Alle 2 anzeigen	Keine Bewertung		540,88 € Versand gratis	540,88 €	Zur Website
Conrad Electronic	(8.232)		579,00 € Versand gratis	579,00 €	Zur Website
JACOB	(333)		642,00 € Versand gratis	642,00 €	Zur Website

Alle 33 Onlineshops anzeigen » 1 bis 10 von 33

Abbildung 5.10 Bei Preissuchmaschinen zählen nur noch die Gesamtkosten, das heißt Produktpreis zzgl. Versandkosten.

Ein Tipp zum Schluss: Achten Sie darauf, was Ihre Konkurrenz macht. Oftmals müssen Sie dem Druck, der hier vorgegeben wird, einfach nachgeben. Selbst wenn Sie sehr fair kalkulierte Versandkosten ausweisen, kann es dennoch sein, dass Sie diese senken müssen, um einfach mit den Wettbewerbern vergleichbar zu bleiben.

5.8 Eigenes Lager oder Dropshipping?

Ein eigenes Lager kostet Geld, bezogen auf den Unterhalt, und es sollte im Idealfall mit Waren gefüllt sein – Waren, die eventuell gar nicht alle verkauft werden und auf denen Sie als Online-Shop-Betreiber womöglich sitzen bleiben.

Als Lösung für diese Probleme gibt es das sogenannte *Dropshipping*. Beim Dropshipping bieten Sie wie gewohnt Artikel in Ihrem Online-Shop an, die Auslieferung übernehmen aber nicht Sie, sondern ein Großhändler oder in seltenen Fällen auch direkt der Hersteller. Sie müssen sich daher nur darauf konzentrieren, die Bestellungen entgegenzunehmen und entsprechend an den Großhändler weiterzuleiten. Der Großhändler wiederum versendet dann in Ihrem Namen die Ware, wodurch der Kunde von dem Mittelsmann gar nichts mitbekommt. Für Ihren Kunden ist es, als ob die Ware direkt von Ihnen versendet werden würde. Daraus resultieren wiederum Anforderungen an den Großhändler, der Ihre Ware verpackt, versendet und einen Lieferschein beilegt: Dieser muss Ihrer Corporate Identity entsprechen, und wenn Sie speziell gelabelte Versandverpackungen wünschen, muss dies auch berücksichtigt werden.

Die Vorteile des Dropshippings liegen vor allem darin, dass Sie keine große Kapitalbindung haben. Zum einen müssen Sie nicht eine Vielzahl von Artikeln auf Lager nehmen. Auf der anderen Seite benötigen Sie auch keine große Lagerhalle oder Fläche. Das senkt Ihre monatlichen Fixkosten, und Sie können das Budget an anderen Ecken gegebenenfalls sinnvoller verwenden, beispielsweise für die Werbung. Auch können Sie zeitnah ein großes Produktsortiment aufbauen, da Sie ja die Artikel direkt bei einem Großhändler beziehen können. Nach außen bieten Sie damit auch wesentlich mehr Artikel in Ihrem Online-Shop an, da Sie diese eben nicht selbst auf Lager halten müssen.

Natürlich gibt es auch Nachteile. Immer wenn Sie ein Unternehmen für eine Dienstleistung, welcher Art auch immer, beauftragen, kostet das Geld. Das Dropshipping bedeutet die Reduzierung der Marge Ihrer Artikel. Das kann bei sensiblen Artikeln problematisch sein, daher müssen Sie dies auf jeden Fall kalkulieren. Wenn Sie beim Dropshipping mehrere Großhändler anbinden, ist der Versand oftmals etwas komplizierter. Wenn ein Kunde fünf Artikel bestellt, die von drei Großhändlern ausgeliefert werden, entstehen dadurch auch drei Sendungen, das heißt hohe Versandkosten. Hätten Sie diese Artikel selbst auf Lager, könnten Sie die Produkte eventuell in einer Sendung abarbeiten. Dieser Effekt wirkt sich wiederum auf die Kalkulation Ihrer Versandkosten aus. Denn ein Online-Shop weiß in der Regel bei der Bestellung noch gar nicht, welcher Artikel von welchem Händler ausgeliefert werden muss oder wie viele Pakete schlussendlich versendet werden müssen. Auch können Sie selbst Versandzeiten nicht beeinflussen: Sie sind darauf angewiesen, dass Ihre Großhändler funktionieren und Bestellungen zeitnah bearbeiten.

Speziell in den letzten Jahren, das möchten wir Ihnen an dieser Stelle nicht verschweigen, haben viele unseriöse Online-Shops auf Dropshipping gesetzt. Eben weil es so einfach ist, ohne eigenes Kapital und Lager sowie mit einer kostengünstigen Shop-Lösung ein System aufzubauen. Doch Dropshipping hat vor allem in der Covid-19-Pandemie gezeigt, dass Sie vor Problemen stehen werden, wenn Lieferketten unterbrochen sind. Denn viele Online-Shops konnten plötzlich nicht mehr liefern, haben aber Bestellungen entgegengenommen.

Alternative zum Dropshipping

Die Alternative zum klassischen Dropshipping ist das Mieten einer abgegrenzten und separaten Lagerfläche direkt bei Ihrem Großhändler. Einige Unternehmen bieten dies mittlerweile an. Der Vorteil liegt darin, dass Sie eine Fläche innerhalb des Lagers mieten und hier auch die für Sie relevanten Artikel eingelagert werden. Dadurch erfolgt eine gewisse Abgrenzung, denn Sie haben ja ein eigenes Lager mit eigenen Artikeln. Eine gemeinsame Nutzung der eigentlichen Lagerverwaltung des Großhändlers erfolgt nicht, was wiederum etwas mehr Flexibilität bietet.

Dieses Problem würden Sie nicht haben, wenn Sie über ein eigenes Lager und eigene Produkte verfügen. Dennoch müssen Sie für sich natürlich entscheiden, ob der Ansatz über Dropshipping für Sie valide ist und Sinn macht oder ob Sie eben auch Risiken wie mangelhafte Produktqualität, Verzögerungen im Ablauf und gegebenenfalls eine große Abhängigkeit sehen.

5.9 Fulfillment am Beispiel von Amazon

Eine weitere interessante Möglichkeit bieten Fulfillment-Dienstleister. Diese kümmern sich um die Lagerung, Kommissionierung, den Transport sowie die Auslieferung von Artikeln bzw. Bestellungen. Das heißt, Sie als Shop-Betreiber haben mit dem gesamten Lager- und Versandprozess nichts mehr zu tun. Amazon ist in diesem Bereich als Dienstleister mit dem Service »Versand durch Amazon« vertreten.

Amazon bietet Ihnen als Shop-Betreiber die Möglichkeit, Artikel direkt bei Amazon einzulagern. Das heißt, Sie verpacken Ihre Artikel und senden diese an Amazon. Dort werden Ihre Artikel ausgepackt und ins Lager geräumt, das heißt, direkt bei Amazon eingelagert. Der große Vorteil besteht vor allem in der Skalierung. Wenn Sie selbst ein Lager betreiben, werden Sie eventuell einmal an den Punkt kommen, an dem Sie schlicht und einfach keinen Platz mehr haben. Das passiert bei Amazon nicht. Ihr Lager kann daher mit dem Erfolg Ihres Online-Shops mitwachsen.

Die Einlagerung bei Amazon hat darüber hinaus einen netten Nebeneffekt. Gehen wir einmal davon aus, dass Sie eine Multi-Channel-Strategie fahren, das heißt, Ihre

Produkte auch noch auf anderen Plattformen wie Amazon vertreiben. Sie haben auf Amazon eine höhere Sichtbarkeit und sind somit wettbewerbsfähiger, wenn Sie die auf Amazon eingestellten Artikel auch direkt von Amazon versenden lassen. Das ist so gesehen logisch, denn wenn Amazon selbst den Versand Ihrer Artikel übernimmt, dann wird den Kunden gegenüber eine gewisse Qualität gewährleistet. Mittlerweile haben Sie, wenn mehrere Mitbewerber zum selben Preis verkaufen, gar keine Möglichkeit, in die Buy-Box auf Amazon zu gelangen, wenn Sie nicht via Amazon versenden. Amazon pusht die eigene Fulfillment-Dienstleistung enorm; wenn Sie auf Amazon erfolgreich verkaufen möchten, müssen Sie diese Leistung mit hoher Wahrscheinlichkeit in Anspruch nehmen.

Zum eigentlichen Versand bietet Amazon darüber hinaus weitere Dienstleistungen an. Dazu zählt die Annahme von Rücksendungen, aber auch die Entsorgung von Lagerbeständen, die Verpackung und Etikettierung. Wenn Sie möchten, können Sie also alles, was mit dem Versand und der Einlagerung zu tun hat, auslagern und zahlen pro Bestellung bzw. Tätigkeit eine Gebühr.

Funktioniert das nur bei Bestellungen, die über Amazon aufgegeben werden? Nein, Amazon wickelt auch die Bestellungen ab, die über andere Kanäle erzeugt wurden. Auch Bestellungen, die in Ihrem Online-Shop aufgegeben wurden, können theoretisch aus dem Amazon-Warenlager versendet werden. Hierfür existieren Schnittstellen, ein automatischer Prozess kann daher implementiert werden.

Ob sich das Amazon-Konzept für Sie lohnt oder auch nicht, müssen Sie speziell aufgrund des Preises kalkulieren. Die Vorteile liegen vor allem in den guten Logistikzentren und der optimierten Versandabwicklung sowie den zusätzlichen Dienstleistungen wie Service und Retoure. Auf der anderen Seite lässt sich Amazon diesen Service etwas kosten: Kalkulieren Sie daher im Vorfeld alle anfallenden Kosten, bezogen auf durchschnittliche Warenkorbwerte und Retouren, und prüfen Sie, ob sich die Lösung für Sie lohnt oder ob Sie doch lieber auf ein eigenes Lager setzen.[3]

Selbstverständlich gibt es neben Amazon noch weitere Anbieter, die Fulfillment-Dienstleistungen im Programm haben. Wenn Ihnen der Service von Amazon aufgrund der Möglichkeiten bzw. Kosten nicht zusagen sollte, können Sie sich beispielsweise auch den Service von DHL[4] anschauen. Fulfillment-Dienstleister gibt es mittlerweile einige; welcher der richtige für Sie ist, lässt sich leider nicht pauschal beantworten. Speziell Amazon macht jedoch einen sehr guten Job und ist auf jeden Fall eine nähere Prüfung wert.

3 Weiterführende Informationen sowie konkrete Preise zum Thema Versand durch Amazon finden Sie unter: *http://services.amazon.de/programme/versand-durch-amazon/merkmale-und-vorteile.html* bzw. unter *http://services.amazon.de/programme/versand-durch-amazon/multichannel-versand.html*

4 *www.dhl.de/fulfillment*

5.10 Alternative zum Amazon-Fulfillment

Auch wenn Amazon sicherlich zu den bekannten und populären Dienstleistern im Fulfillment-Bereich zählt, möchten wir an dieser Stelle aber auch nochmals erwähnen, dass es neben Amazon natürlich noch weitere Unternehmen am Markt gibt, die für den Versand bzw. die Logistik sorgen können.

Es gibt sogar einen Dienstleister, der sich rein auf die Auswahl des passenden Fulfillment-Dienstleisters für Unternehmen spezialisiert hat. Warehousing1 kann Ihnen konkret dabei helfen, den für Ihre Anforderungen und Ihre Situation passenden Dienstleister zu finden. Alternativ hierzu können Sie sich auch einen äußerst spannenden Beitrag von Shopify ansehen, unter *https://www.shopify.de/blog/fulfillment-dienstleister-im-vergleich#anbieter* finden Sie eine recht umfangreiche Auflistung von Dienstleistern, die Ihnen in Sachen Fulfillment weiterhelfen können. Neben der Auflistung hat Shopify einen Vergleich der Dienstleister vorgenommen, den Sie mittels PDF herunterladen können.

Auch hier lohnt sich wieder ein Vergleich der Konditionen unter den verschiedenen Anbietern, da die Spannweite doch oftmals sehr groß ist. Erst wenn Sie die Konditionen entsprechend vorliegen haben, sind Sie zudem in der Lage, die Wirtschaftlichkeit zu berechnen. Nicht immer lohnt sich grundsätzlich ein externer Dienstleister, schauen Sie daher, ob Sie auf Basis von Zahlen, Daten und Fakten eine Entscheidung treffen können.

5.11 Retourenmanagement

Retouren bedrohen den Erfolg Ihres Online-Shops! Durch das Widerrufsrecht haben Verbraucher innerhalb von 14 Tagen die Möglichkeit, ohne Angabe besonderer Gründe die bestellte Ware zurückzusenden. Das ist aus Sicht des Verbrauchers, der mit dieser Regelung besonders geschützt wird, ein großer Vorteil und hat sicherlich auch zum Erfolg des E-Commerce in Deutschland beigetragen. Für Sie als Online-Shop-Betreiber ist das aber eine schlechte Situation, denn wenn Kunden bestellte Artikel zurücksenden, entstehen Ihnen Kosten.

Kostenlose Rücksendungen sind weiterhin vorhanden

Auch wenn Sie rein rechtlich nicht mehr dazu verpflichtet sind, die Rücksendekosten zu tragen, so übernehmen viele Online-Shop-Betreiber aus Kulanz die Rücksendekosten. Der kostenlose Rückversand ist bei vielen Shops daher mittlerweile ein USP, das heißt Alleinstellungsmerkmal. Außerdem fördern kostenlose Rücksendungen die Conversion-Rate, denn wenn Sie sich unsicher beim Kauf eines Produkts sind, aber wissen, Sie können es kostenlos zurücksenden, werden Sie es tendenziell eher bestellen und vielleicht doch behalten!

Glücklicherweise müssen Sie nicht mehr wie früher die Kosten für die Rücksendung tragen, denn diese können Sie nun Ihren Kunden in Rechnung stellen; Prozesskosten entstehen Ihnen allerdings dennoch. Denn Sie müssen die Rücksendung entgegennehmen, die Artikel prüfen, gegebenenfalls an Ihren Lieferanten zurücksenden und dem Kunden die Rücksendung bestätigen. Dadurch verbringen Sie in der Bearbeitung der Rücksendung eine gewisse Zeit, die Sie als Kostenfaktor berücksichtigen müssen. Dann, das hängt vom Artikel ab, kann es sein, dass Sie das Produkt gar nicht mehr erneut verkaufen können. Es findet also eine direkte Wertminderung statt. Wenn der Kunde nämlich die Originalverpackung beim Auspacken beschädigt, gegebenenfalls Schutzfolien abnimmt (beispielsweise bei elektronischen Geräten) und Ihnen dann die Artikel zurücksendet, müssen Sie diese annehmen, aber Sie können sie nicht als komplett neu verkaufen. Auch hier entstehen wieder Kosten. Wenn Sie daher zu viele Retouren haben, kann das gehörig Ihren Gewinn mindern oder dazu führen, dass Sie einfach nicht rentabel arbeiten.

5

Abverkauf von Rücksendungen

Viele Online-Shops neigen dazu, spezielle Sales-Events zu veranstalten, bei denen nicht original verpackte Artikel oder Artikel mit minimalen Gebrauchsspuren verkauft werden. So können Sie gegebenenfalls Ihre Rücksendungen loswerden und zumindest den entstandenen Schaden durch die Rücksendung mindern.

Machen wir einmal einen kleinen Exkurs in die Modebranche. Hier sind Retourenquoten von 40 % keine Seltenheit. Fast die Hälfte der bestellten Artikel wird wieder zurückgesendet. Ganz hart hat es unter anderem Zalando getroffen mit einer Retourenquote von zum Teil 60–70 %. Für Zalando ist genau diese Retourenquote der Renditekiller schlechthin. Amazon hat mit ähnlichen Problemen zu kämpfen gehabt und rigoros die Accounts von Kunden gesperrt und gelöscht, die durch eine extrem hohe Anzahl an Rücksendungen aufgefallen sind. Rein rechtlich gesehen ist das eine Art Grauzone, weil man sich nicht sicher ist, ob man auf diese Art und Weise vorgehen darf, aber die Online-Shops versuchen sich zu wehren.

Als Online-Shop-Betreiber müssen Sie sich daher ganz bewusst mit dem Thema Rücksendungen beschäftigen und das Problem idealerweise an der Wurzel anpacken. Denn das, was Amazon tut, ist nicht, das Problem zu lösen, sondern an der Spitze des Eisberges ein wenig zu kratzen, in der Hoffnung, dass es etwas hilft.

5.11.1 Es kommt auf die Produkte an!

In gewissen Branchen werden Sie immer hohe Retourenquoten haben. Hier können Sie am Grundproblem nichts ändern, Sie müssen das einfach in die Preisbildung der Artikel einfließen lassen. In der Modebranche ist dies beispielsweise unausweichlich.

Das ist auch eigentlich recht logisch – wenn Sie eine Jeans von einem neuen oder unbekannten Hersteller kaufen, dann können Sie nicht wissen, ob sie Ihnen passt. Was machen Sie also? Zwei oder drei Größen bestellen und die Jeans, die nicht passt, zurücksenden. Auf der anderen Seite gibt es Branchen, denken Sie an die Lebensmittelindustrie, da machen Rücksendungen wenig Sinn. Wenn Sie sich eine Packung Nudeln bestellen, warum sollten Sie diese zurücksenden, außer wenn die Lieferung beschädigt ist? Sie müssen daher differenzieren und ganz am Anfang herausfinden, ob Ihre Artikel zur Rücksendung einladen oder nicht. Falls dies der Fall sein sollte, müssen Sie die Rücksendungen einkalkulieren, denn ablehnen dürfen Sie diese nicht. Sammeln Sie Erfahrungswerte, und schauen Sie doch einfach einmal, wie viele von 100 Bestellungen zurückkommen, ob Sie die Artikel problemlos weiterverkaufen können, wie hoch Ihre internen Prozesskosten sind, und versuchen Sie, einen gewissen Aufschlag auf Ihre Produkte zu kalkulieren. Denn eines ist sicher: Wenn Sie bei den Rücksendungen einen guten Prozess haben und es Ihren Kunden einfach machen, dann bestellen diese gerne in Ihrem Shop. Unterstellen Sie nicht allen Kunden »boshafte« Rücksendungen, wie Amazon es tut.

5.11.2 Je mehr Sie informieren, desto geringer die Retourenquote

Sie als Shop-Betreiber haben die Pflicht, Ihren Kunden im Vorfeld möglichst viele und präzise Informationen zu den angebotenen Artikeln zur Verfügung zu stellen. Das macht Aufwand und kostet Geld. Sie wissen eventuell, was gute Produktfotos kosten, aber Ihre Kunden können auf dieser Basis viel besser einschätzen, ob der angesehene Artikel für sie passt oder nicht. Das heißt, je besser die Informationen im Vorfeld, desto geringer die Retourenquote. Speziell im Modebereich spielt natürlich auch das Finden der passenden Größe eine wichtige Rolle. Oftmals ist es gar nicht im Vorfeld möglich, die passende Größe zu ermitteln, da je nach Hersteller und Schnitt T-Shirts, Hosen und Mäntel anders ausfallen. Um dieses Problem einzugrenzen, gibt es übrigens bereits einen Ansatz. Das Unternehmen FitFinder ermittelt im Vorfeld die passende Größe, indem es Sie zu Ihren Rahmendaten befragt. Mithilfe eines Algorithmus, in den auch Retourenquoten einfließen, wird anschließend pro Produkt Ihre passende Größe ermittelt. Das Handling ist für den Kunden dabei sehr einfach. In Abbildung 5.11 sehen Sie es am Beispiel des Online-Shops von Hugo Boss.

Wenn Sie elektronische Artikel verkaufen und sich ein Kunde beispielsweise für ein Notebook entschieden hat, dann wird er dies voraussichtlich nur dann zurücksenden, wenn plötzlich Gegebenheiten auftauchen, von denen er im Vorfeld nichts wusste. Eventuell fehlt ein wichtiger Anschluss, vielleicht sah die Farbe auf den Bildern ganz anders aus, oder das Gerät ist schwerer als angegeben. Wenn jedoch alle relevanten Informationen bekannt sind, kann der Kunde schon im Vorfeld für sich entscheiden, ob das ausgewählte Produkt das richtige ist oder nicht.

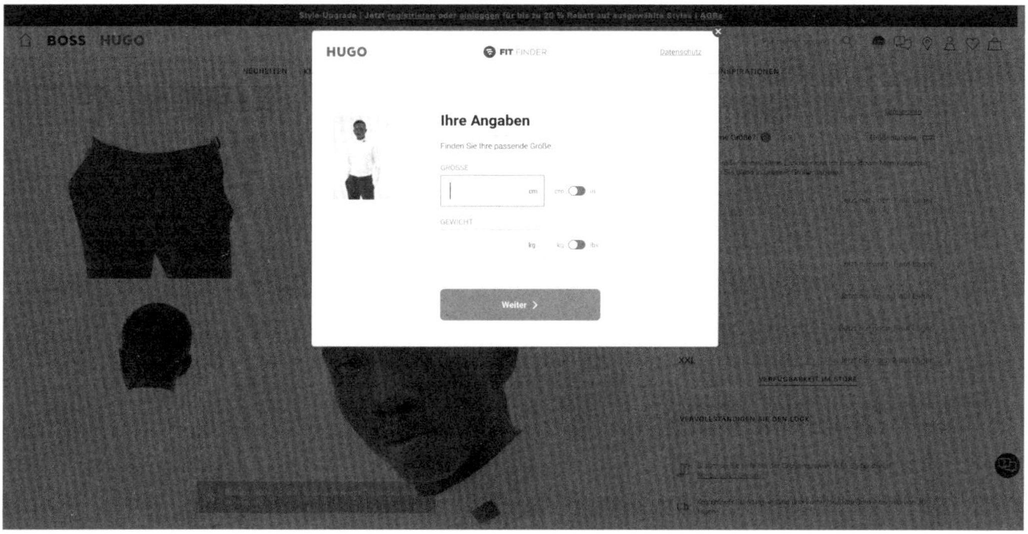

Abbildung 5.11 FitFinder reduziert die Retourenquote im Modesegment, indem im Vorfeld die passende Größe pro Produkt und Kunde identifiziert wird.

5.11.3 Gefahrenpotenzial Kauf auf Rechnung

Was denken Sie, warum die Retourenquote bei Zalando unter anderem so hoch ist? Unserer Meinung nach hängt das maßgeblich an zwei von Zalando stark beworbenen Shop-Eigenschaften. Zum einen können Sie Artikel schnell und unkompliziert retournieren. Zum anderen können die Kunden bequem per Rechnung einkaufen. Denken Sie gerade in der Modebranche einmal über diese Konstellation nach. Wenn ein Kunde nun ein T-Shirt sucht, kann er bei Zalando problemlos zig T-Shirts in den unterschiedlichsten Größen bestellen und sich später einfach eines heraussuchen und die restlichen zurücksenden. Wenn man auf Rechnung einkauft, kostet das ja auch zuerst absolut kein Geld. Wenn Ihre Kunden hingegen das Geld erst einmal vorstrecken müssen, zum Beispiel per Lastschrift, Vorkasse oder Kreditkarte, überlegen sie es sich sicherlich zweimal, ob sie für mehrere hundert Euro Ware bestellen, im Vorfeld zahlen und eigentlich nur auf der Suche nach einem einzigen T-Shirt sind. Wie in Kapitel 6, »Die richtigen Zahlungsmethoden für Ihre Kunden«, beschrieben, ist der Kauf auf Rechnung also Fluch und Segen zugleich. Für Ihre Kunden ist er praktisch, sicher und auch einfach. Für Sie als Shop-Betreiber ist er teuer und birgt unter anderem das Problem mit den Retouren. Dementsprechend macht es speziell unter dem Aspekt der Retourenquote Sinn, wenn Sie den Kauf auf Rechnung anbieten, aber gleichzeitig die Bestellsumme deckeln, wodurch dann eben nur Bestellungen bis x € per Rechnung bezahlt werden können und weitere Bestellungen bei offenen Rechnungen nicht möglich sind.

5.11.4 Kundenfeedback hilft bei der Entscheidungsfindung

Neben den reinen Produktinformationen sind darüber hinaus Kundenmeinungen sehr wichtig. Wenn Ihr Kunde beispielsweise auf ein Notebook stößt und es von den technischen Daten her seinen Vorstellungen entspricht, dann kann es ja dennoch sein, dass der Kunde diesen Artikel nach dem Erhalt zurücksendet. Vielleicht ist der Lüfter zu laut, oder das Notebook wird zu heiß. Solche Informationen finden Sie nie in den Produktbeschreibungen, aber sehr wohl in den Kundenmeinungen. Daher können auch diese die Retourenquote verringern, weil andere Kunden gezielt über Produkteigenschaften sprechen und man sich im Vorfeld ein besseres Bild machen kann. Im Elektronikbereich können Sie auch Testberichte verlinken oder integrieren, denn hier wird in der Regel auf solche produktspezifischen Eigenschaften eingegangen.

5.11.5 Setzen Sie auf Kundenfeedback

Auch wenn Sie Rücksendungen erhalten, nutzen Sie einfach die Möglichkeit, herauszufinden, weshalb Kunden Ihnen die Produkte zurücksenden. Anschließend müssen Sie versuchen, genau an diesen Punkten anzusetzen, sei es an der Produktbeschreibung, der Beratung im Vorfeld oder der Qualität der Ware.

Als Shop-Betreiber können Sie im Vorfeld an einigen Stellschrauben drehen, um die Retourenquote zu reduzieren, Sie müssen sich aber natürlich mit der Situation abfinden, dass Kunden Ihnen Artikel zurücksenden. Denken Sie hier daran, dass nach dem Kauf vor dem nächsten Kauf ist. Ermöglichen Sie Ihren Kunden eine einfache und unkomplizierte Rücksendung, und glänzen Sie mit Service. So können Sie den Kunden mit der Rücksendung gegebenenfalls zu einer erneuten Bestellung animieren!

Was machen Sie mit den retournierten Artikeln?

Sofern Sie viele Rückläufer haben, die Sie so direkt nicht mehr als Neuware verkaufen können, haben Sie dennoch Möglichkeiten, die Kosten zumindest zu reduzieren. Vertreiben Sie diese Artikel am besten über eBay, oder bieten Sie in Ihrem Online-Shop einen Deal- bzw. Angebotsbereich, in dem Sie gezielt diese Artikel, sicherlich mit einem gewissen Rabatt, verkaufen. Mit etwas Glück kommen Sie dann trotz Rücksendung bei +/– 0 heraus.

5.12 Ein kurzer Ausflug in die E-Commerce-Praxis

Wie Sie sehen, handelt es sich beim Versand um kein einfaches Thema, da viele Faktoren berücksichtigt werden müssen, von der Auswahl eines Versanddienstleisters über den Aufbau eines Versandprozesses bis hin zur Etablierung eines Retourenprozesses. Speziell für kleinere Händler, die frisch im E-Commerce starten, sind die Hürden anfangs zu groß. Dropshipping ist nicht immer möglich, da je nach Branche und

Produkten kein Unternehmen bereitsteht, das diese Dienste anbietet. Was können Sie als Händler daher idealerweise tun?

Ein Blick in die Praxis zeigt, dass kleinere Händler im ersten Schritt das Thema Versand und Retoure komplett auslagern. In Deutschland gibt es einige Logistikpartner, wie beispielsweise SOLLER Multi Service, die Ihre Ware komplett einlagern, sich um den Versand- und Retourenprozess kümmern und Sie als Händler am Monatsende nur noch die Rechnung bezahlen müssen. Der Rest läuft vollkommen automatisiert ab. Das ist einer der großen Vorteile: Sie müssen sich um nichts kümmern. Zudem können solche Logistikpartner relativ schnell und schmerzfrei skalieren. Sprich, wenn Sie zur Weihnachtszeit mehr Artikel als im Sommer versenden, kann das ein Logistikpartner für Sie problemlos abbilden, ohne dass Sie Lieferschwierigkeiten bekommen. Wenn Sie hingegen selbst versenden, müssten Sie gegebenenfalls zu Spitzenzeiten zusätzliches Personal einstellen, das aber nach einigen Wochen nicht mehr benötigt wird.

Die Kehrseite sind jedoch die Kosten, da Sie für jeden Arbeitsschritt und auch die Lagerfläche bezahlen. Dadurch sind die kompletten Prozesskosten oftmals höher, als wenn Sie den Versand selbst übernehmen. Auch hier kommt es natürlich wieder auf die Produkte und die Struktur Ihres Unternehmens an. Bei einem Spirituosen-Shop, den wir betreuen, belaufen sich die groben Versand- und Logistikkosten auf 5–8 € pro Bestellung. Wenn Sie nur geringe durchschnittliche Warenkorbwerte vorweisen können, kann sich dieses Konstrukt schon nicht mehr lohnen.

Die Praxis zeigt jedoch, dass kleinere Händler gerade am Anfang die Flexibilität wünschen, die ein externer Logistikpartner aufweist; gegebenenfalls kann das auch für Ihr Unternehmen der richtige Ansatz sein.

5.13 Fazit

Das Thema Versand spielt für Sie als Shop-Betreiber eine große Rolle. Denn zum einen ist von den Versandarten und Versandkosten der eigentliche Einkauf abhängig. Aber auch nach dem Kauf spielen Versandgeschwindigkeit und Retourenmanagement eine entscheidende Rolle. Denn nach dem Kauf ist vor dem nächsten Kauf. Hierbei kann in der Praxis viel falsch gemacht werden, wodurch Sie Kunden verärgern und dadurch potenzielle Folgeeinkäufe verhindern. Nehmen Sie sich daher im Vorfeld genügend Zeit, den richtigen Versanddienstleister zu finden, Versandkosten möglichst transparent, genau und niedrig zu kalkulieren, und spielen Sie testweise ein paarmal den Retourenprozess durch. Wenn Sie hier gute Arbeit leisten, werden es Ihnen Ihre Kunden danken und zum Erfolg Ihres Online-Shops beitragen.

Kapitel 6
Die richtigen Zahlungsmethoden für Ihre Kunden

Befindet sich Ihr Kunde erst einmal im Bezahlvorgang, ist der Einkauf schon so gut wie abgeschlossen und der Umsatz ist Ihnen sicher. Aber Vorsicht: Speziell beim Thema Zahlungsarten machen viele Shop-Betreiber elementare Fehler, die letztendlich zu Kaufabbrüchen führen.

Zahlungsarten und Zahlungskonditionen sind ein elementares Thema in einem Online-Shop. Bieten Sie Ihren Kunden die falschen Zahlungsmethoden an, kaufen diese nicht ein, und Sie haben hohe Abbrüche im Check-out-Prozess und daraus resultierend eine schlechte Conversion-Rate. Hören Sie aber ausschließlich auf die Wünsche Ihrer Kunden, haben Sie womöglich Zahlungsarten, bei denen Sie als Shop-Betreiber hohe Grundgebühren und Transaktionsgebühren bezahlen, durch die die Marge an Ihren Produkten dahinschmilzt und die Ihren Gewinn schmälern. Die Balance zwischen populären Zahlungsarten und geringen Transaktionskosten zu finden, ist schwierig, aber nicht unmöglich. Wichtig ist vor allem, dass Sie sich als Shop-Betreiber mit dem Thema beschäftigen, die richtige Balance finden und damit sowohl Ihre Kunden als auch sich selbst glücklich stimmen. Worauf Sie achten müssen, welche Zahlungsarten es überhaupt gibt und ob Sie einen Payment-Provider nutzen sollten, erfahren Sie in diesem Kapitel.

6.1 Beliebte Zahlungsarten in Deutschland im Überblick

Wie Sie auf den nachfolgenden Seiten sehen werden, gibt es eine Vielzahl an Zahlungsarten, die Sie im E-Commerce einsetzen können. Vermutlich wird sogar noch die eine oder andere Zahlungsmethode auftauchen, die Sie bislang noch gar nicht auf dem Schirm hatten und die auch Ihnen neu sein wird. Bevor wir jedoch die Vor- und Nachteile der jeweiligen Zahlungsmethoden im Detail beleuchten, möchten wir Ihnen vorab ein Gefühl dafür geben, welche Zahlungsarten aktuell in der Praxis am häufigsten zum Einsatz kommen. Grundsätzlich hängt die Verwendung der Zahlungsart immer von der Branche, den Produkten und auch der anvisierten Kundengruppe ab. Akzeptieren Sie daher folgende Statistik nicht als allgemeingültig; letztendlich spiegelt sie nur den aktuellen Durchschnitt wider.

Wie Sie in Abbildung 6.1[1] sehen, führt PayPal bzw. »Ähnliches« die Statistik an. Mit »Ähnliches« sind Zahlungsarten gemeint, die eine ähnliche Funktionsweise wie PayPal aufweisen, beispielsweise Amazon Pay. Außerdem erfreuen sich die Rechnung sowie Lastschrift und Überweisung nach wie vor großer Beliebtheit. Diese Zahlungsarten machen zusammen knapp 90 % aus, gefolgt von eher unbekannteren Zahlungsarten.

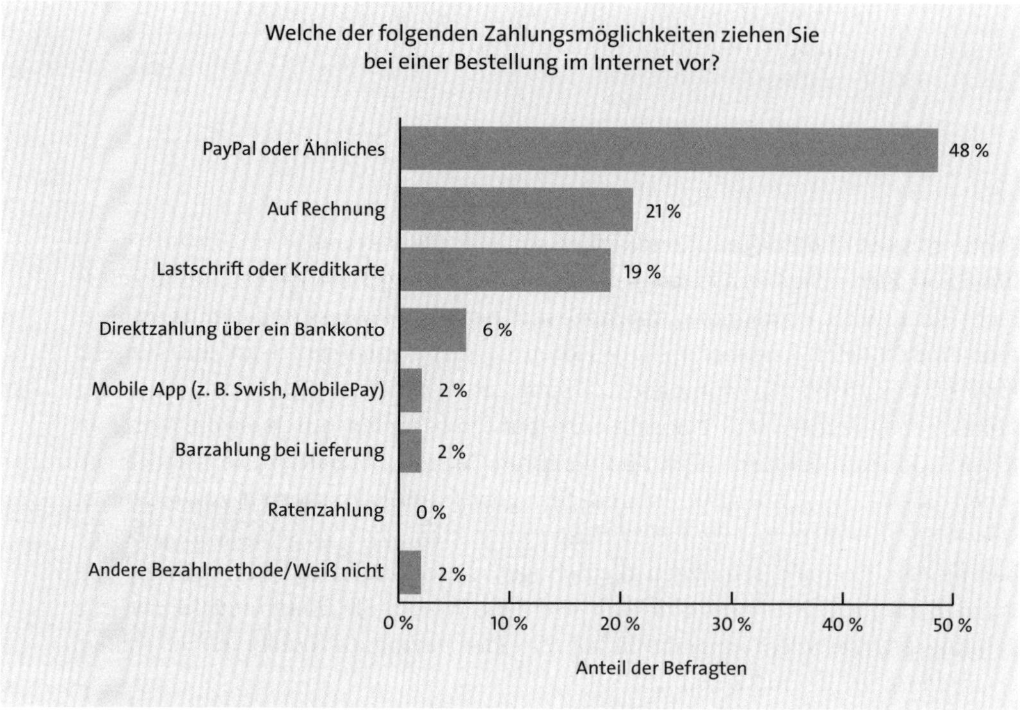

Abbildung 6.1 PayPal gehört zu den beliebtesten Zahlungsarten im B2C-E-Commerce. (Quelle: Statista)

Diese Statistik soll Ihnen ein Gefühl dafür geben, wie viele Zahlungsarten denn wirklich relevant bzw. populär sind. An dieser Stelle sei auch die Aktualität der Zahlen hervorzuheben, handelt es sich doch um eine recht frische Erhebung zum Zeitpunkt, als dieses Kapitel geschrieben wurde (Stand 2020). Wie Sie anhand von Abbildung 6.1 vermuten können, werden Sie später nicht 20 verschiedene Möglichkeiten in Ihrem Online-Shop anbieten müssen, vier bis fünf der für Ihre Kunden wichtigsten Zahlungsarten reichen in der Regel aus, um diese glücklich zu machen. Die Komplexität

1 Quelle: *https://de.statista.com/statistik/daten/studie/319321/umfrage/beliebteste-methode-zur-zahlung-von-online-bestellungen-in-deutschland*

besteht für Sie darin, genau diese vier bis fünf Zahlungsarten zu identifizieren. Denn je nachdem, ob Sie im B2C oder im B2B unterwegs sind, kostenintensive oder günstige, digitale oder physische Produkte verkaufen, unterscheidet sich in der Regel die Präferenz Ihrer Kunden, wenn es um die Bezahlung innerhalb Ihres Online-Shops geht. Die nun folgende Auflistung samt Details zu den populärsten Zahlungsarten soll Ihnen einen ersten Überblick geben, anhand dessen Sie die für Sie »passenden« Zahlungsarten auswählen können.

Eingrenzung auf den europäischen bzw. DACH-Raum

Wenn wir in diesem Kapitel über Zahlungsarten und deren Popularität sprechen, haben wir vor allem den europäischen Raum bzw. die DACH-Region (Deutschland, Österreich, Schweiz) im Hinterkopf und legen exakt auf diese Regionen den Fokus. Würden Sie eine ähnliche Befragung, wie in Abbildung 6.1 zu sehen ist, in Lateinamerika durchführen, wäre sicherlich die Verteilung komplett unterschiedlich und weitere Zahlungsarten wie Boleto würden auftauchen. Da wir aber davon ausgehen, dass Sie mit aller Wahrscheinlichkeit nach in Europa Ihren Online-Shop betreiben werden, legen wir den Fokus auf exakt diese Region.

6.2 Zahlungsarten und Provider im Überblick

Wenn es um das Thema Zahlungsarten im E-Commerce geht, stehen Sie als Shop-Betreiber vor der Qual der Wahl. Denn es gibt im Internet wesentlich mehr Möglichkeiten, Waren und Dienstleistungen zu bezahlen, als Ihnen vermutlich bewusst ist. Denken Sie doch an Ihr Einkaufs- und Bezahlverhalten im stationären Handel: Wenn Sie in einem Geschäft an der Kasse stehen, haben Sie in der Regel die Wahl zwischen Barzahlung und der Bezahlung per EC- oder Kreditkarte. Eventuell bietet das eine oder andere Geschäft noch die Bezahlung per Rechnung an, dies ist aber in der heutigen Zeit eher die Ausnahme. Wir kennen daher von unserem Offline-Einkaufsverhalten her zwei bis drei Bezahlmethoden, die uns geläufig sind, aber nicht mehr. Im E-Commerce haben Sie als Besucher und als Online-Shop-Betreiber viel mehr Möglichkeiten. Denn neben der Frage, wie Sie bezahlen möchten, stellt sich im E-Commerce auch die Frage, über welche Plattform Sie bezahlen möchten. Denn im E-Commerce gibt es neben der eigentlichen Zahlungsmethode noch unterschiedliche Plattformen, wie zum Beispiel Amazon Payments. Wenn Ihre Kunden einen Amazon-Account haben, können Sie als Shop-Betreiber einfach Amazon Payments integrieren, und die Shop-Besucher können ihre Zahlung dann direkt und automatisch über ihren Amazon-Account abwickeln. In solchen Fällen ist Ihren Kunden die eigentliche Zahlungsart egal, denn Amazon als Zahlungsvariante nimmt sozusagen den Rang einer Zahlungsmethode ein, auch wenn sie nach genauerer Definition keine ist. Ihr Kunde muss so nicht bei einem weiteren Händler seine Zahlungsdaten hinterlegen, und Sie sparen sich den Abwicklungsprozess. Abgesehen davon ist im E-Commerce die Auswahl an Zahlungsmethoden sehr groß. Denn auch hier wird berücksichtigt, dass Besucher je nach Herkunftsland andere Vorlieben haben und es mittlerweile einfach viele technische Lösungsansätze beim Bezahlen gibt, um den Shop-Besuchern ein möglichst gutes und einfaches Einkaufserlebnis zu bieten.

Bevor Sie sich die Frage stellen, welche Zahlungsmethoden für Sie tatsächlich infrage kommen, erhalten Sie im ersten Schritt einen Überblick über die Funktionsweise sowie die Vor- und Nachteile der momentan gängigsten Zahlungsmethoden.

6.2.1 Vorkasse

Die Zahlung per Vorkasse ist rein technisch betrachtet die simpelste Möglichkeit, die Ihnen als Shop-Betreiber zur Verfügung steht, um Zahlungen entgegenzunehmen. Denn für eine Zahlung benötigt der Kunde im Online-Shop ausschließlich die Kontoverbindung des Händlers, die er beispielsweise, wie in Abbildung 6.2 zu sehen ist, direkt im Bezahlvorgang, spätestens aber in der Bestellbestätigungs-E-Mail erhält. Hat der Kunde diese, kann er anschließend per Online-Banking oder Überweisungsschein die Zahlung anweisen. Nach einer üblichen Bearbeitungszeit von zwei bis drei Werktagen können Sie anschließend den Zahlungseingang verbuchen, die Transaktion ist somit abgeschlossen. Es gibt so gesehen keinen Automatismus im Hintergrund, der sich um die Verarbeitung der Zahlung kümmern muss. Aufgrund des einfachen technischen Verfahrens kennen Sie die Zahlung per Vorkasse sicherlich noch aus der Zeit des klassischen Katalogversands oder wenn Sie Bestellungen per Fax oder telefonisch aufgegeben haben.

Doch wie stehen Online-Shop-Betreiber und vor allem Online-Shop-Besucher der Zahlung per Vorkasse gegenüber? Als Shop-Betreiber müssen Sie diese Zahlungsart eigentlich lieben. Im Gegensatz zu anderen Zahlungsarten fallen für Sie keine Transaktionskosten an, da das Geschäft sozusagen direkt über die Bank abgewickelt wird. Sprich, es braucht kein Unternehmen »dazwischen«, das sich um die Verarbeitung der Zahlung kümmern muss. Dadurch sparen Sie als Shop-Betreiber eine Menge Geld, denn Transaktionskosten von 2–4 % sind keine Seltenheit. Auch haben Sie nicht das Problem, dass Zahlungen nachträglich platzen können, wenn die Ware bereits ausgeliefert ist. Bei der Zahlung per Vorkasse verlässt die Ware Ihr Lager erst dann, wenn ein Zahlungseingang verbucht werden konnte. Der Kunde hat nachträglich auch keine einfache Möglichkeit, das bereits überwiesene Geld zurückzuholen, was beispielsweise bei der Bezahlung per Kreditkarte oder Lastschrift wesentlich einfacher ist.

Auch können Sie sicher sein, dass Ihr Kunde über das für den Einkauf benötigte Geld verfügt, da er direkt in Vorleistung bei Ihnen geht. Für Sie als Shop-Betreiber ist diese Zahlungsart bis jetzt daher sehr interessant und eigentlich ideal. Leider beinhaltet die

Vorkasse viele negative Aspekte für den Kunden, weswegen die Popularität dieser Zahlungsmethode kontinuierlich abnimmt.

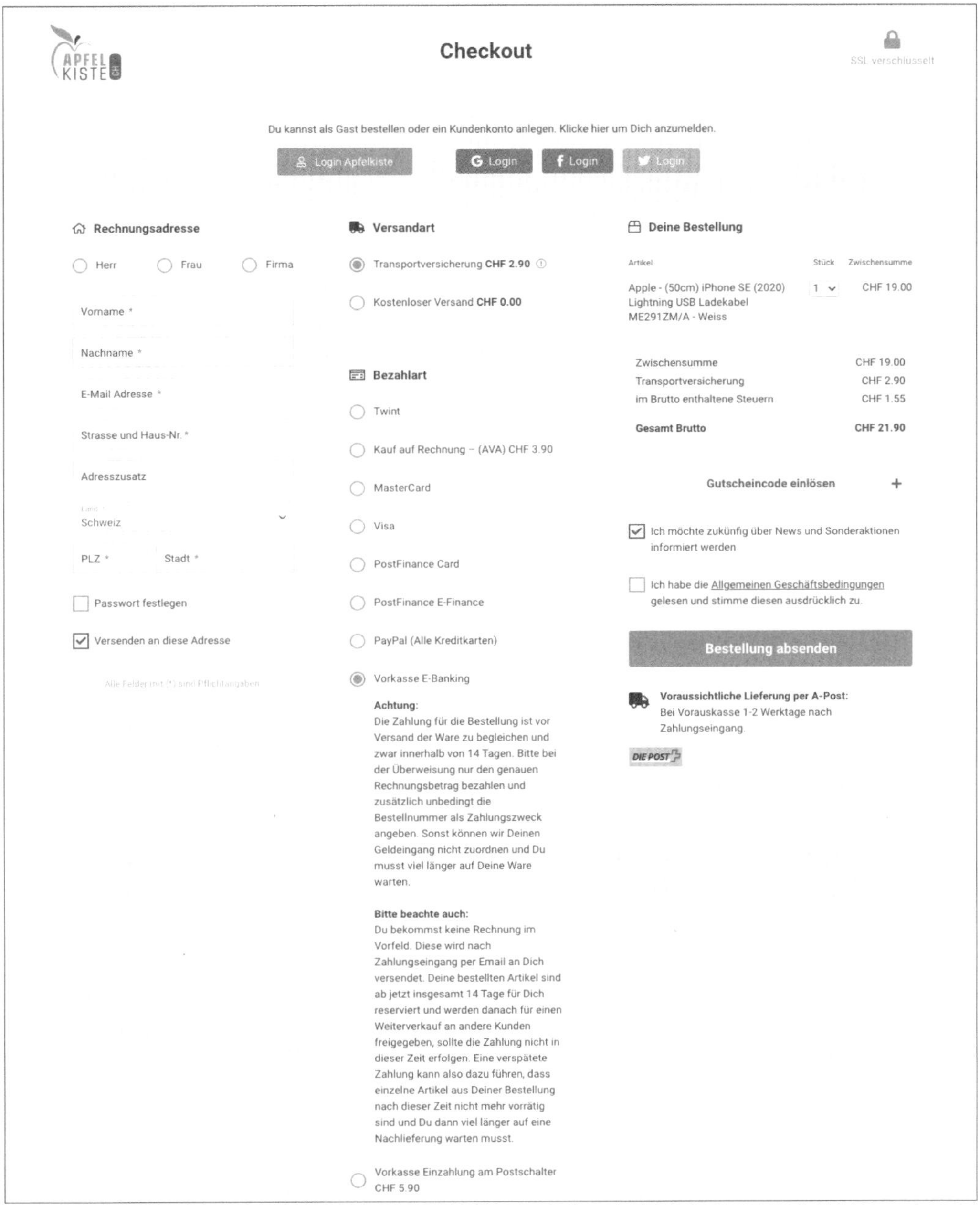

Abbildung 6.2 Die Zahlungsdaten werden im Online-Shop von www.apfelkiste.ch schon im Vorfeld kommuniziert.

Vorkasse – das sollten Sie wissen

Auch wenn praktisch jeder mit einem Bankkonto diese Zahlungsmethode nutzen kann, ist vor allem die Bearbeitungsdauer, bis Sie als Shop-Betreiber das Geld haben, sehr lange, wodurch die Ware erst spät versendet werden kann. Dieser Punkt hat sich in den letzten Jahren etwas verbessert, denn viele Banken bieten mittlerweile Überweisungen an, bei denen auch am selben Tag der Geldeingang bei dem Empfänger verbucht werden kann. Der große Vorteil ist aber sicherlich der folgende: Haben Sie aber erst einmal den Zahlungseingang, so ist das Geld bei Ihnen sicher, und die Zahlung kann nicht mehr platzen.

Aus Sicht des Kunden hat die Vorkasse einen gewaltigen Nachteil: Die Bearbeitungsdauer ist im Vergleich zu anderen Zahlungsmethoden mit Abstand die längste. Denn wenn Sie einen Einkauf per Vorkasse tätigen, müssen Sie, vorausgesetzt, Sie verwenden Online-Banking, zwei bis drei Tage warten, bis der Shop-Betreiber einen Zahlungseingang verbuchen kann. Ausnahmen hierfür bieten einige Banken, die je nach Empfängerbank den Betrag direkt und ohne Verzögerungen überweisen. Dies ist aber noch nicht bei allen Banken möglich. Das heißt im Worst-Case-Szenario, erst nach zwei bis drei Tagen kann die Ware das Lager verlassen und benötigt sicherlich nochmals zwei Tage, bis sie bei Ihnen eintrifft. Lösen Sie an einem Montag eine Bestellung per Vorkasse aus, müssen Sie also einiges Glück haben, damit die Ware am Freitag bzw. Samstag bei Ihnen eintrifft. Oder anders formuliert: Sie müssen teilweise eine ganze Woche warten, bis Sie die Bestellung erhalten. In Zeiten ungeduldiger Kunden ist das sicherlich schon fast ein K.-o.-Kriterium, denn Amazon zeigt uns, dass die Ware nach der Bestellung schon am nächsten Tag angeliefert werden kann.

Auch müssen Ihre Online-Shop-Besucher großes Vertrauen haben, um auf die Vorkasse zu setzen. Der Besucher ist derjenige, der in Vorleistung geht und ohne den Erhalt einer Ware den kompletten Rechnungsbetrag auf ein fremdes Konto überweist. Je nachdem, wie seriös Ihr Online-Shop wirkt, kann das schon problematisch sein. Denn gerade neue Online-Shops, die sich noch keine Reputation aufbauen konnten, haben im ersten Schritt mit einem Vertrauensproblem zu kämpfen. Die Vorkasse setzt daher Vertrauen voraus, je nach Online-Shop, Branche und Kundenstruktur kann dies aber gar nicht erfüllt werden.

Gütesiegel wie Trusted Shops helfen bei der Vertrauensbildung

Sollten Sie ausschließlich per Vorkasse verkaufen, was sicherlich in den meisten Fällen nicht die beste Strategie ist, sollten Sie Ihren Online-Shop definitiv zertifizieren lassen und somit beispielsweise das Trusted-Shops-Gütesiegel erhalten. Diese Gütesiegel wirken vertrauensbildend und erhöhen die Wahrscheinlichkeit, dass ein Kunde, der Ihren Online-Shop zum ersten Mal betritt, Ihnen per Vorkasse Geld zukommen lässt und dabei ein gutes Gefühl hat.

Ebenso besteht bei Zahlungen per Vorkasse immer die Gefahr des Kaufabbruchs. Denn wenn der Bezahlvorgang durchlaufen wurde, ist die Zahlung noch nicht getätigt. Dies kann theoretisch erst Tage später passieren, nämlich dann, wenn der Kunde per Online-Banking die Überweisung vornimmt oder den Überweisungsschein bei der Bank einwirft. Und so ist es nicht selten, dass eine Zahlung und damit die Bestellung vergessen wird oder die Bequemlichkeit siegt und der Kunde es sich Tage später doch noch anders überlegt und die Zahlung nicht durchführt. Denn im Gegensatz zu anderen Zahlungsarten, bei denen im Bezahlvorgang direkt eine Zahlung ausgelöst wird, stellt die Vorkasse keine wirkliche Verbindlichkeit her.

Was bedeutet dies nun zusammengefasst für Sie als Shop-Betreiber? Eigentlich ist die Vorkasse bei Kunden unbeliebt, für Shop-Betreiber aber eine ideale Zahlungsmethode. Wenn Sie daher auf diese Zahlungsmethode setzen möchten, müssen Sie diese für Ihre Kunden interessant gestalten und einen Vorteil anbieten, der die besagten Nachteile ausgleicht. Eine Möglichkeit besteht darin, bei der Nutzung von Vorkasse einen Rabatt von beispielsweise 3 % einzuräumen. Dadurch hat Ihr Kunde einen Vorteil, der Einkauf wird günstiger, und Sie haben den Vorteil der Vorkasse, nämlich fehlende Transaktionskosten und keine Gefahr, dass eine Zahlung rückabgewickelt wird.

Steigern Sie die Attraktivität einer Zahlungsart durch einen Rabatt

Diese Vorgehensweise können Sie selbstverständlich nicht nur bei der Zahlung per Vorkasse anwenden: Wenn Sie als Shop-Betreiber möchten, dass Ihre Kunden eine bestimmte Zahlungsmethode verwenden, gegebenenfalls weil Sie bei dieser Zahlungsmethode die besten Konditionen haben, können Sie sie meist durch einen Rabatt lenken. »Schenken« Sie Ihren Kunden bei der Nutzung der von Ihnen präferierten Zahlungsmethode einfach ein paar Euro bzw. einen prozentualen Anteil des Warenkorbwertes, und schon werden Ihre Kunden verstärkt diese Zahlungsart bei den Einkäufen verwenden.

Basierend auf einer Studie von ibi research[2] wurde übrigens herausgefunden, dass Online-Shops, die nur die Vorkasse anbieten, auf Umsatzsteigerungen von über 750 % verzichten. Das liegt zum einen an der langen Bearbeitungszeit, die Vorkasse weist jedoch auch hohe Abbruchquoten auf. Für Sie als Shop-Betreiber kann daher die Zahlung per Vorkasse als ergänzende Zahlungsmethode interessant sein, Sie sollten sie aber auf keinen Fall als ausschließliche bzw. präferierte Zahlungsmethode ansehen. Denn hierzu gibt es mittlerweile einfach effizientere und unkompliziertere Alternativen, und das ist genau der Anspruch, den Ihre Online-Shop-Besucher haben: schnell, einfach und sicher zu bezahlen.

2 Detaillierte Ergebnisse der Studie sowie Informationen darüber, wie die Daten erfasst wurden, finden Sie unter: *www.ecommerce-leitfaden.de/studien/item/erfolgsfaktor-payment-2-auflage*.

6.2.2 Rechnung

Ebenso wie die Vorkasse ist auch die Rechnung keine Erfindung des E-Commerce, sondern eine etablierte Zahlungsmethode, die wir auch schon von früher kennen. Dabei ist die Rechnung vor allem im B2B-Umfeld etabliert, im klassischen Privatkundengeschäft hängt es ganz stark von den Produkten, der Branche und der Zielgruppe ab, ob die Rechnung als Zahlungsverfahren angeboten wird.

Basierend auf der technischen Umsetzung gleicht die Zahlungsart Rechnung der Vorkasse doch sehr. Im Prinzip muss bei beiden Methoden Geld per Online-Banking bzw. über den Überweisungsschein auf das Konto des Online-Shop-Betreibers überwiesen werden. Einzig der Zeitpunkt der Überweisung unterscheidet beide Zahlungsarten. Gehen Online-Shop-Besucher bei der Vorkasse in Vorleistung, das heißt, erhalten sie die Ware erst nach erfolgreichem Zahlungseingang, erhalten sie bei der Zahlung per Rechnung zuerst die Ware und können anschließend bezahlen. Je nach Online-Shop haben sie dabei teilweise 30 Tage Zeit, um die Rechnung zu begleichen, und können zwischenzeitlich uneingeschränkt das bestellte Produkt nutzen. Da die Kunden die Ware erst nach Erhalt bezahlen müssen, sind im Bezahlvorgang Informationen zur Zahlung selbst nicht notwendig.

In der Regel wählen Sie im Bezahlvorgang einfach die Zahlungsmethode Rechnung sowie gegebenenfalls eine abweichende Rechnungsadresse aus, wie Sie in Abbildung 6.3 sehen. Wohin Sie das Geld überweisen müssen, bekommen Sie beim Erhalt der Ware auf der Rechnung mitgeteilt.

Als Online-Shop-Betreiber ist für Sie die Zahlungsart Rechnung mit einem gewissen Risiko verbunden. Nach Eingang der Bestellungen versenden Sie die Ware, haben aber keine Garantie, ob diese tatsächlich bezahlt werden kann. Im schlimmsten Fall bleiben Sie daher auf den Kosten zu 100 % sitzen und können recht wenig dagegen machen, wenn Ihr Kunde das Geld tatsächlich nicht hat und sich nicht nur weigert, die Ware zu bezahlen. Um dieses Problem ein wenig zu umgehen, können bzw. sollten Sie, bevor Sie Ihren Besuchern diese Zahlungsmethode anbieten, eine Bonitätsprüfung durchführen. Basierend auf der Bonitätsprüfung erhalten Sie vereinfacht gesagt die Wahrscheinlichkeit eines Zahlungsausfalls in Form eines Scoring-Wertes und können entscheiden, bis zur welcher Schwelle Sie den Versand per Rechnung erlauben möchten. Auch das ist leider keine exakte Wissenschaft, sondern hilft Ihnen nur dabei, das Risiko zu minimieren.

Eine Bonitätsprüfung ist dabei mit laufenden Kosten verbunden, das heißt, die Zahlung per Rechnung erzeugt bei Ihnen als Shop-Betreiber Transaktionskosten, die Sie beispielsweise bei der Vorkasse nicht haben. Alternativ hierzu können Sie die Zahlung über einen Payment-Provider wie Adyen abwickeln. Dieser kümmert sich dann um das Risikomanagement und Inkasso, wofür aber wiederum Gebühren fällig werden.

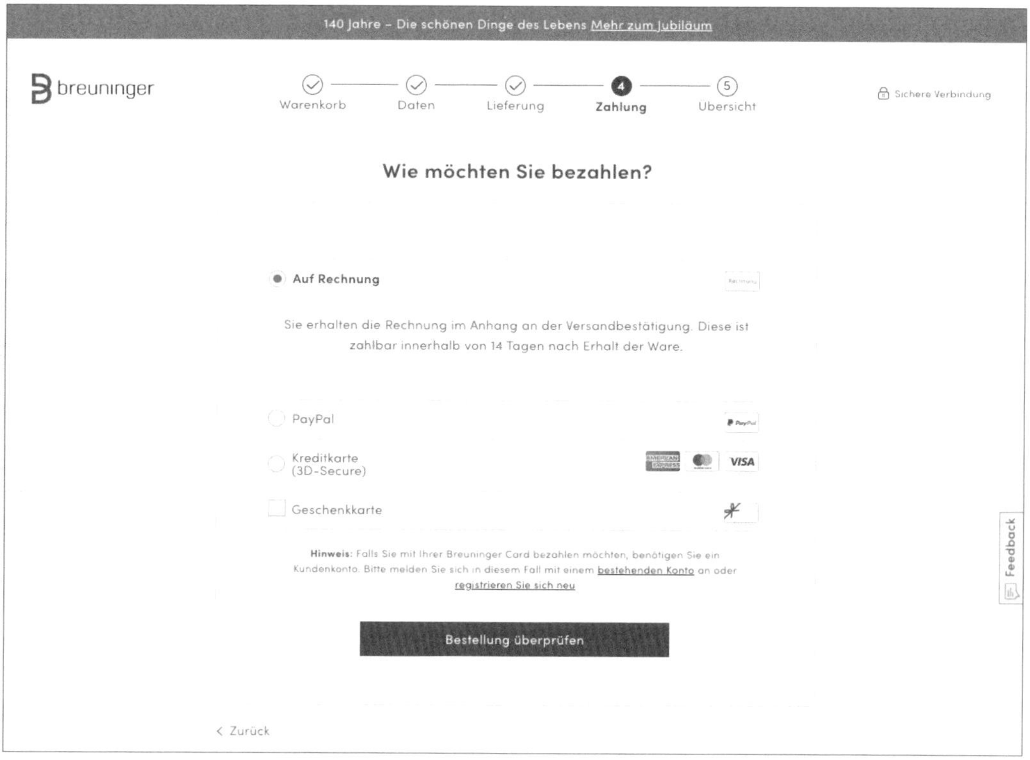

Abbildung 6.3 Bei der Zahlung per Rechnung müssen Sie keinerlei Zahlungsinformationen hinterlegen.

Wie hoch dabei für Sie die Transaktionskosten werden, lässt sich pauschal schwer beantworten. Denn diese hängen vom gewählten Payment-Provider, der Branche, den Produkten und Ihrer Zielgruppe ab. Idealerweise belaufen sich die Transaktionskosten im niedrigen bis mittleren einstelligen Prozentbereich, im Worst Case im hohen einstelligen Prozentbereich.

Für Online-Shop-Kunden hingegen ist die Rechnung das ideale Zahlungsmittel. Da sie zuerst die Ware erhalten und erst im Anschluss bezahlen müssen, stellt sich die Frage nach der Seriosität des Anbieters nicht, denn im schlimmsten Fall bekommen sie keine Ware geliefert, sind aber selbst nicht in Vorleistung gegangen. Ebenso ist die Rechnung immer mit einem Zahlungsziel von 7 bis 30 Tagen verbunden. Die Kunden können sich daher mit dem Bezahlen etwas Zeit lassen und haben nicht direkt einen Liquiditätsabfluss. Auch können sie mehr Produkte bestellen, als sie kurzfristig bezahlen können. Das bedeutet ganz konkret: Wenn Kunden in einem Online-Shop für Mode einkaufen, können sie problemlos T-Shirts, Jeans und Pullover in den unterschiedlichsten Größen bestellen und anprobieren, ohne dass sie gleich Tausende Euro vorstrecken müssen. Für einen Online-Shop-Besucher ist diese Zahlungsmethode also sehr bequem, noch dazu, da auch im Bezahlvorgang selbst keine Daten hinterlegt werden müssen.

Rechnung – das sollten Sie wissen

Es handelt sich aus Kundensicht um die angenehmste Zahlungsart, für Sie als Shop-Betreiber birgt sie aber ein großes Risiko. Denn Sie müssen erst einmal die Ware versenden und erhalten Tage später das Geld. Nutzen Sie bei dem Verkauf auf Rechnung immer ein Bonitäts-Scoring sowie Plausibilitätsprüfungen, um sich vor Zahlungsausfällen zu schützen.

Dementsprechend ist es auch wenig verwunderlich, dass viele Online-Shop-Besucher, wenn sie die Qual der Wahl haben, in der Regel auf die Rechnung als Zahlungsmethode setzen. Laut Studie des E-Commerce-Leitfadens von ibi research ist die Rechnung mit knapp 50 % die sympathischste Zahlungsmethode und zählt auch zu den am meisten genutzten und sichersten Zahlungsmethoden. Als Shop-Betreiber selbst haben Sie vor allem den Vorteil, dass die Abbruchquote bei der Rechnung sehr gering ist, aber auch den Nachteil, dass das Zahlungsausfallrisiko erhöht ist. Dementsprechend müssen Sie den Kauf per Rechnung absichern, entweder über eine simple Bonitätsprüfung oder einen Payment-Provider. Wenn Ihnen dabei die Transaktionskosten keinen Strich durch die Rechnung machen und Ihren Gewinn gefährlich schmälern, sollten Sie die Rechnung auf jeden Fall mit ins Portfolio aufnehmen.

Eine gute Alternative zur »klassischen« Rechnung stellen übrigens die Unternehmen PayPal, Billpay und Klarna dar. Wie diese Zahlungsmethoden im Detail funktionieren, erfahren Sie in Abschnitt 6.2.14 bis Abschnitt 6.2.16.

6.2.3 Zahlung per Kundenkarte

Zugegebenermaßen handelt es sich hierbei in den wenigsten Fällen um eine richtige Zahlungsmethode, sondern vielmehr um eine vereinfachte Möglichkeit der Bezahlung, die wiederum über eine der klassischen Zahlungsmethoden abgewickelt wird. Sie kennen sicherlich noch aus dem stationären Handel sogenannte Kundenkarten. Sie registrieren sich beim jeweiligen Unternehmen mit Ihren persönlichen Daten, beispielsweise beim Unternehmen Breuninger, erhalten daraufhin eine Kundenkarte mit persönlicher Nummer und sind anschließend in den Systemen des Unternehmens als Kunde gelistet. Mit einer solchen Kundenkarte erhalten Sie als Kunde in der Regel vergünstigte Konditionen und erfahren zudem als einer der Ersten etwas über anstehende Aktionen und Events.

Aus Sicht des Unternehmens macht die Herausgabe einer Kundenkarte durchaus Sinn, denn dadurch kann die Bindung zum Kunden verstärkt werden. Sie kennen den Kunden »persönlich« und können gezielt auf diesen Kunden eingehen und diesen ansprechen. Im stationären Handel war dies bislang enorm wichtig, da stationäre Händler, im krassen Gegensatz zu Online-Shops, normalerweise die Kunden nicht kennen und somit nicht ansprechen können.

Händler, die bislang nur stationär aktiv waren und den Sprung in den E-Commerce gewagt haben, versuchen nun die Vorteile der Kundenkarte auch online abzubilden. Im einfachsten Fall dient die Kundenkarte dabei als Zahlungsmethode, die um weitere Vorteile angereichert wird. Ein perfektes Beispiel für die Umsetzung liefert das Mode- und Lifestyle-Unternehmen Breuninger. Sie können online mithilfe der Kundenkarte relativ einfach einkaufen und bezahlen, wie Sie in Abbildung 6.4 sehen. Die Kundenkarte verhält sich praktisch wie der Kauf auf Rechnung, da Sie keinerlei weitere Informationen eingeben müssen. Der Shop muss nur Ihre Kundenkartennummer kennen, was aber automatisiert nach dem Login entsprechend mitgeteilt wird.

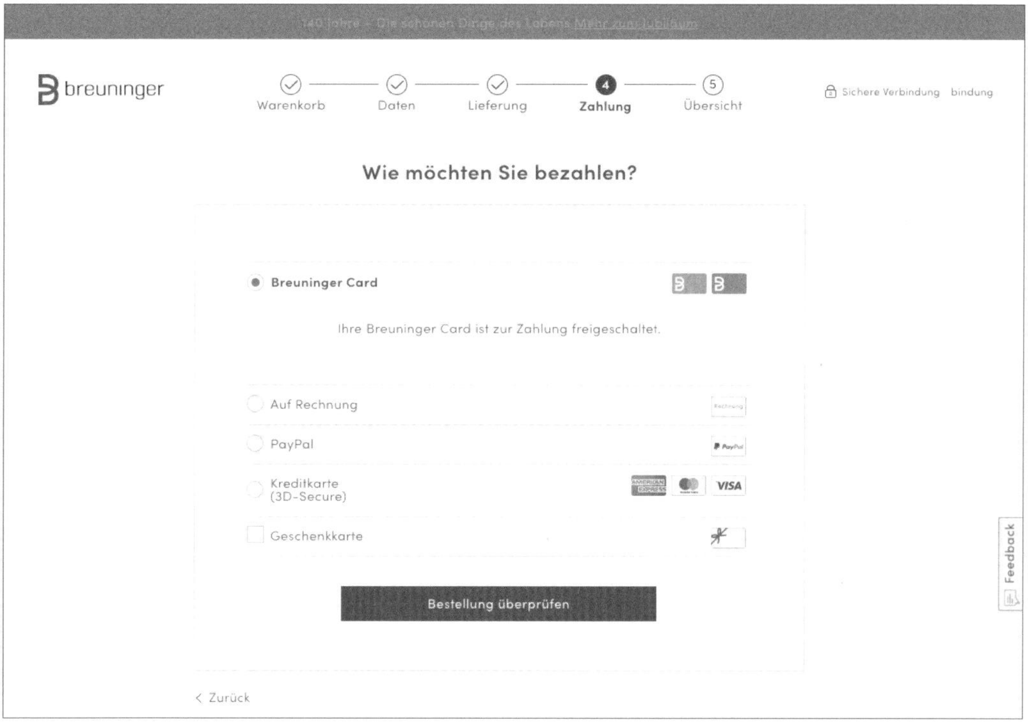

Abbildung 6.4 Die Breuninger Card fungiert auch online als Zahlungsmethode.

Sofern Sie, im Fall von Breuninger, die Kundenkarte für die Bezahlung nutzen, sparen Sie zudem Versandkosten und haben ein verlängertes Zahlungsziel. Die eigentliche Abrechnung erfolgt anschließend monatlich und basiert auf dem klassischen Lastschriftverfahren. Letztendlich ist die Bezahlung mittels Breuninger Card nichts anderes als eine einfache Zahlungsart, die sich wie ein Kauf auf Rechnung anfühlt, aber eine Bezahlung per Lastschrift ist. Durch die ergänzenden Features wie den kostenfreien Versand wird die Zahlungsmethode nochmals attraktiver und daher im Fall des Breuninger-Online-Shops die präferierte Zahlungsmethode vieler Kunden. An sich ist daher die Einführung einer Kundenkarte, die zugleich als Bezahlmethode fungiert, ein cleverer Schachzug, bei dem Sie sowohl die Kundenbindung als auch die Kundenzufriedenheit steigern können.

6.2.4 SEPA-Lastschrift

Die Zahlung per Lastschrift gehört zu den bekanntesten und beliebtesten Zahlungsmethoden im E-Commerce, speziell im europäischen Raum. So ist es nicht verwunderlich, dass im Rahmen der Payment-Studie des E-Commerce-Leitfadens diese Zahlungsmethode in Bezug auf Sympathie, Bekanntheit und Nutzung stets in den Top 5 vertreten ist.

Die technische Prozedur bei einer Zahlung per Lastschrift ist recht simpel. Innerhalb des Bezahlvorgangs muss der potenzielle Kunde seine Kontodaten hinterlegen, wie Sie in Abbildung 6.5 am Beispiel von Amazon sehen.

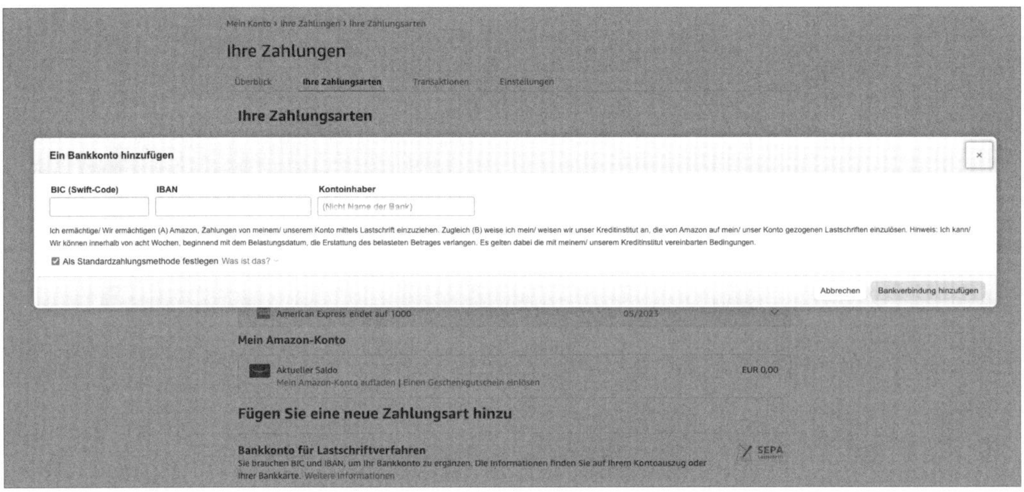

Abbildung 6.5 Für eine Bezahlung per Lastschrift sind nur ein paar wenige Informationen notwendig.

Durch die Eingabe der Kontodaten ermächtigt der Kunde nun den Online-Shop-Betreiber, das Geld bei seiner Bank einzuziehen. Dieser Schritt erfolgt dabei in der Regel aber nicht direkt im Bezahlvorgang, sondern erst nachgelagert, wenn die Bestellung aufgegeben wurde. Innerhalb des Bezahlvorgangs hat der potenzielle Kunde mit der Eingabe der Kontodaten alle relevanten Informationen mitgeteilt und kann anschließend die Bestellung abschließen. Der nachfolgende Prozess unterscheidet sich, je nachdem, ob Sie einen Payment-Provider für die Abwicklung von Lastschriftzahlungen nutzen oder ob Sie dies selbst übernehmen. Vorausgesetzt, Sie nutzen einen Payment-Provider, müssen Sie als Shop-Betreiber nun in der Regel nichts mehr unternehmen. Das Geld wird dem Kunden automatisch von seinem Konto abgebucht und Ihnen gutgeschrieben. Das Geld wird Ihnen auch dann gutgeschrieben, es kommt hierbei aber auf den Payment-Provider und die gebuchten Services an, wenn die Abbuchung beim Kunden platzt. Nutzen Sie hingegen keinen Payment-Provider, müssen Sie sich selbst um den Einzug des offenen Betrags kümmern. Im einfachsten Fall können Sie dies direkt über das Webinterface Ihrer Bank erledigen. Abhängig von der Anzahl der Bestellungen ist dies jedoch ein sehr zeitintensiver Job, der darüber hinaus auch fehleranfällig ist. Denn ein Zahlendreher in einer Abbuchung schleicht sich schneller ein, als Sie denken, und wirkt gegenüber Ihren Kunden stets unseriös, denn beim Geld hört die Freundschaft auf. Abbuchungsfehler werfen stets ein schlechtes Licht auf Ihren Online-Shop.

Popularität der Lastschrift außerhalb Europas

Sollten Sie früher oder später mit dem Gedanken spielen, beispielsweise auf den nordamerikanischen Markt oder nach Asien expandieren zu wollen, beachten Sie bitte Folgendes: Außerhalb Europas spielt die für uns so populäre Lastschrift praktisch keine Rolle. Speziell im nordamerikanischen Markt, in dem sich alles um Kreditkarten dreht, wären Sie mit dieser Zahlungsart definitiv ein Exot im E-Commerce.

Um dieses Problem zu vermeiden, unterstützen mittlerweile die meisten Online-Shop-Lösungen die Möglichkeit, Bestellungen im DTA- bzw. DTAUS-Format[3] sowie weiteren Formaten zu exportieren. Die anschließend generierte Exportdatei können Sie bei Ihrer Bank, beispielsweise über das Online-Banking-Interface, importieren. Daraufhin erfolgt die Abbuchung ohne weitere Eingabe von Daten

Als Shop-Betreiber ist für Sie die Zahlung per Lastschrift mit Risiken verbunden, auch wenn diese auf den ersten Blick nicht ersichtlich sind. Denn durch die bloße Eingabe der Kontoverbindung kann nicht geprüft werden, ob Ihr Kunde tatsächlich das benötigte Geld besitzt oder nicht. Sie können den Lastschriftauftrag ausführen. Sollte die benötigte Liquidität nicht vorhanden sein, erfolgt eine Rückbelastung aber erst Tage später. Normalerweise ist dann die Ware bereits ausgeliefert oder sogar schon bei Ihrem Kunden. Durch die Rückbelastung entstehen Ihnen als Shop-Betreiber darüber hinaus weitere Kosten, die Sie anschließend auf Ihren Kunden umlegen müssen.

Aus diesem Grund ist es für Sie als Shop-Betreiber auch beim Lastschriftverfahren zu empfehlen, im Vorfeld eine Plausibilitäts- bzw. Bonitätsprüfung durchzuführen. Hier reicht es, im ersten Schritt einfach zu prüfen, ob die im Bezahlvorgang hinterlegte Adresse tatsächlich existiert. Diese Prüfung ist nicht ungewöhnlich; wie Sie in Abbil-

3 Weitere Informationen zum DTA- bzw. DTAUS-Format finden Sie unter: *http://de.wikipedia.org/wiki/Datentr%C3%A4geraustauschverfahren*.

dung 6.6 sehen können, erfolgt auch bei Sport Scheck vor der Auswahl der Zahlungsmethode eine entsprechende Plausibilitätsprüfung.

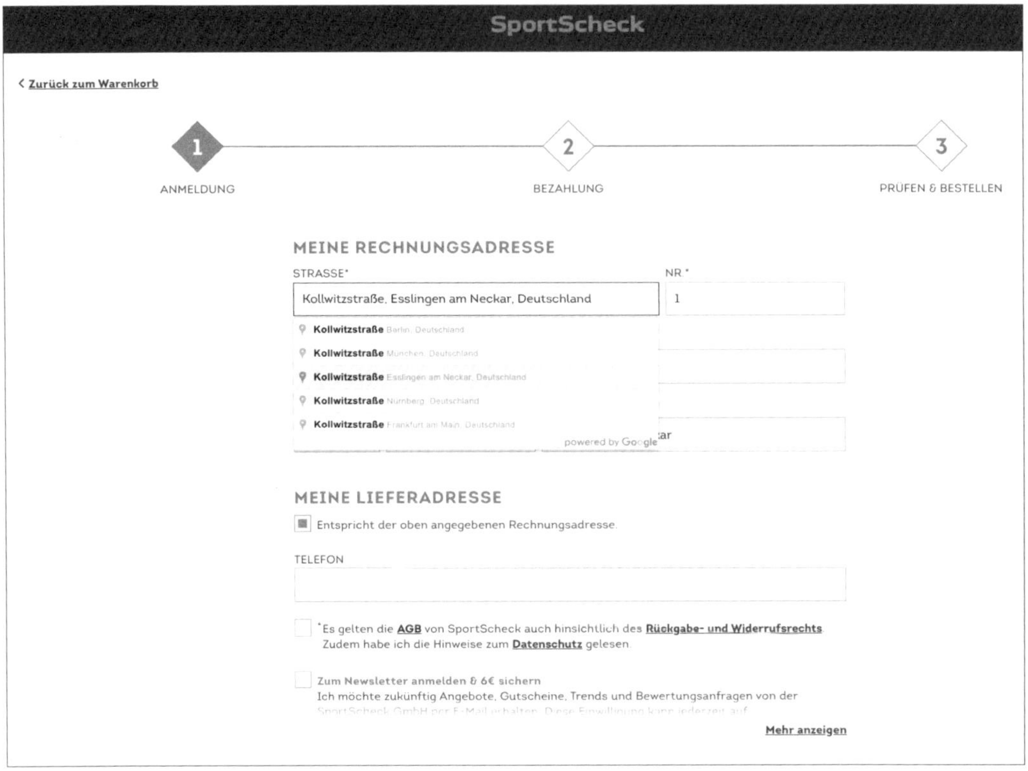

Abbildung 6.6 Durch die Integration eines Google-Dienstes kann die korrekte Adresse im richtigen Format direkt ausgewählt werden.

Was in der Theorie nun so wunderbar klingt, ist jedoch in der Praxis mit Vorsicht zu genießen. Was geschieht, wenn keine Informationen über den Besucher vorliegen und ein Matching zwischen Namen und Anschrift nicht möglich ist? Im Zweifelsfall würde der Besucher den Einkauf nicht durchführen können. Ein ähnliches Phänomen haben Sie bei der Wahl eines Dienstleisters mit schlechter Datenqualität. Denn wenn keine Daten vorliegen, kann letztendlich die Validierung kein positives Ergebnis liefern. Dieser Faktor muss bei der Entscheidung, ob eine Validierung integriert wird oder nicht, definitiv berücksichtigt werden. Denn es wäre ärgerlich, wenn Sie eine Menge an Kunden verlieren bzw. nicht gewinnen, nur weil Adressdaten nicht richtig geprüft werden können bzw. vorliegen.

Die Plausibilitätsprüfung schützt natürlich nicht allein vor einer geplatzten Lastschrift, reduziert aber das Risiko. Und im E-Commerce können Sie grundsätzlich nichts anderes tun, als das Zahlungsausfallrisiko zu minimieren, denn ausschließen können Sie es so gut wie nie. Nachgelagert können Sie, sofern die Adresse als korrekt validiert wurde, eine Bonitätsprüfung durchführen und erst danach eine Zahlung per Lastschrift anbieten – ein weiterer Schritt, der das Zahlungsausfallrisiko minimiert, aber nicht eliminiert.

Neben dem Zahlungsausfall aufgrund mangelnder Liquidität sind im Übrigen Lastschriftzahlungen recht schnell rückgängig zu machen. Die meisten Banken bieten im Online-Banking-Webinterface die Möglichkeit, einen Lastschrifteinzug per Knopfdruck zu widerrufen. Möchte der Kunde daher aus bestimmten Gründen wieder an sein Geld, ist dies recht einfach möglich. Wie Sie in Abbildung 6.7 sehen, ist es beispielsweise bei der comdirect Bank problemlos möglich, mit zwei bis drei Klicks einer Lastschrift zu widersprechen. Als Shop-Betreiber fallen anschließend für Sie Bearbeitungskosten an, und Sie müssen sich mit Ihrem Kunden auseinandersetzen.

Lastschriftrückgabe

Auswahl	Buchungstag	Zahlungsempfänger	Verwendungszweck	Valuta	Betrag in EUR	Status	
○	02.04.2014	UNITED DOMAINS AG	UNITED-DOMAINS AG RECHNUNG ..AR20140331A0655679.. IH..	02.04.2014	-5,00	rückgabefähig	Details

Abbildung 6.7 Einer Lastschrift ist in der Regel bei allen gängigen Banken mit wenigen Klicks widersprochen.

Lastschrift – das sollten Sie wissen

Diese Zahlungsart kann praktisch von jeder Person mit Bankkonto genutzt werden. Nach Eingabe der Daten können Sie als Shop-Betreiber die Ware versenden. Auch wenn eine Lastschrift platzen kann, handelt es sich um eine beliebte Zahlungsart bei Shop-Betreibern, aber auch bei Kunden. Ein großer Vorteil für Sie: keine Transaktionskosten und eine hohe Akzeptanz bei Ihren Kunden.

Vorsicht beim Ausschluss von Zahlungsmethoden aufgrund Bonität

Auch wenn Bonitätsprüfungen ihre Berechtigung haben und Kunden diesen auch zustimmen müssen, hinterlässt es immer einen faden Beigeschmack, wenn ein Kunde im Bezahlvorgang eine der beworbenen Zahlungsmethoden nicht nutzen kann, da Sie als Shop-Betreiber sie aufgrund der Bonität nicht anbieten. Denn auch eine Bonitätsabfrage muss nicht immer zu 100 % stimmen, und technische Probleme können zu einer Ablehnung führen. Manchen Kunden stößt diese Ablehnung entsprechend sauer auf, denn Sie sagen dem Kunden nichts anderes als: »Lieber Kunde, du hast leider nicht genug Geld, um bei mir einzukaufen.« Auch wenn dies inhaltlich stimmen kann, muss es immer Ihr Ziel als Shop-Betreiber sein, diese harte Botschaft möglichst charmant und höflich zu verpacken.

Aus Sicht der Online-Shop-Besucher ist die Lastschrift, wie eingangs bereits erwähnt, eine bekannte und populäre Zahlungsart, die gerne genutzt wird. Einzig beim Thema Sicherheit erhält die Lastschrift keine Spitzenposition im Kundenranking, denn objektiv betrachtet wissen Sie nicht, wie sicher die Daten im Shop gespeichert und verarbeitet werden. Dementsprechend ist es zu empfehlen, im Bezahlvorgang speziell bei der Lastschrift besonders auf das Thema Datensicherheit zu verweisen. Ansonsten ist die Lastschrift gerade deswegen so beliebt, weil sie für den Kunden die bequemste und einfachste Bezahlmethode ist, die gerade in Deutschland seit Jahrzehnten existiert und etabliert ist.

Für Sie als Shop-Betreiber ist es aufgrund der Popularität stets sinnvoll, die Zahlung per Lastschrift zu akzeptieren, auch wenn Sie sich Gedanken um die Prüfung der Bonität bzw. Plausibilität machen sollten, um das Zahlungsausfallrisiko zu minimieren. Abhängig von der Nutzung eines Payment-Providers und der Bonitätsprüfung errechnen sich schlussendlich die Transaktionskosten. Wickeln Sie die Zahlungen selbst ab, liegen diese je nach Bank und Konto im niedrigen Cent-Bereich. Nutzen Sie einen Payment-Provider, müssen Sie prozentual vom Bestellwert eine Gebühr abführen.

6.2.5 Finanzierung/Ratenkauf

Auch bei dieser Zahlungsart handelt es sich genau genommen nicht direkt um eine Methode, um als Kunde dem Händler Geld zukommen zu lassen. Dennoch erfreut sich die Finanzierung bzw. der Ratenkauf immer größerer Beliebtheit. Speziell wenn Sie höherpreisige Produkte vertreiben, beispielsweise Notebooks, Waschmaschinen, Fernseher oder auch Smartphones, kann die Finanzierung bzw. der Ratenkauf viele Nutzer zu Kunden konvertieren. Oftmals sitzt nämlich das Geld für eine große Investition nicht ganz so locker; kann man hingegen den Rechnungsbetrag in kleinen monatlichen Raten bezahlen, macht dies den Einkauf für viele Kunden attraktiv.

Viele Online-Shops bieten ihren Kunden mittlerweile äußerst flexible Lösungen, wie Sie in Abbildung 6.8 am Beispiel von Cyberport sehen.

Im Warenkorb befindet sich mit 2.000 € inklusive Mehrwertsteuer ein recht kostenintensiver Artikel. Cyberport bietet seinen Kunden direkt auf der Produktdetailseite die Möglichkeit an, eine grobe Finanzierung im Vorfeld zu prüfen. So lässt sich beispielsweise eine Anzahlung in beliebiger Höhe definieren.

Außerdem haben Sie die Möglichkeit, eine Laufzeit von 6 bis 60 Monaten zu definieren. Würde man in diesem Beispiel 500 € anzahlen und die Laufzeit auf 36 Monate festlegen, wäre eine monatliche Rate von knapp 49 € fällig. Sprich, das auf den ersten Blick teure Produkt kann in Form von überschaubaren Raten abbezahlt werden.

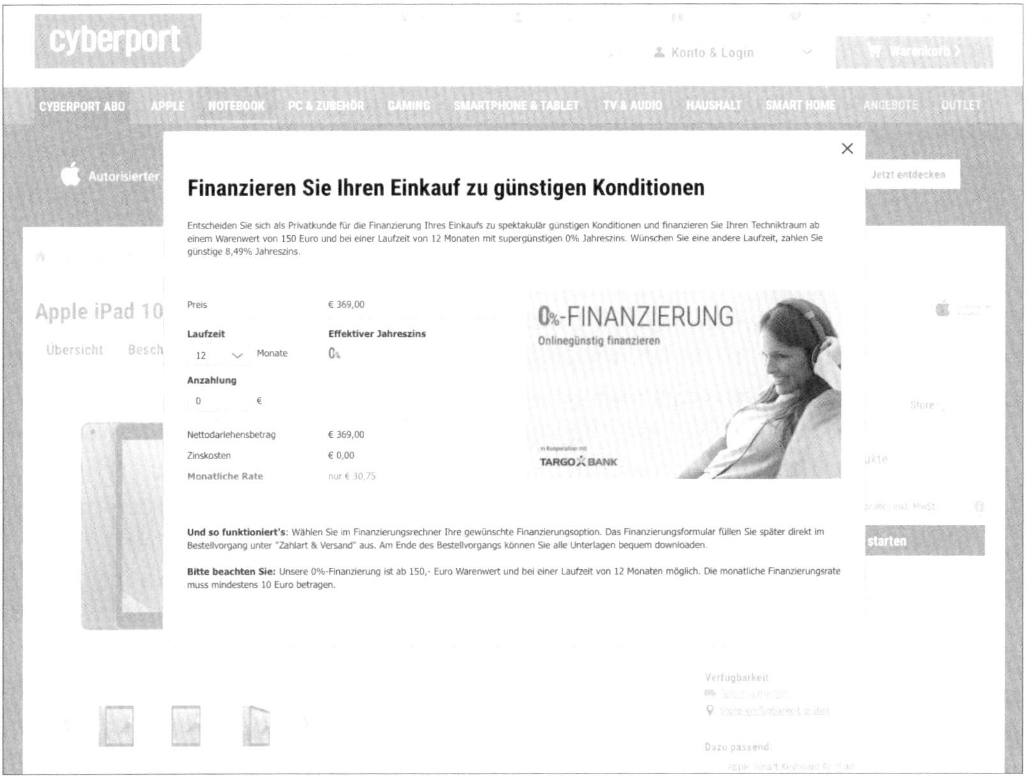

Abbildung 6.8 Neben der Anzahlung kann auch die Laufzeit frei definiert werden.

Kunden lieben diese Flexibilität und die Möglichkeit, auch auf den ersten Blick teure Artikel zu erwerben. Sie als Händler werden jedoch bei der Abbildung dieser Möglichkeit definitiv vor Herausforderungen gestellt. Alleine können Sie eine Finanzierung nicht anbieten; Sie benötigen als Partner eine Bank. Diese wird auch nicht jeden Kunden finanzieren, behalten Sie daher im Hinterkopf, dass nicht zwangsläufig jede Bestellung finanziert werden kann. Zudem haben Sie als Händler komplexere Prozesse. Sie müssen Daten vom Kunden einholen, die Anträge mit der Bank abstimmen und auf die Ergebnisse warten. Erfahrungsgemäß wird der Finanzierungswunsch auch nicht direkt innerhalb weniger Stunden geprüft und genehmigt, wodurch Sie auch die Ware nicht direkt versenden können. Im Zweifel müssen Sie sogar noch Ihren Kunden »hinterherrennen«, um an die notwendigen bzw. fehlenden Daten zu kommen. Auch besteht die große Gefahr des Prozessabbruchs, das heißt, die Bestellung wird zwar aufgegeben, der Kunde versäumt aber, die notwendigen Unterlagen einzureichen, und meldet sich nicht wieder.

Finanzierung/Ratenkauf – das sollten Sie wissen

Die Nützlichkeit und die Vorteile dieser Zahlweise entstehen vor allem dann, wenn Sie hochpreisige Produkte verkaufen. Kein Mensch wird eine Finanzierung über 36 Monate für ein 50 €-Produkt in Anspruch nehmen. Verkaufen Sie aber Produkte im Wert von mehreren hundert bzw. tausend Euro, so sprechen Sie mit einer flexiblen Zahlungsweise eine Vielzahl von Kunden an. Sie vergrößern Ihre Absatzchancen. Da aber immer eine Bank im Hintergrund steht, die natürlich Ihre Kunden prüft, ist eine 100%ige Zusage einer Finanzierung im Vorfeld nie möglich. Gegebenenfalls werden also nicht alle »willigen« Kunden auch akzeptiert.

Auch wenn dies im ersten Moment nach Hürden klingt: Sollten Sie »teure« Artikel verkaufen, das heißt Produkte, die auch gut und gerne ein paar tausend Euro kosten können, prüfen Sie auf jeden Fall, ob Sie nicht mit einem starken Partner, wie beispielsweise der Targo Bank, die auch die gesamte Finanzierung bei Cyberport übernimmt, die Möglichkeit einer Finanzierung bzw. Ratenzahlung anbieten können. Dies wird definitiv eine positive Auswirkung auf die in Ihrem Online-Shop generierten Umsätze haben.

6.2.6 Kreditkarte

Ob American Express, Visa oder Mastercard – Kreditkarten haben in den letzten Jahren immer mehr an Bedeutung gewonnen. Die vor allem in den USA beliebten Kreditkarten gewinnen auch im deutschen Markt konstant an Bedeutung, und als Online-Shop-Betreiber müssen Sie sich die Frage stellen, ob diese Zahlungsmethode nicht auch für Ihren Online-Shop interessant ist.

Der Zahlungsprozess ist bei der Kreditkartenzahlung recht einfach gehalten. Innerhalb des Bezahlvorgangs müssen die Online-Shop-Kunden neben der Kreditkartennummer den Inhaber, das Ablaufdatum und die Prüfnummer eingeben, die sich in der Regel auf der Rückseite der Kreditkarte befindet. Die notwendigen Eingabefelder sehen Sie in Abbildung 6.9, exemplarisch am Online-Shop von Charles Tyrwhitt.

In diesem Moment findet anschließend ein direkter Datenaustausch mit dem Kreditkarteninstitut statt. Hier wird nun geprüft, ob das Ablaufdatum und die Prüfnummer korrekt sind und die Kreditkarte mit dem Rechnungsbetrag belastet werden kann. Dies ist der große Unterschied zu den bereits thematisierten Zahlungsarten Lastschrift, Vorkasse oder Rechnung. Ist der Kunde im Bezahlvorgang und hinterlegt hier seine Kreditkartendaten, werden alle relevanten Prüfungen wie Liquidität und Richtigkeit der Daten direkt durchgeführt.

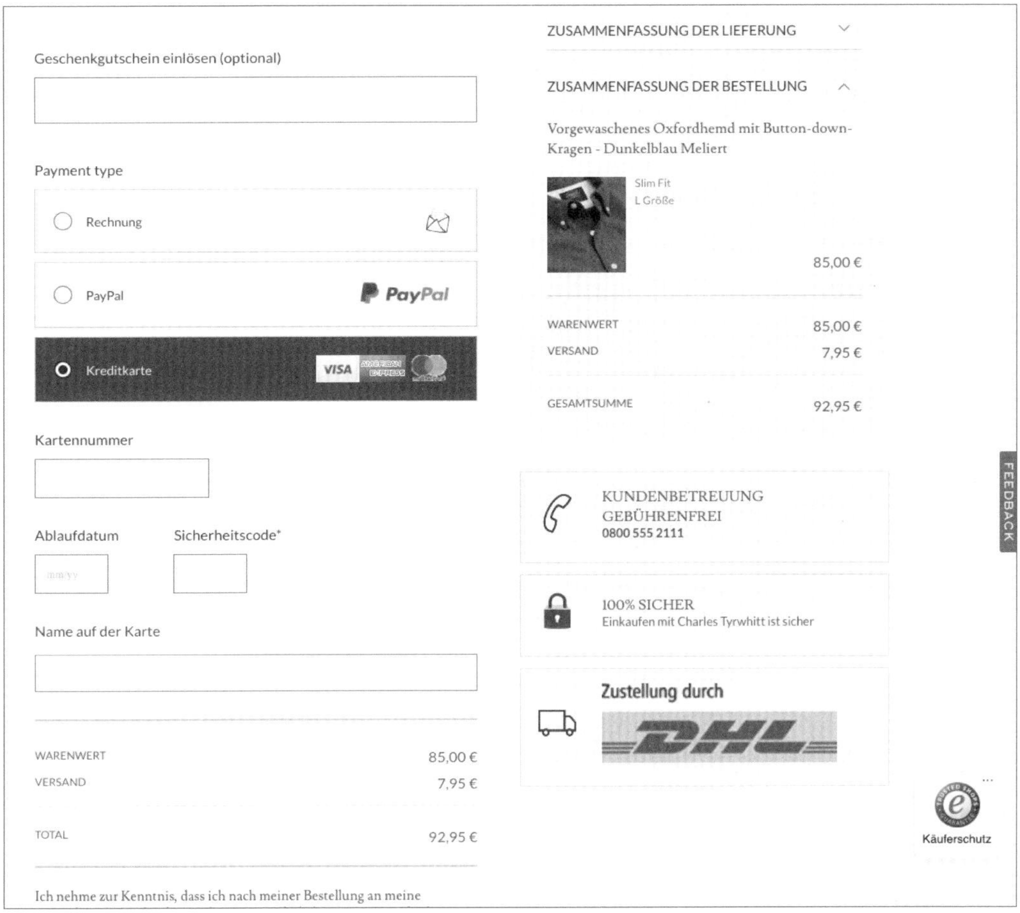

Abbildung 6.9 Eine Zahlung per Kreditkarte ist schnell und einfach.

Handelt es sich bei der Kreditkarte um eine Visa- oder Mastercard und hat der Kunde 3D Secure bei seinem Payment-Provider aktiviert (was Stand heute in 99 % der Fall ist), erfolgt nach der Eingabe der oben genannten Daten ein weiterer Prüfmechanismus, bei dem er ein selbst definiertes Kennwort eingeben muss. Diesen zusätzlichen Prüfmechanismus sehen Sie exemplarisch in Abbildung 6.10 am Beispiel des Online-Shops Seidenland. Das Kennwort, das nur dem Kunden bekannt sein sollte, authentifiziert ihn definitiv als Karteninhaber. Ohne dieses könnten theoretisch problemlos Zahlungen durchgeführt werden, sollte seine Kreditkarte gestohlen werden, denn alle relevanten Daten sind auf der Kreditkarte hinterlegt. Durch die 3D-Secure-Prüfung wird aber ein nur dem Kunden bekanntes Kennwort abgefragt. Darum gehen auch immer mehr Kreditkarteninstitute, wie beispielsweise American Express, dazu über, eine PIN zu vergeben, die auch bei Zahlungen im stationären Handel eingegeben werden muss. Spätestens mit Eingabe des 3D-Secure-Codes wird der Zahlungsprozess für den Kunden abgeschlossen.

Abbildung 6.10 Wenn 3D Secure aktiviert ist, wird ein zusätzlicher Code abgefragt.

Wie bei den bisher vorgestellten Zahlungsmethoden auch gibt es für Shop-Betreiber und Shop-Kunden Vor- und Nachteile bei dieser Zahlungsart. Als Online-Shop-Betreiber sind Sie zwingend darauf angewiesen, einen Payment-Provider zu nutzen. Auch wenn es beispielsweise in Magento die Möglichkeit gibt, Kreditkartendaten im Online-Shop selbst zu speichern, ist das ein enormes Sicherheitsrisiko und erschwert Ihnen zusätzlich die Abwicklung, denn irgendwie muss das Geld von der Kreditkarte eingezogen und auf Ihr Konto transferiert werden. Um diese ganzen Probleme zu umgehen, müssen Sie daher einen Payment-Provider integrieren, der pro Transaktion ein paar Prozent verdient. Dafür kümmert er sich aber schlussendlich um die gesamte Abwicklung, und Sie haben keinen weiteren Aufwand.

Conversion-Hürde 3D Secure

Mittlerweile, es gibt nur sehr wenige Ausnahmen, wird bei jeder Transaktion auf 3D Secure gesetzt. Man muss entweder ein Kennwort bzw. eine PIN eingeben, das bzw. die per SMS zugestellt wird. Diese Hürden führen tatsächlich zu mehr Sicherheit, aber auch größeren Abbruchquoten. Speziell in Unternehmen, in denen Firmenkreditkarten gerne durch Abteilungen zirkulieren, ist ein Einkauf so nicht mehr möglich. Denn die 3D-Secure-PIN landet dann zwar per SMS bei der hinterlegten Person, diese ist aber gegebenenfalls gar nicht greifbar bzw. hat das Handy parat. Verstehen Sie uns nicht falsch: Sicherheit ist gut, aber Statistiken, die wir selbst in Online-Shops erhoben haben, zeigen, dass noch sehr viele Menschen Probleme mit der zusätzlichen Authentifizierung haben.

Als Shop-Betreiber haben Sie den großen Vorteil, dass die Zahlungsdaten im Bezahlvorgang direkt geprüft werden und nur eingekauft werden kann, wenn die Kreditkarte tatsächlich belastet werden kann. Das heißt, es kann nur eingekauft werden, sofern beim Kunden Geld vorhanden ist.[4] Durch die 3D-Secure-Prüfung, die mittlerweile bei allen Payment-Providern und Banken aktiviert wird, wird darüber hinaus die Identität und Rechtmäßigkeit des Einkaufs sichergestellt. Denn hierfür ist der persönliche Schlüssel notwendig, den nur der Einkäufer kennt. Wie auch bei der Lastschrift kann eine Abbuchung jedoch relativ schnell rückgängig gemacht werden. Über das Webinterface der Bank bzw. des Kreditkartenanbieters ist mit wenigen Klicks ein Widerruf möglich, wodurch die Situation entstehen kann, dass die Ware ausgeliefert, aber nicht bezahlt ist.

6

Kreditkarte – das sollten Sie wissen

Die Kreditkarte ist vor allem bei »älteren« und ausländischen Käufern ein beliebtes Zahlungsmittel. Für Sie als Shop-Betreiber fallen zwar Transaktionskosten an, dafür haben Sie das Geld im ersten Schritt sicher und können die Ware direkt nach dem Einkauf ausliefern. Es ist also geradezu eine perfekte Zahlungsart, wenn Ware schnell bezahlt und versendet werden muss.

Kunden bzw. Online-Shop-Besucher stehen der Kreditkarte positiv gegenüber, denn wie der Name schon impliziert, wird ein Kredit gewährt. In der Regel wird die Kreditkarte alle 30 Tage beglichen. So lange kann man als Kunde ungestört einkaufen und muss sich um die Bezahlung der Rechnungen keine Gedanken machen. Das ist natürlich Fluch und Segen zugleich, denn da keine direkte Belastung des Girokontos erfolgt, ist es nicht unüblich, dass über Maß eingekauft wird. Als Online-Shop-Betreiber kann Ihnen diese Tatsche aber eigentlich egal sein, und Kunden sehen es als Pluspunkt an. Darüber hinaus ist die einfache und unkomplizierte Bezahlung ein Vorteil, denn der Bezahlvorgang kann schnell durchlaufen werden, die Ware wird anschließend direkt versendet, und der Online-Shop-Betreiber kommt zeitnah an den ausstehenden Geldbetrag. Aufgrund der Sicherheitsmechanismen wird die Zahlung grundsätzlich als sicher angesehen, auch wenn der Online-Shop, in dem eingekauft wird, über keine große Reputation verfügt. Die Zahlung ist also sicher, die Abbruchquoten sind gering.

Zusammengefasst bedeutet dies für Sie als Shop-Betreiber: Die Kreditkartenzahlung bietet sowohl für Händler als auch für Kunden Vorteile, erzeugt jedoch Transaktionskosten, die bei der Preiskalkulation berücksichtigt werden müssen.

4 Eine kleine Anmerkung hierzu: Auch bei der Kreditkarte gibt es keinen 100%igen Schutz vor einem Zahlungsausfall.

6.2.7 PayPal

Streng genommen ist *PayPal* keine Zahlungsart, sondern ein sogenannter Payment-Provider, denn PayPal selbst kümmert sich ausschließlich um die Zahlungsabwicklung und nutzt hierfür bekannte Zahlungsarten wie Lastschrift oder Kreditkarte. Dennoch wird PayPal gerne mit einer Zahlungsart assoziiert, da es eine Art Schicht zwischen dem Online-Shop und den hinterlegten Zahlungsarten bildet. PayPal ist mit seinem Service dabei äußerst populär und darf von Ihnen als Shop-Betreiber keinesfalls unterschätzt werden. Mittlerweile kommt PayPal in Deutschland auf einen Marktanteil von knapp 25 %, wobei dieser sehr stark nach Branche, Zielgruppe und Produkten variiert. Erfahrungsgemäß ist es nicht unüblich, wenn 50–60 % der Bestellungen über PayPal bezahlt werden.[5] PayPal daher als »Modeerscheinung« abzutun, die nur für junge Leute interessant ist, ist äußerst gefährlich. Sie haben ja bereits am Anfang des Kapitels eine Umfrage nach den beliebtesten Zahlungsmethoden gesehen, bei der PayPal bzw. PayPal-ähnliche Zahlungsarten mit Abstand an der Spitze der Beliebtheit standen.

Lassen Sie uns zum besseren Verständnis einmal im Detail betrachten, wie PayPal funktioniert und worin genau die Vor- und Nachteile bestehen.

Auch bei PayPal bezahlen Sie per Kreditkarte, Lastschrift, Rechnung oder Überweisung

PayPal verwaltet letztendlich ein »eigenes« Guthaben wie auf einem Girokonto, das einbezahlt oder eingezogen werden muss. PayPal akzeptiert dabei die Einzahlung per Überweisung oder die Abbuchung via Lastschrift oder Kreditkarte. Für die Nutzung von PayPal müssen Ihre Kunden daher über mindestens eine der aufgezählten Zahlungsarten verfügen. Zudem bietet PayPal seit geraumer Zeit auch die Bezahlung per Rechnung sowie Finanzierungsmöglichkeiten an.

PayPal Standard

Zuallererst müssen Sie wissen, dass es bei der Integration von PayPal zwei Varianten gibt. Neben *PayPal Standard* existiert PayPal Express, wobei wir uns zunächst der ersten Variante widmen. PayPal integriert sich nahtlos in den Bezahlvorgang, weswegen Sie bei der Auswahl der Zahlungsart auch PayPal auswählen können. Da PayPal bei den Zahlungsarten auftritt, liegt die Assoziation mit einer Zahlungsweise nahe. Im Bestellvorgang selbst werden keine weiteren Daten und Informationen hinsichtlich der Bezahlung abgefragt, weswegen der Zahlungsprozess mit PayPal recht schnell durchlaufen werden kann. Geben Sie als Kunde die Bestellung tatsächlich auf, ist der Bezahlvorgang jedoch im Vergleich zur Rechnung oder Vorkasse nicht abgeschlos-

5 Siehe hierzu: *https://de.statista.com/themen/2499/paypal.*

sen. Denn nach der Bestätigung der Bestellung im Online-Shop werden Sie zur PayPal-Website weitergeleitet. Auf dieser Seite müssen Sie sich anschließend mit Ihren PayPal-Zugangsdaten anmelden. Die Anmeldemaske sehen Sie dabei in Abbildung 6.11.

Abbildung 6.11 PayPal bietet die Möglichkeit zur Registrierung oder zum Login.

Besitzen Sie noch kein PayPal-Konto, können Sie sich alternativ auch zuerst ein Konto anlegen. Wenn Sie bereits über ein registriertes Konto verfügen, melden Sie sich im nächsten Schritt an. PayPal wird Sie anschließend unter anderem nach der Zahlungsmethoden fragen. Sie werden sich nun fragen, was es mit der Zahlungsmethode auf sich hat, denn eigentlich kaufen Sie doch gerade mit der Zahlungsmethode PayPal ein. PayPal selbst stellt nur eine Art Konto dar, auf das Sie Geld einzahlen bzw. von dem Sie es abheben können. Es ist also nichts anderes als ein »Geldverwahrungssystem«, wie beispielsweise ein Girokonto. Aber wie auch bei einem Girokonto muss zuerst Geld einbezahlt werden. Und hier liegt der Vorteil von PayPal, denn Sie haben eine Auswahl an Zahlungsmethoden, unter denen Sie wählen können, um Geld auf Ihr PayPal-Konto einzuzahlen – Zahlungsmethoden, die der Online-Shop, bei dem Sie gerade einkaufen, vielleicht gar nicht bietet.

Angenommen, Sie haben bei PayPal die Zahlungsmethode Lastschrift ausgewählt und bezahlen nun im Check-out-Prozess mit PayPal, passiert nichts anderes, als dass PayPal die Zahlung an den Shop-Betreiber sendet und von Ihrem Girokonto per Lastschrift abbucht. PayPal ist sozusagen der Mittelsmann, der Geld von A nach B transferiert und ein Auge darauf hat, dass hierbei nichts schiefgeht. Hat alles geklappt, werden Sie als Shop-Besucher anschließend wieder auf den Online-Shop, von dem Sie kommen, zurückgeleitet, und die Bestellung wird anschließend als erfolgreich gekennzeichnet. Der Shop-Betreiber hat nun das Geld erhalten und kann die bestellte Ware direkt in den Versand geben. Der Bezahlvorgang ist, wie Sie in diesem Beispiel gesehen haben, unkompliziert und äußerst schnell abgeschlossen.

PayPal Express

Im Gegensatz zu der klassischen PayPal-Integration existiert darüber hinaus eine alternative Integration namens *PayPal Express*. Das Ergebnis ist bei PayPal Express schlussendlich dasselbe wie bei der klassischen PayPal-Integration. Es unterscheidet sich ausschließlich der Prozess, wie die Zahlung durchgeführt wird. Lassen Sie uns daher den PayPal-Express-Prozess im Detail durchgehen.

Wie im vorherigen Beispiel befinden Sie sich in einem Online-Shop und haben Artikel im Warenkorb. Bei PayPal Express können Sie nun direkt aus dem Warenkorb, je nach Implementierung auch direkt von der Produktansicht, zu PayPal springen und müssen nicht erst durch den Check-out-Prozess im Online-Shop gehen. Das heißt, Sie sehen im Warenkorb neben der Auflistung Ihrer Artikel einen PayPal-Express-Button und gelangen durch einen Klick auf diesen Button direkt zu PayPal. Sie verlagern also den gesamten Check-out-Prozess zu PayPal und wählen auch dort Ihre Liefer- bzw. Rechnungsadresse und bestätigen den Einkauf. Anschließend werden Sie wieder in den Shop geleitet, in dem Sie gerade als Kunde einkaufen, bestätigen hier die AGB sowie den Einkauf.

Da es sich bei der PayPal-Express-Integration um eine API-Schnittstellenintegration handelt, können Sie als Shop-Betreiber diesen Prozess in Ihrem Online-Shop auch beliebig modifizieren, da Sie den Ort der Datenübermittlung selbst bestimmen können. Der große Unterschied zur »klassischen« PayPal-Integration liegt vor allem in der Technik begründet. Denn bei der »klassischen« PayPal-Integration wird nach dem Einkauf nichts weiter als ein unsichtbares Formular mit Bestelldaten zu PayPal übersendet. Es muss also eine Seite geben, die den Kunden zu PayPal weiterleitet, denn genau diese Seite enthält alle Bestell- und Zahlungsdaten, die an PayPal übermittelt werden müssen. Bei PayPal Express läuft die Kommunikation jedoch über eine API. Das erhöht zusätzlich die Sicherheit, bietet aber auch umfangreichere Möglichkeiten bei der Integration. Speziell aufgrund des Sicherheitsaspekts versucht PayPal momentan, die Shop-Betreiber auf die PayPal-Express-Integration zu migrieren.

Gemeinsamkeiten

Ungeachtet der Integrationsvariante müssen Sie sich als Shop-Betreiber die berechtigte Frage stellen, worin der große Vorteil von PayPal besteht. Denn schlussendlich fallen für den Geldtransfer Transaktionskosten an, und PayPal macht nichts anderes, als Geld zu vermitteln. Vorteile in der Nutzung von PayPal bestehen sowohl für Shop-Betreiber als auch für Shop-Kunden. Als Shop-Betreiber haben Sie den großen Vorteil, dass Sie weniger Zahlungsarten direkt anbinden müssen. Denn PayPal akzeptiert sowohl Einzahlungen per Lastschrift, Überweisung als auch Kreditkarte. Diese drei Zahlungsarten sind über PayPal abgedeckt, Sie müssten diese im Shop selbst gar nicht mehr integrieren. Dadurch können Sie gegebenenfalls Kosten sparen. Auch erfolgt der Geldtransfer umgehend, das heißt, sobald eine Zahlung per PayPal ausgelöst wird, ist diese Ihrem PayPal-Konto gutgeschrieben. Sie müssen also nicht erneut prüfen, ob die Liquidität tatsächlich vorhanden ist, PayPal übernimmt dies für Sie. Aufgrund des direkten Geldtransfers können Sie die Ware direkt versenden. Dementsprechend ist PayPal speziell beim Einkauf digitaler Inhalte beliebt, denn sobald der Zahlungsprozess abgeschlossen ist, kann die Ware direkt bezogen werden. Die Prozessdauer von Einkauf bis Auslieferung ist also sehr kurz. PayPal ist darüber hinaus äußerst bekannt, in den meisten Online-Shops ist das PayPal-Logo integriert. Dadurch wird die Zahlungsart als sicher angesehen.

6

PayPal – das sollten Sie wissen

Die Zahlungsmethode ist vor allem für internationale Kunden bzw. Käufe interessant, denn sie funktioniert erst einmal in jedem Land. Als Shop-Betreiber haben Sie darüber hinaus direkt das Geld sicher, können die Ware direkt versenden und haben durch die Popularität und Bekanntheit von PayPal eine Zahlungsmethode, die von vielen Kunden als sicher und vertrauenswürdig angesehen wird.

Für Sie als Online-Shop-Kunde bietet PayPal ebenfalls Vorteile. Gerade wenn Sie den Online-Shop-Betreiber nicht kennen, müssen Sie keine sensiblen Informationen wie Kreditkartendaten oder die eigene Kontoverbindung preisgeben. Sie müssen sich nicht einmal im Online-Shop selbst mit Ihrem PayPal-Konto anmelden, sondern tun dies immer direkt auf der PayPal-Seite. Ebenso haben Sie mehrere Möglichkeiten, Geld einzubezahlen, und sind dadurch flexibel.

6.2.8 Sofortüberweisung (Klarna)

Der Name impliziert schon den Nutzen der Zahlungsart. Im Gegensatz zur klassischen Überweisung ist bei der *Sofortüberweisung* das Geld sofort überwiesen und landet direkt beim Händler. Laut einer Umfrage im E-Commerce-Leitfaden leidet diese Zahlungsmethode aber unter einer gewissen Ablehnung. Auf die Frage, was Sie als Shop-Besucher tun würden, wenn ein Händler nur die Bezahlung per Sofortüberweisung und Vorkasse anbietet, haben 67 % geantwortet, sie würden den Shop direkt verlassen. 25 % würden per Sofortüberweisung bezahlen und 9 % per Vorkasse. Es sind also nicht die besten Voraussetzungen für diese Zahlungsmethode; lassen Sie uns diese aber im Detail ansehen, damit Sie sich selbst ein Bild machen können (siehe Abbildung 6.12).

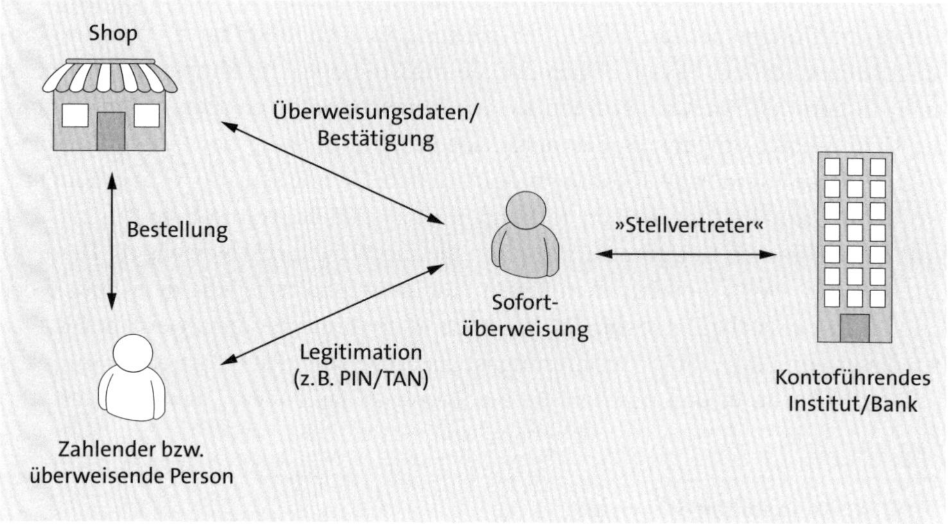

Abbildung 6.12 Funktionsprinzip der Sofortüberweisung[6]

Übernahme durch Klarna

Mittlerweile wurde die Technologie bzw. das Unternehmen von dem PSP Klarna übernommen, den Sie eventuell vom Rechnungskauf her kennen. An der Zahlungsmethode selbst hat sich aber wenig geändert, großer Unterschied ist nun sicherlich der neue Eigentümer.

Wenn Sie in einem Online-Shop die Sofortüberweisung als Zahlungsmethode auswählen, wird in diesem Moment ein »Mittelsmann« zwischen den Online-Shop und die Bank geschaltet. Nachdem Sie den Einkauf bestätigt haben, werden Sie daher auf die Seite von Sofortüberweisung geleitet und müssen dort die Bankleitzahl eingeben und sich daraufhin mit den Zugangsdaten Ihres Online-Banking-Accounts anmelden. Ihre Bank sendet Ihnen anschließend per SMS einen TAN-Code zu bzw. fragt nach einem entsprechenden TAN-Code, den Sie bestätigen müssen. Anschließend ist die Transaktion abgeschlossen, und Sie werden wieder zu dem Online-Shop weitergeleitet, in dem Sie eine Bestellung tätigen möchten. Der Einkauf ist nun abgeschlossen.

6 Quelle: *https://de.wikipedia.org/wiki/Sofortüberweisung#/media/Datei:Sofortüberweisung.svg*

Sofortüberweisung – das sollten Sie wissen

Die Sofortüberweisung ist eine interessante Alternative zur Vorkasse, denn die Funktionsweise gleicht einer Überweisung, jedoch erhalten Sie als Shop-Betreiber direkt einen Zahlungseingang und können die Ware umgehend versenden. Als »Weiterentwicklung« der klassischen Überweisung sollten Sie diese Zahlungsmethode einmal genauer auf ihre Eignung für Ihren Shop hin prüfen.

Der Vorteil für Sie als Shop-Betreiber liegt auf der Hand. Da Sie eine direkte Zahlungsbestätigung von Sofortüberweisung erhalten, können Sie beispielsweise Downloads direkt freigeben oder Bestellungen direkt versenden. Ihre Besucher haben dennoch die Möglichkeit, die Zahlung per Vorkasse, wenn auch mit einem angepassten Prozess, zu tätigen. Wenn Sie sich selbst ein Bild von dieser Zahlungsart machen möchten, können Sie unter *www.sofort.com/payment/payment/go/select_country* exemplarisch einen Bezahlprozess mit Sofortüberweisung durchspielen.

Übersichtliche Kostenstruktur

Sofortüberweisung gehört zu den Bezahlmethoden, die Sie aus Kostengründen problemlos einmal testen können, ohne zu viel Geld investieren zu müssen. Neben einer einmaligen Einrichtungsgebühr von 60 € fallen monatliche Kosten in Höhe von 5 € und eine Transaktionsgebühr von 25 Cent sowie 0,9 % an. Kündigen können Sie dabei monatlich.

Insgesamt handelt es sich bei der Sofortüberweisung um eine interessante und auch preislich akzeptable Zahlungsmethode, die jedoch bei der Popularität etwas den etablierten Zahlungsmethoden hinterherhinkt. Testen Sie aber idealerweise die Wirkung in Ihrem Online-Shop, um sich selbst ein Bild von dem Erfolg der Zahlungsmethode machen zu können.

6.2.9 Giropay

Die Funktionsweise von *Giropay* ähnelt jener von Sofortüberweisung in vielen Punkten. Entwickelt wurde das Bezahlverfahren von Teilen der deutschen Kreditwirtschaft; es versucht, das klassische Problem der Vorkasse zu lösen. Wenn Sie nämlich in einem Online-Shop per Vorkasse bestellen, müssen Sie nach der Bestellung per Online-Banking oder klassischer Überweisung das Geld zum Shop-Betreiber »schicken«. Abgesehen davon, dass dieser Prozess mit Aufwand verbunden ist und alles, was Aufwand erzeugt, von Kunden abgelehnt wird, vergessen mehr Kunden, als Sie denken, das Ausfüllen der Überweisung, und die Bestellung läuft ins Leere und wird irgendwann durch den Shop-Betreiber storniert. Doch was kann man dagegen tun, speziell wenn Ihre Besucher per Vorkasse, also mit einer Überweisung einkaufen möchten?

Giropay knüpft genau an diesem Punkt an und ermöglicht das Durchführen von Überweisungen im Bestellprozess. Hierfür benötigt man als Kunde letztendlich nicht mehr als einen Online-Banking-Account mit dem PIN/TAN-Verfahren. Einziger Knackpunkt besteht darin, dass die Banken an Giropay teilnehmen müssen. Das heißt, nicht jede Bank wird unterstützt, und es kann durchaus vorkommen, dass Ihre Kunden beim Bezahlen mit Giropay eine entsprechende Meldung erhalten und den Einkauf nicht durchführen können – und das ist gar nicht so unwahrscheinlich, denn aktuell nehmen ca. 1.500 Banken an dem Giropay-Verfahren teil.[7]

Der Prozess in Ihrem Online-Shop selbst ist relativ einfach. Innerhalb des Check-out-Vorgangs wählt Ihr Besucher als Zahlungsart Giropay aus. Alle Daten wie die Rechnungs- und Lieferadresse werden dabei wie gewohnt im Online-Shop hinterlegt. Nachdem Sie die Bestellung bestätigt haben, werden Sie zu Giropay weitergeleitet, müssen dort die Informationen Ihrer Bank hinterlegen und können die Überweisung durchführen. Ist die Überweisung durchgeführt, wird dem Online-Shop-Betreiber das Geld gutgeschrieben, die Bestellung kann daher als bezahlt markiert werden.

Integration von Paydirekt

Mittlerweile hat Giropay zudem Paydirekt integriert. Beworben wird dies nun auf der eigenen Website mit dem Titel »Das neue Giropay«. Wohin die Reise geht und welche Auswirkungen die Integration langfristig hat, steht zurzeit noch in den Sternen.

Als Shop-Betreiber haben Sie bei dieser Zahlungsart auch wieder einen Vorteil auf grund der Kosten. Denn Sie bezahlen nie mehr als 0,95 % Transaktionskosen, mindestens jedoch 33 Cent pro Transaktion. Hat Ihr Kunde eine Bestellung durchgeführt, können Sie sicher sein, das Geld zu erhalten, das Zahlungsausfallrisiko ist daher gleich null. Ebenso ist die Bezahlmethode relativ simpel, denn sie stellt keine besonderen Anforderungen an Ihre Kunden. Es wird schlussendlich ein Online-Banking-Account vorausgesetzt, was man in der heutigen Zeit aber fast als Standard ansehen kann. Einziger Wermutstropfen: Es wird nicht jede Bank unterstützt, daher gibt es eventuell den einen oder anderen Kunden, der diese Zahlungsart nicht nutzen kann.

Giropay – das sollten Sie wissen

Giropay ist im Prinzip ein Konkurrenzangebot zu Sofortüberweisung, das ähnlich funktioniert, sich aber nicht so großer Beliebtheit erfreut. Dies gilt sowohl für Kunden als auch für die Banken, die nicht alle Zahlungsarten unterstützen.

Das ist auch der einzige negative Aspekt aus Kundensicht. Unterstützt die eigene Bank das Bezahlverfahren nicht, schaut man sprichwörtlich in die Röhre. Auch müs-

7 Wenn Sie sich selbst ein Bild davon machen möchten, welche Bank Giropay unterstützt, können Sie unter *www.giropay.de/kaeufer* einen Banken-Check durchführen.

sen Sie bei einem Einkauf eine PIN bzw. TAN parat haben. Wenn Sie mobil einkaufen, kann das zum Problem werden. Aber auch am heimischen Computer kann die Suche nach einer PIN die Lust am Einkauf verringern. Es ist daher nicht die bequemste Zahlungsart. Wenn man selbst jedoch eine »schnelle« Überweisung möchte, muss man zu Giropay oder Sofortüberweisung greifen.

6.2.10 Postpay

In den ersten Auflagen dieses Buches haben Sie an dieser Stelle noch eine Erklärung zu Postpay gefunden. Da die Deutsche Post diese Zahlungsart aber mittlerweile komplett eingestellt hat und auch kein Shop-Betreiber mehr auf Postpay setzt, haben wir uns dazu entschlossen, die Erklärung zu entfernen. Sie werden sich aber eventuell fragen, warum Postpay eingestellt wurde. Letztendlich war es ein, sagen wir mal, Klon von PayPal. Die Deutsche Post war letztendlich zu spät am Markt und konnte sich aus diesem Grund nicht durchsetzen und das System etablieren. Der »bekannte« und populäre Player namens PayPal war einfach zu stark und die Akzeptanz für PayPal zu groß.

6.2.11 Apple Pay

In den USA existiert Apple Pay bereits seit 2014, den Sprung nach Deutschland hatte Apple in den Jahren danach aber nie geschafft. Umso erfreulicher war die Nachricht über den Launch von Apple Pay Ende des Jahres 2018. Seit diesem Zeitpunkt steht die von Apple entwickelte Zahlungsmethode ebenfalls Online-Shops und Retail-Stores in Deutschland zur Verfügung. Apple startete mit den Partnern American Express, Maestro, Mastercard, Visa, boon, bunq, comdirect, Deutsche Bank, Edenred, Fidor Bank, Hanseatic Bank, Hypovereinsbank, N26, o2 Banking sowie VIM Pay. Es handelt sich hierbei sowohl um Banken wie die comdirect als auch um Zahlungsdienste wie American Express.

Ähnlich wie bei PayPal handelt es sich bei Apple Pay selbst um keine Zahlungsart im eigentlichen Sinne. Sie haben die Möglichkeit, bei Apple ein Benutzerkonto zu eröffnen und diesem Benutzerkonto Zahlungsinformationen hinzuzufügen, beispielsweise Ihre American-Express-Kreditkarte oder Ihr Bankkonto der comdirect. Dabei haben Sie bei Apple die Möglichkeit, beliebig viele Karten und Konten zu hinterlegen. Der Clou von Apple Pay besteht nun darin, dass Sie sowohl im stationären Handel als auch innerhalb eines Online-Shops mit Apple Pay bezahlen können. Im stationären Handel reicht es, wenn Sie Ihr Smartphone gegen das Terminal halten, innerhalb eines Online-Shops oder einer App müssen Sie sich nur bei Apple authentifizieren und können im Anschluss die Zahlung auslösen. Speziell wenn Sie mehrere Karten und Konten besitzen, ist diese Vorgehensweise sehr praktisch, da Sie je nach Bedarf einfach auf die hinterlegten Daten zugreifen können. Die Zeiten, in denen Sie nach der Prüfnummer der Kreditkarte suchen oder die PIN Ihrer EC-Karte herauskramen mussten, gehören damit der Vergangenheit an.

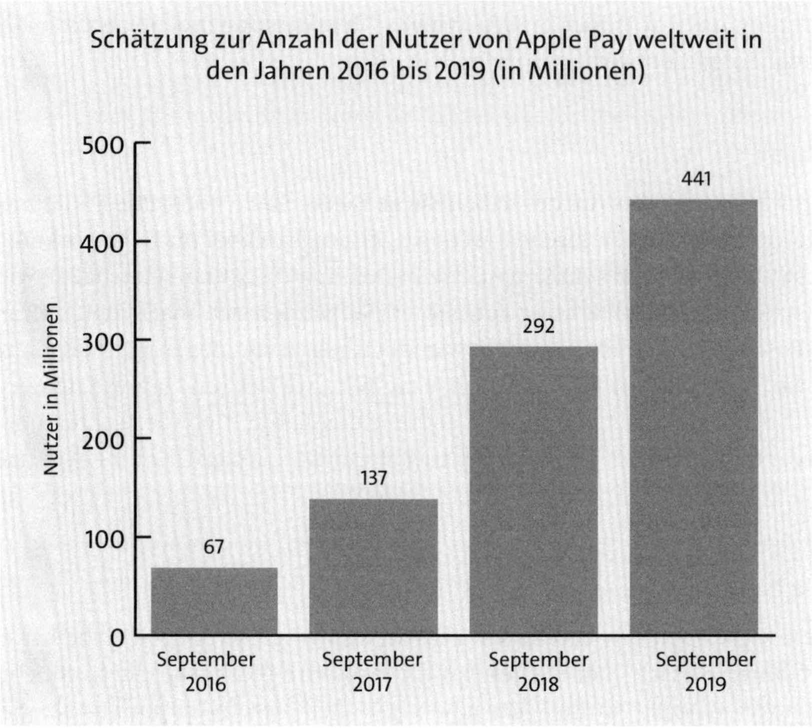

Abbildung 6.13 Im Jahr 2019 hatte Apple Pay weltweit mehr als 440 Millionen Nutzer. (Quelle: Statista)

Apple Pay richtet sich sowohl an Online-Shop-Betreiber als auch an stationäre Händler. War es vor einigen Jahren auch nicht ganz klar, ob sich Apple Pay durchsetzen und behaupten kann, so ist diese Frage mittlerweile eigentlich geklärt. Die Wachstumskurve von Apple Pay ist rasant und die Zahlungsart hat sich, speziell im lokalen Handel, auch in Deutschland etabliert (siehe Abbildung 6.13).

6.2.12 Google Pay

Tatsächlich ist es Google schneller als Apple gelungen, in Deutschland mit einem eigenen Bezahlservice an den Markt zu gehen. Um es an dieser Stelle abzukürzen: Die Funktionsweise von Google Pay und Apple Pay ist im Prinzip identisch. Auch Google Pay kann sowohl stationär als auch online verwendet werden. Auch bei Google haben Sie die Möglichkeit, mehrere Karten und Konten zu verwalten und anschließend auf einfache Art und Weise Transaktionen auszulösen.

Ähnlich wie bei Apple Pay lässt sich aktuell über den Erfolg von Googles Bezahldienst noch recht wenig berichten. Behalten Sie gerne auch die Machenschaften von Google im Auge, vermutlich wird sich einer der beiden Dienste, in welcher Form auch immer, durchsetzen, wobei wir aktuell Apple tendenziell eher an erster Position sehen, auch wenn in Deutschland bislang der Markteintritt noch nicht erfolgt ist.

6.2.13 Amazon Payments

Wie PayPal oder ehemals Postpay ist *Amazon Payments* genau genommen ebenfalls keine Zahlungsart, sondern ein Payment-Provider. Dennoch neigt man auch bei Amazon Payments dazu, es als solche anzusehen. Die Systematik und Funktionsweise ist der von PayPal nicht unähnlich, lassen Sie uns aber bezüglich der Funktionsweise einmal einen näheren Blick auf Amazon Payments werfen.

Ihre Kunden stöbern in Ihrem Online-Shop und werfen Produkte in den Warenkorb. Wenn nun der Warenkorb aufgerufen wird, integriert sich Amazon Payments direkt in diesen und bietet über einen Button die Möglichkeit, über Amazon zu bezahlen. Im Gegensatz etwa zu PayPal bleiben Ihre Kunden nun aber im Online-Shop, denn es öffnet sich ein Pop-up-Fenster mit einer Amazon-Login-Maske. Innerhalb dieser können sich Ihre Kunden mit ihren Amazon-Benutzerdaten anmelden oder bei Bedarf auch ein neues Amazon-Konto erstellen.

Sobald sie sich angemeldet oder registriert haben, werden Ihre Kunden in den Checkout-Prozess Ihres Online-Shops geleitet, wobei sie hier direkt auf die auf *www.amazon.de* hinterlegten Adressen zugreifen können, wie Sie auch in Abbildung 6.14 sehen. Die nachgelagerten Schritte entsprechen anschließend denen in Ihrem Standardbezahlvorgang, hier nimmt Amazon keine weiteren Anpassungen vor.

Als Shop-Betreiber haben Sie bei dieser Zahlungsmöglichkeit den Vorteil, dass Sie beim Thema Zahlung auf einen seriösen und bekannten Anbieter, nämlich Amazon, setzen. Amazon genießt einen guten Ruf, wahrscheinlich haben Ihre Besucher dort bereits eingekauft. Darüber hinaus gruppiert Amazon auch wieder Zahlungsmethoden, denn auf Amazon selbst können Sie schließlich per Kreditkarte oder auch Lastschrift bezahlen.

Amazon Payments – das sollten Sie wissen

Auch wenn der Prozess PayPal Express sehr ähnelt, handelt es sich um eine äußerst interessante Zahlungsart, die immer mehr an Popularität gewinnt. Aufgrund der Seriosität der Marke Amazon und des Vertrauens von Kunden handelt es sich um eine Zahlungsmethode, die durchaus sinnvoll sein kann.

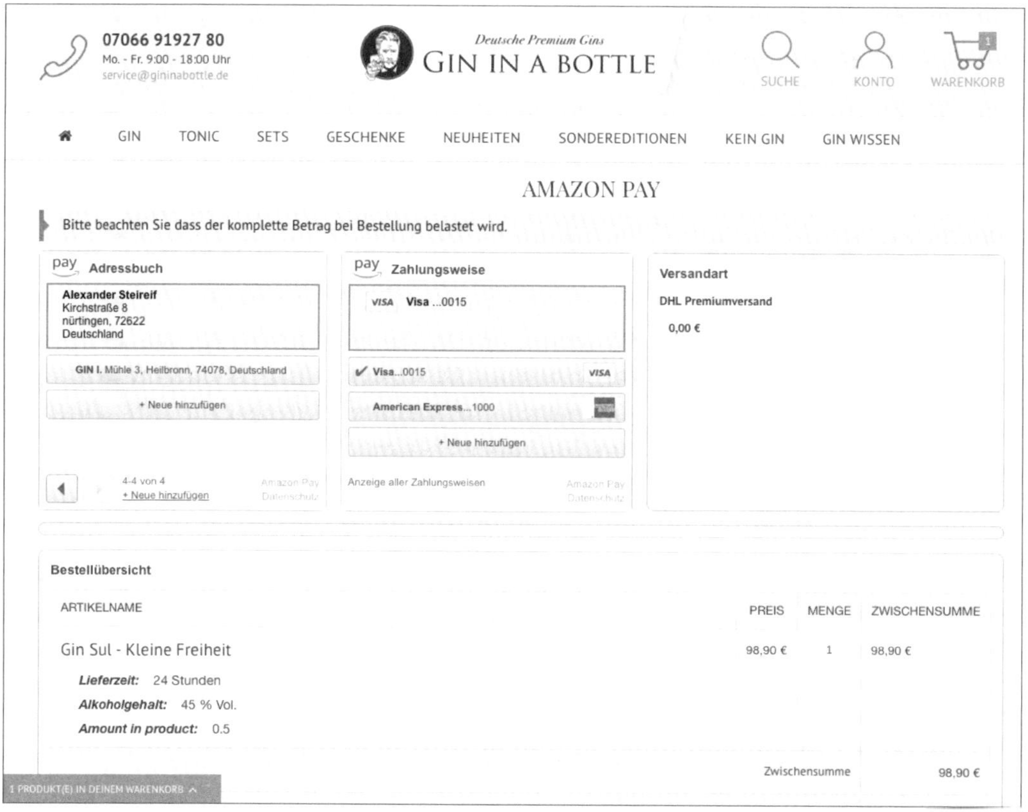

Abbildung 6.14 Durch das Zugreifen auf Amazon-Adressen wird der Einkauf stark beschleunigt.

Als Kunde haben Sie den großen Vorteil, nicht extra einen Account anlegen zu müssen oder auch die Rechnungs- bzw. Lieferanschrift nicht erneut in einem Online-Shop eingeben zu müssen. Ebenso nimmt es die Angst, dass »Schindluder« mit Ihren Zahlungsdaten getrieben wird, denn diese werden von Amazon verwahrt. Selbst wenn Ihnen ein Online-Shop etwas »merkwürdig« vorkommt, gehen Sie bei der Bezahlung auf jeden Fall auf Nummer sicher.

6.2.14 PayPal Plus (ehemals Billsafe)

Billsafe war ein in Deutschland populärer Payment-Anbieter, der sich auf die Themen Rechnungskauf, Teilzahlung und Lastschrift spezialisiert hatte. Mittlerweile hat jedoch PayPal das Unternehmen übernommen und die angebotenen Leistungen in den eigenen Leistungskatalog integriert.

Inzwischen sind die Dienstleistungen unter dem Begriff »PayPal Plus« gruppiert. PayPal wirbt nun damit, folgende Zahlungsmethoden abbilden zu können:

- PayPal-Zahlungen
- Kreditkartenzahlungen
- Lastschrift (SEPA)
- Kauf auf Rechnung
- Ratenzahlung

Zudem bietet PayPal einen Verkäuferschutz, einen mobil optimierten Check-out-Prozess sowie eine einfache Integration in führende Shop-Systeme wie Shopware, OXID, Magento, WooCommerce sowie JTL Shop. Im Falle von PayPal Plus benötigen zudem Ihre Kunden bei der Bezahlung keinen PayPal-Account mehr und können einfach durch Eingabe der entsprechenden Zahlungsinformationen die Bestellungen bezahlen. PayPal entkoppelt sich sozusagen ein wenig von den Anforderungen des »klassischen« PayPal-Check-outs und versucht, mit PayPal Plus ganz neue Kundenkreise zu erschließen.

Rechnungskauf wird immer beliebter

Der Kauf auf Rechnung ist grundsätzlich ein interessantes Thema, sowohl für Shop-Betreiber als auch für die Kunden, die im jeweiligen Online-Shop einkaufen. Aufgrund der guten Integration ist der Kauf auf Rechnung über PayPal Plus sicherlich auch für Sie ein interessantes Thema.

Für Sie als Shop-Betreiber besteht der große Vorteil in der Absicherung. Denn PayPal Plus übernimmt für Sie die Überprüfung des Kunden und entscheidet, ob dieser überhaupt per Rechnung einkaufen darf oder nicht. Das kann die negative Folge haben, dass manchen Kunden die Zahlungsart verweigert wird. Sie können jedoch auf Nummer sicher gehen, da PayPal Plus auch das Forderungsmanagement für Sie übernimmt. Als Shop-Kunde kann es Ihnen hingegen »egal« sein, ob der Rechnungskauf über PayPal Plus, Klarna oder direkt über den Online-Shop-Betreiber abgewickelt wird. Für Kunden bedeutet PayPal Plus weder einen Vorteil noch einen Nachteil.

Sollten Sie sich für den Kauf auf Rechnung in Ihrem Online-Shop entscheiden, dann sollten Sie dies auf jeden Fall durch einen Zahlungsanbieter absichern lassen. Ob Sie sich hierbei für PayPal Plus entscheiden, sollten Sie von den Konditionen abhängig machen.

6.2.15 Billpay

Billpay ist streng genommen ein Payment-Provider, da die Zahlungsmethoden Rechnungskauf, Teilzahlung und Lastschrift angeboten werden. Dennoch sei Billpay an dieser Stelle speziell aufgrund des Rechnungskaufs und der Teilzahlung erwähnt, denn diese beide Zahlungsarten erfreuen sich bei den Besuchern in Online-Shops großer Beliebtheit, und aufgrund der Popularität des Markennamens Billpay ist es eben doch nicht die »klassische« Rechnung oder der »klassische« Ratenkauf.

Die Integration in Ihren Online-Shop ist bei Billpay ebenfalls kein großes Hexenwerk, denn für alle gängigen Online-Shop-Lösungen stehen fertige Module bereit, die Sie einfach nur noch implementieren müssen. Begibt sich Ihr Kunde vom Warenkorb in den Check-out-Prozess, wird bei den Zahlungsarten Billpay neben den anderen Zahlungsarten, zum Beispiel Vorkasse, Kreditkarte etc., angeboten. Der einzige Unterschied besteht darin, dass Ihre Kunden bei Billpay zusätzlich noch das Geschlecht und das eigene Geburtsdatum angeben müssen. Die Abfrage dieser Informationen findet direkt im Bezahlvorgang statt; das ist ein großer Vorteil, denn Ihre Kunden müssen den Bezahlvorgang nicht unterbrechen, was beispielsweise bei PayPal der Fall ist und sich nicht gerade förderlich auf die Conversion-Rate auswirkt. Hat Ihr Kunde das Geschlecht und das Geburtsdatum hinterlegt (siehe Abbildung 6.15), kann der Einkauf wie gewohnt in Ihrem Online-Shop abgeschlossen werden.

Abbildung 6.15 Integration von Billpay am Beispiel von www.badfaszination.com

Beim Ratenkauf sieht der Prozess ähnlich aus. Der einzige Unterschied besteht darin, dass Ihre Kunden innerhalb des Check-out-Prozesses noch eine Laufzeit zwischen 3 und 24 Monaten auswählen müssen, damit die monatliche Rate ermittelt werden kann. Basierend auf den hinterlegten Kundendaten sowie den zu kaufenden Produkten wird anschließend in Echtzeit eine Entscheidung hinsichtlich des Ratenkaufs getroffen. Auch hierfür müssen Ihre Kunden Ihren Online-Shop nicht verlassen, der komplette Prozess findet innerhalb Ihres Online-Shops statt.

Speziell der Ratenkauf dürfte Ihnen als Shop-Betreiber gefallen, sollten Sie vor allem hochpreisige Artikel wie Unterhaltungselektronik, Möbel etc. verkaufen. Denn mit dem Ratenkauf können Sie Ihren Kunden eine Möglichkeit bieten, teure Produkte einfach und unkompliziert zu finanzieren. Das erhöht die Conversion-Rate, denn gegebenenfalls möchte der eine oder andere Kunde bei Ihnen bestellen, hat aber einfach zum jetzigen Zeitpunkt das notwendige Geld nicht verfügbar oder möchte gerade keine große Geldsumme investieren.

Billpay – das sollten Sie wissen

Gerade die Möglichkeit des Ratenkaufs macht diese Zahlungsmethode vor allem für Shop-Betreiber interessant, die hochpreisige Artikel verkaufen. Bedenken Sie aber in jedem Fall die Transaktionskosten, und prüfen Sie, ob die Implementierung dieser Zahlungsart finanziell Sinn ergibt, ungeachtet dessen, wie stark sie von Ihren Besuchern nachgefragt wird.

Für Ihre Kunden selbst bieten sowohl der Ratenkauf als auch der Kauf auf Rechnung keinerlei Nachteile. Der Prozess ist im Online-Shop selbst verankert und daher auch leicht zu durchlaufen. Einziger Wermutstropfen: Nicht jeder Kunde wird akzeptiert, und so kann es etwas sauer aufstoßen, wenn man eben nicht auf Rechnung oder in Raten bezahlen darf. Dafür bieten Sie Ihren Besuchern aber speziell bei hochpreisigen Artikeln die Möglichkeit des Kaufs, weswegen speziell der Ratenkauf auf jeden Fall in Betracht gezogen werden sollte.

6.2.16 Klarna

Zu den etablierten Playern in Sachen Payment im E-Commerce gehört sicherlich auch das Unternehmen *Klarna*, das seit 2005 am Markt aktiv ist. Klarna selbst bietet, wie gerade am Beispiel von PayPal Plus diskutiert, nicht direkt eine eigene »Zahlungsmethode«, sondern wickelt Rechnungs- und Ratenkäufe ab. Aufgrund der Bekanntheit und der Wahrnehmung in Online-Shops ist ein Kauf über Klarna aber nicht nur ein simpler Rechnungs- oder Ratenkauf. Denn in den Online-Shops wird offensiv mit dem Klarna-Logo geworben, was bei Besuchern daher eine Assoziation mit dem Unternehmen und nicht mit der Zahlungsmethode hervorruft. Bedeutet konkret: Ein Besucher hat sehr gute Erfahrungen mit dem Bezahlen via Klarna in Shop XYZ gemacht, sieht in Ihrem Online-Shop das Klarna-Logo und ist dann gegebenenfalls auch geneigt, bei Ihnen mit Klarna einzukaufen.

Über den Nutzen des Rechnungs- bzw. Ratenkaufs müssen wir an diesem Punkt sicher nicht mehr diskutieren, denn diese beiden Zahlungsmethoden bringen Ihren Besuchern definitiv Vorteile und lösen für Sie auf der anderen Seite Probleme speziell im Bereich des Forderungsmanagements. Klarna selbst spricht auf der eigenen Website übrigens von einer Umsatzsteigerung von knapp 25 %:

> *»Die Einführung von Klarna Rechnung hat unseren Umsatz um 25 % gesteigert.« (Schuhtempel24.de)*

Die Integration in den eigenen Online-Shop stellt bei Klarna kein Problem dar, denn für gängige Online-Shop-Lösungen liegen bereits fertige Plugins bzw. Module vor. Daher müssen Sie in Ihrem Online-Shop letztendlich nur die entsprechende Erweiterung installieren und können anschließend den Kauf per Rechnung oder Ratenkauf anbieten. Die Integration beginnt bei Klarna übrigens schon auf der Produktdetailseite, wie Sie in Abbildung 6.16 sehen können.

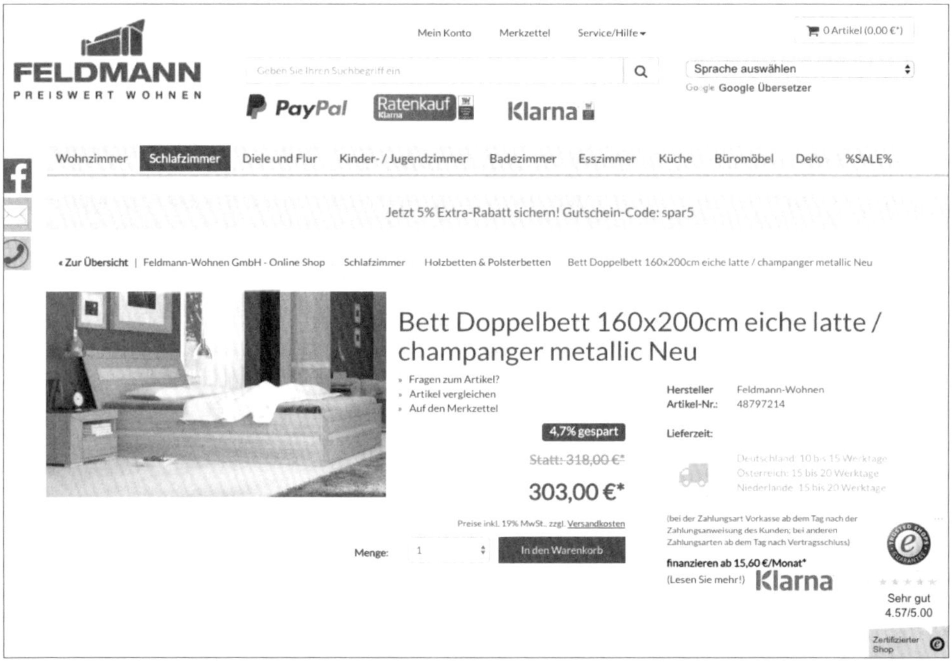

Abbildung 6.16 Gerade bei Möbeln macht die Integration des Ratenkaufs Sinn.

Denn hier können Ihre Besucher direkt sehen – sofern Sie den Ratenkauf aktiviert haben –, wie viel das Produkt monatlich kostet. Dabei wird der günstigste Ab-x-€-Preis an einer von Ihnen zu definierenden Stelle dargestellt. Der Effekt ist klar: Wenn Sie Ihren Besuchern direkt auf der Produktseite anzeigen, dass man nicht auf einen Schlag beispielsweise 700 € bezahlen muss, sondern den Artikel ab 35 € im Monat erhält, dann wirkt sich das positiv auf die Conversion-Rate aus. Denn wenn Sie den Ratenkauf erst im Warenkorb bewerben, gelangen sicherlich einige Artikel gar nicht erst dahin.

Neben der Produktdetailseite integrieren sich sowohl der Raten- als auch der Rechnungskauf ebenfalls problemlos in den Bezahlvorgang Ihres Online-Shops, wie Abbildung 6.16 zeigt. Ihre Besucher müssen daher Ihren Online-Shop nicht verlassen, was wiederum ein wichtiges Kriterium bei der Auswahl einer geeigneten Zahlungsmethode ist. Auch zusätzliche Informationen, die gegebenenfalls im Check-out-Prozess selbst nicht abgefragt wurden, können problemlos noch bei der Auswahl der Zahlungsmethode von Klarna eingeholt werden (siehe Abbildung 6.17 am Beispiel des Geburtsdatums). Dies gilt sowohl für den Kauf auf Rechnung als auch für den Ratenkauf.

Abbildung 6.17 Integration von Klarna in den Check-out-Prozess eines Magento-Online-Shops

Unabhängig davon, ob Sie den Rechnungs- oder Ratenkauf einsetzen möchten, als Shop-Betreiber erhalten Sie nach dem Versand der Ware direkt Ihr Geld, und für Sie ist die Sache erledigt. Dadurch können Sie Ihren Besuchern eine komfortable Bezahlung oder Finanzierung anbieten, Sie sind aber dennoch vor Zahlungsausfällen geschützt. Denn sobald für Sie als Shop-Betreiber die Lieferung abgeschlossen ist, erhalten Sie von Klarna die Zahlung.

Klarna – das sollten Sie wissen

Klarna vereint Rechnungs- und Ratenkauf und bietet daher interessante Möglichkeiten für Sie als Shop-Betreiber, um die Conversion-Rate zu steigern und Kunden vom

Einkauf zu überzeugen. Ähnlich wie bei PayPal Plus sollten Sie aber auch hier die Transaktionskosten beachten und prüfen, ob diese Zahlungsart finanziell sinnvoll ist.

Aus Sicht Ihrer Kunden existieren ebenfalls nur Vorteile. Denn speziell die Ratenzahlung sichert Liquidität, der Bezahlprozess ist simpel und einfach gehalten, und dementsprechend gibt es eigentlich keinen Grund, der aus Besuchersicht gegen Klarna spricht.

Klarna bietet seit Kurzem übrigens einen komplett eigenständigen Check-out-Prozess an, bei dem der Einkauf, das heißt die Schritte nach dem Warenkorb, direkt bei Klarna durchgeführt werden. Im Prinzip entspricht das der Vorgehensweise bei PayPal Express, die Sie in Abschnitt 6.2.7 kennengelernt haben.

6.2.17 Barzahlen

Online bar bezahlen? Ja, auch das geht mittlerweile. Sind wir doch einmal ehrlich: Gerade wenn man mit der »älteren« Generation spricht, existieren oft Vorurteile gegenüber dem E-Commerce, speziell der Bezahlung. Man möchte keine Kontodaten hinterlegen, auch Kreditkartendaten könnten unsicher verwahrt werden, und was ist, wenn man anschließend um sein Geld betrogen wird? Speziell wenn es dann in den Medien wieder einen Fall von Kreditkartendatendiebstahl gibt, fühlen sich solche Nutzer bestätigt. Aber müssen Sie als Online-Shop-Betreiber deshalb auf Umsatz verzichten? Laut *Barzahlen* (*www.barzahlen.de*) nein, denn das Unternehmen hat sich eine Lösung für die Bezahlung in Online-Shops überlegt.

Ihr Kunde fügt wie gewohnt Artikel dem Warenkorb hinzu und betritt anschließend den Bezahlvorgang. In diesem kann die Zahlungsmethode Barzahlen ausgewählt werden, und Ihr Kunde schließt nach dieser Auswahl den Bezahlvorgang ab. Jetzt erhält Ihr Kunde einen Zahlschein, den er ausdrucken muss. Alternativ kann man sich den Zahlschein auch als SMS auf sein Handy schicken lassen. Mit dem Zahlschein bzw. der SMS kann er anschließend im stationären Handel die Bestellung, die er online durchgeführt hat, bezahlen. Das Kassensystem informiert direkt den Online-Shop-Betreiber, und die Ware kann versendet werden. Mit diesem System kann man daher online getätigte Bestellungen ganz klassisch mit einem Einkauf, beispielsweise im Supermarkt, bezahlen und führt somit nicht direkt eine Transaktion mit dem Online-Shop-Betreiber, sondern mit dem Partner im stationären Handel durch. Barzahlen hat im Übrigen auch Rücksendungen bedacht. Wenn Ihr Kunde von seinem Widerrufsrecht Gebrauch machen möchte, schickt er die bestellte Ware einfach an den Online-Shop-Betreiber zurück. Der Kunde erhält wiederum einen Auszahlschein, den er bei seinem nächsten Einkauf im stationären Handel einlösen kann, wo er das Geld erhält.

Partner im stationären Handel

Mittlerweile hat sich ein beachtliches Partnernetzwerk an Akzeptanzstellen entwickelt. Momentan können Sie Ihre online getätigten Bestellungen beispielsweise bei dm, der Telekom oder bei real bezahlen. Über einen Filialfinder auf *www.barzahlen.de* können Sie darüber hinaus nach weiteren Akzeptanzstellen suchen, zu denen unter anderem auch Tankstellen und weitere Supermärkte gehören. Die Wahrscheinlichkeit, in einem Geschäft bezahlen zu können, das Sie mindestens einmal in der Woche aufsuchen, ist also recht groß.

Ihnen als Shop-Betreiber bietet Barzahlen als innovative Zahlungsmöglichkeit die Erschließung weiterer Kundengruppen, nämlich jener, die vor allem Sicherheitsbedenken haben und daher von einer Bezahlung per Kreditkarte oder Lastschrift absehen. Barzahlen argumentiert mit der Tatsache, dass man dafür keine Kreditkarte und keinen Online-Banking-Account benötigt.

Aus Kundensicht bietet Barzahlen eine Alternative, wenn man seine Zahlungsinformationen nicht preisgeben möchte. Es ist dennoch fraglich, ob die Akzeptanz der Nutzer sehr hoch ist, denn der große Vorteil im E-Commerce besteht ja darin, dass man tageszeitunabhängig Bestellungen durchführen kann, wozu auch die Bezahlung gehört. Bei Barzahlen müssen Sie schlussendlich immer in den stationären Handel; die Bezahlung findet gegebenenfalls erst nach einigen Tagen statt, was sich wiederum negativ auf die Lieferzeit auswirken kann. Der Vorteil des E-Commerce, eine Transaktion komplett von der Couch aus zu erledigen, ist daher bei dieser Zahlungsmethode nicht gegeben.

Barzahlen – das sollten Sie wissen

Von der Grundidee her ein interessanter Ansatz, jedoch ergibt sich für Ihre Kunden bei dieser Zahlungsart nicht wirklich ein großer Vorteil. Darüber hinaus ist der Bekanntheitsgrad dieser Zahlungsmethode bislang relativ gering, Akzeptanzstellen müssen ausgebaut werden. Behalten Sie daher diese Zahlungsart im Auge. Momentan macht die Nutzung in der Regel wenig Sinn.

Bedenkt man jedoch das Alter dieser Zahlungsmethode, muss man noch einige Zeit warten, um eine fundierte Aussage über die Akzeptanz bei den Nutzern treffen zu können. Im Zweifel gilt auch bei Barzahlen: Probieren geht über studieren.

6.2.18 Paydirekt

Mittlerweile gehört Paydirekt zu Giropay, beide Anbieter haben also ihre Kräfte gebündelt und versuchen den etablierten Zahlungsmethoden und Zahlungsanbietern

Marktanteile abzuluchsen. Dementsprechend haben wir diesen Absatz, der noch in den vorherigen Auflagen vorhanden war, entfernt.

6.2.19 Bitcoin

Aufgrund der großen Popularität in den Medien werden Sie sicherlich schon einmal etwas von Bitcoin gehört bzw. gelesen haben. Falls nicht, ist das an dieser Stelle aber auch nicht schlimm. Bitcoin ist eine der sogenannten Kryptowährungen, wenn nicht aktuell die populärste Währung mit den meisten aktiven Nutzern. Grundsätzlich werden Kryptowährungen stark kontrovers diskutiert, weswegen Sie auf den folgenden Seiten auch nochmals einen entsprechenden Bereich hierzu finden.

Wir möchten an dieser Stelle auch ganz bewusst die Variante bzw. Zahlungsart Bitcoin erwähnen, da es immer mehr Shops gibt, die Zahlungen in Bitcoin zulassen. Einer dieser Shops ist beispielsweise Bitrefill. Dort haben Sie die Möglichkeit mittels Bitcoins Geschenkkarten zu kaufen. Interessanterweise – deswegen heben wir diesen Shop an dieser Stelle auch hervor – haben Sie auch weitere Kryptowährungen als Zahlungsoption zur Verfügung, wie Sie in Abbildung 6.18 sehen.

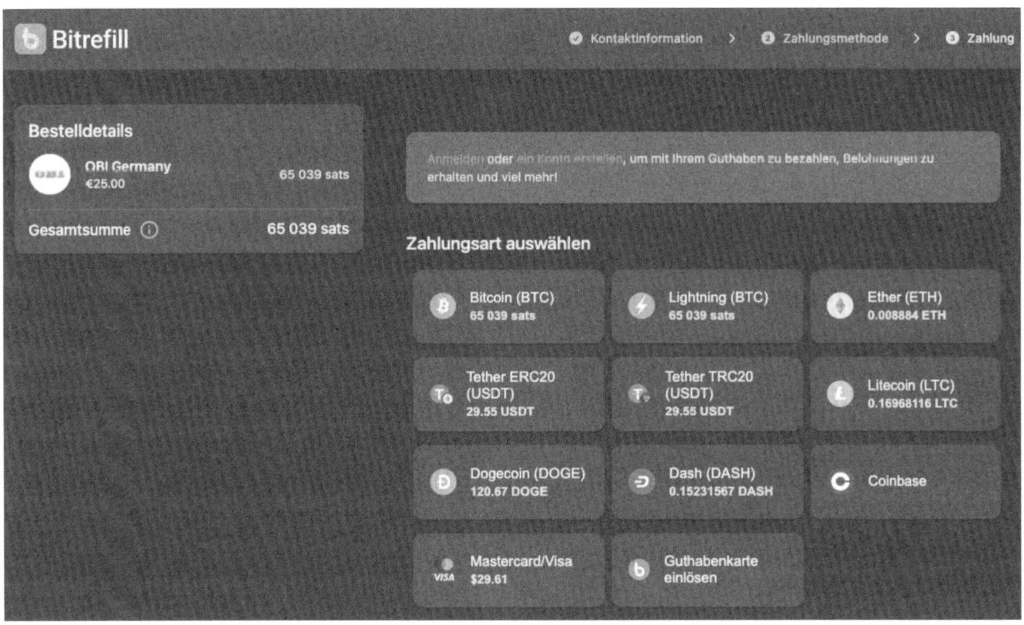

Abbildung 6.18 Da Kryptowährungen sehr volatil sind, ist eine Preissicherheit schwierig.

Die technische Abwicklung und Grundvoraussetzungen sind uns an dieser Stelle etwas zu komplex. Grob gesagt hat jeder Nutzer ein Wallet und mittels dieses Wallets kann der Nutzer Ihnen als Online-Shop-Betreiber Bitcoins, oder eben auch Beträge in anderen Währungen zukommen lassen. Sie erhalten anschließend den entsprechenden Betrag in Ihrer Wallet und können diesen dann wiederum in Euro oder US-Dollar austauschen. Das geht technisch sehr komplex, aber auch einfacher, wenn beispielsweise die Wallet auf einer Plattform wie Coinbase verwaltet wird.

Der springende Punkt ist aber folgender: Setzen sich Kryptowährungen beim Bezahlen in Online-Shops durch? Sicherlich haben wir keine Glaskugel, aber Kryptowährungen sind aktuell sehr volatil. Ein Bitcoin-Kurs kann gerne an einem Tag um 10 % einbrechen, aber über das gesamte Jahr um 50 % steigen. Nutzer sehen daher zum Beispiel Bitcoins aktuell eher als Geldanlage und weniger als Zahlungsmittel. Deswegen ist es vermutlich für Sie Stand heute auch nicht zu 100 % relevant, Kryptowährungen zu akzeptieren. Hier müssen wir alle definitiv abwarten, was die Zukunft bringt und wie sich Bitcoin & Co. entwickeln.

6.2.20 Alipay

Wir hatten eingangs erwähnt, dass vor allem europäische Zahlungsarten eine wichtige und große Rolle für dieses Kapitel spielen. Das möchten wir an dieser Stelle auch gar nicht aufweichen, aber es gibt eine Ausnahme. Es gibt ja immer Ausnahmen, aber an dieser Stelle belassen wir es bei einer. Alipay hat mittlerweile in China eine marktdominierende Stellung erreicht und ist aus dem E-Commerce nicht mehr wegzudenken. China ist ein weit entfernter Markt, aber perspektivisch müssen wir uns in Europa sicherlich darauf einstellen, dass die Nachfrage nach Alipay größer werden wird. Aufgrund von Menschen chinesischer Abstimmung, die in Deutschland bzw. Europa leben, aufgrund der weltweiten Verbreitung im Allgemeinen oder eben aufgrund einer Konkurrenzsituation mit PayPal, die eventuell Alipay gewinnt.

Aktuell, so ehrlich muss man auch sein, wird Alipay für Sie vermutlich keine Rolle spielen. Behalten Sie diese Zahlungsmethode aber definitiv auf dem Schirm, und prüfen Sie, wann Sie gegebenenfalls Alipay einführen müssen. Ähnlich wie Apple Pay zielt übrigens AliPay nicht rein auf den E-Commerce ab, es ist vielmehr ein System, das auch von lokalen Händlern genutzt werden kann. Dabei werden Zahlungen via Scan eines QR-Codes autorisiert und freigegeben.

6.2.21 Barzahlung bei Abholung

Sollten Sie über Filialen verfügen, können Sie als Zahlungsmethode auch einfach Barzahlung bei Abholung anbieten. Das klingt etwas unsexy und ist technologisch betrachtet auch enorm einfach abzuwickeln, aber wie Sie sicherlich schon an Supermarktkassen gesehen haben, neigen deutsche Bürger zum Bezahlen mittels Münzen und Scheinen. Daher könnten Sie in dieser Situation tatsächlich darüber nachdenken, ob Sie dies nicht auch bei sich anbieten. Wie Sie in Abbildung 6.19 sehen, bieten auch große Online-Shops wie Cyberport ihren Kunden genau diese Option an.

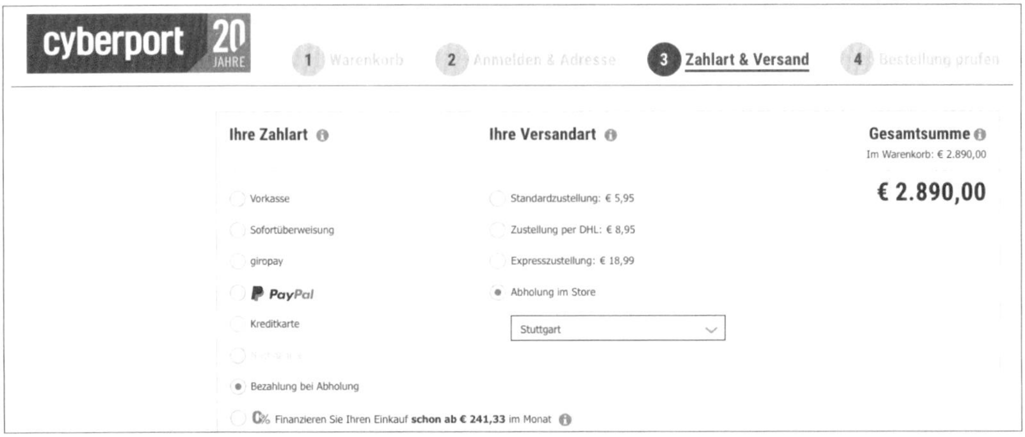

Abbildung 6.19 Ein großer Vorteil von Online-Shops mit stationären Filialen ist die Lieferung und Bezahlung in der Filiale.

Sinnvoll ist dies natürlich auch nur dann, wenn Ihre Kunden die Möglichkeit haben, die Ware in die Filiale liefern zu lassen bzw. die Ware direkt mitzunehmen.

6.2.22 Masterpass

Das Kreditkartenunternehmen Mastercard hat mittlerweile auch einen sogenannten Wallet-Dienst auf den Markt gebracht, der Ihnen beim Bezahlen innerhalb eines Online-Shops behilflich sein soll. Die Funktionsweise von Masterpass ist relativ simpel und wird auf der Unternehmens-Website in zwei Sätzen recht treffend erklärt:

> *»Masterpass ist die digitale Bezahllösung von Mastercard, die Kartenzahlungen im Internet noch komfortabler und sicherer gestaltet. Sie hinterlegen Ihre Kartendaten und Lieferadressen einmalig an einem sicheren Ort und bezahlen bei allen teilnehmenden Masterpass Händlern ab sofort nur noch mit der Eingabe Ihrer E-Mail-Adresse und Ihres Passworts – einfacher geht's nicht!«*

Sprich, auch bei Masterpass handelt es sich per Definition nicht um eine eigene Zahlungsmethode, aber um eine Technologie, um den Nutzern im Internet das Bezahlen einfacher zu machen, ähnlich wie bei PayPal oder auch Paydirekt.

Auch wenn es in Deutschland mittlerweile einige namhafte Kunden gibt (hierzu zählen Galeria Kaufhof, Saturn, Alternate, eventim und Notebooksbilliger), stellt sich doch ein wenig die Frage nach der Sinnhaftigkeit. Wenn Sie als Shop-Betreiber diese Bezahlmethode implementieren möchten, fallen im ersten Schritt Implementierungskosten an, die Sie nur dann investieren sollten, wenn dadurch ein noch nicht erschlossener Umsatz erzielt wird. Bei Masterpass hingegen gibt es nicht allzu viele Differenzierungsmerkmale zu beispielsweise PayPal, weswegen wir keine signifikanten Vorteile bei Masterpass sehen.

6.2.23 mpass

Die mobile Nutzung im E-Commerce ist in den letzten Jahren kontinuierlich angestiegen, wenn nicht gar explodiert und wird auch zukünftig weiter an Bedeutung gewinnen. Dadurch muss nicht nur der Online-Shop rein optisch neue Anforderungen meistern, auch das Thema Bezahlung spielt eine größere Rolle. Denn Smartphones werden, aktuell zumindest im kleinen Rahmen, schon als mobile Geldbörsen genutzt. Warum auch nicht? Wäre es nicht viel praktischer, statt seines Geldbeutels nur sein Smartphone bei sich tragen zu müssen, das bei den meisten Menschen sowieso praktisch mit dem Körper verwachsen ist? Einfach per Smartphone zu bezahlen, ist doch ein komfortabler, da einfacher Weg. Genau in diese Kerbe versuchen daher gerade auch Unternehmen wie Google und Apple mit ihren jeweiligen Bezahldiensten zu schlagen.

An diesem Punkt hatte auch *mpass* angesetzt, wobei dieser Dienst leider vor einigen Monaten eingestellt wurde. Dennoch möchten wir Ihnen an dieser Stelle grob die Funktionsweise erklären, damit Sie sich ein Bild davon machen können, warum mpass eingestellt wurde und ob es unter Umständen sinnvoll wäre, auf einen ähnlichen Dienst zu setzen.

Bei mpass handelte es sich um einen Service von O2, der Telekom und Vodafone und sollte Zahlungen mit dem Smartphone ermöglichen. Dabei gab es unterschiedliche Bezahlsysteme, angefangen bei NFC im stationären Handel. Bei NFC (Near Field Communication) handelt es sich um eine drahtlose Datenübertragung, die vergleichsweise einfach funktioniert und bei der man nicht erst Systeme koppeln muss, wie beispielsweise bei Bluetooth. Dadurch erfolgt die Datenübertragung sehr schnell und unkompliziert, ist aus diesem Grund aber auch auf einen kleinen Radius von wenigen Zentimetern begrenzt. Diese Technologie wird übrigens auch bei Google bzw. Apple verwendet.

Interessanter war für uns jedoch die Bezahlung in Online-Shops mittels mpass. Denn hier bot mpass zwei unterschiedliche Möglichkeiten: Bei Variante Nummer 1 konnten Sie mit einer Handynummer eine Transaktion durchführen. Diese mussten Sie anschließend mit einem Passwort und einer mTAN legitimieren. Alternativ bot mpass in Variante 2 eine sogenannte virtuelle Mastercard an. Das ermöglichte den Einkauf in jedem Online-Shop, der die Zahlung per Mastercard unterstützte. Bei der virtuellen Mastercard erhielten Sie aber im Vergleich zur klassischen Mastercard keine Karte zugesendet, sondern ausschließlich eine Kreditkartennummer, ein Gültigkeitsdatum und eine Prüfziffer. Abgewickelt wurde die Zahlung anschließend auch wie bei Variante 1 über Ihren mpass-Account, den Sie wiederum per Lastschrift, Überweisung bzw. Sofortüberweisung auffüllen konnten.

Als Shop-Betreiber holten Sie sich mit mpass eine weitere Zahlungsmethode ins Haus, die aber leider nicht über eine durchschlägige Akzeptanz verfügte. Dadurch war die Implementierung, abhängig von Ihrer Online-Shop-Lösung, nicht ganz trivial. Auch schränkten Sie mit dieser Zahlungsmethode den Kundenkreis zumindest regional ein, da Zahlungen aus dem Ausland nicht möglich waren.

mpass – das sollten Sie wissen

Das Thema Mobile Payment wird früher oder später wichtiger werden, jedoch gibt es gerade in Deutschland noch gewisse Hürden, unter anderem aufgrund der Banken. Apple ist aber mittlerweile auf einem guten Weg, die mobile Zahlung salonfähig zu machen.

Als Besucher mussten Sie zumindest über ein mpass-Konto verfügen, das spätestens beim ersten Einkauf angelegt werden musste. Damit wurde der erste Einkaufsprozess unnötig verlängert.

Das Smartphone als Geldbörse wird früher oder später sicherlich die Normalität sein. Aktuell sind die verfügbaren Lösungen aber noch nicht so weit ausgereift, dass sich die breite Masse der Besucher für die mobile Bezahlung entscheiden würde. Auch wenn es mpass leider nicht geschafft hat – früher oder später werden entsprechende Lösungen kommen. Grundsätzlich war die Idee von mpass nicht verkehrt, aber vermutlich war das Unternehmen einfach einen Tick zu früh am Markt und damit seiner Zeit voraus. Als Online-Shop-Betreiber sollten Sie aber definitiv prüfen, ob es nicht auch Zahlungsarten gibt, die über das Smartphone bzw. die Handyrechnung abgerechnet werden können. Speziell bei der jüngeren Zielgruppe ist das ein smartes System, um Waren und Dienstleistungen in Online-Shops zu beziehen.

6.3 Payment-Provider oder selbst abwickeln?

Unabhängig davon, für welche Zahlungsmethoden Sie sich in Ihrem Online-Shop entscheiden, lautet eine zentrale Frage, ob Sie einen Payment-Provider nutzen möchten bzw. müssen oder ob Sie alle Zahlungstransaktionen selbst abwickeln. Für die Beantwortung dieser Frage müssen wir zuallererst definieren, was ein Payment-Provider eigentlich ist und worin die Aufgabe eines Payment-Providers besteht.

6.3.1 Die Aufgaben eines Payment Service Providers

Kurz gesagt reduziert ein Payment-Provider Komplexität. Er bietet Ihnen als Online-Shop-Betreiber die Integration vieler Zahlungsmöglichkeiten und Zahlungsarten an einer zentralen Stelle. Darüber hinaus automatisiert ein Payment-Provider Abläufe und unterstützt Sie in allen Aufgabenstellungen rund um die Zahlungsabwicklung, wie beispielsweise beim Forderungsmanagement. Sie werden als Online-Shop-Betreiber, unabhängig davon, für welche Zahlungsarten Sie sich entscheiden, sicherlich eine Handvoll Bezahlmöglichkeiten anbieten. Die Frage ist nun: Wie bieten Sie diese an? Sie können beispielsweise Lastschriften bei Ihrer Bank selbst einziehen, Vorkassebestellungen selbst prüfen und auch Rechnungskäufe selbst anbieten, ohne einen externen Dienstleister zuschalten zu müssen. Dadurch entsteht Ihnen aber ein gewisser Aufwand. Denn wenn nach einer Zeit x die Rechnung nicht bezahlt wurde, müssen Sie Mahnungen erstellen. Ob das Geld per Vorkasse eingetroffen ist, müssen Sie täglich via Online-Banking prüfen, und auch Lastschriften müssen Sie manuell einziehen. Das kostet Zeit und somit Geld, denn überlegen Sie sich den administrativen Aufwand, den es bedeutet, wenn Sie einige hundert Bestellungen am Tag haben. Ein Payment-Provider, das wäre die Alternative, übernimmt diesen Aufwand komplett für Sie, denn der Payment-Provider ist dafür verantwortlich, dass Sie als Shop-Betreiber an Ihr Geld kommen, und bietet Ihnen eine zentrale Oberfläche, in der Sie Zahlungseingänge bzw. Bestellungen prüfen können. Ein Payment-Provider gruppiert eine Vielzahl an Zahlungsmöglichkeiten. PayOne oder Unzer zum Beispiel bieten unter anderem PayPal, Klarna, Sofortüberweisung, Kreditkarte, Giropay, Lastschrift und noch eine Vielzahl an weiteren Zahlungsmöglichkeiten, die direkt über PayOne abgewickelt werden. Der Vorteil für Sie als Shop-Betreiber liegt daher in der Automatisierung und der damit verbundenen Kostenreduktion sowie in der Möglichkeit, auf einen Schlag viele Zahlungsmethoden anbieten zu können.

6.3.2 Betrachtung der Kosten eines Payment Service Providers

Logischerweise lassen sich Payment-Provider diesen Service etwas kosten. Neben Set-up-Kosten sowie einer monatlichen Grundgebühr werden Sie pro Transaktion ein paar Prozent abtreten müssen. Die Kosten unterscheiden sich stark je nach gewähltem Payment-Provider. Mal sind die initialen Kosten und die Grundgebühr höher, dafür die Transaktionskosten geringer, mal umgekehrt. Umso wichtiger ist daher die Kalkulation im Vorfeld, wann die Nutzung eines Payment-Providers Sinn macht. Speziell beim Thema Rechnungskauf müssen Sie hier sehr betriebswirtschaftlich vorgehen, wie wir Ihnen an folgendem Beispiel einmal verdeutlichen möchten.

Rechnungskauf ohne Payment-Provider

- monatlicher Umsatz mit der Zahlungsart Rechnung: 100.000 €
- Zahlungsausfallquote 1 %
- Transaktionskosten: 0 %
- monatliche Kosten: 1.000 €

Rechnungskauf mit Payment-Provider

- monatlicher Umsatz mit der Zahlungsart Rechnung: 100.000 €
- keinen Zahlungsausfall durch Prüfungen im Vorfeld

- Transaktionskosten: 2 %
- monatliche Kosten: 2.000 €

Klingt etwas böse, aber gerade beim Thema Rechnungskauf sollten Sie den Break-Even ermitteln, das heißt, wie viele Bestellungen tatsächlich nicht bezahlt werden müssen, damit die monatliche Gebühr bei einem Payment-Provider unter dem Zahlungsausfall liegt.

Bedenken Sie bei der Entscheidung, ob Sie einen Payment-Provider nutzen, aber auch, dass Sie gewisse Zahlungsmethoden gar nicht selbst abwickeln können. Hierzu zählt beispielsweise die Kreditkartenzahlung. Hierfür werden solch hohe Sicherheitsstandards benötigt, dass die eigene Abwicklung überhaupt keinen Sinn ergibt und unwirtschaftlich ist.

6.3.3 Vorgehensweise bei der Auswahl eines Payment Service Providers

Wenn Sie sich nun dazu entschlossen haben, einen Payment Service Provider zu verwenden, beginnt für Sie die Qual der Wahl. Denn der Markt an Dienstleistern ist enorm. Natürlich gibt es in Deutschland ein paar wenige bekannte PSPs, aber ob diese aufgrund ihrer Bekanntheit auch für Sie der richtige Partner sind, ist fraglich. Aus diesem Grund müssen Sie, genau wie auch bei der Wahl des geeigneten Implementierungspartners, methodisch vorgehen, indem Sie Anforderungen definieren und den Markt analysieren. Lassen Sie uns daher die notwendigen Schritte im Schnelldurchgang besprechen.

Anforderungen definieren

Bevor Sie mit der Auswahl von geeigneten Partnern beginnen, müssen Sie zuallererst Ihre eigenen Anforderungen definieren. Hierzu können Sie sich die folgenden Fragen stellen:

- Welche Zahlungsarten möchten Sie in Ihrem Online-Shop anbieten?
- Möchten Sie nur in Deutschland oder auch international Zahlungen abwickeln?
- Welche zusätzlichen Services, wie beispielsweise Risikomanagement, Rechnungsstellung etc., benötigen Sie?
- Gibt es aufgrund der Branche bzw. Zielgruppe besondere rechtliche Voraussetzungen, die der Payment Service Provider erfüllen muss?
- Möchten Sie mit einem größeren oder einem eher kleineren Unternehmen zusammenarbeiten?
- Wie wichtig sind Service-Level-Agreements, und welche Anforderungen haben Sie an diese?

Das sind nur einige Fragen, die Sie sich stellen müssen. Vermutlich fallen Ihnen noch weitere Punkte ein. Schreiben Sie diese auf, und definieren Sie die Anforderungen, die Sie an Ihren Partner haben, so genau wie möglich.

Longlist erstellen

Nachdem Sie wissen, was Sie möchten, erstellen Sie im nächsten Schritt die sogenannte Longlist. Sie können mittels Google nach allen Payment Service Providern suchen, die in Deutschland aktiv sind, und eine erste Vorauswahl treffen. Bei der Vorauswahl geht es nur darum, dass der PSP die von Ihnen definierten Anforderungen auf den ersten Blick einhält. Wenn Sie daher den Kauf auf Rechnung anbieten möchten, der PSP A dies aber nicht unterstützt, so sollte dieser PSP auch nicht auf Ihre Longlist. Genauere Eingrenzungen müssen Sie an dieser Stelle jedoch noch nicht vornehmen.

Im Idealfall haben Sie anschließend eine Liste von 10 bis 15 Unternehmen, mit denen Sie potenziell zusammenarbeiten könnten.

Shortlist erstellen

Der kommende Schritt ist nun mit wesentlich mehr Aufwand verbunden, denn nun sollten Sie alle Longlist-PSPs anschreiben und um ein Angebot bitten. Idealerweise senden Sie den Unternehmen ein kurzes Briefing mit Bitte um weiterführende Informationen. Erfahrungsgemäß werden Sie mit allen Unternehmen zumindest ein kurzes Telefonat führen, um über Ihr Vorhaben zu sprechen. Achten Sie am Anfang auch noch gar nicht so genau auf die Konditionen, auch wenn Sie diese natürlich anfragen. Die Praxis zeigt, dass jeder PSP immer bereit ist, über Kosten und Konditionen zu sprechen, und die meisten »Fakten« sind nicht in Stein gemeißelt.

Nachdem Sie bei allen Unternehmen Angebote eingeholt haben, entwickeln Sie eine Excel-Liste und stellen die harten Fakten einander gegenüber. Welcher PSP bietet welche Zahlungsarten an, welcher unterstützt sowohl internationale als auch nationale Zahlungen und wie verhält es sich mit den preislichen Rahmenbedingungen? Als Ergebnis sollten Sie eine Matrix erhalten, mit deren Hilfe Sie auf Basis von Daten und Fakten die verschiedenen Unternehmen und Angebote vergleichen können.

Anbieter auswählen

Sobald Sie alle Fakten auf dem Tisch liegen haben, können Sie sich für einen PSP entscheiden. Wir raten Ihnen, bei der Entscheidung vor allem danach zu schauen, ob alle Anforderungen erfüllt werden und vor allem wie komplex die Integration des PSP in den Online-Shop ist. Ein vorhandenes Payment-Modul kann ein enorm großer Vorteil eines Anbieters sein, da die Entwicklung eines eigenen Moduls gerne einige zehntausend Euro kosten kann. In einem solchen Fall sollten Sie lieber einen etwas teureren Anbieter nehmen, der ein solches Modul besitzt, anstelle eines Anbieters mit günstigeren Transaktionskosten, aber ohne Shop-Integration.

Welche Merkmale für Sie letztendlich ausschlaggebend für die Entscheidung sind, hängt aber immer vom Projekt ab. Schauen Sie daher auf jeden Fall nach einer Kostenrechnung und danach, ob alle von Ihnen gewünschten Anforderungen auch tatsächlich erfüllt werden.

Zentrales Interface für alle Zahlungen

Ein großer Vorteil eines PSP liegt auch darin, dass Sie als Shop-Betreiber ein zentrales Interface für alle Zahlungen erhalten, selbst bei Zahlungen, die nicht direkt über den PSP abgewickelt werden, wie beispielsweise PayPal. So müssen Sie nicht in zig Systeme gehen, um Gutschriften auszulösen und Zahlungseingänge zu prüfen, sondern verfügen über ein Interface, in dem Sie an alle Daten und Funktionen kommen. Das spart Zeit und damit in letzter Konsequenz auch Geld.

PSP implementieren

Nachdem Sie den PSP ausgewählt haben, können Sie mit der technischen Implementierung und dem Anbieten der Zahlmethode in Ihrem Online-Shop beginnen. Sie haben damit alle Hürden genommen und können durch neue Zahlungsmethoden Umsätze und die Kundenzufriedenheit in Ihrem Online-Shop steigern!

Übersicht über Payment Service Provider

Nachdem Sie nun die Vorgehensweise gesehen haben, werden Sie sich aber sicherlich auch Fragen, auf welchen Anbieter Sie setzen können bzw. welche Anbieter existieren. Es wäre an dieser Stelle vermessen, alle möglichen Payment Service Provider aufzeigen bzw. nennen zu wollen. Dennoch möchten wir Ihnen einen groben Überblick über die »bekannten« und großen Unternehmen in der Branche geben, die auch ein gewisses Maß an Seriosität mitbringen. Denn wie Sie beim Wirecard Skanal gesehen haben, brauchen Sie beim Thema Geld und Zahlungen ein verlässliches und vertrauensvolles Unternehmen.

Zu den großen und internationalen PSPs zählt zweifelsohne *Adyen* (siehe Abbildung 6.20). Adyen hat nach dem Wirecard-Zusammenbruch sicherlich profitiert und konnte einige Wirecard-Kunden überzeugen. Da Adyen international breit aufgestellt ist, können Sie mit diesem Partner praktisch auf der ganzen Welt Zahlungen abwickeln. Zudem existieren Schnittstellen und Module zu den beliebtesten Shop-Systemen, wodurch der Integrationsaufwand in der Regel moderat ausfällt. Auch sehen Sie die vielen namhaften Referenzen, was nochmals das Vertrauen in Adyen unterstreicht. Wir haben in Projekten selbst häufiger Berührungen mit Adyen gehabt, die stets positiv waren. Am Ende entscheiden aber auch die Konditionen, und hier sollten Sie natürlich gründlich abwägen. Ein erstes Gespräch mit Adyen ist aber sicherlich nicht verkehrt.

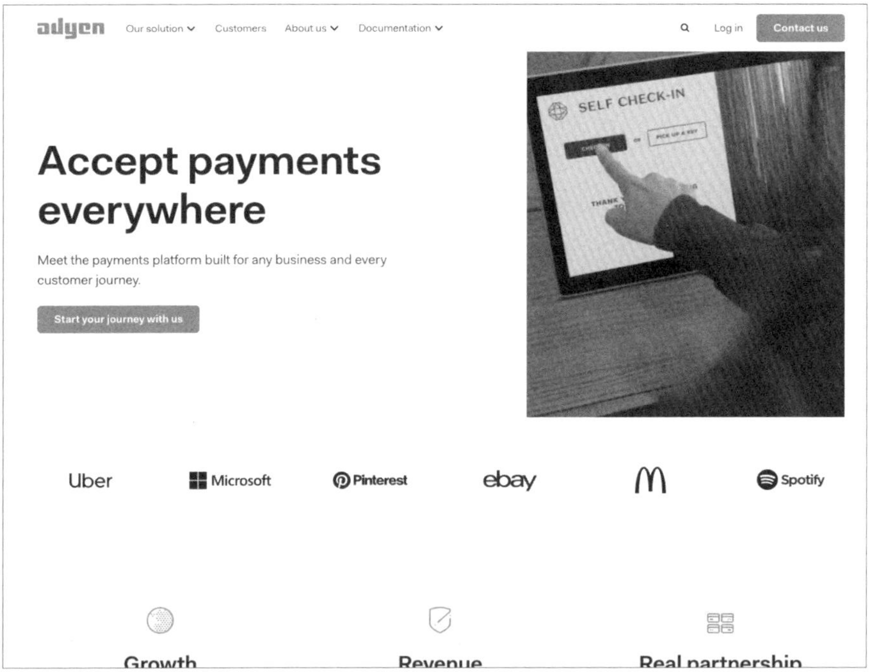

Abbildung 6.20 Adyen ist einer der bekanntesten PSPs weltweit.

Als gute Alternative zu Adyen existiert zudem *Unzer*. Unzer kennen Sie eventuell noch unter dem alten Namen Heidelpay. Das Unternehmen hat sich nun aber vor geraumer Zeit umbenannt und firmiert nun unter dem Namen Unzer. Als Unternehmen mit Sitz in Deutschland haben Sie eine gewisse lokale Nähe, hinsichtlich der Möglichkeiten schenken sich Unzer und Adyen aber wenig. Auch bei Unzer handelt es sich um ein sehr seriöses Unternehmen, das vermutlich auch bei Ihnen in die engere Wahl kommt.

Neben Adyen und Unzer (ehemals Heidelpay) ist *BS Pay One* eines der ältesten und in Deutschland bekanntesten Unternehmen in Sachen Payment. BS Pay One bietet sehr viele Zahlungsarten und ein äußerst umfangreiches Kundenservice-Angebot. Auch existieren viele Plugins und Integrationen zu populären Shop-Systemen, was wiederum die Implementierungskosten gering hält.

Bei diesen drei Anbietern können Sie guten Gewissens anfragen und über Konditionen sprechen. Natürlich müssen Sie auch immer prüfen, das hatten wir ja eingangs erwähnt, ob die Anforderungen auf den Payment Service Provider passen und ob Sie das abbilden können, was Sie benötigen. verstehen Sie diese Top 3 daher als grobe Orientierung und als Startpunkt, aber nicht als blinde Empfehlung.

6.4 Verdächtige Bestellungen verhindern

Warum spielt das Thema Zahlungsarten im E-Commerce eine so wichtige Rolle? Natürlich, weil Sie an Ihr Geld kommen bzw. Geld verdienen möchten. Aber auch aus dem Grund, dass im Fall von Betrug eben auch an dieser Stelle angesetzt wird. Dementsprechend müssen Sie ein großes Augenmerk auf das Thema Zahlungen und deren Absicherungen haben. Wir möchten, aufgrund der Komplexität des Themas, dieses an dieser Stelle in zwei Bereiche zerlegen: zum einen *Fraud Prevention*, also die Vermeidung von Bestellungen, die unter Betrugsverdacht stehen, und zum anderen das Thema Risikomanagement, das heißt, wie Sie grundsätzlich das Risiko eines Zahlungsausfalls minimieren. Idealerweise schaffen Sie es nämlich, den Großteil der verdächtigen Bestellungen zu blockieren, sodass das Risikomanagement hinten raus, also nach Eingang der Bestellung, gar nicht mehr so viel Zeit und Aufwand kostet.

Doch welche Möglichkeiten haben Sie, auf was müssen Sie achten? Lassen Sie uns ein paar Ansätze und Möglichkeiten im Detail anschauen.

6.4.1 Blockierung von Nutzern aus dem Ausland

Die Überschrift lädt zu einer Interpretation ein, die eventuell in die falsche Richtung geht. Natürlich sollen Sie nicht blind ausländische Benutzer blockieren. Wenn wir aber von Betrug, unter anderem Kreditkartenbetrug, sprechen, so muss man feststellen, dass ein Großteil dieser Aktionen aus dem asiatischen Raum heraus geschehen. Es lassen sich also Muster erkennen, die unter anderem auf das Land, sprich die geografischen Faktoren, einzahlen. Dementsprechend ist es auch legitim, wenn Sie in Ihrem Online-Shop den Zugriff aus gewissen Regionen blockieren. Müssen Sie Nutzer aus China in Ihren Webshop lassen? Wenn Sie nicht nach China verkaufen, nicht. Also könnten Sie theoretisch den Zugriff grundsätzlich blockieren.

Je nachdem, in welche Länder Sie also verkaufen, macht es Sinn, darüber nachzudenken, ob Sie den Zugriff aus gewissen Ländern auf Ihren Online-Shop sperren. Einzig die USA, denn aus diesen greift auch oft der Google Bot zu, sollten Sie sicherlich grundsätzlich auf die Whitelist setzen. Auch können Sie dies sicherlich bei den europäischen Ländern machen. Bei allen anderen Regionen müssen Sie sich aber die Frage stellen, ob Sie den Zugriff erlauben möchten.

6.4.2 Captchas im Check-out

Betrug findet oftmals automatisiert statt. Das heißt, ein Bot (Automatismus) geht automatisiert mit einer Liste von Kreditkartennummern oder Bankverbindungen in einen Shop und prüft diese automatisiert durch. Bei einer positiven Resonanz wird die Bestellung ausgeführt, und Sie als Shop-Betreiber prozessieren diese im guten Glauben, dass doch alles in Ordnung ist. Speziell wenn Sie digitale Güter wie Software verkaufen, werden Sie mit Bots zu tun haben. Denn in diesen Fällen wird ja keine Ware ausgeliefert, sondern ein Lizenzschlüssel oder ein Zugang per E-Mail versendet – ein ideales Betrugsfeld sozusagen.

Eine gute Möglichkeit, Bots auszusperren, sind sogenannte Captchas. Was ein Captcha ist, sehen Sie in Abbildung 6.21.

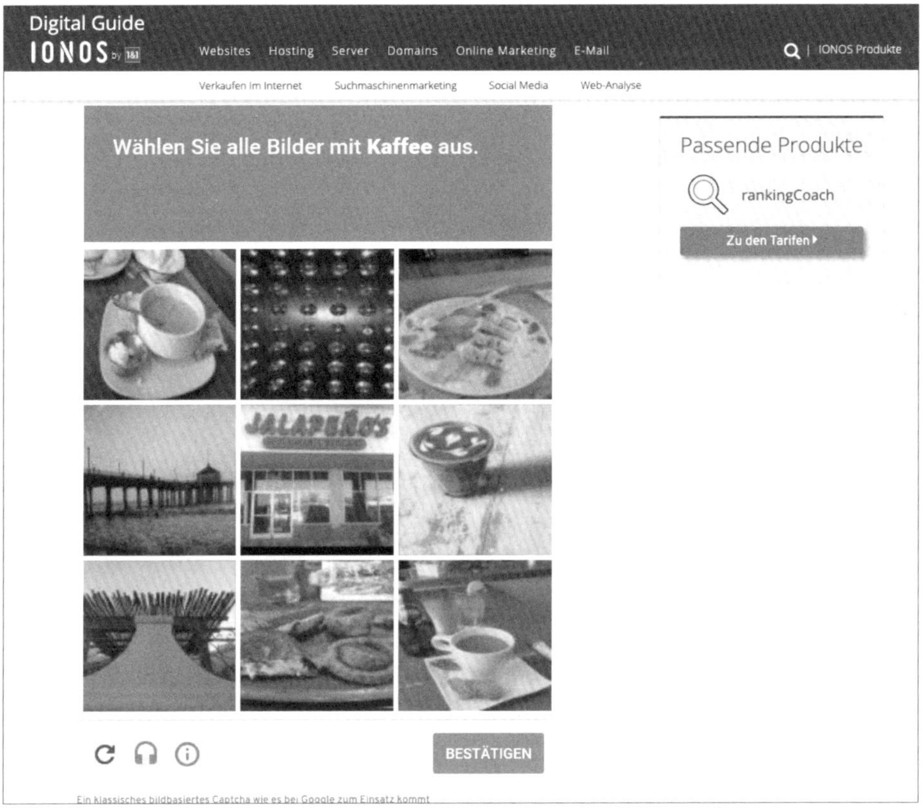

Abbildung 6.21 Darstellung eines Captchas (Quelle: 1und1.de)

In diesem Fall ist es ein Bilderrätsel, das Sie lösen müssen. In anderen Fällen können es schwer lesbare Buchstaben sein, die der Nutzer eingeben muss. Captchas haben unterschiedliche Ausprägungen, sind aber immer visuelle Rätsel, denn diese können Bots nur schwer lösen. Es gibt Online-Shops, die bauen genau solche Rätsel in den Check-out-Prozess ein, nur führt dies zum Teil zu Frustration. Denn es ist oftmals gar nicht so ersichtlich, was nun Hügel, Ampeln oder Bäume sind bzw. ob es sich um einen Buchstaben I oder i, ein j oder ein L handelt. Ein Captcha muss unter Umständen fünfmal ausgefüllt werden, bevor es korrekt bestanden ist. Das steht im krassen Gegensatz zu allen Usability-Regeln und führt definitiv zu schlechteren Conversion-Raten. Aber es schützt Ihr System vor Bots und Automatismen. Sicherheit führt eben doch oft zu mehr Komplexität, ob Sie das wünschen, bleibt Ihnen überlassen.

6.4.3 Fraud-Prevention-Anbieter

Die Wahrscheinlichkeit eines Betrugs kann glücklicherweise errechnet werden. Nur wird das Ihr Online-Shop nicht können. Hierfür gibt es aber Unternehmen wie Kount, die sogenannte Fraud-Prevention-Dienstleistungen anbieten. Was heißt das genau?

Kount bekommt alle Daten übermittelt, die im Rahmen eines Check-out-Prozesses gesammelt werden. Auf Basis von Regeln, Listen und KI ermittelt Kount nun, ob es sich um einen Betrug handelt. Bestellt beispielsweise ein Nutzer, der sich in Hong Kong aufhält, mit einer Kreditkarte, die in Saudi-Arabien registriert ist, und lässt sich die Ware nach Panama senden, so ist dies zumindest eine interessante Konstellation. Kount gibt in diesem Fall ein Scoring zurück, und Sie müssen definieren, ab welchem Wert der Betrug für Sie zu einer Sperre führt und bis zu welchem Wert Sie entspannt Waren ausliefern. Da Kount neben Regeln auf eine KI setzt und »lernt« das System hinzu und kann Sie wahnsinnig gut dabei unterstützen, Betrugsfälle zu identifizieren und diese zu blockieren.

Alternativen zu Kount

Natürlich gibt es neben Kount noch weitere Anbieter, sehen Sie auch dieses Unternehmen an dieser Stelle als Startpunkt und Orientierungshilfe und nicht als Empfehlung. Denn es kommt auch hier darauf an, was der Dienstleister für Sie alles prüfen muss und ob die Integration in Ihr System möglichst einfach ist.

Da der Dienst Geld kostet, und zwar für jede Transaktion, müssen Sie aber natürlich schauen, ob bei Ihnen der Einsatz sinnvoll ist oder ob die Kosten den potenziellen Schaden übersteigen.

6.4.4 Lieferadressen und Länder

Schränken Sie die möglichen Lieferländer und Adressen ein, sodass im Zweifel gar keine Bestellung nach Osteuropa getätigt werden kann, die aufgrund Ihrer automatisierten Prozesse ungesehen bearbeitet wird. Wenn Sie einen Hauptmarkt wie Deutschland haben, dann erlauben Sie im Zweifel auch nur die Lieferung nach Deutschland. Möchte ein Kunde aus dem Ausland bestellen, wird sich dieser im Zweifel kurz mit Ihnen in Verbindung setzen.

6.4.5 Adressdatenprüfungen

Es gibt Anbieter, von denen können Sie sich praktisch jede Adresse der Welt einkaufen und im Anschluss im Check-out-Prozess prüfen, ob der Kunde bzw. das Unternehmen sowie die Adresse wirklich besteht. Damit können Sie Betrug vermeiden, aber in der Praxis sind die Kosten so hoch, dass sich die Lizenzierung nicht lohnt. Das muss man an dieser Stelle ganz klar erwähnen. Denn bei der Fraud Prevention geht es letztendlich darum, einen Schaden zu verhindern bzw. zu minimieren. Wenn aber der Schaden wesentlich geringer ist als die Maßnahmen zu seiner Bekämpfung, dann gehen Sie den betriebswirtschaftlichen Weg. Und dieser ist, den Schaden zu akzeptieren und dafür nicht unnötig in die Bekämpfung zu investieren.

6.5 Zahlungsausfälle minimieren

Neben der Prävention sollten wir uns nun auch das Risikomanagement als solches anschauen. Hier geht es vor allem um das Thema der Zahlung und weniger um den Betrug bzw. die Blockierung des Betrugs als solchen.

Egal, für welche Zahlungsart Sie sich entscheiden, ein gewisses Restrisiko hinsichtlich eines Zahlungsausfalls besteht immer. Ob ein Kunde die Annahme per Nachnahme verweigert und die Sendung zu Ihnen zurückgeht, eine Lastschrift platzt oder eine PayPal-Zahlung angefochten wird: Wenn Sie nicht gerade nur auf Vorkasse setzen, ist ein Restrisiko immer vorhanden. Da Sie aber ein Risiko nie ausschließen, sondern nur minimieren können, müssen Sie als Shop-Betreiber hinsichtlich des Themas Payment Risikominimierung betreiben. Doch welche Möglichkeiten haben Sie hierfür?

6.5.1 Absicherung über Payment-Provider

Zum einen können Sie, das ist bei Weitem die »beste« Lösung, Ihre Zahlungsarten über einen Payment-Provider absichern lassen. Ein Payment-Provider prüft bei potenziell unsicheren Zahlungsmethoden wie der Rechnung im ersten Schritt den Kunden. Wenn das Scoring in Ordnung ist, kann die Bestellung per Rechnung durchgeführt werden, wenn das Scoring nicht gut ist, kann Ihr Kunde mit der Zahlungsart erst gar nicht einkaufen. Dadurch können Sie im Vorfeld »unsichere« Kunden aussieben und das Risiko minimieren. Diese Risk-Checks sind dabei ziemlich ausgeklügelt und reichen von Plausibilitätsprüfungen bis hin zu ganzen Schufa-Abfragen. Zusätzlich können Sie an Payment-Provider – wobei dies auch vom jeweiligen Unternehmen abhängt – das komplette Forderungsmanagement auslagern. Denn auch die Bezahlung per Rechnung bietet nicht zwangsläufig einen Zahlungseingang, gegebenenfalls haben Sie als Shop-Betreiber aber durch die Bestellung der Ware Kosten angesammelt und müssen das Geld von Ihrem Kunden erhalten. Das können Sie selbst machen oder den Profis überlassen.

6.5.2 Risikominimierung mit »Hausmitteln«

Für den Fall, dass Ihnen ein Payment-Provider zu viele Kosten verursacht oder sich schlicht nicht rechnet, gibt es Möglichkeiten, wie Sie selbst das Zahlungsausfallrisiko minimieren können. Dazu zählt, dass Sie den Kauf auf Rechnung nur Bestandskunden ermöglichen. Gehen Sie damit offen in Ihrem Online-Shop um, und kommunizieren Sie, dass die Bezahlung per Rechnung erst nach zwei bis drei erfolgreichen Bestellungen möglich ist. Das werden die meisten Kunden verstehen und Ihnen auch gar nicht übelnehmen. Das schließt zwar nicht das Zahlungsausfallrisiko eines Bestandskunden aus, aber es blockt diejenigen Personen ab, die von Anfang an auf Betrug aus sind.

Wenn eine Bestellung bei Ihnen im Online-Shop eingeht, macht die anonymisierte Aufzeichnung der IP-Adresse Sinn. Dabei werden die letzten Ziffern abgeschnitten, es besteht aber die Möglichkeit, das Herkunftsland zu ermitteln. Hüten Sie sich vor Bestellungen aus dem osteuropäischen Ausland, denn diese deuten auf einen Betrugsversuch hin.

Im Bezahlvorgang können Sie selbst gewisse Plausibilitätsprüfungen definieren. Passt die Kontonummer zur Bankleitzahl? Gibt es die eingegebene Adresse überhaupt, also passt die Postleitzahl zur angegebenen Stadt? Gerade die Kombination Postleitzahl, Straße und Stadt lässt sich mit etwas Aufwand prüfen, und man kann zumindest die korrekte Adresse ermitteln. Ebenso können Sie als Shop-Betreiber bestimmte Bestellungen, die Ihnen merkwürdig vorkommen, zuerst inhaltlich prüfen. Bei einem Kunden von uns werden ab und zu mehrere Trauringe pro Bestellung geordert. Seien wir doch einmal ehrlich, bei einer solchen Bestellung müssen Sie auf jeden Fall Kontakt mit dem Kunden aufnehmen, denn bei individuellen Produkten, bei denen es kein Rückgaberecht gibt, ist die Bestellung von mehreren Trauringen etwas merkwürdig. Als Shop-Betreiber haben Sie ein Gefühl dafür, welche Ihrer Bestellungen »merkwürdig« sind und welche nicht. Wenn Sie anschließend zur Verifizierung bei dem Kunden anrufen, können Sie zum einen etwas in Sachen Kundenpflege tun und zum anderen auch die Bestellung auf »Echtheit« hin überprüfen.

Neben diesen Möglichkeiten können Sie natürlich auch ganz klassisch ein Inkassobüro hinzuziehen, das sich um Ihre offenen Forderungen kümmert. Der Vorteil für Sie besteht darin, dass Sie sich keine Gedanken über die offenen Forderungen machen müssen und ein Dienstleister diese eintreibt. Eintreiben ist dabei auch ein guter Begriff, denn im Gegensatz zu Ihnen ist ein Inkassobüro nicht ganz so kulant und drückt nicht bei einer fälligen Rechnung für ein paar Tage beide Augen zu. Diese Unternehmen sind darauf spezialisiert, Forderungen »einzutreiben«, und werden aus diesem Grund auch mit einem gewissen Nachdruck Ihre Kunden angehen. Diese Vorgehensweise kann speziell bei Bestandskunden auf Ablehnung stoßen. Es hängt natürlich auch immer vom gewählten Dienstleister ab; behalten Sie bei der Frage, ob Sie ein Inkassobüro hinzuziehen möchten, aber immer im Hinterkopf, dass hier in erster Linie die Begleichung der Forderung wichtig ist und nicht der Kundenumgang und die Kundenzufriedenheit.

Alternativ zum Inkassobüro, das einschreitet, wenn eine Forderung nicht beglichen ist, können Sie Ihre Forderungen, sobald diese entstehen, auch verkaufen. *Factoring* lautet hierfür das Zauberwort, bei dem Sie nichts anderes tun, als offene Forderungen an ein Factoring-Unternehmen abzutreten. Dies tun Sie, im Gegensatz zum Inkassobüro, direkt, nachdem die Forderung entstanden ist, also wenn ein Benutzer im Shop eingekauft hat. Sie erhalten in der Regel 80 % des Umsatzes direkt am nächsten Tag und den Rest, sobald der Kunde die Forderung beglichen hat. Ähnlich wie beim Inkassobüro müssen Sie sich daher um die Eintreibung der Forderungen keine Gedanken machen. Das übernimmt letztendlich das Factoring-Unternehmen für Sie, das selbstverständlich auch mit Nachdruck versucht, offene Forderungen von Ihren Kunden einzutreiben. Auch hierbei kann also wieder dieselbe unschöne Situation wie beim Inkassobüro entstehen, dass auch Bestandskunden vergrault werden, sobald sie mal mit einer Zahlung spät dran sind.

Im Zweifelsfall können Sie Factoring bzw. das Inkassobüro einmal testen und schauen, ob es in Ihrem ganz konkreten Fall eine gute Lösung für das Problem mit offenen Forderungen ist – denn es ist letztendlich auch wieder eine Frage der Kosten und des Handlings.

6.5.3 Bonitätsprüfung

Unabhängig von der Nutzung eines Payment-Providers können Sie in Ihren Online-Shop ein Bonitätsprüfungssystem integrieren. Ein solches System schützt Sie vor Zahlungsausfällen, da innerhalb des Bezahlvorgangs die Kundendaten geprüft werden. Ein Anbieter eines solchen Systems ist creditPass, das uns im Folgenden als Beispiel dient. Natürlich gibt es in diesem Bereich auch weitere Anbieter; wie auch bei Zahlungsarten lohnt es sich, im Vorfeld immer verschiedene Angebote einzuholen und basierend auf den Kosten und den angebotenen Leistungen einen geeigneten Anbieter auszuwählen.

Sofern Sie creditPass in Ihrem Online-Shop integriert haben, werden während des Check-out-Prozesses die eingegebenen Kundendaten geprüft. Hierzu zählen eine Kontenprüfung sowie Prüfungen der Adresse, Identität, Bonität und Compliance (siehe Abbildung 6.22). Sprich, der mögliche Kunde wird, soweit möglich, durchleuchtet, und daraus resultiert ein Wert, der Ihnen die Wahrscheinlichkeit der Bezahlung der Bestellung wiedergibt. Genau dies ist der springende Punkt bei allen Bonitäts- bzw. Kundenprüfungssystemen: Sie erhalten letztendlich eine Wahrscheinlichkeit kommuniziert, beispielsweise einen Wert von 0 bis 100, und müssen definieren, ab welchem Wert Sie Ihre Kunden zum Beispiel auf Rechnung beliefern möchten oder auch nicht.

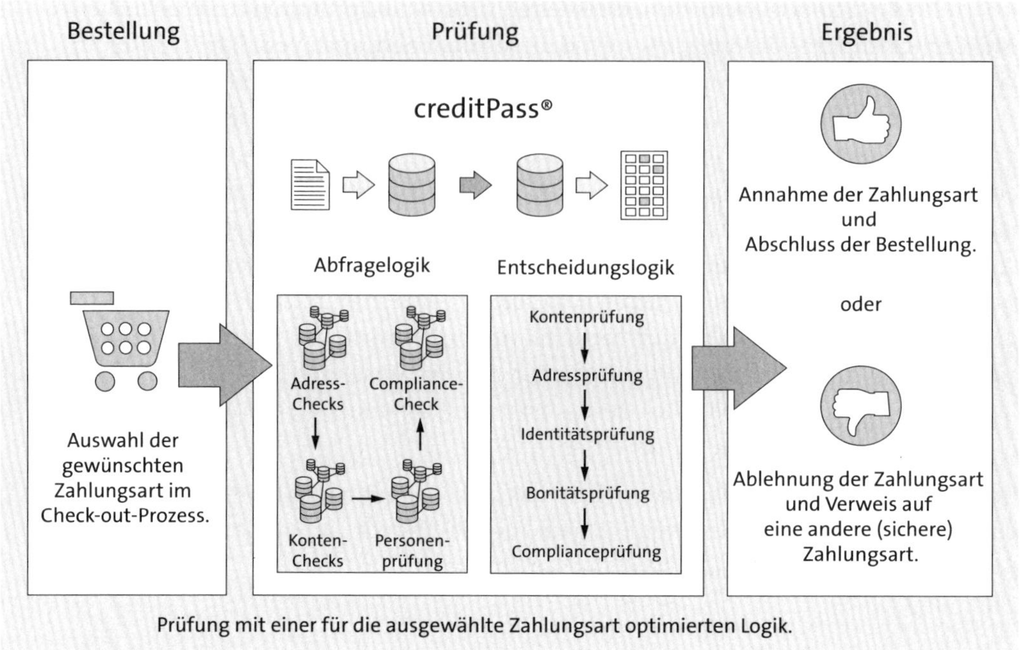

Abbildung 6.22 Bonitätsprozess am Beispiel von creditPass

Kunde muss Bonitätsprüfung zustimmen

Beachten Sie, dass Sie nicht einfach die Bonität einer Person prüfen können. Ihr Kunde muss dieser Prüfung zustimmen. Aus diesem Grund müssen Sie beispielsweise bei Zalando im ersten Schritt im Bestellvorgang die AGB akzeptieren. Erst im Anschluss kommen Sie zur Adresseingabe und Zahlungsauswahl. Standardmäßig werden die AGB immer am Schluss abgefragt, aber bei einer Bonitätsprüfung müssen Sie zuerst Ihren Kunden um Einverständnis bitten. Passen Sie daher gegebenenfalls den Zahlungsprozess in Ihrem Online-Shop an!

Dabei kann auch theoretisch eine Person mit einem niedrigen Wert problemlos die Bestellung bezahlen, aber die Wahrscheinlichkeit ist einfach geringer. In Ihrem Online-Shop können Sie basierend auf diesem Wert anschließend Zahlungsarten ausschließen und einem Kunden mit einem schlechten Wert die Nutzung der Rechnung untersagen. Beachten Sie hierbei aber immer die Außenwirkung! Wenn Sie auf Ihrer Startseite und in anderen Bereichen im Online-Shop »großspurig« mit dem Kauf auf Rechnung werben, ein Kunde aber anschließend die Zahlungsart gar nicht nutzen kann, erzeugt das Unmut. Unterschätzen Sie hierbei nicht die Intelligenz Ihrer Kunden, denn diese wissen in der Regel schon, dass die Untersagung der Zahlung auf Rechnung etwas mit der Bonität zu tun hat. Je nach Typ fühlt sich der eine oder andere Kunde gekränkt oder ist verärgert und bezieht die Ware bei einem anderen Online-Shop.

Deswegen gibt es alternativ die Möglichkeit, erst einmal alle Bestellungen zu akzeptieren, auch solche auf Rechnung, und anschließend bei den Bestellungen per Rechnung während der Bestellbearbeitung einen Bonitätscheck durchzuführen. Erhalten Sie hierbei einen schlechten Wert, können Sie immer noch mit Ihrem Kunden sprechen und ihn bitten, die Ware per Vorkasse zu bezahlen. Als Shop-Betreiber haben Sie in einem solchen Fall viele Möglichkeiten, mit ein wenig Kreativität und Sprachgewandtheit die Situation so zu retten, dass Sie Ihren Kunden nicht vergrämen und dennoch ein gutes Gefühl hinsichtlich der Begleichung der Rechnung haben. Lassen Sie sich hier auch nicht von irgendwelchen Ausreden am Telefon abschrecken. In der Praxis ist es nicht unüblich, dass die schlechte Bonität »irgendwie« begründet wird. Wenn Sie ein schlechtes Gefühl haben, verweisen Sie einfach auf eine andere Zahlungsmethode. Wenn Ihr Kunde dann ins Straucheln gerät, wissen Sie vermutlich selbst, worin das eigentliche Problem liegt.

Da eine Bonitätsprüfung in der Regel pro Abfrage Geld kostet, macht gerade die zweite Variante auch aus wirtschaftlichen Gründen Sinn. Denn bei Zahlungen per Kreditkarte & Co. müssen Sie die Bonität in der Regel sowieso nicht prüfen. Wenn Sie jedoch alle Kunden direkt checken, dann haben Sie auch bei diesen Kunden Kosten, die gerne pro Prüfung bei ca. 1 € liegen können. Gegebenenfalls ist daher für Sie, sofern dies organisatorisch abbildbar ist, die nachträgliche Prüfung nach Bestellung auf Rechnung die elegantere und finanziell sinnvollere Variante.

Bei der Integration von creditPass können Sie auf Module für die gängigen Online-Shop-Lösungen zurückgreifen. So liegen Module für Magento, OXID, xt:Commerce, osCommerce & Co. bereits vor. Dadurch können Sie die Prüfung relativ problemlos integrieren und müssen nicht erst eine manuelle Anbindung vornehmen.

Egal, für welche Variante Sie sich auch entscheiden, ob Payment-Provider mit Rundum-sorglos-Paket, ob reine Bonitätsprüfung oder die Plausibilitätsprüfung mit Bordmitteln: Passen Sie bei Bestellungen auf, und versuchen Sie das Risiko von Zahlungsausfällen zu vermeiden. Wir empfehlen Ihnen die Nutzung eines Payment-Providers mit dem Rundum-sorglos-Paket, denn als Shop-Betreiber haben Sie eine Vielzahl an Aufgaben tagtäglich zu erledigen, und alles, was Sie bedenkenlos delegieren können, ermöglicht Ihnen, sich auf die wichtigsten Aufgaben zu konzentrieren.

6.6 Kryptowährungen im E-Commerce

Wurden in den letzten Jahren Kryptowährungen noch stark belächelt, kann man dies heutzutage nicht mehr tun. Ja, es gibt sehr viele Währungen, die unseriös sind und nach Tagen und Monaten wieder verschwinden. Es gibt aber auch Währungen, die sich seit Jahren halten und zum Beispiel als offizielles Zahlungsmittel in Ländern akzeptiert werden. So hat erst jüngst El Salvador Bitcoin als offizielles Zahlungsmittel eingeführt. Auch Unternehmen wie Tesla legen mittlerweile finanzielle Mittel in Bitcoin an. Es ist also mehr als ein Hype, speziell in Bezug auf Bitcoin.

Wie Sie in Abbildung 6.23 sehen, nimmt auch in der breiten Bevölkerung die Bekanntheit zu. Die Leute wissen also, was Bitcoin ist, und beschäftigen sich mit dem Thema Kryptowährung.

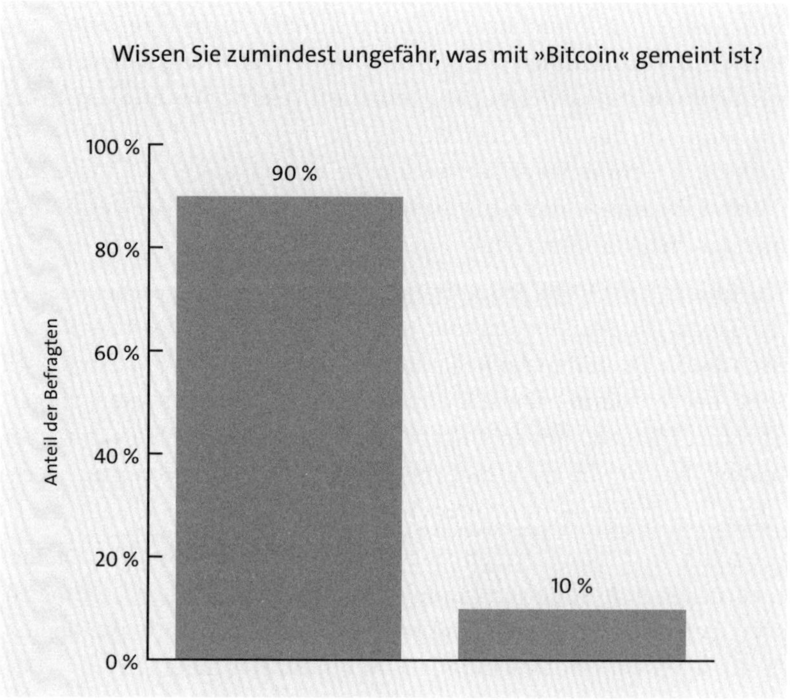

Abbildung 6.23 Die Bekanntheit nimmt zu. (Quelle: Statista)

Die Frage, die man sich in Bezug auf den E-Commerce aber eben stellen muss, ist, ob sich Bitcoin & Co. als Zahlungsmittel bewähren. Aktuell ist es vielmehr ein Geldspeicher, und der Vergleich mit Gold, der von vielen Experten kommt, ist sicherlich schlüssig. Gold aus dem Grund, da Sie ja auch nicht im Supermarkt den Goldbarren auspacken und damit Ihre Rechnung begleichen. Bei den Kryptowährungen ist Stand heute einfach nicht klar, ob sich er Use Case des Bezahlens in der Währung durchsetzen wird oder ob es ein Geldspeicher bleibt.

Eine weitere Statistik, die eben in diese Richtung geht, sehen Sie in Abbildung 6.24. So lehnen noch ca. 80 % die Zahlung in Kryptowährungen ab. Das deutet also eher auf einen Geldspeicher zum Werterhalt als auf eine klassische Währung hin.

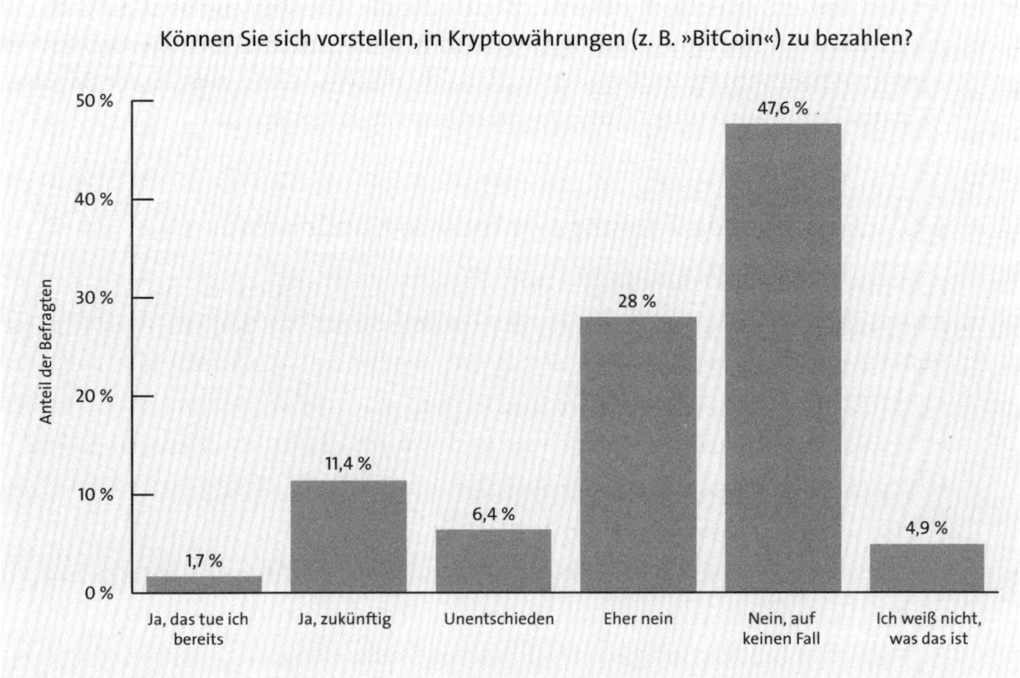

Abbildung 6.24 Nur knapp 20 % würden mit Kryptowährungen bezahlen. (Quelle: Statista)

Bleiben Sie daher aufmerksam, und verfolgen Sie das Thema. Bitcoin & Co. können für Ihren Online-Shop und Ihren E-Commerce ein wichtiges Thema werden, Stand heute sehen wir die Relevanz aber als nicht kritisch an, weswegen Sie sich definitiv mit wichtigeren Themen beschäftigen sollten.

6.7 Rechtliche Anforderungen

Ohne in diesem Kapitel einen allzu großen Sprung in rechtliche Themen zu machen: Als Online-Shop-Betreiber sind Sie dazu verpflichtet, Ihren Kunden mindestens eine kostenfreie und zumutbare Zahlungsmethode anzubieten. Darunter versteht man, dass die Zahlungsmethode eine gewisse Verbreitung besitzt und auch von Ihren Kunden verwendet werden kann. (Sofortüberweisung zählt übrigens nicht zu den rechtlich zulässigen Methoden, wie ein Urteil nun bestätigt hat.[8]) Das heißt, es ist nicht möglich, beispielsweise den Kauf per Kreditkarte, PayPal und Sofortüberweisung anzubieten und hierfür auch noch Aufschläge zu erheben.

8 Weitere Infos hierzu erhalten Sie unter: *www.teltarif.de/sofortueberweisung-unzumutbar-direkt-ueberweisung/news/69393.html*.

Sie sind daher gut beraten, wenn Sie zumindest die Überweisung oder die Zahlung per Lastschrift kostenfrei in Ihrem Online-Shop anbieten, da es sich hierbei um etablierte und akzeptierte Zahlungsarten handelt, die von dem Großteil der Bevölkerung und somit auch Ihren Kunden genutzt werden können.

6.8 Die passende Zahlungsart für Ihre Kunden finden

Zahlungsarten gibt es viele, aber welche Zahlungsarten lohnen sich für Sie wirklich? Eine pauschale Aussage ist schwierig, denn es kommt auf Ihre Branche, Ihre Produkte und auf Ihre Zielgruppe an. Werden Sie sich daher im ersten Schritt über folgende Punkte klar:

- Wie viel kosten Ihre Artikel, wie hoch ist der durchschnittliche Warenkorbwert?
- Wie alt sind Ihre Kunden im Schnitt?
- Wie hoch ist die Marge Ihrer Artikel?
- Welche Rolle spielt die Schnelligkeit der Lieferung bei Ihren Produkten bzw. in Ihrer Branche?
- In welchen Ländern möchten Sie Ihre Artikel verkaufen?
- Welches Sicherheitsbedürfnis haben Ihre Kunden?

Je höher der durchschnittliche Warenkorbwert liegt, desto eher kommen Zahlungsmethoden wie Ratenkauf, Kauf auf Rechnung oder auch die Kreditkarte ins Spiel. Je jünger Ihre Zielgruppe ist, desto weniger spielt die Kreditkarte eine Rolle, wobei diese bei älteren Personen wiederum eine große Rolle spielt. Auch die Marge Ihrer Produkte sollten Sie bedenken, denn wenn Sie für die Abwicklung einer Zahlungsmethode beispielsweise 5 % bezahlen, die Marge aber äußerst gering ist, bringt es auch nichts, Bestellungen ohne Gewinn abzuwickeln. Schnelligkeit bei der Lieferung spielt auch eine Rolle, denn wenn Sie fünf Wochen für die Herstellung der Produkte benötigen, ist es egal, wenn man per Vorkasse bezahlt, denn ein zeitlicher Vorteil durch »schnellere« Zahlungsmethoden existiert nicht. Abgesehen von diesen Faktoren gibt es darüber hinaus Studien dazu, welche Zahlungsarten über eine hohe Popularität verfügen. Basierend auf einer Auswertung von Statista zählen folgende Zahlungsmethoden zu den Top 5:[9]

1. PayPal (oder Ähnliches)
2. Rechnung
3. Lastschrift bzw. Kreditkarte
4. Direktzahlung

9 *https://de.statista.com/statistik/daten/studie/319321/umfrage/beliebteste-methode-zur-zahlung-von-online-bestellungen-in-deutschland/*

5. Ratenzahlung

Es ist jedoch auch ein Fakt, dass gewisse Zahlungsarten in der letzten Zeit an Popularität verlieren, die wiederum von anderen gewonnen wird. So wird die Zahlung per Nachnahme uninteressanter, Wallets wie PayPal und Amazon Payments holen hingegen auf.

Wichtig ist, einen gewissen Mix anzubieten. Als Shop-Betreiber sollten Sie daher danach schauen, klassische Zahlungsmethoden wie Vorkasse und wenn möglich auch Nachnahme abzubilden, da Ihnen diese aus Kostensicht nicht wehtun und es sicherlich noch die einen oder anderen Kunden gibt, die diese Methoden nutzen möchten. Vorkasse und Nachnahme gehören dabei zu den Fallback-Methoden für diejenigen Kunden, die den neuen Zahlungsmethoden nicht »trauen«. Zusätzlich benötigen Sie Zahlungsarten, die eine schnelle Begleichung der Rechnung ermöglichen. Hierzu zählen PayPal, aber auch Giropay oder Sofortüberweisung. Sie müssen aber nicht alle drei Varianten integrieren, in der Regel reicht die Nutzung von PayPal, die Sie gegebenenfalls – das heißt, wenn Ihnen die Kosten nicht wehtun – um Sofortüberweisung ergänzen können. Wenn Sie anschließend noch feststellen, dass Ihre Zielgruppe im Schnitt älter als 25–30 Jahre ist, sollten Sie die Kreditkarte ebenfalls anbieten. Hierbei sollten Sie aber definitiv anhand des Alters entscheiden, denn im Gegensatz zu den USA haben bei uns vor allem »ältere« Personen eine Kreditkarte. Das Anbieten der Rechnung ist kritisch; wenn Sie diese aber absichern können, haben Sie auf jeden Fall nochmals eine populäre Zahlungsmethode, die die Conversion-Rate steigert. Aber Vorsicht, es geht auch ohne den Kauf auf Rechnung! Denn wenn Ihnen hierbei die Kosten explodieren, haben Sie nichts gewonnen.

Möglichkeiten haben Sie viele, sorgen Sie für einen guten Mix. Im Zweifelsfall testen Sie gewisse Zahlungsarten, denn was können Sie verlieren, außer etwas Geld? Im besten Fall gewinnen Sie neue Kunden und steigern die Conversion-Rate!

Die Webanalyse hilft bei der Auswahl der Zahlungsarten

Ein Tipp noch am Rande: Ob Sie die richtigen oder falschen Zahlungsmethoden anbieten, können Sie mithilfe der Webanalyse messen und auswerten. Werfen Sie daher einen Blick in Kapitel 12, »Der Kompass im E-Commerce – Conversion-Messung und -Optimierung«, und überwachen Sie regelmäßig die Abbruchquoten in Ihrem Check-out-Prozess bei der Auswahl der Bezahlmethode, die Bounce-Quoten im Warenkorb sowie stehen gelassene Warenkörbe.

6.9 Zahlungsarten in den Online-Shop integrieren

Ein wichtiger Punkt, über den Sie sich als Shop-Betreiber ebenso Gedanken machen müssen, ist die Integration der Zahlungsmethode in den eigenen Online-Shop. Die vorhandene Integration müssen Sie im Vorfeld als wichtiges Kriterium beachten, denn es bringt Ihnen nichts, wenn Sie ein paar Promille bei den Transaktionskosten sparen, aber anschließend die komplette technische Integration in den eigenen Online-Shop übernehmen müssen!

Lassen Sie sich aus Erfahrung sagen, dass die Entwicklung eines Zahlungsartenmoduls, in unserem Fall Magento, eine Sache von Tagen und Wochen ist. Dadurch entstehen erst einmal horrende Kosten, die Sie ja wieder einspielen müssen. Und genau aus diesem Grund ist es wichtig, im Vorfeld zu prüfen, ob der Payment-Provider oder der Zahlungsanbieter eine mit Ihrem Shop funktionierende bzw. vorhandene Integration anbietet. Denn viele Anbieter machen sich die Sache etwas zu leicht und verweisen darauf, dass sie ausschließlich die Zahlungsart bzw. den Payment-Service anbieten, aber nicht die notwendige Integration in den Online-Shop. Kommt es anschließend zu technischen Problemen, wird der Ball ganz gerne an Subdienstleister oder Ihre IT zurückgespielt.

Aufgrund der Vielzahl an Payment-Providern, Zahlungsarten und Online-Shop-Lösungen gibt es keine pauschalen Aussagen und Empfehlungen, denn es hängt immer von der jeweiligen Situation ab. Sprechen Sie das Thema auf jeden Fall bei der Auswahl des Payment-Providers bzw. der Zahlungsart an, und lassen Sie sich gegebenenfalls das jeweilige Modul im Vorfeld zusenden, sodass Sie es testen können, bevor Sie einen Vertrag unterschreiben und sich an einen Anbieter binden.

6.10 Fazit

Wie Sie in diesem Kapitel bemerkt haben, ist das Thema Payment im E-Commerce komplexer, als man zunächst vermutet. Aus der enormen Vielzahl an Zahlungsmöglichkeiten müssen Sie nämlich genau die herausfinden, die von Ihren Online-Shop-Besuchern präferiert werden und die für Sie als Shop-Betreiber aus finanzieller Sicht Sinn ergeben. Und genau dieser Spagat macht das Thema so interessant und herausfordernd. Denn in der Regel sind die Zahlungsmöglichkeiten, die für Shop-Betreiber interessant sind, für Kunden weniger interessant. So, wie Ihre Kunden einkaufen möchten – nehmen wir als Beispiel den Rechnungskauf –, entstehen für Sie als Shop-Betreiber aber womöglich gewisse Risiken und hohe Transaktionskosten. Daher gilt es, die richtige Mischung zu finden und Ihren Kunden vor allem ein einfaches, schnelles und sicheres Bezahlen zu ermöglichen, bei dem Sie immer noch Spaß am Verkauf haben, da sich die Prozess- und Transaktionskosten im Rahmen halten.

Für welche Zahlungsmethoden Sie sich auch entscheiden: Ihre Wahl ist nicht in Stein gemeißelt. Überwachen Sie daher konstant die Akzeptanz, und trauen Sie sich auch, Zahlungsmethoden zu entfernen und neue, innovative Möglichkeiten des Zahlens zu integrieren, wenn Sie merken, dass dies von Ihren Besuchern gewünscht wird!

Kapitel 7
Der Online-Shop als Bestandteil Ihres Unternehmens – Integration in Ihre IT-Landschaft

Um mit Ihrem Online-Shop im laufenden Betrieb Prozesskosten senken und die Effizienz erhöhen zu können, müssen Sie den Online-Shop als Teil Ihrer IT-Systemlandschaft sehen. Denn nur durch eine gute Integration innerhalb Ihrer bestehenden Systeme kann Ihr Online-Shop auch seine volle Wirkung entfalten.

In diesem Kapitel wollen wir uns dem Thema widmen, wie ein Online-Shop Bestandteil Ihres Unternehmens werden kann bzw. wie Sie den richtigen Mix an Software finden, mit dem Sie neben dem Online-Shop Ihrem Alltagsgeschäft optimal nachgehen können.

7.1 Integration des Online-Shops in die bestehende IT-Infrastruktur

Eine der zentralen Aufgaben beim Aufbau und Betrieb eines Online-Shops besteht darin – zumindest, wenn man bereits eine bestehende IT-Infrastruktur besitzt –, das Zusammenspiel der verschiedenen Softwarekomponenten möglichst reibungslos zu gestalten. Je mehr Teilsysteme dabei unmittelbar miteinander interagieren, desto höher ist der Integrationsgrad und somit in vielen Fällen auch die Effektivität des Gesamtsystems.

Da die Integration eines Online-Shops in eine bestehende IT-Infrastruktur oftmals mit einem nicht unerheblichen Aufwand und Risiko verbunden ist – bestehende Komponenten müssen erneuert, erweitert oder angepasst werden –, sollten Sie ein neues Teilsystem so auswählen, dass es sich möglichst nahtlos in die bestehende Umgebung integriert und hier keine potenziellen Abbruchkanten entstehen.

7.1.1 Integrationsformen

Wir wollen Ihnen anhand eines Fallbeispiels der Musterfirma AG verschiedene Formen der Softwareintegration vorstellen, die sich am Markt herausgebildet haben und die sich in ihrem Aufwand und bezüglich der Abhängigkeit von Produkten oder Herstellern auch deutlich unterscheiden können.

Fallbeispiel: Musterfirma AG

Die Musterfirma AG ist ein europaweit agierendes Unternehmen in der Medizintechnikbranche und beschäftigt in Deutschland knapp 100 Mitarbeiter. Das Unternehmen betreibt bereits ein ERP-System (*Enterprise Resource Planning*) zur Verwaltung der unternehmensrelevanten Prozesse wie Buchhaltung, Produktion etc. Darüber hinaus wurde für die Vertriebsabteilung ein CRM-System (*Customer Relationship Management*) in Betrieb genommen, um die Kundenbeziehungen optimal verwalten zu können. Für das Produktmanagement wird ein PIM-System (*Product Information Management*) eingesetzt, in dem alle produktrelevanten Merkmale gepflegt werden und unter anderem Kataloge, Broschüren etc. generiert werden.

Die Musterfirma AG möchte nun noch einen B2B-Online-Shop eröffnen, um den Kunden eine einfachere Möglichkeit zu schaffen, regelmäßige Gebrauchsgüter und neue Produkte zu bestellen. Durch diesen Online-Shop sollen Ressourcen im Vertrieb freigesetzt werden, sodass die Kundenbeziehungen wieder effektiver gepflegt werden können.

Zusammenstellungen

Die am wenigsten aufwendige Integrationsform ist die einfache Zusammenstellung der Softwarelösungen innerhalb der IT-Infrastruktur. Hierbei werden von der Musterfirma AG vordefinierte Softwarepakete bezogen, deren Komponenten oftmals bereits im Vorfeld für ein reibungsloses Zusammenspiel konfiguriert sind und unabhängig von anderen Softwarelösungen betrieben werden können. Die Firma erhält damit ein funktionierendes System, ohne dass sie die Details des Zusammenspiels der einzelnen Komponenten innerhalb der Lösung kennen muss.

Ein solches System kann beruhigt in die IT-Infrastruktur integriert und (bei Bedarf) auch beliebig angepasst und erweitert werden, da es – aufgrund der schwachen bis nicht vorhandenen Kopplung der einzelnen Systeme – keine Seiteneffekte auf die anderen Systeme herbeiführen kann.

Diese Art der Integration ist die klassische Integrationsform bei kleineren Online-Shops, wo der Online-Shop als autarkes System geführt wird und somit alle Daten, Funktionen und Prozesse im Online-Shop selbst gepflegt, vorgehalten und durchgeführt werden und es keinerlei Integration, wie zum Beispiel Schnittstellen oder Ähnliches, zu anderen Systemen gibt (siehe Abbildung 7.1).

Im Fall der Musterfirma AG hat diese Art der Integration den großen Vorteil, dass der Online-Shop autark von allen anderen Systemen geführt werden und so schneller an den Markt gebracht werden kann. Der Nachteil ist jedoch, dass es keinen Abgleich zu den anderen Systemen gibt, womit die Kunden- und Produktdaten doppelt oder dreifach gepflegt werden müssen und auch Bestellungen gegebenenfalls von Hand übertragen werden müssen. Dies führt zu einer potenziell hohen Fehlerquote.

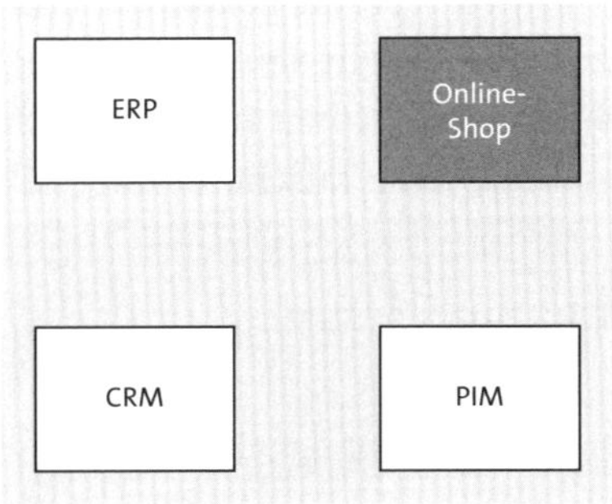

Abbildung 7.1 Der Online-Shop als autarkes System innerhalb der IT-Infrastruktur der Musterfirma AG

Funktionale Integration

Von einer funktionalen Integration spricht man, wenn bestimmte Funktionen einer Softwarekomponente durch andere Komponenten der IT-Infrastruktur verwendet werden. Dazu zählt beispielsweise eine serviceorientierte Architektur (SOA) mit ihren bereitgestellten und verknüpften Diensten (Services), die man in einer Softwarekomponente nutzen kann.

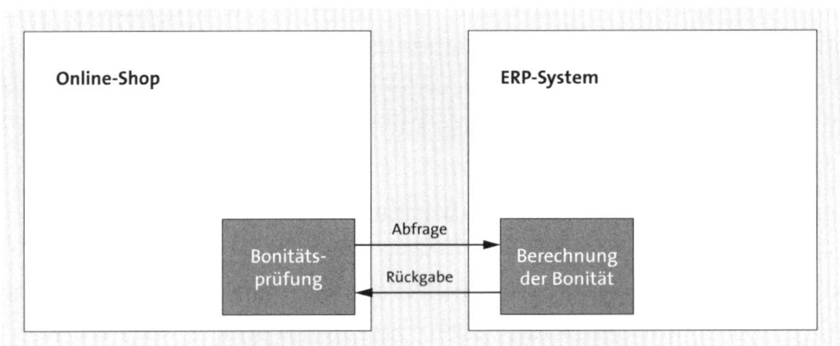

Abbildung 7.2 Der Online-Shop mit einer funktionalen Integration

Beispiel einer funktionalen Integration in einem Online-Shop-Umfeld wäre im Fall der Musterfirma AG die Integration einer Bonitätsprüfung in den Bezahlvorgang. Da der Online-Shop nicht die einzige Möglichkeit für den Kunden ist, seine Bestellungen zu tätigen, und jeder Kunde nur für ein bestimmtes Limit anhand seiner Bonität einkaufen kann, ruft der Online-Shop einen definierten Service im ERP-System auf und bekommt von diesem das verfügbare Limit zurückgeliefert. Möchte die Musterfirma AG zu einem späteren Zeitpunkt zum Beispiel mit einem externen Bonitätsprüfungsdienstleister zusammenarbeiten, so kann man die Komponente im Online-Shop einfach durch eine andere Komponente austauschen (siehe Abbildung 7.2).

Die integrierten Funktionen müssen sich hierbei an gewisse Standards halten und werden somit sehr stark an die Komponenten der einzelnen Systeme gekoppelt. Eine Anpassung sowohl auf Online-Shop-Seite als auch auf ERP-System-Seite sollte nicht ohne Weiteres vorgenommen werden, da dies weitreichende Konsequenzen nach sich ziehen kann. In diesem Fall wäre das gegebenenfalls eine falsche Bonität für einen Kunden im Online-Shop.

Weitere Beispiele aus der Praxis für eine funktionale Integration sind:

- **Einbindung einer externen Suchtechnologie**
  Ein bekanntes Beispiel aus der Praxis ist die Auslagerung der Suche in einem Online-Shop zu einem externen Dienst. Hintergrund ist hierbei, dass standardmäßig mitgelieferten Suchfunktionen in Online-Shops eher rudimentär sind. Bei vielen oder ähnlichen Artikeln im Shop kommt es hierbei vor, dass die Suchergebnisse nicht zufriedenstellend sind. Um die Qualität der Suchergebnisse zu verbessern, werden dann oftmals externe Suchtechnologien eingesetzt. Hierbei stehen kostenfreie Lösungen, aber auch kostenpflichte Software-as-a-Service-Lösungen zur Verfügung.
- **Verlagerung der Preisberechnung in das ERP-System**
  Dieses Beispiel findet man vornehmlich in Unternehmen, die eine komplexe Preis- und Rabattberechnung für ihren gesamten Produktkatalog bzw. auch sehr viele kunden-/kundengruppenspezifische Preise besitzen. Die Preisberechnung im Online-Shop wird hier einfach »abgeschaltet« und durch einen Dienst ersetzt, der sich die Preise direkt im ERP-System berechnen lässt. Dieses Szenario kann man noch dahingehend weiterspinnen, dass auch die komplette Warenkorbberechnung im ERP-System erfolgt.
- **Anreicherung der Kundendaten mit Daten aus dem CRM-System**
  Wenn man beispielsweise die auszutauschenden Daten zwischen Online-Shop und CRM-System möglichst gering halten möchte, kann man jeden Kunden nur mit rudimentären Daten aus dem CRM-System im Online-Shop anlegen. Im Online-Shop werden die Kundendaten dann zum benötigten Zeitpunkt (zum Beispiel nach Login, beim Hinzufügen eines Artikels zum Warenkorb, vor Bestellabschluss etc.) temporär mit den Daten aus dem CRM-System angereichert, damit im Shop die Business-Logiken ausgeführt werden können. Anschließend werden die Daten im Shop wieder »vergessen«.

Datenintegration

Bei der Datenintegration greifen mehrere Komponenten aus der IT-Infrastruktur auf die dieselben Daten zu, um Redundanzen und Inkonsistenzen in der Datenhaltung bzw. unerlaubte Zugriffe auf die gespeicherten Daten zu vermeiden (siehe Abbildung 7.3).

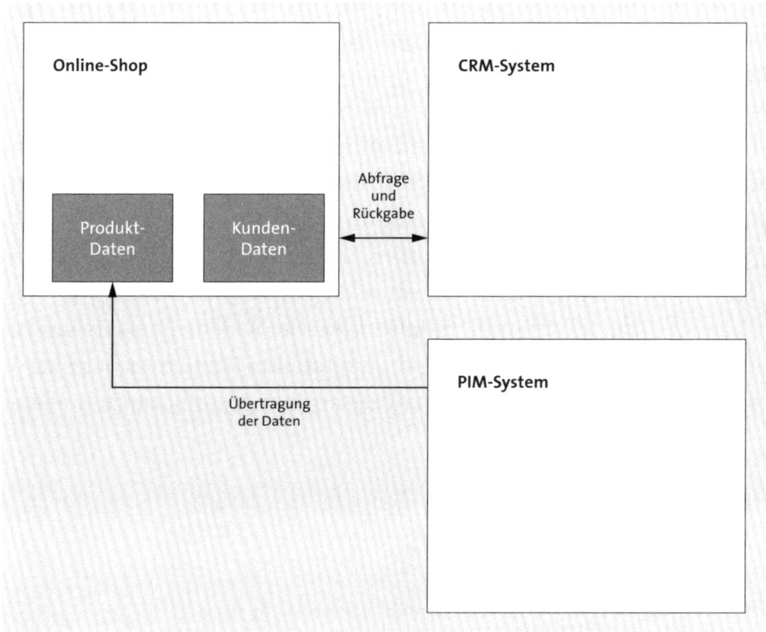

Abbildung 7.3 Die Integration von Daten aus verschiedenen Systemen

Auch hier gibt es unterschiedliche Integrationsgrade: Manche Datenintegrationen greifen wie andere Anwendungen unmittelbar auf die Daten zu und sind somit sehr stark aneinandergekoppelt, während andere Datenintegrationen über abstrakte Zugriffsschichten auf die Daten zugreifen und so etwas entkoppelter voneinander sind.

Gerade bei Unternehmen wie der Musterfirma AG, wo der Online-Shop nur ein neuer Bestandteil der Vertriebsorganisation werden soll und noch weitere Vertriebskanäle, wie beispielsweise der Telefonvertrieb oder der Außendienst, mit angeschlossen sind, wäre es nicht sinnvoll, die Kundendaten in den verschiedenen Systemen zu pflegen. Meist ist hier das ERP- oder das CRM-System führend.

Der Online-Shop empfängt hier die Neuregistrierungen der Kunden und überträgt diese anschließend an das CRM-System. Nachdem die Kundendatensätze im CRM-System bearbeitet oder neue Kunden im CRM-System angelegt wurden, werden diese anschließend an den Online-Shop übertragen.

Ein ähnliches Prinzip gilt für das PIM-System: Produktdaten werden nur an einer Stelle angelegt und für alle möglichen Kanäle (wie zum Beispiel den Online-Shop) gepflegt. Nach der Pflege der Daten werden die Produktdaten an den Online-Shop übertragen.

Somit ist gewährleistet, dass der Online-Shop immer sofort über aktuelle Daten verfügt, der Prozess zur Pflege effizient gestaltet ist und nicht an vielen verschiedenen Stellen gleiche Daten gepflegt werden müssen.

Kombinierte Integration

Unter der kombinierten Integration versteht man die zunehmende Verwischung der funktionalen und der Datenintegration innerhalb einer serviceorientierten IT-Infrastruktur. Während früher der unmittelbare Zugriff und die Verwendung konkret definierter Schnittstellen üblich war – also Systeme dadurch stark aneinandergekoppelt waren –, verwenden moderne Softwarearchitekturen heutzutage definierte Services, also eine Funktion, die man ansprechen kann, ohne dass man genau weiß, was sich dahinter verbirgt bzw. wie sie genau implementiert wurde. So kann beispielsweise eine Software eine datenbezogene Funktionalität bereitstellen, ohne dass das datenverarbeitende System weiß, wie die Daten genau zusammengestellt wurden (siehe Abbildung 7.4).

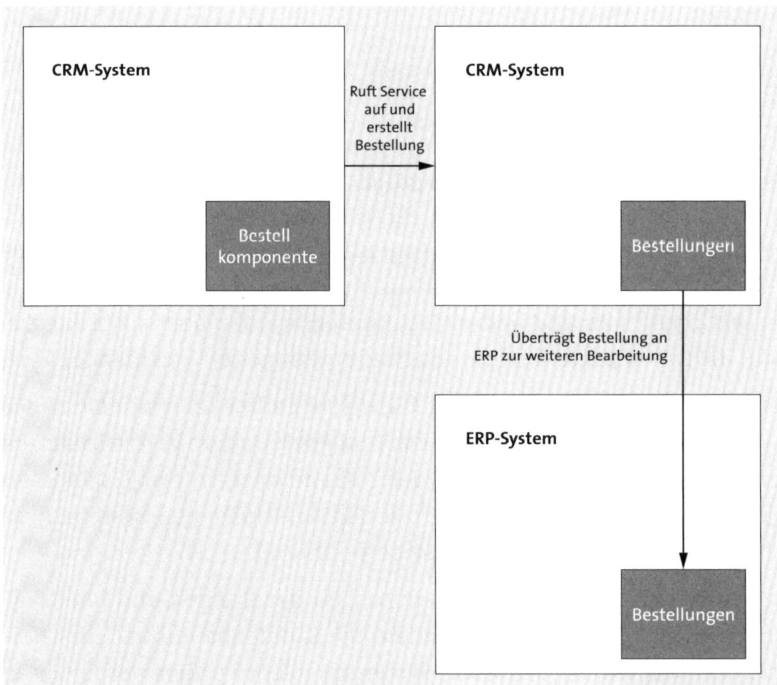

Abbildung 7.4 Die kombinierte Integration innerhalb der IT-Infrastruktur

Im Fall der Musterfirma AG umfasst das CRM-System die Möglichkeit, eine Bestellung für den Kunden anzulegen. Die Bestellung wird hierbei aber nicht direkt in der Datenbank des CRM-Systems gespeichert, sondern über diverse Services direkt in der

Datenbank des Online-Shops angelegt. Dies hat den Vorteil, dass der Kunde einerseits alle seine Bestellungen im Online-Shop nachverfolgen kann und andererseits auch die Bestellungen dann nur aus einem System an das ERP-System exportiert werden müssen. Auch muss der Vertriebsmitarbeiter zur Auftragserfassung nicht sein gewohntes System verlassen, sondern hat eine einheitliche Oberfläche für alle Prozesse.

7.1.2 Integration und Standardisierung

Bei der Integration eines neuen Systems in eine bestehende IT-Infrastruktur ist zu beachten, dass jede Form der Integration entsprechend definierte Schnittstellen benötigt, die eine Kommunikation der beteiligten Komponenten bzw. Systeme miteinander ermöglicht.

Sind diese Schnittstellen nicht offengelegt – also für einen Dienstleister nicht einsehbar – ist eine Integration von alternativen Komponenten nur sehr schwer möglich. Die Folgen sind zum einen eine sehr eingeschränkte Auswahl integrierbarer Komponenten und zum anderen eine sehr hohe Bindung an ein bestimmtes Produkt bzw. einen bestimmten Hersteller.

Bei der Auswahl eines Online-Shop-Systems ist deshalb darauf zu achten und auch im Beschaffungsprozess zu bevorzugen, dass die Integration in die bestehende IT-Infrastruktur möglichst einfach und über offengelegte Standards möglich ist. Das beste Online-Shop-System nutzt Ihrem Unternehmen nichts, wenn es als Insellösung innerhalb der IT-Infrastruktur allein dasteht.

7.1.3 Integration und Abhängigkeit

Der große Vorteil von integrierten Lösungen besteht darin, dass die einzelnen Komponenten idealerweise optimal aufeinander abgestimmt sind und so relativ einfach integrierbar, konfigurierbar und verwendbar sind. Bei der Weiterentwicklung und Pflege ist darauf zu achten, dass der hohe Integrationsgrad beibehalten wird und sich kein zusätzlicher Integrationsaufwand bzw. das Risiko von Fehlfunktionen einschleichen.

Auf der einen Seite haben Sie zwar oft höhere Kosten für die Integration, auf der anderen Seite sparen Sie jedoch sehr viel Zeit, Geld und Nerven im Alltagsgeschäft, wenn beispielsweise Daten nur an einer Stelle gepflegt werden, Prozesse effizient gestaltet sind oder Komponenten relativ einfach ausgetauscht werden können, sollten sie nicht so funktionieren, wie Sie es wünschen.

Bei der Integration muss man jedoch auch aufpassen, dass man nicht übertreibt. Von einer bestmöglichen Integration bis zu einer Abhängigkeit von Komponenten ist es oft nur ein kleiner Schritt. Durch die zunehmende Integration wird oftmals die Kopplung zwischen den einzelnen Systemen und Komponenten immer stärker, sie werden voneinander abhängig, und somit werden die gängigen Prinzipien einer serviceorientierten Architektur außer Acht gelassen.

Wenn Sie beispielsweise eine kommerzielle Schnittstelle für Ihren Online-Shop lizenzieren und integrieren, sich bei der Integration aber herausstellt, dass die Integration noch etwas erweitert werden muss, und Sie nun um die proprietäre Schnittstelle weitere Logik programmieren, haben Sie einen solchen Fall. So erzeugen Sie eine Abhängigkeit. Wenn Sie nun auf eine neue Online-Shop-Version aktualisieren möchten und der Hersteller der Schnittstelle hier nicht mitzieht oder den Betrieb eingestellt hat, sind Sie in einem Dilemma gefangen: Einerseits wollen (oder müssen) Sie aktualisieren, andererseits können Sie nicht, weil die Schnittstelle dann nicht mehr funktionieren würde. Die Schnittstelle können Sie jedoch auch nicht so einfach austauschen, ohne erheblichen Mehraufwand zu verursachen, weil Sie noch weitere Logik dazu programmiert haben.

Gerade in komplexen Online-Shop-Projekten werden oftmals sehr viele Anpassungen vorgenommen, um die gewünschten Anforderungen abbilden zu können. Dadurch wird das Online-Shop-System so stark an andere Systeme aus der IT-Infrastruktur gekoppelt, dass manche Unternehmen über Jahre hinweg veraltete Softwareversionen einsetzen, um den laufenden Betrieb nicht zu gefährden.

7.1.4 Zusammenfassung

Stellen Sie sich als Shop-Verantwortlicher hier die Frage, ob wirklich jede Funktion zwingend im Online-Shop abgebildet werden muss. Je komplexer die Anforderung, desto wahrscheinlicher ist es, dass ein Online Shop-System diese nicht – oder nur mit hohem Implementierungsaufwand – abbilden kann – vorausgesetzt, das Drittsystem verfügt über moderne Schnittstellen, können Sie hier prüfen, ob Sie gegebenenfalls eine Funktion im Drittsystem belassen.

Bei der Integration eines Online-Shops in die bestehende IT-Infrastruktur sollten Sie also darauf achten, dass Sie sich nicht »zu Tode integrieren«, sondern jede Anforderung und Komponente einzeln abwägen und ein gesundes Mittelmaß an offenen und standardisierten Schnittstellen bzw. stärker gekoppelten Integrationen in die bestehende IT-Infrastruktur haben.

Sie sichern sich dadurch eine größere Herstellerunabhängigkeit und Flexibilität während des Betriebs und auch der Weiterentwicklung der einzelnen Komponenten, sodass im Endeffekt auch die Investitionssicherheit maximiert wird.

7.2 Externe Software auswählen, integrieren und nutzen

Der Online-Shop stellt heutzutage in der IT-Infrastruktur vieler Unternehmen oft nur ein Puzzleteil von vielen dar. Oft werden auch noch viele andere Systeme nebenbei eingesetzt, die das Alltagsgeschäft am Laufen halten. Bereits bei der Planung und Strukturierung des Online-Shops bzw. bei der Auswahl der entsprechenden E-Commerce-Lösung haben Sie ein Gespür dafür bekommen, welche Funktionen Sie im Online-Shop abbilden können/wollen bzw. welche Funktionen Sie gegebenenfalls in ein anderes System auslagern. Nachfolgend sind mehrere unterschiedliche Systeme beschrieben, die typisch für eine Integration mit einem E-Commerce-System sind.

7.2.1 ERP: Preise, Produktdaten, Warengruppen und Verkäufe

Das Akronym ERP steht für die englischen Worte *Enterprise Resource Planning* und bezeichnet ein System, das man benötigt, um alle vorhandenen Ressourcen eines Unternehmens rechtzeitig und – falls möglich – bedarfsgerecht zu planen und zu steuern.

Dazu werden oft verschiedenste Insellösungen abgeschafft und in einem System zusammengefasst, um so die Geschäftsprozesse einheitlich abzubilden und effizienter steuern zu können.

Ein ERP-System beinhaltet meist folgende Funktionsbereiche:

- Bedarfsermittlung
- Controlling
- Dokumentenmanagement
- Finanz- und Rechnungswesen
- Materialwirtschaft
- Personalwirtschaft
- Produktdatenmanagement
- Produktion/Produktionsplanung und -steuerung
- Verkauf und Marketing

Je nach Größe eines Unternehmens sind die Anforderungen an die oben genannten Funktionsbereiche unterschiedlich ausgeprägt. Bei manchen Firmen können bestimmte Bereiche ausgelagert werden, während es bei größeren Unternehmen sinnvoll ist, alle Bereiche im Unternehmen direkt abzubilden. Kleinere bzw. mittelständische Unternehmen werden manche Funktionsbereiche nicht benötigen bzw. nicht über ein ERP-System abbilden, während in größeren Unternehmen die einzelnen Funktionsbereiche häufig sehr intensiv genutzt werden.

Verschiedene Branchen stellen oftmals auch unterschiedliche Anforderungen an ein ERP-System, weshalb es neben größeren Anbietern solcher Unternehmenssoftware auch viele kleinere bzw. auf bestimmte Branchen spezialisierte Anbieter von ERP-Systemen gibt. Ein Beispiel zeigt Abbildung 7.5.

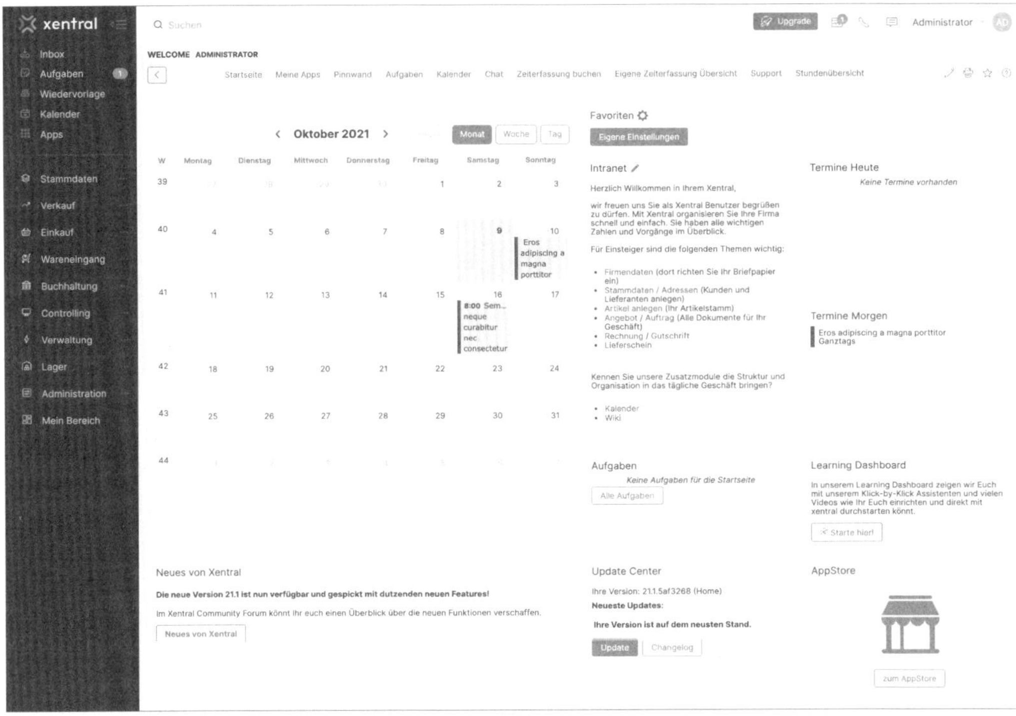

Abbildung 7.5 Screenshot des webbasierten ERP-Systems xentral

7.2.2 PIM: Produkte zentral verwalten

Das Akronym PIM steht für *Product Information Management* oder Produktinformationsmanagement und bezeichnet ein System, in dem man medienneutral Produktdaten verwaltet, pflegt und modifiziert, damit man aus einer Quelle heraus verschiedene Systeme und Vertriebskanäle mit konsistenten, akkuraten und auch aktuellen Produktinformationen beliefern kann.

Der Bedarf für ein solches System entsteht in vielen Firmen aus den unterschiedlichsten Gründen:

- Die Anzahl an zu verwaltenden Produkten ist so hoch, dass andere Lösungen, wie beispielsweise Excel-Tabellen, an ihre Grenzen stoßen.
- Die Produktinformationen liegen in einem Unternehmen häufig nicht zentral gebündelt vor, sondern verstreut bei verschiedenen Mitarbeitern bzw. (Fach-) Abteilungen.

- Die Anzahl an verschiedenen Ausgabemedien bzw. Vertriebskanälen ist so hoch, dass es wirtschaftlich nicht rentabel wäre, sie alle manuell zu pflegen und mit konsistenten, akkuraten und aktuellen Produktinformationen zu beliefern.

Das Beispiel einer PIM-Systemlösung sehen Sie in Abbildung 7.6.

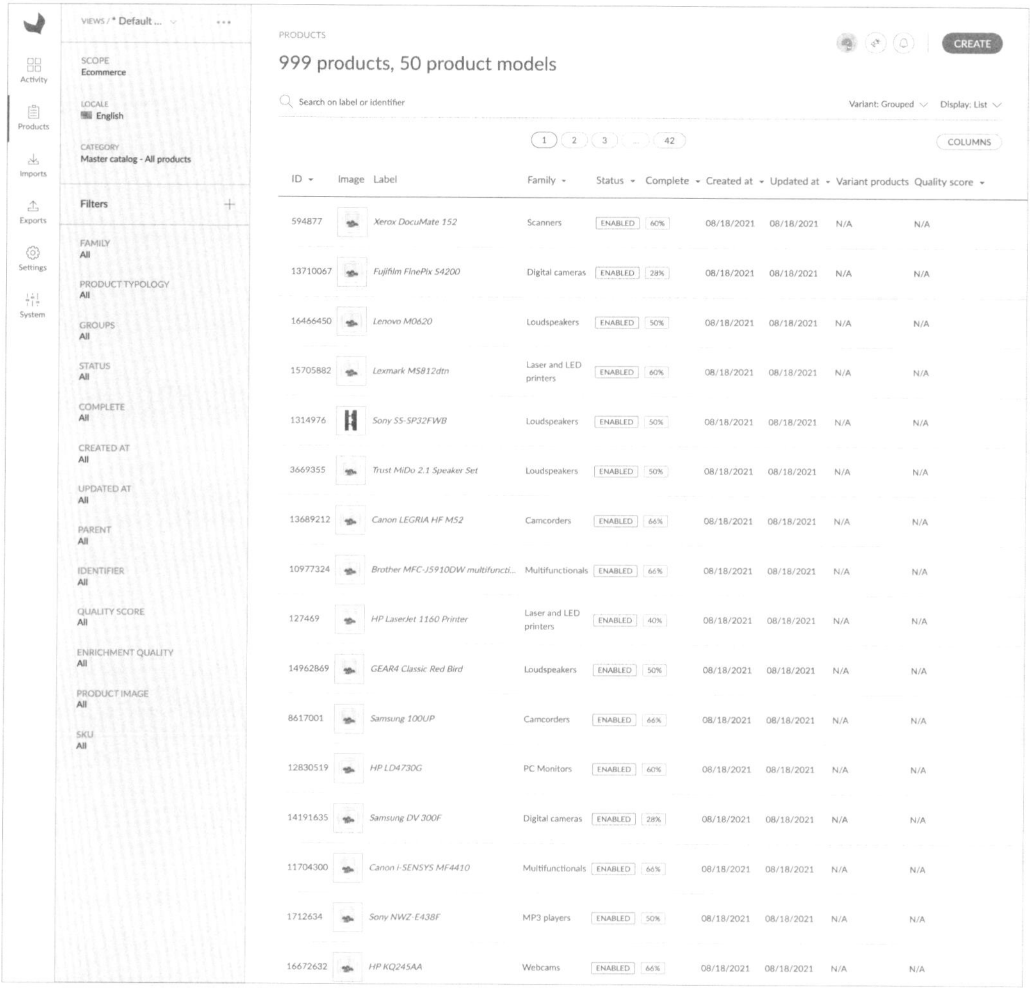

Abbildung 7.6 Screenshot des webbasierten PIM-Systems Akeneo

7.2.3 CRM: Kundenbindung schaffen und optimieren

Das Akronym CRM (*Customer Relationship Management*) bezeichnet den strategischen Ansatz innerhalb eines Unternehmens zur vollständigen Planung, Steuerung und Durchführung aller kundenbeziehungsrelevanten Prozesse. Ein Beispiel für ein CRM-System zeigt Ihnen Abbildung 7.7.

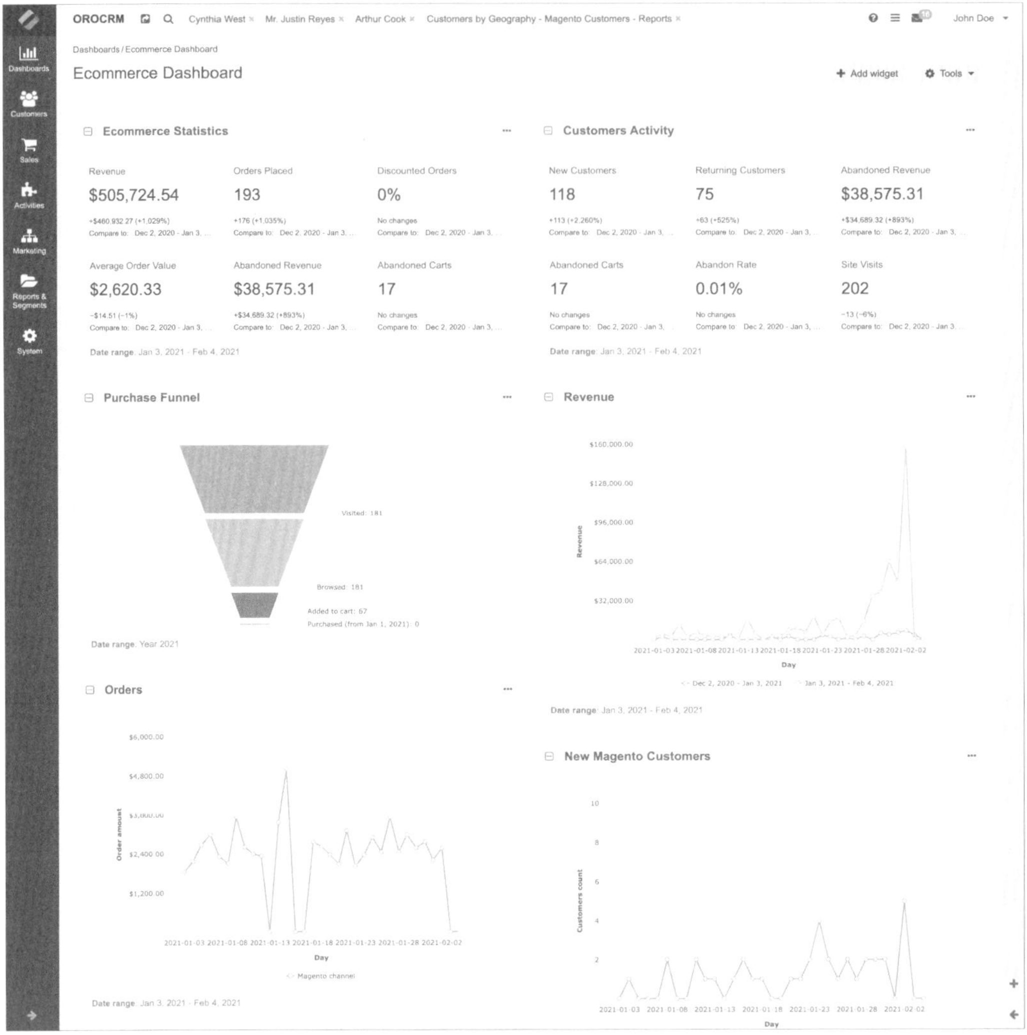

Abbildung 7.7 Screenshot des webbasierten CRM-Systems OroCRM

In einem CRM-System soll der gesamte »Kundenlebenszyklus« abgebildet werden, weshalb es nicht als insoliertes Instrument innerhalb einer Organisation angesehen werden sollte, sondern als das zentrale System, um konsequent einen hohen Grad an Kundenorientierung zu erreichen. Primär steht nun nicht mehr das Verkaufen von (lagerhaltigen) Produkten im Vordergrund, sondern den Kunden und seinen aktuellen und möglichen zukünftigen Bedarf kennenzulernen. Basierend darauf kann man dem Kunden anschließend optimal seinem Bedarf entsprechende weitere Produkte und Dienstleistungen anbieten und so weitere Umsatzpotenziale generieren.

Wichtige Eigenschaften und Ziele eines CRM-Systems sind die *Kundenorientierung*, bei der sämtliche Aktivitäten des Unternehmens konsequent auf den Kunden ausgerichtet sind, um ihn so jederzeit ganzheitlich beraten und ihn bedarfsgerecht »bedienen« zu können. Des Weiteren wird eine *langfristige Kundenbeziehung* angestrebt, die einerseits zu einer Steigerung des Gewinns bzw. des Marktanteils beitragen soll, andererseits aber auch den Kunden durch optimale Cross- und Up-Sellings zu Wiederholungs- und Folgekäufe anregen und damit auch gleichzeitig die Kosten für die Generierung eines Kunden reduzieren soll. Auch legt man mit einem CRM mehr Wert auf eine *systematische und kundenorientierte Kundenbearbeitung*. Nicht jeder Kunde kann gemäß dem Gießkannenprinzip gleich angesprochen werden, sondern die Kommunikation sollte speziell auf jeden Kunden bzw. jedes Kundensegment abgestimmt erfolgen. Ein weiteres Charakteristikum ist die *Wirtschaftlichkeitsorientierung* innerhalb des CRM. Ein Unternehmen muss seine Kunden ganzheitlich kennenlernen. Kernfragen sind: Wie viel Umsatz und wie viel Deckungsbeitrag generiert ein Kunde? Wann waren die Kunden zum letzten Mal aktiv? Warum sind sie nicht mehr aktiv?

7.2.4 OMS: Bestellungen und Lagerbestände über mehrere Kanäle abgleichen

Das Akronym OMS (*Order Management System*) ist im klassischen Sinn eine Software, die die Steuerung von Angeboten und Bestellungen aus unterschiedlichen Kanälen bis hin zu Bestandsführung, Fakturierung und Versand unterstützt. Ein Beispiel für ein OMS-System zeigt Ihnen Abbildung 7.8.

Jeder neue Kanal, den ein Unternehmen betreibt, bringt einerseits zwar Zugang zu neuen Kunden, mehr Reichweite, mehr Sichtbarkeit und potenziell auch mehr Umsatz. Auf der anderen Seite wird durch jeden weiteren Kanal die Auftragsverarbeitung und Nachverfolgung von Bestellungen erschwert, weil immer wieder unterschiedliche Systeme und Medien verwendet werden müssen. Das Alltagsgeschäft wird durch die Medienbrüche und die langwierigen Prozesse ausgebremst und eine Skalierung des Geschäfts verhindert.

Ziel eines OMS ist es deshalb, alle Arbeitsschritte entlang der Annahme und Abwicklung von Bestellungen transparent abzubilden und reibungslos miteinander zu verknüpfen. Jedes OMS sollte deshalb unter anderem folgende Funktionen beinhalten:

- einheitliche Abwicklungen von Bestellungen aus unterschiedlichen Kanälen in einem einzigen System
- verkaufskanalabhängige Steuerung von Produkten, Mengen, Preisen
- einheitliche Bestandsführung auf allen Kanälen über alle Artikel unter Berücksichtigung von eigenen Lagern, Drop-Shipping und Fremdlagern (zum Beispiel von Lieferanten)
- transparentes und kanalspezifisches Reporting in einem System
- Integration in Backoffice-Systemen wie Debitoren- und Kreditorenbuchhaltung

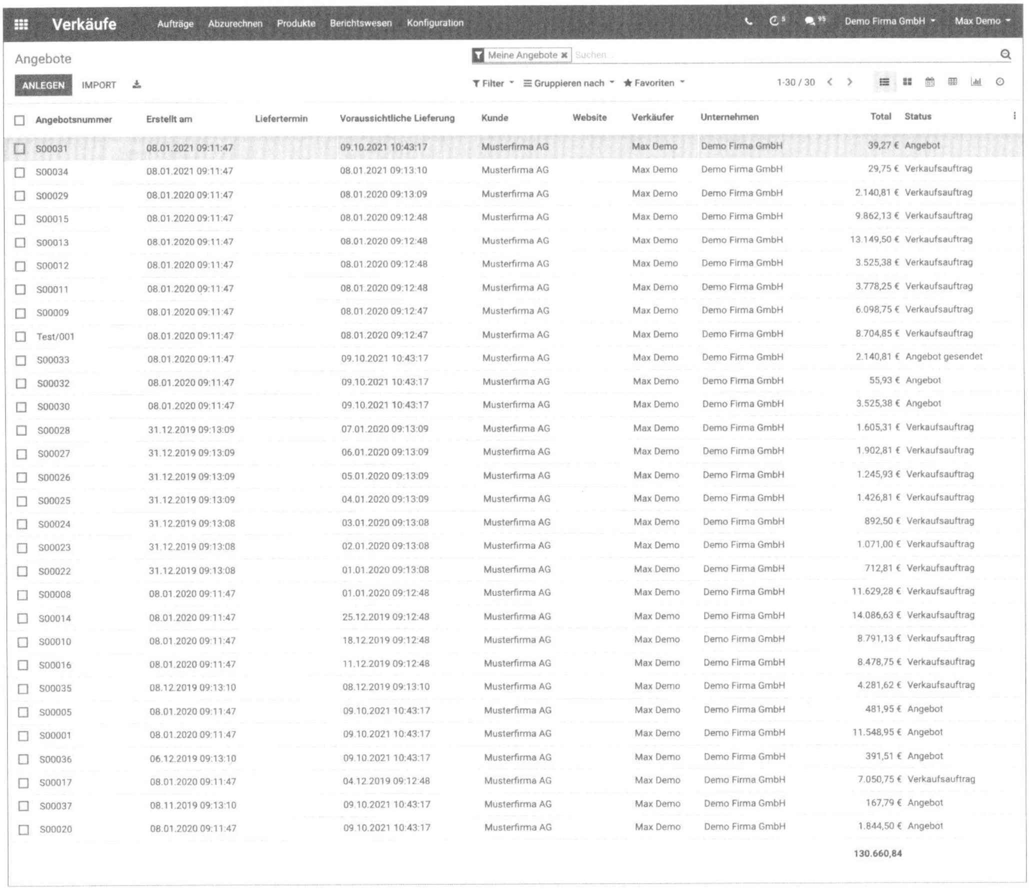

Angebotsnummer	Erstellt am	Liefertermin	Voraussichtliche Lieferung	Kunde	Website	Verkäufer	Unternehmen	Total	Status
S00031	08.01.2021 09:11:47		09.10.2021 10:43:17	Musterfirma AG		Max Demo	Demo Firma GmbH	39,27 €	Angebot
S00034	08.01.2021 09:11:47		08.01.2021 09:13:10	Musterfirma AG		Max Demo	Demo Firma GmbH	29,75 €	Verkaufsauftrag
S00029	08.01.2020 09:11:47		08.01.2020 09:13:09	Musterfirma AG		Max Demo	Demo Firma GmbH	2.140,81 €	Verkaufsauftrag
S00015	08.01.2020 09:11:47		08.01.2020 09:12:48	Musterfirma AG		Max Demo	Demo Firma GmbH	9.862,13 €	Verkaufsauftrag
S00013	08.01.2020 09:11:47		08.01.2020 09:12:48	Musterfirma AG		Max Demo	Demo Firma GmbH	13.149,50 €	Verkaufsauftrag
S00012	08.01.2020 09:11:47		08.01.2020 09:12:48	Musterfirma AG		Max Demo	Demo Firma GmbH	3.525,38 €	Verkaufsauftrag
S00011	08.01.2020 09:11:47		08.01.2020 09:12:48	Musterfirma AG		Max Demo	Demo Firma GmbH	3.778,25 €	Verkaufsauftrag
S00009	08.01.2020 09:11:47		08.01.2020 09:12:47	Musterfirma AG		Max Demo	Demo Firma GmbH	6.098,75 €	Verkaufsauftrag
Test/001	08.01.2020 09:11:47		08.01.2020 09:12:47	Musterfirma AG		Max Demo	Demo Firma GmbH	8.704,85 €	Verkaufsauftrag
S00033	08.01.2020 09:11:47		09.10.2021 10:43:17	Musterfirma AG		Max Demo	Demo Firma GmbH	2.140,81 €	Angebot gesendet
S00032	08.01.2020 09:11:47		09.10.2021 10:43:17	Musterfirma AG		Max Demo	Demo Firma GmbH	55,93 €	Angebot
S00030	08.01.2020 09:11:47		09.10.2021 10:43:17	Musterfirma AG		Max Demo	Demo Firma GmbH	3.525,38 €	Angebot
S00028	31.12.2019 09:13:09		07.01.2020 09:13:09	Musterfirma AG		Max Demo	Demo Firma GmbH	1.605,31 €	Verkaufsauftrag
S00027	31.12.2019 09:13:09		06.01.2020 09:13:09	Musterfirma AG		Max Demo	Demo Firma GmbH	1.902,81 €	Verkaufsauftrag
S00026	31.12.2019 09:13:09		05.01.2020 09:13:09	Musterfirma AG		Max Demo	Demo Firma GmbH	1.245,93 €	Verkaufsauftrag
S00025	31.12.2019 09:13:09		04.01.2020 09:13:09	Musterfirma AG		Max Demo	Demo Firma GmbH	1.426,81 €	Verkaufsauftrag
S00024	31.12.2019 09:13:08		03.01.2020 09:13:08	Musterfirma AG		Max Demo	Demo Firma GmbH	892,50 €	Verkaufsauftrag
S00023	31.12.2019 09:13:08		02.01.2020 09:13:08	Musterfirma AG		Max Demo	Demo Firma GmbH	1.071,00 €	Verkaufsauftrag
S00022	31.12.2019 09:13:08		01.01.2020 09:13:08	Musterfirma AG		Max Demo	Demo Firma GmbH	712,81 €	Verkaufsauftrag
S00008	08.01.2020 09:11:47		01.01.2020 09:12:48	Musterfirma AG		Max Demo	Demo Firma GmbH	11.629,28 €	Verkaufsauftrag
S00014	08.01.2020 09:11:47		25.12.2019 09:12:48	Musterfirma AG		Max Demo	Demo Firma GmbH	14.086,63 €	Verkaufsauftrag
S00010	08.01.2020 09:11:47		18.12.2019 09:12:48	Musterfirma AG		Max Demo	Demo Firma GmbH	8.791,13 €	Verkaufsauftrag
S00016	08.01.2020 09:11:47		11.12.2019 09:12:48	Musterfirma AG		Max Demo	Demo Firma GmbH	8.478,75 €	Verkaufsauftrag
S00035	08.12.2019 09:13:10		08.12.2019 09:13:10	Musterfirma AG		Max Demo	Demo Firma GmbH	4.281,62 €	Verkaufsauftrag
S00005	08.01.2020 09:11:47		09.10.2021 10:43:17	Musterfirma AG		Max Demo	Demo Firma GmbH	481,95 €	Angebot
S00001	08.01.2020 09:11:47		09.10.2021 10:43:17	Musterfirma AG		Max Demo	Demo Firma GmbH	11.548,95 €	Angebot
S00036	06.12.2019 09:13:10		09.10.2021 10:43:17	Musterfirma AG		Max Demo	Demo Firma GmbH	391,51 €	Angebot
S00017	08.01.2020 09:11:47		04.12.2019 09:12:48	Musterfirma AG		Max Demo	Demo Firma GmbH	7.050,75 €	Verkaufsauftrag
S00037	08.11.2019 09:13:10		09.10.2021 10:43:17	Musterfirma AG		Max Demo	Demo Firma GmbH	167,79 €	Angebot
S00020	08.01.2020 09:11:47		09.10.2021 10:43:17	Musterfirma AG		Max Demo	Demo Firma GmbH	1.844,50 €	Angebot
								130.660,84	

Abbildung 7.8 Screenshot der Verkaufsansicht des OMS odoo

Wie Sie gesehen haben, vereinheitlichen moderne Auftragsmanagement-systeme die gesamte Lieferkette eines Unternehmens und helfen dabei, Prozesse von der Annahme einer Bestellung bis zur Erfüllung des Auftrags effizient und teilweise sogar auch vollautomatisiert abzubilden. Gerade Unternehmen, die viele unterschiedliche Kanäle bespielen, können, auch wenn die Integration eines OMS durchaus aufwendig sein kann, von einem OMS profitieren.

7.2.5 Multi-Channel-Distributions-Lösungen

Mit *Multi-Channel-Distributions*-Lösungen werden unterschiedliche Vertriebskanäle aus einem zentralen System heraus gesteuert. Durch die Schaffung einer zentralen Datenbasis für alle Systeme und der Automatisierung von Prozessen im Alltagsgeschäft verschaffen sich Unternehmen zeitliche und strukturelle Wettbewerbsvorteile.

Fallbeispiel: Musterfirma AG

Die Musterfirma AG betreibt einen B2C-Shop für medizinische Produkte und möchte nun ein Teilsortiment auf weiteren Plattformen anbieten, um das Absatzpotenzial zu erhöhen. Nach einer ausführlichen Recherche haben sich die verantwortlichen Personen dazu entschieden, die Produkte auf den Marktplätzen Amazon und eBay anzubieten sowie die Produkte bei Google Shopping und der Preissuchmaschine idealo zu listen.

Um die beschriebene Herausforderung in dem Beispiel zu lösen, gibt es nun mehrere Möglichkeiten:

- Als Shop-Betreiber können Sie sich in jedem Portal registrieren und dort die Produkte manuell hinzufügen und die eingegangenen Bestellungen manuell bearbeiten.
- Ebenso können Sie Ihren Online-Shop als Basis nutzen und von dort alle Produkte zu den einzelnen Portalen übertragen und die eingegangenen Bestellungen abholen und über die regulären Online-Shop-Prozesse abwickeln.
- Zuletzt kann Ihr Unternehmen ein zentrales System implementieren, das jeden gewünschten Kanal direkt anbindet und individuell bespielt.

Der letzte Punkt beschreibt schlussendlich eine Multi-Channel-Distributions-Lösung, wie beispielhaft in Abbildung 7.9 dargestellt.

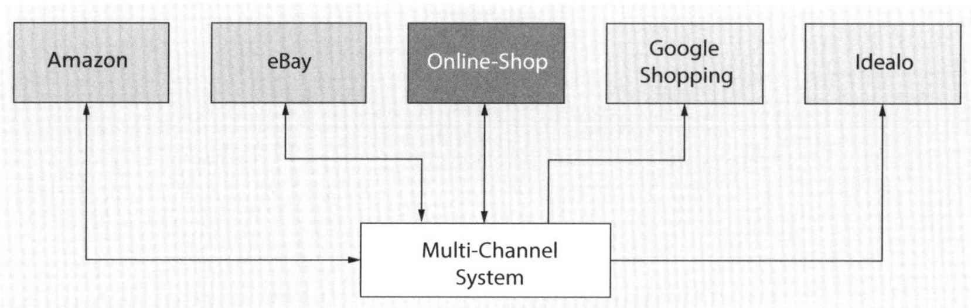

Abbildung 7.9 Beispielhafte Multi-Channel-Integration

Anstelle des Online-Shops rückt bei dem genannten Beispiel zukünftig ein zentrales System in die Mitte, das folgende konkreten Aufgaben hat:

- Produktdaten verwalten
- Sortimente kanalspezifisch steuern
- Bestände verwalten
- Bestellungen zentral koordinieren

Die Vorteile dieses strategischen Ansatzes liegen auf der Hand:

- **Verbesserte Kundenwahrnehmung:** Es wird ein besseres und nahtloses Kauferlebnis über mehrere Kanäle hinweg geschaffen, was zur Kundenbindung beitragen kann
- **Größere Kundenbasis:** Präsenz und Reichweite werden gesteigert, wodurch neue Interessenten angesprochen werden.
- **Diversifiziertes Risiko:** Die Abhängigkeit von einem Kanal bzw. einer Plattform als Umsatzquelle wird reduziert und auf mehrere Kanäle verteilt.
- **Wachstum in unerschlossenen Märkten:** Die digitale Welt unterliegt einem stetigen Wandel, und es werden Märkte und Plattformen entstehen, die heute noch nicht existieren. Durch ein solches System können neue Kanäle oft schnell und einfach angebunden werden.

Denkt man das zu Beginn dieses Abschnitts genannte Beispiel weiter, dann ist es durchaus realistisch, dass im Unternehmen beispielsweise auch noch ein ERP-System und ein PIM-System vorhanden sind. Man könnte diese Systeme auch wiederrum direkt an die einzelnen Kanäle (zum Beispiel den Online-Shop) anbinden. Dies ist jedoch – bei zunehmender Anzahl an Kanälen – sehr aufwendig, erhöht die Komplexität und kann die potenziellen Fehlerquellen erhöhen.

Eine gute Multi-Channel-Distributions-Lösung ist im Idealfall dazu in der Lage, als eine Art *Middleware* (*Zwischenschicht*) zu fungieren und so die Integration in die eigene IT-Infrastruktur effizienter zu gestalten und die Anbindungen für die einzelnen Kanäle zu abstrahieren, wie in Abbildung 7.10 beispielhaft dargestellt.

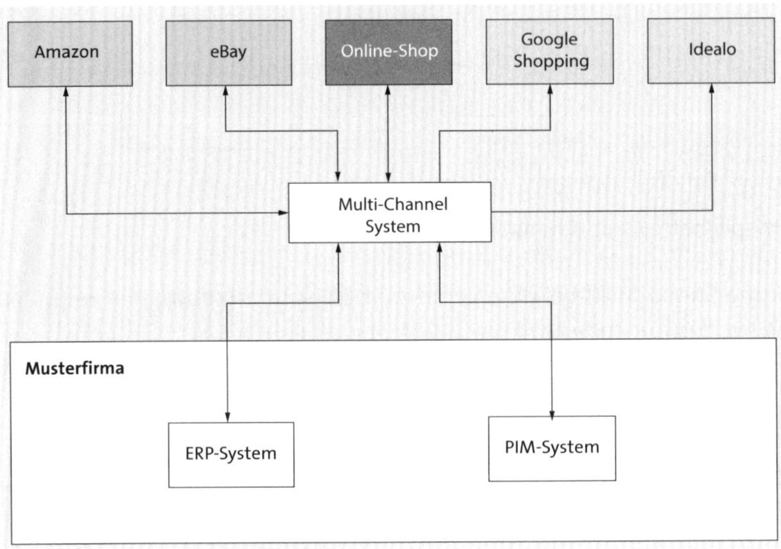

Abbildung 7.10 Beispielhafte Multi-Channel-Integration als Middleware

7.2.6 E-Mail: Newsletter und E-Mails extern versenden

Spätestens seit den personalisierten und oftmals auch sehr zutreffenden Newsletter-Kampagnen von Amazon ist das E-Mail-Marketing in jedem Privathaushalt angekommen. Es ist dabei für Unternehmen aller Größenordnungen eines der mächtigsten Marketingwerkzeuge, da es gegenüber anderen, klassischen Werbeformen besonders effektiv ist und auch speziell auf eine Zielgruppe abgestimmt werden kann, wodurch Sie weniger Streuverlust haben.

Die wichtigsten Vorteile des E-Mail-Marketings sind:

- **Personalisiertes Marketing**
  Durch eine zuverlässige und genaue Pflege der Newsletter-Abonnenten lassen sich in einer E-Mail-Marketing-Kampagne die Empfänger persönlich ansprechen. Ihre Nachricht ist somit nicht mehr nur eine der unzähligen, unpersonalisierten Massen-E-Mails und findet so mehr Akzeptanz bzw. Aufmerksamkeit.
- **Steigerung des Umsatzes**
  Der Umsatz eines Unternehmens lässt sich nicht nur durch die Gewinnung von Neukunden steigern. Haben Sie sich erst einmal einen gewissen Kundenstamm aufgebaut, ist es wichtig, diesen zu nutzen und weiterzuentwickeln. So können Sie bestehende Kunden aktiv auf neue Produkte und Angebote hinweisen und so zusätzliche Bestellungen bzw. Folgeaufträge generieren.
- **Kosteneffizientes Marketing**
  Die Kosten für eine E-Mail-Marketing-Kampagne sind im Gegensatz zu den Kosten für andere klassische Werbeformen, wie zum Beispiel ein postalisches Mailing oder eine Anzeigenkampagne, meist deutlich geringer, da keine materiellen Kosten (Papier, Druck etc.) anfallen.
- **Schnelle Umsetzbarkeit**
  Die schnelle Umsetzbarkeit ist einer der großen Vorteile von E-Mail-Marketing-Kampagnen. Sie können in kürzester Zeit Ihre Kunden auf direktem Weg über neue Produkte und Angebote informieren, ohne lange Wartezeiten, wie zum Beispiel bis zum nächsten Anzeigenschluss bei einer Anzeigenkampagne, in Kauf nehmen zu müssen.
- **Genaue Erfolgskontrolle**
  Nichts ist schlimmer, als wenn man eine Marketingkampagne startet, die bei den Kunden nicht ankommt, bzw. als wenn die Kunden nicht darauf reagieren. Das E-Mail-Marketing bietet hier eine sehr genaue Erfolgskontrolle: Wer hat die E-Mail tatsächlich erhalten? Wer hat sie geöffnet? Wer hat zu welchem Zeitpunkt auf welchen Link in meiner E-Mail-Kampagne geklickt? Im Gegensatz zu vielen anderen Werbeformen ist somit auch der Erfolg – und auch Misserfolg – quantitativ mess- und auswertbar und lässt sich so konstant optimieren.

- **Zuverlässige Zustellung**
  Da es sich in der heutigen Zeit bei ca. 60 % des weltweiten E-Mail-Verkehrs um Spam-Nachrichten handelt, ist es umso wichtiger, dass die E-Mails Ihrer Marketingkampagne von vertrauenswürdigen Servern abgesendet werden, die in Kooperation mit diversen Providern stehen und so dafür sorgen, dass die E-Mails von Ihnen auch wirklich ankommen.

Abbildung 7.11 zeigt Ihnen das Beispiel einer Newsletter-Erstellungsmaske einer entsprechenden Software.

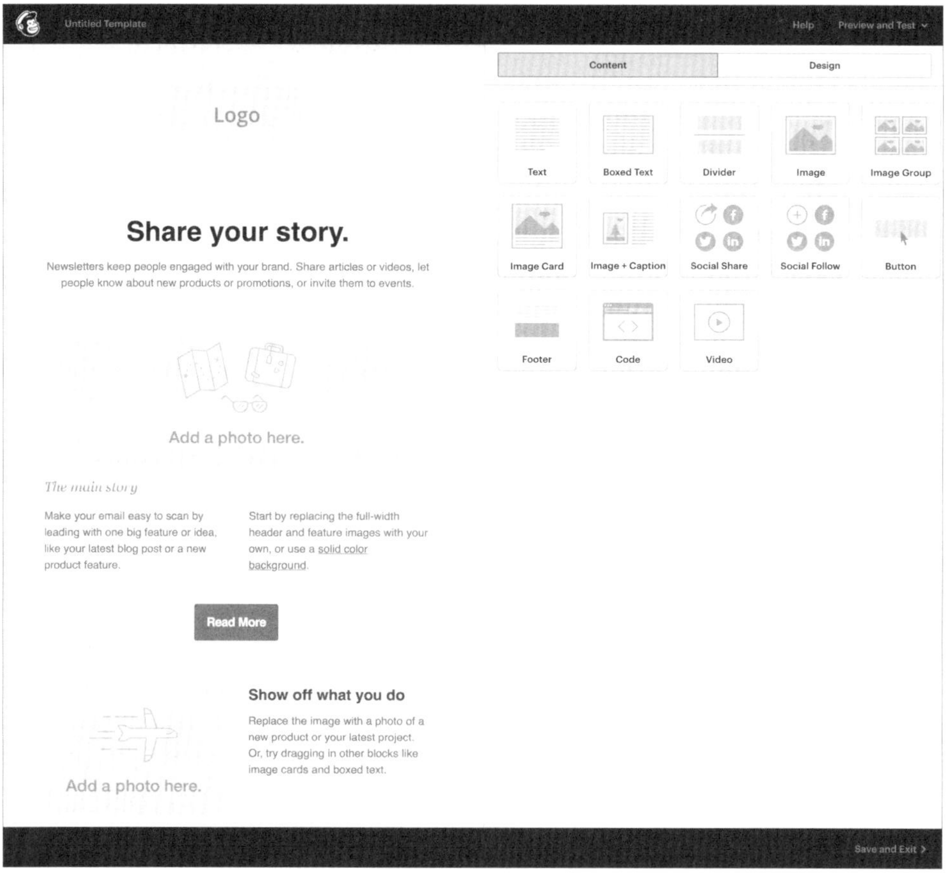

Abbildung 7.11 Newsletter-Erstellungsmaske der Newsletter-Software MailChimp

7.2.7 Weitere Lösungen

Die in den bisher aufgeführten Abschnitten beschriebenen Softwarelösungen sind jedoch nur ein Bruchteil der am Markt verfügbaren Lösungen. Für Ihren Alltag im

Online-Geschäft können jedoch auch noch viele andere Lösungen infrage kommen. Nachfolgend haben wir noch weitere Lösungen für Sie zusammengestellt.

Zahlungsdienstleister

Die Bezahlung der Waren bzw. der Dienstleistungen im Online-Geschäft ist ein nicht zu vernachlässigender Bereich. Studien, wie zum Beispiel die der ibi research an der Universität Regensburg, haben ergeben, dass je nach Anzahl und Kombination der verfügbaren Zahlungsarten durchschnittlich mehr oder weniger Personen einen Kauf in Ihrem Online-Shop abschließen. So hat man bei einer repräsentativen Umfrage in allen Altersgruppen zum Thema Zahlungsarten herausgefunden, dass 88 % der Besucher den Online-Shop verlassen, wenn Sie ausschließlich Vorkasse als Zahlungsart anbieten. Bietet man auch noch Lastschrift an, reduziert sich die Abbruchquote auf 67 %. Eine Kombination aus Vorkasse und Rechnung würde die Abbruchquote auf 50 % reduzieren, während bei Vorkasse und PayPal die Abbruchquote schon auf 38 % sinkt. Bietet man Vorkasse, Kreditkarte, Sofortüberweisung und PayPal an, reduziert sich die Abbruchquote auf 10 %. Bietet man nun noch Rechnung an, würde sich die Abbruchquote noch weiter reduzieren, da die Rechnung in Deutschland nach wie vor das beliebteste Zahlungsmittel ist und am meisten Vertrauen genießt.

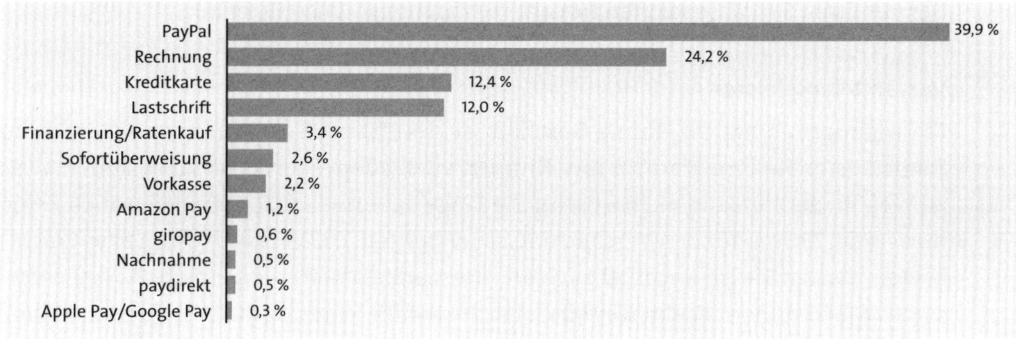

Abbildung 7.12 Überblick über die beliebtesten Zahlungsarten im Online-Shop (Quelle: ibi research)

Wie Sie Abbildung 7.12 entnehmen können, lohnt es sich also durchaus, sich Gedanken über die richtige Zusammenstellung der angebotenen Zahlungsarten in einem Online-Shop zu machen.

Für die genannten Zahlungsarten haben sich inzwischen viele verschiedene Zahlungsdienstleister am Markt positioniert und stehen Ihnen mit ihrer Expertise im Bereich Zahlung zur Seite. Auch helfen sie Ihnen dabei, Ihr eigenes Zahlungsausfallrisiko – meist gegen monatliche Entgelte bzw. Transaktionsgebühren – zu minimieren. Einige Zahlungsdienstleister bieten Ihnen die Abwicklung von vielen verschiedenen Zahlungsarten, beispielsweise Kreditkarte, Rechnung, Lastschrift, PayPal, über die eigene Zahlungsplattform an, sodass Sie nur einen Vertrag mit einem Dienstleister eingehen und sich fortan nicht mehr um die vielen verschiedenen Plattformen selbst kümmern bzw. selbst einen hohen Verwaltungsaufwand zur Abwicklung der Zahlungsarten generieren müssen.

Andere Dienstleister wiederum haben sich auf das Anbieten von ausschließlich einer einzigen Zahlungsart spezialisiert – beispielsweise den Kauf auf Rechnung oder die Online-Überweisung. Der Vorteil ist, dass sie so beispielsweise beim Kauf auf Rechnung das eigene Zahlungsausfallrisiko senken können.

Um Kreditkartenzahlungen rechtssicher abwickeln zu können, müssen Sie in jedem Fall einen Vertrag mit einem sogenannten Payment Provider (Zahlungsdienstleister) eingehen, der sich anschließend um den reibungslosen Ablauf der Kreditkartenzahlungen für Sie kümmert und so sicherstellt, dass die Kreditkartendaten Ihrer Kunden nicht in falsche Hände gelangen.

Viele Zahlungsdienstleister stellen bereits vorgefertigte Module für unterschiedliche Shop-Systeme bereit, mit denen ein Zahlungsanbieter schnell und einfach im Shop eingebunden werden kann. Manche Shop-Systeme liefern auch schon standardmäßig mit ihren Softwarepaketen integrierte Zahlungsdienstleister aus.

Versanddienstleister

Ein wichtiger Punkt im Online-Geschäft ist das Thema Versand, also mit welchem Dienstleister Sie Ihre Ware an Ihre Kunden versenden. Hierbei ist zu beachten, dass zum einen der Versand nicht übermäßig lange dauern darf, aber zugleich auch keine horrenden Kosten für den Versand entstehen sollten. Die Versandkosten bzw. Frachtkosten werden Sie im Regelfall auch an Ihre Kunden weiterberechnen. Zu hohe Versandkosten können regelmäßig eine abschreckende Wirkung auf den Kunden haben, was wiederum zu weniger Umsatz führen kann.

Bei der Auswahl des Versanddienstleisters ist ebenfalls darauf zu achten, ob er neben dem Standardversand auch noch weitere Dienstleistungen, wie beispielsweise Expressversand oder Same-Day-Delivery (Lieferung am gleichen Tag), anbietet. Je nach Marktumfeld und Region können dies weitere mögliche Versandoptionen sein, die zum einen sehr kundenorientiert sind bzw. dem Kunden einen echten Mehrwert bieten, zum anderen aber auch den durchschnittlichen Bestellwert erhöhen können.

Die Integration von Versanddienstleistern wird oftmals unterschiedlich gehandhabt. Bei vielen Online-Shops werden einfach nur die entsprechenden Versandkostentabellen hinterlegt, während bei anderen Online-Shops die einzelnen Versanddienstleister direkt angebunden werden. Hier findet dann die Berechnung der Versandkosten für den Warenkorb des Kunden direkt statt. Darüber hinaus bieten einige Versanddienstleister auch Schnittstellen an, um beispielsweise die Sendungsnummern für eine Bestellung direkt wieder in den Online-Shop zurückzuspielen. So kann ein Kunde einfach und schnell den Sendungsstatus zu seiner Bestellung verfolgen.

Bonitätsprüfungsdienstleister

Wie in jeder Branche kann es auch im Online-Geschäft Zahlungsausfälle und schwarze Schafe geben. Um das mögliche Zahlungsausfallrisiko für Sie zu minimieren, existieren deshalb eine Reihe von Bonitätsprüfungsdienstleistern am Markt, die für viele Shop-Systeme entsprechende Plugins zur Integration bereitstellen.

Durch eine solche Dienstleistung können die Kunden im Online-Shop entsprechend auf ihre Bonität hin geprüft werden und die verfügbaren Zahlungsarten je nach zurückgeliefertem Ergebnis – meist in Ampelfarben (Grün, Gelb, Rot) – entsprechend einschränken und so sicherstellen, dass Sie nicht versehentlich Ware an einen Kunden versenden, der nie die Absicht hatte zu bezahlen.

Da bei vielen Bonitätsprüfungsdienstleistern nach der Anzahl an Anfragen vergütet werden muss, ist es üblich, dass die Bonitätsprüfung nicht in jeder Branche eingesetzt wird oder nur durchgeführt wird, wenn der Warenkorbwert eine bestimmte Grenze überschritten hat, also das Zahlungsausfallrisiko zunimmt.

Bonitätsprüfungsdienstleister werden oftmals unterschiedlich integriert. Einerseits gibt es die Möglichkeit, den Online-Shop direkt an den Dienstleister anzubinden, sodass alle Anfragen direkt an den Dienstleister gehen. Manche Online-Shops realisieren die Anbindung an den Bonitätsprüfungsdienstleister beispielsweise nur im ERP-System, sodass der Online-Shop hier das ERP-System anfragt und dort die eigentliche Anfrage an den Bonitätsprüfungsdienstleister gestartet wird.

E-Commerce-Controlling-Dienstleister

Um im E-Commerce erfolgreich zu sein, ist die konstante Erfassung von Bewegungsdaten im Online-Shop und eine konstante Auswertung der erfassten Daten unerlässlich. Ein Online-Shop ist niemals »fertig«, sondern unterliegt einer stetigen Weiterentwicklung. Diese Weiterentwicklung muss aber konstant überwacht und optimiert werden, im Zweifelsfall muss auch gegengesteuert werden. Hierzu gibt es verschiedene E-Commerce-Controlling-Dienstleister, die an diesem Punkt ansetzen und Ihnen entsprechendes Handwerkszeug an die Hand geben.

So möchten Sie ja beispielsweise nicht nur wissen, wie sich die Anzahl der Bestellungen, die Anzahl der Besucher, die Conversion-Rate entwickeln, sondern auch, an welchen Stellen im Bezahlvorgang die Kunden abspringen oder welche Marketingkampagnen den meisten Effekt haben und den meisten Ertrag bringen.

Viele E-Commerce-Controlling-Dienstleiser stellen bereits Standardschnittstellen für verschiedene E-Commerce-Systeme bereit, sodass eine erste Integration oftmals schnell und einfach vorgenommen werden kann. Darüber hinaus haben Sie oftmals auch die Möglichkeit, anhand bestimmter Schnittstellendokumentationen die Integration selbst zu programmieren oder die Standardschnittstelle zu erweitern.

7.2.8 Zusammenfassung

Wie Sie in den vorausgehenden Abschnitten gesehen haben, gibt es eine Vielzahl von möglichen Lösungen, die Sie für Ihr Unternehmen – auch in Bezug auf das Online-Geschäft – einsetzen können.

Sie sollten sich jedoch vor Ihrem Unternehmensstart genau überlegen, wie Sie Ihre Ressourcen planen und verteilen und welche Lösungen wirklich für Sie relevant sind. Das Ziel bei der Auswahl der Softwarelösungen für die eigene IT-Infrastruktur sollte nicht sein, möglichst alle verfügbaren Lösungen einzuführen bzw. alle Dienstleister anzubinden, sondern genau die Lösungen auszuwählen, die zu Ihren Kunden, Ihrem Marktumfeld und Ihrem Unternehmen passen.

7.3 Fazit

Die Integration des Online-Shops mit anderen Systemen nimmt in der heutigen Zeit immer weiter zu. So eine Integration stellt alle beteiligten Parteien immer vor besondere Herausforderungen, weshalb hier eine genaue Definition der Ziele, der verwendeten Systeme und die Arten der Integration genau definiert werden sollten. Oftmals scheitern IT-Projekte von Online-Shops daran, dass zu wenig geplant wird, bzw. steigen ihre Kosten derart, weil die Integration schlichtweg unberücksichtigt bleibt bzw. nicht vollständig genug durchgeführt wird, sodass die zu erwartenden Effizienzsteigerungen ausbleiben.

Kapitel 8
Online-Marketing – Kunden gewinnen, Umsätze steigern

Wie im stationären Handel gilt auch im Internet: ohne Besucher keine Kunden und ohne Kunden kein Umsatz. Es gibt verschiedene Möglichkeiten, Kunden in den Shop zu bekommen. In diesem Kapitel erfahren Sie, welche.

Glückwunsch, der Shop ist nun fertig. Das Design wurde angepasst, das Sortiment steht. Die Bilder von Ihren Produkten wurden gemacht, und die Beschreibung macht Lust aufs Kaufen. Nun steht dem Erfolg eigentlich nichts mehr im Wege. Nun fehlt Ihnen nur noch eines, nämlich Kunden.

Stellen Sie sich vor, in einer Stadt eröffnet in einem beliebigen Haus ein Laden. In dem Laden gibt es die besten Produkte zum allerbesten Preis. Die Inneneinrichtung ist geschmackvoll, und das Sortiment lässt keine Wünsche offen. Allerdings ist es von außen nicht zu erkennen, dass sich in dem Gebäude überhaupt ein Laden befindet. Es gibt weder Wegweiser noch Zeitungsanzeigen, die auf das tolle Angebot hinweisen. Glauben Sie, dass dieses Geschäft erfolgreich sein wird?

Sehr wahrscheinlich nein. Mit viel Glück wird sich vielleicht einmal ein Kunde in den Laden verirren, der dann in seinem Bekanntenkreis von dem Besuch berichtet. Einen durchschlagenden Erfolg wird dieses Geschäft aber nicht haben.

Sie befinden sich nun genau in der Situation, in der sich der Ladenbesitzer aus diesem Beispiel auch befindet. Ihr Online-Shop kann der beste Shop mit den günstigsten Preisen und dem größten Sortiment sein. Das nützt Ihnen alles nichts, wenn Ihren Online-Shop niemand kennt.

8.1 Warum Online-Werbung?

Werbung bzw. Marketing ganz generell hatte immer den Zweck, den Kunden auf das jeweilige Angebot hinzuweisen. Genauso ist es natürlich auch online. Um die potenziellen Kunden auf Ihr Angebot aufmerksam zu machen, müssen Sie also Werbung betreiben. Hierbei gibt es ganz allgemein zwei unterschiedliche Zielsetzungen: Zum einen gibt es Werbung, die ein direktes und kurzfristiges Ergebnis erzielen soll, im Fall eines Online-Shops also, Besucher in den Shop zu leiten. Diese Form nennt man *Performance-Marketing*, weil dort die Performance, also zu Deutsch die Leistung, im Vordergrund steht. Performance-Marketing ist immer messbar und kurzfristig optimierbar.

Auf der anderen Seite steht die *Branding-Kampagne*. Hier ist das Ziel eher langfristiger und kann zum Beispiel die Erhöhung des Bekanntheitsgrades oder die Schaffung eines positiven Images sein. Ein Großteil der TV-Werbung oder auch viele Bannerkampagnen sind klassisches Branding. Nehmen wir zum Beispiel EDEKA mit ihrer TV-Kampagne »111 Jahre EDEKA« (siehe Abbildung 8.1). Die TV-Kampagne wird mit Bannern im Internet begleitet und hat die Aufgabe, das Image von EDEKA zu verbessern. Um Kunden direkt zum Kauf zu animieren, taugt die Kampagne aber nicht.

Abbildung 8.1 Die EDEKA-Branding-Kampagne »111 Jahre EDEKA«

Um Kunden direkt zum Kauf zu animieren, werden Prospekte verteilt, die konkrete Produkte bewerben und Kunden direkt zum Kauf auffordern.

Auch einige (große) Online-Shops setzen auf eine Kombination von Branding und Performance-Marketing. Wenn Sie bereits zu Beginn ein sechsstelliges Marketingbudget haben, können Sie das ebenfalls. Wenn nicht, sollten Sie sich in der Anfangszeit darauf konzentrieren, Produkte zu verkaufen. Es nützt Ihnen nichts, wenn jeder Ihren Shop kennt und sympathisch findet, die Bestellungen aber ausbleiben.

Wenn Sie also kein Werbebudget in sechsstelliger Höhe haben, setzen Sie am Anfang auf Performance-Kampagnen. So haben Sie den schnellsten Return on Investment (ROI) und können die Gewinne zeitnah wieder reinvestieren. Alles, was nicht unmittelbar dafür sorgt, Bestellungen zu generieren, sollte in der Anfangszeit hintangestellt werden.

8.2 Abrechnungsmethoden und Kostenkalkulationen

Nicht nur das Ziel, also Performance oder Branding, unterscheidet sich bei den einzelnen Werbeformen. Auch bei der Vergütung gibt es eine Reihe von Unterschieden. Sie als Shop-Betreiber haben in der Regel zwei Ziele: Zum einen wollen Sie die Marketingausgaben so gering wie möglich halten, und zum anderen soll natürlich auch das Risiko überschaubar sein.

Das Risiko können Sie minimieren, indem Sie über CPO (Cost per Order) abrechnen. Hierbei vereinbaren Sie mit dem Werbenetzwerk, auf dem Sie Ihre Werbung schalten, dass Sie nur etwas bezahlen, wenn ein Kunde, der über die Werbung in den Shop kam, auch tatsächlich etwas bestellt hat. Das finanzielle Risiko ist somit für Sie gleich null, da nur bei Erfolg bezahlt wird. Keine Bestellungen bedeuten keine Werbeausgaben!

Das klingt erst einmal prima, hat allerdings auch Nachteile, die Sie beachten sollten. Da das Risiko hier komplett beim Werbenetzwerk liegt, wird dieses das Risiko natürlich mit in den Preis kalkulieren. Es kann also sein, dass Sie mit dieser Methode unterm Strich mehr pro generierter Bestellung ausgeben als bei anderen Methoden.

Nicht nur das ist aber ein Nachteil dieser Methode. Ihr Werbepartner muss ebenfalls erfahren, dass es aufgrund seiner Werbung zu einer Bestellung kam. Dies geschieht durch einen speziellen Trackingcode, den Sie in Ihrem Shop integrieren müssen. Der Aufwand einer CPO-Kampagne ist somit höher als bei allen anderen Abrechnungsformen. Wie solch ein Trackingcode integriert werden muss, erfahren Sie in Abschnitt 8.3, »Affiliate Marketing«.

Eine weitere Methode ist die Abrechnung nach Klicks (CPC = Cost per Click oder PPC = Pay per Click). Wie der Name schon vermuten lässt, erfolgt die Abrechnung hierbei nach Anzahl der Klicks. Sobald also ein Nutzer auf Ihre Werbung klickt und damit in Ihren Shop geleitet wird, wird dieser Klick berechnet. Sie zahlen mit dieser Methode zwar nur für tatsächliche Besucher in Ihrem Shop, wie Sie aber in Abbildung 8.2 sehen können, bedeutet das noch lange nicht, dass der Besucher auch tatsächlich etwas bestellt.

Das Risiko, dass Sie Kosten verursachen, aber keine Bestellung generieren, ist bei einer CPC-Abrechnung für Sie also höher als bei der CPO-Abrechnung. Allerdings ist dieses Risiko bei korrekt betriebener Webanalyse überschaubar, denn Sie können selbst messen, wie viele Klicks für eine Bestellung notwendig sind. Eine permanente Überwachung der Marketingkanäle, egal, welche Abrechnungsmethode Sie gewählt haben, ist sowieso unerlässlich. Nur so können Sie das Maximale aus Ihren Investitionen herausholen. Wie Sie dabei genau vorgehen sollten, erfahren Sie in Kapitel 12, »Der Kompass im E-Commerce – Conversion-Messung und -Optimierung«.

Zu guter Letzt gibt es noch das Verfahren CPV (Cost per View). Hierbei spielt es keine Rolle, ob auf die Werbung geklickt wurde oder ob darüber eine Bestellung generiert wurde. Allein die Einblendung Ihrer Werbung genügt schon, um abzurechnen. Übernommen wurde dieses Verfahren von den klassischen Zeitungsanzeigen: je höher dic Auflage einer Zeitung, desto höher der Preis einer Anzeige. Im Internet ist es die Rechnung, je häufiger Ihre Werbung angezeigt wird, desto höher die Gebühren. Das Risiko bei dieser Methode ist, dass Ihre Anzeige zwar angezeigt wird, nicht aber auch zwangsläufig vom Nutzer gesehen, geschweige denn angeklickt werden muss. Diese Art der Abrechnung findet sich häufig bei Branding-Kampagnen, für Performance-Kampagnen eignet sie sich weniger.

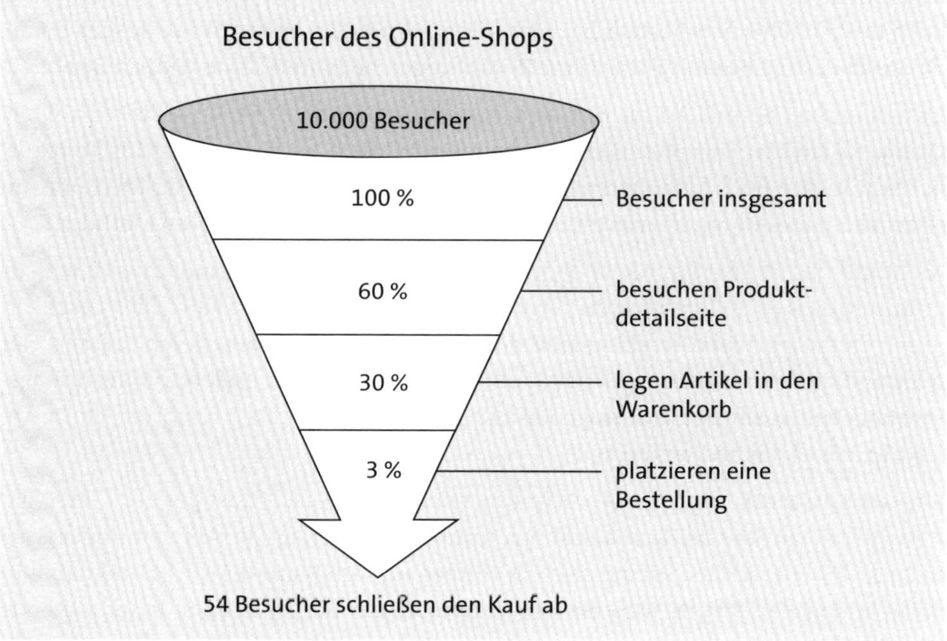

Abbildung 8.2 Nur ein kleiner Teil der Besucher bestellt auch tatsächlich etwas im Shop.

Definieren Sie den Wert einer Bestellung

Um den Erfolg einer Kampagne bewerten zu können, müssen Sie vorher definieren, wie viel Ihnen eine Bestellung wert ist. Um das zu berechnen, benötigen Sie den durchschnittlichen Wert Ihrer gekauften Warenkörbe. Rechnen Sie dann aus diesem Wert den durchschnittlichen Deckungsbeitrag. Nun wissen Sie, wie viel Sie pro Bestellung investieren können, ohne Verluste zu machen.

Bei einer CPO-Kampagne können Sie diesen Wert mit dem Werbenetzwerk direkt als Provision vereinbaren. Bei CPC-Kampagnen berechnet sich dieser Wert indirekt. Ermitteln Sie anhand der Webanalyse, wie viele Besuche, also Klicks, notwendig sind, bis es zu einer Bestellung kommt. Haben Sie zum Beispiel bei einer CPC-Kampagne eine Conversion von 3 % und einen Preis pro Klick von 0,30 €, ergeben sich daraus Kosten pro Bestellung in Höhe von 10 €.

8.3 Affiliate Marketing

»Affiliate« kommt aus dem Englischen und bedeutet so viel wie Partner. Es schließen sich hier Website-Betreiber, die auf ihrer Seite Werbeplätze anbieten, mit Shop-Betreibern zusammen. Klickt nun jemand auf die Werbung, kommt in den Online-Shop und kauft etwas, erhält der Website-Betreiber eine Provision. Da es sehr umständlich wäre, mit jeder einzelnen Website die Provisionen getrennt abzurechnen, haben sich sogenannte Affiliate-Netzwerke etabliert. Das Netzwerk stellt zum einen die technische Basis zur Verfügung und übernimmt zum anderen gesammelt die Provisionsabrechnung zwischen den Parteien. So entsteht ein Zusammenspiel von mehreren Parteien, wie Sie in Abbildung 8.3 sehen können.

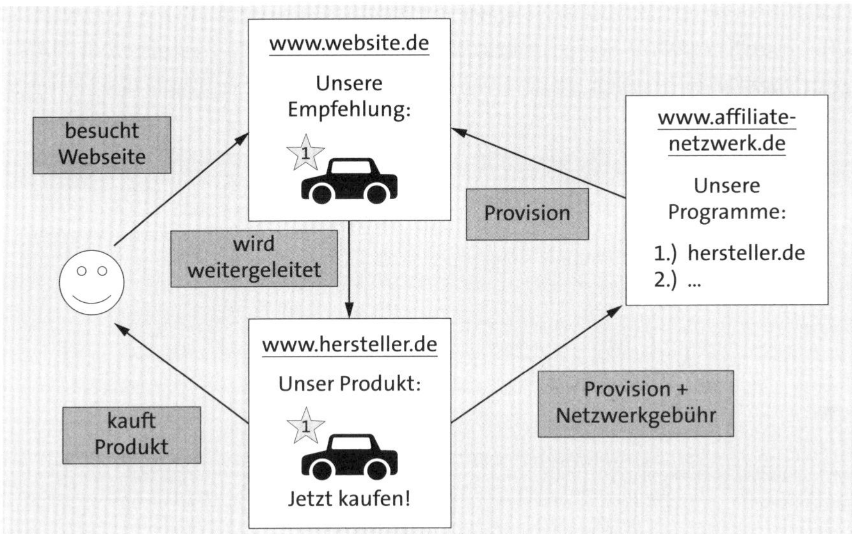

Abbildung 8.3 Schematische Darstellung der Affiliate-Funktionsweise

Es handelt sich beim Affiliate Marketing also um eine Dreiecksbeziehung zwischen verschiedenen Parteien:

- Der *Merchant*: Dabei handelt es sich um einen Shop-Betreiber, der Waren oder Dienstleistungen in seinem Shop verkauft und dafür werben möchte. Über ein Affiliate-Netzwerk bucht er Werbeplätze auf verschiedenen Webseiten.
- Der *Affiliate* betreibt die Webseiten und stellt dort über das Affiliate-Netzwerk Werbeflächen zur Verfügung.
- Der Netzwerkbetreiber stellt einen Marktplatz zur Verfügung, auf dem Merchants und Affiliates zusammengebracht werden. Er betreibt darüber hinaus auch die technische Basis und rechnet die Provisionen ab. Für diese Leistungen erhebt das Netzwerk eine Gebühr.

Es gibt im Affiliate Marketing die unterschiedlichsten Abrechnungsmodelle. Sehr weit verbreitet sind CPO- und CPL-Abrechnungen. Vom Merchant wird also nur etwas vergütet, wenn auch tatsächlich eine Bestellung oder – bei der CPL-Abrechnung – ein Lead generiert wurde. Genau das ist auch die Stärke von Affiliate-Programmen. Das Risiko für Sie als Shop-Betreiber ist äußerst gering.

Damit das Affiliate-Netzwerk die Anzahl der Bestellungen auch messen und dann entsprechend abrechnen kann, ist es notwendig, im Shop einen Trackingcode zu integrieren. Für die meisten Shop-Systeme gibt es Plugins, über die der Code integriert werden kann. Aber auch die manuelle Integration ist relativ einfach und in wenigen Minuten erledigt. Es muss lediglich in die unterschiedlichen Seiten ein Codeschnipsel integriert werden. Damit Sie sich selbst ein Bild vom Aufwand machen können, sehen Sie in dem Beispiel in Abbildung 8.4, wie die Einbindung des Affiliate-Netzwerkes SuperClix in einen Shopware-Shop funktioniert. In anderen Shop-Systemen und Affiliate-Programmen ist es ähnlich.

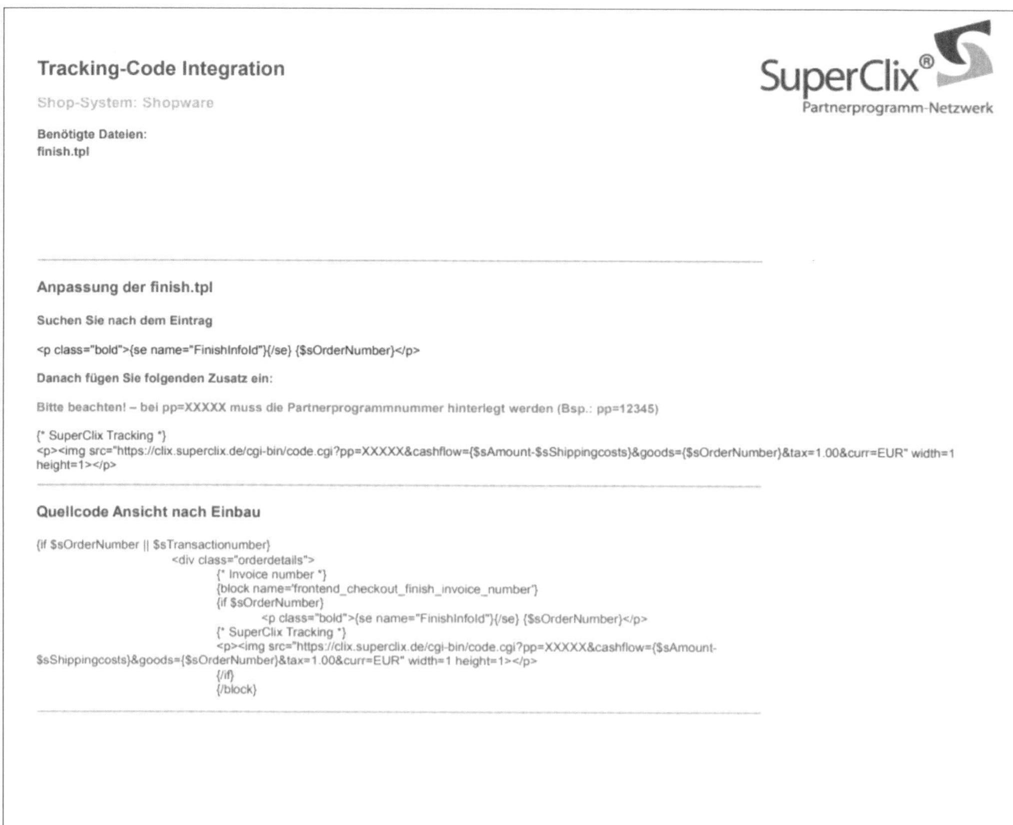

Tracking-Code Integration

Shop-System: Shopware

SuperClix®
Partnerprogramm-Netzwerk

Benötigte Dateien:
finish.tpl

Anpassung der finish.tpl

Suchen Sie nach dem Eintrag

```
<p class="bold">{se name="FinishInfoId"}{/se} {$sOrderNumber}</p>
```

Danach fügen Sie folgenden Zusatz ein:

Bitte beachten! – bei pp=XXXXX muss die Partnerprogrammnummer hinterlegt werden (Bsp.: pp=12345)

```
{* SuperClix Tracking *}
<p><img src="https://clix.superclix.de/cgi-bin/code.cgi?pp=XXXXX&cashflow={$sAmount-$sShippingcosts}&goods={$sOrderNumber}&tax=1.00&curr=EUR" width=1
height=1></p>
```

Quellcode Ansicht nach Einbau

```
{if $sOrderNumber || $sTransactionumber}
			<div class="orderdetails">
				{* Invoice number *}
				{block name='frontend_checkout_finish_invoice_number'}
				{if $sOrderNumber}
					<p class="bold">{se name="FinishInfoId"}{/se} {$sOrderNumber}</p>
				{* SuperClix Tracking *}
				<p><img src="https://clix.superclix.de/cgi-bin/code.cgi?pp=XXXXX&cashflow={$sAmount-
$sShippingcosts}&goods={$sOrderNumber}&tax=1.00&curr=EUR" width=1 height=1></p>
				{/if}
				{/block}
```

Abbildung 8.4 Integrationsanleitung, um den SuperClix-Trackingcode in einem Shopware-Shop zu installieren

8.3.1 Auswahl eines Affiliate-Netzwerkes

Die Auswahl des richtigen Affiliate-Netzwerkes ist nicht leicht und sollte wohl überlegt werden. Es gibt mittlerweile unzählige Netzwerke mit noch mehr Publishern. Nicht umsonst haben sich einige Agenturen auf das Affiliate Marketing spezialisiert und unterstützen Sie als Händler bei der Kampagnenplanung. Das ist aber erst ab einem gewissen Affiliate-Umsatz sinnvoll, weshalb wir hier das Vorgehen ohne Agentur beschreiben.

Es gibt nicht *das* Netzwerk, das alle Anforderungen eines jeden Merchants erfüllt. Verschaffen Sie sich einen Überblick über die verschiedenen Anbieter und deren Konditionen. Schauen Sie sich auch die angeschlossenen Publisher an, und prüfen Sie vorab, ob zu Ihrem Shop thematisch ähnliche Websites vorhanden sind, die als potenzielle Partner infrage kommen.

Außerdem könnten vielleicht noch weitere Möglichkeiten der Werbung für Sie infrage kommen, wie zum Beispiel:

- Preisvergleichsseiten
- E-Mail-Marketing
- Gutscheinportale

Auch diese sind oft in Affiliate-Netzwerken vertreten. Detaillierte Informationen über die Funktionsweise von Preisvergleichsseiten finden Sie in Abschnitt 8.5, »Preissuchmaschinen«. Zusätzlich zu den dort vorgestellten Möglichkeiten einer Listung bieten viele Preisvergleichsportale die Listungen auch über Affiliate-Netzwerke an, um mehr Händler zu gewinnen. Wenn Sie über ein Affiliate-Programm auf einem Portal gelistet sind, haben Sie neben dem Vorteil der Performance-orientierten Vergütung auch den Vorteil, dass Sie mit nur einem Datenfeed auf mehreren Portalen gelistet sein können. Der Aufwand, für jedes Portal einen eigenen Feed zu pflegen, entfällt also. Der Nachteil ist allerdings, dass unter Umständen nicht Ihr komplettes Sortiment gelistet wird, sondern nur Artikel, die für das Netzwerk auch lukrativ sind. Da das Netzwerk in diesem Fall auch das Risiko trägt, behält es sich vor, nur lukrative Produkte ins Listing aufzunehmen.

Beim E-Mail-Marketing werden Newsletter mit Werbung für Ihren Shop versendet. Schauen Sie sich die Anbieter hier besonders gut an. Beim Newsletter-Marketing gelangt die Werbung in das Postfach des Nutzers, und der kann von Werbung leicht genervt sein. Die Adressen für solche Aktionen kommen oftmals von Gewinnspielen, in denen dann im Kleingedruckten steht, dass der Nutzer mit Zusendung von Werbung einverstanden ist. Das kann der Nutzer entweder schon wieder vergessen oder überlesen haben. Wer diesen Newsletter versendet hat, ist dem Empfänger dann auch egal. Ihr Shop ist darin erwähnt, und dadurch kann es auch zu einem negativen Image kommen. E-Mail-Marketing über einen Affiliate-Anbieter zu erlauben, sollte also gut überlegt sein.

Bei Gutscheinportalen, wie zum Beispiel *www.gutscheinpony.de* oder *www.sparwelt.de*, sollten Sie bedenken, dass sich eine Präsenz dort auch auf Ihre anderen Bestellungen auswirken kann. Kunden, die über andere Kanäle in den Shop kamen und eine Bestellung tätigen möchten, könnten auf die Idee kommen, während des Kaufprozesses nach einem Gutscheincode zu suchen. In diesem Fall wäre es doppelt schlecht, denn zum einen gewähren Sie dem Kunden einen Preisnachlass, obwohl er sehr wahrscheinlich sowieso bestellt hätte, und zum anderen müssen Sie noch eine Provision an den Affiliate zahlen. Zumindest die Provisionszahlung könnte mit einer Cookie-Weiche verhindert werden, prüfen Sie aber trotzdem, ob es sich bei den von Gutscheinportalen vermittelten Kunden wirklich um Neukunden handelt.

Wenn nein, sollten Sie von dieser Möglichkeit Abstand nehmen. Wie der Einsatz einer Cookie-Weiche funktioniert, erfahren Sie in Abschnitt 8.3.3. Sie sehen also, dass auch bei Werbeformen, die bei Erfolglosigkeit nichts kosten, Nachteile lauern können. Werbung, egal, ob Sie etwas kostet oder nicht, muss zu Ihrem Online-Shop und dessen Image passen. Werben Sie auf keinen Fall in einem Umfeld, das nicht zu Ihrem Image passt!

Beobachten Sie die Customer Journey

Die Customer Journey, also frei übersetzt die Reise des Kunden, gibt an, über welche Marketingmaßnahmen Ihre Kunden im Zeitverlauf in den Shop kamen, bis schließlich etwas bestellt wurde. Schauen Sie, an welcher Position die Gutscheinportale stehen und wie häufig der Kunde vorher schon im Shop war. Wenn der Kunde schon einige Male vorher im Shop war, hätte er vielleicht auch ohne Gutschein bestellt und aufgrund dessen mehr Umsatz generiert.

Um sich langsam an das Thema Affiliate Marketing heranzutasten, melden Sie sich am besten zuerst bei einem Netzwerk an und testen die Möglichkeiten aus. Als kleine Orientierung finden Sie in Abbildung 8.5 eine Übersicht über die größten Affiliate Netzwerke.

Weitere wertvolle Tipps und Auflistungen weiterer Netzwerke finden Sie auf:

- *www.100partnerprogramme.de*
- *www.affiliate-marketing.de*

Dort finden Sie auch aktuelle Infos über die Set-up-Gebühr und über die Netzwerkprovision, die als Gebühr an das Netzwerk gezahlt werden muss.

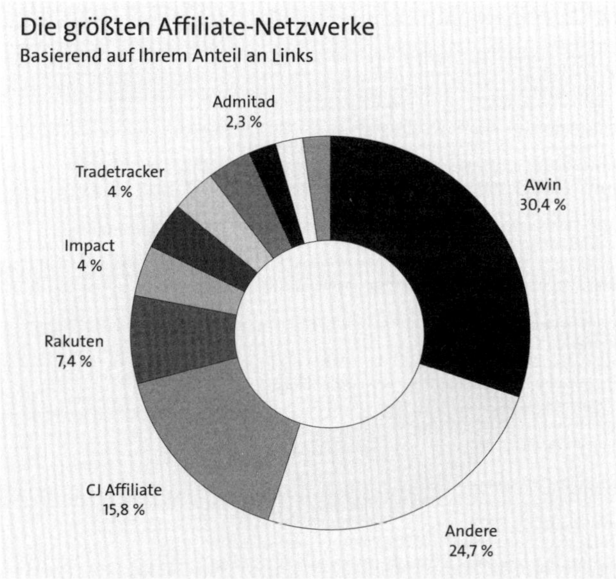

Abbildung 8.5 Die größten Affiliate Netzwerke, Stand 2021 (Quelle: Affiliate Blog)

8.3.2 Kampagnen in einem Affiliate-Netzwerk anlegen

Haben Sie das passende Netzwerk gefunden und dort den Anmeldevorgang erfolgreich beendet, können Sie die erste Kampagne einstellen. Das Netzwerk funktioniert hier wie ein Marktplatz. Sie stellen also Ihre Kampagne ein und hoffen, dass ein Publisher Ihr Angebot annimmt und Ihre Werbung schaltet. Die Attraktivität für den Publisher ist hier von mehreren Faktoren abhängig. Zum einen möchte er natürlich mit der Werbung Geld verdienen und sucht deshalb einen Partner mit einer hohen Provision. Auf der anderen Seite sucht er aber auch einen Partner, der zu seinem Auftritt passt. Außerdem nutzt ihm die höchste Provision nichts, wenn es sowieso nie zu einem Abschluss kommt, weil die Zielgruppe, die er in den Shop leitet, nicht passt.

Bevor Sie also über Affiliate Marketing etwas verkaufen, müssen Sie zuerst Ihre Kampagne an möglichst viele Publisher »verkaufen« und sie ihnen schmackhaft machen. Achten Sie darauf, wenn Sie eine neue Kampagne anlegen. In Abbildung 8.6 sehen Sie beispielhaft eine Kampagne von Conrad, die versucht, Affiliates von sich zu überzeugen.

Wenn Sie eine neue Kampagne anlegen, gehen Sie am besten wie folgt vor:

1. Wählen Sie das Provisionsmodell aus. Typisch (und für Sie empfohlen) ist hier CPO, also eine Abrechnung nach Bestellungen. Hierbei können Sie selbst entscheiden, ob Sie einen prozentualen Anteil des Auftragswertes oder einen konkreten Eurowert an Provision zahlen möchten. Häufig finden sich auch Mischformen aus beiden Modellen.

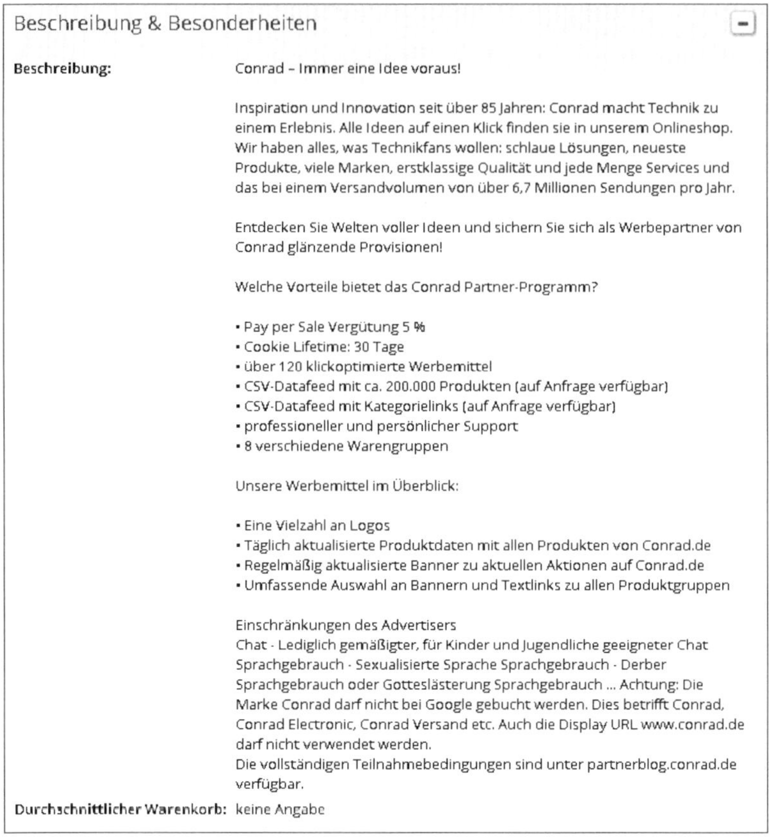
Beschreibung & Besonderheiten

Beschreibung:

Conrad – Immer eine Idee voraus!

Inspiration und Innovation seit über 85 Jahren: Conrad macht Technik zu einem Erlebnis. Alle Ideen auf einen Klick finden sie in unserem Onlineshop. Wir haben alles, was Technikfans wollen: schlaue Lösungen, neueste Produkte, viele Marken, erstklassige Qualität und jede Menge Services und das bei einem Versandvolumen von über 6,7 Millionen Sendungen pro Jahr.

Entdecken Sie Welten voller Ideen und sichern Sie sich als Werbepartner von Conrad glänzende Provisionen!

Welche Vorteile bietet das Conrad Partner-Programm?

- Pay per Sale Vergütung 5 %
- Cookie Lifetime: 30 Tage
- über 120 klickoptimierte Werbemittel
- CSV-Datafeed mit ca. 200.000 Produkten (auf Anfrage verfügbar)
- CSV-Datafeed mit Kategorielinks (auf Anfrage verfügbar)
- professioneller und persönlicher Support
- 8 verschiedene Warengruppen

Unsere Werbemittel im Überblick:

- Eine Vielzahl an Logos
- Täglich aktualisierte Produktdaten mit allen Produkten von Conrad.de
- Regelmäßig aktualisierte Banner zu aktuellen Aktionen auf Conrad.de
- Umfassende Auswahl an Bannern und Textlinks zu allen Produktgruppen

Einschränkungen des Advertisers
Chat - Lediglich gemäßigter, für Kinder und Jugendliche geeigneter Chat Sprachgebrauch - Sexualisierte Sprache Sprachgebrauch - Derber Sprachgebrauch oder Gotteslästerung Sprachgebrauch ... Achtung: Die Marke Conrad darf nicht bei Google gebucht werden. Dies betrifft Conrad, Conrad Electronic, Conrad Versand etc. Auch die Display URL www.conrad.de darf nicht verwendet werden.
Die vollständigen Teilnahmebedingungen sind unter partnerblog.conrad.de verfügbar.

Durchschnittlicher Warenkorb: keine Angabe

Abbildung 8.6 Beschreibung der Affiliate-Kampagne von www.conrad.de

Orientieren Sie sich bei der Provision zu Anfang auf jeden Fall an Ihren Marktbegleitern. Ist diese zu niedrig, wird wahrscheinlich kein Publisher Ihre Kampagne annehmen. Andersherum zahlen Sie vielleicht zu viel Provision und haben damit unnötige Ausgaben.

Kalkulieren Sie in die Provision aber auf jeden Fall noch die Provision für das Netzwerk mit ein. Im Schnitt können Sie hier mit 30 % rechnen.

2. Legen Sie Ihre Teilnahmebedingungen fest. Die grundlegenden Teilnahmebedingungen sind zwar vom Netzwerk geregelt, trotzdem können Sie auf einzelne Punkte gesondert hinweisen. Sie möchten nicht selbst mit Ihrer eigenen Kampagne konkurrieren, sodass Sie hier zum Beispiel festlegen sollten, ob der Affiliate mit Ihrer Marke Keyword-Marketing betreiben darf. In den Teilnahmebedingungen können Sie auch die Cookie-Laufzeiten festlegen. Üblich sind hier Laufzeiten von 30 bis maximal 60 Tagen. Cookies sorgen hier dafür, dass der Besucher auch noch bei Folgebesuchen erkannt wird. Je länger die Laufzeit, desto größer ist für den Publisher die Chance auf eine Provision.

3. Erstellen Sie die Werbemittel, die Sie dem Publisher zur Verfügung stellen. Beachten Sie hierbei, dass nicht jedes Banner bei jedem Publisher geschaltet werden kann. Sie sollten sich deshalb an den Standardwerbemitteln des Online-Vermarkterkreises (OVK) orientieren. Eine Auflistung der gängigsten Formate finden Sie in Abschnitt 8.4.1, »Bannerformate«. Wenn Sie zusätzlich auf Preissuchmaschinen werben möchten, sollten Sie ergänzend dazu noch Produktlisten mit den relevanten Produktdaten zur Verfügung stellen.

   Die Qualität der Werbemittel hat nicht nur auf den Kampagnenerfolg großen Einfluss. Von der Qualität der Werbemittel hängt auch ab, ob Ihre Kampagne für die Publisher attraktiv ist!
4. Vergessen Sie auch im Affiliate Marketing nicht, die richtigen Deeplinks zu setzen. Wenn Sie in der Werbung ein konkretes Produkt bewerben, so sollte der Link auch direkt zu diesem Produkt führen.
5. Wenn Sie die Kampagne angelegt haben, können sich die Publisher im Netzwerk um Ihre Kampagne bewerben. Sie können in der Regel festlegen, ob Sie jeden Publisher einzeln freigeben möchten oder eine pauschale Freigabe erteilen. Um sicherzustellen, dass Ihre Werbung nur in einem passenden Umfeld geschaltet wird, sollten Sie von letzterer Möglichkeit Abstand nehmen.
6. Wie jede andere Kampagne auch muss natürlich ebenso eine Affiliate-Kampagne ständig überwacht und optimiert werden. Vergessen Sie dabei nie, dass alles, was funktioniert, vielleicht auch noch besser funktionieren könnte. Stellen Sie also regelmäßig Ihre Kampagnen auf den Prüfstand.

Es werden sich im Laufe der Zeit Publisher herauskristallisieren, die für eine große Anzahl an Bestellungen verantwortlich sind. Diese persönlich zu betreuen ist zwar aufwendig, kann aber sehr zielführend sein.

8.3.3 Einsatz einer Cookie-/Trackingweiche

Die Standardlebensdauer eines Cookies beträgt in der Regel 30 Tage. Konkret heißt das, dass, wenn am 1. Mai jemand auf ein Affiliate-Werbemittel klickt und am 30. Mai etwas kauft, der Affiliate eine Provision bekommen würde. Das wäre auch in Ordnung, wenn in der Zwischenzeit kein weiterer Kontakt stattgefunden hätte. In der Realität sieht es aber so aus, dass mehrere Kontakte notwendig sind, um den Abschluss zu erzielen. Wenn Sie mit mehreren Netzwerken zusammenarbeiten, waren eventuell sogar mehrere Affiliates an dem Sale beteiligt, und es müsste mehrfach eine Provision gezahlt werden.

Abhilfe kann hier eine sogenannte Cookie- oder Trackingweiche schaffen. Die Weiche sorgt dafür, dass nur der letzte Kanal, über den dann tatsächlich der Sale stattgefunden hat, belohnt wird. Somit können Mehrfachprovisionierungen ausgeschlossen werden. Wie Sie am Anfang dieses Kapitels erfahren haben, erfolgt die Provisionierung bei Affiliates über einen Trackingcode, der im Shop hinterlegt werden muss. Die Cookie-Weiche ist ein Container mit einem oder mehreren Codeschnipseln, die nach bestimmten Regeln veröffentlicht werden.

Kommt ein Besucher in den Shop, wird protokolliert, über welche Marketingmaßnahme der Besuch stattgefunden hat. Das geschieht so lange, bis der Besucher eine Bestellung abschließt. Auf der Bestellbestätigungsseite wird der Kunde nun erkannt, und die Cookie-Weiche entscheidet anhand vorher definierter Regeln, ob und wenn ja welcher Codeschnipsel ausgespielt werden soll.

Kommt es nun zu einer Bestellung, »meldet« der Trackingcode die Bestellung an das Netzwerk, und die Provision wird fällig. Wenn Sie eine Cookie-Weiche einsetzen, wird der Code nicht direkt im Shop integriert, sondern über die Cookie-Weiche ausgespielt. Diese prüft aber vorher, welcher Kanal der letzte war und somit für die Conversion gesorgt hat. Nur dieser Code wird dann ausgespielt.

Ebenfalls ist es über eine Cookie-Weiche aber auch möglich, mehrere Affiliates an einem Sale zu beteiligen (siehe Abbildung 8.7). Kommt es beispielsweise zu einer Bestellung über 90 €, bei der drei Affiliates beteiligt waren, kann die Cookie-Weiche den Warenkorb auch splitten und jeweils 30 € Bestellwert an den Affiliate melden. Auch bei der zweiten Methode wird also nie mehr als 100 % provisioniert.

Abbildung 8.7 Verteilte Vergütung mit einer Cookie-Weiche

Damit die Cookie-Weiche erkennt, über welchen Kanal der Besuch stattgefunden hat, muss der Link mit einem Parameter ausgestattet werden, ähnlich wie es auch bei der klassischen Webanalyse der Fall ist.

Beispiel: *www.ihrshop.de?utm_source=affiliate&utm_medium=awin&utm_campaign=Sommerkampagne*

Cookies als Auslaufmodell?

Um die Umsätze zu tracken, nutzen die Netzwerke oftmals Third Party Cookies, was bereits jetzt einige Herausforderungen mit sich bringt. Immer mehr Browser haben bereits die Nutzung von Third Party Cookies abgeschafft, und es ist bereits jetzt vorhersehbar, dass diesem Trend alle relevanten Browser in absehbarer Zeit folgen werden. Der Trend wird also zu einem *Cookieless Tracking* gehen, bei dem der Besucher auch ohne Cookies wiedererkannt wird.

Basket Freeze für fairere Verteilung der Provision

Wie bereits weiter vorne in diesem Kapitel erwähnt, sind Gutscheinnetzwerke oft der letzte Kontakt in der Customer Journey. Das lässt sich damit erklären, dass Kunden oftmals schon im Check-out sind und dann noch auf externen Seiten nach einem Gutschein suchen. In diesem Fall hat das Gutscheinportal keinen Einfluss auf die Bestellung und sollte deshalb auch keine Provision erhalten. Mit den eben erwähnten Einstellungen »Last Cookie Wins« und »Gleichverteilung« würden aber auch die Gutscheinportale eine Provision bekommen. Grob erklärt funktioniert die Basket-Freeze-Funktion so, dass, sobald sich der Nutzer im Check-out befindet, keine Cookies mehr akzeptiert werden. Der letzte Klick über das Gutscheinnetzwerk wird in diesem Fall also einfach nicht berücksichtigt und somit auch keine Provision ausgezahlt.

Nicht nur der Klick zählt

Nicht nur der Klick kann für die Erfolgsvergütung entscheidend sein. Bei manchen Programmen wird auch schon ein Cookie gesetzt, wenn das Werbemittel nur angeschaut wurde. Dabei handelt es sich dann um ein sogenanntes Postview-Cookie. Sie können in den jeweiligen Bedingungen nachlesen, ob diese Methode verwendet wird. Die Cookie-Laufzeit ist dann zwar in der Regel deutlich kürzer, trotzdem können viele Sales auf diese Methode entfallen. Prüfen Sie daher kritisch, ob Postview die für Sie geeignete Form ist.

8.4 Display Ads und Targeting

Seit AT&T 1994 das erste Banner schaltete (siehe Abbildung 8.8), hat sich auf diesem Gebiet einiges getan. Die Möglichkeiten von damals sind nicht mit denen von heute zu vergleichen. Das Banner war nicht animiert und erinnerte eher an eine eingescannte Printanzeige als an ein Banner, wie wir es heute kennen. Auch das Targeting, also das Anzeigen der Werbung nur bei der relevanten Zielgruppe, war damals noch komplett unbekannt. Das Banner wurde einfach jedem angezeigt und erreichte trotzdem eine, für heutige Verhältnisse, absolut utopische Klickrate von 40 %. In der heutigen Zeit werden Sie mit solch einem Banner garantiert keinen Erfolg mehr haben.

Abbildung 8.8 Erstes Banner von AT&T aus dem Jahr 1994

Die Klickrate bei Bannern liegt in der Regel im niedrigen Promillebereich. Im Klartext bedeutet das, dass von tausend Einblendungen gerade einmal eine angeklickt wurde. Bei dieser Klickrate benötigen Sie also 1.000 Einblendungen, um einen Besucher zu gewinnen.

Das sind natürlich nur Durchschnittswerte, und Sie sollten immer versuchen, die Banner so zu optimieren, dass mehr Leute darauf klicken.

Ganz allgemein haben Sie dafür drei Möglichkeiten:

- das Format des Banners
- das Design des Banners
- die Zielgruppe, die das Banner sieht

8.4.1 Bannerformate

Um es Werbetreibenden zu vereinfachen, Banner auf mehreren Portalen zu schalten, wurde vom deutschen Online-Vermarkterkreis (OVK) ein portalübergreifender Standard entwickelt. In Tabelle 8.1 sehen Sie die Standardwerbemittel, die nahezu auf allen Portalen geschaltet werden können.

Format	Pixel	Dateigewicht	Mögliche Formate
Full Banner	468 × 60	40 K	GIF/JPG/PNG/HTML5
Super Banner	728 × 90	40 K	GIF/JPG/PNG/HTML5
Expandable Super Banner	728 × 300 (90)	40 K	GIF/JPG/PNG/HTML5
Rectangle	180 × 150	40 K	GIF/JPG/PNG/HTML5
Medium Rectangle	300 × 250	40 K	GIF/JPG/PNG/HTML5
Standard Skyscraper	120 × 600	40 K	GIF/JPG/PNG/HTML5
Wide Skyscraper	160 × 600	40 K	GIF/JPG/PNG/HTML5
Expandable Skyscraper	420 (160) × 600	40 K	GIF/JPG/PNG/HTML5
Button	max. 234 × 60	max. 20 K	GIF/JPG/PNG/HTML5
Ad Bundle	individuell	individuell	GIF/JPG/HTML5

Tabelle 8.1 Standardformate des OVK (www.ovk.de)

Zusätzlich zu diesen Formaten bietet aber jedes Portal noch weitere Premiumformate an. Auf web.de, gmx und der Website von 1&1 ist es zum Beispiel auch möglich, den kompletten Hintergrund als Werbefläche zu nutzen. Wie Sie in Abbildung 8.9 sehen, ist diese Werbeform zwar sehr aufmerksamkeitsstark, die Kosten liegen pro Tag aber leicht bei über 100.000 € und sind deshalb eher für große Konzerne geeignet.

Um zu Anfang herauszufinden, was in Ihrem Fall am besten funktioniert, sollten Sie Ihr Budget auf unterschiedliche Kampagnen verteilen. Setzen Sie nicht alles auf eine Karte. Die Gefahr eines Misserfolgs ist zu groß.

Abbildung 8.9 Aufmerksamkeitsstarkes Werbeformat auf web.de

8.4.2 Bannergestaltung

Wie bei einer klassischen Zeitungsanzeige hängt die Aufmerksamkeit nicht nur vom Format, sondern auch vom Inhalt ab. Vor allem Botschaft und Design spielen eine große Rolle dabei, ob das Banner geklickt wird.

Ebenfalls in Tabelle 8.1 sehen Sie die klassischen Dateiformate der Standardbanner. Flash wurde in der Zwischenzeit komplett von HTML5 abgelöst. HTML5-Banner können gänzlich animiert werden und sorgen somit für erhöhte Aufmerksamkeit. Bei GIF beschränken sich die Möglichkeiten auf eine primitivere Aneinanderreihung unterschiedlicher Sequenzen, und JPG erlaubt keinerlei Animation.

Bevor Sie sich aber Gedanken darüber machen, ob Sie Ihre Banner animieren oder nicht, sollten Sie erst einmal die Werbebotschaft definieren. Was möchten Sie mit Ihrer Werbung ausdrücken, und an wen ist sie gerichtet? Es ist einfach, die Klickraten zu erhöhen, wenn Sie zum Beispiel hohe Rabatte oder Gratisgeschenke versprechen.

Werden diese Versprechen aber im Shop nicht eingelöst, wird der potenzielle Kunde verärgert sein und den Shop ohne eine weitere Aktion wieder verlassen.

Regel Nummer eins lautet also, dass Sie in Ihrer Werbung nichts versprechen, was Sie nicht auch im Shop halten können. Dies gilt natürlich nicht nur für die Bannerwerbung, sondern auch für jede weitere Werbeform. Enttäuschte Besucher werden in Ihrem Shop nichts kaufen.

Animieren Sie trotzdem zum Klicken, indem Sie sogenannte Call-to-Action-Elemente einbauen. Ein Button mit »hier klicken«, »jetzt informieren« oder »hier entdecken« wäre zum Beispiel solch eine Möglichkeit, zum Klicken zu animieren. Die Zeit der billigen Blinkeffekte ist aber vorbei. Hier ist weniger mehr.

Ein Banner hat, auch wenn es nicht geklickt wird, immer eine Branding-Funktion. Gestalten Sie es deshalb in Ihrem Shop-Design, um eine Wiedererkennung zu gewährleisten. Um ein funktionierendes Branding zu erreichen, brauchen Sie in der Regel fünf bis sieben Werbekontakte pro Nutzer. Das ist eine Durchschnittszahl aus dem Lehrbuch, die natürlich in den konkreten Anwendungsfällen deutlich abweichen kann. Klar ist aber, dass für eine funktionierende Branding-Kampagne ordentlich Geld in die Hand genommen werden muss, und selbst wenn diese Kampagne erfolgreich war, bedeutet das lediglich, dass sich der Nutzer an Sie erinnern kann. Gekauft hat er allerdings dann noch nicht. Gerade mit kleinem Budget sollten Sie sich daher auf Performance-Kampagnen konzentrieren.

8.4.3 Targeting

Ob Ihre Werbung geklickt wird, hängt nicht nur an der Botschaft und dem Design, sondern auch daran, wer Ihre Werbung zu sehen bekommt. Hier kommt das *Targeting* ins Spiel. Die einfachste Form des Targetings ist das sogenannte Umfeld-Targeting. Dabei handelt es sich weniger um eine Technik, sondern mehr um ein Vorgehen, das sich schon lange in Printmedien bewährt hat. In diesem Fall schalten Sie Werbung dort, wo sich Ihre Zielgruppe befindet. Wollen Sie also Radfahrer erreichen, platzieren Sie Werbung auf einer Webseite, die sich mit diesem Thema beschäftigt. Diese Form des Targetings ist zwar sehr einfach und transparent, hat aber auch Nachteile, da es sonst keine weiteren Möglichkeiten gibt, die Zielgruppe noch genauer einzugrenzen. Aus diesem Grund gibt es eine Reihe weiterer Methoden, die es ermöglichen, die Streuverluste noch weiter zu minimieren.

Semantisches Targeting

Das *semantische Targeting* geht noch einen Schritt weiter als das Content-Targeting. Hier wird die Werbung ebenfalls im passenden Umfeld geschaltet, jedoch wird dort versucht, anhand des Seiteninhalts die Relevanz selbstständig zu ermitteln. Dabei werden auch innerhalb eines Online-Auftritts die einzelnen Seiten unterschiedlich bewertet. Das Thema der Webseite wird anhand von verschiedenen Keywords ermittelt. Wenn Sie also speziell für Welpenfutter werben möchten, ist es möglich, diese Werbung gezielt in der Rubrik »Welpen« anzuzeigen.

Die Gefahr besteht darin, dass der Automatismus in der Regel nicht erkennt, ob es sich um einen positiven oder negativen Kontext handelt. Wenn Sie in Ihrem Shop Küchenmesser verkaufen, ist es klug, diese auf einer Seite zu präsentieren, auf der Küchenmesser im Text erwähnt werden. Das können dann Seiten sein, auf denen es um das Thema Kochen geht. Prima, hier gehört Ihre Botschaft hin. Das Wort »Küchenmesser« kann aber auf einem Newsportal auch in Verbindung mit einem Mord stehen. Ein weiteres negatives Beispiel sehen Sie in Abbildung 8.10 (❶). Dass jemand nach solch einer Meldung über den Kauf eines Neuwagens nachdenkt, ist eher unwahrscheinlich.

Abbildung 8.10 Schlechte Positionierung der Werbung

Behavioral Targeting

Das *Behavioral Targeting* bietet unabhängig von dem Umfeld die Möglichkeit, Ihre Zielgruppe zu erreichen. Dabei wird das Nutzerverhalten auf teilnehmenden Seiten analysiert. Alle Nutzer und Informationen bleiben dabei anonym, und die Analyse beinhaltet keine personenbezogenen Daten. Der Nutzer wird aber durch ein Cookie identifiziert und erhält komplett unabhängig vom Umfeld die für ihn passende Werbung gezeigt.

Beispiel: Der Nutzer surft auf diversen Webseiten zum Thema Hund. Er wird aufgrund dessen als Hundehalter identifiziert, und auf seinem Rechner wird ein Cookie gespeichert. Nun surft der Nutzer auf eine Webseite speziell für Autos, und ihm kann auch dort die Werbung für Hundefutter angezeigt werden.

Predictive-Behavioral Targeting

Das *Predictive-Behavioral Targeting* ist eine weiterentwickelte Form des Behavioral Targetings. Auch hier wird das Nutzerverhalten über mehrere Seiten beobachtet. Ergänzend dazu werden die Daten aber mit statistischen Daten angereichert.

Beispiel: Nach den Nutzerbeobachtungen wissen wir, dass viele Personen, die sich für Hunde interessierten, ebenfalls auf Seiten zum Thema Katzen gesurft haben. Auch wenn ein Nutzer nun kein direktes Interesse an Katzen gezeigt hat, ist die statistische Wahrscheinlichkeit hoch, dass er sich ebenfalls für Katzen interessiert. Ihm kann nun auch Werbung für Katzen angezeigt werden.

In der Praxis werden natürlich weitaus mehr Kriterien herangezogen, um das Interesse zu ermitteln. Das Beispiel soll lediglich die Funktionsweise verdeutlichen.

Retargeting/Remarketing

Wikipedia beschreibt *Retargeting* so:

> *»Retargeting (auch Re-Targeting geschrieben, vom englischen re für ›wieder‹ und targeting für ›(genau) zielend‹, oft auch Remarketing genannt) wird im Online-Marketing ein Verfolgungsverfahren genannt, bei dem Besucher einer Website – üblicherweise eines Webshops – markiert und anschließend auf anderen Webseiten mit gezielter Werbung wieder angesprochen werden sollen.«*

Bei Ihrem Shop-Besucher wird während des Besuchs ein Cookie gespeichert, über das er auch über den Shop hinaus zu identifizieren ist. Ist nun eine (Werbe-)Webseite mit demselben Retargeting-Dienst ausgestattet, kann der Nutzer dort identifiziert werden und die für ihn aufgrund des bisherigen Surfverhaltens passende Werbung angezeigt werden (siehe Abbildung 8.11).

Die erste Frage ist nun, was die passende Werbung ist. Viele Shops zeigen im Retargeting-Fenster die Produkte, die in der vorherigen Session angezeigt oder in den Warenkorb gelegt wurden. Ist es aber wirklich passend, Produkte, die im Shop schon nicht interessierten (sonst hätte er sie ja gekauft), auch noch auf anderen Seiten anzuzeigen? Retargeting ist prinzipiell ein sehr mächtiges Werkzeug, um den Kunden zu einem Kauf zu animieren. Die Regeln, die hinter den Anzeigen stehen, sollten aber gut durchdacht sein. Sicher wurden auch Sie bereits von Produkten »verfolgt«, die Sie bereits gekauft haben. In solchen Fällen kann sich eine Anzeige auch negativ auf das Image auswirken.

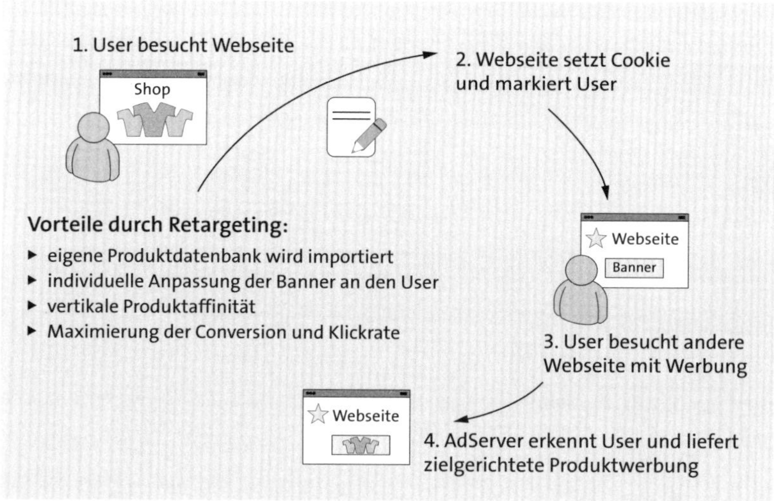

Abbildung 8.11 Funktionsweise von Retargeting

Generell steht Retargeting stark in der Kritik. Viele Nutzer fühlen sich durch die Werbung verfolgt und durch den Online-Shop ausgespäht. Auch ist die Zukunft des Retargetings auf jeden Fall auf Basis der heutigen Technologien ungewiss. Aufgrund der aktuellen Rechtsprechung und der Einschränkungen in den meisten Browsern wird das Retargeting über Cookies in absehbarer Zeit aussterben. Es gibt allerdings bereits einige Alternativen dazu, wobei sich aber bei den Alternativen noch kein klarer Sieger herauskristallisiert hat. Denkbar sind aktuell Login-Lösungen, bei denen sich der Nutzer für Login-Angebote einloggen muss. Da es unwahrscheinlich ist, dass sich jeder Nutzer auf einer noch so kleinen Seite anmeldet und ein individuelles Passwort vergibt, werden die Dienste der großen Player wie Google, Facebook oder auch Apple größere Verbreitung finden (siehe Abbildung 8.12).

Die deutsche Antwort auf diese Dienste kommt von netID, ein Zusammenschluss von RTL Deutschland, ProSieben Sat. 1 und United Internet.

Ganz egal, welche Technik dahintersteckt, eignen sich Banner sowieso besser für eine langfristige Imagesteigerung als für kurzfristige Abverkäufe. Um aber überhaupt einen Branding-Effekt zu erzielen, benötigen Sie durchschnittlich mindestens fünf bis sieben Werbekontakte. Das ist damit zu erklären, dass aufgrund der großen Anzahl an unterschiedlichen Werbekontakten die Banner nicht mehr wahrgenommen werden. Dies wurde auch in Labortests nachgewiesen und wird im Fachjargon als *Banner Blindness* bezeichnet.

Um die Aufmerksamkeit bei den Nutzern zu steigern, setzen mittlerweile die meisten Unternehmen animierte HTML5-Banner ein. Von kleinen Werbespots bis hin zu Minispielen lässt sich alles in solch einem Banner unterbringen.

Abbildung 8.12 Verschiedene Anmeldemöglichkeiten auf www.kayak.de

8.5 Preissuchmaschinen

Der Begriff »Preissuchmaschine« ist etwas irreführend. Wer glaubt, dass diese Preissuchmaschinen tatsächlich unabhängig Preise und Produkte vergleichen und die Ergebnisse ähnlich wie Google auf der Seite ausgeben, der irrt. Der Preisvergleich ist ein Riesengeschäft, bei dem Millionen verdient werden. Wenn Sie als Shop-Betreiber möchten, dass Ihre Produkte in einer Preissuchmaschine gelistet werden – ein Beispiel sehen Sie in Abbildung 8.13 –, müssen Sie sich dort anmelden und auch dafür bezahlen. In der Regel wird auf diesen Portalen nach Klick abgerechnet. Klickt also jemand auf Ihr Angebot und wird darüber in den Shop geleitet, kostet Sie das eine Gebühr. Die Spanne reicht von 5 bis 45 Cent, je nach Portal und angebotenen Produkten.

Für Sie als Shop-Betreiber sind Preissuchmaschinen in erster Linie relevant, wenn Sie einfach zu vergleichende (Marken-)Produkte anbieten. Die Nutzer suchen in einer Preissuchmaschine meist nach einem konkreten Produkt und weniger nach generischen Begriffen.

Eine Ausnahme bilden hier auf verschiedene Bereiche spezialisierte Produktsuchmaschinen wie *www.moebel.de* (siehe Abbildung 8.14) oder *www.ladenzeile.de*. Bei diesen Produktsuchmaschinen geht es weniger um einen Preisvergleich als vielmehr um die Darstellung von möglichst vielen Produkten auf einem Portal. Den Nutzern ist es oftmals bis zum Kauf auch gar nicht bewusst, dass es sich nicht um Online-Shops, sondern um Produktsuchmaschinen handelt.

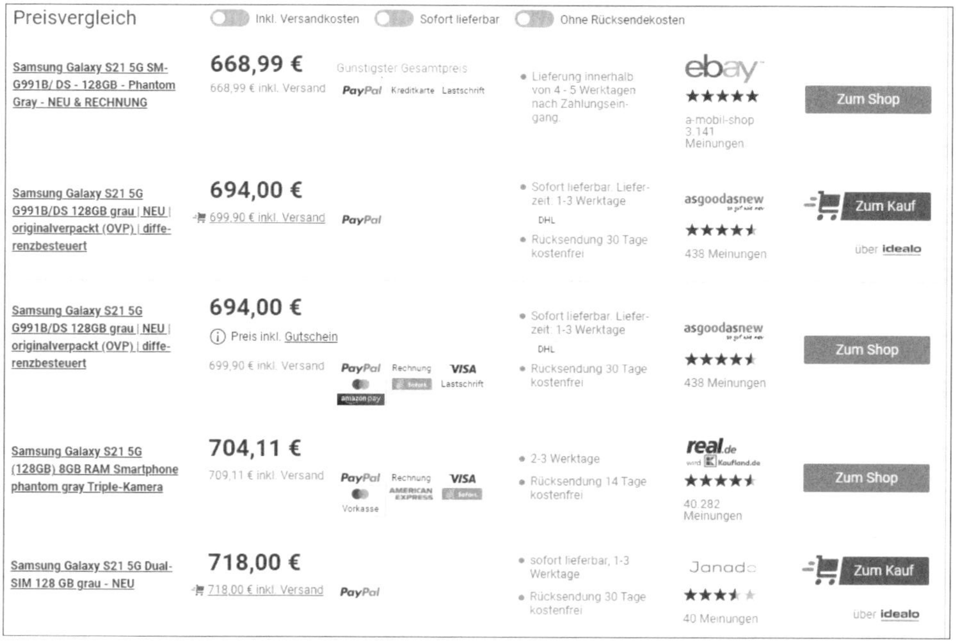

Abbildung 8.13 Preisvergleich auf idealo.de

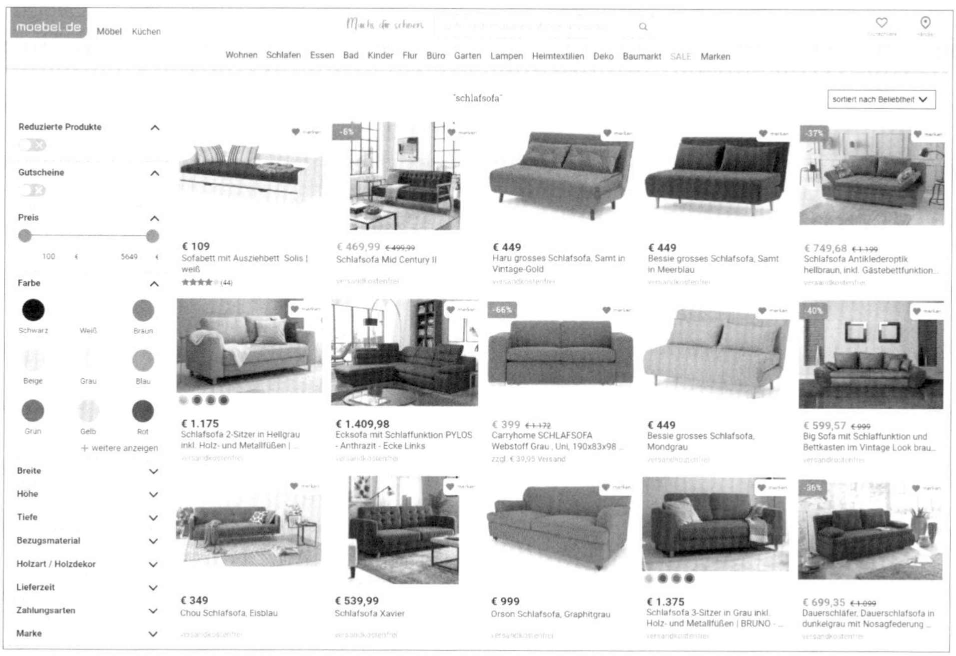

Abbildung 8.14 Suchergebnisse auf moebel.de. Mit Klick auf die Bilder wird der Nutzer in den jeweiligen Shop geleitet.

Anbieter im Bereich von allgemeinen Preissuchmaschinen sind zum Beispiel:

- *www.billiger.de*
- *www.guenstiger.de*
- *www.idealo.de*
- *www.preis.de*
- *www.geizhals.at*

Auch Google spielt im Bereich der Preissuchmaschinen eine große Rolle. Hier erhält der Nutzer direkt innerhalb der Google-Suche Preisvergleiche angezeigt (siehe Abbildung 8.15).

Abbildung 8.15 Preisvergleich auf Google

8.5.1 Anmeldung und technische Realisierung

Die Anmeldung bei einer Preissuchmaschine ist bei allen Anbietern sehr ähnlich und geschieht in der Regel über ein Anmeldeformular auf der Website des Anbieters. Sie gelangen dann in einen geschützten Bereich und können dort eine Kurzbeschreibung Ihres Shops, das Logo und die allgemeinen Versand- und Zahlungsbedingungen hinterlegen.

Das Wichtigste ist jedoch ein Produktdatenexport aus Ihrem Shop. Die Preissuchmaschine muss ja schließlich wissen, welche Produkte Sie im Shop zu welchem Preis anbieten.

Alle Standard-Shop-Systeme unterstützen diesen Export und machen es so einfach, die Produkte bei den Preissuchmaschinen zu listen. In Abbildung 8.16 sehen Sie ein Beispiel aus dem Shopware-Backend. Dort können Sie auch erkennen, dass die Struktur der populärsten Preisvergleicher bereits hinterlegt ist.

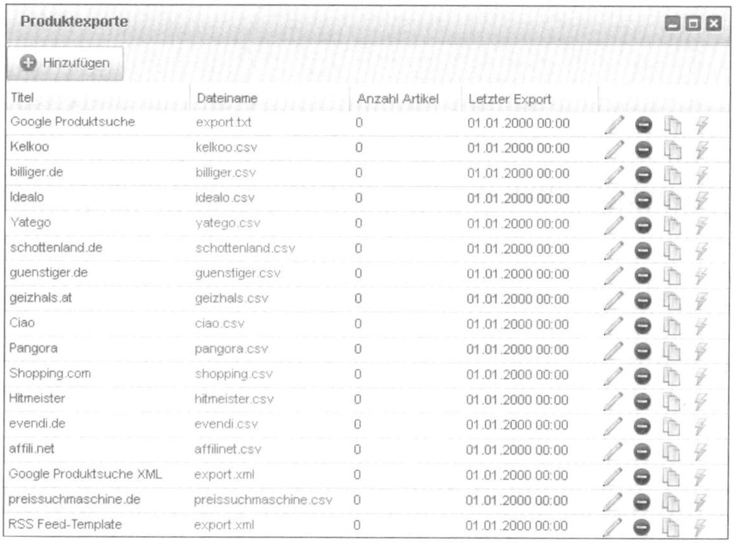
Produktexporte

Hinzufügen

Titel	Dateiname	Anzahl Artikel	Letzter Export
Google Produktsuche	export.txt	0	01.01.2000 00:00
Kelkoo	kelkoo.csv	0	01.01.2000 00:00
billiger.de	billiger.csv	0	01.01.2000 00:00
Idealo	idealo.csv	0	01.01.2000 00:00
Yatego	yatego.csv	0	01.01.2000 00:00
schottenland.de	schottenland.csv	0	01.01.2000 00:00
guenstiger.de	guenstiger.csv	0	01.01.2000 00:00
geizhals.at	geizhals.csv	0	01.01.2000 00:00
Ciao	ciao.csv	0	01.01.2000 00:00
Pangora	pangora.csv	0	01.01.2000 00:00
Shopping.com	shopping.csv	0	01.01.2000 00:00
Hitmeister	hitmeister.csv	0	01.01.2000 00:00
evendi.de	evendi.csv	0	01.01.2000 00:00
affili.net	affilinet.csv	0	01.01.2000 00:00
Google Produktsuche XML	export.xml	0	01.01.2000 00:00
preissuchmaschine.de	preissuchmaschine.csv	0	01.01.2000 00:00
RSS Feed-Template	export.xml	0	01.01.2000 00:00

Abbildung 8.16 Auswahl der Produktexporte im Shopware-Backend

Die Listen, die dann auf Ihrem Server gespeichert werden, werden nun regelmäßig von der Preissuchmaschine eingelesen und verarbeitet. Achten Sie darauf, wie oft die Preissuchmaschinen die Informationen aktualisieren. Produkte mit niedrigem Lagerbestand können in Ihrem Shop bereits ausverkauft sein, werden aber immer noch in den Preissuchmaschinen gelistet. Das hat zur Folge, dass Ihnen zwar Klickkosten entstehen, Sie aber das Produkt logischerweise nicht mehr verkaufen können. Ähnlich verhält es sich mit Preisänderungen, die nicht schnell genug auf dem Portal aktualisiert werden.

8.5.2 Feed Engines

Feed Engines sind Tools, die Datenfeeds des Shops aufbereiten und an die einzelnen Portale verteilen. Beim Einsatz einer solchen Engine wird der Datenfeed nur einmal vom Shop in das Tool geladen. Die Anpassung und die Verteilung auf die einzelnen

Preissuchmaschinen und Portale erfolgen dann aus der Engine heraus. Die Anpassung des Datenfeeds ist in solch einem Tool in der Regel deutlich schneller zu bewerkstelligen als in dem Shop-System. Während Sie in den Shop-Systemen meist, wie in Abbildung 8.17 zu sehen, mit Smarty-Variablen arbeiten müssen, können Sie die Reihenfolge und die Inhalte der Exporte mit einer Feed Engine deutlich einfacher per Drag & Drop anpassen (siehe Abbildung 8.18).

```
{strip}
{$sArticle.ordernumber|escape}{#S#}
{$sArticle.supplier|escape}{#S#}
{$sArticle.name|strip_tags|strip|truncate:80:"...":true|escape}{#S#}
{$sArticle.articleID|category:">"|escape}{#S#}
{$sArticle.description_long|strip_tags|strip|trim|truncate:90000:"...":true|html_entity_decode|escape}{#S#}
{$sArticle.image|image:0|escape}{#S#}
{$sArticle.articleID|link:$sArticle.name|escape}{#S#}
{if $sArticle.instock}2 Tage{elseif $sArticle.shippingtime}{$sArticle.shippingtime} Tage{else}10 Tage{/if}{#S#}
{$sArticle.releasedate|escape}{#S#}
{$sArticle|@shippingcost:"prepayment":"de":"Deutsche Post Standard"|escape:"number"}{#S#}
{$sArticle.price|escape:"number"}{#S#}
{$sArticle.additionaltext}
{/strip}
```

Abbildung 8.17 Template für Produktdatenexport im Shop-System

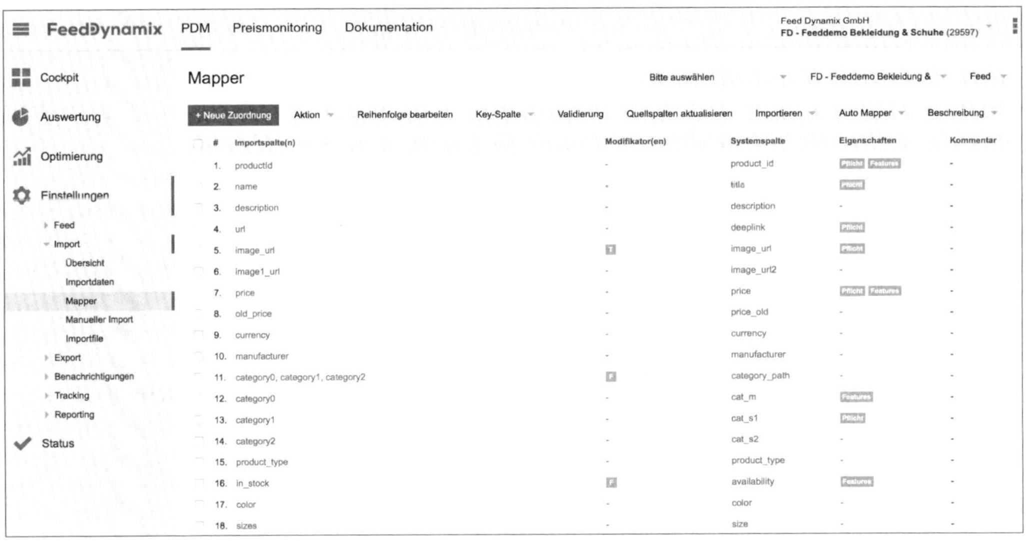

Abbildung 8.18 Mapper in Feed Dynamix

Auch wenn Sie zum Beispiel nicht den kompletten Lagerbestand an den Preisvergleicher melden möchten, bieten Feed Engines Funktionen, mit denen Sie diese Informationen »umschreiben« können, wie Sie in Abbildung 8.19 sehen.

Ein weiterer Vorteil, gerade für Shops mit vielen Artikeln, ist die Performance. Da die Verteilung der Feeds über die Engine erfolgt, wird die Performance des Shops dadurch nicht beeinflusst.

Auch eine Optimierung der Werbeausgaben ist mit den meisten Engines möglich. Sie verfügen über ein Tracking, mit dem der Erfolg jedes einzelnen Artikels messbar wird. Erfolgskennzahlen können dann zum Beispiel Umsatz, Conversion-Rate oder Budget sein. Wird eine Kennzahl bei einem Artikel nicht erfüllt, wird dieser automatisch aus der Übermittlung entfernt.

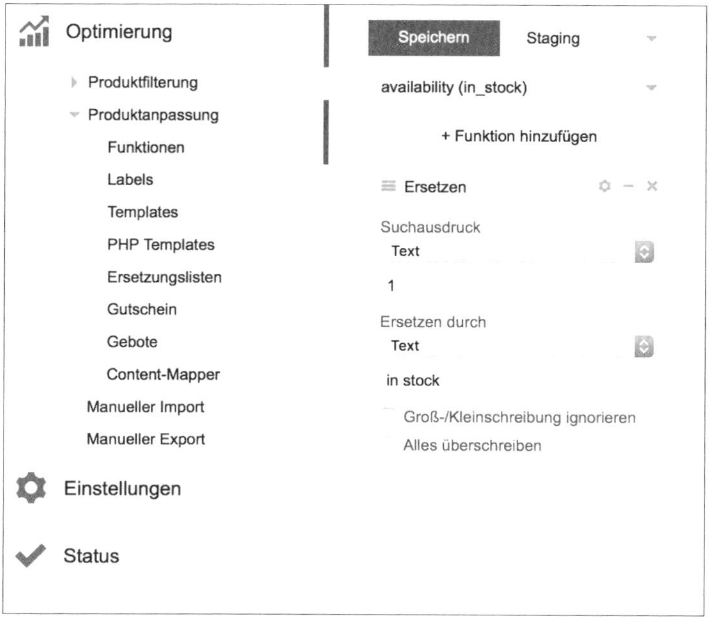

Abbildung 8.19 Funktion »Text ersetzen« in Feed Dynamix

Anbieter von Feed Engines sind zum Beispiel:

- *www.feed-dynamix.de*
- *www.channelpilot.de*
- *www.channeladvisor.de*
- *www.beezup.com*
- *www.productsup.com*

Nicht alle Produkte passen

Nicht alle Produkte sind für die Listung auf einer Preissuchmaschine geeignet. Besonders niedrigpreisige Produkte sollten Sie generell ausschließen. Denken Sie daran, dass Sie immer nach Klicks zahlen. Klicken also zum Beispiel zehn Personen auf ein Produkt von Ihnen und kommen dadurch in den Shop, sind dadurch schon Klickkosten von bis zu 4 € entstanden. Wenn das Ziel dann ein Produkt für 5 € war, kann es für Sie also nur ein reines Verlustgeschäft werden. Selbst eine utopische Conversion-Rate von über 50 % würde daran nichts ändern.

8.6 E-Mail-Marketing

Die E-Mail ist der Brief des 21. Jahrhunderts. Klar, dass sie auch zu Werbezwecken verwendet wird, ist es doch im Vergleich zum Brief eine sehr günstige Werbeform, deren Erfolg auch noch mit Webanalyselösungen sehr präzise messbar ist. Dass der Versand von E-Mails relativ kostengünstig möglich ist, führt allerdings auch dazu, dass viele Anbieter von dubiosen Produkten oder Dienstleistungen diese Werbeform nutzen. Das Ergebnis sind unzählige unerwünschte E-Mails beim Empfänger und schärfere Spamfilter. Es wird also immer schwieriger, in den Posteingang der Nutzer vorzudringen, und noch schwieriger, dort überhaupt wahrgenommen zu werden. Es ist längst nicht damit getan, einen guten Text an die Empfänger zu versenden. Es gibt sehr viele Faktoren, die über Erfolg oder Misserfolg entscheiden. Was Sie beachten sollten, damit Ihr Newsletter erfolgreich ist, erfahren Sie in diesem Abschnitt.

8.6.1 Der E-Mail-Verteiler

Bevor Sie mit dem E-Mail-Versand beginnen können, benötigen Sie neben einer guten Software zuerst einmal E-Mail-Adressen, an die Sie E-Mails versenden können und vor allem auch dürfen. Auch wenn Ihnen der Nutzer seine E-Mail-Adresse im Rahmen einer Bestellung gegeben hat, benötigen Sie noch eine gesonderte Einwilligung, damit Sie ihm Werbe-E-Mails senden dürfen.

Es gibt einige Anbieter, bei denen Sie E-Mail-Adressen für Ihren Verteiler kaufen können, wenn Sie noch keinen eigenen besitzen oder diesen aufstocken möchten. Das klingt verlockend, aber lassen Sie die Finger von solchen gekauften Adressen.

Warum? Adresskauf ist schlichtweg illegal: Da die angeschriebenen Personen ihre Einwilligung nicht wirksam widerrufen können, verstößt er gegen die Datenschutzregeln. Außerdem beschert Ihnen Adresskauf keine hochwertigen Adressen, denn diese sind meist veraltet, ungültig oder können sogar Spamfallen enthalten. Darüber hinaus sollten Sie sich fragen, ob Ihnen branchenfremde Empfänger in Ihrem Verteiler wirklich etwas nützen.

Auch Adressmiete und Co-Registrierung oder Co-Sponsoring sind nur bedingt zu empfehlen, wenn Sie Ihren Newsletter-Verteiler aufbauen möchten. Unter bestimmten Voraussetzungen können sie zulässig sein, allerdings haben Sie bei der Adressmiete selbst keinen Zugriff auf die Daten, und falls doch, ist es datenschutzwidrig. Auch bei diesen beiden Optionen können Sie nicht sicher sein, qualitativ hochwertige Adressen zu erlangen, die zu Ihrer Zielgruppe passen. Falls Sie Ihre Newsletter dennoch an solch einen Verteiler versenden, gibt es verschiedene Möglichkeiten:

- **Ihr Newsletter ist für den Empfänger tatsächlich interessant.**
  Das wäre Zufall und wirklich sehr selten.

- **Ihr Newsletter wird vom genervten Empfänger einfach gelöscht.**
  Unter den realistischen Möglichkeiten ist dies noch das Beste, was Ihnen passieren kann.
- **Der Newsletter wird als Spam markiert.**
  Neben dem Imageschaden beim Empfänger kann dies noch weitere Folgen haben, die sich auch auf den gesamten Versand auswirken. Registriert ein E-Mail-Provider, wie zum Beispiel web.de oder T-Online eine hohe Anzahl an Spambeschwerden von einer Adresse, wird diese auf eine Blocklist (Negativliste) gesetzt. Das bedeutet für Sie, dass auch die E-Mails an die restlichen Abonnenten nicht mehr zugestellt werden können.

Anstatt Adressen zu kaufen, sollten Sie dafür sorgen, dass sich möglichst viele Besucher aus eigenem Antrieb für Ihren Newsletter registrieren.

Nutzen Sie daher verschiedene Customer Touchpoints on- und offline, um an prominenter Stelle auf den Newsletter hinzuweisen, und gestalten Sie den Anmeldeprozess so einfach wie möglich. Hier gilt: lieber den Spatz in der Hand als die Taube auf dem Dach. Soll heißen, es ist allemal besser, nur die E-Mail-Adresse zu haben, als den Kunden durch zu viele auszufüllende Felder komplett abzuschrecken. Beachten Sie dabei auch die Regelungen zum Datenschutz. Demnach dürfen nur so viele Daten abgefragt werden, wie zur Erbringung der Leistung unbedingt notwendig sind. Um einen Newsletter zu versenden, reicht in der Regel die E-Mail-Adresse, weshalb hier auch nicht mehr abgefragt werden darf. Sprich, die E-Mail-Adresse ist das einzige Pflichtfeld. Rechtskonform gelöst ist dies in Abbildung 8.20. Außer der E-Mail-Adresse sind alle anderen Angaben optional.

Abbildung 8.20 Newsletter-Anmeldung auf www.zoologo.de

Natürlich ist die Verlockung groß, möglichst viel über den Nutzer zu erfahren. Zwar dürfen zusätzliche Angaben, wie zum Beispiel der Name, als freiwillige Information abgefragt werden, dennoch sollten Sie an dieser Stelle mit optionalen Feldern eher zurückhaltend sein. Zu viele Felder könnten den potenziellen Abonnenten abschrecken.

Wenn Sie erst einmal die E-Mail-Adresse haben, können Sie immer noch im Nachgang weitere Informationen abfragen. Dies kann zum Beispiel über die »Dankesseite« der Anmeldung geschehen, wie Sie in Abbildung 8.21 sehen. Um die Akzeptanz zu steigern, ist es sinnvoll, wenn Sie dem Abonnenten mitteilen, worin der Vorteil für ihn liegt, wenn er diese Informationen preisgibt.

Als vertrauensbildende Maßnahme ist es auch sinnvoll, den Nutzer darauf hinzuweisen, dass Sie die Daten nicht an Dritte weitergeben und er sich jederzeit wieder vom Verteiler abmelden kann.

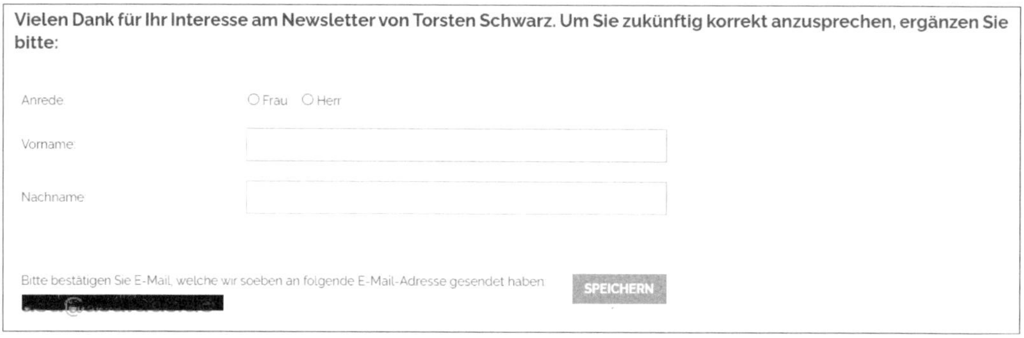

Abbildung 8.21 Abfrage von weiteren Informationen auf der Dankesseite

Um Ihren E-Mail-Verteiler zu vergrößern, können Sie auch Gutscheine vergeben oder ein Gewinnspiel veranstalten, wie in Abbildung 8.20 ebenfalls zu sehen. Beides motiviert den Nutzer zu einer Anmeldung.

Rechtlich auf der sicheren Seite

Wie bereits erwähnt, ist es nur zulässig, E-Mails an Empfänger zu versenden, die dem Empfang explizit zugestimmt haben. Nun könnte natürlich irgendjemand eine E-Mail-Adresse angeben, um so Newsletter für andere Personen zu abonnieren. Um dies zu verhindern, wird das sogenannte Double-Opt-in-Verfahren eingesetzt. Das Vorgehen ist dabei sehr einfach. Direkt nachdem sich jemand in den Verteiler eingetragen hat, wird an die jeweilige Adresse eine E-Mail mit einem Bestätigungslink versendet. Erst wenn der Nutzer auf diesen Link klickt, ist die Anmeldung vollständig, und der Nutzer bekommt zukünftig E-Mails zugesendet. Bitte beachten Sie außerdem, dass die Einwilligung genau zu protokollieren ist und im Fall eines Rechtsstreits auch gerichtlich nachweisbar sein muss. In der Regel übernimmt das Newsletter-Tool diese Aufgabe. Achten Sie aber bei der Auswahl eines solchen Tools auf diese wichtige Funktion.

Es ist auch nicht möglich, Einwilligungen weit im Voraus zu sammeln. Die Einwilligung kann auch wieder erlöschen, wenn Sie im Jahr 2021 das Opt-in einsammeln, Ihren ersten Newsletter aber erst 2023 versenden.

Darüber hinaus müssen Sie von Ihren Empfängern ebenfalls deren Einwilligung einholen, falls Sie mit personenbezogenem Tracking arbeiten möchten, und ihnen die Möglichkeit geben, es jederzeit widerrufen zu können.

8.6.2 Newsletter-Inhalt

Auf den Inhalt kommt es an. Der größte E-Mail-Verteiler nutzt Ihnen nichts, wenn die Newsletter von den Empfängern nicht gelesen werden. Der Newsletter ist kein Selbstzweck, sondern hat eine Aufgabe. Er soll Besucher in den Shop bringen und dadurch direkt oder auch indirekt den Umsatz erhöhen. Indirekt deshalb, weil es prinzipiell zwei unterschiedliche Ansätze für den Newsletter-Inhalt gibt. Entweder werden konkrete Produkte als Sonderangebote beworben, oder Sie geben im Newsletter Tipps zum Umgang mit Ihren Produkten und stellen dort den Abverkauf an zweite Stelle. In Abbildung 8.22 sehen Sie ein Beispiel für einen klassischen Newsletter mit konkreten Angeboten. Es wird allgemein auf den Sale hingewiesen und mit reduzierten Produkten geworben. In der Praxis hat es sich bewährt, Infos und konkrete Angebote in einem Newsletter zu kombinieren und somit für den Leser den maximalen Mehrwert zu generieren.

Abbildung 8.22 Newsletter mit Hinweis auf Sale

Der Betreff

Mit dem Betreff kommt der potenzielle Leser zuerst in Kontakt und entscheidet aufgrund dessen, ob er den Newsletter öffnet oder löscht. Stellen Sie daher bereits im Betreff den Nutzen für den Empfänger heraus. Allgemeine Betreffzeilen wie »Newsletter September 2021« sind nichtssagend und animieren nicht zum Öffnen. Nehmen Sie stattdessen lieber das Topthema des Newsletters in den Betreff mit auf. Der wichtigste Inhalt kommt im Betreff zuerst. Um was geht es im Newsletter? Wollen Sie Sommerkleidung bewerben, dann sollte das auch am Anfang des Betreffs genannt werden. Damit der Empfänger den kompletten Betreff auch erfassen kann, sollte dieser nicht länger als 50 Zeichen sein. Bei mobilen Clients ist sogar schon nach etwa 30 Zeichen Schluss.

Technisch ist es keine Herausforderung, den Leser bereits im Betreff mit Namen anzusprechen. Personalisierte Betreffzeilen sorgen für mehr Aufmerksamkeit, haben aber auch den Nachteil, dass sich die Personalisierung »abnutzt« (siehe Abbildung 8.23). Außerdem müssen Sie bei der personalisierten Betreffzeile beachten, dass Ihnen durch den Empfängernamen weniger Zeichen für die eigentliche Botschaft zur Verfügung stehen. Setzen Sie daher personalisierte Betreffzeilen nur ein, wenn die E-Mail auch tatsächlich einen individuellen Inhalt enthält.

ESPRIT Men News	15% auf den Sommer à la Esprit! Work hard, play harder, Markus!
PEARL Kundenservice	Service-Mitteilung für PEARL-Kunde Markus Bückle
Mercure.com	Reisetipps für den Sommer, Bückle Markus
WEB.DE informiert	Ihre persönliche Webseite Markus-Bückle.de sichern!
CHECK24 FinanzAngebote	Markus Bückle, nicht verpassen: 200 € Bonus zu Ihrem kostenlosen Girokonto!
Soccer-Fans.de	Du hast die Wahl Markus: Letzte Chance auf 40% auf nicht Reduziertes oder 25% ON TOP auf Alles!
Booking.com	Hallo Markus, haben Sie diesen Sonntag schon was vor? Denken Sie doch über Ihren nächsten Urlaub nach!
Thomas Klußmann (Gründer.de)	Fast alle Bücher sind schon weg Markus
Jakob Hager	[Ungewöhnliches Webinar] Eine weitere Chance Markus
Happybrush	Willkommen, Markus Bückle!

Abbildung 8.23 Personalisierte Betreffzeilen im Posteingang

Schlagwörter wie Rabatt, Gutschein, Angebot, aber auch zeitliche Begrenzungen, wie zum Beispiel »nur noch 2 Tage gültig«, wirken auch im Betreff und sorgen für Neugierde und somit für höhere Öffnungsquoten. Übertreiben Sie es aber nicht mit diesen Schlagwörtern. Wer nur Sonderangebote macht, verliert an Glaubwürdigkeit. Zudem müssen Sie natürlich auch die Versprechen aus dem Betreff im Newsletter einhalten, um Ihre Leser nicht zu verärgern.

Außer durch den Betreff wird auch anhand des Absenders bereits die Relevanz der E-Mail bewertet. Die meisten Versender nehmen *info@* oder *newsletter@* als Absenderadresse. Um sich hier abzuheben, können Sie einen personenbezogenen Absender wie *mario.mustermann@ihrshop.de* verwenden. Das wirkt persönlicher als allgemeine Adressen. So oder so sollten Sie sich eindeutig als Absender Ihrer Newsletter ausweisen. Absolut vermeiden sollten Sie hingegen Absender wie *noreply@* oder *keine-antwortadresse@*. Indirekt sagen diese Adressen dem Nutzer, dass er Sie auf keinen Fall kontaktieren soll. Im Sinne eines guten Kundenservice sollten Ihre Empfänger jedoch auf jede Art von E-Mail antworten können – egal, ob Newsletter oder persönliche E-Mail.

Achtung Spamfilter

Der beste Betreff und der beste Inhalt nützen Ihnen nichts, wenn Ihr Newsletter im Vorfeld bereits von einem Spamfilter aussortiert wurde und somit von niemandem gelesen werden kann. Spamfilter kategorisieren Spam nach unterschiedlichen Kriterien, zum Beispiel vorheriges Engagement, (IP- und Domain-)Reputation, Versandinfrastruktur, technische Konfiguration usw. Beachten Sie folgende Regeln, damit Ihre Newsletter auch tatsächlich beim Empfänger ankommen:

- **Versanddomain authentifizieren:** Newsletter, Transaktionsmails, geschäftliche E-Mails – richten Sie zum Versand jedes E-Mail-Typs eine dedizierte Subdomain ein. So kann verhindert werden, dass im Fall eines Reputationsverlusts nicht die komplette E-Mail-Kommunikation betroffen ist. Für die jeweilige Versanddomain sollten unbedingt die Authentifizierungsmethoden Sender Policy Framework (SPF), DomainKeysIdentified Mail (DKIM) und Domain-based Message Authentication, Reporting and Conformance (DMARC) umgesetzt werden. So schützen Sie Ihre Empfänger und verbessern die Reputation.
- **Zertifizierter Versandserver:** Steht die IP-Adresse des Versandservers auf der Liste der registrierten und zertifizierten Versender legaler Massen-E-Mails, wird die E-Mail generell als seriös eingestuft. Seriöse Versender werden von der Certified Senders Alliance, kurz CSA, zertifiziert. Achten Sie darauf, dass Ihr E-Mail-Marketing-Dienstleister diese Zertifizierung besitzt.
- **Keine Beschwerden:** Die großen E-Mail-Anbieter haben einen Knopf, über den Spambeschwerden direkt an den Anbieter gehen. Normale E-Mail-Verteiler produzieren nur ganz wenige Beschwerden. Wenn jedoch zum Beispiel Ihre Abmeldefunktion zu umständlich oder schwer auffindbar ist, kommt es zu Beschwerden. Der Grund: Anstatt den Newsletter direkt abzubestellen, wird stattdessen der Spamknopf gedrückt. Häufen sich diese Spammeldungen bei einem Absender, wird dieser generell auf die Spamliste gesetzt.
- **Adressbuch eintragen:** Befindet sich die E-Mail-Adresse Ihres Newsletters im Adressbuch des Empfängers, ist die Chance, dass Ihr Newsletter zugestellt wird, sehr hoch. Fordern Sie daher Ihre Abonnenten auf, die E-Mail-Adresse in das Adressbuch aufzunehmen.
- **Spambegriffe vermeiden:** Verzichten Sie sowohl im Betreff als auch im Newsletter selbst auf Begriffe wie gratis, cash, megabillig usw. Auch mit langen Zeichenfolgen in Versalien oder übermäßig eingesetzten Symbolen und Sonderzeichen sollten Sie vorsichtig sein.

- **Ausgewogenes Text-Bild-Verhältnis:** Achten Sie darauf, dass der Textanteil in Ihrem Mailing überwiegt. Bilder sollten Sie eher verlinken als einbetten.
- **Gepflegte Verteilerliste:** Entfernen Sie unzustellbare E-Mail-Adressen, sogenannte Bouncer, aus Ihrem Verteiler. Rückläufer sind für Mail-Provider ein wichtiger Indikator. Gibt es bei einer Aktion zu viele Bouncer, erwecken Sie damit Spamverdacht.
- **Sauberes HTML:** Auch eine schlechte Programmierung ist ein Kriterium für Spam. Programmierfehler werden von Spamfiltern erkannt und dienen der Indizierung. Auch sollten Sie in URLs auf IP-Adressen verzichten und in den Links stattdessen immer den Domainnamen nennen.
- **Qualitätstest vorab:** Bevor Sie den Newsletter versenden, sollten Sie verschiedene Qualitätstests, auch in Hinblick auf Zustellbarkeit und Spamverdacht durchführen. Viele professionelle E-Mail-Marketing-Systeme stellen diese Tests zur Verfügung und weisen auf eventuelle Verbesserungsvorschläge hin. Anschließend bekommen Sie das Resultat und eventuelle Verbesserungsvorschläge.

Gestaltung des Newsletters

Neben Absender und Betreff fällt dem Leser der sogenannte Pre-Header (Vorschauzeile, Auto-Vorschau) mit als Erstes ins Auge. Dabei handelt es sich um die ersten Textzeilen einer E-Mail, die häufig von Smartphones und Desktop E-Mail-Programmen im Posteingang angezeigt werden. Auch hier wägt der Empfänger ab, ob es sich lohnt, den Newsletter zu öffnen. Nutzen Sie also diese wertvolle Stelle für einen zusätzliche Anreiz oder ergänzende Infos.

Nachdem diese Hürden gemeistert wurden, hat der Empfänger nun Ihren Newsletter geöffnet. Aber auch dies ist noch keine Garantie dafür, dass er den Newsletter auch wirklich liest. Ihr Newsletter muss auf den ersten Blick überzeugen und zum Weiterlesen animieren.

Die erste Regel ist hier die Wiedererkennung. Verzichten Sie auf unterschiedliche Layouts, und bauen Sie den Newsletter immer gleich auf. Das spart Ihnen nicht nur Arbeit, sondern sorgt auch beim Empfänger für bessere Orientierung. Passen Sie das Design des Newsletters Ihrem Online-Shop an. Dies gilt sowohl für den eigentlichen Aufbau als auch für Farben und Design. Fügen Sie ebenfalls Ihr Firmenlogo in den Header des Newsletters mit ein. Das steigert den Wiedererkennungswert und sorgt für zusätzliches Vertrauen.

Bei der Breite des Newsletters hat sich ein Maß von 600 Pixeln bewährt. Damit kann der Newsletter auch in Webmailern ohne horizontales Scrollen gut gelesen werden. Wie ein Newsletter idealerweise aufgebaut ist, sehen Sie in Abbildung 8.24.

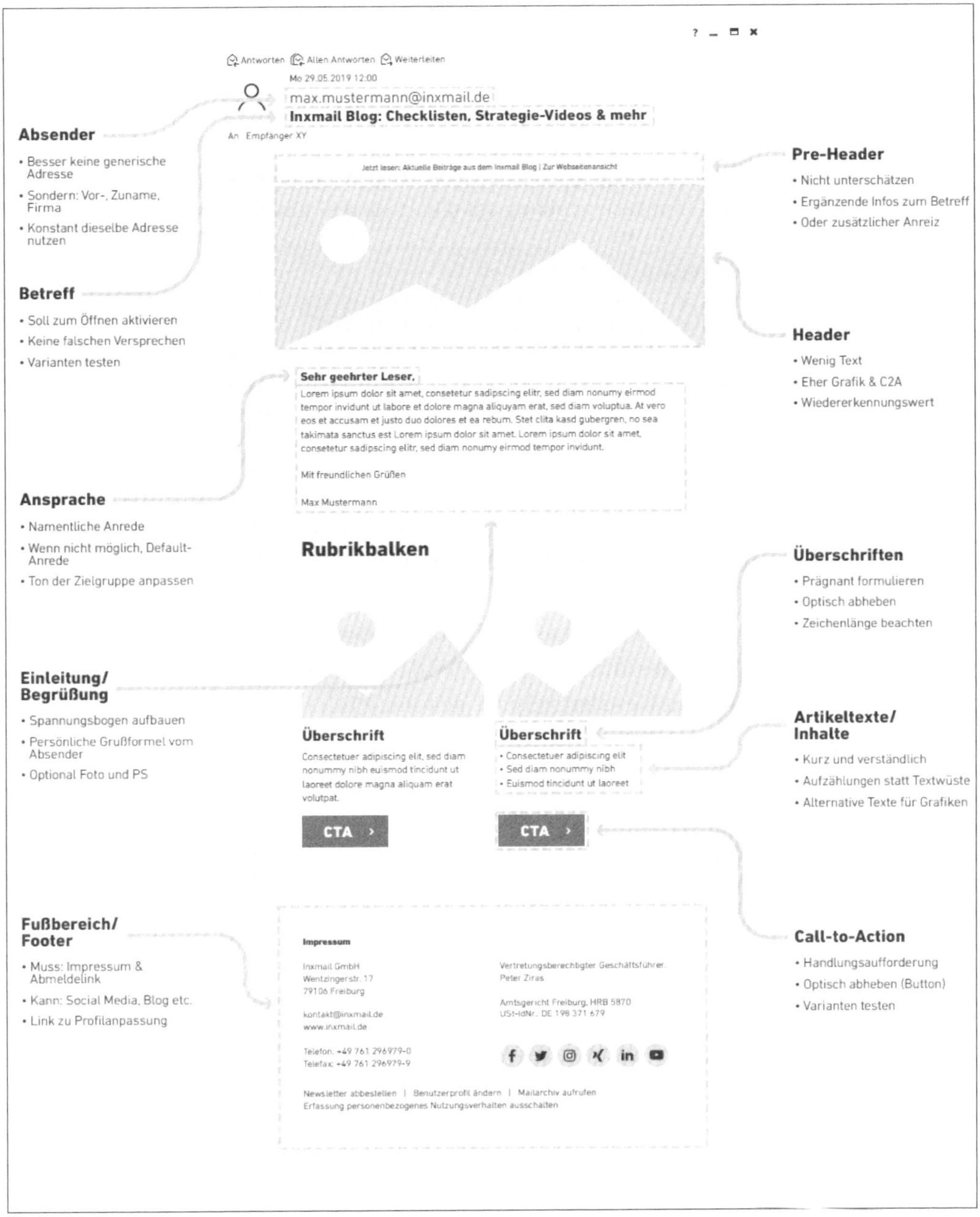

Abbildung 8.24 Typischer Aufbau eines Newsletters (Quelle: Inxmail)

Responsive HTML-Newsletter für mobile Endgeräte

Viele Nutzer öffnen und lesen E-Mails über mobile Endgeräte. Prüfen Sie anhand der Statistik Ihrer E-Mail-Marketing-Lösung, mit welchen Endgeräten Ihr Newsletter gelesen wird. Sollte dort ein großer Anteil von mobilen Nutzern verzeichnet werden, lohnt es sich, den Newsletter im Responsive Design zu gestalten. Responsive Design ermöglicht eine optimale Darstellung der Inhalte und erhöht die Usability für den Leser enorm. Auch auf die Bedienung über einen Touchscreen kann im Responsive Design eingegangen werden.

Es ist schön, wenn Sie Ihren Lesern viel mitteilen möchten. Im Newsletter sollten Sie sich aber eher kurz fassen und den Leser nicht mit zu viel Text und Informationen überfrachten. Drei bis maximal fünf Artikel in einem Newsletter sind absolut ausreichend. Machen Sie dem Leser im Newsletter Lust auf mehr. Teasern Sie die Artikel mit prägnanten Überschriften und kurzen Texten an, und verlinken Sie für weiterführende Informationen auf Ihren Shop.

Versetzen Sie sich dabei in die Rolle des Lesers. Welche Themen sind interessant, welche Produkte in Ihrem Shop könnten ihn interessieren, und was bewegt Ihre Branche aktuell? Ihr Newsletter buhlt mit anderen Informationen im Postfach um die Zeit des Nutzers. Mit langweiligen Artikeln haben Sie dabei keine Chance und riskieren nicht nur, dass der einzelne Newsletter nicht gelesen wird, sondern auch, dass sich der Abonnent vom Newsletter wieder abmeldet.

Schauen Sie sich auch regelmäßig die Klickraten innerhalb des Newsletters an. So finden Sie heraus, welche Themen für Ihre Leser besonders interessant waren. Die kommenden Newsletter können Sie dann darauf ausrichten und interessante Themen weiter vorne platzieren.

Bei der Gestaltung spielt auch das Newsletter-Format eine Rolle. Hier stehen entweder HTML oder Nur-Text-Formate zur Verfügung. Die Zustellbarkeit von Nur-Text-Mails ist zwar nach wie vor höher als die von HTML-Mails, dafür haben Sie dort außer dem Text keine weiteren Gestaltungsmöglichkeiten. In HTML hingegen können Sie neben dem reinen Text auch noch Bilder und Logos mit aufnehmen, was die emotionale Ansprache des Lesers erleichtert.

Um nicht auf die Gestaltungsmöglichkeiten in den E-Mails verzichten zu müssen und gleichzeitig sicherzugehen, dass Ihre Botschaft auch ankommt, sollten Sie E-Mails im Multipart-Format versenden. Dabei werden eine HTML- und eine Textversion zusammen in einer E-Mail versendet (siehe Abbildung 8.25). Ist die HTML-Ansicht beim Empfänger deaktiviert, wird automatisch die Nur-Text-Version angezeigt. Diese Funktion wird von jedem gängigen E-Mail-Marketing-Anbieter unterstützt.

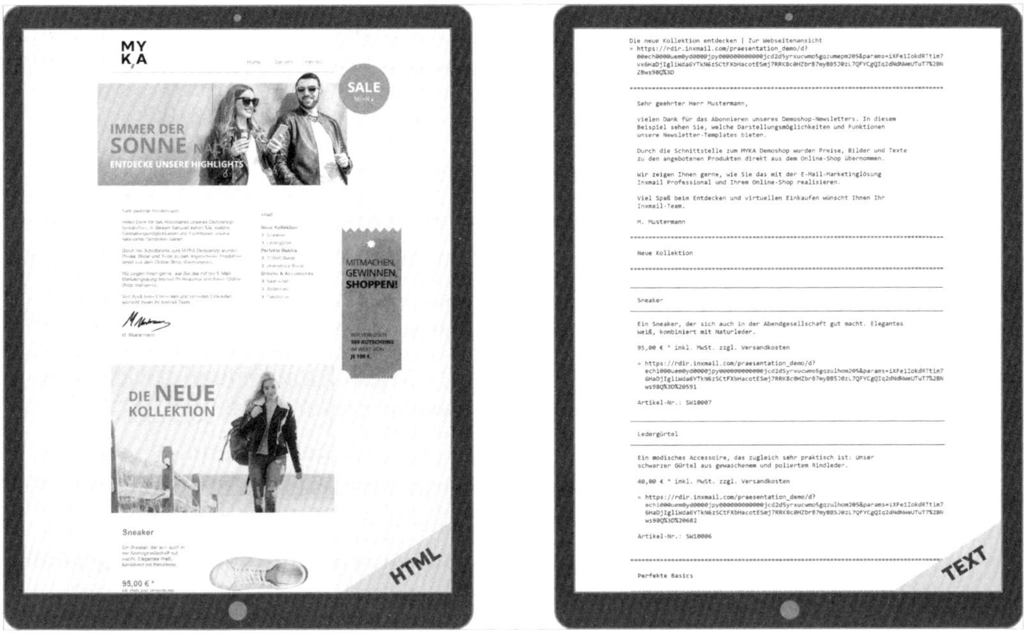

Abbildung 8.25 Beispiel einer Multi-Part-Mail (Quelle: Inxmail)

Rechtliche Aspekte des E-Mail-Versands

Vergessen Sie bei der Gestaltung des Newsletters nicht die rechtlichen Aspekte. Jeder Abonnent muss sich jederzeit über einen Link im Newsletter aus der Empfängerliste austragen können. Dabei muss der Abmeldevorgang einfach und unmissverständlich gestaltet sein. Per Single-Opt-out kann sich der Leser mit einem Klick vom Newsletter-Verteiler austragen und erhält anschließend auf einer Landingpage die Bestätigung über seine Abmeldung. Optional können Sie hier nach den Gründen fragen, weshalb sich der Nutzer vom Newsletter abgemeldet hat.

Neben Abmeldelink und Abmelde-E-Mail ist der List-Unsubscribe-Header eine weitere Möglichkeit zur Newsletter-Abmeldung. Falls der vom Empfänger genutzte E-Mail-Client diese Funktion unterstützt, wird ihm in der Benutzeroberfläche eine Schaltfläche angezeigt, über die er sich mit einem Klick aus dem Verteiler austragen lassen kann. Der List-Unsubscribe-Header hat keine Auswirkung auf die Gestaltung des Newsletters.

Stellen Sie sicher, dass abgemeldete Abonnenten nicht mehr angeschrieben werden. Interne Sperrlisten können helfen, das zu verhindern.

Wichtig ist es auch, die Abmeldefunktion regelmäßig zu überprüfen, um fehlerhafte Anmeldungen und somit zusätzlichen Aufwand für den Empfänger zu vermeiden.

Neben dem Abmeldelink muss der Newsletter auch über einen Link zum Impressum verfügen. Nach einer Entscheidung des OLG München (Az. 29 U 2681/03) ist es dabei ausreichend, wenn das Impressum vom Newsletter aus über maximal zwei Klicks erreicht werden kann. Wenn Sie rechtlich ganz auf der sicheren Seite sein möchten, sollten Sie das Impressum direkt in den Newsletter mit aufnehmen.

Versandzyklus und Versandtermin

Hinter jedem Newsletter steckt eine Menge Arbeit. Sie müssen Artikel schreiben, Bilder in guter Qualität zur Verfügung stellen und natürlich regelmäßig die Empfängerliste pflegen. Da ist es verständlich, wenn viele Shop-Betreiber den Newsletter dann versenden, wenn sie gerade Zeit haben. Das ist aber definitiv der falsche Weg.

Kommunizieren Sie am besten schon bei der Newsletter-Anmeldung, in welchen groben Zeitabständen die Mailings eintreffen werden oder noch besser: Lassen Sie den Abonnenten selbst entscheiden, wie oft er Post von Ihnen bekommen möchte. Der richtige Versandzyklus ist dabei im Wesentlichen von zwei Faktoren abhängig: Wie viel Zeit können und wollen Sie in den Newsletter-Versand investieren und wie oft gibt es relevante Themen zu berichten? Gerade beim zweiten Punkt ist weniger mehr. Versenden Sie nur E-Mails, wenn Sie auch wirklich relevante Informationen für den Nutzer haben. Eine allgemeine Regel, welcher Versandzyklus optimal ist, gibt es dabei nicht.

Prüfen Sie durch Split-Tests, welche Frequenz Ihre Leserschaft bevorzugt und achten Sie auf die Reaktionen. Wie viele Nutzer melden sich von dem Newsletter-Verteiler ab, und wie viele geben ein positives Feedback entweder in Form einer direkten Kontaktaufnahme oder indirekt in Form einer Bestellung im Online-Shop? Mit dieser Methode können Sie am besten herausfinden, wie viele Newsletter an Ihre Empfänger versendet werden sollten.

Dasselbe gilt für den Versandzeitpunkt: Split-Tests helfen Ihnen, sich an den für Ihre Zielgruppe besten Versandtermin heranzutasten. Generell macht es Sinn, eher antizyklisch und nicht zur vollen Stunde zu versenden, um die empfangenden Mailserver nicht zu überlasten. Auch eher ungewöhnliche Versandzeiten können erfolgreich sein. Probieren Sie es aus.

In jedem Fall ist es hilfreich, so viel wie möglich über seine Leserschaft zu wissen. Stocken Sie Ihre Daten mit zusätzlichen Informationen über Ihre Empfänger auf – natürlich rechtskonform – und sie werden sehen: Je mehr Sie über Ihre Abonnenten wissen, desto besser performt Ihr Mailing.

8.6.3 Auswahl an E-Mail-Marketing-Anbietern im Überblick

Es gibt unzählige Anbieter für E-Mail-Marketing. Auch wenn die Hauptanwendung, E-Mails zu versenden, natürlich bei allen Anbietern möglich ist, gibt es doch eine Reihe von Unterschieden, die die Auswahl des optimalen Anbieters erschweren. Während sich manche Anbieter tatsächlich auf die Speicherung der Empfängerdaten und den Versand der E-Mails konzentrieren, haben sich andere zu Marketing Automation Tools entwickelt. Je mehr Funktionen eine Lösung enthält, desto höher sind in der Regel auch die Investitionen in diese. Einfach blind den Anbieter mit dem größten Funktionsumfang auszuwählen, ist in diesem Fall also nicht zielführend. Definieren Sie zuerst Ihre Anforderungen. Was muss der Anbieter können? Möchten Sie »nur« E-Mails versenden, oder benötigen Sie Zusatz-Features, wie zum Beispiel integrierte Produktempfehlungen oder Automatisierungen? Wünschen Sie zusätzliche Beratung oder Services? Beachten Sie dabei auch, dass Ihnen die Bedienung des Tools »sympathisch« sein muss. Die einzelnen Features der verschiedenen Anbieter aufzuzählen, würde den Umfang des Buches bei Weitem sprengen. Aus diesem Grund haben wir im Folgenden die Lösungen nach »Do it yourself«- und Profilösungen zusammengefasst. Die Grenzen sind aber fließend, und die Aufstellung soll lediglich bei der groben Orientierung helfen.

Do it yourself

Bei den Einsteigerlösungen handelt es sich um Tools mit solidem, aber nicht übermäßigem Funktionsumfang. Sie können mit allen Anbietern E-Mails an verschiedene Verteiler versenden, haben eine Reportfunktionalität und sind alle browserbasiert. Der Vorteil des geringeren Funktionsumfangs ist, dass Sie relativ schnell durchstarten können, und natürlich auch der günstigere Preis spricht für diese Lösungen. Die E-Mail-Anbieter bieten meist auch Prepaid-Modelle an, über die der Versand ohne Vertragsbindung möglich ist. Die Erstellung der Templates und Inhalte kann in der Regel selbst vorgenommen werden. Die meisten Anbieter haben aber kostenpflichtige Zusatzleistungen im Programm und können dann auch diese Aufgaben übernehmen.

Anbieter in diesem Segment sind:

- *www.cleverreach.com*
- *www.sendinblue.com*
- *www.mailchimp.com*
- *www.rapidmail.de*

Profilösungen

Natürlich bieten die »Profilösungen« alle Features der DIY-Anbieter. Darüber hinaus bieten sie noch weitere Funktionalitäten an. Mit ihnen lässt sich zum Beispiel der Newsletter höher automatisieren, sodass Sie zum Beispiel aufgrund des Surfverhaltens des Besuchers personalisierte Newsletter versenden können. Typisches Beispiel dafür sind Cross-Selling-Angebote auf Basis bereits gekaufter Artikel oder das automatische Anschreiben von Warenkorbabbrechern, um diese doch noch zum Kauf zu animieren. Außerdem können über diese Tools Kontaktstrecken aufgebaut werden. Ein Beispiel dafür ist der Versand von Gutscheinen und anschließend von automatischen Nachfass-E-Mails an alle, die den Gutschein nicht eingelöst haben.

Anbieter in diesem Segment sind:

- *www.inxmail.de*
- *http://www.optimizely.com/*
- *www.emarsys.de*
- *www.sc-networks.de*

8.7 Paketbeilagen und Gutscheinnetzwerke

Eine weitere interessante Form der Werbung sind die Paketbeileger und Gutscheine. Über Werbung in Ihren Paketen können Sie Bestandskunden zu weiteren Einkäufen animieren, und über Beileger in Paketen anderer Online-Shops können Sie Neukunden gewinnen. Vor allem die erste Form ist eine sehr günstige Methode, zusätzliche Umsätze zu generieren. Gut bewährt haben sich hier Gutscheine, die der Kunde bei der nächsten Bestellung einlösen kann. Der Druck der Flyer ist über diverse Online-Druckereien extrem günstig, und den Rabatt, den Sie durch den Gutscheincode gewähren, sparen Sie auf der anderen Seite bei den Marketingausgaben für zum Beispiel Google Ads wieder ein. Selbst wenn Sie bei jeder Bestellung einen Rabatt gewähren müssen, ist es unter Umständen immer noch günstiger, als wenn der Kunde jedes Mal über andere Werbekanäle wieder in den Shop kommt. Dadurch, dass Sie nur in die eigenen Pakete Beilagen legen können, bauen Sie aber natürlich Ihren Kundenstamm nicht weiter aus, sondern animieren immer nur die bereits bestehenden Kunden. Wenn Sie mit Paketbeilagen neue Kundengruppen erschließen möchten, bieten sich sogenannte Bannertausch-Netzwerke an. Darüber haben Sie die Möglichkeit, Beileger auch in Pakete anderer Online-Shops zu legen. Über die Auswahl der Partner-Shops lässt sich dann auch indirekt gut die Zielgruppe selektieren. Suchen Sie sich Online-Shops mit ergänzendem Sortiment aus. Dadurch haben Sie eine gute Chance, die richtige Zielgruppe zu erreichen. Wenn Sie auf die Beileger einen Gutscheincode oder eine spezielle URL drucken, kann der Erfolg auch gut gemessen werden.

Anbieter für Paketbeilagen sind:

- *www.paketplus.de*
- *www.paketwerbung.de*
- *www.dimabay.de*

Neben der Beilage von gedruckter Werbung oder gedruckten Gutscheinen ist es ebenfalls möglich, Gutscheine im Check-out anderer Shops anzuzeigen. Bedingung ist aber meist, dass auch Sie in Ihrem Check-out Gutscheine anderer anbieten. Natürlich können direkte Marktbegleiter davon ausgeschlossen werden, sodass man die Anzeige im Check-out durchaus auch als Kundenvorteil sehen kann.

Anbieter für Gutscheintausch ist zum Beispiel:

- *www.sovendus.de*

8.8 Erarbeitung einer optimalen Online-Marketing-Strategie

Sie haben bisher in diesem Kapitel einige wichtige Marketingkanäle für Ihren Online-Shop kennengelernt. In diesem Abschnitt soll es darum gehen, wie Sie am besten methodisch vorgehen, um dieses Wissen auf Ihren Shop zu übertragen:

1. **Rahmenbedingungen klären**
   Wie viel Budget und Zeit steht Ihnen zur Verfügung? Können Sie die Kampagnen selbst entwerfen und betreuen, oder beauftragen Sie Mitarbeiter oder eine externe Agentur damit? Denken Sie auch daran, dass die Kampagnen dauerhaft überwacht und optimiert werden müssen. Auch das wird Zeit in Anspruch nehmen.
2. **Ziele definieren**
   Was kennzeichnet eine erfolgreiche Kampagne? Kann der Erfolg nur in kurzfristigem Umsatz gemessen werden, oder gibt es eventuell auch Teilerfolge, wie zum Beispiel Erhöhung der Newsletter-Abonnenten? Bei höherpreisigen und beratungsintensiven Artikeln ist sicherlich auch das Ausfüllen des Kontaktformulars ein (Teil-)Erfolg. Kalkulieren Sie auch mit konkreten Eurowerten. Wie viel Euro ist Ihnen zum Beispiel ein neuer Newsletter-Abonnent wert? Dadurch kann der Erfolg konkreter mit den Kosten gegengerechnet werden.
3. **Generelle Ausrichtung überlegen**
   Die Kampagnen müssen zum Image Ihres Online-Shops passen. Wofür steht Ihr Shop? Wenn Sie hochwertige und hochpreisige Artikel verkaufen, ist ein bunt blinkendes Banner mit satten Rabatten sicherlich das falsche Medium. Auch wenn Sie damit vielleicht sogar kurzfristig erfolgreich sind, wird es dem Image dauerhaft schaden. Wählen Sie aufgrund dieser Überlegungen auch die Seiten, auf denen Ihre Werbung erscheint, sorgfältig aus. In welchem Umfeld soll Ihr Online-Shop auftauchen? Nicht zu vergessen, ist natürlich auch die Frage, wer eigentlich Ihre Zielgruppe ist. Wen möchten Sie ansprechen und wie möchte diese Zielgruppe angesprochen werden? Sinnvoll ist es auch, sich dafür Personas zu erstellen. Das ermöglicht Ihnen, Ihre Zielgruppe besser vorzustellen und damit auch mehr Verständnis für die Zielgruppe zu entwickeln.
4. **Konkrete Marketingkanäle auswählen**
   Mit welchen Marketingkanälen können Sie die gesetzten Ziele am besten erreichen? Sollten Sie noch keine Erfahrung mit der Online-Werbung haben, fangen Sie

am besten klein an. Starten Sie mit einem niedrigeren Budget und zwei bis drei Kampagnen zum Test.

5. **Kalkulieren Sie die gewählte Abrechnungsart**
   Wie Sie in diesem Kapitel gelesen haben, gibt es nicht nur verschiedene Werbeformen, sondern dazu passend auch verschiedene Abrechnungsmethoden. Sollte es bei einer von Ihnen gewählten Kampagne unterschiedliche Modelle geben, kalkulieren Sie auf jeden Fall, ob es sich bei der von Ihnen gewählten tatsächlich um die günstigste handelt. Kampagnen mit einer variablen Vergütung sind zu Anfang prinzipiell zu empfehlen, weil das Risiko für Sie relativ gering ist. Eventuell sind diese Kampagnen aber nicht die günstigsten.
6. **Schauen Sie sich um**
   Auch wenn Sie Ihrer eigenen Linie natürlich treu bleiben sollten, schadet es nicht, auch mal beim Wettbewerb zu schauen, welche Maßnahmen dort ergriffen werden. Welche Kundenansprache wurde dort gewählt, und auf welchen Seiten ist die Werbung zu sehen? Manchmal sollte man sich auch die Frage stellen, warum Ihr Wettbewerb auf manchen Seiten nicht aktiv ist. Vielleicht wurden dort schlechte Erfahrungen gemacht, und Sie sollten deshalb den Kanal nochmals genauer prüfen.
7. **Analysieren**
   Ohne eine professionelle Webanalyse ist es unmöglich, erfolgreich Online-Marketing zu betreiben. Installieren Sie deshalb solch eine Lösung in Ihrem Online-Shop, und definieren Sie dort Ihre Ziele. Nur dadurch ist es möglich, die Erfolge des Online-Marketings zu messen. Wie Sie eine Webanalyse professionell einrichten, können Sie in Kapitel 12, »Der Kompass im E-Commerce – Conversion-Messung und -Optimierung«, nachlesen.
8. **Optimieren**
   Keine Online-Kampagne kann Ihnen Kunden in den Shop bringen. Sie bekommen lediglich Interessenten. Ob der Interessent dann tatsächlich etwas kauft, liegt nicht mehr an der Kampagne selbst, sondern kann auch die Ursache im Shop haben. Beziehen Sie daher den Shop in Ihre Optimierungen mit ein. Es nützt nichts, wenn Sie durch Marketingkampagnen sehr viele Interessenten gewinnen, die aber dann im Kaufprozess hängen bleiben.
9. **Bleiben Sie am Ball**
   Auch wenn Sie den für Ihren Shop optimalen Marketingmix gefunden haben, sollten Sie sich trotzdem regelmäßig über die Trends der Branche informieren. Die Online-Branche ist sehr schnelllebig. Ständig kommen neue Werbemöglichkeiten und Technologien hinzu. Dabei müssen Sie nicht jeden Trend sofort mitmachen, Sie sollten ihn aber auf jeden Fall prüfen.

8.9 Shopbasiertes Marketing

Viele Shop-Betreiber stecken sehr viel Zeit, Geld und Energie in externe Marketingkanäle, um so möglichst viele interessierte Besucher in den Shop zu bekommen. Wenn diese dann erst einmal im Shop sind, regiert häufig eher das Prinzip Hoffnung. Aber gerade, wenn der potenzielle Kunde sich schon im Shop befindet, ist es umso wichtiger, ihn tatsächlich zum Kaufen zu animieren bzw. den Warenkorbwert durch zielgerichtete Angebote noch weiter zu erhöhen.

Am besten stellen Sie sich Ihren Shop als ein großes Kaufhaus vor. Auch dort wird nicht darauf vertraut, dass der Kunde mit vollem Einkaufskorb zur Kasse geht. Es gibt spezielle Warenpräsentationen, Mitnahmeartikel an der Kasse und schließlich gut geschulte Verkäufer. All das zum Zweck, möglichst viel Umsatz zu generieren.

Auch im Online-Shop gibt es die Möglichkeit der internen Marketingmaßnahmen. Auch dort können Sie beispielsweise über Banner auf spezielle Angebote hinweisen oder den Verkäufer durch eine gute Suche und automatische Produktvorschläge ersetzen. Durch solche Funktionen können Sie sich auch von Ihrem Wettbewerb abheben und allgemein die Attraktivität Ihres Shops steigern.

8.9.1 Interne Banner

Jedes Shop-System bietet die Möglichkeit, an unterschiedlichen Stellen Werbebanner einzublenden. Mit diesen Bannern können Sie auf besondere Angebote oder Dienstleistungen hinweisen. Mit einfachen Mitteln können Sie damit Interesse für andere Kategorien wecken und zusätzliche Produkte abverkaufen. Versuchen Sie auch, den Weg des Kunden dadurch zu lenken, dass Sie ihm immer wieder andere Produkte und Kategorien anzeigen, sodass er möglichst lange in Ihrem Shop bleibt und mit möglichst vielen Produkten in Kontakt kommt.

Achten Sie aber darauf, dass die Banner zu dem Layout des Shops passen. Ideal ist es, wenn Sie sich eine Bannervorlage erstellen, die Sie dann regelmäßig ändern. Wie häufig das geschehen soll, hängt in erster Linie von Ihrem Sortiment ab. Mit dem Sortiment ist nämlich die durchschnittliche Besuchsfrequenz eng verbunden. Wie oft kommt ein Kunde in Ihren Shop, und welche Möglichkeiten gibt es, die Frequenz zu erhöhen? Bei wenig emotionalen Produkten, die vielleicht sogar nur alle paar Jahre angeschafft werden, ist es sicherlich schwieriger, die Frequenz zu erhöhen, als zum Beispiel in den Bereichen Fashion oder Unterhaltungselektronik. Spätestens nach zwei Wochen sollten Sie aber wenigstens einen Teil der Banner austauschen, um Ihren Besuchern Neues zu präsentieren. In Abbildung 8.26 sehen Sie, wie Sie mit einfachen Bannern auf der Startseite auf Ihre Angebote und Vorteile hinweisen können.

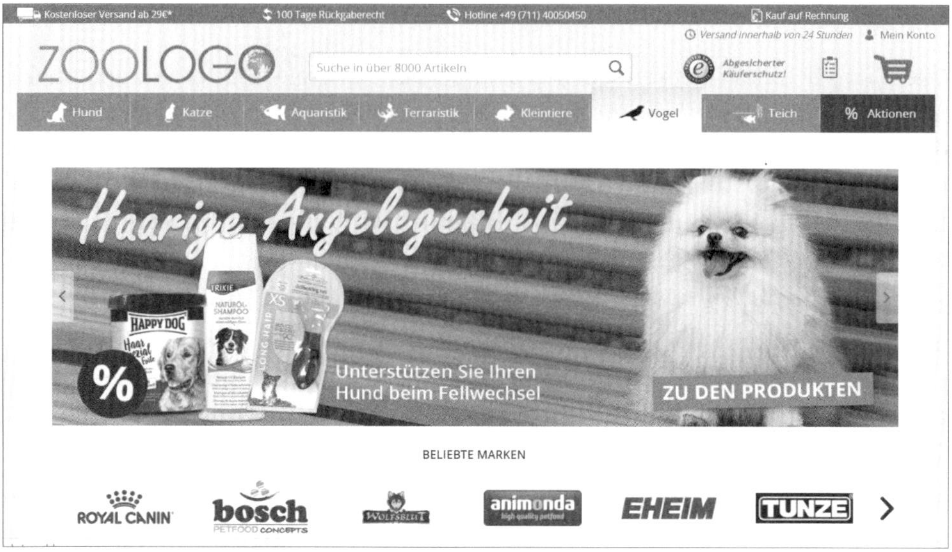

Abbildung 8.26 Produktwerbung auf der Startseite von www.zoologo.de

8.9.2 Automatische Produktvorschläge – Recommendations

Der Nutzer entscheidet innerhalb von Millisekunden, ob ihn das Angebot anspricht oder nicht. Sie können nicht erwarten, dass sich ein Nutzer minutenlang durch Ihr Produktangebot scrollt. Umso wichtiger ist es, dass auf den prominenten Platzierungen auch für den Nutzer relevante Produkte angezeigt werden.

Auch hier gibt es wieder ein passendes Beispiel aus dem stationären Handel. Wenn ein Mann in einem Schuhgeschäft nach Schuhen fragt, wird ihm der Verkäufer keine Damenpumps, sondern eine Auswahl an Herrenschuhen zeigen. Ist er in diesem Laden Stammkunde und beim Verkäufer bekannt, wird dieser anhand der vorherigen Beratung und der bisher gekauften Produkte noch detaillierter auf die Kundenwünsche eingehen. Gute Verkäufer zeigen dann auch nicht nur Schuhe, sondern auch noch passende Pflegemittel und vielleicht sogar die passenden Socken. Der Kunde fühlt sich bei solch einem Verkäufer gut aufgehoben, und der Verkäufer hat mit einem Kunden einen höheren Umsatz generiert.

Zugegeben, der echte Verkäufer hat natürlich den Vorteil, dass er eine reale Person vor Augen hat und schon darüber auf gewisse Vorlieben dieser Person schließen kann. Das ist im Online-Handel natürlich nicht möglich; dafür können Sie aber auf umfangreichere Datenquellen zugreifen und darüber passendere Produkte anzeigen. Als erster großer Online-Shop hat Amazon personalisierte Produktvorschläge im Shop ausgespielt. Hat man sich also für ein bestimmtes Produkt interessiert, bekommt man zum Beispiel beim nächsten Besuch auf der Startseite verwandte Produkte angezeigt.

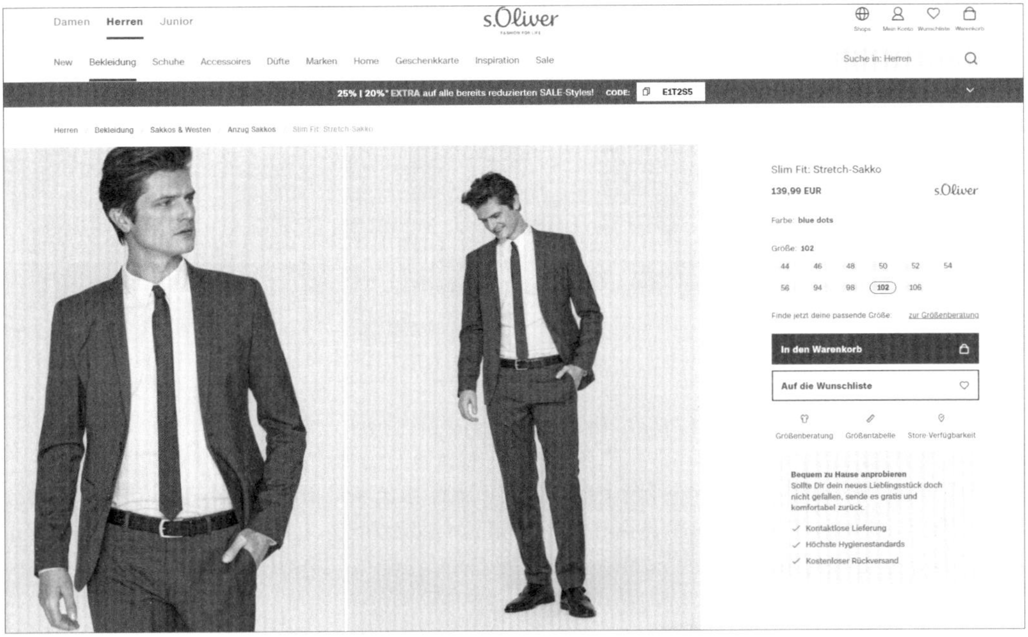

Abbildung 8.27 Produktdetailseite mit Sakko auf s.Oliver

Das ist aber nur ein Anwendungsgebiet. Auch im Warenkorb oder auf der Produktdetailseite können Empfehlungen angezeigt werden. Vergessen Sie dabei nicht, dass Recommendation Engines nicht nur dazu da sind, Zusatzverkäufe zu generieren – sie helfen auch dabei, den Besucher überhaupt erst einmal zum Kauf zu animieren. Die meisten Besucher steigen direkt auf den Produktdetailseiten ein, weil sie auf einen Link zum Beispiel auf Google oder in einer Preissuchmaschine geklickt haben. In dem Moment sollten Sie nicht daran denken, wie Sie dem Kunden auch noch ein Zusatzprodukt verkaufen können. Jetzt geht es einzig und allein um Relevanz für den Kunden. Sie müssen ihm klarmachen, dass Sie der Experte für die Produktgruppe sind, die er sich gerade anschaut. Schaut er sich zum Beispiel ein Sakko an, zeigen Sie ihm auf der Produktdetailseite andere Sakkos.

Sie müssen aber nicht Amazon heißen, damit Sie passende Empfehlungen ausspielen können. Auch in Ihrem Shop sind solche Produktvorschläge möglich. Es gibt eine Reihe von Anbietern, die solch eine *Recommendation Engine* anbieten. In manchen Shop-Systemen ist solch eine Lösung, wenn auch nur mit rudimentären Funktionen, bereits im Standard integriert. Das Vorgehen ist dabei immer sehr ähnlich. Über einen Trackingcode, den Sie in Ihrem Shop integrieren müssen, weiß der Anbieter ganz genau, welche Produkte in Kombination gekauft, angeschaut und in den Warenkorb gelegt werden. Über eine spezielle Logik werden aus diesen Informationen in Kombination mit weiteren Datenquellen Produktvorschläge generiert.

Abbildung 8.28 Ähnliche Produkte auf der gleichen Seite

Diese Produktvorschläge können dann nicht nur, wie in diesem Beispiel, auf der Startseite angezeigt werden, sondern sind auf jeder beliebigen Seite im Shop möglich. Durch unterschiedliche Regelwerke sind dann unter anderem folgende Szenarien abbildbar:

- **Empfehlungen auf der Startseite:** Empfehlungen aufgrund des letzten Besuchs – so wird der Kunde schon von den Produkten begrüßt, die ihn sehr wahrscheinlich interessieren
- **Empfehlungen auf der Produktdetailseite:** alternative Produkte, wie zum Beispiel statt der Jacke in Blau auch die Jacke in Grün; ergänzende Produkte, wie zum Beispiel die passende Hose zur Jacke oder auch das Pflegespray zu den Schuhen
- **Empfehlungen im Warenkorb:** Produkte, die zum bisherigen Surfverhalten passen. Hier bietet sich an, Mitnahmeartikel mit niedrigerem Preis zu positionieren, die dann einfach dem Warenkorb hinzugefügt werden können, ähnlich wie bei der Kassenzone im stationären Handel. Auch dort sind die Artikel zu finden, die ohne großes Überlegen in den Einkaufswagen gelegt werden.
- **Empfehlungen im Check-out:** Eher Produkte im unteren Preissegment. Auch reduzierte Sonderangebote können dort positioniert werden. Sollten Sie in Ihrem Shop eine Versandkostenfreigrenze haben, lassen Sie diese Information in die Empfehlungen mit einfließen. Bieten Sie gezielt Produkte an, deren Wert für eine versandkostenfreie Lieferung ausreicht.

Bei Recommendation Engines sind zwei Preismodelle verbreitet. Bei dem einen zahlen Sie einen monatlichen Fixpreis, ganz egal, wie intensiv Sie die Lösung einsetzen und wie erfolgreich diese ist. Abhängig ist dieser Preis lediglich davon, wie viele Seitenaufrufe in Ihrem Shop pro Monat anfallen. Das andere Modell ist abhängig von der Performance des Shops. Es kostet Sie also nur etwas, wenn ein Produkt über eine Empfehlung verkauft wurde.

Anbieter von Recommendation Engines sind zum Beispiel:

- *www.econda.de*
- *www.prudsys.com*
- *www.epoq.de*
- *www.dynamicyield.com*
- *www.fact-finder.de*

8.9.3 Interne Suche

Nicht jeder Kunde wird die Kategorienstruktur wählen, um zu dem gewünschten Produkt zu gelangen. Ein nicht unwesentlicher Teil nutzt dazu die interne Suche und verwendet dabei recht abenteuerliche Suchbegriffe, wie Sie in Abbildung 8.29 sehen können. Bei dieser Suchanfrage wurde »adidas« fälschlicherweise mit doppeltem »d« geschrieben. Mit einer Standardsuche, wie sie jeder Shop anbietet, hätte es hier keinen Treffer gegeben.

Abbildung 8.29 Falsche Schreibweise von »adidas«: Trotzdem findet der Shop die Produkte.

Der Besucher hätte wahrscheinlich gedacht, dass der gewünschte Artikel nicht im Shop verfügbar ist, und hätte den Shop ohne eine Bestellung verlassen. Im Beispiel in Abbildung 8.30 verfügt der Shop aber über eine fehlertolerante Suche, die dafür sorgt, dass die gewünschten Artikel trotzdem gefunden werden.

Dies funktioniert auch nicht nur bei Falschschreibweisen, sondern auch bei unterschiedlichen Begriffen für ein und dasselbe Produkt. Die Begriffe Laptop und Notebook werden synonym verwendet. Wenn aber in Ihrem Shop bei dem Artikel nicht beide Begriffe verwendet werden, wird über eine Standardsuche nichts gefunden, wenn genau der »falsche« Begriff eingegeben wurde. Auch in solch einem Fall kann die fehlertolerante Suche helfen. Obwohl in dem Beispiel in Abbildung 8.30 nach »Laptop« gesucht wurde, werden »Notebooks« angezeigt.

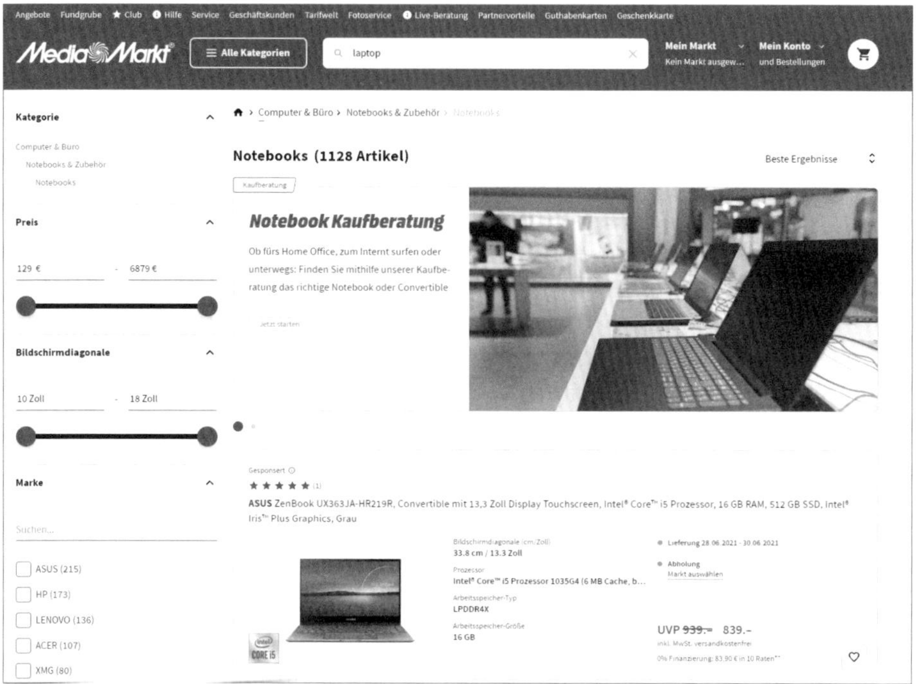

Abbildung 8.30 Fehlertolerante Suche auf www.mediamarkt.de

Eine weitere Funktion der fehlertoleranten Suche ist die Suggest-Funktion. Hier bekommt der Nutzer bereits während der Eingabe Vorschläge unterbreitet, wie Sie in Abbildung 8.31 sehen. Gute Systeme merken sich dabei, welche Artikel bei welcher Eingabe besonders häufig ausgewählt wurden, und zeigen diese daraufhin bei zukünftigen Anfragen weiter oben an. Dies steigert die Relevanz der Vorschläge und erhöht somit auch die Usability im Shop.

Nicht nur keine Treffer in der Suche sind mangelhaft. Auch wenn zu viele Ergebnisse ausgegeben werden, ist das für den Nutzer nicht hilfreich. Zu viele Ergebnisse erscheinen, wenn der Suchbegriff zu allgemein gehalten ist. Eine Suche bei Zalando nach Herrenschuhen bringt zum Beispiel mehr als 11.000 Ergebnisse. Der Nutzer wird mit diesem Suchergebnis nichts anfangen können, denn die Auswahl ist immer noch zu groß.

Um das Ergebnis weiter einzugrenzen und somit dem Nutzer eine Entscheidungshilfe zu geben, ist der Einsatz einer After-Search-Navigation sinnvoll, wie Sie sie in Abbildung 8.32 sehen. Mit dieser kann der Nutzer die Ergebnisse über weitere Filter eingrenzen, wie zum Beispiel Größe oder Preis.

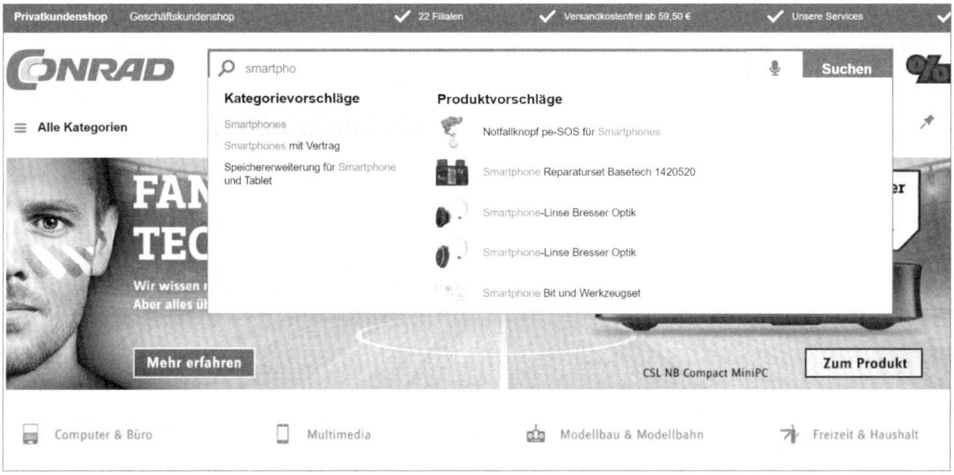

Abbildung 8.31 Autosuggest auf www.conrad.de

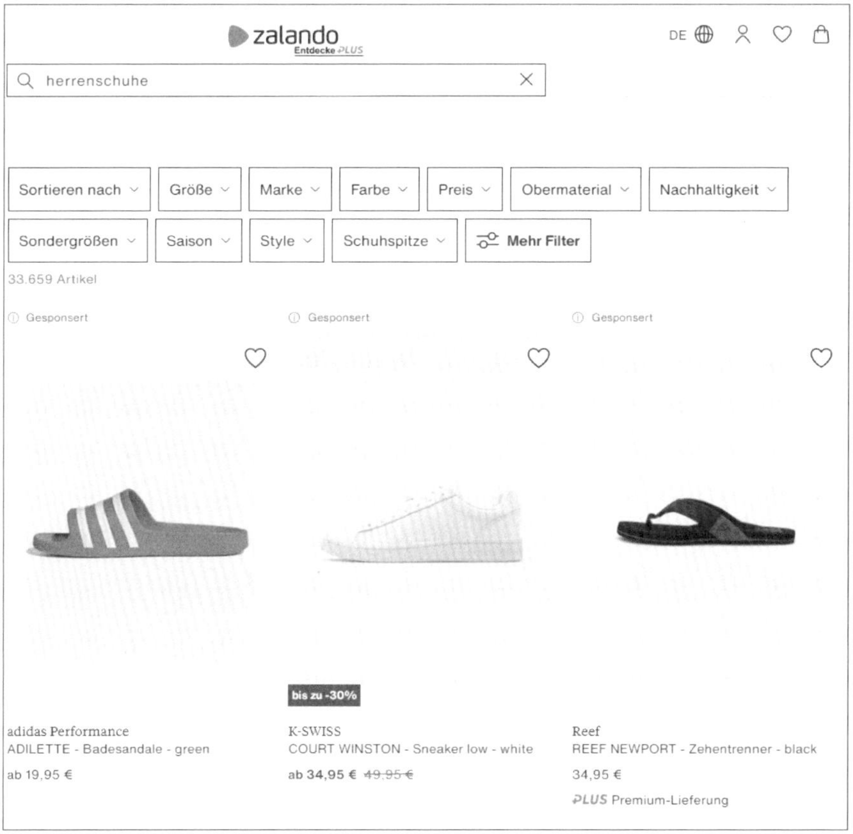

Abbildung 8.32 After-Search-Navigation bei Zalando

Der Nutzer wird somit noch weiter im Kaufprozess geführt und findet auch genau das, wonach er gesucht hat. Die interne Suche und speziell die After-Search-Navigation haben einen großen Einfluss auf die Conversion.

8.10 Fazit

Machen Sie Ihren Shop bekannt! Wenn niemand Ihren Shop findet und aufsucht, wird auch niemand etwas bei Ihnen kaufen. Um im Internet gefunden und bekannt zu werden, stehen Ihnen verschiedene Marketingmaßnahmen zur Verfügung. Bevor Sie sich für eine oder auch mehrere Möglichkeiten entscheiden, sollten Sie zuerst ein Ziel definieren. Was möchten Sie mit Ihren Marketingaktionen erreichen? Während sich Affiliate Marketing und auch Preissuchmaschinen sehr stark am Abverkauf orientieren, gilt es, Ihren Shop mit klassischer Displaywerbung bekannt zu machen. Es ist egal, ob Branding oder Performance bei Ihren Kampagnen im Vordergrund stehen. Planen Sie Ihr Budget sorgfältig, und setzen Sie auf keinen Fall alles auf eine Karte. Gerade wenn Sie noch keine Erfahrung mit der jeweiligen Maßnahme gesammelt haben, sollten Sie zuerst mit einem geringeren Budget diesen Kanal testen.

Wenn Sie das Marketingbudget richtig eingesetzt haben, wovon ich nun ausgehe, haben Sie genau die richtige Zielgruppe angesprochen. Dessen müssen Sie sich auch immer bewusst sein. Die Besucher in Ihrem Online-Shop haben einen Bedarf und wollen kaufen. Die Frage ist nur, wann und wo sie kaufen werden. Es ist also in dem Moment Ihre Aufgabe, aus dem »Wann und Wo« ein »Hier und Jetzt« zu machen. Jeder Besucher hat Sie Geld und/oder Mühe gekostet, damit er erst einmal Ihren Shop besucht. Deshalb sollten Sie mindestens genauso viel Aufwand in die Optimierung des Kaufverhaltens stecken wie in die Akquise der Shop-Besucher.

Kapitel 9
Content Marketing

Der Kunde möchte nicht nur rein Produkte shoppen, sondern er möchte auch Informationen über diese erhalten und im Shop die Tipps bekommen, die ihn bei einem erfolgreichen Einsatz der Produkte unterstützen.

Content Marketing erlebte gerade in den letzten Jahren einen regelrechten Boom. Früher oft belächelt, ist es heute bei vielen Unternehmen fester Bestandteil im Marketingmix. Der größte Unterschied zwischen dem klassischen und dem Content Marketing ist die übermittelte Botschaft. Im klassischen Marketing setzten viele noch auf die Botschaft »Wir sind der beste, schnellste und günstigste Anbieter für Produkt X, kauf es sofort bei uns!« Content Marketing geht einen anderen Weg und stellt den Kunden bzw. dessen Bedürfnisse in den Vordergrund. Es geht im ersten Schritt nicht darum, den potenziellen Kunden zum Kaufen zu animieren, sondern um die Botschaft: »Wir sind die Experten und unterstützen dich bei deiner Herausforderung.« Ein gutes Beispiel für Content Marketing finden Sie zum Beispiel auf *http://www.obi.de/ratgeber*. Dort lesen Sie allerhand Tipps und Tricks zum Thema Garten und Heimwerken. Obi verzichtet auf diesen Seiten bewusst auf klassische Marketingbotschaften oder Produktpräsentationen und stellt die Problemlösung in den Vordergrund, wie Sie in Abbildung 9.1 sehen können.

Obi macht das natürlich nicht aus reiner Nächstenliebe, sondern verfolgt schon das Ziel, über solche Aktionen Umsatz und Kunden zu generieren. Zum einen möchte sich Obi mit dieser Aktion als idealer Partner für die diversen Aufgaben präsentieren, zum anderen lockt der Baumarkt damit aber natürlich auch neue Kunden in den Shop.

Sie müssen sich also nicht zwischen klassischem (Online-)Marketing und Content Marketing entscheiden, sondern sollten beides in Ihren Marketingplan mit aufnehmen. Das klassische Marketing über die unterschiedlichen Kanäle hilft Ihnen dabei, erst einmal Besucher in den Shop zu bekommen, und eine optimale Content-Strategie hilft dann dabei, diese Besucher davon zu überzeugen, dass genau Ihr Shop der ideale Partner für ihre Probleme ist. Auf der anderen Seite hilft der zusätzliche Content aber auch dabei, in Suchmaschinen besser gelistet zu sein und somit mehr Besucher in den Shop zu bekommen.

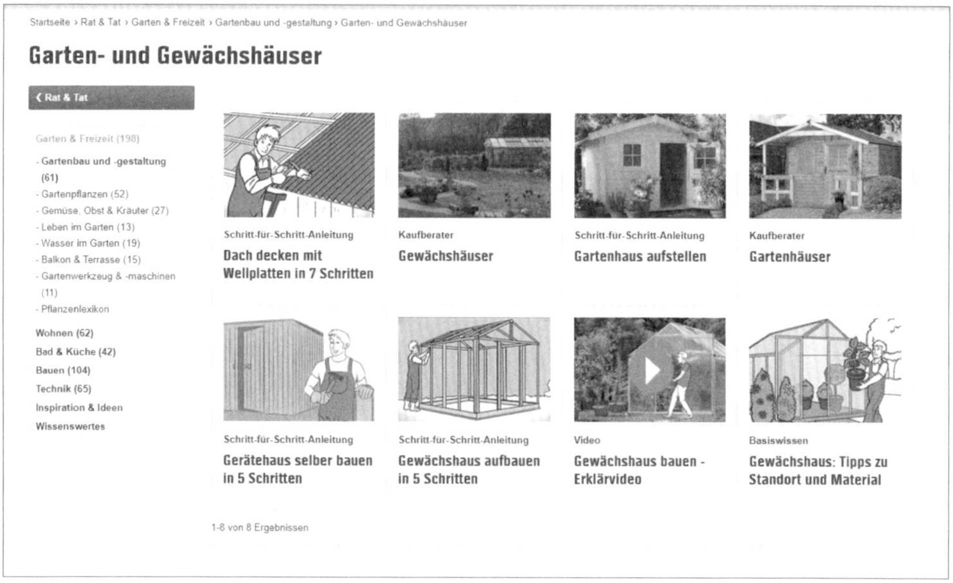

Abbildung 9.1 Ratgeberbereich auf http://www.obi.de/

9.1 Ihre Zielgruppe für den Shop

Bevor Sie sich mit dem Wie und Was des Content Marketings beschäftigen, steht die große Frage: Für wen? Für wen produzieren Sie den Content, wen wollen Sie damit erreichen? Diese Frage sollten Sie sich zwar generell auch ohne Content Marketing stellen, je mehr individuellen Content Sie aber produzieren, desto mehr Einfluss können Sie auf Ihre Zielgruppe nehmen und desto wichtiger ist es, sich vorab mit dieser zu beschäftigen. Viele Fragen können erst beantwortet werden, wenn Sie Ihre Zielgruppe kennen:

- Soll ich in meinen Texten duzen oder siezen?
- Wie lang darf/muss ein Text sein?
- Sollen die Texte in einer einfachen Sprache verfasst sein oder dürfen auch Fachbegriffe verwendet werden?
- Welche Marketingkanäle versprechen den meisten Erfolg?

Diese Liste kann noch unendlich fortgesetzt werden. Die Antwort auf all diese Fragen lautet immer gleich: Es kommt auf die Zielgruppe an.

9.1.1 Personas erstellen

Es reicht nicht aus, wenn Sie Ihre Zielgruppe als weiblich oder männlich, alt oder jung beschreiben, sondern Sie brauchen ein detaillierteres Bild Ihrer potenziellen Kunden.

Ein optimales Werkzeug, um ein Bild Ihrer Kunden zu bekommen, ist die Erstellung einer oder mehrerer Personas. Personas sind fiktive Kunden mit unterschiedlichen Eigenschaften, Bedürfnissen und Zielen. Diese fiktiven Personen sind Teil der jeweiligen Zielgruppe und geben dieser ein Gesicht. Das macht die Content-Erstellung einfacher, weil Sie nichts für einen anonymen Personenkreis, sondern Content exakt für Ihre Personas erstellen können und damit auch eine Empathie für Ihre Wunschkunden entwickeln können. Der alte Spruch »Der Wurm muss dem Fisch schmecken und nicht dem Angler« passt auch ins Content Marketing. Wer Texte danach erstellt, was ihm am besten gefällt, wird am Ende Texte haben, die vielleicht dem Autor gefallen, nicht aber dem Leser.

Sie müssen den Blickwinkel Ihrer Kunden einnehmen können. Stellen Sie sich einen Ihrer typischen Kunden, für den Sie schreiben wollen, genau vor. Wenn Sie kein Gesicht vor Augen haben, stellen Sie sich jemanden vor, den Sie kennen und der in dieses Profil passen würde. Schlüpfen Sie in Gedanken genau in diese Person. Was hat sie getan, bevor sie beginnt, Ihren Text zu lesen? In welcher Situation befindet sich die Person und was erwartet diese nach dem Lesen des Textes?

Es gibt verschiedene Vorlagen und auch Herangehensweisen, wie Sie eine Persona erstellen können. Das Ergebnis wird meist in einem Persona-Kurzprofil festgehalten, wie in Abbildung 9.2 dargestellt.

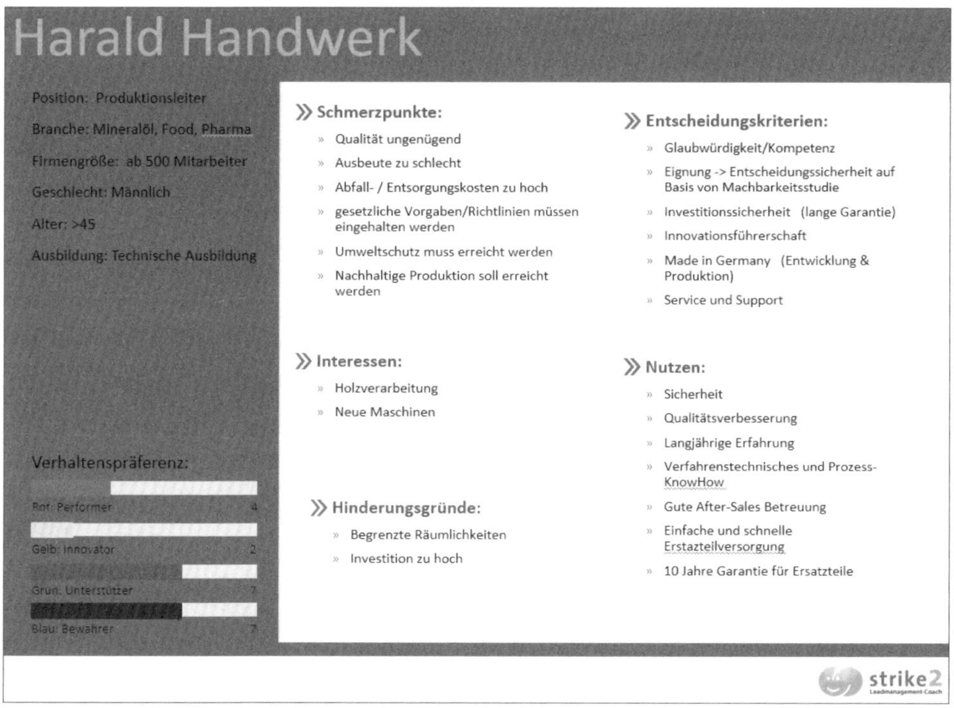

Abbildung 9.2 Persona-Profil nach einer Vorlage von Strike2

Sie können natürlich nicht für jede Zielgruppe eine Persona erstellen. In der Regel sind drei bis vier Personas absolut ausreichend. Beginnen Sie aber mit der wichtigsten, also der Persona mit dem höchsten Potenzial. Dazu ist es sinnvoll, sich mit der aktuellen Kundenstruktur zu beschäftigen. Zusätzlich dazu sollten Sie sich auch die Frage stellen, für welche Kundengruppe Ihr Shop am besten geeignet ist. Sind es eher die Schnäppchenjäger oder die, die für gute Produkte auch gerne etwas mehr ausgeben? Gibt es eine Kundengruppe, die Sie zum Beispiel in Foren weiterempfiehlt oder von der Sie am häufigsten positives Feedback erhalten haben? Schauen Sie sich auch die Altersstruktur Ihrer Kundengruppen an. Wie alt ist Ihre Persona, und entspricht die Altersgruppe auch Ihren Erwartungen? Wenn in einem Shop, der eigentlich für junge Leute konzipiert wurde, auch sehr viele ältere Menschen einkaufen, ist auch das schon eine Erkenntnis und auch für diese Kundengruppe sollte eine Persona erstellt werden.

Wenn Sie die relevanteste Persona identifiziert haben, gilt es, Antworten auf verschiedene Fragen zu finden:

- Wie ist sie auf unseren Shop aufmerksam geworden?
- Was war der Grund, dass sie sich für einen Einkauf in unserem Shop entschieden hat?
- Wie häufig kauft sie in unserem Shop ein?
- Welche Informationen benötigt sie, damit sie eine fundierte Einkaufsentscheidung treffen kann?
- Über welche Quellen hat Sie sich zusätzlich noch informiert?
- Wie zufrieden ist sie mit dem Einkaufserlebnis im Shop?

Im B2B-Bereich sind auch noch Fragen wie zum Beispiel folgende sinnvoll:

- Welche Position hat die Persona im Unternehmen?
- Wie groß ist das Unternehmen?
- Wie häufig kauft sie Artikel aus diesem Bereich ein?
- Woran wird der Erfolg der Persona gemessen?

Teilweise liegen diese Informationen schon vor: Ihr Kundenservice hat schon diverse Gespräche geführt und sicherlich in diesen Gesprächen auch Informationen erhalten. Oftmals wird das als zuverlässige Informationsquelle jedoch nicht ausreichen, sodass weitere Quellen herangezogen werden müssen.

Warum Personas?

Das Erstellen von Personas gibt Aufschluss über folgende Fragen:

- Wer sind Ihre Besucher/Kunden?
- Was erwarten sie vom Shop?

- Welche Funktionalitäten werden benötigt?
- Was beeinflusst ihre Kaufentscheidung?
- Welche Kaufhürden gibt es möglicherweise?

9.1.2 Online-Umfrage

Eine einfache, aber effiziente Art, Informationen über Ihre Kunden zu bekommen, sind Online-Umfragen. Ohne großen Aufwand können Sie damit Ihre Fragen an viele Ihrer Kunden stellen. Der Vorteil ist, dass solch eine Umfrage mit Standardtools schnell und günstig realisiert werden kann. Wenn Sie eine große Anzahl an Kunden befragen möchten, ist dies mit einer persönlichen bzw. telefonischen Umfrage nur sehr schwer möglich. Ein weiterer Vorteil der Online-Umfrage ist außerdem, dass die Befragten nicht, wenn auch nur unbewusst, vom Interviewer beeinflusst werden können.

Es hat sich in der Praxis bewährt, die Teilnahme an einer Umfrage durch kleine Incentives, wie zum Beispiel Gutscheine oder Warenproben, zu belohnen. Die Incentives dürfen allerdings nicht im Vordergrund stehen, sondern Sie sollten bereits am Anfang der Befragung den Kunden mitteilen, warum die Teilnahme auch für sie sinnvoll ist und zu welchem Zweck Daten erhoben werden. Informieren Sie auch darüber, was mit den Daten nach der Umfrage passiert und an wen man sich bei eventuellen Fragen wenden kann.

Des Weiteren sollte den Befragten klar werden, mit welchem zeitlichen Aufwand sie für die Beantwortung der Fragen rechnen können. Es sollte selbstverständlich sein, dass Sie die Umfrage so kurz wie möglich halten, denn je länger sie ist, desto höher ist das Risiko, dass abgebrochen bzw. erst gar nicht teilgenommen wird.

DSGVO auch bei Umfragen beachten!

Werden in der Umfrage personenbezogene Daten verarbeitet, besteht eine Informationspflicht bei der betroffenen Person. Unter personenbezogenen Daten versteht man alle Informationen, die eindeutig einer natürlichen Person zugeordnet werden können. Beispiele sind etwa Namen, Adresse, E-Mail usw. Prüfen Sie daher unbedingt, ob der gewählte Anbieter die Anforderungen erfüllt und ob der Anbieter einen Zusatzvertrag zur Auftragsdatenverarbeitung anbietet.

Formulieren Sie auch die Fragen so kurz und einfach wie möglich, und vermeiden Sie Suggestivfragen. Denken Sie immer daran, dass der Abbruch der Befragung immer nur ein Klick entfernt ist.

Wenn Sie die Fragen definiert haben, geht es noch darum, Ihre Umfrage publik zu machen, um so Ergebnisse von möglichst vielen Teilnehmern zu bekommen.

Bewerbung über Mailings/Newsletter

Eine Möglichkeit ist das Versenden von Newslettern mit einem entsprechenden Hinweis. Der Vorteil ist, dass Sie innerhalb von kurzer Zeit eine hohe Anzahl an potenziellen Teilnehmern kontaktieren und zu einer Teilnahme auffordern können. Beachten Sie aber, dass es sich bei Aufforderungen zur Teilnahme an einer Umfrage nach aktueller Rechtsprechung auch um Marketing handelt (siehe *https://emailmarketing-blog.de/rechtslage/kundenbefragung-per-email-rechtslage*).

Aufforderung zur Bewertung im Shop

Auch der Online-Shop selbst ist eine guter Ort, um dort um eine Bewertung des Shops zu bitten. Sie können zum Beispiel direkt auf der Startseite oder auch über ein Overlay auf allen anderen Seiten im Shop auf die Umfrage hinweisen. Nachteil ist, dass Sie so nur die Menschen erreichen, die sowieso schon Ihren Shop besuchen. Das kann das Ergebnis natürlich verfälschen. Außerdem lenkt eine Umfrage auch ab und kann unter Umständen dazu führen, dass ein Besucher den Shop im schlimmsten Fall ohne Umfrage und vor allem, ohne zu bestellen, wieder verlässt. Um das zu verhindern, kann die Umfrage auch nach dem Check-out, also nach dem Kauf, durchgeführt werden. So werden zwar die Conversions nicht gefährdet, aber die Anzahl der potenziellen Teilnehmer noch mal deutlich reduziert. Außerdem könnte auch das, das Ergebnis verfälschen, weil ja alle, die mit dem Shop nicht zufrieden sind, eher keine Bestellung tätigen werden.

Egal, für welchen Weg Sie sich entscheiden, Sie sollten die relevanten Kennzahlen wie Conversion oder Bounce-Quote immer im Blick behalten, um im Fall einer Verschlechterung schnell eingreifen zu können.

Freitextfragen mit Bedacht einbauen

Das Hinzufügen eines Textfeldes kann von Vorteil sein, wenn Sie zu bestimmten Fragen detailliertere Antworten möchten. So kann zum Beispiel eine Frage, wie zufrieden der Besucher mit einer bestimmten Sache auf einer Skala von 1–10 war, um die Frage, was er erwartet hätte, ergänzt werden.

Zu viele Freitextfragen können sich aber auch negativ auf die Umfrage auswirken. So wird dadurch die Auswertung und das Cluster in unterschiedliche Personas erschwert. Außerdem steigt durch Freitextfragen auch die Komplexität für den Befragten, wodurch eine höhere Abbruchquote entstehen kann.

Die Kosten für ein Umfragetool, das die genannten Anforderungen erfüllt, liegen zwischen 30 € und 70 € im Monat. Einige Anbieter bieten sogar kostenlose Basisversionen mit einem eingeschränkten Funktionsumfang (der aber auch oftmals ausreicht) an.

Eine Auswahl verschiedener Anbieter:

- *http://www.surveymonkey.de*
- *http://www.survio.com*
- *http://www.lamapoll.de*
- *http://www.umfrageonline.com*

9.1.3 Persönliche Interviews

Persönliche Interviews Ihrer Kunden helfen Ihnen dabei, noch mehr und vor allem noch präzisere Informationen über Ihre Personas zu bekommen. Auch wenn solch ein persönliches Gespräch natürlich viel individueller als eine Online-Befragung ist, benötigt es trotzdem reichlich Vorbereitung und eine gute Struktur. Wie bei der Online-Umfrage besteht auch hier die erste Hürde darin, Teilnehmer für Ihre Umfrage zu bekommen. Obwohl der zeitliche Aufwand auch für den Befragten höher ist als bei einer Online-Umfrage, sind auch dort viele bereit, sich interviewen zu lassen. In manchen Shops, wenn die emotionale Bindung zu diesem entsprechend hoch ist, gibt es sogar manchmal mehr Freiwillige als Interviewkapazitäten. Die Kunden freuen sich, wenn Ihre Meinung Gehör findet und sie dadurch zu einer Optimierung beitragen können. Wählen Sie die Gesprächspartner für Ihr Interview sorgfältig aus, um sicherzugehen, dass Sie Ihre Zeit auch wirklich in die richtige Kundengruppe investieren. Hier ist weniger mehr und es genügt auch, wenn Sie pro Persona 5–10 unterschiedliche Interviews führen.

Das Interview kann entweder telefonisch, über Videochat oder natürlich auch persönlich stattfinden, was aber in der Realität sehr aufwendig sein dürfte. Egal, wie Sie das Gespräch führen, sollten Sie es – die Zustimmung des Interviewpartners vorausgesetzt – immer aufzeichnen. Während des Gesprächs bleibt meist keine Zeit, alle Antworten im Detail aufzuschreiben und ohne Aufzeichnung, können wichtige Informationen verloren gehen.

Für das Interview sollten Sie genügend Zeit einplanen. Denken Sie daran, dass manche Befragte ausführlicher antworten und somit mehr Zeit beanspruchen. Starten Sie das Interview damit, dass Sie sich kurz vorstellen und den Zweck des Interviews erläutern. Starten Sie mit etwas Small Talk, um das Eis zwischen Ihnen und dem Interviewpartner zu brechen. Es sollte selbstverständlich sein, dass Sie Ihr Gegenüber ausreden lassen und durch Ihre Fragetechnik nicht beeinflussen. Fragen, die Vorschläge oder bereits Antworten beinhalten, sind deshalb Tabu. Während manche gar nicht aufhören zu erzählen, fällt es bei anderen deutlich schwerer, das Gespräch am Laufen zu halten. Nutzen Sie in solchen Fällen Fragen wie:

- Was genau meinen Sie mit ...?
- Erzählen Sie mir mehr darüber.
- Können Sie x noch weiter erläutern?

Nach den Interviews gilt es, die Antworten zu strukturieren und zu kategorisieren, bevor Sie dann in den Bogen für die Persona übernommen werden.

Persona-Canvas

Bei der Erstellung der Persona geht es nicht nur darum, dass Sie möglichst viele Informationen über diese gesammelt haben, sondern auch darum, dass Sie diese Informationen anschaulich aufbereiten. In Abbildung 9.2 haben Sie schon gesehen, wie solch ein Profil aussehen kann. Die Erstellung kann entweder ganz klassisch über ein Grafikprogramm oder auch in PowerPoint erfolgen. Es gibt aber auch eine Reihe von Tools, die Sie bei der Erstellung unterstützen. In Abbildung 9.3 sehen Sie einen Assistenten (unter *www.hubspot.com/make-my-persona*), der Ihnen bei der Erstellung der Persona hilft.

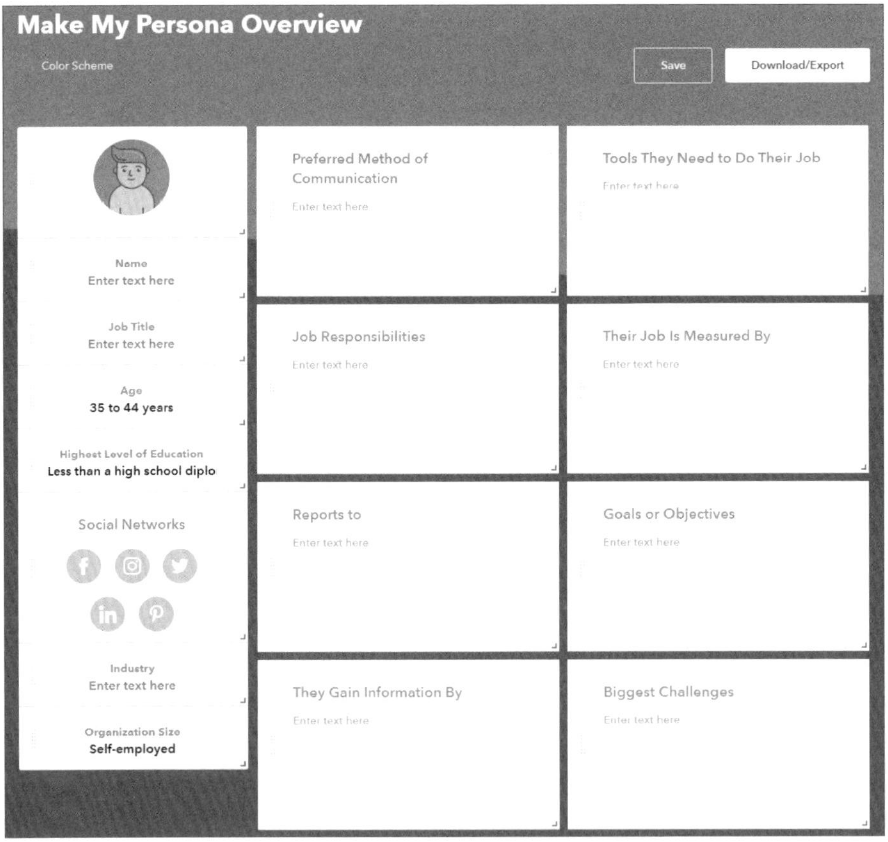

Abbildung 9.3 Tool zur Erstellung einer Persona von Hubspot

9.2 Welcher Content ist der richtige?

Nachdem Sie Ihre Personas erstellt haben, wissen Sie nun, für wen Sie relevanten Inhalt bereitstellen müssen. Die entsprechenden Texte sollten auf die einzelnen Personas abgestimmt sein und nicht nur die richtigen Inhalte, sondern auch den passenden Komplexitätsgrad aufweisen. Ist Ihre Persona eher Anfänger oder Fortgeschrittener und sollte daher im Artikel auch auf Grundlagen eingegangen werden oder würde das Ihre Person vielleicht langweilen? Bevor Sie sich aber direkt ans Werk machen und sofort losschreiben, ist es sinnvoll, eine Bestandsaufnahme zu machen. Was gibt es bereits im Shop, was davon ist noch aktuell und was muss überarbeitet werden? Sind Sie mit der Qualität zufrieden oder muss beim ein oder anderen Artikel noch nachgebessert werden? Nützlich bei dieser Recherche sind Tools wie *http://www.screamingfrog.co.uk/*. Damit lässt sich Ihr Shop crawlen und lassen sich relevante Inhalte finden. Die entsprechenden URLs können dann in Excel exportiert werden. Das funktioniert nicht nur im eigenen Shop, sondern natürlich auch bei Ihren Wettbewerbern. Schauen Sie sich ruhig auch dort um und lassen Sie sich inspirieren. Für eine schnelle Recherche können Sie auch eine Site-Abfrage bei Google tätigen. In Abbildung 9.4 wurde zum Beispiel geprüft, ob es im Bereich Ratgeber auf *http://www.bauhaus.info/* Artikel zum Thema Gartenhaus gibt.

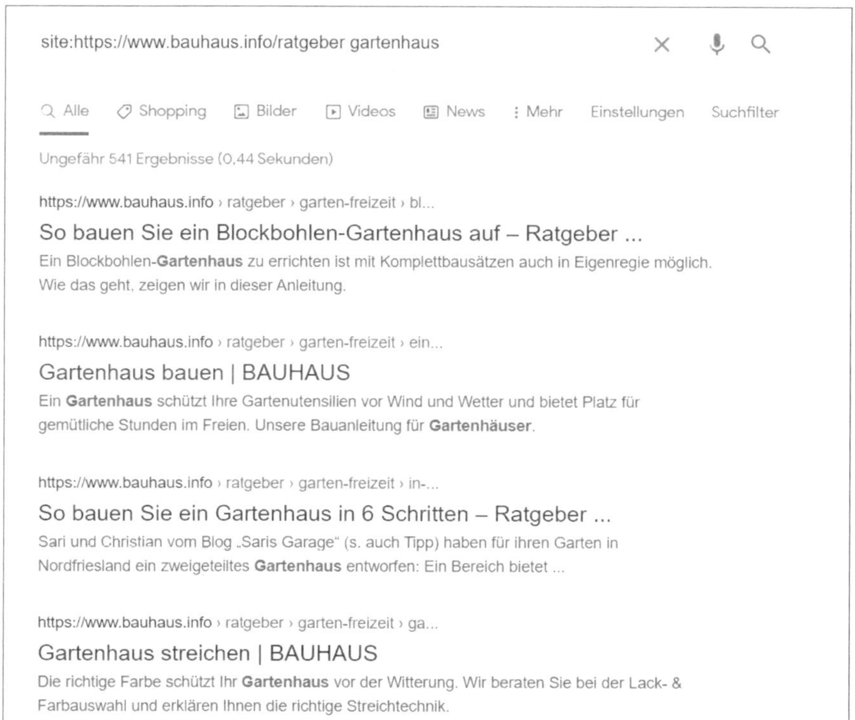

Abbildung 9.4 Suche nach Ratgebern zum Thema Gartenhaus

Nachdem Sie eine Bestandsaufnahme gemacht haben, geht es darum, herauszufinden, welcher Content noch fehlt. In Ihren Kundenbefragungen und mit dem Blick zur Konkurrenz haben Sie schon eine Menge Infos gesammelt. Ein sehr banales Mittel ist auch der Blick in verschiedene Bücher. Verkaufen Sie beispielsweise Gartenartikel, besorgen Sie sich ein paar Bücher aus diesem Bereich, und prüfen Sie, welche Themen dort behandelt werden. Viele Verlage haben auch nichts dagegen, wenn Sie kurze Passagen 1 : 1 zitieren und dann auf das jeweilige Buch verweisen. Bevor Sie das tun, sollten Sie sich aber die Genehmigung des jeweiligen Verlags einholen.

Es geht aber nicht nur um Content zu Produkten bzw. deren korrekter Anwendung. Auch aus dem Unternehmen kann berichtet werden. Lassen Sie die Kollegen etwas über Ihre Aufgaben im Unternehmen erzählen, oder berichten Sie über die verrücktesten Erlebnisse oder die ungewöhnlichsten Kundenanfragen. Der Fantasie sind dort keine Grenzen gesetzt.

9.2.1 Content-Produktion für die verschiedenen Formate

Nach dieser Recherche kann damit begonnen werden, den fehlenden Content zu produzieren. Was sich vielleicht im ersten Moment als sehr einfache Aufgabe anhört, wird bei vielen sehr schnell zu einer sehr großen Herausforderung. Content erstellen kann nicht jeder und deshalb sollten Sie auch nicht jeden damit beauftragen, der vielleicht gerade Zeit hat. Denken Sie daran, dass der Content Ihr Aushängeschild ist und der komplette Shop danach bewertet wird. Schlechter Content bewirkt genau das Gegenteil von dem, was er eigentlich bewirken sollte. Das Positive ist aber, dass man das Erstellen von guten Inhalten lernen kann.

Es gibt verschiedene Content-Formate, die je nach Thema gewählt werden können. Es gibt dabei nicht pauschal »das beste Format«, sondern dies sollte je nach Thema individuell entschieden werden.

Text

Text ist die verbreitetste Form im Content Marketing und hat auch trotz der vielfältigen weiteren Möglichkeiten nach wie vor seine Daseinsberechtigung. Die Erstellung ist kostengünstig und die Textform hat auch noch den Vorteil, dass in den Texten ganz automatisch viele Keywords enthalten sind und sich dies positiv auf das SEO-Ranking auswirkt.

Damit der Text einheitlich wirkt, selbst wenn Sie mit mehreren Autoren arbeiten, sollten Sie Text-Guidelines in Ihrem Unternehmen etablieren. In diesen Guidelines wird festgehalten, wie Sie Ihre Zielgruppen ansprechen. Duzen Sie oder ist es eher das förmliche Sie? Werden die Texte eher in einer lockeren Sprache verfasst oder legen Sie Wert auf Seriosität? Aber auch, welche Begriffe verwendet und wie diese geschrieben werden, wird hierin festgelegt. Schreibt man beispielsweise E-Mail oder eher email und wird der Firmenname immer groß- oder kleingeschrieben?

Je nach Umfang des Textes kann dieser »nur« auf der Website erscheinen oder auch in einem E-Book zum Download angeboten werden. Letzteres hat hier den Vorteil, dass Sie für den Download die E-Mail-Adresse abfragen können und den Nutzer damit bei entsprechendem Einverständnis auch per Newsletter kontaktieren können.

Eine weitere beliebte Darstellungsform für die Wissensvermittlung sind Listen und Checklisten. Durch die schnell konsumierbare Form sind diese Listen sehr beliebt. In Abbildung 9.5 sehen Sie eine Checkliste zur Anschaffung eines Welpen. Aber auch Checklisten zum Notebook-Kauf oder zur Badrenovierung sind denkbare Themen.

9

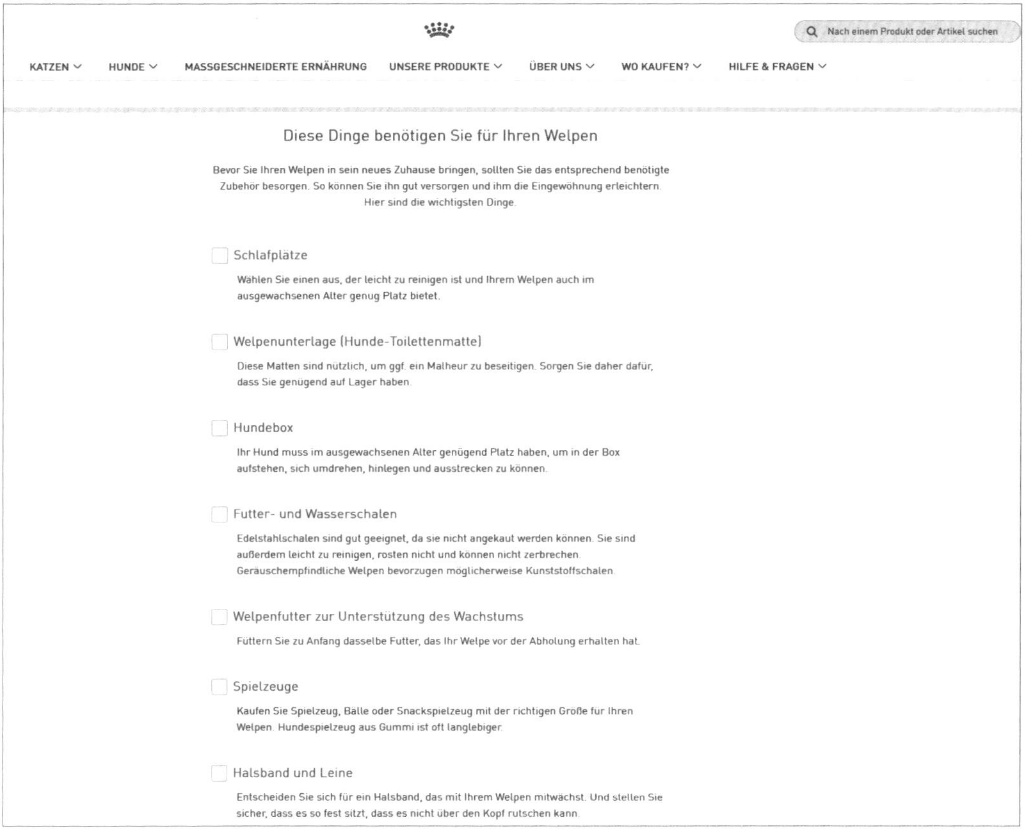

Abbildung 9.5 Checkliste zur Anschaffung eines Welpen von Royal Canin

Unterschiede zwischen Online- und Offline-Texten

Aufgrund der Fülle an Informationen, die jedem Nutzer online zur Verfügung stehen, werden Online-Inhalte nicht Wort für Wort gelesen, sondern eher grob »gescannt«.

Sie haben also nur wenige Sekunden Zeit, den Nutzer von Ihren Inhalten zu begeistern und vom Weiterlesen zu überzeugen. Laut einer Studie der Nielsen Norman Group werden Seiten oft schon nach 10–20 Sekunden wieder verlassen (*https://www.nngroup.com/articles/how-long-do-users-stay-on-web-pages*).

Da der erste Eindruck zählt, ist es empfehlenswert, die wichtigsten Informationen an den Anfang zu setzen und den Text übersichtlich durch Überschriften zu strukturieren.

Grafiken und Bilder

Grafiken und Bilder sind ein beliebtes Content-Format, weil sie zum einen schnell ins Auge stechen und damit Aufmerksamkeit erwecken, zum anderen aber auch von den Nutzern leicht zu konsumieren sind. Gut gemachte Grafiken bleiben lange in Erinnerung, und der Spruch »ein Bild sagt mehr als tausend Worte« stimmt natürlich auch bei diesem Format. Voraussetzung ist aber, dass der Inhalt auch zu Ihrem Thema passt. Schöne Bilder reichen nicht, sie müssen auch nützlich sein.

User-generated Content

Der Content, egal, in welcher Form, muss nicht immer von Ihnen erstellt werden, sondern darf auch gerne von Ihren Kunden kommen. Der Vorteil ist, neben dem geringeren Aufwand für Sie, eine noch höhere Bindung und mehr Vertrauen in den Content. User können Blogartikel schreiben, Bilder einreichen oder auch kleine Videos drehen. Sie können gezielt dazu aufrufen, Content zu erstellen und zum Beispiel den besten Beitrag mit einem Preis honorieren.

Videoformate und Podcasts

Eine Umfrage von Statista (*https://de.statista.com/statistik/daten/studie/801496/umfrage/nutzung-von-youtube-videos-vor-kaufentscheidungen-in-deutschland*) hat ergeben, dass 45 % der Befragten gelegentlich bis häufig YouTube-Videos im Vorfeld einer Kaufentscheidung anschauen, wie sie in Abbildung 9.6 sehen können.

Es muss auch nicht immer das professionell gestaltete Anwendervideo von 1 Stunde Dauer sein. Auch hier steht, genau wie bei den Bildern, nicht schön, sondern hilfreich im Vordergund. Es spricht also generell erst mal nichts dagegen, mit dem Smartphone zum Beispiel ein Unboxing Video zu erstellen, bei dem ein neues Produkt Schritt für Schritt ausgepackt und beschrieben wird. Ein schönes Beispiel, wie so etwas aussehen kann, sehen Sie in Abbildung 9.7.

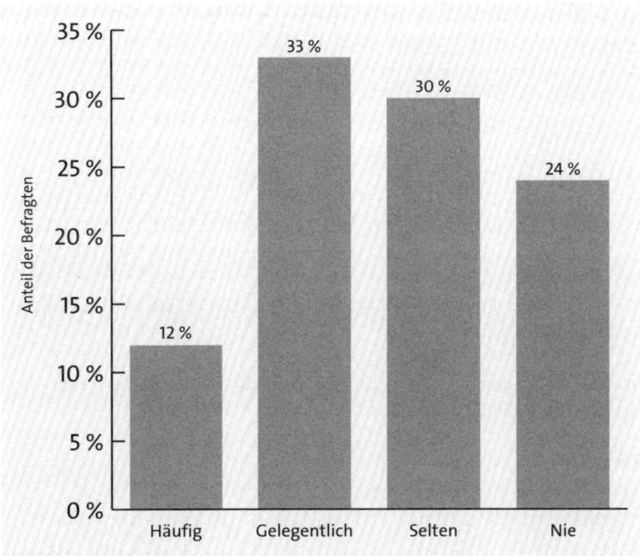

Abbildung 9.6 Umfrage zum Einfluss von YouTube-Videos auf Kaufentscheidungen (Quelle: Statista)

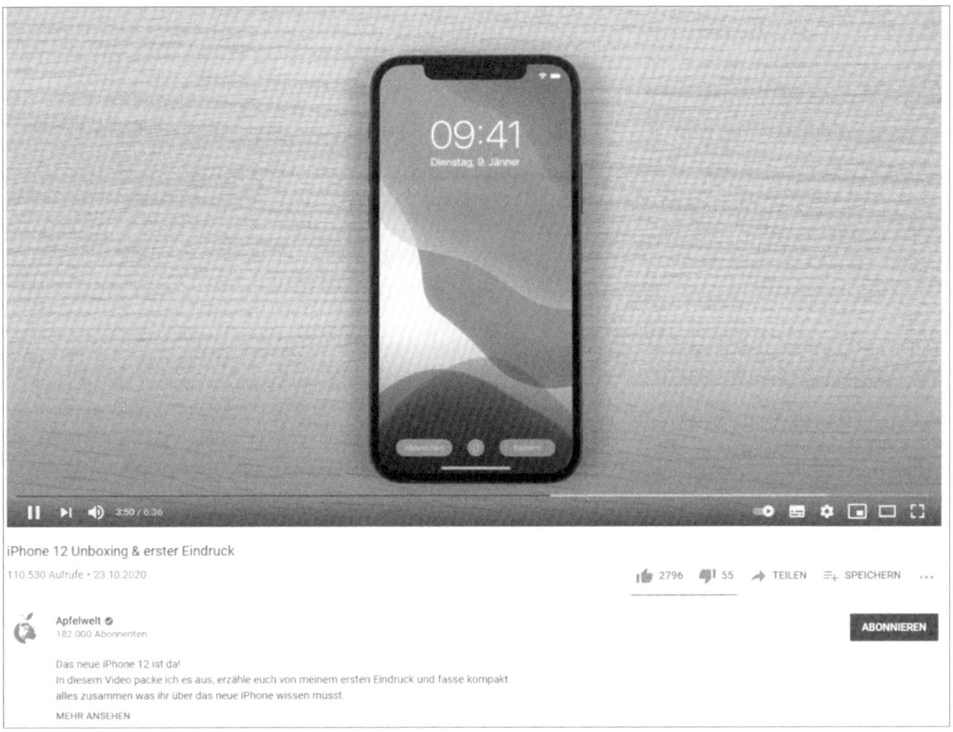

Abbildung 9.7 Unboxing des iPhone 12 mit über 100.000 Aufrufen (Quelle: https://www.youtube.com/watch?v=gj4mcZvM4OM)

Im Buch »Think Content« von Löffler/Michl, Rheinwerk 2020, werden sieben Erfolgsfaktoren für Videos beschrieben:

1. eine gute Story
2. die richtige Zielgruppenansprache
3. ein attraktives Startbild sowie ein griffiger Titel
4. die Verwendung entsprechender Schlagwörter in Titel und Überschrift und in begleitenden Beschreibungstexten
5. Versehen Sie auf der Webseite eingebettete Videos mit strukturierten Daten, damit Sie es Google leichter machen.
6. eine breite Verlinkung (Einbettung) des Videos (in Shop, Blog, Newsletter, bei YouTube, ...)
7. die Verbreitung des Videos über Social Media

Diese sieben Erfolgsfaktoren gelten nicht nur für Videos, sondern auch für Podcasts. Dieses Content-Form hat den Vorteil für den Konsumenten, dass sie ohne Probleme auch unterwegs konsumiert werden kann. Podcasts können entweder allein oder auch zu zweit in Interviewform aufgenommen werden. Auch das reduziert wieder den Aufwand, weil Sie sich die Arbeit somit teilen können. Möglich ist zum Beispiel ein Interview mit dem Hersteller, einem großen Experten zu diesem Thema oder auch mit Ihren Kunden als Anwender. Dabei können sowohl Fragen von Ihnen als auch von Ihrer Community gestellt werden. Kündigen Sie frühzeitig an, dass Sie einen Experten zu einem bestimmten Thema zu Gast haben, und bitten Sie Ihre Kunden darum, Fragen einzureichen. Damit haben Sie Ihre Kunden eingebunden und im Vorfeld schon Werbung für Ihren Podcast gemacht.

Wenn Sie aber als Podcaster dauerhaft Erfolg haben möchten, ist es wichtig, regelmäßig Inhalte zu erstellen. Für unregelmäßige Informationen an Ihre Kunden ist der Podcast nicht das richtige Format.

9.2.2 Content planen

Es bringt nichts, nun einfach draufloszuschreiben oder schnell und lieblos ein paar Videos zu drehen. Wenn Sie mit Ihrem Content-Marketing Erfolg haben möchten, ist eine sorgfältige Planung unumgänglich. Denn nicht nur das, was Sie veröffentlichen, ist wichtig, sondern auch, wann Sie das tun. Ein Ratgeber zur Gartenpflege wird im Winter wahrscheinlich wenig Interessenten finden, ebenso wie Ideen für die besten Weihnachtsgeschenke im Sommer ins Leere laufen werden.

Planen Sie deshalb das Jahr in einem Redaktionsplan, und legen Sie damit die passenden Themen für das ganze Jahr fest. In dieser langfristigen Planung ist es noch nicht unbedingt notwendig, den Content schon bis ins letzte Detail durchzuplanen. Es reicht, wenn Sie die groben Überschriften definieren und dann aber mindestens drei Monate vorher den genauen Inhalt und natürlich auch das Format festlegen.

Wenn mehrere Personen bei der Erstellung involviert sind, ist das Redaktionsmeeting der erste Schritt für die Planung. Bei diesem Meeting werden vergangene Maßnahmen besprochen und diese anhand von gesammelten Kennzahlen bewertet. Der bestehende Redaktionsplan wird aufgrund der gesammelten Erkenntnisse und eventuell neuer, äußerer Einflüsse neu bewertet. Kommt ein neues Produkt auf den Markt oder wurde ein bestehendes plötzlich vom Markt genommen, muss natürlich auch auf diese Ereignisse spontan reagiert werden. Die konkreten Zuständigkeiten und finalen Deadlines werden dann für die Planung in einem Produktionsplan weiter präzisiert. Wer ist für die Texte zuständig, wer erstellt die dazugehörigen Grafiken, und wer gibt dann den gesamten Content frei? Diese Punkte werden im Produktionsplan aufgenommen. Der Produktionsplan muss nicht zwangläufig zusätzlich zum Redaktionsplan erstellt werden. Bei kleinen Teams können diese Details auch mit in den Redationsplan aufgenommen werden. Bei größeren Teams und einer höheren Anzahl an Themen ist es aber sinnvoll, die Details zur Content-Produktion in einen separaten Produktionsplan aufzunehmen.

9.3 Content verteilen

Der Content ist nun erstellt, doch was bringt der beste, schönste und spannendste Content, wenn er von niemandem gelesen wird? Sie müssen also den Content Ihrer Zielgruppe zur Verfügung stellen. Ziel ist es jedoch nicht, möglichst viele Menschen zu erreichen, sondern möglichst viele aus Ihrer relevanten Zielgruppe. Dazu gilt es im ersten Schritt, Ihre Zielgruppe zu kennen, wie wir es in Abschnitt 9.1 beschrieben haben. Danach müssen Sie herausfinden, wo sich Ihre Zielgruppe aufhält und wie Sie diese am besten erreichen.

Um die jeweiligen Kanäle zu clustern, haben sich in der Mediaplanung die Begriffe Owned Media, Earned Media und Paid Media durchgesetzt.

9.3.1 Owned Media – eigene Kanäle

Unter *Owned Media* versteht man alle eigenen Kanäle, auf die Sie als Werbetreibender direkt und ohne Kosten zugreifen können. Das ist zum einen der eigene Shop, das Blog, Newsletter, aber auch eigene Social-Media-Präsenzen. Die Vorteile, neben der kostenlosen Verbreitung, liegen darin, dass Sie als Werbetreibender die volle Kontrolle über die Inhalte haben. Natürlich gibt es aber auch einen Nachteil. Dadurch, dass es die eigenen Kanäle sind, sprechen Sie auch nur die eigenen Kunden an. Wenn Ihr Shop also nur 1.000-mal am Tag besucht wird oder Ihr Newsletter nur 10.000 Abonnenten hat, kann Ihr Inhalt auch nur von maximal 1.000 bzw. 10.000 Menschen gesehen werden. Ein Wachstum, nur über die eigenen Kanäle, ist also kaum möglich.

Das sind natürlich nur theoretische Werte, denn Sie können nicht davon ausgehen, dass jeder auch wirklich alles anschaut, geschweige denn liest. Innerhalb dieses theoretischem Maximums gibt es allerdings noch ein paar Möglichkeiten, wie Sie Ihren Inhalt möglichst vielen Menschen nahebringen können. Platzieren Sie zum Beispiel einen Teaser auf der Startseite oder auf der Kategorienseite, auf dem Ihr Inhalt verlinkt und beworben wird. Machen Sie es Ihren Kunden und Interessenten also einfach, an Ihren Content zu kommen. Vergessen Sie dabei aber nicht, dass der Content beim Verkaufen helfen soll und somit nur Mittel zum Zweck ist. Content darf nie vom eigentlichen Kaufprozess ablenken. Im Check-out kann eine Verlinkung zu Ihrem Content sogar ablenken und Ihre Conversion gefährden.

RSS-Feeds für die einfache Verbreitung

RSS steht für Really Simply Syndication. Mit dieser Technik, kann ein Interessent bequem Ihre Artikel über einen RSS-Reader abrufen und bekommt diese dann übersichtlich angezeigt.

Für viele Shop- bzw. Content-Management-Systeme gibt es fertige Plugins, die die Erstellung eines solchen Feeds sehr vereinfachen.

9.3.2 Earned Media

Earned Media bezeichnet das Phänomen, dass Nutzer Ihre Inhalte selbst verbreiten. Earned, englisch für verdienen, lässt schon erahnen, was sich dahinter verbirgt und wo die Herausforderung liegt. Sie müssen sich eine höhere Reichweite verdienen, denn nur guter und interessanter Content wird auch tatsächlich geteilt und bekommt dadurch eine höhere Reichweite. Dadurch, dass Sie Earned Media nicht kaufen können, ist die Reichweite, die Sie tatsächlich erreichen, im Vorfeld schwer zu planen. Eine gute Social-Media-Strategie, wie in Kapitel 13, »Wie können Sie mit sozialen Netzwerken Aufmerksamkeit und Umsatz steigern?«, beschrieben, hilft Ihnen bei der Verbreitung Ihres Contents.

9.3.3 Paid Media

Unter *Paid Media* fallen alle Formen der bezahlten Werbung. Das können sowohl Social-Media-Anzeigen als auch Google Ads oder klassische Banner sein. Die Kontrolle ist bei Paid Media am höchsten. Sie können Ihre Kampagnen starten, wann Sie wollen, die Inhalte im Laufe der Zeit optimieren und natürlich auch die Kampagne wieder stoppen, wenn das gewünschte Ziel nicht erreicht wird. Im Vergleich zu Earned

Media, bei denen der Content ja freiwillig von Ihren Kunden weiter verbreitet wird, ist die Glaubwürdigkeit bei Paid Media oft niedriger, weil dieser Medientyp als Werbung wahrgenommen wird, was er ja faktisch auch ist.

Dadurch, dass über Paid Media aber mehr Leute mit Ihren Inhalten in Kontakt kommen, stärkt es aber auch die beiden anderen Content-Formen Owned und Earned Media. Eine erfolgreiche Mediastrategie beinhaltet optimalerweise alle drei Medientypen.

9.4 Erfolgsmessung der Content-Strategie

Guter Content ist eine Investition in den Erfolg Ihres E-Commerce-Auftritts. Wie bei jeder anderen Investition sollte sich natürlich auch diese auszahlen, also positive Auswirkungen auf den Gesamterfolg haben. Um das herauszufinden, ist ein erfolgreiches Controlling unerlässlich. Das Controlling des Erfolgs Ihrer Content-Strategie sollte deshalb fester Bestandteil Ihrer Webanalyse sein, wie in Kapitel 12, »Der Kompass im E-Commerce – Conversion-Messung und -Optimierung«, beschrieben. Wie jede andere Maßnahme im Shop muss sich der Erfolg der Content-Strategie mittelfristig auch am Umsatz messen lassen. Die Herausforderung ist hier aber, dass es sich nur schwer messen lässt, welchen unmittelbaren Einfluss der Content bei dem einzelnen Nutzer hatte. Deswegen sind Zwischenschritte notwendig, um sich diesem Thema zu nähern. Definieren Sie deshalb für die Auswertung Ihrer Content-Strategie zusätzliche Ziele und dazugehörige KPIs, nach denen Sie zum einen bewerten, aber auch optimieren, denn auch die Erfolgsmessung des Contents ist ein immer wiederkehrender Prozess.

9.4.1 Ziele Ihrer Content-Erstellung

Mögliche Ziele und Fragestellungen können sein:

- **Steigerung des Traffics im Shop**
  Fragestellung im Controlling: Wie viele Besucher sind über eine Content-Seite in den Shop eingestiegen?
- **Steigerung der Verweildauer im Shop**
  Fragestellung im Controlling: Wie viele Content-Artikel werden angeschaut, und wie lange ist die Verweildauer bei den einzelnen Artikeln?
- **Steigerung der Conversion-Rate**
  Fragestellung im Controlling: Wie entwickelt sich die Conversion bei Kunden, die Content gelesen haben, im Vergleich zu denen, die ihn nicht gelesen haben?

- **Mehr Fans in den sozialen Medien**
  Fragestellung im Controlling: Wie hat sich die Anzahl der Fans in den sozialen Netzwerken entwickelt, und wie hat sich der Umsatzanteil der Besucher über die sozialen Medien erhöht?
- **Positionierung als Experte in diesem Bereich**
  Fragestellung im Controlling: Sind die Direktzugriffe im Laufe der Zeit gestiegen?

Diese Ziele in Kombination mit der entsprechenden Persona stehen im Vordergrund, und jede Aktion sollte auf diese Zielerreichung hin überprüft werden. Viel zu oft geht man von sich selbst aus und produziert Content, den man selbst zwar interessant und wichtig findet, der aber komplett an der Zielgruppe vorbeigeht.

9.5 Fazit

Eine gute Content-Strategie hilft Ihnen, sich bei Ihrer Zielgruppe als Experte zu positionieren und somit Vertrauen aufzubauen. Wichtig ist jedoch, dass Sie sich vor der Erstellung des Contents gut mit Ihren Zielgruppen und deren Bedürfnissen beschäftigen. Produzieren Sie den Content für Ihre potenziellen Kunden, und gehen Sie nicht von Ihrem Kenntnisstand aus. Was für Sie vielleicht eine Selbstverständlichkeit ist, muss für andere ausführlich erklärt werden. Auch der Typ des Contents spielt dabei eine wichtige Rolle. Manche Themen können statt in einem langen Text vielleicht besser in einem kurzen Video erläutert werden, und andere Themen werden über eine Infografik am besten verstanden.

Vergessen Sie dabei auch nie, dass der Content kein Selbstzweck ist, sondern auf Ihre Gesamtziele einzahlen muss. Um das herauszufinden und zu überprüfen, bildet die Erfolgsmessung die Basis. Erstellen Sie dafür zusätzliche KPIs, die Sie sich regelmäßig anschauen, und optimieren Sie Ihre Strategie daraufhin.

Kapitel 10
Suchmaschinenmarketing – so wird Ihr Shop gefunden

Suchmaschinen sind für viele Internetnutzer die erste Anlaufstelle bei der Suche nach Informationen und Einkaufsmöglichkeiten. Deshalb ist es wichtig, dass Ihr Shop bei Google & Co. gefunden wird. Denn ein schlechtes Suchmaschinenranking hat zur Folge, dass weniger potenzielle Kunden Ihren Shop besuchen.

Auch wenn das Suchmaschinenmarketing ein Teilbereich des Online-Marketings ist, haben wir dieser Disziplin ein eigenes Kapitel gewidmet. Zwar sind einige Mechanismen gleich, einige andere unterscheiden sich aber deutlich von den übrigen Möglichkeiten des Online-Marketings. Manche Experten sagen, dass das Suchmaschinenmarketing sogar die wichtigste Disziplin im Online-Marketing-Mix darstellt. Ob das tatsächlich so ist, hängt sicherlich von Ihrem Shop und der Branche ab, in der Sie sich bewegen. Dass Suchmaschinenmarketing, oder kurz SEM (*Search Engine Marketing*), definitiv ein sehr wichtiger Teil ist, zeigt sich schon im Verhalten der Internetnutzer. Über 90 % der Online-Aktivitäten beginnen nämlich bei Google oder einer anderen Suchmaschine. Hier wird nach bestimmten Themen, Seiten oder auch nach Produkten gesucht. Der Shop, der nicht in einer Suchmaschine gelistet ist, hat schlechte Karten und wird es sehr schwer haben, seine Produkte zu verkaufen.

Die Aufgabe von Suchmaschinen ist es, dem Nutzer möglichst relevante Ergebnisse zu seiner Suche anzuzeigen. Genau das ist der Mehrwert einer Suchmaschine und entscheidet über deren Erfolg. Nur wenn die Ergebnisse für den Nutzer relevant sind, wird er auch weiterhin über diese Suchmaschine suchen. Um dies zu gewährleisten, arbeitet jede Suchmaschine mit einem speziellen Algorithmus, der berechnet, welche Suchergebnisse für den jeweiligen Begriff die relevantesten sind. Wenn Sie möchten, dass Ihr Shop bei den Ergebnissen weit vorn steht, ist es notwendig, den Shop für Suchmaschinen zu optimieren. Im Englischen nennt man diesen Prozess *Search Engine Optimization* oder abgekürzt SEO.

Das ist ein sehr langwieriger Prozess, und es dauert oftmals Monate, bis überhaupt ein Erfolg zu verzeichnen ist. Schneller geht die Werbung in Suchmaschinen mit Anzeigen. Bei Google heißen diese Anzeigen Google Ads, und bei Bing sind es die Bing Ads. Der Vorteil dieser Anzeigen liegt auf der Hand. Sie müssen lediglich einen Anzeigentext erstellen und die Suchbegriffe festlegen, bei denen der Text angezeigt werden soll. Die Anzeige erscheint dann sofort, nachdem Sie sie erstellt haben. Der Nachteil ist jedoch, dass Sie für jeden Klick auf Ihre Anzeige zur Kasse gebeten werden. In den folgenden Abschnitten erfahren Sie, wie Sie zum einen Ihren Shop für die organischen Suchergebnisse optimieren können und wie Sie zum anderen erfolgreiche Kampagnen für das Suchmaschinenmarketing erstellen.

10.1 Suchmaschinenoptimierung (SEO)

Ein häufiger Irrtum ist, dass es bei der Suchmaschinenoptimierung darum geht, von Suchmaschinen besser gefunden zu werden. Das ist nicht ganz richtig, denn Sie können davon ausgehen, dass Ihr Shop auch ohne SEO von den Suchmaschinen gefunden wird. Das Ziel der Optimierung ist also nicht das bloße Finden, sondern ein Ranking möglichst weit vorn in den Ergebnissen.

Das Ergebnis auf der ersten Seite ist deshalb notwendig, weil der allergrößte Teil der Internetnutzer die Suchergebnisse auf der ersten Seite anklickt. Aber auch auf der ersten Seite gibt es deutliche Unterschiede, wie sie in Abbildung 10.1 sehen können. Eine Untersuchung von Sistrix hat ergeben, dass fast 60 % der Nutzer auf das erste Suchergebnis klicken. Ein Ranking im ersten Drittel der ersten Seite muss also das Ziel sein! Nicht umsonst gibt es unter den SEOs diesen einen Witz: Wo versteckt der SEO seine Leichen? Auf Seite 2.

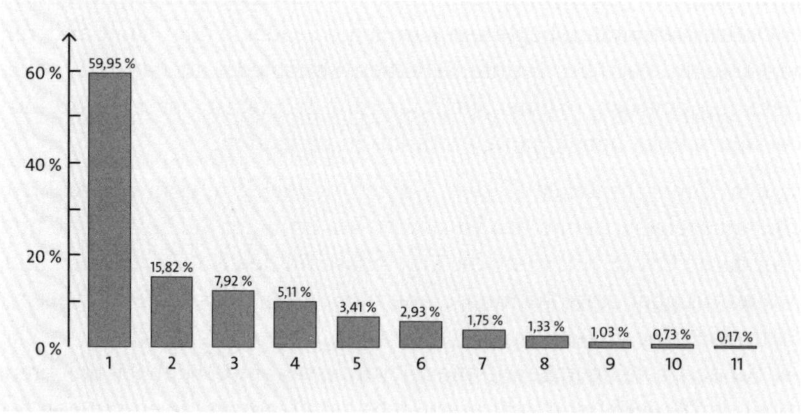

Abbildung 10.1 Klickwahrscheinlichkeit nach Position der Suchergebnisse (Quelle: Sistrix)

Die Suchmaschine nutzt einen Algorithmus, um die verschiedenen Ergebnisse nach deren Relevanz zu gewichten. Der Algorithmus entscheidet über das Ranking, also darüber, ob die Ergebnisse auf den vorderen Plätzen angezeigt und somit überhaupt vom Nutzer bemerkt werden. Welche Kriterien beim Ranking welche Rolle spielen, wird von den Suchmaschinen meist nicht kommuniziert. Einige Faktoren sind aber bekannt und werden im folgenden Abschnitt noch näher behandelt.

Google hat in Deutschland bei der Suche einen Marktanteil von über 90 %. Eigentlich müsste man die Suchmaschinenoptimierung Google-Optimierung nennen, denn neben der eigentlichen Suche unter *www.google.de* setzen noch einige Portale, wie zum Beispiel web.de, gmx und T-Online, bei ihrer Suche ebenfalls auf die Google-Suche. Das ergibt noch eine viel stärkere Dominanz, wie Abbildung 10.2 zeigt. In diesem Kapitel soll es daher in erster Linie um die Optimierung für Google gehen. Da die Arbeitsweise bei den anderen Suchmaschinen aber sehr ähnlich ist, werden Sie auch dort ein gutes Ranking erzielen, wenn Ihr Shop bei Google vorn gelistet ist.

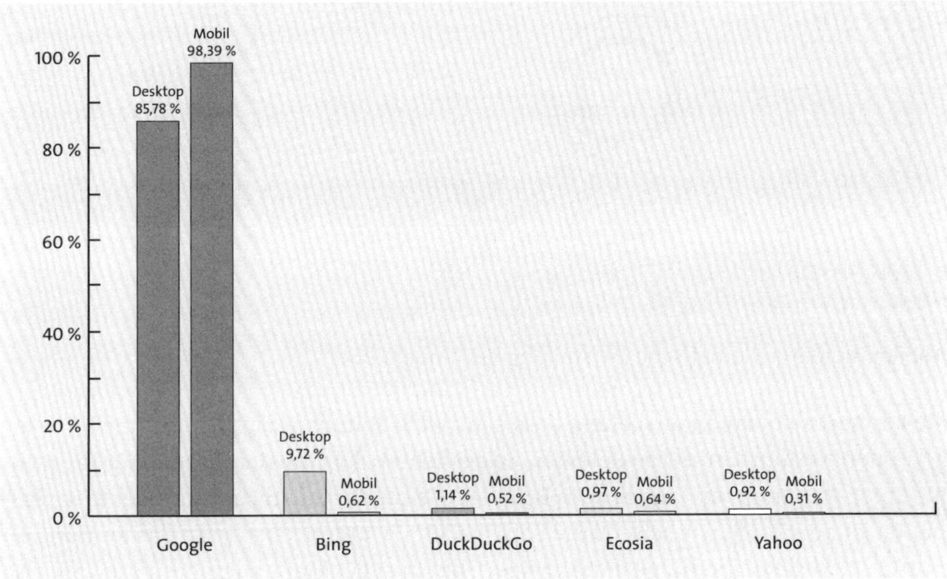

Abbildung 10.2 Suchmaschinenmarktanteile in Deutschland (Quelle: SEO-Summary)

10.2 Wie findet Google?

Um das Ranking bei Google positiv zu beeinflussen, sollten Sie im ersten Schritt wissen, wie Google die Seiten im Netz findet. Wenn Sie bei Google einen Suchbegriff eingeben, wird nicht das komplette Netz danach abgesucht, sondern lediglich der Google-Index. Anders wäre es nicht möglich, Ergebnisse in dieser Geschwindigkeit zu liefern. Der Vergleich mit einer Bibliothek ist hier vielleicht am treffendsten. Wenn Sie zum Beispiel die Bibliothekarin nach einem Buch über E-Commerce fragen, wird sie nicht erst dann losgehen und sämtliche Bücher durchlesen. Die Bücher im Bestand sind bereits eingeordnet, und sie muss nur noch in der Datenbank nach dem entsprechenden Begriff suchen. Bei Google ist diese Datenbank der Index. In ihm werden alle gefundenen Webseiten und die dazugehörigen Themen gespeichert.

Um diesen Index zu füllen, benutzt Google Webcrawler, auch Spider oder Bots genannt. Diese Crawler starten mit wenigen Seiten, durchsuchen diese und folgen dann den Links, auf die diese Seiten verweisen (siehe Abbildung 10.3). So geht es immer weiter, bis das gesamte Netz durchforstet ist. Das sind Milliarden von Seiten, die damit in den Index, also die Google-Datenbank, aufgenommen werden.

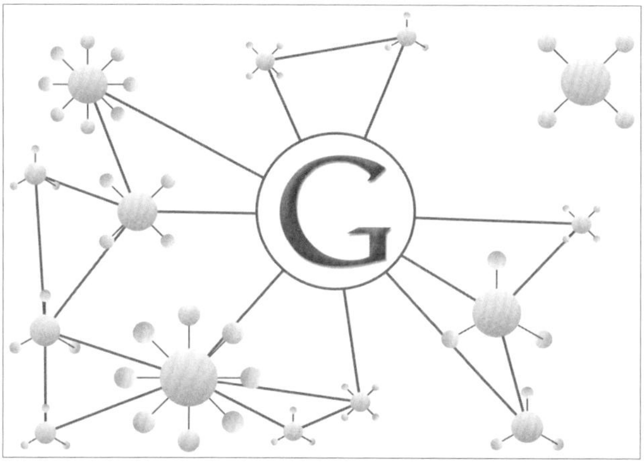

Abbildung 10.3 Schematische Darstellung des Google-Bots

Sie können also davon ausgehen, dass sehr viele Seiten zu einem einzelnen Thema gefunden werden. Um deren Relevanz zu gewichten, kommt der Google-Algorithmus ins Spiel. Anhand von Fragen, zum Beispiel wie oft der Suchbegriff auf der Seite enthalten ist oder auch wie schnell die Seite geladen werden kann, wird das Ranking ermittelt, also die Reihenfolge der Anzeige. Über die SEO-Maßnahmen müssen Sie also versuchen, dass die Suchmaschine Ihren Shop als relevantesten betrachtet.

Der Google-Algorithmus wird ständig optimiert und aktualisiert. Bis 2015 waren die Updates noch klar definiert und hatten jeweils Tiernamen. Vielleicht sind Ihnen Begriffe wie Pinguin- oder Panda-Updates noch ein Begriff. Das gehört aber mittlerweile der Vergangenheit an. Heute optimiert sich das System durch künstliche Intelligenz permanent selbst. Trotzdem gibt es immer noch größere, unangekündigte Updates, die das Ranking ordentlich durcheinanderwirbeln. Insgesamt geht man von ca. 200 Parametern aus, die für das Ranking eine Rolle spielen.

Die Optimierung gliedert sich in zwei große Hauptbereiche: Zum einen können Sie in Ihrem Shop selbst dafür sorgen, dass dieser relevanter wird, und zum andern können Sie dafür sorgen, dass zum Beispiel externe Seiten auf Ihren Shop verlinken und damit ebenfalls die Optimierung positiv beeinflussen. Das Ganze nennt sich dann *On-Page-* bzw. *Off-Page-Optimierung*.

Hat Google Ihren Shop schon gefunden?

Um herauszufinden, ob Google schon auf Ihren Shop aufmerksam geworden ist, genügt eine einfache Eingabe in die Suchmaschine. Tippen Sie einfach bei Google »site:IhreShopdomain.de« ein. Sie bekommen dann entweder die Meldung, dass Google keine übereinstimmenden Dokumente finden konnte, oder Sie bekommen alle gefundenen Seiten angezeigt.

10.2.1 Arten von Suchanfragen

Suchmaschinen werden mit unterschiedlichen Intentionen genutzt. Je nachdem, welche Absicht der Nutzer hat, formuliert er die Suche unterschiedlich und erwartet dann natürlich auch ein anderes Ergebnis.

Generell lassen sich drei Suchanfragen unterscheiden.

Informationsorientierte Suchanfragen

Der Nutzer möchte irgendetwas wissen, er möchte sich zu einem Thema informieren. Beispiele für solche Suchanfragen sind »Rezept Spaghetti Bolognese« oder auch »wie hoch ist der Eiffelturm«. Auch Kurzformen wie nur »Spaghetti Bolognese« oder »Höhe Eiffelturm« zählen zu der informationsorientierten Suche. Diese Art macht etwa 80 % aller Suchanfragen aus.

Navigationsorientierte Suchanfragen

Bei dieser Form weiß der Nutzer eigentlich schon, wo er hinmöchte. Beispiel für diese Suche ist »Handbuch Onlineshop Amazon« oder auch »zalando«. Die Eingabe dieser Suchanfragen erfolgt meist aus Bequemlichkeit (der Nutzer möchte die Suche im Shop überspringen) oder aufgrund von Fehlern (der Nutzer gibt die URL aus Versehen in das Suchfeld und nicht in das Adressfeld ein). Diese Suchanfragen machen ca. 10 % aus.

Transaktionsorientierte Suchanfragen

Suchanfragen, die eine geplante Transaktion erkennen lassen, zählen zu den transaktionsorientierten Suchanfragen. Zum Beispiel wissen wir bei dem Suchbegriff »Jeans günstig kaufen«, dass sich der Nutzer wohl eine neue Jeans anschaffen möchte. Kaufen, bestellen, herunterladen, anschaffen usw. sind bei dieser Suchart die Schlüsselwörter, an denen wir erkennen können, dass es sich um eine transaktionsorientierte Suchanfrage handelt. Aber auch Anfragen ohne diese Begriffe können diesem Typ zugeordnet werden. »Flug Frankfurt Mallorca« wäre solch ein Beispiel, bei dem die Suchmaschine ebenfalls von einer transaktionsorientierten Suchanfrage ausgeht und konkrete Flüge direkt in die Ergebnisse mit aufnimmt, wie Sie in Abbildung 10.4 sehen können.

Die transaktionsorientierten Suchanfragen machen etwa 10 % aus, sind aber für einen Shop-Betreiber am wichtigsten, da der Kunde schon konkrete Kaufabsichten geäußert hat.

Abbildung 10.4 Suchergebnisse zur Suchphrase »Flug Frankfurt Mallorca«

10.2.2 Google Universal Search

Die Universal Search ist keine spezielle Maske in Google, sondern jede Suche kann zur Universal Search (übersetzt: allgemeine Suche) werden. Dabei liefert Google Ergebnisse aus unterschiedlichen Datenquellen (siehe Abbildung 10.5).

Für die Ergebnisse stehen Google folgende Datenquellen zur Verfügung:

- Google Ads ❶
- Google Shopping ❷
- organische Ergebnisse ❸
- Google News ❹
- Google Plus
- Google Images
- Google Videos
- Google Maps

Was und auch wie viel aus den jeweiligen Datenquellen angezeigt wird, entscheidet Google anhand der Suchanfrage und persönlicher Aspekte des Suchenden. Wie Sie ebenfalls in Abbildung 10.5 sehen können, nehmen die Google-Search-Ergebnisse viel Raum ein und drängen damit die klassischen, organischen Ergebnisse weiter nach unten.

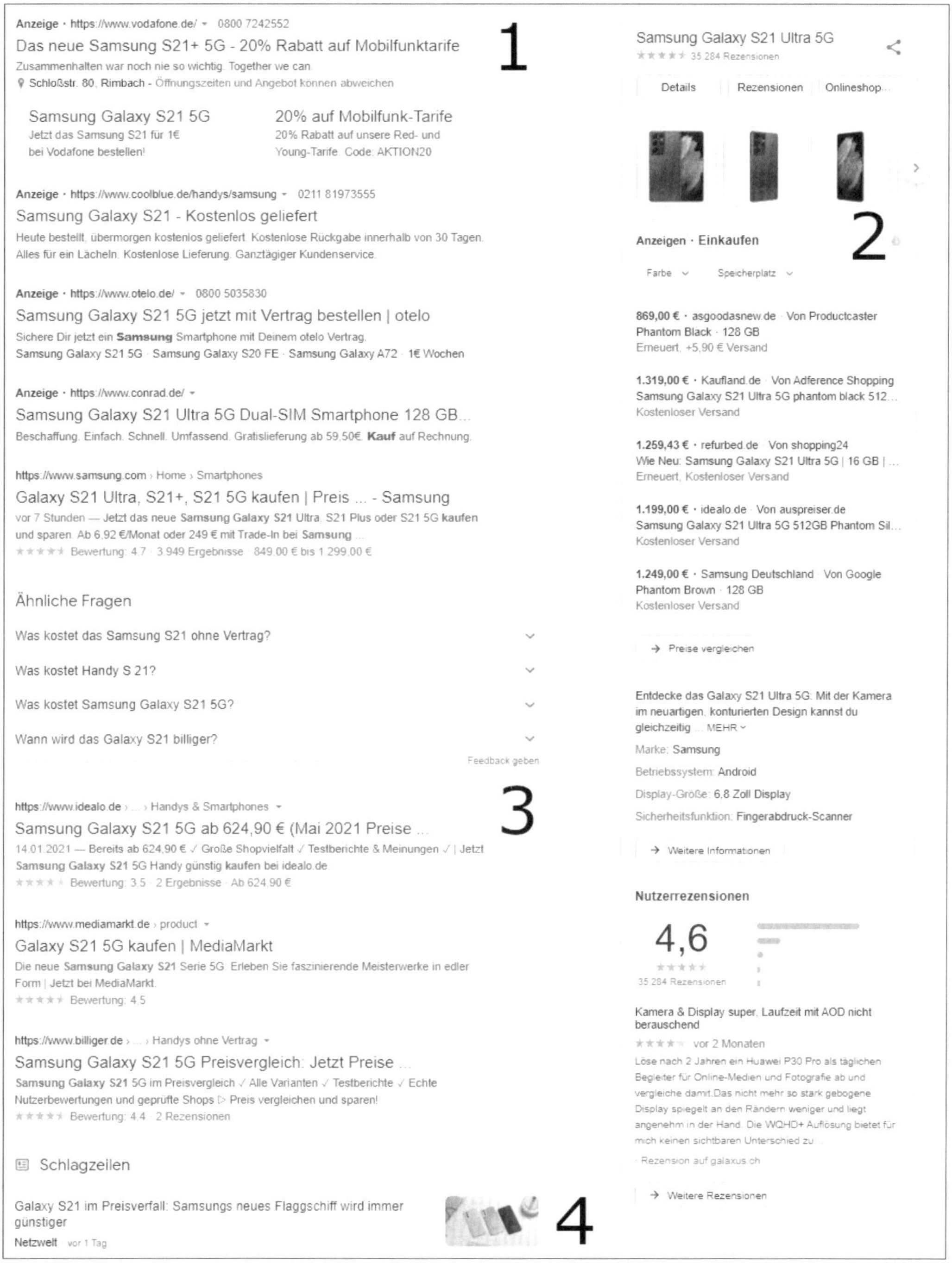

Abbildung 10.5 Google-Ergebnisse aus unterschiedlichen Datenquellen

Je nach Bildschirmauflösung bekommt der Nutzer ohne Scrollen gar keine organischen Ergebnisse angezeigt. Selbst ein Suchbegriff, mit dem Sie eigentlich gut ranken, kann durch die Universal Search deutlich an Klicks verlieren, weil das Ergebnis eben nicht mehr im sofort sichtbaren Bereich angezeigt wird. Für SEO bedeutet das, dass eine ganzheitliche Sichtweise immer wichtiger wird. Können Sie wirklich »nur« mit organischen Ergebnissen ranken oder gibt es auch Möglichkeiten, mit zum Beispiel Bildern oder Videos im sichtbaren Bereich angezeigt zu werden?

Auch über die sogenannten Featured Snippets können Sie für Ihren Shop Aufmerksamkeit erregen. Die Featured Snippets werden über den eigentlichen Suchergebnissen sehr prominent dargestellt, wie Sie in Abbildung 10.6 sehen können.

Abbildung 10.6 Rich Snippets auf Google

Die Rich Snippets sind aber für den Shop-Betreiber Segen und Fluch zugleich. Auf der einen Seite sind zwar die Ergebnisse sehr prominent platziert, und der Shop wird als »Expertenseite« präsentiert, durch die spezielle Darstellung werden die Fragen aber direkt bei Google beantwortet, und der Kunde hat keinen Grund mehr, auf das Suchergebnis zu klicken. Pauschal lässt es sich aber nicht sagen, welches Szenario am ehesten eintritt. Auch hier ist ein Test sinnvoll.

Ein Online-Shop kann nur über redaktionelle Inhalte als Featured Snippet angezeigt werden und nicht über die Produkte direkt. Das heißt, der Kunde ist mindestens zwei Klicks vom Produkt und somit vom Kauf entfernt. Für direkte Conversions ist dieses Format daher ungeeignet. Vielmehr geht es bei Featured Snippets um Branding und somit um langfristigen Erfolg.

10.3 On-Page-Optimierung

In Bezug auf die *On-Page-Optimierung* hört man immer wieder den Satz »Content ist King«. Das bedeutet, dass der Inhalt, also die Begriffe an der richtigen Stelle im Shop, sehr wichtig ist. Das ist richtig und eine wichtige Säule bei der On-Page-Optimierung. Die andere Säule ist die Performance des Shops, also wie schnell dieser zum Beispiel geladen wird. Eine gute Performance ist nicht nur für die Suchmaschinenoptimierung wichtig, sondern spielt natürlich auch für ein positives Einkaufserlebnis eine Rolle. In Kapitel 2, »Welcher Shop ist der richtige? Technische Lösungen und Möglichkeiten«, erfahren Sie mehr darüber. In diesem Abschnitt geht es in erster Linie um den Inhalt.

10.3.1 Metainformationen

Die Metainformationen finden Sie, wenn Sie mit dem Browser den Quelltext Ihres Shops aufrufen. Dabei geht es hauptsächlich um den Meta-Title und die Meta-Description. Der Title erscheint als Überschrift unter den Suchergebnissen und sollte zwischen 50 und 70 Zeichen lang sein. Die Meta-Description erscheint direkt darunter und sollte maximal 155 Zeichen lang sein. Was so im Quellcode steht

```
<title>Grohe Allure Brilliant Einhand-Waschtischbatterie
   chrom 23029000 | Mach-Dein-Bad</title>

<meta name="description" content="Grohe Allure Brilliant Einhand-
   Waschtischbatterie chrom 23029000 - bestellen Sie bequem und
   sicher zu super Preisen bei Mach-Dein-Bad.de."/>
```

wird dann von Google wie in Abbildung 10.7 dargestellt.

Abbildung 10.7 Darstellung eines Suchergebnisses bei Google

Alle im Buch beschriebenen Shop-Systeme übernehmen die Metainformationen automatisch aus dem Inhalt des Shops. Trotzdem sollten Sie sich die Arbeit machen und mindestens bei der Startseite und den Kategorieseiten die Metainformationen nochmals überprüfen und gegebenenfalls anpassen. Dies ist einfach im jeweiligen Backend des Shop-Systems möglich. Bei Shopware finden Sie diesen Punkt direkt bei der Artikelanlage und können ihn dann wie in Abbildung 10.8 anpassen.

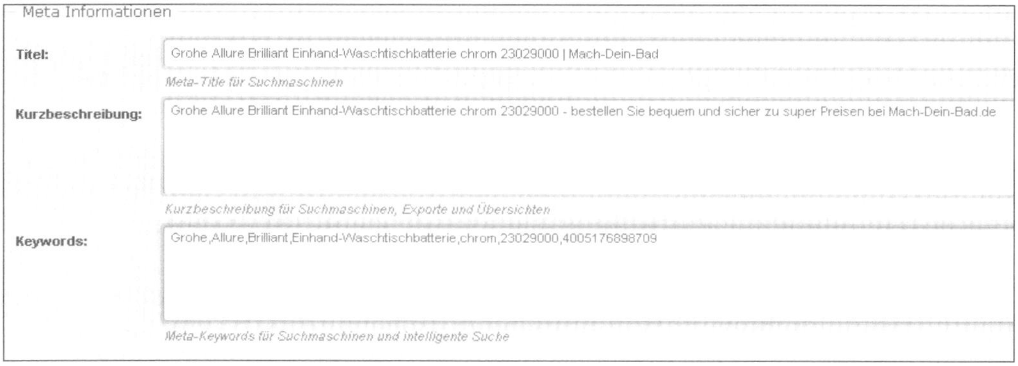

Abbildung 10.8 Darstellung der Metainformationen in Shopware 5

Über Title und Content haben Sie die Möglichkeit, bereits bei den Suchergebnissen Ihren Shop zu beschreiben und somit potenzielle Besucher neugierig zu machen. Es nützt Ihnen nichts, wenn Sie mit Ihrem Shop ganz oben bei den Suchergebnissen gelistet, aber aufgrund nichtssagender Titel und Beschreibungen nicht geklickt werden. Achten Sie auch darauf, dass in den Metainformationen die wichtigsten Keywords enthalten sind und möglichst weit vorn angezeigt werden. Diese werden nämlich bei Übereinstimmung in den Suchergebnissen fett angezeigt und sorgen somit nochmals für höhere Aufmerksamkeit. Wenn der Besucher die von ihm gesuchten Keywords gleich auf Anhieb in der Ergebnisliste findet, ist die Chance, dass er Ihren Shop besucht, um ein Vielfaches höher. Titel wie »Herzlich willkommen in unserem Online-Shop« sind nichtssagend und sollten daher auf jeden Fall vermieden werden. Besser wäre hier ein Titel, bei dem Ihre potenziellen Kunden sofort erfahren, was sie in dem Shop erwarten können. Gute Titel sind zum Beispiel:

- Große Auswahl an Wanderzubehör
- Der Spezialist für Badausstattung
- Das komplette Sortiment von Bogner
- Exklusive Mode günstig online kaufen

Auch wenn Title und Content nicht direkt das Ranking beeinflussen, sollten Sie sich intensiv mit diesem Thema befassen. Diese beiden Informationen sind das Erste, was ein potenzieller Kunde über Ihren Shop erfährt. Sie entscheiden darüber, ob er mit einem Klick Ihren Shop besucht oder ob er sich für einen Wettbewerber entscheidet.

Sprechende URLs

Bei einem guten URL-Aufbau kann der Nutzer bereits anhand der URL erkennen, welcher Inhalt auf der Seite zu erwarten ist. URLs wie *www.beispielshop.de/page185* sind verwirrend und nichtssagend. Weder eine Suchmaschine noch Ihre potenziellen Kunden können damit etwas anfangen. Ändern Sie deshalb Ihre URLs in verständlichere

URLs um. Auch hier bieten die Shop-Systeme schon Möglichkeiten, Ihre Shop-Struktur in die URLs zu übernehmen. Aus der oben genannten URL wird dann zum Beispiel *www.beispielshop.de/fussball/fussballschuhe/adidas_adizero*. Da auch zur Suche passende Keywords in der URL von Google fett markiert werden, fällt Ihr Shop dadurch sogar noch besser auf.

Ein weiterer wichtiger Befehl bei den Metatags sind die Einstellungen der Robots. Darüber teilen Sie den Suchmaschinen-Bots mit, wie sie mit dem Shop verfahren sollen. Auch dies kann in jedem Standard-Shop-System im Backend angepasst werden. Folgende Einstellung ist dabei der Standard und kann auch so beibehalten werden:

```
<meta name="robots" content="index,follow,noodp" />
```


Dieses Tag enthält für den Bot folgende Informationen: `index` bedeutet, dass der Bot Ihren Shop in den Index aufnehmen soll. `follow` sagt dem Bot, dass er jedem Link in Ihrem Shop folgen soll. Mit `noodp` erhält der Bot die Information, dass der Seitentitel und die Seitenbeschreibung aus den Metainformationen angezeigt werden sollen. In einigen Suchmaschinen wird manchmal statt dieser Informationen die Beschreibung aus dem DMOZ (Directory Mozilla) angezeigt. Dabei handelt es sich um das größte von Menschen gepflegte Webverzeichnis. Mit dem Metatag `noodp` verhindern Sie dies.

Ebenfalls bei den Metaangaben finden Sie auch die Meta-Keywords:

```
<meta name="keywords" content="Mach-Dein-Bad.de, Mach-Dein-Bad, machdeinbad,
  deinbad, dein-bad, mach-dein-bad, Armaturen, Badezimmer, Bad renovieren,
  Sanitärshop" />
```

Diese Angabe ist ein Relikt aus der Vergangenheit. Früher teilte man über diese Information den Suchmaschinen mit, welche Keywords auf der Seite oder im Shop relevant sind. Dazu wurden die Keywords, durch Kommata getrennt, in die Metainformationen aufgenommen. Seit einiger Zeit haben diese Angaben für die großen Suchmaschinen aber keine Bedeutung mehr. Sie müssen darauf also keine große Energie verschwenden.

10.3.2 Keyword-Recherche

Auch wenn die Meta-Keywords nicht mehr relevant sind, Keywords als solche sind ein wichtiger Punkt bei der Suchmaschinenoptimierung. Diese Keywords sollten in optimalem Verhältnis in Ihren Texten enthalten sein. Bevor Sie sich aber daranmachen, die Texte zu verfassen, müssen Sie zuerst definieren, über welche Keywords Ihr Shop gefunden werden soll und welche Keywords von Ihren potenziellen Kunden verwendet werden, wenn sie Produkte aus Ihrem Shop suchen. Zuerst können Sie hier zwischen *Short-* und *Longtail-Keywords* unterscheiden. Unter Shorttail-Keywords werden alle mit einem hohen Suchvolumen zusammengefasst. Meist handelt es sich dabei um generische Begriffe, wie zum Beispiel Schuhe, Smartphone, aber auch um Marken wie Adidas oder Samsung. Diese Keywords haben zwar ein hohes Suchaufkommen, sind aber sehr unspezifisch (nach welchen Schuhen sucht der Nutzer wohl genau?) und hart umkämpft.

In Abbildung 10.9 sehen Sie die besten drei Suchergebnisse für das Keyword »Schuhe«. Es befinden sich große Namen unter den Ergebnissen, und um unter die ersten fünf Suchergebnisse zu kommen, müssten Sie für die Suchmaschine relevanter sein als zum Beispiel Zalando oder Aboutyou. Diese Unternehmen haben ganze Abteilungen, die sich nur mit SEO beschäftigen. Es ist also schwer, wenn nicht sogar unmöglich, mit solch einem Suchbegriff auf die ersten Plätze zu kommen.

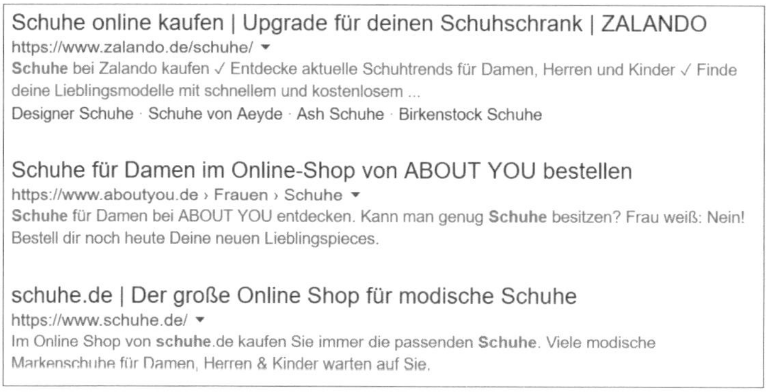

Abbildung 10.9 Organische Suchergebnisse für das Suchwort »Schuhe«

Aus diesem Grund sollten Sie bei der Keyword-Recherche auch die Longtail-Keywords mit aufnehmen. Beim Longtail handelt es sich um spezifischere Suchbegriffe mit niedrigerem Suchvolumen. Bei einem Online-Shop für Schuhe könnten das zum Beispiel folgende Begriffe sein:

- braune Lederschuhe
- Fussballschuhe Größe 42
- schicke Businessschuhe Boss

Diese Begriffe haben zwar einzeln ein sehr geringes Suchvolumen, in der Summe aller Longtail-Keywords ist der Traffic aber relevant. Berücksichtigen Sie daher neben den Shorttail-Keywords auch die Longtail-Suche in Ihrer Recherche.

Folgendes Vorgehen hat sich bei der Keyword-Recherche bewährt:

1. Notieren Sie sich zunächst alle Begriffe, die für Ihren Shop im Allgemeinen stehen.
2. Notieren Sie sich nun die Keywords, die für Ihre Produkte und die Marken stehen, die Sie verkaufen.

3. Schauen Sie sich Ihre interne Suche an. Nach welchen Begriffen wird dort gesucht?
4. Beginnen Sie nun, sich mit Synonymen zu beschäftigen. Gibt es eventuell noch andere Begriffe, die für die gleiche Sache genannt werden? Unter der Adresse *https://openthesaurus.de/synonyme* finden Sie eine Datenbank mit Synonymen zu vielen Begriffen.
5. Was macht Ihre Konkurrenz? Besuchen Sie die Shops Ihrer Wettbewerber, um herauszufinden, welche Keywords dort verwendet wurden. Hilfreich sind hier auch die Keywords in den Metaangaben, sofern diese gepflegt wurden.
6. Prüfen Sie nun die herausgefundenen Keywords auf ihre Relevanz hin. Dazu gibt es im Google-Ads-Konto den Keyword-Plan, der Ihnen das geschätzte Suchvolumen der einzelnen Keywords angibt. Die durchschnittlichen Suchanfragen werden im Standard nur sehr grob angegeben. Detailliertere Angaben finden Sie in Konten mit einem signifikanten Budget.

Es gibt einige Tools, die Sie bei Ihrer Recherche unterstützen, sogenannte Keyword-Datenbanken. In Abbildung 10.10 sehen Sie die Ergebnisse für den Suchbegriff »Schuhe«.

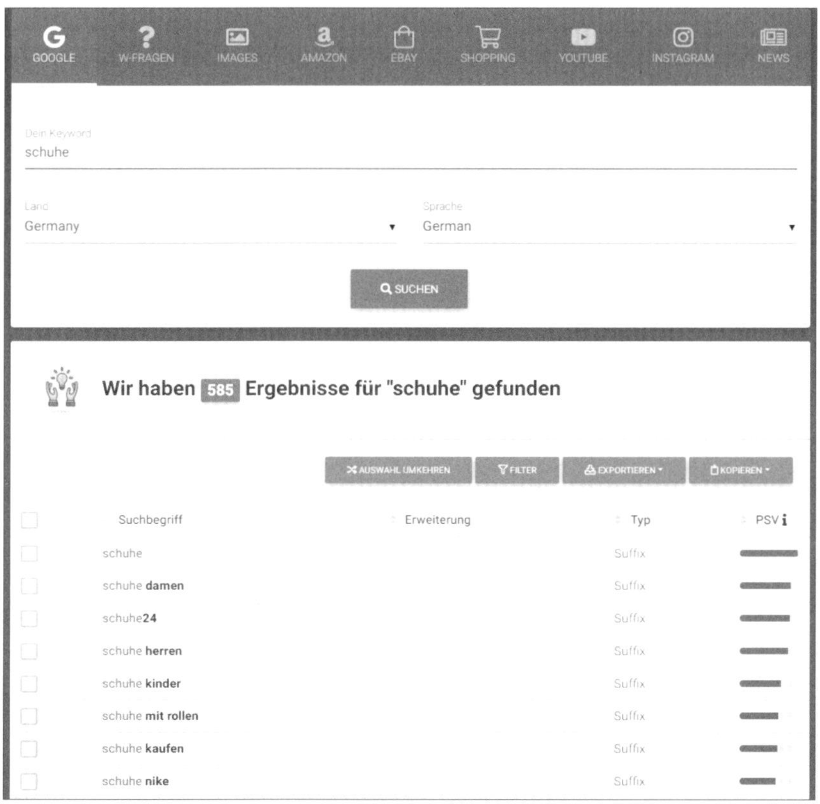

Abbildung 10.10 Keyword-Vorschläge über Hypersuggest

Solche Datenbanken finden Sie zum Beispiel unter:

- *http://keywordtool.io*
- *http://www.hypersuggest.com/de*
- *http://www.similarweb.com/*

10.3.3 Relevanter Inhalt

Zweifellos gehört der Inhalt zu den allerwichtigsten SEO-Faktoren. Über die Texte, also überwiegend über die Kategorien und Produktbeschreibungen, weiß nicht nur Ihr potenzieller Kunde, was er in Ihrem Online-Shop erwarten kann. Auch Google indiziert den Inhalt und legt damit die Relevanz des Shops für die einzelnen Suchbegriffe fest. In den Anfangszeiten der Suchmaschinen war das System noch sehr einfach aufgebaut. Im Groben konnte man sagen, je häufiger ein Keyword auf der Seite vorkam, desto relevanter wurde die Seite für dieses Keyword gelistet. Das führte so weit, dass auf den Webseiten die Keywords ohne Bezug zum Inhalt hundertfach genannt wurden und so Webseiten ungerechtfertigt gut gelistet wurden.

Keyword-Dichte

Um diesem Keyword-Spammen Einhalt zu gebieten, führten die Suchmaschinen die Keyword-Dichte als neue Kennzahl ein. Die Keyword-Dichte errechnet sich wie folgt:

$$\textit{Keyword-Dichte} = \frac{\textit{Nennung des Keywords}}{\textit{Gesamtanzahl der Wörter auf der Seite}} \cdot 100$$

Wenn Sie also einen Text mit insgesamt 100 Wörtern haben und dort dreimal das Wort Schuhe vorkommt, ergibt dies für Schuhe eine Keyword-Dichte von 3 %.

Eine Keyword-Dichte von 3–5 % gilt als ideal. Wenn der Text auch für Menschen einigermaßen gut lesbar sein soll, kommen Sie über diesen Wert sowieso nicht weit hinaus.

Damit Sie nicht von Hand jedes einzelne Wort zählen müssen, gibt es eine Reihe (kostenloser) Tools, mit denen Sie die Dichte der Keywords messen können:

- *https://seo-semantix.de/keyword-tool*
- *http://optimierung.vexeo.de/textoptimierung.html*
- *https://www.seolingo.de/keyworddichte-tool*

Es ist unter SEOs umstritten, ob die Keyword-Dichte tatsächlich ein Rankingfaktor ist. Da es aber eine sehr einfache Kennzahl ist, die auch dazu dient, Texte für den Nutzer gut verständlich zu schreiben, ist es sinnvoll, Ihre Texte im Hinblick auf die Keyword-Dichte zu prüfen.

Was bei dieser Kennzahl nicht bedacht wird, ist der thematische Bezug der Wörter untereinander. Die Suchmaschinen haben mittlerweile gelernt, dass Keywords in einem semantischen Zusammenhang stehen müssen. Wenn Sie also mit dem Keyword »Auto« gut ranken wollen, genügt es nicht, dass 3–5 % der Wörter »Auto« sind. Um eine Relevanz zu erreichen, ist es vielmehr auch notwendig, Wörter wie zum Beispiel »Motor«, »fahren« oder »Lenkrad« mit aufzunehmen. Leider ist es, anders als bei der Ermittlung der Keyword-Dichte, hier nicht möglich, über ein Tool die optimalen Kombinationen zu ermitteln. Ergänzen Sie am besten in Ihrer Keyword-Liste die inhaltlich passenden Begriffe, und nehmen Sie diese ebenfalls in den Text mit auf. Vergessen Sie dabei aber bitte nicht, dass Ihre Produkte von echten Menschen und nicht von Suchmaschinen gekauft werden. Die Texte müssen also auch Ihren Besuchern gefallen und ihnen Ihre Produkte schmackhaft machen. Google und die anderen Suchmaschinen verbessern ihren Algorithmus auch immer mehr in diese Richtung. Texte, die für den Besucher keinen oder wenig Sinn ergeben, werden aus diesem Grund auch bei den Suchmaschinen schlecht ranken.

WDF*IDF

Die Formel WDF*IDF kann als Weiterentwicklung der klassischen Keyword-Dichte gesehen werden. Mit dieser Formel lässt sich bestimmen, in welchem Verhältnis bestimmte Wörter in einem Textdokument zu allen potenziell möglichen Dokumenten gewichtet werden.

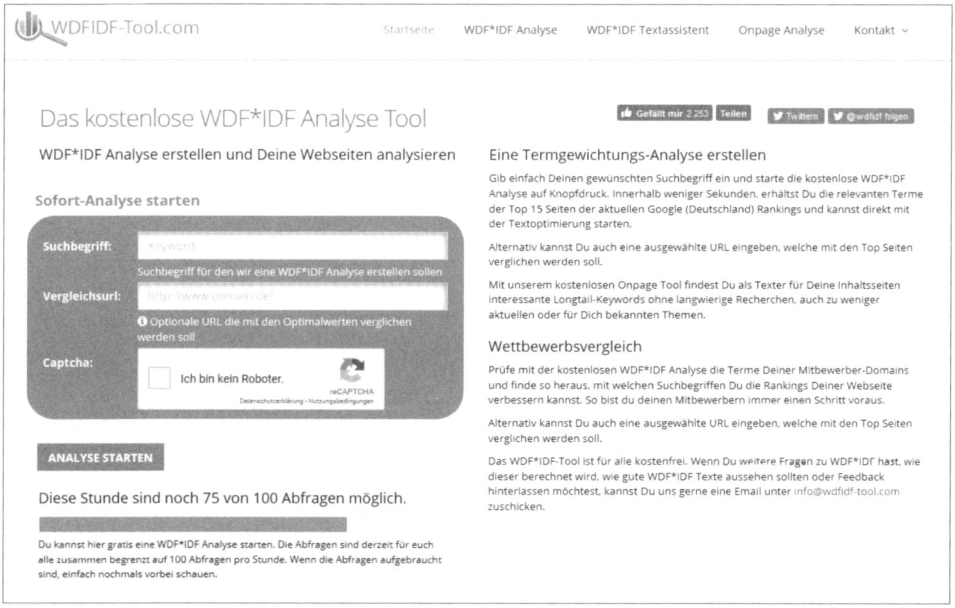

Abbildung 10.11 WDF*IDF Tool (www.wdfidf-tool.com)

WDF ist die Abkürzung für »Within Document Frequency« und steht dafür, wie oft ein Wort in einem Dokument vorkommt. IDF hingegen steht für »Inverse Document Frequency« und gibt die verhältnismäßige Häufigkeit an, wie oft das Keyword auf anderen Seiten erscheint.

10.3.4 Überschriften H1 bis H6

Neben der Anzahl und dem Kontext der einzelnen Keywords kommt es auch auf deren Position im Text an. Steht ein Keyword zum Beispiel in einer Überschrift, hat es eine höhere Relevanz, als wenn es im Fließtext vorkommt. Um die Überschriften bzw. deren Relevanz zu kennzeichnen, gibt es die Möglichkeit der Textformatierung. Die Überschriften werden nach Relevanz zwischen <H1> und <H6> formatiert. Die Hauptüberschrift einer Seite ist somit <H1>, Zwischenüberschriften <H2> usw. Welche Überschrift <H1>, welche <H2> usw. ist, wird über das Template definiert und kann daher nicht spontan über das Backend geändert werden. Schauen Sie sich im Quelltext an, wie die Überschriften im Shop gestaltet sind. Beim Screenshot in Abbildung 10.12 würden die entsprechenden Stellen im Quellcode so aussehen:

Abbildung 10.12 Shopware-Shop mit unterschiedlichen Überschriften

Formatierung der <H1>-Überschrift ❶:

```
<h1 class="articlename" itemprop="name">Hansgrohe Metris Waschtischmischer 110
  chrom 31080000</h1>
```

Formatierung der <H2>-Überschrift ❷:

```
<h2>Produktinformationen "Hansgrohe Metris Waschtischmischer 110 chrom
  31080000"</h2>
```

10.3.5 ALT-Attribute bei Bildern

Suchmaschinen sind mittlerweile, was die Erfassung und Verarbeitung von Text angeht, sehr weit fortgeschritten. Was aber (noch) nicht möglich ist, ist das automatische Erfassen von Bildinhalten. Aus diesem Grund benötigen die Suchmaschinen zu den Bildern weitere Informationen. Diese Informationen können über das sogenannte ALT-Attribut mitgegeben werden. ALT steht hierbei für alternativ, es handelt sich dabei also um eine alternative Beschreibung. Über das ALT-Attribut teilen Sie der Suchmaschine mit, was sich auf dem Bild befindet. Im Quellcode kann ein ALT-Attribut so aussehen:

```
<img src="/pfad/zum/bild.tif" alt="Hier würde dann die alternative
    Beschreibung stehen">
```

Bei Artikelbildern wird vom Shop-System in der Regel der Artikelname automatisch übernommen, kann aber nachträglich im Backend noch angepasst werden. Rein technisch gibt es keine Beschränkung, was die Textlänge angeht. Empfehlenswert ist es aber, das Bild so kurz wie möglich zu beschreiben. Als Anhaltspunkt gilt, dass man den Bildinhalt allein über die Textangabe wiedererkennen sollte.

Prüfen Sie nun in Ihrem Shop nach folgenden Kriterien, ob die Überschriften optimal gesetzt sind:

1. Die H1-Überschrift ist die Hauptüberschrift auf jeder einzelnen Seite. Bitte achten Sie darauf, dass es nur eine H1-Überschrift pro Seite gibt. In dieser Überschrift sollte auch bereits das Haupt-Keyword der Seite enthalten sein, also das Keyword, mit dem Sie bei den Suchergebnissen möglichst weit vorne ranken möchten.
2. Die Überschriften sollten sich auch in Größe und Aufmachung unterscheiden. Man darf es der wichtigsten Überschrift ruhig auch ansehen, indem sie zum Beispiel fett oder größer ist als die anderen Überschriften.

Wie bereits erwähnt, können die Überschriften im Template geändert werden. Da dieser Aufbau bei jedem Shop-System anders ist, würde es den Rahmen sprengen, hier genauer darauf einzugehen.

10.3.6 Duplicate Content

Über *Duplicate Content* konnten Sie bereits in Kapitel 3, »Kunden zum Kaufen animieren – Produkte und Warengruppen«, einiges erfahren. Sie erinnern sich: Unter Duplicate Content versteht man Texte, die mit gleichem Inhalt mehrmals im Netz vorkommen. Das Negative daran ist, dass Suchmaschinen Duplicate Content herausfiltern und ihn negativ bewerten. Das kann bis zum vollständigen Ausschluss aus dem Index führen.

In Kapitel 3 konnten Sie daher lesen, dass es zwar sehr einfach ist, den Text eines Herstellers zu übernehmen, dies aber unter anderem wegen des Duplicate Contents nicht empfehlenswert ist. Nicht nur auf fremden Seiten ist Duplicate Content ein Problem, er kann auch unbeabsichtigt im eigenen Shop generiert werden. Nämlich immer dann, wenn eine Seite mit identischem Inhalt mehrmals zu finden ist. Das ist zum Beispiel auch der Fall, wenn Sie die Produktdetailseite als PDF zum Download anbieten oder wenn hinter unterschiedlichen Pfaden ein und dieselbe Produktdetailseite liegt.

Beispiele hierzu sind:

- *www.ihrshop.de/herren/hemden/hemdxyz.html*
- *www.ihrshop.de/sale /herren/hemdxyz.html*

Hinter beiden Pfaden verbirgt sich in diesem Beispiel dasselbe Produkt und somit auch eine identische Produktbeschreibung.

In diesem Fall müssen Sie der Suchmaschine mitteilen, welche Seite die primäre Seite ist. Eine Möglichkeit ist das sogenannte *Canonical Tag*, das jeweils auf die Primärseite verweist. Im Beispiel oben würden die Pfade mit Canonical Tags wie folgt aussehen.

www.ihrshop.de/herren/hemden/hemdxyz.html soll die primäre Seite sein und verweist daher mit folgendem Canonical Tag auf sich selbst:

```
<link rel="canonical" href="http://www.ihrshop.de/herren/hemden/hemdxyz.html"/>
```

www.ihrshop.de/sale/herren/hemdxyz.html soll auf die primäre Seite verweisen und hat daher dasselbe Canonical Tag.

```
<link rel="canonical" href="http://www.ihrshop.de/sale/herren/hemdxyz.html"/>
```

10.3.7 Seiten-Performance

Bei der On-Page-Optimierung spielt auch die Seiten-Performance eine große Rolle. Es nützt nichts, wenn Sie die Inhalte alle suchmaschinenfreundlich gestaltet haben, die Ladezeit der Seite aber zu lang ist. Die Seitengeschwindigkeit ist bereits seit 2010 bei Google ein Rankingfaktor und spielt nicht nur für Suchmaschinen eine Rolle. Da auch

Ihre Besucher nicht lange warten möchten, sollten Sie also aus diesen beiden Gründen die Performance stetig optimieren.

Um zu testen, wie die Ladezeiten des Shops sind, bietet Google ein eigenes Werkzeug an. Unter *https://developers.google.com/speed/pagespeed/insights/* können Sie testen, wie schnell Ihr Shop geladen wird. Google zeigt Ihnen dazu eine detaillierte Auswertung und zeigt auch, wie Sie Ihren Shop optimieren können. Neben den angezeigten Optimierungen bei den Bildern und der Dateigröße sollten Sie bei langsamen Ladezeiten Ihren Hoster bzw. das gebuchte Hosting-Paket kritisch hinterfragen. Oftmals entscheidet sich der Shop-Betreiber zu Beginn für ein eher kleineres Hosting-Paket und »vergisst« dann, dieses bei erhöhten Besucherzahlen anzupassen.

Seit Mai 2021 legt Google noch mehr Wert auf die User Experience und hat mit den Core Web Vitals einen neuen Rankingfaktor eingeführt. Die Web Vitals bestehen aus drei Metriken:

- **LCP Largest Contentful Paint**
  Der LCP gibt an, wie lange es dauert, bis der Hauptinhalt im sichtbaren Bereich geladen ist.
- **FID First Input Delay**
  Der FID misst die Zeit zwischen einer Benutzeraktion und der Bearbeitung von dieser, zum Beispiel wie lange es dauert, bis mit dem Laden einer HTML-Datei begonnen wird.
- **CLS Cumulative Layout Shift**
  CLS gibt Aufschluss darüber, wie stabil das Seitenlayout während des Seitenbesuchs ist. Die Metrik ist die Summe aller Layoutverschiebungen einer Seite. Eine Layoutverschiebung entsteht zum Beispiel, wenn ein Banner im oberen Bereich nachgeladen wird, und die restlichen Elemente dadurch nach unten verschoben werden.

Die Core Web Vitals können durch den Einsatz eines besseren Hostings, durch den Einsatz eines CDN (Content Delivery Network) oder auch durch die Nutzung moderner Dateiformate optimiert werden. Bei der Messung der Core Web Vitals ist zwischen Felddaten und Labordaten zu unterscheiden. Die Felddaten werden von Chrome-Nutzern erfasst und sind auch rankingrelevant. Diese Daten stehen auch in der Google Search Console zur Verfügung und sollten dort regelmäßig geprüft werden. Da es immer eine gewisse Zeit dauert, bis die Daten zur Verfügung stehen, eignet sich diese Methode nicht für eine schnelle Prüfung zum Beispiel nach einer Optimierungsmaßnahme. Für diesen Fall sind die Labordaten die bessere Wahl. Sie werden immer unter den gleichen Bedingungen erhoben und können über die Google Pagespeed Insights (siehe Abbildung 10.13) abgerufen werden. Da bei dieser Simulation kein Nutzer-Input stattfindet, kann der First Input Delay nicht ermittelt werden. Als Ersatzwert können Sie aber die TBT (Total Blocking Time) heranziehen. Viel Wichtiger als die absoluten Werte sind bei Tests nach Optimierung aber ohnehin die Tendenzen, also ob sich der Wert nach der Optimierung verbessert hat.

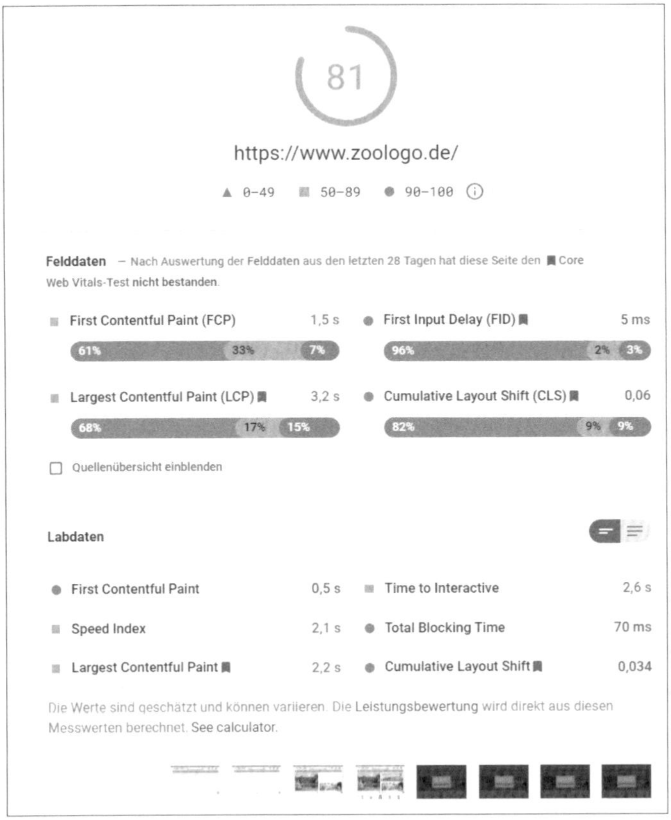

Abbildung 10.13 Laborwert der Core Web Vitals über die Pagespeed Insights

Mobile First Index

Im Jahr 2018 hat Google damit begonnen, den Mobile First Index auszurollen. Dies ist sicherlich der Tatsache geschuldet, dass mittlerweile mehr Suchanfragen über mobile Geräte als über die klassische Desktop-Suche erfolgen. Beim Mobile First Index werden Inhalte, die nur auf Desktop-Geräten zu sehen sind, ignoriert. Das bedeutet, Inhalte, die nicht für mobile Endgeräte optimiert sind, werden auch bei der Suche über ein Desktop-Gerät nicht ausgespielt.

Ob Ihr Shop mobile-friendly ist, prüft Google für jede URL im Einzelnen. Sie können ebenfalls unter *https://search.google.com/test/mobile-friendly* prüfen, ob Ihr Shop mobile-optimiert ist. Google empfiehlt zwar den Einsatz von Reponsive Design, benachteiligt jedoch mobilfreundlich gestaltete Inhalte auf Hostnamen (beispielsweise *http://m.ihrshop.de*) oder eigenen mobilen Website-Varianten (beispielsweise *http://ihrshop.mobil*) nicht.

Folgende vier Kriterien sind für einen mobile-friendly Shop entscheidend:

- Verwenden Sie keine Technologien, die auf Mobilgeräten nicht gängig sind. Ein gutes Beispiel dafür ist Flash.
- Der Text sollte ohne Zoomen auf dem Smartphone gelesen werden können.
- Die Größe des Inhalts wird an den jeweiligen Bildschirm angepasst, sodass Nutzer nicht horizontal scrollen müssen.
- Links dürfen nicht zu eng beieinanderliegen, um die Bedienbarkeit zu gewährleisten. Schaltflächen müssen mindestens 7 mm, also 48 CSS-Pixel groß sein. Schaltflächen, die kleiner als 7 mm sind, müssen einen großzügigen Abstand zueinander besitzen.

10.4 Off-Page-Optimierung

Es ist kein Zufall, dass wir zunächst die On-Page-Optimierung besprochen haben. Die On-Page-Optimierung bildet die Basis für alle weiteren Optimierungen. Erst wenn diese optimal abgeschlossen ist, ist der Weg frei, um auch mit erfolgreichen Off-Page-Maßnahmen zu beginnen. Unter *Off-Site-Optimierung* wird alles zusammengefasst, was außerhalb des Shops passiert, um diesen im Ranking nach vorn zu bringen. Während bei der On-Site-Optimierung der Inhalt den größten Einfluss auf das Ranking hat, spielen bei der Off-Site-Optimierung die Links, die auf den Shop verlinken, die größte Rolle. Es geht hier aber nicht allein um die Anzahl der Links, sondern auch um ihre Qualität. Was ist aber ein qualitativ hochwertiger Link? Die Faktoren sind die folgenden.

10.4.1 Externe Linktexte

Der Linktext und die Position sind entscheidend: Ein guter und präziser Linktext ermöglicht den Suchmaschinen, das Thema und damit auch die zu vermutenden Inhalte des Shops einzugrenzen und genauer zu definieren. Die relevanten Keywords sollten also auch im Linktext enthalten sein. Mit einem »hier finden Sie weitere Informationen« kann keine Suchmaschine etwas anfangen. Links im Content, also umgeben von relevantem Inhalt, werden ebenfalls höher bewertet als Links an der Seite oder unterhalb des Contents. Die Linkpopularität bezieht sich aber immer auf einzelne Seiten und nie auf die komplette Domain!

10.4.2 Backlinks

Es gibt verschiedene Methoden, an Backlinks zu kommen. Webkataloge, das sind sortierte Sammlungen von Webseiten und Shops zu unterschiedlichen Themen, bilden eine gute Basis dafür. Hier haben Sie auch die Möglichkeit, Ihr Angebot in der passenden Kategorie anzubieten, und bekommen sogar themenrelevante Backlinks. Einen Überblick über die wichtigsten Webkataloge bekommen Sie auf *www.more-fire.com/tools/wichtige-webkataloge*.

Die Qualität und Herkunft der Backlinks spielt für den Erfolg eine große Rolle. Leider wird häufig noch die Ansicht vertreten, dass Backlinks allein, unabhängig von Kontext und Qualität, das Ranking positiv beeinflussen. Das ist ein großer Irrtum, denn nur hochwertige Backlinks mit thematischem Bezug bringen tatsächlich einen Erfolg.

Eine andere Möglichkeit ist der Linktausch. Der basiert auf dem Prinzip der Gegenseitigkeit. Sie setzen auf Ihrer Seite einen Link, wenn Sie im Gegenzug auch einen bekommen. Dieses Vorgehen ist im Shop-Bereich eher bedenklich. Gegenseitig getauschte Links werden von der Suchmaschine nur schwach bewertet. Wenn Sie Links von fremden Seiten aufnehmen, dürfen Sie auch nicht vergessen, dass diese Links Ihre Besucher auf andere Seiten führen. Ihr Ziel sollte es aber sein, die Besucher in den Bestellprozess zu führen! Das Optimale wäre also, wenn jemand in Ihren Shop verlinkt, ohne dass er dafür einen Backlink erwartet. Dies können Sie schaffen, indem Sie relevanten Inhalt zur Verfügung stellen. Je relevanter der Inhalt der Seiten ist, desto eher wird auch ein anderer Seitenbetreiber bereit sein, (eventuell auch ohne einen gegenseitigen Backlink) auf Ihren Shop zu verlinken. Bauen Sie spezielle Landingpages mit relevanten Informationen. Dies ist nicht nur ein Vorteil für die Suchmaschinen, sondern auch Ihre potenziellen Kunden werden für gute Informationen dankbar sein.

Es besteht natürlich auch die Möglichkeit, ein eigenes Blog über verschiedene Themen zu erstellen und von diesem auf Ihren Shop zu verlinken. Dieses sollte auf relevante Inhalte ausgerichtet sein und nicht nur den Suchmaschinen, sondern auch Ihren Besuchern einen Mehrwert bieten. Nachteil eines eigenen Blogs ist neben dem zusätzlichen Aufwand aber auch, dass Sie natürlich auch dieses erst einmal bei den Suchmaschinen bekannt machen müssen. Für kurzfristigen Erfolg ist ein Blog also weniger geeignet.

Egal, für welche Methode Sie sich entscheiden. Sie sollten es gerade am Anfang mit dem Linkaufbau nicht übertreiben. Hier ist weniger wirklich mehr. Wenn innerhalb kurzer Zeit unnatürlich viele Links aufgebaut werden, vermutet Google hier einen Täuschungsversuch und wird Ihren Shop abstrafen. Um möglichst schnell über eine eventuelle Abstrafung informiert zu werden, empfiehlt sich der Einsatz der Google Search Console. Dort ist es möglich, wie in Abbildung 10.14 zu sehen, von Google über eine mögliche Abstrafung informiert zu werden.

Abbildung 10.14 Manuelle Maßnahmen in der Google Search Console

Eine Garantie dafür gibt es aber nicht, weshalb Sie trotzdem regelmäßig den Traffic von Suchmaschinen in Ihrem Shop überwachen sollten. Wenn dieser plötzlich stark zurückgeht, ist dies ein sicheres Zeichen für eine Abstrafung. Leider sind die Gründe für eine Abmahnung nur selten zu eruieren. Sollten Sie der Meinung sein, dass die Abstrafung ungerechtfertigt ist, können Sie über die Search Console eine erneute Prüfung veranlassen. Nähere Informationen darüber und über mögliche Gründe der Abstrafung finden Sie unter *http://googlewebmastercentral-de.blogspot.de*.

Die häufigsten Gründe einer Abstrafung lassen sich unter folgenden Überschriften zusammenfassen:

- **Unsaubere Linkstruktur**
  Hierzu gehören minderwertige Links, die in kurzer Zeit in großer Masse aufgebaut wurden. Wenn diese Links von fremdsprachigen Seiten oder von Linknetzwerken kommen, wirkt das auf Google verdächtig und kann abgestraft werden.
- **Onpage-Überoptimierung**
  Wenn Sie es mit der Optimierung im Shop übertreiben, die Keywords zu oft verwenden (Keyword Stuffing) oder sich die SEO-relevanten Elemente wie H1-Überschriften im Shop zu häufig wiederholen, deutet das auf eine Überoptimierung hin, die Google möglicherweise ahndet.
- **Black-Hat-Methoden**
  In den alten Western-Filmen hatte der Bösewicht im Duell immer einen schwarzen Hut auf. Daher stammt der Begriff. Sie können sich schon denken, dass die Black-Hat-Methoden nicht die saubersten sind und deshalb von Google abgestraft werden. Zu diesen Maßnahmen gehören zum Beispiel Cloaking, also Seiten, die nur für Suchmaschinen optimiert wurden, aber für den echten Nutzer unsichtbar sind, oder auch Doorway Pages, die vor die eigentliche Zielseite geschaltet werden, um den Traffic zu erhalten.

Um zu prüfen, was Google bereits über die Verlinkungen weiß, können Sie auf Google-eigene Bordmittel zurückgreifen. Über neue Links können Sie automatisch über Google Alerts informiert werden. Richten Sie dafür einfach einen neuen Alert mit Ihrem Shop-Namen ein, und Sie erhalten bei jedem neuen Link im Google-Index automatisch eine Benachrichtigung per E-Mail. Ein Alert greift bei jedem neu indizierten Inhalt. Sie bekommen auf diese Art auch einen Alert, wenn der Shop-Name zum Beispiel in einem Forum erwähnt wird. Die Erstellung von Alerts ist sehr einfach. Klicken Sie auf *www.google.de/alerts*, und geben Sie dort das oder die Keywords an, bei denen Sie über Neuigkeiten informiert werden möchten (siehe Abbildung 10.15).

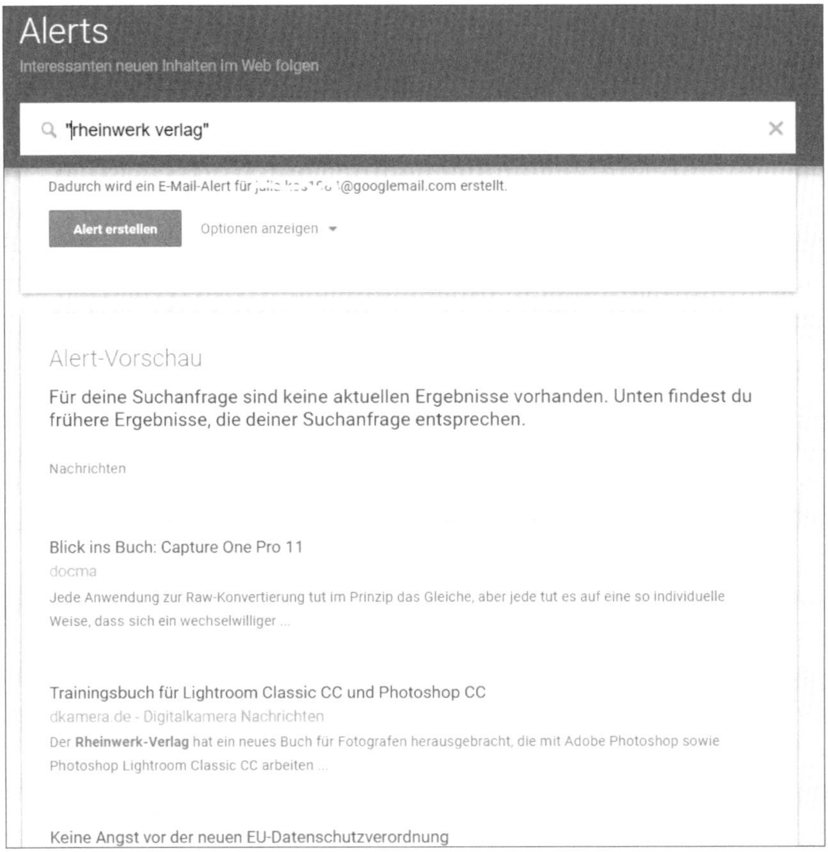

Abbildung 10.15 Google Alerts

Auch spezielle Eingaben in das Google-Suchfeld liefern interessante Ergebnisse. Geben Sie dazu einfach den jeweiligen Suchoperator mit Doppelpunkt und Ihrer Seite in das Suchfeld ein, und Sie erhalten zusätzliche Informationen (siehe Abbildung 10.16):

- »link:« zeigt Ihnen Seiten, die auf die jeweilige (Unter-)Seite verweisen.
- »related:« benötigen Sie, wenn Sie thematisch ähnliche Seiten suchen.
- »site:« zeigt die Seiten, die Google bereits in den Index aufgenommen hat.
- »inanchor:« sucht nach Linktexten, in denen der Begriff vorkommt.

Die Kombination »inanchor« und »-site« zeigt dann zum Beispiel nur Links von fremden Seiten an, wie Sie in Abbildung 10.16 sehen.

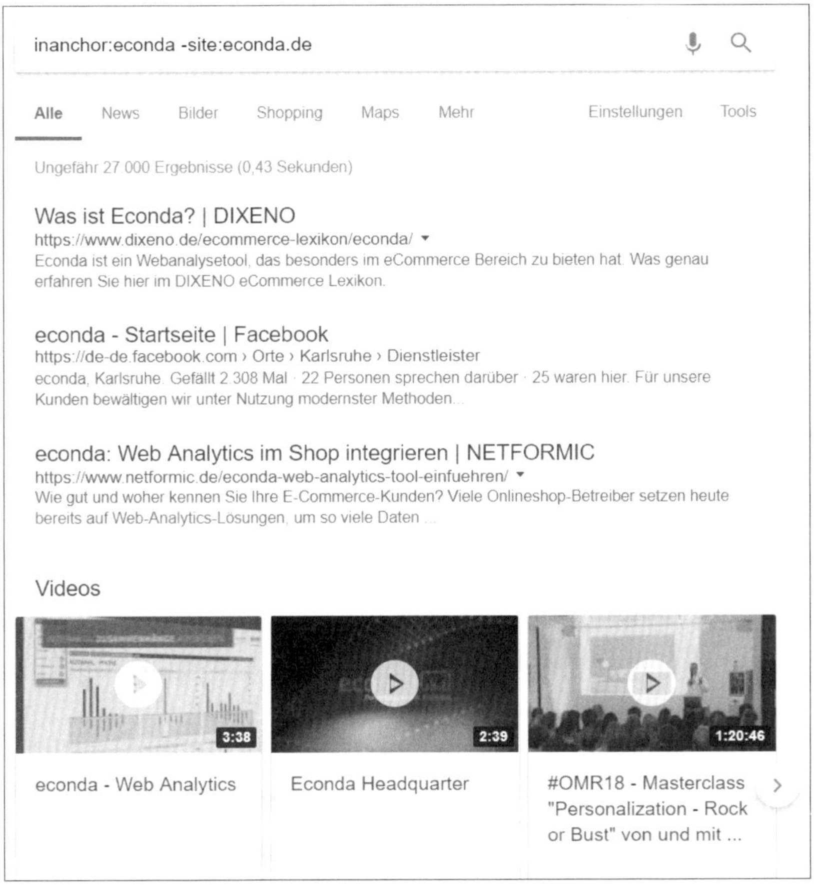

Abbildung 10.16 Die Kombination von zwei Operatoren bei Google

10.4.3 SEO-Analyse-Tools

Wenn Sie die Suchmaschinenoptimierung dauerhaft professionell betreiben möchten, stehen Sie irgendwann vor der Entscheidung, ein kostenpflichtiges Tool einsetzen zu müssen. Die Preisspanne reicht hier von einmalig wenigen Euro bis hin zu Monatsgebühren von mehreren tausend Euro. Die Frage, ob sich dieser Preis speziell für Sie rechnet, müssen Sie selbst beantworten. Diese Werkzeuge nehmen Ihnen in Bezug auf Reports eine Menge Arbeit ab. Der Funktionsumfang der Tools ist so unterschiedlich wie die Preisstruktur. Es gibt nicht das beste Tool, das alles kann, sondern jedes hat seine Stärken und Schwächen. Eines haben aber alle Tools gemeinsam: Sie liefern Ihnen wertvolle Reports, verbessern aber nicht selbstständig das Ranking Ihres Shops. Bevor Sie also zu einem kostenpflichtigen Tool greifen, überlegen Sie sich gut, ob Sie auch die Zeit investieren können und möchten, umfangreich mit diesen Tools zu arbeiten. Falls Sie das nicht gewährleisten können, kann es durchaus sinnvoll und wirtschaftlich sein, die komplette Suchmaschinenoptimierung an eine Agentur abzugeben.

Nachfolgend finden Sie kostenlose Tools, die Ihnen Ihre SEO-Arbeit etwas erleichtern können:

- **SeoQuake**: Hierbei handelt es sich um ein Browser-Add-on, das zusätzliche SEO-relevante Informationen über die gerade besuchte Seite anzeigt. Neben dem PageRank der Seite sehen Sie dort zum Beispiel auch auf einen Blick, wie oft die Domain mit ihren Unterseiten im Google-Index enthalten ist, das Alter der Domain, die Keyword-Dichte und die Anzahl der Links auf der Seite.

  www.seoquake.com
- **ahrefs**: Dies ist zwar ein sehr umfangreiches SEO-Tool, das aber einen kostenlosen Backlink-Checker anbietet.

  https://ahrefs.com/de/backlink-checker
- **Sistrix**: Gehört zu den am meisten genutzten Analyseprogrammen für Webseitenranking im deutschsprachigen Raum. Es verfügt unter anderem über den Sichtbarkeitsindex, der die Sichtbarkeit jeder Seite anhand von ca. 250.000 Keywords berechnet. Damit können Sie als Shop-Betreiber relativ schnell generelle Veränderungen im Ranking Ihres Shops erkennen.

  www.sistrix.de

10.4.4 Google Search Console

Die Google Search Console ist der Nachfolger der Google Webmaster Tools und enthält viele Reports, die zum Beispiel zeigen, wie viele Seiten bereits in den Google-Index aufgenommen wurden oder auch welche Suchbegriffe zu Besuchen geführt haben.

Bevor Sie das Tool aber nutzen können, müssen Sie zuerst verifizieren, dass Sie auch tatsächlich der Inhaber der zu analysierenden Seite sind. Gehen Sie dazu auf *https://search.google.com/* und melden Sie sich bei Ihrem Google-Konto an. Im nächsten Schritt wählen Sie die Methode aus, mit der Sie die Inhaberschaft bestätigen möchten. Wie in Abbildung 10.17 zu sehen, gibt es dazu zwei Möglichkeiten.

Bei der Methode DOMAIN verifizieren Sie über einen DNS-Eintrag die komplette Domain, also auch alle Subdomains und auch die Protokolle HTTP und HTTPS. Beim URL-PRÄFIX müssen jede Domain und jedes Protokoll extra verifiziert werden. Das gilt natürlich auch, wenn im Laufe der Zeit eine neue Subdomain hinzukommt.

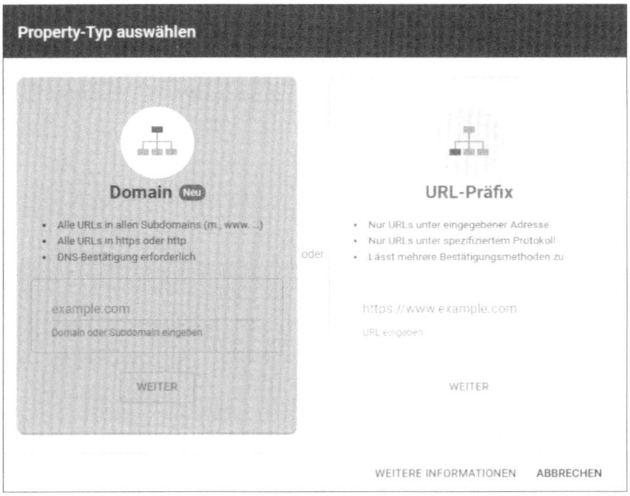

Abbildung 10.17 Verifizierung der Seite in der Search Console

Keine Datei, keine Daten

Wenn Sie sich für die Methode entscheiden, für die Verifizierung eine HTML-Datei auf Ihren Server zu laden, achten Sie bei eventuellen Relaunches oder Serverwechseln darauf, dass diese Datei nicht gelöscht wird. Sobald die Datei entfernt oder geändert wird, haben Sie keinen Zugriff mehr auf die Daten Ihres Shops. Die Daten sind aber bei erneutem Hochladen der Datei wieder verfügbar.

Wenn Sie vermeiden möchten, dass der Schlüssel unbeabsichtigt gelöscht wird, sollten Sie die Methode DOMAIN-NAMEN-ANBIETER wählen.

Wenn Sie Ihren Shop erfolgreich angemeldet haben, können Sie diesen auswählen und kommen dann direkt zur Übersicht (siehe Abbildung 10.18).

In der Übersicht finden Sie die wichtigsten Reports, wie Klicks, Seiten mit Fehlern und auch direkte Verbesserungsvorschläge.

Leistung

Im Bericht LEISTUNG (siehe Abbildung 10.19) finden Sie Angaben zu Klicks, Impressionen, Klickraten und die durchschnittliche Position für Keywords und Seiten. Besonders intressant ist hier die Betrachtung der Impressionen, also wie oft die SERP (Search Engine Result Pages) aufgerufen wurden. Schauen Sie sich zuerst die Suchanfragen mit den meisten Impressionen an. Wie ist ihr Shop bei diesen Begriffen gerankt, und wie ist die CTR (Click Througth Rate)? Schauen Sie sich die Titel und Meta-Description an. Wird der Nutzer durch diese Angaben zum Klicken animiert, oder sind dort andere Begrifflichkeiten enthalten, sodass der Nutzer nicht damit rechnet, das Gesuchte in Ihrem Shop zu finden?

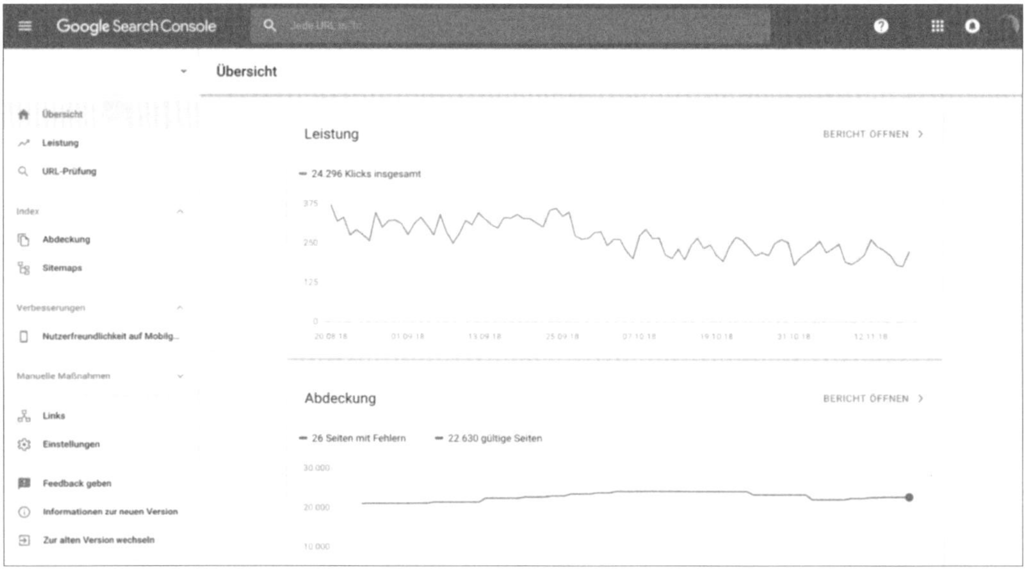

Abbildung 10.18 Übersicht in der Google Search Console

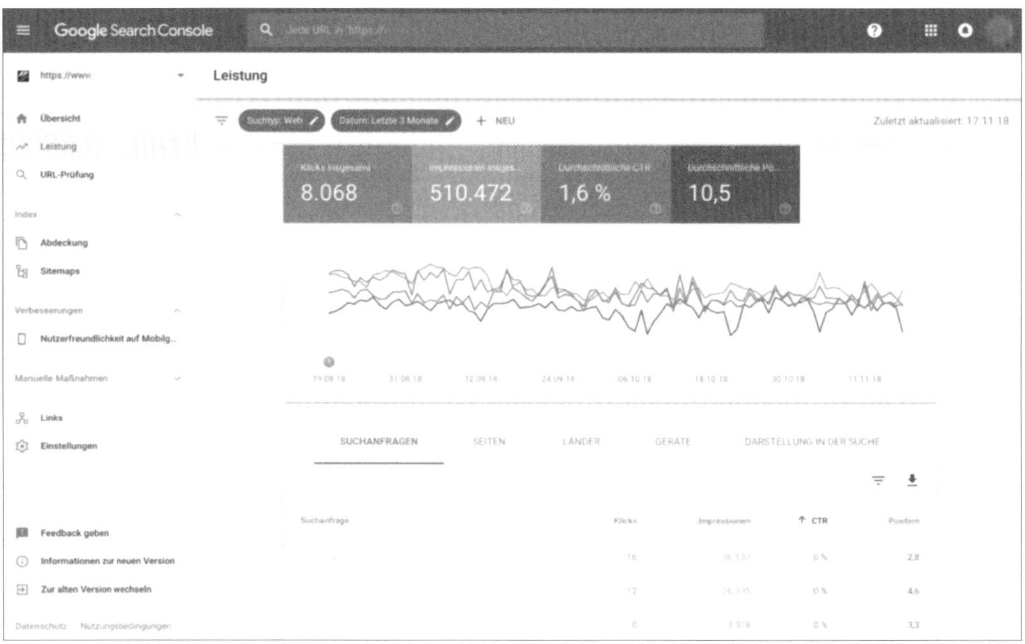

Abbildung 10.19 Leistungsübersicht in der Google Search Console

Unterschiedliche Tools = unterschiedliche Werte

Beachten Sie, dass bei Keywords mindestens eine Impression im Betrachtungszeitraum vorliegen muss. Andernfalls werden überhaupt keine Daten angezeigt. Außerdem wird die durchschnittliche Position von Seiten häufig verfälscht, da die Bildersuche mit einbezogen wird. Die Ergebnisse in der Search Console können sich deshalb von Angaben in externen SEO-Tools aber auch von Analytics unterscheiden. Wichtiger als die absoluten Werte sind aber auch hier die Tendenzen.

URL-Prüfung

In dem Bericht URL-PRÜFUNG können sie prüfen, ob die URL schon im Google-Index enthalten ist und ob es eventuell Probleme bei der Indexierung gibt. Sollte die URL noch nicht in den Index aufgenommen worden sein, kann über die Search Console die Indexierung beantragt werden. Das ist mit einem einfachen Klick auf INDEXIERUNG BEANTRAGEN möglich. Es wird von Google dann auch direkt eine Schnellprüfung durchgeführt, ob die Seite aufgenommen werden kann. Wenn nein, bekommen Sie eine Fehlermeldung wie in Abbildung 10.20 zu sehen.

10

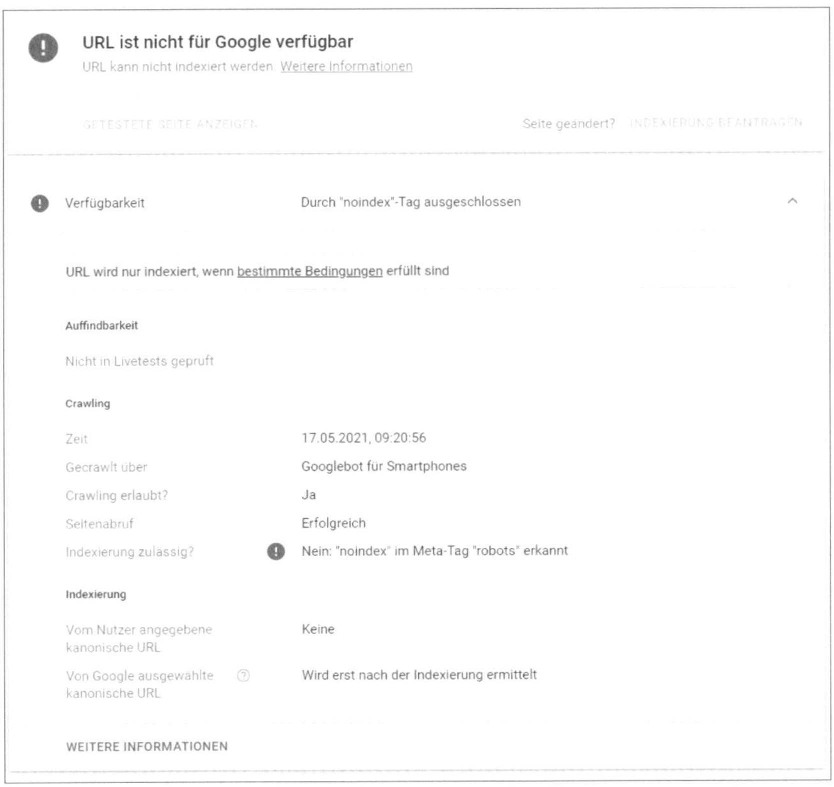

Abbildung 10.20 URL-Prüfung in der Google Search Console fehlgeschlagen

Abdeckung

Im Bericht ABDECKUNG sehen Sie, wie viele Ihrer Seiten bei Google indexiert sind und auch warum eventuell bestimmte Seiten ausgeschlossen wurden. Im Bereich FEHLER können Sie sich für jede einzelne Seite die entsprechenden Fehler anzeigen lassen. Die häufigsten Fehler sind folgende:

- Die URL ist als `noindex` gekennzeichnet.
- Der `noindex`-Eintrag steht im Head der jeweiligen Seite und »sagt« der Suchmaschine, ob die Seite gecrawlt werden soll oder nicht. Ändern kann man den Eintrag normalerweise im jeweiligen Backend des Shops bzw. CMS. Wenn Sie den Eintrag korrigiert haben, können Sie durch einen Klick auf FEHLERBEHEBUNG ÜBERPRÜFEN den Prozess der erneuten Prüfung beschleunigen.
- Die URL ist durch *robots.txt* blockiert.
- Ähnlich wie über den `noindex`-Eintrag kann auch über die *robots.txt* der Suchmaschine mitgeteilt werden, welche Seiten nicht gecrawlt werden sollen. Bei manchen Seiten, wie zum Beispiel den AGB oder dem Impressum, kann das gewünscht sein. Sollten aber Seiten in den Index aufgenommen werden, löschen Sie einfach die entsprechenden Seiten aus der *robots.txt*-Datei.
- Fehler 404: Die URL wurde nicht gefunden. Das entsteht zum Beispiel, wenn interne Verlinkungen auf Seiten führen, die es nicht mehr gibt, oder wenn die Sitemap nicht aktuell ist und noch »tote« Seiten enthält. In dem Fall wird der Fehlercode 404 zurückgegeben. Prüfen Sie die Verlinkungen und entfernen bzw. korrigieren Sie die entsprechenden Links.
- Soft 404-Fehler: Darunter fallen Seiten, die zwar existieren, die aber keinen oder wenig Inhalt aufweisen. Auch diese Seiten sollten komplett entfernt werden, da nicht nur die Suchmaschine, sondern auch Ihre echten Besucher nichts mit solch einer Seite anfangen können.
- Serverfehler 5xx: Hier bekam der Google-Bot einen Serverfehler. Wenn dies nur vereinzelt und temporär auftritt, können Sie diese Meldung ignorieren. Sollte es aber häufiger auftreten, sollten Sie die Fehlerkonfiguration überprüfen.

Sitemaps

Unter dem Punkt SITEMAPS können Sie zum einen sehen, welche Sitemaps bereits von Google gefunden wurden, und können zusätzlich dazu auch noch neue Sitemaps einreichen. Beachten Sie, dass Google die URL genauso crawlt, wie sie angegeben wurde. Wenn sich die Sitemap unter *http://www.beispiel.de/* befindet, dann muss der Pfad exakt so angegeben werden.

Entfernen

Unter dem Punkt ENTFERNEN können Sie vorübergehend Seiten aus dem Google-Index ausschließen, und das aktuelle Snippet im Cache wird gelöscht.

Beachten Sie aber, dass der Ausschluss nur temporär ist. Soll die Seite dauerhaft aus dem Index verschwinden, müssen Sie sie entweder löschen oder durch die *robots.txt* oder `noindex`-Einträge das Crawlen unterbinden.

10.4.5 SEO – inhouse oder mit einer Agentur?

Überlegen Sie sich genau, wie viel Zeit Sie in die SEO-Maßnahmen investieren können und wollen. Die Suchmaschinenoptimierung ist ein komplexes Thema, das zwar (vorausgesetzt, Sie machen es selbst) keine direkten Kosten verursacht, aber dafür sehr viel Zeit beansprucht.

Sie brauchen nicht nur Zeit für die eigentlichen Optimierungen, sondern auch, um sich SEO-technisch stets auf dem neuesten Stand zu halten. Der Google-Algorithmus wird ständig optimiert, und somit müssen auch Ihre SEO-Maßnahmen immer angepasst werden.

Hinzu kommt, dass eine halbherzig durchgeführte Optimierung verschwendete Zeit bedeutet. Es bringt Ihnen nicht nennenswert mehr Besucher, wenn Sie mit einem Keyword statt auf Seite 50 dank Ihrer SEO-Maßnahme auf Seite 5 zu finden sind. Das ist zwar eine enorme Verbesserung im Ranking, bei den Seitenaufrufen oder gar beim Umsatz werden Sie davon aber nichts spüren.

Wenn Sie mit Ihrem Shop dauerhaft gut gerankt sein möchten, sollten Sie über die Beauftragung einer spezialisierten SEO-Agentur nachdenken. Die Agentur kann die Optimierung entweder komplett oder in Teilen übernehmen, und Sie profitieren von dem Know-how der Experten. Am Markt tummeln sich unzählig viele SEO-Agenturen, die allesamt von sich behaupten, die Besten auf ihrem Gebiet zu sein. Da die Erfolge in der Optimierung eher langfristig sind, dauert es auch eine Weile, bis Sie merken, ob die Agentur tatsächlich ihr Geld wert ist. Um Ihnen die Agenturauswahl etwas zu erleichtern, beachten Sie folgende Tipps, worin sich eine gute von einer schlechten Agentur unterscheidet:

- Gutes SEO kostet Geld! Von dem Arbeitsaufwand, der mit SEO verbunden ist, konnten Sie sich in diesem Kapitel ein Bild machen. Seien Sie skeptisch, wenn diese Leistungen zu einer geringen Monatspauschale angeboten werden.
- Fragen Sie Google. Suchen Sie einfach mal bei Google nach »SEO Agentur«. Für die Agenturen ist ein gutes Ranking Werbung und Referenz zugleich.
- Seien Sie skeptisch bei Versprechen einer konkreten Platzierung. SEO ist ein kontinuierlicher Prozess, der von vielen Faktoren und auch vom Wettbewerb abhängt. Es ist nicht möglich, eine bestimmte Platzierung zu garantieren.

- Lassen Sie sich die Strategie der Agentur erläutern. Welche Maßnahmen hält die Agentur mittelfristig für sinnvoll, um das Ranking zu verbessern?
- Schauen Sie sich die Referenzen der Agentur an. Welche Unternehmen werden noch von der Agentur betreut? Bedenken Sie dabei auch, dass es zu Konflikten kommen kann, wenn bereits ein direkter Marktbegleiter betreut wird.
- Auswahl der richtigen Keywords. Manche Keywords haben ein hohes Suchvolumen und bringen entsprechend viel Traffic. Diese Keywords sind auch in der Optimierung umkämpft, und es ist entsprechend schwieriger, darauf zu optimieren. Exotische Keywords sind in der Regel wesentlich einfacher zu optimieren. Lassen Sie sich also nicht einen Platz 1 von solch einem Keyword als Erfolg verkaufen.

10.5 Anzeigen auf Suchmaschinen (SEA)

Bei der Suchmaschinenoptimierung dauert es sehr lange, bis Ergebnisse sichtbar sind. Bei manchen Keywords ist der Wettbewerb vielleicht auch so hoch, dass Sie es mit den Ihnen zur Verfügung stehenden Mitteln nicht schaffen, auf ein gutes Ranking zu kommen. Auch für kurzfristige und/oder temporäre Aktionen sind SEO-Maßnahmen wenig geeignet. Trotzdem müssen Sie mit diesen Keywords nicht komplett auf Suchmaschinenwerbung verzichten. Eine gute Alternative hierfür sind Suchmaschinenanzeigen (SEA für *Search Engine Advertising*). Da auch in diesem Bereich die Marktmacht von Google hoch ist, beschränken wir uns auf Google Ads, früher bekannt als Google AdWords. Wie auch schon bei der Suchmaschinenoptimierung sind aber die Mechanismen bei Bing und Yahoo denen von Google sehr ähnlich.

In diesem Abschnitt erfahren Sie, wie Sie erfolgreich eigene Google-Ads-Kampagnen erstellen und diese kontinuierlich optimieren und warum sich die Suchmaschinenoptimierung und die Anzeigen in Suchmaschinen so gut ergänzen.

10.5.1 Wie funktionieren Google Ads?

Kurz gesagt handelt es sich bei Google Ads um bezahlte Anzeigen in den Suchergebnissen oder auf Partner-Websites von Google. Zwischen diesen beiden Formen gibt es bereits riesige Unterschiede, weshalb die einzelnen Möglichkeiten hier noch einmal gesondert betrachtet werden.

Bei den Anzeigen im Suchnetzwerk erscheint Ihre Anzeige gemeinsam mit den organischen Ergebnissen, nachdem der Nutzer nach einem bestimmten Artikel gesucht hat. Anders als bei den organischen Suchergebnissen kommt es nicht in erster Linie darauf an, dass Sie Ihren Shop entsprechend optimiert haben. Um bei den bezahlten Ergebnissen gelistet zu werden, müssen Sie, wie der Name schon vermuten lässt, bezahlen. Je nachdem, wie viele andere Unternehmen ebenfalls unter dem Keyword

Werbung schalten möchten, schwankt dieser Preis zwischen 5 Cent und einigen Euros pro Klick! Da es sich um einen Klickpreis handelt, werden die Gebühren aber auch erst fällig, sobald jemand auf Ihre Anzeige klickt.

Viele Nutzer können zwischen organischen und bezahlten Ergebnissen keinen Unterschied feststellen. In Abbildung 10.21 sehen Sie, dass das in der Tat auf den ersten Blick schwierig ist. Google kennzeichnet zwar die bezahlten Ergebnisse mit ANZEIGEN, das wird aber von den Nutzern immer wieder überlesen. Maximal sind die ersten drei Ergebnisse oben und acht Ergebnisse auf der rechten Seite bezahlte Anzeigen. Je nach Popularität des Keywords sind die elf Plätze komplett oder nur teilweise vergeben.

Abbildung 10.21 Bezahlte Suchergebnisse auf Google

Zu diesen klassischen Google-Ads-Anzeigen kommen noch die Google-Shopping-Ergebnisse, die zwar auch bezahlt sind, aber eine kleine Sonderrolle einnehmen. Statt Keywords wird ein von Ihnen erstellter Produktfeed verwendet, um zu entscheiden, ob Ihr Produkt angezeigt wird. Details dazu erfahren Sie in Abschnitt 8.5.1, »Anmeldung und technische Realisierung«. Im Google-Ads-Konto können Sie allerdings nicht nur Anzeigen auf Google selbst verwalten, sondern über das sogenannte AdSense-Programm auch Anzeigen auf Partnerwebseiten. Dabei handelt es sich zum Beispiel um privat erstellte Webseiten oder Blogs. Google durchsucht den Inhalt der

Seiten und bietet Ihnen als Werbetreibendem so ebenfalls die Chance, Werbung in einem relevanten Umfeld zu schalten, ohne jeden Website-Betreiber einzeln kontaktieren zu müssen.

Alle Google-Anzeigen haben eines gemeinsam: Die Anzeigen werden nur angezeigt, wenn auch tatsächlich nach dem von Ihnen gebuchten Keyword gesucht wurde oder wenn das Keyword im Text der Webseite zu finden war. Wenn Sie also die richtigen Keywords gewählt haben, können Sie damit die Streuverluste Ihrer Anzeige extrem senken.

10.5.2 Google-Ads-Konto einrichten

Der erste Schritt, um mit Google Ads zu starten, ist die Eröffnung eines Kontos. Dies ist aber sehr einfach und in wenigen Schritten realisiert. Gehen Sie zunächst auf *http://ads.google.com*. Wenn Sie bereits ein Google-Konto besitzen, können Sie sich hier mit Ihrem Benutzernamen und Passwort anmelden. Ansonsten klicken Sie auf JETZT LOSLEGEN, und richten Sie ein neues Konto ein (siehe Abbildung 10.22).

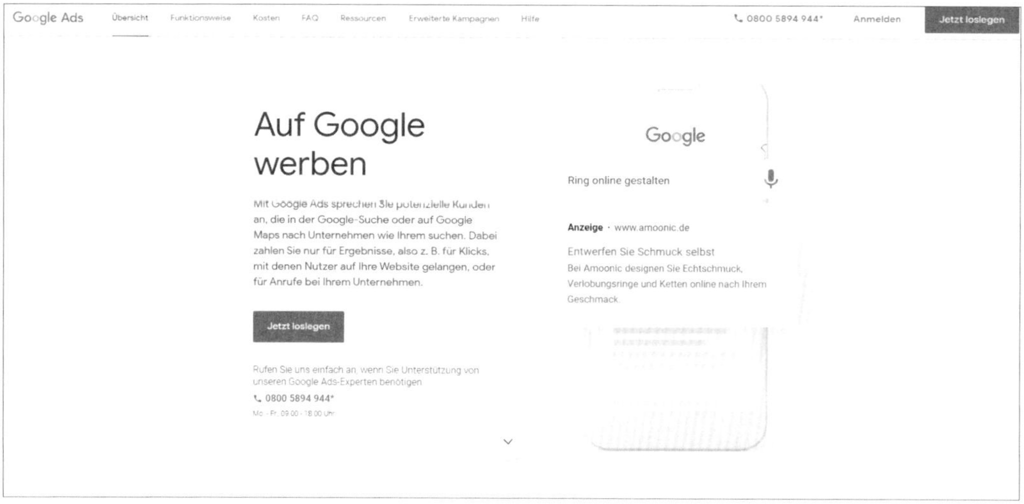

Abbildung 10.22 Startseite des Google-Ads-Kontos

Nachdem Sie das Konto angelegt haben, können Sie die ersten Einstellungen vornehmen. Zuerst müssen Sie festlegen, in welchem Land, in welcher Zeitzone und mit welcher Währung Sie das Konto nutzen möchten. Im Gegensatz zu den meisten anderen Einstellungen können diese im Nachhinein nicht mehr geändert werden. Prüfen Sie die Angaben also lieber noch ein zweites Mal, bevor Sie sie bestätigen.

Wenn Sie alle Einstellungen vorgenommen haben, sendet Ihnen Google eine E-Mail mit einem Bestätigungslink. Wenn Sie diesen anklicken, ist die Grundeinrichtung komplett und Ihr Konto freigeschaltet.

10.5.3 Aufbau und Struktur des Google-Ads-Kontos

Das Konto ist in vier Bereiche aufgeteilt:

1. STARTSEITE
2. KAMPAGNEN
3. WERBECHANCEN
4. TOOLS

Der Besuch in Ihrem Google-Ads-Konto startet mit dem Dashboard auf der STARTSEITE. Es beinhaltet die wichtigsten Informationen zu Ihren Ads und deren Performance (siehe Abbildung 10.23). Das Dashboard lässt sich individuell anpassen. Sie können die Position der einzelnen Widgets per Drag & Drop ändern. Ebenso lassen sich die Spalten mit einem Klick anpassen. Die Grundkonfiguration des Dashboards ist aber am Anfang definitiv ausreichend, sodass Sie sich zu Beginn stärker den anderen Bereichen widmen sollten.

Abbildung 10.23 Dashboard in Google Ads

10.5.4 Kampagnen

In dem Bereich KAMPAGNEN können Sie die Kampagnen erstellen und dazu wichtige Einstellungen vornehmen (siehe Abbildung 10.24). Eine Kampagne besteht aus unterschiedlichen Anzeigengruppen und dazugehörigen Keywords. Bevor Sie die Kampagnen anlegen, sollten Sie sich Gedanken über deren Struktur machen. Im Laufe der Zeit kommen immer mehr Kampagnen mit noch mehr Anzeigengruppen hinzu, sodass bei einer schlechten Struktur schnell der Überblick verloren geht.

Einen möglichen Aufbau sehen Sie in Abbildung 10.25. Strukturieren Sie Ihre Kampagnen so, dass sie Ihren Online-Shop widerspiegeln. Google selbst gibt unter *https://support.google.com/google-ads/answer/6372655* wertvolle Tipps zum Aufbau des Kontos.

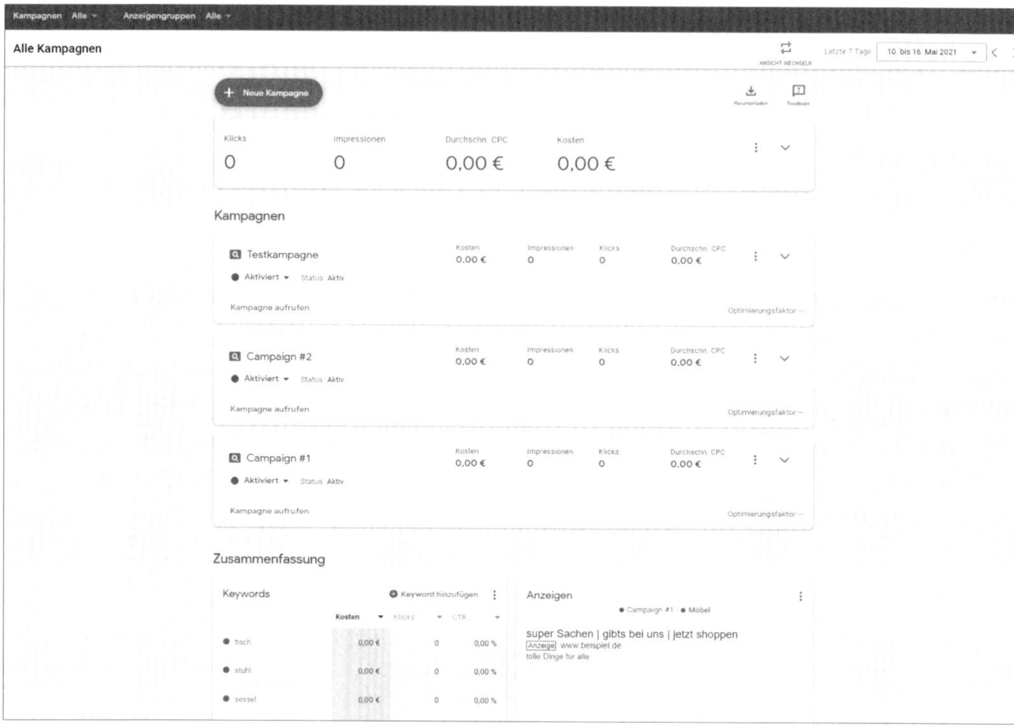

Abbildung 10.24 Kampagnenbereich in GoogleAds

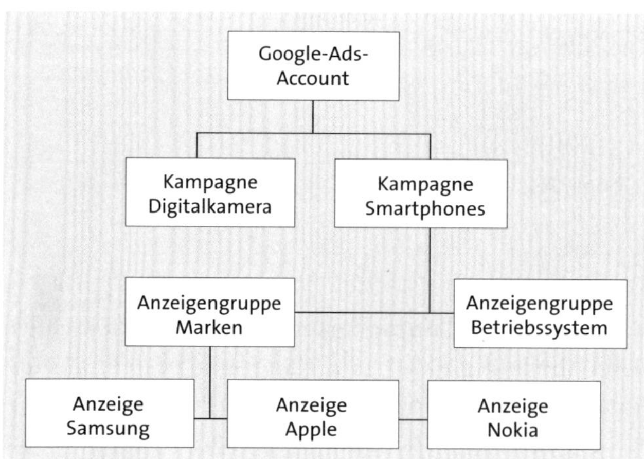

Abbildung 10.25 Mögliche Struktur im Ads-Konto am Beispiel eines Elektronikmarktes

Wenn Sie sich Gedanken über die Kampagnenstruktur gemacht haben, können Sie die erste Kampagne anlegen. Über den Assistenten können Sie Ihr Zielvorhaben auswählen und bekommen dann, wie in Abbildung 10.26 zu sehen, die geeigneten Kampagnentypen angezeigt.

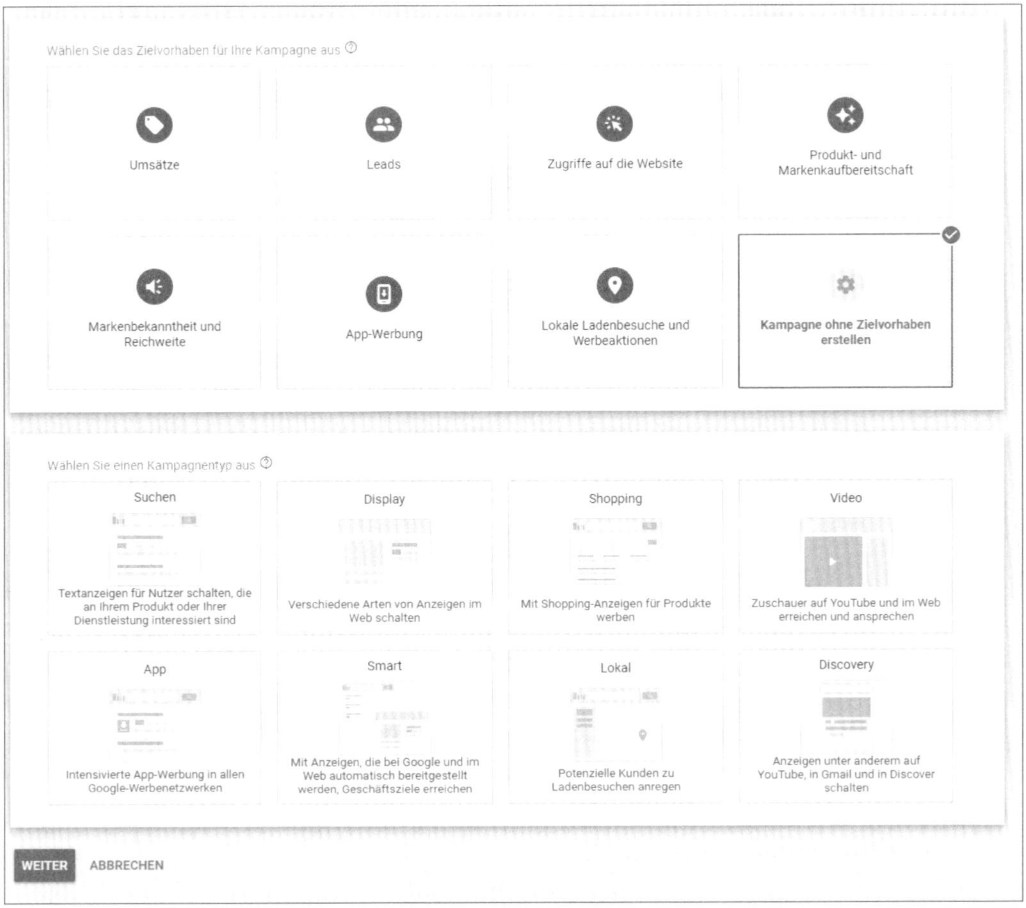

Abbildung 10.26 Verschiedene Kampagnentypen in Google Ads

In diesem Abschnitt soll es primär um Anzeigen im Suchnetzwerk gehen. Schalten Sie auf jeden Fall getrennte Kampagnen für das Such- und das Displaynetzwerk. Die Anforderungen an beide Netzwerke sind so unterschiedlich, dass Sie in jeweils getrennten Kampagnen darauf Rücksicht nehmen sollten. Wählen Sie nun zuerst das SUCHNETZWERK aus. Sie kommen danach auf eine Seite mit weiteren Einstellungsmöglichkeiten.

Werbenetzwerke

Entscheiden Sie, ob Sie nur auf den Google-eigenen Seiten oder auch im Google-Suchnetzwerk Ihre Werbung schalten möchten. Verschiedene Seiten, wie zum Beispiel T-Online, web.de und gmx, nutzen ebenfalls die Suchtechnologie von Google und bieten somit die Möglichkeit, auch dort Ihre Werbung zu schalten. Für die erste Kampagne können Sie das komplette Werbenetzwerk mit einbeziehen.

Standorte

Wo sollen Ihre Anzeigen erscheinen? Wenn Sie zum Beispiel nur innerhalb Deutschlands liefern, können Sie hierüber einstellen, dass Ihre Anzeige auch nur dort erscheint. So werden keine unnötigen Klickkosten in anderen Ländern verursacht. Hier ist ebenfalls eine Eingrenzung auf Regionen und einzelne Städte möglich, was aber für einen Online-Shop weniger relevant ist.

Sprachen

Google berücksichtigt hier die Google-Spracheinstellungen des Nutzers oder die Sprache der Suchanfrage. Wenn Sie zum Beispiel als Zielgebiet die Schweiz mit ausgewählt haben, können Sie die Auswahl hier noch weiter auf eine bestimmte Sprache filtern. Wichtig: Erstellen Sie für unterschiedliche Sprachen auch unterschiedliche Kampagnen.

Budget

Wie viel Sie pro Tag maximal investieren möchten, legen Sie hier fest. Beachten Sie aber, dass die tatsächlichen Ausgaben variieren können. An klickstarken Tagen behält sich Google vor, das Budget an einzelnen Tagen um maximal 20 % zu übersteigen. Der Tagesdurchschnitt eines Monats wird aber nicht überschritten. Sie zahlen also jeden Monat maximal das Tagesbudget mal Anzahl der Tage. Sollten tatsächlich mehr Kosten angefallen sein, werden diese von Google wieder gutgeschrieben.

Wie alle Einstellungen auf Kampagnenebene kann auch die Höhe des Tagesbudgets nachträglich angepasst werden.

Gebotsstrategie/Standardgebot

Jetzt geht es ums Geld. Bei diesem Punkt legen Sie fest, wie viel Sie in die Kampagne investieren möchten. Google lässt Ihnen hier die Wahl, ob Sie die Gebote manuell eingeben möchten oder ob Sie eine Gebotsstrategie von Google nutzen wollen (siehe Abbildung 10.27).

Ziel-CPA

CPA steht in dem Fall für Cost per Acquisition, also den Betrag, den die Generierung einer Conversion kosten darf. Google versucht dabei, so viele Conversions wie möglich zum vorgegebenen Wert zu generieren. Auch hier kann der Preis für die einzelnen Conversions schwanken, im Durchschnitt wird aber der definierte Preis angestrebt.

Damit Google auch weiß, wie viele Conversions generiert wurden, muss das Conversion-Tracking integriert werden.

Abbildung 10.27 Gebotsstrategien in Google Ads

Für das Conversion-Tracking muss ein Codeschnipsel auf der Bestellbestätigungsseite integriert werden, der dann die Bestellinformation an Google übermittelt. Beachten Sie aber bitte, dass für diese Gebotsstrategie eine ausreichende Datengrundlage zur Verfügung stehen muss. Mindestens 50 Bestellungen in den letzten 30 Tagen müssen im System erfasst worden sein (*https://support.google.com/google-ads/answer/1722022*).

Ziel-ROAS (Return on Advertising Spend)

Auch die Ziel-ROAS-Gebotsstrategie ist eine Conversion-optimierte Strategie. Anders als bei der Strategie CPO, bei der ein absoluter Betrag pro Bestellung festgelegt wird, orientieren sich die Ausgaben bei dieser Strategie am Umsatz. Sollen zum Beispiel 10 € Werbebudget 100 € Umsatz erzielen, ist der ROAS 1.000 %. Auch um diese Strategie anzuwenden, benötigen Sie zuerst eine ausreichende Datenbasis in Google.

Klicks

Bei dieser Strategie wird die Conversion komplett außer Acht gelassen und von Google lediglich darauf optimiert, dass mit dem Budget möglichst viele Klicks generiert werden. Die Strategie ist vor allem dann geeignet, wenn Sie möglichst viele Besucher in Ihren Shop bringen wollen, um dann daraus zu lernen. Diese Strategie können Sie sofort anwenden, Sie brauchen dafür keine Datenbasis.

Conversions

Google optimiert bei dieser Strategie das Budget auf die maximale Anzahl an Conversions. Damit Google das tun kann, muss das Conversion-Tracking aktiviert sein.

Conversion Wert

Hier wird, anders als bei CONVERSIONS, nicht auf die reine Anzahl, sondern auf den Wert der Conversions optimiert. Also lieber eine Bestellung mit 100 € Auftragswert, als fünf Bestellungen mit jeweils 10 €.

Ausrichtung auf Suchseitenposition

Ihr Budget wird bei dieser Strategie so optimiert, dass Ihre Anzeige entweder oben auf der ersten Seite oder irgendwo auf der ersten Seite erscheint. Die Gebote werden im Rahmen Ihres Tagesbudgets so angepasst, dass diese Positionen angestrebt werden. Diese Gebotsstrategie eignet sich ebenfalls, um die Sichtbarkeit und Reichweite zu erhöhen. Es empfiehlt sich allerdings, ein maximales CPC-Gebot zu bestimmen, um unerwartet hohe Kosten zu vermeiden.

Anzeigenerweiterungen

Sie können mit dieser Funktion Ihrer Anzeige relevante Informationen über Ihren Online-Shop hinzufügen. Der STANDORT ist eher für stationäre Geschäfte relevant und weniger für Online-Shops. Sie können ihn also vernachlässigen. Ganz anders aber die SITELINKS. Diese helfen den Nutzern, direkt auf einer Unterseite einzusteigen. Sucht jemand zum Beispiel nach Hosen, kann ihm die Auswahl von Damen-, Herren- und Kinderhosen mit einem direkten Link gezeigt werden (siehe Abbildung 10.28). Der potenzielle Kunde ist somit schneller an der Stelle, die er sucht.

Abbildung 10.28 Unten die Deeplinks, die direkt zur jeweiligen Kategorie führen

Die Funktion ANRUF wäre nur bei zum Beispiel höherpreisigen Produkten sinnvoll, bei denen in der Regel vor dem Kauf eine intensive Beratung notwendig ist. Wenn Sie die Möglichkeit der Direktwahl bieten, sorgen Sie auch dafür, dass diese Nummer erreichbar ist. Sonst geht dieser Schuss nach hinten los. Bei einem herkömmlichen Online-Shop spielt die Nummer in der Google-Ads-Anzeige keine Rolle und sollte somit auch nicht mit aufgenommen werden.

Nicht bei jeder Schaltung werden die Anzeigenerweiterungen angezeigt. Ob eine Anzeigenerweiterung bereitgestellt wird, hängt unter anderem von den folgenden Faktoren ab:

- Anzeigenposition auf Google-Suchergebnisseiten: Einige Erweiterungen werden nur bei Anzeigen oberhalb der Suchergebnisse geschaltet.
- Anzeigenrang: Der Anzeigenrang basiert auf Ihrem jeweiligen Gebot, der Qualität Ihrer Anzeigen und Zielseiten sowie auf der voraussichtlichen Wirkung von Erweiterungen und anderen Anzeigenformaten. Möglicherweise erfolgt keine Schaltung einer Erweiterung, wenn der Anzeigenrang zu niedrig ist.

- Die Schaltung von Erweiterungen und anderen Anzeigenformaten hängt auch von der Qualität und dem maximalen Cost per Click (MAX. CPC) des jeweiligen Keywords ab.
- Sonstige Anzeigenerweiterungen, die in Ihrer Kampagne aktiviert sind: Wenn Sie mehrere Erweiterungen für eine Anzeige aktiviert haben, werden unter Umständen nicht alle davon bereitgestellt.

Anzeigengruppe

In den Anzeigengruppen Ihres Kontos werden unterhalb der Kampagnen die Keywords und die Anzeigen zusammengefasst. Jede Anzeigengruppe hat ihr eigenes Set an Keywords, bei denen die Anzeige erscheinen soll.

Erstellen Sie, wie in Abbildung 10.29 zu sehen, für jede Anzeigengruppe mindestens zwei Anzeigen, und testen Sie diese gegeneinander.

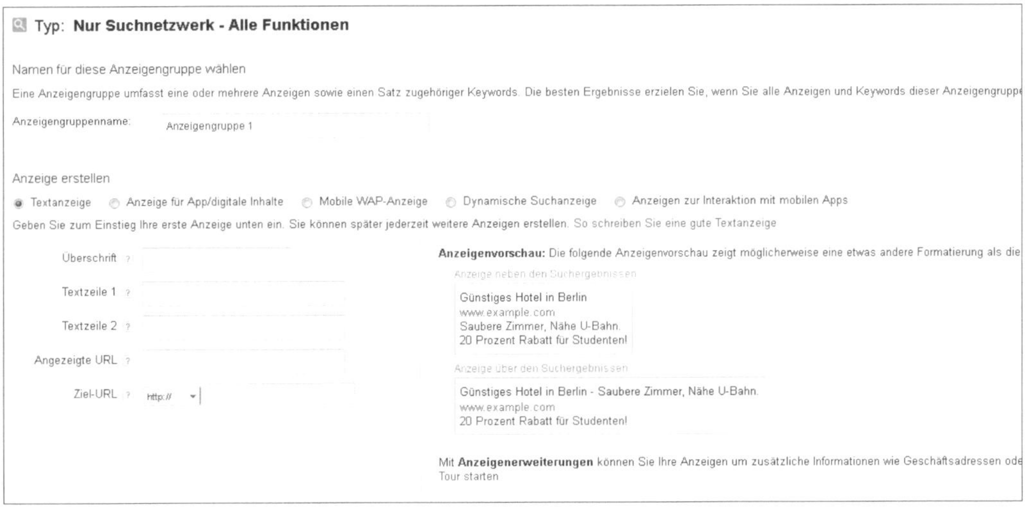

Abbildung 10.29 Anlegen einer Anzeige bei Google

Eine Anzeige besteht aus insgesamt vier Zeilen. Die erste Zeile, die Anzeigenüberschrift, darf bis zu 25 Zeichen lang sein. Sie wird in blauer Schrift hervorgehoben und sticht als Erstes ins Auge. Sie hat einen großen Anteil am Erfolg oder Misserfolg Ihrer Kampagne und sollte deshalb gut ausgewählt werden. Erstellen Sie am besten Anzeigen mit unterschiedlichen Überschriften, und schauen Sie, welche am besten funktioniert. Vergessen Sie dabei nicht, in Ihren Kampagneneinstellungen die Einstellung LEISTUNGSUNABHÄNGIGE ANZEIGENSCHALTUNG zu deaktivieren. Sonst schaltet Google sehr schnell nur noch die Anzeigen mit der besten Klickrate, und Sie haben keine Möglichkeit der Optimierung. Das Merkmal einer funktionierenden Anzeige ist aber nicht nur eine hohe Klickrate. Man ist vielleicht geneigt, in der Google-Ads-

Anzeige das Angebot im Shop etwas zu schönen, und weckt somit beim Nutzer falsche Erwartungen. Wenn Sie nur ein kleines Sortiment haben, werben Sie nicht mit der Riesenauswahl, und wenn Sie nur hochpreisige Produkte anbieten, sind Überschriften wie »Billig einkaufen« sicherlich die falschen.

Konzentrieren Sie sich im Anzeigentext lieber auf einen Vorteil, und heben Sie diesen hervor. Zu viele Superlative, wie in Abbildung 10.30 zu sehen, wirken unglaubwürdig und sollten deshalb vermieden werden.

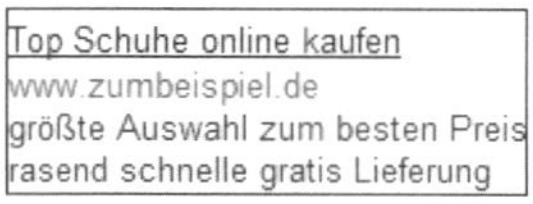

Abbildung 10.30 Negatives Beispiel einer Google-Ads-Anzeige

Um die Klickrate zu steigern, sollten Sie lieber ein sogenanntes Call-to-Action-Element einbauen. Das sind konkrete Aufforderungen, wie zum Beispiel »jetzt kaufen« oder »hier Vorteile sichern«. Egal, welchen Vorteil des Shops Sie in der Anzeige hervorheben, wichtig ist, dass dieser beim Besuch des Shops auch auf den ersten Blick ins Auge sticht. Wenn Sie zum Beispiel mit einer versandkostenfreien Lieferung werben, sollte dies auch auf den ersten Blick im Header ersichtlich sein. Dies ist nicht nur bei den Besuchern über Google Ads interessant, sondern muss generell beachtet werden.

Für erhöhte Aufmerksamkeit können Sie sorgen, indem Sie das gesuchte Keyword in den Anzeigentext mit aufnehmen. Genau wie in den organischen Suchergebnissen wird dieses nämlich fett dargestellt und sorgt für ein »Genau was ich suche«-Erlebnis beim Nutzer. Um dies zu vereinfachen, gibt es bei Google Ads auch die Möglichkeit, über einen Platzhalter genau das gesuchte Keyword im Text mit einzubauen. Dieses Verfahren nennt sich *Dynamic Keyword Insertion* und wird in Abschnitt 10.5.6, »Dynamische Keywords«, noch näher beschrieben.

Korrekte Schreibweise!

Achten Sie trotz des begrenzten Platzes auf eine korrekte Rechtschreibung, und vermeiden Sie auf jeden Fall Abkürzungen, erst recht, wenn es sich dabei um Fachabkürzungen handelt, die den meisten Menschen nicht bekannt sind.

10.5.5 Anzeige- und Ziel-URL

Die angezeigte URL in einer Google-Ads-Anzeige ist nicht zwangsläufig die, auf die tatsächlich verlinkt wird. Sie muss zwar im Grundsatz mit der Ziel-URL übereinstimmen, kann aber noch ein paar Ergänzungen enthalten. Bei der angezeigten URL stehen Ihnen 35 Zeichen zur Verfügung. Diese URL sollte einfach aufgebaut sein, damit der Nutzer auf den ersten Blick erkennt, was das Ziel des Links ist. Parameter oder nichtssagende Zeichenfolgen haben hier nichts zu suchen.

Das eigentliche Ziel der URL sollte immer möglichst nahe am gesuchten Keyword sein. Ihr potenzieller Kunde hat bereits bei Google gesucht und möchte nicht auch noch in Ihrem Shop nach dem passenden Produkt suchen. Bei allgemeinen Keywords, die den Shop als solchen betreffen, sind Verlinkungen auf die Startseite in Ordnung. Hier wissen Sie nicht genau, was der Kunde sucht, und leiten ihn deshalb in Ihren »Empfangsbereich« im Online-Shop. Sucht er nach einer Produktart, leiten Sie ihn auf die Kategorienübersicht, und wenn er schon konkret den Produktnamen eingegeben hat, muss er auf der Produktdetailseite landen. Tabelle 10.1 führt die passenden Zielseiten an einem Beispiel vor.

Keyword	Zielseite
Schuhshop, Schuhonlineshop, Schuhe günstig kaufen	Startseite
Damenschuhe, Herrenschuhe, Stiefel	Kategorieseite
Adidas Zero, Nike Free	Produktdetailseite
rote Damenstiefel, braune Wildlederschuhe	Suchergebnisseite

Tabelle 10.1 Keywords und passende Zielseiten am Beispiel eines Online-Shops für Schuhe

Für konkrete Suchanfragen bietet es sich auch an, das Keyword dynamisch als Suchparameter an den Shop zu übergeben. Der Besucher landet dann direkt auf der Suchergebnisseite des Shops. Diese Methode spart Arbeit, da Sie nicht für jedes Keyword die URL anpassen müssen.

10.5.6 Dynamische Keywords

Mit dieser Funktion haben Sie die Möglichkeit, Variablen in den Shop mit aufzunehmen, die dann durch das tatsächlich gebuchte Keyword ersetzt werden. Der Vorteil davon liegt auf der Hand. Wie Sie sich erinnern können, werden passende Keywords in der Anzeige fett dargestellt, und die komplette Anzeige wird für den Kunden relevanter.

Nehmen wir als Beispiel einen Online-Shop für Bücher. In Ihrem Sortiment befinden sich Bücher von mehreren tausend Autoren, und der Name jedes Autors ist als Keyword hinterlegt. Es ist natürlich unmöglich, für jeden Autor eine eigene Anzeige zu gestalten. Sucht nun jemand nach »Stephen King«, würde die Standardanzeige wie in Abbildung 10.31 aussehen. Der Kunde fühlt sich dadurch weniger angesprochen.

Ersetzen Sie in diesem Fall die Überschrift durch die dynamische Keyword-Anzeige, um diese für den Nutzer relevanter zu machen. Im konkreten Beispiel erscheint die Anzeige dann wie in Abbildung 10.32. Diese ist für den Nutzer, der in der Suche »Stephen King« eingegeben hat, deutlich interessanter und wird eher geklickt als die Anzeige in Abbildung 10.31.

Abbildung 10.31 Anzeige ohne dynamisches Keyword

Abbildung 10.32 Anzeige mit dem dynamisch generierten Keyword »Stephen King«

Um ein dynamisches Keyword hinzuzufügen, nutzen Sie folgenden Platzhalter: »{Keyword:Alternativtext}«. Wichtig ist dabei zu wissen, dass Google immer das gebuchte Keyword und nicht die Suchanfrage anzeigt. Würde zum Beispiel jemand nach »Steven King« suchen, würde der Name trotzdem richtig angezeigt. Geben Sie aber auf jeden Fall einen passenden Alternativtext ein. Dieser erscheint, wenn zum Beispiel das Keyword aufgrund der Länge nicht angezeigt werden kann. In Abbildung 10.33 sehen Sie, wie sich der Platzhalter beim Erstellen einer Anzeige einsetzen lässt.

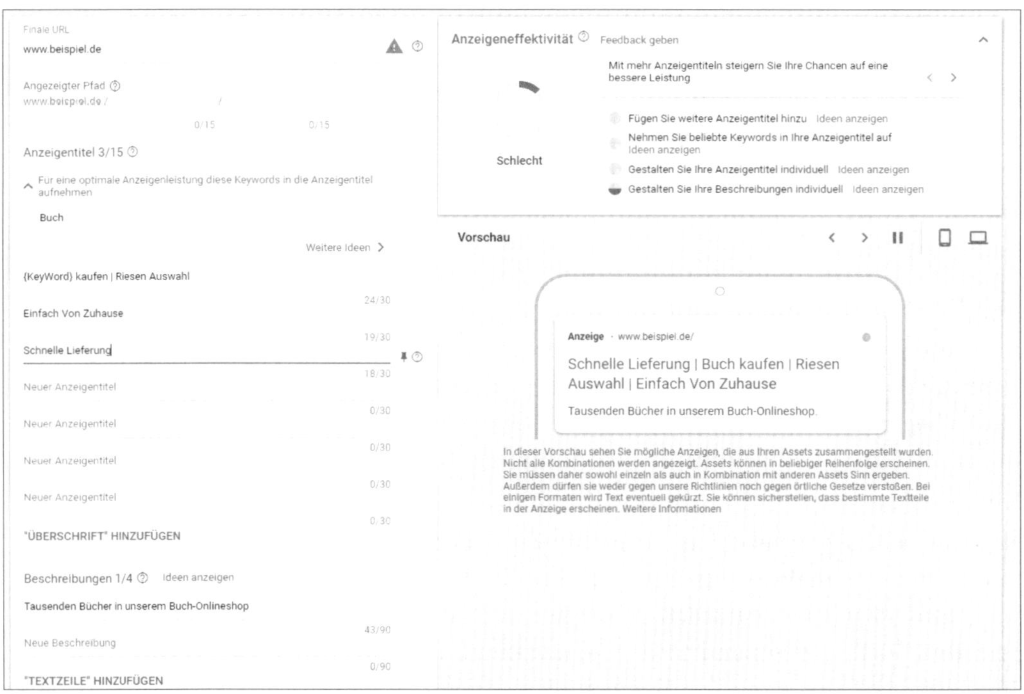

Abbildung 10.33 Keyword-Anzeige mit Platzhalter

Die Schreibweise von »Keyword« bestimmt dann auch, wie das Keyword in der Anzeige erscheint. Welche Folgen verschiedene Schreibweisen haben, sehen Sie in Tabelle 10.2.

Schreibweise	Erstes Wort	Alle weiteren Wörter	Beispiel
keyword	komplett kleingeschrieben	komplett kleingeschrieben	damenmode online kaufen
Keyword	erster Buchstabe großgeschrieben	komplett kleingeschrieben	Damenmode online kaufen
KeyWord	erster Buchstabe großgeschrieben	jedes Wort mit großem Anfangsbuchstaben	Damenmode Online Kaufen
KEYWord	komplett großgeschrieben	jedes Wort mit großem Anfangsbuchstaben	DAMENMODE Online Kaufen
KeyWORD	erster Buchstabe großgeschrieben	komplett großgeschrieben	Damenmode ONLINE KAUFEN
KEYWORD	komplett großgeschrieben	komplett großgeschrieben	DAMENMODE ONLINE KAUFEN

Tabelle 10.2 Unterschiedliche Schreibweisen von »Keyword« geben vor, wie das Keyword in der Anzeige erscheint.

Es gibt bei dynamischen Keywords aber auch Gefahren. Achten Sie immer genau auf Ihre Keyword-Listen. Wenn Sie in den Keyword-Listen auch falsche Schreibweisen mit aufgenommen haben, sollten Sie bei diesen Anzeigengruppen komplett auf dynamische Keywords verzichten. Ansonsten laufen Sie Gefahr, dass die falsche Schreibweise in Ihrer Anzeige erscheint.

Ein weiteres Problem der dynamischen Keywords sind gegenteilige Aussagen. Vertreiben Sie zum Beispiel Waschpulver, so ist sowohl das Keyword »saubere Wäsche« als auch »Rotweinflecken« relevant. Dies führt zu zwei Anzeigen mit komplett unterschiedlicher Bedeutung, wie Sie in Abbildung 10.34 und Abbildung 10.35 sehen können.

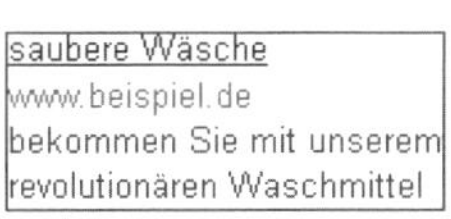

Abbildung 10.34 Hier funktioniert das dynamische Keyword.

Bei der nächsten Anzeige sehen Sie aber, dass es durchaus auch zu peinlichen Fehlern kommen kann.

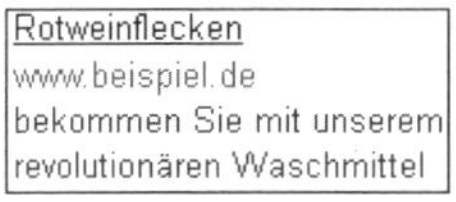

Abbildung 10.35 Dieses Angebot wird wohl nur wenige Abnehmer finden.

Übergabe direkt in die Suche

Wenn Sie mit dynamischen Keywords arbeiten, können Sie diese nicht nur in der Überschrift und im Text nutzen, sondern auch im Link in Ihren Shop. Übergeben Sie dann als GET-Parameter das Keyword direkt in die Suche, landet der Nutzer immer bei den Suchergebnissen. Schauen Sie sich am besten die URL Ihres Shops an, nachdem Sie die Suchanfrage abgesetzt haben. In Shopware sieht diese zum Beispiel in der Regel so aus:

www.ihrshop.de/ search?sSearch=SUCHBEGRIFF

Mit der Variablen ist der Link dann wie folgt aufgebaut:

www.ihrshop.de/ search?sSearch={keyword}

10.5.7 Keyword-Auswahl

Nachdem Sie den Anzeigentext erstellt haben, können Sie weiter unten die Keywords festlegen, bei denen Ihre Anzeige erscheinen soll. Wie Sie die richtigen Keywords finden, konnten Sie bereits in Abschnitt 10.3.2, »Keyword-Recherche«, erfahren. Eine ähnliche Herangehensweise empfiehlt sich auch für Google Ads. Der Unterschied liegt lediglich darin, dass Sie die Keywords nun spezifischer den Anzeigengruppen zuordnen können.

Auch wenn wir hier von einem Keyword sprechen, bedeutet das nicht, dass es immer aus nur einem Wort bestehen muss. Auch Wortkombinationen können ausgewählt werden. Je länger die eigentliche Phrase ist, desto konkreter ist auch die Suchanfrage.

Wenn Sie zum Beispiel hochwertige Damenmode verkaufen, können Sie Phrasen buchen wie:

- exklusive Damenmode
- Designer Damenmode bestellen
- hochwertige Damenmode kaufen

Wenn ein Nutzer nach einer dieser Phrasen sucht, können Sie davon ausgehen, dass schon ein großes Kaufinteresse besteht.

Genauso wie Sie Keywords auswählen können, bei denen Ihre Anzeige erscheint, können Sie aber auch Keywords ausschließen. Im Fall der Damenmode sollten zum Beispiel folgende Phrasen ausgeschlossen werden:

- billige Damenmode
- günstige Damenmode
- Damenmode richtig reinigen

Das würde nur dazu führen, dass Sie Besucher in Ihren Shop führen, die nicht Ihrer Zielgruppe entsprechen. Das verursacht unnötige Kosten ohne Aussicht auf Erfolg. Google bietet hier einige Möglichkeiten, Keywords einzugrenzen oder zu erweitern. Über die Keyword-Optionen können Sie steuern, inwieweit die Suchanfrage mit Ihrem hinterlegten Keyword übereinstimmen muss.

Weitgehend passende Keywords (Broad Match)

Das ist die Standardeinstellung mit folgenden Eigenschaften:

- Die Einstellung sorgt dafür, dass Ihre Anzeige nicht nur bei exakter Eingabe des Keywords erscheint.
- Singular und Plural spielen keine Rolle.
- Rechtschreibfehler werden mit berücksichtigt.
- Auch bei verwandten Suchanfragen erscheint Ihre Anzeige.

Das Keyword *Damenmode* hätte also dafür ausgereicht, dass Ihre Anzeige bei oben genannten Suchanfragen angezeigt wird. Die Vorteile dieser Option sind:

- Es werden Varianten angezeigt, an die Sie selbst vielleicht nie gedacht hätten.
- Es spart Zeit, weil Sie nicht jede Variante des Keywords mit aufnehmen müssen.
- Ihre Anzeigen erscheinen häufiger.

Die Nachteile bei dieser Variante überwiegen aber, weshalb Sie auf diese Option weitestgehend verzichten sollten:

- Die Übereinstimmung mit der Suchanfrage des Nutzers ist geringer. Nur übereinstimmende Keywords werden fett markiert und sorgen für höhere Klickraten.
- Sie erhöhen die Klickkosten für Besucher, die sehr wahrscheinlich nicht kaufen werden.

Genau passende Wortgruppen (Exact Match)

Hier muss die Suchanfrage buchstabengenau mit Ihrem Keyword übereinstimmen und darf keinerlei weitere Begriffe enthalten. Dies erreichen Sie dadurch, dass Sie das Wort in eine eckige Klammer setzen. In dem Fall erscheint Ihre Anzeige nur, wenn exakt die Suchphrase eingegeben wird. Wird zum Beispiel nach dem Plural gesucht oder noch ein weiteres Wort mit aufgenommen, erscheint Ihre Anzeige nicht.

Beim Exact Match bekommen Sie hochwertigeren Traffic und dadurch wahrscheinlich eine bessere Conversion-Rate. Sie müssen jedoch viel besser planen und verschiedene Schreibweisen im Vorfeld berücksichtigen.

Passende Wortgruppe (Phrase Match)

Hier wird die Anzeige nur geschaltet, wenn die hinterlegten Keywords genau in der Reihenfolge gesucht werden. Anders als bei GENAU PASSEND kann die Suchanfrage davor oder danach noch weitere Suchbegriffe enthalten. Wenn Sie also »exklusive Damenmode« schalten, würde die Anzeige auch angezeigt, wenn jemand nach »exklusive Damenmode günstig kaufen« sucht. Es kann also trotzdem noch zu unerwünschten Phrasen kommen.

Ausschließende Keywords

Gerade in Kombination mit den passenden Wortgruppen ist diese Funktion sehr nützlich. Mithilfe von ausschließenden Keywords lässt sich die Anzeigenschaltung für Nutzer, die nach bestimmten Begriffen suchen, verhindern. Anzeigen werden nicht geschaltet, wenn ein Suchbegriff den von Ihnen mit einem vorangestellten Minuszeichen (–) festgelegten Begriff enthält. Ausschließende Keywords sind insbesondere sehr hilfreich, um irrelevante Zugriffe herauszufiltern und somit unerwünschte Klicks zu vermeiden.

Sie können ausschließende Keywords zusammen mit anderen Keyword-Optionen verwenden. Wenn Sie beispielsweise ein genau passendes, ausschließendes Keyword setzen, so lässt sich die Anzeigenschaltung bei Suchanfragen mit dem genau passenden Keyword vermeiden.

Rufen Sie zum Erstellen von ausschließenden Keywords die Keyword-Tabelle in Ihrem Konto auf, und suchen Sie nach dem Link AUSSCHLIESSENDE KEYWORDS unterhalb der Keyword-Tabelle (siehe Abbildung 10.36). Hier werden sowohl neu erstellte ausschließende Keywords als auch vorhandene Keywords angezeigt, die Sie mithilfe des Minuszeichens als ausschließend kennzeichnen.

Machen Sie von der Funktion der ausschließenden Keywords regen Gebrauch, um unpassende Suchphrasen auszuschließen und die Klickkosten zu senken.

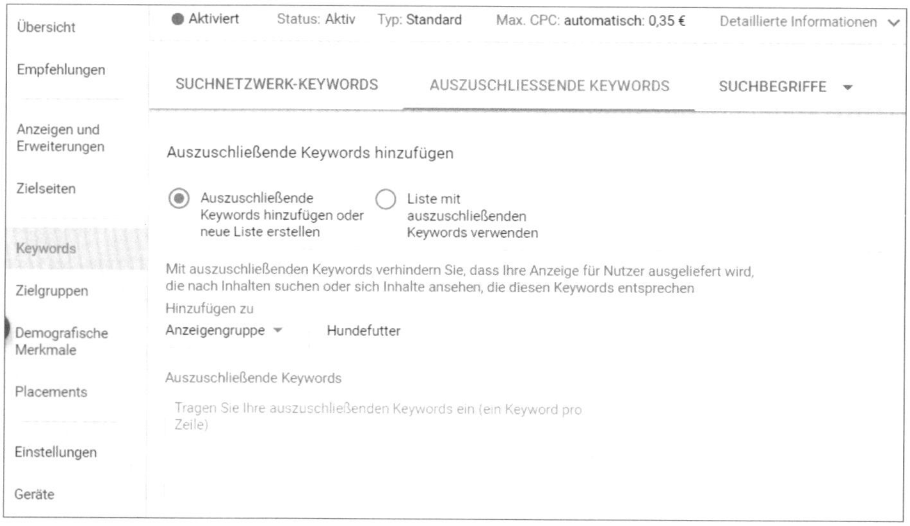

Abbildung 10.36 Ausschließende Keywords

10.6 Google-Displaynetzwerk

In der Einführung zu Google Ads haben Sie bereits erfahren, dass es unterschiedliche Möglichkeiten gibt, mit denen Sie im Google-Netzwerk werben können. Für Ihre erste Kampagne haben Sie nur das Suchnetzwerk ausgewählt. Neben diesem und Google Shopping, das Sie ebenfalls schon in Abschnitt 8.5.1, »Anmeldung und technische Realisierung«, kennengelernt haben, können Sie auch im Google-Displaynetzwerk werben.

Das Google-Displaynetzwerk besteht aus Tausenden von Websites in allen Größen. Neben kleinen privaten Seiten mit wenigen tausend Seitenaufrufen pro Monat gibt es in diesem Netzwerk auch große Portale mit mehreren Millionen Seitenaufrufen pro Monat. Genauso unterschiedlich wie der Traffic sind auch die Themen, die diese Seiten behandeln. Von der kleinen Special-Interest-Seite mit einer sehr spitzen Zielgruppe bis hin zum Online-Auftritt von vielen Zeitungen sind die Teilnehmer am sogenannten Adsense-Programm (*www.google.com/adsense/start*) bunt gemischt. Selbst eBay nimmt daran teil und ermöglicht Ihnen somit, Ihre Werbung auch in den eBay-Suchergebnissen zu schalten.

Die Anzeigen für das Displaynetzwerk können ebenfalls in Ihrem Google-Ads-Konto gebucht werden. Auch hier noch einmal der Hinweis, dass Anzeigen im Such- und Content-Netzwerk stets getrennt gebucht werden sollten. Der Grund dafür ist sehr einfach. Versetzen Sie sich in die Lage des Nutzers. Der Besucher einer Suchmaschine hat primär das Ziel, eine zu seinen Anforderungen passende Seite zu finden und die

Suchmaschine schnellstmöglich wieder zu verlassen. Bei Besuchern der Webseiten des Displaynetzwerkes ist der Besucher in der Regel schon am Ziel und möchte sich nun mit dem für ihn relevanten Inhalt beschäftigen. So unterschiedlich wie die Ausgangssituation sollte auch die Anzeige gestaltet werden. Im Displaynetzwerk geht es um klassische Werbeziele wie:

- Awareness (Bewusstsein schaffen)
- Branding (Markenaufbau)
- Reach (mehr potenzielle Kunden erreichen)

Um diese Ziele besser zu erreichen, stehen Ihnen im Displaynetzwerk nicht nur die reinen Textanzeigen (siehe Abbildung 10.37) zur Verfügung, die Sie in Bezug auf das Suchnetzwerk schon kennengelernt haben.

Abbildung 10.37 Beispiel einer Textanzeige im Displaynetzwerk

Die Vielfalt im Displaynetzwerk beinhaltet auch Videos und grafische Anzeigen. Welche Formate aber jeweils verfügbar sind, hängt von der jeweiligen Seite ab, auf der die Werbung geschaltet werden soll. Einen Überblick über die aktuell möglichen Formate finden Sie hier: *https://support.google.com/adsense/answer/185665?hl=de&ref_topic=29561*

10.6.1 Targeting im Displaynetzwerk

Im Displaynetzwerk sind Webseiten zu nahezu jedem Thema vorhanden. So unterschiedlich wie die Webseiten sind natürlich auch die Nutzer, die sich auf diesen Seiten bewegen. Um sicherzustellen, dass Sie trotzdem nur Ihre Zielgruppe ansprechen, bietet Google weitere Selektionsmöglichkeiten an. So gibt es verschiedene Targeting-Formen, die Sie in Abbildung 10.38 sehen können.

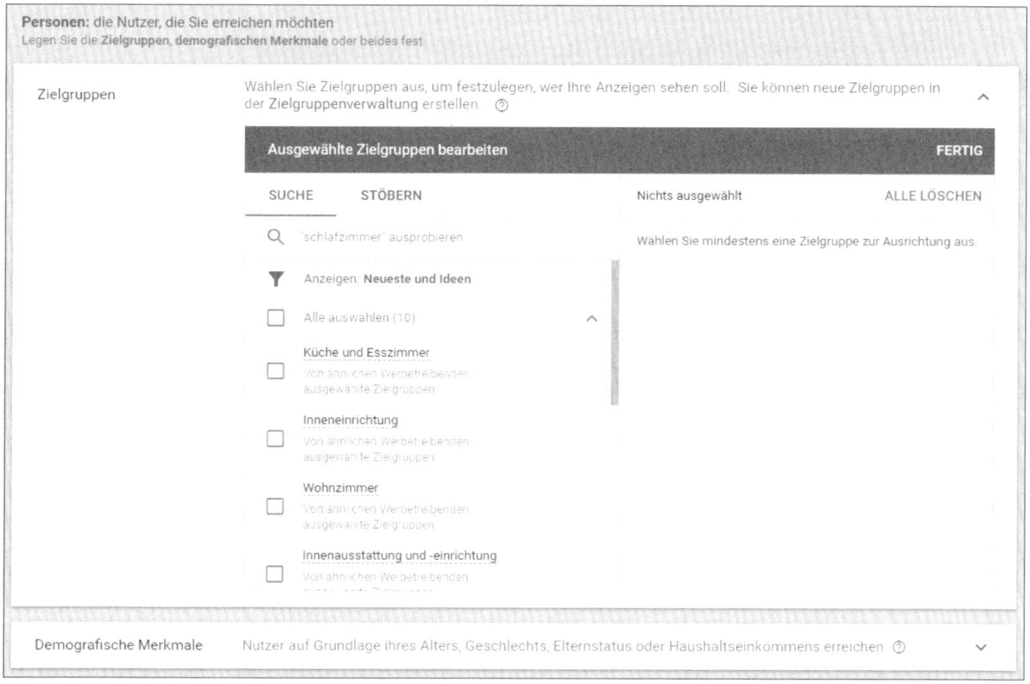

Abbildung 10.38 Verschiedene Targeting-Möglichkeiten

Keywords für Displaynetzwerk

Schalten Sie Werbung auf Seiten, die einen thematischen Bezug zu Ihren Keywords haben. Wie beim Suchnetzwerk geben Sie bei dieser Form des Targetings für Sie relevante Keywords an. Erstellen Sie eine Gruppe von 5 bis 20 Keywords, die eng miteinander und mit den Anzeigen in der Anzeigengruppe zusammenhängen. Keywords, die aus mehreren Wörtern bestehen, sind in der Regel am effektivsten. Verwenden Sie auch ausschließende Keywords, damit die Anzeigen nicht auf irrelevanten Seiten geschaltet werden.

Diese Form des Targetings birgt leider auch Gefahren. Anders als der Mensch kann Google nicht unterscheiden, ob es sich um einen positiven oder negativen Inhalt handelt. Die Wörter Flugreise, Passagier, Karibik können sowohl in einem Reisebericht als auch in einem Artikel über einen Flugzeugabsturz vorkommen. Im letzteren Kontext möchten Sie Ihre Werbung aber wahrscheinlich eher nicht sehen. Ausschließende Keywords, wie zum Beispiel Panne, Absturz oder Unglück, können hier helfen.

Interessen und Remarketing

Jede Webseite im Google-Content-Netzwerk ist in verschiedene Kategorien eingeordnet. Surft der Nutzer auf einer dieser Seiten, wird ihm anhand einer Cookie-ID dieses Interesse zugeordnet. Hier erfolgt das Targeting nicht über die Seite, auf der er sich aktuell befindet, sondern über den Nutzer. Wird diesem einmal ein bestimmtes Interesse zugeordnet, kann er auch auf thematisch nicht zusammenhängenden Seiten mit zielgruppengerechter Werbung versorgt werden.

Beispiel: Sie sind Betreiber eines Online-Shops für Kletterausrüstung. Ein bestimmter Nutzer surft regelmäßig auf Seiten über das Thema Klettern. Er wird nun von Google in die Kategorie »Outdoor-Liebhaber« einsortiert. Einmal dieser Kategorie hinzugefügt, kann ihm auf jeder Seite im Netzwerk Werbung zum Thema Klettern angezeigt werden.

Ähnlich verhält es sich mit der Eingrenzung nach Alter und Geschlecht. Google nutzt hier zwar zum Teil Informationen aus dem eigenen Google+-Netzwerk, arbeitet aber überwiegend mit einem Umfeld-Targeting. Surft ein Nutzer oft auf »Frauenseiten«, wird ihm das Geschlecht »weiblich« zugeordnet. Mit dieser Funktion können Sie die Streuverluste schon deutlich mindern.

Einen Schritt weiter geht die Remarketing-Funktion. Damit können Sie Personen erreichen, die Ihre Seite bereits besucht haben. Verlassen Nutzer zum Beispiel Ihren Shop, ohne etwas zu kaufen, können Sie diese potenziellen Kunden erneut mit Ihrer Werbung erreichen. Es ist sogar möglich, diesen Nutzern maßgeschneiderte Werbebotschaften zu präsentieren, damit diese in Ihren Shop zurückkehren und kaufen. In Verbindung mit dem Google Merchant Center können Sie dem potenziellen Kunden sogar konkrete Produkte zeigen, die er sich in Ihrem Shop angeschaut oder in den Warenkorb gelegt hat.

Remarketing ist eine gute Möglichkeit, potenzielle Kunden zum Kauf zu aktivieren. Um Remarketing zu nutzen, müssen Sie noch einen Codeschnipsel auf jeder Seite Ihres Shops einbinden. Diesen Code bekommen Sie über Ihren Ads-Account von Google zur Verfügung gestellt. Wenn Sie diesen integriert haben, werden Ihre Besucher automatisch »markiert« und können nachträglich über das Remarketing auch auf externen Seiten mit Ihrer Werbung angesprochen werden.

Retargeting – irgendwann muss Schluss sein

Es hat oftmals einen Grund, warum ein Besucher in Ihrem Shop zwar ein bestimmtes Produkt anschaut, dieses aber nicht kauft. Es bringt in diesem Fall auch nichts, den Nutzer mit diesem Produkt bis in alle Ewigkeit im ganzen Internet zu verfolgen. Besonders im Remarketing sollten Sie daher ein *Frequency Capping* einstellen. Dieses gibt an, wie oft ein einzelner Nutzer Ihre Anzeige sehen soll, und kann auf Kampagnenebene geändert werden. Ein Frequency Capping von zwei bis drei Einblendungen am Tag ist angemessen.

Placements

Über Placements können Sie, ohne den Umweg über die Keywords zu gehen, direkt die Seite auswählen, auf der die Werbung geschaltet werden soll. Ähnlich wie bei Printanzeigen definieren Sie dort über das Umfeld, welche Zielgruppe Ihre Anzeige sehen soll. Da sich die thematische Ausrichtung einer Seite aber im Zeitverlauf ändern kann, sollten Sie regelmäßig überprüfen, ob die ausgewählten Seiten noch zu Ihrer Zielgruppe passen. In Abbildung 10.39 sehen Sie die Auswahl am Beispiel »Fahrrad«.

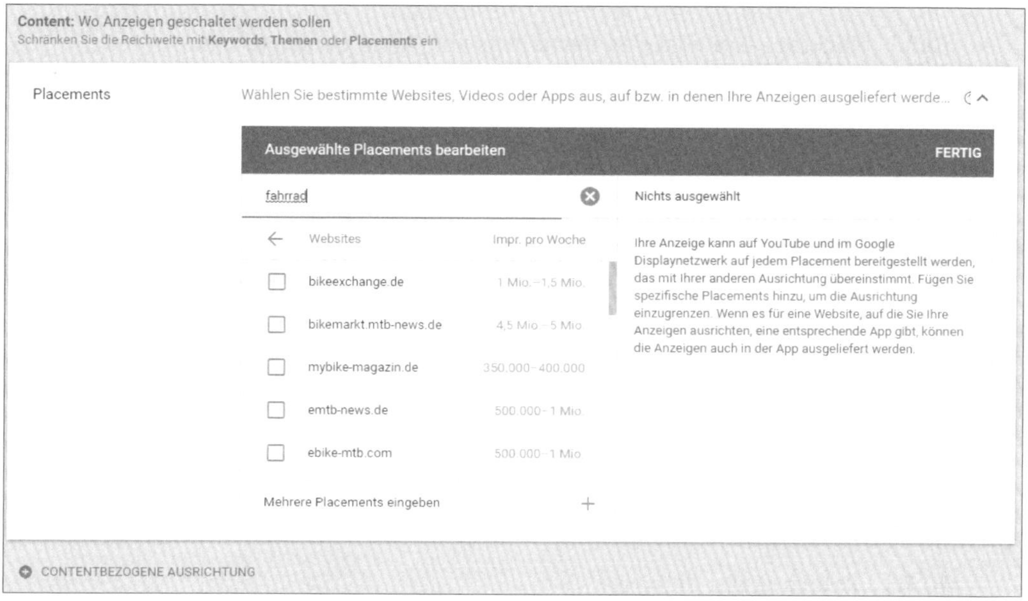

Abbildung 10.39 Placement-Auswahl am Beispiel »Fahrrad«

10.7 Kosten für Google Ads

Auf Kampagnen- und Anzeigengruppenebene können Sie ein Tagesbudget und ein CPC-Gebotslimit festlegen. Hiermit haben Sie also die maximale Höhe Ihrer Werbeausgaben fest im Griff. Die Frage, die dabei allerdings offenbleibt, ist, wie viele Besucher Sie für dieses Budget bekommen. Dies ist von Keyword zu Keyword unterschiedlich und hängt hier in erster Linie davon ab, wie beliebt dieses Keyword bei anderen Werbetreibenden ist.

Die Werbeplätze werden im Gebotsverfahren versteigert, und da es nur eine begrenzte Anzahl an Plätzen gibt, bekommen die Werbekunden mit den höchsten Geboten den Zuschlag. Da Google den Nutzern immer auch relevante Werbung anzeigen möchte, kommt hier zusätzlich zu der Nachfrage noch ein weiterer Faktor ins Spiel, nämlich der Qualitätsfaktor. Dieser entscheidet über das Ranking und somit darüber, ob und, wenn ja, an welcher Position Ihre Anzeige zu sehen ist. Welche Faktoren genau den Qualitätsfaktor beeinflussen, hält Google wie vieles andere geheim. Einige, die einen großen Einfluss auf den Qualitätsfaktor haben, sind aber bekannt. Generell lässt sich sagen, dass die Qualität sehr stark mit der Relevanz der Anzeige zusammenhängt. Die Faktoren, die die größte Rolle spielen, finden Sie im Anschluss. Aktuelle Informationen über den Qualitätsfaktor finden Sie auch unter *https://support.google.com/google-ads/answer/2454010?hl=de*.

10.7.1 Klickrate – wie ist das Verhältnis von Anzeigen zu Klicks?

Je häufiger Ihre Anzeige tatsächlich geklickt wurde, desto besser ist die Klickrate. Ist Ihre Klickrate besser als die Ihrer Mitbewerber, wirkt sich das positiv auf den Qualitätsfaktor aus. Da Sie aber generell das Ziel haben, dass Ihre Anzeige auch geklickt wird, sollte diese nicht nur wegen des Qualitätsfaktors ansprechend gestaltet werden. Fordern Sie in Ihrer Anzeige gezielt zum Klicken auf.

10.7.2 Relevanz der Anzeige

Es ist entscheidend, wie gut die Suchanfrage und die Anzeige übereinstimmen. Es ist also wichtig, dass das Keyword auch in der Anzeige vorkommt. Hierbei wird auch unterschieden, wo das Keyword in der Anzeige steht. Wenn das Keyword zum Beispiel als erstes Wort in der Überschrift steht, wird es als relevanter eingestuft.

10.7.3 Relevanz der Zielseite

Sind auf Ihrer Zielseite ebenfalls die gebuchten Keywords enthalten? Die Google-Bots untersuchen Ihren Online-Shop auf Relevanz. Passt das Thema des Shops zu den gebuchten Keywords, bringt Ihnen das eine Erhöhung des Qualitätsfaktors. Hierbei wirkt sich eine gute Suchmaschinenoptimierung auch auf den Qualitätsfaktor des Google-Ads-Kontos aus (Voraussetzung ist natürlich, dass Sie auf die gleichen Keywords optimieren). Alles, was sich negativ auf das organische Ranking auswirkt, sollte auch in Bezug auf den Qualitätsfaktor bei Ads vermieden werden.

10.7.4 Gesamt-Performance des Google-Ads-Kontos

In die Berechnung der Qualitätsfaktoren der einzelnen Keywords fließt auch die Leistung des gesamten Kontos mit ein. Es spielt dabei keine Rolle, ob die Anzeigen aktiv oder pausiert sind. Die historischen Leistungen werden erst dann nicht mehr berücksichtigt, wenn Sie ein Keyword oder die gesamte Anzeige komplett löschen.

10.7.5 Ermittlung des Anzeigenranges

Der Anzeigenrang ist abhängig von Mindestgebot und Qualitätsfaktor des Keywords. Die Formel lautet hier also:

Anzeigenrang = Qualitätsfaktor des Keywords × maximaler Klickpreis des Keywords

Der höchste Anzeigenrang bekommt Platz eins, und die anderen folgen in absteigender Reihenfolge. Was dies konkret bedeutet, können Sie Tabelle 10.3 entnehmen.

Werbetreibender	Max. CPC	Qualitätsfaktor	Anzeigenrang	Position
A	0,60 €	2,1	1,26	1
B	1,00 €	1,2	1,2	2
C	0,70 €	1,7	1,19	3
D	0,90 €	1,3	1,17	4

Tabelle 10.3 Berechnung der Anzeigenposition, abhängig vom Qualitätsfaktor

Obwohl eigentlich B den höchsten maximalen CPC hat, kommt A mit dem niedrigsten maximalen CPC dank des guten Qualitätsfaktors auf die erste Position. Wollte B auf die erste Position, müsste es seinen maximalen CPC nochmals um 10 Cent erhöhen. B hätte somit mehr als 80 % höhere Kosten als A, um auf die erste Position zu kommen.

Fangen Sie klein an!

Begrenzen Sie zu Anfang Ihr maximales Tagesbudget auf eine überschaubare Summe. Auch wenn Sie für die Anzeigen nur im Fall eines tatsächlichen Klicks bezahlen müssen, können für diese Besucher sehr schnell hohe Kosten entstehen. Haben Sie nun die »falschen« Keywords gebucht und somit eine unpassende Zielgruppe angesprochen, werden Ihre Besucher, ohne einen Kauf zu tätigen, den Shop wieder verlassen. In Kapitel 12, »Der Kompass im E-Commerce – Conversion-Messung und -Optimierung«, erklären wir genau, wie Sie mit Analysen Ihr Budget optimal einsetzen können.

10.8 Fazit

Werbung in Suchmaschinen ist wichtig und sinnvoll. Die meisten Besuche im Web beginnen mit der Nutzung einer Suchmaschine. Mit einem Marktanteil von über 94 % in Deutschland ist Google dabei die absolute Nummer eins. Es ist daher in Ordnung, wenn Sie sich bei Ihren Suchmaschinenaktivitäten allein auf Google konzentrieren. Dabei stehen Ihnen zwei verschiedene Disziplinen zur Verfügung: zum einen die Suchmaschinenoptimierung, die dafür sorgt, dass Ihr Shop in den organischen Suchergebnissen zu finden ist, und zum anderen mit Google Ads bezahlte Anzeigen.

Bei der Suchmaschinenoptimierung gilt es, mit verschiedenen Methoden die Suchmaschine davon zu überzeugen, dass Ihr Shop der relevanteste zum gesuchten Thema ist. Gelingt Ihnen das, wird Ihr Shop in den Suchergebnissen vorne angezeigt. So gewinnen Sie mehr Besucher.

Bei Google Ads erscheinen Ihre Anzeigen, wenn nach einem bestimmten Suchbegriff gesucht wird. Die Abrechnung erfolgt dann nach Klicks. Dies macht eine solche Kampagnen sehr kalkulierbar.

Kapitel 11
Omni-Channel als Erfolgsmotor im E-Commerce

Der Online-Handel muss nicht zwangsläufig über den eigenen Shop stattfinden. Amazon, eBay & Co. bieten für Online-Händler interessante Optionen, auf bestehenden Marktplätzen Waren zu verkaufen.

Die Grenzen zwischen Online- und Offline-Käufen verschwimmen immer mehr. Die Kunden bestellen online und lassen sich die Ware in die Filiale liefern oder kaufen in der Filiale und lassen sich die Ware dann bequem nach Hause liefern. Selbst innerhalb des Online-Handels hat der Kunde nicht mehr nur die Wahl, bei Ihnen oder bei anderen zu kaufen, sondern er möchte vielleicht auch bei Ihnen über einen Marktplatz wie eBay oder Amazon einkaufen. Mittlerweile hat fast jeder klassische stationäre Händler auch einen Online-Shop, und viele Händler, die im E-Commerce begonnen haben, eröffnen stationäre Filialen. Für Sie bedeutet das, dass sich die einzelnen Modelle nicht gegenseitig ausschließen, sondern ganz im Gegenteil auch perfekt ergänzen können.

Bevor wir tiefer in das Kapitel einsteigen, eine kleine Erklärung der Begrifflichkeiten aus Wikipedia:

> *»Mit Multichannel und Crosschannel existieren zwei weitere Begriffe, die kanalübergreifende Geschäftsmodelle beschreiben. Eine Unterscheidung kann über das Ausmaß der Integration der Kanäle getroffen werden.*
>
> *Multichannel bedeutet lediglich, dass ein Unternehmen mehrere unterschiedliche Kanäle für Kunden anbietet. Die Kanäle können dabei unabhängig voneinander organisiert sein.*
>
> *Der Begriff Crosschannel beschreibt die Erfahrung eines Kunden, der eine Kombination aus mehreren verschiedenen Kanälen für den gleichen Kauf verwendet. Dafür ist ein Austausch über die Kanäle notwendig und es werden beispielsweise Konzepte wie Click-and-Collect möglich. Dabei wird etwa online bestellt und die Ware später in einem Geschäft abgeholt.*
>
> *Omnichannel beschreibt die gleichzeitige Nutzung von zwei oder mehreren Kanälen, wie die Verwendung eines Mobiltelefons während des Einkaufs in einem Ladenlokal. Der Begriff wird auch verwendet, um die Konsistenz zwischen ver-*

schiedenen Kanälen zu beschreiben. Dies bedeutet, dass die auf einem Kanal gespeicherten Daten, Konfigurationen oder Einstellungen eines Kunden auf allen anderen Kanälen gespeichert und berücksichtigt werden. ›Omnis‹ als das lateinische Wort für ›jede‹/›alle‹ bezeichnet in ›Omnichannel‹ die Integration aller physischen Kanäle (offline) und digitalen Kanäle (online), um ein nahtloses und einheitliches Kundenerlebnis zu bieten.«

Vieles, was landläufig als »Omni-Channel« bezeichnet wird, ist also in Wirklichkeit »nur« ein Multi-Channel-Konzept. Entscheiden Sie dann selbst, ob Sie es Cross-, Multi- oder eben Omni-Channel nennen. Wichtig ist, dass Sie die Vorteile der einzelnen Kanäle kombinieren und darüber erfolgreich sind.

11.1 Handel über Marktplätze

Marktplätze sind eine perfekte Ergänzung für Ihren eigenen Shop, weil Sie dort eine andere Zielgruppe ansprechen können, die Sie sonst vielleicht gar nicht in Ihren Shop bekommen hätten. Je mehr Kanäle Ihnen für Ihre Verkäufe zur Verfügung stehen, desto unabhängiger sind Sie auch von den einzelnen.

Aber auch, wenn Sie vielleicht zu dem Schluss gekommen sind, dass sich ein eigener Shop für Sie (noch) nicht lohnt, sind Marktplätze eine gute Alternative, um mit dem E-Commerce zu starten.

Der Verkauf über Marktplätze ist schon lange nicht mehr nur für Privatpersonen und kleine Online-Händler ein Thema. Auch große E-Commerce-Unternehmen nutzen diese zusätzlichen Vertriebskanäle, wie der eBay-Shop von Media Markt in Abbildung 11.1 zeigt.

Abbildung 11.1 eBay-Shop von Media Markt

Die Marktplätze bieten diese Möglichkeit natürlich nicht aus reiner Nächstenliebe an, sondern möchten über eine Verkaufsprovision am Erfolg beteiligt werden. Dafür kümmern sie sich aber auch um den Betrieb der Plattform, um das Marketing und um den kompletten Bestellprozess bis hin zur Zahlungsabwicklung. Amazon geht sogar noch einen Schritt weiter und bietet ein gesamtes Fulfillment, übernimmt als Extraservice also auch noch den Versand der Waren. Für Sie als Händler hat das den Vorteil, dass ein Teil des Risikos auf den Marktplatz abgewälzt werden kann. Dadurch lassen sich die Kosten verlässlicher kalkulieren.

Bei guten Umsätzen über Marktplätze sind Sie als Händler vielleicht geneigt, Ihren eigenen Shop zu vernachlässigen und nicht mehr aktiv zu pflegen. Dabei sollten Sie aber nicht vergessen, dass Sie bei einer Umsatzkonzentration auf einen Marktplatz natürlich auch von diesem abhängig sind. Was passiert, wenn neue Wettbewerber ebenfalls ihre Waren auf dem Marktplatz anbieten oder wenn plötzlich die Verkaufsprovision erhöht wird? Schnell kann sich dann das Anbieten eigener Waren auf dem Marktplatz nicht mehr lohnen.

Es gibt unzählige Marktplätze, die teilweise eine Spezialisierung auf bestimmte Warengruppen aufweisen. Einige davon stellen wir Ihnen im nachfolgenden Abschnitt genauer vor. Wenn Sie sich dafür entscheiden, dort aktiv zu werden, sollten Sie beachten, dass Sie Lagerbestände zentral verwalten müssen. Hier gibt es zwei unterschiedliche Ansätze. Der erste wäre, dass Sie sich für jeden Marktplatz einen eigenen Lagerbestand reservieren. Das sorgt zwar dafür, dass es ausgeschlossen ist, Artikel über den Lagerbestand hinaus zu verkaufen, hat aber den Nachteil, dass Sie einen sehr großen Lagerbestand aufbauen müssen. Außerdem sind Sie mit dieser Methode sehr unflexibel. Sollte sich ein Produkt auf einem Marktplatz besser verkaufen als auf einem anderen, kann es auf einer Plattform ausverkauft sein, obwohl Sie bei dem anderen Anbieter noch über einen großen Lagerbestand verfügen.

Eine bessere Alternative ist der Einsatz einer *Middleware*. Diese Software sorgt unter anderem dafür, dass Ihre Artikel über ein zentrales System verwaltet werden. Es gibt also nur einen Lagerbestand. Sollte ein Artikel ausverkauft sein, wird er automatisch auf allen Marktplätzen und im eigenen Shop deaktiviert. Neben dem Lagerbestand können Sie mit der Middleware auch Produktbeschreibungen und -bilder zentral verwalten. Das ist für Sie eine enorme Arbeitserleichterung und steigert die Effizienz. Natürlich verursacht der Einsatz einer Middleware auch Kosten. Meist setzen sich diese aus einmaligen Integrationskosten und laufenden Gebühren zusammen. Es gibt keine allgemeine Formel, wann sich der Einsatz einer Middleware lohnt. Sie müssen selbst Vorteile und Kosten abwägen.

Anbieter von Middleware sind unter anderem:

- *www.actindo.de*
- *www.brickfox.de*
- *www.speed4trade.de*
- *www.roqqiocloud.com*

11.2 Marktplätze im Porträt

Die umsatzstärkste Plattform ist Amazon, gefolgt von eBay. Danach kommt lange nichts mehr, und schließlich folgen Anbieter wie kaufland.de, ManoMano oder Yatego.

Natürlich liegt bei Amazon und eBay aufgrund der Größe das höchste Umsatzpotenzial. Trotzdem kann es Sinn ergeben, auch auf kleineren Marktplätzen vertreten zu sein – schon aus dem Grund, um Abhängigkeiten von einem Marktplatz zu vermeiden. Im Folgenden finden Sie die relevantesten Marktplätze im Porträt.

11.2.1 Amazon

Amazon ist die absolute Nummer eins, was Online-Umsätze angeht. Als Amazon im Jahr 1994 an den Start ging, hätte es wahrscheinlich keiner für möglich gehalten, dass aus dem damals reinen Online-Buchhändler innerhalb kürzester Zeit der umsatzstärkste Online-Shop werden würde. Mit dazu beigetragen hat sicherlich auch die Öffnung für andere Anbieter. Amazon war der erste Online-Shop, der auch anderen Anbietern erlaubte, auf seiner Plattform zu verkaufen. Was mittlerweile von vielen Versandhändlern übernommen wurde, war im Jahr 2002 eine Sensation. Mittlerweile wird etwa die Hälfte des Amazon-Umsatzes über Marketplace-Händler generiert.

Einschränkungen im Handel

Zu beachten ist, dass nicht jeder Artikel über Amazon verkauft werden darf. Selbstverständlich und nachvollziehbar ist noch, dass keine illegalen Produkte wie Waffen, rassistische Schriften oder gewaltverherrlichendes Material angeboten werden dürfen. Schwieriger wird es in anderen Bereichen. So ist es zum Beispiel legal, hochprozentigen Alkohol, wie etwa Wodka, anzubieten (natürlich darf der Verkauf nur an Personen über 18 Jahren erfolgen). Verboten ist hingegen der Verkauf von sogenannten Alkopops, obwohl diese deutlich weniger Alkohol enthalten. Bevor Sie also starten, erkundigen Sie sich nach den Beschränkungen. Eine Liste mit erlaubten und unerlaubten Produkten finden Sie hier: *https://sellercentral.amazon.de/gp/help/external/G201743940*.

Ebenso gibt es Artikel, die zwar gehandelt werden dürfen, die aber vom Versand durch Amazon (FBA) ausgeschlossen sind, dann also nur selbst versendet werden können.

Nachfrage bestimmen

Sehr wahrscheinlich werden die Artikel, die Sie anbieten möchten, bereits von einem anderen Händler oder sogar von Amazon selbst gehandelt. Bevor Sie also die Artikel blind einstellen, sollten Sie sich ein Bild von der Wettbewerbssituation machen. Ein Artikel, der zum Beispiel in Ihrem eigenen Shop oder auf einem anderen Marktplatz ein Topseller ist, muss nicht zwangsläufig auch auf Amazon erfolgreich sein. Der erste Schritt, nachdem Sie das potenzielle Sortiment definiert haben, ist also die Recherche.

Es gibt diverse Tools, die Sie bei Ihrer Recherche unterstützen können. Aber auch ohne Tools können Sie sich einen guten Überblick über die Nachfrage verschaffen:

1. Schauen Sie sich die Bestseller der jeweiligen Kategorie an. Wenn Sie bei Amazon die Möglichkeit der Kategoriennavigation nutzen, haben Sie einen guten Überblick über die Reihenfolge der Verkäufe.
2. Suchen Sie gezielt Produkte, und schauen Sie sich den Bestseller-Rang an (siehe Abbildung 11.2).

In beiden Fällen sehen Sie aber nur die relative Verteilung und nicht die absolute Zahl. Trotzdem ist es ein guter Indikator dafür, ob sich der Handel mit diesem Artikel lohnt.

Abbildung 11.2 Bestseller-Rang bei Amazon

Was die saisonale Verteilung einzelner Suchbegriffe angeht, kann man auf allgemeine Tools, wie zum Beispiel Google Trends, zurückgreifen. Google Trends zeigt die Verteilung der Suchbegriffe außerhalb von Amazon. Aus Erfahrung kann man sagen, dass sich diese Verteilung auch auf Amazon anwenden lässt. In Abbildung 11.3 sehen Sie zum Beispiel die saisonale Verteilung des Suchbegriffs »Skischuhe«.

Bestimmung der Preis- und Wettbewerbssituation

Auch wenn Sie bei der Nachfrageanalyse herausgefunden haben, dass das Produkt sehr häufig und auch regelmäßig bei Amazon verkauft wurde, ist das noch keine Erfolgsgarantie. Denn es kommt noch ein weiterer, großer Faktor hinzu, nämlich die Wettbewerbssituation. Wie viele weitere Händler ebenfalls das Produkt anbieten, können Sie relativ einfach auf der jeweiligen Produktdetailseite auf Amazon erkennen (siehe Abbildung 11.4).

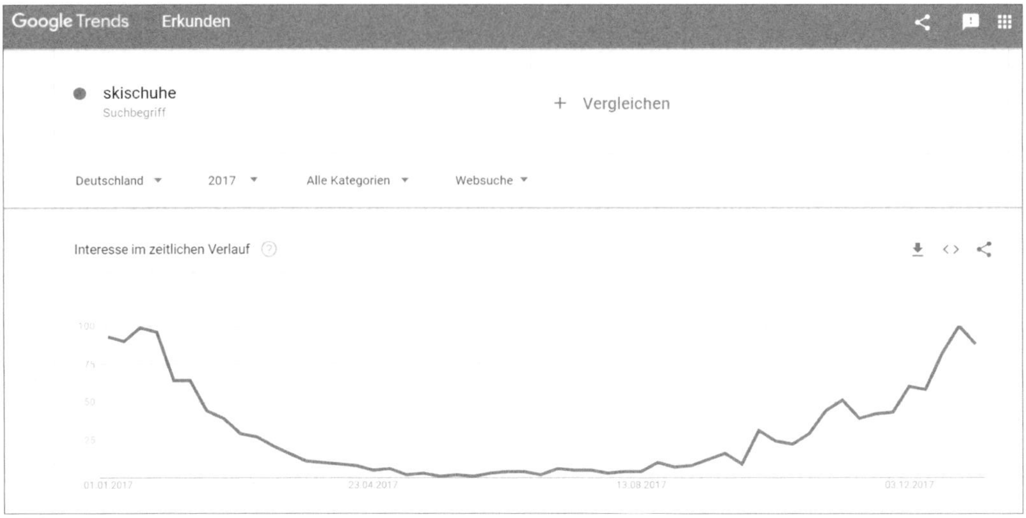

Abbildung 11.3 Google-Trends-Kurve für den Suchbegriff »Skischuhe«

Abbildung 11.4 Anzahl der zusätzlichen Anbieter auf der Produktdetailseite

Die Anzahl der Händler hat natürlich auch Auswirkungen auf den Preis. Schauen Sie sich deshalb auch an, zu welchem Preis der jeweilige Artikel von wem verkauft wird. Die Frage »von wem« ist deshalb sehr interessant, weil natürlich auch Amazon selbst die Produkte anbietet. Amazon genießt bei den Verbrauchern ein großes Ansehen, und Sie können damit rechnen, dass bei einem gleichen oder ähnlichen Preis der Kunde wohl eher bei Amazon direkt bestellen wird. Außerdem wäre in diesem Fall Amazon auch in der Buybox, was ebenfalls ein großer Kaufvorteil wäre.

Die Preise bei Amazon unterliegen großen Schwankungen, was auch mit dem immer häufigeren Einsatz von sogenannten Repricing Tools zu tun hat. Diese Tools ändern, nach vorher festgelegten Regeln, mehrmals in der Stunde den Preis und reagieren somit sehr stark auf Aktivitäten des Wettbewerbs.

Die Funktionsweise dieser Tools ist immer sehr ähnlich. Sie geben ein Preisminimum und ein Preismaximum an, wählen aus, mit wem Sie sich vergleichen wollen (siehe Abbildung 11.5), und wählen dann ebenfalls aus, wie weit der Preis des Wettbewerbs unterboten werden soll (siehe Abbildung 11.6).

Abbildung 11.5 Festlegung von Mindest- und Höchstpreis im Tool Clousale

Anbieter von Repricing Tools sind unter anderem:

- *www.clousale.de*
- *www.sellerlogic.com*
- *www.patagona.de*
- *www.beny-repricing.de*

Anlegen eines neuen Produkts bei Amazon

Wenn das Produkt, das Sie verkaufen möchten, bereits von einem anderen Verkäufer dort angeboten wird, brauchen Sie noch nicht einmal ein Bild oder eine Beschreibung. Sie können dann, wie Sie in Abbildung 11.7 sehen, einfach die bestehende Produktdetailseite mitnutzen.

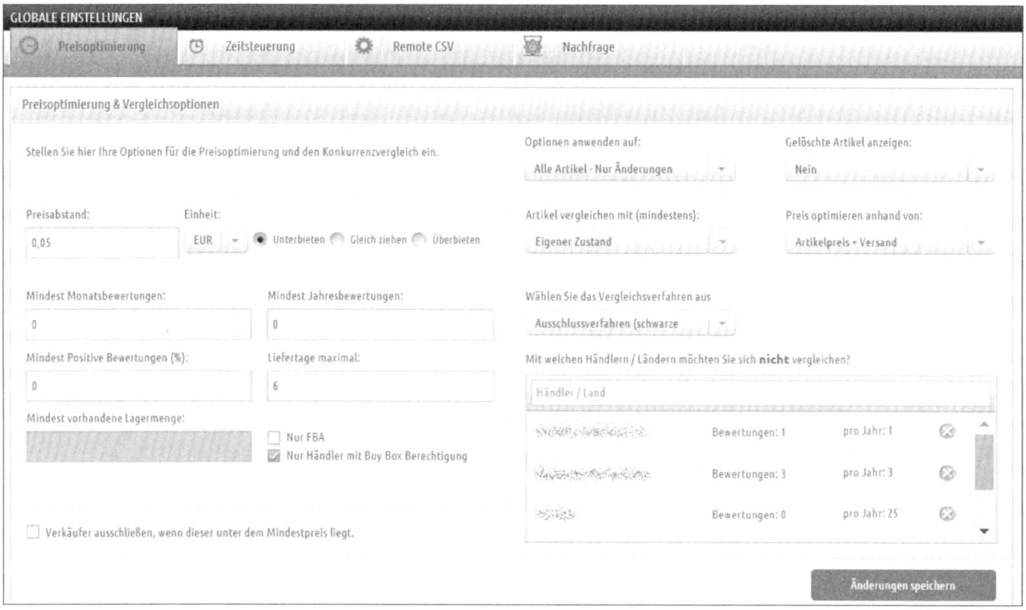

Abbildung 11.6 Auswahl der Preisregel (Clousale)

Abbildung 11.7 Verschiedene Anbieter für ein Produkt bei Amazon

Was auf den ersten Blick vielleicht wie ein Vorteil wirkt, kann auf den zweiten Blick aber auch nachteilig für Sie sein. Sie können nämlich nicht nur die Beschreibung mitnutzen – sondern Sie müssen, auch wenn die vorhandene Beschreibung in Ihren Augen schlecht ist.

Wenn der Artikel neu auf Amazon gelistet ist, dürfen und müssen Sie jedoch die Produktdetailseite selbst füllen.

Die Produktdetailseite besteht aus Bildern, Titel, Preis und Beschreibung. Das Produktbild ist meist der erste Berührungspunkt, und anhand dessen wird oft entschieden, ob sich der potenzielle Kunde die Produktdetailseite anschaut oder nicht. Dort trifft er dann auf die Produktbeschreibung, die ebenfalls ihren Teil zur Kaufentscheidung beiträgt.

Das Listing kann entweder direkt über Seller Central erfolgen oder über eine externe Middleware.

Der Kampf um die Buybox

Die Buybox ist das Einkaufswagenfeld, das auch den Warenkorbbutton beinhaltet (siehe Abbildung 11.8).

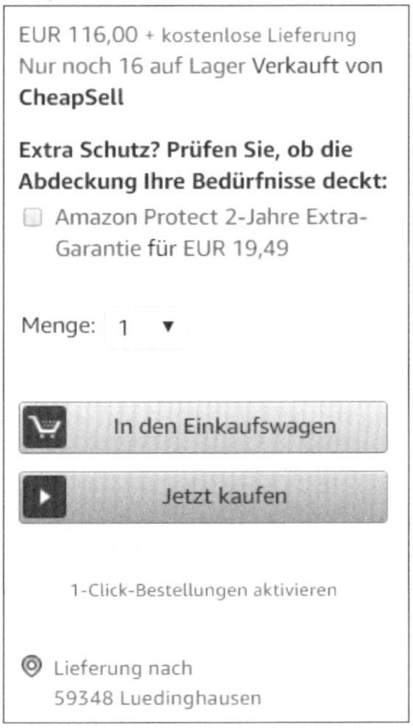

Abbildung 11.8 Buybox auf Amazon

Als Händler direkt in der Buybox vertreten zu sein, hat den Vorteil, dass viele Kunden gar nicht wissen, bei wem sie einkaufen. Sie finden das Produkt gut, klicken auf JETZT

KAUFEN, und schon hat der Händler in der Buybox eine neue Bestellung. Amazon selbst sagt, dass etwa 90 % der Bestellungen über die Buybox abgewickelt werden. In die Buybox kommt auch nicht der Händler mit dem günstigsten Preis, sondern der mit der besten Gesamt-Performance. Welche Regeln Amazon für die Bewertung festlegt, werden nicht kommuniziert. Sicher ist, dass der Preis konkurrenzfähig sein muss und der Verkäufer gute Kundenbewertungen und eine niedrige Rate verspäteter Lieferungen haben muss, um in die Buybox zu kommen. Zusätzliche Pluspunkte bekommen Händler, die Versand durch Amazon (Fulfillment by Amazon, FBA) nutzen. Diese werden für die Buybox bevorzugt. Wenn mehrere Händler ein Produkt anbieten, muss es für Sie das Ziel sein, die Buybox zu gewinnen.

Zahlung und Versand

Auch darüber, ob die Käufer zahlen, müssen Sie sich als Anbieter keine Gedanken machen. Amazon kümmert sich um den Zahlungseingang und schreibt dem Händler den Betrag abzüglich der Provision auf seinem Amazon-Konto gut. Die Provisionen, die anfallen, sind abhängig vom gewählten Tarifmodell und von der Art der Artikel. Im Schnitt können Sie mit einer Provision in Höhe von 10–15 % rechnen. Die exakte Gebühr können Sie der Gebührenübersicht in Ihrem Seller Central Account nachlesen.

Gegen eine etwas höhere Gebühr übernimmt Amazon für Sie sogar den Versand der Produkte. Neben der reinen Zeitersparnis kann das für Sie noch weitere Vorteile haben. Produkte können mit anderen Produkten zusammen versendet werden und sind ab einer Gesamtsumme von 29 € (für Amazon-Prime-Kunden immer) für den Käufer versandkostenfrei. Dies steigert natürlich die Attraktivität und hebt Sie von Wettbewerbern ab. Fulfillment by Amazon kann auch sehr interessant sein, wenn Sie in anderen europäischen Ländern verkaufen möchten. Durch die zahlreichen Logistikzentren kann der Versand durch Amazon sogar günstiger sein, als wenn Sie diese Aufgabe selbst übernehmen.

Bestellabwicklung

Was Kundendaten angeht, beschränkt sich Amazon mit der Weitergabe auf ein Minimum. E-Mail-Adressen oder gar Telefonnummern werden nicht weitergegeben. Die Kommunikation mit dem Kunden muss über Amazon erfolgen, denn E-Mail-Adressen werden automatisch aus der E-Mail entfernt. Ziel dieser Maßnahme ist, es Ihnen möglichst schwer zu machen, den Kunden für den eigenen Webshop zu gewinnen. Die einzige Möglichkeit, dem Kunden Ihren Online-Shop vorzustellen, ist die Beilage von Printflyern. Hier haben sich Gutscheine für den Online-Shop bewährt. Legen Sie doch einfach Gutscheine für den nächsten Einkauf bei, und verweisen Sie direkt auf Ihren Shop. Dadurch, dass Sie bei direkten Verkäufen über den Shop die Amazon-Gebühr sparen, würde ein Gutschein noch nicht einmal den Ertrag mindern.

Speziell bei Amazon handelt es sich nicht ausschließlich um einen Marktplatz, sondern darüber hinaus um einen Ihrer Wettbewerber. Wenn sich ein Produktverkauf für Amazon lohnt, können Sie sicher sein, dass Amazon sein Warensortiment um diese Produkte erweitert. Ob sich ein Artikel gut abverkaufen lässt, erfährt Amazon über die Verkaufszahlen seiner Händler!

11.2.2 eBay

Die Nummer zwei unter den Marktplätzen ist eBay. Anders als bei Amazon handelt es sich bei eBay aber um einen reinen Marktplatz. eBay stellt hier nur die Infrastruktur, bietet aber selbst keine Produkte an.

Gestartet ist eBay als Online-Auktionshaus. Die Händler waren damals Privatpersonen, die über eBay gebrauchte Waren verkauften. Inzwischen tummeln sich auf eBay allein in Deutschland mehr als 24 Millionen aktive Nutzer, also ein riesiges Potenzial für Ihren Abverkauf.

eBay-Verkäufer mit Top-Bewertung

eBay unterscheidet prinzipiell zwischen privaten und gewerblichen Verkäufern und honoriert Verkäufer, die einen guten Service bieten, mit der Auszeichnung »Verkäufer mit Top-Bewertung«.

Die Voraussetzungen für diesen Status sind folgende:

- Sie müssen als gewerblicher Verkäufer registriert sein.
- Das Konto muss mindestens seit 90 Tagen aktiv sein.
- Sie müssen mindestens 100 Transaktionen mit Käufern in Deutschland, Österreich bzw. der Schweiz innerhalb der letzten zwölf Monate abgewickelt haben mit einem Gesamtumsatz von mindestens 1.000 €.
- Sie halten sich an die eBay-Grundsätze, die eBay-AGB, insbesondere auch an den Grundsatz zum professionellen Verkaufen.
- Der Prozentsatz an Fällen, die ohne Klärung durch den Verkäufer durch eBay abgeschlossen wurden, liegt unter 0,3 %. Fälle können von Kunden z. B. eröffnet werden, wenn mit der Bestellung oder dem Verkauf etwas schiefgegangen ist. Klassiker dabei sind Fälle wegen Lieferungen, die gar nicht oder beschädigt ankamen oder auch Produkte, die nicht die versprochenen Eigenschaften aufweisen.

Die genauen Voraussetzungen können Sie unter *https://www.ebay.de/help/selling/default/servicestatus-und-mindeststandards?id=4080* nachlesen.

Die Auszeichnung »Verkäufer mit Top-Bewertung« bringt Ihnen auch den Vorteil, dass Kunden dann von der eBay-Garantie (siehe Abbildung 11.9) profitieren können, was zusätzliches Vertrauen schafft.

Abbildung 11.9 eBay-Garantie

eBay Plus

eBay Plus ist das neueste Programm auf eBay. Käufer erhalten bei allen eBay-Plus-Artikeln kostenlosen Versand und Rückversand. Das Besondere am Rückversand ist, dass die Kosten dafür von eBay übernommen werden. eBay stellt den Käufern dafür Hermes-Etiketten zur Verfügung. Der Käufer zahlt dafür einen jährlichen Beitrag von aktuell 19,90 €.

Wenn Sie als Verkäufer am eBay-Plus-Programm teilnehmen, sind alle entsprechenden Artikel mit dem eBay-Plus-Logo versehen (siehe Abbildung 11.10) und sind durch einen Suchfilter besser zu finden.

Abbildung 11.10 eBay-Plus-Hinweis auf Artikeldetailseite bei eBay

Außerdem gibt es für eBay-Plus-Artikel seitens eBay spezielle Verkaufsaktionen, die für zusätzlichen Absatz sorgen dürften.

Die Teilnahme eines Händlers am eBay-Plus-Programm sorgt sicherlich nicht für einen riesigen Umsatzschub, da die Eintrittshürden (siehe Abbildung 11.11) aber gering sind, spricht nichts gegen einen Test.

Im Vergleich zu Amazon haben Sie bei eBay generell mehr Einfluss auf die Artikelbeschreibung und die Darstellung auf der Artikeldetailseite. Während Sie bei Amazon bei bestehenden Produkten die vorhandene Beschreibung übernehmen müssen, können Sie diese bei eBay individuell gestalten und sich so von Ihren Wettbewerbern absetzen. Wenn Sie sich die Gestaltung der Templates in HTML nicht zutrauen, können Sie auch auf eine Agentur zurückgreifen, die die Templates für Sie erstellt. Günstige Auktionsvorlagen werden auch auf eBay selbst angeboten.

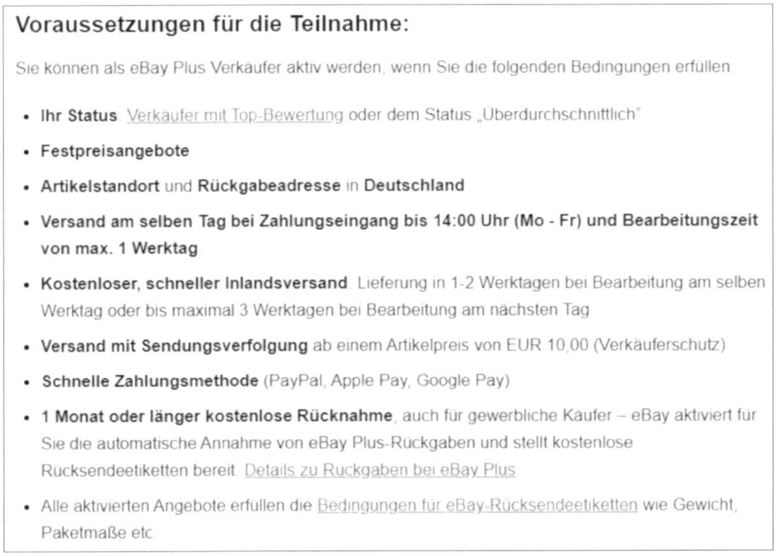

Abbildung 11.11 Teilnahmevoraussetzungen für Händler am eBay-Plus-Programm

Es hat sich bewährt, solch eine Vorlage wie einen Online-Shop zu gestalten. Empfehlenswert ist zum Beispiel, auf der Artikeldetailseite auf andere Kategorien und Produkte in Ihrem Sortiment hinzuweisen (siehe Abbildung 11.12), zum einen natürlich, um zusätzliche Verkäufe zu generieren, zum anderen aber auch, um Alternativen zu dem Produkt anbieten zu können. Im Idealfall findet der Nutzer in Ihrem eBay-Shop noch weitere Artikel und bestellt diese gleich mit. Fördern können Sie das, indem Sie Versandkostenrabatte anbieten. Üblich ist hier, dass bei mehreren Artikeln nur einmal Versandkosten berechnet werden.

Angebotsformen und Gebühren

Sie haben zwei Möglichkeiten, Ihre Produkte über eBay anzubieten: Die erste Option, die AUKTION, ist das Ursprungsformat, über das eBay auch bekannt wurde. Für Sie als Händler ist es in manchen Fällen sinnvoll, Produkte als Auktion anzubieten – in erster Linie dann, wenn Sie Artikel möglichst schnell abverkaufen möchten und dabei der zu erzielende Preis weniger eine Rolle spielt. Bei Saisonartikeln kann dies der Fall sein. Der zweite Fall ist, wenn Sie exklusiv einen Artikel anbieten, nach dem eine hohe Nachfrage herrscht. Hier besteht dann die Chance, dass sich die Nutzer gegenseitig hochbieten, um den Artikel zu bekommen. Um das Risiko, dass der Artikel doch günstiger verkauft wird, zu mindern, gibt es die Zusatzoption des Mindestpreises.

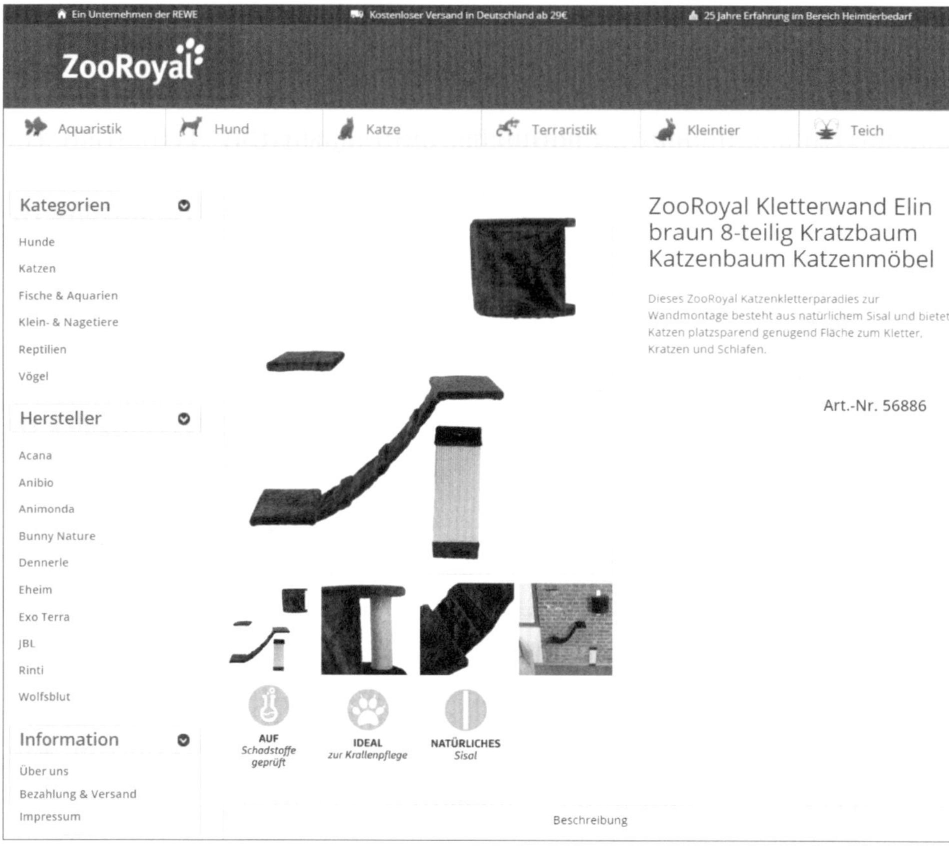

Abbildung 11.12 Produktdetailseite mit Kategoriennavigation

Hier können Sie bei einer Auktion einen Mindestpreis festlegen. Wird dieser nicht erreicht, bekommt der Bieter eine entsprechende Nachricht, und der Artikel gilt als nicht verkauft.

Bei der zweiten Möglichkeit, der Option SOFORT KAUFEN, können Sie direkt einen Preis eingeben, zu dem Sie das Produkt verkaufen möchten. Diese Option kann noch mit einem Preisvorschlag kombiniert werden. Der Kunde kann Ihnen dann ein Angebot unterbreiten, zu welchem Preis er bereit wäre, den Artikel zu erwerben. Dieser Preisvorschlag ist für den potenziellen Käufer bindend: Gehen Sie also auf den Preisvorschlag ein, kommt automatisch ein Kauf zustande.

Natürlich verlangt auch eBay eine Gebühr, wenn Sie dort Ihre Produkte verkaufen möchten. Diese Gebühr setzt sich in der Regel aus einer fixen Angebotsgebühr und einer variablen Provision zusammen. Die konkrete Höhe ist hier abhängig von dem gewählten Format, dem gewählten Basispaket und der Art des verkauften Artikels. Im Schnitt liegt die Verkaufsgebühr zwischen 7 und 11 %. Beachten Sie hierbei aber, dass bei einer Bezahlung über PayPal noch die PayPal-Gebühren hinzukommen. Dies muss natürlich bei der Kalkulation ebenfalls berücksichtigt werden. Die aktuellen Gebühren finden Sie direkt bei eBay unter *https://verkaeuferportal.ebay.de/gebuehren-gewerbliche-verkaeufer*.

eBay-Suchfunktion

Die meisten Artikel werden über die Suchfunktion gefunden. Damit Ihr Artikel dabei besser gefunden wird, sollten Sie in der Bezeichnung und im Titel passende Keywords verwenden. Denken Sie auch an verwandte Keywords. Wenn Sie zum Beispiel Trikots von Joshua Kimmich verkaufen, können Sie natürlich im Titel auch »FC Bayern München« mit aufnehmen. Nicht erlaubt ist hingegen das sogenannte Keyword-Spammen. Hier werden oft gesuchte Begriffe mit aufgenommen, obwohl sie mit dem eigentlichen Produkt nichts zu tun haben. Ebenfalls nicht legal sind Vergleiche. Auch wenn die Armbanduhren, die Sie verkaufen, aussehen wie Rolex-Uhren, dürfen Sie dies nicht in den Titel mit aufnehmen. In der eBay-Standardsuche wird nur der Titel durchsucht. Soll auch in der Beschreibung gesucht werden, so ist dies für den Nutzer nur über die erweiterte Suche möglich.

Sollten Sie sich für das Angebotsformat AUKTION entschieden haben, ist die Zeit, zu der das Angebot endet, ein wichtiger Faktor. Die optimale Zeit gibt es dafür sicherlich nicht, denn sie ist immer vom Produkt und den äußeren Einflüssen abhängig. Wenn der FC Bayern München also gerade im DFB-Pokal-Finale steht, dürften wenige Bayern-Fans bei eBay nach entsprechenden Trikots suchen, auch wenn die Abendstunden prinzipiell geeignet sind.

Regeln und Einschränkungen

Bei eBay gibt es einige Regeln und Einschränkungen, die unbedingt beachtet werden sollten. Artikel, deren Angebot gegen rechtliche Vorschriften, die guten Sitten oder die eBay-Richtlinien verstößt, dürfen nicht auf dem eBay-Marktplatz angeboten werden:

- Verbotene Artikel dürfen bei eBay nicht angeboten werden.
- Fragwürdige Artikel dürfen nur unter bestimmten Bedingungen bei eBay angeboten werden.
- Vergewissern Sie sich, dass Ihr Angebot keine Urheberrechte (Copyrights), Markenrechte (Trademarks) oder andere Rechte verletzt.

Wenn eBay glaubt, dass eines Ihrer Produkte in eine der vorgenannten Kategorien passt, wird das Angebot ohne Vorwarnung gelöscht.

Nicht nur beim Löschen von »verbotenen« Artikeln ist das Verhalten von eBay teilweise irritierend. Es gibt auch Berichte darüber, dass Händler ohne nachvollziehbare Gründe vom Handel ausgeschlossen wurden. Auch PayPal-Konten wurden eingefroren, was dafür sorgen kann, dass der Händler in ernsthafte Liquiditätsprobleme gerät. Aus diesem Grund sollten Sie das Guthaben auf Ihrem PayPal-Konto so niedrig wie möglich halten.

Eine Abhängigkeit nur von einem Kanal sollte aber nicht nur aus diesen Gründen vermieden werden. Wenn Sie über mehrere Kanäle erfolgreich verkaufen, streuen Sie auch solche Risiken, und eine kurzzeitige Sperrung (die auf keinen Fall die Regel ist) können Sie gut verkraften.

Achten Sie auf die rechtlichen Rahmenbedingungen

Es ist nicht immer ganz einfach, über einen Marktplatz rechtssicher zu verkaufen. Auch hier benötigen Sie AGB, eine Widerrufsbelehrung und ein Impressum. Da die Rahmenbedingungen auf einem Marktplatz andere sind als in Ihrem Shop, können Sie diese Informationen nicht 1 : 1 auf die Marktplätze kopieren. Achten Sie auch darauf, dass Sie zum Beispiel den Link zur EU-Streitschlichtungsplattform einfügen. Hier gab es in der Vergangenheit Abmahnungen, weil zwar die URL zur Plattform eingefügt wurde, diese aber nicht klickbar war.

11.2.3 Anbindung der Marktplätze

Wie bereits erwähnt, liegen Amazon und eBay, was die Umsatzzahlen angeht, mit großem Abstand an der Spitze. Trotzdem gibt es noch einige weitere Marktplätze, die als zusätzliche Umsatzquelle für Sie relevant sein könnten. Was spricht dagegen, auch auf diesen Marktplätzen aktiv zu sein? Die Grundgebühr ist in der Regel sehr niedrig, und die Verkaufsprovision ist kalkulierbar. Selbst wenn nur wenige Verkäufe am Tag auf den einzelnen Marktplätzen generiert werden, kann sich das in Summe trotzdem lohnen. Die größte Hürde ist hier die Anbindung der einzelnen Marktplätze. Wenn Sie sich jeden Tag in x verschiedene Systeme einloggen müssen, um Artikelbeschreibungen hochzuladen und Bestellungen zu bearbeiten, wird das bald unrentabel. Natürlich gibt es auch hier Lösungen, die diese Prozesse möglichst schlank abbilden können.

Wenn Sie Ihre Bestellungen ohne weitere Systeme direkt aus dem Shop-System abwickeln oder auch wenn Sie nur wenige Markplätze anbinden möchten, ist ein Plugin direkt aus dem Shop-System heraus eventuell die beste und sehr wahrscheinlich auch die günstigste Lösung. Das Plugin sorgt dafür, dass die Produktbeschreibung direkt aus dem Shop kommt und dass die Bestellungen wieder in den Shop importiert werden. Der Funktionsumfang unterscheidet sich stark je nach Anbieter und Shop-System.

Die nächste Stufe wäre dann die Nutzung einer Middleware, die alle Aktivitäten, also sowohl Shop als auch Marktplätze, in einer Lösung bündelt.

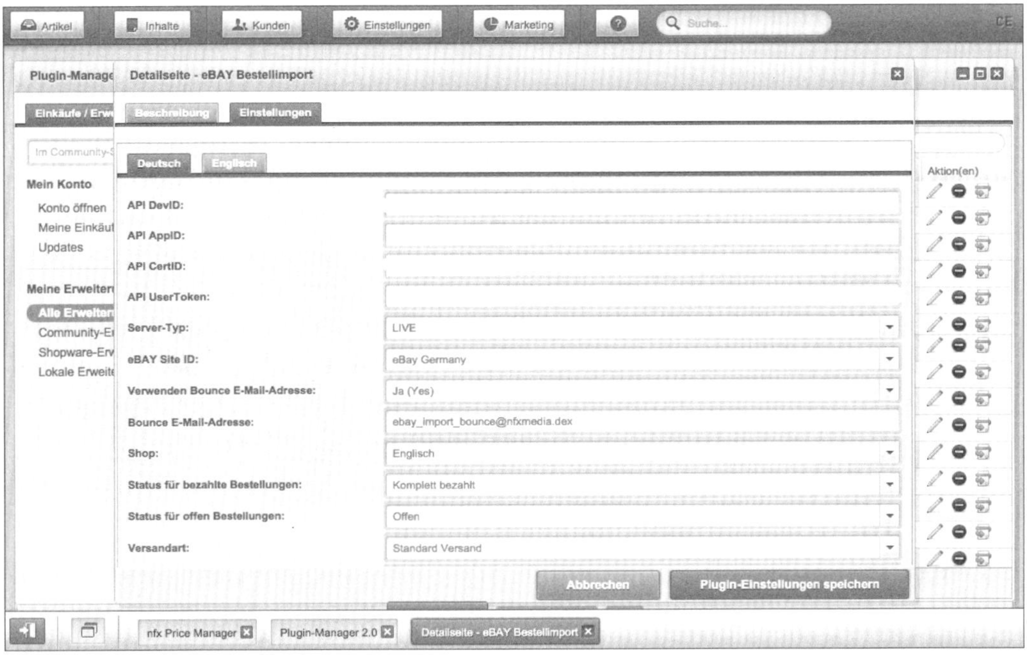

Abbildung 11.13 nfx-eBay-Plugin für Shopware 5

11.2.4 Einbindung der stationären Filiale(n)

Der Kunde kauft nicht mehr nur online oder nur offline, sondern er möchte das Beste aus beiden Welten miteinander kombinieren. Das kann bedeuten, dass er zum Beispiel an einem Terminal in der Filiale Ware bestellt, die nach Hause geliefert wird. Auch der umgekehrte Weg, die Ware online bestellen und in die Filiale geliefert bekommen, gehört zu diesem Konzept – es wird als *Click & Collect* bezeichnet. Dabei wird noch einmal unterteilt in Buy & Collect und Reserve & Collect. Während beim Buy & Collect der komplette Bestellprozess, also auch die Bezahlung, online stattfindet, wird beim Reserve & Collect die Ware lediglich reserviert und dann bei der Abholung an der Kasse bezahlt. Die Herausforderungen beim Click & Collect liegen unter anderem in der Verwaltung des Lagerbestandes. Zwar ist es oftmals kein Problem, den aktuellen Lagerbestand in den Filialen zentral zu erfassen und somit auch online anzuzeigen. Was dabei nicht berücksichtigt wird, sind beschädigte Artikel, die aber noch im Regal liegen und somit auch noch im Bestand geführt werden. Auch Ware, die gerade im Einkaufswagen eines stationären Kunden liegt, befindet sich so lange im Bestand, bis dieser Kunde bezahlt hat. Es hat sich daher bewährt, immer einen Sicherheitsbestand einzukalkulieren, der online nicht angezeigt wird. Außerdem sollten Sie dem Kunden den Abholtermin noch mal zusätzlich per E-Mail bestätigen.

Rechtliche Unterschiede beim Click & Collect

Beim Click & Collect gibt es ein paar rechtliche Besonderheiten, die Sie als Händler kennen sollten. Wird die Ware online komplett bezahlt und muss sie vom Kunden nur noch abgeholt werden, steht ihm auch ein Widerrufsrecht zu. Die Frist beginnt dabei erst mit Abholung der Ware. Sie müssen also registrieren, wann der Kunde die Ware abholt, und daraus den Zeitraum ableiten. Anders ist es allerdings beim Reserve & Collect: Dort findet der eigentliche Kauf ja offline statt, weshalb dem Kunden dort kein Widerrufsrecht gewährt werden muss.

Die Online-Reservierung ist weder für den Kunden noch für den Händler rechtlich bindend. Der Kunde muss die Reservierung also nicht abholen und der Händler muss die Reservierung nicht zwingend aufrechterhalten. Um hier als Händler Klarheit zu schaffen, sollten Sie klar kommunizieren, wie lange die Ware für den Kunden zur Abholung bereitliegt.

11.3 Fazit

Je mehr Kanäle Sie für den Verkauf Ihrer Produkte nutzen, desto unabhängiger werden Sie von einem einzelnen. Wenn Sie über stationäre Filialen verfügen, sind Systeme wie Click & Collect sinnvoll, sowohl für den Online-Shop als auch für die Filialen. Die Zeiten der klaren Trennung sind schon lange vorbei, und auch die Filialen können sehr stark davon profitieren und sich dadurch vom stationären Wettbewerb abheben.

Was die Marktplätze angeht, werden Sie die größten Marktplatzumsätze vermutlich auf eBay und Amazon generieren. Trotzdem ist eine Prüfung sinnvoll, ob auch andere Marktplätze für Ihre Waren in Betracht kommen. Beachten Sie dabei aber auch, dass in der Regel durch jeden Marktplatz zusätzlicher Aufwand entsteht. Deshalb sollten Sie über die Einführung einer Middleware nachdenken.

Kapitel 12
Der Kompass im E-Commerce – Conversion-Messung und -Optimierung

Ein Online-Shop befindet sich in einem konstanten Optimierungs- und Veränderungsprozess. Diese Dynamik macht es erforderlich, Änderungen zu analysieren und hinsichtlich ihres Erfolgs zu bewerten. Denn nichts wirkt sich fataler auf den Erfolg Ihres Online-Shops aus als sogenannte »Verschlimmbesserungen«.

Der Online-Shop ist einem ständigen Wandel unterworfen. Der E-Commerce ist sehr schnelllebig, und Trends kommen und gehen. Das hat natürlich auch Auswirkungen auf Ihren Online-Shop. Was heute noch prima funktioniert, muss in Zukunft nicht zwangsläufig auch noch erfolgreich sein. Sie müssen den Shop ständig optimieren und natürlich auch auswerten, ob diese Optimierungen erfolgreich waren. Nur mit kontinuierlichen Analysen ist es möglich, Schwachstellen schnell zu erkennen. Gibt es vielleicht Marketingmaßnahmen, die keine oder nur wenig Bestellungen generieren? Werden einzelne Produkte nur angeschaut, aber nicht gekauft, und steigen vielleicht viele Ihrer potenziellen Kunden im Kaufprozess vor dessen Ende wieder aus? Das ist nur eine kleine Auswahl an Fragen, die mit der Webanalyse beantwortet werden können. In diesem Kapitel erfahren Sie, welche Tools am besten für die Optimierung und Kontrolle geeignet sind und wie Sie am besten damit arbeiten.

12.1 Warum müssen Daten erfasst und ausgewertet werden?

Ein Sprichwort sagt: »Es bringt nichts, schneller zu rudern, wenn die Richtung nicht stimmt.« Angewendet auf den E-Commerce, verstehen Sie unter dem Rudern alle Aktivitäten, mit denen Sie den Shop nach vorn bringen möchten, seien es verschiedene externe Werbemaßnahmen oder auch die Usability-Optimierung im Shop selbst. Alle Maßnahmen sind zuerst einmal eine Investition, von der Sie erwarten, dass sie sich positiv auf den Shop auswirkt. Ob es aber tatsächlich die richtigen Maßnahmen waren, die Sie ergriffen haben, können Sie ohne Analyse nicht wissen. Natürlich haben Sie in Ihrem Online-Shop das klare Ziel, den Umsatz und die Anzahl der Bestellungen zu erhöhen. Es gibt aber viele Faktoren, die in der Summe zu diesem Ergebnisführen. Sehen wir uns dazu ein Beispiel an:

Um neue Kunden für Ihren Online-Shop anzusprechen, entschließen Sie sich zu einer Google-Ads-Kampagne. Sie legen dort mehrere Keywords fest und erstellen zwei unterschiedliche Anzeigen, die Sie miteinander vergleichen möchten. Über die interne Statistik in Ihrem Google-Ads-Konto sehen Sie, dass zwar sehr viele Nutzer über die Kampagne in den Shop kamen, dass sich der Umsatz im Shop aber nicht nennenswert erhöht hat.

Die Kosten für die Kampagne sind erheblich, sodass Sie sich diese ohne Erhöhung der Bestellungen nicht leisten können. Doch wie gehen Sie nun am besten vor? Sie haben auf der einen Seite die Information aus dem Google-Ads-Konto, dass über die Kampagne Besucher in Ihren Shop gelangt sind. Auf der anderen Seite hat sich aber Ihr Umsatz nicht spürbar verändert. Um das zu optimieren, müssen Sie wissen, was in der Mitte, nämlich in Ihrem Shop, geschehen ist. Nur dann können Sie dafür sorgen, dass Besucher auch zu Kunden werden. Hier hilft Ihnen die Webanalyse. Darüber können Sie in die Blackbox Online-Shop schauen und sehen somit genau, wo Defizite im Shop vorhanden sind.

Im konkreten Fall könnten viele Gründe Ursache für den Misserfolg gewesen sein:

- Die Kampagne selbst hat die falsche Zielgruppe angesprochen, die zwar den Shop besuchte, aber dort doch nicht das Richtige gefunden hat.
- Die Besucher haben zwar Produkte in den Warenkorb gelegt, sind aber dann im Kaufprozess ausgestiegen.
- Ein großer Anteil der Ads-Besucher hat tatsächlich etwas gekauft. Dafür waren aber aus anderen Gründen weniger Besucher im Shop, weshalb der Umsatz über Google Ads nicht zu einem Umsatzplus geführt hat.
- Die Besucher kamen ein paar Tage nach dem Erstbesuch über einen anderen Marketingkanal wieder in den Shop und haben dann gekauft.

Die Beispiele ließen sich noch endlos fortführen, letztlich bleibt es aber Spekulation, weil nur über eine professionelle Webanalyse die wahre Ursache herausgefunden werden kann.

Das Beispiel zeigt auch sehr deutlich, dass es sich durchaus lohnt, Zeit und Geld in die umfassende Analyse der Besucherströme zu investieren. Auf der einen Seite können Sie durch geschickte Optimierung die Marketingausgaben senken, während Sie auf der anderen Seite dafür sorgen können, dass mehr Besucher zu Kunden werden.

Dabei ist der Analyse- und Optimierungsprozess nie abgeschlossen, wie Sie in Abbildung 12.1 sehen.

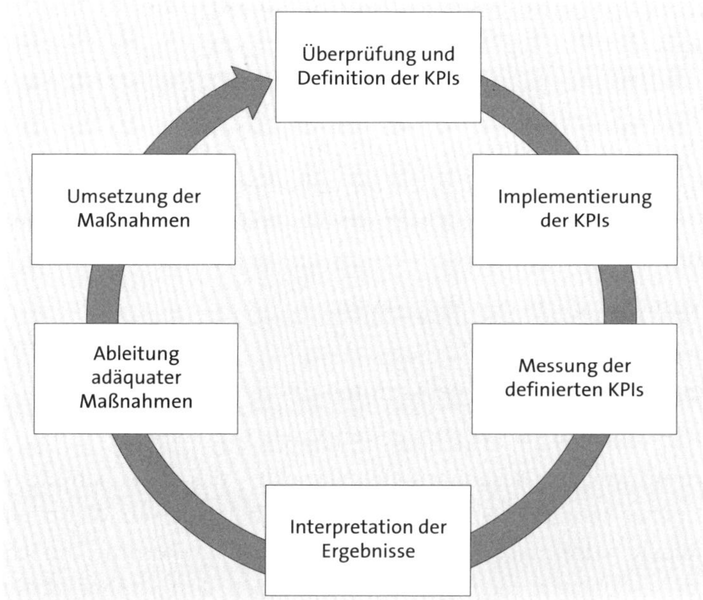

Abbildung 12.1 Optimierungsprozess in der Webanalyse

Die Webanalyse ist eine sehr gute Möglichkeit, um herauszufinden, was Ihre Besucher vom Shop erwarten und welche Methoden vielleicht doch nicht den gewünschten Erfolg gebracht haben. Anders als zum Beispiel eine Recommendation Engine, die (fast) automatisch die Conversion erhöht und somit für mehr Umsatz sorgt, ist die Webanalyse aber ein Werkzeug, das von Ihnen noch richtig eingesetzt werden muss, um die gewünschten Ergebnisse zu erzielen. Es liefert Ihnen Entscheidungsgrundlagen, die Schlüsse daraus müssen Sie aber selbst ziehen. Planen Sie also nicht nur das Budget für die Software mit ein, sondern investieren Sie auch genügend Zeit, um die Ergebnisse zu interpretieren und daraus Gegenmaßnahmen abzuleiten.

Der Durchschnitt lügt

In der Webanalyse haben Sie es sehr oft mit Durchschnittswerten zu tun. Die Conversion-Rate, die durchschnittliche Verweildauer im Shop oder der durchschnittliche Warenkorbwert. Es ist sehr übersichtlich, mit solchen Durchschnittszahlen zu rechnen. Der Nachteil ist allerdings, dass niemand diesem Durchschnitt entsprechen muss. In Deutschland hat eine Frau im Schnitt 1,4 Kinder. Haben Sie je eine Frau mit 1,4 Kindern getroffen? Wohl eher nicht. Genauso verhält es sich mit den Durchschnittszahlen im Shop. Bedenken Sie das immer, wenn Sie die Zahlen analysieren, und versuchen Sie, über Ihre Webanalyse Gruppen zu betrachten, um Gemeinsamkeiten zu erkennen.

12.2 Ermittlung von Leistungskennzahlen und wichtigen Erfolgsfaktoren

Der Erfolg des Online-Shops wird in Kennzahlen gemessen. Die oberste Kennzahl ist sicherlich der Umsatz bzw. der daraus resultierende Gewinn. Es gibt aber auf dem Weg dorthin noch einige weitere Kennzahlen, die Sie unbedingt betrachten sollten. Bevor wir tiefer in das Thema einsteigen, möchten wir hier erst einmal einige Kennzahlen und deren Definition vorstellen:

- **Visitors/Besucher**: Besucher, die in den Shop kamen

  Mögliche Fragestellungen:
  - Wie oft kommt ein Besucher in einem bestimmten Zeitverlauf (Besuchertreue)?
  - Über welchen Marketingkanal kam er zum ersten Mal in den Shop?
- **Visits/Besuche**: Wird oft mit den Besuchern gleichgesetzt – das ist jedoch nicht ganz korrekt. Ein Besucher kann dem Shop mehrere Besuche abstatten. Wenn ich innerhalb von zwei Wochen dreimal zu Ihnen zum Kaffeetrinken komme, bin ich ein Besucher mit drei Besuchen. Je mehr Besuche stattfinden, desto höher ist die Chance, auch eine Bestellung zu generieren.

  Mögliche Fragestellungen:
  - Welcher Marketingkanal war für den Besuch verantwortlich?
  - Wie lange hat ein Besuch gedauert?
  - Wie viele Seitenaufrufe kamen zustande?
- **Page Impressions/Seitenaufrufe**: Anzahl der einzelnen Seiten des Shops, die aufgerufen wurden

  Mögliche Fragestellungen:
  - Wie viele Seitenaufrufe haben stattgefunden?
  - Wie viele Seitenaufrufe braucht es im Schnitt bis zu einer Bestellung?
- **Conversion-Rate**: Anteil der Bestellungen an den Besuchen (Achtung, manche Tools nehmen statt der Besuche die Besucher, was natürlich zu einem anderen Ergebnis führt.)

  Formel: (*Bestellungen* × *100*) ÷ *Besuche*

  Mögliche Fragestellungen:
  - Wie hoch war die Conversion-Rate bei einzelnen Marketingkanälen?
  - Welchen Unterschied in der Conversion gibt es bei neuen und wiederkehrenden Besuchern?
- **Bounce-Quote/Absprungquote**: Anteil der Besuche, bei denen es keinen Klick im Shop gibt. Der Besucher kommt in den Shop und führt dort keine weitere Aktion aus.

Mögliche Fragestellungen:
- Welche Marketingkanäle haben hohe Bounce-Quoten?
- In welchen Bereichen ist die Bounce-Quote am höchsten?

- **Cost per Order/Kosten pro Bestellung**: Wie hoch sind die Kosten pro Bestellung?
  - Formel: *Kosten ÷ Bestellungen*
  - Mögliche Fragestellung: Wie hoch sind die CPO bei den einzelnen Marketingkanälen?
- **Kosten-Umsatz-Relation (KUR)**: Anteil der Werbekosten am Umsatz
  - Formel: (*Kosten × 100*) ÷ *Umsatz*
  - Mögliche Fragestellung: Wie hoch ist die KUR bei einzelnen Kategorien/Produkten?

Wie Sie bei den Beispielen schon sehen können, besteht zwischen den einzelnen Kennzahlen auch immer ein Zusammenhang, weshalb die Betrachtung immer ganzheitlich erfolgen muss. Dazu folgendes Beispiel: Heute hat das Thermometer 17 °C angezeigt. Was können Sie mit dieser Information anfangen? Sie haben zwar nun eine Information bekommen, doch können Sie diese nicht einordnen. Ob 17 °C Außentemperatur gut oder schlecht sind, hängt von weiteren Faktoren ab. In diesem Beispiel in erster Linie von der Tages- und Jahreszeit. Wir sind uns sicherlich einig, dass wir 17 °C im März als sehr angenehm bezeichnen würden, während wir 17 °C im August als kalt und unangenehm empfinden. Wenn also nicht alle Informationen vorliegen, können wir uns kein Gesamtbild der Situation machen.

Genauso verhält es sich mit den Kennzahlen im Online-Shop. Erst wenn Sie Kennzahlen für den Erfolg definiert haben, können Sie diese in einen Kontext setzen und somit beurteilen, ob die Kennzahl bei Ihnen gut oder schlecht ist. Ein Online-Shop mit einer Conversion-Rate von 50 % ist sicherlich sehr gut aufgestellt. Immerhin sagt diese Kennzahl aus, dass jeder zweite Besuch in einer Bestellung endete. Würden Sie die gesamte Performance des Shops aber immer noch als gut bezeichnen, wenn Sie wissen, dass im Zeitraum nur zwei Besuche stattgefunden haben? Wahrscheinlich eher nein.

Um Erfolge zu messen, müssen Sie also KPIs (*Key Performance Indicators*) definieren. Die wichtigste Kennzahl in einem Online-Shop ist definitiv der Umsatz. Der Umsatz wird von Besuchern generiert, weshalb die Anzahl der Besucher nun die nächste Kennzahl sein muss, die von Ihnen gemessen und überwacht wird. Manche Besucher klicken nicht tiefer in den Shop und steigen schon beim ersten Seitenaufruf wieder aus (Bouncer). In dem Fall werden dann natürlich auch keine Bestellungen generiert.

Aber auch wenn nicht bereits nach dem ersten Seitenaufruf wieder ausgestiegen wird, bedeutet das noch lange nicht, dass der Besucher auch etwas bestellt. Wie Sie auch in Abbildung 12.2 sehen, ist dafür noch mehr notwendig. Der Besucher ruft Produktdetailseiten auf, er legt Artikel in den Warenkorb, durchläuft den Bestellprozess und hat erst dann die Bestellung tatsächlich abgeschlossen.

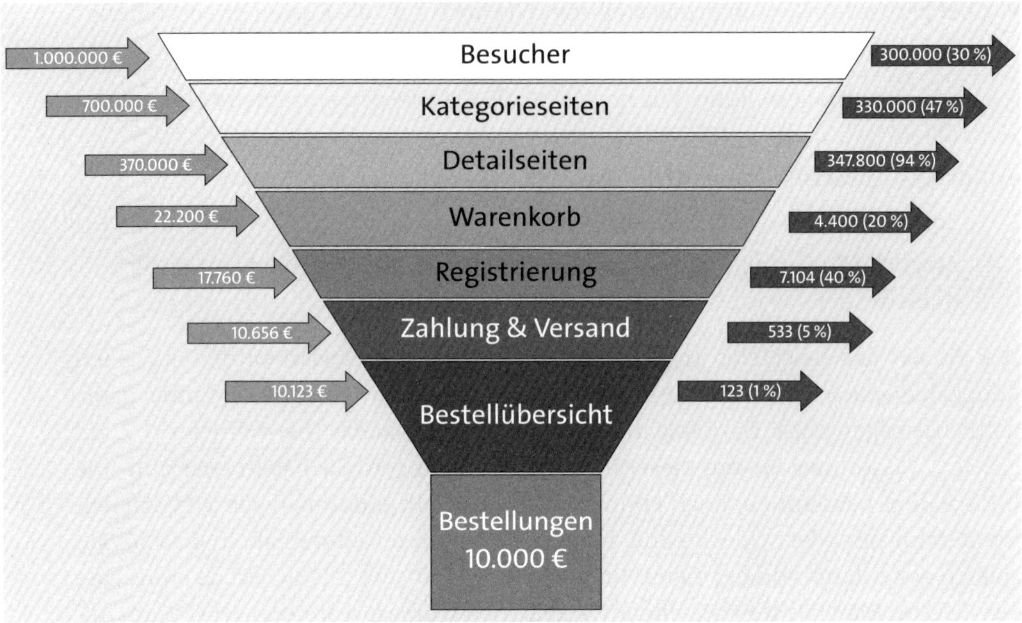

Abbildung 12.2 Klassischer Conversion-Trichter

Wie Sie ebenfalls in Abbildung 12.2 erkennen können, steigen in jeder Stufe wieder Nutzer aus. Das Verhältnis von Bestellungen zu Besuchen wird als Conversion-Rate bezeichnet. Die Conversion kann aber nur in den einzelnen Phasen gesteigert werden. Wenn Sie diese nun also steigern möchten, müssen Sie wissen, in welchen Stufen die meisten Nutzer aussteigen.

Ein weiterer Faktor, mit dem Sie den Umsatz steigern können, ist der durchschnittliche Warenkorbwert. Wenn Sie diesen erhöhen können, haben Sie bei gleicher Anzahl an Bestellungen ebenfalls mehr Umsatz in der Kasse.

Zusammengefasst haben also folgende Kennzahlen Einfluss auf den Umsatz:

- Besucher
- Bestellungen
- Bounce-Quote
- Conversion-Rate
- durchschnittlicher Warenkorbwert
- durchschnittliche Anzahl an Artikeln im Warenkorb

Diese Kennzahlen sollten Sie über die Webanalyse immer im Auge behalten (siehe Abbildung 12.3).

Umsatz	42.912,87
Bestellungen	337
Seitenaufrufe	267.210
Besuche	48.938
Besucher	46.787
Konversions - Rate (%)	0,69
Ziele-Score	14.063
Ziel-Score je Besuch	28,74
Bounce - Quote (%)	59,68
Umsatz pro Bestellung	127,34
Viewtime je Besuch (Min.)	1,63
Seitenaufrufe je Besuch	5,46

Abbildung 12.3 Relevante Kennzahlen in einem Report

In einigen Webanalyselösungen können Sie sich ebenfalls ein Dashboard zusammenstellen und die wichtigsten Kennzahlen mit Ziel- oder Vergangenheitswerten vergleichen. In Abbildung 12.4 sehen Sie beispielsweise einen Teil solch eines Dashboards.

Abbildung 12.4 KPI-Gadgets in econda Analytics

12.2.1 Systematische Analyse und Optimierung

Beginnen Sie die Analyse und Optimierung immer »hinten«, also möglichst nahe bei der Bestellung. Hintergrund ist, dass es Ihnen nichts bringt, wenn mehr Leute etwas in den Warenkorb legen, sie diesen aber stehen lassen, weil der Kaufprozess nicht funktioniert. Ebenso sollten Sie mit den Punkten beginnen, die sich am einfachsten umsetzen lassen.

Kaufprozess

Jeder Online-Shop verfügt über einen Kaufprozess, der in mehreren Stufen durchlaufen werden muss. Der Kunde hat nun also die virtuelle Kasse erreicht und stellt sich in der Schlange an.

Bis er tatsächlich mit einem Kauf Ihren Online-Shop verlässt, muss er noch verschiedene Stufen durchlaufen. Er muss seine Adresse eingeben und die Zahlungsart auswählen. Auch im Kaufprozess muss der Kunde noch Hürden überwinden und kann dort noch aussteigen. Über eine Funnel-Analyse (siehe Abbildung 12.5), die in den meisten Webanalysetools zu finden ist, können Sie genau sehen, in welcher Stufe ausgestiegen wird.

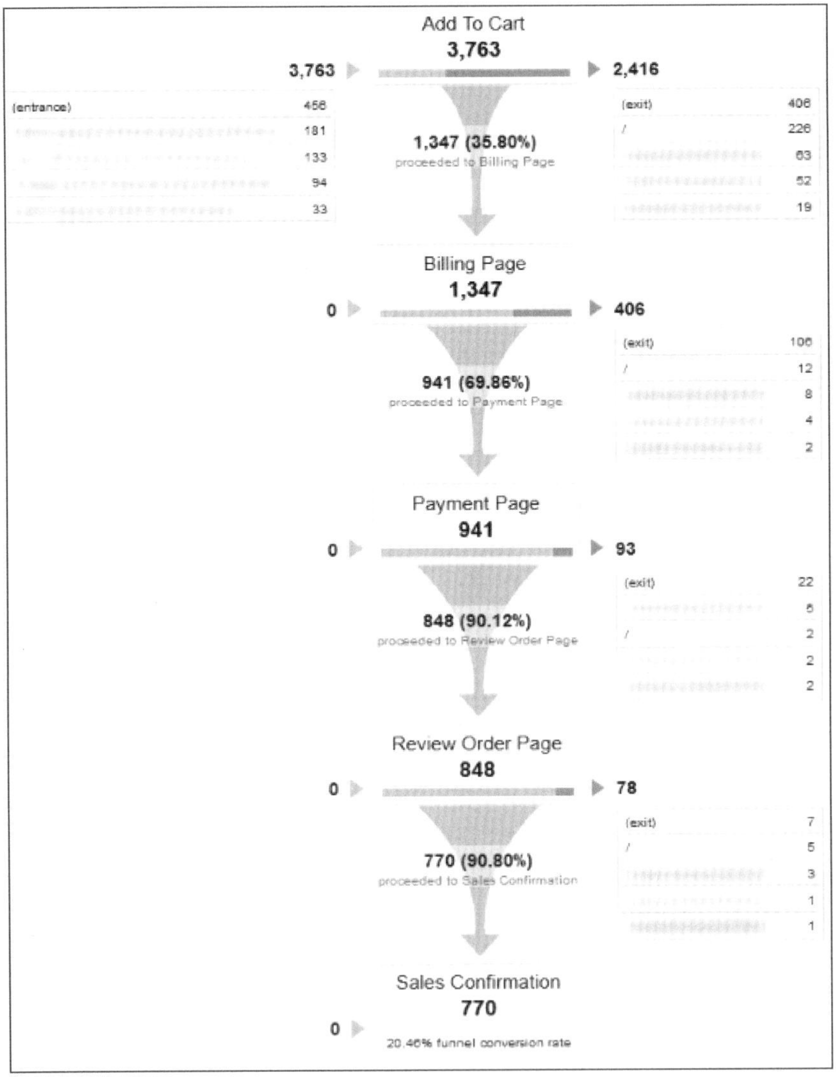

Abbildung 12.5 Funnel-Analyse bei Google Analytics

Ist Ihr Kaufprozess vielleicht zu komplex, sodass bereits bei der Eingabe der Kundendaten potenzielle Kunden aussteigen? Wie Sie den Check-out-Prozess optimal gestalten, erfahren Sie in Kapitel 4, »Mit Usability, Design und Sicherheit zu hohen Conversion-Raten«. Hier aber trotzdem noch ein paar Punkte, die Sie unbedingt beim Checkout beachten sollten.

Überprüfen Sie noch einmal, ob Sie auch wirklich alle Angaben in den Pflichtfeldern benötigen. Je mehr Informationen abgefragt werden, desto höher das Abbruchrisiko. Ebenso gibt es leider immer noch Shops, in denen es zwingend erforderlich ist, ein Konto mit Benutzername und Passwort anzulegen. Auch das ist ein Conversion-Killer! Gestalten Sie den Prozess so einfach wie möglich, um nicht schon bei der Abfrage der Kundendaten Abbrüche zu provozieren.

Auch bei der Auswahl der Zahlungsarten kann es natürlich noch zu Abbrüchen kommen. Der Grund liegt hier meist daran, dass zu wenig Zahlungsarten angeboten werden. Als Faustformel gilt: Je mehr Zahlungsarten angeboten werden, desto niedriger die Abbruchquote. Das Ganze hat natürlich auch seine Grenzen, weil Sie nicht jede auf dem Markt verfügbare Zahlungsart anbieten können. Machen Sie hier Tests, und schauen Sie, ob die Abbrüche in der Stufe Zahlungsmethoden tatsächlich sinken, wenn Sie eine neue Zahlungsart mit aufnehmen. In diesem Zusammenhang ist es auch interessant, sich den durchschnittlichen Bestellwert anzuschauen. Auch das ist ein Punkt, der natürlich für die Bewertung der einzelnen Zahlungsarten eine Rolle spielt. Ratenkauf ist zum Beispiel ein typisches Beispiel dafür. Der Anteil an Ratenkäufen ist in der Regel sehr gering, der Bestellwert aber umso höher.

Neben allen bisher beschriebenen Faktoren spielt natürlich auch die Technik eine große Rolle bei der Conversion. Vergleichen Sie deshalb in regelmäßigen Abständen auch, wie sich die Conversion in Bezug auf die einzelnen Browser verteilt. Abweichungen dort deuten meist auf ein Darstellungsproblem hin. Ähnlich verhält es sich mit mobilen Aufrufen. Wenn Ihr Shop nicht für Mobile-Zugriffe optimiert ist, können Sie auch dort aufgrund schlechter Usability mit höheren Abbrüchen rechnen. In Kapitel 14, »Chancen im Mobile Commerce«, erfahren Sie im Detail, wie Sie Ihren Shop für mobile Nutzer optimieren.

Sortimentsanalyse

Bevor der Besucher in den Kaufprozess geht, muss er Produkte in den Warenkorb legen. Der Standardprozess ist dafür, dass er sich diverse Produktdetailseiten anschaut und die für ihn passenden Produkte dann dem Warenkorb hinzufügt. Auch hier gilt es herauszufinden, wo gewisse Abweichungen zu finden sind. Die Webanalyse kann über Sortimentsanalysen zeigen, welche Produkte zum Beispiel häufig angeschaut, aber nur selten in den Warenkorb gelegt wurden. Hier sind die Ursachen für eine schlechte Performance in den Produktbeschreibungen oder in den Produktbildern zu suchen. Schauen Sie sich die Produktbilder und die Beschreibungen bei den Artikeln mit einer schlechten Microconversion noch einmal genauer an. Sind wirklich alle Informationen enthalten? Ist das Produkt auf den Bildern gut dargestellt? Schauen Sie sich auch den Marketingkanal an, über den die Nutzer zu den einzelnen Produkten gelangt sind. Haben viele erfolglose Besuche über einen bestimmten Marketingkanal stattgefunden, sind auch diese näher zu beleuchten. Das Beispiel einer Sortimentsanalyse in Kombination mit den Marketingkanälen finden Sie in Abbildung 12.6.

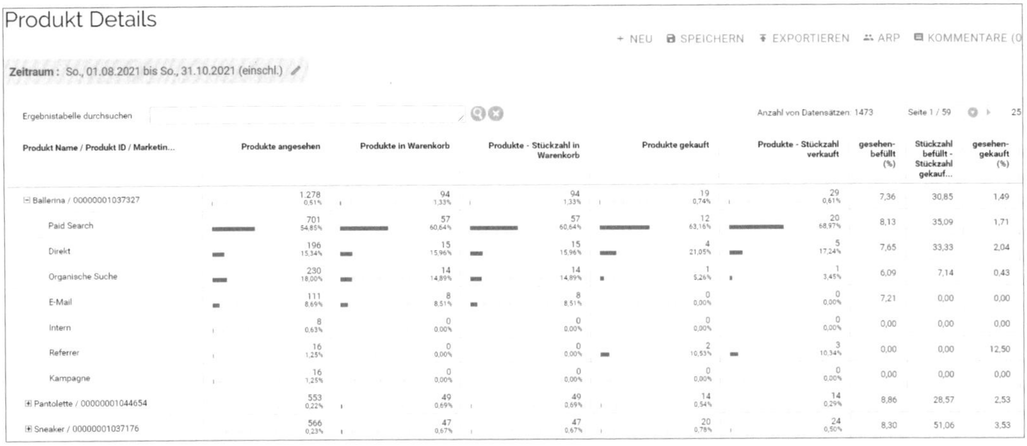
Produkt Details

+ NEU SPEICHERN EXPORTIEREN ARP KOMMENTARE (0

Zeitraum : So., 01.08.2021 bis So., 31.10.2021 (einschl.)

Ergebnistabelle durchsuchen

Anzahl von Datensätzen: 1473 Seite 1 / 59 25

Produkt Name / Produkt ID / Marketin...	Produkte angesehen	Produkte in Warenkorb	Produkte - Stückzahl in Warenkorb	Produkte gekauft	Produkte - Stückzahl verkauft	gesehen-befüllt (%)	Stückzahl befüllt - Stückzahl gekauf...	gesehen-gekauft (%)
⊟ Ballerina / 00000001037327	1.278 0,51%	94 1,33%	94 1,33%	19 0,74%	29 0,61%	7,36	30,85	1,49
Paid Search	701 54,85%	57 60,64%	57 60,64%	12 63,16%	20 68,97%	8,13	35,09	1,71
Direkt	196 15,34%	15 15,96%	15 15,96%	4 21,05%	5 17,24%	7,65	33,33	2,04
Organische Suche	230 18,00%	14 14,89%	14 14,89%	1 5,26%	1 3,45%	6,09	7,14	0,43
E-Mail	111 8,69%	8 8,51%	8 8,51%	0 0,00%	0 0,00%	7,21	0,00	0,00
Intern	8 0,63%	0 0,00%	0 0,00%	0 0,00%	0 0,00%	0,00	0,00	0,00
Referrer	16 1,25%	0 0,00%	0 0,00%	2 10,53%	3 10,34%	0,00	0,00	12,50
Kampagne	16 1,25%	0 0,00%	0 0,00%	0 0,00%	0 0,00%	0,00	0,00	0,00
⊞ Pantolette / 00000001044654	553 0,22%	49 0,69%	49 0,69%	14 0,54%	14 0,29%	8,86	28,57	2,53
⊞ Sneaker / 00000001037176	566 0,23%	47 0,67%	47 0,67%	20 0,78%	24 0,50%	8,30	51,06	3,53

Abbildung 12.6 Sortimentsanalyse in econda Analytics

Sortiment beim Wettbewerb beobachten

Gerade im Hinblick auf das Sortiment sollten Sie auch regelmäßig beim Wettbewerb schauen, welche Artikel dort gelistet und vor allem welche Artikel dort gut verkauft werden. Dies ist einfacher, als Sie vielleicht denken, denn in fast jedem Shop können Sie das Listing nach Topsellern sortieren. Rufen Sie also die entsprechende Kategorie im Shop auf, und sortieren Sie entsprechend. Machen Sie dann einen Abgleich mit Ihrem Sortiment, und schauen Sie, ob Topseller des Wettbewerbs fehlen oder ob dort eventuell Artikel sehr gut verkauft werden, die bei Ihnen eher Ladenhüter sind.

Klickpfade im Shop

Um Ihre Besucher besser zu verstehen, sollten Sie sich den Weg, den diese durch Ihren Shop nehmen, etwas genauer anschauen. Große stationäre Geschäfte geben sehr viel Geld dafür aus, um herauszufinden, wie sich die Besucher darin bewegen. Online ist dies aber viel einfacher durchzuführen. Dort hilft Ihnen eine Klickpfadanalyse (siehe Abbildung 12.7). Diese zeigt Ihnen sozusagen den »Trampelpfad« durch den Shop. Wo beginnt der Weg, und welche Weggabelungen werden genommen. Damit können Sie feststellen, ob sich die Nutzer überhaupt mit mehreren Artikeln intensiv auseinandersetzen. Wenn sich der Nutzer nicht von sich aus mit mehreren Artikeln beschäftigt, sollten Sie ihm auf seinem Weg durch den Shop passende Produkte vorschlagen. Dies ist in dem Fall nicht nur sinnvoll, um die Conversion-Rate zu steigern, sondern auch, um den Warenkorbwert zu erhöhen. Passende Produkte können Sie entweder über die bereits in Abschnitt 8.9.2, »Automatische Produktvorschläge – Recommendations«, vorgestellten Recommendation-Engines oder auch durch eine manuelle Auswahl anzeigen lassen. Eines ist klar, je mehr relevante Produkte ein Besucher während seines Besuchs zu sehen bekommt, desto höher ist die Chance, dass passende für ihn dabei sind. Je nach Template können Sie dem Kunden dann mehr oder weniger Artikel in dem für ihn sichtbaren Bereich anzeigen. Beachten Sie dabei aber bitte, dass es auch online nicht unendlich viele Chancen gibt, dem Kunden Artikel anzuzeigen. Die Artikel müssen für den Kunden relevant sein; nur so besteht die Chance, dass er sie auch kauft.

Über eine übersichtlich gestaltete Navigation können Sie Ihre Besucher auch zum Stöbern animieren. Nur so kommen sie mit mehreren Produkten in Kontakt. In dem Klickpfad eines Fashion-Online-Shops in Abbildung 12.7 sehen Sie zum Beispiel, dass ein Großteil der Besucher nach Aufruf der Startseite sofort die interne Suche verwendet. Die Besucher suchen also nach einem konkreten Produkt und kommen so mit relativ wenigen Produkten in Kontakt. In einem Fashion-Shop, in dem der Kunde stöbern soll, um vielleicht noch ein zusätzliches Teil zu finden, wäre das Verhalten eher unerwünscht. Bei einem Shop für zum Beispiel Autoersatzteile ist es absolut okay.

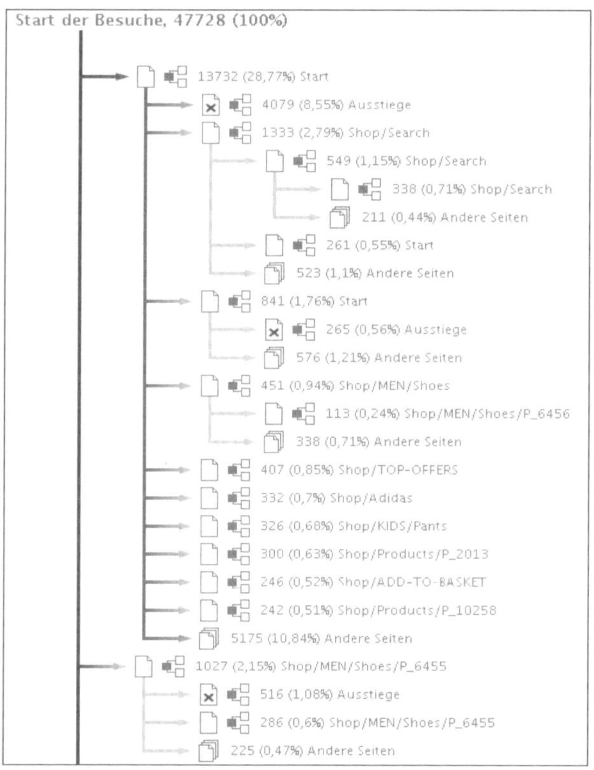

Abbildung 12.7 Klickpfade im econda Analytics

Messen Sie nur, was Sie auch ändern können

Die Webanalyse bietet nahezu unendliche Möglichkeiten, Kennzahlen und Erkenntnisse über die Nutzer zu erfassen. Behalten Sie bei der Definition der Kennzahlen aber immer im Hinterkopf, dass das Messen nicht reiner Selbstzweck ist. Die Zahlen sind die Basis für Optimierungen, Sie müssen also aus jeder Kennzahl auch Handlungsempfehlungen ableiten können. Wenn das nicht geht, gibt es keinen Grund, sich mit diesen Kennzahlen zu befassen.

Interne Suche

Die interne Suche ist ein unerlässliches Feature eines Online-Shops. Je nach Sortiment und Branche wird die Suche häufiger oder weniger häufig verwendet. Bei wenig emotionalen Produkten wie Verbrauchsmaterialien, Ersatzteilen oder Medikamenten ist der Anteil eher hoch. Dort weiß der Besucher oft schon, bevor er Ihren Shop besucht, welche Produkte er kaufen möchte. Anders verhält es sich bei Artikeln, die einen höheren Beratungsbedarf haben. Zwar wird dort die Suche ebenfalls verwendet, aber in der Regel seltener und wenn, dann weniger spezifisch. Während Sie beispielsweise im Online-Shop für Druckerbedarf gezielt nach der konkreten Patrone »Epson Stylus 3850 schwarz« suchen, ist die Suche in einem Fashion-Shop oft weniger konkret, wie zum Beispiel »Jeans schwarz«. Vor der Auswertung der internen Suche sollten Sie sich also erst einmal Gedanken machen, ob es gut oder schlecht ist, wenn die Suche häufig verwendet wird. Erst dann können die Ergebnisse optimal interpretiert werden.

In jedem Fall müssen Sie aber auf eine gute Funktionalität der Suche achten. Wenn gesucht wird, muss natürlich auch gefunden werden. Mit einer Analyse der internen Suche erfahren Sie aber nicht nur, ob die Suche funktioniert, sondern Sie bekommen darüber auch Informationen, was in Ihrem Online-Shop nachgefragt wird und was Ihre Besucher interessiert:

- Werden vielleicht Produkte gesucht, die Sie nicht anbieten? Dem könnten Sie abhelfen, indem Sie diese Produkte mit ins Sortiment aufnehmen.
- Werden Produkte unter anderen Namen gesucht, unter denen sie aber nicht angeboten werden? Beispiel: Laptop statt Notebook.
- Gibt es häufige Rechtschreibfehler? Beispiel: Addidas statt Adidas.

Sollten Sie sich im ersten Schritt gegen eine fehlertolerante Suche entschieden haben, so können Sie die beiden letzten Punkte trotzdem sehr einfach eliminieren. Die meisten Shop-Systeme bieten die Möglichkeit, bei der Artikelanlage alternative Suchbegriffe mit aufzunehmen. Eine Analyse der Suchbegriffe bietet Ihnen hier Anregung und Aufschluss (siehe Abbildung 12.8).

Es spielt aber nicht nur eine Rolle, was gesucht und eventuell nicht gefunden wird, sondern auch, wie viele Treffer pro Suchphrase gefunden wurden. Bei einer hohen Anzahl an Treffern müssen weitere Filter zur Verfügung gestellt werden, um die Suchergebnisse auf eine sinnvolle Anzahl zu reduzieren.

Abbildung 12.8 Darstellung verschiedener Suchbegriffe der internen Suche in einer Wordcloud

12.3 Marketingkampagnen und Customer Journey

Ohne Marketing keine Besucher und ohne Besucher kein Umsatz. Diese einfache Weisheit dürfte wohl jedem klar sein. Die Frage ist aber: Welche der vielen Marketingmöglichkeiten sollte ergriffen werden? Welche Maßnahme ist für Ihren Shop am besten geeignet? Auch um das herauszufinden, kann die Webanalyse helfen.

Unter Marketing (bei Google Analytics Acquisition) fallen alle Maßnahmen, die dafür sorgen, dass Besucher in den Shop kommen. Auf der einen Seite sind das alle Kampagnen, auf die Sie direkten Einfluss haben. Auf der anderen Seite sind es sowohl Besucher über organische Suchergebnisse als auch Erwähnungen in zum Beispiel Blogs, auf die Sie keinen Einfluss haben. Diese Kanäle – also direkt, organische Suchergebnisse, Referrer von anderen Seiten – werden von den Webanalysetools in der Regel automatisch erkannt.

Alle anderen Maßnahmen, auf die Sie Einfluss haben, werden über einen Parameter am Link der richtigen Kampagne zugeordnet. Wie genau diese Parameter aussehen, ist von Lösung zu Lösung unterschiedlich. Im Beispiel von Google Analytics würde ein Parameter für eine Newsletter-Kampagne wie folgt aussehen.

Link ohne Parameter:

- *www.ihrshop.de*

Link mit Parameter:

- *www.ihrshop.de/?utm_campaign=Sommerangebote&utm_medium= email&utm_source=newsletter_Juli*

Der Parameter enthält dabei folgende Informationen:

- *utm_campaign*: Hier können Sie den Namen der jeweiligen Kampagne hinterlegen.
- *utm_medium*: Über welches Marketingmedium erfolgte der Zugriff?
- *utm_source*: Identifiziert zum Beispiel die Werbetreibenden, Websites oder Publikationen, die Besucher in Ihren Shop bringen.

In Abbildung 12.9 sehen Sie, wie ein URL-Parameter über den Google Analytics Kampagnen-Builder erstellt werden kann.

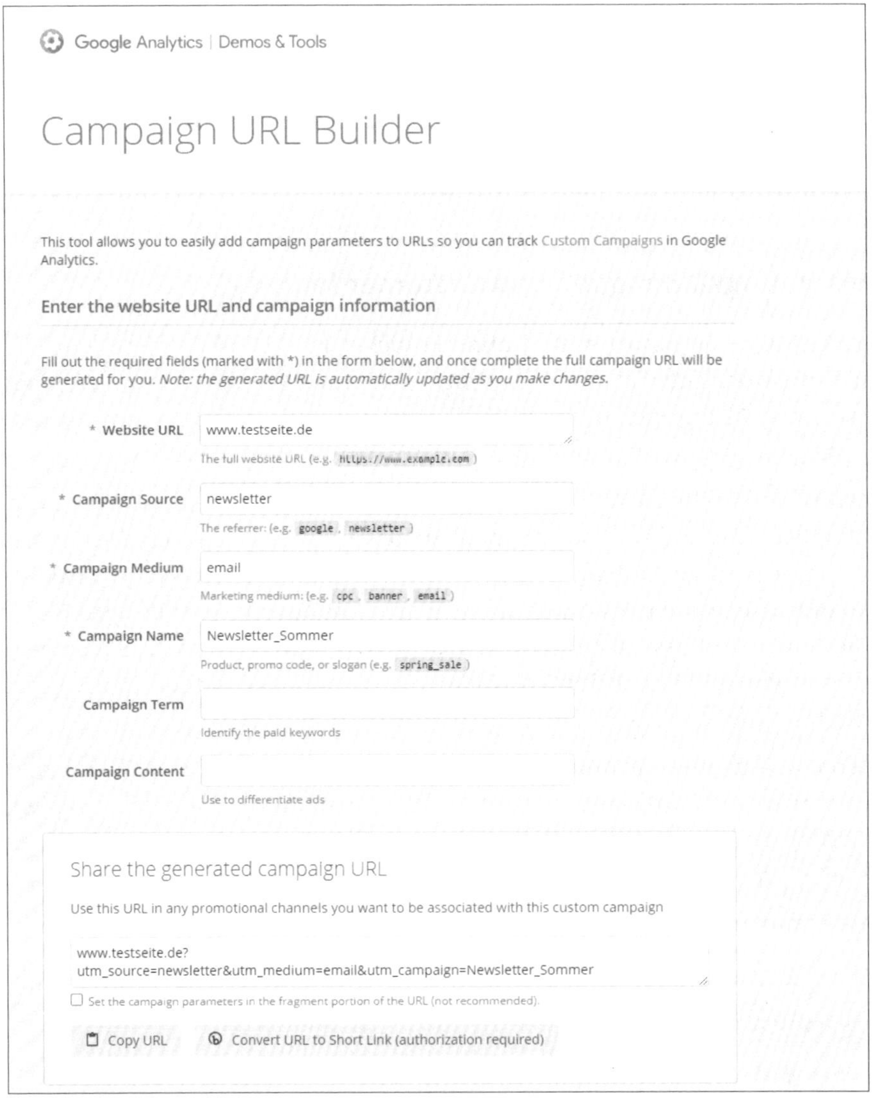

Abbildung 12.9 Kampagnen-Builder von Google Analytics

Bevor Sie also mit der Analyse Ihrer Marketingmaßnahmen starten, müssen Sie alle Kampagnenlinks um einen Parameter ergänzen. Nur so können Sie die Kampagnen umfassend auswerten und entscheiden, welche Maßnahmen erfolgreich waren und welche nicht. Bedenken Sie bei der Bewertung der Marketingmaßnahmen, dass es nur eine kleine Rolle spielt, wie viel die Kampagne kostet. Es geht darum, wie viel Umsatz die einzelne Kampagne gebracht hat. Auch eine »teure« Kampagne kann sich lohnen, wenn die Anzahl der Bestellungen und deren Wert entsprechend hoch sind.

Um den Erfolg der Kampagne auszuwerten, müssen Sie zuerst Ziele definieren. Was ist eine gute Kampagne, und was ist eine schlechte Kampagne? Sie können die Umsätze den einzelnen Marketingmaßnahmen zwar prinzipiell zuordnen, jedoch funktioniert dies nur, wenn der Umsatz während des gleichen Besuchs stattgefunden hat. Je komplexer und hochpreisiger allerdings das Produkt, desto länger wird der Entscheidungsprozess dauern. Konkret bedeutet das, dass im Zeitraum mehrere Besuche stattfinden, bis es letztlich zu einer Bestellung kommt. Im Beispiel eines Online-Shops für Fahrräder könnte dies so aussehen:

- Besuch 1: Einstieg über organische Suche mit der Suchphrase »Fahrrad kaufen«
- Besuch 2: Einstieg über Google Ads »Rennrad online kaufen«
- Besuch 3: Einstieg über den Newsletter, der beim vorherigen Besuch abonniert wurde
- Besuch 4 und Kaufabschluss: Klick auf ein Banner

Umsatz immer als Hauptziel?!

In einem Online-Shop geht es über kurz oder lang um das Verkaufen. Wie bereits erläutert, ist dies aber nicht immer schon beim ersten Besuch realistisch. Hier hat es sich bewährt, noch weiche Ziele mit in die Betrachtung aufzunehmen. Wird auf dem »Weg« zum Umsatz zum Beispiel ein Newsletter abonniert oder ein Kontaktformular ausgefüllt, ist das ebenfalls ein kleiner Kampagnenerfolg. Auch wie intensiv sich ein Besucher mit dem Shop beschäftigt, ist ein weiteres Indiz dafür, wie erfolgreich die Kampagne war.

In der klassischen Bewertung, wie sie bei jeder Webanalyse Standard ist, würde nun also das Banner 100 % des Umsatzes zugewiesen bekommen. Solch eine Auswertung sehen Sie in Abbildung 12.10. Zwar haben Sie hier schon eine sehr gute Übersicht über den Erfolg, ganz fair den anderen Kanälen gegenüber ist es aber nicht. Hier wird nur dem letzten Kontakt der Umsatz zugeordnet. Ob andere Kanäle im Vorfeld eine Rolle gespielt haben, fließt in diese Betrachtung nicht mit ein.

In dem Beispiel des Fahrradhändlers haben jedoch die anderen Kanäle erst einmal für die eigentliche Kontaktanbahnung gesorgt und waren sicherlich am Erfolg auch nicht unbeteiligt. Wie also den Erfolg von diesen messen?

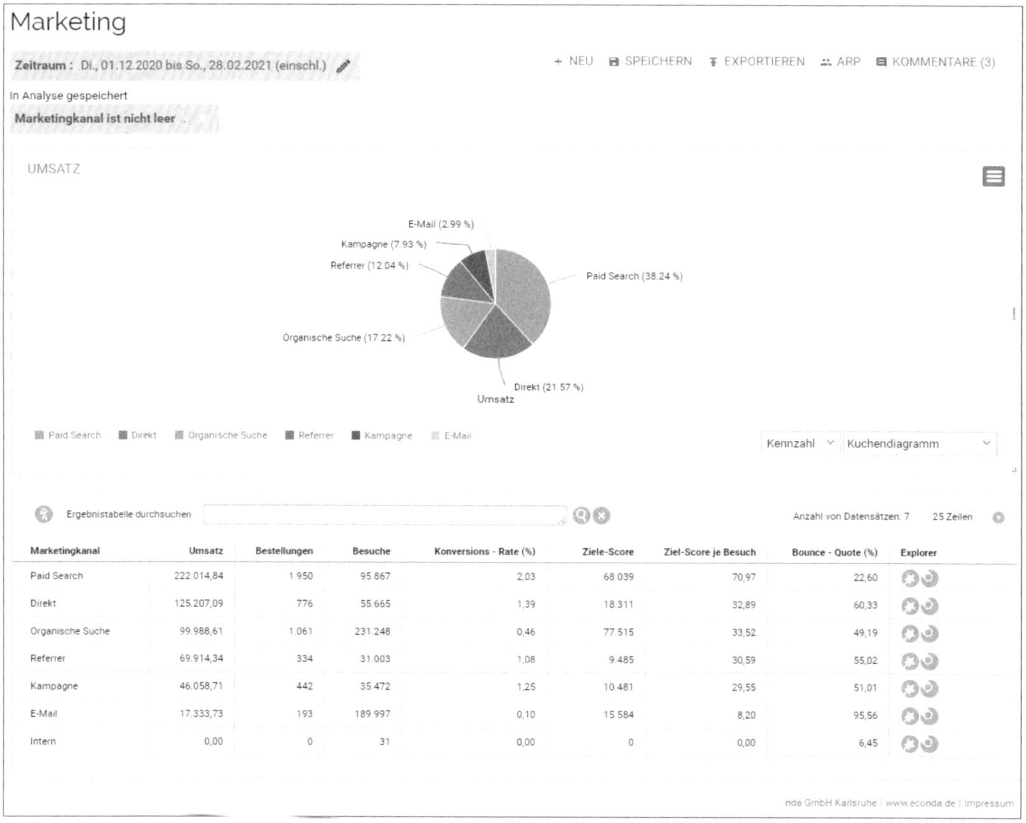

Marketingkanal	Umsatz	Bestellungen	Besuche	Konversions - Rate (%)	Ziele-Score	Ziel-Score je Besuch	Bounce - Quote (%)	Explorer
Paid Search	222.014,84	1.950	95.867	2,03	68.039	70,97	22,60	
Direkt	125.207,09	776	55.665	1,39	18.311	32,89	60,33	
Organische Suche	99.988,61	1.061	231.248	0,46	77.515	33,52	49,19	
Referrer	69.914,34	334	31.003	1,08	9.485	30,59	55,02	
Kampagne	46.058,71	442	35.472	1,25	10.481	29,55	51,01	
E-Mail	17.333,73	193	189.997	0,10	15.584	8,20	95,56	
Intern	0,00	0	31	0,00	0	0,00	6,45	

Abbildung 12.10 Analyse der Marketingkanäle in econda Analytics

Hier gibt es eine stufenweise Herangehensweise. Zuerst sollten Sie Ihre Zwischenziele, wie das Ausfüllen eines Kontaktformulars oder das Abonnieren eines Newsletters, definieren. Natürlich muss der Umsatz immer das Hauptziel bleiben, solche weichen Zwischenziele spielen aber auch eine Rolle. In Abbildung 12.10 sehen Sie neben der Spalte für den Umsatz auch noch eine für die Zielerreichung. So können Sie sehen, ob der jeweilige Kanal zum Erfolg beigetragen hat.

Im zweiten Schritt schauen Sie sich die Customer Journey (zu Deutsch: Reise des Kunden) an. Die Customer Journey zeigt die Besuche und die Marketingkanäle, über die diese erfolgten, im Zeitverlauf. So können Sie sehen, in welcher Reihenfolge der Besucher in Ihren Shop kam (siehe Abbildung 12.11).

In der Spalte CONVERSIONS finden Sie dort die Anzahl der Bestellungen, die aufgrund der jeweiligen Ketten generiert wurden.

In Zeile 6 in Abbildung 12.11 sehen Sie zum Beispiel eine interessante Customer Journey. Zwar erfolgten die Conversions im letzten Schritt über direkte Zugriffe, der Erstkontakt fand aber über ein soziales Netzwerk statt.

	Einfacher Channel-Gruppierungspfad	Conversions
1.	Direkt > Direkt	90
2.	Organische Suche > Organische Suche	65
3.	Bezahlte Suche > Organische Suche > Organische Suche	52
4.	Direkt > Direkt > Soziales Netzwerk > Bezahlte Suche	42
5.	Verweis > Organische Suche > Direkt	32
6.	Soziales Netzwerk > Direkt > E-Mail > Direkt	23

Abbildung 12.11 Customer Journey in Google Analytics

Ohne diesen ersten, wichtigen Kontakt wäre es wahrscheinlich nie zu einer Bestellung gekommen. Um diese Tatsache auch zu bewerten, gibt es diverse sogenannte Attributionsmodelle, die dann die Umsätze neu gewichten:

- **Last Touch**
  Last Touch ist bei den gängigen Webanalysetools der Standard. Dabei wird, wie schon beschrieben, der komplette Umsatz der letzten Marketingkampagne zugeordnet.
- **First Touch**
  Praktisch das Gegenteil zum Last Touch ist der First Touch, bei dem der Umsatz der ersten Marketingmaßnahme zugeordnet wird.
- **Lineare Gleichverteilung**
  Der Umsatz wird zwischen allen Maßnahmen gleich aufgeteilt.
- **Zeitliche Aufteilung**
  Der letzte Kontakt bekommt am meisten, der vorletzte am zweitmeisten usw. (siehe Abbildung 12.12).

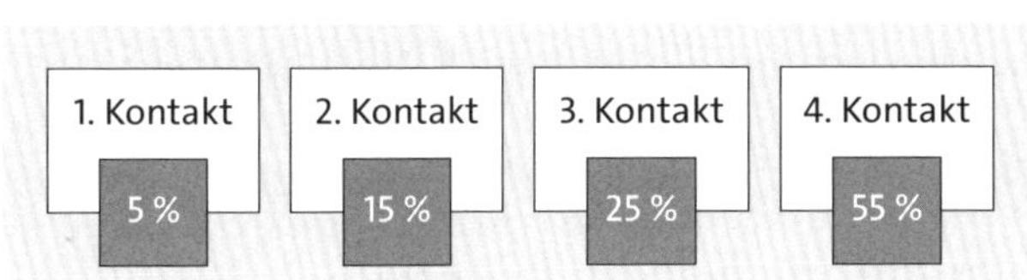

Abbildung 12.12 Attributionsmodell, abhängig vom zeitlichen Abstand zur Bestellung

- **Badewannenmodell**
  Beim Badewannenmodell bekommen der erste und der letzte Kontakt am meisten. Die Kanäle dazwischen bekommen jeweils gleich viel. Im Diagramm sieht das dann aus wie eine Badewanne (siehe Abbildung 12.13), daher der Name.

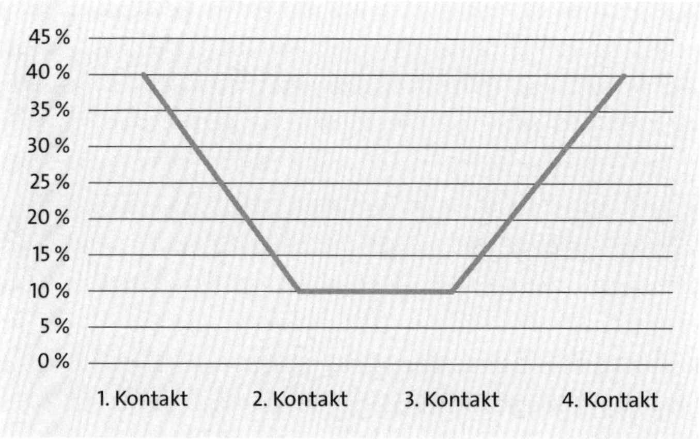

Abbildung 12.13 Badewannenmodell

Was die verschiedenen Modelle angeht, so gibt es kein Richtig oder Falsch. Letztlich dürfen Sie aber nicht vergessen, dass es nur Modelle sind, die auf allgemeinen Annahmen beruhen. Niemand weiß, ob zum Beispiel der erste und der letzte Kanal tatsächlich die entscheidendsten waren. Oftmals werden mit Attributionsmodellen Marketingkanäle auch schöninterpretiert. Seien Sie also immer skeptisch.

Not provided

Wenn Sie sich in Ihrer Webanalyselösung die Suchbegriffe der organischen Suche anschauen, werden Sie feststellen, dass viele Suchphrasen auf NOT PROVIDED entfallen. Dies liegt daran, dass Google bei Nutzern, die im eingeloggten Zustand etwas suchen, die Suchphrasen nicht an Webanalysetools übermittelt. Die Suchphrasen können somit über eine Webanalyselösung nicht mehr komplett ausgewertet werden, sondern werden unter NOT PROVIDED zusammengefasst. Selbst in Google Analytics stehen die Suchphrasen nicht mehr zur Verfügung.

Um einen Überblick über die Suchphrasen zu bekommen, hilft dann nur noch ein Blick in die Google Webmaster-Tools. Allerdings fehlen dort dann die Verknüpfungen mit den Umsätzen.

12.3.1 Interne Kampagnen

Nicht nur der Erfolg externer Kampagnen muss überwacht werden. Auch im Shop selbst haben Sie Werbeflächen zur Verfügung, die ihren Beitrag zum Gesamterfolg leisten sollen. Nehmen Sie deshalb auch die Banner in Ihrem Shop in die Auswertungen mit auf. In econda Analytics gibt es dafür zum Beispiel die MARKER-Auswertung, die das Tracken interner Kampagnen erlaubt. Ähnlich wie bei externen Kampagnen gilt es aber auch hier, den Erfolgsanteil genau zu bestimmen. In dieser Auswertung wird der Umsatz aber nicht aufgrund eines Attributionsmodells aufgeteilt, sondern wird jedem Kontakt zugeordnet. Klickt der Kunde also zum Beispiel auf drei unterschiedliche Banner und macht dann 100 € Umsatz, bekommt im Standard jedes Banner jeweils 100 € zugewiesen. Es gibt aber auch hier die Möglichkeit, nur dem letzten Klick tatsächlich Umsatz zuzuweisen.

In Abbildung 12.14 sehen Sie eine Startseite mit verschiedenen Werbebannern. Als Shop-Betreiber sind nun zwei Informationen dazu sehr wichtig. Zum einen ist es wichtig zu wissen, wie oft das einzelne Banner geklickt wurde, zum anderen aber auch, welche Produkte darüber verkauft wurden.

Abbildung 12.14 Startseite mit verschiedenen Bannern

Kaufen diejenigen, die auf das Polos-Banner geklickt haben, auch tatsächlich solch ein Poloshirt, oder entscheiden sie sich für ein anderes Produkt? Antworten auf diese Frage gibt die Analyse der internen Kampagnen. In Abbildung 12.15 können Sie solch eine Auswertung sehen. Dort erkennen Sie zum einen, wie oft das Banner geklickt wurde, zum anderen sehen Sie aber auch, über welche Produkte dann tatsächlich Umsatz generiert wurde.

Ergebnistabelle durchsuchen
▸ TOP

Anzahl von Datensätzen: 9 25 Zeilen

Marker Name / Produkt Name	Umsatz	Bestellungen	Besuche (unique)	Konversions - Rate (%)	Filter
▸ ⊟ Recommendation Box Clicked	6.888,90	80	8.237	0,97	
▸ Mid-cut	1.696,05	5	176	2,84	
▸ Ballerina	1.680,70	11	387	2,84	
▸ Schnrschuh	1.585,40	11	545	2,02	
▸ Sandalette	1.445,65	12	437	2,75	
▸ Laufschuh	1.359,85	8	253	3,16	
▸ Umhängetasche	1.318,15	9	251	3,59	
▸ Pantolette	1.291,20	7	402	1,74	
▸ Sneaker	1.278,69	9	333	2,70	

Abbildung 12.15 Analyse der geklickten Banner in Verbindung mit den tatsächlich gekauften Produkten

12.4 Welche Webanalyselösung ist die richtige für Ihren Shop?

Wer die Wahl hat, hat die Qual. Es gibt eine Reihe von kostenlosen und kostenpflichtigen Lösungen in allen Preislagen, sodass es für den Shop-Betreiber sehr schwierig ist, einen Überblick zu bekommen. Das mit Abstand meistgenutzte Tool ist Google Analytics. Es ist in einer etwas eingeschränkten Basisversion kostenlos. Wer den kompletten Funktionsumfang nutzen möchte, muss auf Google 360 zurückgreifen, was aber mit einem Preis ab ca. 130.000 € pro Jahr nur für richtig große Online-Shops in Betracht kommt. Auch andere Anbieter, wie zum Beispiel etracker oder econda, bieten mit ihren professionellen Lösungen gute Alternativen für den mittelständischen Shop-Betreiber. Bevor Sie sich für eine Lösung entscheiden, sollten Sie Ihre Anforderungen an solch eine Lösung definieren. Da Sie einen Online-Shop betreiben, ergibt sich daraus schon die erste Anforderung. Anders als bei Websites, wo Seitenaufrufe und Anzahl der Besucher als Kennzahlen im Vordergrund stehen, sollte es bei Ihren Reports in erster Linie um Umsätze und Bestellungen gehen. Um die richtige Lösung zu finden, beantworten Sie für sich folgende Fragen:

- **E-Commerce-Kennzahlen bereits im Standard?**
  Ist die Webanalyse für Online-Shops konzipiert, oder gibt es E-Commerce-Plugins, die erlauben, die Online-Shop-Kennzahlen einfach abzubilden?
- **Integrationsaufwand**
  Wie hoch ist der Aufwand, die Lösung in Ihren Shop zu integrieren? Gibt es fertige Schnittstellen, oder muss die Integration manuell erfolgen?
- **Betrieb auf eigenen Servern oder SaaS-Lösung (Software-as-a-Service-Lösung)**
  Möchten Sie die Daten auf eigenen Servern hosten, oder bevorzugen Sie eine gemietete Lösung?
- **Kosten**
  Wie hoch sind die initialen und die laufenden Kosten?

- **Anforderungen an Datenschutz**
  Erfüllt die Lösung die aktuell gültigen Datenschutzbestimmungen, und haben Sie vielleicht interne Datenschutzrichtlinien, die ebenfalls erfüllt werden sollen?
- **Zukunftsträchtigkeit des Anbieters**
  Wie lange gibt es den Anbieter bereits am Markt? Wie hoch ist der Marktanteil?
- **Welche Support-Leistungen benötigen Sie zusätzlich zur eigentlichen Lösung?**
  Möchten Sie über den Anbieter neben dem Tool ebenfalls Support und Beratung beziehen?
- **Schnittstellen**
  Soll die Lösung Schnittstellen zu anderen Anbietern, wie zum Beispiel E-Mail-Marketing, oder zum Suchanbieter haben?
- **Exportmöglichkeiten der Daten**
  Möchten Sie die Daten der Webanalyse auch in anderen Programmen, wie zum Beispiel Ihrem Business-Intelligence-Programm, nutzen?
- **Segmentierungsmöglichkeiten**
  Sollen die Besucher noch nach weiteren Kriterien gefiltert und segmentiert werden?
- **Wie aktuell sollen die Daten sein?**
  Benötigen Sie die Zahlen in Echtzeit, oder genügt ein Versatz von mehreren Stunden? In der Regel genügt es hier, wenn die Daten des Vortages zur Verfügung stehen.
- **Wie viele Nutzer sollen auf das Tool zugreifen können?**
  Benötigen Sie ein Tool für mehrere Nutzer mit jeweils unterschiedlichen Rechten?

Bei allen genannten Fakten dürfen Sie auch nicht vergessen, dass Ihnen das Tool sympathisch sein muss. Es sollte für Sie klar strukturiert und intuitiv zu bedienen sein. Es muss Ihnen Spaß machen, mit dem Tool zu arbeiten. Nur so ist ein erfolgreicher Einsatz möglich. Aus diesem Grund sollten Sie auch diesen weichen Faktor bei der Auswahl berücksichtigen. Lassen Sie sich vom Anbieter einen Demo-Account einrichten, sofern er angeboten wird, und arbeiten Sie sich durch die einzelnen Reports. Gerade wenn Sie sich prinzipiell für ein Tool entschieden haben und bei der Auswahl auf Nummer sicher gehen möchten, bietet sich das an.

Die Auswahl des Tools ist aber nur der erste Schritt. Konfigurieren Sie das Tool nach Ihren Wünschen und Vorstellungen. Sie müssen dafür sorgen, dass die gewünschten Informationen auch messbar gemacht werden. Beginnen Sie mit dem Einrichten der spezifischen Reports. Benötigen Sie neben den Standardreports noch weitere Informationen, können Sie sich einen Report selbst zusammenstellen. Wenn das geschehen ist, definieren Sie Ihre Website-Ziele wie Newsletter-Anmeldungen oder das Ausfüllen von Kontaktformularen. Zuletzt sorgen Sie noch dafür, dass die Kampagnen im Tool erfasst werden. Das ist in der Regel über einen Parameter am Link möglich.

Wichtig ist zu Anfang, dass möglichst alle relevanten Kennzahlen erfasst werden. Beginnen Sie aber bei der Analyse mit wenigen Kennzahlen, und arbeiten Sie sich so langsam voran. Das Wichtigste in der Webanalyse ist nicht die Auswertung, sondern die Optimierung des Shops aufgrund der Webanalysezahlen. Die Zahlen stehen Ihnen dauerhaft zur Verfügung, Sie können also Schritt für Schritt vorgehen. Im Folgenden stellen wir Ihnen ein paar Lösungen im Detail vor.

12.4.1 Serverseitiges Tracking vs. clientseitiges Tracking

Es existieren generell zwei unterschiedliche Arten von Tracking. Zum einen gibt es ein serverbasiertes Tracking. Das findet komplett auf dem Server statt, auf dem der Shop gehostet wird. Die andere und aktuell auch verbreitetere Form ist das clientseitige Tracking. Aufgrund der DSGVO und der immer größeren Verbreitung von Adservern gewinnt das serverseitige Tracking aber immer mehr an Popularität. Nicht zuletzt auch durch die ITP (Intelligent Tracking Prevention), bei der Third Party Cookies vom Browser blockiert werden und somit nach Alternativen gesucht wird.

Während beim clientseitigen Tracking die Daten direkt vom Client, also vom Browser, an den jeweiligen Analyseanbieter gesendet werden, findet beim serverseitigen Tracking die Datenerfassung auf dem Server statt, auf dem der Shop gehostet wird.

Vorteile des serverseitigen Trackings:

- schnellere Ladezeiten, da keine Pixel beim Client geladen werden müssen
- höhere Messgenauigkeit, da das Tracking zum Beispiel nicht von Adblockern oder deaktiviertem JavaScript unterbunden werden kann
- Das Tracking ist komplett unabhängig vom Browser des Besuchers.

Nachteile des serverseitigen Trackings:

- Bestimmte Interaktionen des Nutzers, wie zum Beispiel Mausbewegungen, können nicht erfasst werden.
- deutlich größerer IT-Aufwand für die Implementierung auf dem Server

ITP Intelligent Tracking Prevention

Die ITP (Intelligent Tracking Prevention) ist eine Funktion von Webkit, einer Open-Source-Browser-Engine, die unter anderem in Apples Safari Browser genutzt wird. Aber auch andere Browsersysteme haben ähnliche Funktionen, die alle zum Ziel haben, die Privatsphäre der Nutzer besser zu schützen.

Konsequenz der ITP ist, dass Third Party Cookies im Standard blockiert werden. Diese Art der Cookies wird zum Beispiel von Ads-Anbietern eingesetzt, um die Nutzer über verschiedene Webseiten wiederzuerkennen.

Außerdem werden auch First Party Cookies, die vom Shop selbst gesetzt wurden, nach sieben Tagen wieder gelöscht. Das hat zum Beispiel konkret zur Folge, dass wiederkehrende Besucher nach sieben Tagen nicht mehr identifiziert werden können und somit der Anteil an gemessenen neuen Besuchern gestiegen ist.

12.4.2 Google Analytics

Google stellt die Basisversion von *Analytics* komplett kostenlos zur Verfügung. Sie müssen sich aber bewusst sein, dass Google dies nicht ganz uneigennützig tut. Auch wenn Sie für diese Leistung an Google kein Geld bezahlen, so bezahlen Sie trotzdem mit Ihren bzw. den Daten Ihrer Kunden. Auch wenn es mittlerweile möglich ist, Analytics datenschutzkonform zu nutzen, sollte man sich dieser Tatsache trotzdem bewusst sein. Was die Features von Analytics angeht, so hat es sich im Laufe der Zeit immer weiterentwickelt und bietet mittlerweile eine Reihe von Funktionen, die auch in kostenpflichtigen Tools zu finden sind. Eine Stärke von Analytics ist die Verknüpfung mit Google Ads. Da beide Dienste aus einem Haus kommen, muss nichts extra angepasst werden, um auch den Erfolg von Google Ads zu tracken. Im Oktober 2020 hat Google die neue Generation seiner Analyselösung veröffentlicht. Es kann parallel zur vorherigen Version, dem Universal Analytics, betrieben werden. Das ist aber nur sinnvoll, wenn vorher schon eine Universal-Analytics-Instanz betrieben wurde. Diese kann dann weiterlaufen, bis in Google Analytics 4 eine neue Datenhistorie aufgebaut wurde. Es ist davon auszugehen, dass Universal Analytics nicht weiter entwickelt wird und irgendwann komplett von der neuen Version abgelöst wird. Aus diesem Grund bezieht sich die komplette Beschreibung auch auf Google Analytics 4 (GA4).

Die Integration von Analytics ist in der Regel recht einfach durchzuführen. Einige Shop-Systeme bieten sogar bereits ein fertiges Plugin, das die Integration in wenigen Minuten ermöglicht. Aber auch wenn für Ihr Shop-System kein Plugin existiert, ist die Integration in Ihren Shop recht einfach möglich. Der erste Schritt ist hier die Anmeldung bei Google Analytics. Sollten Sie bereits ein Google-Konto besitzen, können Sie sich unter *www.google.com/analytics/* mit Ihren Daten anmelden.

Die eigentliche Integration erfolgt dann in drei Schritten:

1. Ihren Shop bei Google Analytics anmelden
2. Trackingcode in Ihrem Shop hinzufügen
3. Reports in Ihrem Analytics-Konto definieren

Google hat verschiedene Hierarchiestufen, wie Sie in Abbildung 12.16 sehen können. Ganz oben steht die Organisation, was zum Beispiel Ihrem Unternehmen entspricht. Unter der Organisation steht der Account. Um Analytics nutzen zu können, brauchen Sie mindestens ein Konto, dem wiederum Properties zugeordnet sind. In der Property werden alle Daten zu Ihrem Online-Shop gesammelt. Wenn Sie mehrere Online-Shops betreiben, ist es notwendig, dafür verschiedene Properties anzulegen. Ansonsten können die Daten nicht unterschieden werden. Sie können nun selbst entscheiden, ob Sie pro Konto eine Property zuordnen oder ob Sie zu einem Konto bis zu 50 Properties verknüpfen. Sinnvoll ist dies, wenn Sie eine Struktur aus vielen, eventuell sogar rechtlich unabhängigen Shops betreiben. Dann kann solch eine Struktur für eine bessere Übersicht sorgen.

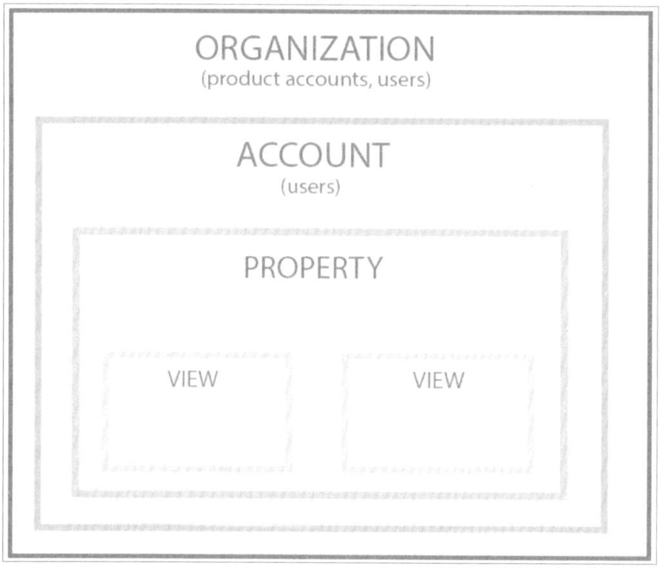

Abbildung 12.16 Hierarchie in Google Analytics

Ganz unten in der Hierarchie finden sich die Datenansichten (Views). Sie enthalten definierte Ansichten der Daten einer Property und ermöglichen es, die Daten zu filtern. Das ist zum Beispiel nützlich, wenn Sie verschiedenen Nutzergruppen nicht den kompletten Einblick gewähren möchten. So kann eine Agentur zum Beispiel nur die Freigabe für Google Ads bekommen oder verschiedene Kollegen nur Einblick in die jeweils relevanten Teilbereiche der Daten. Wenn Sie eine neue Property anlegen, wird automatisch eine Datenansicht ohne Filter angelegt. Diese sollte auch beibehalten werden, damit Sie immer eine Ansicht mit wirklich allen Daten haben.

Auf Abbildung 12.17 sehen Sie die den ersten Schritt der Einrichtung, nämlich die Anlage des Kontos. Der Name des Kontos kann frei vergeben werden und sollte, gerade im Hinblick darauf, dass im Laufe der Zeit noch weitere Konten dazu kommen, einen eindeutigen Namen haben. Mit Klick auf WEITER kommen Sie zu den Einstellungen der Property, wo Sie unter anderem die Einstellungen für die Zeitzone und die Währung ändern können. Nachdem Sie diese Einstellungen vorgenommen und die Datenschutzerklärung von Google akzeptiert haben, ist dieser Schritt abgeschlossen.

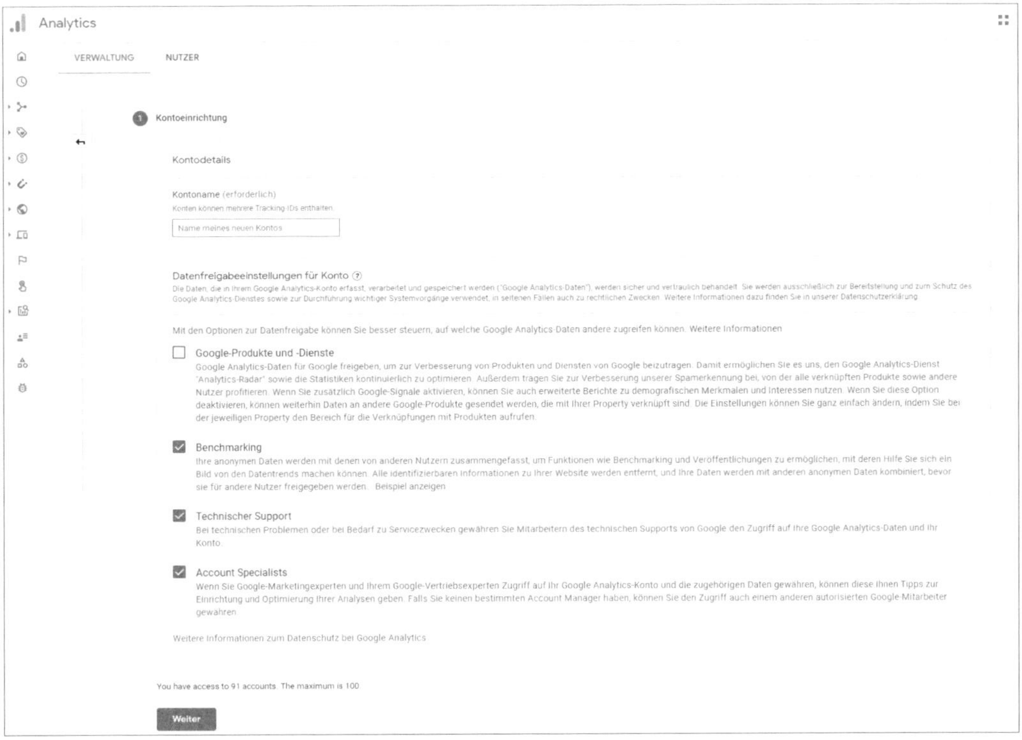

Abbildung 12.17 Kontoeinrichtung in Google Analytics

Das Konto und die dazugehörige Property sind erstellt und können mit Daten befüllt werden. Dazu können in Analytics Datenstreams erstellt werden. Es kann sowohl ein Stream für das Web als auch für iOS und Android erstellt werden. Um Apps zu tracken, muss ein Firebase SDK (Software Development Kit) installiert werden. Eine genaue Anleitung dazu finden Sie hier: *https://firebase.google.com/docs/guides*

Das Vorgehen unterscheidet sich, je nachdem, ob Sie einen Stream für das Web oder eine der Apps erstellen. In allen Fällen bekommen Sie aber einen Code, den Sie entweder in der App oder eben im Shop integrieren müssen. Exemplarisch möchten wir hier auf das Vorgehen bei der Webversion eingehen. Dort erhalten Sie den Google-Analytics-Trackingcode, nachdem Sie den Webdatenstream angelegt haben. Dieser ist wichtigster Bestandteil von Google Analytics und sorgt dafür, dass Daten an Analytics übergeben werden. Der Code muss in jede Seite des Shops integriert werden. Verfügt Ihr Shop-System über ein Plugin zu Google Analytics, genügt es in der Regel, die Mess-ID anzugeben, in Abbildung 12.18 also G-SG3VK8X1SZ. Anhand dieser Nummer wird der Shop identifiziert, und die Daten werden richtig zugeordnet.

Wenn Sie diese Schritte abgeschlossen haben, stehen die ersten Daten nach ein paar Stunden in Ihrem Account zur Verfügung.

Abbildung 12.18 Generierter Tag für einen Webdatenstream

Google Analytics lässt sich auch gut über den Google Tag Manager integrieren. Der Tag Manager funktioniert dabei als Tag-Container, in dem die verschiedenen Tags gespeichert sind. Der Code wird dann nicht direkt über den Shop aufgerufen, sondern der Shop ruft lediglich den Tag Manager auf, der dann die gewünschten Codes nachlädt.

12.4.3 econda Analytics

Der Karlsruher Webanalyseanbieter econda (*www.econda.de*) hat mit econda Analytics eine Webanalyselösung im Programm, die speziell für Online-Shops entwickelt wurde und bereits im Standard viele E-Commerce-spezifischen Kennzahlen enthält. Die Integration ist auch hier sehr einfach und kann bei jedem gängigen Shop-System über ein Plugin erfolgen. In Abbildung 12.19 sehen Sie das econda-Plugin für einen Shopware-Shop. Sollte für Ihr Shop-System kein Plugin zur Verfügung stehen, ist ähnlich wie bei Google Analytics ebenfalls eine manuelle Integration möglich.

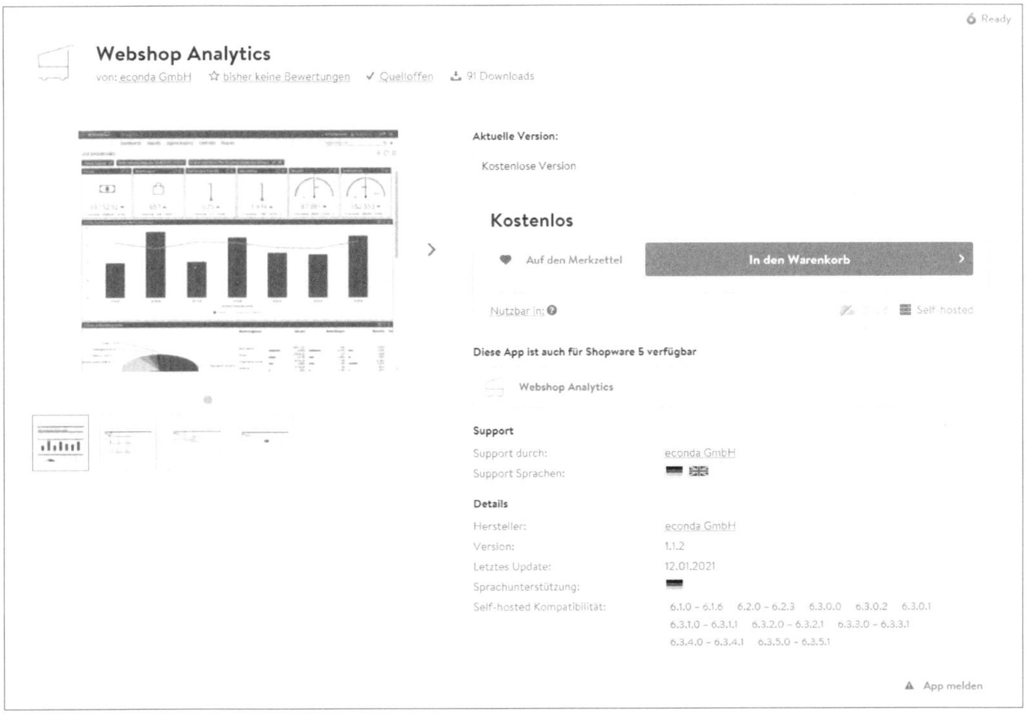

Abbildung 12.19 econda-Plugin im Shopware Store

Im Gegensatz zu Google Analytics oder auch Matomo handelt es sich bei econda um eine kostenpflichtige Lösung. Die genaue Höhe der Kosten ist abhängig von den Seitenaufrufen und dem gewählten Funktionsumfang. Das kleinste Paket beginnt bei etwa 50 € im Monat.

12.5 Rechtliche Aspekte der Webanalyse

Der gläserne Kunde ist für den Shop-Betreiber sicherlich ein großer Wunsch. Es kann jede Bewegung ausgewertet werden, und die Informationen zu jedem Nutzer bleiben gespeichert bis in alle Ewigkeit. Dem schiebt aber das deutsche Datenschutzrecht einen Riegel vor. Auch wenn es möglich ist, solche Profile zu erstellen, sprechen immer noch die Anforderungen an den Datenschutz dagegen. Nicht alles, was möglich ist, ist nach den geltenden Datenschutzgesetzen und Verordnungen auch zulässig. Was erlaubt bzw. verboten ist, wird unter anderem in der DSGVO (Datenschutzgrundverordnung) und dem BDSG (Bundesdatenschutzgesetz) geregelt. Auf die wichtigsten Punkte möchten wir hier eingehen. Da sich diese Vorgaben jedoch sehr schnell ändern können, empfehlen wir Ihnen einen Blick auf folgende Seiten:

- Offizielle Seite des Bundes:
  https://www.bfdi.bund.de/SharedDocs/Publikationen/Infobroschueren/INFO1.pdf
- Lesenswerte Artikel zum Thema:
  http://www.it-recht-kanzlei.de

Nun zu den wichtigsten Regeln:

- **DSGVO-Konformität**
  Als Erstes sollten Sie prüfen, ob das ausgewählte Tool überhaupt datenschutzkonform eingesetzt werden kann. Werden zum Beispiel Daten außerhalb der EU verarbeitet, könnte eine Nutzung zuerst unzulässig sein. In diesem Fall müssen mit dem jeweiligen Anbieter Standardvertragsklauseln vereinbart werden. Viele Tools sind erst durch entsprechende Einstellungen datenschutzkonform einsetzbar. Ein Beispiel ist das unzulässige Erfassen von kompletten IP-Adressen im »alten« Universal Analytics, was immer noch das am häufigsten eingesetzte Analytics-Tool ist, dort muss die IP-Anonymisierung erst aktiviert werden. Bei Google Analytics ist diese Funktion im Standard bereits aktiviert.
- **Schließen Sie einen eigenen Vertrag**
  Die meisten Webanalyseanbieter speichern die Daten auf eigenen Servern, was gemäß DSGVO als Auftragsdatenverarbeitung zu werten ist. Sie müssen sicherstellen, dass Sie die Kontrolle über die Daten behalten. Schließen Sie deshalb auf jeden Fall mit Ihrem Dienstleister einen schriftlichen Vertrag zur Auftragsdatenverarbeitung.

  Es ist auch nicht gestattet, die Daten ohne Einwilligung der Nutzer auf Servern außerhalb des europäischen Wirtschaftsraumes zu speichern.
- **Keine Datenverknüpfung**
  Die pseudonymisierten Daten dürfen nicht mit Daten über den Träger des Pseudonyms zusammengeführt werden. Sie dürfen also die Daten aus der Webanalyse nicht mit Daten aus zum Beispiel Ihrem CRM zusammenfügen, um daraus ein Nutzungsprofil zu erstellen.
- **Klären Sie den Kunden über Ihre Datenschutzpolitik auf**
  Erläutern Sie Ihren Besuchern und Kunden, welche Daten zu welchem Zweck gespeichert werden. Die meisten Anbieter haben dafür schon vorgefertigte Texte (siehe Abbildung 12.20), die Sie nur noch in Ihren Shop kopieren müssen.
- **Bieten Sie Ihren Nutzern eine Widerspruchsmöglichkeit**
  Der Besucher kann der Speicherung der Daten jederzeit widersprechen. Möchte der Kunde nicht mehr, dass seine anonymisierten Daten gespeichert werden, müssen Sie sicherstellen können, dass das Nutzungsverhalten dieses Nutzers nicht mehr gespeichert wird.

econda Analytics

Zur bedarfsgerechten Gestaltung sowie zur Optimierung dieser Webseite werden durch Lösungen und Technologien der econda GmbH (Zimmerstraße 6, 76137 Karlsruhe, www.econda.de) pseudonymisierte Daten erfasst und gespeichert sowie aus diesen Daten Nutzungsprofile unter der Verwendung von Pseudonymen erstellt. econda arbeitet in unserem Auftrag. Eine Weitergabe der Daten an Dritte bzw. eine Übertragung in Drittländer ist hierbei ausgeschlossen.

Datenverarbeitungszwecke:

- Analytik
- Optimierung

Ohne Ihr Opt-In arbeiten die econda Lösungen im anonymen Modus auf Basis der aktuellen Session. Es werden keinerlei Daten mit Personenbezug, wie z. B. die IP-Adresse, Kunden- oder Bestellnummern, gespeichert. Es werden keine Cookies gesetzt. Sie werden in späteren Besuchen nicht wiedererkannt und eine Profilbildung ist nicht möglich.

Mit Ihrem Opt-In werden zum oben beschriebenen Zweck Cookies eingesetzt, die die Wiedererkennung eines Internet Browsers ermöglichen. Nutzungsprofile werden jedoch ohne ausdrückliche Zustimmung des Besuchers nicht mit Daten über den Träger des Pseudonyms zusammengeführt. Insbesondere werden IP-Adressen unmittelbar nach Eingang unkenntlich gemacht, womit eine Zuordnung von Nutzungsprofilen zu IP-Adressen nicht möglich ist. Ihre Einwilligung können Sie selbstverständlich jederzeit widerrufen.

Verwendete Technologien:

- Cookie
- Lokaler Speicher

Der Einsatz des anonymisierten Trackings erfolgt gemäß Artikel 6 Absatz 1 lit. f DSGVO. Das Unternehmen hat ein berechtigtes Interesse eine Reichweitenmessung durchzuführen, um den Online-Auftritt kontinuierlich zu optimieren. Ein personalisiertes Tracking erfolgt nur, sofern Sie hierzu Ihre Einwilligung erteilt haben (Artikel 6 Absatz 1 lit. a DSGVO).

Folgende Daten werden erfasst:

- Informationen zum genutzten Gerät
- Informationen zu angesehenen Seiten innerhalb des Website Besuchs
- Informationen im Rahmen des Bestellprozesses
- Informationen zu Zugriffsdaten
- Kundendaten bei Login oder Einstieg

Die Verarbeitung und Speicherung der Daten findet nur für den Zeitraum, der zur Erreichung des jeweiligen Verarbeitungszweckes erforderlich ist oder solange eine gesetzliche Aufbewahrungsfrist (insbesondere kaufmännische und steuerrechtliche) besteht, statt. Nach Erreichung des Zwecks bzw. Ablauf der Aufbewahrungspflicht werden die entsprechenden Daten routinemäßig gelöscht.

Weitere Informationen:

Klicken Sie hier für weitere Informationen: https://www.econda.de/service/datenschutz/

Abbildung 12.20 Datenschutzhinweis von econda

Sie tragen die Verantwortung für die Daten!

Sie sind immer für den ordnungsgemäßen Umgang mit den Daten verantwortlich, auch wenn Sie einen externen Dienstleister mit dem Erfassen und der Verarbeitung beauftragt haben. Achten Sie deshalb besonders bei Anbietern aus ausländischen Staaten darauf, dass die deutschen Datenschutzstandards eingehalten werden. Auch wenn der Anbieter nach den in seinem Land gültigen Datenschutzbestimmungen handelt und sich somit in einem legalen Rahmen bewegt, haften Sie bei Verstößen gegen das deutsche Datenschutzrecht.

12.5.1 Consent Management Platform

Spätestens nach dem EuGH-Urteil zur Cookie-Einwilligungspflicht (C-673/17) führt an einem Cookie-Banner kein Weg mehr vorbei. Das Cookie-Banner ist in der Regel Bestandteil einer Consent Management Platform (CMP). Diese hilft Ihnen dabei, die Einwilligung des Nutzers einzuholen, zu verwalten und zu dokumentieren. Es ist zwar nicht zwingend vorgeschrieben, für die genannten Aufgaben eine CMP einzusetzen, in der Praxis ist es aber ohne diese sehr schwierig, die Anforderungen zu erfüllen.

Gestaltung des Cookie-Banners

Je höher die Einwilligungsrate ist, desto mehr Informationen bekommen Sie über Ihre Nutzer und desto mehr Informationen können Sie dann natürlich auch nutzen, um den Shop gewinnbringend zu optimieren. Das Banner sollte nicht nur zu Ihrem Shop-Design passen und entsprechend im Corporate Design gestaltet werden. Neben dem Akzeptieren-Button muss das Banner noch die Möglichkeit bieten, die Cookies abzulehnen und mehr Informationen über die einzelnen Cookies zu bekommen. Es muss aber nicht sein, dass alle Möglichkeiten im gleichen Design und in der gleichen Größe angezeigt werden. Abbildung 12.21 zeigt, wie durch geschicktes Design die Akzeptanzquote deutlich gesteigert werden kann. Der OK-Button ist deutlich hervorgehoben, während sich der Link COOKIES ABLEHNEN kaum vom restlichen Text unterscheidet.

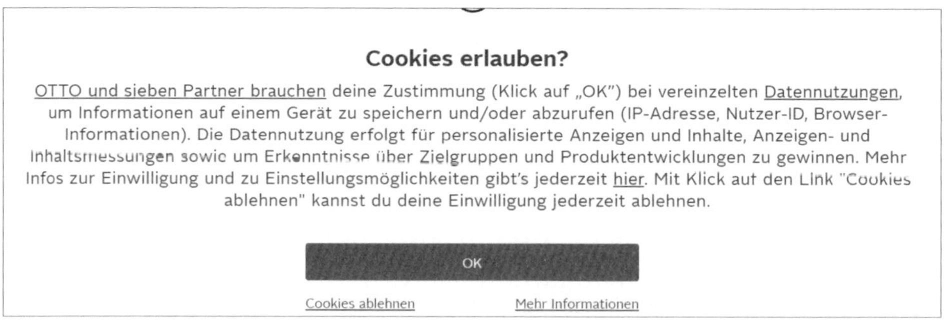

Abbildung 12.21 Cookie-Banner mit deutlich hervorgehobenem OK-Button

Inhalt des Cookie-Banners

Natürlich muss der Nutzer vor der Einwilligung zur Cookie-Speicherung auch genau darüber informiert werden, in was genau er zustimmt (siehe Abbildung 12.22). Nicht erlaubt sind zum Beispiel vorausgefüllte Kästchen oder Texte wie »wenn Sie fortfahren, stimmen Sie der Nutzung von Cookies zu«. Die Einwilligung des Besuchers muss eindeutig sein. Außerdem muss er über den Verarbeitungszweck und die Möglichkeit zu einem Widerruf informiert werden. Hier gibt es bei den Anbietern von Consent Management Platforms unterschiedliche Herangehensweisen. Während die einen nur das Grundgerüst zur Verfügung stellen, bieten andere Anbieter Lösungen inklusive vorgefertigter Rechtstexte. Das gilt sowohl für die allgemeinen Texte als auch für die Beschreibung der einzelnen Cookies. Auch wenn dies der bequemere Weg ist, hat man damit aber weniger Einflussmöglichkeit.

Abbildung 12.22 Auswahlmöglichkeiten in einem Cookie-Banner

Anbieter von Consent Management Platforms

- *http://www.cookiebot.com*
  Nach eigenen Angaben eine der meistgenutzten Lösungen. Das Tool bietet einen automatischen Cookie-Scan sowie ein Cookie-Verzeichnis mit entsprechenden Beschreibungen. Für kleine Websites mit bis zu 100 Seiten ist Cookiebot kostenlos, etwas größere Shops fallen in das Paket »Premium Medium« zu einem Preis von 21 €/Monat.
- *http://www.usercentrics.com*
  Auch Usercentrics gehört zu den Marktführern in diesem Bereich. Das Preismodell orientiert sich hier an den monatlichen Seitenaufrufen, beginnt aber ebenfalls schon bei 8 €/Monat.

Eine Auswahl weiterer Anbieter von Consent Management Platforms sind folgende:

- *http://www.consentmanager.de*
- *http://www.conversantmedia.eu*
- *http://www.econda.de*
- *http://www.ethyca.com*
- *http://www.cookiefirst.com*

12.6 Fazit

Nur wenn Sie Ihren Shop kontinuierlich auswerten, wissen Sie, was Ihre Kunden erwarten, wo die Schwachstellen im Shop liegen und wie er optimiert werden kann. Um eine erfolgreiche Webanalyse zu betreiben, müssen Sie das Thema systematisch angehen. Verlieren Sie sich nicht in Details, die Ihnen keinen Nutzen bringen, und werten Sie deshalb auch nur die Punkte aus, die Sie auch tatsächlich ändern können. Alles andere ist verschenkte Mühe.

Bedenken Sie auch, dass kein Webanalysetool 100 % genaue Daten liefert. Es gibt aufgrund von verschiedenen Faktoren immer Abweichungen von den tatsächlichen Werten.

Kapitel 13

Wie können Sie mit sozialen Netzwerken Aufmerksamkeit und Umsatz steigern?

Die sozialen Medien sind die virtuellen Cafés, in denen sich Ihre Kunden über die unterschiedlichsten Themen austauschen. Neuigkeiten, egal ob positive oder negative, können sich darüber in rasend schneller Geschwindigkeit verbreiten.

Die Relevanz der sozialen Medien lässt sich am besten in Zahlen ausdrücken. Allein der Platzhirsch Facebook hat weltweit ca. 2,3 Milliarden aktive Nutzer, davon sind allein in Europa 367 Millionen Mitglieder mindestens einmal im Monat auf Facebook online. Instagram wird auf der ganzen Welt von ca. 400 Millionen genutzt, und der Kurznachrichtendienst Twitter kommt noch auf etwa 300 Millionen aktive Nutzer. Eines ist also gewiss, auch ein Großteil Ihrer Kunden nutzt soziale Netzwerke. Diese Plattformen sind die virtuellen Treffpunkte, an denen sich die Nutzer vernetzen. Hier werden Erfahrungen ausgetauscht, Neuigkeiten verkündet und eben auch Meinungen gebildet.

Um Ihre Kunden zu erreichen, sollten auch Sie auf diesen Plattformen vertreten sein. Dort findet die Kommunikation statt und im Vergleich zu den klassischen Medien auch in beide Richtungen. Sie kommunizieren mit dem Kunden und er mit Ihnen.

In diesem Kapitel erfahren Sie, wie Sie Ihren Online-Shop optimal in den sozialen Netzwerken präsentieren, wie Sie auch mit schlechter Kritik umgehen können und wie Sie am besten mit Interessenten und Bestandskunden kommunizieren.

13.1 Soziale Netzwerke und deren Funktionsweise

Die Begriffe Social Media oder soziale Netze haben mittlerweile Einzug in die Alltagssprache gehalten. Doch was verbirgt sich tatsächlich hinter diesen Begriffen? Wikipedia definiert Social Media wie folgt:

»Als Social Media werden alle Medien (Plattformen) verstanden, die die Nutzer über digitale Kanäle in der gegenseitigen Kommunikation und im interaktiven Austausch von Informationen unterstützen.«

Spontan fallen den meisten Menschen bei sozialen Medien wahrscheinlich Netzwerke wie Facebook oder Twitter ein. Auch die früheren Stars studiVZ und werkenntwen sind sicherlich noch in Erinnerung. Tatsächlich verbirgt sich dahinter aber weitaus mehr, wie Abbildung 13.1 zeigt.

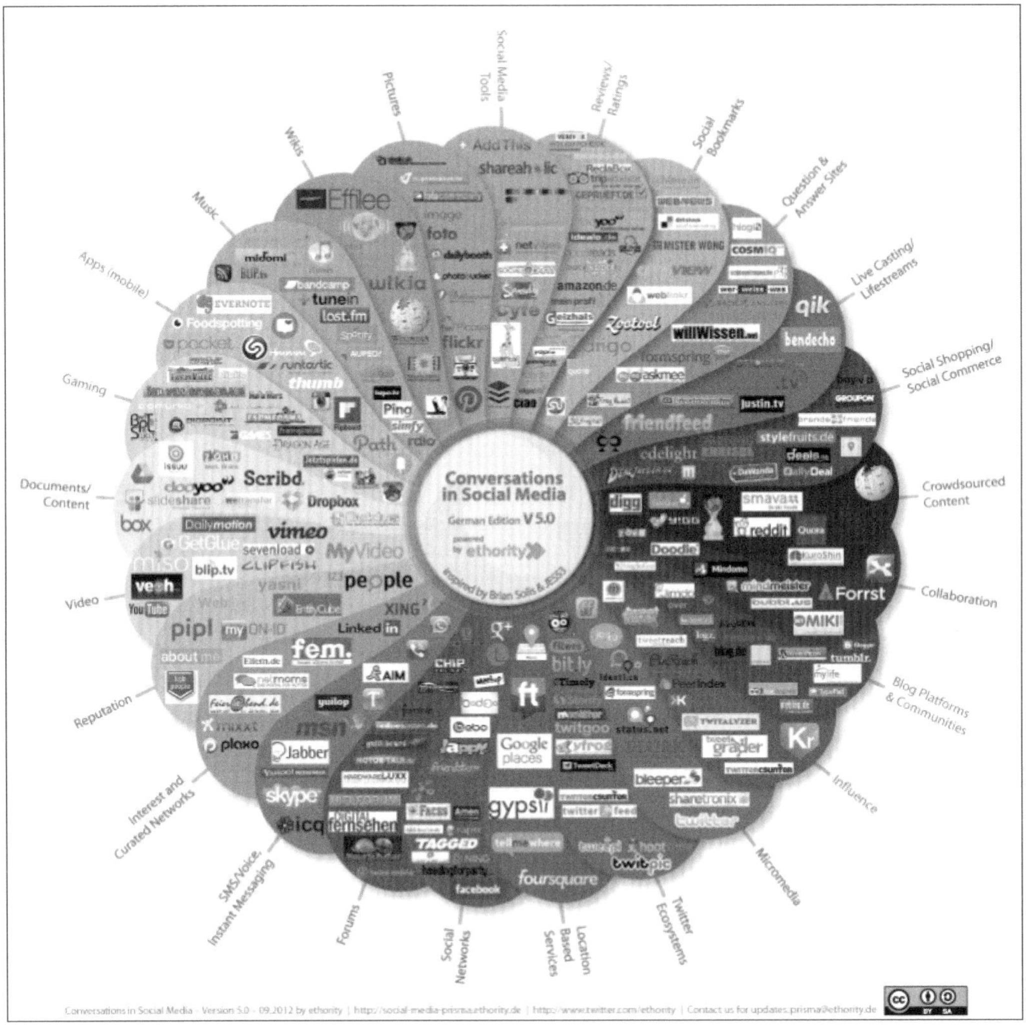

Abbildung 13.1 Verschiedene soziale Netzwerke (Quelle: www.ethority.de)

Für Sie als Online-Händler sind Social-Media-Aktivitäten eine gute Möglichkeit, mit Ihren Kunden in Kontakt zu bleiben. Sie haben damit die Chance, mehr Besucher für

Ihren Online-Shop zu generieren, und damit die Option, mehr Kunden zu gewinnen. Aber auch um Bestandskunden an Ihren Shop zu binden, sind Social Media bestens geeignet.

Wie Sie in Abbildung 13.1 sehen können, sind jedoch, was die Anzahl der Portale angeht, Social Media ein sehr weites Feld. Auf allen Portalen vertreten zu sein, ist selbst für große Unternehmen unmöglich und auch keinesfalls ein erstrebenswertes Ziel. Die Frage, ob Sie auf allen Portalen vertreten sein müssen, können Sie sich daher selbst mit einem klaren Nein beantworten.

Die Strategie in diesem Fall klingt sehr einfach. Sie müssen einfach dort sein, wo Ihre Kunden sind. Neben Facebook, auf dem statistisch jeder vierte Deutsche registriert ist, können dies noch weitere Special-Interest-Netzwerke und Blogs sein, die für Ihre Kunden relevante Themen behandeln. Eine umfassende Recherche im Vorfeld ist also unumgänglich und stellt die Basis Ihrer Aktivitäten dar.

Prüfen Sie, auf welchen Portalen im Netz sich Ihre Zielgruppe aufhält und wo es sich lohnt, aktiv zu sein. Eine Auswahl nach dem Gießkannenprinzip, bei der Sie auf möglichst vielen Kanälen *etwas* aktiv sind, ist die falsche. Sie sollten sich zu Anfang auf einige wenige Portale (oder auch nur auf eines) beschränken und diese(s) dafür systematisch bearbeiten. Wenn Sie zwar überall vertreten sind, aber aus Zeitgründen nur halbherzig, bringt Sie das Ihrem Ziel nicht näher. Verschaffen Sie sich also zuerst einen Überblick darüber, welche Netzwerke zur Verfügung stehen, und entscheiden Sie dann, auf welchen Sie aktiv werden möchten und welche Sie nur passiv beobachten. Aufgrund der rasanten Entwicklungen im Social Web sollten Sie auch in regelmäßigen Abständen prüfen, ob Ihre Auswahl noch die richtige ist oder ob sich vielleicht andere Portale so entwickelt haben, dass es auch dort lohnt, vertreten zu sein. Melden Sie sich dazu am besten vorab als Privatperson bei den Netzwerken als Nutzer an, die Sie für Ihren Online-Shop für geeignet halten. So können Sie ohne großen Aufwand das Verhalten und die Kommunikationsmuster der einzelnen Netzwerke kennenlernen.

13.1.1 Bedeutung von sozialen Netzen für den E-Commerce

Social Media sind also schon lange kein kurzzeitiger Trend mehr. Menschen sind kommunikativ und möchten sich untereinander austauschen. Das ist nicht nur im Internet so, soziale Netzwerke bieten aber die ideale Plattform dafür. Auf ihnen können innerhalb von Sekunden Erfahrungen und Meinungen mit Menschen auf der ganzen Welt ausgetauscht werden.

Für den E-Commerce sind die sozialen Netzwerke Segen und Fluch zugleich. Über die sozialen Netzwerke kann sich Ihr Angebot innerhalb kürzester Zeit im gesamten Netz verbreiten, und Sie erreichen damit viele tausend potenzielle Kunden. Es verbreiten sich aber nicht nur positive, sondern auch negative Berichte sehr schnell. In der Ausbildung lernten wir noch, dass ein zufriedener Kunde vier weiteren Leuten von seinen Erfahrungen erzählt, ein unzufriedener seine Erlebnisse an zehn Personen weitergibt. In den sozialen Netzwerken können aus den zehn sehr schnell zehntausend werden, wobei der Kunde ein Funktionieren als selbstverständlich ansieht und somit positive Erlebnisse weitaus seltener kommuniziert als negative. Wenn für den Kunden alles läuft, also das Einkaufserlebnis passte, der Preis in Ordnung war und die Ware auch noch schnell geliefert wurde, hätten Sie als Shop-Betreiber zwar alles richtig gemacht, einen positiven Post in einem sozialen Netzwerk werden Sie dafür aber eher selten bekommen. Läuft hingegen etwas nicht nach dem Geschmack des Kunden, ist die Wahrscheinlichkeit eines negativen Beitrags deutlich höher. Wenn dann noch andere unzufriedene Kunden auf diesen Zug aufspringen, kann dadurch auch ein Shitstorm entstehen. In Wikipedia wird Shitstorm wie folgt definiert:

> *»Shitstorm (zusammengesetzt aus englisch shit ›Scheiße‹ und storm ›Sturm‹) bezeichnet im Deutschen das lawinenartige Auftreten negativer Kritik gegen eine Person oder ein Unternehmen im Rahmen von sozialen Netzwerken, Blogs oder Kommentarfunktionen von Internetseiten bis hin zur Schmähkritik. Der Duden definiert einen Shitstorm als ›Sturm der Entrüstung in einem Kommunikationsmedium des Internets, der zum Teil mit beleidigenden Äußerungen einhergeht‹, der im Englischen als firestorm bezeichnet wird. Der Begriff Shitstorm bezieht sich vor allem auf ›Blogbeiträge oder -kommentare, Twitternachrichten oder Facebook-Meldungen‹.«*

Die Frage, die man sich nun bezüglich der Social-Media-Strategie stellen kann, ist, wie Sie die positiven Effekte verstärken und auf negative Beiträge reagieren. Negative Beiträge zu verhindern, ist übrigens nicht Bestandteil des Social-Media-Kapitels. Sie verhindern sie am besten, indem Sie die Tipps aus den anderen Kapiteln beherzigen und einfach einen guten Job machen. Ganz verhindern können Sie die Fehler aber nicht, weshalb ein guter Umgang mit negativen Kommentaren elementar ist.

13.1.2 Die richtige Social-Media-Strategie

Noch bevor Sie die Strategie planen, sollten Sie sich selbst fragen, für wen Sie diese überhaupt planen. Klar, es soll für die Kunden und Interessenten Ihres Online-Shops gemacht werden. Wissen Sie aber, wer Ihre potenziellen Kunden sind? Sind es die Jungen oder die Alten, eher Männer oder Frauen? Auf welchen Netzwerken bewegen sich die Menschen, die Sie ansprechen möchten? Diese und viele weitere Fragen sollten Sie sich stellen, um Ihre Zielgruppe besser zu definieren. Je mehr Sie über Ihre Zielgruppe wissen, desto besser können Sie die Strategie planen.

Ebenfalls bevor Sie sich über Ihre Strategie Gedanken machen, müssen Sie das Ziel definieren, das Sie erreichen möchten. Das Ziel Ihres Social-Media-Engagements zeigt

Ihnen nämlich die Richtung, in die Ihre Aktivitäten gehen sollen. Leider haben viele Unternehmen für ihr Social-Media-Engagement kein Ziel definiert. Nach dem Motto »Auf Facebook ist jeder, auch wir müssen dort vertreten sein« wird halbherzig eine Seite erstellt und der Azubi kurzerhand zum Social Media Manager erklärt. Einmal im Monat gibt es einen Post zu einem neuen Produkt, und ab und zu, es ist ja auch wichtig, persönlichen Kontakt aufzubauen, wird von den Freizeitaktivitäten der Kollegen berichtet. Versetzen Sie sich nun einmal in die Lage der Kunden. Glauben Sie, dass solch ein Vorgehen erfolgreich ist? Eher nein, denn was hier komplett fehlt, ist der Nutzen für den Kunden. Der Kunde soll durch Ihre Aktivitäten einen Mehrwert haben. Halten Sie sich das immer vor Augen, wenn Sie eine Aktion planen. Am besten orientieren Sie sich an folgenden fünf Schritten, um eine Aktion zu planen.

13.1.3 Schritt 1: Ziele definieren

Nur wer das Ziel kennt, weiß, in welche Richtung er laufen muss. Definieren Sie klare Ziele, was Sie mit Ihren Social-Media-Aktivitäten bezwecken wollen. Dabei gilt auch bei diesen Zielen die SMART-Regel:

1. Spezifisch: Ziele müssen so konkret wie möglich sein.
2. Messbar: Ziele müssen messbar sein.
3. Angemessen: Ziele müssen den Möglichkeiten angemessen sein.
4. Realistisch: Die Ziele müssen realistisch zu erreichen sein.
5. Terminiert: Zu jedem Ziel gehört ein Termin, bis zu dem das Ziel zu erreichen ist.

Ein konkretes Ziel könnte zum Beispiel lauten: 5 % mehr Bestellungen, die mit Unterstützung eines Social-Media-Kanals generiert wurden, innerhalb der nächsten drei Monate.

»Mit Unterstützung von« steht absichtlich da, und nicht »durch Social Media generiert«. Das hat auch seinen Grund, denn zwar können einige Social-Media-Aktivitäten das Kaufverhalten positiv beeinflussen und somit auch den Umsatz steigern, eine direkte Umsatzsteigerung durch Social Media ist aber selten. Untersuchungen haben gezeigt, dass Nutzer, die über Facebook und Twitter in den Shop kommen, dort seltener direkt kaufen. Ein Grund könnte sein, dass der Besucher über Social Media proaktiv angesprochen wurde und es eventuell noch keinen konkreten Bedarf für Ihre Produkte gibt. Er wird sich also in dieser Phase grob informieren und zu einem späteren Zeitpunkt über einen anderen Kanal in den Shop zurückkommen und kaufen. Wie es sich in Ihrem Shop genau verhält, können Sie über die Webanalyse bzw. genauer über eine Customer-Journey-Analyse in Ihrem Shop selbst messen. Schauen Sie, an welcher Stelle die sozialen Netzwerke stehen. Typisch ist es, wie in Abbildung 13.2 zu sehen, dass der Kanal, über den die Bestellung erfolgt, kein Social-Media-Kanal ist.

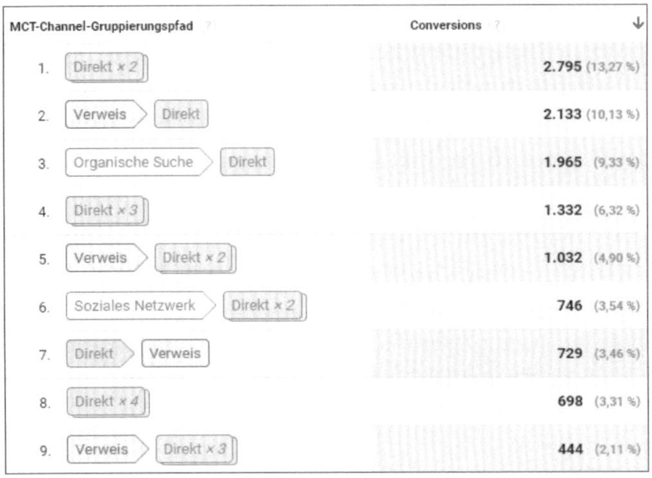

Abbildung 13.2 Customer Journey in Google Analytics

Sie können die generellen Ziele im Social-Media-Marketing in folgende Bereiche einteilen:

- Reputationsmanagement und Kundenservice
- Imagesteigerung
- Erhöhung des Traffics im Online-Shop
- Steigerung der Reichweite und Erhöhung des Bekanntheitsgrades
- Marktforschung

Erstes Ziel: Reputationsmanagement und Kundenservice

In den sozialen Netzen tauschen sich die Nutzer auch über negative Themen aus und machen damit ihrem Ärger Luft. Was ist aber, wenn die negativen Erfahrungen, über die berichtet werden, mit Ihrem Shop zu tun haben? Was ist also zu tun, wenn Sie einen negativen Post über Ihren Online-Shop entdecken?

Recherchieren Sie zunächst einmal, wer den negativen Beitrag verfasst hat. Suchen Sie den Kontakt, und versuchen Sie, das Problem unbürokratisch zu lösen. Um dem Kunden zu helfen, brauchen Sie auf jeden Fall weitere Informationen. Wenn möglich, antworten Sie dem Kunden kurz öffentlich, dass es Ihnen leid tut, und bitten Sie ihn, Ihnen die fehlenden Informationen in einer persönlichen Nachricht nachzuliefern. Selbstverständlich werden Sie dann das Problem sehr schnell lösen. Sollten Sie dann in einem angemessenen Zeitraum nichts von Ihrem unzufriedenen Kunden hören, erinnern Sie gerne noch einmal öffentlich daran, dass Sie immer noch an einer Lösung interessiert sind und dass Sie es bedauern, dass sich der Kunde nicht gemeldet hat. Wichtig dabei ist, dass Sie immer freundlich und sachlich bleiben. Sie müssen sich aber keine Kommentare unter der Gürtellinie gefallen lassen. Die Problemlösung für den einzelnen Kunden ist dabei nur ein Ziel. Das andere Ziel ist, Ihr Ansehen in der Öffentlichkeit zu steigern.

Reagieren Sie auch auf negative Kommentare

Die schlechteste Reaktion ist keine Reaktion. Antworten Sie auf jede Beschwerde, die Sie über die Social-Media-Kanäle erreicht. Nichts zu tun und die Probleme totzuschweigen wird sich negativ auf das Image auswirken. Haben Sie tatsächlich einen Fehler gemacht, stehen Sie dazu, und bieten Sie öffentlich Lösungen für das Problem an. Ein absolutes Tabu ist es auch, negative Kommentare zu löschen. Es wäre nicht das erste Mal, dass der Fall durch das Löschen erst richtig bekannt wird und einen Shitstorm nach sich zieht. Dieser Effekt nennt sich Streisand-Effekt. Benannt wurde er nach Barbara Streisand, die einen Fotografen aufforderte, Bilder Ihres Anwesens aus dem Netz zu löschen. Erst durch diese Aufforderung, wurde es der breiten Öffentlichkeit bekannt und verbreitete sich dadurch umso mehr.

Eine Ausnahme von der Nichts-löschen-Regel bilden Kommentare, die nur unsachliche Beschimpfungen gegen Sie oder andere Personengruppen enthalten. Diese können und sollten gelöscht werden.

13

Ein prominentes Beispiel dafür, wie sich Kundenkritik und die Reaktion darauf viral verbreiten kann, lieferte die Klimaaktivistin Greta Thunberg, als sie den Tweet auf Abbildung 13.3 verbreitete.

Abbildung 13.3 Tweet von Greta Thunberg zu Ihrer Fahrt mit dem ICE

Die Reaktion der Bahn ließ nicht lange auf sich warten und war auch eher zurückhaltend und entschuldigend, wie sie in Abbildung 13.4 sehen können.

Abbildung 13.4 Antwort der Deutschen Bahn auf den Tweet von Greta

Bis dahin war es für die Social-Media-Abteilung trotz des prominenten Fahrgasts ein normaler Vorgang und wäre auch sicherlich bei allen anderen schnell wieder in Vergessenheit geraten. Richtig Fahrt hat der Vorgang allerdings aufgenommen, als sich die Social-Media-Verantwortlichen der Bahn anscheinend beim Zugpersonal näher über die genauen Umstände der Fahrt informiert hatten. Auf Abbildung 13.5 reagiert die Bahn nämlich deutlich offensiver, was dann am Ende erst für die enorme Verbreitung gesorgt hat.

Abbildung 13.5 Zweite Antwort der Bahn an Greta

Dieser Fall zeigt aber auch, dass sich eine hohe Verbreitung nicht immer nur positiv auswirken kann. Während die Bahn bei den einen für ihre offensive Art gefeiert wurde, sprachen andere von einem PR-Desaster, weil unter anderem kritisiert wurde, dass die Bahn private Details veröffentlichte, wie zum Beispiel das Ticket der ersten Klasse. Auch die Kommunikation auf Deutsch und das Ausnutzen des prominenten Fahrgasts wurde negativ aufgenommen. Die Experten sind sich in dem Fall auch nicht einig, ob dieser Fall der Bahn mehr genutzt oder mehr geschadet hat.

Eindeutiger war die Meinung der Community bei einem etwas älteren Fall der Telekom. Getreu dem Motto »wie man in den Wald hineinruft, so hallt es heraus« kam folgender Dialog mit einem offensichtlich sehr unzufriedenen Kunden zustande. Der Kunde hatte kommentarlos den Screenshot aus Abbildung 13.6 gepostet.

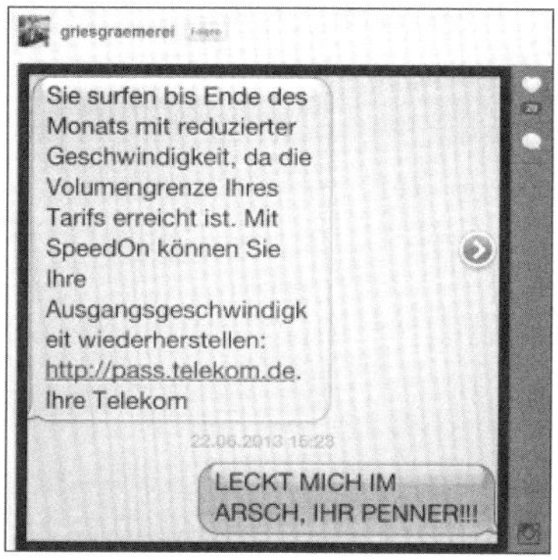

Abbildung 13.6 Post eines unzufriedenen Telekom-Kunden

Das Team von *Telekom hilft* hat daraufhin öffentlich auf Twitter mit folgendem Post nachgefragt, um was es dem Kunden eigentlich geht:

»Guten Tag. Sie haben geläutet. Was wollen Sie?«

Wie in Abbildung 13.7 zu sehen ist, konnte der Kunde die Unverschämtheit des ersten Posts sogar noch steigern.

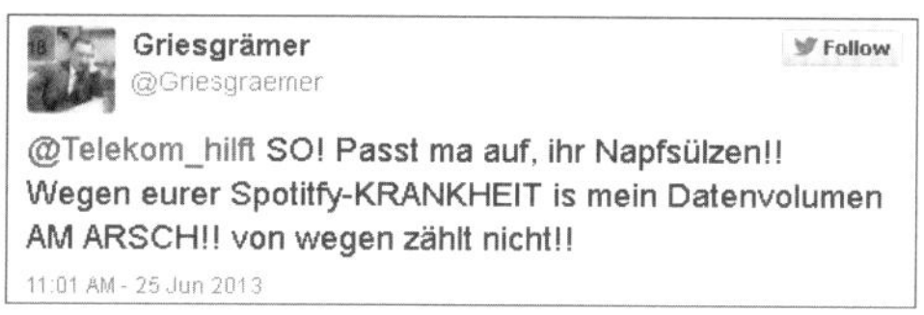

Abbildung 13.7 Die Antwort von Griesgrämer auf die Frage des Telekom-Teams

Jetzt könnte man denken, dass das Team der Telekom solche Beleidigungen gewohnt ist und es diese deshalb komplett ignoriert. In diesem Fall war es jedoch nicht so. Der Telekom-Mitarbeiter dachte sich dann wohl, dass man, um auf Augenhöhe zu kommunizieren, auch mal absteigen muss, und formulierte den Post in Abbildung 13.8.

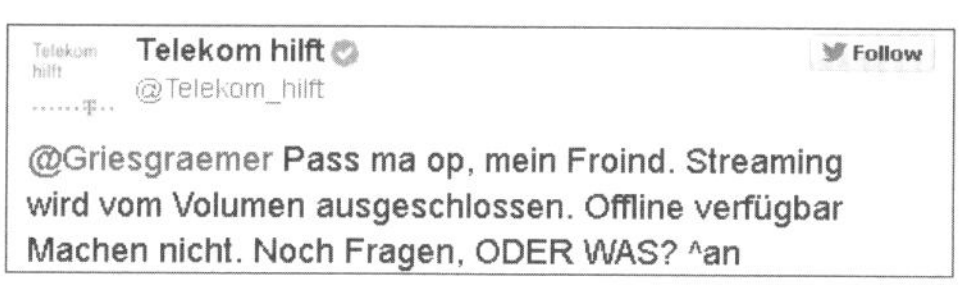

Abbildung 13.8 Sehr direkte, aber in diesem Fall angemessene Antwort der Telekom

Die Kommunikation ging auf diesem Niveau noch weiter hin und her, wobei die Telekom ganz klar als Gewinner daraus hervorging. Der Fall zog weitere Kreise. Unter anderem wurde der Fall vom Stern aufgegriffen, und die Drogeriekette Rossmann hat ebenfalls über Twitter seine Baldrian-Kapseln angeboten.

»@Telekom_hilft Hey Anna, Baldrian Kapseln bekommst du übrigens bei uns ;-)«

Die Netzgemeinde hat in diesem Fall klar Stellung pro Telekom bezogen, und durch die für viele nachvollziehbare Antwort konnte die Telekom dort ganz klar Sympathiepunkte sammeln. Auch der Post von Rossmann war für ihr Social-Media-Marketing ein schlauer Schachzug. Wahrscheinlich wurde dadurch keine Packung Baldrian mehr verkauft, das Image in der Öffentlichkeit wurde aber definitiv gesteigert.

Dieser Fall ist sicherlich extrem und somit eine Ausnahme. Die Telekom hat die Chance genutzt und konnte mit der Reaktion einige Bonuspunkte bei der Netzgemeinde sammeln. Solche Extremfälle erfordern aber sehr viel Fingerspitzengefühl, und die Reaktion sollte auf keinen Fall zum Standard werden. Wenn Sie sich auf solch einen öffentlichen Schlagabtausch einlassen, müssen Sie sich bewusst sein, dass der auch nach hinten losgehen kann. Wenn Sie auf Nummer sicher gehen möchten, reagieren Sie in solchen Fällen mit einem sachlichen Post und bitten den Nutzer, die Netiquette einzuhalten.

Der Fall von *Telekom hilft* zeigt, dass Social Media auch für den Kundenservice eingesetzt werden können. Der Service muss aber nicht zwangsläufig nur von Ihnen oder Ihren Mitarbeitern erbracht werden. Es gibt noch alternative Wege, den Kundenservice im Netz zu etablieren:

1. **Kunden helfen Kunden**

   Wie der Name schon sagt, helfen sich hier die Kunden gegenseitig und entlasten so erheblich den Support. Bei diesen Portalen geht es in erster Linie um die Bedienung der Produkte, also nicht um Lieferzeiten oder Garantiethemen. Kunden-helfen-Kunden-Portale sind also eine Ergänzung zu Ihrem Support, können diesen aber nicht komplett ersetzen.

   Um grobe Falschinformationen zu vermeiden, sollten Sie auch immer im Auge behalten, welche Themen gerade besprochen werden. Wenn von einem Nutzer falsche Informationen gegeben werden oder bei manchen Fragen keine Antworten kommen, sollten Sie auch selbst eingreifen und gegebenenfalls die jeweilige Antwort korrigieren. Kommunizieren Sie dabei immer auf Augenhöhe und keinesfalls mit erhobenem Zeigefinger.

2. **Experten unter den Kunden aktivieren**

   Die erfolgreiche Einbindung von Experten bringt Ihnen den Vorteil, dass ein gewisser Wissensstand vorhanden ist. Diese Experten können schwierige Fragen beantworten und bei falschen Antworten eingreifen. Wenn Sie eine funktionierende Community haben, werden Sie sehr schnell feststellen, wer besonders qualifizierte und hilfreiche Kommentare abgibt. Diese Dienste können Sie honorieren, indem Sie den »Super-Nutzer« öffentlich in der Community vorstellen und ihm Vergünstigungen im Shop gewähren. Dies wird die Motivation erhöhen und damit die Qualität der Hilfe steigern.

3. **Social-Media-Support-Team aufbauen**
   Nicht alle Themen können die Kunden untereinander klären. Bei manchen Fällen ist es einfach notwendig, selbst in das Geschehen einzugreifen. Für diesen Fall müssen Sie ein eigenes Social-Media-Team aufbauen. Das Team kann als schnelle Eingreiftruppe agieren und bei öffentlich gemachten Kundenproblemen deeskalierend wirken. Durch diese transparente Kommunikation kann die Glaubwürdigkeit gesteigert werden. Damit die Kommunikation funktioniert, muss das Team mit Kompetenzen ausgestattet werden. Zum einen braucht es Zugriff auf die Kundendaten und die kompletten Vorgänge und zum anderen einen eigenen Entscheidungsspielraum. Wenn sich die Social-Media-Beauftragten immer erst kompliziert intern abstimmen müssen, verzögert dies den Prozess, und eine schnelle Hilfe ist nicht möglich.

Zweites Ziel: Steigerung des Images

Der alte Wahlspruch »Tue Gutes und rede darüber« ist nach wie vor weit verbreitet und hat auch im Social Web nicht an Bedeutung verloren. Ganz im Gegenteil, gerade weil sich Nachrichten über die sozialen Netze rasant verbreiten können, sollten Sie auch über positive Taten Ihres Unternehmens berichten. Das kann sowohl eine Meldung sein, dass Sie sich bei einem sozialen Projekt engagieren, als auch ein Bericht darüber, dass ein Mitarbeiter von Ihnen eine Weiterbildung absolviert hat und nun ein noch größerer Experte auf diesem Gebiet ist. Alle positiven Dinge dürfen prinzipiell auch über die sozialen Medien kommuniziert werden.

Ganz wichtig dabei ist aber, dass Sie auch hier die Relevanz für den Nutzer im Auge behalten. Das 20-jährige Firmenjubiläum Ihres Hausmeisters ist zwar für Sie ein schönes Ereignis, interessiert Ihre Kunden aber sicherlich weniger.

Drittes Ziel: Erhöhung des Traffics

Mehr Traffic bedeutet in der Regel mehr Besucher, was dann zu mehr Umsatz führen kann. Dabei ist Traffic nicht gleich Traffic. Wenn Besucher in Ihrem Shop nicht den erwarteten Inhalt finden oder Ihr Shop vielleicht nicht zur Social-Media-Präsenz passt, ist die Absprungquote sehr hoch. Die Besucher verlassen sofort wieder Ihren Shop und werden ihn auch nicht bei künftigen Kaufentscheidungen berücksichtigen. Versprechen Sie also nichts, was Sie im Shop nicht einhalten, und verlinken Sie auch immer direkt auf die Seite im Shop, auf der die versprochenen Aktionen zu finden sind.

Wenn es Ihnen darum geht, möglichst viele Besucher über Social Media in den Shop zu bekommen, gelten hierfür die gleichen Gesetze wie beispielsweise bei Google Ads. Sie haben oft nur eine sehr geringe Anzahl an Zeichen zur Verfügung und müssen mit diesen Aufmerksamkeit erzeugen und auf den Shop neugierig machen. Nutzen Sie auch hier die Webanalyse, um herauszufinden, welche Form der Kommunikation den größten Erfolg hat. Hier gibt es kein pauschales Erfolgsrezept. Getreu dem Motto »Der Wurm muss dem Fisch schmecken und nicht dem Angler« sollten Sie Ihre Kunden kennenlernen und die Kommunikation darauf ausrichten.

Duzen oder siezen?

Viele Unternehmen stellen sich in der Kommunikation im Social Web die Frage, ob sie ihre Kunden duzen oder siezen sollen. Weder das eine noch das andere ist richtig oder falsch. Wichtig ist, dass Sie Ihre Taktik beibehalten und jeden Kunden gleich behandeln. Orientieren Sie sich auch gerne an den Auftritten der anderen Unternehmen. Auch das Netzwerk selbst spielt eine Rolle, wenn es darum geht, ob geduzt oder gesiezt wird. Auf Facebook ist das Duzen eher verbreitet, und auf XING wird eher gesiezt.

Viertes Ziel: Steigerung der Reichweite und Erhöhung des Bekanntheitsgrades

Um Ihren Shop bekannter zu machen, müssen Ihre Social-Media-Botschaften von so vielen Menschen wie möglich gelesen werden. Dies erreichen Sie, indem Sie Ihre Beiträge interessant gestalten, sodass Ihre Social-Media-Fans sie teilen oder kommentieren. Ist dies der Fall, werden Ihre Beiträge meist auch bei den Kontakten Ihrer Follower angezeigt. So verbreitet sich Ihre Botschaft über Ihre eigene Fanbasis hinaus.

Fünftes Ziel: Marktforschung

Im Sekundentakt werden in den sozialen Netzwerken Bewertungen geschrieben und wird über Produkte und Online-Shops diskutiert. Diese Informationen stehen Ihnen ohne großen Aufwand zur Verfügung und sollten deshalb auch systematisch genutzt werden. Beobachten Sie auch Netzwerke und Blogs, auf denen Sie nicht vertreten sind. Sie können dort herausfinden, was die Nutzer über Ihren Online-Shop denken und wie er bei Ihrer Zielgruppe ankommt. Sie können die Marktforschung aber auch aktiv betreiben und Ihre Social-Media-Gemeinde beispielsweise in die Sortimentsplanung mit einbeziehen. Regelmäßig veranstalten zum Beispiel diverse Fast-Food-Ketten Wettbewerbe, in denen ein eigener Burger oder eine eigene Pizza zusammengestellt werden kann. Die diversen Kreationen können dann auf einer Seite von anderen Nutzern bewertet werden. Der Nutzer, dessen Rezeptvorschlag die meisten Stimmen bekommt, erhält einen Preis, und seine Kreation gibt es dann tatsächlich für eine kurze Zeit zu kaufen. Das spornt natürlich extra an und hat den Nebeneffekt, dass die Nutzer selbstständig im eigenen Freundeskreis auf Stimmenfang gehen und somit für erhöhte Aufmerksamkeit sorgen.

Im Internet tauschen sich die Nutzer aber natürlich auch über Ihre Marktbegleiter und deren Sortiment aus. Was gefällt dort besonders, und was können Sie vielleicht davon übernehmen?

13.1.4 Schritt 2: Zielgruppe definieren

Nachdem das Ziel definiert wurde, geht es im zweiten Schritt darum, die richtige Zielgruppe zu finden. Wen wollen Sie über die sozialen Netze erreichen? Ist Ihre Zielgruppe männlich oder weiblich, jung oder alt? Je besser Sie Ihre Zielgruppe kennen, desto besser können Sie die Kommunikationsstrategie auf sie ausrichten.

13.1.5 Schritt 3: Analyse der Zielgruppe

Wenn Sie Ihre Zielgruppe definiert haben, ist der nächste Schritt die Analyse der Gewohnheiten. Eine Kernfrage lautet natürlich, auf welchen Kanälen Ihre Zielgruppe aktiv ist. Nicht jede Zielgruppe nutzt die gleichen Netzwerke. Gibt es vielleicht für Ihre Zielgruppe Netzwerke, über die sie ohne große Streuverluste erreicht werden kann?

Auch die Frage nach den Nutzungsgewohnheiten Ihrer Zielgruppe sollte analysiert werden. Es ist ein Unterschied, ob man die Zielgruppe quasi permanent über Social Media erreichen kann oder ob diese nur einmal in der Woche in Social Media aktiv ist. Auch die Uhrzeit spielt eine Rolle, wenn Sie ein zeitnahes Feedback zu Ihren Posts erwarten. Orientieren Sie sich dabei am besten an den Zugriffszahlen in Ihrem Shop. Wenn dort viel los ist, ist Ihre Zielgruppe zu dieser Zeit wohl generell sehr aktiv im Netz unterwegs.

Die wichtigste Frage ist jedoch die nach den Themen, die Ihre Zielgruppe gerade beschäftigen. Wie bereits weiter vorn in diesem Abschnitt erwähnt, ist es von großer Bedeutung, zielgruppenrelevante Themen zu behandeln. Nur so können Sie sicher sein, dass Ihre Zielgruppe auch an Ihren Posts interessiert ist.

13.1.6 Schritt 4: Abgleich mit Ihren Unternehmenszielen

Wenn die Ziele, die Zielgruppe, deren bevorzugte Kanäle und ihre Gewohnheiten und Vorlieben klar sind, sollte als Nächstes ein Abgleich mit Ihrem Unternehmensimage und eine Priorisierung der Ziele vorgenommen werden. Wie wird Ihr Shop bei der Zielgruppe wahrgenommen? Hat er ein großes Sortiment, die günstigsten Preise oder vielleicht den besten Service? Genauso wie bei den klassischen Marketingaktivitäten muss Ihr Auftritt in den Social-Media-Kanälen zu Ihrem Shop passen.

13.1.7 Schritt 5: Planung und Start

Nachdem die Rahmenbedingungen festgelegt wurden, können Sie Ihren Auftritt in den sozialen Netzwerken planen. Sie sollten nun folgende Fragen beantworten können:

- Wie viel Zeit können/wollen Sie in Social Media investieren?
- Welche Aufgabe hat Ihr Social-Media-Auftritt?

- Was wollen Sie mit Social Media erreichen?
- Gibt es Kennzahlen, die es erlauben, den Erfolg einfach zu messen?
- Wo hält sich Ihre Zielgruppe auf?
- Über welche Netzwerke soll die Zielgruppe erreicht werden?
- Wie verknüpfen Sie Social Media mit Ihren Unternehmenszielen?

Wenn die Strategie feststeht und das konkrete Vorgehen geplant ist, können Sie erfolgreich mit Ihrem Social-Media-Auftritt starten. Stellen Sie dabei Ihre Aktionen immer wieder auf den Prüfstand, und optimieren Sie diese. Die Entwicklung in den sozialen Netzen geht rasant voran, und was heute noch up to date ist, kann morgen schon wieder out sein. Ein gutes Beispiel dafür sind die Netzwerke *studiVZ* und *werkenntwen*. Diese wurden sehr schnell von Facebook verdrängt und spielen mittlerweile in der Social-Media-Landschaft keine Rolle mehr.

13.2 Social Media Monitoring

Im letzten Abschnitt haben Sie erfahren, wie Sie eine optimale Social-Media-Strategie planen. In diesem Abschnitt soll es nun darum gehen, diese Strategie systematisch zu überwachen und über Kennzahlen zu optimieren.

In das Social Media Monitoring soll dabei aber nicht nur Ihr eigener Facebook- oder Twitter-Account mit aufgenommen werden. Der Meinungsaustausch kann, angefangen bei Bewertungs-Websites bis hin zu Blogs, überall stattfinden. Es ist aus ganz unterschiedlichen Gründen notwendig, diese Äußerungen mitzubekommen. Positive Kommentare bestätigen dabei Ihre Strategie, und negative Bemerkungen ermöglichen Ihnen, Ihren Online-Auftritt zu verbessern.

Da die Kommunikation auf sehr vielen Seiten stattfinden kann, kommt schnell eine sehr große Anzahl an Portalen zustande, die Sie regelmäßig auf dem Schirm haben müssen. Zum Glück gibt es einige Tools, die Ihnen anzeigen, wenn der Shop-Name oder eines Ihrer Hauptprodukte irgendwo erwähnt wird. Einige davon sind kostenlos, können aber Inhalte nur in beschränktem Umfang erfassen. Andere kosten Geld, bieten dafür aber auch einen wesentlich höheren Leistungsumfang. Eine kleine Übersicht über verfügbare Tools finden Sie in Abschnitt 13.2.2, »Wichtige Werkzeuge für das Social Media Monitoring«.

13.2.1 Was können Sie durch Social Media Monitoring erreichen?

Es beginnt mit dem Zuhören. Bevor Sie überhaupt den ersten Schritt im Social-Media-Marketing gehen, müssen Sie sich einen Überblick über die aktuelle Situation verschaffen. Dazu gehört nicht nur, dass Sie wissen, auf welchen Portalen Ihre Zielgruppe anzutreffen ist. Genauso wichtig ist es, dass Sie wissen, wie dort zu den relevanten Themen kommuniziert wird. Jedes Netzwerk hat seine eigene Dynamik, auf die Sie eingehen müssen. Auf Facebook wird zum Beispiel in der Regel geduzt, und auf Twitter finden Sie Tweets wie diesen:

> *»Wer sich bei #MediaMarkt aktuell eine #PS4 kauft, bekommt gratis einen 2. PS4-Controller dazu! http://goo.gl/uqJ3Sp – 60 € Erparnis =)«*

Um die Meinungen und Stimmungen in Social Media zu erfassen, sollten Sie die relevanten Netzwerke monitoren. Ihre Social-Media-Aktivitäten müssen mit Monitoring beginnen und enden. In jeder Phase Ihrer Kommunikation ist es wichtig, die Stimmung im Social Web zu erfassen. Richtig geplantes Monitoring gibt über Folgendes Aufschluss:

- Wie wird Ihr Shop von der Öffentlichkeit wahrgenommen? Wird er überhaupt wahrgenommen?
- Wie ist die Meinung über die Produkte, die Sie in Ihrem Shop anbieten?
- Wie häufig wird über Ihren Shop gesprochen?
- Gibt es gerade negative Äußerungen, die Ihrem Ruf schaden können?
- Welche Themen werden gerade in der Branche diskutiert, und was kann sich dabei vielleicht zu einem wichtigen Trend entwickeln?
- Was wird über Ihre Marktbegleiter gesprochen?
- Was erwarten potenzielle Kunden von Ihrem Shop?

Überlegen Sie sich hierzu eine Reihe von Stichwörtern, nach denen Sie das Web regelmäßig (automatisch) durchsuchen. Zu diesen Suchbegriffen gehören der Name Ihres Shops, die wichtigsten Produkte und die Namen Ihrer relevantesten Marktbegleiter. Damit Sie sich nicht verzetteln, beginnen Sie mit einer Anzahl von maximal zehn Stichwörtern und schauen dann, wie viele Ergebnisse ausgegeben werden. Schließlich müssen Sie mit diesem Verfahren den Inhalt der Ergebnisse selbst auswerten und verlieren schnell den Überblick, wenn Sie mit zu vielen Begriffen starten.

13.2.2 Wichtige Werkzeuge für das Social Media Monitoring

Prinzipiell ist es auch mit vielen kostenfreien Tools möglich, einen Großteil der Erwähnungen aufzuspüren. Je nach Umfang der Suchanfragen und Anzahl der Quellen kann dies aber sehr viel Ihrer Zeit in Anspruch nehmen, sodass es Sinn macht, bei einer intensiveren Aktivität auf ein kostenpflichtiges Tool zurückzugreifen. Um die Investitionen zu Beginn so gering wie möglich zu halten, empfiehlt es sich, mit einer kostenlosen Lösung zu starten. Im Folgenden finden Sie eine Auswahl verschiedener Tools. Dabei hat jedes Tool einen Schwerpunkt, sodass es meist notwendig ist, für eine umfassende Analyse mehrere Tools parallel einzusetzen.

Google Alerts

Google bietet mit *Alerts* eine kostenlose Möglichkeit, Ergebnisse anzuzeigen, die auf unterschiedlichsten Kanälen gefunden wurden. Dabei werden alle Seiten mit einbezogen, die auch in den regulären Suchergebnissen zu finden sind.

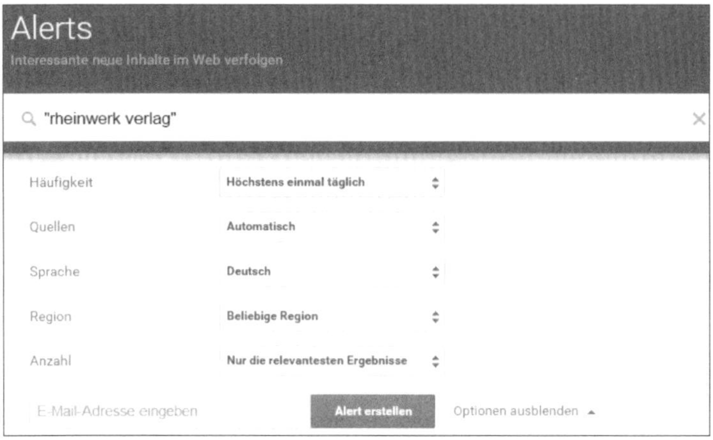

Abbildung 13.9 Ein Alert für die Suchphrase »rheinwerk verlag«

Wie Sie in Abbildung 13.9 sehen können, ist es sehr einfach möglich, einen Alert einzurichten. Sie werden informiert, sobald das Wort, das Sie im Feld SUCHANFRAGE eingegeben haben, neu in den Suchergebnissen erscheint. Die Häufigkeit der Information kann dabei ebenfalls ausgewählt werden. Um die Ergebnisse weiter zu verfeinern, können Sie die Suchoperatoren verwenden, die auch für die Websuche zur Verfügung stehen. Eine Übersicht über die Operatoren finden Sie in Abschnitt 10.4.2, »Backlinks«. Besonders hilfreich ist hier der Operator »inurl«. Durch diese Abfrage sucht Google nur nach Webseiten, die in der Adresszeile ein bestimmtes Wort enthalten. Wenn Sie zum Beispiel wissen möchten, wie in Foren über Ihren Shop geschrieben wird, nutzen Sie folgende Abfrage: »inurl:forum "ihrshopname"«.

Das Vorgehen mit den Operatoren funktioniert natürlich auch bei Ad-hoc-Abfragen in der Standard-Google-Suche. Um sich einen ersten Überblick zu verschaffen, muss es nicht immer gleich ein Alert sein.

- *www.google.de/alerts*

Twitter

Twitter ist ein soziales Netzwerk, über das Kurznachrichten verbreitet werden können. Es ist der perfekte Ort, um darauf zu lauschen, wie Ihr Shop wahrgenommen wird und wie man darüber denkt. Mit der integrierten Suchfunktion von Twitter können Sie die Nachrichten in Echtzeit verfolgen (siehe Abbildung 13.10).

- *www.twitter.com*

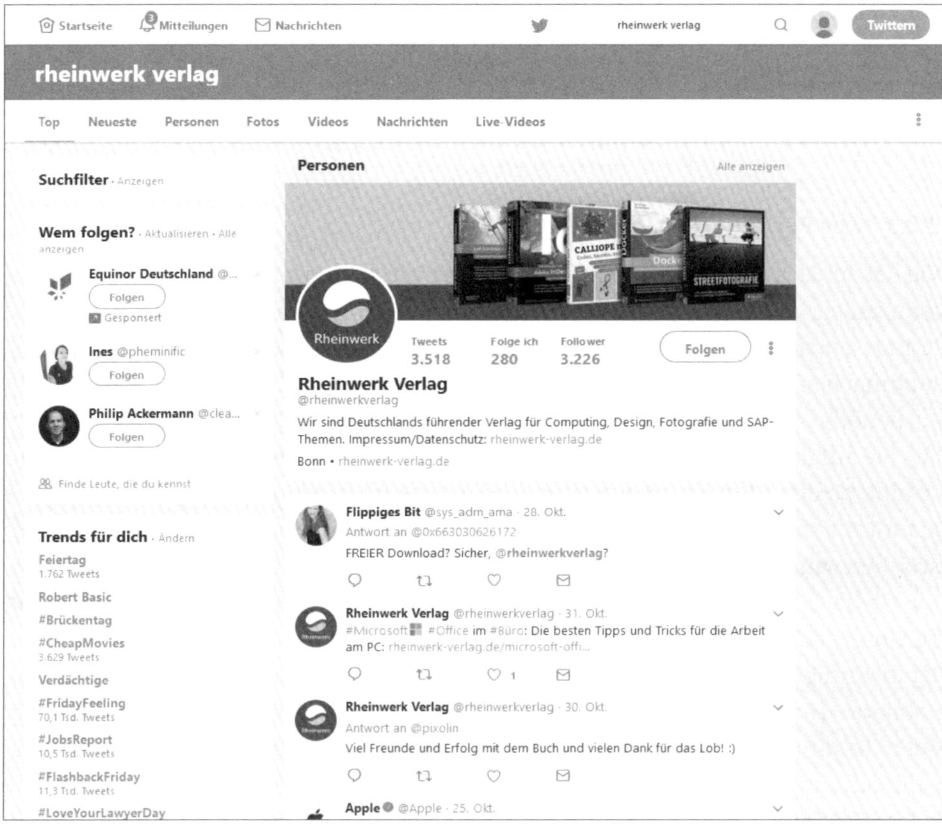

Abbildung 13.10 Suchergebnisse auf Twitter für »Rheinwerk Verlag«

Hootsuite

Hootsuite ist ein Social-Media-Dashboard zur Verwaltung und Auswertung sozialer Netzwerke. Mit ihm können Sie nicht nur Ihre eigenen Facebook- und Twitter-Accounts verwalten, sondern auch anderen Themen und Accounts automatisiert folgen. Hootsuite kann 30 Tage kostenlos getestet werden. Die kostenpflichtige Version beginnt bei einem Preis von 39 € pro Monat.

- *www.hootsuite.com*

Salesforce Marketing Cloud

Bei der *Salesforce Marketing Cloud* handelt es sich um eines der mächtigsten kommerziellen Tools für Social Media Monitoring. Es bietet die Überwachung von Millionen verschiedener Social-Media-Marketing-Kanäle und informiert Sie, wenn Ihr Shop auf einer der Plattformen erwähnt wird. Außerdem kann der Einfluss des jeweiligen Posts gemessen werden. Wenn jemand bei Twitter beispielsweise 5.000 Follower hat, wird dieser Post höher bewertet als der von jemandem mit 50 Facebook-

Freunden. Bei Preisen ab etwa 300 € pro Monat muss wie bei allen kostenpflichtigen Tools auch hier genau überprüft werden, ob die Investition in solch ein Werkzeug angemessen ist.

- *www.salesforcemarketingcloud.com*

13.2.3 Key Performance Indicators (KPI)

Wie bei der klassischen Webanalyse benötigen Sie auch im Social Media Monitoring Kennzahlen, die bei der Bewertung von Erfolg und Misserfolg helfen sollen. Langfristig müssen sich die Maßnahmen im Social Web in Form von höherem Umsatz bezahlt machen. Da es aber meist eine Weile dauert, bis sich Ihre Maßnahmen auszahlen, benötigen Sie Zwischenziele. Die Frage ist nun, welche Kennzahlen Ihnen zeigen, dass Sie auf dem richtigen Weg sind. Sind zum Beispiel viele Twitter-Follower besser als eine positive Erwähnung in einem Facebook-Post? Sie müssen also sowohl die quantitativen als auch die qualitativen Aspekte in der Kennzahl berücksichtigen. Inzwischen wurden eine Reihe von Kennzahlen aus dem klassischen Marketing um Social-Media-Faktoren ergänzt. Sie beziehen sich zum Beispiel auf die Aufmerksamkeit, die Unternehmen erzeugen, die Teilnahme Ihrer Kunden, die eigene Autorität und Glaubwürdigkeit sowie den Einfluss, den ein Unternehmen auf seine Kunden hat. Etablierte Größen sind hier zum Beispiel *Share of Voice* (Anteil der Erwähnungen in einem bestimmten Markt) und *Sentiments* (Anzahl negativer, positiver oder neutraler Erwähnungen). Leider gibt es aber toolübergreifend noch keinen festen Standard, sodass die Kennzahlen von Tool zu Tool unterschiedlich sind und auch unterschiedlich definiert werden. Definieren Sie sich selbst Kennzahlen, die Sie zur Erfolgsmessung heranziehen möchten. Zu Beginn, wenn Sie noch keine komplexen Social-Media-Monitoring-Tools im Einsatz haben, können das auch die Webanalysedaten sein, die besagen, wie viele Nutzer über Social-Media-Kanäle in den Shop gekommen sind. Diese Kennzahl berücksichtigt zwar nicht die Interaktionen, die direkt in den Social-Media-Kanälen stattfinden, dafür ist sie aber sehr transparent und einfach zu erfassen.

Die Interaktion in den sozialen Netzwerken können Sie auch oft mit eigenen Analysen der jeweiligen Netzwerke messen. Facebook bietet zum Beispiel mit den Facebook Insights eine sehr gute Möglichkeit, innerhalb des Netzwerkes die Entwicklung zu verfolgen. Mehr darüber erfahren Sie in Abschnitt 13.3.2, »Facebook«.

13.3 Einzelne Portale im Überblick

Da die konkreten Möglichkeiten auf jedem Portal unterschiedlich sind, stellen wir Ihnen im folgenden Abschnitt die wichtigsten im Detail vor.

13.3.1 Twitter

Twitter ist ein sogenannter Micro-Blogging-Dienst. Mit diesem ist es möglich, Nachrichten mit einer Länge von maximal 280 Zeichen zu kommunizieren. Twitter startete im Jahr 2006 und hat mittlerweile weltweit über 192 Millionen Nutzer täglich (Stand Q1/2021). Der Tweet mit den bis dahin meisten Likes war im Account von Chadwick Boseman, der einen Tag zuvor verstorben ist.

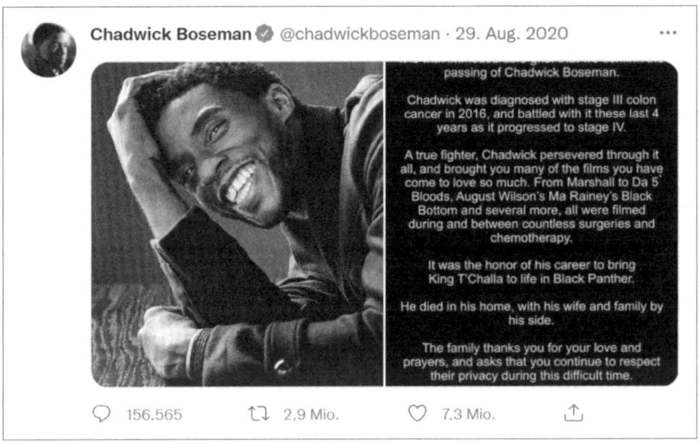

Abbildung 13.11 Letzter Tweet im Account des verstorbenen Chadwick Boseman

Auf Abbildung 13.11 sehen Sie, dass der Tweet bis zu diesem Zeitpunkt 7,4 Millionen Likes und 3 Millionen Retweets erreichte.

Abbildung 13.12 Bis zu diesem Zeitpunkt der Tweet mit den meisten Likes

Der Tweet mit den zweitmeisten Likes kam von dem Ex-US-Präsidenten Barack Obama. Der Tweet beinhaltete ein Zitat von Nelsen Mandela und kam auf 3,6 Millionen Likes, 1,4 Millionen Retweets und 55.000 Kommentare. Diese Menge an Kurznachrichten in solch kurzer Zeit verdeutlicht die Relevanz dieses Kanals.

Begriffe rund um Twitter

Rund um Twitter hat sich auch eine eigene Terminologie etabliert, die vielleicht nach dem ersten Hören sehr komplex erscheint. Lassen Sie sich dadurch nicht abschrecken. Die Begriffe hören sich vielleicht eigenartig an, sind aber schnell erklärt:

- **Following und Follower**
  Diese beiden Begriffe geben Auskunft über Ihr Netzwerk. Sie haben auf Twitter die Möglichkeit, anderen Nutzern zu folgen und dadurch die neuesten Meldungen von diesen Nutzern direkt auf der Startseite angezeigt zu bekommen. Auf der anderen Seite können natürlich auch andere Nutzer Ihnen folgen und bekommen damit Ihre Nachrichten angezeigt. Möglichst viele Follower zu bekommen, muss also das Hauptziel Ihrer Twitter-Aktivitäten sein. Nur so wird Ihre Botschaft auch von genügend Menschen gelesen.
- **Tweet**
  Ein Tweet ist die eigentliche Nachricht, die aus bis zu 280 Zeichen bestehen kann. Eine neue Nachricht erstellen Sie durch Klick auf das Federsymbol rechts oben in der Ecke. Im Anschluss öffnet sich ein neues Fenster, und Sie können dort Ihre Botschaft eingeben. Die Nachricht darf nicht nur aus Text bestehen, sondern hier können Sie zusätzlich dazu auch noch ein Foto hinzufügen und den Standort, an dem Sie sich gerade befinden.
- **Retweet**
  Ein Retweet ist eine Nachricht, die an andere Follower weitergeleitet wurde. Wenn also einer Ihrer Follower Ihre Nachricht interessant findet, kann er diese mit seinem Netzwerk teilen. Auch dort kann die Nachricht natürlich weiterverbreitet werden, sodass Sie dadurch eine höhere Reichweite generieren. Interessante Nachrichten können sich so wie im Schneeballsystem schnell an Tausende von Nutzern verbreiten. Voraussetzung dafür ist natürlich zum einen, dass Sie Follower haben, und zum anderen, dass diese Ihre Botschaft interessant genug finden, um sie zu teilen.
- **Hashtag**
  Hashtags – das sind die Rauten (#), die Sie immer wieder in den Nachrichten finden – helfen dabei, wichtige Schlagwörter in Tweets zu markieren. Wird zu einem bestimmten Thema ein Hashtag etabliert, wird dieses bei Antworten auf den Beitrag wieder aufgegriffen. Über ein Hashtag kann der Nutzer sofort sehen, von welchem Thema der Tweet handelt. Während der Fußball-WM 2014 gab es tausendfach das Hashtag #WM2014. So konnte man Tweets über das Thema Fußball-WM sofort er-

kennen. Außerdem ist alles, was nach dem # kommt, verlinkt. Klickt der Nutzer darauf, bekommt er sofort alle Tweets zu diesem Hashtag angezeigt. Das führt dazu, dass Ihre Posts auch von Personen gefunden werden, die nicht zu Ihren Followern zählen.

Ein Hashtag darf aus Buchstaben und Ziffern bestehen, es dürfen aber keine Satz- oder Leerzeichen verwendet werden. Von Twitter gibt es keine Begrenzung, was die Anzahl der Zeichen angeht. Bedenken Sie aber, dass diese von der Gesamtzeichenzahl abgezogen werden. Wenn Sie also ein Hashtag mit 279 Zeichen haben, bleibt für die eigentliche Botschaft kein Platz mehr. Weniger ist mehr – sowohl hier als auch bei der Anzahl der Hashtags pro Tweet. Damit die Lesbarkeit des Tweets nicht leidet, sollten Sie sich auf maximal drei Hashtags beschränken (siehe Abbildung 13.13).

Abbildung 13.13 Tweet von Zalando mit Hashtags

- **Kurz-URL**
  Da die Anzahl der Zeichen in einem Tweet begrenzt ist, empfiehlt es sich, für Verlinkungen auf externe Seiten oder Shops sogenannte Kurz-URL-Dienste in Anspruch zu nehmen. Bei solch einem Dienst wird eine zweite URL erzeugt, die dann über eine Weiterleitung auf das ursprüngliche Ziel verweist. Gerade bei langen URLs, die direkt auf Unterseiten verweisen, ist solch ein Dienst nicht nur für Twitter, sondern auch für andere Netzwerke interessant.

  Die am häufigsten genutzten Dienste sind *www.tinyurl.com* und *www.bitly.com*. Die Verwendung solch eines Dienstes ist sehr einfach. Geben Sie einfach in das jeweilige Feld die URL ein, die Sie verkürzen möchten. Der neue, kurze Link wird sofort erzeugt und kann dann von Ihnen genutzt werden.

- **Replies (Antworten)**
  Wenn Sie jemandem auf seinen Tweet antworten möchten, beginnen Sie die Nachricht mit @Benutzername, oder klicken Sie auf ANTWORTEN direkt unter der Nachricht. Erwähnungen von anderen Nutzern funktionieren genauso. Immer

wenn dem Benutzernamen ein @ vorangestellt ist, landet der Tweet automatisch bei der genannten Person.

- **Direktnachrichten**
  Unter Direktnachrichten versteht man private Nachrichten, die unter den Nutzern ausgetauscht werden. Sie können nur eine Direktnachricht versenden, wenn Ihnen der Nutzer auf Twitter auch folgt. Da auch bei Direktnachrichten nur 280 Zeichen zur Verfügung stehen, ist diese Funktion tatsächlich nur für kurze, direkte Botschaften geeignet und spielt für Ihre Social-Media-Aktivitäten auf Twitter eher keine Rolle.

Follower bekommen

Damit Ihre Twitter-Kampagnen auch gelesen werden, benötigen Sie Follower, also Leute, die Ihre Inhalte interessant finden und im Idealfall mit ihren Followern teilen. Die Frage ist nun, wie Sie zu Followern kommen. Natürlich können Sie alle Ihre Kunden anschreiben und Twitter in Ihren Online-Shop integrieren. Diese Maßnahme ist sehr sinnvoll und auch einfach durchzuführen. Im Idealfall sorgt aber Twitter auch dafür, dass Sie neue Kunden bekommen. Das funktioniert aber natürlich nicht, wenn Sie nur Bestandskunden als Follower haben und diese Ihre Inhalte nicht weiter teilen.

Das Erste, was Sie benötigen, um Follower zu bekommen, sind Inhalte, und zwar solche, die Ihre Follower interessieren. Tweeten Sie nicht nur Ihre Sonderangebote, sondern schaffen Sie einen Mehrwert durch einen interessanten Tweet, mit dem der Nutzer etwas anfangen kann.

Planen Sie Ihren Start bei Twitter sehr sorgfältig. Die Strategie, erst mit dem Twittern zu beginnen, wenn Sie ausreichend viele Follower haben, wird nicht aufgehen. Schreiben Sie mindestens zehn Tweets, bevor Sie anfangen, Ihre Twitter-Aktivitäten zu bewerben. Eine leere Seite wirkt abschreckend. Warum sollte Ihnen jemand folgen, wenn Sie nichts zu sagen haben? Ebenfalls abschreckend ist auch, wenn Sie noch keine Follower haben. Es ist deshalb vollkommen in Ordnung, wenn Sie zu Beginn Freunde, Bekannte und auch Kollegen bitten, Ihnen zu folgen. Natürlich dürfen diese Follower nicht als Erfolg gezählt werden und sollten bei der realistischen Berechnung Ihrer Follower wieder abgezogen werden. Hier geht es nur darum, Ihrer Twitter-Aktivität den ersten Schwung zu verleihen.

Eine weitere Möglichkeit ist, relevanten Twitter-Usern zu folgen. Dabei kann es sich zum Beispiel um befreundete Unternehmen oder Lieferanten handeln. Dadurch steigt nicht nur die Aktivität auf Twitter. Bei der richtigen Auswahl reagieren manche Unternehmen auch mit einem Following oder einem Retweet.

Ebenfalls abschreckend wirkt es, wenn Ihre Twitter-Seite lieblos gestaltet ist. Um eine Wiedererkennung zu gewährleisten, sollte die Twitter-Seite auch an das Design des Shops angelehnt sein.

Damit neue, potenzielle Follower auf Ihre Seite kommen, sollten Sie sich einfach einmal umschauen, wer auf Twitter zu den für Sie relevanten Themen twittert. Wenn Sie dann auf einen Tweet antworten, bekommen die Follower des anderen Nutzers ebenfalls die Nachricht angezeigt. Wenn die Antwort von Ihnen hilfreich war, steigt die Chance, dass Sie dadurch ebenfalls mehr Follower bekommen.

Einen Twitter-Account anlegen

Die Anmeldung bei Twitter erfolgt schnell und unkompliziert. Trotzdem gibt es einiges zu beachten:

1. **Daten eingeben**
   Über *www.twitter.com* kommen Sie, wie in Abbildung 13.14 zu sehen, auf die Twitter-Startseite. Hier haben Sie die Möglichkeit, sich entweder in einen bestehenden Account einzuloggen oder einen komplett neuen Account zu erstellen. Tragen Sie dafür im Kasten NEU BEI TWITTER? Ihren Namen, Ihre E-Mail-Adresse und Ihr Passwort ein. Bei dem Namen geht es um Ihren richtigen Namen. Den Twitter-Nutzernamen können Sie im nächsten Schritt auswählen. Dieser Twitter-Name sollte natürlich sofort einen Bezug zu Ihnen und Ihrem Online-Shop herstellen. Leider kann es passieren, dass der Name bereits vergeben ist. Entweder Sie versuchen es dann mit einem anderen Namen oder fangen an zu recherchieren, wer den »Wunschnamen« verwendet. Wird dieser nicht mehr genutzt, können Sie den Besitzer um Freigabe bitten. Wenn in diesem Schritt alles in Ordnung ist und Sie Ihren Wunschnamen gefunden haben, bestätigen Sie dies durch Klick auf MEINEN ACCOUNT ERSTELLEN.

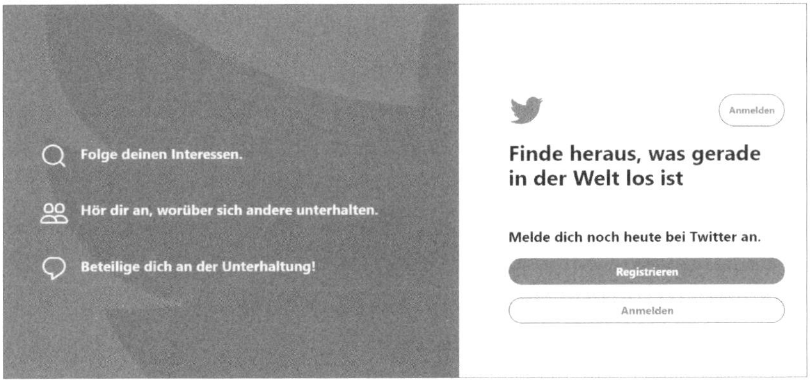

Abbildung 13.14 Startseite von Twitter: Hier können Sie sich einloggen oder einen neuen Account erstellen.

2. **Die ersten Schritte**
   Nach der Anmeldung bekommen Sie eine Kurzanleitung von Twitter, und Sie können Ihren Account Schritt für Schritt einrichten. Im ersten Schritt bekommen Sie

von Twitter andere Twitterer vorgeschlagen, denen Sie folgen können (siehe Abbildung 13.15). Wählen Sie hier ruhig einige Twitterer aus, denen Sie folgen möchten. Sie können jederzeit weitere hinzufügen oder auch bestehende »entfolgen«.

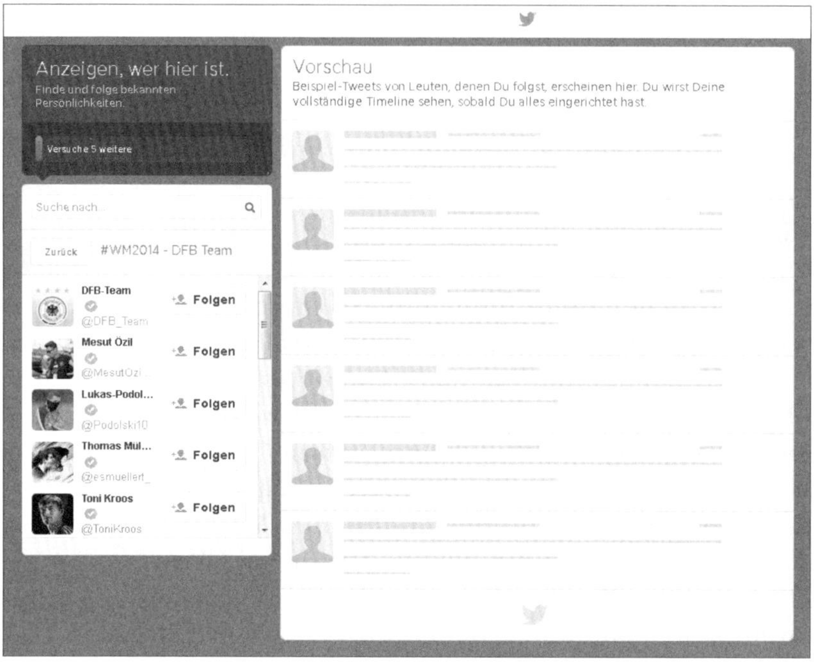

Abbildung 13.15 Die Seite mit den ersten Vorschlägen der Personen, denen Sie folgen können

3. **Bild und Biografie**
   Im Anschluss dürfen Sie ein Bild und eine Kurzbiografie eingeben. Beides ist freiwillig, aber absolut empfehlenswert. Es versteht sich von selbst, dass Sie kein Bild von sich persönlich verwenden, sondern am besten das Firmenlogo oder ein anderes Bild mit Wiedererkennungswert.

   Sie können Ihr komplettes Profil auch nachträglich noch bearbeiten. Rufen Sie es dazu über den Menüpunkt ACCOUNT auf. Dort finden Sie auf der rechten Seite den Button PROFIL BEARBEITEN.

   Auf Twitter gibt es drei verschiedene Arten von Bildern. Das Profilbild und das Headerbild können Sie über den Menüpunkt ACCOUNT ändern. Das Hintergrundbild, das den kompletten Bildschirm ausfüllt, muss allerdings an einer anderen Stelle geändert werden. Klicken Sie hierzu auf das Zahnradsymbol rechts oben in der Leiste, und wählen Sie dort EINSTELLUNGEN. Nun öffnet sich die Seite, auf der Sie globale Änderungen in Ihrem Profil vornehmen können. Dort unter DESIGN können Sie entweder ein Hintergrundbild aus einer Vorlage verwenden oder ein eigenes hochladen (siehe Abbildung 13.16).

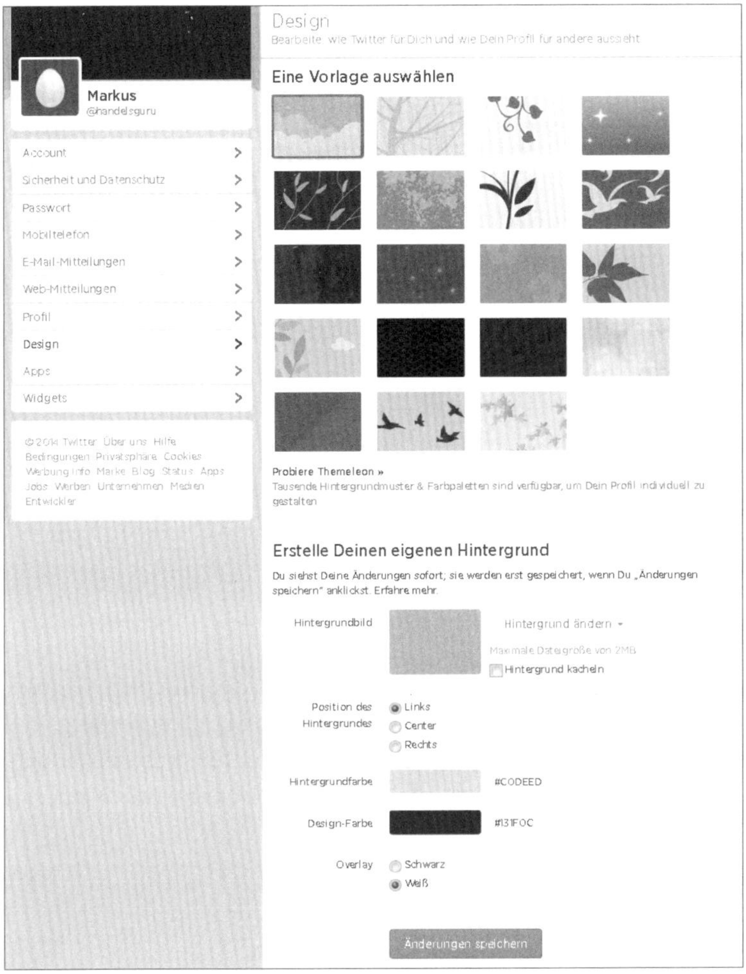

Abbildung 13.16 Hier können Änderungen am Hintergrundbild Ihres Twitter-Profils vorgenommen werden.

Hier können Sie auch die Position des Bildes aussuchen. Setzen Sie ein Häkchen im Kontrollkästchen HINTERGRUND KACHELN, wenn das Bild wiederholt angezeigt werden soll. Wenn nicht, lassen Sie es aus und wählen im Menü darunter, ob das Bild rechts, links oder mittig ausgerichtet sein soll.

Das Bild muss als PNG-, GIF- oder JPG-Format vorliegen und darf nicht größer als 2 MB sein.

Mit diesem Schritt haben Sie die Grundinstallation Ihres Twitter-Accounts abgeschlossen. Nun geht es darum, diesen mit Leben zu füllen (siehe Abbildung 13.17). Beginnen Sie zu twittern, berichten Sie von Ihrem Shop, Ihren Produkten, und geben Sie wertvolle Tipps für die Anwender. Wenn Sie den Inhalt interessant gestalten, werden Sie sehr schnell viele Follower dazubekommen.

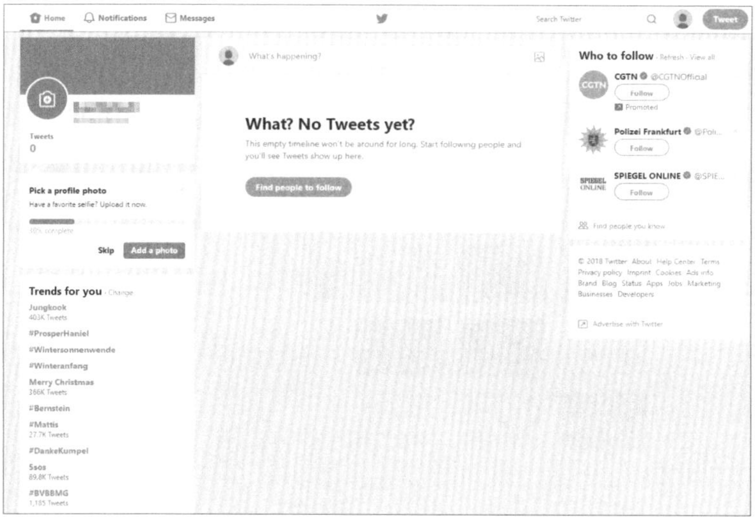

Abbildung 13.17 Twitter – Schritt für Schritt erklärt

13.3.2 Facebook

Facebook ist aktuell das Netzwerk mit den mit Abstand meisten Nutzern. Gegründet wurde es im Jahr 2003 vom damaligen Harvard-Studenten Marc Zuckerberg. In den Anfängen bestand die Nutzerschaft hauptsächlich aus Studenten, was sich jedoch im Laufe der Zeit stark gewandelt hat. Mittlerweile ist auf Facebook eigentlich jedes Alter vorhanden, wie Sie Abbildung 13.18 erkennen können.

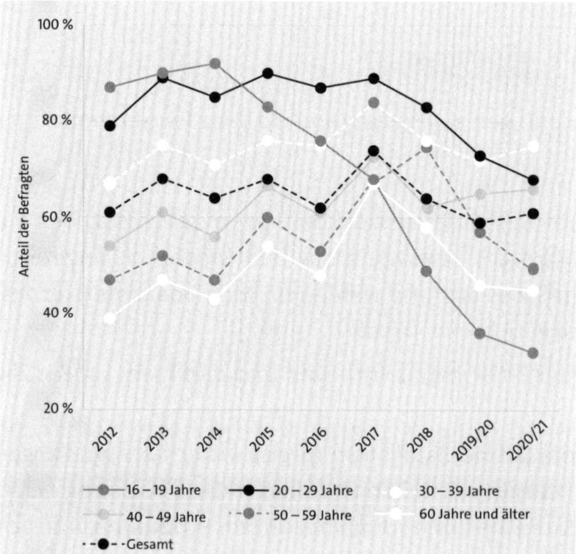

Abbildung 13.18 Verschiedene Altersgruppen auf Facebook (Quelle: Statista)

Bei Facebook gibt es unterschiedliche Seitentypen für Privatpersonen und Unternehmen. Es ist aber für Unternehmen nicht gestattet, private Profile anzulegen und zu betreiben. Ganz nebenbei gibt es noch andere Einschränkungen bei privaten Profilen, weshalb Sie auf keinen Fall ein privates Profil für Ihren Online-Shop anlegen sollten.

Facebook-Seite einrichten

Um bei Facebook durchzustarten, müssen Sie zuerst eine Seite für Ihren Shop einrichten. Aus den vorher genannten Gründen muss es sich dabei um eine spezielle Unternehmensseite handeln. Das Anlegen von Unternehmensseiten ist aber ebenfalls kostenlos und mit wenig Aufwand realisiert. Um solch eine Seite einzurichten, benötigen Sie zunächst einmal ein Facebook-Konto:

1. Gehen Sie hierfür auf *www.facebook.com*, und registrieren Sie sich, wie in Abbildung 13.19 zu sehen. Facebook verlangt hier, dass man den richtigen Namen eingibt, prüft dies jedoch nur in Ausnahmefällen. Anschließend werden Sie von Facebook durch den Registrierungsprozess geführt und haben dort noch die Möglichkeit, Ihr Profil zu personalisieren. Wenn Sie dies nicht möchten, weil es ja schließlich in erster Linie um die Unternehmensseite gehen soll, können Sie diese Schritte auch überspringen. Bis zu diesem Punkt unterscheidet sich der Registrierungsprozess noch nicht von dem eines privaten Nutzers.

Abbildung 13.19 Facebook-Startseite

Sollten Sie bereits ein privates Konto besitzen, können Sie diesen Schritt überspringen und sich direkt in Ihrem Konto anmelden.

2. Wenn Sie Ihr Profil erfolgreich angelegt haben, können Sie im nächsten Schritt eine Seite anlegen. Klicken Sie hierfür oben rechts auf den Pfeil, sodass sich das Menü öffnet. Hier wählen Sie NEUE SEITE ERSTELLEN aus. Anschließend können Sie auswählen, welche Art von Seite Sie erstellen möchten. Wählen Sie hier UNTERNEHMEN, ORGANISATION ODER INSTITUTION aus (siehe Abbildung 13.20).

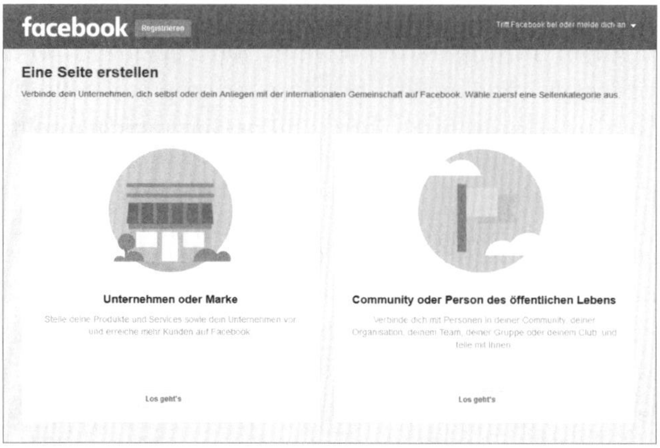

Abbildung 13.20 Facebook bietet die Möglichkeit, verschiedene Seitentypen zu erstellen.

3. Im darauffolgenden Schritt geht es ans Eingemachte. Dort können Sie in vier einfachen Schritten weitere Informationen der Seite hinzufügen. Beschreiben Sie hier, so gut es geht, Ihren Online-Shop. Haben Sie aber keine Angst, wenn Ihnen nicht spontan die richtigen Worte einfallen. Diese Punkte können Sie auch nachträglich noch ändern, genauso wie Sie auch noch nachträglich ein Profilbild hinzufügen können. Besonderes Augenmerk sollten Sie aber auf das Impressum legen. Genauso wie für Ihren Online-Shop auch, besteht auch für Ihren Facebook-Auftritt eine Impressumspflicht. Sie können hierbei entweder die Angaben für das Impressum direkt auf Facebook hinterlegen oder einfach das Impressum Ihres Shops verlinken.
4. Unter dem vierten Punkt, ERREICHE MEHR NUTZER, können Sie bezahlte Werbeanzeigen schalten. Dies ist, gerade in der Anfangszeit, ein gutes Mittel, um Fans für Ihre Seite zu gewinnen. Wie genau das funktioniert und was Sie dabei beachten müssen, können Sie im nächsten Abschnitt genauer nachlesen. Hier wollen wir uns erst einmal auf die Grundeinstellungen und das Einrichten der Seite beschränken.

Wenn Sie die Zahlungsmethoden für Werbeanzeigen bei Schritt 4 eingegeben haben, kommen Sie auf Ihre Facebook-Seite, die natürlich noch leer ist. Neben dem Profilfoto können Sie auf Facebook auch ein großes Titelbild hinzufügen. Dieses befindet sich über dem eigentlichen Inhalt, geht über die komplette Breite (820 px hoch und 312 px breit) und gehört deshalb zu den wichtigsten grafischen Elementen.

Beachten Sie aber beim Titelbild unbedingt auch die Nutzungsbedingungen von Facebook. Titelbilder wie »Jetzt 20 % auf alles« oder andere zu werbliche Aussagen sind nicht gestattet. Sie riskieren damit, dass Ihr Titelbild gelöscht wird.

Noch bevor Sie versuchen, neue Fans für Ihre Seite zu finden, müssen Sie diese noch mit weiterem Inhalt befüllen. Posten Sie Neuigkeiten, Tipps und Angebote, um die Seite lebendig zu machen. Wenn die ersten potenziellen Fans auf Ihre Facebook-Seite kommen, muss dort natürlich schon ein Inhalt vorhanden sein. Andernfalls ist die

Chance, dass jemand Fan von Ihrer Seite wird, relativ gering. Es hilft auch, wenn Sie Freunde und Bekannte von Ihrem privaten Facebook-Profil dazu einladen, die Facebook-Seite für den Online-Shop zu liken.

Facebook-Fans kaufen

Es gibt im Internet eine Reihe von Anbietern, die Facebook-Fans verkaufen. Auch wenn dieses Angebot vielleicht verlockend klingt, sollten Sie auf jeden Fall die Finger davon lassen. Woher diese »Fans« kommen, ist oftmals nicht bekannt. Teilweise sind es schlicht massenhaft angelegte Fake-Accounts, hinter denen keine echten Nutzer stecken. Diese Fans werden also nie Ihren Online-Shop besuchen, geschweige denn ein Produkt bei Ihnen kaufen. Wenn Facebook herausfindet, dass Sie Fans gekauft haben, riskieren Sie außerdem, dass Ihr Profil gesperrt wird.

Facebook Insights

Facebook Insights ist ein gutes und kostenloses Tool, um die Aktionen Ihrer Fans auf Facebook zu messen. Mit ihm können Sie zum Beispiel sehen, wie viele Fans Sie im Zeitverlauf gewonnen oder auch verloren haben. Aufrufen können Sie die Statistiken durch Klick auf STATISTIKEN in der horizontalen Leiste. Sie gelangen dann wie in Abbildung 13.21 auf die Übersichtsseite mit den relevantesten Entwicklungen.

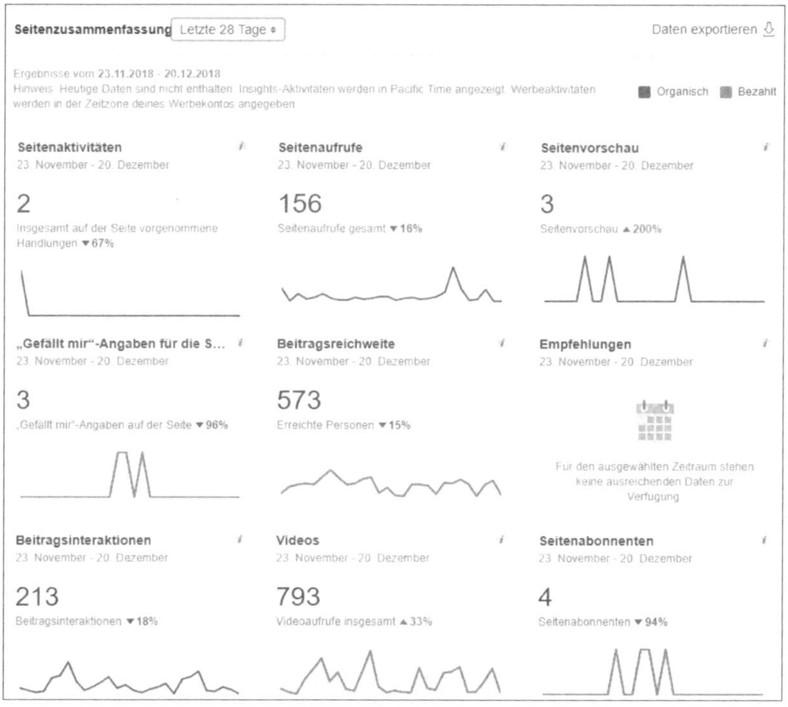

Abbildung 13.21 Übersicht der Facebook Insights

Besonders interessant ist hier die Entwicklung der »GEFÄLLT MIR«-ANGABEN FÜR DIE SEITE im Zeitverlauf. Mit dieser Information können Sie die Popularität Ihres Shops jederzeit im Auge behalten.

Sie können aber nicht nur die Gesamt-Performance überwachen, sondern auch die Reichweite von einzelnen Posts sehen. Besonders am Anfang, wenn Sie sich vielleicht noch nicht sicher sind, welche Themen und welche Ansprache bei Ihren Fans am besten ankommen, können Sie hier unterschiedliche Posts testen.

Nicht nur das Thema der Posts hat Einfluss darauf, wie häufig er geteilt wird. Auch die Tageszeit spielt eine große Rolle. Wenn Sie nicht wissen, zu welcher Zeit Ihre Fans aktiv sind, können Sie das ebenfalls über die Insights herausfinden. Eine Studie von Vitrue hat zwar gezeigt, dass die Facebook-Nutzer allgemein morgens am aktivsten sind. Nach dieser Studie erreichten Status-Updates, die morgens veröffentlicht wurden, eine um fast 40 % höhere Nutzeraktivität. Das sind aber allgemeine Zahlen, die nicht unbedingt auch für Ihre Zielgruppe gelten müssen.

13.3.3 Bezahlte Werbung bei Facebook (Facebook for Business)

Da die meisten Netzwerke für die Mitglieder komplett kostenlos sind, benötigen diese andere Einkommensquellen. Auch Facebook finanziert sich über Anzeigenwerbung und bietet für Werbetreibende verschiedene Möglichkeiten der Anzeigenschaltung. Gerade in der Anfangszeit, wenn Sie erst eine kleine Fanbasis haben, bietet es sich an, diese über bezahlte Werbung auszubauen.

Gehen Sie dafür auf *www.facebook.com/ads/create*, und melden Sie sich mit Ihren Nutzerdaten an. Anschließend kommen Sie auf eine Seite, auf der Sie auswählen können, welche Art von Werbung Sie schalten möchten (siehe Abbildung 13.22).

Als Online-Händler sind vor allem folgende Formen interessant:

- TRAFFIC
  Bei dieser Werbeform werden die Nutzer von Facebook auf eine andere Seite geleitet. Hiermit bekommen Sie Besucher für Ihren Shop.
- CONVERSIONS
  Hier geht Facebook noch einen Schritt weiter und wertet nicht nur den Klick auf eine Anzeige, sondern auch, ob bestimmte Ziele im Shop erfüllt wurden. Voraussetzung hierfür ist, dass im Shop noch ein spezielles Zählpixel hinterlegt wird, mit dem solch eine Messung möglich ist.
- INTERAKTION
  Hier können Sie Werbeanzeigen erstellen, die Ihre Beiträge auf Facebook bewerben. Im zweiten Schritt können Sie auswählen, auf welche Interaktion optimiert werden soll. Möglich sind:

- Beitragsinteraktionen: mehr Likes und/oder Kommentare für Ihre Beiträge
- Gefällt mir Angaben für Ihre Seite: Hiermit können Sie Ihre Fanbasis auf Facebook aufbauen und neue Fans bekommen.
- Veranstaltungszusagen/-absagen: Hier liegt der Fokus dann ganz klar auf der Bewerbung Ihrer Veranstaltungen.

Abbildung 13.22 Startseite bei Facebook Ads mit verschiedenen Auswahlmöglichkeiten

In unserem Beispiel geht es erst einmal darum, neue Facebook-Fans zu gewinnen. Wenn Sie also »Gefällt mir«-Angaben für eine Seite ausgewählt haben, kommen Sie zum nächsten Schritt, den Sie in Abbildung 13.23 sehen. Unter Anzeigengestaltung können Sie zuerst auswählen, ob Sie einen bestehenden Beitrag bewerben möchten oder ob Sie einen neuen erstellen. Im darauffolgenden Schritt können Sie die Darstellung auswählen. Möglich sind einzelne Fotos/Videos, ein Fotoalbum oder ein Foto-Carousel. Jedes Format kann natürlich mit einem Text kombiniert werden, den Sie aber möglichst kurz halten sollten. Konzentrieren Sie sich auf die wichtigsten Vorteile, andernfalls riskieren Sie, dass Ihre Kernbotschaft vom Nutzer nicht wahrgenommen wird.

Je nach Format können Sie bis zu sechs Bilder hochladen und somit sechs verschiedene Werbeanzeigen erstellen. Nutzen Sie diese Funktion, und optimieren Sie Ihre Anzeigen, indem Sie schauen, welches Bild die beste Klickrate liefert. Um nicht den Überblick zu verlieren, sollten Sie zu Anfang nicht mehr als drei Anzeigenvarianten erstellen.

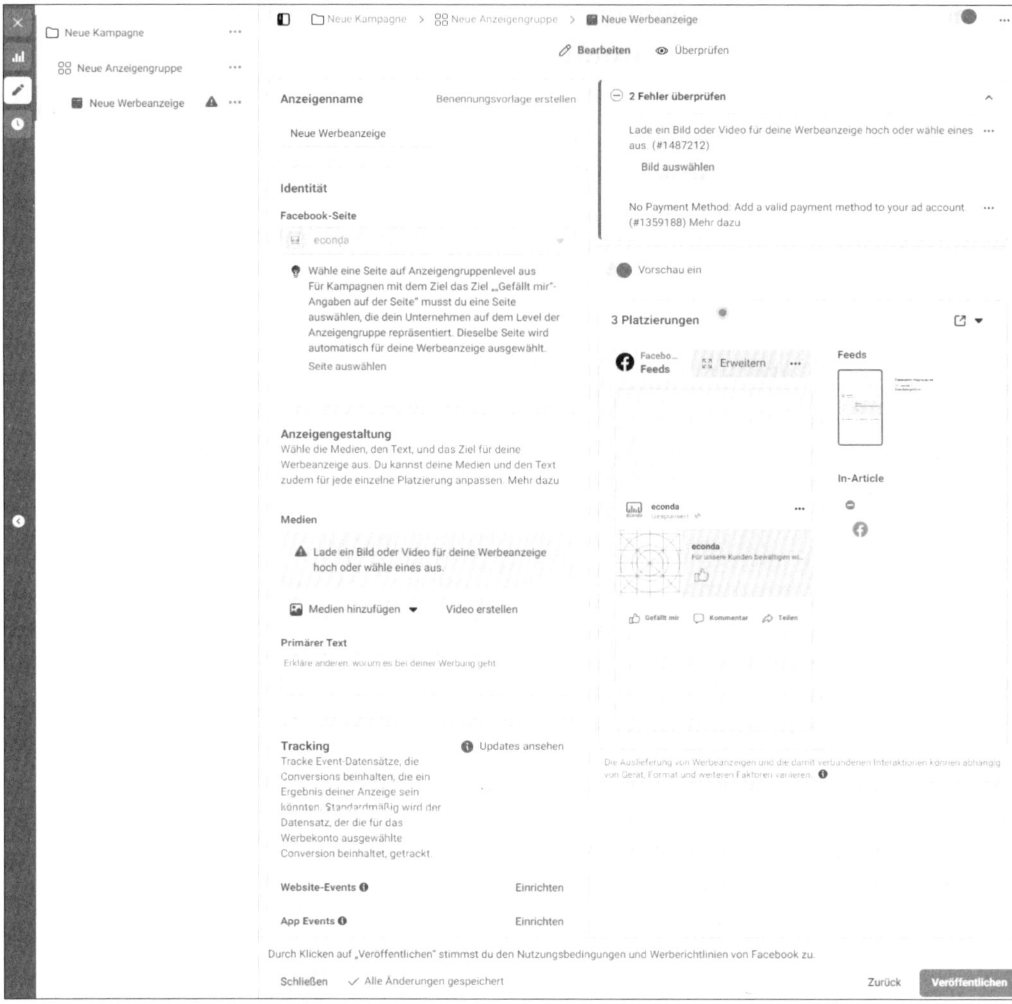

Abbildung 13.23 Eine bezahlte Anzeige auf Facebook gestalten

Der Erfolg einer Anzeige hängt nicht nur davon ab, wie die Anzeige aussieht, sondern auch davon, wer die Anzeige sieht. Facebook bietet hier eine riesengroße Auswahl an Filtermöglichkeiten. Zum einen können Sie entscheiden, in welchem Land oder in welcher Region Ihre Anzeige erscheinen soll, und zum anderen, welche Interessen Ihre Zielgruppe hat (siehe Abbildung 13.24). So ist es möglich, die Streuverluste auf ein Minimum zu reduzieren.

Besonders interessant ist der Punkt KONTAKTE. Hier können Sie die Zielgruppe noch weiter einschränken. Wenn Sie also neue Fans ansprechen wollen, wählen Sie hier nur Personen aus, die (noch) nicht mit Ihrem Shop verbunden sind. So vermeiden Sie unnötige Klickkosten.

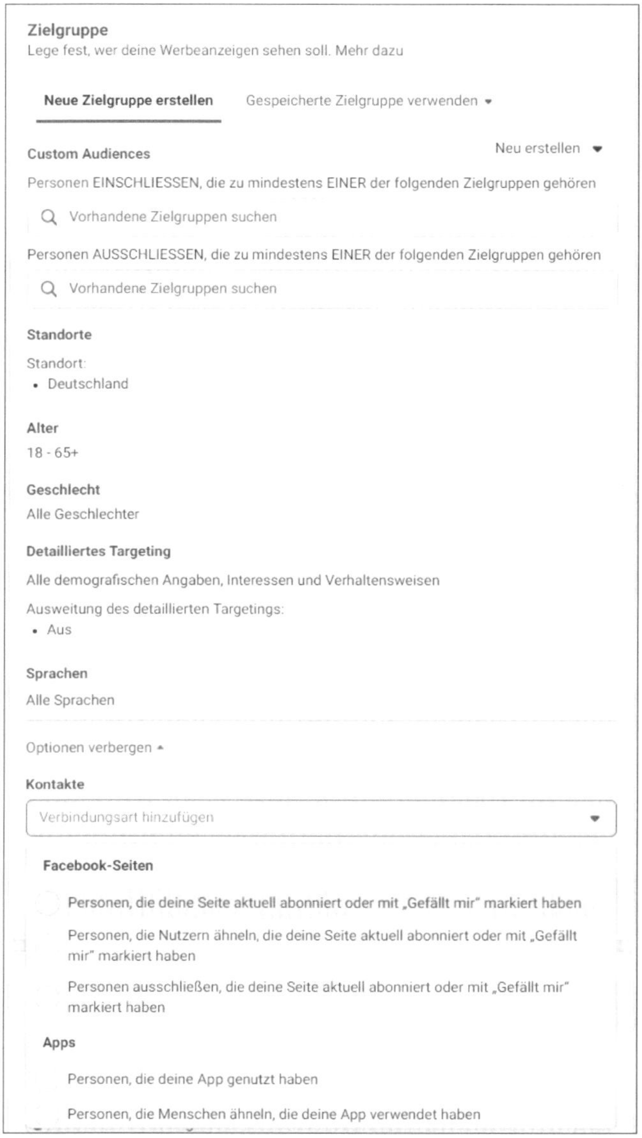

Abbildung 13.24 Hier können Sie auf Facebook die Zielgruppe für Ihre Kampagne auswählen.

Kosten der Anzeigen

Für die Schaltung der Facebook Ads verlangt Facebook Geld. Wie viel Sie ausgeben möchten, bestimmen Sie aber, ähnlich wie bei Google Ads, selbst. Dabei legen Sie zuerst einmal ein Gesamtbudget fest und definieren ein Start- und Zieldatum. Wählen

Sie hier lieber eine kürzere Laufzeit, und ändern Sie dafür häufiger Ihre Anzeigen. Der Grund ist denkbar einfach. Wählen Sie eine Performance-basierte Gebotsstrategie, wie zum Beispiel CPC (Cost per Click) oder CPA (Cost per Action), werden diese Kosten von Facebook auf Basis der Klickrate oder der Conversion-Rate ermittelt. Je weniger Einblendungen also benötigt werden, desto geringer sind Ihre Kosten pro Aktion. Läuft nun die Aktion sehr lange, sodass die einzelnen Nutzer die Anzeige mehrmals sehen, sinkt automatisch die Conversion bzw. die Klickrate, und die Anzeige wird dadurch teurer.

Facebook lässt Ihnen generell die Wahl, ob Sie die Gebote manuell oder durch Facebook automatisch anpassen lassen wollen. Gerade zu Anfang sollten Sie auf die automatische Gebotsermittlung zurückgreifen. Wenn Sie noch zu wenig Erfahrung haben, was die Kosten angeht, riskieren Sie mit einer manuellen Gebotsanpassung, dass Sie entweder zu viel für einen Klick zahlen oder dass Ihr Gebot zu niedrig ist und die Anzeige dadurch nicht geschaltet wird. Das Anzeigensystem basiert nämlich auf einer Auktion. Der mit dem höchsten Gebot erhält den Zuschlag, und seine Anzeigen werden eingeblendet.

Wie alle anderen Kampagnen müssen natürlich auch Facebook-Kampagnen kontinuierlich überwacht und optimiert werden. Das entsprechende Werkzeug, mit dem Sie dies schnell durchführen können, ist der Werbeanzeigenmanager von Facebook. Diesen erreichen Sie über das Menü unter WERBEANZEIGEN VERWALTEN. Die enthaltenen Statistiken sind sehr detailliert und bieten Informationen darüber, wie oft eine Anzeige geschaltet und geklickt wurde und natürlich auch wie oft das Ziel, zum Beispiel neue Facebook-Fans zu gewinnen, erreicht wurde. Behalten Sie diesen Report immer im Auge, wenn Sie Ihre Kampagnen optimieren möchten.

Blick zum Wettbewerb

Unter dem Punkt SEITENTRANSPARENZ, den finden Sie in Facebook beim jeweiligen Unternehmensprofil auf der linken Seite, können Sie sich anzeigen lassen, welche Werbeanzeigen das Unternehmen aktuell gerade schaltet. Das ist eine sehr einfach Art, sich einen groben Überblick über die jeweiligen Aktivitäten zu verschaffen. Bei dieser Möglichkeit finden Sie jedoch nur die Anzeigen ohne Volumen und gewähltes Targeting. Wenn Sie darüber hinaus noch Informationen benötigen, helfen Tools wie AdScout oder AdSpy.

13.4 Weitere soziale Netzwerke im Überblick

Wie eingangs bereits erwähnt, gibt es eine unüberschaubar große Zahl an Portalen und Möglichkeiten, im Bereich Social Media aktiv zu werden. Neben den Platzhirschen Twitter und Facebook, die wir etwas ausführlicher beschrieben haben, folgen nun im Kurzporträt noch weitere Möglichkeiten. Auch das ist aber nur eine sehr kleine Auswahl und kann auf keinen Fall Ihre eigene Recherche in diesem Bereich ersetzen.

13.4.1 XING und LinkedIn

XING und *LinkedIn* sind beides Netzwerke, auf denen die berufliche Kontaktaufnahme im Vordergrund steht. Auch hier können die Nutzer ein Profil anlegen und Informationen über sich selbst preisgeben. Darüber hinaus können Sie auch ein Profil für Ihr Unternehmen anlegen. Es sind dann hauptsächlich Informationen wie Qualifikation, beruflicher Werdegang oder auch allgemeine Informationen über das Unternehmen, die hier gepostet werden. Private Themen spielen eher eine untergeordnete Rolle. Dementsprechend sind diese Netzwerke für Ihre Social-Media-Strategie nur interessant, wenn Sie sich im B2B-Bereich bewegen.

Gründen Sie in diesem Fall eine Gruppe, in der über Ihre Produkte diskutiert werden kann, oder beteiligen Sie sich in anderen Gruppen an Diskussionen, und etablieren Sie sich darüber als Experte auf Ihrem Gebiet.

13.4.2 Pinterest und Instagram

Pinterest und *Instagram* sind soziale Netzwerke, die über das Sammeln und Sortieren von Bildern funktionieren. Ähnlich wie bei Facebook und Twitter können Sie anderen Nutzern folgen, Bilder bewerten und teilen. Seit 2014 gibt es auf Pinterest auch die Möglichkeit, über sogenannte Promoted Pins Ihre Beiträge weiter hervorzuheben. Instagram hat mit den Sponsored Posts ein ähnliches System.

Diese beiden Netzwerke könnten für Sie interessant sein, wenn Sie sehr visuelle Produkte, wie zum Beispiel Möbel oder Kleidung, verkaufen.

Pinterest hat mit ca. 478 Millionen Nutzern weltweit zwar deutlich weniger als Instagram (ca. 1 Milliarde weltweit und ca. 21 Millionen in Deutschland), wird aber bereits von zahlreichen Unternehmen und Marken genutzt, um Produkte zu inszenieren. Der große Vorteil liegt darin, dass nicht nur eigene Bilder auf digitale Pinnwände hochgeladen werden können. Es ist auch möglich, beliebige Fotos aus dem Internet zu pinnen, wobei immer auf die Herkunftswebseite verlinkt wird. Geschickt genutzt kann Pinterest also dazu beitragen, die Bekanntheit des eigenen Online-Shops viral zu steigern und mehr Besucher anzulocken.

13.5 Fazit

Soziale Netzwerke sind, wie Sie in diesem Kapitel gesehen haben, auch für Sie als Shop-Betreiber eine interessante Möglichkeit, mit Ihren Kunden in Kontakt zu bleiben und neue Interessenten in Ihren Shop zu ziehen. Neben der direkten Werbung, beispielsweise durch Facebook Ads oder Anzeigen auf Twitter, können Sie soziale Netzwerke auch als Support-Kanal, zum Beispiel durch Twitter, oder Inspirationsplattform, beispielsweise durch Pinterest oder Instagram, nutzen. Durch einen guten Kundenservice überzeugen Sie Kunden weiterhin davon, bei Ihnen einzukaufen, durch Inspirationen machen Sie Lust auf den Kauf von Produkten. Wie stark und in welcher Form Sie soziale Netzwerke einsetzen, hängt dabei primär von Ihrer Strategie und der vorhandenen Manpower ab. Eines ist jedoch sicher: Soziale Netzwerke unterstützen Ihren Online-Shop und sollten auch als eine solche Hilfe angesehen werden. Setzen Sie daher auf soziale Netzwerke, auf denen sich Ihre Zielgruppe tummelt, und unterstützen Sie durch das Engagement auf diesen sozialen Netzwerken Ihre E-Commerce-Strategie.

Kapitel 14
Chancen im Mobile Commerce

Mobile Endgeräte verbreiten sich in rasender Geschwindigkeit. Erfahren Sie in diesem Kapitel, wie Sie von dieser Entwicklung in Ihrem Shop profitieren können.

Viele Menschen verstehen unter Mobile Commerce alles, was von unterwegs aus im Internet gekauft wurde. Das ist jedoch nicht ganz richtig, denn dahinter steckt noch weitaus mehr. In der Onlineausgabe des Gabler Wirtschaftslexikons wird Mobile Commerce, oft auch nur M-Commerce genannt, wie folgt definiert:

> *»Spezialform des Electronic Commerce, bei der mobile Endgeräte zum Einsatz kommen. Für M-Commerce kommen dementsprechend Geräte wie Smartphones oder Tablet-Computer infrage, um die Anbahnung, Abwicklung und Aufrechterhaltung von Leistungsaustauschprozessen mittels elektronischer Kommunikationsnetze und mobiler Zugangsgeräte teilweise oder vollständig zu unterstützen.«*

Es geht also nach der offiziellen Definition nicht darum, dass der Nutzer mobil ist, sondern dass er über mobile Endgeräte auf das Internet zugreift. Jetzt sind sich sicherlich alle einig, dass es sich bei einem Smartphone definitiv um ein mobiles Endgerät handelt, wohingegen ein Notebook, obwohl es ja schließlich auch mobil eingesetzt werden kann, nicht dazugehört. Wie sieht es aber mit Tablets aus? In der Mehrzahl der Definitionen wird das Tablet ebenfalls zu den mobilen Endgeräten gezählt, weshalb auch wir es in diese Kategorie einordnen möchten. Auch wenn ein Kunde zu Hause auf der Couch mit seinem Tablet etwas bestellt, zählt das also zum Mobile Commerce. Dadurch, dass mobile Geräte meist eingeschaltet und online sind, ersetzen sie nämlich auch schon teilweise in den eigenen vier Wänden Desktop-PCs oder Notebooks. Gerade bei einer schnellen Recherche zum Beispiel beim Fernsehen wird aus den genannten Gründen eher zum mobilen Gerät gegriffen. Man spricht dabei auch vom Second-Screen-Effekt. Es wird also neben dem eigentlichen Fernsehscreen noch ein zweiter, nämlich Smartphone oder Tablet, parallel genutzt. Schnelles Internet wird diesen Anteil in Zukunft noch weiter steigern.

Die rasante Verbreitung von Smartphones und Tablets ist auch auf den folgenden beiden Fotos sehr gut zu erkennen. Beide Bilder wurden auf dem Petersplatz in Rom aufgenommen und zeigen wartende Menschen. Beim ersten Bild (siehe Abbildung 14.1) wurde der Leichnam des kurz zuvor verstorbenen Papst Johannes Pauls II. in den

Petersdom getragen, auf dem zweiten Bild (siehe Abbildung 14.2) wartet die Masse auf den neuen Papst Franziskus.

Abbildung 14.1 Bild wartender Menschen auf dem Petersplatz im Jahr 2005

Abbildung 14.2 Ebenfalls auf dem Petersplatz im Jahr 2013

Auch wenn es unglaublich klingt, zwischen diesen beiden Bildern liegen zwar nur acht Jahre, aber gefühlt Zehntausende Smartphones und Tablets. Noch mal einige Jahre später im Jahr 2020 ist der Anteil der Smartphone-Nutzer in der Altersgruppe bis 49 Jahre bei nahezu 100 %. Selbst die Gruppe mit dem geringsten Anteil bringt es noch auf ca. 52 %, wie Sie in Abbildung 14.3 sehen können.

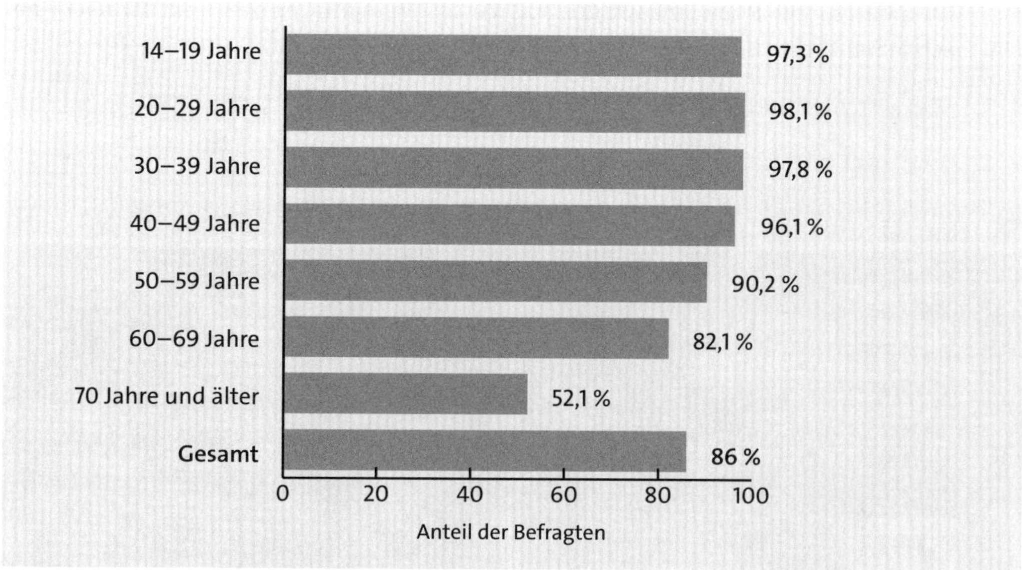

Abbildung 14.3 Anteil der Smartphone-Nutzer in Deutschland nach Altersgruppe im Jahr 2020. (Quelle: Statista)

Für Sie als Shop-Betreiber bedeutet das, dass mit dem Mobile Commerce ein riesiger Markt auf Sie wartet. Wie Sie von dieser Entwicklung profitieren können, erfahren Sie in diesem Kapitel.

14.1 Unterschiede zwischen E-Commerce und M-Commerce

Im vorigen Abschnitt haben Sie erfahren, dass laut Definition Mobile Commerce ein Teil des E-Commerce ist. Trotzdem gelten aber für Mobile Commerce andere Regeln als für Ihren klassischen Online-Shop. Dies ergibt sich schon aus dem kleineren Display und der unterschiedlichen Bedienung. Die Displaygröße von Smartphones liegt in der Regel zwischen 3 und 6 Zoll und die von Tablets bei 7 bis 11 Zoll, beide also deutlich kleiner als ein herkömmlicher Computer- oder Notebook-Monitor. Ebenfalls muss berücksichtigt werden, dass eine Touchscreen-Bedienung einfach anders ist als die mit einer Maus. Das Klicken auf kleiner Fläche ist mit dem Finger fast unmöglich. Auch Funktionen, bei denen die Maustaste gedrückt gehalten werden muss, funktionieren bei einem mobilen Gerät nicht. Um diesem Umstand gerecht zu werden, sollten Sie also eine separate Mobile-Version ins Netz stellen, die die Besonderheiten mobiler Geräte berücksichtigt.

Wenn Sie Abbildung 14.4 mit Abbildung 14.5 vergleichen, sehen Sie zwar den gleichen Shop mit dem identischen Sortiment, bei Abbildung 14.5 ist dieser aber optimiert für Zugriffe von mobilen Endgeräten aus. Bei dieser Optimierung geht es darum, dem

Kunden ein positives Einkaufserlebnis zu bieten, damit er den Kauf schneller abschließen kann und somit den Umsatz in Ihrem Shop erhöht.

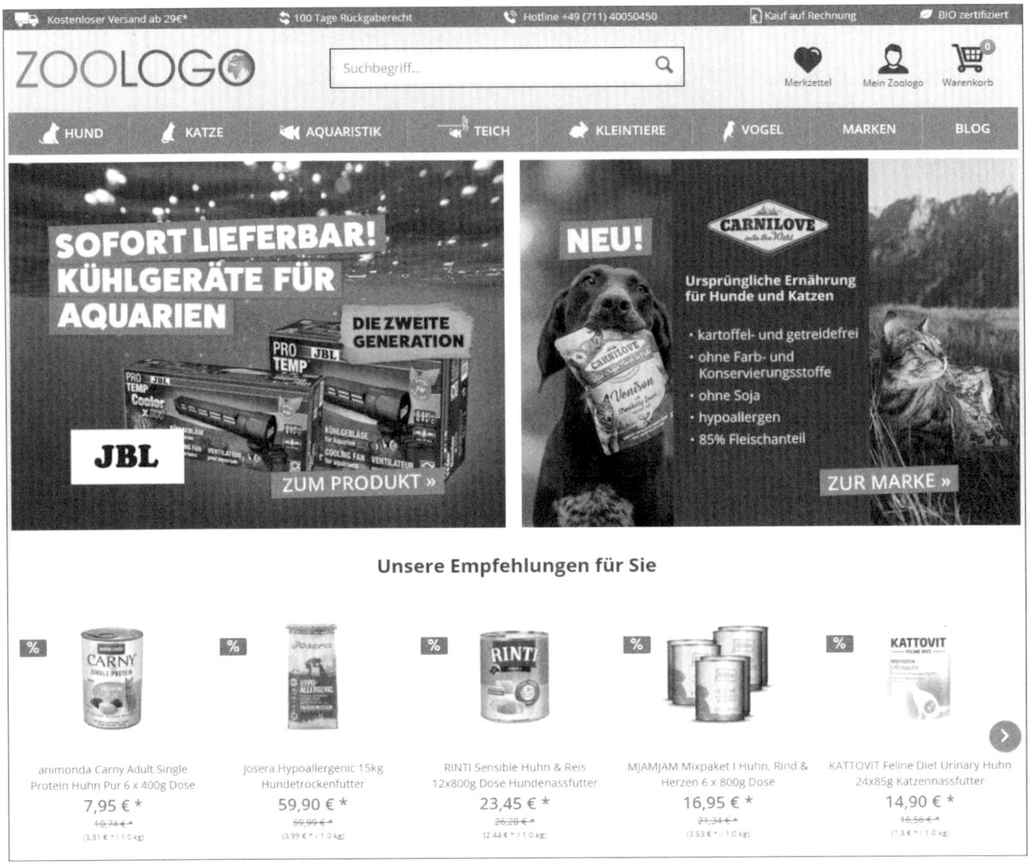

Abbildung 14.4 Klassische Ansicht von www.zoologo.de

Beim Vergleich beider Abbildungen können Sie auch sehr gut sehen, dass bei der mobilen Version das Design und die Anzahl der Elemente deutlich reduziert wurden. Außer aus Gründen der Übersichtlichkeit ist das auch aufgrund schnellerer Ladezeiten geschehen. Genauso wie in klassischen Online-Shops spielen diese nämlich auch bei Mobile-Shops eine Rolle. Aufgrund der geringeren Bandbreite im mobilen Bereich müssen diese Shops aber noch deutlich ressourcensparender ausfallen.

Lange Ladezeiten, aber auch fehlende Usability gehen auf Kosten der Conversion und somit des Umsatzes. Es gibt Studien, die belegen, dass zwischen Ladezeiten und Conversion ein enger Zusammenhang besteht.

Es ist ein großer Fehler, *den* Mobile Commerce quasi als homogene Masse zu betrachten und generell für Mobile zu optimieren. Innerhalb dieses Teilbereichs des E-Commerce gibt es eine Reihe von unterschiedlichen Aspekten, die ganz individuell

Abbildung 14.5 Mobile-optimierter Shop von www.zoologo.de

berücksichtigt werden müssen. Unter Mobile wird sowohl der Zugriff mit einem Smartphone aus dem mobilen Datennetz als auch aus dem heimischen WLAN subsumiert. Ebenso fällt ein 3,5 Zoll großes Smartphone-Display unter Mobile wie ein 11 Zoll großes Tablet. Während beim ersten die Darstellung einer regulären Webseite eine Qual für den Nutzer ist, lässt sich das mit einem Tablet schon eher handeln. Daneben kommt es natürlich bei der Ausrichtung Ihrer Mobile-Strategie auf Ihre Produkte und die Ziele an, die Sie mit Mobile verfolgen. Haben Sie das Ziel, dass Sie über Ihren mobilen Shop direkt etwas verkaufen, oder soll er einfach Appetit machen und den Nutzer dann in einer späteren Session in den regulären Webshop locken? Diese Fragen können nicht pauschal beantwortet werden. Es kommt dabei zu sehr auf die unterschiedlichen Gegebenheiten an. Betreiben Sie zum Beispiel einen B2B-Shop mit hochpreisigen Investitionsgütern, ist ein Abschluss über ein mobiles Endgerät unwahrscheinlicher, als wenn Sie niedrigpreisige Verbrauchsgüter verkaufen.

14.2 Chancen, Risiken und Nutzen für Shop-Betreiber

Die Entwicklung im Mobile Commerce schreitet rasant voran, und die Frage, ob Sie sich mit diesem Thema auseinandersetzen sollten, kann mittlerweile für fast jede Branche mit ja beantwortet werden. Während vor einigen Jahren Mobile primär bei der jüngeren Zielgruppe vertreten war, ist es mittlerweile bei allen Altersklassen ein relevantes Thema (siehe Abbildung 14.3). Das Potenzial von Mobile Commerce ist riesig.

Auch wenn die generelle Entwicklung des mobilen Internets schnell voranschreitet, ist die Relevanz des Mobile Commerce von Branche zu Branche unterschiedlich.

Wenn Sie genauer wissen möchten, wie hoch das mobile Potenzial ist, gibt es einen kleinen Umweg, um dies herauszufinden. Orientieren Sie sich dabei an dem mobilen Suchvolumen: Dies gibt Aufschluss darüber, wie relevant das jeweilige Thema bei den Nutzern von mobilen Endgeräten ist. Konkret erfolgt das über den Google Ads Keyword-Planer. Zu diesem nützlichen Tool von Google gelangen Sie wie folgt:

1. Rufen Sie unter *ads.google.com* Ihren Google-Ads-Account auf, und loggen Sie sich ein.
2. Klicken Sie rechts oben unter TOOLS UND EINSTELLUNGEN auf KEYWORD-PLANER.
3. Unter SUCHVOLUMEN UND PROGNOSEN ABRUFEN können Sie die für Sie relevanten Keywords eintragen. Nachdem Sie das getan haben, bestätigen Sie mit Klick auf den Button STARTEN.
4. In der nächsten Ansicht finden Sie auf der linken Seite den Punkt PROGNOSEN. Wenn Sie daraufklicken, sehen Sie unter anderem die Box aus Abbildung 14.6 und sehen dort die prozentuale Verteilung zwischen Smartphone, Tablets und Computer.

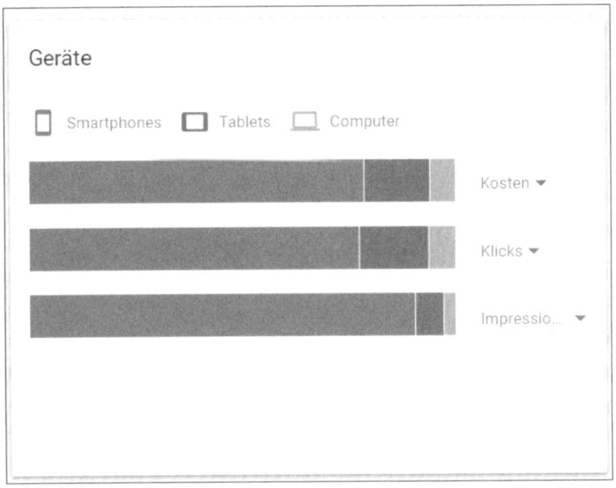

Abbildung 14.6 Google Ads Keyword-Planer

Natürlich liefert dieses Vorgehen nur einen groben Anhaltspunkt dafür, wie hoch das Interesse im mobilen Bereich an dem jeweiligen Keyword ist. Bei der derzeitigen Entwicklung ist es auch weniger die Frage, *ob* Mobile für Ihren Online-Shop relevant ist. Es geht hier vielmehr um die Frage, ab wann!

Wenn Sie eine Webanalyselösung im Einsatz haben, sollten Sie auch dort die Informationen über den Bereich Mobile im Auge haben. Im Gegensatz zu der vorher beschriebenen Methode mit den Suchphrasen haben Sie in der Webanalyse nicht nur die Möglichkeit, zu sehen, über welche Geräte die Besucher in den Shop kamen. Sie können damit auch analysieren, was sie im Shop gemacht haben. Kaufen zum Beispiel Nutzer über mobile Endgeräte mehr oder weniger als Nutzer, die über klassische PCs auf den Shop zugreifen? Bleiben sie vielleicht länger im Shop? Das sind nur zwei von vielen Fragen, die über die Webanalyse beantwortet werden können. Aber Achtung, wenn der Shop nicht für mobile Geräte optimiert ist und Nutzer dabei schlechte Erfahrungen gemacht haben, werden diese den Shop nicht mehr mit mobilen Endgeräten besuchen. Wenn Sie jetzt aus den niedrigen Zugriffszahlen schlussfolgern, dass kein Bedarf an einem mobilen Shop besteht, ist das natürlich eine falsche Interpretation.

14.3 Technische Hürden und Anforderungen

Eine der größten Hürden, die die mobile Optimierung zu solch einer großen Herausforderung machen, ist die Darstellung. Mit einem Tablet oder Smartphone zu shoppen, unterscheidet sich grundlegend von der Nutzung eines Online-Shops auf einem stationären PC. Die Displays sind bei mobilen Geräten deutlich kleiner, und Tastatur und Maus werden durch Fingergesten ersetzt. Wenn Sie wissen möchten, wie Ihr aktueller Shop auf den unterschiedlichen Endgeräten dargestellt wird, empfiehlt sich das kostenlose Tool Responsively (*www.responsively.app*). Dort wird die Darstellung auf unterschiedlichsten Endgeräten simuliert (siehe Abbildung 14.7). Beachten Sie aber bitte, dass solch eine Simulation niemals den Test auf echten Geräten ersetzen kann.

Wenn Ihr Shop noch nicht für mobile Seiten optimiert ist, lässt er sich zwar trotzdem mit mobilen Geräten aufrufen, die Bedienung ist damit aber sicherlich kein Vergnügen. Ein optimierter Shop muss also her, wenn Sie im mobilen Bereich erfolgreich sein wollen. Dabei hat sich mittlerweile das sogenannte Responsive Design durchgesetzt. Hierbei passt sich das Design des Shops der jeweiligen Bildschirmgröße an. Zusätzlich dazu kann es auch sinnvoll sein, eine eigene App zum Shop anzubieten.

14.3.1 Responsive Design

Beim klassischen Shop-Design muss man sich auf eine Bildschirmbreite festlegen, für die der Shop dann optimiert wird. Jetzt gibt es zwei Möglichkeiten. Entweder die gewählte Breite ist zu gering, was zur Folge hat, dass bei großen Bildschirmen viel weißer Rand zu sehen ist, oder der Shop ist zu breit, was dazu führt, dass der Nutzer horizontal scrollen muss. Bei mobilen Endgeräten mit den relativ kleinen Bildschirmen kann das dazu führen, dass bei jeder Aktion aufwendig gescrollt werden muss. Von einer reibungslosen Bedienung ist man also in diesem Fall sehr weit entfernt.

Abhilfe schafft hier eine Gestaltung des Shops im Responsive Design. Hierbei wird der Shop so programmiert, dass er bei unterschiedlichen Auflösungen auch unter-

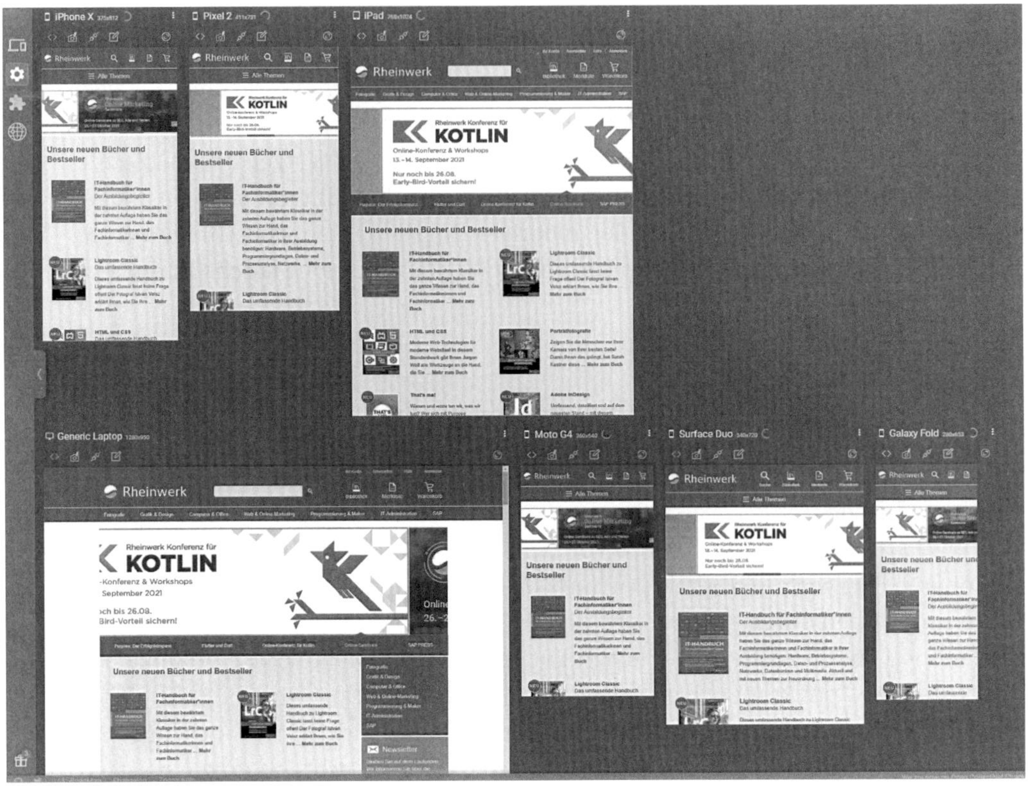

Abbildung 14.7 Unterschiedliche Darstellung der Seite http://www.rheinwerk-verlag.de/ im Tool Responsively

schiedlich dargestellt wird. Der Shop reagiert somit auf die Information des Browsers und passt je nach Displaygröße den Shop entsprechend an. Das Ziel ist klar, der Shop soll auf jedem Endgerät aufrufbar und einfach zu bedienen sein. Dabei kann der Shop nicht nur auf Mobile oder Nicht-Mobile reagieren, sondern kann auch zum Beispiel auf einem 13-Zoll-Netbook einen anderen Shop anzeigen als auf dem 22 Zoll großen Monitor des Desktop-PCs. Sogar wenn das Browserfenster verkleinert wird, ändert sich bei einem Template im Responsive Design die Darstellung.

Die Basis eines im Responsive Design gestalteten Shops ist ein flüssiges Raster. Die Größe des Shops ist durch Prozentwerte definiert und passt sich dem zur Verfügung stehenden Bildschirm an. Außerdem werden beim Design sogenannte Breakpoints gesetzt, die bestimmte Auflösungen definieren, an denen sich das Seitenlayout ändert. Um für jedes Display das passende Layout anzuzeigen, fragt der Shop die jeweilige Auflösung und gerätespezifische Eigenschaften ab. So bekommt er nicht nur die Information, welche Auflösung das Gerät hat, sondern beispielsweise auch, ob es sich um einen Touchscreen handelt. Aufgrund dieser Information wird dann vom Shop der passende Inhalt ausgespielt. In Abbildung 14.8 sehen Sie, wie sich die Anordnung der verschiedenen Elemente im Shop bei unterschiedlichen Auflösungen ändert.

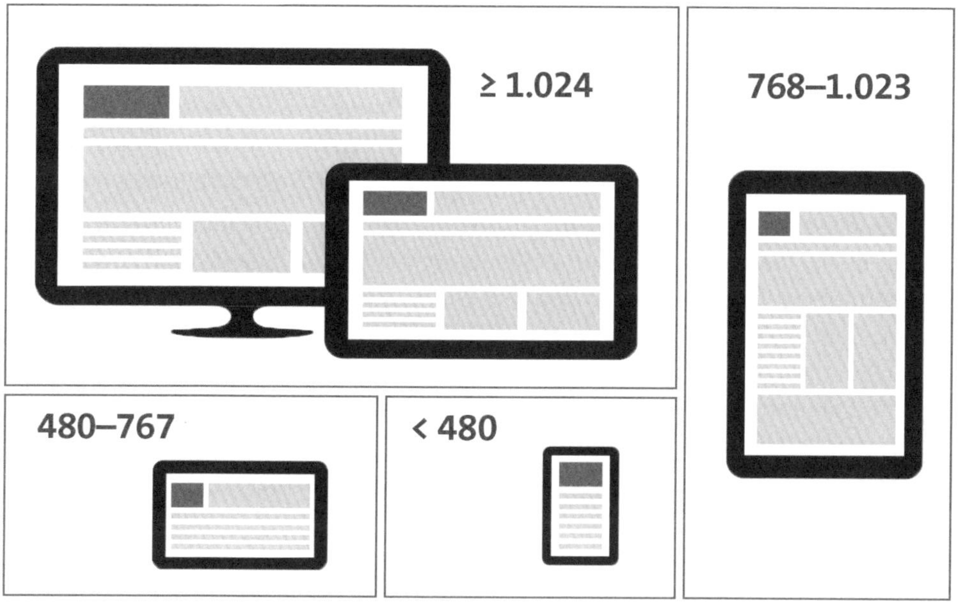

Abbildung 14.8 Je nach Auflösung unterschiedliche Darstellung beim Responsive Design

Alle gängigen Shop-Systeme unterstützen Responsive Design ganz generell. Mittlerweile sind die meisten Templates im Standard auch für Responsive Design optimiert. Der Aufwand, ein solches Template komplett zu erstellen, ist deutlich höher als für ein Standard-Template. Dies liegt auch daran, dass es zahlreiche Tests erfordert und immer wieder überprüft werden muss, wie der Shop bei den unterschiedlichen Darstellungen angezeigt wird. Dies hat zur Folge, dass mit ca. 30–40 % höheren Kosten zu rechnen ist. Dafür ist die Content-Pflege bei einem Shop im Responsive Design deutlich einfacher, als wenn Sie die Inhalte für einen mobilen Shop separat pflegen müssten.

Ein weiterer Vorteil ist, dass Responsive Design positiver für Ihre SEO-Maßnahmen ist. Dadurch, dass es ja faktisch nur einen Shop gibt, haben Sie keine Probleme mit Duplicate Content, der sonst durch unterschiedliche Versionen des Shops entstehen könnte.

Bei all den Vorteilen hat Responsive Design aber natürlich auch Nachteile:

- Ältere Browser können Responsive Design nicht anzeigen: Browser wie der Internet Explorer 6 oder 8 können die Anweisungen des Responsive Designs nur durch einen Workaround verstehen und ausführen. Die Verbreitung dieser Browser ist aber in der Regel so gering, dass dieser Punkt vernachlässigt werden kann. Lediglich in gewissen »B2B-Konstellationen«, könnte es zu einem Problem kommen. In manchen Firmen sind noch sehr alte Versionen im Einsatz. Wenn ausgerechnet solch eine Firma zu Ihren Kunden zählt, sollte dieser Punkt berücksichtigt werden. Auch hier wieder der Hinweis: Schauen Sie sich über Ihre Webanalyse an, über welche Browser die Nutzer auf Ihren Shop zugreifen.

- Inhalt: Für mobile Nutzer ist die Anordnung der Elemente oft nicht in der richtigen Reihenfolge. Das hat zur Folge, dass der Nutzer lange scrollen muss, um zu der gewünschten Stelle zu kommen. Generell kann es schwierig werden, wenn Sie den kompletten Inhalt des Shops auf einem Smartphone-Display abbilden wollen.
- Sollten Sie sich für einen Shop im Responsive Design entscheiden, müssen Sie die einzelnen Elemente im Shop priorisieren. Sie werden auf einem Smartphone nicht alle Informationen darstellen können, weshalb es wichtig ist, eine Hierarchisierung der Inhalte vorzunehmen. Die relevanten und wichtigen Inhalte müssen bei der Smartphone-Ansicht im Vordergrund stehen. So können Sie beispielsweise bei der Darstellung für das Smartphone auf grafisch aufwendige Banner auf der Startseite verzichten und stattdessen die Suche in den Vordergrund rücken.

Günstige Fertig-Templates

Einige bieten im Internet fertige Templates im Responsive Design an. Diese Templates gibt es dort zu Preisen zwischen ca. 100 und 300 €. Rein technisch ist nichts gegen solche Templates einzuwenden, und gerade für kleinere Shops bieten sie eine kostengünstige Alternative zu einem individuell für sie programmierten Template. Der Nachteil ist jedoch, dass solch ein Standard-Template natürlich auch von anderen Online-Shops genutzt werden kann. Zwar kann das Design auch angepasst werden, dabei entstehen aber wieder Kosten.

Anbieter solcher Templates sind zum Beispiel:

- *www.templatemonster.com/de*
- *https://themeforest.net*
- *www.templatescout.de*

14.3.2 Web-Apps und native Apps

Die zusätzliche Möglichkeit, Ihren Shop mobil zu optimieren, ist eine App. Hierbei werden zwei Arten von Apps unterschieden: die sogenannte Web-App und die native App.

Die native App ist eine Anwendung, die speziell für ein Smartphone-Betriebssystem entwickelt wurde und über den jeweiligen App Store zum Download zur Verfügung steht. Der Vorteil solcher nativen Apps ist, dass sie auch ohne Online-Verbindung funktionieren können. Die Inhalte können offline gespeichert werden und stehen somit ohne lange Ladezeit zur Verfügung. Ihr Angebot ist somit immer verfügbar und die Ladezeit entsprechend kurz. Außerdem kann auf die Smartphone-Hardware wie Kamera, GPS oder die Sprachsteuerung zugegriffen und so Ihren Kunden ein noch größerer Nutzen geboten werden. Was die Wahrnehmung angeht, ist die native App sicherlich die hochwertigste Form einer mobilen Präsenz. Unter Umständen werden auch rein durch die Listung im App Store neue, potenzielle Kunden auf Sie aufmerksam. Allein aus diesem Grund sollten Sie aber nicht auf eine native App setzen.

Dadurch, dass Sie für jedes Betriebssystem eine eigene App entwickeln müssen, sind aber auch die Kosten für eine native App nicht zu unterschätzen.

Eine mögliche Alternative stellt die sogenannte Web-App dar. Im Vergleich zur nativen App ist sie ohne vorherigen Download verfügbar und kann mit jedem gängigen Browser aufgerufen werden. Dank HTML5 und *Local Storage* ist es auch bei einer Web-App möglich, lokal Inhalte zu speichern und diese offline verfügbar zu machen. Was die Darstellung angeht, ist die Web-App ähnlich aufgebaut wie die native App und auf den ersten Blick nur schwer von dieser zu unterscheiden. In Abbildung 14.9 sehen Sie die native App von Zalando.

Abbildung 14.9 Native App von Zalando

Der Aufbau von beiden Apps ist sehr ähnlich gewählt. Die native App bietet zum Beispiel mit einem integrierten Barcode-Scanner in der Suche noch mehr Funktionen als die Web-App.

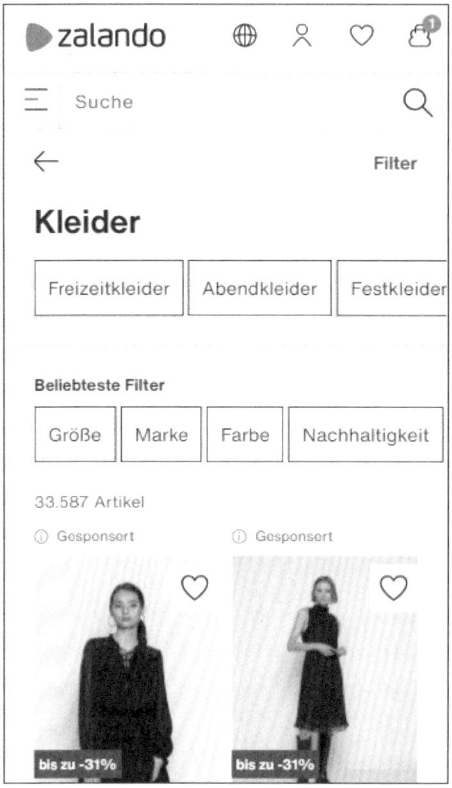

Abbildung 14.10 Web-App von Zalando

Ein gutes Marketinginstrument bei nativen Apps sind darüber hinaus Push-Nachrichten, die dann direkt auf dem Smartphone des Nutzers landen und somit den Umsatz in Ihrem Shop ankurbeln können. Ist eine native App Ihres Shops erhältlich, muss es auch Ziel sein, diese unter Ihrer Zielgruppe zu verbreiten. Der Nachteil von nativen Apps ist nämlich, dass Ihre potenziellen Kunden die App zuerst herunterladen müssen, um in Ihrem Shop etwas zu kaufen. Dies sorgt natürlich für Abbrüche, weshalb eine native App nur zusätzlich zu einer anderen mobilen Darstellung gewählt werden sollte. Dadurch, dass Sie die Nutzer zuerst vom Download der App überzeugen müssen, ist es natürlich nur für Branchen sinnvoll, die regelmäßig mit Waren beliefert werden. Wenn Sie in Ihrem Onlineshop nur Kühlschränke und Waschmaschinen verkaufen, ist eine App weniger sinnvoll, da diese Artikel im Schnitt nur alle zehn Jahre neu beschafft werden.

Es gibt eine Reihe von Anbietern, die sich darauf spezialisiert haben, von bestehenden Shops mobile Applikationen zu erstellen. Ein bekannter Anbieter ist zum Beispiel *www.shopgate.de*.

Shopgate wirbt damit, dass es mit jedem gängigen Shop-System funktioniert und darüber hinaus noch zu weiteren Anbietern, wie zum Beispiel für Payment und Webanalyse, Schnittstellen unterhält. Durch diese Schnittstellen ist es relativ einfach und somit auch günstig möglich, aus Ihrem bestehenden Shop eine mobil optimierte Anwendung zu machen. Auf einen Schlag sind somit von Ihrem Shop eine mobile Version und zusätzlich auch native Apps von Android und iOS verfügbar.

Preislich ist es meist eine Kombination aus einer fixen monatlichen Gebühr zzgl. eines prozentualen Anteils am Umsatz. Die Fixkosten liegen bei ca. 50 € im Monat und sind somit im Vergleich zu einer speziell für Sie programmierten Version recht günstig. Zu den niedrigen Monatsgebühren kommt aber in der Regel noch eine umsatzabhängige Gebühr hinzu, die dann auf den zweiten Blick solche Dienste doch teurer macht, als ursprünglich gedacht. Nichtsdestotrotz sind die Kosten transparent und die Vertragslaufzeiten kurz. Es spricht also wenig dagegen, mit diesen Diensten in den M-Commerce einzusteigen.

Ein Grund würde allerdings trotz der transparenten Kosten dagegensprechen: Machen Sie nicht den Fehler und bringen Sie mobil eine »Lightversion« Ihres klassischen Shops heraus. Gibt es Funktionalitäten, die Ihren Shop von anderen unterscheiden, wie zum Beispiel spezielle Konfiguratoren, sollten diese auch mobil realisiert werden, schon allein, um Ihren USP nicht aufs Spiel zu setzen. Der Nachteil von solchen Diensten ist jedoch, dass es durch das standardisierte Verfahren wenig Spielraum für Änderungen gibt. Eigene, spezielle Features können mit solchen Dienstleistern daher nur schwer oder mit Mehrkosten umgesetzt werden.

14.3.3 Was ist die beste Lösung im Mobile Commerce?

Die beste Lösung gibt es nicht, denn wie Sie bereits in der Vorstellung gelesen haben, hat jede Lösung ihre ganz spezifischen Vor- und Nachteile. Bevor Sie sich für eine Lösung entscheiden, machen Sie sich Gedanken darüber, welche Funktionen benötigt werden. Der Vorteil einer nativen App, dass Sie damit etwa auf die Smartphone-Hardware zugreifen können, ist dahin, wenn Sie diese Funktionen sowieso nicht einplanen. Es geht also darum, die für Sie beste Lösung zu finden. Wenn Sie generell über einen Relaunch des Shops nachdenken, lassen Sie sich gleich ein Angebot über ein Responsive Design erstellen. In diesem Fall kann das Responsive Design tatsächlich die wirtschaftlichste Lösung sein. Einen kostengünstigen Einstieg bieten Anbieter wie Shopgate, wobei auch Abstriche gemacht werden müssen, was den Funktionsumfang und die Individualität angeht. Wie immer muss der Nutzer in den Vordergrund gestellt werden. Das Smartphone wird überwiegend für eine schnelle Informationsbeschaffung von unterwegs aus verwendet, während das Tablet auf einem guten Weg ist, das Notebook bei der Nutzung zu Hause abzulösen. Was die Zeit angeht, wird das Smartphone eher tagsüber verwendet, wobei die Tablet-Nutzung ihren Höhepunkt zwischen 18 und 22 Uhr hat, wie Sie in der Grafik in Abbildung 14.11 sehen können. Diese Grafik stammt aus der Studie »Mobile Commerce Insights«, in der mehr als 5.000 mobile Bestellungen ausgewertet wurden.

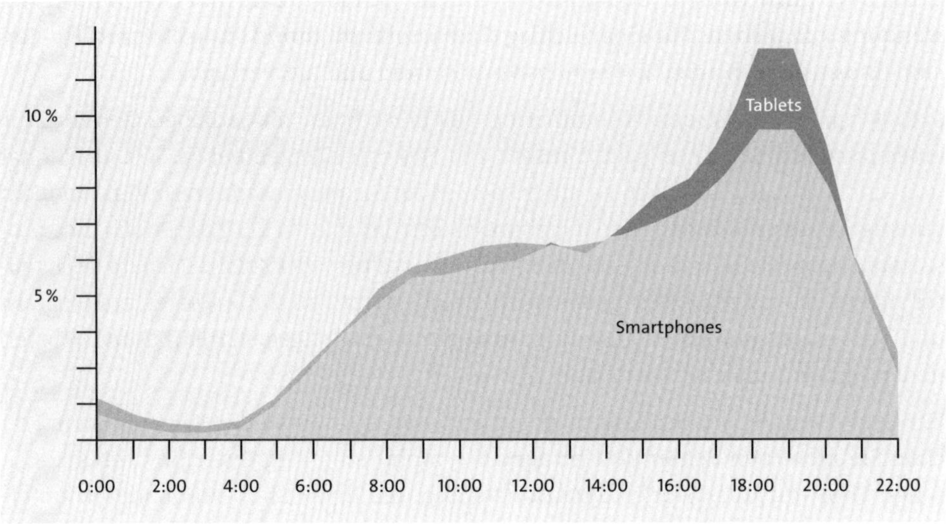

Abbildung 14.11 Tablets werden abends deutlich häufiger verwendet als tagsüber.

14.3.4 SEO für Ihren mobilen Shop

Auch für Ihren mobilen Shop ist es wichtig, dass dieser gefunden wird. Viele potenzielle Kunden nutzen ihr Smartphone, um in stationären Geschäften Informationen oder Preise über die dort gesehenen Produkte einzuholen. Entsprechend wichtig ist es für Ihren Shop, dass er bei den Ergebnissen möglichst weit oben gelistet wird. Dass ein nicht mobil optimierter Shop bei den Nutzern Frust auslösen kann, ist Ihnen bereits bekannt. Auch Suchmaschinen ranken einen nicht mobil optimierten Shop schlechter als einen, der speziell für mobile Endgeräte konzipiert wurde. Bereits seit dem 1. Juli 2019 ist die Mobile-First-Indexierung standardmäßig aktiviert. Es gibt aber trotzdem nur einen Index, auf den Google zugreift. Ist also die mobile Seite schlecht aufgebaut, hat dies auch Auswirkungen auf die Desktop-Version. Welche Faktoren für das Ranking dabei eine besonders große Rolle spielen, können Sie in Abschnitt 10.3, »On-Page-Optimierung«, nachlesen.

Neben diesen »mobilen Ausnahmen« gibt es aber auch viele Kriterien, die sowohl im Standard als auch im mobilen Shop gleich sind. So spielt der Inhalt des Shops natürlich auch in der mobilen Optimierung eine große Rolle. Bei einem mobilen Shop stammen die Inhalte in der Regel vom Haupt-Shop, was dafür sorgt, dass natürlich auch der mobile Shop von der On-Page-Optimierung eines gut optimierten Haupt-Shops profitiert. Das gilt aber natürlich nur für die Suchbegriffe, die bei beiden Geräteklassen gleich sind. Die Suchanfragen und das Suchverhalten unterscheiden sich allerdings etwas voneinander. So werden mobile Suchanfragen oft mit Orten kombiniert, was bei einem Online-Shop weniger eine Rolle spielt. Viel mehr Rücksicht genommen werden muss auch auf die Darstellung der Suchergebnisse. Der sichtbare Bereich bei mobilen Endgeräten ist deutlich kleiner, wird jedoch bewusster wahrgenommen. Dadurch erhalten die sofort sichtbaren Suchtreffer deutlich bessere Klickraten. Auf langes Scrollen oder auf das Blättern auf Seite 2 verzichten die meisten Mobilnutzer. Die Toptreffer der Suchanfrage nehmen also auf mobilen Endgeräten noch eine wesentlich bedeutendere Rolle ein als bei der Desktop-Suche.

Ein weiterer relevanter Rankingfaktor ist die Ladezeit. Eine zu lange Ladezeit ist ein K.-o.-Kriterium eines jeden Online-Shops. Mobile Nutzer möchten schnelle Informationen und nicht lange auf ein Ergebnis warten. 70 % der mobilen Nutzer erwarten, dass eine Seite innerhalb von 2 Sekunden geladen wird. Die Suchmaschine lässt daher diesen Faktor in das Ranking mit einfließen und rankt langsame Shops schlechter. Beachten Sie daher folgende Tipps, um die Performance Ihres Shops zu erhöhen:

- **Codes auf der Seite reduzieren**
  Je weniger Code die Seite enthält, desto weniger Daten müssen übermittelt werden. Reduzieren Sie die Menge an Code auf Ihrem mobilen Shop, und verringern Sie somit die Ladezeiten.
- **Nur erforderliche Daten laden**
  Es sollten nur Elemente geladen werden, die der Kunde tatsächlich benötigt, um die aktuelle Seite optimal betrachten zu können. Außerdem sollten Daten vorgeladen werden. Haben Sie zum Beispiel eine Produktgalerie mit Bildern in Ihrem Shop, sollten zunächst nur die oberen angezeigten Grafiken geladen werden. Dadurch lässt sich auch die Seite schneller bedienen, als wenn erst alle Bilder auf einmal geladen werden müssen.
- **Geschwindigkeit der Seite testen**
  Um die Ladezeit einer Seite so schnell wie möglich zu gestalten, ist es besonders wichtig, alle Veränderungen, die im mobilen Shop vorgenommen werden, ausreichend zu testen. Google bietet mit den *PageSpeed Insights* ein kostenloses Tool zur Messung der Ladezeit. Rufen Sie *https://developers.google.com/speed/pagespeed/insights* auf, und geben Sie die URL Ihres Shops ein. Sie bekommen dann eine getrennte Auswertung für den Desktop und den mobilen Shop mit Anzeige des Optimierungspotenzials.

14.4 Fazit

Die Frage, ob Mobile Commerce für Ihren Shop einen relevanten Umsatzanteil erwirtschaftet, wird sich nicht stellen. Aktuell geht es nur um die Frage, wann der richtige Zeitpunkt für den Einstieg in diesen Bereich ist. Die rasanten Wachstumszahlen sprechen für sich. Auch wenn aktuell noch nicht alle Branchen gleich davon profitieren, wird diese Tendenz immer weiter fortschreiten. Wenn bei Ihnen ein Relaunch des Online-Shops ansteht, sollten Sie auf jeden Fall gleich ein responsives Template beauftragen. Bei bereits bestehenden Online-Shops bieten Dienste wie Shopgate Möglichkeiten, um den Online-Shop mit überschaubarem Aufwand für mobile Geräte zu optimieren.

Kapitel 15

Internationalisierung – neue Märkte erschließen, Zielgruppen erweitern und Umsätze steigern

Einer der größten Vorteile eines Online-Shops besteht darin, Produkte und Dienstleistungen grenzübergreifend auf der ganzen Welt verkaufen zu können. Warum also nur auf Deutschland beschränken, wenn Sie ganz Europa oder gar die gesamte Welt beliefern können?

Wenn Sie sich als Online-Shop-Betreiber mit dem Inhaber eines stationären Ladengeschäfts, beispielsweise in einem Einkaufszentrum oder einer belebten Einkaufsstraße, unterhalten, werden Sie früher oder später mit einem bekannten Vorurteil konfrontiert werden. Der »arme« stationäre Händler wird Ihnen als Online-Shop-Betreiber nämlich erklären, wie stark er doch von seiner Umgebung abhängig ist. Bleiben in dem Einkaufszentrum oder in der Innenstadt die Kunden aus, läuft dadurch das eigene Geschäft schlecht, und auf die Entwicklung des Umfeldes hat der stationäre Händler ja nun leider keinen Einfluss. Genau dieses Problem haben Sie, so zumindest aus der Sicht des stationären Händlers, hingegen nicht. Denn als Online-Händler beläuft sich Ihre Zielgruppe von Haus aus schon auf das gesamte Bundesgebiet. Damit aber nicht genug! Mit Ihrem Online-Shop können Sie im Handumdrehen und ohne große Mühe jeden Menschen in Europa oder gar auf der ganzen Welt mit Ihren Produkten und Dienstleistungen versorgen. Denn der Zugriff auf Ihren Online-Shop ist schließlich von überall aus der Welt möglich.

Weit gefehlt! Natürlich kann die gesamte Welt auf Ihren Online-Shop zugreifen, aber dadurch allein verkaufen Sie keine Produkte oder gar komplexe und erklärungsbedürftige Dienstleistungen. Sprachbarrieren, länderspezifisches Konsumverhalten, rechtliche Rahmenbedingungen, unterschiedliche Preisniveaus sowie weitere Anforderungen an die Logistik und das Thema Payment sind Dinge, mit denen Sie sich als Shop-Betreiber beschäftigen müssen, wenn Sie eine Internationalisierung Ihres Geschäfts planen und dabei möglichst erfolgreich sein möchten. Die Internationalisierung Ihres Geschäfts ist also nicht mit einem Fingerschnippen getan.

In erster Linie sehen wir die Vorteile der Internationalisierung und möchten, dass Sie davon maximal mit Ihrem Online-Shop profitieren. Daher widmet sich dieses Kapitel genau diesen Punkten. Wir werden auf den folgenden Seiten unterschiedliche Ansätze analysieren und mögliche Vorgehensweisen bei der Internationalisierung ausarbeiten. Denn im Gegensatz zum weit verbreiteten Mythos, dass die Erschließung neuer Märkte im E-Commerce ein Kinderspiel sei, müssen Sie hierbei einiges beachten, um tatsächlich erfolgreich agieren zu können. So einfach, wie sich der stationäre Handel die Internationalisierung im E-Commerce vorstellt, ist es bei Weitem nicht – dennoch bietet sie ein enormes Potenzial, das Sie nun einfach ausschöpfen müssen.

15.1 So ermitteln Sie die Erfolgsaussichten im Vorfeld

Bevor Sie starten und Ihren Online-Shop in weiteren Ländern veröffentlichen, müssen Sie sich zuerst die Frage nach dem Warum stellen. Warum möchten Sie in anderen Ländern aktiv werden, und warum ist für Sie bzw. Ihr Geschäft die Präsenz im Ausland so überaus wichtig? Haben Sie fundierte Gründe, oder springen Sie nur auf den Internationalisierungszug auf und in Wirklichkeit sind Sie einfach nur ein Mitläufer?

Mit einem Auftritt in jedem weiteren Land erhöht sich für Sie als Online-Shop-Betreiber der Aufwand. Bedenkt man, dass gerade in der Anfangsphase viele Online-Shop-Betreiber schon mit den Tätigkeiten im deutschsprachigen Markt äußerst gut ausgelastet, wenn nicht überlastet sind, muss man sich die Expansion ins Ausland im Vorfeld sehr gut überlegen. Denn wie eingangs erwähnt, reicht es nicht aus, die Produkttexte zu ubersetzen und im Online-Shop eine weitere Sprachversion zu installieren. Das hat mit Internationalisierung im E-Commerce nichts zu tun. Vielmehr geht es darum, den Nutzern in den jeweiligen Ländern eine perfekte Customer Experience zu bieten, und die perfekte Customer Experience hängt nun mal sehr stark von der jeweiligen Kultur und deren Eigenheiten bzw. Besonderheiten ab.

Kulturelle Auswirkungen auf das Design

Nur weil Ihr Online-Shop beispielsweise in Deutschland aufgrund der Usability und der User Experience sehr gute Conversion-Raten aufweist, muss dies nicht zwangsläufig für andere Länder gelten. Schauen Sie sich beispielsweise ein paar asiatische oder arabische Online-Shops bzw. Websites an. Sie werden feststellen, dass diese auf weitaus mehr Bilder, Grafiken und »fancy« Animationen setzen als deutsche Websites bzw. Shops. Ganz zu schweigen von Eigenheiten wie anderslaufender Schrift und somit auch einer Veränderung der Blickführung.

Internationalisierung beginnt beim Produktkatalog, reicht über die Preisbildung, die Zahlungs- und Versandmöglichkeiten und endet beim Support. Sie als Online-Shop-Betreiber müssen sich daher um sehr viele Dinge kümmern, weshalb eine Expansion in weitere Märkte nur dann möglich ist, wenn Sie den zusätzlichen Aufwand gut meistern können. Stellen Sie sich daher zuerst die Frage, ob denn eine Expansion im momentanen Zustand sinnvoll ist, das heißt, Ihnen wirtschaftlich etwas bringt, oder ob Sie nur auf einen Trend aufspringen möchten.

Doch wie können Sie herausfinden, ob Sie Ihren Online-Shop auch in anderen Ländern etablieren sollten? Auch hier kommt es wieder ganz speziell auf Ihre Branche, Ihre Produkte und Ihre Zielgruppe an, pauschale Antworten lassen sich schlecht formulieren. Dennoch möchten wir Ihnen im Folgenden eine Art »Checkliste« an die Hand geben, mit deren Hilfe Sie sich ein grobes Bild davon machen können, ob in Ihrem Fall die Expansion ins Ausland sinnvoll wäre oder vielmehr ein Risiko darstellt.

15.1.1 Prüfen Sie, aus welchen Ländern Ihre Besucher stammen

Wenn Sie bereits seit einigen Wochen und Monaten einen Online-Shop betreiben, können Sie im ersten Schritt prüfen, aus welchen Regionen und Ländern Zugriffe auf Ihren Online-Shop erfolgen. Das ist für Sie der erste Anhaltspunkt hinsichtlich Ihrer Internationalisierungsstrategie. Denn eventuell haben Sie ja bereits, beispielsweise aus der Schweiz oder Österreich, hohe Zugriffszahlen, ohne dass Sie sich dessen bewusst sind. Aber auch wenn Sie starke Marken bzw. Produkte vertreiben, ist es nicht ungewöhnlich, wenn aus dem Ausland aufgrund bestimmter Suchphrasen Zugriffe erfolgen. Für die Prüfung der Zugriffsländer bzw. Regionen können Sie eine Software wie Google Analytics oder econda Analytics verwenden. Wenn Sie bislang noch mit keinem der beiden Werkzeuge gearbeitet haben, empfiehlt sich ein Blick in Kapitel 12, »Der Kompass im E-Commerce – Conversion-Messung und -Optimierung«. In diesem Kapitel können Sie sich über die grundlegenden Funktionen und Möglichkeiten informieren und sich in diese Werkzeuge einarbeiten. Die Implementierung von Google Analytics – hierbei handelt es sich um eine kostenfreie Lösung – empfiehlt sich aus verschiedensten Gründen auf jeden Fall.

Wie Sie in Kapitel 12 lernen, ist die Integration einer entsprechenden Webanalyselösung ausschlaggebend für den Erfolg Ihres Online-Shops. Fehlt ein solches Tool, tappen Sie schlichtweg im Dunkeln, kennen, basierend auf Zahlen und Fakten, nicht die aktuelle Ist-Situation und können daher auch keine Veränderung messen und keine zielgerichtete Optimierung vornehmen. Für die Ermittlung der Herkunft bzw. der Zugriffe Ihrer Nutzer ist ein Webanalysetool ebenfalls unabdingbar. Achten Sie daher darauf, dass ein entsprechendes Tool frühestmöglich integriert wird, denn je früher Sie eine solche Lösung einbinden, desto mehr Daten und Informationen können Sie sammeln und auch auswerten. Abhängig davon, welches Webanalysetool Sie in Ihrem Online-Shop integriert haben, unterscheidet sich die Vorgehensweise bei der Auswertung der Herkunftsländer Ihrer Besucher. An dieser Stelle zeigen wir Ihnen die Auswertungsmöglichkeiten in Google Analytics und in econda Analytics.

Hinweis zu Google Analytics 4

An dieser Stelle sei kurz erwähnt, dass sich die Beschreibungen und auch Screenshots nicht auf Google Analytics 4, sondern auf die klassische Version beziehen. Stand heute befindet sich Google erst in der Einführung von Version 4, weswegen Sie als Leser vermutlich noch auf die klassische Variante setzen.

Wenn Sie Google-Analytics-Nutzer sind, melden Sie sich bitte im ersten Schritt unter *analytics.google.com* mit Ihrem Google-Konto an. Anschließend müssen Sie das Profil Ihres Online-Shops auswählen. Wie Sie in Abschnitt 12.4.2 gelernt haben, können Sie über einen Google-Analytics-Account mehrere Websites auswerten bzw. deren Daten erfassen. Die Differenzierung der Daten erfolgt anschließend über die Profile; wählen Sie daher nun das Profil Ihres Online-Shops aus. Nach der Auswahl des Profils landen Sie, wenn nicht anders konfiguriert, im Dashboard. Auf der linken Seite finden Sie unter dem Oberbegriff Zielgruppe den Unterpunkt Geografie. Dieser Punkt unterteilt sich nochmals in zwei Untermenüs, nämlich Sprache und Standort. Das sind für Sie als Shop-Betreiber zwei wichtige Differenzierungsmerkmale, denn so können Sie prüfen, in welchen Sprachen Sie Ihre Produkte gegebenenfalls vertreiben müssen oder eben in welchen Ländern. Denn die Sprache als solche lässt nicht unbedingt einen Rückschluss auf ein bestimmtes Land zu, wird Deutsch doch in mehreren Ländern gesprochen, genau wie Spanisch oder Englisch. Klicken Sie nun zuerst, wie in Abbildung 15.1 zu sehen, auf den Menüpunkt Standort.

Abbildung 15.1 Die Auswertung der Zugriffe basierend auf Sprache und Herkunftsland finden Sie im Menü »Zielgruppe«.

Anschließend erhalten Sie nach einem kurzen Reload der Seite einen Überblick über die Zugriffe aus den jeweiligen Ländern.

Grenzen Sie den Auswertungszeitraum richtig ein

Egal, ob Sie Google Analytics, econda Analytics oder Matomo nutzen. Alle Webanalysetools haben eine Gemeinsamkeit: Sie stellen die auszuwertenden Daten in einem zeitlichen Kontext dar. Daher sollten Sie bei Ihren Auswertungen stets auf den eingestellten Zeitraum achten. Ist dieser zu kurz, sind die Daten gegebenenfalls nicht repräsentativ. Ist der Zeitraum zu lang, kann sich historisch betrachtet in Ihrem Online-Shop einiges geändert haben, weswegen die Aussage der Daten auch mit Vorsicht zu genießen ist. Am besten betrachten Sie daher immer einen Zeitraum von vier bis zwölf Wochen, um mit repräsentativen Zahlen arbeiten zu können. Notieren Sie sich zudem Schlüsselereignisse, beispielsweise wenn eine neue Kampagne gelauncht oder ein Facelift des Designs durchgeführt wurde. Denn diese Schlüsselereignisse können die erfassten Zahlen signifikant beeinträchtigen und müssen bei der Auswertung berücksichtigt werden.

Innerhalb dieses Menüpunktes können Sie nun auswerten, aus welchen Ländern auf Ihren Online-Shop zugegriffen wird. Google Analytics zeigt Ihnen die Quelle der Zugriffe in Form einer Weltkarte, aber auch als Tabelle an. Die Darstellung als Tabelle sehen Sie in Abbildung 15.2. Sie können sich die Daten gerne einmal detailliert anschauen. Es handelt sich dabei de facto um Dummy-Daten, die wir auf unserer Website *www.steireif.com* aufgezeichnet haben, in einem nicht ganz repräsentativen Zeitraum von knapp einer Woche. Hinterfragen Sie daher bitte nicht die Sinnhaftigkeit der Daten. An dieser Stelle geht es uns nur darum, die Methodik näher zu erläutern. Auf der Website *www.steireif.com* sprechen wir ausschließlich deutschsprachige Kunden an, denn es gibt keine lokalisierte Version der Website. Umso interessanter ist nun, dass wir Zugriffe aus Ländern wie Indien, der Ukraine und Italien registriert haben. Das heißt, Personen aus diesen genannten Ländern haben auf diese Website zugegriffen, weil sie beispielsweise über eine Ads-Kampagne, die nicht richtig eingegrenzt wurde, ein organisches Ranking oder einen Link von einer anderen Website auf uns gestoßen sind. Schauen Sie bei sich nun ebenfalls nach, ob es sogenannte Ausreißer gibt. Einmaleffekte können wir einfach vernachlässigen.

Wenn Sie beispielsweise in einem Monat zwei bis drei Zugriffe aus einem bestimmten Land erhalten haben, dann war das wohl schlicht Zufall, oder Sie haben einfach bei einer bestimmten Suchphrase ein glückliches Ranking. Es bedeutet jedoch für Sie, dass Sie erst einmal nichts unternehmen müssen. Nur weil eine Person aus Kirgisien auf Ihren Online-Shop gestoßen ist, müssen Sie nicht zwangsläufig den kirgisischen Markt erobern. Das bedeutet, dass Sie die erfassten Zahlen interpretieren und nach der Sinnhaftigkeit der einen oder anderen Kennzahl fragen müssen.

Sekundäre Dimension

Erweitert

Land	Akquisition			Verhalten			Conversions		
	Nutzer	Neue Nutzer	Sitzungen	Absprungrate	Seiten/Sitzung	Durchschnittl. Sitzungsdauer	Rate der Zielvorhaben-Conversion	Abschlüsse für Zielvorhaben	Zielvorhabenwert
	919 % des Gesamtwerts: 100,00 % (919)	860 % des Gesamtwerts: 100,00 % (860)	1.059 % des Gesamtwerts: 100,00 % (1.059)	84,61 % Durchn. für Datenansicht: 84,61 % (0,00 %)	1,40 Durchn. für Datenansicht: 1,40 (0,00 %)	00:01:04 Durchn. für Datenansicht: 00:01:04 (0,00 %)	0,00 % Durchn. für Datenansicht: 0,00 % (0,00 %)	0 % des Gesamtwerts 0,00 % (0)	0,00 $ % des Gesamtwerts 0,00 % (0,00 $)
1. Germany	671 (72,93 %)	616 (71,63 %)	799 (75,45 %)	82,60 %	1,48	00:01:16	0,00 %	0 (0,00 %)	0,00 $ (0,00 %)
2. Indonesia	85 (9,24 %)	85 (9,88 %)	85 (8,03 %)	100,00 %	1,00	00:00:00	0,00 %	0 (0,00 %)	0,00 $ (0,00 %)
3. Switzerland	42 (4,57 %)	42 (4,88 %)	47 (4,44 %)	74,47 %	1,36	00:01:06	0,00 %	0 (0,00 %)	0,00 $ (0,00 %)
4. Austria	41 (4,46 %)	38 (4,42 %)	44 (4,15 %)	88,64 %	1,23	00:00:40	0,00 %	0 (0,00 %)	0,00 $ (0,00 %)
5. United States	24 (2,61 %)	23 (2,67 %)	24 (2,27 %)	95,83 %	1,21	00:00:45	0,00 %	0 (0,00 %)	0,00 $ (0,00 %)
6. Canada	7 (0,76 %)	7 (0,81 %)	7 (0,66 %)	100,00 %	1,00	00:00:00	0,00 %	0 (0,00 %)	0,00 $ (0,00 %)
7. Finland	6 (0,65 %)	6 (0,70 %)	6 (0,57 %)	83,33 %	1,67	00:02:02	0,00 %	0 (0,00 %)	0,00 $ (0,00 %)
8. United Kingdom	6 (0,65 %)	6 (0,70 %)	6 (0,57 %)	83,33 %	1,33	00:00:10	0,00 %	0 (0,00 %)	0,00 $ (0,00 %)
9. Spain	4 (0,43 %)	4 (0,47 %)	4 (0,38 %)	100,00 %	1,00	00:00:00	0,00 %	0 (0,00 %)	0,00 $ (0,00 %)
10. Netherlands	4 (0,43 %)	3 (0,35 %)	4 (0,38 %)	100,00 %	1,00	00:00:00	0,00 %	0 (0,00 %)	0,00 $ (0,00 %)

Zeilen anzeigen: 10 Gehe zu: 1 1 - 10 von 28

Dieser Bericht wurde am 07.09.21 um 15:09:17 erstellt. Bericht aktualisieren

Abbildung 15.2 Auswertung der Zugriffe, basierend auf den Herkunftsländern (Ausschnitt)

Konzentrieren Sie sich daher primär auf die relevanten Zugriffe. In Bezug auf Abbildung 15.2 sind das in unserem Fall, gehen wir von validen Daten aus, Indonesien, Schweiz, Österreich und die USA. Diese Länder machen insgesamt ca. 20 % aller Zugriffe aus. Dies ist auf den ersten Blick ein recht hoher Anteil, denn wenn Sie in diesem Fall nichts unternehmen würden, würden Sie 20 % aller Benutzer unter den Tisch fallen lassen. Wenn Sie am Tag 1.000 Zugriffe haben, sind das immerhin 200 potenzielle Besucher! Sie wissen als Shop-Betreiber nun, dass Sie, ohne bestimmte Optimierungen durchgeführt zu haben, eine gewisse Anzahl an Zugriffen aus dem Ausland erhalten. Schauen Sie sich nun im nächsten Schritt die Länder etwas genauer an. Als Online-Shop-Betreiber in Deutschland dürften Sie nämlich etwas feststellen, was bei vielen Ihrer Kollegen absolut identisch ist. Sie erhalten Zugriffe aus der Schweiz und aus Österreich. Warum? Weil in diesen beiden Ländern dieselbe Sprache gesprochen wird, auch wenn diese Aussage dem Schweizer Markt nicht ganz gerecht wird, da es in der Schweiz genügend Personen gibt, die Französisch bzw. Italienisch sprechen und auch eine Website in dieser Sprache wünschen oder gar benötigen. Nichtsdestotrotz können Sie auf Basis der Zahlen eine Nachfrage aus der Schweiz bzw. Österreich ablesen. Wenn Sie nun in der ersten Analyse bemerken, dass die Zugriffe aus diesen Ländern recht hoch sind, dann sollten Sie diese Länder auf jeden Fall »auf dem Schirm« behalten und genauer analysieren. Gibt es gegebenenfalls in diesen Ländern gar keinen Online-Shop, der Ihre Produkte vertreibt? Oder ranken Sie wesentlich besser als die heimischen Shops? Das könnte auf ein ungenutztes Umsatzpotenzial hindeuten, weswegen Sie tiefer in die Analyse einsteigen sollten.

Ob es sich bei Zugriffen aus anderen Ländern um »Irrläufer« handelt, sehen Sie oftmals an der Bounce-Rate. Wenn Sie wieder einen Blick in Abbildung 15.2 werfen, werden Sie bei vielen Ländern eine Absprungrate von 100 % sehen. Das bedeutet, dass ein Nutzer nach dem Aufruf der Seite diese direkt wieder verlässt. Ein typisches Verhalten, wenn beispielsweise ein Amerikaner auf einer rein deutschen Website landet und kein Wort versteht. Prüfen Sie nun auch bei sich, ob gegebenenfalls Zugriffe aus Ländern mit hohen Absprungraten existieren. Falls ja, können Sie davon ausgehen, dass Sie mit Ihrem Online-Shop zwar gefunden werden, aber der Inhalt für die Nutzer uninteressant oder unverständlich ist. Irgendeinen Grund wird es geben, und diesen gilt es herauszufinden!

Prüfen Sie, was die Besucher aus dem Ausland machen

Werfen Sie, wenn Sie dies bislang noch nicht getan haben, ruhig einen Blick in Kapitel 12, »Der Kompass im E-Commerce – Conversion-Messung und -Optimierung«. In diesem Kapitel erfahren Sie, wie Sie genau auswerten können, über welche Seiten Besucher einsteigen, welche Unterseiten angesehen werden und wo die Besucher wieder aussteigen. Diese Details sollten Sie speziell für die Besucher bzw. Zugriffe aus dem Ausland auswerten.

Neben der Standortauswertung gibt es, wie eingangs erwähnt, auch eine Eingrenzung nach Sprachen. Google Analytics kann Ihnen darstellen, welche Sprachen Ihre Besucher sprechen und wie hoch hier der jeweilige Anteil ist. Um dies zu erfahren, klicken Sie unter ZIELGRUPPE • GEOGRAFIE auf SPRACHE. Anschließend erhalten Sie eine Darstellung wie in Abbildung 15.3.

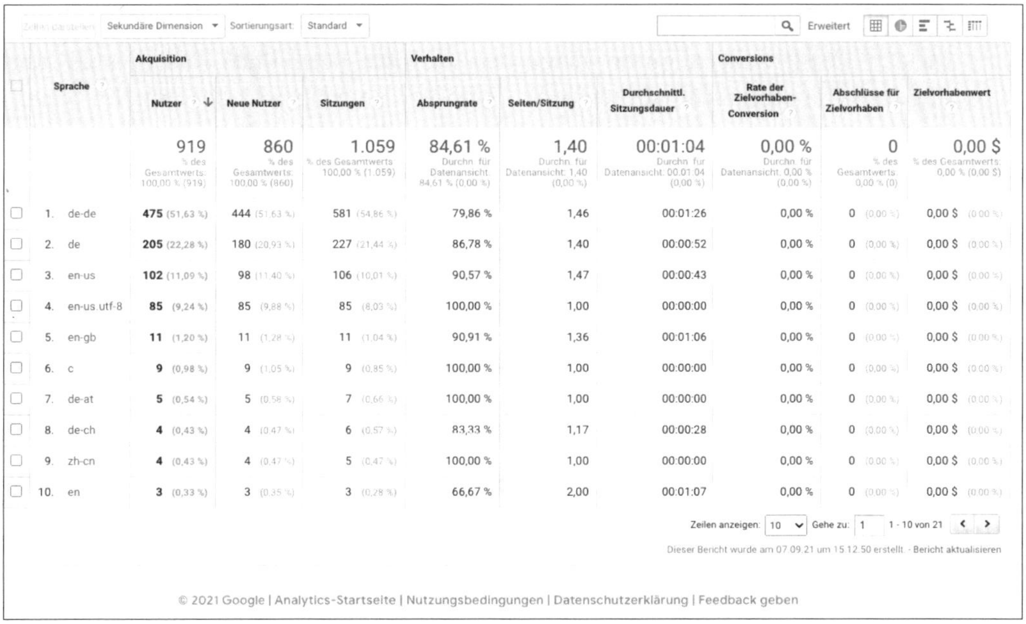

Sprache	Akquisition: Nutzer	Neue Nutzer	Sitzungen	Verhalten: Absprungrate	Seiten/Sitzung	Durchschnittl. Sitzungsdauer	Conversions: Rate der Zielvorhaben-Conversion	Abschlüsse für Zielvorhaben	Zielvorhabenwert
	919 % des Gesamtwerts: 100,00 % (919)	860 % des Gesamtwerts: 100,00 % (860)	1.059 % des Gesamtwerts: 100,00 % (1.059)	84,61 % Durchn. für Datenansicht: 84,61 % (0,00 %)	1,40 Durchn. für Datenansicht: 1,40 (0,00 %)	00:01:04 Durchn. für Datenansicht: 00:01:04 (0,00 %)	0,00 % Durchn. für Datenansicht: 0,00 % (0,00 %)	0 % des Gesamtwerts: 0,00 % (0)	0,00 $ % des Gesamtwerts: 0,00 % (0,00 $)
1. de-de	475 (51,63 %)	444 (51,63 %)	581 (54,86 %)	79,86 %	1,46	00:01:26	0,00 %	0 (0,00 %)	0,00 $ (0,00 %)
2. de	205 (22,28 %)	180 (20,93 %)	227 (21,44 %)	86,78 %	1,40	00:00:52	0,00 %	0 (0,00 %)	0,00 $ (0,00 %)
3. en-us	102 (11,09 %)	98 (11,40 %)	106 (10,01 %)	90,57 %	1,47	00:00:43	0,00 %	0 (0,00 %)	0,00 $ (0,00 %)
4. en-us.utf-8	85 (9,24 %)	85 (9,88 %)	85 (8,03 %)	100,00 %	1,00	00:00:00	0,00 %	0 (0,00 %)	0,00 $ (0,00 %)
5. en-gb	11 (1,20 %)	11 (1,28 %)	11 (1,04 %)	90,91 %	1,36	00:01:06	0,00 %	0 (0,00 %)	0,00 $ (0,00 %)
6. c	9 (0,98 %)	9 (1,05 %)	9 (0,85 %)	100,00 %	1,00	00:00:00	0,00 %	0 (0,00 %)	0,00 $ (0,00 %)
7. de-at	5 (0,54 %)	5 (0,58 %)	7 (0,66 %)	100,00 %	1,00	00:00:00	0,00 %	0 (0,00 %)	0,00 $ (0,00 %)
8. de-ch	4 (0,43 %)	4 (0,47 %)	6 (0,57 %)	83,33 %	1,17	00:00:28	0,00 %	0 (0,00 %)	0,00 $ (0,00 %)
9. zh-cn	4 (0,43 %)	4 (0,47 %)	5 (0,47 %)	100,00 %	1,00	00:00:00	0,00 %	0 (0,00 %)	0,00 $ (0,00 %)
10. en	3 (0,33 %)	3 (0,35 %)	3 (0,28 %)	66,67 %	2,00	00:01:07	0,00 %	0 (0,00 %)	0,00 $ (0,00 %)

Abbildung 15.3 Google Analytics kann die Sprachen Ihrer Benutzer darstellen (Ausschnitt).

Der große Unterschied zwischen diesem Report und dem zuvor diskutierten Standortreport ist die Tatsache, dass ein Benutzer, der sich in Deutschland befindet, als Sprache in seinem Browser bzw. Betriebssystem auch Englisch eingestellt haben kann. Denken Sie dabei an ausländische Studenten oder das US-Militär. Diese Personen befinden sich zwar in Deutschland, sprechen aber eine andere Sprache. Gegebenenfalls haben Sie ja Zugriffe aus dem eigenen Land, es wird aber eine andere Sprache benötigt? Auch diese potenzielle Kundengruppe dürfen Sie, wenn sie denn eine signifikante Menge darstellt, nicht ignorieren. Schauen Sie daher auf jeden Fall in diesen Report, um Ihre Nutzer besser zu verstehen.

Dieser Report ist übrigens vor allem für Online-Shop-Betreiber in der Schweiz relevant. Die Schweiz wird zwar immer mit der deutschen Sprache assoziiert, in der Praxis streitet man sich dort aber oftmals darum, in welchen Sprachen der Online-Shop tatsächlich veröffentlicht werden soll. Ist eine italienische und französische Sprachversion gefordert, oder würde diese nur ein Kostengrab darstellen? Mit diesem Report finden Sie dies ganz schnell heraus, denn Sie erhalten einen Überblick darüber, welche Sprachen Ihre Kunden sprechen.

Sollten Sie nicht auf Google Analytics setzen und econda nutzen, können Sie mit ähnlich geringem Aufwand an die Standortdaten Ihrer Besucher gelangen. Wie Sie bereits in Kapitel 12, »Der Kompass im E-Commerce – Conversion-Messung und -Optimierung«, lernen konnten, ist der große Unterschied zwischen Google Analytics und econda vor allem, dass Google Analytics primär Besucher analysiert, econda hingegen primär E-Commerce-relevante Kennzahlen wie Bestellumsatz oder gekaufte Artikel sammelt und diese in den Kontext der Nutzer stellt.

Melden Sie sich zuerst unter *www.econda.de/login* bei econda Analytics an, und klicken Sie anschließend auf Reports • Geo-IP Analysen • Überblick. Im Gegensatz zu Google Analytics haben Sie bei econda Analytics die Möglichkeit, die Analyse direkt auf einen Kontinent zu beschränken. Um im ersten Schritt einen umfassenden Überblick zu erhalten, ist dies aber nicht notwendig, weswegen die Ansicht Überblick empfehlenswert ist. In dieser Ansicht finden Sie eine Liste von Ländern, aus denen Besucher zugegriffen haben.

Im Gegensatz zu Google Analytics sehen Sie darüber hinaus noch weitere wichtige Informationen, wie die Anzahl der Bestellungen aus den jeweiligen Ländern, Conversion-Raten oder auch Umsätze pro Bestellungen. econda Analytics kann Ihnen, das sehen Sie in Abbildung 15.4, dabei helfen, eine Tendenz bzw. eine bereits bestehende Nachfrage aus dem Ausland darzustellen. Der große Vorteil liegt darin, dass Sie bereits Rückschlüsse auf das Bestellvolumen, sprich die wirtschaftliche Gewichtung, ziehen können. Denn was bringt es Ihnen, wenn Sie 1.000 Zugriffe und eine Bestellung aus der Schweiz haben, auf der anderen Seite aber 100 Zugriffe und 20 Bestellungen aus Österreich? Dann ist Österreich für Sie interessanter, da Sie dort einen größeren »Durchschlag« erzielen.

Flagge	Land	Umsatz	Bestellungen	Besuche	Konversions - Rate (%)	Ziele-Score	Ziel-Score je Besuch	Bounce - Quote (%)	Umsatz pro Bestellung
	Deutschland	748,80 47,74%	6 66,67%	583 81,31%	1,03	0	0	37,22	124,80
	Schweiz	643,80 41,04%	2 22,22%	31 4,32%	6,45	0	0	38,71	321,90
	Spanien	176,05 11,22%	1 11,11%	4 0,56%	25,00	0	0	0,00	176,05
	Österreich	0 0,00%	0 0,00%	39 5,44%	0,00	0	0	41,03	0
	Vereinigtes Königreich	0 0,00%	0 0,00%	12 1,67%	0,00	0	0	41,67	0
	Vereinigte Staaten von Amerika	0 0,00%	0 0,00%	10 1,39%	0,00	0	0	80,00	0
	Frankreich	0 0,00%	0 0,00%	4 0,56%	0,00	0	0	50,00	0
	Europa	0 0,00%	0 0,00%	4 0,56%	0,00	0	0	50,00	0
	Niederlande	0 0,00%	0 0,00%	4 0,56%	0,00	0	0	50,00	0
	Italien	0 0,00%	0 0,00%	4 0,56%	0,00	0	0	0,00	0
	Luxemburg	0 0,00%	0 0,00%	3 0,42%	0,00	0	0	33,33	0
	Tschechische Republik	0 0,00%	0 0,00%	3 0,42%	0,00	0	0	33,33	0
	Russland	0 0,00%	0 0,00%	3 0,42%	0,00	0	0	0,00	0
	China	0 0,00%	0 0,00%	2 0,28%	0,00	0	0	50,00	0
	Australien	0 0,00%	0 0,00%	2 0,28%	0,00	0	0	100,00	0

Abbildung 15.4 Übersicht des Traffics und des Bestellvolumens, gestaffelt nach Ländern (Ausschnitt)

Unabhängig davon, welches Tool Sie für die Webanalyse nutzen, ist die Auswertung der durch die Webanalyse gewonnenen Daten für Sie die erste Anlaufstelle, um eine bereits vorhandene Nachfrage aus dem Ausland zu identifizieren und zu bewerten. Nutzen Sie im ersten Schritt die bereits vorhandenen Daten, und prüfen Sie, ob es nicht gerade aus dem deutschsprachigen Ausland bereits ein gewisses Verlangen nach Ihren Produkten bzw. Dienstleistungen gibt.

Verstehen Sie zuerst Ihre Nutzer und erst dann Ihre Kunden

Sie können sich im Vorfeld noch so sehr Ihren Kopf zerbrechen, ein Google-Analytics-Report kann recht schnell Licht ins Dunkel bringen. Schauen Sie sich zuerst einmal an, wie sich die Nutzer Ihres Online-Shops und nicht Ihre Kunden verhalten. Denn in der Regel erhalten Sie von den Personen, die eben nicht bei Ihnen kaufen, wesentlich mehr Informationen, die Ihnen an dieser Stelle weiterhelfen, als von Ihren eigentlichen Kunden.

15.1.2 Finden Sie heraus, ob Sie bereits internationale Kunden bedienen

Vorausgesetzt, Sie vertreiben in Ihrem Unternehmen bereits Produkte und Dienstleistungen und der Online-Shop ist als zusätzlicher Vertriebskanal gedacht, so macht es durchaus Sinn, eine unternehmensinterne Auswertung der Kunden anhand der Herkunftsländer durchzuführen. Denn gegebenenfalls liefern Sie ja bereits Produkte und Dienstleistungen in Nachbarländer bzw. in das europäische Ausland. Sollte dies der Fall sein, kann es natürlich durchaus sinnvoll sein, direkt mit mehreren Sprachversionen im Online-Shop zu starten oder gegebenenfalls einfach den Versand in das Ausland zu bedenken und zu erlauben. Machen Sie daher keinen Fehler, und lassen Sie sich eine Statistik erstellen, anhand derer Sie sehen können, wie viele Bestellungen in das Ausland geliefert werden, und vor allem, wie hoch die Bestellsummen sind bzw. wie viel Prozent am Gesamtumsatz diese ausmachen.

Ebenso sollten Sie prüfen, ob es in der Vergangenheit eine Nachfrage aus dem Ausland gab, diese aber aufgrund von beispielsweise zu hohen Prozesskosten nicht befriedigt wurde. Sollte dies der Fall sein, so könnten Sie selbstverständlich mit einem Online-Shop genau dieses Problem lösen. In der Praxis ist auch das Thema Support ein gerne aufgeführter Grund, warum Unternehmen nicht ins Ausland liefern, aber theoretisch die Möglichkeit hätten, dies zu tun, da eine gewisse Nachfrage vorhanden ist. Bei telefonischen Bestellungen müssen Sie zwangsläufig die Sprache sprechen, die in Ihren Verkaufsländern relevant ist. Bei einem Online-Shop hingegen reicht oftmals eine Lokalisierung des gesamten Online-Shops, und sollte es tatsächlich einmal Fragen zur Bestellung geben, kann der Support auf Englisch abgewickelt werden.

15.1.3 Ermitteln Sie die Nachfrage nach Ihren Produkten und Dienstleistungen

Zugegebenermaßen müssen Sie schon ein gewisses Glück haben, wenn sich eine Nachfrage nach Ihren Produkten bzw. Dienstleistungen im Ausland bildet und Sie dies gar nicht forciert haben. Das heißt nicht, dass Sie die Herkunft Ihrer Besucher nicht analysieren sollten, aber Sie sollten nicht davon ausgehen, dass bei Ihnen automatisch und ohne Zutun Aufrufe oder Käufe aus dem Ausland vorhanden sind. Gehen wir daher von dem Fall aus, dass Sie in der Herkunftsanalyse feststellen, dass ausschließlich Besucher aus Deutschland auf Ihren Shop zugreifen. Wie können Sie nun herausfinden, ob eine Expansion überhaupt sinnvoll ist? Beispielsweise indem Sie die Nachfrage nach den Produkten, die Sie vertreiben, prüfen. Die Nachfrage können Sie dabei auf unterschiedlichste Weise analysieren, angefangen bei Analysen der Suchanfragen bei Google über Verkaufsränge bei Amazon bis hin zu Befragungen von Personen, die zur Zielgruppe gehören. Wir sind aber im E-Commerce aktiv, und voraussichtlich ist SEO bzw. SEA für Sie die erste Wahl bei der Bewerbung Ihres Shops. Umso logischer ist es, im ersten Schritt genau auf Basis dieser Kanäle die Nachfrage zu überprüfen.

Hierfür liefert Google Ads ein hervorragendes Tool! Gehen wir rein exemplarisch, um die Vorgehensweise zu verdeutlichen, davon aus, Sie verkaufen in Ihrem deutschen Online-Shop Kaffeetassen. Sie sind sozusagen der Experte für Kaffeetassen, möchten diese nun auch in anderen Ländern verkaufen und deshalb einen Online-Shop im Ausland eröffnen. Italien kommt Ihnen zuerst in den Sinn, denn wenn man an Italien denkt, denkt man auch zwangsläufig an leckeren Espresso oder Cappuccino. Und da, zumindest gefühlt, in diesem Land eine große Nachfrage besteht, möchten Sie dies nun basierend auf Zahlen überprüfen. Melden Sie sich im ersten Schritt bei Google Ads unter der URL *http://ads.google.com* an, und klicken Sie unter TOOLS UND EINSTELLUNGEN auf den KEYWORD-PLANER und anschließend auf SUCHVOLUMEN UND PROGNOSEN ABRUFEN. Diesen haben Sie bereits in Kapitel 12, »Der Kompass im E-Commerce – Conversion-Messung und -Optimierung«, kennengelernt, deswegen gehen wir an dieser Stelle nicht weiter auf alle Funktionen und Möglichkeiten ein, sondern beschränken uns auf das Wesentliche. Wie Sie eventuell noch im Hinterkopf haben, zeigt der Keyword-Planer das Suchvolumen bestimmter Keywords an. Ist das Suchvolumen hoch, existiert eine hohe Nachfrage. Ist das Suchvolumen gering, so ist auch die Nachfrage gering, oder Kunden verwenden andere Suchwörter. Das klassische Beispiel hierfür ist das Laptop-Notebook-Beispiel. Beide Begriffe beschreiben im Prinzip dieselbe Sache, aber die Gewichtung in der Verwendung ist eine unterschiedliche. Kommen wir zurück auf unsere Kaffeetassen. Sie möchten initial prüfen, wie stark die italienischen Internetnutzer nach diesem Keyword suchen, wofür Sie aber zunächst einmal den italienischen Begriff benötigen.

Vorsicht mit den Bezeichnungen

Wenn Sie im Ausland aktiv werden, müssen Sie intensiv nach den richtigen Begriffen bzw. Bezeichnungen recherchieren. Unterhalten Sie sich am besten mit einem Muttersprachler, denn ansonsten ist die Wahrscheinlichkeit sehr hoch, dass Sie den falschen Begriff verwenden. Ein klassischer Fehler ist die 1:1-Übersetzung eines Begriffs, die im Alltag von der jeweiligen Bevölkerung gar nicht verwendet wird.

Normalerweise würden Sie den richtigen Begriff von einer Übersetzungsagentur oder einem Muttersprachler erhalten, in unserem Beispiel mit der Kaffeetasse verwenden wir hierfür die Übersetzung von *dict.leo.org*, die »tazza da caffè« lautet. Im Google Ads Keyword-Planer wählen Sie zuerst die Suche nach dem Volumen. Setzen Sie nun beim Keyword »tazza da caffè« ein. Auf der nächsten Seite wählen Sie bei den Zielregionen ITALIEN. Die Einstellungen können Sie Abbildung 15.5 entnehmen, bei Ihnen sollte es nun ungefähr gleich aussehen. Achten Sie in jedem Fall auf den oberen Bildschirmrand, denn dieser beheimatet alle Filtereinstellungen und Möglichkeiten, die aktuell für Sie relevant sind.

Anschließend erhalten Sie, wie von Google gewohnt, eine Übersicht über das mögliche Suchvolumen und die geschätzten Kosten pro Klick (CPC). Auch gibt Ihnen Google, basierend auf Ihrem Google-Ads-Konto, eine Vorschau über mögliche Kosten, Impressionen und – falls vorhanden – die Click-Through-Rate an. Basierend auf diesen Zahlen können Sie sich daher ein Bild davon machen, ob nach den Produkten bzw. Dienstleistungen gesucht wird oder nicht. Versuchen Sie, sofern möglich, die Suche einzuschränken.

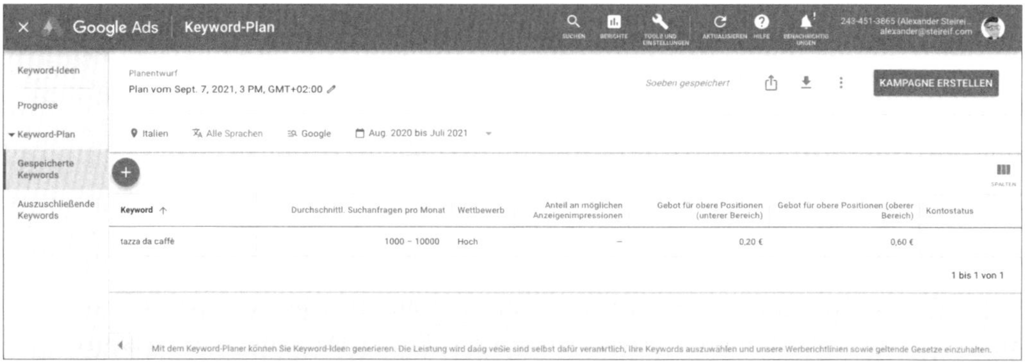

Abbildung 15.5 Mit dem Keyword-Planer können Sie das Suchvolumen und damit auch die Nachfrage überprüfen.

Wenn Sie Autos verkaufen, dann können Sie natürlich schauen, ob die italienischen Nutzer nach Autos suchen. Das hilft Ihnen aber nicht wirklich weiter, denn wollen die Kunden mit dieser Suchanfrage ein Auto kaufen, sich über ein Auto informieren oder einfach nur Autos anschauen? Bei schwammigen Begriffen sollten Sie daher immer eine Eingrenzung wie »kaufen« oder »Online-Shop« ergänzen. Denn wer nach »Auto kaufen« sucht, der möchte auch ein Auto kaufen. Einfacher wird es bei den Keywords übrigens, wenn Sie starke Marken bzw. Produkte verkaufen. Sollten Sie als Elektronikhändler iPads verkaufen, müssen Sie sich nicht erst Gedanken um die Übersetzungen machen, denn ein iPad heißt auch in Italien, in Spanien oder in der restlichen Welt iPad. Hier würde aber wieder eine Eingrenzung wie »iPad kaufen« Sinn machen.

Der Google Ads Keyword-Planer kann übrigens auch thematisch relevante Keywords identifizieren. Wählen Sie hierfür im ersten Schritt die Option NEUE KEYWORDS ENTDECKEN. Anschließend erhalten Sie eine Auflistung von Keywords (siehe Abbildung 15.6), die in irgendeiner Weise einen Bezug zum eingegebenen Keyword haben. Sie können nun anhand des Suchvolumens, aber auch auf Basis des Wettbewerbs interessante Keywords identifizieren. In unserem Beispiel führt Google als am häufigsten gesucht das Keyword »caffè« auf. Hierbei handelt es sich natürlich um ein verwandtes, aber für uns nicht um ein relevantes Keyword. Denn Nutzer, die nach »caffè« suchen, wollen nicht zwangsläufig etwas kaufen, gegebenenfalls besteht nur Bedarf an Informationen. Auch ist das Keyword zu schwammig. Hinterfragen und interpretieren Sie also auch in diesem Fall wieder die Ergebnisse, und nehmen Sie diese nicht einfach als gegeben hin.

Nutzen Sie die Möglichkeiten, die Ihnen Google kostenfrei zur Verfügung stellt. Da Google im Alltag der Menschen immer stärker genutzt wird, weiß Google automatisch, nach welchen Produkten, Dienstleistungen und Informationen eine Nachfrage besteht und wie groß diese ist. »Klinken« Sie sich einfach an dieser Stelle ein, und analysieren Sie die Daten, die Google Ihnen bereitstellen kann.

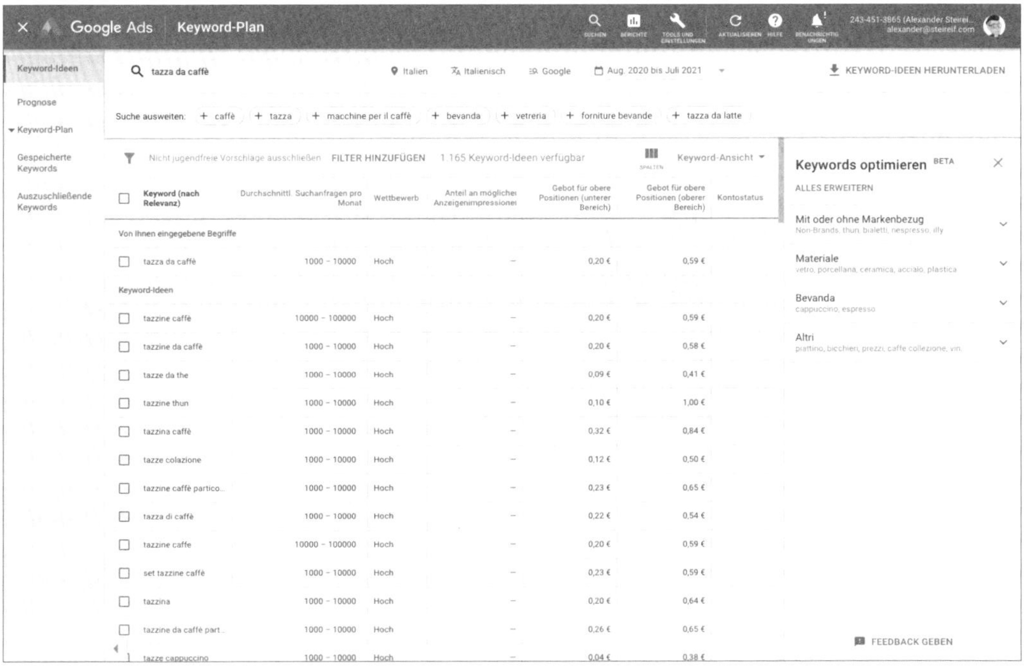

Abbildung 15.6 Bei der Recherche nach ähnlichen Keywords kann Sie Google Ads ebenfalls mithilfe des Keyword-Planers unterstützen.

Alternativ zu Google Ads und dem dort integrierten Keyword-Planer können Sie zudem Amazon verwenden, um die grobe Nachfrage nach Produkten in einem Land zu ermitteln. Rufen Sie beispielsweise *amazon.it* auf, und geben Sie dort den Begriff »tazza da caffè« ein. Im ersten Schritt werden Sie sehen, wie viele Produkte überhaupt gefunden werden. Sollten Sie keinen einzigen Treffer erhalten, können Sie sich selbst die Frage nach der Nachfrage des Artikels beantworten. Gibt es jedoch viele Suchergebnisse, lohnt sich ein weiterer Blick auf den Top-Seller bzw. einen Artikel auf den vorderen Plätzen. Wie Sie in Abbildung 15.7 sehen, verfügt der Artikel über ganze 323 Bewertungen und ist sofort lieferbar. Auch wird der Artikel gebraucht über den Amazon Marketplace gehandelt.

Dies lässt darauf schließen, dass auch in Italien Tassen verkauft werden und die Suchphrase halbwegs passt. Natürlich ist das, was Sie gerade gesehen haben, nur ein ganz grobes Screening.

Da Amazon jedoch in vielen Ländern über horrende Marktanteile verfügt, macht die Recherche auf Amazon einfach Sinn. Denn wenn dort die Produkte, die Sie verkaufen möchten, nicht vorhanden sind, ist das ein sehr starkes Indiz, dass in den jeweiligen Ländern rechtliche Hürden existieren oder Artikel nicht gefragt sind. Auch lässt sich die Konkurrenzsituation mithilfe von Amazon gut bewerten.

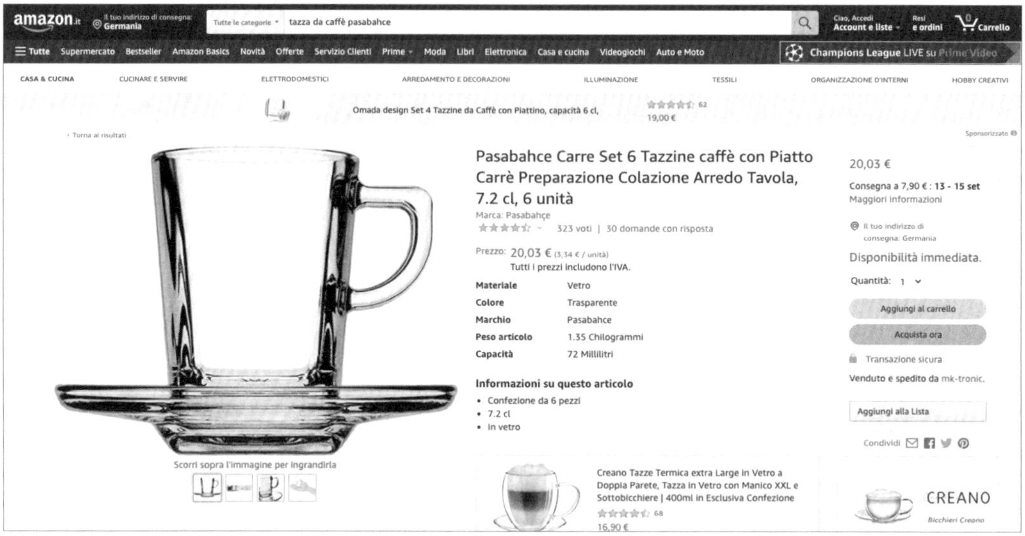

Abbildung 15.7 Amazon ist ein perfektes Instrument, um die Nachfrage nach Produkten in anderen Ländern zu ermitteln.

Wenn es bei Amazon selbst eine Vielzahl an Händlern gibt, können Sie auch außerhalb von Amazon von einer starken Nachfrage und Konkurrenz ausgehen. Nehmen Sie sich einfach die Zeit, und prüfen Sie ein wenig, wie sich der Markt auf Amazon entwickelt, welche Produkte angeboten und stark nachgefragt werden.

15.1.4 Wie stark ist die Konkurrenz?

Sicherlich ist es schön, wenn es keine Konkurrenten gibt, mit denen man um Marktanteile kämpfen muss. Eine Monopolstellung, wie Microsoft diese mit Windows hat, beschert einem als Unternehmen horrende Gewinne, aber Konkurrenz hat auch etwas Gutes. Denn wenn viele Konkurrenten am Markt aktiv sind, bedeutet das im Umkehrschluss auch, dass der Markt interessant ist. Wenn Sie sich die internationalen Märkte ansehen, ist vor allem die Konkurrenz interessant. Gibt es beispielsweise in Österreich einige Online-Händler, die sich auf den Verkauf von Kaffeetassen spezialisiert haben, dann könnte dieser Markt für Sie ebenfalls interessant sein, und Sie sollten ihn etwas genauer unter die Lupe nehmen. Konkurrenz ist in diesem Fall ein Indikator für die Attraktivität des Marktes.

Das bedeutet in letzter Konsequenz aber nicht, dass ein Markt ohne Konkurrenten zum Scheitern verurteilt ist. Denn irgendeiner ist sicherlich immer der Erste, der am Markt aktiv wird. Gerade aber in Europa sollten Sie davon ausgehen, dass viele Branchen bereits besetzt sind, und wenn Sie nicht gerade über ein enorm innovatives Produkt verfügen, ist die Konkurrenz schon aktiv. Die Konkurrenzdichte selbst können Sie übrigens auch wieder mithilfe des Google Ads Keyword-Planers identifizieren. Je höher die CPC liegen, desto wahrscheinlicher ist es, dass viele Konkurrenten um dieses Keyword buhlen. Werden hier hohe Klickpreise gefordert, sagt dies also etwas über die starke Konkurrenz aus. Zusätzlich kann Ihnen, wie oben erwähnt, auch Amazon bei der Ermittlung der Wettbewerbssituation weiterhelfen.

15.1.5 Ist der Zielmarkt groß genug?

Unabhängig von der Nachfrage nach den Produkten sollten Sie sich den Zielmarkt auf jeden Fall im Detail anschauen. Wie viele Einwohner hat das jeweilige Land, wie viel Prozent der Bevölkerung haben Zugang zum Internet und nutzen dieses auch tatsächlich? Denn auch wenn die Nachfrage nach Ihren Produkten und Dienstleistungen grundsätzlich als hoch einzuschätzen ist, sollte der Zielmarkt genug Platz für Wachstum ermöglichen. Beispielsweise können Sie viele Anfragen aus Österreich haben, wenn jedoch der mögliche Absatz aufgrund der zu geringen Bevölkerungsgruppe in der jeweiligen Zielgruppe zu gering ist, kann der Markt schlussendlich doch uninteressant sein.

15.1.6 Weitere Möglichkeiten

Natürlich finden Sie noch viele weitere Möglichkeiten, speziell in der analogen Welt, um eine Expansion im Ausland auf Sinnhaftigkeit zu überprüfen. Oftmals reicht es schon, wenn Sie sich in der Branche oder mit Kollegen über das Vorhaben unterhalten und hier gegebenenfalls auf Erfahrungswerte zurückgreifen können. Auch können Sie bei Ihren Lieferanten anfragen, wie positiv oder negativ sie den Absatz in den anvisierten Ländern einschätzen. Unterhalten Sie sich daher in Branchenkreisen bzw. Ihrem Netzwerk, und versuchen Sie auch auf diese Weise, den Bedarf in den jeweiligen Ländern zu ermitteln. Letztendlich ist es, wie so oft im Leben, ein Mix aus verschiedenen Methoden, die abschließend ein rundes Bild entstehen lassen.

15.2 Der europäische Markt im Quick-Check

Gehen wir einmal davon aus, Sie möchten in Europa aktiv werden. Nun gibt es auch in Europa gravierende Unterschiede zwischen den jeweiligen Ländern. Die Unterschiede liegen im Bedarf. Aber auch Preisniveau und E-Commerce-Affinität spielen eine Rolle. Die jeweiligen Länder müssen Sie immer im Hinblick auf Ihre Branche, Ihre Produkte und Ihre Zielgruppe betrachten, dennoch möchten wir Ihnen an dieser Stelle eine kurze Übersicht der Chancen im E-Commerce innerhalb Europas an die Hand geben.

Auf *statista.com* erhalten Sie eine recht interessante Tabelle, die den Anteil der Internetkäufer an der Gesamtbevölkerung wiedergibt (siehe Tabelle 15.1). Das heißt, welcher Prozentsatz der Bevölkerung eines jeweiligen Landes bestellt Produkte und Dienstleistungen im Internet? Ergänzend hierzu sehen Sie zudem auch die Entwicklung der Länder angefangen beim Jahr 2015.[1]

EU-Länder	2015	2016	2017	2018	2019	2020
Vereinigtes Königreich*	75 %	78 %	78 %	77 %	80 %	83 %
Dänemark	67 %	71 %	69 %	73 %	74 %	79 %
Deutschland	64 %	64 %	66 %	68 %	71 %	75 %
Luxemburg	63 %	69 %	69 %	60 %	63 %	69 %
Niederlande	59 %	63 %	68 %	70 %	70 %	77 %
Schweden	56 %	63 %	67 %	64 %	70 %	73 %
Finnland	50 %	48 %	58 %	51 %	55 %	60 %
Frankreich	49 %	52 %	54 %	55 %	58 %	–**
Österreich	46 %	48 %	53 %	53 %	54 %	56 %
Belgien	42 %	46 %	49 %	49 %	55 %	65 %
Estland	46 %	45 %	46 %	51 %	56 %	57 %
Slowakei	35 %	41 %	46 %	51 %	56 %	48 %
Irland	44 %	41 %	44 %	52 %	59 %	64 %
Malta	43 %	40 %	43 %	46 %	50 %	54 %
Spanien	32 %	35 %	40 %	43 %	47 %	54 %
Slowenien	28 %	30 %	35 %	39 %	45 %	52 %
Tschechische Republik	26 %	29 %	34 %	37 %	43 %	59 %
Lettland	27 %	31 %	33 %	33 %	34 %	38 %
Polen	24 %	31 %	33 %	37 %	41 %	47 %
Litauen	22 %	24 %	29 %	34 %	38 %	42 %
Griechenland	24 %	23 %	26 %	30 %	32 %	38 %

Tabelle 15.1 Entwicklung des E-Commerce in den Ländern der EU in den letzten Jahren

1 Die gesamte Statistik können Sie unter *https://de.statista.com/statistik/daten/studie/39217/umfrage/anteil-der-e-commerce-nutzer-an-der-gesamtbevoelkerung-in-der-eu/* einsehen.

EU-Länder	2015	2016	2017	2018	2019	2020
Ungarn	23 %	27 %	26 %	29 %	35 %	49 %
Portugal	23 %	23 %	25 %	27 %	28 %	35 %
Zypern	19 %	22 %	24 %	20 %	31 %	31 %
Italien	18 %	20 %	23 %	26 %	28 %	31 %
Kroatien	26 %	25 %	21 %	27 %	35 %	46 %
Bulgarien	12 %	11 %	11 %	13 %	14 %	16 %
Rumänien	8 %	8 %	11 %	13 %	15 %	22 %

* Das Vereinigte Königreich trat am 31.01.2020 aus der EU aus, blieb aber bis zum 31.12.2020 Teil des EU-Binnenmarktes und der Zollunion.

** Für Frankreich liegen keine Daten für 2020 vor.

Tabelle 15.1 Entwicklung des E-Commerce in den Ländern der EU in den letzten Jahren

Wir haben die Tabelle bereits anhand der Affinität für den E-Commerce absteigend sortiert. Somit sind das Vereinigte Königreich, Dänemark und Deutschland in Sachen E-Commerce in Europa führend. Auch an dieser Stelle können wir Ihnen nur wieder ans Herz legen, die Zahlen zu interpretieren. Denn Spanien beispielsweise ist 2009 auf einem sehr kleinen Niveau von 16 % gestartet und erreichte im Jahr 2019 bereits 70 %. Es gibt also sehr viele Länder, die gerade aufholen und über eine große Bevölkerung verfügen.

Unabhängig von dem Erfolg der jeweiligen Länder ist die »rechtliche Angleichung« ein schöner Nebeneffekt der Europäischen Union. Mit der Gesetzesänderung vom 13. Juni 2014 wurde beispielsweise das Widerrufsrecht in Europa vereinheitlicht und beträgt nun überall 14 Tage. Im Zuge dieser Regelung wurde zusätzlich eine einheitliche Musterwiderrufsbelehrung eingeführt. Außerdem gab es weitere rechtliche Änderungen, die Sie im Detail Kapitel 5, »Schnelle Lieferung, schneller Erfolg!«, entnehmen können, da es sich um eine Änderung des Widerrufsrechts gehandelt hat. Zudem trat ab Dezember 2018 ein Gesetz in Kraft, das das Geoblocking unterbindet. Dadurch dürfen Händler Kunden nicht mehr auf spezielle Ländershops innerhalb der EU schicken. Ein Nutzer muss immer die Möglichkeit haben, auf die lokalisierte Version eines jeweiligen Landes zuzugreifen, und kann dadurch im Zweifel zu günstigeren Konditionen einkaufen. Gerade der europäische Markt sorgt daher mittelfristig für ähnliche rechtliche Verhältnisse, was Ihnen als Shop-Betreiber sicherlich zugutekommt.

15.3 Geoblocking-Verordnung der Europäischen Union

Im Februar 2018 wurde von der Europäischen Union ein Gesetz verabschiedet, das Ende 2018 in Kraft trat und das sogenannte Geoblocking verbietet. Diese Verordnung ist auch für Sie relevant, denn als Shop-Betreiber wird Ihnen die Sperrung von länderspezifischen Shops untersagt. In der Vergangenheit haben viele Shop-Betreiber je Land individuelle Produktkataloge erstellt, in denen sich die Preise für dasselbe Produkt zum Teil stark unterschieden haben. So war beispielsweise ein und derselbe Artikel in Deutschland teurer als in Belgien. Um Ärger mit Kunden zu vermeiden, hat man daher dem, in diesem Fall, deutschen Kunden den Zugang zum belgischen Online-Shop gesperrt, indem eine harte Weiterleitung auf den deutschen Online-Shop erfolgte. Der Kunde aus Deutschland hatte also gar keine Chance, in Belgien zu günstigeren Konditionen zu bestellen.

Genau dieses Ungleichgewicht wollte die Europäische Union nun aus der Welt schaffen. Eine alternativlose Weiterleitung zu länderspezifischen Shops ist nicht mehr gestattet, auch müssen einheitliche Zahlungsarten und Konditionen in den jeweiligen Shops angeboten werden. Bei der Internationalisierung innerhalb Europas kommen auf Sie also weitere Anforderungen zu, die Sie unbedingt beachten müssen. Es empfiehlt sich, für dieses Thema direkt in Kontakt mit einem Anwalt zu treten, denn wie immer gibt es gewisse Ausnahmen und Besonderheiten, die eventuell auch Sie berücksichtigen müssen. Eine valide und rechtssichere Aussage, die direkt auf Ihren Fall zutrifft, erhalten Sie daher nur von einem Anwalt.

15.4 Erforderliche Anpassungen in Ihrem Online-Shop

Die Internationalisierung wird gerne mit der Übersetzung des Online-Shops oder gar der Möglichkeit der Lieferung ins Ausland gleichgesetzt. Doch ist die Internationalisierung wesentlich mehr. Sie haben bislang vor allem Informationen darüber erhalten, wie Sie sich ein geeignetes Land aussuchen können und welche Länder in der Europäischen Union eine gewisse Rolle spielen. Die Auswahl eines geeigneten Landes ist schlussendlich die notwendige Vorarbeit. Danach geht es aber ans Eingemachte, denn die Internationalisierung hat für Sie Auswirkungen auf die Technik, das Design und die Vermarktung Ihres Online-Shops.

15.4.1 Sprechen Sie die Sprache Ihrer Kunden

Es klingt banal, aber natürlich müssen Sie bei der Internationalisierung Ihres Online-Shops vor allem die Sprache und mögliche Sprachbarrieren berücksichtigen. Wenn Sie beispielsweise in Frankreich aktiv werden möchten, dann muss Ihr Online-Shop die französische Sprache unterstützen. Wichtig ist, dass Sie den Kunden beim Aufruf der Seite nicht erst nach seiner favorisierten Sprache fragen, sondern diese automatisiert einstellen. Das geht entweder durch eine Geo-IP-Abfrage oder eine lokalisierte Domain. Letzteres macht grundsätzlich Sinn, da Sie Ihren Kunden damit eine gewisse Präsenz vermitteln. So klingt zalando.fr für den französischen Markt einfach besser als zalando.com, und außerdem können Sie dann, je nachdem, über welche Domain der Besucher zugreift, direkt die passende Sprache hinterlegen. Darüber hinaus ist eine länderspezifische Domain auch für die Suchmaschinenoptimierung von Vorteil.

Jede weitere Sprache hat zudem einen weitaus stärkeren Einfluss auf Ihr Shop-Design, als Sie zunächst vermuten. Denn jede Sprache läuft unterschiedlich weit, das heißt, Sie benötigen entweder mehr (oder weniger) Wörter, um dasselbe wie in der deutschen Variante auszudrücken, oder die Wörter haben einfach mehr (oder weniger) Buchstaben. Achten Sie, bezogen auf den europäischen Markt, vor allem auf Polen oder Ungarn. Denn diese Sprachen laufen sehr weit. Und genau dieses Verhalten kann Sie vor große Probleme stellen, wenn Sie ein »unpassendes« Design haben. Ein unpassendes Design meint speziell ein Design, bei dem die Textmenge nicht fließen kann. Vielleicht fällt Ihnen jetzt spontan auch ein Online-Shop ein, bei dem sich die Texte in Kästen befinden, alle Kästen von der Breite und Höhe aufeinander abgestimmt sind und der Text einfach keinen vernünftigen Platz hat, um fließen zu können. Wir hatten genau dieses Problem bei einem Kundenprojekt, was letztendlich bedeutet hat, dass die Übersetzungsagentur gar nicht mehr in der Lage war, eine inhaltlich vernünftige Übersetzung durchzuführen, sondern ganz speziell auf die vorgegebene Textlänge achten musste. War die Übersetzung zu lang, musste der Text zum Teil inhaltlich umgebaut werden. Ein Fehler, der beim nächsten Relaunch nicht begangen wurde. Wie Sie in Abbildung 15.8 (einem Screenshot aus unserem Projektarchiv) erkennen können, haben auch in der polnischen Version der Website von MEVACO die Texte genug Platz, um zu fließen. Im »schlimmsten« Fall wird ein Zeilenumbruch eingefügt, das Layout wird aber nicht zerstört.

Aber auch hier ist Vorsicht geboten: Bei Fließtexten funktioniert dies tadellos, aber speziell bei Schaltflächen ist der Platz dennoch oftmals vorgegeben. Hier müssen Sie bei der Übersetzung gegebenenfalls die eine oder andere Korrekturrunde drehen, wenn Sie feststellen, dass es vom Platz her einfach nicht passt.

Neben der Beschränkung der Größe müssen Sie auch ein Augenmerk darauf legen, dass die verwendeten Wörter und Sätze dem täglichen Sprachgebrauch Ihrer Nutzer entsprechen. Die schlechtesten Übersetzungen sind die, die nach »Lehrbuch« erfolgen. Diese Übersetzungen erhalten Sie in der Regel, wenn kein Muttersprachler für die Übersetzung verantwortlich ist. Lassen Sie in jedem Fall die übersetzte Version Ihres Online-Shops von mehreren einheimischen Besuchern prüfen, und holen Sie ein entsprechendes Feedback ein. Dies gilt natürlich nicht nur für die Texte im Online-Shop, sondern auch für Produktbeschreibungen, Kategorienbezeichnungen und produktspezifische Informationen.

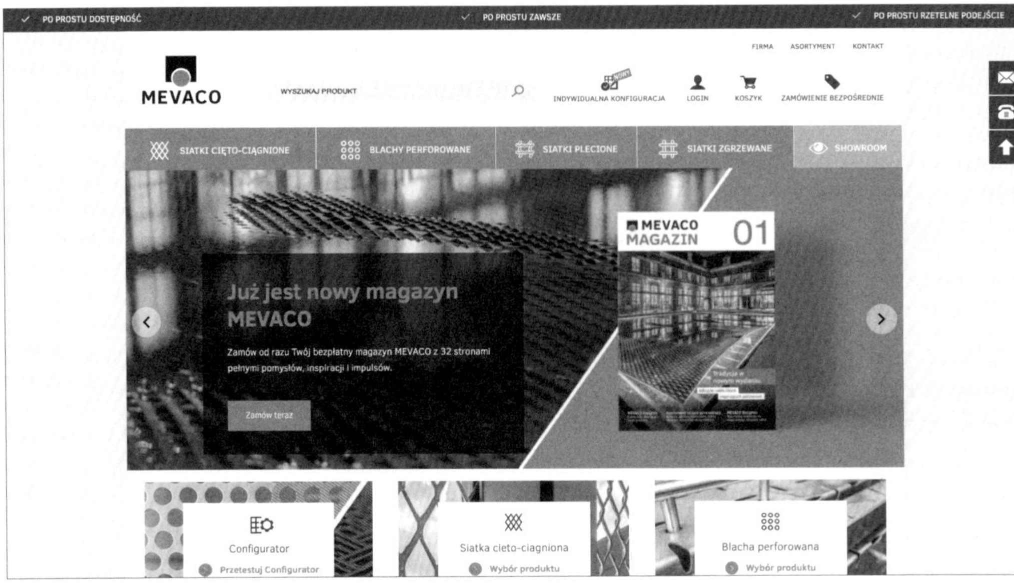

Abbildung 15.8 MEVACO ist in mehreren europäischen Ländern aktiv.

15.4.2 Preis- und Gewichtsangaben

Eine weitere wichtige Anpassung, die ebenfalls Auswirkung auf das Design Ihres Online-Shops haben wird, ist die länderspezifische Darstellung der Preise, aber auch der Mengen bzw. Größenangaben. Denn auch innerhalb des europäischen Marktes gibt es Währungen abseits des Euro. Ebenso wird nicht überall auf der Welt in Kilogramm gewogen und in Metern gemessen. Nutzen Sie daher die Währung bzw. die Darstellung von Größen und Mengen des jeweiligen Landes, ansonsten vergraulen Sie Ihre Besucher bzw. machen ihnen den Einkauf unnötig schwer. Ein gutes Beispiel hierfür ist *zalando.co.uk*, die selbstverständlich alle Preise in Pfund Sterling angeben, wie Sie in Abbildung 15.9 sehen können.

Zalando als Synonym für den Online-Handel von Mode ist insofern auch ein gutes Beispiel, als es gerade im Modebereich nicht ungewöhnlich ist, dass Größenangaben je Land verwendet werden oder auch Mode in anderen Ländern einfach unterschiedlich ausfällt bzw. Größen anders berechnet werden. So entspricht beispielsweise in Frankreich die deutsche Konfektionsgröße 36 der Größe 38. In Italien entspricht Konfektionsgröße 40 der deutschen 36 usw.[2] Wenn Sie nun in Ihrem französischen Online-Shop die Produkte aus Deutschland vertreiben, wird es früher oder später bei Ihren Kunden zu Irritationen führen, wenn Sie die Größenangaben ohne weitere Informationen ausweisen.

2 Einen guten Artikel zum Thema Konfektionsgrößen finden Sie unter: *https://www.jolie.de/mode/konfektionsgroesse*.

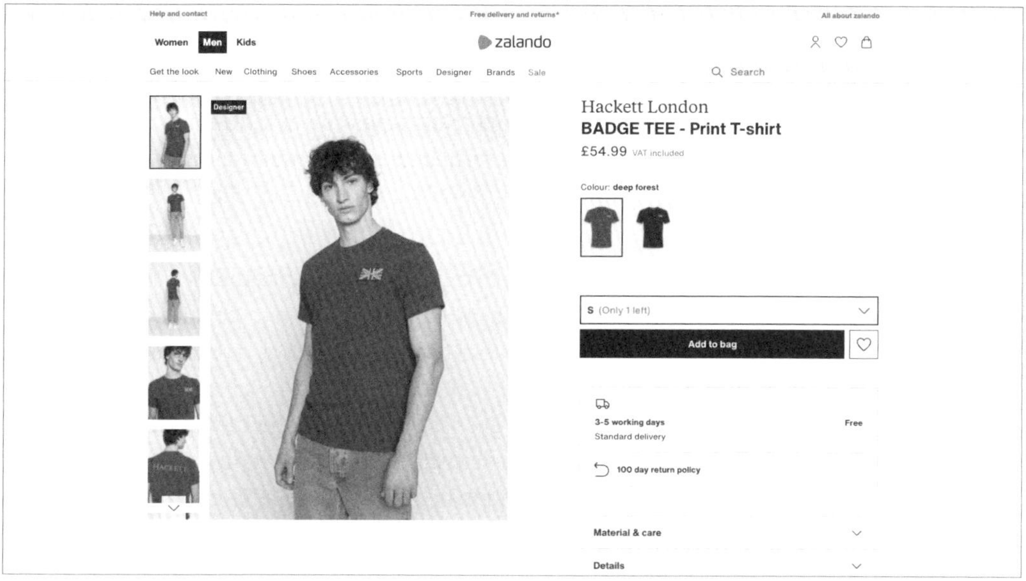

Abbildung 15.9 Auf www.zalando.co.uk erhalten Sie alle Preise in Pfund Sterling.

15

In diesem konkreten Beispiel wäre eine Auflistung der Größe je nach Land für Ihre Kunden von Vorteil – im Sinne von: »Lieber Kunde, dieses Kleid hat die Größe 36 (Deutschland), in Frankreich ist es die Konfektionsgröße 38.«

15.4.3 Produktinformationen und -sortiment

Bleiben wir bei den Produktinformationen, die Sie Ihren Kunden präsentieren. Wie Sie jetzt gelernt haben, müssen die Texte in der jeweiligen Landessprache verfügbar sein, Preise bzw. Gewichtsangaben müssen ebenso lokalisiert werden. Es gibt aber noch eine weitere Feinheit, die Sie beachten müssen, die jedoch ganz stark von den Produkten abhängt, die Sie vertreiben möchten. Denn es kann unter Umständen sein, dass Sie weitere relevante Produktinformationen ergänzen müssen. Denken Sie dabei an elektronische Geräte, zum Beispiel einen Monitor. Wenn Sie in Ihrem Online-Shop für den englischen Markt Ihre Monitore aus Deutschland verkaufen, dann werden Ihre englischen Kunden diese nicht benutzen können, denn der Stecker wird nicht in die Steckdose passen. Auch kann es gegebenenfalls zu Abweichungen bei der Spannung bzw. den Sicherheitsvorschriften von Elektronikartikeln kommen. Dementsprechend müssten Sie in einem solchen Fall die Produktinformationen ergänzen oder eine lokalisierte Version des Produkts vertreiben. Letzteres würde aber weitere Anforderungen an Ihre Lagerhaltung stellen, denn wenn Sie ein und dasselbe Produkt in zwei unterschiedlichen Versionen auf Lager nehmen, binden Sie Kapital, und gegebenenfalls benötigen Sie ein größeres Lager. Dementsprechend ist die erste Variante die realistischere, also müssen Sie Ihre Produktinformationen ergänzen.

Als Alternative hierzu können Sie aber selbstverständlich auch Ihren Produktkatalog einschränken. Informieren Sie sich im Vorfeld, ob Sie überhaupt alle Artikel in ausländische Märkte liefern dürfen. Bei pharmazeutischen Artikeln wird dies beispielsweise in der Regel nicht möglich sein. Aber auch Nahrungsmittel können je nach Zielland Auflagen unterliegen. Gewisse Artikel unterliegen auch schlicht einem Exportverbot. Beispielsweise dürfen Sie manche Hightech-Komponenten nicht nach Russland liefern.

Möglicherweise macht es bei einigen Artikeln auch gar keinen Sinn, sie in das Produktsortiment aufzunehmen. Wenn Sie in Länder mit einer geringeren Kaufkraft vordringen, müssen Sie gegebenenfalls hochpreisige Artikel streichen, da Sie diese nicht absetzen können. Wenn Sie Mode verkaufen, können – das gilt zumindest für einige Länder außerhalb von Europa – gewisse Artikel als nicht schön bzw. uninteressant angesehen werden. Gerade in asiatischen Ländern haben Farben zum Teil eine ganz andere Bedeutung. Und, ganz ehrlich, möchten Sie in einem Kleid auf die Straße gehen, dessen Farbe als Symbol für Tod und Verdammnis angesehen wird? Nein, also würde ein solches Produkt auch gar nicht erst von den Online-Shop-Besuchern gekauft werden. Sie benötigen daher Hintergrundinformationen, welche Produkte in welchen Ländern überhaupt vertrieben werden können und welche Preise für Ihre Produkte in dem jeweiligen Land durchgesetzt werden können.

15.4.4 Design und Usability

Blicken wir nochmals zurück auf Design bzw. Usability. Es kommt ganz stark darauf an, in welchen Ländern Sie aktiv werden möchten, denn beim Design und der Benutzerführung spielen kulturelle Unterschiede eine ganz große Rolle. Innerhalb des europäischen Marktes sind die Unterschiede zwar vorhanden, aber nicht sehr groß. Wenn das Design Ihres Online-Shops in Deutschland funktioniert, wird es aller Voraussicht nach auch in Italien oder in Polen funktionieren. Je weiter Sie sich jedoch von Deutschland entfernen, desto größer werden die kulturellen Unterschiede und damit verbunden auch die Anforderungen an das Design des Online-Shops. Dabei spielt dann vor allem eine Verschiebung des Verhältnisses zwischen Text und Bild eine wichtige Rolle. Um genau dies zu verdeutlichen, lesen Sie hier ein zutreffendes Zitat von *https://www.designenlassen.de*, das die Sache auf den Punkt bringt:

> *»Chinesische Websites sind Entertainment und Action pur. Es gibt kaum ein Produkt, das nicht ein eigenes Spiel auf der Unternehmensseite anbietet. Inhalt und Usability spielen eine untergeordnete Rolle. Auf Kosten einer ansprechenden Websitestruktur drängen sich Grafiken in den Vordergrund. Bunt, blinkend, übergroß und flashanimiert – so lässt sich das chinesische Webbild in aller Kürze beschreiben.«*

Speziell wenn Sie in die asiatischen Märkte vordringen möchten, müssen Sie sich mit dieser Tatsache anfreunden, die wiederum Anforderungen an Ihren Online-Shop stellt. Denn im schlimmsten Fall müssen Sie einen komplett abgeänderten optischen Auftritt, der sich an ein komplett anderes Endgerät richtet, für die jeweiligen Länder auflegen. Schauen Sie sich die Online-Shops in Ihrem Zielmarkt einfach in Ruhe an, bevor Sie diesen erschließen, und versuchen Sie die bestehenden Designs zu analysieren. Mit der Zeit bekommen Sie dann ein Gefühl dafür, welche Anforderungen an Ihren Online-Shop gestellt werden und wo Sie gegebenenfalls nachbessern müssen.

15.4.5 Mobile Commerce

Bezogen auf die Nutzung mobiler Endgeräte je nach Zielland kann auch die zusätzliche Einführung einer mobilen Variante Ihres Online-Shops sinnvoll sein. Auch wenn Sie in Deutschland nicht über eine mobile Variante verfügen, könnte diese, wenn Sie den englischen Markt erobern möchten, durchaus eine erfolgreiche Erweiterung darstellen. Denn gerade die Briten sind bei der Smartphone-Nutzung den Deutschen etwas voraus, und wenn es eine gewünschte Form der Darstellung Ihres Produktsortiments ist, sollten Sie dem Wunsch, wenn möglich, auch folgen. Für weiterführende Informationen zu den Feinheiten und Möglichkeiten des Mobile Commerce werfen Sie einen Blick in Kapitel 14, »Chancen im Mobile Commerce«.

15.4.6 Versandmethoden und -kosten

Zugegebenermaßen wird es hier richtig spannend. Denn eine der größten Herausforderungen bei der Internationalisierung liegt sicherlich in der Logistik. Denn wenn Sie weitere Länder mit Produkten beliefern möchten, ergeben sich daraus weitere Herausforderungen für Sie und Ihren Versanddienstleister. Grundsätzlich müssen Sie im ersten Schritt prüfen, inwiefern Ihr Versanddienstleister eine Lieferung ins Ausland überhaupt leisten kann. Für weitere Informationen hierzu lesen Sie bitte Kapitel 5, »Schnelle Lieferung, schneller Erfolg!«, in dem unter anderem die Auswahl der geeigneten Versanddienstleister, aber auch die Berechnung der Kosten beschrieben wird.

Das Thema Kosten ist dabei ein guter Punkt, denn hier müssen Sie in Ihrem Online-Shop entsprechende Informationen zur Verfügung stellen. Wenn ein Besucher Ihren Online-Shop aufruft, nennen wir ihn einmal *zalando.fr*, dann geht er zunächst davon aus, dass Sie ein französisches Unternehmen sind. Das ist auch gut so und gewollt, denn das steigert die Akzeptanz. Wenn jedoch die Ware aus anderen Ländern angeliefert wird, ergeben sich zwangsläufig längere Wartezeiten und höhere Kosten, als wenn die Ware aus dem eigenen Land versendet wird. Diese Information müssen Sie möglichst transparent Ihren Kunden mitteilen. Der britische Online-Händler Asos gibt auf einer eigens eingerichteten Übersichtsseite, die auch direkt aus jedem Produkt aufgerufen werden kann, exakte Informationen zu den Lieferzeiträumen und Kosten für Produkte, die nach Deutschland gesendet werden (siehe Abbildung 15.10).

Abbildung 15.10 Transparenz sorgt für Vertrauen, und Vertrauen generiert Bestellungen.

Innerhalb dieser Seite kann zudem das Lieferland direkt geändert werden, weiterführende Informationen zu Rücksendungen sind auch vorhanden. Asos verhält sich in diesem Punkt vorbildlich. Vor einigen Jahren, das zeigt ein Screenshot aus dem Archiv (siehe Abbildung 15.11), war Asos noch nicht auf dem perfekten Stand.

Standardversand

AKTUALISIERT : 21/05/2014 16:19

Ab einem Bestellwert von 15€/20CHF ist der Standardversand nach Deutschland, Österreich und in die Schweiz kostenfrei. Sollte Ihr Einkauf unter diesem Bestellwert liegen, erheben wir eine Versandpauschale von 3€/4CHF für alle Standardlieferungen.

Der Standardversand nach Deutschland beträgt 4 Werktage (dies schließt Wochenenden und Feiertage aus). Wenn Sie z. B. am Mittwoch bestellen, werden die bestellten Artikel am darauffolgenden Dienstag geliefert.

Da eine Sendungsverfolgung für Postsendungen nicht immer möglich ist, bitten wir Sie, die angegebenen 4 Werktage bis zur Lieferung abzuwarten. Wenn eine Sendungsverfolgung möglich sein sollte, ist in der Versandbestätigung ein entsprechender Link angegeben.

Abbildung 15.11 Vor einigen Jahren konnte Asos nur in Form von Fließtext über Versandkosten informieren.

Auch wurde das Trackingproblem angesprochen, das mittlerweile behoben ist. Denn gerade bei internationalen Sendungen ist das schwieriger, als Sie vermutlich denken. Je nachdem, welchen Versanddienstleister Sie nutzen, hat dieser unter Umständen Kooperationspartner und kann die Ware nur bis zur deutschen Grenze befördern. Anschließend übernimmt das Partnerunternehmen. Dies erzeugt oftmals einen Bruch beim Tracking. Mittlerweile hat Asos dieses Problem jedoch gelöst, und Trackingnummern werden auch beim Versand an deutsche Adressen bereitgestellt.

Noch am Rande ein Tipp bezogen auf die Versandkosten: Hohe Versandkosten sowie Zölle können, wie Sie gelernt haben, von einer Bestellung abhalten. Schauen Sie sich hierzu auf jeden Fall auch Abschnitt 15.8.2, »Das müssen Sie beim Zoll beachten«, an. Gegebenenfalls haben Sie die Möglichkeit, sollten Sie ausländische Märkte beliefern wollen, die Versandkosten zum Teil in den Produkten einzupreisen. Das funktioniert immer dann reibungslos, wenn das Preisniveau im jeweiligen Zielland höher ist als auf dem einheimischen Markt oder, salopp gesagt, wenn Sie teurer verkaufen können.

15.4.7 Zahlungsanbieter und Varianten

Schwieriger als das Thema Versandkosten ist die Zahlungsproblematik. Denn es gibt je nach Land unterschiedliche Vorlieben der Bevölkerung, mit welchen Mitteln bezahlt werden soll. Das macht für Sie als Shop-Betreiber die Sache nicht wirklich einfacher, denn die Wahl der richtigen Zahlungsmethoden ist schwieriger, als man denkt. Neben Zahlungsverfahren, die in allen Ländern existieren, beispielsweise Kreditkarte, PayPal, Rechnung, Vorkasse, finden Sie in Tabelle 15.2 eine Liste mit länderspezifischen Zahlungsmethoden zusammengestellt, die aber keinen Anspruch auf Vollständigkeit erhebt.

Land	Produkt	Anbieter	Website
Österreich	► eps Online-Überweisung ► paybox ► paysafecard ► PayLife	► STUZZA ► paybox austria ► paysafecard.com ► PayLife Bank	► *www.eps.or.at* ► *www.paybox.at* ► *www.paysafecard.com/de-at* ► *www.paylife.at*
Schweiz	► myOne ► PostFinance Card ► PostFinance E-Finance	► Accarda ► PostFinance ► PostFinance	► *www.myone.ch* ► *www.postfinance.ch/de/unternehmen/produkte/e-commerce/e-payment-zahlungsarten.html* ► *www.postfinance.ch/de/unternehmen/produkte/e-commerce/e-payment-zahlungsarten.html*
Benelux-Länder	iDEAL	iDEAL	*https://www.ideal.nl*
Frankreich	► Moneo ► Neosurf ► w-HA	► BMS Exploitation ► Neosurf Cards ► w-HA	► *www.moneo.net* ► *www.neosurf.info* ► *www.w-ha.com*
Großbritannien	► Moneybookers ► MPP eWallet	► Moneybookers ► MPP Global Solutions	► *www.moneybookers.com* ► *www.mppglobal.com*
Italien	► Posteitaliane ► X-Pay	► Postepay ► CartaSi	► *https://postepay.poste.it* ► *www.cartasi.it*
Skandinavien	► Buypass ► Digiraha ► Luup ► MobilHandel ► PayEx	► Buypass ► OP-Pohjola Group ► Luup International ► Telenor ► PayEx	► *www.buypass.no* ► *www.digiraha.net* ► *www.luup.com* ► *www.telenormobil.no/mobilhandel* ► *www.payex.com*
Spanien, Portugal	► CaixaMovil ► Mobipay ► ServiRed	► La Caixa ► Mobipay ► ServiRed	► *www.lacaixa.es* ► *www.mobipay.es* ► *www.servired.es*

Tabelle 15.2 Zahlungsanbieter in einzelnen Ländern

In der Übersicht finden Sie die wichtigsten europäischen Länder und ihre jeweils individuellen Zahlungsmethoden.[3] Bevor Sie den Markt eines anderen Landes erschließen, befassen Sie sich im Vorfeld mit den Zahlungsmöglichkeiten. Aus eigener Erfahrung wissen wir, dass beispielsweise im Schweizer Markt bei unseren Kunden gut und gerne 40 % der Zahlungen über Postfinance, E-Finance bzw. die Postfinance Card abgewickelt werden. Außerhalb der Schweiz ist diese Zahlungsmethode aber niemandem bekannt, weswegen man sie als Online-Shop-Betreiber gerne ignoriert. Für den Schweizer Markt wäre das Fehlen dieser Zahlungsmethode ein K.-o.-Kriterium, die Bestellungen und damit verbundenen Umsätze würden wegbleiben.

Setzen Sie daher auf einen Mix aus »grenzübergreifenden« Zahlungsmethoden, die funktionieren (PayPal, Kreditkarte, gegebenenfalls Rechnung bzw. Vorkasse), und implementieren Sie die relevanten länderspezifischen Zahlungsmethoden.

15.4.8 Sonstiges

Wenn Sie sich der Themen Bezahlung, Versand, Produktsortiment und Design annehmen, bedenken Sie voraussichtlich die wichtigsten Punkte. Dennoch kann es je nach Zielmarkt noch weitere Auflagen bzw. Anforderungen geben, die Sie erfüllen müssen. Diese müssen Sie aber individuell herausfinden; oftmals hilft ein Gespräch mit einem Anwalt.

15.5 Internationales Marketing

Neben den Anforderungen an Ihren Online-Shop, bezogen sowohl auf die Technik als auch auf das Produktsortiment, erfordert eine Internationalisierung auch immer Anpassungen bzw. Erweiterungen Ihrer Marketingstrategie. Wie auch in Deutschland müssen Sie dabei gezielt die Marketingkanäle identifizieren, die Ihnen Besucher liefern und die von den Kosten her Sinn ergeben.

Die einfachste Vermarktungsmöglichkeit ist auch im Ausland Google Ads bzw. die organische Suchmaschinenoptimierung. Hierbei müssen Sie, im Vergleich zu den Tätigkeiten am deutschen Markt, nichts weiter beachten. Auch hier müssen Sie im ersten Schritt die relevanten Keywords identifizieren und können anschließend mit der nachhaltigen Suchmaschinenoptimierung beginnen bzw. in Form von Ads-Anzeigen kostenpflichtige Werbung schalten. Diese beiden Varianten, primär Google Ads, dürften auch der Türöffner in den neuen Märkten sein. Beachten Sie speziell bei den Ads-Kampagnen, dass Werbung in anderen Ländern zum Teil sehr unterschiedlich funktioniert, da die potenziellen Kunden auf eine ganz andere Art und Weise angesprochen und überzeugt werden möchten.

3 Quelle: eCommerce-Leitfaden (*www.ecommerce-leitfaden.de*)

Im Bereich des Multi-Channel-Marketings müssen Sie zuallererst die Möglichkeiten prüfen. Funktioniert etwa in Deutschland der Vertrieb der Produkte über eBay oder Amazon hervorragend, ist dies zum Beispiel in der Schweiz nicht möglich. Denn dort ist Amazon offiziell überhaupt nicht vertreten, und eBay hat einen weitaus geringeren Stellenwert als in Deutschland. Dafür gibt es wiederum Preissuchmaschinen, die in Deutschland nicht aktiv sind, aber in der Schweiz über eine hohe Reichweite verfügen. Als konkretes Beispiel hierfür ist *www.toppreise.ch* zu nennen, eine Plattform, die Sie für einen Schweizer Online-Shop definitiv nutzen sollten. Prüfen Sie daher im Vorfeld genauestens, welche Multi-Channel-Plattformen in den jeweiligen Ländern existieren, über eine gute Reichweite verfügen und auch unter Kostengesichtspunkten Sinn ergeben.

Für einen guten Überblick bzw. eine Einführung in das Thema Online-Marketing lesen Sie Kapitel 8, »Online-Marketing – Kunden gewinnen, Umsätze steigern«. In diesem Kapitel erfahren Sie alle relevanten Vorgehensweisen und Marketingkanäle, die Sie für Ihren Online-Shop nutzen können.

15.6 Rechtliche Aspekte

Auch wenn das Widerrufsrecht nun auf europäischer Ebene angeglichen wurde, gibt es dennoch in den jeweiligen Ländern zum Teil komplett unterschiedliche rechtliche Vorschriften, die Sie als Online-Shop-Betreiber beachten müssen. Aufgrund der Komplexität der rechtlichen Vorschriften und der starken Differenzierung durch das jeweilige Zielland müssen Sie als Shop-Betreiber Ihren Online-Shop auf jeden Fall durch einen Anwalt prüfen lassen. Beachten Sie dabei folgende Punkte, die Sie gemeinsam mit Ihrem Anwalt diskutieren müssen:

- Welche Anpassungen müssen an den allgemeinen Geschäftsbedingungen vorgenommen werden?
- Gibt es im jeweiligen Land ein Widerrufsrecht und, wenn ja, was muss beachtet werden?
- Welche Anforderungen existieren im jeweiligen Land in Bezug auf die Datenschutzbestimmungen?
- Gibt es Vorschriften bezogen auf Informationen im Impressum, in der E-Mail-Korrespondenz etc.?
- Sind gewisse Informationen auf den Produktdetailseiten oder im Bezahlvorgang vorgeschrieben?
- Welche rechtlichen Besonderheiten existieren im jeweiligen Land bezogen auf den Verkauf von Artikeln über das Internet?

Wenn Sie diese Punkte beachten und die hierfür notwendigen Informationen einholen, sollten Sie gemeinsam mit Ihrem Anwalt relativ schnell die notwendigen Bestimmungen erfüllen können.

Prüfung durch Trusted Shops

Eine »schnelle« Lösung ist bezogen auf die Erfüllung der rechtlichen Anforderungen sicherlich die Nutzung von Trusted Shops. Denn wie Sie in Abschnitt 1.10.10, »Gütesiegel und Zertifizierungen«, erfahren haben, prüft Trusted Shops unter anderem die rechtlich relevanten Punkte in Ihrem Online-Shop. Mittlerweile beschränkt sich Trusted Shops nicht nur auf Online-Shops in Deutschland, sondern prüft auch Shops in anderen Ländern.

15.7 Nützliche Tools, Dienste und Unternehmen

Bei der Internationalisierung müssen Sie relativ viele Dinge beachten, das haben Sie nun auf den vorherigen Seiten gesehen. An dieser Stelle möchten wir Ihnen ergänzend nützliche Dienstleister sowie Werkzeuge mit an die Hand geben, die Ihnen bei der Internationalisierung helfen können. Bitte beachten Sie, dass es hierbei sicherlich keinen Anspruch auf Vollständigkeit gibt und Sie eventuell noch weitere Dienstleister und Tools kennen, die wir nicht in unserer Liste aufgeführt haben.

15.7.1 VAT-Check mittels UID-Suche

Wenn Sie an Geschäftskunden verkaufen, ist die Prüfung der Umsatzsteuer- Identifikationsnummer unvermeidbar. Hierfür müssen Sie einen externen Dienst bzw. Service anbinden, um dies zu gewährleisten. Damit Sie nicht jedes Land einzeln anbinden müssen, können Sie aber auch auf einen Dienst wie UID-Suche zurückgreifen (siehe Abbildung 15.12). Mittels dieser Website bzw. auch den zur Verfügung stehenden APIs können Sie praktisch alle europäischen Nummern validieren. Auch können Sie auf Basis der Unternehmensanschrift direkt nach der korrekten VAT-ID suchen.

15.7.2 US-Steuer berechnen dank Avalara

In Deutschland haben wir entweder 19 %, 7 % oder 0 % USt bzw. MwSt. In den USA ist das leider ein klein wenig komplexer. So unterscheidet sich die Mehrwertsteuer je nach Bundesstaat, Straße und manchmal sogar auf Basis des Tages. Damit Sie diese kompletten Logiken nicht in Ihrem Online-Shop abbilden müssen, helfen Unternehmen wie Avalara. Diese externen Dienste übernehmen die komplette Berechnung der Umsatzsteuer auf Basis des befüllten Warenkorbes, und Ihr System erhält anschließend nur die korrekten Werte, die weiter prozessiert werden müssen.

Abbildung 15.12 Eine einfache und schnelle Validierung der Umsatzsteuernummer inklusive APIs bietet die UID-Suche.

Dadurch ersparen Sie sich die Implementierung der Logik und sind, was Steuern in den USA betrifft, immer auf dem aktuellen und vor allem auch korrekten Stand.

15.7.3 Umsatzsteuer mittels Taxdoo ermitteln

Verkaufen Sie international, speziell mittels Amazon und Amazon FBA, ist die Übermittlung und Übersendung der korrekten Umsatzsteuer oftmals gar nicht so trivial. Denn je nachdem, in welchem Lager Ihre Ware liegt, Amazon verschiebt hier auch sehr gerne automatisiert innerhalb der EU, werden andere Umsatzsteuersätze relevant bzw. Sie müssen natürlich auch die entsprechenden Umsätze je Land ermitteln und übermitteln. Genau diese Aufgabe übernimmt Taxdoo. Mithilfe von Schnittstellen zur verschiedenen Shop-Systemen, ERP-Lösungen und auch Anbietern wie Amazon und eBay sammelt Taxdoo alle steuerrechtlich relevanten Daten, bereitet diese auf und übermittelt diese entsprechend weiter. Eine Lösung, die Sie sich auf jeden Fall einmal näher anschauen sollten.

15.7.4 Kundenservice in Landessprache mit Salesupply

Die Abbildung des Supports in der jeweiligen Landessprache stellt sicherlich eine der größten Hürden bereit. Denn hierfür benötigen Sie Personal, und Personal ist zum einen schwer zu finden und zum anderen teuer. Dementsprechend kann die Auslagerung des Supports eine wirtschaftlich sinnvolle Überlegung sein. An dieser Stelle gibt es sicherlich viele Dienstleister, wir möchten stellvertretend auf Salesupply verweisen. Das Unternehmen kann Ihnen unter anderem bei der Logistik, aber auch bei der Abbildung des Supports in Landessprache weiterhelfen. Oftmals ist dieser Ansatz, speziell zu Beginn, effizienter und »besser«, als wenn Sie sich selbst darum kümmern.

15.7.5 ERP-Systeme, unter anderem für Lieferschwellen

Grundsätzlich – verstehen Sie diesen Hinweis an dieser Stelle als Empfehlung – macht beim internationalen Vertrieb die Nutzung eines ERP-Systems Sinn. Denn damit können Sie auch Themen wie Lieferschwellen, deren Erreichung und die entsprechenden Meldungen abbilden. Da die Wahl des ERP-Systems sehr komplex ist, kann an dieser Stelle aber keine Empfehlung ausgesprochen werden. Schauen Sie sich aber Lösungen wie Actindo, Plentymarkets, Xentral oder JTL einmal genauer an. Das sind keine Schwergewichte wie SAP oder Navision, unterstützen Sie aber wahnsinnig gut im elektronischen Handel und lassen sich mit einem überschaubaren Budget und Aufwand gut einführen.

15.8 Schritt für Schritt zum internationalen Online-Shop am Beispiel der Schweiz

Wie Sie auf den vergangenen Seiten lesen konnten, ist die Internationalisierung leider nicht ganz so einfach, wie man es sich wünscht. Auch wenn Sie im E-Commerce natürlich die Chance haben, überallhin zu verkaufen, einfach aufgrund der Tatsache, dass Ihr Online-Shop von überall aufrufbar ist, hängt an diesem Thema doch wesentlich mehr Aufwand, als der stationäre Händler aus unserem Eingangsbeispiel vermutet. Sprachbarrieren, kulturelle Unterschiede, verschiedene Preissegmente – all das gilt auch in Europa, erst recht in der restlichen Welt. Was bedeutet dies also für Sie als Online-Händler?

Auch wenn Internationalisierung ein wichtiges Thema ist, weil Sie so Umsätze und Absätze steigern können, spielt sie in der Regel am Anfang eine untergeordnete Rolle, denn Sie haben beim Aufbau und Betrieb eines Online-Shops in der ersten Zeit so viel zu erledigen, dass Sie sich schlicht nicht um dieses Thema kümmern können. Wenn wir Sie aber auf den vorherigen Seiten »heißgemacht« haben, werden Sie jetzt sicherlich etwas enttäuscht sein, bietet doch die Internationalisierung ein so wahnsinniges Potenzial. Aus diesem Grund kommt nun auch die Ausnahme, denn zwei Zielmärkte können Sie auch als angehender Shop-Betreiber erschließen: Österreich und die Schweiz. Denn diese beiden Nachbarländer sind uns kulturell doch sehr ähnlich, um nicht zu sagen, wir sind sehr stark verwurzelt, Sprachbarrieren gibt es nicht grundsätzlich, sondern nur in einigen Fällen, die Lieferzeiten sind nicht wirklich länger als innerhalb von Deutschland, und die rechtlichen Rahmenbedingungen ähneln unseren sehr. Ganz besonders die Schweiz ist attraktiv für Shop-Betreiber aus Deutschland, viel mehr noch als Österreich. Denn Österreich hat den Euro, die Schweiz aber nicht, und genau das kann Ihr Vorteil sein, den Sie unbedingt nutzen sollten. Aufgrund des schwachen Euro bzw. des starken Franken kaufen die Schweizer sehr gerne in Deutschland bzw. in deutschen Online-Shops ein, letztendlich eine Form des Grenztourismus – im E-Commerce.

15.8.1 Eigenes Lager oder Versand aus Deutschland?

Die grundsätzliche Frage, die Sie sich stellen müssen, lautet, ob Sie ein Lager in der Schweiz betreiben möchten oder den Versand aus Deutschland steuern. Dabei spielt das eigentliche Versandthema gar keine so große Rolle, denn an dieser Entscheidung hängt viel mehr. Wenn Sie ein Lager in der Schweiz errichten möchten, müssen Sie zwangsläufig auch in der Schweiz ein Unternehmen anmelden.

Hierbei gibt es verschiedene Möglichkeiten und Vorgehensweisen, ähnlich wie in Deutschland. Sie müssten sich entscheiden, ob Sie als Personengesellschaft oder Kapitalgesellschaft tätig werden möchten. Eine Personengesellschaft stellt dabei die »günstigste« Form einer Unternehmensgründung dar, bei der Sie knapp 2.000 Franken bezahlen müssen und anschließend loslegen können. Alternativ können Sie direkt eine GmbH oder AG gründen, bei der jedoch das Stammkapital erst einmal eingebracht werden muss.[4]

Ähnlich wie in Deutschland ist die Gründung, speziell wenn man an eine Kapitalgesellschaft denkt, eine sehr komplizierte Angelegenheit, weswegen wir an dieser Stelle nicht auf alle Details eingehen können. Bedenken Sie aber, dass Sie für die Gründung einen Rechtsanwalt, Steuerberater und Notar brauchen. Gesellschaftsverträge müssen erstellt werden, zumindest bei einer Kapitalgesellschaft. Der Gründungsprozess dauert Wochen und wird einige tausend Euro bzw. Franken kosten. Kurz gesagt: Wenn Sie sich nicht wirklich sicher sind, in der Schweiz horrende Umsätze zu erzielen, ist die Ansiedlung die weniger interessante Option, da Sie im ersten Schritt sehr viel Geld investieren müssten. Aus diesem Grund lautet auch unsere Empfehlung an dieser Stelle, erst einmal aus Deutschland Waren zu versenden. Sollte die Nachfrage enorm sein, können Sie in der Schweiz immer noch eine Niederlassung gründen. Der

4 Gute Artikel zur Unternehmensgründung in der Schweiz finden Sie unter: *www.gruender-lexikon.de/magazin/so-eroeffnet-ein-deutscher-unternehmer-eine-filiale-in-der-schweiz* bzw. *www.ansiedlung-schweiz.ch/standortvorteile-schweiz/unkomplizierte-firmengruendung*

Versand aus Deutschland stellt nämlich erst einmal kein Problem dar und eignet sich daher als Testballon, um eine mögliche Nachfrage abzuschätzen.

15.8.2 Das müssen Sie beim Zoll beachten

Gehen wir davon aus, Sie versenden aus Deutschland und haben in der Schweiz kein eigenes Lager. In diesem Fall wandern die Sendungen an Ihre Kunden durch den Zoll, was zu dem einen oder anderen Problem führen könnte, je nachdem, welche Produkte Sie vertreiben.

Das Wichtigste vorweg: Es fallen für Ihre Kunden Gebühren an, und das nicht zu knapp. Hierfür gibt es von der Schweiz sogar eine Webseite, die Ihnen transparent erklärt, wie sich die Zollgebühren zusammensetzen.[5]

Berechnungsbeispiel: Steuerbarer Warenwert – Einkauf in einem Online-Shop

Über einen deutschen Online-Shop haben Sie einen Handstaubsauger bestellt. Der Kaufpreis beträgt 150,00 € (Nettobetrag ohne ausländische MwSt.). Für den Versand in die Schweiz müssen Sie dem Online-Shop zusätzlich 12,50 € bezahlen. Insgesamt entrichten Sie an den Online-Shop 162,50 €.

Daraus ergeben sich folgende Werte in CHF:

- Gesamtbetrag laut Rechnung Online-Shop: 198,25 CHF (Umrechnungskurs 1,22)
- Kosten der Post für die Zollanmeldung: 17,45 CHF
- Kosten der Post für das Öffnen der Sendung: 13.00 CHF (falls Bezeichnung auf dem Paket nicht ausreichend/ungenau)
- Gesamtsumme: 228.70 CHF

Wie Sie anhand dieser Beispielrechnung sehen, wird der Einkauf durch den Zoll bzw. Postgebühren nochmals erheblich teurer. Ausgenommen sind Sendungen bis zu einem Wert von 65 CHF, denn bei diesen Sendungen werden diese Gebühren nicht fällig.[6]

Abgesehen vom Kostenthema gibt es Produkte, die grundsätzlich verboten sind bzw. bei denen die Einfuhr schwierig ist. Hierzu zählen unter anderem Lebensmittel, aber auch Medikamente, Pflanzen etc. Eine gute Übersicht erhalten Sie unter *www.ezv.admin.ch/zollinfo_privat/04414/index.html?lang=de*. Bevor Sie daher die Lieferungen in die Schweiz als Umsatzsteigerungsmöglichkeit ins Auge fassen, informieren Sie sich im Vorfeld, ob Sie mit Ihren Produkten gegebenenfalls Probleme beim Zoll, also der

5 *https://www.ezv.admin.ch/ezv/de/home/information-private/interneteinkauf--post--und-kuriersendungen/interneteinkauf--berechnungsbeispiel---steuerbarer-warenwert.html*

6 Weitere Informationen erhalten Sie unter: *www.post.ch/de/geschaeftlich/themen-a-z/verzollung-und-einfuhrbestimmungen/importieren-und-empfangen/faq-import-zoll-und-mwst*

Einfuhr, bekommen könnten, ob Ihre Artikel überhaupt in die Schweiz importiert werden dürfen und ob der durchschnittliche Warenkorbwert unter 65 CHF liegt oder weit darüber. Denn sollte das nicht der Fall sein, machen die zusätzlichen Einfuhrgebühren für Ihre Kunden den Import uninteressant.

Sammelbestellung von Freunden und Verwandten

Aufgrund der Einfuhrgebühren ist es in der Schweiz nicht unüblich, dass eine Sammelbestellung von Familienmitgliedern bzw. Freunden ausgelöst wird. Denn dadurch lässt sich die Einfuhr- und Bearbeitungsgebühr auf mehrere Personen aufteilen, der Import macht finanziell gesehen wieder Sinn. Gerade deswegen lohnt es sich, wenn Sie in Ihrem Online-Shop einen Merkzettel bzw. eine Wunschliste anbieten, auf die Familienmitglieder bzw. Freunde Zugriff haben, damit man sozusagen eine gemeinsame Einkaufsliste zusammenbauen kann.

15.8.3 Rücksendungen und Reklamationen

Angenommen, der Versand der Ware in die Schweiz stellt für Sie kein Problem dar, die Kosten sind überschaubar, und die Nutzer aus der Schweiz greifen gerne auf Ihr Angebot zurück. Dann haben Sie als Shop-Betreiber beim Verkauf erst einmal keine größeren Stolpersteine, mit denen Sie sich beschäftigen müssen. Was aber, wenn Ihre Kunden die Ware zurücksenden möchten, beispielsweise aufgrund eines Schadens oder einfach, weil die bestellten Produkte nicht passen? Letzteres ist ja speziell in der Modebranche gang und gäbe.

Diesen Fall müssen Sie bedenken und hier vor allem die Kosten beachten. Denn wenn Sie die Rücksendekosten tragen, sind diese aus der Schweiz nach Deutschland natürlich wesentlich teurer, als wenn Sie eine nationale Rücksendung haben. Auch entstehen hier gegebenenfalls wieder zusätzliche Gebühren durch Post oder Zoll. Es ist also in erster Linie eine Kostenfrage. Wir hatten bei einem unserer Kunden erst neulich folgenden Fall: Ein Kunde bestellte im Online-Shop ein Möbelstück. Bei Möbeln spielen Versandkosten sowieso immer eine große Rolle, denn oftmals muss eine Spedition beauftragt werden, die Margen sind im Vergleich zu anderen Artikeln nicht gerade die größten, und es herrscht ein gewisser Preisdruck. Bedeutet: Eine Retoure ist gleichbedeutend mit einem finanziellen Schaden. Die Lieferung erfolgte anschließend an die deutsche Grenze, die Rechnung ging an eine Schweizer Adresse. Der Kunde hat die Ware in Deutschland entgegengenommen und anschließend selbst in die Schweiz eingeführt. Nach ein paar Tagen wollte er von seinem Widerrufsrecht Gebrauch machen und forderte nun die Abholung aus der Schweiz ein. Sie können sich sicherlich denken, was eine Abholung per Spedition aus der Schweiz inklusive Zollgebühren bei einem schweren und sperrigen Produkt bedeutet.

Genau diesen Fall müssen Sie einkalkulieren, denn es wird immer Retouren und Reklamationen geben. Wenn Sie aber beispielsweise 100 Produkte verkaufen müssen, um den Schaden einer Retoure auszugleichen, dann stellt sich die Frage, ob Sie tatsächlich in die Schweiz liefern möchten. Wenn Sie schon aus Deutschland eine Retourenquote haben, können Sie diese einmal auf die Schweiz anwenden und im Vorfeld durchrechnen, ob sich die Lieferung in die Schweiz lohnt.

15.8.4 Rechnungserstellung

Wenn die Lieferung und das Retourenmanagement kein Problem darstellen, müssen Sie sich noch um die Rechnungsstellung kümmern. Hierbei müssen Sie jedoch nicht besonders viel beachten. Achten Sie darauf, Ihre Ware mit 0 % MwSt. auszuweisen, das heißt, sie netto zu verkaufen.[7]

15.8.5 Anforderungen an Ihren Online-Shop

Kommen wir nun zu dem Teil, der direkt Ihren Online-Shop betrifft. Die Schweiz, aber auch Österreich, haben für Sie als Shop-Betreiber den Vorteil, dass Sie komplett auf eine erneute Übersetzung Ihres Shops verzichten können. Auch wenn es, beispielsweise in der Schweiz, ein paar Sonderschreibweisen gibt (es existiert kein »ß«) und manche »unserer« Wörter noch nie gehörte Synonyme haben (niemand sagt in der Schweiz Handy, denn das Handy heißt dort Natel), so versteht man dennoch alles, was Sie in Ihrem Shop schreiben. Dementsprechend existiert keine Sprachbarriere, und Sie haben ein Problem weniger. Bedenken Sie immer, dass speziell die Übersetzung bei der Internationalisierung ein äußerst mühevoller und kostenintensiver Punkt ist. Denn es müssen nicht nur die Texte und Buttons im Shop selbst übersetzt werden. Auch der komplette Produktkatalog muss übersetzt werden, und je mehr Produkte Sie haben, desto aufwendiger und logischerweise teurer wird die Sache.

Worüber Sie sich jedoch Gedanken machen müssen, sind der Versand und das Thema Zahlung. Daraus ergeben sich zwangsläufig auch technische Anforderungen, die Ihr Online-Shop erfüllen muss. Beim Versand kommt es beispielsweise darauf an, mit welchem Dienstleister Sie versenden und welche Kosten Ihnen entstehen. Basierend darauf benötigen Sie gegebenenfalls ein weiteres Versandmodul, wenn wir davon ausgehen, Sie versenden in Deutschland zu einem Fixpreis, in die Schweiz aber abhängig vom Gewicht. Aber auch einmalige Bearbeitungskosten müssen eventuell vom Versandmodul abgebildet werden. Ähnlich sieht es beim Thema Zahlung aus. Natürlich können Sie Ihren Schweizer Kunden dieselben Zahlungsmittel wie Ihren

7 Eine gute Zusammenfassung, wann und in welche Länder mit bzw. ohne MwSt. fakturiert wird, finden Sie unter: *www.rechnungswesen-portal.de/Fachinfo/Steuern/Fehlerquelle-Rechnungsstellung-bei-Auslandslieferung.html*

deutschen Kunden anbieten, nehmen wir einmal die Lastschrift und Nachnahme aus der Rechnung heraus. Aber um den Erfolg zu steigern, können Sie zusätzlich auf Schweizer Zahlungsmethoden setzen. Ganz bekannt ist hierbei die Postfinance Card, aber auch Kreditkarten spielen eine große Rolle. Und ja, auch wenn man es kaum glauben mag, die Schweizer versenden gerne in Briefumschlägen Geld, und diese Zahlungsmethode ist in der Schweiz nicht zu unterschätzen, auch wenn das sicherlich für Sie keine Option sein dürfte. Das hängt übrigens unter anderem damit zusammen, dass ausländische Staatsbürger in der Schweiz nicht ganz so einfach an ein Bankkonto kommen. Auch ansonsten ist der Zugang zu einem Bankkonto, beispielsweise nach einer Insolvenz, nicht ganz so einfach wie zum Beispiel in Deutschland.

Worüber Sie sich ebenso Gedanken machen können, ist die Einführung einer zweiten Währung, nämlich des Schweizer Franken. Dadurch haben Ihre Kunden sofort die Möglichkeit, den Preis umzurechnen, und in der Regel unterstützt jedes moderne Online-Shop-System mehrere Währungen. Es ist für Sie daher eine Änderung, die einfach und problemlos durchgeführt werden kann.

Darüber hinaus ergeben sich für Ihren Online-Shop keine gravierenden Anforderungen, um den Verkauf in die Schweiz zu ermöglichen. Auch aus diesem Grund ist für viele Shop-Betreiber die Schweiz ein doch äußerst attraktiver Markt.

15.8.6 Erfolgreich in die Schweiz verkaufen

Die Hürden für den Versand Ihrer Produkte in die Schweiz sind zwar vorhanden, aber nicht sonderlich hoch. Dennoch macht es keinen Sinn, jedes Produkt auch in die Schweiz zu liefern. Machen Sie sich daher im Vorfeld Gedanken, ob der Schweizer Markt überhaupt ein Interesse an Ihren Produkten hat und ob es in der Schweiz selbst nicht bereits einen großen und erfolgreichen Online-Shop mit einem ähnlichen Produktsortiment gibt. Wenn Sie der Meinung sind, dass noch Platz für einen weiteren Mitbewerber vorhanden ist, müssen Sie prüfen, ob der Versand zu preislich attraktiven Konditionen durchgeführt werden kann. Denn Ihre Produktpreise in Deutschland sind in 99 % der Fälle wesentlich günstiger, als wenn die Ware direkt in der Schweiz eingekauft wird, aber Zollgebühren und hohe Versandkosten könnten Ihnen einen Strich durch die Rechnung machen. Prüfen Sie daher, wie günstig Sie tatsächlich den Versand abbilden können.

Und zu guter Letzt spielt die Vermarktung eine wichtige Rolle, die aber gar nicht so gravierend anders als in Deutschland funktioniert. Auch in der Schweiz gibt es Google Ads und Preissuchmaschinen. Ebenso existieren Preisportale und Affiliate-Programme. Hier müssen Sie letztendlich dieselben Hausaufgaben machen, die Sie auch in Deutschland erledigt haben.

15.9 Fazit

Internationalisierung bedeutet weitaus mehr als die reine Übersetzung von Texten und Produktinformationen. Denn Internationalisierung heißt, dass Sie Kunden in weiteren Ländern eine auf sie abgestimmte E-Commerce-Lösung schaffen, die neben einer lokalisierten Sprache über ein gegebenenfalls angepasstes Produktsortiment, weitere Zahlungs- und Versandmethoden oder gar komplett neue Funktionen verfügt. Sie müssen daher Ihre E-Commerce-Lösung auf den jeweiligen Zielmarkt abstimmen und Ihren Besuchern, bezogen auf Versand, Zahlung und Produktsortiment, genau das liefern, was gewünscht ist.

Auch wenn dies im ersten Schritt nach viel Arbeit klingt, was es auch definitiv ist, ermöglicht Ihnen der E-Commerce einen grenzüberschreitenden Absatz. Speziell wenn Sie im deutschen Markt bereits eine gewisse »Sättigung« spüren, kann die Expansion in weitere Märkte eine interessante Möglichkeit darstellen, Umsätze und Kundenzahlen zu steigern und Ihrem Unternehmen neuen Schwung zu verleihen. Nutzen Sie daher die Chancen und Möglichkeiten, die Ihnen die Internationalisierung bietet, aber gehen Sie das Thema erst dann an, wenn Sie Ihren Online-Shop in Ihrem Heimatmarkt so weit auf ein solides Fundament gestellt haben und Sie sich auch mit den komplexen Herausforderungen der Internationalisierung beschäftigen können.

Kapitel 17 dreht sich voll und ganz um die rechtlichen Aspekte eines Online-Shops, wobei die einen oder anderen Themen, die in diesem Kapitel angesprochen wurden, erneut aufgenommen und im Detail behandelt werden.

Kapitel 16
B2B-E-Commerce

Der E-Commerce hat mittlerweile in allen Bereichen Einzug gehalten und macht dementsprechend auch im B2B nicht halt. Die Aufgaben sind jedoch oft unterschiedlich, und bei der Umsetzung lauern spezielle Hürden.

B2B-E-Commerce bezeichnet den Online-Handel zwischen Unternehmen. Dabei spielt es für die Definition keine Rolle, ob der Anbieter Hersteller oder Großhändler ist. Relevant ist nur, dass der Adressat, anders als im B2C, kein Endverbraucher, sondern ebenfalls ein Unternehmen ist. Experten prognostizieren ein enormes Wachstum in diesem Bereich. Die Entwicklung im B2B hinkt allerdings auch der des B2C etwas hinterher. Die Gründe dafür sind vielfältig. Zum einen spielen hier interne politische Entscheidungen innerhalb der Unternehmen eine Rolle. Oftmals besteht der Vertrieb aus ganzen Armeen von Innen- und Außendienstmitarbeitern, die aus Angst um ihren Job dem E-Commerce sehr kritisch gegenüberstehen. Ein anderer Grund, warum die Entwicklung im B2B langsamer vonstattengeht, ist oftmals die komplizierte und teilweise veraltete Toollandschaft in den Unternehmen. Viele Prozesse laufen noch manuell bzw. teilmanuell ab und müssen deshalb erst an anderer Stelle modernisiert werden, bevor an einen funktionierenden E-Commerce gedacht werden kann.

16.1 Unterschiede zwischen B2B und B2C

Das Gabler Wirtschaftslexikon definiert B2B wie folgt:

> *»B2B; Form des Marktes, bei der das Angebot und die Leistungserstellung von Unternehmen an Unternehmen erfolgen. Der Begriff Business-to-Business-Markt dient zur Abgrenzung derjenigen Marktbereiche, in die häufig der E-Commerce eingeteilt wird, um die jeweils spezifischen Gestaltungsparameter zu identifizieren.« (Kirchgeorg et al.: Business-to-Business-Markt. In: https://wirtschaftslexikon.gabler.de [09.11.2021])*

Der Hauptunterschied zwischen B2B und B2C besteht also zuerst einmal darin, zwischen wem der Handel betrieben wird. Es spielt also für diese Definition keine Rolle, welche Art von Waren gehandelt werden. Nicht selten sind es deshalb auch Shops, die sowohl Endkunden als auch andere Unternehmen beliefern. Selbst der Online-Riese Amazon hat ein separates B2B-Programm. Die B2B-Kunden profitieren dabei zum einen von Mengenrabatten, aber auch von speziellen Services wie Rechnungen mit ausgewiesener Umsatzsteuer und flexibleren Zahlungsarten. Sowohl der Online-Kauf von einer Packung Schrauben als auch die Bestellung einer teuren Maschine gehören zum B2B-E-Commerce. So unterschiedlich wie die angebotenen Waren sind entsprechend auch die Herausforderungen, die solch ein Shop mit sich bringt. Trotzdem gibt es einige Unterschiede, die charakteristisch für die jeweilige Handelsform sind, wie Sie in Tabelle 16.1 sehen können.

	B2B	**B2C**
Warenkorb	**wenige Bestellungen, hoher Warenkorb**	**viele Bestellungen, niedriger Warenkorb**
Kundenfrequenz	regelmäßige Bestellungen	unregelmäßige Bestellungen
Anteil Stammkunden	hoch	niedrig
Marketing	Anbieter oftmals in der Branche bekannt; Neukundengewinnung über Online-Werbung wird oft vernachlässigt.	aufgrund hoher Fluktuation Neukundengewinnung sehr wichtig
Zahlungsarten	Kauf per Rechnung	PayPal, Kreditkarte
Retouren	niedrig, da kein gesetzlicher Widerruf	je nach Branche hoch

Tabelle 16.1 Unterschiede zwischen B2B und B2C

Natürlich kann solch eine Auflistung nie allgemeingültig sein, und Ausnahmen bestätigen natürlich auch hier die Regel. Vergleicht man einen B2C-Luxusuhren-Shop mit einem B2B-Online-Shop für Büromaterial, wäre es in einigen Punkten sicherlich umgekehrt.

16.2 B2B-E-Commerce – auf diese Besonderheiten müssen Sie achten

In Abbildung 16.1 sehen Sie, warum B2B-Unternehmen Einkäufe online tätigen. Auch wenn sich manche Punkte, wie zum Beispiel »es ist praktischer«, nicht vom klassischen B2C-Käufer unterscheiden, gibt es einige Punkte, die im B2B einen höheren

Stellenwert haben. Auf diese Besonderheiten möchten wir in diesem Kapitel eingehen.

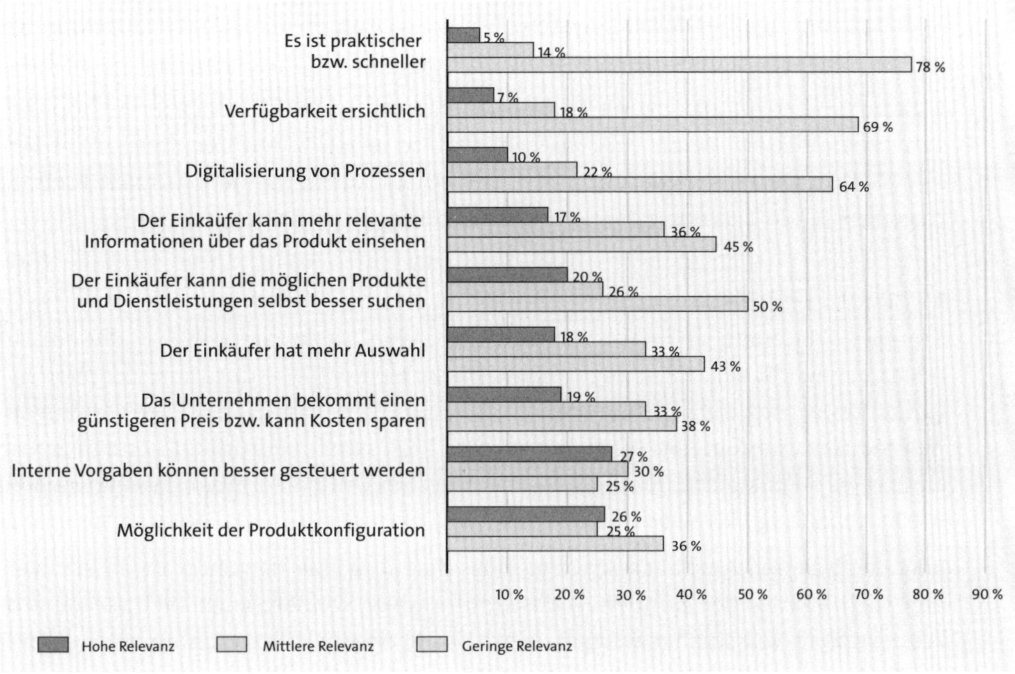

Abbildung 16.1 Warum tätigen B2B-Unternehmen Einkäufe online? (Quelle: Statista)

16.2.1 Technik

Aufgrund der unterschiedlichen Anforderungen im B2B-Bereich werden an die Systeme andere Anfoderungen gestellt. Das bedeutet jedoch nicht, dass Sie zum Beispiel ihr bestehendes Shop-System nicht auch für B2B-Geschäfte nutzen können. Auch wenn es spezielle B2B-Lösungen gibt, wie beispielsweise *www.intellishop-software.com*, können viele B2B-Anforderungen auch von anderen Tools abgedeckt werden.

Kundenindividuelle Preise

Da die Preise im B2B oftmals von der Abnahmemenge und auch von der jeweiligen Verhandlungskunst des Einkäufers abhängen, sind diese von Kunde zu Kunde unterschiedlich. In der Praxis wird das dadurch gelöst, dass entweder der Shop komplett nur nach einem Login betreten werden kann oder dass im nicht eingeloggten Zustand nur die allgemeinen Listenpreise zu sehen sind. Kompliziert wird dies auch, wenn nicht nur pauschale Rabatte auf alles gegeben werden, sondern wenn diese sich von Produkt zu Produkt unterscheiden und unter Umständen zusätzlich auch noch mit Mengenstaffeln kombiniert sind. In einem Shop mit ein paar hundert Artikeln kann es dann sehr schnell mehrerer tausend verschiedene Preise geben. Klassische Shop-Systeme stoßen hier aber oft an ihre Grenzen. Eine Alternative dazu ist die Preisberechnung über das ERP-System. Die Preise werden berechnet bzw. hinterlegt, und der Shop greift über eine Schnittstelle darauf zu.

Achten Sie aber darauf, dass die Preisabfragen nicht die Performance Ihres Shops negativ beeinflussen. Wenn zum Beispiel die Preise schon auf der Kategorienübersichtsseite angezeigt werden, kommen mit einem Aufruf mehrere hundert Preisabfragen zustande. Das muss dann natürlich im Shop berücksichtigt werden.

Komplexe Produkte

Komplexe Produkte sind natürlich kein klassisches Merkmal für B2B, in diesem Bereich aber deutlich häufiger anzutreffen. Dieser Herausforderung muss der Shop natürlich gewachsen sein. Die Komplexität liegt oft darin, dass es sehr viele verschiedene Produktvarianten gibt. Wenn nur wenige Produkte im Sortiment konfigurierbar sind, ist es auch legitim, für diese Ausnahmen ein Online-Formular bereitzustellen, wie in Abbildung 16.2 zu sehen.

Bei einer höheren Anzahl an Artikeln muss dies aber über den Shop abgebildet werden. Nicht nur für den Kunden ist das komfortabler, sondern auch die internen Prozesse können verschlankt werden, wenn der Shop nur die Varianten zur Auswahl stellt, die auch tatsächlich lieferbar sind.

Angebotsanfrage

Sie können nicht für alle Szenarien gewappnet sein. Natürlich sollte Ihre Leistung unwiderstehlich und der Check-out-Prozess in Ihrem B2B-Online-Shop so einfach und erklärungsfrei funktionieren, dass Geschäftskunden einfach nur kaufen. Ehrlicherweise werden Angebote im B2B-E-Commerce aber weiterhin eine große Rolle spielen. Denn oftmals dürfen die Nutzer, die in Ihrem Online-Shop unterwegs sind, die Produkte gar nicht kaufen bzw. bezahlen. Es ist nicht unüblich, dass beispielsweise die Assistenz nur Produkte recherchiert, der Einkauf aber die finale Bestellung auslösen muss. Aus diesem Grund ist es essenziell, neben dem eigentlichen Check-out-Prozess auch einen Angebotsanfrage-Prozess abzubilden. Sobald der Warenkorb befüllt ist, kann dieser in Form eines Angebots angefragt werden. Der nachgelagerte Prozess lässt sich auf unterschiedlichste Art und Weise gestalten. Wichtig ist nur, dass der Kunde wiederum das Angebot digital bestätigen kann, um Medienbrüche zu vermeiden.

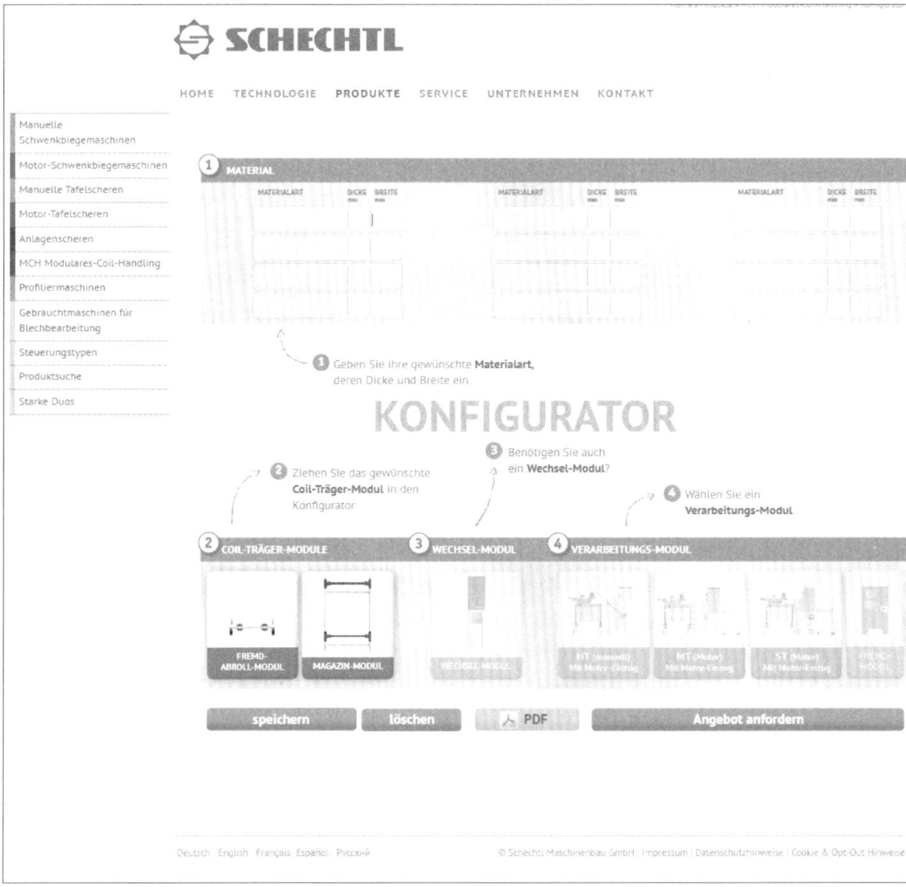

Abbildung 16.2 Einfaches Bestellformular für Varianten der Schechtl Maschinenbau GmbH (https://www.schechtl.de)

Produktinformationen

Eine weitere Herausforderung in Bezug auf die Produkte sind die jeweiligen Produktinformationen. Im B2C-Bereich steht häufig das Marketing im Vordergrund, wobei im B2B darüber hinaus noch weitere Informationen benötigt werden. Ausführliche Datenblätter, technische Zeichnungen und eventuelle Zertifikate müssen auf der Produktdetailseite übersichtlich dargestellt werden. Außerdem muss die Aktualität all dieser Informationen sichergestellt werden, was einen enormen Pflegeaufwand mit sich bringen kann. Hier kann der Einsatz eines PIM-Systems (siehe hierzu Abschnitt 7.2.2, »PIM: Produkte zentral verwalten«) deutliche Erleichterung bringen.

Verknüpfung von Außendienst und Online-Shop

Auch aufgrund der genannten Komplexität ist es oftmals nicht möglich und auch nicht gewollt, alle Prozesse nur über den Online-Shop abzubilden. Der Endkunde braucht in manchen Kategorien Beratung von einem Außendienstmitarbeiter, andere wiederum können komplett über den Online-Shop abgebildet werden. Die Anschaffung einer teuren Maschine wird sehr wahrscheinlich über den Außendienst vor Ort verkauft, wobei die Verbrauchsartikel dann regelmäßig über den Online-Shop geordert werden. Wichtig ist also, dass alle Bestellungen, egal, über welchen Kanal sie kommen, in einem System erfasst werden. Es ist schließlich ein Kunde, ganz egal, ob er über den Außendienst oder den Online-Shop bestellt hat.

Auch im B2B-Bereich spielen präzise Produktempfehlungen eine große Rolle. Diese können dann sowohl über den Online-Shop als auch persönlich präsentiert werden und sorgen für mehr Relevanz beim Kunden. Selbst bei den persönlichen Empfehlungen muss sich der Außendienstmitarbeiter nicht nur auf seine Erfahrung verlassen, sondern kann auch auf eine *Recommendation Engine*, wie in Abschnitt 8.9, »Shopbasiertes Marketing«, beschrieben, vertrauen.

Kundenservice

Es ist im B2B-Bereich auch selten, dass eine Person beim Kunden mit nur einer Person beim Händler kommuniziert. Die Realität ist eher, dass verschiedene Abteilungen und Einkäufer Kontakt zu Innendienst und Außendienst haben. Natürlich hat aber jeder Ansprechpartner beim Kunden die Erwartungshaltung, dass ihm an jeder Stelle geholfen wird. Auch das ist ein Grund, warum es wichtig ist, dass alle Informationen über den Kunden (und die verschiedenen Ansprechpartner dort) zentral hinterlegt werden.

Freigabeprozess

Den B2B-Bestellungen liegt oftmals ein Freigabeprozess zugrunde. Nicht jeder Mitarbeiter darf alles bestellen. Das bedeutet, dass der Vorgang noch eine oder mehrere Instanzen durchlaufen muss (siehe Abbildung 16.3).

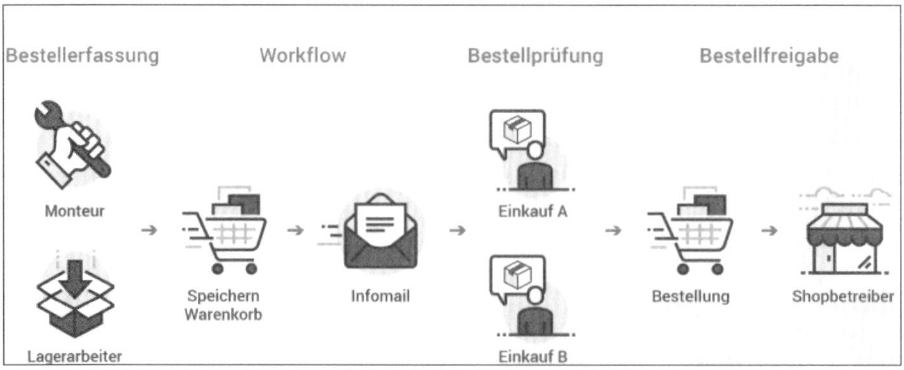

Abbildung 16.3 Schematische Darstellung eines Bestellworkflows (Quelle: www.ecoplan.com)

Wie viele und welche Instanzen durchlaufen werden müssen, hängt meist von der Bestellsumme und der jeweiligen Kategorie ab. Diese Besonderheit muss natürlich auch im Online-Shop bedacht werden. Fordert der Kunde solch einen Prozess und Ihr Online-Shop kann das nicht abbilden, werden Sie keine Bestellungen in diesem Shop generieren.

Zentraler Einkauf für mehrere Lieferadressen

Das Szenario, dass der Einkauf des Kunden die Beschaffung für sämtliche Niederlassungen zentral abwickelt, ist nicht außergewöhnlich. Ein Standard-Shop-System erlaubt aber nur, eine abweichende Lieferaderesse pro Bestellung zu hinterlegen, was zur Folge hätte, dass der Einkäufer für jede Niederlassung eine eigene Bestellung anlegen müsste. Das ist nicht sehr kundenfreundlich und senkt somit die Akzeptanz des Shops. Das Shop-System muss daher so angepasst werden, dass sich eine Bestellung auf verschiedene Lieferadressen aufsplitten lässt.

Versand und Logistik

Neben den unterschiedlichen Lieferadressen unterscheidet sich der B2B-E-Commerce auch in der Logistik von einem klassischen B2C-Shop. Aufgrund der größeren Menge oder der sperrigen Artikel ist Paketversand oft nicht möglich oder sinnvoll. Außerdem werden im B2B (verlässliche) Lieferzeiten gefordert, da weder eine zu frühe noch eine zu späte Lieferung akzeptiert werden kann.

Ebenfalls sind Abrufaufträge nicht ungewöhnlich. Bei einem Abrufauftrag wird die benötigte Menge für einen längeren Zeitraum, wie etwa ein Quartal oder ein ganzes Jahr, bestellt. Diese Menge soll aber nicht auf einmal, sondern in kleinen Teillieferungen abgerufen werden. Wenn es Ihr Geschäftsmodell erlaubt, sollten Sie diese Möglichkeit ebenfalls anbieten. Nicht nur der Kunde profitiert von diesem Modell sondern auch Sie als Lieferant haben den Vorteil, dass Sie die benötigten Mengen besser planen können.

Eine Form der Abrufaufträge sind auch Abonnements, dies ist sinnvoll, wenn der Bedarf über den Zeitraum gleichmäßig ist.

IT-Infrastruktur des Kunden

Businesskunden erwarten nicht nur, dass der Online-Shop gut funktioniert und eine gute Usability aufweist, sondern auch, dass Prozesse im E-Commerce automatisiert werden können. Die jeweiligen Systeme sollen direkt miteinander kommunizieren können. Ein Beispiel dafür ist zum Beispiel EDI (Electronic Data Interchange). Damit können Einkaufstransaktionen automatisiert werden, was die Geschäftsabwicklung für alle Seiten vereinfacht.

16.2.2 Marketing für B2B

Endkunden unterscheiden sich im Kaufverhalten von Geschäftskunden, was natürlich auch im Marketing berücksichtigt werden muss. Angefangen bei der Ansprache bis hin zu den Werbemöglichkeiten gibt es viele Punkte, die hier anders sind. Dabei ist natürlich auch hier zu beachten, dass es *den* B2B-Shop nicht gibt. Das Marketing für einen B2B-Online-Shop für Bürobedarf ist dem B2C sicherlich ähnlicher als der Shop eines Anbieters hochwertiger Stanzmaschinen.

Ansprache

Während die Kommunikation mit Endkunden häufig emotional ausgelegt ist, geht es im B2B rationaler und logischer zu. Ebenso können Sie auch davon ausgehen, dass die Empfänger der Werbebotschaft Profis sind. Deshalb ist die Werbung im B2B häufiger geprägt von Zahlen, Daten Fakten und natürlich auch branchenspezifischen Begriffen. Denken Sie daran, dass sich der Einkäufer auch oftmals rechtfertigen muss, warum er ausgerechnet diesen einen Anbieter ausgewählt hat. Auch dafür sind solide Fakten besser geeignet als emotionale Botschaften.

Geringes Suchvolumen

Aufgrund der geringeren Nachfrage sind Suchanfragen im B2B-Bereich geringer als im B2C. Das hat zur Folge, dass nach bestimmten Begriffen nur selten gesucht wird. Das bedeutet aber nicht, dass sich im B2B keine Suchanzeigen lohnen. Ganz im Gegenteil, denn im B2B sind diese oftmals ergiebiger als im B2C. Gerade dadurch, dass B2B-Produkte oft sehr nischig sind, ist das Suchvolumen nicht der beste Indikator, um Rückschlüsse auf das Transaktionsvolumen zu ziehen.

Langfristigere Kundenbeziehungen bei weniger Marktteilnehmern

Endkunden legen oftmals keinen großen Wert auf eine langfristige Geschäftsbeziehung. Das bedeutet, dass der Anteil an Stammkunden dort deutlich niedriger ist als im B2B. Das liegt auch daran, dass es im B2B oftmals eine höhere Abhängigkeit voneinander gibt. Während der Endkunde aus zig verschiedenen Lieferanten wählen kann, gibt es im B2B je nach konkretem Sortiment nur wenige Anbieter, die dann auch schon in der Branche bekannt sind.

16.3 Geschäftsmodelle im B2B-E-Commerce

B2B-E-Commerce besteht nicht nur aus dem eigenen Shop, sondern beinhaltet noch weitere Geschäftsmodelle (siehe Abbildung 16.4). Insgesamt gibt es vier verschiedene Modelle mit unterschiedlicher technischer Komplexität und unterschiedlicher Anzahl von Marktteilnehmern. Dabei ist die Frage aber nicht, ob Sie sich für das eine oder das andere Modell entscheiden, sondern welche der Modelle in Ihre Strategie passen. Es ist beispielsweise auch denkbar, die großen Kunden direkt über EDI an Ihre Systeme anzubinden, mittlere Kunden über den eigenen Online-Shop anzusprechen und kleine Kunden und Gelegenheitskäufer über einen Marktplatz zu bedienen. Wenn Sie dann noch vereinzelt Zugang zu Beschaffungsplattformen haben, decken Sie schon alle vier Modelle ab.

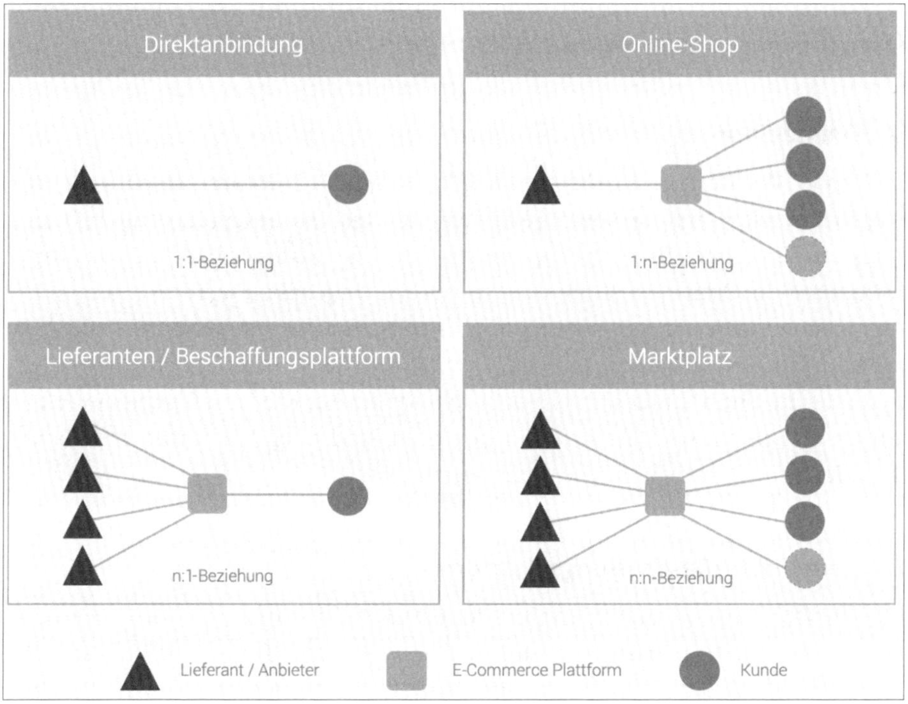

Abbildung 16.4 Transaktionsmodelle im B2B-E-Commerce (Quelle: steireif.com)

16.3.1 Direktanbindung

Wie der Name vermuten lässt, geht es bei dieser Form um die direkte Anbindung der Kunden an das System des Lieferanten. Das ERP-System des Kunden meldet über ein Standardübertragungssystem, wie zum Beispiel EDIFACT, EANCON oder SINFOS, den Bedarf direkt an das System des Händlers. Von dort wird der korrekte Eingang der Bestellung in Form einer automatischen Bestellbestätigung gemeldet. Nach Versand werden auch Lieferscheine und Rechnungen automatisch übertragen. Wie in Abbildung 16.5 zu sehen, kann solch eine Direktanbindung nicht nur zwischen Ihnen und Ihren Kunden, sondern auch zu Ihren Lieferanten bestehen und somit die Abläufe automatisieren.

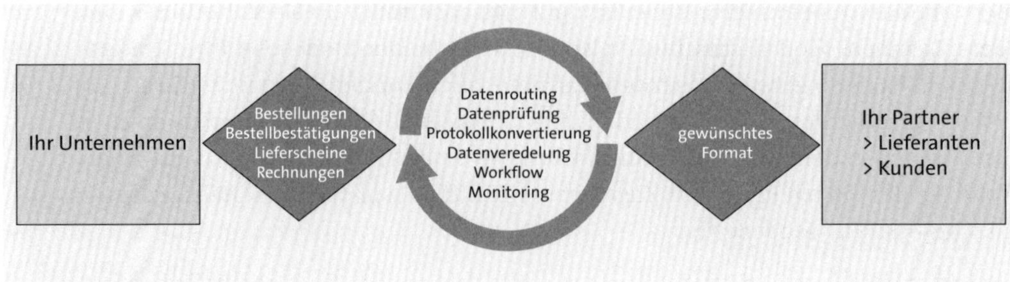

Abbildung 16.5 Schematischer Ablauf des EDI-Verfahrens

16.3.2 Online-Shop

Wie bereits in Abschnitt 16.2 beschrieben, gibt es im B2B-E-Commerce einige Unterschiede. Richtet sich Ihr Shop sowohl an Privat- als auch an Geschäftskunden, finden ebenfalls die Vorgaben für Privatkunden Anwendung. Konkret bedeutet das unter anderem, dass die Preise im Shop als Bruttopreise angegeben werden müssen. Die Preisangabenverordnung findet nur keine Anwendung, wenn Sie ausschließlich an gewerbliche Kunden verkaufen. Entweder sind die Preise dann nur nach einem Login sichtbar oder im Shop findet sich ein deutlicher Hinweis, wie zum Beispiel »Verkauf nur an Gewerbekunden«. Ebenfalls zu beachten sind auch die unterschiedlichen AGBs, Widerrufbelehrung, Versandkonditionen usw.

16.3.3 Lieferanten/Beschaffungsplattform

Über Beschaffungsplattformen definiert der Einkäufer den Bedarf, Konditionen und technische Spezifikationen und schreibt sie über die Beschaffungsplattform aus. Der Lieferant kann dann nach den Regeln des Einkäufers ein Angebot abgeben. Beschaffungsplattformen werden meist nur bei höheren Auftragssummen eingesetzt.

16.3.4 Marktplatz

Genau wie bei den klassischen B2C-Marktplätzen, wie zum Beispiel eBay und Amazon, gibt es auch bei B2B-Marktplätzen eine Vielzahl an Käufern und Verkäufern. Gegenüber dem eigenen Shop haben sie den Vorteil, dass der Einstieg in das Marktplatzgeschäft recht einfach ist. Die Plattform wird vom Marktplatz zur Verfügung gestellt, und die Reichweite ist vorhanden und muss nicht erst selbst aufgebaut werden. Der Nachteil ist aber, dass Sie zum einen natürlich an den Marktplatz Gebühren bezahlen müssen und zum andern sich dort auch sehr viel Wettbewerb tummelt. Wie Sie auf Abbildung 16.6 sehen können, ist auch im B2B-Bereich Amazon weit verbreitet. Darüber hinaus gibt es aber noch eine Reihe anderer Marktplätze, über die Sie Ihre Waren anbieten können.

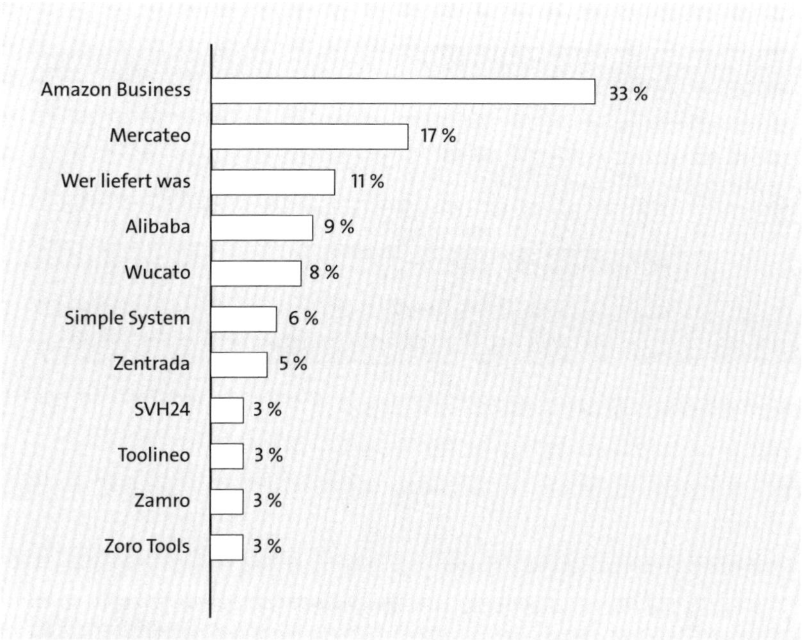

Abbildung 16.6 Umfrage »Auf welchen B2B-Marktplätzen verkaufen Sie Ihre Produkte?« (Quelle: Statista)

Amazon Business

Amazon Business ist der B2B-Marktplatz von Amazon. Wenn Sie bereits ein Verkäuferkonto auf Amazon besitzen, können Sie sich für diesen Bereich kostenlos freischalten. Die Listung der Produkte erfolgt dann nach gleichem Schema wie im B2C-Bereich. Nach Angaben von Amazon sind über 250 Millionen Produkte auf Amazon Business verfügbar.

Geschäftskunden bekommen über Amazon Business Rechnungen mit ausgewiesener Mehrwertsteuer und flexible Zahlungsarten wie Kauf auf Rechnung mit 30 Tagen Zahlungsziel. Die Anmeldung erfolgt, wie in Abbildung 16.7 zu sehen, über *https://business.amazon.de*.

Mercateo

Bei Mercateo (*http://www.mercateo.com*) finden sich über 24 Millionen Artikel, unter anderem aus den Kategorien Bürobedarf, Arbeitsschutz und Elektronik. Neben dem reinen Marktplatz mit, nach eigenen Angaben, über 1,3 Millionen registrierten Geschäftskunden, werden auch modulare Systeme mit E-Procurement-Funktionen zur Verfügung gestellt.

Gegründet wurde das Unternehmen im Jahr 2000 in Deutschland, ist aber mittlerweile in zahlreichen europäischen Ländern aktiv.

Abbildung 16.7 Startseite von Amazon Business

Alibaba

Alibaba (*https://german.alibaba.com*) ist der weltweit größte B2B-Marktplatz. Seinen Ursprung hat der Marktplatz in China, steht aber mittlerweile Nutzern in 190 Ländern zur Verfügung. Auch wenn der Großteil der Anbieter immer noch aus Asien stammt, ist der Marktplatz auch für Händler aus anderen Ländern geöffnet. Dabei gibt es jedoch einige Herausforderungen, wie den komplexen Verifizierungsprozess oder die Payment-Dienstleister, die in Europa eher unbekannt sind. Eine Präsenz auf Alibaba dürfte sich aktuell nur lohnen, wenn Sie Ihre Produkte über das europäische Ausland hinaus verkaufen möchten.

16.4 Fazit

Auch im B2B spielt natürlich der E-Commerce eine große Rolle. Auch wenn dieser Bereich, oftmals aufgrund interner Konflikte innerhalb der Abteilungen, lange Zeit vernachlässigt wurde, holt er jetzt umso schneller auf. So vielfältig wie die Möglichkeiten sind auch die Herausforderungen, wobei es den klassischen B2B-Online-Handel nicht gibt. Unter B2B-E-Commerce fällt sowohl der Handel mit Büromaterial für den kleinen Handwerksbetrieb als auch der Handel mit komplexen technischen Anlagen. So unterschiedlich wie die Höhe der Warenkörbe, sind dann auch die Anforderungen an das Shop-System. Während man beim ersten sehr wahrscheinlich ein Shop-System »von der Stange« einsetzen kann, werden im zweiten Beispiel andere Anforderungen, wie zum Beispiel Konfiguratoren, eine Rolle spielen.

Generell kommt es im B2B auch nicht nur darauf an, dass der Shop gut bedienbar und übersichtlich gestaltet ist, sondern auch, dass die jeweiligen Systeme des Kunden und des Händlers direkt miteinander kommunizieren können und somit Prozesse verschlankt und damit Kosten eingespart werden.

Kapitel 17

Online-Recht – rechtlich auf der sicheren Seite

Im elektronischen Geschäftsverkehr gilt es, eine Vielzahl an rechtlichen Bestimmungen einzuhalten. Dieses Kapitel hilft mit zahlreichen Tipps und Hinweisen, Ihren Online-Shop vom Impressum über die Datenschutzerklärung bis hin zum Vertragsschluss rechtssicher zu gestalten.

Als Betreiber eines Online-Shops müssen Sie eine fast unüberschaubare Zahl rechtlicher Anforderungen erfüllen. Hinzu kommt, dass es für den Online-Handel kein einheitliches Regelwerk gibt. Vielmehr gelten die allgemeinen Rechtsgrundlagen. So richten sich zum Beispiel die Regeln zum Vertragsschluss im Internet nach dem Bürgerlichen Gesetzbuch (BGB). Zusätzlich gibt es allerdings auch spezielle Vorschriften. Hierbei sind besonders hervorzuheben:

- **Telemediengesetz (TMG)**
  Es enthält die rechtlichen Vorgaben für sogenannte Telemedien, wie zum Beispiel die Impressumspflicht.
- **Fernabsatzrecht (BGB)**
  Es findet Anwendung auf Kauf- und Dienstleistungsverträge, die zwischen Verbrauchern und Unternehmern über Fernkommunikationsmittel, wie zum Beispiel das Internet oder das Telefon, abgeschlossen werden. Hier ist insbesondere das Widerrufsrecht von herausragender Bedeutung.
- **Art. 246a ff. des Einführungsgesetzes zum Bürgerlichen Gesetzbuch (EGBGB)**
  Dort sind umfangreiche Informationspflichten geregelt, die Sie bei außerhalb von Geschäftsräumen geschlossenen Verträgen und bei Fernabsatzverträgen (mit Ausnahme von Verträgen über Finanzdienstleistungen) als Unternehmer beachten müssen.
- **Preisangabenverordnung (PAngV)**
  Sie bestimmt zum Beispiel, wie der Preis von Waren und Dienstleistungen Endverbrauchern gegenüber angegeben werden muss.
- **Gesetz gegen unlauteren Wettbewerb (UWG)**
  Sein Ziel ist es, bestimmte Verhaltensweisen im Absatz- und Nachfragewettbewerb als unlauter und damit unzulässig zu verbieten.

Gerade der Verbraucherschutz hat in den letzten Jahren stark zugenommen. Der Grund dafür ist, dass der Verbraucher die Waren vor dem Kauf nicht sehen oder prüfen kann und deshalb eine weniger informierte Entscheidung treffen muss. Die rechtlichen Bestimmungen, die durch die Rechtsprechung immer weiter konkretisiert wurden und noch werden, stellen viele Unternehmer vor juristische Herausforderungen. Wird Ihr Online-Shop nicht rechtssicher gestaltet, drohen Ihnen Bußgelder, die Abgabe mit Strafe bedrohter Unterlassungserklärungen oder Verlängerungen des Widerrufsrechts. Damit Sie derartige Vorgänge vermeiden können, sollten Sie sich frühzeitig mit den rechtlichen Anforderungen beschäftigen.

Carsten Föhlisch schreibt in diesem Kapitel über rechtliche Fragen bei Online-Shops

Rechtsanwalt Dr. Carsten Föhlisch ist Inhaber der Kanzlei FÖHLISCH Rechtsanwälte, Bereichsleiter Recht sowie Prokurist der Trusted Shops GmbH und seit mehr als 20 Jahren im E-Commerce-Recht tätig. Mit mehr als 30.000 geprüften Shops in Europa ist Trusted Shops der führende Anbieter für Gütesiegel im Online-Handel. Um das Gütesiegel an Online-Händler vergeben zu können, führen die E-Commerce- und Rechtsexperten Prüfungen zu Bonität, Preistransparenz, Kundenservice und Datenschutz durch. Zusätzlich bieten sie als vertrauensbildende Maßnahme eine spezielle Käuferschutzgarantie und ein System zur Kundenbewertung an. Über die Käuferschutzgarantie sichert Trusted Shops die Online-Käufer finanziell ab, und mit dem Bewertungssystem zeigen Sie als Online-Händler, wie zufrieden andere Kunden mit Ihren Leistungen waren. Auf diese Weise können Sie Ihren Kunden gegenüber sichtbar machen, dass bei Ihnen sicher eingekauft werden kann.

In diesem Kapitel werden wir wichtige rechtliche Fragen behandeln und Ihnen zeigen, wie Sie Ihren Online-Shop rechtssicher umsetzen können und was Sie dabei beachten müssen. Dafür erhalten Sie Musterformulierungen, die Sie in Ihrem Shop einsetzen können. Sie finden auch in jedem Abschnitt Checklisten zur richtigen Umsetzung und Beispiele typischer Fehler, die uns immer wieder auffallen und die bereits in der Vergangenheit Gegenstand von Abmahnungen und Gerichtsentscheidungen waren – und die Sie deshalb vermeiden können. Wir können hier jedoch nicht alle möglichen Geschäftsmodelle behandeln, weswegen sämtliche Muster auf ihre konkrete Anwendbarkeit hin geprüft und eventuell angepasst werden müssen. Für eine individuelle Rechtsberatung wenden Sie sich bitte an einen Anwalt.

17.1 Unternehmer und Verbraucher

Im Fernabsatz und im elektronischen Geschäftsverkehr gelten umfangreiche Informationspflichten, die Sie als Unternehmer gegenüber Verbrauchern erfüllen müssen.

17.1.1 Wer ist Unternehmer?

Nach § 14 Abs. 1 BGB ist ein Unternehmer eine natürliche oder juristische Person oder eine rechtsfähige Personengesellschaft, die bei Abschluss eines Rechtsgeschäfts in Ausübung ihrer gewerblichen oder selbstständigen beruflichen Tätigkeit handelt. Um jemanden als Unternehmer einordnen zu können, ist also der Zweck des Rechtsgeschäfts mitentscheidend. Zudem muss die Geschäftstätigkeit gezielt und auf Dauer angelegt sein. Dabei kommt es nicht darauf an, ob Sie Gewinn erzielen möchten. Die Rechtsprechung hat mehrere Anhaltspunkte entwickelt, um Unternehmer und Verbraucher voneinander abzugrenzen:

- das Angebot gleichartiger oder unterschiedlicher Ware
- die Zahl und Häufigkeit von Verkäufen
- das Angebot von Neu- oder Gebrauchtware
- der Einsatz von AGB
- das Schalten von Werbung

Auf jeden Fall werden Sie als Unternehmer eingestuft, wenn Sie einen eingerichteten Online-Shop nutzen oder als Händler auf Verkaufsplattformen wie eBay oder dem Amazon Marketplace angemeldet sind.

17.1.2 Wer ist Verbraucher?

Wann es sich bei Ihrem Kunden um einen Verbraucher handelt, hängt ebenfalls vom objektiven Zweck des Rechtsgeschäfts ab. Nach § 13 BGB ist jede natürliche Person ein Verbraucher, die ein Rechtsgeschäft abschließt, das überwiegend weder ihrer gewerblichen noch selbstständigen beruflichen Tätigkeit zugerechnet werden kann. Juristische Personen (als Gegensatz zu natürlichen Personen), also zum Beispiel Sportvereine, können nach deutschem Recht niemals Verbraucher sein (anders zum Beispiel in Österreich). Nur Verbraucher haben ein gesetzliches Widerrufsrecht, müssen Preise inklusive Mehrwertsteuer angezeigt bekommen und unterliegen weiteren Schutzvorschriften.

Eindeutig sind solche Fälle, bei denen die Ware ganz klar privaten Zwecken dient. Als Verbraucher wird auch eingestuft, wer Produkte bestellt, die sowohl privaten als auch gewerblichen Zwecken dienen, soweit der private Zweck überwiegt, zum Beispiel der Architekt, der eine Digitalkamera bestellt, die sowohl privat als auch beruflich genutzt werden kann.

Indizien, die hingegen für ein rein gewerbliches Handeln und damit gegen die Einordnung als Verbraucher sprechen, sind zum Beispiel:

- die Art des Produkts (zum Beispiel ein Röntgengerät)
- die Zahlung über ein Firmenkonto

- Verwendung einer geschäftlichen E-Mail-Signatur
- die Angabe einer Firma als Besteller

Die Lieferung an eine Firmenadresse trifft allerdings noch keine Aussage über den Zweck eines Geschäfts. Diese kann auch gewünscht sein, weil unter der Privatadresse tagsüber niemand zu erreichen ist. Beruft sich der Kunde Ihnen gegenüber auf seine Verbrauchereigenschaft, muss er diese im Zweifel auch beweisen.

17.2 Versand ins Ausland

Wenn Sie Ihren Online-Shop nicht nur auf Deutschland beschränken, sondern mit ihm auch ausländische Kunden ansprechen möchten, gibt es einige Vorgaben, die Sie beachten müssen. Ein EU-weites oder weltweites Angebot kann schnell zu Rechtsverstößen führen. Wenn Ihr Online-Shop aktiv auf diese Länder ausgerichtet ist, müssen Sie auch die dort geltenden Rechtsordnungen beachten. In einigen Staaten sind bestimmte (Datenschutz-)Behörden sehr aktiv und verhängen regelmäßig Bußgelder gegen Online-Händler. Wenn Sie derartige Probleme von vornherein vermeiden möchten, können Sie das Liefergebiet klar begrenzen (zum Beispiel auf der Produktseite), um nicht aktiv auf andere Länder ausgerichtet zu sein.

Muster: Begrenzung des Liefergebiets

Die Lieferung unserer Artikel kann nur nach Deutschland erfolgen.

Am 03.12.2018 ist zudem die Geoblocking-Verordnung in Kraft getreten (VO [EU] Nr. 2018/302). Danach muss der in einem Mitgliedstaat der EU tätige Anbieter grundsätzlich auch Kunden aus anderen Mitgliedstaaten den Zugang zu diesem Shop gewähren, Art. 3 Abs. 1 Geoblocking-VO. Eine automatische Weiterleitung ist grundsätzlich nicht mehr möglich. Alle EU-Bürger sollen einen Kaufvertrag abschließen und Waren zu den gleichen Bedingungen erwerben können wie Kunden aus dem Inland. Hieraus folgt allerdings keine Lieferpflicht in alle Mitgliedstaaten. Bietet der Händler seinen inländischen Kunden eine Abholung an, muss die Möglichkeit auch für Kunden aus anderen EU-Mitgliedstaaten bestehen. Ebenso muss für den ausländischen Kunden eine Lieferung in das Liefergebiet möglich sein, für das der Unternehmer diese Möglichkeit anbietet, Art. 4 Abs. 1 Geoblocking-VO. Zudem dürfen Anbieter innerhalb der EU nur unterschiedliche Zahlungsbedingungen anwenden, wenn dies in nicht diskriminierender Weise geschieht, also zum Beispiel nicht aufgrund der Staatsangehörigkeit oder des Wohnsitzes (Art. 5 Abs. 1 Geoblocking-VO). Das Einhalten dieser Vorschriften soll nicht als aktive Ausrichtung auf die anderen EU-Mitgliedstaaten verstanden werden.

17.2.1 Aktive Ausrichtung des Shops

Ob Ihr Online-Shop auf andere Länder aktiv ausgerichtet ist, hängt von mehreren Kriterien ab, zum Beispiel:

- Sprache des Online-Shops (siehe Abbildung 17.1)
- im Shop akzeptierte Währungen
- Versandkostenangaben ins Ausland
- Schalten von Anzeigen in Suchmaschinen in verschiedenen Ländern
- Angabe von Telefonnummern mit internationaler Vorwahl

Für eine Ausrichtung reicht es allerdings noch nicht aus, wenn Ihr Shop in einem anderen Land aufgerufen werden kann.

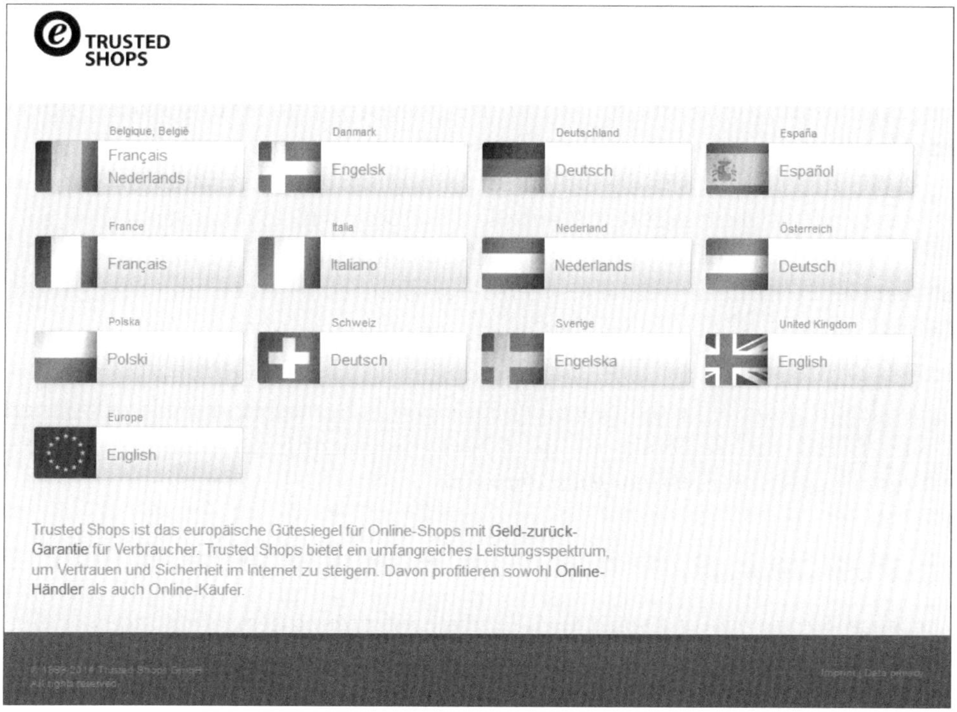

Abbildung 17.1 Ausrichtung eines Shops auf mehrere Länder

17.2.2 Anwendbares Recht

Je nach Rechtsgebiet gelten verschiedene Regeln, welches Recht eines Landes zur Anwendung kommt.

Im Vertragsrecht steht es den Parteien gemäß Art. 3 Abs. 1 Rom-I-Verordnung grundsätzlich frei, eine Rechtswahl zu treffen, also eine Vereinbarung darüber, welches Recht Anwendung finden soll. Eine Möglichkeit besteht darin, diese Rechtswahl in den AGB vorzunehmen, wie es im B2B-Geschäft häufig gemacht wird. Gemäß Art. 6 Abs. 2 Rom-I-Verordnung sind Sie bei der Wahl des Rechts gegenüber Verbrauchern aber insofern eingeschränkt, als Sie dabei keine zwingenden Verbrauchervorschriften im Land des Kunden umgehen dürfen. In einem solchen Fall kann sich der Verbraucher auch weiterhin auf die in seinem Land geltenden Verbraucherschutzvorschriften berufen (sogenanntes *Ziellandprinzip*). Durch die Umsetzung der Verbraucherrechterichtlinie wurden jedoch viele Unterschiede zwischen den EU-Staaten aufgehoben und die Anforderungen an die Informationspflichten und an das Widerrufsrecht angeglichen, was den grenzüberschreitenden Handel erleichtert. So gibt es zum Beispiel kein Widerrufsrecht von 7 Werktagen bis 15 Tagen mehr, wie es noch bis zum 12.06.2014 der Fall war. Stattdessen beträgt die Frist jetzt europaweit 14 Tage. Es gibt allerdings auch Bereiche, in denen nach wie vor erhebliche Unterschiede bestehen, zum Beispiel im vertraglichen Gewährleistungsrecht.

Für das Wettbewerbsrecht gilt nach Art. 6 Abs. 2 Rom-II-Verordnung grundsätzlich dasjenige Wettbewerbsrecht des Staates, in dessen Gebiet die wettbewerblichen Interessen beeinträchtigt wurden (sogenanntes *Marktortprinzip*). Wenn Sie Waren ins Ausland verkaufen, gilt also das nationale Wettbewerbsrecht der Länder, in denen Sie Ihre Geschäftstätigkeit ausüben. Wenn Sie dieses Risiko nicht eingehen wollen, sollten Sie Ihr Angebot nur auf bestimmte Länder ausrichten. Auf diese Weise können Sie als Händler bestimmen, welche Kunden Sie ansprechen möchten, und können zum Beispiel nicht nach polnischem Wettbewerbsrecht bestraft werden.

Was die Pflichten des TMG (vor allem Impressumsangaben) betrifft, müssen Sie hingegen keine Besonderheiten beachten. Für einen in Deutschland niedergelassenen Online-Händler gelten gemäß § 3 Abs. 1 TMG grundsätzlich nur die deutschen Vorschriften (sogenanntes *Herkunftslandprinzip*).

17.2.3 Gerichtsstand

Die Frage der Ausrichtung spielt auch für die Bestimmung des Gerichtsstandes eine entscheidende Rolle, also für die Frage, in welchem Staat der Kunde Sie verklagen kann. Grundsätzlich sind nach der Brüssel-I-Verordnung innerhalb der EU die Gerichte des Staates zuständig, in dem der Beklagte seinen Wohnsitz hat. Bei Klagen gegen einen deutschen Online-Händler ist somit grundsätzlich ein deutsches Gericht zuständig. Etwas anderes gilt wieder bei Verträgen mit Verbrauchern. Hier hat der Verbraucher zusätzlich die Möglichkeit, die Klage beim Gericht an seinem Wohnsitz zu erheben, wenn der Händler seine gewerbliche Tätigkeit in diesem Mitgliedstaat ausübt oder seine Tätigkeit auf diesen ausrichtet. Für die Frage, ob Sie als deutscher Online-Händler auch im Ausland verklagt werden können, kommt es daher wieder entscheidend darauf an, ob Sie Ihre Tätigkeit auf den fraglichen Staat aktiv ausgerichtet haben.

17.3 Informationspflichten

Art. 246a § 1 EGBGB zählt auf, worüber Sie den Verbraucher in klarer und verständlicher Weise vor Abgabe seiner Vertragserklärung informieren müssen. Nachfolgende Informationen sind zur Verfügung zu stellen:

1. »die wesentlichen Eigenschaften der Waren oder Dienstleistungen in dem für das Kommunikationsmittel und für die Waren und Dienstleistungen angemessenen Umfang
2. seine Identität, beispielsweise seinen Handelsnamen sowie die Anschrift des Ortes, an dem er niedergelassen ist, seine Telefonnummer und gegebenenfalls seine Telefaxnummer und E-Mail-Adresse sowie gegebenenfalls die Anschrift und die Identität des Unternehmers, in dessen Auftrag er handelt,
3. zusätzlich zu den Angaben gemäß Nummer 2 die Geschäftsanschrift des Unternehmers und gegebenenfalls die Anschrift des Unternehmers, in dessen Auftrag er handelt, an die sich der Verbraucher mit jeder Beschwerde wenden kann, falls diese Anschrift von der Anschrift unter Nummer 2 abweicht,
4. den Gesamtpreis der Waren oder Dienstleistungen einschließlich aller Steuern und Abgaben, oder in den Fällen, in denen der Preis auf Grund der Beschaffenheit der Waren oder Dienstleistungen vernünftigerweise nicht im Voraus berechnet werden kann, die Art der Preisberechnung sowie gegebenenfalls alle zusätzlichen Fracht-, Liefer- oder Versandkosten und alle sonstigen Kosten, oder in den Fällen, in denen diese Kosten vernünftigerweise nicht im Voraus berechnet werden können, die Tatsache, dass solche zusätzlichen Kosten anfallen können,
5. im Falle eines unbefristeten Vertrags oder eines Abonnement-Vertrags den Gesamtpreis; dieser umfasst die pro Abrechnungszeitraum anfallenden Gesamtkosten und, wenn für einen solchen Vertrag Festbeträge in Rechnung gestellt werden, ebenfalls die monatlichen Gesamtkosten; wenn die Gesamtkosten vernünftigerweise nicht im Voraus berechnet werden können, ist die Art der Preisberechnung anzugeben,
6. die Kosten für den Einsatz des für den Vertragsabschluss genutzten Fernkommunikationsmittels, sofern dem Verbraucher Kosten berechnet werden, die über die Kosten für die bloße Nutzung des Fernkommunikationsmittels hinausgehen,
7. die Zahlungs-, Liefer- und Leistungsbedingungen, den Termin, bis zu dem der Unternehmer die Waren liefern oder die Dienstleistung erbringen muss, und gegebenenfalls das Verfahren des Unternehmers zum Umgang mit Beschwerden,
8. das Bestehen eines gesetzlichen Mängelhaftungsrechts für die Waren,
9. gegebenenfalls das Bestehen und die Bedingungen von Kundendienst, Kundendienstleistungen und Garantien,

10. gegebenenfalls bestehende einschlägige Verhaltenskodizes gemäß Artikel 2 Buchstabe f der Richtlinie 2005/29/EG des Europäischen Parlaments und des Rates vom 11. Mai 2005 über unlautere Geschäftspraktiken im binnenmarktinternen Geschäftsverkehr zwischen Unternehmen und Verbrauchern und zur Änderung der Richtlinie 84/450/EWG des Rates, der Richtlinien 97/7/EG, 98/27/EG und 2002/65/EG des Europäischen Parlaments und des Rates sowie der Verordnung (EG) Nr. 2006/2004 des Europäischen Parlaments und des Rates (ABl. L 149 vom 11.6.2005, S. 22) und wie Exemplare davon erhalten werden können,
11. gegebenenfalls die Laufzeit des Vertrags oder die Bedingungen der Kündigung unbefristeter Verträge oder sich automatisch verlängernder Verträge,
12. gegebenenfalls die Mindestdauer der Verpflichtungen, die der Verbraucher mit dem Vertrag eingeht,
13. gegebenenfalls die Tatsache, dass der Unternehmer vom Verbraucher die Stellung einer Kaution oder die Leistung anderer finanzieller Sicherheiten verlangen kann, sowie deren Bedingungen,
14. gegebenenfalls die Funktionsweise digitaler Inhalte, einschließlich anwendbarer technischer Schutzmaßnahmen für solche Inhalte,
15. gegebenenfalls, soweit wesentlich, Beschränkungen der Interoperabilität und der Kompatibilität digitaler Inhalte mit Hard- und Software, soweit diese Beschränkungen dem Unternehmer bekannt sind oder bekannt sein müssen, und
16. gegebenenfalls, dass der Verbraucher ein außergerichtliches Beschwerde- und Rechtsbehelfsverfahren, dem der Unternehmer unterworfen ist, nutzen kann, und dessen Zugangsvoraussetzungen.«

Zum 28.05.2022 ändern sich einige der oben genannten Informationspflichten inhaltlich. Ab diesem Zeitpunkt sind gegenüber Verbrauchern nachfolgende Informationen zur Verfügung zu stellen:

1. »die wesentlichen Eigenschaften der Waren oder Dienstleistungen in dem für das Kommunikationsmittel und für die Waren und Dienstleistungen angemessenen Umfang,
2. seine Identität, beispielsweise seinen Handelsnamen, sowie die Anschrift des Ortes, an dem er niedergelassen ist, sowie gegebenenfalls die Anschrift und die Identität des Unternehmers, in dessen Auftrag er handelt,
3. seine Telefonnummer, seine E-Mail-Adresse sowie gegebenenfalls andere von ihm zur Verfügung gestellte Online-Kommunikationsmittel, sofern diese gewährleisten, dass der Verbraucher seine Korrespondenz mit dem Unternehmer, einschließlich deren Datums und deren Uhrzeit, auf einem dauerhaften Datenträger speichern kann,

4. zusätzlich zu den Angaben gemäß den Nummern 2 und 3 die Geschäftsanschrift des Unternehmers und gegebenenfalls die Anschrift des Unternehmers, in dessen Auftrag er handelt, an die sich der Verbraucher mit jeder Beschwerde wenden kann, falls diese Anschrift von der Anschrift nach Nummer 2 abweicht,
5. den Gesamtpreis der Waren oder der Dienstleistungen einschließlich aller Steuern und Abgaben, oder in den Fällen, in denen der Preis aufgrund der Beschaffenheit der Waren oder Dienstleistungen vernünftigerweise nicht im Voraus berechnet werden kann, die Art der Preisberechnung sowie gegebenenfalls alle zusätzlichen Fracht-, Liefer- oder Versandkosten und alle sonstigen Kosten, oder in den Fällen, in denen diese Kosten vernünftigerweise nicht im Voraus berechnet werden können, die Tatsache, dass solche zusätzlichen Kosten anfallen können,
6. gegebenenfalls den Hinweis, dass der Preis auf der Grundlage einer automatisierten Entscheidungsfindung personalisiert wurde,
7. gegebenenfalls alle zusätzlich zu dem Gesamtpreis nach Nummer 5 anfallenden Fracht-, Liefer- oder Versandkosten und alle sonstigen Kosten, oder in den Fällen, in denen diese Kosten vernünftigerweise nicht im Voraus berechnet werden können, die Tatsache, dass solche zusätzlichen Kosten anfallen können,
8. im Falle eines unbefristeten Vertrags oder eines Abonnement-Vertrags den Gesamtpreis; dieser umfasst die pro Abrechnungszeitraum anfallenden Gesamtkosten und, wenn für einen solchen Vertrag Festbeträge in Rechnung gestellt werden, ebenfalls die monatlichen Gesamtkosten; wenn die Gesamtkosten vernünftigerweise nicht im Voraus berechnet werden können, ist die Art der Preisberechnung anzugeben,
9. die Kosten für den Einsatz des für den Vertragsabschluss genutzten Fernkommunikationsmittels, sofern dem Verbraucher Kosten berechnet werden, die über die Kosten für die bloße Nutzung des Fernkommunikationsmittels hinausgehen,
10. die Zahlungs-, Liefer- und Leistungsbedingungen, den Termin, bis zu dem der Unternehmer die Waren liefern oder die Dienstleistung erbringen muss, und gegebenenfalls das Verfahren des Unternehmers zum Umgang mit Beschwerden,
11. das Bestehen eines gesetzlichen Mängelhaftungsrechts für die Waren oder die digitalen Produkte,
12. gegebenenfalls das Bestehen und die Bedingungen von Kundendienst, Kundendienstleistungen und Garantien,
13. gegebenenfalls bestehende einschlägige Verhaltenskodizes gemäß Artikel 2 Buchstabe f der Richtlinie 2005/29/EG des Europäischen Parlaments und des Rates vom 11. Mai 2005 über unlautere Geschäftspraktiken im binnenmarktinternen Geschäftsverkehr zwischen Unternehmen und Verbrauchern und zur Änderung der Richtlinie 84/450/EWG des Rates, der Richtlinien 97/7/EG, 98/27/EG und 2002/65/EG des Europäischen Parlaments und des Rates sowie der Verordnung

(EG) Nr. 2006/2004 des Europäischen Parlaments und des Rates (ABl. L 149 vom 11.6.2005, S. 22; L 253 vom 25.9.2009, S. 18), die zuletzt durch die Richtlinie (EU) 2019/2161 (ABl. L 328 vom 18.12.2019, S. 7) geändert worden ist, und wie Exemplare davon erhalten werden können

14. gegebenenfalls die Laufzeit des Vertrags oder die Bedingungen der Kündigung unbefristeter Verträge oder sich automatisch verlängernder Verträge,
15. gegebenenfalls die Mindestdauer der Verpflichtungen, die der Verbraucher mit dem Vertrag eingeht,
16. gegebenenfalls die Tatsache, dass der Unternehmer vom Verbraucher die Stellung einer Kaution oder die Leistung anderer finanzieller Sicherheiten verlangen kann, sowie deren Bedingungen,
17. gegebenenfalls die Funktionalität der Waren mit digitalen Elementen oder der digitalen Produkte, einschließlich anwendbarer technischer Schutzmaßnahmen,
18. gegebenenfalls, soweit wesentlich, die Kompatibilität und die Interoperabilität der Waren mit digitalen Elementen oder der digitalen Produkte, soweit diese Informationen dem Unternehmer bekannt sind oder bekannt sein müssen, und
19. gegebenenfalls, dass der Verbraucher ein außergerichtliches Beschwerde- und Rechtsbehelfsverfahren, dem der Unternehmer unterworfen ist, nutzen kann, und dessen Zugangsvoraussetzungen.«

Steht dem Verbraucher ein Widerrufsrecht zu, was meist der Fall ist, muss er zusätzlich über Folgendes informiert werden:

1. »über die Bedingungen, die Fristen und das Verfahren für die Ausübung des Widerrufsrechts nach § 355 Absatz 1 des Bürgerlichen Gesetzbuchs sowie das Muster-Widerrufsformular in der Anlage 2,
2. gegebenenfalls darüber, dass der Verbraucher im Widerrufsfall die Kosten für die Rücksendung der Waren zu tragen hat, und bei Fernabsatzverträgen zusätzlich über die Kosten für die Rücksendung der Waren, wenn die Waren aufgrund ihrer Beschaffenheit nicht auf dem normalen Postweg zurückgesendet werden können, und
3. darüber, dass der Verbraucher dem Unternehmer bei einem Vertrag über die Erbringung von Dienstleistungen, (ab 28.05.2022: für die die Zahlung eines Preises vorgesehen ist) oder über die nicht in einem bestimmten Volumen oder in einer bestimmten Menge vereinbarte Lieferung von Wasser, Gas, Strom oder die Lieferung von Fernwärme einen angemessenen Betrag nach § 357 Abs. 8 (ab 28.05.2022: § 357a Abs. 2 BGB) des Bürgerlichen Gesetzbuchs für die vom Unternehmer erbrachte Leistung schuldet, wenn der Verbraucher das Widerrufsrecht ausübt, nachdem er auf Aufforderung des Unternehmers von diesem ausdrücklich den Beginn der Leistung vor Ablauf der Widerrufsfrist verlangt hat.«

Der Unternehmer hat den Verbraucher auch zu informieren, wenn

1. »dem Verbraucher nach § 312g Absatz Abs. 2 Satz 1 Nummer 1, 2, 5 und 7 bis 13 des Bürgerlichen Gesetzbuchs ein Widerrufsrecht nicht zusteht, dass der Verbraucher seine Willenserklärung nicht widerrufen kann, oder
2. das Widerrufsrecht des Verbrauchers nach § 312g Absatz 2 Satz 1 Nummer 3, 4 und 6 sowie § 356 Absatz 4 und 5 des Bürgerlichen Gesetzbuchs vorzeitig erlöschen kann, über die Umstände, unter denen der Verbraucher ein zunächst bestehendes Widerrufsrecht verliert.«

17.3.1 Wesentliche Merkmale der Ware

Sie müssen den Verbraucher vor Abgabe seiner Bestellung klar und verständlich über die wesentlichen Merkmale der Ware oder Dienstleistung informieren. Der Umfang hängt dabei von der Komplexität des Produkts ab. Ebenso müssen Sie berücksichtigen, dass der Kunde nicht die Möglichkeit hat, das Produkt selbst in Augenschein zu nehmen, und daher auf Ihre Artikelbeschreibung und -bilder angewiesen ist, um eine Kaufentscheidung treffen zu können. Dazu gehört zum Beispiel, dass Sie es vollständig und richtig beschreiben, Fehler nicht verschweigen und keine irreführenden Angaben machen.

Gemäß § 5 Abs. 1 Nr. 1 UWG (ab 28.05.2022: § 5 Abs. 2 Nr. 1 UWG) ist eine Produktbeschreibung irreführend, wenn unwahre Angaben zu *»Verfügbarkeit, Art, Ausführung, Vorteilen, Risiken, Zusammensetzung, Zubehör, Verfahren oder Zeitpunkt der Herstellung, Lieferung oder Erbringung, Zwecktauglichkeit, Verwendungsmöglichkeit, Menge, Beschaffenheit, Kundendienst und Beschwerdeverfahren, geographischer oder betrieblicher Herkunft, von der Verwendung zu erwartenden Ergebnissen oder den Ergebnissen oder wesentlichen Bestandteilen von Tests«* erfolgen. Bei irreführenden Angaben bezüglich dieser Merkmale besteht das Risiko, dass Sie abgemahnt werden.

Der BGH hat auch entschieden, dass Produktbilder den angebotenen Waren entsprechen müssen. Bei deren Verwendung müssen Sie besonders darauf achten, dass Sie keine Urheberrechte oder Markenrechte anderer verletzen. Dasselbe gilt auch für Produktbeschreibungen. Solche Verletzungen entstehen schnell, zum Beispiel durch die Übernahme von Herstellerfotos ohne Genehmigung oder das Ausnutzen des Rufes einer anderen Marke.

Zusätzlich sind Sie dazu verpflichtet, für viele Produkte erweiterte Kennzeichnungspflichten (zum Beispiel für Lebensmittel, Textilien, Arzneimittel oder Elektrogeräte, siehe Abbildung 17.2) oder Werbebeschränkungen (zum Beispiel für Alkohol) einzuhalten.

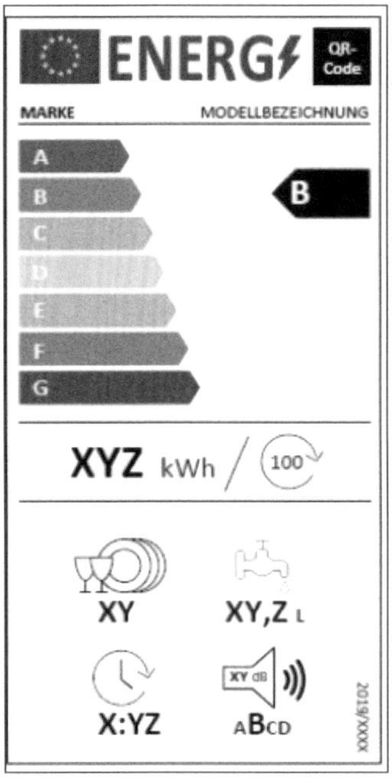

Abbildung 17.2 Energiekennzeichnung für Elektrogeräte

Besonderheiten auf dem Amazon Marketplace

Auf dem Amazon Marketplace müssen Sie einige Besonderheiten im Zusammenhang mit der Produktbeschreibung beachten.

Die Amazon-AGB bestimmen, dass Amazon ein Nutzungsrecht an allen Produktinformationen (also Bildern und Texten) eingeräumt wird. Eine Ausnahme gilt nur für Firmenzeichen, Schutzmarken oder andere ähnliche Brandings. Daraus folgt, dass auch andere Marketplace-Verkäufer sich an das bestehende Angebot eines Händlers »anhängen« können, wenn sie das gleiche Produkt selbst verkaufen. Nach der Rechtsprechung ist das grundsätzlich erlaubt, es sei denn, auf Bildern werden Firmenzeichen oder Marken abgebildet. In diesen Fällen kann Amazon die Rechte an den Bildern nicht an dritte Händler unterlizenzieren.

Urheberrechtlich bringt die Amazon-Funktion STELLEN SIE IHRE EIGENEN BILDER EIN Risiken mit sich. Hierbei können Dritte, zum Beispiel auch Käufer, der Beschreibung eigene Bilder hinzufügen, und zwar auch ohne hierfür die notwendigen Rechte zu besitzen. Somit kann es vorkommen, dass Sie als Händler für Fotos in Ihrem Angebot, die gegen das Urheberrecht verstoßen, wie für eigene Verstöße haften, obwohl Sie das Hochladen dieser Fotos nicht verhindern können. Solange diese Funktion weiterhin bereitgestellt wird, können Sie Ihre Produkte auf Amazon nicht rechtssicher anbieten.

Ein weiteres spezielles Marketplace-Problem ist, dass Produktbeschreibungen nachträglich geändert werden können, allerdings nicht durch jeden Händler, sondern nur durch bestimmte Händler und für bestimmte Artikel. Diese automatisch eingeräumte Befugnis kann auch jederzeit wieder entzogen werden. Hierdurch können zum Beispiel Markenrechtsverletzungen entstehen, obwohl Sie weder von der Änderung der Artikelbeschreibung erfahren noch diese selbst vorgenommen haben. Allerdings stufen die Gerichte solche Änderungen als sogenannten Behinderungswettbewerb oder als einen Missbrauch des Rechts ein, wenn ein Markeninhaber eine Markenverletzung selbst provoziert.

17.3.2 Häufige Fehler bei der Produktbeschreibung

Im Zusammenhang mit der Prüfung von Online-Shops fallen uns beim Thema Produktbeschreibung häufig folgende Fehler auf:

- Für bestimmte Produkte, zum Beispiel Textilien, Lebensmittel, Tabak, Alkohol, Heilmittel oder Elektrogeräte, gelten spezifische Werbebeschränkungen und erweiterte Kennzeichnungspflichten, die nicht immer berücksichtigt werden.
- Für den Verkauf von FSK- oder USK-Artikeln gelten strenge Anforderungen an die Alterskontrolle. Solche Produkte sollten Sie nur unter Verwendung eines anerkannten Altersverifikationssystems liefern. Ein solches muss es ermöglichen, eine verlässliche Identifikations- und Volljährigkeitsprüfung des Empfängers vorzunehmen. Weitere Informationen dazu finden Sie unter *www.jugendschutz.net*.

17.3.3 Preisangaben

Verbrauchern gegenüber müssen Sie Gesamtpreise einschließlich aller Preisbestandteile angeben. Diese Vorgabe findet sich sowohl im Fernabsatzrecht als auch in der Preisangabenverordnung. Möchten Sie nur an Nicht-Verbraucher verkaufen und mit Nettopreisen werben, reicht es nicht aus, wenn Sie diese Kundenzielgruppe in den AGB oder auf den Produktseiten benennen (zum Beispiel durch einen Text »Verkauf nur an Gewerbetreibende«). Vielmehr sind Sie dazu verpflichtet, die Nicht-Verbrauchereigenschaft zusätzlich durch entsprechende Kontrollmaßnahmen (zum Beispiel Anfordern des Gewerbenachweises, Kontrolle der USt-IdNr.) sicherzustellen (siehe Abbildung 17.3). Händler, die dies nicht taten, wurden in der Vergangenheit bereits häufiger durch Konkurrenten gerichtlich auf Unterlassung verklagt und für Schadensersatz in Anspruch genommen.

Der Zugang zu diesem Shop ist nur für registrierte Gewerbekunden möglich!
Bitte legen Sie ein Benutzerkonto unter Angabe Ihrer Steuernummer oder USt-IdNr. an. Nach erfolgreicher Prüfung per E-Mail, wird Ihr Benutzerkonto freigeschaltet.

Abbildung 17.3 Beschränkung des Angebots auf gewerbliche Kunden

Wenn Sie Waren nach Gewicht, Volumen, Länge oder Fläche anbieten, müssen Sie zusätzlich den Preis je Mengeneinheit einschließlich der Umsatzsteuer und sonstiger Preisbestandteile in unmittelbarer Nähe des Gesamtpreises angeben. Der BGH hat diese Vorgabe dahingehend konkretisiert, dass Grundpreis und Gesamtpreis stets »auf einen Blick« wahrgenommen werden können (siehe Abbildung 17.4).

Abbildung 17.4 Grundpreisangaben beim Angebot von Parkett

Diese Konkretisierung ist jedoch strenger, als es die europäische Preisangabenrichtlinie (RL 98/6 EG) vorschreibt. Denn danach müssen der Verkaufspreis und der Preis je Maßeinheit lediglich »unmissverständlich, klar erkennbar und gut lesbar sein«. Mehrere Gerichte haben bereits entschieden, dass die deutsche Umsetzung europarechtskonform ausgelegt werden müsse (zum Beispiel LG Hamburg, bestätigt durch OLG Hamburg, OLG Naumburg, LG Oldenburg).

Entsprechend den Vorgaben der europäischen Richtlinie (EU) 2019/ 2161 wurde die Preisangabenverordnung nun novelliert und tritt zum 28.05.2022 in Kraft.

In § 4 Abs. 1 PAngV n.F. wird sodann geregelt, dass neben dem Gesamtpreis auch der Grundpreis unmissverständlich, klar erkennbar und gut lesbar anzugeben ist. Auch wenn die Novellierung auf die Grundpreisangabe in »unmittelbarer Nähe« zum Gesamtpreis verzichtet, stellt die Entwurfsbegründung demgegenüber klar, dass die Vorgabe einer »guten Erkennbarkeit« so auszulegen sei, dass der Gesamtpreis und der Grundpreis auch weiterhin auf einen Blick wahrnehmbar sein müssen (insofern dient Abbildung 17.4 ab dem 28.05.2022 weiterhin als Vorlage).

17.3.4 Hinweis auf Umsatzsteuer und Versandkosten

Zu den Hinweispflichten gehört auch die Information, dass die Umsatzsteuer enthalten ist und ob zusätzlich Versandkosten anfallen (§ 1 Abs. 2 Nr. 1, 2 PAngV, ab 28.05.2022: § 6 Abs. 1 Nr. 1, 2 PAngV). Beide Hinweise müssen dem Angebot eindeutig zugeordnet sein. Diesen Anforderungen können Sie durch den Hinweis »inkl. MwSt., zzgl. Versandkosten« in unmittelbarer Nähe des Preises genügen. Sternchenverweise mit Fußnoten sind mit Vorsicht zu genießen, denn diese können häufig nicht mehr der Werbung zugeordnet werden. Weitere Voraussetzung ist auch, dass der Hinweis auf anfallende Versandkosten mit einer transparenten Versandkostenseite verlinkt ist, wenn die Versandkosten nicht direkt beim Angebot beziffert werden. Das ist wegen der üblichen Staffelungen nach Bestellwert, Gewicht oder Ähnlichem meist nicht möglich. Diesen Hinweis müssen Sie vor Einleiten des Bestellvorgangs erteilen. Darunter versteht der BGH das Einlegen der Ware in den Warenkorb. Auf allen Seiten mit Warenkorb-Button muss also ein entsprechender Text platziert werden (siehe Abbildung 17.5).

Abbildung 17.5 Hinweis in unmittelbarer Nähe

> **Muster: Hinweis auf Umsatzsteuer und Versandkosten**
> »inkl. MwSt., zzgl. Versandkosten« <Link auf Versandkostentabelle> (neben jedem Preis)
> **oder**
> »umsatzsteuerbefreit nach § 19 UStG, zzgl. Versandkosten« <Link auf Versandkostentabelle> (neben jedem Preis)

17.3.5 Häufige Fehler bei Preisangaben

Im Zusammenhang mit der Prüfung von Online-Shops fallen uns beim Thema Preisangaben häufig folgende Fehler auf:

- Wenn Sie Waren in Länder liefern wollen, die außerhalb der EU liegen, müssen Sie den Kunden über anfallende Steuern, Zölle oder andere Abgaben informieren.
- Bei Zahlung per Nachnahme muss der Empfänger zusätzlich zum Rechnungsbetrag das sogenannte *Übermittlungsentgelt* zahlen. Über diese Zusatzkosten müssen Sie den Kunden sowohl auf einer Infoseite vor Einleitung des Bestellprozesses als auch auf der Bestellseite informieren.
- Soweit Sie mit durchgestrichenen Preisen werben, muss klar sein, um welchen Preis es sich gehandelt hat (zum Beispiel ehemaliger Preis, UVP, Preis beim Mitbewerber).
- Die Werbung mit Ab-Preisen ist irreführend, wenn kein Produkt zu dem beworbenen Preis erhältlich ist.

17.3.6 Lieferbeschränkungen

Dem Verbraucher muss klar sein, ob Sie ihn überhaupt beliefern. Deshalb sind Sie gemäß § 312j Abs. 1 BGB dazu verpflichtet, klar und deutlich anzugeben, ob Lieferbeschränkungen bestehen. Diese Information muss spätestens bei Beginn des Bestellvorgangs erfolgen, also spätestens im Warenkorb. Eine solche Beschränkung ist zum Beispiel das Lieferland. Aber auch, falls Sie keine Inseln beliefern wollen oder der Kühlschrank nur bis zur Bordsteinkante und nicht in den dritten Stock geliefert werden kann, ist darunter eine Lieferbeschränkung zu verstehen.

17.3.7 Angabe eines Liefertermins

Außerdem muss der Verbraucher wissen, wann er mit der Lieferung rechnen kann. Dafür müssen Sie den Verbraucher nach Art. 246a § 1 Abs. 1 S. 1 Nr. 7 EGBGB (ab 28.05.2022: Art. 246a § 1 Abs. 1 S. 1 Nr. 10 EGBGB) über den Termin informieren, bis zu dem Sie die Ware liefern. Die Angabe eines genauen Datums ist jedenfalls nicht erforderlich, sondern die Angabe einer Frist ist ausreichend (zum Beispiel »3–5 Tage«). Nach einem Beschluss des OLG München sind auch »ca.«-Lieferzeiten nicht zu beanstanden (»ca. 7 Tage«). Die Angabe sollte jedenfalls so genau wie möglich erfolgen, um Abmahnungen zu vermeiden. Unverbindliche oder unklare Lieferzeiten, wie zum Beispiel »voraussichtlich« oder »in der Regel«, dürfen Sie nicht nennen (KG Berlin, OLG Bremen, OLG Frankfurt a. M., aA OLG Hamm).

Besonderheiten auf dem Amazon Marketplace

Die auf dem Amazon Marketplace als optionaler Standardtext enthaltene Lieferzeitangabe »gewöhnlich versandfertig in 3 bis 5 Tagen« ist nicht ausreichend, um über die Lieferzeit zu informieren, und sollte daher nicht verwendet werden.

Auch die verbreitete Angabe »sofort versandfähig« reicht nicht aus, da der Kunde darüber im Unklaren gelassen wird, woher der Versand erfolgt (aus Hongkong oder Frankfurt) und wie lange der Versand dauert (Warensendung oder Expresspaket). Sie können die Lieferzeit zwar durch eine Angabe zur Versandbereitschaft ergänzen, entscheidend ist aber, dass der Kunde erfährt, wann die Ware bei ihm spätestens eintreffen wird (inklusive Versandlaufzeit). Über die Lieferzeit müssen Sie auf der einzelnen Produktseite informieren (siehe Abbildung 17.6). Ein Hinweis in den AGB oder auf allgemeinen Informationsseiten ist nicht ausreichend, zumal die Lieferzeit je nach Produkt unterschiedlich ausfallen kann.

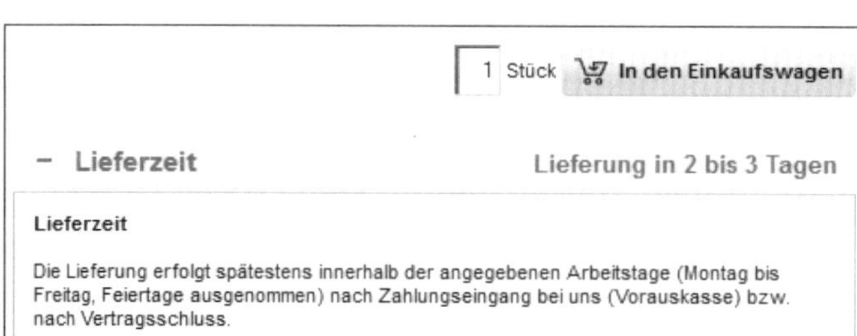

Abbildung 17.6 Hinweis auf Lieferzeit

17.3.8 Häufige Fehler bei der Lieferinformation und der Verfügbarkeit

Im Zusammenhang mit der Prüfung von Online-Shops fallen uns beim Thema Lieferinformation häufig folgende Fehler auf:

- Wenn Sie die Versandkosten nicht für alle Länder nennen, die aktiv adressiert werden, stellt dies einen Wettbewerbsverstoß dar, der bereits häufiger erfolgreich angegriffen wurde. Das gilt auch, wenn diese Länder nur selten beliefert werden.
- Eine Information, ob Lieferbeschränkungen im Shop bestehen, müssen Sie spätestens bei Einleitung des Bestellvorgangs erteilen. Häufig ist diese Pflicht noch nicht umgesetzt.
- Zusätze, die die angegebenen Lieferzeiten für unverbindlich erklären, sind unzulässig, zum Beispiel »in der Regel« oder »voraussichtlich«.
- Es genügt nicht, wenn Sie nur über die Versandbereitschaft (»Auf Lager«, »Sofort versandbereit« oder Ähnliches) informieren, sondern der Kunde muss erkennen können, wann die Ware bei ihm eintrifft.

17.3.9 Zahlungsbedingungen

Nach Art. 246a § 1 Abs. 1 S. 1 Nr. 7 EGBGB (ab 28.05.2022: Art. 246a § 1 Abs. 1 S. 1 Nr. 10 EGBGB) müssen Sie auch über die Zahlungsbedingungen informieren. Hierzu zählen insbesondere die zur Verfügung stehenden Zahlungsarten, der Zahlungszeitpunkt und zusätzlich anfallende Kosten. Bei Bankeinzug und Kreditkartenzahlung ist damit auch der Zeitpunkt der Abbuchung gemeint, denn es ist für den Kunden von Interesse, ob sein Konto direkt bei Bestellung oder erst nach Lieferung belastet wird. Diese Angaben müssen in den AGB oder auf allgemeinen Informationsseiten erfolgen, je nachdem, ob es sich um eine Zahlungsbedingung oder eine bloße Zahlungsinformation handelt.

Gemäß § 312j Abs. 1 BGB haben Online-Händler bei Verträgen mit Verbrauchern schon spätestens mit Beginn des Bestellvorgangs klar und deutlich anzugeben, welche Zahlungsmittel akzeptiert werden. Sie können dabei weiterhin im Einzelfall bestimmte Zahlungsarten ausschließen, etwa den Rechnungskauf wegen mangelnder Bonität. Sie müssen nur die Zahlungsarten angeben, die Sie grundsätzlich in Ihrem Online-Shop anbieten (siehe Abbildung 17.7).

Wenn Sie Zahlungsaufschläge für bestimmte Zahlungsarten verlangen, sind diese nur unter bestimmten Voraussetzungen zulässig. Über solche Zuschläge müssen Sie auf der allgemeinen Informationsseite, auf der die akzeptierten Zahlungsarten aufgeführt sind, hinweisen. Es wäre irreführend, wenn sie erstmals im Bestellprozess genannt würden.

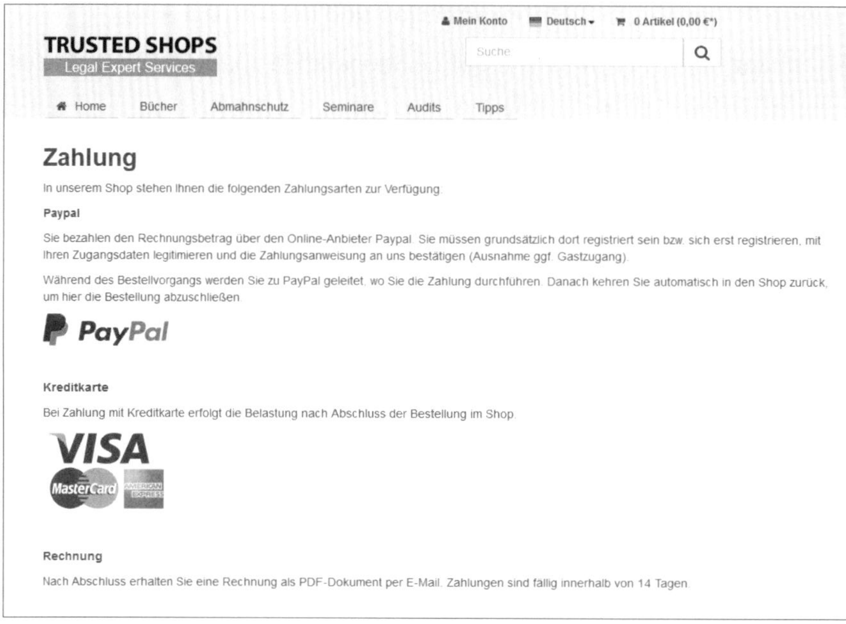

Abbildung 17.7 Übersicht der im Shop akzeptierten Zahlungsarten

Zahlungsaufschläge sind nur unter zwei Voraussetzungen zulässig (§ 312a Abs. 4 BGB):

1. Es muss eine gängige und zumutbare unentgeltliche Zahlungsmöglichkeit für den Verbraucher bestehen (zum Beispiel Lastschrift).
2. Das vereinbarte Entgelt darf nicht die Kosten übersteigen, die Ihnen durch die Nutzung dieses Zahlungsmittels entstanden sind.

Seit Januar 2018 sind Zusatzgebühren für die Zahlungsarten SEPA-Überweisung, SEPA-Lastschrift oder Kreditkarte unzulässig (§ 270a BGB). Von diesem Verbot wird ebenfalls der Kauf auf Rechnung erfasst. Zahlungsdienstleister wie Sofortüberweisung und PayPal fallen jedoch nicht hierunter, da das erhobene Entgelt für die Einschaltung eines Dritten anfällt (BGH).

Ein Fehler, der häufig begangen wird, ist, dass der Kunde nicht über die Einzelheiten der Zahlung informiert wird. Insbesondere müssen Sie auch den Zahlungszeitpunkt nennen. Sie müssen dem Kunden daher bei Zahlung per Bankeinzug oder Kreditkarte auch mitteilen, wann das Bankkonto belastet wird. Oft fehlt diese Information.

17.3.10 Zeitpunkt und Form der Informationen

Die sogenannten fernabsatzrechtlichen Informationen muss der Verbraucher vor Abgabe seiner Vertragserklärung erhalten, also spätestens auf der Bestellseite. Einige

Informationspflichten müssen jedoch bereits vor Einleitung des Bestellvorgangs erfüllt werden, also vor Einlegen der Ware in den Warenkorb. Dieser Zeitpunkt gilt zum Beispiel für die Hinweise darauf, ob Versandkosten anfallen und dass die Mehrwertsteuer enthalten ist, nach § 1 Abs. 2 PAngV (ab 28.05.2022: § 6 Abs. 1 PAngV). Bei Beginn des Bestellvorgangs (im Warenkorb) müssen Sie darüber informieren, ob Lieferbeschränkungen bestehen und welche Zahlungsmittel akzeptiert werden.

Die Fernabsatzinformationen müssen Sie dem Verbraucher auch noch einmal auf einem »dauerhaften Datenträger« zur Verfügung stellen. Darunter versteht man ein Medium, das es seinem Empfänger erlaubt, die an ihn gerichtete Erklärung so aufzubewahren, dass sie ihm für einen angemessenen Zeitraum zugänglich und dazu geeignet ist, die Erklärung unverändert wiederzugeben. Diese Voraussetzungen erfüllen zum Beispiel Papier oder E-Mail, jedoch nicht Links auf Website-Dokumente (nicht unveränderbar).

17.3.11 Checkliste für Ihr Warenangebot

Wenn Sie die nachfolgenden Punkte bei Ihrem Warenangebot beachten, können Sie unnötige Fehler vermeiden und Ihren Shop rechtlich sicher gestalten:

- Information über alle wesentlichen Merkmale der Ware bzw. Dienstleistung
- Beachtung der erweiterten Kennzeichnungsvorschriften für bestimmte Produkte
- Angabe der Gesamtpreise und gegebenenfalls Grundpreise
- Angabe, ob und welche Versandkosten anfallen (einschließlich Auslandsversandkosten)
- Hinweis auf MwSt. und Versandkosten spätestens auf Seiten mit Warenkorb-Button
- Link zur Versandkostenseite, wenn diese nicht bei jedem Artikel benannt werden
- klare und verständliche Versandkostentabelle (Kunde kann die Kosten leicht berechnen)
- Nennung der Versandkosten aller belieferten Länder
- Angabe der Gültigkeitsdauer bei befristeten Angeboten
- Angaben zur Lieferzeit zu jedem Artikel (Info über Versandbereitschaft reicht nicht)
- Information über Lieferbeschränkungen spätestens bei Beginn des Bestellvorgangs
- gegebenenfalls klare Begrenzung des Liefergebiets
- Erteilung von Informationen über Zölle und Gebühren bei Lieferung in Nicht-EU-Länder

17.4 Das Widerrufsrecht

Neben den umfangreichen Informationspflichten besteht für Sie zudem die Pflicht, Verbraucher auch über das Bestehen oder Nichtbestehen eines Widerrufsrechts zu informieren. Dazu zählen auch seine Bedingungen, Fristen und Verfahren zur Ausübung sowie die Verwendung des Muster-Widerrufsformulars.

Wir empfehlen, klar zwischen Verbrauchern und gewerblichen Kunden zu differenzieren, sofern beide Gruppen beliefert werden. Wenn Sie nicht unterscheiden, räumen Sie damit auch gewerblichen Kunden ein freiwillig vereinbartes Widerrufsrecht ein. Deshalb sollten Sie durch einen Zusatz über der Widerrufsbelehrung klarstellen, dass die nachfolgende Belehrung nur für Verbraucher gilt (siehe Abbildung 17.8).

Abbildung 17.8 Umsetzung der Beschränkung

Muster: Beschränkung des Widerrufsrechts auf Verbraucher
Das folgende Widerrufsrecht besteht nur für Verbraucher.

17.4.1 Zeitpunkt der Belehrung

Über das Widerrufsrecht müssen Sie gemäß Art. 246a § 1 Abs. 2 EGBGB zum einen in Ihrem Online-Shop informieren. Hierfür ist eine flüchtige Form, zum Beispiel als HTML-Seite, ausreichend. Zum anderen müssen Sie dem Verbraucher diese Information gemäß § 312f Abs. 2 BGB auch auf einem dauerhaften Datenträger innerhalb einer angemessenen Frist, spätestens jedoch bei Lieferung der Ware, zur Verfügung stellen. Hierfür bietet sich zum Beispiel die Bestellbestätigungs-E-Mail an oder die Papierform bei der Lieferung.

Der Verbraucher muss diese Informationen in klarer und verständlicher Form erhalten. Dazu hat der BGH entschieden, dass es ausreicht, wenn die Widerrufsbelehrung spätestens auf der Bestellseite über einen eindeutig bezeichneten Link abgerufen werden kann. Eindeutige Linkbezeichnungen sind zum Beispiel »Widerrufsrecht« oder »AGB und Widerrufsrecht« (siehe Abbildung 17.9).

Aus der Bezeichnung selbst muss unmittelbar hervorgehen, dass man die Belehrung darüber abrufen kann. Ein Link namens »AGB« reicht dafür nicht aus. Den Hinweis können Sie unterschiedlich ausführlich ausgestalten. So kann die Kenntnisnahme zum Beispiel auch mit einer Checkbox bestätigt werden, erforderlich ist dies allerdings nicht.

Abbildung 17.9 Eindeutige Bezeichnungen im Shop

17.4.2 Die Widerrufsfrist

Die Widerrufsfrist beträgt stets 14 Tage und verlängert sich maximal auf zwölf Monate plus 14 Tage, falls gar nicht oder fehlerhaft über das Widerrufsrecht informiert wird.

Besonderheiten bei eBay

Wenn Sie als eBay-Händler das Logo »eBay Garantie« erhalten wollen, müssen Sie Verbrauchern freiwillig eine Widerrufsfrist von einem Monat einräumen. Das ist natürlich zulässig, weil das gesetzliche Recht zugunsten der Verbraucher erweitert wird. Streng genommen müssen Sie dann jedoch über das gesetzliche Recht informieren und freiwillige Rücknahmegarantien davon trennen. So können Sie zum Beispiel die freiwillige Rücknahmegarantie als zusätzliche Rücknahmemöglichkeit unterhalb der gesetzlichen Widerrufsbelehrung aufführen (siehe Abbildung 17.10).

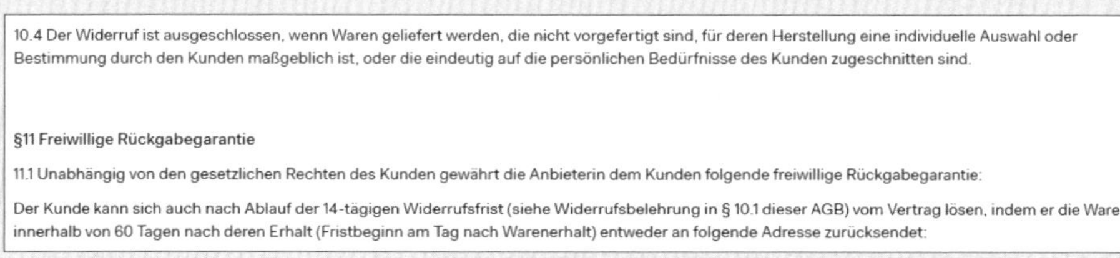
10.4 Der Widerruf ist ausgeschlossen, wenn Waren geliefert werden, die nicht vorgefertigt sind, für deren Herstellung eine individuelle Auswahl oder Bestimmung durch den Kunden maßgeblich ist, oder die eindeutig auf die persönlichen Bedürfnisse des Kunden zugeschnitten sind.

§11 Freiwillige Rückgabegarantie

11.1 Unabhängig von den gesetzlichen Rechten des Kunden gewährt die Anbieterin dem Kunden folgende freiwillige Rückgabegarantie:

Der Kunde kann sich auch nach Ablauf der 14-tägigen Widerrufsfrist (siehe Widerrufsbelehrung in § 10.1 dieser AGB) vom Vertrag lösen, indem er die Ware innerhalb von 60 Tagen nach deren Erhalt (Fristbeginn am Tag nach Warenerhalt) entweder an folgende Adresse zurücksendet:

Abbildung 17.10 Trennung von Widerrufsbelehrung und freiwilliger Rückgabegarantie

Allerdings sind bislang keine Fälle bekannt, in denen eBay-Händler angegriffen wurden, weil sie in der gesetzlichen Belehrung die »14 Tage« durch »1 Monat« ersetzten, ohne darauf hinzuweisen, dass dies nicht das gesetzliche Recht, sondern eine vertragliche Regelung ist.

17.4.3 Die Muster-Widerrufsbelehrung

Wir empfehlen, die gesetzliche Muster-Widerrufsbelehrung zu verwenden, denn diese genießt eine sogenannte »Privilegierung«. Das bedeutet, dass das vorgesehene Muster per Gesetz als ausreichend gilt, um Ihre Informationspflicht zum Widerrufsrecht zu erfüllen, und dass Ihnen keine rechtlichen Nachteile durch Fehler entstehen können, die das gesetzliche Muster eventuell enthält. Voraussetzung dafür ist allerdings, dass Sie die Muster-Widerrufsbelehrung unverändert und nur so verwenden, wie es in den Gestaltungshinweisen vorgesehen ist.

Dabei sollten Sie beachten, dass sowohl der EuGH als auch der BGH entschieden haben, dass Sie als Unternehmer in der Widerrufsbelehrung Ihre Telefon- und Faxnummer und Ihre E-Mail-Adresse angeben müssen, wenn Sie über solche verfügen, und diese auf Ihrer Webseite angeben. Ab 28.05.2022 besteht für Sie als Unternehmer hingegen die Pflicht, Ihre Telefonnummer und E-Mail-Adresse sowie gegebenenfalls andere von Ihnen zur Verfügung gestellte Online-Kommunikationsmittel zur Verfügung zu stellen, sofern gewährleistet wird, dass der Verbraucher seine Korrespondenz mit Ihnen, einschließlich des Datums und deren Uhrzeit, auf einem dauerhaften Datenträger speichern kann (vgl. Anlage 1 zu Art. 246a § 1 Abs. 2 S. 2 EGBGB, Gestaltungshinweis 2).

Das Muster hat allerdings einige Tücken. So muss theoretisch der Fristbeginn für jede Bestell- und Liefersituation angepasst werden. Bei Einstellen der Belehrung wird aber zum Beispiel in der Regel noch nicht bekannt sein, in wie viele Sendungen eine Bestellung aufgeteilt wird. Dafür ist nämlich ein anderer Textbaustein vorgesehen, als wenn nur ein Paket geliefert wird. Ein weiterer schwieriger Punkt: Wenn Sie Ihre Ware per Spedition verschicken und der Kunde im Widerrufsfall die Rücksendekosten tragen soll, müssen Sie bereits vor Abgabe der Bestellung die Kosten der Rücksendung im Widerrufsfall konkret benennen. Allerdings können Sie nicht wissen, welche Artikel der Verbraucher später zurücksenden wird und wie hoch genau die Kosten für die von ihm beauftragte Spedition sein werden.

Je nach Geschäftsmodell müssen Sie daher gegebenenfalls verschiedene Belehrungen oder Abwandlungen des gesetzlichen Musters einsetzen. Wenn dies auf Sie zutrifft, sollten Sie unbedingt einen Anwalt zurate ziehen, da Fehler in der Widerrufsbelehrung nicht nur sehr oft abgemahnt werden, sondern auch eine Verlängerung der Widerrufsfrist auf bis zu zwölf Monate und 14 Tage auslösen können.

Gesetzliches Muster für die Widerrufsbelehrung

EGBGB Anlage 1 zu Art. 246a § 1 Abs. 2 S. 2

Aktuelle Fassung:

Widerrufsbelehrung

Widerrufsrecht

Sie haben das Recht, binnen vierzehn Tagen ohne Angabe von Gründen diesen Vertrag zu widerrufen.

Die Widerrufsfrist beträgt vierzehn Tage ab dem Tag [1].

Um Ihr Widerrufsrecht auszuüben, müssen Sie uns ([2]) mittels einer eindeutigen Erklärung (z. B. ein mit der Post versandter Brief, Telefax oder E-Mail) über Ihren Entschluss, diesen Vertrag zu widerrufen, informieren. Sie können dafür das beigefügte Muster-Widerrufsformular verwenden, das jedoch nicht vorgeschrieben ist. [3]

Zur Wahrung der Widerrufsfrist reicht es aus, dass Sie die Mitteilung über die Ausübung des Widerrufsrechts vor Ablauf der Widerrufsfrist absenden.

Folgen des Widerrufs

Wenn Sie diesen Vertrag widerrufen, haben wir Ihnen alle Zahlungen, die wir von Ihnen erhalten haben, einschließlich der Lieferkosten (mit Ausnahme der zusätzlichen Kosten, die sich daraus ergeben, dass Sie eine andere Art der Lieferung als die von uns angebotene, günstigste Standardlieferung gewählt haben), unverzüglich und spätestens binnen vierzehn Tagen ab dem Tag zurückzuzahlen, an dem die Mitteilung über Ihren Widerruf dieses Vertrags bei uns eingegangen ist. Für diese Rückzahlung verwenden wir dasselbe Zahlungsmittel, das Sie bei der ursprünglichen Transaktion eingesetzt haben, es sei denn, mit Ihnen wurde ausdrücklich etwas anderes vereinbart; in keinem Fall werden Ihnen wegen dieser Rückzahlung Entgelte berechnet. [4]

[5]

[6]

Gestaltungshinweise:

[1]

Fügen Sie einen der folgenden in Anführungszeichen gesetzten Textbausteine ein:

a) im Falle eines Dienstleistungsvertrags oder eines Vertrags über die Lieferung von Wasser, Gas oder Strom, wenn sie nicht in einem begrenzten Volumen oder in einer bestimmten Menge zum Verkauf angeboten werden, von Fernwärme oder von digitalen Inhalten, die nicht auf einem körperlichen Datenträger geliefert werden: »des Vertragsabschlusses.«;

b) im Falle eines Kaufvertrags: », an dem Sie oder ein von Ihnen benannter Dritter, der nicht der Beförderer ist, die Waren in Besitz genommen haben bzw. hat.«;

c) im Falle eines Vertrags über mehrere Waren, die der Verbraucher im Rahmen einer einheitlichen Bestellung bestellt hat und die getrennt geliefert werden: », an dem Sie oder ein von Ihnen benannter Dritter, der nicht der Beförderer ist, die letzte Ware in Besitz genommen haben bzw. hat.«;

d) im Falle eines Vertrags über die Lieferung einer Ware in mehreren Teilsendungen oder Stücken: », an dem Sie oder ein von Ihnen benannter Dritter, der nicht der Beförderer ist, die letzte Teilsendung oder das letzte Stück in Besitz genommen haben bzw. hat.«;

e) im Falle eines Vertrags zur regelmäßigen Lieferung von Waren über einen festgelegten Zeitraum hinweg: », an dem Sie oder ein von Ihnen benannter Dritter, der nicht der Beförderer ist, die erste Ware in Besitz genommen haben bzw. hat.«

[2] Fügen Sie Ihren Namen, Ihre Anschrift und, soweit verfügbar, Ihre Telefonnummer, Telefaxnummer und E-Mail-Adresse ein.

[3] Wenn Sie dem Verbraucher die Wahl einräumen, die Information über seinen Widerruf des Vertrags auf Ihrer Webseite elektronisch auszufüllen und zu übermitteln, fügen Sie Folgendes ein: »Sie können das Muster-Widerrufsformular oder eine andere eindeutige Erklärung auch auf unserer Webseite [Internet-Adresse einfügen] elektronisch ausfüllen und übermitteln. Machen Sie von dieser Möglichkeit Gebrauch, so werden wir Ihnen unverzüglich (z. B. per E-Mail) eine Bestätigung über den Eingang eines solchen Widerrufs übermitteln.«

[4] Im Falle von Kaufverträgen, in denen Sie nicht angeboten haben, im Falle des Widerrufs die Waren selbst abzuholen, fügen Sie Folgendes ein: »Wir können die Rückzahlung verweigern, bis wir die Waren wieder zurückerhalten haben oder bis Sie den Nachweis erbracht haben, dass Sie die Waren zurückgesandt haben, je nachdem, welches der frühere Zeitpunkt ist.«

[5] Wenn der Verbraucher Waren im Zusammenhang mit dem Vertrag erhalten hat:

a) Fügen Sie ein:

- »Wir holen die Waren ab.« oder
- »Sie haben die Waren unverzüglich und in jedem Fall spätestens binnen vierzehn Tagen ab dem Tag, an dem Sie uns über den Widerruf dieses Vertrags unterrichten, an ... uns oder an [hier sind gegebenenfalls der Name und die Anschrift der von Ihnen zur Entgegennahme der Waren ermächtigten Person einzufügen] zurückzusenden oder zu übergeben. Die Frist ist gewahrt, wenn Sie die Waren vor Ablauf der Frist von vierzehn Tagen absenden.«

b) fugen Sie ein:

- »Wir tragen die Kosten der Rücksendung der Waren.«;
- »Sie tragen die unmittelbaren Kosten der Rücksendung der Waren.«;
- Wenn Sie bei einem Fernabsatzvertrag nicht anbieten, die Kosten der Rücksendung der Waren zu tragen, und die Waren aufgrund ihrer Beschaffenheit nicht normal mit der Post zurückgesandt werden können: »Sie tragen die unmittelbaren Kosten der Rücksendung der Waren in Höhe von ... EUR [Betrag einfügen].«, oder, wenn die Kosten vernünftigerweise nicht im Voraus berechnet werden können: »Sie tragen die unmittelbaren Kosten der Rücksendung der Waren. Die Kosten werden auf höchstens etwa ... EUR [Betrag einfügen] geschätzt.« oder
- Wenn die Waren bei einem außerhalb von Geschäftsräumen geschlossenen Vertrag aufgrund ihrer Beschaffenheit nicht normal mit der Post zurückgesandt werden können und zum Zeitpunkt des Vertragsschlusses zur Wohnung des Verbrauchers geliefert worden sind: »Wir holen die Waren auf unsere Kosten ab.« und

c) fügen Sie ein: »Sie müssen für einen etwaigen Wertverlust der Waren nur aufkommen, wenn dieser Wertverlust auf einen zur Prüfung der Beschaffenheit, Eigenschaften und Funktionsweise der Waren nicht notwendigen Umgang mit ihnen zurückzuführen ist.«

[6] Im Falle eines Vertrags zur Erbringung von Dienstleistungen oder der Lieferung von Wasser, Gas oder Strom, wenn sie nicht in einem begrenzten Volumen oder in einer bestimmten Menge zum Verkauf angeboten werden, oder von Fernwärme fügen Sie Folgendes ein: »Haben Sie verlangt, dass die Dienstleistungen oder Lieferung von Wasser/Gas/Strom/Fernwärme [Unzutreffendes streichen] während der Widerrufsfrist beginnen soll, so haben Sie uns einen angemessenen Betrag zu zahlen, der dem Anteil der bis zu dem Zeitpunkt, zu dem Sie uns von der Ausübung des Widerrufsrechts hinsichtlich dieses Vertrags unterrichten, bereits erbrachten Dienstleistungen im Vergleich zum Gesamtumfang der im Vertrag vorgesehenen Dienstleistungen entspricht.«

Ab 28.05.2022:

EGBGB Anlage 1 zu Art. 246a § 1 Abs. 2 S. 2

Widerrufsbelehrung

Widerrufsrecht

Sie haben das Recht, binnen vierzehn Tagen ohne Angabe von Gründen diesen Vertrag zu widerrufen.

Die Widerrufsfrist beträgt vierzehn Tage ab dem Tag [1].

Um Ihr Widerrufsrecht auszuüben, müssen Sie uns ([2]) mittels einer eindeutigen Erklärung (z. B. ein mit der Post versandter Brief, oder eine E-Mail) über Ihren Entschluss, diesen Vertrag zu widerrufen, informieren. Sie können dafür das beigefügte Muster-Widerrufsformular verwenden, das jedoch nicht vorgeschrieben ist. [3]

Zur Wahrung der Widerrufsfrist reicht es aus, dass Sie die Mitteilung über die Ausübung des Widerrufsrechts vor Ablauf der Widerrufsfrist absenden.

Folgen des Widerrufs

Wenn Sie diesen Vertrag widerrufen, haben wir Ihnen alle Zahlungen, die wir von Ihnen erhalten haben, einschließlich der Lieferkosten (mit Ausnahme der zusätzlichen Kosten, die sich daraus ergeben, dass Sie eine andere Art der Lieferung als die von uns angebotene, günstigste Standardlieferung gewählt haben), unverzüglich und spätestens binnen vierzehn Tagen ab dem Tag zurückzuzahlen, an dem die Mitteilung über Ihren Widerruf dieses Vertrags bei uns eingegangen ist. Für diese Rückzahlung verwenden wir dasselbe Zahlungsmittel, das Sie bei der ursprünglichen Transaktion eingesetzt haben, es sei denn, mit Ihnen wurde ausdrücklich etwas anderes vereinbart; in keinem Fall werden Ihnen wegen dieser Rückzahlung Entgelte berechnet. [4]

[5]

[6]

Gestaltungshinweise:

[1] Fügen Sie einen der folgenden in Anführungszeichen gesetzten Textbausteine ein:

a) im Falle eines Dienstleistungsvertrags oder eines Vertrags über die Lieferung von Wasser, Gas oder Strom, wenn sie nicht in einem begrenzten Volumen oder in einer bestimmten Menge zum Verkauf angeboten werden, von Fernwärme oder von digitalen Inhalten, die nicht auf einem körperlichen Datenträger geliefert werden: »des Vertragsabschlusses.«;

b) im Falle eines Kaufvertrags: », an dem Sie oder ein von Ihnen benannter Dritter, der nicht der Beförderer ist, die Waren in Besitz genommen haben bzw. hat.«;

c) im Falle eines Vertrags über mehrere Waren, die der Verbraucher im Rahmen einer einheitlichen Bestellung bestellt hat und die getrennt geliefert werden: », an dem Sie oder ein von Ihnen benannter Dritter, der nicht der Beförderer ist, die letzte Ware in Besitz genommen haben bzw. hat.«;

d) im Falle eines Vertrags über die Lieferung einer Ware in mehreren Teilsendungen oder Stücken: », an dem Sie oder ein von Ihnen benannter Dritter, der nicht der Beförderer ist, die letzte Teilsendung oder das letzte Stück in Besitz genommen haben bzw. hat.«;

e) im Falle eines Vertrags zur regelmäßigen Lieferung von Waren über einen festgelegten Zeitraum hinweg: », an dem Sie oder ein von Ihnen benannter Dritter, der nicht der Beförderer ist, die erste Ware in Besitz genommen haben bzw. hat.«

[2] Fügen Sie Ihren Namen, Ihre Anschrift, Ihre Telefonnummer, und Ihre E-Mail-Adresse ein.

[3] Wenn Sie dem Verbraucher die Wahl einräumen, die Information über seinen Widerruf des Vertrags auf Ihrer Webseite elektronisch auszufüllen und zu übermitteln, fügen Sie Folgendes ein: »Sie können das Muster-Widerrufsformular oder eine andere eindeutige Erklärung auch auf unserer Webseite [Internet-Adresse einfügen] elektronisch ausfüllen und übermitteln. Machen Sie von dieser Möglichkeit Gebrauch, so werden wir Ihnen unverzüglich (z. B. per E-Mail) eine Bestätigung über den Eingang eines solchen Widerrufs übermitteln.«

[4] Im Falle von Kaufverträgen, in denen Sie nicht angeboten haben, im Falle des Widerrufs die Waren selbst abzuholen, fügen Sie Folgendes ein: »Wir können die Rückzahlung verweigern, bis wir die Waren wieder zurückerhalten haben oder bis Sie den Nachweis erbracht haben, dass Sie die Waren zurückgesandt haben, je nachdem, welches der frühere Zeitpunkt ist.«

[5] Wenn der Verbraucher Waren im Zusammenhang mit dem Vertrag erhalten hat:

a) Fügen Sie ein:

- »Wir holen die Waren ab.« oder
- »Sie haben die Waren unverzüglich und in jedem Fall spätestens binnen vierzehn Tagen ab dem Tag, an dem Sie uns über den Widerruf dieses Vertrags unterrichten, an ... uns oder an [hier sind gegebenenfalls der Name und die Anschrift der von Ihnen zur Entgegennahme der Waren ermächtigten Person einzufügen] zu-

rückzusenden oder zu übergeben. Die Frist ist gewahrt, wenn Sie die Waren vor Ablauf der Frist von vierzehn Tagen absenden.«,

b) fügen Sie ein:

- »Wir tragen die Kosten der Rücksendung der Waren.«;
- »Sie tragen die unmittelbaren Kosten der Rücksendung der Waren.«;
- Wenn Sie bei einem Fernabsatzvertrag nicht anbieten, die Kosten der Rücksendung der Waren zu tragen, und die Waren aufgrund ihrer Beschaffenheit nicht normal mit der Post zurückgesandt werden können: »Sie tragen die unmittelbaren Kosten der Rücksendung der Waren in Höhe von ... EUR [Betrag einfügen].«, oder, wenn die Kosten vernünftigerweise nicht im Voraus berechnet werden können: »Sie tragen die unmittelbaren Kosten der Rücksendung der Waren. Die Kosten werden auf höchstens etwa ... EUR [Betrag einfügen] geschätzt.«, oder
- Wenn die Waren bei einem außerhalb von Geschäftsräumen geschlossenen Vertrag aufgrund ihrer Beschaffenheit nicht normal mit der Post zurückgesandt werden können und zum Zeitpunkt des Vertragsschlusses zur Wohnung des Verbrauchers gebracht worden sind: »Wir holen die Waren auf unsere Kosten ab.« und

c) fügen Sie ein: »Sie müssen für einen etwaigen Wertverlust der Waren nur aufkommen, wenn dieser Wertverlust auf einen zur Prüfung der Beschaffenheit, Eigenschaften und Funktionsweise der Waren nicht notwendigen Umgang mit ihnen zurückzuführen ist.«

[6] Im Falle eines Vertrags zur Erbringung von Dienstleistungen oder der Lieferung von Wasser, Gas oder Strom, wenn sie nicht in einem begrenzten Volumen oder in einer bestimmten Menge zum Verkauf angeboten werden, oder von Fernwärme fügen Sie Folgendes ein: »Haben Sie verlangt, dass die Dienstleistung oder Lieferung von Wasser/Gas/Strom/Fernwärme [Unzutreffendes streichen] während der Widerrufsfrist beginnen soll, so haben Sie uns einen angemessenen Betrag zu zahlen, der dem Anteil der bis zu dem Zeitpunkt, zu dem Sie uns von der Ausübung des Widerrufsrechts hinsichtlich dieses Vertrags unterrichten, bereits erbrachten Dienstleistungen im Vergleich zum Gesamtumfang der im Vertrag vorgesehenen Dienstleistungen entspricht.«

Nachfolgend finden Sie einige angepasste Muster-Widerrufsbelehrungen und die Voraussetzungen, unter denen sie eingesetzt werden können. Da es insgesamt zahlreiche Kombinationsmöglichkeiten, genauer gesagt 48 verschiedene Musterbelehrungen gibt, ist jeweils genau zu prüfen, ob die jeweilige Kombination für Ihr Geschäftsmodell passt.

17.4.4 Angepasste Widerrufsbelehrung für Warenlieferungen

Das folgende Muster können Sie für die Lieferung von Waren verwenden. Hier wurde der Gestaltungshinweis 1 c) eingesetzt (»die letzte Ware«). Wir sind der Meinung, dass auch in diesem Fall der Fristbeginn für die anderen in 1 b) und 1 d) genannten Situationen transparent dargestellt wird und dieser Text daher in allen drei Fällen verwendet werden kann.

Voraussetzungen für die Verwendung: Fernabsatzvertrag über Warenlieferungen im elektronischen Geschäftsverkehr, keine Erbringung von Dienstleistungen, kein Abonnement, Verbraucher übernimmt die Rücksendekosten bei paketversandfähiger Ware, keine Waren, die nicht mit normaler Post zurückgeschickt werden können, Möglichkeit, das Widerrufsformular online auszufüllen und abzusenden, und kein finanziertes Geschäft.

Muster: Widerrufsbelehrung für die getrennte Lieferung mehrerer Waren

Widerrufsbelehrung

Widerrufsrecht

Sie haben das Recht, binnen vierzehn Tagen ohne Angabe von Gründen diesen Vertrag zu widerrufen.

Die Widerrufsfrist beträgt vierzehn Tage ab dem Tag, an dem Sie oder ein von Ihnen benannter Dritter, der nicht der Beförderer ist, die letzte Ware in Besitz genommen haben bzw. hat.

Um Ihr Widerrufsrecht auszuüben, müssen Sie uns ([fügen Sie Ihren Namen, Ihre Anschrift und, soweit verfügbar, Ihre Telefonnummer, Telefaxnummer und E-Mail-Adresse ein] [ab 28.05.2022: fügen Sie Ihren Namen, Ihre Anschrift, Ihre Telefonnummer und E-Mail-Adresse ein]) mittels einer eindeutigen Erklärung (z. B. ein mit der Post versandter Brief, Telefax oder E-Mail) über Ihren Entschluss, diesen Vertrag zu widerrufen, informieren. Sie können dafür das beigefügte Muster-Widerrufsformular verwenden, das jedoch nicht vorgeschrieben ist.

Sie können das Muster-Widerrufsformular oder eine andere eindeutige Erklärung auch auf unserer Webseite [Internet-Adresse einfügen] elektronisch ausfüllen und übermitteln. Machen Sie von dieser Möglichkeit Gebrauch, so werden wir Ihnen unverzüglich (z. B. per E-Mail) eine Bestätigung über den Eingang eines solchen Widerrufs übermitteln.

Zur Wahrung der Widerrufsfrist reicht es aus, dass Sie die Mitteilung über die Ausübung des Widerrufsrechts vor Ablauf der Widerrufsfrist absenden.

Folgen des Widerrufs

Wenn Sie diesen Vertrag widerrufen, haben wir Ihnen alle Zahlungen, die wir von Ihnen erhalten haben, einschließlich der Lieferkosten (mit Ausnahme der zusätzlichen Kosten, die sich daraus ergeben, dass Sie eine andere Art der Lieferung als die von uns angebotene, günstigste Standardlieferung gewählt haben), unverzüglich und spätestens binnen vierzehn Tagen ab dem Tag zurückzuzahlen, an dem die Mitteilung über Ihren Widerruf dieses Vertrags bei uns eingegangen ist. Für diese Rückzahlung verwenden wir dasselbe Zahlungsmittel, das Sie bei der ursprünglichen Transaktion eingesetzt haben, es sei denn, mit Ihnen wurde ausdrücklich etwas anderes vereinbart; in keinem Fall werden Ihnen wegen dieser Rückzahlung Entgelte berechnet. Wir können die Rückzahlung verweigern, bis wir die Waren wieder zurückerhalten haben oder bis Sie den Nachweis erbracht haben, dass Sie die Waren zurückgesandt haben, je nachdem, welches der frühere Zeitpunkt ist.

Sie haben die Waren unverzüglich und in jedem Fall spätestens binnen vierzehn Tagen ab dem Tag, an dem Sie uns über den Widerruf dieses Vertrags unterrichten, an ... uns oder an [hier sind gegebenenfalls der Name und die Anschrift der von Ihnen zur Entgegennahme der Waren ermächtigten Person einzufügen] zurückzusenden oder zu übergeben. Die Frist ist gewahrt, wenn Sie die Waren vor Ablauf der Frist von vierzehn Tagen absenden. Sie tragen die unmittelbaren Kosten der Rücksendung der Waren.

Sie müssen für einen etwaigen Wertverlust der Waren nur aufkommen, wenn dieser Wertverlust auf einen zur Prüfung der Beschaffenheit, Eigenschaften und Funktionsweise der Waren nicht notwendigen Umgang mit ihnen zurückzuführen ist.

17.4.5 Angepasste Widerrufsbelehrung für Dienstleistungen

Die folgende Widerrufsbelehrung wurde entsprechend den Gestaltungshinweisen ausgefüllt und kann verwendet werden, wenn Sie Dienstleistungen in Ihrem Online-Shop anbieten.

Voraussetzungen für die Verwendung: Fernabsatzvertrag über die Erbringung von Dienstleistungen im elektronischen Geschäftsverkehr, keine Lieferung von Wasser, Gas, Strom oder Fernwärme, kein Verkauf von Waren, kein finanziertes Geschäft und die Möglichkeit, das Widerrufsformular online auszufüllen und abzusenden.

Muster: Widerrufsbelehrung für die Erbringung von Dienstleistungen

Widerrufsbelehrung

Widerrufsrecht

Sie haben das Recht, binnen 14 Tagen ohne Angabe von Gründen diesen Vertrag zu widerrufen.

Die Widerrufsfrist beträgt 14 Tage ab dem Tag des Vertragsabschlusses.

Um Ihr Widerrufsrecht auszuüben, müssen Sie uns ([fügen Sie Ihren Namen, Ihre Anschrift und, soweit verfügbar, Ihre Telefonnummer, Telefaxnummer und E-Mail-Adresse ein] [ab 28.05.2022: fügen Sie Ihren Namen, Ihre Anschrift, Ihre Telefonnummer und Ihre E-Mail-Adresse ein]) mittels einer eindeutigen Erklärung (z. B. ein mit der Post versandter Brief, Telefax oder E-Mail) über Ihren Entschluss, diesen Vertrag zu widerrufen, informieren. Sie können dafür das beigefügte Muster-Widerrufsformular verwenden, das jedoch nicht vorgeschrieben ist.

Sie können das Muster-Widerrufsformular oder eine andere eindeutige Erklärung auch auf unserer Webseite [Internetadresse einfügen] elektronisch ausfüllen und übermitteln. Machen Sie von dieser Möglichkeit Gebrauch, so werden wir Ihnen unverzüglich (z. B. per E-Mail) eine Bestätigung über den Eingang eines solchen Widerrufs übermitteln.

Zur Wahrung der Widerrufsfrist reicht es aus, dass Sie die Mitteilung über die Ausübung des Widerrufsrechts vor Ablauf der Widerrufsfrist absenden.

Folgen des Widerrufs

Wenn Sie diesen Vertrag widerrufen, haben wir Ihnen alle Zahlungen, die wir von Ihnen erhalten haben, einschließlich der Lieferkosten (mit Ausnahme der zusätzlichen Kosten, die sich daraus ergeben, dass Sie eine andere Art der Lieferung als die von uns angebotene, günstigste Standardlieferung gewählt haben), unverzüglich und spätestens binnen 14 Tagen ab dem Tag zurückzuzahlen, an dem die Mitteilung über Ihren Widerruf dieses Vertrags bei uns eingegangen ist. Für diese Rückzahlung verwenden wir dasselbe Zahlungsmittel, das Sie bei der ursprünglichen Transaktion eingesetzt haben, es sei denn, mit Ihnen wurde ausdrücklich etwas anderes vereinbart; in keinem Fall werden Ihnen wegen dieser Rückzahlung Entgelte berechnet.

Haben Sie verlangt, dass die Dienstleistung während der Widerrufsfrist beginnen soll, so haben Sie uns einen angemessenen Betrag zu zahlen, der dem Anteil der bis zu dem Zeitpunkt, zu dem Sie uns von der Ausübung des Widerrufsrechts hinsichtlich dieses Vertrags unterrichten, bereits erbrachten Dienstleistungen im Vergleich zum Gesamtumfang der im Vertrag vorgesehenen Dienstleistungen entspricht.

Das Widerrufsrecht erlischt vorzeitig, wenn wir die Dienstleistung vollständig erbracht haben und mit der Ausführung der Dienstleistung erst begonnen haben, nachdem Sie dazu Ihre ausdrückliche Zustimmung gegeben haben und gleichzeitig Ihre Kenntnis davon bestätigt haben, dass Sie Ihr Widerrufsrecht bei vollständiger Vertragserfüllung durch uns verlieren.

17.4.6 Muster-Widerrufsformular und Online-Widerruf

Weiterhin müssen Sie den Verbraucher über das sogenannte Muster-Widerrufsformular informieren. Dieses Formular ist dafür vorgesehen, dass der Verbraucher damit gegebenenfalls seinen Widerruf erklärt. Es ist also nicht mit der Muster-Widerrufsbelehrung zu verwechseln, die zur Belehrung des Verbrauchers durch den Online-Händler eingesetzt wird. Über den Sinn und die Qualität dieses Musterformulars lässt sich trefflich streiten, aber das Gesetz schreibt verbindlich vor, dass Sie den Verbraucher auf genau dieses Formular hinweisen müssen.

Dies muss zum einen vor Bestellung des Verbrauchers geschehen, das heißt, Sie müssen das Muster in Ihren Online-Shop aufnehmen. Zum anderen müssen Sie es dem Verbraucher auch auf einem dauerhaften Datenträger zur Verfügung stellen, also zum Beispiel mit der Bestätigungs-E-Mail oder den Lieferpapieren.

Sie sollten das Muster-Widerrufsformular unterhalb der Widerrufsbelehrung aufführen, damit der Verbraucher die Widerrufsbelehrung und das Muster-Widerrufsformular zusammen in einem Dokument erhält.

Der Verbraucher ist allerdings nicht verpflichtet, das Muster-Widerrufsformular zu verwenden. Vielmehr reicht eine eindeutige Erklärung für einen Widerruf aus. Dabei muss auch nicht das Wort »Widerruf« fallen. Es reicht zum Beispiel auch die Bezeichnung »Kündigung«, soweit dadurch klar wird, dass der Kunde sich vom Vertrag lösen möchte. Er muss seine Entscheidung nicht begründen. Eine kommentarlose Rücksendung oder eine Annahmeverweigerung genügt jedoch nicht. Selbst wenn der Verbraucher den Widerruf nutzt, um für sich selbst günstigere Vertragsbedingungen auszuhandeln, liegt kein Missbrauch vor (BGH).

Zusätzlich können Sie dem Verbraucher auch anbieten, ein Widerrufsformular auf Ihrer Website auszufüllen. Dies ist – im Gegensatz zur Information über das Muster-Widerrufsformular – jedoch rein freiwillig. Ein solches Online-Formular muss auch nicht denselben Inhalt wie das Muster-Widerrufsformular haben. Erforderlich ist nur, dass es einen eindeutigen Widerruf ermöglicht. Sie können also zum Beispiel auch einfach Ihr Kontaktformular (freies Textfeld) mit einer entsprechenden Betreffzeile »Widerruf« versehen. Falls Sie davon Gebrauch machen, müssen Sie dem Verbraucher den Zugang des Widerrufs auf einem dauerhaften Datenträger (in der Regel per E-Mail) bestätigen.

Muster-Widerrufsformular

(Wenn Sie den Vertrag widerrufen wollen, dann füllen Sie bitte dieses Formular aus und senden Sie es zurück.)

An [hier ist der Name, die Anschrift und gegebenenfalls die Telefaxnummer und E-Mail-Adresse des Unternehmers durch den Unternehmer einzufügen], ab 28.05.2022: [hier ist der Name, die Anschrift und die E-Mail-Adresse des Unternehmers durch den Unternehmer einzufügen]:

Hiermit widerrufe(n) ich/wir (*) den von mir/uns (*) abgeschlossenen Vertrag über den Kauf der folgenden

Waren (*)/die Erbringung der folgenden Dienstleistung (*)

Bestellt am (*)/erhalten am (*)

Name des/der Verbraucher(s)

Anschrift des/der Verbraucher(s)

Unterschrift des/der Verbraucher(s) (nur bei Mitteilung auf Papier)

Datum

(*) Unzutreffendes streichen.

17.4.7 Ausnahmen vom Widerrufsrecht

Einige Waren nimmt das Gesetz vom Widerrufsrecht aus. In diesen Fällen müssen Sie den Verbraucher darüber informieren, dass er seine Willenserklärung nicht widerrufen kann.

Bis zum 12.06.2014 genügte nach der Rechtsprechung des BGH ein allgemeiner Hinweis auf die Ausnahmen vom Widerrufsrecht an zentraler Stelle, zum Beispiel unter der Widerrufsbelehrung (siehe Abbildung 17.11). Das neue Gesetz fordert hingegen seit dem 13.06.2014, dass der Verbraucher darüber informiert werden muss, ob er seine Willenserklärung widerrufen kann oder nicht. Nach diesem neuen Gesetzeswortlaut spricht einiges dafür, dass Sie künftig auf das Nichtbestehen eines Widerrufsrechts konkret, das heißt bezogen auf das jeweilige Produkt, hinweisen müssen. Daher ist es zweifelhaft, ob die bisherige Rechtsprechung zu diesem Hinweis an zentraler Stelle weiterhin anwendbar bleibt.

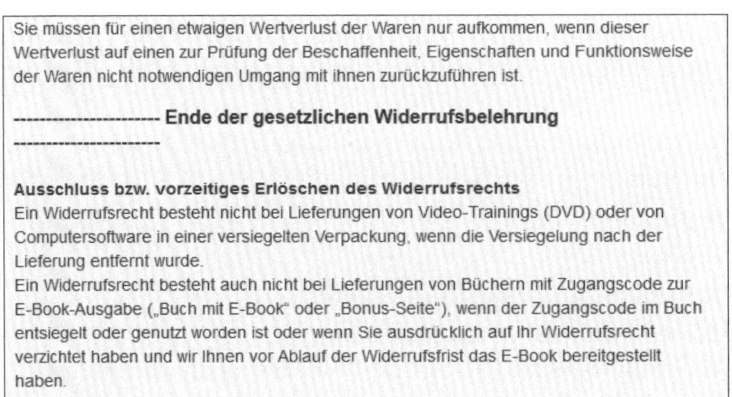

Sie müssen für einen etwaigen Wertverlust der Waren nur aufkommen, wenn dieser Wertverlust auf einen zur Prüfung der Beschaffenheit, Eigenschaften und Funktionsweise der Waren nicht notwendigen Umgang mit ihnen zurückzuführen ist.

---------------------- Ende der gesetzlichen Widerrufsbelehrung ----------------------

Ausschluss bzw. vorzeitiges Erlöschen des Widerrufsrechts
Ein Widerrufsrecht besteht nicht bei Lieferungen von Video-Trainings (DVD) oder von Computersoftware in einer versiegelten Verpackung, wenn die Versiegelung nach der Lieferung entfernt wurde.
Ein Widerrufsrecht besteht auch nicht bei Lieferungen von Büchern mit Zugangscode zur E-Book-Ausgabe („Buch mit E-Book“ oder „Bonus-Seite“), wenn der Zugangscode im Buch entsiegelt oder genutzt worden ist oder wenn Sie ausdrücklich auf Ihr Widerrufsrecht verzichtet haben und wir Ihnen vor Ablauf der Widerrufsfrist das E-Book bereitgestellt haben.

Abbildung 17.11 Hinweis auf die Ausnahmen vom Widerrufsrecht unterhalb der Widerrufsbelehrung

Wenn Sie auf Nummer sicher gehen wollen, weisen Sie jeweils bei den ausgenommenen Produkten darauf hin, dass diese nicht retourniert werden können.

Wer mutig ist, kann sich auf die bisherige BGH-Rechtsprechung berufen und allgemein und an zentraler Stelle über die Ausnahmen vom Widerrufsrecht informieren. Ein solcher Hinweis ist jedoch nicht Bestandteil der eigentlichen Widerrufsbelehrung. Sie sollten ihn also an den Anfang oder ans Ende der Belehrung setzen, auch um die Privilegierung des Musters nicht zu gefährden.

Muster: Hinweis auf das Nichtbestehen des Widerrufsrechts

Das Widerrufsrecht besteht unter anderem nicht bei Fernabsatzverträgen:

- zur Lieferung von Waren, die nicht vorgefertigt sind und für deren Herstellung eine individuelle Auswahl oder Bestimmung durch den Verbraucher maßgeblich ist oder die eindeutig auf die persönlichen Bedürfnisse des Verbrauchers zugeschnitten sind
- zur Lieferung von Waren, die schnell verderben können oder deren Verfallsdatum schnell überschritten würde
- zur Lieferung versiegelter Waren, die aus Gründen des Gesundheitsschutzes oder der Hygiene nicht zur Rückgabe geeignet sind, wenn ihre Versiegelung nach der Lieferung entfernt wurde
- zur Lieferung von Waren, wenn diese nach der Lieferung aufgrund ihrer Beschaffenheit untrennbar mit anderen Gütern vermischt wurden
- zur Lieferung von Ton- oder Videoaufnahmen oder Computersoftware in einer versiegelten Packung, wenn die Versiegelung nach der Lieferung entfernt wurde
- zur Lieferung von Zeitungen, Zeitschriften oder Illustrierten mit Ausnahme von Abonnement-Verträgen
- zur Lieferung von Waren, deren Preis von Schwankungen auf dem Finanzmarkt abhängt
- zur Lieferung alkoholischer Getränke, deren Preis bei Vertragsschluss vereinbart wurde, die aber frühestens 30 Tage nach Vertragsschluss geliefert werden können und deren aktueller Wert von Schwankungen auf dem Markt abhängt, auf die der Unternehmer keinen Einfluss hat

Nach der Rechtsprechung des EuGH sind Ausnahmen von Verbraucherschutzvorschriften eng auszulegen. Im Zweifel sollten Sie also davon ausgehen, dass die Rückgabe nicht ausgeschlossen werden kann.

Dies gilt insbesondere mit Blick auf die Ausnahme *»zur Lieferung von Waren, die nicht vorgefertigt sind und für deren Herstellung eine individuelle Auswahl oder Bestimmung durch den Verbraucher maßgeblich ist«* oder *»die eindeutig auf die persönlichen Bedürfnisse des Verbrauchers zugeschnitten sind«*. Nach der Rechtsprechung kommt es bei solchen Produkten, wie zum Beispiel bei selbst konfigurierten Notebooks, Fototassen und dergleichen, auf den Grad der Individualisierung an. Je mehr ein Produkt von den üblichen Spezifikationen abweicht, desto größer wird die Wahrscheinlichkeit, dass sich die übrigen Kunden des Händlers nicht mehr für dieses konkrete Produkt interessieren.

Ist es für Sie als Händler jedoch möglich, die Bestandteile der Ware ohne Verletzung des Gegenstandes selbst wieder in den ursprünglichen Zustand zurückzuversetzen und beträgt der Arbeitsaufwand dabei wertmäßig weniger als 5 % des Warenwertes (im entschiedenen Fall ging es um Notebooks), nehmen die Gerichte an, dass es Ihnen wirtschaftlich zumutbar ist und damit ein Widerrufsrecht besteht. Ist ein solches Auseinanderbauen der Ware nicht möglich, prüfen die Gerichte, ob Sie die Ware nur mit unverhältnismäßigem Aufwand weiterverkaufen können. Ist dies nicht der Fall, besteht ebenfalls ein Widerrufsrecht. In der Praxis ist es natürlich schwierig zu entscheiden, wann ein Aufwand unverhältnismäßig ist, etwa wenn es um ein speziell angefertigtes Möbelstück geht. Hier muss jeweils der konkrete Einzelfall betrachtet werden.

Konkrete Beispiele aus der Rechtsprechung zu Fällen, in denen keine Ausnahme vom Widerrufsrecht besteht:

- Beim Angebot von Notebooks kann nicht allein durch die Individualisierbarkeit mit zahlreichen Dropdown-Boxen ein Widerrufsrecht ausgeschlossen werden.
- Keine entsiegelten Datenträger sind CDs, bei denen die Cellophanfolie oder ein Tesafilmstreifen entfernt wurden.
- Keine schnell verderblichen Waren sind Cognac oder wurzelnackte Bäume.
- Nasen-Stents, Matratzen, Unterwäsche, Bademoden, WC-Sitze und Kontaktlinsen, bei denen lediglich die Umverpackung geöffnet wurde, sind zur Rücksendung geeignet; Erotikspielzeug ist vom Widerrufsrecht jedoch ausgeschlossen (OLG Hamm; Gesundheitsschutz und Hygieneartikel).

17.4.8 Erlöschen bei Dienstleistungen

Wenn Sie Dienstleistungen erbringen, kann das Widerrufsrecht durch bestimmte Handlungen des Verbrauchers vorzeitig erlöschen. In einem solchen Fall müssen Sie ihn über die Umstände aufklären, unter denen er ein zunächst bestehendes Widerrufsrecht verliert. Unter den Voraussetzungen des § 356 Abs. 4 BGB ist es möglich, dass das Widerrufrecht vorzeitig erlischt, wenn Sie als Unternehmer Dienstleistungen erbringen:

1. Sie haben die Dienstleistung vollständig erbracht,
2. Sie haben mit der Ausführung erst begonnen, nachdem der Verbraucher dazu seine ausdrückliche Zustimmung gegeben hat und
3. dieser gleichzeitig seine Kenntnis davon bestätigt hat, dass er sein Widerrufsrecht bei vollständiger Vertragserfüllung verliert.

Ab 28.05.2022 ist es gemäß § 356 Abs. 4 BGB unter nachfolgenden Voraussetzungen möglich, dass das Widerrufsrecht vorzeitig erlischt:

1. »Bei einem Vertrag, der den Verbraucher nicht zur Zahlung eines Preises verpflichtet, erlischt das Widerrufsrecht, wenn der Unternehmer die Dienstleistung vollständig erbracht hat.
2. Bei einem Vertrag, der den Verbraucher zur Zahlung eines Preises verpflichtet, erlischt das Widerrufsrecht mit der vollständigen Erbringung der Dienstleistung, wenn der Verbraucher vor Beginn der Erbringung
   a) ausdrücklich zugestimmt hat, dass der Unternehmer mit der Erbringung der Dienstleistung vor Ablauf der Widerrufsfrist beginnt,
   b) bei einem außerhalb von Geschäftsräumen geschlossenen Vertrag die Zustimmung nach Buchstabe a auf einem dauerhaften Datenträger übermittelt hat und
   c) seine Kenntnis davon bestätigt hat, dass sein Widerrufsrecht mit vollständiger Vertragserfüllung durch den Unternehmer erlischt.
3. Bei einem Vertrag, bei dem der Verbraucher den Unternehmer ausdrücklich aufgefordert hat, ihn aufzusuchen, um Reparaturarbeiten auszuführen, erlischt das Widerrufsrecht mit der vollständigen Erbringung der Dienstleistung, wenn der Verbraucher die in Nummer 2 Buchstabe a und b genannten Voraussetzungen erfüllt hat.«

   Voraussetzung des Erlöschens bei Dienstleistungen ist also unter anderem, dass Sie den Verbraucher über diese Rechtsfolge aufklären und sein ausdrückliches Einverständnis einholen. Dies kann durch folgenden Text geschehen, der mit einer nicht vorangekreuzten Tick-Box (Opt-in) im Bestellablauf zu platzieren ist.

Muster: Einverständnis zum Erlöschen des Widerrufsrechts bei Dienstleistungen

[ ] Ich bin einverstanden und verlange ausdrücklich, dass Sie vor Ende der Widerrufsfrist mit der Ausführung der beauftragten Dienstleistung beginnen (Hinweis zum Wertersatz <Link auf Widerrufsbelehrung>). Mir ist bekannt, dass ich bei vollständiger Vertragserfüllung durch Sie mein Widerrufsrecht verliere.

17.4.9 Erlöschen bei digitalen Inhalten

Auch bei Verträgen über digitale Inhalte, also nicht auf einem körperlichen Datenträger befindliche Inhalte, wie zum Beispiel heruntergeladene Apps oder E-Books, kann das Widerrufsrecht vorzeitig erlöschen, wenn Sie mit der Ausführung des Vertrags begonnen haben, nachdem der Verbraucher

1. ausdrücklich zugestimmt hat, dass Sie mit der Ausführung des Vertrags vor Ablauf der Widerrufsfrist beginnen, und er
2. seine Kenntnis davon bestätigt hat, dass er durch seine Zustimmung zur Ausführung sein Widerrufsrecht verliert.

Erlischt das Widerrufsrecht des Verbrauchers vorzeitig, müssen Sie ihn hierüber auch wieder informieren.

Ab 28.05.2022 erlischt das Widerrufsrecht bei Verträgen über die Bereitstellung von nicht auf einem körperlichen Datenträger befindlichen digitalen Inhalten gem. § 356 Abs. 5 BGB auch unter folgenden Voraussetzungen:

1. »bei einem Vertrag, der den Verbraucher nicht zur Zahlung eines Preises verpflichtet, wenn der Unternehmer mit der Vertragserfüllung begonnen hat,
2. bei einem Vertrag, der den Verbraucher zur Zahlung eines Preises verpflichtet, wenn
   a) der Verbraucher ausdrücklich zugestimmt hat, dass der Unternehmer mit der Vertragserfüllung vor Ablauf der Widerrufsfrist beginnt,
   b) der Verbraucher seine Kenntnis davon bestätigt hat, dass durch seine Zustimmung nach Buchstabe a) mit Beginn der Vertragserfüllung sein Widerrufsrecht erlischt, und
   c) der Unternehmer dem Verbraucher eine Bestätigung gemäß § 312f zur Verfügung gestellt hat.«

Wichtig ist jedoch, dass die Zustimmung zum Erlöschen des Widerrufsrechts nicht mit der Vertragserklärung zusammenfallen darf. Hierfür bedarf es zwei separater Erklärungen.

Muster: Einverständnis zum Erlöschen des Widerrufsrechts bei digitalen Inhalten

[ ] Ich stimme ausdrücklich zu, dass Sie vor Ablauf der Widerrufsfrist mit der Ausführung des Vertrags beginnen. Mir ist bekannt, dass ich durch diese Zustimmung mit Beginn des Downloads mein Widerrufsrecht verliere.

17.4.10 Wertersatz

Falls der Verbraucher während der Widerrufsfrist einen Wertverlust verursacht, steht Ihnen in einigen Fällen ein Anspruch auf Wertersatz zu. Dabei ist allerdings zu beachten, dass der Kunde die Ware grundsätzlich ausprobieren darf, ohne dass er dafür Wertersatz leisten muss, und dass Sie als Händler die Voraussetzungen seines Wertersatzanspruchs (Verursachung durch den Kunden während der Widerrufsfrist in der geforderten Höhe) beweisen müssen. Dies stellt sich in der Praxis häufig als schwierig heraus, weshalb vielfach trotz einer verschlechterten Ware der volle Kaufpreis zurückerstattet werden muss.

17.4.11 Wertersatz bei Waren

Nach § 357 Abs. 7 BGB (ab 28.05.2022: § 357a Abs. 1 BGB) steht dem Händler unter zwei Voraussetzungen ein Anspruch auf Wertersatz zu:

1. Der Wertverlust muss auf einen Umgang mit der Ware zurückzuführen sein, der zur Prüfung der Beschaffenheit, der Eigenschaften und der Funktionsweise der Ware nicht notwendig war, und
2. Sie müssen den Verbraucher gemäß Art. 246a § 1 Abs. 2 S. 1 Nr. 1 EGBGB über sein Widerrufsrecht belehrt haben.

Wie weit das Prüfungsrecht des Kunden gehen kann, zeigt der sogenannte »Wasserbettenfall«: Dabei hatte ein Verbraucher online ein Wasserbett gekauft und nach der Lieferung mit Wasser befüllt. Anschließend widerrief er den Vertrag. Der Händler erstattete aber nur den Preis der Heizung und führte an, er könne das Bett nicht mehr verkaufen, da sich das Wasser nicht mehr vollständig entfernen ließe. Der BGH urteilte, dass das Befüllen des Wasserbettes vom Prüfungsrecht des Kunden umfasst sei und er dafür keinen Wertersatz zu leisten brauche. Eine Prüfung schließe in einigen Fällen eben auch ein, dass man die Ware ausprobieren dürfe, und ein Wasserbett könne nur durch Befüllen und Probeschlafen ausprobiert werden. Eine Verschlechterung der Sache sei in diesem Fall das Risiko des Verkäufers. Dieses Urteil macht deutlich, wie weit die Rechtsprechung hier das Recht zugunsten des Verbraucherschutzes auslegt.

Weitere Fälle aus der Rechtsprechung, die den Umfang des Prüfungsrechts verdeutlichen:

- Wenn der Verbraucher einen Katalysator in sein Auto einbaut und eine Probefahrt durchführt, schuldet er dem Unternehmer Wertersatz. Das entschied der BGH, die Vorinstanz (LG Berlin) urteilte noch anders.
- Ein Verbraucher darf auf einer Matratze zwei Nächte probeschlafen, ohne dafür Wertersatz leisten zu müssen.
- Zudem besteht ein Anspruch auf Wertersatz, wenn der Verbraucher einen Rasierer über zwei Wochen benutzt. Dieser Anspruch kann 100 % des Kaufpreises betragen.

17.4.12 Wertersatz bei Dienstleistungen

Wenn der Verbraucher eine Dienstleistung bestellt und Sie beginnen noch innerhalb der 14-tägigen Widerrufsfrist mit der Ausführung, hat er bei einem späteren Widerruf schon Leistungen von Ihnen erhalten. Sie sollen für diese bereits erbrachten Leistungen auch dann entlohnt werden, wenn der Vertrag wegen des Widerrufs nicht vollständig durchgeführt wird. In diesen Fällen schuldet der Verbraucher Ihnen daher Wertersatz für die bis zum Widerruf erbrachte Dienstleistung unter zwei Voraussetzungen (§ 357 Abs. 8 BGB):

1. Der Verbraucher hat von Ihnen ausdrücklich verlangt, dass Sie mit der Erbringung vor Ablauf der Widerrufsfrist beginnen, und
2. Sie haben den Verbraucher gemäß Art. 246a § 1 Abs. 2 S. 1 Nr. 1 und 3 EGBGB ordnungsgemäß belehrt.

Ab 28.05.2022 gilt gemäß § 357a Abs. 2 BGB, dass der Verbraucher Wertersatz für die bis zum Widerruf erbrachten Dienstleistungen zu leisten hat, für die der Vertrag die Zahlung eines Preises vorsieht, oder die bis zum Widerruf erfolgte Lieferung von Wasser, Gas oder Strom in nicht bestimmten Mengen oder nicht begrenztem Volumen oder von Fernwärme, wenn

- »der Verbraucher von dem Unternehmer ausdrücklich verlangt hat, dass mit der Leistung vor Ablauf der Widerrufsfrist begonnen werden soll«,
- »der Unternehmer den Verbraucher nach Artikel 246a § 1 Absatz 2 Satz 1 Nummer 1 und 3 des Einführungsgesetzes zum Bürgerlichen Gesetzbuche ordnungsgemäß informiert hat.«

Sie müssen den Verbraucher also über diese Rechtsfolge informieren und wieder seine Zustimmung einholen. Die Zustimmung kann im Bestellablauf mittels einer nicht vorangekreuzten Tick-Box eingeholt werden. Der Hinweis auf die Wertersatzpflicht ist Bestandteil der Muster-Widerrufsbelehrung, wenn sie richtig ausgefüllt wird (Gestaltungshinweis 6). Fehlt ein entsprechender Hinweis und Sie erbringen die Dienstleistung, obwohl das Widerrufsrecht noch nicht erloschen ist, können Sie von Ihrem Kunden keine Vergütung für den Zeitraum bis zum Widerruf verlangen. Die Wertersatzpflicht darf nicht höher ausfallen als das eigentlich vereinbarte Entgelt. Wenn eine Dienstleistung über einen bestimmten Zeitraum zu erbringen ist, ist der Wertersatz grundsätzlich zeitbezogen zu berechnen. Es ist jedoch auch möglich, einzelne Leistungen zu berechnen, wenn sie einen eigenen Wert haben. Solche Leistungen können einen Wertersatz rechtfertigen, der höher als ein zeitbezogener ausfällt (EuGH, BGH).

Muster: Wertersatzhinweis bei Dienstleistungen (in der Widerrufsbelehrung)

Haben Sie verlangt, dass die Dienstleistung oder Lieferung von Wasser/Gas/Strom/Fernwärme [Unzutreffendes streichen] während der Widerrufsfrist beginnen soll, so haben Sie uns einen angemessenen Betrag zu zahlen, der dem Anteil der bis zu dem

Zeitpunkt, zu dem Sie uns von der Ausübung des Widerrufsrechts hinsichtlich dieses Vertrags unterrichten, bereits erbrachten Dienstleistungen im Vergleich zum Gesamtumfang der im Vertrag vorgesehenen Dienstleistungen entspricht.

17.4.13 Wertersatz bei digitalen Inhalten

Wenn der Verbraucher einen Vertrag über nicht auf einem körperlichen Datenträger gespeicherte digitale Inhalte (Downloads) widerruft, muss er gemäß § 357 Abs. 9 BGB (ab 28.05.2022: § 357a Abs. 3 BGB) keinen Wertersatz leisten. Ein solcher Anspruch ist aber auch nicht notwendig, da Sie in diesem Fall das Widerrufsrecht zum vorzeitigen Erlöschen bringen können (siehe Abschnitt 17.4.9, »Erlöschen bei digitalen Inhalten«). Vergessen Sie allerdings, die ausdrückliche Zustimmung des Verbrauchers zum Erlöschen einzuholen, muss er den Download nicht bezahlen und auch keinen Wertersatz leisten.

17.4.14 Rückabwicklung nach dem Widerruf

Hat der Verbraucher seine Willenserklärung widerrufen, beträgt die Frist, innerhalb deren er die Ware an Sie zurücksenden muss, 14 Tage. Die Rückgabefrist beginnt mit der Absendung des Widerrufes.

Ab Zugang des Widerrufs bei Ihnen haben Sie im Gegenzug 14 Tage Zeit, dem Verbraucher seine geleisteten Zahlungen zu erstatten. Dabei steht Ihnen ein Zurückbehaltungsrecht zu, das heißt, Sie können die Rückerstattung so lange verweigern, bis Sie die Ware vom Verbraucher erhalten haben. Auch das ist eine Verbesserung aus Händlersicht seit dem 13.06.2014. Alternativ zur tatsächlichen Ankunft der Ware bei Ihnen kann der Verbraucher auch den Nachweis erbringen, dass er die Ware zurückgesendet hat. Dies wird jedoch selten gelingen, da ein Einlieferbeleg allein nicht beweist, was für ein Produkt zurückgesendet wurde, sondern nur, dass irgendein Paket zurückgesendet wurde. Will der Verbraucher den Nachweis führen (was nur im Fall eines Transportverlustes relevant werden wird), müsste er zusätzlich zum Beispiel einen Zeugen benennen, der ihn bei der Rückgabe des Pakets (vom Einpacken bis zur Abgabe bei der Post) lückenlos begleitet hat.

17.4.15 Hin- und Rücksendekosten

Die ursprünglichen Versandkosten (sogenannte *Hinsendekosten*) sind im Fall des Widerrufs vom Händler zu erstatten. Kauft der Verbraucher also ein Gartenhaus für 700 € und zahlt Speditionskosten in Höhe von 80 €, müssen Sie im Widerrufsfall nicht 700 €, sondern 780 € rückerstatten, auch dann, wenn Sie die Speditionskosten nur durchgereicht haben. Dabei spielt es keine Rolle, ob der Verbraucher aus dem In- oder Ausland bestellt hat. Allerdings müssen Sie die Hinsendekosten nur in der Höhe erstatten, die die günstigste in Ihrem Shop angebotene Standardlieferung verursacht hätte. Zuschläge für Expressversand oder sonstige teurere Versandarten müssen Sie nicht übernehmen.

Zu Ihrem Vorteil als Händler sind jedoch die Rücksendekosten geregelt. Während diese nach deutschem Recht bis zum 12.06.2014 bei Produkten über 40 € stets vom Händler zu tragen waren und es kompliziert war, diese bei geringeren Warenwerten dem Kunden aufzuerlegen, werden diese seit dem 13.06.2014 vom Kunden getragen, wenn Sie ihn darüber informiert haben. Eine entsprechende Information ist in der Muster-Widerrufsbelehrung enthalten. Gleichwohl raten wir dazu, unfreie Retouren trotzdem anzunehmen, da Sie als Händler die sogenannte Transportgefahr auch für den Rückversand tragen. Geht also ein solches unfreies Paket verloren, weil Sie es nicht annehmen, müssen Sie dennoch den Kaufpreis rückerstatten. Sinnvoller ist es, wenn Sie in solchen Fällen das Paket annehmen und dem Kunden das »Strafporto« vom Kaufpreis abziehen. Wirtschaftlich macht es unter Umständen sogar Sinn, wenn Sie weiterhin (wie nach altem Recht) die Rücksendekosten übernehmen, da Sie sich so im Wettbewerb positiv abheben können (siehe Abbildung 17.12) und eher erfahren, wenn Ihre Kunden mit Ihren Produkten nicht zufrieden sind.

Abbildung 17.12 Werbung mit kostenlosem Rückversand

So erreichen Sie eine bessere Kundenbindung und ein besseres Sortiment, zumal die Portokosten im Verhältnis zur Eingangskontrolle und Wiederaufbereitung für den Neuversand nur einen verhältnismäßig geringen Anteil der Retourenkosten ausmachen. Übernehmen Sie freiwillig die Rücksendekosten, können Sie dies auch (anders als früher) werblich herausstellen.

Für die Rückerstattung bestimmt schließlich § 357 Abs. 3 BGB, dass diese mit demselben Zahlungsmittel zu erfolgen hat, das der Verbraucher bei seiner Zahlung verwendet hat. Zahlt zum Beispiel ein Kunde mit PayPal, muss er keine Überweisung auf sein Girokonto akzeptieren. Wenn Sie davon abweichen möchten, müssen Sie mit dem Verbraucher ausdrücklich etwas anderes vereinbaren, und ihm dürfen dadurch keine zusätzlichen Kosten entstehen.

17.4.16 Häufige Fehler beim Widerrufsrecht

Im Zusammenhang mit der Prüfung von Online-Shops fallen uns beim Thema Widerrufsrecht häufig folgende Fehler auf:

- Die Formulierungen zum Widerrufsrecht müssen gleich lauten. Es dürfen keine Widersprüche bestehen. Häufig finden sich unterschiedliche Formulierungen in AGB, FAQ und E-Mails. Dies kann zur Irreführung von Verbrauchern führen, sodass die Widerrufsbelehrung insgesamt als nicht ordnungsgemäß anzusehen ist (BGH).
- Sie dürfen die Ausnahmen, bei denen das Widerrufsrecht nicht besteht, nicht beliebig erweitern.
- Wenn das Widerrufsrecht nur Verbrauchern zustehen soll, müssen Sie hierauf ausdrücklich über der Widerrufsbelehrung hinweisen.
- Die Rücksendung benutzter oder nicht original verpackter Ware darf nicht ausgeschlossen werden. In solchen Fällen können Sie unter Umständen Wertersatz verlangen. Das gilt allerdings nicht, wenn lediglich die Originalverpackung geöffnet wurde, da der Verbraucher die Möglichkeit haben muss, die Ware zu überprüfen.
- Der Verbraucher kann sein Widerrufsrecht auch schon vor Erhalt der Ware ausüben und muss nicht warten, bis das Paket angekommen ist.
- Die Bitte, die Originalverpackung oder einen beiliegenden Rücksendeschein zu verwenden, ist nur zulässig, wenn Sie ausdrücklich klarstellen, dass es sich dabei nicht um eine Pflicht des Verbrauchers handelt.

17.4.17 Checkliste für das Widerrufsrecht

Zum Widerrufsrecht sollten Sie folgende Punkte beachten, um Fehler zu vermeiden:

- klare Trennung zwischen B2B und B2C (empfohlen)
- klare und verständliche Information über das Widerrufsrecht (inklusive Bedingungen, Fristen und Verfahren für die Ausübung sowie das Muster-Widerrufsformular) auf der Website
- Information über das Widerrufsrecht vor Abgabe der Bestellung auf der Bestellseite inklusive »sprechender« Verlinkung auf die ausführliche Belehrung
- Verwendung der aktuellen gesetzlichen Musterbelehrung (empfohlen)
- Widerrufsbelehrung nicht als Grafik; keine kleinen Scrollboxen verwenden (mindestens sechs Zeilen)
- gegebenenfalls Hinweis auf das Nichtbestehen bzw. Erlöschen inklusive erforderlicher Zustimmung des Kunden (Opt-in)
- keine Beschränkung des Widerrufsrechts auf originalverpackte oder unbenutzte Ware
- keine Abwälzung der Transportgefahr auf den Verbraucher

17.5 Pflichten im elektronischen Geschäftsverkehr

Zusätzlich zu den Informationspflichten im Fernabsatz bestehen für Verträge im elektronischen Geschäftsverkehr nach § 312i Abs. 1 BGB weitere allgemeine Pflichten, die Sie sowohl gegenüber gewerblichen Kunden als auch gegenüber Verbrauchern erfüllen müssen. Danach haben Sie dem Kunden

1. »angemessene, wirksame und zugängliche technische Mittel zur Verfügung zu stellen, mit deren Hilfe der Kunde Eingabefehler vor Abgabe seiner Bestellung erkennen und korrigieren kann,
2. die in Art. 246c EGBGB bestimmten Informationen rechtzeitig vor Abgabe von dessen Bestellung klar und verständlich mitzuteilen,
3. den Zugang von dessen Bestellung unverzüglich auf elektronischem Wege zu bestätigen und
4. die Möglichkeit zu verschaffen, die Vertragsbestimmungen einschließlich der allgemeinen Geschäftsbedingungen bei Vertragsschluss abzurufen und in wiedergabefähiger Form zu speichern.«

Die gängigen Shop-Systeme und Plattformen genügen meist den technischen Anforderungen der Nummern 1, 3 und 4. Dennoch sollten Sie sich nicht darauf verlassen, sondern es selbst noch einmal prüfen. Für die Erteilung der Informationen nach Nummer 2 sind Sie jedoch selbst verantwortlich.

17.5.1 Korrekturmöglichkeiten

Für den Kunden muss es auf der Bestellseite möglich sein, Eingabefehler erkennen und berichtigen zu können. Dazu sind Kontrollseiten bei Shop-Systemen üblich oder bei einfachen Bestellformularen die Möglichkeit, Eingabefelder zu löschen. Insbesondere Verbraucherzentralen legen besonderen Wert darauf, dass der mit dem Computer nicht vertraute Nutzer seine Fehler und deren Korrekturmöglichkeit auch einfach erkennen kann. Bereits mehrfach haben daher Gerichte entschieden, dass es sich bei der Erkennbarkeit durch Hinweise wie »Eingaben korrigieren« um eine wichtige Pflicht handelt (siehe Abbildung 17.13).

Abbildung 17.13 Korrekturmöglichkeit im Bestellformular

17.5.2 Spezielle Informationspflichten im elektronischen Geschäftsverkehr

Über folgende in Art. 246c EGBGB genannten Informationen im elektronischen Geschäftsverkehr müssen Sie den Kunden rechtzeitig vor Abgabe seiner Bestellung, also spätestens auf der Bestellseite, unterrichten:

1. über die einzelnen technischen Schritte, die zu einem Vertragsschluss führen
2. darüber, ob der Vertragstext nach dem Vertragsschluss von dem Unternehmer gespeichert wird und ob er dem Kunden zugänglich ist
3. darüber, wie er mit den nach § 312i Abs. 1 Satz 1 Nr. 1 des Bürgerlichen Gesetzbuchs zur Verfügung gestellten technischen Mitteln Eingabefehler vor Abgabe der Vertragserklärung erkennen und berichtigen kann
4. über die für den Vertragsschluss zur Verfügung stehenden Sprachen und
5. über sämtliche einschlägigen Verhaltenskodizes, denen sich der Unternehmer unterwirft, sowie über die Möglichkeit eines elektronischen Zugangs zu diesen Regelwerken.

Information über die technischen Schritte, die zum Vertragsschluss führen

Gemäß Art. 246c Nr. 1 EGBGB ist es erforderlich, dass Sie den Kunden darüber informieren, durch welche technischen Schritte der Vertrag geschlossen wird (siehe Abbildung 17.14). Der Kunde muss wissen, wie die Angebotsabgabe und -annahme erfolgen.

3. Vertragsschluss

3.1 Die Darstellung der Produkte im Online-Shop stellt kein rechtlich bindendes Angebot, sondern einen unverbindlichen Online-Katalog dar. Durch Anklicken des Bestellbuttons geben Sie eine verbindliche Bestellung der im Warenkorb enthaltenen Produkte ab. Die Bestätigung des Eingangs der Bestellung erfolgt zusammen mit der Annahme der Bestellung unmittelbar nach dem Absenden durch eine automatisierte E-Mail. Mit dieser E-Mail-Bestätigung ist der Vertrag zustande gekommen.

3.2 Ein bindender Vertrag kann auch bereits zuvor wie folgt zustande kommen:

- Wenn Sie Kreditkartenzahlung gewählt haben, kommt der Vertrag zum Zeitpunkt der Kreditkartenbelastung mit Abschluss der Bestellung zustande.

- Wenn Sie die Zahlungsart PayPal gewählt haben, kommt der Vertrag zum Zeitpunkt Ihrer Bestätigung der Zahlungsanweisung an PayPal zustande.

Abbildung 17.14 Regelung des Vertragsschlusses in den AGB

Dabei stehen Ihnen unterschiedliche Möglichkeiten zur Verfügung:

- Das Warenangebot im Online-Shop ist unverbindlich, und der Kunde gibt mit seiner Bestellung ein verbindliches Kaufangebot ab. Dieses Angebot wird nicht mit der Eingangsbestätigung der Bestellung angenommen, sondern erst manuell mit einer zweiten E-Mail oder mit der Lieferung der Ware innerhalb kurzer Zeit. Hierbei ist erforderlich, dass Sie eine Frist nennen, innerhalb deren Sie den Vertrag annehmen und die unserer Ansicht nach grundsätzlich maximal zwei Tage betragen darf. Außerdem dürfen Sie bei dieser Art des Vertragsschlusses keine Sofort-Zahlungsarten (PayPal Express, Sofortüberweisung etc.) anbieten.

- Das Warenangebot im Online-Shop ist unverbindlich, und der Kunde gibt mit seiner Bestellung ein verbindliches Kaufangebot ab. Dieses Angebot wird mit der ersten Bestätigungs-E-Mail angenommen. Bei einem Vertragsschluss auf diese Weise können Sie direkt in der Auftragsbestätigung zur Zahlung auffordern bzw. direkt die Zahlung auslösen.
- Das Warenangebot ist ein verbindliches Kaufangebot, das durch die Bestellung bzw. das Höchstgebot des Kunden angenommen wird. Mit Ihrer Bestätigungs-E-Mail, die in diesem Fall auch als Rechnung formuliert werden kann, bestätigen Sie dann den bereits geschlossenen Vertrag. So ist zum Beispiel der Ablauf bei eBay.

Besonderheiten bei eBay

Obwohl eBay die Kunden im Bestellablauf mittlerweile sehr gut über den Ablauf des Vertragsschlusses (zum Beispiel die rechtliche Wirkung des Buttons SOFORT KAUFEN) informiert, gehen viele Gerichte immer noch davon aus, dass der Händler zusätzlich selbst noch einmal über diesen Ablauf informieren muss. Dies ist unseres Erachtens angesichts der neuen Texte, die es unter der früheren Rechtsprechung noch nicht gab, nicht mehr haltbar. Wenn Sie jedoch kein Risiko eingehen wollen, sollten Sie einen entsprechenden Informationstext in Ihre Artikelseite mit aufnehmen. Hierbei müssen Sie sich an die Vorgaben von eBay halten, um nicht gegen die Nutzungsbedingungen von eBay zu verstoßen, das heißt, ein Vertrag kommt – anders als in den meisten Online-Shops – bereits mit Klick auf den Button SOFORT KAUFEN bzw. Höchstgebot und Zeitablauf zustande und nicht erst, wenn Sie die Bestellung des Kunden annehmen.

Bei allen Möglichkeiten zum Vertragsschluss müssen Sie ebenfalls darauf achten, dass die Informationen dazu auf der Bestellseite, in den AGB und in der E-Mail-Bestätigung übereinstimmen und keine Widersprüche enthalten. Solche Widersprüche sind sehr weit verbreitet und häufig der Grund für Abmahnungen in Online-Shops oder bei Verkäufen über Handelsplattformen.

Muster: Informationen zum Bestellablauf

Wenn Sie das gewünschte Produkt gefunden haben, können Sie dieses unverbindlich durch Anklicken des Buttons [in den Warenkorb] in den Warenkorb legen. Den Inhalt des Warenkorbes können Sie jederzeit durch Anklicken des Buttons [Warenkorb] unverbindlich ansehen. Die Produkte können Sie jederzeit durch Anklicken des Buttons [Löschen] wieder aus dem Warenkorb entfernen. Wenn Sie die Produkte im Warenkorb kaufen wollen, klicken Sie den Button [zur Kasse].

Durch Anklicken des Buttons [Kaufen/zahlungspflichtig bestellen] geben Sie eine verbindliche Bestellung der oben aufgelisteten Waren ab. Die Auftragsbestätigung erhalten Sie per E-Mail unmittelbar nach dem Absenden der Bestellung. Damit ist der Kaufvertrag geschlossen.

oder

Mit Einstellung der Produkte in den Online-Shop geben wir ein verbindliches Angebot zum Vertragsschluss über diese Artikel ab. Der Vertrag kommt zustande, indem Sie durch Anklicken des Buttons [Kaufen/zahlungspflichtig bestellen] das Angebot über die im Warenkorb enthaltenen Waren annehmen. Unmittelbar nach dem Absenden der Bestellung erhalten Sie noch einmal eine Bestätigung und Rechnung per E-Mail.

Wenn der Vertrag erst mit Lieferung zustande kommen soll, dürfen Sie keine Sofort-Zahlungsarten anbieten oder zur Zahlung per Vorkasse auffordern. Dies wäre dahingehend zu verstehen, dass bereits ein Vertrag zustande gekommen ist. Denn warum sollte ein Kunde zahlen müssen, wenn er mangels Vertrag noch gar keinen Anspruch auf Lieferung hat?

Speicherung und Zugänglichkeit des Vertragstextes

Sie sind als Online-Händler nicht verpflichtet, den Vertragstext zu speichern. Sie müssen aber darüber informieren, ob Sie das tun. Falls Sie ihn speichern, können Sie ihn für die Kunden zugänglich machen oder nicht. Auch hierzu besteht keine Pflicht, sondern nur, darüber zu informieren, ob Sie das tun (siehe Abbildung 17.15).

4.1 Wir speichern den Vertragstext und senden Ihnen die Bestelldaten und die AGB per E-Mail zu. Ihre vergangenen Bestellungen können Sie jederzeit auch unter shop.trustedshops.com im Bereich „Mein Konto" einsehen, wenn Sie sich als Kunde registriert und sich über die Website mit Ihren Zugangsdaten angemeldet haben.

Abbildung 17.15 Hinweis auf die Speicherung des Vertragstextes in den AGB

Wenn Sie auf die Abrufbarkeit Ihrer AGB über die Webseite hinweisen, reicht das nicht aus. Diese könnten einfach geändert werden, und dann würde es sich nicht mehr um diejenigen AGB handeln, die Bestandteil des Vertrags geworden sind. Eine Speicherung des Vertragstextes liegt bereits dann vor, wenn Sie die unverzüglich nach Vertragsschluss gesendete Bestellbestätigungs-E-Mail speichern. Ist in Ihrem Online-Shop keine Registrierung möglich oder werden die Daten einer Bestellung nicht im Login-Bereich für den Kunden einsehbar gespeichert, ist der Vertragstext für den Kunden nach der Bestellung auch nicht mehr zugänglich. Falls aber die Bestelldaten Ihrer Kunden auch nach Vertragsschluss im Login-Bereich eingesehen werden können, müssen Sie die Kunden hierüber entsprechend informieren. Auch bei einem Angebot auf Verkaufsplattformen besteht diese Pflicht.

Muster: Speicherung und Zugänglichkeit des Vertragstextes

Der Vertragstext wird von uns nicht gespeichert.

oder

Wir speichern den Vertragstext und senden Ihnen die Bestelldaten und unsere AGB per E-Mail zu. Die bei Ihrer Bestellung geltende AGB-Version können Sie jederzeit auch hier <Link auf AGB-Archiv> einsehen. Ihre vergangenen Bestellungen können Sie in unserem Kunden-Login-Bereich einsehen.

oder

Wir speichern den Vertragstext und senden Ihnen die Bestelldaten und unsere AGB per E-Mail zu. Ihre Bestelldaten sind aus Sicherheitsgründen nicht mehr über das Internet zugänglich.

Sprache für den Vertragsschluss und Verhaltenskodizes

Art. 246c Nr. 4 EGBGB verpflichtet Sie dazu, den Kunden darüber zu informieren, welche Sprachen für den Vertragsschluss zur Verfügung stehen (siehe Abbildung 17.16). Nach Art. 246c Nr. 5 EGBGB müssen Sie sämtliche Verhaltenskodizes, also diejenigen Regeln, nennen, denen Sie sich unterworfen haben, und sagen, ob diese elektronisch zugänglich sind (zum Beispiel: »abrufbar unter *www.trustedshops.de*«). Mit Verhaltenskodizes sind zum Beispiel die Trusted-Shops-Qualitätskriterien gemeint. Bieten Sie den Kunden die Möglichkeit an, den Vertrag zum Beispiel auf Englisch oder in anderen Sprachen abzuschließen, müssen Sie beachten, dass nicht nur die Produktbeschreibungen, sondern auch alle Rechtstexte in der entsprechenden Sprache abgefasst sein müssen. Es besteht jedoch keine Verpflichtung, einen Vertragsschluss in mehreren Sprachen anzubieten.

4.2 Die Vertragssprache ist Deutsch.

Abbildung 17.16 Hinweis auf die Vertragssprache in den AGB

17.5.3 Button-Lösung

Die sogenannte Button-Lösung gilt bereits seit 2012 in Deutschland gegenüber Verbrauchern. In den übrigen EU-Staaten wurde sie zum 13.06.2014 umgesetzt. Danach müssen Sie dem Verbraucher gemäß § 312j Abs. 2 BGB noch einmal in hervorgehobener Form (zum Beispiel Umrahmung) bestimmte Informationen erteilen, und zwar unmittelbar bevor er seine Bestellung abgibt (siehe Abbildung 17.17). Dazu gehören die wesentlichen Produktmerkmale, der Preis, die Versandkosten und gegebenenfalls vertragliche Mindestlaufzeiten. Der Begriff »wesentlich« ist in diesem Kontext unseres Erachtens anders zu verstehen als auf Produktdetailseiten, das heißt, es sind nicht noch einmal sämtliche Informationen aufzulisten, sondern nur die, anhand derer der Kunde erkennt, was er gerade kauft. Einige Gerichte sehen das teilweise jedoch strenger. Eine Verlinkung soll an dieser Stelle nicht ausreichen. Der genaue Umfang ist noch nicht höchstrichterlich geklärt. Am sichersten ist es daher, wenn Sie an dieser

Stelle noch einmal alle Produktmerkmale aufführen oder zumindest auf die entsprechenden Produktdetailseiten verlinken.

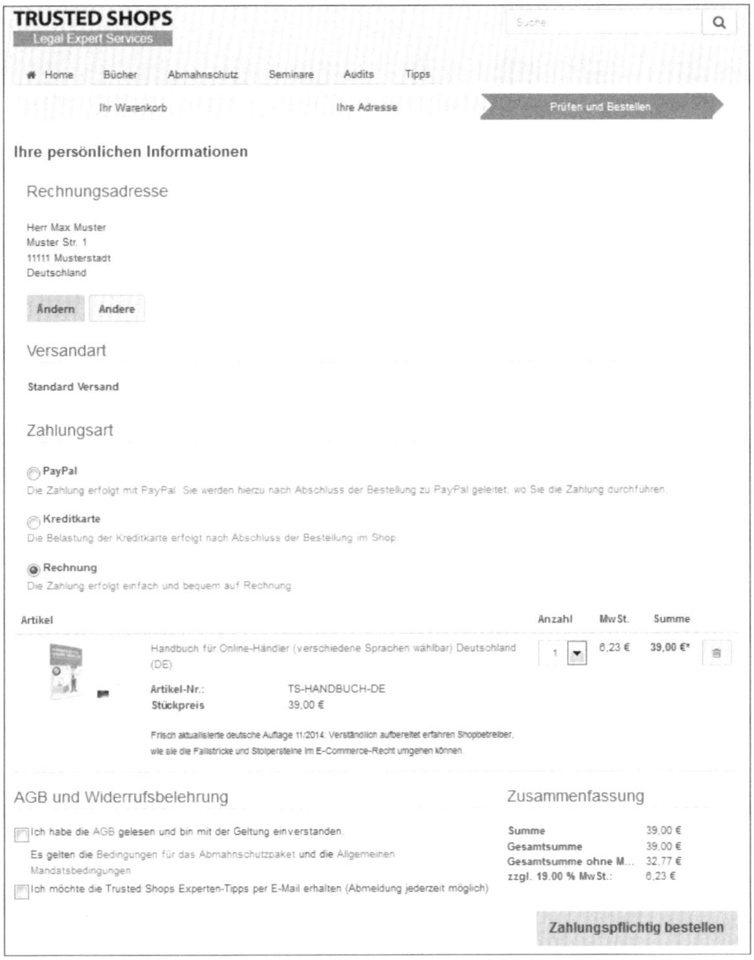

Abbildung 17.17 Musterbestellseite nach der Button-Lösung

Der Verbraucher soll nicht von seiner Bestellung abgelenkt werden. Deshalb dürfen sich innerhalb der hervorgehobenen Pflichtinformationen keine sogenannten »trennenden Elemente« befinden. Hintergrund der Button-Lösung war der Schutz vor sogenannten »Abo-Fallen«. Dabei hat der Verbraucher Langzeitverträge über sinnlose Dienstleistungen abgeschlossen, ohne überhaupt zu merken, dass er sich dafür zu hohen Zahlungen verpflichtet, weil diese bewusst auf der Bestellseite versteckt wurden. Mit solchen ablenkenden Elementen ist jedoch nicht der bloße Hinweis auf die AGB und das Widerrufsrecht gemeint oder ein Feld für die Eingabe von Gutscheincodes, sondern zum Beispiel längere Fließtexte, in denen dann Preise und weitere Vertragskonditionen versteckt werden.

Außerdem müssen Sie den Bestellbutton mit den Worten »zahlungspflichtig bestellen« oder mit einer entsprechend eindeutigen Formulierung beschriften. Aussagekräftige Beschriftungen sind auch zum Beispiel »zahlungspflichtigen Vertrag schließen« oder »kaufen«. Unzulässig hingegen wären solche Bezeichnungen wie »bestellen« oder »Bestellung absenden«. Der Verbraucher muss durch die Beschriftung eindeutig auf die Kostenpflicht hingewiesen werden.

17.5.4 Checkliste für Ihre Bestellseite

Wenn Ihre Bestellseite die nachfolgenden Punkte erfüllt, können Sie unnötige Fehler vermeiden:

- Auflistung der wesentlichen Merkmale der Ware oder Dienstleistung
- Information über die Mindestlaufzeit des Vertrags, wenn dieser eine dauernde oder regelmäßig wiederkehrende Leistung zum Inhalt hat
- Information über den Gesamtpreis der Ware oder Dienstleistung einschließlich aller damit verbundenen Preisbestandteile sowie aller über den Unternehmer abgeführten Steuern oder, wenn kein genauer Preis angegeben werden kann, seine Berechnungsgrundlage, die dem Verbraucher eine Überprüfung des Preises ermöglicht
- Information über gegebenenfalls zusätzlich anfallende Liefer- und Versandkosten sowie einen Hinweis auf mögliche weitere Steuern oder Kosten, die nicht über den Unternehmer abgeführt oder von ihm in Rechnung gestellt werden
- Hervorhebung dieser vier oben genannten Informationen
- Bereitstellung von Korrekturmöglichkeiten
- Hinweis auf das Widerrufsrecht
- Möglichkeit der Kenntnisnahme der AGB
- AGB nicht zu lang, speicherbar und druckbar
- Informationen über die Verbindlichkeit der Bestellung (Vertragsschluss)
- keine Zahlungsaufforderung vor dem gewollten Vertragsschluss
- keine Widersprüche in den AGB, auf der Bestellseite und in der E-Mail-Bestätigung
- eindeutige Beschriftung des Bestellbuttons, die auf die Zahlungsverpflichtung des Verbrauchers hinweist

17.5.5 Bestätigungs-E-Mail

Gemäß § 312i Abs. 1 Nr. 3 BGB müssen Sie dem Kunden unverzüglich auf elektronischem Wege bestätigen, dass seine Bestellung zugegangen ist. Je nachdem, wie die Angebotsabgabe und -annahme in Ihrem Shop ausgestaltet sind, können Sie bei einer E-Mail-Bestätigung lediglich den Zugang der Bestellung bestätigen oder den Vertrag annehmen (siehe Abbildung 17.18).

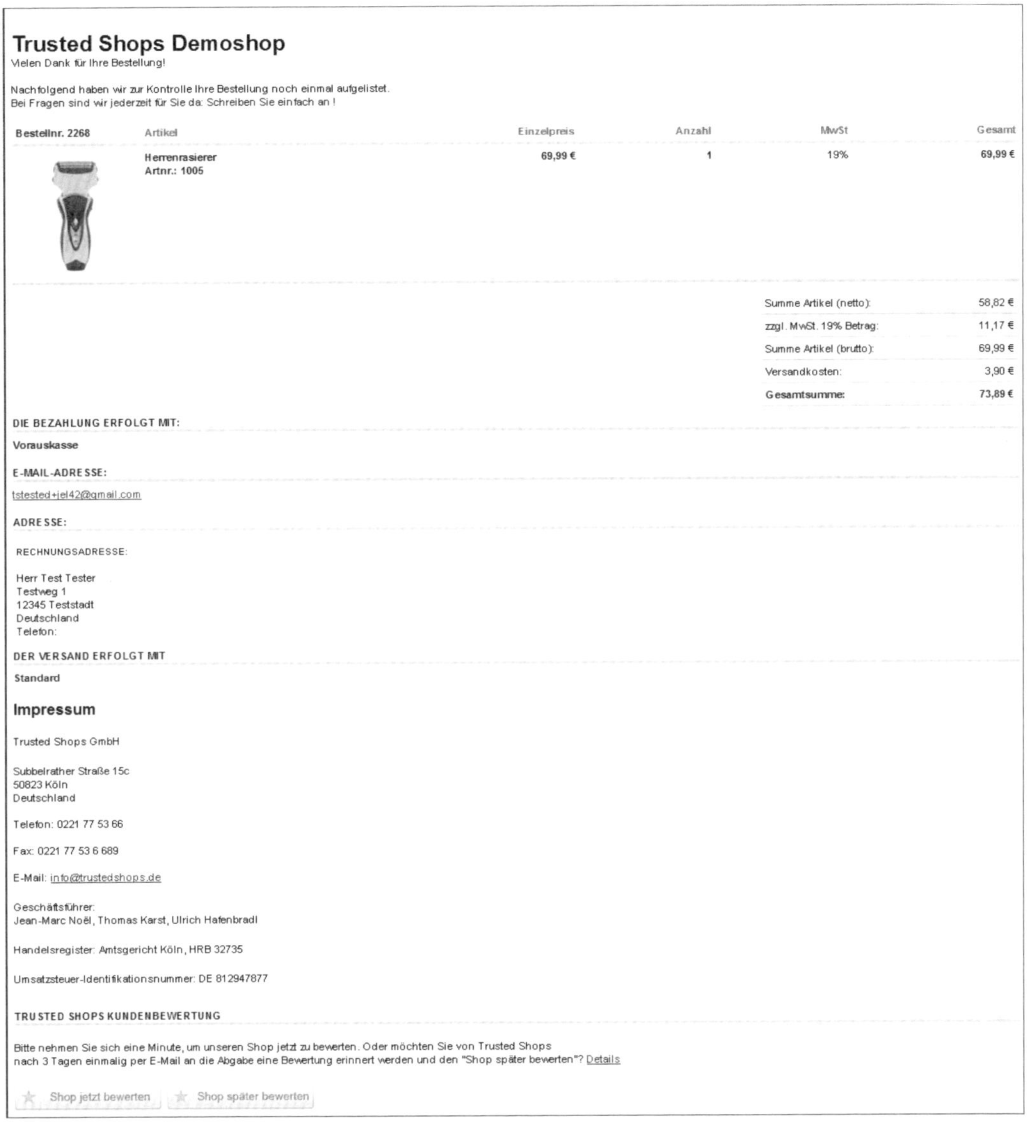

Trusted Shops Demoshop

Vielen Dank für Ihre Bestellung!

Nachfolgend haben wir zur Kontrolle Ihre Bestellung noch einmal aufgelistet.
Bei Fragen sind wir jederzeit für Sie da: Schreiben Sie einfach an !

Bestellnr. 2268	Artikel	Einzelpreis	Anzahl	MwSt	Gesamt
	Herrenrasierer Artnr.: 1005	69,99 €	1	19%	69,99 €

Summe Artikel (netto):	58,82 €
zzgl. MwSt. 19% Betrag:	11,17 €
Summe Artikel (brutto):	69,99 €
Versandkosten:	3,90 €
Gesamtsumme:	**73,89 €**

DIE BEZAHLUNG ERFOLGT MIT:

Vorauskasse

E-MAIL-ADRESSE:

tstested+jel42@gmail.com

ADRESSE:

RECHNUNGSADRESSE:

Herr Test Tester
Testweg 1
12345 Teststadt
Deutschland
Telefon:

DER VERSAND ERFOLGT MIT

Standard

Impressum

Trusted Shops GmbH

Subbelrather Straße 15c
50823 Köln
Deutschland

Telefon: 0221 77 53 66

Fax: 0221 77 53 6 689

E-Mail: info@trustedshops.de

Geschäftsführer:
Jean-Marc Noël, Thomas Karst, Ulrich Hafenbradl

Handelsregister: Amtsgericht Köln, HRB 32735

Umsatzsteuer-Identifikationsnummer: DE 812947877

TRUSTED SHOPS KUNDENBEWERTUNG

Bitte nehmen Sie sich eine Minute, um unseren Shop jetzt zu bewerten. Oder möchten Sie von Trusted Shops nach 3 Tagen einmalig per E-Mail an die Abgabe eine Bewertung erinnert werden und den "Shop später bewerten"? Details

Shop jetzt bewerten | Shop später bewerten

Abbildung 17.18 Bestätigungs-E-Mail über den Zugang der Bestellung

17.5.6 Nach Vertragsschluss

Nachdem der Vertrag geschlossen wurde, sind Sie gemäß § 312f Abs. 2 BGB dazu verpflichtet, dem Verbraucher innerhalb einer angemessenen Frist, spätestens jedoch bei Lieferung, den Vertrag samt Vertragsinhalt und den fernabsatzrechtlichen Informationspflichten nach Art. 246a EGBGB auf einem dauerhaften Datenträger zu bestätigen und zur Verfügung zu stellen.

In die Bestellbestätigungs-E-Mail sollte auch die Widerrufsbelehrung aufgenommen werden, damit der Verbraucher diese ebenfalls auf einem dauerhaften Datenträger erhält.

17.6 Impressum richtig erstellen

Bei Fehlern im Impressum, unzulässigen AGB-Klauseln oder Verstößen gegen bestimmte datenschutzrechtliche Vorschriften drohen Abmahnungen oder Bußgelder. Daher sollten Sie die Rechtstexte in diesen Bereichen mit größter Sorgfalt erstellen.

Für jeden Online-Händler besteht die Pflicht, ein Impressum bereitzuhalten. In diesem Abschnitt erklären wir Ihnen, worauf es dabei ankommt, und stellen Ihnen natürlich auch hier Vorlagen zur Verfügung. Die Impressumspflicht gilt nicht nur für Ihren Online-Shop, sondern betrifft alle Auftritte im Internet, die einem geschäftlichen Zweck dienen, also zum Beispiel auch Angebote auf Plattformen wie eBay, dem Amazon Marketplace oder Facebook-Fanpages (siehe Abbildung 17.19).

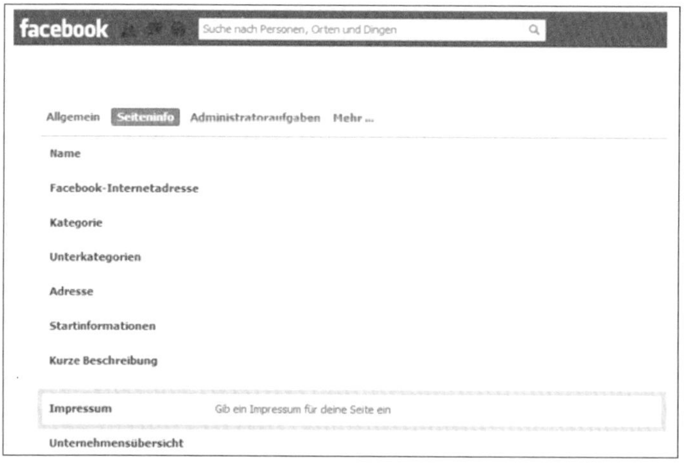

Abbildung 17.19 Impressumsangabe bei Facebook

Das Impressum muss über einen »sprechenden« Link ständig verfügbar, also von allen Seiten aus zu erreichen sein. Nach der Rechtsprechung des BGH sind zwei Links zulässig, um zum Impressum zu gelangen, wenn es sich bei dem Erstlink um einen sogenannten »sprechenden« Link handelt (im entschiedenen Fall KONTAKT • IMPRESSUM). Ein »sprechender« Link muss folgende Kriterien erfüllen:

1. Der Link ist deutlich als solcher zu erkennen, zum Beispiel durch einen vom sonstigen Text abweichenden Stil.

2. Der Link ist so bezeichnet, dass der Inhalt, der sich hinter ihm verbirgt, offensichtlich ist, zum Beispiel »Widerrufsrecht« (siehe Abbildung 17.20).

Abbildung 17.20 »Sprechende« Links im Shop

Gleiches gilt auch bei eBay für die Verweiskette MICH und IMPRESSUM. Zulässige Bezeichnungen sind zum Beispiel »Impressum«, »Anbieterkennzeichnung« oder »Kontakt«, unzulässig hingegen nach der Rechtsprechung zum Beispiel »Info« oder »Rechtsbelehrung«.

17.6.1 Inhalt

Als Shop-Betreiber sind Sie dazu verpflichtet, im Einzelnen folgende Informationen im Impressum zur Verfügung zu stellen (§ 5 TMG):

1. Name
2. Anschrift
3. Bei juristischen Personen: Rechtsform, Vertretungsberechtigter und, sofern Angaben über das Kapital der Gesellschaft gemacht werden, das Stamm- oder Grundkapital sowie, wenn nicht alle in Geld zu leistenden Einlagen eingezahlt sind, der Gesamtbetrag der ausstehenden Einlagen
4. Angaben, die eine schnelle elektronische Kontaktaufnahme ermöglichen
5. E-Mail-Adresse
6. Angaben zur zuständigen Aufsichtsbehörde, soweit die angegebene Tätigkeit der behördlichen Zulassung bedarf
7. Angabe des entsprechenden Registers und der entsprechenden Registernummer
8. Zusatzangaben zur zuständigen Aufsichtsbehörde oder Kammer, zur gesetzlichen Berufsbezeichnung und zu dem Staat, in dem diese verliehen wurde
9. Angabe der Umsatzsteuer-Identifikationsnummer oder der Wirtschaftsidentifikationsnummer, soweit diese vorhanden sind
10. bei einer AG, KGaA und GmbH, die sich in Abwicklung oder Liquidation befinden, die Angabe darüber

Zudem besteht gemäß Art. 246a § 1 Abs. 1 Nr. 2 EGBGB (ab 28.05.2022: Art. 246a § 1 Abs. 1 Nr. 3 EGBGB) ausdrücklich die Pflicht, eine Telefonnummer anzugeben. Sie müssen die Telefonnummer nicht unbedingt im Impressum nennen, allerdings empfehlen wir die Angabe an dieser Stelle, da der Verbraucher dort damit rechnet. Hierbei darf es sich jedoch nicht um eine kostenpflichtige Mehrwertdienstenummer handeln, denn die Höhe der Gebühren könnte den Verbraucher von einer Kontaktaufnahme abschrecken (BGH).

Seit dem 09.01.2016 gilt zudem die ODR-Verordnung (VO [EU] Nr. 524/2013). Danach müssen alle Händler, die Waren oder Dienstleistungen auch an Verbraucher verkaufen, einen Link zur europäischen Streitbeilegungsplattform einstellen. Dieser Link muss nach Art. 14 Abs. 1 ODR-VO leicht zugänglich sein. Diese Voraussetzung ist zum Beispiel im Impressum erfüllt und gilt auch für Händler, die auf Online-Marktplätzen tätig sind. Zudem muss der Link klickbar sein (OLG Hamm).

Seit dem 01.02.2017 ist zudem die Information erforderlich, inwiefern Unternehmer bereit sind, an einem außergerichtlichen Streitbeilegungsverfahren teilzunehmen, ebenso wie ein Hinweis auf die zuständige Verbraucherschlichtungsstelle. Die allgemeine Informationspflicht zur Streitbeilegung gilt für alle Unternehmer, die eine Webseite unterhalten oder allgemeine Geschäftsbedingungen verwenden, also nicht lediglich für Online-Händler (§ 36 VSBG). Eine Ausnahme hiervon gilt nur für Unternehmen, die bis zum 31. Dezember des Vorjahres zehn oder weniger Beschäftigte hatten. Soweit Sie eine Webseite unterhalten, müssen Sie diese Informationen dort bereithalten, und soweit Sie AGB verwenden, muss die Angabe dort erfolgen. Es bietet sich jedoch an, diese Informationen sowohl im Impressum als auch in den AGB zu erteilen.

Muster: Keine Verpflichtung und keine Bereitschaft zur Teilnahme an einem Streitbeilegungsverfahren

Alternative Streitbeilegung gemäß Art. 14 Abs. 1 ODR-VO und § 36 VSBG:

Die Europäische Kommission stellt eine Plattform zur Online-Streitbeilegung (OS) bereit, die Sie unter *http://ec.europa.eu/consumers/odr/* finden. Zur Teilnahme an einem Streitbeilegungsverfahren vor einer Verbraucherschlichtungsstelle sind wir nicht verpflichtet und nicht bereit.

Muster: Keine Verpflichtung, aber Bereitschaft zur Teilnahme an einem Streitbeilegungsverfahren

Alternative Streitbeilegung gemäß Art. 14 Abs. 1 ODR-VO und § 36 VSBG:

Die Europäische Kommission stellt eine Plattform zur Online-Streitbeilegung (OS) bereit, die Sie unter *http://ec.europa.eu/consumers/odr/* finden. Verbraucher haben die

Möglichkeit, diese Plattform für die Beilegung ihrer Streitigkeiten zu nutzen. Wir sind bereit, an einem außergerichtlichen Schlichtungsverfahren teilzunehmen.

Muster: Verpflichtung zur Teilnahme an einem Streitbeilegungsverfahren

Alternative Streitbeilegung gemäß Art. 14 Abs. 1 ODR-VO und § 36 VSBG:

Die Europäische Kommission stellt eine Plattform zur Online-Streitbeilegung (OS) bereit, die Sie unter *http://ec.europa.eu/consumers/odr/* finden. Verbraucher haben die Möglichkeit, sich für die Beilegung ihrer Streitigkeiten an [Name, Anschrift, Webseite der Schlichtungsstelle] zu wenden.

17.6.2 Impressum Einzelunternehmen (Gewerbetreibender)

Wenn Sie ein Gewerbe ohne Handelsregistereintragung betreiben, müssen Sie im Geschäftsverkehr mit Vor- und Zunamen auftreten. In diesem Fall bietet die natürliche Person, die das Gewerbe betreibt, die Leistung an. Eine natürliche Person ist auch keine »Firma« im Sinne des Handelsrechts. Zusätzlich können Sie unterhalb Ihres Namens auch eine Branchen- oder Geschäftsbezeichnung nennen (siehe Muster unten). Diese sind aber nicht Bestandteil des offiziellen Unternehmensnamens. Im Impressum können Sie auch Angaben über einen angebotenen Kundendienst oder über Kundendienstleistungen zu machen. Diese Angaben können aber auch in den AGB oder auf anderen Seiten stehen. Eine Telefonnummer müssen Sie ebenfalls nennen.

Muster: Impressum Einzelunternehmen

Max Muster

Mustershop
Musterstraße 1
12345 Musterstadt

Telefon: +49 (0)221 12345
Telefax: +49 (0)221 12345
E-Mail: *max@musterdomain.de*

Kontakt/Beschwerden

Sie erreichen unseren Kundendienst für Fragen, Reklamationen und Beanstandungen werktags von [...] bis [...] unter der Telefonnummer [0221-12345] sowie per E-Mail unter [*name@domain.de*]. Für Anfragen können Sie auch das [nachstehende Formular] nutzen.

17.6.3 Impressum eingetragener Kaufmann

Einzelkaufleute, die im Handelsregister eingetragen sind, müssen zusätzlich zu ihrem Vor- und Nachnamen ihre Firma mit einem eindeutigen Rechtsformzusatz nennen, zum Beispiel »eingetragener Kaufmann«, »eingetragene Kauffrau« oder »e. K.«. Die Angaben müssen denen im Handelsregister entsprechen.

17.6.4 Impressum GbR

Eine GbR ist selbst Anbieterin der Leistung und nicht etwa ihre Gesellschafter. Ihre Teilrechtsfähigkeit ist anerkannt. Ihr Name muss sich von anderen unterscheiden. Bei seiner Wahl kann es sich um den Namen eines, mehrerer oder aller Gesellschafter, um eine Sachbezeichnung oder um eine Kombination aus Sach- und Personenbezeichnung handeln. Der Zusatz »GbR« sollte jedoch nicht fehlen, damit die Unterscheidungskraft gewährleistet ist. Die Angabe »Firma« ist hingegen auch hier unzulässig, da die GbR keine Handelsgesellschaft ist. Außerdem müssen Sie den Vor- und Zunamen mindestens eines vertretungsberechtigten Gesellschafters nennen und als solchen kennzeichnen.

Muster: Impressum GbR

Mustershop ist eine Domain der

Muster + Beispiel GbR
Musterstraße 1
12345 Musterstadt

Vertretungsberechtigte Gesellschafter: Max Muster und Fritz Beispiel

Telefon: +49 (0)221 12345
Telefax: +49 (0)221 12345
E-Mail: *support@domain.de*

Umsatzsteuer-Identifikationsnummer: DE123456789

17.6.5 Impressum GmbH

Bei einer GmbH handelt es sich um eine juristische Person, die selbst Anbieterin der Leistung ist. Bei einer GmbH müssen Sie die Firma mit korrektem Rechtsformzusatz (beispielsweise »Gesellschaft mbH« oder »GmbH«) im Impressum angeben. Außerdem sind die Vor- und Zunamen der Geschäftsführer zu nennen. Es kann allerdings nicht immer abgemahnt werden, wenn die Angabe eines Vertretungsberechtigten im

Impressum fehlt, denn es findet sich dafür keine Grundlage im europäischen Gemeinschaftsrecht, die dazu verpflichtet.

17.6.6 Impressum Unternehmergesellschaft

Auch bei der UG handelt es sich um eine juristische Person, die von einem oder mehreren Geschäftsführern vertreten wird. Sein Name bzw. ihre Namen müssen wie bei der GmbH angegeben werden. Die Gründung der UG ist in § 5a GmbHG vorgesehen. Wesentlicher Unterschied zur GmbH ist die Höhe des Stammkapitals. Die Unternehmergesellschaft (kurz UG) kann mit weniger als 25.000 € Stammkapital gegründet werden. Die Unternehmergesellschaft müssen Sie im Impressum eindeutig kennzeichnen. Der Firma muss zwingend der Zusatz »UG (haftungsbeschränkt)« oder »Unternehmergesellschaft (haftungsbeschränkt)« beigefügt werden.

17.6.7 Häufige Fehler bei der Anbieterkennzeichnung

Im Zusammenhang mit der Prüfung von Online-Shops fallen uns beim Thema Anbieterkennzeichnung häufig folgende Fehler auf:

- Gewerbetreibende ohne Handelsregistereintrag müssen im Geschäftsverkehr immer mit Vor- und Zunamen auftreten und dürfen nicht unter einem Fantasienamen firmieren. Eine Bezeichnung als »Firma« ist irreführend, da der Kunde den Vertrag mit einer natürlichen Person schließt.
- Eine Bezeichnung als »Geschäftsführer« ist sowohl für Gewerbetreibende ohne Handelsregistereintragung als auch für den eingetragenen Einzelkaufmann irreführend, da mit dieser Bezeichnung über die Unternehmensgröße getäuscht wird.
- Es reicht nicht aus, nur eine Postfachadresse anzugeben oder ein Kontaktformular anstelle einer E-Mail-Adresse bereitzustellen.
- Soweit vorhanden, müssen Sie die Umsatzsteuer-Identifikationsnummer nennen. Die Steuernummer hingegen gehört nicht ins Impressum.
- Der Vorname darf nicht fehlen oder abgekürzt werden.

17.6.8 Checkliste für Ihr Impressum

Wenn Sie die nachfolgenden Punkte beachten, können Sie unnötige Fehler bei der Anbieterkennzeichnung vermeiden und Ihren Shop rechtlich sicher gestalten:

- Nennung des Unternehmensnamens und des Rechtsformzusatzes, sofern vorhanden
- vollständige Nennung des Vor- und Zunamens des Inhabers bzw. von mindestens einem Vertretungsberechtigten

- keine irreführenden Zusätze zum Unternehmensnamen
- keine Verwechslungsgefahr mit anderen Unternehmen der gleichen Branche
- Angabe der aktuellen Anschrift
- Nennung einer Telefonnummer
- Nennung einer E-Mail-Adresse
- Handelsregisterangaben und USt-IdNr., sofern vorhanden
- Zusatzangaben (zum Beispiel Aufsichtsbehörde oder Kammer) bei bestimmten Berufsgruppen
- Angabe der Namen der Geschäftsführer, sofern vorhanden
- weiterführende Angaben zum Komplementär bei einer GmbH & Co. KG
- bei einer AG Nennung der Namen des Vorstandes und des Vorsitzenden des Aufsichtsrates
- Angabe eines Auslandsvertreters mit ladungsfähiger Anschrift, sofern vorhanden
- Angaben zur Streitschlichtung

17.7 AGB richtig erstellen

Im Online-Handel müssen Sie keine AGB verwenden, sondern nur bestimmte Pflichtinformationen erteilen. Wenn Sie keine AGB-Klauseln einsetzen, gelten die gesetzlichen Bestimmungen. Eine Abweichung von geltenden Gesetzen ist in allgemeinen Geschäftsbedingungen ohnehin nur eingeschränkt gegenüber Verbrauchern möglich, da diese einer strengen Inhaltskontrolle unterliegen (§§ 307–309 BGB). Weichen Sie zu sehr von den gesetzlichen Grundgedanken ab, sind Ihre AGB unwirksam und bringen Abmahnpotenzial mit sich. Häufig werden Informationen und AGB vermischt und in einem Dokument abgehandelt, was auch zulässig ist.

AGB sollten daher immer kurz und knapp gehalten sein und nur das Notwendigste regeln. Damit sie wirksam in den Vertrag einbezogen werden, müssen Sie dem Kunden vor Abgabe seiner Bestellung die Möglichkeit verschaffen, ihren Inhalt in zumutbarer Weise zur Kenntnis zu nehmen. Dafür reicht es nicht aus, wenn Sie dem Kunden die AGB nach Vertragsschluss nur zuschicken. Zwar kommt auch in diesem Fall ein Vertrag zustande, allerdings ohne dass Ihre AGB gelten. Sie können Ihren Kunden zum Beispiel durch einen Link oberhalb des Bestellbuttons die Möglichkeit verschaffen, von den AGB Kenntnis zu nehmen. Wir empfehlen allerdings, die Kenntnisnahme zu protokollieren, zum Beispiel mittels einer nicht vorangekreuzten Checkbox, damit Sie auch beweisen können, dass die AGB Vertragsbestandteil geworden sind.

AGB müssen immer leicht speicherbar sein (zum Beispiel PDF, HTML) und dem Kunden spätestens mit Lieferung auf einem dauerhaften Datenträger (E-Mail oder Papier) zur Verfügung gestellt werden. Werden die AGB in Scrollboxen im Volltext angezeigt, ist es unzulässig, wenn diese kleiner als sechs Zeilen sind.

Muster: Einbeziehung allgemeiner Geschäftsbedingungen

Es gelten unsere allgemeinen Geschäftsbedingungen <Link auf AGB-Seite>.

oder

[ ] Ich habe die allgemeinen Geschäftsbedingungen <Link auf AGB-Seite> gelesen und bin mit deren Geltung einverstanden.

Nach Vertragsschluss müssen Sie dem Kunden gemäß § 312f Abs. 2 BGB eine Vertragsbestätigung auf einem dauerhaften Datenträger zur Verfügung stellen, in der der Vertragsinhalt wiedergegeben wird. Sie muss spätestens bei der Lieferung der Ware erfolgen oder bevor mit der Ausführung der Dienstleistung begonnen wird. Diese Vertragsbestätigung muss neben den Informationen aus Art. 246a EGBGB auch die AGB enthalten.

17.7.1 Häufige Fehler bei den AGB

Die Gerichte haben schon eine Reihe von AGB-Klauseln für unzulässig erklärt. Die wichtigsten haben wir hier für Sie zusammengestellt:

- »Sollte ein vom Kunden bestelltes Produkt wider Erwarten trotz rechtzeitiger Disposition aus von XY nicht zu vertretenden Gründen nicht verfügbar sein, ist XY berechtigt, anstatt des bestellten Produkts ein in Qualität und Preis gleichwertiges Produkt zu liefern.«
- »Die Lieferzeit ergibt sich aus dem elektronischen Katalog. Angaben über die Lieferfristen sind unverbindlich, soweit nicht ausnahmsweise der Liefertermin verbindlich und schriftlich zugesagt wurde.«
- »Eine Übergabe an den Paketdienst erfolgt in der Regel 1–2 Tage nach Zahlungseingang, bei kundenspezifischen Anfertigungen ca. 7–10 Tage nach Zahlungseingang. Bitte beachten Sie bei der Bestellung, dass die Lieferzeiten der Post meist bis zu 10 Tagen dauern können. Bei [namentlich bezeichneter Versanddienstleister] ca. 4–6 Tage.«
- »Die AGB gelten auch für alle künftigen Geschäftsbeziehungen, auch wenn sie nicht erneut ausdrücklich vereinbart werden.«
- »Teillieferungen und Teilabrechnungen sind zulässig.«
- »Versand auf Risiko des Käufers.«
- »An uns zurückgeschickte Ware wird geprüft und der Kaufbetrag anschließend dem Kundenkonto gutgeschrieben. Eine Barauszahlung bzw. eine Erstattung auf das Bankkonto des Kunden ist nicht möglich.«

- »Wenn Sie uns keinen bestimmten Wunsch mitteilen, wird der Wert der Rücksendung Ihrem Kundenkonto gutgeschrieben oder Sie erhalten beim Nachnahmekauf einen Verrechnungsscheck.«
- »Wichtiger Hinweis: Bitte senden Sie uns die Ware in der Originalverpackung zurück, legen Sie den beigefügten Rücksendeschein ausgefüllt dazu und verwenden Sie für die Rücksendung den Retourenaufkleber (nur für Artikel dieser Lieferung).«
- »Die Rücksendung erfolgt auf jeden Fall auf Kosten und Risiko des Käufers.«
- »Dem Kunden obliegt es, die Ware in der Originalverpackung, samt Innenverpackung und – soweit mitgeliefert – in einer Antistatikhülle zurückzusenden.«
- »Der Kunde hat die angelieferte Ware unverzüglich nach Lieferung auf Transportschäden zu untersuchen.«
- »Der Käufer ist verpflichtet, die Ware in einwandfreiem Zustand in der Originalverpackung und mit Originalrechnung an uns zurückzusenden. Bei einer Rücksendung haften wir weder für Beschädigung noch Verlust der Ware.«
- »Sollte doch einmal etwas Grund zur Beanstandung geben, bitten wir um Mitteilung innerhalb einer Woche nach Erhalt der Ware. Spätere Reklamationen können nicht angenommen werden.«
- »Soweit die Transportverpackung bei Warenübergabe und die darin enthaltenen Artikel offensichtliche Beschädigungen zeigen, hat der Käufer gegenüber Firma ... binnen 5 Werktagen zu rügen. Anderenfalls können Ansprüche des Käufers hinsichtlich der Beschädigung unter Berücksichtigung von Treu und Glauben abgelehnt werden.«
- »Die Inhalte der Webseite werden mit größter Sorgfalt erstellt. Dennoch kann keine Garantie für Aktualität und Vollständigkeit übernommen werden.«
- »Sollte eine der Bestimmungen dieser AGB unwirksam oder undurchführbar sein, berührt dies die Gültigkeit der übrigen Bestimmungen nicht. Die unwirksame oder undurchführbare Bestimmung ist durch eine wirksame und durchführbare zu ersetzen, die den mit der unwirksamen oder undurchführbaren Bestimmung verfolgten Regelungszielen am nächsten kommt. Gleiches gilt bei etwaigen Vertragslücken.«

17.7.2 Checkliste für Ihre AGB

Wenn Sie die nachfolgenden Punkte gewissenhaft abarbeiten, können Sie unnötige Fehler beim Erstellen Ihrer AGB vermeiden:

- AGB sind durch einen »sprechenden« Link erreichbar, idealerweise von jeder Seite aus, mindestens jedoch von der Bestellseite aus.
- Erfüllung aller Informationspflichten gemäß Art. 246a EGBGB

- Erfüllung der Informationspflichten gemäß Art. 246c EGBGB
- Bestätigung der Kenntnisnahme der AGB auf der Bestellseite mittels Checkbox (empfohlen)
- Zusendung der AGB auf dauerhaftem Datenträger spätestens bei Lieferung der Ware

Besonderheiten auf dem Amazon Marketplace

Früher war es nach Ansicht der meisten Gerichte überhaupt nicht möglich, auf dem Amazon Marketplace eigene AGB wirksam in den Kaufvertrag einzubeziehen. Das lag daran, dass sie nicht so verlinkt waren, dass der Kunde sie auch zur Kenntnis nehmen konnte. Vielmehr musste er nach den AGB suchen, was nicht ausreichte.

Amazon hat zwischenzeitlich zwar standardmäßig den Hinweis eingebunden, dass die Rechtstexte des Verkäufers hinter dessen Verkäufernamen abrufbar sind. Allerdings ist es zweifelhaft, ob diese Gestaltung den gesetzlichen Anforderungen genügt. Wir meinen, dass die Link-Verweiskette zu lang ist und die Links selbst nicht »sprechend« im Sinne der BGH-Rechtsprechung sind. Der Kunde erreicht durch Klicken auf den Verkäufernamen eine Zwischenseite, von der aus er die Rechtstexte über den Link DETAILLIERTE VERKÄUFERINFORMATIONEN erreicht. Der durchschnittliche Verbraucher erwartet nicht, dass er so die geltenden AGB findet. Schließlich werden die AGB auch nicht auf der Bestellseite verlinkt, sodass sie nicht »bei Vertragsschluss« (§ 305 Abs. 2 BGB) abrufbar sind. Gleiches gilt übrigens für die fernabsatzrechtlichen Informationspflichten. Eine wirksame Einbeziehung von AGB ist daher auf dieser Plattform nach wie vor nicht möglich.

17.8 Datenschutz

In diesem Abschnitt wollen wir uns dem Datenschutz zuwenden. Seit dem 25.05.2018 gilt die Datenschutz-Grundverordnung (VO [EU] 2016/679, DSGVO) und bringt weitreichende Änderungen mit sich. Damit gilt in allen EU-Staaten das gleiche Datenschutzrecht.

17.8.1 Grundsätze des Datenschutzes

Im Bereich des Datenschutzes sind drei Grundprinzipien von Bedeutung, die in vielen Vorschriften konkretisiert werden:

Erstens dürfen nach dem Prinzip der Datenvermeidung nur *so wenige Daten wie möglich* erhoben werden. Der Nutzer muss erkennen können, welche Angaben für ihn verpflichtend und welche freiwillig sind.

So wird zum Beispiel die Angabe einer Telefonnummer oder des Geburtsdatums im Online-Handel meist nicht benötigt, um einen Vertrag durchzuführen, es sei denn, es werden Artikel mit Altersbeschränkung verkauft oder es muss mit einer Spedition ein Liefertermin abgestimmt werden. Häufig wird im Rahmen des Bestellprozesses auch die Auswahl einer Anrede als Pflichtfeld gekennzeichnet. Eine verpflichtende Auswahl zwischen der Anrede »Herr« und »Frau« verletzt jedoch nicht nur Personen mit nicht binärer Geschlechtsidentität in ihrem Allgemeinen Persönlichkeitsrecht (LG Frankfurt a. M., derzeit anhängiges Verfahren vor OLG Frankfurt), sondern ist in der Regel auch nicht erforderlich. Pflichtangaben und freiwillige Angaben müssen Sie bei der Erhebung als solche kennzeichnen (siehe Abbildung 17.21).

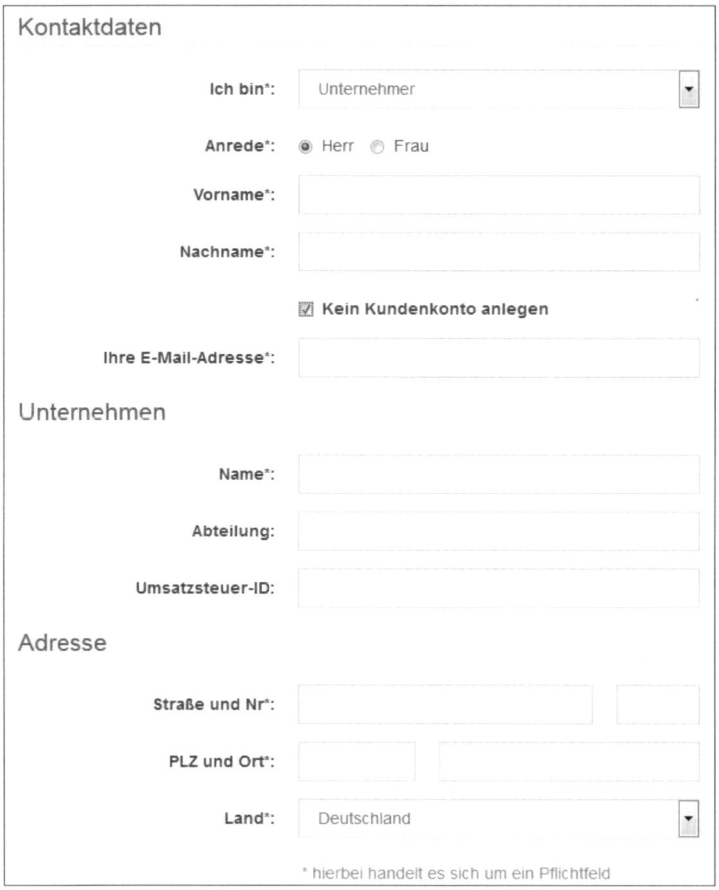

Abbildung 17.21 Kennzeichnung der Pflichtangaben im Bestellformular

Zweitens gilt der sogenannte *Zweckbindungsgrundsatz*, der besagt, dass alles, was nicht ausdrücklich durch Gesetz oder Einwilligung des Kunden erlaubt ist, verboten ist. Sie dürfen Kundendaten nur sehr eingeschränkt erheben und verarbeiten. So dürfen Sie die E-Mail-Adresse zum Beispiel – abgesehen von einer gesetzlich geregelten

Ausnahme – nicht ohne Einverständnis des Kunden für den Versand werblicher E-Mails verwenden.

Muster: Pflichtangaben und freiwillige Angaben

Bitte geben Sie Ihre Daten ein. Die Pflichtangaben sind mit einem * gekennzeichnet. Hier erhalten Sie weitere Informationen zum Datenschutz <Link auf Datenschutzerklärung>:

Firma	[ ] Ich bestelle als gewerblicher Kunde.
Anrede	[ ] Frau [ ] Herr [ ] Divers
Vorname*	
Name*	
Straße*	
PLZ*	
Ort*	
Land*	
E-Mail*	(an diese E-Mail-Adresse schicken wir die Bestätigungs-E-Mail)
Telefon	[ ] Ich willige ein, dass meine Telefonnummer zur Abstimmung von Lieferterminen an UPS weitergegeben wird.
Mobil	
Fax	

Schließlich gilt der *Grundsatz der ausdrücklichen Einwilligung*. Diese müssen Sie vom Kunden dort einholen, wo eine gesetzliche Erlaubnis zur Datenverarbeitung nicht geregelt ist. Sie muss freiwillig erfolgen. Damit ist auch das neu eingeführte sogenannte *Kopplungsverbot* verbunden. Danach darf die Erfüllung eines Vertrags nicht von der Erteilung einer Einwilligung abhängig gemacht werden, die für die Vertragserfüllung nicht notwendig ist. Die Anmeldung zum Newsletter darf also zum Beispiel kein Pflichtfeld für eine Bestellung im Online-Shop sein. Eine Einwilligung kann nicht durch eine vorangekreuzte Checkbox erfolgen und darf auch nicht im »Kleingedruckten« (AGB) versteckt sein. Bei Telemedien (zum Beispiel im Online-Shop) kann die Einwilligung elektronisch erfolgen, wenn sie eindeutig und bewusst erfolgt, protokolliert wird und der Inhalt jederzeit abrufbar ist. Gemäß Art. 7 Abs. 3 DSGVO, § 13 Abs. 2 und 3 TMG müssen Sie den Nutzer schon bei Erteilung seiner Einwilligung auf sein Recht hinweisen, dass er seine Einwilligung jederzeit mit Wirkung für die Zukunft widerrufen kann (siehe Abbildung 17.22).

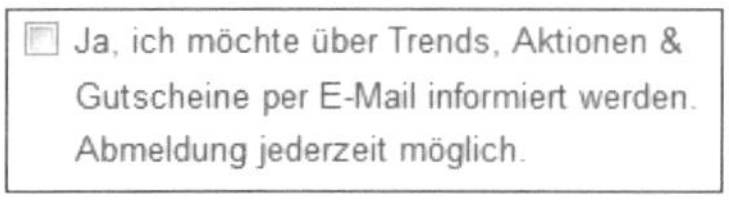

Abbildung 17.22 Einwilligung zum Newsletter mit Hinweis auf jederzeitige Abmeldemöglichkeit

Die Speicherung von IP-Adressen durch Online-Händler wurde noch nicht höchstrichterlich geklärt. In einem solchen Fall sollten Sie vorher die ausdrückliche Einwilligung einholen, zum Beispiel über eine Opt-in-Checkbox. Auch wenn Sie Tracking-Tools verwenden, sollten Sie sicherstellen, dass diese keine IP-Adressen ohne Einwilligung speichern. Klären Sie den Kunden im Zweifel auf, und bitten Sie um seine Einwilligung. Der EuGH hat entschieden, dass es sich auch bei dynamischen IP-Adressen um personenbezogene Daten handeln kann, wenn der Unternehmer die rechtlichen Möglichkeiten hat, die Klardaten des Nutzers herauszufinden.

Wichtige Anwendungsbereiche der Einwilligung sind:

- E-Mail-Newsletter (Verwendung von Kundendaten zu Werbezwecken)
- Bestellabbrecher-E-Mails
- Aufforderung zur Kundenbewertung per E-Mail
- Datenweitergabe an Dritte (sofern sie nicht zur Vertragserfüllung erfolgt)
- Bonitätsprüfung (sofern kein überwiegendes berechtigtes Interesse vorliegt)

17.8.2 Umfassende Dokumentationspflichten

Mit der DSGVO werden auch umfangreiche Dokumentationspflichten eingeführt. Bisher musste die Datenschutzbehörde einem Unternehmen einen Verstoß gegen das Datenschutzrecht nachweisen. Mit Geltung der DSGVO muss jedoch der Unternehmer nachweisen, dass die Datenverarbeitungsvorgänge, die er unternimmt, rechtmäßig sind. Das ist der neu eingeführte Grundsatz der Rechenschaftspflicht. Dazu dient zum Beispiel das Verzeichnis von Verarbeitungstätigkeiten, das jeder Online-Händler erstellen muss. Dieses muss auf Verlangen den Datenschutzbehörden vorgelegt werden. Häufig müssen auch Interessenabwägungen vorgenommen werden, zum Beispiel beim Einsatz von Cookies. Diese sind ebenfalls zu dokumentieren und auf Verlangen vorzulegen.

17.8.3 Eröffnung eines Kundenkontos

Für eine Warenbestellung ist es nicht erforderlich, die Daten des Kunden dauerhaft in einem Kundenkonto zu speichern. Deswegen ist eine Einwilligung für die Eröffnung eines Kundenkontos erforderlich. Eine Registrierung muss auf Freiwilligkeit beruhen, ansonsten könnte der Kunde von einer Bestellung abgehalten werden. Die Eröffnung eines Kundenkontos darf also nicht zur Voraussetzung gemacht werden, damit der Kunde überhaupt bestellen kann. Es muss auch eine Gastbestellung ermöglicht werden (siehe Abbildung 17.23).

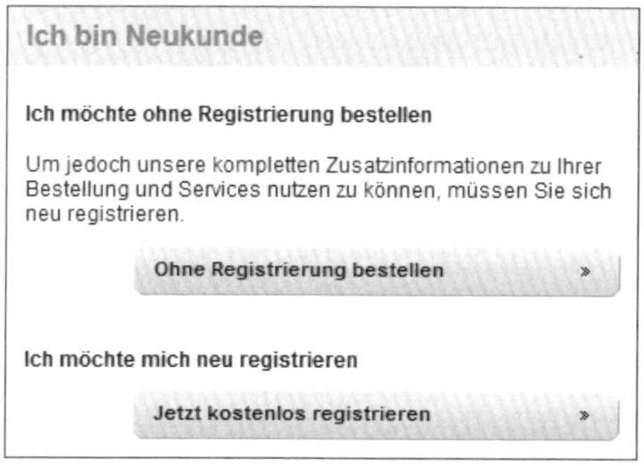

Abbildung 17.23 Bestellmöglichkeit im Shop ohne Eröffnung eines Kundenkontos

17.8.4 E-Mail-Werbung

Für den Versand von E-Mail-Werbung benötigen Sie grundsätzlich die Einwilligung des Adressaten. Diese setzt voraus, dass der Kunde durch eine ausdrückliche Handlung einwilligt (Opt-in-Checkbox), diese Einwilligung protokolliert wird (Logfiles) und ihr Inhalt für den Kunden jederzeit (zum Beispiel in der Datenschutzerklärung) abrufbar ist. Die Einwilligung zu E-Mail-Werbung muss laut Rechtsprechung des BGH immer separat eingeholt werden. Sie darf nicht in den AGB integriert werden. Außerdem müssen Sie, schon bevor der Nutzer seine Einwilligung erteilt, auf sein jederzeitiges Widerrufsrecht hinweisen, also darauf, dass der Nutzer sich jederzeit abmelden kann. Den Beweis, dass der Nutzer eingewilligt hat, müssen Sie als Versender erbringen. Dazu ist nur das sogenannte Double-Opt-in-Verfahren geeignet (siehe Abbildung 17.24). Dabei darf die Bestätigungs-E-Mail keine werblichen Elemente enthalten, sondern ausschließlich die Aufforderung, die Einwilligung zu bestätigen. Nach einer Entscheidung des OLG München soll zwar bereits die Bestätigungs-E-Mail unzulässige Werbung darstellen. Dabei handelt es sich aber um eine Einzelfallentscheidung, die nichts darüber aussagt, ob das Double-Opt-in-Verfahren grundsätzlich unzulässig ist. Zudem ist etwa das OLG Celle ausdrücklich anderer Meinung.

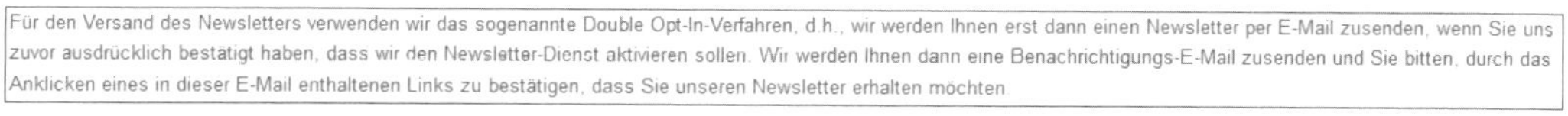
Für den Versand des Newsletters verwenden wir das sogenannte Double Opt-In-Verfahren, d.h., wir werden Ihnen erst dann einen Newsletter per E-Mail zusenden, wenn Sie uns zuvor ausdrücklich bestätigt haben, dass wir den Newsletter-Dienst aktivieren sollen. Wir werden Ihnen dann eine Benachrichtigungs-E-Mail zusenden und Sie bitten, durch das Anklicken eines in dieser E-Mail enthaltenen Links zu bestätigen, dass Sie unseren Newsletter erhalten möchten.

Abbildung 17.24 Anmeldung zum Newsletter mittels Double-Opt-in

Auch bei Aufforderungen zur Abgabe von Bewertungen oder Produktempfehlungen wie Tell-a-friend- oder Freundschaftswerbung handelt es sich um Werbung. Deswegen benötigen Sie auch hier die Einwilligung des Kunden für den Versand dieser

E-Mails. Bei Produktempfehlungen kennen Sie den Empfänger jedoch nicht und Sie können keine Einwilligung einholen. Trotzdem sind Sie als Online-Händler nach der Rechtsprechung des BGH für den Versand verantwortlich, da Sie diese Funktion auf Ihrer Website zur Verfügung gestellt haben. Wir empfehlen daher, auf solche Funktionen derzeit zu verzichten, falls Sie kein Risiko eingehen möchten.

Nutzen Sie die E-Mail-Adresse für Newsletter-Versand, besteht für Sie gemäß Art. 7 Abs. 3 DSGVO ebenfalls die Pflicht, den Kunden schon auf sein jederzeitiges Widerrufsrecht hinzuweisen, bevor er seine Einwilligung erteilt. Die Einwilligung muss dabei so leicht widerrufen werden können, wie die Einwilligung erteilt wurde. War zum Beispiel eine Anmeldung durch Anklicken möglich, darf der Kunde nicht dazu verpflichtet werden, sich per Post abzumelden.

Wenn Sie Werbe-E-Mails versenden, obwohl Ihnen keine Einwilligung vorliegt, handeln Sie wettbewerbswidrig und setzen sich der Gefahr von Abmahnungen durch Konkurrenten aus. Zudem steht dem Empfänger ein eigener Unterlassungsanspruch gegen Sie zu, egal, ob es sich bei ihm um einen Unternehmer oder Verbraucher handelt. Deswegen dürfen Sie auch eine Abmeldung vom Newsletter nicht einfach ignorieren. Erhält der Empfänger ihn weiterhin, liegt eine unzumutbare Belästigung vor, die Unterlassungsansprüche gegen Sie auslöst.

Lediglich § 7 Abs. 3 UWG bestimmt, unter welchen Voraussetzungen ein Newsletter-Versand auch ohne Einwilligung an Bestandskunden erfolgen kann. Der Versand ist danach zulässig, wenn Sie

1. die E-Mail-Adresse im Zusammenhang mit dem Verkauf einer Ware oder Dienstleistung vom Kunden selbst erhalten haben,
2. nur für eigene ähnliche Produkte werben,
3. den Kunden schon bei Erhebung und bei jeder Verwendung der E-Mail-Adresse auf sein Widerspruchsrecht (Abmeldemöglichkeit) hinweisen (siehe Abbildung 17.25) und
4. der Kunde der Verwendung seiner Daten zu diesem Zweck auch nicht widersprochen hat.

2.4.2 Produktempfehlungen per E-Mail
Als Kunde von [redacted] erhalten Sie regelmäßig Produktempfehlungen von uns per Mail. Diese Produktempfehlungen erhalten Sie von uns unabhängig davon, ob Sie einen Newsletter abonniert haben. Wir wollen Ihnen auf diese Weise Informationen über Produkte aus unserem Angebot zukommen lassen, die Sie auf Grundlage Ihrer letzten Einkäufe bei uns interessieren könnten. Dabei richten wir uns streng nach den gesetzlichen Vorgaben.

Sofern Sie keine Produktempfehlungen oder insgesamt keine werblichen Nachrichten mehr von uns erhalten wollen, können Sie dem jederzeit widersprechen, ohne dass hierfür andere als die Übermittlungskosten nach den Basistarifen entstehen. Eine Mitteilung in Textform an die unter Ziffer 1 genannten Kontaktdaten (z.B. E-Mail, Fax, Brief) reicht hierfür aus. Selbstverständlich finden Sie auch in jeder E-Mail einen Abmelde-Link.

Abbildung 17.25 Hinweis auf Newsletter-Versand ohne ausdrückliche Einwilligung

Wir empfehlen, trotzdem eine Einwilligung des Kunden einzuholen, da diese Voraussetzungen fast nie erfüllt sein werden. Häufig scheitert es daran, dass nicht bereits bei

Erhebung der E-Mail-Adresse im Eingabeformular auf den Werbezweck hingewiesen oder nicht nur für ähnliche Produkte geworben wird. Die Rechtsprechung legt den Begriff der Ähnlichkeit sehr eng aus, das heißt, wer etwa ein Notebook verkauft hat, darf nicht ohne Einwilligung Werbung für ein Tablet, sondern nur für andere Notebooks versenden.

Muster: Erlaubnis zur E-Mail-Werbung

[ ] Ich möchte regelmäßig Angebote aus der Kategorie ... per E-Mail erhalten. Meine E-Mail-Adresse wird nicht an andere Unternehmen weitergegeben. Diese Einwilligung zur Nutzung meiner E-Mail-Adresse für Werbezwecke kann ich jederzeit mit Wirkung für die Zukunft widerrufen, indem ich den Link »Abmelden« am Ende des Newsletters anklicke oder die Abmeldefunktion auf dieser Seite nutze.

17.8.5 Verwendung von Cookies

Wenn Cookies eingesetzt werden sollen, müssen Sie vorab eine Prüfung vornehmen, ob diese technisch notwendig sind oder ob es sich um technisch nicht notwendige Cookies handelt. Diese Prüfung ist erforderlich, da der EuGH im Oktober 2019 auf Vorlage des BGH entschieden hat, dass eine aktive Zustimmung der Nutzer für eine wirksame Einwilligung in die Nutzung von Cookies vonnöten ist. Eine Ausnahme dieses Einwilligungserfordernisses sah der EuGH für Cookies, die für die Bereitstellung des gewünschten Dienstes unbedingt erforderlich sind. Dieser Rechtsprechung schloss sich der BGH im Jahr 2020 an.

In Anlehnung an diese Rechtsprechung ist zum 01.12.2021 das TTDSG (Gesetz zur Regelung des Datenschutzes und des Schutzes der Privatsphäre in der Telekommunikation und bei Telemedien) in Kraft getreten.

Dieses regelt in § 25 Abs. 1 TTDSG, dass Dritte Informationen auf Endeinrichtungen des Endnutzers nur speichern oder auf gespeicherte Informationen zugreifen dürfen, wenn der Endnutzer darüber informiert wurde und eingewilligt hat. Die Information und die Einwilligung haben nach den Vorschriften der DSGVO zu erfolgen. Das Einwilligungserfordernis gilt jedoch nicht ausnahmslos. Nach § 25 Abs. 2 Nr. 2 TTDSG bedarf es keiner Einwilligung, wenn die Speicherung von oder der Zugriff auf die Informationen unbedingt erforderlich ist, um vom Endnutzer nachgefragte Telemedien bereitzustellen.

Technisch notwendige Cookies können zum Beispiel User-Input-Cookies (für den Warenkorb), Authentifizierungscookies, nutzerorientierte Sicherheitscookies oder Cookies zur Anpassung der Benutzeroberfläche (Speicherung der Spracheinstellung) sein. Für das Setzen solcher Cookies muss keine Einwilligung des Nutzers eingeholt werden.

Dient das Setzen oder der Abruf von Cookies (oder einer vergleichbaren Technologie) auf dem Endgerät des Nutzers jedoch der Erstellung von Nutzungsprofilen dem »Zwecke der Werbung oder Marktforschung«, so ist die vorherige Einwilligung des Nutzers der Website grundsätzlich erforderlich. Es spielt dabei keine Rolle, ob das Cookie oder die eingesetzte Technik personenbezogene Daten beinhaltet oder nicht. So fallen auch Tracking-Mechanismen unter das Einwilligungserfordernis, die anonymisierte Nutzungsprofile (beispielsweise durch IDs) erstellen.

Als allgemeine Faustregel gilt: Muss das Cookie/die ähnliche Technologie wirklich eingesetzt werden, damit der vom Nutzer ausdrücklich gewünschte Webdienst oder auch die Webapplikation genutzt werden kann?

Für Online-Marketing-Tools, insbesondere für Tracking- oder Remarketing-Tools, trifft dies nicht zu. Sie gelten nicht als essenzielle Webtechniken, unabhängig davon, ob es sich um Drittanbieter-Tools oder eigene Techniken handelt.

Eine Möglichkeit zum Einholen einer wirksamen Einwilligung kann der Einsatz eines Cookie-Banners bieten. Die Aufsichtsbehörden stellen in ihrer Orientierungshilfe folgende Anforderungen an die Ausgestaltung:

- Das Banner muss eine Übersicht aller einwilligungsbedürftigen Verarbeitungsvorgänge enthalten sowie eine Möglichkeit, diese zu aktivieren (= nicht vorangekreuzte Checkbox).
- Den Zugriff auf Impressum und Datenschutzerklärung darf der Cookie-Banner nicht verhindern.
- Erst wenn der Nutzer informiert und freiwillig in die Datenverarbeitung eingewilligt hat, dürfen die Tracking-Maßnahmen ausgeführt werden.

Allerdings genügt der Großteil der Cookie-Banner, denen man begegnet, diesen Anforderungen nicht. Cookies werden gesetzt, sobald man die Seite betritt und eine Ablehnung einzelner Tracking-Maßnahmen ist häufig nicht möglich. Ein Cookie-Banner, bei dem alle Cookies vorausgewählt sind (sogenanntes Opt-out), erfüllt die Anforderungen an eine informierte und freiwillige Einwilligung ebenso wenig (EuGH, BGH, LG Rostock). Auch Formulierungen wie »Durch Weitersurfen stimmen Sie zu, dass [...]« stellen keine Einwilligung dar (LG Köln). Die farbliche Hervorhebung des Akzeptieren-Buttons sorgt außerdem aktuell für eine Beschwerdewelle.

Consent-Management-Tools haben sich hingegen als Best-Practice-Lösung etabliert, um dem Einwilligungserfordernis für technisch nicht notwendige Cookies nachzukommen. Im Gegensatz zu einfachen Cookie-Bannern ermöglichen Consent-Manager zudem, dass die bzw. der Verantwortliche ihrer bzw. seiner Rechenschaftspflicht nachkommt, weil jede abgegebene Einwilligung dokumentiert wird.

17.8.6 Datenschutzerklärung richtig erstellen

Sie müssen die betroffene Person in präziser, transparenter, verständlicher und leicht zugänglicher Form in einer klaren und einfachen Sprache informieren (Art. 12 Abs. 1 DSGVO). Wichtige Inhalte der Datenschutzerklärung sind Art, Umfang und Zweck der Datenverarbeitung, Übermittlung in Drittländer, Information über anonyme oder pseudonyme Nutzungsmöglichkeiten (falls möglich), Information über eventuell bestehende Widerspruchs- und Widerrufsmöglichkeiten, Information über Auskunfts-, Berichtigungs-, Sperrungs- und Löschungsrechte und das Recht auf Datenübertragbarkeit, Informationen über Cookies und gegebenenfalls Wiedergabe von erteilten Einwilligungen (Newsletter-Anmeldung etc.).

Abbildung 17.26 »Sprechender« Link zur Datenschutzerklärung

Diese Unterrichtung können Sie zentral in einer Datenschutzerklärung oder auf einer Kundeninformationsseite unterbringen, und sie muss über einen »sprechenden« Link erreichbar sein (siehe Abbildung 17.26). Zulässige Linkbezeichnungen sind zum Beispiel »Datenschutz«, »Datenschutzerklärung« oder »Datenschutzinformationen«. Zudem muss der Nutzer die Datenschutzerklärung jederzeit abrufen können.

Basismuster Datenschutzerklärung

Folgendes Muster können Sie für eine Datenschutzerklärung verwenden, wenn Sie die Kundendaten auch über die Abwicklung einer Bestellung hinaus nutzen, zum Beispiel bei Speicherung unter einem Kundenkonto, beim Newsletter-Versand oder beim Einsatz von Web-Analyse-Tools. Dennoch müssen Sie die Einwilligungen hierfür noch einmal separat und ausdrücklich (durch eine nicht vorangekreuzte Checkbox) im Bestellprozess einholen. Sie werden in der Datenschutzerklärung nur wiederholt.

Muster: Basis-Datenschutzerklärung mit Kundenregistrierung und Newsletter-Versand

Datenschutzerklärung

Verantwortlicher für die Datenverarbeitung ist:

[Name,

Adresse,

E-Mail]

Wir freuen uns über Ihr Interesse an unserem Online-Shop. Der Schutz Ihrer Privatsphäre ist für uns sehr wichtig. Nachstehend informieren wir Sie ausführlich über den Umgang mit Ihren Daten.

1. Zugriffsdaten und Hosting

Sie können unsere Webseiten besuchen, ohne Angaben zu Ihrer Person zu machen. Bei jedem Aufruf einer Webseite speichert der Webserver lediglich automatisch ein sogenanntes Server-Logfile, das zum Beispiel den Namen der angeforderten Datei, Ihre IP-Adresse, Datum und Uhrzeit des Abrufs, übertragene Datenmenge und den anfragenden Provider (Zugriffsdaten) enthält und den Abruf dokumentiert. Diese Zugriffsdaten werden ausschließlich zum Zwecke der Sicherstellung eines störungsfreien Betriebs der Seite sowie der Verbesserung unseres Angebots ausgewertet. Dies dient der Wahrung unserer im Rahmen einer Interessenabwägung überwiegenden berechtigten Interessen an einer korrekten Darstellung unseres Angebots gemäß Art. 6 Abs. 1 S. 1 lit. f DSGVO. Alle Zugriffsdaten werden spätestens sieben Tage nach Ende Ihres Seitenbesuchs gelöscht.

Hosting

Die Dienste zum Hosting und zur Darstellung der Webseite werden teilweise durch unsere Dienstleister im Rahmen einer Verarbeitung in unserem Auftrag erbracht. Soweit im Rahmen der vorliegenden Datenschutzerklärung nichts anderes erläutert wird, werden alle Zugriffsdaten sowie alle Daten, die in dafür vorgesehenen Formularen auf dieser Webseite erhoben werden, auf ihren Servern verarbeitet. Bei Fragen zu unseren Dienstleistern und der Grundlage unserer Zusammenarbeit mit ihnen wenden Sie sich bitte an die in dieser Datenschutzerklärung beschriebene Kontaktmöglichkeit.

2. Datenverarbeitung zur Vertragsabwicklung und zur Kontaktaufnahme

2.1 Datenverarbeitung zur Vertragsabwicklung

Zum Zwecke der Vertragsabwicklung gemäß Art. 6 Abs. 1 S. 1 lit. b DSGVO erheben wir personenbezogene Daten, wenn Sie uns diese im Rahmen Ihrer Bestellung freiwillig mitteilen. Pflichtfelder werden als solche gekennzeichnet, da wir in diesen Fällen die Daten zwingend zur Vertragsabwicklung benötigen und wir ohne deren Angabe die Bestellung nicht versenden können. Welche Daten erhoben werden, ist aus den jeweiligen Eingabeformularen ersichtlich.

Weitere Informationen zu der Verarbeitung Ihrer Daten, insbesondere zu der Weitergabe an unsere Dienstleister zum Zwecke der Bestellungs-, Zahlungs- und Versandabwicklung, finden Sie in den nachfolgenden Abschnitten dieser Datenschutzerklärung. Nach vollständiger Abwicklung des Vertrages werden Ihre Daten für die weitere Verarbeitung eingeschränkt und nach Ablauf der steuer- und handelsrechtlichen Aufbewahrungsfristen gemäß Art. 6 Abs. 1 S. 1 lit. c DSGVO gelöscht, sofern Sie nicht ausdrücklich in eine weitere Nutzung Ihrer Daten gemäß Art. 6 Abs. 1 S. 1 lit. a DSGVO eingewilligt haben oder wir uns eine darüber hinausgehende Datenverwendung vorbehalten, die gesetzlich erlaubt ist und über die wir Sie in dieser Erklärung informieren.

2.2 Kundenkonto

Soweit Sie hierzu Ihre Einwilligung nach Art. 6 Abs. 1 S. 1 lit. a DSGVO erteilt haben, indem Sie sich für die Eröffnung eines Kundenkontos entscheiden, verwenden wir Ihre Daten zum Zwecke der Kundenkontoeröffnung sowie zur Speicherung Ihrer Daten für weitere zukünftige Bestellungen auf unserer Webseite. Die Löschung Ihres Kundenkontos ist jederzeit möglich und kann entweder durch eine Nachricht an die in dieser Datenschutzerklärung beschriebene Kontaktmöglichkeit oder über eine dafür vorgesehene Funktion im Kundenkonto erfolgen. Nach Löschung Ihres Kundenkontos werden Ihre Daten gelöscht, sofern Sie nicht ausdrücklich in eine weitere Nutzung Ihrer Daten gemäß Art. 6 Abs. 1 S. 1 lit. a DSGVO eingewilligt haben oder wir uns eine darüber hinausgehende Datenverwendung vorbehalten, die gesetzlich erlaubt ist und über die wir Sie in dieser Erklärung informieren.

2.3 Kontaktaufnahme

Im Rahmen der Kundenkommunikation erheben wir zur Bearbeitung Ihrer Anfragen gemäß Art. 6 Abs. 1 S. 1 lit. b DSGVO personenbezogene Daten, wenn Sie uns diese bei einer Kontaktaufnahme mit uns (zum Beispiel per Kontaktformular oder E-Mail) freiwillig mitteilen. Pflichtfelder werden als solche gekennzeichnet, da wir in diesen Fällen die Daten zwingend zur Bearbeitung Ihrer Kontaktaufnahme benötigen. Welche Daten erhoben werden, ist aus den jeweiligen Eingabeformularen ersichtlich. Nach vollständiger Bearbeitung Ihrer Anfrage werden Ihre Daten gelöscht, sofern Sie nicht ausdrücklich in eine weitere Nutzung Ihrer Daten gemäß Art. 6 Abs. 1 S. 1 lit. a DSGVO eingewilligt haben oder wir uns eine darüber hinausgehende Datenverwendung vorbehalten, die gesetzlich erlaubt ist und über die wir Sie in dieser Erklärung informieren.

3. Datenverarbeitung zum Zwecke der Versandabwicklung

Zur Vertragserfüllung gemäß Art. 6 Abs. 1 S. 1 lit. b DSGVO geben wir Ihre Daten an den mit der Lieferung beauftragten Versanddienstleister weiter, soweit dies zur Lieferung bestellter Waren erforderlich ist.

4. Datenverarbeitung zur Zahlungsabwicklung

Bei der Abwicklung von Zahlungen in unserem Online-Shop arbeiten wir mit diesen Partnern zusammen: technische Dienstleister, Kreditinstitute, Zahlungsdienstleister.

4.1 Datenverarbeitung zur Transaktionsabwicklung

Je nach ausgewählter Zahlungsart geben wir die für die Abwicklung der Zahlungstransaktion notwendigen Daten an unsere technischen Dienstleister, die im Rahmen einer Auftragsverarbeitung für uns tätig sind, oder an die beauftragten Kreditinstitute oder an den ausgewählten Zahlungsdienstleister weiter, soweit dies zur Abwicklung der Zahlung erforderlich ist. Dies dient der Vertragserfüllung gemäß Art. 6 Abs. 1

S. 1 lit. b DSGVO. Zum Teil erheben die Zahlungsdienstleister die für die Abwicklung der Zahlung erforderlichen Daten selbst, zum Beispiel auf ihrer eigenen Webseite oder über eine technische Einbindung im Bestellprozess. Es gilt insoweit die Datenschutzerklärung des jeweiligen Zahlungsdienstleisters.

Bei Fragen zu unseren Partnern für die Zahlungsabwicklung und der Grundlage unserer Zusammenarbeit mit ihnen wenden Sie sich bitte an die in dieser Datenschutzerklärung beschriebenen Kontaktmöglichkeit.

4.2 Datenverarbeitung zum Zwecke der Betrugsprävention und der Optimierung unserer Zahlungsprozesse

Gegebenenfalls geben wir unseren Dienstleistern weitere Daten, die sie zusammen mit den für die Abwicklung der Zahlung notwendigen Daten als unsere Auftragsverarbeiter zum Zwecke der Betrugsprävention und der Optimierung unserer Zahlungsprozesse (zum Beispiel Rechnungsstellung, Abwicklung von angefochtenen Zahlungen, Unterstützung der Buchhaltung) verwenden. Dies dient gemäß Art. 6 Abs. 1 S. 1 lit. f DSGVO der Wahrung unserer im Rahmen einer Interessenabwägung überwiegenden berechtigten Interessen an unserer Absicherung gegen Betrug bzw. an einem effizienten Zahlungsmanagement.

5. Werbung per E-Mail

5.1 E-Mail-Newsletter mit Anmeldung

Wenn Sie sich zu unserem Newsletter anmelden, verwenden wir die hierfür erforderlichen oder gesondert von Ihnen mitgeteilten Daten, um Ihnen regelmäßig unseren E-Mail-Newsletter aufgrund Ihrer Einwilligung gemäß Art. 6 Abs. 1 S. 1 lit. a DSGVO zuzusenden. Die Abmeldung vom Newsletter ist jederzeit möglich und kann entweder durch eine Nachricht an die unten beschriebene Kontaktmöglichkeit oder über einen dafür vorgesehenen Link im Newsletter erfolgen. Nach Abmeldung löschen wir Ihre E-Mail-Adresse aus der Empfängerliste, soweit Sie nicht ausdrücklich in eine weitere Nutzung Ihrer Daten gemäß Art. 6 Abs. 1 S. 1 lit. a DSGVO eingewilligt haben oder wir uns eine darüber hinausgehende Datenverwendung vorbehalten, die gesetzlich erlaubt ist und über die wir Sie in dieser Erklärung informieren.

5.2 Newsletterversand

Der Newsletter wird gegebenenfalls auch durch unsere Dienstleister im Rahmen einer Verarbeitung in unserem Auftrag versendet. Bei Fragen zu unseren Dienstleistern und der Grundlage unserer Zusammenarbeit mit ihnen wenden Sie sich bitte an die in dieser Datenschutzerklärung beschriebenen Kontaktmöglichkeit.

6. Kontaktmöglichkeiten und Ihre Rechte

6.1 Ihre Rechte

Als Betroffener haben Sie folgende Rechte:

- gemäß Art. 15 DSGVO das Recht, in dem dort bezeichneten Umfang Auskunft über Ihre von uns verarbeiteten personenbezogenen Daten zu verlangen

- gemäß Art. 16 DSGVO das Recht, unverzüglich die Berichtigung unrichtiger oder Vervollständigung Ihrer bei uns gespeicherten personenbezogenen Daten zu verlangen
- gemäß Art. 17 DSGVO das Recht, die Löschung Ihrer bei uns gespeicherten personenbezogenen Daten zu verlangen, soweit nicht die weitere Verarbeitung
  - zur Ausübung des Rechts auf freie Meinungsäußerung und Information,
  - zur Erfüllung einer rechtlichen Verpflichtung,
  - aus Gründen des öffentlichen Interesses oder
  - zur Geltendmachung, Ausübung oder Verteidigung von Rechtsansprüchen erforderlich ist
- gemäß Art. 18 DSGVO das Recht, die Einschränkung der Verarbeitung Ihrer personenbezogenen Daten zu verlangen, soweit
  - die Richtigkeit der Daten von Ihnen bestritten wird,
  - die Verarbeitung unrechtmäßig ist, Sie aber deren Löschung ablehnen,
  - wir die Daten nicht mehr benötigen, Sie diese jedoch zur Geltendmachung, Ausübung oder Verteidigung von Rechtsansprüchen benötigen oder
  - Sie gemäß Art. 21 DSGVO Widerspruch gegen die Verarbeitung eingelegt haben
- gemäß Art. 20 DSGVO das Recht, Ihre personenbezogenen Daten, die Sie uns bereitgestellt haben, in einem strukturierten, gängigen und maschinenlesbaren Format zu erhalten oder die Übermittlung an einen anderen Verantwortlichen zu verlangen;
- gemäß Art. 77 DSGVO das Recht, sich bei einer Aufsichtsbehörde zu beschweren. In der Regel können Sie sich hierfür an die Aufsichtsbehörde Ihres üblichen Aufenthaltsortes oder Arbeitsplatzes oder unseres Unternehmenssitzes wenden.

Widerspruchsrecht

Soweit wir zur Wahrung unserer im Rahmen einer Interessenabwägung überwiegenden berechtigten Interessen personenbezogene Daten wie oben erläutert verarbeiten, können Sie dieser Verarbeitung mit Wirkung für die Zukunft widersprechen. Erfolgt die Verarbeitung zu Zwecken des Direktmarketings, können Sie dieses Recht jederzeit wie oben beschrieben ausüben. Soweit die Verarbeitung zu anderen Zwecken erfolgt, steht Ihnen ein Widerspruchsrecht nur bei Vorliegen von Gründen, die sich aus Ihrer besonderen Situation ergeben, zu.

Nach Ausübung Ihres Widerspruchsrechts werden wir Ihre personenbezogenen Daten nicht weiter zu diesen Zwecken verarbeiten, es sei denn, wir können zwingende schutzwürdige Gründe für die Verarbeitung nachweisen, die Ihre Interessen, Rechte und Freiheiten überwiegen, oder wenn die Verarbeitung der Geltendmachung, Ausübung oder Verteidigung von Rechtsansprüchen dient.

Dies gilt nicht, wenn die Verarbeitung zu Zwecken des Direktmarketings erfolgt. Dann werden wir Ihre personenbezogenen Daten nicht weiter zu diesem Zweck verarbeiten.

6.2 Kontaktmöglichkeiten

Bei Fragen zur Erhebung, Verarbeitung oder Nutzung Ihrer personenbezogenen Daten, bei Auskünften, Berichtigung, Einschränkung oder Löschung von Daten sowie Widerruf gegebenenfalls erteilter Einwilligungen oder Widerspruch gegen eine bestimmte Datenverwendung wenden Sie sich bitte an:

[Name,

Adresse,

E-Mail]

Deutschland

Webanalysetools

Beim Einsatz von Webanalysetools findet eine Profilbildung statt, deshalb muss der Nutzer darüber informiert werden. Außerdem muss er auch erfahren, wie er dieser Profilbildung widersprechen kann. Das bedeutet, dass der Kunde sich ausdrücklich damit einverstanden erklären muss, dass sein Nutzungsprofil in Zusammenhang mit seinen personenbezogenen Daten gebracht und zu gezielter Analyse genutzt wird.

Muster: Einsatz von Google (Universal) Analytics zur Webanalyse

Einsatz von Google-Diensten zu Webanalyse und Werbezwecken

Wir verwenden die nachfolgend dargestellten Technologien der Google Ireland Ltd., Gordon House, Barrow Street, Dublin 4, Irland (»Google«). Die durch die Google Technologien automatisch erhobenen Informationen über Ihre Nutzung unserer Webseite werden in der Regel an einen Server der Google LLC, 1600 Amphitheatre Parkway Mountain View, CA 94043, USA übertragen und dort gespeichert. Für die USA liegt kein Angemessenheitsbeschluss der Europäischen Kommission vor. Unsere Zusammenarbeit mit ihnen stützt sich auf Standarddatenschutzklauseln der Europäischen Kommission. Sofern Ihre IP-Adresse über die Google Technologien erhoben wird, wird sie vor der Speicherung auf den Servern von Google durch die Aktivierung der IP-Anonymisierung gekürzt. Nur in Ausnahmefällen wird die volle IP-Adresse an einen Server von Google übertragen und dort gekürzt. Soweit bei den einzelnen Technologien nichts Abweichendes angeben ist, erfolgt die Datenverarbeitung auf Grundlage einer für die jeweilige Technologie geschlossenen Vereinbarung zwischen gemeinsam Verantwortlichen gemäß Art. 26 DSGVO. Weitergehende Informationen über die Datenverarbeitung durch Google finden Sie in den Datenschutzhinweisen von Google (*https://policies.google.com/privacy?hl=de*).

Google Analytics

Zum Zweck der Webseitenanalyse werden mit Google Analytics Daten (IP-Adresse, Zeitpunkt des Besuchs, Geräte- und Browser-Informationen sowie Informationen zu Ihrer Nutzung unserer Webseite) automatisch erhoben und gespeichert, aus denen unter Verwendung von Pseudonymen Nutzungsprofile erstellt werden. Hierzu können Cookies eingesetzt werden. Ihre IP-Adresse wird grundsätzlich nicht mit anderen Daten von Google zusammengeführt. Die Datenverarbeitung erfolgt auf Grundlage einer Vereinbarung über die Auftragsverarbeitung durch Google.

Zum Zwecke der optimierten Vermarktung unserer Webseite haben wir die **Datenfreigabeeinstellungen für "Google-Produkte und -Dienste"** aktiviert. So kann Google auf die von Google Analytics erhobenen und verarbeiteten Daten zugreifen und anschließend zur Verbesserung der Google-Dienste verwenden. Die Datenfreigabe an Google im Rahmen dieser Datenfreigabeeinstellungen erfolgt auf Grundlage einer zusätzlichen Vereinbarung zwischen den Verantwortlichen. Wir haben keinen Einfluss auf die anschließende Datenverarbeitung durch Google.

Zum Zwecke der optimierten Vermarktung unserer Webseite nutzen wir die sogenannte **User-ID-Funktion**. Mithilfe dieser Funktion können wir Ihren Interaktionsdaten einer oder mehreren Sitzungen auf unseren Online-Auftritten eine eindeutige, permanente ID zuweisen und somit Ihr Nutzerverhalten geräte- und sitzungsüber-übergreifend analysieren.

Zur Erstellung und Durchführung von Tests verwenden wir zudem die Erweiterungsfunktion von Google Analytics **Google Optimize**.

Zur Webanalyse wird durch die Erweiterungsfunktion von Google Analytics **Google Signals** ein sogenanntes Cross-Device Tracking ermöglicht. Soweit Ihre internetfähigen Geräte mit Ihrem Google-Konto verknüpft sind und Sie die Einstellung »personalisierte Werbung« in Ihrem Google Konto aktiviert haben, kann Google Berichte über Ihr Nutzungsverhalten (insbesondere die geräteübergreifenden Nutzerzahlen) erstellen, auch wenn Sie Ihr Endgerät wechseln. Eine Verarbeitung von personenbezogenen Daten durch uns findet insoweit nicht statt, wir erhalten lediglich auf Basis von Google Signals erstellte Statistiken.

Zu Webanalyse und Werbezwecken wird durch die Erweiterungsfunktion von Google Analytics, das sogenannte **DoubleClick-Cookie**, eine Wiedererkennung Ihres Browsers beim Besuch anderer Webseiten ermöglicht. Google wird diese Informationen benutzen, um Reports über die Webseitenaktivitäten zusammenzustellen und um weitere mit der Webseitennutzung verbundene Dienstleistungen zu erbringen.

Wiederholung von Einwilligungen in der Datenschutzerklärung

Der Nutzer muss den Inhalt elektronischer Einwilligungen jederzeit abrufen können. Das bedeutet, dass Sie Einwilligungen, die zum Beispiel für den Newsletter-Versand erteilt wurden, in der Datenschutzerklärung wiederholen müssen. Die eigentlichen Einwilligungen sind jedoch gesondert und ausdrücklich (Opt-in) im Bestellprozess oder bei der Registrierung einzuholen. Daher muss dem Nutzer klar sein, dass es sich um die Wiederholung bereits erteilter Einwilligungen handelt, und ihre Inhalte müssen übereinstimmen.

Bitte beachten Sie, dass es sich bei den nachfolgenden Einwilligungstexten um Beispiele handelt, die Sie anpassen müssen, je nachdem, welchen Text Sie im Bestellprozess verwenden. Sie können je nach Bedarf auch weitere Einwilligungen aufnehmen oder weglassen.

Muster: Wiederholung von Einwilligungserklärungen

Die nachstehende(n) Einwilligung(en) haben Sie uns gegebenenfalls ausdrücklich erteilt, und wir haben Ihre Einwilligung protokolliert. Nach dem Telemediengesetz sind wir verpflichtet, den Inhalt von Einwilligungen jederzeit zum Abruf bereitzuhalten. Sie können Ihre Einwilligung(en) jederzeit mit Wirkung für die Zukunft widerrufen.

a) Erlaubnis zur E-Mail-Werbung (anpassen an den Text im Bestellprozess)

Ich möchte regelmäßig Angebote zu Produkten aus der Kategorie ... per E-Mail erhalten. Meine E-Mail-Adresse wird nicht an andere Unternehmen weitergegeben. Diese Einwilligung zur Nutzung meiner E-Mail-Adresse für Werbezwecke kann ich jederzeit mit Wirkung für die Zukunft widerrufen, indem ich den Link »Abmelden« am Ende des Newsletters anklicke.

b) Registrierung (anpassen an den Text im Bestellprozess)

Ich möchte mich für künftige Bestellungen registrieren und bitte um Aufnahme meiner Daten in Ihre Kundendatenbank.

c) Bonitätsprüfung (anpassen an den Text im Bestellprozess)

Ich willige ein, dass von [DemoShop] zum Zweck der eigenen Kreditprüfung gegebenenfalls Bonitätsauskünfte auf der Basis mathematisch-statistischer Verfahren von der [Beispiel-Auskunftei, Beispielstr. 1, 11111 Beispielstadt] abgerufen werden. Meine Einwilligung kann ich jederzeit mit Wirkung für die Zukunft widerrufen. Detaillierte Informationen zur Arbeitsweise der [Beispiel-Auskunftei] finde ich unter *www.beispiel-auskunftei.de*.

17.8.7 Häufige Fehler im Bereich Datenschutz

Im Zusammenhang mit der Prüfung von Online-Shops fallen uns beim Thema Datenschutz häufig folgende Fehler auf:

- Häufig findet sich in der Datenschutzerklärung der Hinweis, dass die Kundendaten ausschließlich zur Vertragserfüllung genutzt werden. Das ist unzutreffend, wenn der Nutzer einen Newsletter abonnieren kann, denn dann wird die E-Mail-

Adresse auch zu Marketing- und Werbezwecken genutzt. Dies muss in der Datenschutzerklärung zum Ausdruck kommen.

- Sie dürfen eine Bonitätsprüfung ohne Einwilligung des Kunden nur bei berechtigtem Interesse durchführen. Das ist zum Beispiel der Fall, wenn Sie in Vorleistung treten und einen Kauf auf Rechnung ermöglichen. Dann müssen Sie hierüber in der Datenschutzerklärung informieren. Besteht kein berechtigtes Interesse (zum Beispiel bei Lieferung gegen Vorkasse), benötigen Sie die ausdrückliche Einwilligung (Opt-in) des Kunden.
- Wenn Sie formularmäßig von Verbrauchern eine Einwilligung einholen, die Sie zu uneingeschränkter telefonischer Werbung berechtigen soll, ist diese Klausel unwirksam.
- Bauen Sie eine Einwilligungsklausel ohne sachlichen Zusammenhang in die AGB ein, ist sie nicht transparent und damit unwirksam.
- Sie müssen den Abonnenten schon vor Einholung seiner Einwilligung (»Anmeldung«) auf die Widerrufsmöglichkeit mit Wirkung für die Zukunft (»Abbestellen«) hinweisen, wenn Sie seine E-Mail-Adresse zu Werbezwecken (Newsletter-Abonnement) nutzen.

17.8.8 Checkliste für Ihre Datenschutzerklärung

Die nachfolgenden Punkte sollten Sie bei Ihrer Datenschutzerklärung beachten:

- Die Datenschutzerklärung ist mittels eines »sprechenden« Links auf jeder Seite abrufbar
- Informationen zu Art, Umfang und Zweck jeder Erhebung und Verwendung von personenbezogenen Daten, insbesondere auch zu nicht sichtbaren, automatisierten Datenerhebungen auf der Website (zum Beispiel durch Webanalysedienste oder Social Plugins), in allgemein verständlicher Form
- Hinweis auf die anonyme oder pseudonyme Nutzungsmöglichkeit der Website
- Information über die Erhebung und Verwendung von Bestandsdaten zur Vertragserfüllung
- Informationen über den Einsatz von Cookies (Verwendungszweck und Möglichkeit zur Ablehnung bestimmter/aller Cookies über den Browser)
- Hinweis auf gegebenenfalls bestehende Widerspruchs- oder Widerrufsmöglichkeiten gegen die Nutzung von Daten zu Werbezwecken
- Wiederholung von im Shop erteilten Einwilligungen in der Datenschutzerklärung (Inhalt der Einwilligung muss jederzeit abrufbar sein)
- Information über Auskunfts-, Berichtigungs-, Sperrungs- und Löschungsrechte

- Hinweis auf Datenverarbeitungen in Drittstaaten ohne angemessenes Datenschutzniveau (zum Beispiel USA)
- Bei Datenweitergabe an Dritte außerhalb der Vertragserfüllung: Nennung der Empfänger und des Zwecks der Weitergabe
- Benennung des Datenschutzbeauftragten, sofern bestellt

17.9 Rechtliche Hürden und Risiken

Wenn Sie die gesetzlichen Vorgaben nicht beachten, drohen Ihnen nach deutschem Recht Abmahnungen – nicht nur durch Konkurrenten, sondern auch zum Beispiel durch Verbraucherverbände. Die Abmahnung ist die häufigste Maßnahme bei Rechtsverstößen.

Nimmt ein Online-Händler unlautere Wettbewerbshandlungen vor, wie zum Beispiel irreführende Werbung oder unzumutbare Belästigungen, bestehen gegen ihn Unterlassungs- und Beseitigungsansprüche, Schadensersatz- und Gewinnabschöpfungsansprüche nach §§ 8–10 UWG. Voraussetzung für einen Unterlassungsanspruch ist immer eine Wiederholungsgefahr. Diese wird jedoch vermutet, wenn Sie bereits einmal eine Rechtsverletzung begangen haben.

Häufige Fehlerquellen, die uns im Zusammenhang mit Online-Shops immer wieder auffallen, sind insbesondere:

- unzulässige Klauseln in den AGB
- irreführende Angaben zur Verfügbarkeit von Waren
- fehlerhaftes oder unvollständiges Impressum
- fehlerhafte oder unvollständige Preisangaben
- fehlerhafte oder unvollständige Angaben zum Widerrufsrecht

17.9.1 Was ist eine Abmahnung?

Die Abmahnung ist gemäß § 13 Abs. 1 UWG grundsätzlich ein erlaubtes Mittel, um einen Unterlassungsanspruch wegen einer Rechtsverletzung außergerichtlich durchzusetzen. Sie soll demjenigen, der die Rechtsverletzung begeht, die Möglichkeit geben, den Rechtsstreit zu vermeiden. Dazu muss er eine Erklärung abgeben, dass er die beanstandete Handlung künftig unterlassen werde. Mit der Abmahnung wird meist eine vorformulierte Unterlassungserklärung und eine Rechnung über die zu zahlenden Anwaltskosten verschickt. Nach § 13 Abs. 2 UWG müssen klar und verständlich angegeben werden:

- der Name oder die Firma des Abmahnenden sowie die Voraussetzungen der Anspruchsberechtigung

- der Vorwurf eines Rechtsverstoßes, also einer genauen Schilderung des beanstandeten Verhaltens und einer rechtlichen Bewertung
- ob und in welcher Höhe ein Aufwendungsersatzanspruch geltend gemacht wird und wie sich dieser berechnet

Außerdem beinhaltet eine Abmahnung:

- die Aufforderung, das beanstandete Verhalten künftig zu unterlassen und eine mit Strafe bedrohte Unterlassungserklärung abzugeben, damit die Wiederholungsgefahr ausgeschlossen wird
- eine (meist sehr kurz bemessenen) Frist und der Androhung, den Anspruch gerichtlich durchzusetzen, falls die Frist erfolglos verstreichen sollte

Diese mit Strafe bedrohte Unterlassungserklärung ihrerseits besteht regelmäßig auch aus mehreren Teilen:

- der Unterlassungsverpflichtung, also einer Beschreibung der Handlungen, die der Abgemahnte künftig unterlassen soll
- der Verpflichtung, im Falle eines Verstoßes gegen die zu unterlassende Handlung eine bestimmte Vertragsstrafe zu zahlen
- der Verpflichtung, die entstandenen Abmahnkosten zu zahlen, einschließlich einer Frist, innerhalb deren diese zu zahlen sind

Eine bestimmte Form ist nicht vorgeschrieben, deshalb sollten Sie auch Abmahnungen per Telefon oder E-Mail ernst nehmen. Aus Beweisgründen erfolgen sie meistens jedoch per Post oder Fax. Aber auch eine per E-Mail verschickte Abmahnung gilt als zugegangen, wenn sie in Ihrer Firewall hängen bleibt und Sie sie deswegen nicht lesen. Es ist auch möglich, eine Unterlassungserklärung ohne vorherige Abmahnung durchzusetzen. Dabei riskiert der Abmahner allerdings, dass der geltend gemachte Anspruch direkt anerkannt wird und er so die Kosten des Verfahrens tragen müsste.

Wenn der Konkurrent nicht durch die Abmahnung sein Ziel erreicht, kann er seinen Anspruch immer noch im Wege einer einstweiligen Verfügung oder in einem gerichtlichen Hauptsacheverfahren durchsetzen. Bei Internetangeboten ist gemäß § 14 Abs. 2 S. 1, S. 3 Nr. 1 UWG in der Regel das Gericht örtlich zuständig, in dessen Bezirk der Beklagte seinen allgemeinen Gerichtsstand hat. Der allgemeine Gerichtsstand wird gemäß §§ 12, 13 ZPO durch den Wohnsitz bestimmt.

17.9.2 Wer darf abmahnen?

Mitbewerber, Wirtschaftsverbände, Verbraucherverbände und Kammern dürfen abmahnen. Zwischen Mitbewerbern ist ein Wettbewerbsverhältnis Voraussetzung. Ein solches liegt auch zwischen regional ansässigen Unternehmern und Ihnen als Internethändler vor, da Angebote im Internet von überall aus abgerufen werden können.

Ob die Produkte eine echte Alternative darstellen, ist dabei nicht entscheidend. Es reicht aus, dass Sie bei gleichartigen Produkten denselben Kundenkreis ansprechen. Weiterhin muss der Mitbewerber Waren und Dienstleistungen in nicht unerheblichem Maße nicht nur gelegentlich vertreiben oder nachfragen. Durch diese weitere Voraussetzung sollen Abmahnungen durch Wettbewerber ausgeschlossen werden, die den Geschäftsbetrieb gerade erst aufgenommen haben oder bei denen bereits ein Insolvenzverfahren eröffnet wurde. Es reicht nicht aus, wenn der Mitbewerber Waren oder Dienstleistungen lediglich anbietet. Spricht ein Mitbewerber eine größere Anzahl von Abmahnungen aus, muss zudem der Umfang der geschäftlichen Tätigkeit größer sein. Der Nachweis des Merkmals »in nicht unerheblichem Maße« kann durch Größenkategorien der Zahl der Verkäufe oder Ähnlichem belegt werden.

17.9.3 Kosten der Abmahnung

Die Kosten einer Abmahnung und des sich eventuell anschließenden Prozesses richten sich nach dem sogenannte Gegenstands- oder Streitwert. Dieser wird vom Gericht nach freiem Ermessen geschätzt und hängt von der wirtschaftlichen Bedeutung der Angelegenheit ab. Je nach Verstoß liegen die Gegenstandswerte heute zwischen 2.000 und 20.000 €. Verbänden ist es nur erlaubt, eine Pauschale in Höhe von ca. 200 € geltend zu machen. Für Mitbewerber ergibt sich der Kostenerstattungsanspruch allerdings aus einer Gebührentabelle, die von diesen Gegenstandswerten abhängig ist. Hier werden dann schnell einige hundert Euro an Anwaltskosten fällig. Werden Sie berechtigt abgemahnt, müssen Sie die Kosten, die dem Abmahner entstanden sind, grundsätzlich erstatten. Dies gilt jedoch nicht, wenn Sie eine Abmahnung eines Mitbewerbers erhalten und dieser Verstöße gegen Informations- und Kennzeichnungspflichten im elektronischen Geschäftsverkehr oder in Telemedien handelt. Des Weiteren sind die Kosten die dem Mitbewerber als Abmahner entstanden sind, nicht zu ersetzen, wenn Datenschutzverstöße abgemahnt werden und Sie in der Regel weniger als 250 Mitarbeiter beschäftigen.

17.9.4 Unberechtigte Abmahnungen

Erfolgt zum Beispiel der Anspruch auf Unterlassung zu Unrecht, ist die Abmahnung unberechtigt. In diesem Fall steht dem Abgemahnten ein Anspruch auf Ersatz für die Rechtsverteidigung erforderlichen Aufwendungen gemäß § 13 Abs. 5 S. 1 UWG zu. Der Gegenanspruch des Abgemahnten beschränkt sich jedoch auf die Höhe des Aufwendungsersatzanspruchs, die der Abmahnende geltend gemacht hat. Einige Vorwürfe jedoch sind unhaltbar und stellen einen Missbrauch dar, insbesondere, wenn es dem Abmahner nur darum geht, einen Anspruch auf Ersatz der Aufwendungen oder Kosten der Rechtsverfolgung gegen Sie entstehen zu lassen. Ob ein solcher Missbrauch vorliegt, muss immer im Einzelfall geprüft werden. In § 8c Abs. 2 UWG sind nicht abschließende Fallgruppen aufgeführt, bei deren Vorliegen eine missbräuchliche Geltendmachung im Zweifel anzunehmen ist:

1. wenn die Geltendmachung der Ansprüche vorwiegend dazu dient, gegen den Zuwiderhandelnden einen Anspruch auf Ersatz von Aufwendungen oder von Kosten der Rechtsverfolgung oder die Zahlung einer Vertragsstrafe entstehen zu lassen,
2. wenn ein Mitbewerber eine erhebliche Anzahl von Verstößen gegen die gleiche Rechtsvorschrift durch Abmahnungen geltend macht, wenn die Anzahl der geltend gemachten Verstöße außer Verhältnis zum Umfang der eigenen Geschäftstätigkeit steht oder wenn anzunehmen ist, dass der Mitbewerber das wirtschaftliche Risiko seines außergerichtlichen oder gerichtlichen Vorgehens nicht selbst trägt,
3. wenn ein Mitbewerber den Gegenstandswert für eine Abmahnung unangemessen hoch ansetzt,
4. wenn offensichtlich überhöhte Vertragsstrafen vereinbart oder gefordert werden,
5. wenn eine vorgeschlagene Unterlassungsverpflichtung offensichtlich über die abgemahnte Rechtsverletzung hinausgeht,
6. wenn mehrere Zuwiderhandlungen, die zusammen hätten abgemahnt werden können, einzeln abgemahnt werden oder
7. wenn wegen einer Zuwiderhandlung, für die mehrere Zuwiderhandelnde verantwortlich sind, die Ansprüche gegen die Zuwiderhandelnden ohne sachlichen Grund nicht zusammen geltend gemacht werden.

Im Falle eines Missbrauchs kann der Abgemahnte Ersatz für die Rechtsverteidigung erforderlichen Aufwendungen gemäß § 8c Abs. 3 S. 1 UWG fordern.

17.9.5 Wie soll ich reagieren?

Eine Studie von Trusted Shops hat ergeben, dass sich Widerstand gegen Abmahnungen häufig auszahlt, da möglicherweise Gegenstandswerte zu hoch angesetzt sind, die vorformulierte Unterlassungserklärung zu weit gefasst wurde oder es beim Gegner auch etwas zu beanstanden gibt. Mit einer Abmahnung sind immer Risiken verbunden, deshalb sollten Sie sich stets durch einen Anwalt beraten lassen. Sie können unterschiedlich reagieren:

- Die erste Möglichkeit ist, die vorformulierte Unterlassungserklärung uneingeschränkt abzugeben. Allerdings sollten Sie die Reichweite der Erklärung vorher überprüfen. Oft verlieren Sie Ihre wirtschaftliche Freiheit und können die weitgehende Pflicht gar nicht erfüllen. Bei dieser Möglichkeit erkennen Sie auch die geforderten Anwaltsgebühren in voller Höhe an.
- Als zweite (häufig gewählte) Möglichkeit kommt die Abgabe einer sogenannten modifizierten, also einer abgeänderten, Unterlassungserklärung in Betracht. Der-

artige Änderungen erfordern unbedingt die Beratung durch einen Rechtsanwalt, denn hierbei besteht das Risiko, dass die Änderungen nicht ausreichen und der Abmahner Sie noch immer verklagen kann.

- Als dritte Lösung können Sie die Abmahnung zurückweisen, soweit diese vollkommen unberechtigt erfolgt ist. Das ist allerdings nur selten der Fall.
- Es ist auch möglich, mithilfe der sogenannten negativen Feststellungsklage gerichtlich feststellen lassen, ob die Abmahnung berechtigt ist oder nicht.
- Schließlich können Sie auch das Risiko eingehen, keine Unterlassungserklärung abzugeben und eine einstweilige Verfügung ergehen zu lassen. Vor Gericht ist nicht immer klar, wer Erfolg haben wird, weswegen viele Abmahner diesen Schritt scheuen. Zudem ist es dann später nicht so einfach, Geldforderungen wegen Verstößen gegen die Unterlassungsverpflichtung durchzusetzen.

17.9.6 Checkliste, damit Sie das Risiko von Rechtsverstößen minimieren

Wenn Sie die nachfolgenden Punkte gewissenhaft abarbeiten, können Sie unnötige Fehler vermeiden und das Risiko von Abmahnungen minimieren:

- keine Verwendung markenrechtlich geschützter Begriffe (zum Beispiel als Domainnamen)
- kein unbefugter Vertrieb von Markenprodukten
- keine ungenehmigte Verwendung fremder Inhalte (Fotos, Produktbeschreibungen)
- kein Verstoß gegen das Wettbewerbsrecht durch irreführende Werbung, Nichteinhaltung von Informationspflichten und Ähnlichem
- keine Verwendung ungeprüfter AGB-Klauseln oder Formulierungen im Shop

17.10 Die Trusted-Shops-Checkliste

Hier finden Sie zusammenfassend noch einmal die wichtigsten rechtlichen Punkte, die Sie in Ihrem Online-Shop umsetzen müssen:[1]

- **Anbieterkennzeichnung** (Impressum) vollständig (Vor- und Zuname, vollständige Anschrift, gegebenenfalls Handelsregisternummer und weitere Angaben)
- **Anbieterkennzeichnung** auf jeder Seite des Shops deutlich verlinkt (zum Beispiel als »Impressum«)
- **Datenschutzerklärung** vollständig (zum Beispiel auch Hinweis auf Newsletter-Versand, Bonitätsprüfung, Cookies etc.)

1 Auszug aus dem »Trusted Shops Handbuch für Online-Händler« – *http://shop.trustedshops.com/de*

- **Datenschutzerklärung** von Seiten, auf denen Daten erhoben werden, deutlich als solche verlinkt
- **datenschutzrechtliche Einwilligungen** nachweisbar eingeholt (Double-Opt-in) und protokolliert
- **Datensicherheit** gewährleistet (SSL-Verschlüsselung bei Übertragung von Zahlungsdaten, sichere Passwortvergabe, falls es einen Login-Bereich gibt)
- **Produktbeschreibung** vollständig (wesentliche Merkmale der Ware, weitere Kennzeichnungspflichten bei Textilien, Haushaltselektronik, Lebensmitteln etc.)
- **Produktabbildungen** rechtlich einwandfrei (zum Beispiel keine Verletzung von Urheberrechten durch Übernahme fremder Fotos ohne Genehmigung)
- **Preisangaben** vollständig und korrekt (zum Beispiel Grundpreisangaben bei bestimmten Produkten, keine Gegenüberstellung mit veralteten UVPs)
- **Versandkosten und Zusatzkosten** vollständig genannt (Versandkosten für alle belieferten Länder, für alle Produktgruppen und -gewichte, eventuell Nachnahmegebühren, Zölle etc.)
- **Versandkosten** vor Einleitung des Bestellvorgangs deutlich verlinkt (zum Beispiel Link neben dem Produktpreis auf der Produktdetailseite) oder explizit genannt (bei einheitlicher Pauschale)
- **Liefertermine** korrekt genannt (möglichst präzise Angaben auf der Produktseite)
- **Bestellvorgang** transparent ausgestaltet (Darstellung einzelner Schritte, Korrekturmöglichkeiten)
- **Button-Lösung:** klare und verständliche Bestellzusammenfassung, hervorgehobene Pflichtinformationen und korrekte Button-Beschriftung
- **Zahlungsmöglichkeiten** vollständig vor Einleitung des Bestellprozesses genannt
- **Widerrufsbelehrung** korrekt (Verwendung des gesetzlichen Belehrungsmusters aus dem EGBGB, keine eigenmächtigen Änderungen)
- **Widerrufsrecht** auf der Bestellseite deutlich verlinkt (zum Beispiel Link namens »Widerrufsrecht« oberhalb des Bestellbuttons)
- **Allgemeine Geschäftsbedingungen (AGB)** rechtlich korrekt (so wenig Klauseln wie möglich, keine ungeprüfte Übernahme aus fremden Shops)
- **Allgemeine Geschäftsbedingungen (AGB)** wirksam einbezogen (zum Beispiel Link auf die AGB oberhalb des Bestellbuttons, AGB-Dokument in HTML leicht lesbar)
- **Vertragsschluss** korrekt und transparent (Information des Kunden über die technischen Schritte zum Vertragsschluss, widerspruchsfreie Formulierungen in Shop und E-Mail-Bestätigung)
- **E-Mail-Bestätigung** unverzüglich nach Eingang der Bestellung verschickt (zum Beispiel Auto-Mail)

- **E-Mail-Bestätigung** vollständig (Pflichtangaben unter anderem Produktmerkmale, Preis, Versandkosten, Anbieterkennzeichnung, Widerrufsbelehrung)
- **Lieferung** mit rechtlichen Informationen in »Textform« (zum Beispiel vollständige AGB, Widerrufsbelehrung, Anbieterkennzeichnung)

Kapitel 18
Erfolgsfaktor Kundenbindung, Loyalität und Zufriedenheit

Als Online-Shop-Betreiber darf es Ihnen in erster Linie nicht nur darum gehen, möglichst viele Neukunden zu akquirieren. Sie müssen sich auch um Ihre Stammkunden kümmern. Denn in Stammkunden liegt der Schlüssel zur Profitabilität. Erfahren Sie in diesem Kapitel, wie Sie langfristige Kundenbeziehungen aufbauen und halten.

Online-Shop-Betreiber, auch wenn wir an dieser Stelle natürlich etwas verallgemeinern, kümmern sich beim Start in den E-Commerce in erster Linie nur um das Neukundengeschäft. Beim Online-Marketing wird der Schwerpunkt auf Neukunden gelegt, aber auch bei der Konzeption der User Experience und der Features geht es in erster Linie um Neukunden. Wenn Sie in den E-Commerce starten, ist dies auch verständlich, denn vermutlich haben Sie noch gar keine Stammkunden. Aus diesem Grund ist an diesem Ansatz auch nichts verwerflich. Das Problem besteht aber darin, dass diese Denkweise auch in den Jahren nach dem Start in den E-Commerce anhält. Höher, schneller, weiter – aber bitte nur mit Neukunden. Unter dieser strategischen Entscheidung leiden im Umkehrschluss die Stammkunden. Es ist zwar vollkommen in Ordnung, wenn bereits bestehende Kunden erneut Bestellungen aufgeben, aber so richtig forcieren und steuern tun dies die wenigstens Shop-Betreiber. Die Frage ist aber, warum diese Denkweise allzu häufig bei Unternehmen vorherrscht. Denn Stammkunden haben Sie zum einen bereits Geld in der Akquise gekostet, wodurch nachgelagerte Käufe für Sie »günstiger« werden, zum anderen vergeudet man bei der Missachtung von Stammkunden schlicht nicht realisiertes Umsatzpotenzial.

Unserer Meinung nach müssen Stammkunden eine wesentlich größere Rolle spielen, weswegen wir in der zweiten Auflage dieses Buches dem Thema Kundenbindung auch dieses eigene Kapitel gewidmet haben. Stammkunden sind wichtig, denn mit ihnen können Sie mit wesentlich geringeren Aufwänden Umsätze erzielen und auch Ihr Geschäft etwas »planbarer« gestalten. In diesem Kapitel gehen wir auf verschiedenste Themen aus dem Bereich Kundenbindung und Kundenzufriedenheit ein, immer mit dem Ziel, Ihnen einen groben Überblick über die verschiedenen Unterthemen zu geben, sodass Sie in Zukunft einfach mehr aus Ihren Stammkunden herausholen können und damit mit Ihrem Online-Shop langfristig erfolgreich sind. Nutzen Sie das Potenzial der bereits vorhandenen Kunden!

18.1 Warum zufriedene Stammkunden für Sie essenziell sind

Lassen Sie uns mit der zentralen Frage dieses Kapitels starten. Warum sind zufriedene Stammkunden überhaupt essenziell für Ihr Online-Geschäft? Natürlich können Sie bis zu einem gewissen Punkt problemlos mit Neukunden wachsen. Die Erfahrung zeigt jedoch, dass die Akquise von Neukunden oftmals enorm teuer ist. Auch hier kommt es, wie immer, auf die Branche, die Produkte und die Zielgruppe an. Aber es ist nicht ungewöhnlich, wenn die Werbungskosten für einen Kunden initial höher liegen als der Profit, den der Kunde einbringt. In der Praxis sind Kosten für die Gewinnung eines Neukunden von 40 €–50 € nicht ungewöhnlich. Oder um es kurz zu fassen: Sie verdienen erst aber der zweiten oder dritten Bestellung Geld mit einem Kunden, speziell wenn Sie mit solchen Kosten für die Akquise zu kämpfen haben.

Diesen Effekt möchten wir Ihnen an einem konkreten Beispiel aus der Praxis zeigen. Natürlich gehen wir nicht auf den Namen des Online-Shops ein, dennoch können Sie an dieser Stelle von realen Zahlen ausgehen. Der Einfachheit halber bezeichnen wir den Shop einfach als Online-Shop A.

Besagter Online-Shop A ist relativ neu am Markt und hat sich auf den Verkauf von hochpreisigen Spirituosen spezialisiert. Erfahrungsgemäß liegt der durchschnittliche Warenkorbwert bei ca. 40 € exklusive Versandkosten. Bei der Bewerbung des Online-Shops via Google bezahlt Online-Shop A ca. 50 Cent pro Klick bei einer Conversion-Rate von ca. 1,5 %. Die Marge beträgt ungefähr 15 % exklusive Versandkosten. Daraus ergibt sich folgende Situation:

- Um bei einer Conversion-Rate von 1,5 % eine Bestellung im Online-Shop zu generieren, benötigt Online-Shop A insgesamt 67 Unique Visitors.
- Für die Generierung von 67 Unique Visitors müssen insgesamt 67 Klicks in Google Ads erzeugt werden, wodurch Kosten von 35 € entstehen.

Auf Basis dieser Zahlen kostet die durchschnittliche Akquirierung eines Neukunden also 35 €. Selbst wenn Sie die Klickkosten ein wenig senken und die Conversion-Rate ein wenig erhöhen, haben Sie am Ende des Tages Kosten in Höhe von ca. 30 €. Bei einem durchschnittlichen Warenkorbwert von 40 € und einer Marge von 15 % verdient Online-Shop A pro Verkauf im Schnitt 6 €. Dem stehen aber Werbungskosten von 35 € gegenüber, das heißt, pro Bestellung macht Online-Shop A einen Verlust von 29 €. Wenn sich die Werte ein wenig verbessern, wie oben skizziert, beträgt der Verlust 24 €. Welche Möglichkeiten besitzt nun Online-Shop A, um die Situation zu verbessern? Denn Sie stimmen uns sicherlich zu, dass dieses negative Ergebnis langfristig, rein wirtschaftlich betrachtet, der Todesstoß für Online-Shop A ist.

Zuallererst könnte man das gesamte Geschäftsmodell infrage stellen, speziell wenn die durchschnittliche Marge, wie in diesem Fall, relativ niedrig ist. Das wäre an dieser Stelle aber nicht zielführend, da man sich infolgedessen ein anderes Geschäftsmodell überlegen müsste. Die Marketingform, in diesem Fall Google Ads, könnte infrage gestellt werden, wobei Klickpreise um 50 Cent – auch hier spielen die Branche und die Zielgruppe wieder eine wichtige Rolle – relativ human erscheinen. Zu guter Letzt könnte natürlich auch die Conversion-Rate optimiert werden, aber selbst bei einer Verdoppelung würde Online-Shop A pro Kunde immer noch Verluste einfahren. Es wäre schon eine starke Erhöhung der Conversion-Rate und des durchschnittlichen Warenkorbwertes notwendig. Wobei selbst dann Online-Shop A keine allzu hohen Profite erzielen würde.

Die einzige Antwort auf diese Herausforderung lautet, diesen einen Kunden in einen regelmäßigen Stammkunden zu transformieren, der zwar initial mehr Werbungskosten als Profit erzeugt, aber auf lange Sicht ein profitabler Kunde wird, da er immer wieder in Ihrem Online-Shop bestellt und sich langfristig ein Profit daraus ergibt.

Customer Lifetime Value (CLV)

Das Schlüsselwort für eine langfristige Strategie lautet Customer Lifetime Value oder kurz CLV. Es geht nicht darum, wie viel Umsatz ein Kunde bei der ersten Bestellung oder im ersten Jahr macht. Vielmehr geht es darum, ein Gefühl dafür zu bekommen, wie viel ein Kunde, bezogen auf seine gesamte »Lebenszeit«, an Umsatz in Ihrem Online-Shop macht. Dabei kann es sich gut und gerne um einen Zeitraum von mehreren Jahren handeln.

Gerade die noch »jungen« E-Commerce-Unternehmen und -Unternehmer haben bei dem Thema Kundengenerierung eine viel zu kurze Sichtweise, denn in der Regel werden die Werbungskosten auf die erste oder die ersten beiden Bestellungen umgelegt. Der Customer Lifetime Value spielt aber letztendlich die entscheidende Rolle, das heißt, wie viel der Kunde in seiner gesamten Lebenszeit bei Ihnen an Umsatz generiert. Und daher ist es auch wichtig, Kunden langfristig zu binden und Stammkunden als solche zu halten, denn je länger Sie Ihre Kunden binden, desto höher ist der Customer Lifetime Value und desto besser können auch die initialen Werbungskosten kompensiert werden. Die Strategie des Customer Lifetime Values geht aber eben nur dann auf, wenn Sie Ihre Stammkunden hegen und pflegen bzw. Neukunden zu Stammkunden konvertieren.

Warum ist es für Sie und Ihr Unternehmen also wichtig, Stammkunden zu haben? Ganz einfach: Weil in der heutigen Zeit – wir hoffen, das hat Ihnen unser kleines Beispiel aus der Praxis gezeigt – die Akquise von Neukunden in der Regel so kostenintensiv ist, dass Sie pro Kunde mehrere Bestellungen in einem Zeitraum von mehreren Jahren benötigen, damit Sie profitabel wirtschaften können. Ein reines Neukundengeschäft ist im E-Commerce mittlerweile nur noch in den wenigsten Branchen denkbar. Richten Sie daher Ihren Online-Shop und Ihr Geschäft auf langfristige, intensive und faire Kundenbeziehungen aus, und konvertieren Sie alle Neukunden in langfristige Stammkunden!

Neukunden kosten viel Geld

Unterschätzen Sie niemals die Kosten, die für die Gewinnung eines Kunden anfallen. Zu dem Kostenblock zählt auch nicht ausschließlich das Media-Budget, zum Beispiel die Kosten für Google Ads und Facebook Ads. Sie müssen die Kampagnen auch aufsetzen, betreuen und gegebenenfalls eine Agentur engagieren. All diese Kosten fließen natürlich in die Kosten für die Akquise mit ein, ein in der Praxis oftmals unterschätzter Kostenblock.

18.2 Mittels Kunden-Support Begeisterung schaffen

Guter Support ist ein Schlüssel, um zum einen Nutzer in Kunden zu konvertieren, aber auch, um zum anderen aus Kunden Stammkunden zu machen. Ein Paradebeispiel für guten Support ist Amazon. Egal, welches Problem Sie haben, der Amazon-Support löst es in kürzester Zeit und findet dabei stets kundenfreundliche Lösungen. Günstige Artikel, das heißt, diejenigen Produkte unter 10 €, müssen beispielsweise bei einer Retoure meistens gar nicht zurückgesendet werden. Wenn ein Artikel defekt ist, erhalten Sie noch in dem Augenblick, wenn Sie dies dem Amazon-Support mitteilen, eine kostenfreie Lieferung des neuen Artikels. Erst wenn dieser bei Ihnen eintrifft, müssen Sie den defekten Artikel zurücksenden. Auch wenn ein Artikel ein bis zwei Tage nach der Bestellung nochmals günstiger wird, erstellt Amazon automatisch eine Gutschrift, obwohl Sie den Artikel längst bezahlt haben. Amazon fokussiert sich voll und ganz auf den Kunden, findet immer eine Lösung im Sinne des Kunden und hat genau aus diesem Grund eine Menge Stammkunden, die aufgrund des guten Supports auch Artikel bei Amazon bestellen, selbst wenn die Konkurrenz einen Tick günstiger ist.

Damit auch Sie einen möglichst guten Kunden-Support anbieten können, lassen Sie uns im ersten Schritt die verschiedenen Kanäle sowie deren Vor- und Nachteile beleuchten.

18.2.1 Support per E-Mail

Der primitivste Weg des Supports ist sicherlich die klassische E-Mail. Sie kommunizieren in Ihrem Online-Shop eine E-Mail-Adresse, und Kunden können Ihnen schlicht und einfach mailen. Es ist kein Login in ein Benutzerkonto oder Ähnliches erforderlich. Einzig ein E-Mail-Client bzw. ein Webmailer wird vom Kunden benötigt, um Ihnen eine E-Mail zukommen zu lassen. Diese Möglichkeit bieten aufgrund der einfachen Implementierung viele Online-Shops an, wie Sie auch in Abbildung 18.1 am Beispiel von OTTO sehen.

Der Vorteil für Ihre Kunden besteht in der Einfachheit. Eine E-Mail kann beliebig aufgebaut sein, eine Vielzahl an Anhängen wie Bilder beinhalten, und Kunden können Texte nach Belieben formatieren. Sprich, man kann lauter tolle Dinge tun, die einem in einem Kontaktformular meistens verwehrt bleiben.

Für Sie als Shop-Betreiber ist der Support via E-Mail aber komplexer, als es anfangs den Eindruck macht. Denn wenn Sie ein großes Support-Team haben, müssen alle Mitarbeiter auf diese E-Mail-Adresse zugreifen können. Auch ist, sofern alle Mitarbeiter Zugriff haben, nicht klar, welcher Mitarbeiter sich nun um welche Anfrage kümmert. Sie können also nicht einfach klassisch per E-Mail-Client unterstützen, sondern benötigen im Hintergrund ein Ticketsystem, wie beispielsweise Zendesk. Mittels Zendesk können Ihnen Kunden E-Mails schreiben, Sie als Unternehmen haben aber die Möglichkeit, ganze Support-Prozesse abzubilden. Aus diesem Grund möchten wir Ihnen im Laufe des Kapitels einen kurzen Einblick in Zendesk geben, da es sich hierbei wirklich um ein äußerst gutes Tool handelt, das Sie gegebenenfalls auch einsetzen werden. Natürlich können Sie aber bei Bedarf auch auf eine Alternative bzw. einen Marktbegleiter von Zendesk zurückgreifen.

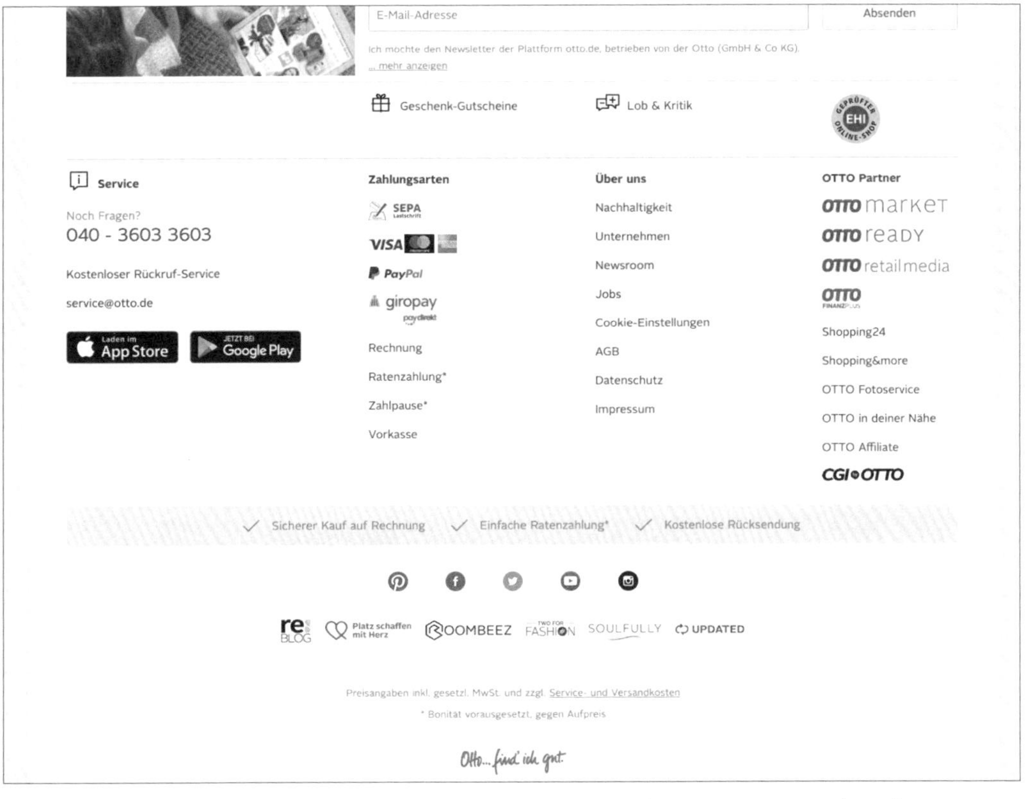

Abbildung 18.1 Der Support via E-Mail gehört zu den technisch weniger anspruchsvollen Varianten, ist dafür aber sehr nutzerfreundlich.

18.2.2 Telefonhotline

Neben dem Support per E-Mail ist die klassische Telefonhotline auch weiterhin eine wichtige Möglichkeit, um guten Kunden-Support zu liefern und damit die Kundenbindung zu erhöhen. Besonders kundenfreundlich ist eine Hotline immer dann, wenn diese auch transparent und offen kommuniziert wird. Am Beispiel von Maison du Monde (siehe Abbildung 18.2) erkennen Sie die Support-Hotline unten im Fußbereich. Der Kunde muss also nicht explizit nach der Hotline suchen, sondern sieht die Telefonnummer direkt auf jeder Seite.

Das große Problem an einer Hotline besteht sicherlich in den Prozesskosten. Wenn ein Kunde anruft, ist dies immer teurer, als wenn Ihnen ein Kunde eine E-Mail schreibt. Denn die Beantwortung der E-Mail können Sie zur Not auch outsourcen oder von Studenten erledigen lassen. Am Telefon hingegen benötigen Sie geschultes Personal, das besonders die Sprache gut beherrscht. Auch müssen Sie Erreichbarkeiten garantieren. E-Mails sind im direkten Vergleich definitiv dankbarer und einfach zu handeln. Auch lassen sich E-Mails besser automatisieren, indem Antworten von Tools wie Zendesk schon vorgegeben werden. Am Telefon haben Sie hingegen einen persönlicheren Draht zum Kunden, können diesen beraten und stellenweise sogar ein Upselling durchführen. Wenn Sie in den E-Commerce einsteigen, werden Sie aber vermutlich auf die Hotline verzichten, da dies anfangs einfach zu viel Aufwand, Kosten und Know-how erfordert.

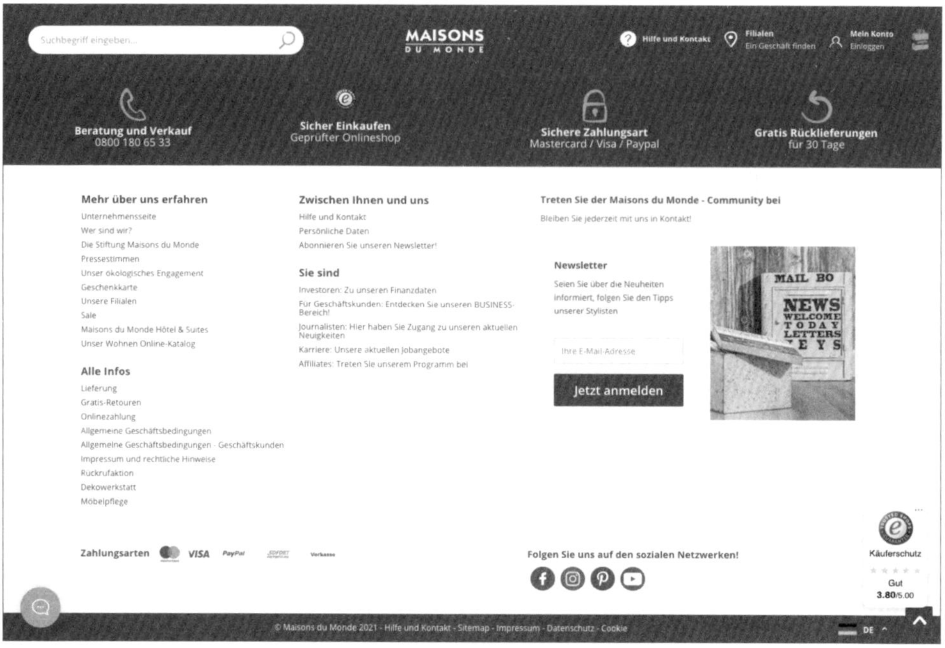

Abbildung 18.2 Sofern Sie eine Hotline haben, kommunizieren Sie diese offensiv auf jeder Seite.

In den letzten Jahren haben aber auch größere Online-Shops die Prominenz von Support-Hotlines stark reduziert. Es ist einfach eine der teuersten Varianten des Supports, und Online-Händler müssen stellenweise auch an der Kostenschraube drehen. War es daher vor einigen Jahren noch ein sehr prominentes Alleinstellungsmerkmal, versuchen gerade speziell die größeren Online-Shops die Telefonhotlines zu reduzieren und Kunden eher in Richtung Ticket, E-Mail oder zum Chatbot zu verleiten.

18.2.3 Rückrufservice

Eine gute Alternative zur Telefonhotline ist der Rückrufservice. Ihr Kunde kann im Vorfeld ein paar wenige Informationen über ein Formular hinterlegen und ein Zeitfenster angeben, in dem er angerufen werden möchte. Das ermöglicht Ihnen als Unternehmen eine bessere Planung, und Sie müssen nicht konstant erreichbar sein. Das Problem bzw. die Fragen können Sie aber dennoch telefonisch klären. Otto bietet einen solchen Rückrufservice übrigens auch sehr erfolgreich an, in der Regel erhalten Sie als Kunde nach wenigen Minuten direkt einen Anruf.

Wie Sie in Abbildung 18.3 sehen, müssen Sie im Fall von OTTO, nachdem Sie ein Thema ausgewählt haben, einfach Ihre Kontaktdaten hinterlegen, und schon kann ein Rückruf erfolgen. Das Gute aus Support-Sicht ist im Fall eines Rückrufes übrigens, dass im Vorfeld Thema bzw. Problem und Daten bekannt sind. Bei einer Hotline ist das etwas komplexer – es sei denn, Sie fragen dies im Vorfeld mittels Tastenauswahl ab.

Abbildung 18.3 Für Sie als Shop-Betreiber ist ein Rückrufservice einfacher abzubilden als eine Hotline.

Neben OTTO setzt auch Amazon verstärkt auf den Rückrufservice. Probieren Sie es selbst einmal aus, wenn Sie ein Anliegen haben. Die Umsetzung von Amazon ist wirklich erstklassig und Sie erhalten nach wenigen Minuten einen Rückruf von einem Mitarbeiter, der gemeinsam mit Ihnen Ihr Anliegen löst.

Wenn Sie nun in den E-Commerce starten, sollten Sie definitiv einen Rückrufservice anbieten und gegebenenfalls auf etwas längere Reaktionszeiten verweisen, wenn dies personell nicht anders zu handhaben ist. Zur Steigerung der Kundenzufriedenheit und -bindung ist jedoch ein Rückrufservice eine essenzielle Funktion.

18.2.4 Kontaktformular

Das klassische Kontaktformular – Sie haben es bestimmt schon in dem einen oder anderem Online-Shop gesehen – ist ebenfalls ein beliebtes Mittel, das für den Support eingesetzt werden kann. Im Vergleich zur E-Mail können Sie innerhalb eines Kontaktformulars den Nutzer wesentlich stärker leiten.

Durch gezielte Abfrage, beispielsweise ob es sich um eine Reklamation handelt oder die Ware erst gar nicht angekommen ist, können Sie kontextabhängige Fragen aufbauen und sehen dann bei der Bearbeitung der Anfrage direkt, worum es geht. Auch ermöglicht Ihnen ein Kontaktformular die Abfrage aller Pflichtangaben, beispielsweise der Kundennummer. Bei einer reinen E-Mail kann und wird der Nutzer hingegen nur die Informationen hinterlegen, die er gerade zur Verfügung hat und die er preisgeben möchte. Sie können das ganz gut in Abbildung 18.4 am Beispiel von Sport Scheck sehen. So müssen die Nutzer einen Betreff auswählen, um das Formular absenden zu können.

Abbildung 18.4 Ein Kontaktformular am Beispiel von Sport Scheck

Die Kehrseite ist, dass Kontaktformulare oftmals etwas nutzerunfreundlich gestaltet sind und daher auf Ablehnung stoßen. Nutzer möchten stellenweise auch einfach einen Screenshot oder ein Foto mitsenden, beispielsweise wenn die Bestellung retourniert werden muss und ein Foto der beschädigten Lieferung bei der Bearbeitung des Prozesses helfen könnte. Am Beispiel von Sport Scheck in Abbildung 18.4 sehen Sie aber, dass genau dies nicht möglich wäre, da kein Upload-Feld vorhanden ist. Wenn Sie primär Stammkunden unterstützen möchten, macht es auch wenig Sinn, erst am Schluss nach der Kundennummer zu fragen und zuvor alle Informationen wie Name, Anschrift etc. vom Nutzer einzuholen. Der umgekehrte Weg wäre sinnvoll: Wenn eine Kundennummer hinterlegt wird, ist das Ausfüllen der weiteren Informationen irrelevant, denn auf Basis der Kundennummer kennen Sie schließlich den Nutzer.

Mit Kontaktformularen können Sie als Shop-Betreiber daher relativ viel falsch machen. Entweder fragen Sie den Nutzer nach zu vielen Informationen, was zu Frust führt, oder Sie geben dem Nutzer zu wenig Möglichkeiten, zum Beispiel weil das Upload-Feld fehlt – so ist der Nutzer ebenfalls frustriert. Grundsätzlich spricht nichts gegen den Einsatz eines Kontaktformulars, machen Sie sich jedoch bei der Realisierung Gedanken, und entwickeln Sie ein nutzerfreundliches Formular, das bei den Kunden auch Akzeptanz findet.

Akzeptanz der Support-Kanäle messen

Wenn Sie Ihren Kunden auf verschiedene Arten Unterstützung anbieten, sollten Sie in regelmäßigen Abständen die Akzeptanz messen. Senden Kunden primär per E-Mail Anfragen oder doch eher über den Live-Chat? Oder lohnt sich der Live-Chat gar nicht, weil er nicht genutzt wird? Sie müssen als Shop-Betreiber konstant messen, auf welche Support-Kanäle Ihre Nutzer zugreifen, die populären weiter ausbauen und optimieren und die nicht genutzten Kanäle abklemmen, da Sie ansonsten nur Kosten ohne Nutzen produzieren.

18.2.5 Hilfeforen

Wenn Sie den Support auch stellenweise auf andere Kunden auslagern möchten, sind Foren ein gutes Mittel. Denn in einem Forum können sich neben Ihren Mitarbeitern, also Ihrem Support-Team, auch Ihre Kunden tummeln. Auf Fragen kann dann sowohl der Support als auch ein Kunde antworten. Foren eignen sich immer hervorragend, wenn es um Fragen zu Produkten geht. Denn die Erfahrungen von anderen Kunden sind zum einen hilfreich, zum anderen sind aber auch die Reaktionszeiten natürlich viel besser, wenn neben Ihrem eigenen Team auch Ihr kompletter Kundenstamm »mithilft«. Individuelle Probleme kann jedoch ein Forum nicht lösen, wenn beispielsweise ein Kunde Probleme mit einer verschwundenen Lieferung hat. Foren ergänzen daher höchstens, können aber nie der einzige Support-Kanal sein.

Ein gutes Beispiel für den Support via Forum ist eBay. Denn eBay hat es geschafft, aus den Kunden eine Community, das heißt eine Gemeinschaft, zu formen. Diese Gemeinschaft hilft sich gegenseitig bei Fragen zur Plattform und entlastet damit den eigenen Support (siehe Abbildung 18.5). Dennoch erfolgt auch Support direkt durch eBay. Innerhalb der eBay-Foren können aber nur grundsätzliche Themen geklärt werden, für individuelle Unterstützung muss weiterhin über die Hotline bzw. per E-Mail kommuniziert werden.

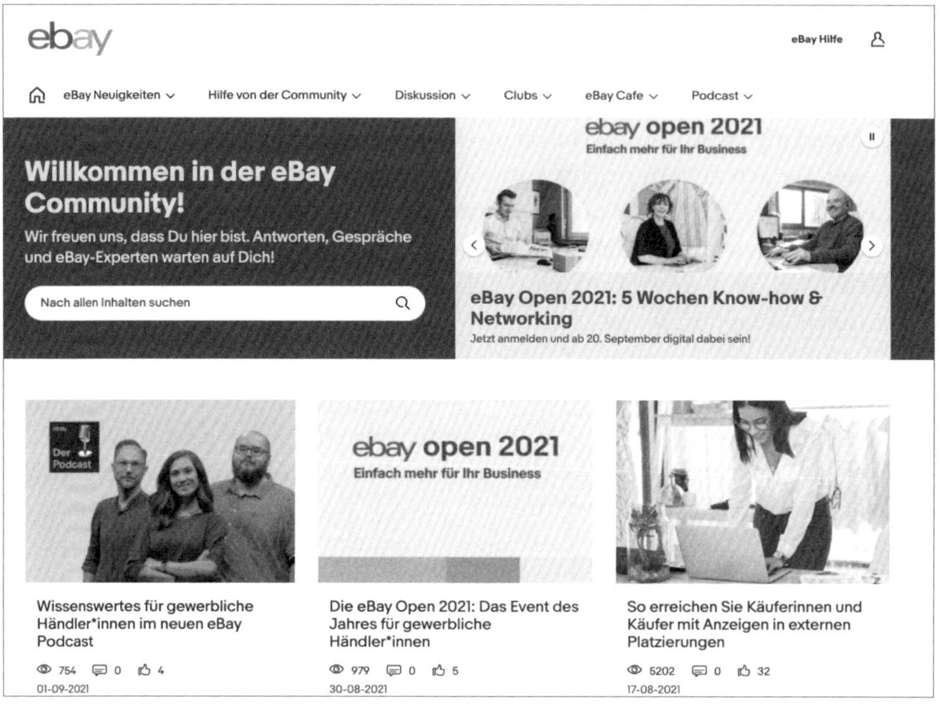

Abbildung 18.5 Support auslagern, aber gleichzeitig die Kundenbindung steigern

Vermutlich wird ein Forum für Sie im ersten Schritt irrelevant sein, denn es lohnt sich auch nur, wenn Sie über einen großen und internetaffinen Kundenstamm verfügen. Nichts ist peinlicher als ein Forum ohne Beiträge, denn dies deutet immer auf einen gewissen Misserfolg hin. Behalten Sie diese Support-Möglichkeit im Hinterkopf; vermutlich wird sie aber erst in späteren Phasen für Sie relevant werden.

18.2.6 Chatbot

Die sicherlich modernste Form des Supports stellen Chatbots dar (siehe Abbildung 18.6). Chatbos fühlen sich für Nutzer wie Live-Chats an, nur dass auf der Gegenseite kein Mensch sitzt. Sie chatten als Nutzer mit Ihren Problemen daher mit einem Robot bzw. einer Automatisierung, die Ihnen bestmöglich dabei hilft, Ihr Anliegen zu lösen.

Sie werden nun vermutlich mit der Stirn runzeln, denn welche Software kann individuell auf komplexe Anfragen eingehen? Das ist sicherlich richtig, aber es gibt sehr viele »banale« Support-Vorfälle. Dazu zählen Fragen wie »Wo ist meine Bestellung?« oder »Wie kann ich mein Paket retournieren?«. Solche banalen und einfachen Anforderungen kann auch ein Chatbot sehr gut beantworten und weiterhelfen. Zugegebenermaßen fühlt sich die Kommunikation oftmals etwas »schräg« an, aber der Zweck wird sehr häufig erfüllt.

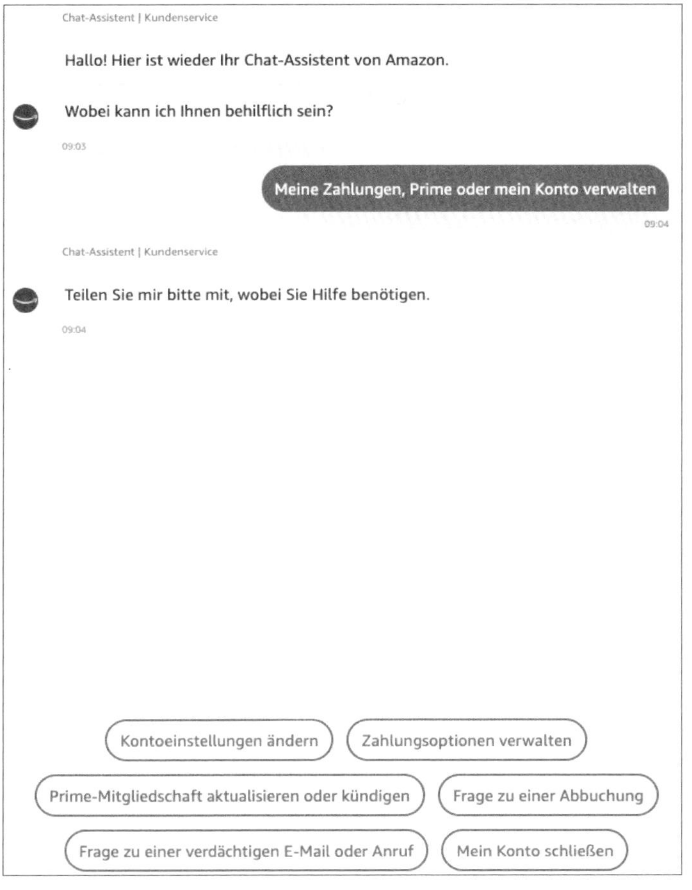

Abbildung 18.6 Vor allem Amazon setzt verstärkt auf Chatbots.

Für Sie als angehenden Shop-Betreiber ist der Chatbot aber auch die technisch komplexeste Variante. Zwar sparen Sie Personal und damit Geld ein, der Aufbau und Betrieb eines Chatbots ist aber wiederum auch mit Kosten verbunden. Dementsprechend rechnet sich diese Art der Automatisierung vor allem dann, wenn Sie kontinuierlich mit einer Flut von Support-Anfragen zu kämpfen haben.

18.2.7 Twitter

Der Support muss nicht immer direkt in Ihrem Online-Shop stattfinden, auch auf externen Plattformen können Sie Ihren Kunden bei Fragen und Problemen weiterhelfen. Eine dieser externen Plattformen, die sich auch enorm großer Beliebtheit bei den Nutzern erfreut, ist Twitter. Sie kennen Twitter vermutlich aus einem anderen Kontext. Primär geht es bei Twitter darum, Kurzinformationen zu teilen und mit anderen Nutzern zu interagieren. Mittlerweile nutzen aber viele Unternehmen genau diesen Kanal, um eben auch Support anzubieten.

Abbildung 18.7 Auch Ticketmaster bietet Support via Twitter. Einer von uns hat es am eignen Leib erlebt und getestet.

In Abbildung 18.7 sehen Sie einen beispielhaften Support-Verlauf mit Ticketmaster. Via Twitter haben Sie die Möglichkeit, mit Unternehmen, die dies erlauben, Kontakt aufzunehmen. Ganz früher waren es 140 Zeichen, mittlerweile können Sie maximal 280 Zeichen übermitteln. Die Frage, die Sie stellen, ist dabei aber öffentlich. Das heißt, auch andere Nutzer können sie sehen und sich theoretisch an der Diskussion beteiligen. Das ist vor allem dann hilfreich, wenn es sich um ein Problem handelt, das viele Kunden betrifft. In der Regel verweisen die Unternehmen in ihrer Antwort aber auf die »Private Nachrichten«-Funktion. Über diesen Kanal können auf Twitter direkt Nachrichten ausgetauscht werden, die anschließend nicht öffentlich sichtbar sind. Dadurch können auch »private« Angelegenheiten geklärt werden, bei denen beispielsweise Kundennummer oder Trackinginformationen übermittelt werden müssen. Dieser Kanal eignet sich daher grundsätzlich auch für die Bearbeitung komplexerer Support-Anfragen.

So einfach wie Nutzer per Twitter Nachrichten schreiben können, so einfach können Sie auch auf diese antworten. Wenn aber Twitter Bestandteil Ihrer professionellen Support-Strategie ist, müssen Sie nachgelagert Software einführen, mit deren Hilfe Sie auch den Überblick über die Support-Nachrichten behalten. Würden Sie einfach nur das Twitter-Webinterface nutzen, wären Sie bei einem großen Support-Aufkommen aufgeschmissen, denn Twitter ist an sich nicht darauf ausgelegt, dass Ihnen pro Tag Hunderte von Personen Nachrichten zukommen lassen und Sie den Überblick darüber behalten. Aber genau dafür gibt es Tools, wie beispielsweise Hootsuite, die Ihnen beim Management helfen.

Speziell bei der jüngeren Generation erfreut sich Twitter einer großen Beliebtheit, und wenn diese Generation zu Ihrer Zielgruppe gehört, kann der Support via Twitter sicherlich auch für Sie interessant sein. Aber es ist ein Kanal, den Sie auch nach einer gewissen Zeit einführen können und mit dem Sie nicht direkt starten müssen. Denn Sie müssten hierfür erst einmal Software einführen und Ihr Personal für diese Software trainieren. Vermutlich steht dieser Aufwand nicht in einer vernünftigen Relation zum Nutzen, den Sie anfangs erzielen.

18.2.8 Facebook

Genau wie mithilfe von Twitter können Sie auch via Facebook Kunden-Support anbieten und Ihre Nutzer und Kunden bei möglichen Problemen unterstützen. Bei Facebook (siehe Abbildung 18.8 am Beispiel der Deutschen Bahn) können Nutzer ebenfalls öffentlich Fragen stellen, die anschließend von Ihrem Support-Team beantwortet werden können.

Die Fragen sind, genau wie die Antworten, öffentlich einsehbar. Auch bei Facebook können daher im ersten Schritt keine individuellen und persönlichen Fragen, beispielsweise zur Zahlung, geklärt werden. Der Kanal eignet sich speziell, um Fragen, die mehrere Kunden betreffen, öffentlich zu diskutieren und zu klären.

Im Fall der Deutschen Bahn macht dies beispielsweise Sinn. Wenn ein Zug ausfällt oder Verspätung hat und dies von einem Kunden angefragt wird, so wird das sicherlich auch andere Reisende mit derselben Verbindung interessieren. Wenn hingegen ein Nutzer fragen würde, warum die Zahlung nicht geklappt hat, würde das auch im Fall von Facebook auf private bzw. direkte Nachrichten verlagert werden müssen, da ansonsten von allen anderen Nutzern kritische Details eingesehen werden könnten.

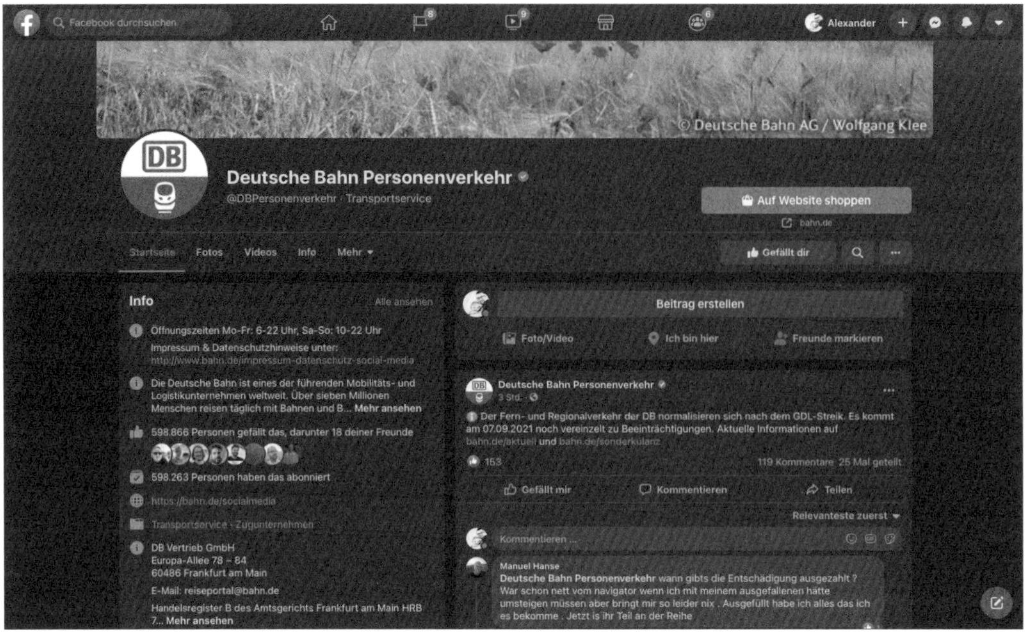

Abbildung 18.8 Öffentlicher Support via Facebook von der Deutschen Bahn. Zum Teil wird hier mit harten Bandagen gekämpft und viel diskutiert.

Ob sich für Sie der Support via Facebook lohnt, kommt auf Ihr Umfeld und Ihre Kunden an. In der Regel macht das nur Sinn, wenn Sie sowieso über eine Social-Media-Strategie verfügen, in der Facebook eine große Rolle spielt. Wenn Sie Facebook als Informationskanal nutzen, ist es sinnvoll, darüber auch Support anzubieten – andernfalls nicht. Genau wie Twitter ist natürlich auch Facebook als Support-Kanal für Ihre Kunden bequem, wenn sie ohnehin schon auf dieser Plattform aktiv sind. Ähnlich wie bei der Multi-Channel-Distribution macht es immer Sinn, die Kunden dort abzuholen, wo sie aktiv sind.

18.2.9 Live-Chat

Abgesehen von der Telefonhotline und dem Rückrufservice handelt es sich bei den vorgestellten Kommunikations- und Support-Varianten um nachrichtenbasierte Methoden. Die Kunden senden also eine Nachricht, und Sie haben Zeit, darauf zu reagieren; eine Antwort kann auch am Folgetag erfolgen. Wenn Sie hingegen eine direkte Kommunikation mit Ihren Nutzern und Kunden möchten, können Sie auch auf einen Live-Chat setzen. Bei einem Live-Chat, der direkt in Ihrem Online-Shop implementiert wird, können Nutzer Nachrichten eingeben und erhalten direkt von Ihrem Support-Team eine Antwort, ohne dabei einen Client oder eine zusätzliche Software installieren zu müssen. Diese Form des Supports ist in zeitkritischen Bereichen Ihres

Online-Shops immer empfehlenswert, da Sie damit Abbrüche vermeiden. Ganz konkret können Sie das am Beispiel des Online-Shops von Otto-Office sehen. Innerhalb des Check-out-Prozesses ist ein Live-Chat implementiert. Warum ist er gerade dort platziert? Wenn ein Kunde im Check-out-Prozess ein Problem hat, dann muss es auch zu diesem Zeitpunkt gelöst werden, da der Kunde ansonsten abbricht und die Conversion vermutlich verloren ist. Support via E-Mail wäre an dieser Stelle nicht zielführend, da dies unmittelbar zu einem Abbruch des Einkaufs führt. Der Kunde benötigt in diesem Moment auf einfache und schnelle Art und Weise Unterstützung, und hierfür ist ein Live-Chat die perfekte Möglichkeit.

Die Anforderungen, um einen Live-Chat abzubilden, sind auf Ihrer Seite aber immens hoch. Die technische Integration ist dabei das geringste Problem, denn mit Lösungen wie Userlike stehen einfach zu nutzende und zu integrierende Lösungen bereit, die Sie innerhalb weniger Minuten in Ihrem Online-Shop implementiert haben. Die Herausforderung besteht aber in der Bereitstellung der Ressourcen. Denn letztendlich benötigen Sie Mitarbeiter, die konstant auf Nachrichten reagieren können. Es ist nichts anderes als eine Support-Hotline, die auch konstant besetzt sein muss. Denn wenn Sie einen Chat anbieten und niemand auf die Fragen der Kunden antwortet, sorgen Sie letztendlich nur für Frustration (siehe Abbildung 18.9).

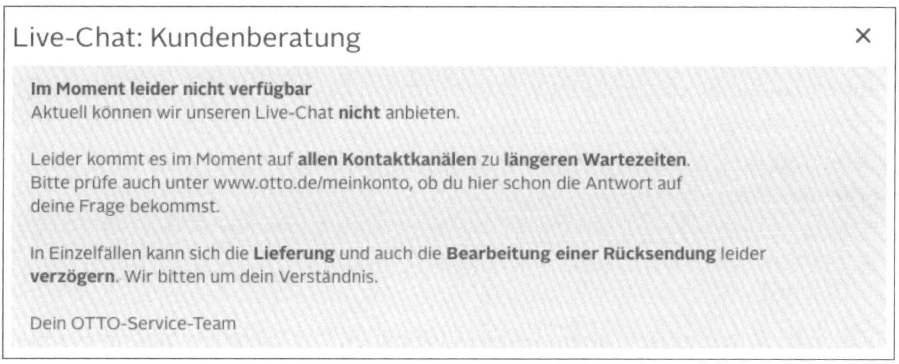

Abbildung 18.9 Wird auch angezeigt, wenn er nicht besetzt ist – der Live-Chat von Otto Office. Speziell aufgrund von Covid-19 kommt und kam es hierbei häufig zu Überlastungen.

Nutzer lieben die Klärung von Sachverhalten per Chat, daher ist dies definitiv eine Support-Variante, die Sie anbieten sollten, aber nur anbieten können, wenn Sie auch über die notwendigen Ressourcen und das Know-how verfügen. Sie müssen sich gut überlegen, ob Sie direkt von Anfang an einen Service per Chat abbilden können.

18.2.10 WhatsApp

Sicherlich ist Ihnen WhatsApp ein Begriff, denn der Austausch von Nachrichten per Smartphone erfolgt schon lange nicht mehr per SMS. Aber wissen Sie, dass WhatsApp auch Lösungen für Unternehmen anbietet? Mit WhatsApp Business können Sie auch Kunden per WhatsApp unterstützen und auf diese Art Support anbieten. Doch warum sollten Sie das tun? Aufgrund der Verbreitung! Denn WhatsApp wird mittlerweile von mehr als 1,3 Milliarden Menschen monatlich genutzt, dadurch existiert eine enorm große Nutzerbasis. Und genau wie bei der Multi-Channel-Distribution sollten Sie Ihre Nutzer und Kunden ja immer dort abholen, wo sie sich herumtreiben. Da sehr viele Menschen auf WhatsApp setzen, ist dieser Kommunikationskanal also der nächste logische Schritt, den Sie gehen sollten. Zugegebenermaßen handelt es sich bei WhatsApp Business noch um ein recht junges Thema, weswegen sich aktuell noch nicht sehr viel über die Akzeptanz sagen lässt. Sie sollten dieses Thema aber auf jeden Fall im Auge behalten und im Zweifel einfach experimentieren: Je nachdem, wie Ihre Zielgruppe und Ihre Kunden eingestellt sind, kann es sich um einen interessanten weiteren Kommunikationskanal handeln.

18.2.11 Post

Der Vollständigkeit halber sei an dieser Stelle auch der Support per Brief erwähnt, auch wenn wir dieses Medium nicht mehr für allzu zeitgemäß halten. Wenn Kunden jedoch beispielsweise ein Abonnement kündigen, ist der Brief neben dem Fax eines der wenigen Medien, die auch die notwendige Rechtssicherheit bieten. Lassen Sie uns das Thema aber nicht zu sehr vertiefen: Wenn Sie auf Ihrer Support-Seite eine Adresse erwähnen, an die Briefe gesendet werden können, ist das vollkommen akzeptabel und sollte den Zweck erfüllen. Forcieren sollten Sie das Thema jedoch nicht, denn ein Brief kostet Zeit im Versand, in der Reaktion, und Sie können praktisch nichts automatisieren.

18.2.12 Discord

Zugegebenermaßen exotisch, aber stellenweise haben wir auch den Messenger bzw. das Netzwerk Discord als Support-Kanal von Online-Shops bzw. digitalen Plattformen gesehen. Discord als solches ist eine Software, die vor allem aus dem Gaming-Bereich kommt. Nutzer können sich über Räume aufteilen, unterhalten und abstimmen (siehe Abbildung 18.10). Speziell wenn Firmen digitale Inhalte verkaufen, ist es gar nicht so unüblich, dass Discord eingesetzt wird. Denn mittels dieses Messengers lässt sich direkt eine Community aufbauen und der Support auch an eine Community auslagern. Als Nutzer sind die Hürden aber hoch, denn Sie müssen zuerst die Software herunterladen, installieren und haben anschließend Zugang zu den Räumen bzw. Bereichen, um sich mit anderen Mitgliedern auszutauschen. Funktionieren kann dieser Ansatz aber schon, speziell bei einer jüngeren Zielgruppe und wenn Sie Fans und keine Kunden haben.

Abbildung 18.10 Einen etwas unorthodoxen Ansatz stellt Discord dar. Das kann je nach Produkt, Branche und Zielgruppe aber funktionieren.

18.2.13 Sonstiges

Sicherlich gibt es neben den bereits vorgestellten Support-Kanälen noch weitere. Die Auswahl hängt auch immer vom jeweiligen Land ab: Würden Sie beispielsweise Ihren Online-Shop in Asien aufbauen, müssten Sie sich auch mit Kanälen wie WeChat befassen. Auch gibt es die Möglichkeit, per Video-Client zu chatten und Probleme zu lösen. Wir haben Ihnen auf den vorherigen Seiten aber die gängigsten und unserer Meinung nach sinnvollsten Kanäle vorgestellt, die grundsätzlich für Sie infrage kommen könnten.

Da Kunden-Support bzw. Support als solcher wichtig ist, um aus Nutzern Kunden und aus Kunden Stammkunden zu machen, müssen Sie sich gut überlegen, auf welche Kanäle Sie setzen. Ein gut gemeinter Tipp an dieser Stelle lautet: Bieten Sie lieber wenige Kanäle an, und bespielen Sie diese gut. Das heißt, dass Sie sich am Anfang nicht übernehmen sollten. Wenn Sie nur einen Rückrufservice und den Support per E-Mail anbieten können, ist das kein Beinbruch. Ein Beinbruch wäre es aber, wenn Sie viele Kanäle anböten und dann auf keinem erreichbar wären bzw. Kunden mit horrenden Wartezeiten zu kämpfen hätten. In diesem Fall ist niemandem geholfen, weder dem unzufriedenen Kunden noch Ihnen bzw. Ihrem Support-Team. Starten Sie daher anfangs klein und mit wenigen Kanälen, optimieren Sie diese, und wenn Sie dann merken, dass Kunden zusätzlich noch beispielsweise über Twitter oder Facebook Support wünschen, ergänzen Sie diese Support-Kanäle Schritt für Schritt. Sie müssen aber letztendlich nie das volle Spektrum anbieten: Wenn Sie einen Blick auf erfolgreiche Händler wie Cyberport oder Otto werfen, haben diese in der Regel zwei bis vier Support-Kanäle, die aber gut und intensiv betrieben werden.

18.3 Loyalität und Kundenbindung schaffen

Ein guter Kunden-Support ist ein Bestandteil der Strategie, um Kunden in Stammkunden zu transformieren. Darüber hinaus gibt es aber weitere Möglichkeiten, Kunden an Ihr Unternehmen zu binden. An dieser Stelle möchten wir Ihnen ein paar ausgewählte Beispiele aus der Praxis zeigen und Ihnen einen Einblick geben, wie andere Unternehmen hierbei vorgehen.

18.3.1 Abo-Modell

Ob Sie diesen Ansatz realisieren können, hängt ganz stark von Ihrem Geschäftsmodell ab, da diese Strategie einen enormen Einfluss darauf haben wird. Bei einem Abo-Modell geht es darum, den Kunden gezielt in einen Vertrag über mehrere Monate zu schicken, über den er regelmäßig Produkte von Ihnen geliefert bekommt. Ein Paradebeispiel hierfür ist HelloFresh, das Sie in Abbildung 18.11 sehen.

Bei HelloFresh geben Sie keine Einzelbestellungen auf, sondern entschließen sich zu einem Abonnement, durch das Sie an fest definierten Tagen pro Woche eine Lieferung mit Lebensmitteln erhalten. Dadurch entsteht im ersten Schritt eine starke Bindung an das Unternehmen, denn wenn Sie kein Interesse mehr an den Produkten haben, müssen Sie zuerst den Vertrag kündigen. Für HelloFresh ist das Modell interessant, da mit wiederkehrenden Umsätzen durch den Kunden gerechnet werden kann. Denn wenn Sie als Kunde nicht proaktiv das Abonnement kündigen, läuft es erst einmal weiter. Sie erhalten die Ware, HelloFresh erzielt den Umsatz. Die Planungssicherheit in einem solchen Fall ist für Sie als Unternehmer natürlich wesentlich höher, als wenn der Kunde immer gezielt Einzelbestellungen tätigen muss.

Klar ist an dieser Stelle aber auch, dass ein Abo-Modell, das Teil Ihres Geschäftsmodells sein muss, nicht in allen Branchen funktioniert. Speziell die Softwareindustrie stellt gerade auf Abo-Modelle um, was recht gut funktioniert. Bei Adobe können Sie mittlerweile jede Software nur noch abonnieren und nicht mehr kaufen. Microsoft schlägt mit Office365 denselben Weg ein, und weitere Unternehmen ziehen nach. Wenn Sie digitale Produkte verkaufen, kann also ein Abo-Modell perfekt auf Sie passen. Aber auch wenn Sie Genuss- und Verbrauchsgüter, beispielsweise Wein, verkaufen, kann ein Abo-Modell funktionieren. Sie müssen einfach schauen, ob in Ihrer Branche ein Abonnement sinnvoll ist und – falls ja – versuchen, es zumindest ergänzend anzubieten. Denn dann haben Sie pro Kunde einen wesentlich besser planbaren Customer Lifetime Value (CLV) und können auch bei der Akquise eines Kunden mehr

Geld investieren, wenn Sie wissen, dass dieser auch in den nächsten Monaten Bestellungen bei Ihnen platziert.

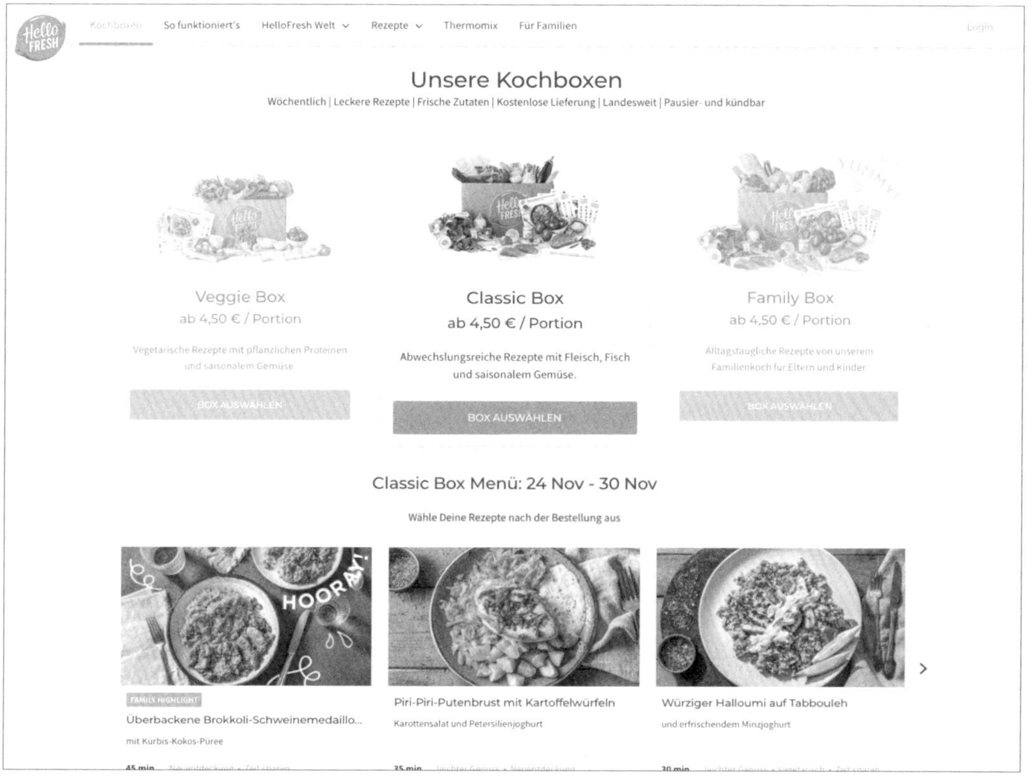

Abbildung 18.11 HelloFresh verkauft ausschließlich Abonnements.

18.3.2 Kundenkarten

Auch mit Kundenkarten können Sie die Bindung zu Ihren Kunden steigern. Mithilfe von Kundenkarten, die auch dem Einkauf dienen, können Sie nämlich mehr über Ihre Kunden erfahren. Wann kauft Ihr Kunde welche Produkte mit welchen Werten? Bestellt der Kunde häufig Produkte oder eher in längeren Zeiträumen? Speziell für den stationären Handel sind Kundenkarten ein Pluspunkt, denn online können Sie den Kunden ja meist identifizieren. Aber auch das geht in Zeiten von Guest-Check-outs nicht immer. Daher kann eine Kundenkarte schon als ein gutes Mittel zur Vertiefung der Kundenbeziehung dienen. Ein gutes Beispiel hierfür ist Breuninger. Diese bieten eine Kundenkarte, mit der Sie sowohl offline als auch online bezahlen können. Nur mithilfe der Kundenkarte erhalten Sie einmal im Monat eine Abrechnung, die wiederum per Lastschrift beglichen werden kann. Es ist also nichts anderes als eine simple Kreditkarte, die dem Einkaufen dient.

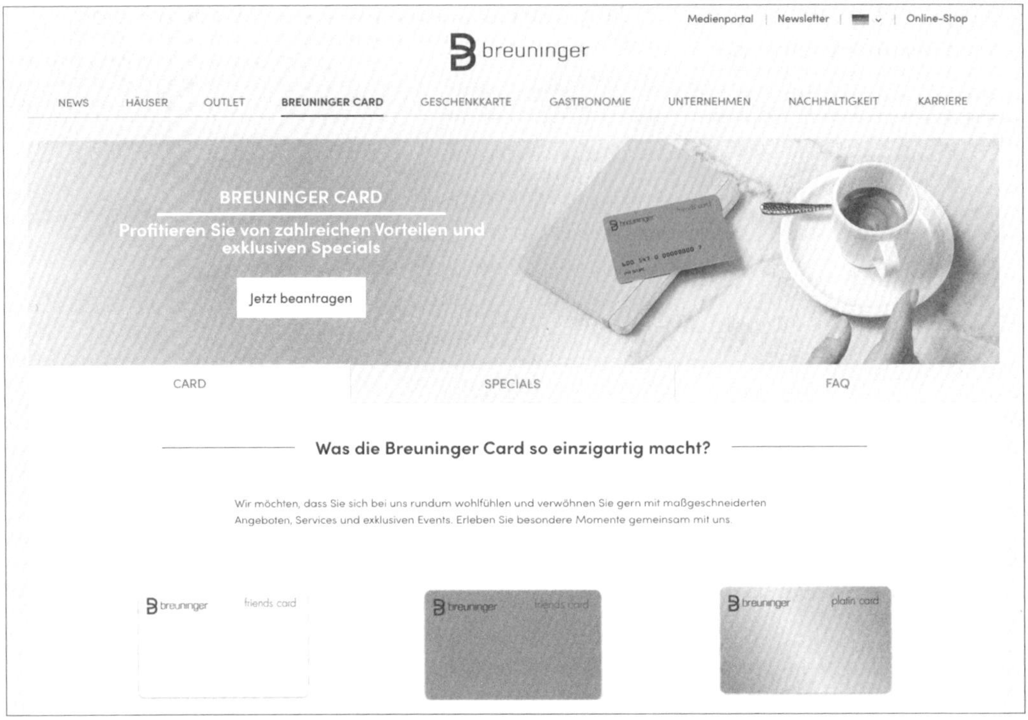

Abbildung 18.12 Ein Upgrade spornt dazu an, mehr Geld auszugeben.

Im Fall von Breuninger ist die Kundenkarte übrigens besonders geschickt eingesetzt. Denn es gibt ein Upgrade, sozusagen eine bessere Version der Kundenkarte, die aber nur ab einem gewissen Umsatz erhältlich ist. Diese bessere Version der Kundenkarte kommt mit einer Menge Vorteilen daher, beispielsweise ein kostenloser Änderungsservice, höhere Rabatte und ein besserer Service. Als Kunde erhalten Sie diese Karte jedoch erst ab einem Umsatz von 7.500 € in zwei Jahren. Dies spornt sicherlich den einen oder anderen Kunden dazu an, ein Produkt tendenziell bei Breuninger zu bestellen, auch wenn es geringfügig teurer ist als bei der Konkurrenz, um in den Genuss des höheren Status zu kommen. Breuninger lockt den Kunden daher, Geld auszugeben, um im Gegenzug die Platin Card mit dem wesentlich besseren und interessanteren Service zu erhalten (siehe Abbildung 18.12). Wenn Kunden zudem einmal in den Genuss des Platin-Card-Service kommen, ist die Wahrscheinlichkeit hoch, dass sie den Service auch beibehalten möchten. Das geht aber nur, wenn Kunden einen gewissen Betrag pro Jahr bei Breuninger ausgeben. Dadurch entsteht für Breuninger eine gewisse Planungssicherheit, da Statistiken vorliegen, wie viele Platin-Card-Kunden den Status beibehalten, wie viele Kunden existieren und wie sich die Ausgaben dieser Kunden verhalten.

Auch Sie können und sollten, sofern möglich, irgendeine Art Kundenkarte bzw. ein Kundenprogramm einführen, wenn Sie langfristig Kunden an sich binden möchten.

Bedenken Sie aber immer, dass Kunden dies nur akzeptieren, wenn sie damit auch von einem gewissen Service profitieren. Einfach nur ein Kundenprogramm bringt nichts, wenn für den Kunden durch die Teilnahme keine Vorteile entstehen.

18.3.3 Bonusprogramme mit Rückvergütung

Ein weiterer guter Mechanismus zur Bindung von Kunden sind Bonusprogramme, speziell diejenigen, die mit einer Rückvergütung locken. Eines der wohl populärsten Bonusprogramme in Deutschland dürfte sicherlich auch Ihnen ein Begriff sein: Miles & More. Ursprünglich von der Lufthansa entwickelt, hat Miles & More mittlerweile eine breite Palette an Partnern, die am Bonusprogramm teilnehmen. Immer dann, wenn Sie bei Ihrem Einkauf Ihre Miles-&-More-Karte angeben, sammeln Sie Punkte. Die Punkte unterscheiden sich dabei je nach Umsatz, das heißt, wenn Sie bei der Lufthansa direkt einen Flug buchen, können Sie mehr Punkte erhalten, als wenn Sie mit der Miles-&-More-Kreditkarte bezahlen. Die Kreditkarte ist dabei übrigens nur ein Add-on, das vor dem Verfall von gesammelten Bonuspunkten schützt – ein weiterer cleverer Schachzug.

Der Hintergrund bzw. Gedanke ist klar: Miles & More möchte, dass möglichst viel Umsatz über die angebundenen Unternehmen erzeugt wird; im Gegenzug erhalten die Kunden eine Rückvergütung. Dadurch neigen Kunden dazu, die benötigten Artikel direkt bei Miles-&-More-Partnern zu bestellen, denn immerhin erhalten Sie in diesem Fall eine Rückvergütung. Wenn Sie als Kunde daher ein Buch benötigen, werden Sie dies vermutlich nicht bei Amazon bestellen, sondern bei Thalia, da eben Thalia bei Miles & More teilnimmt und Amazon nicht. Dadurch wird gewissermaßen eine Einkaufscommunity geschaffen, innerhalb derer die Kunden primär bei den teilnehmenden Partnern bestellen. Wie Sie in Abbildung 18.13 sehen können, gibt es zudem regelmäßig Aktionen, bei denen die gesammelten Meilen stark erhöht werden. Dadurch entsteht für den Nutzer das Gefühl, noch mehr Geld zu sparen.

Für Sie als Unternehmen ist es sicherlich enorm schwierig und auch mit immensen Kosten verbunden, ein eigenes Bonusprogramm aufzubauen. Aber das müssen Sie auch gar nicht zwangsläufig. So können Sie sich bestehenden Programmen wie Miles & More oder auch Payback anschließen. Der Effekt ist dabei derselbe, zusätzlich können Sie aber aus dem Partnernetzwerk sogar noch Neukunden generieren. Neben den Neukunden werden zudem Ihre Kunden tendenziell eher zu Stammkunden, da sie durch das Sammeln der Bonuspunkte mit einer Rückvergütung rechnen können.

Informieren Sie sich daher, speziell auch in Ihrer Branche, darüber, welche Bonusprogramme es gibt und an welchen Programmen Sie teilnehmen könnten. Beachten Sie aber immer, dass die Teilnahme mit Anforderungen verbunden ist, die Sie gegebenenfalls anfangs nicht erfüllen können. Langfristig sollten Sie jedoch die Mitgliedschaft in einem Partnerprogramm definitiv ins Auge fassen.

Abbildung 18.13 Auch OTTO nimmt bei Miles & More teil.

18.3.4 Kundenclubs

Alternativ zu den bereits vorgestellten Methoden können Sie, wie beispielsweise Sport Scheck, auch einen Kundenclub etablieren. Bei Sport Scheck erhalten alle Mitglieder des Clubs 10 % Nachlass auf den ersten Einkauf sowie Bonuspunkte bei allen zukünftigen Einkäufen. Die Bonuspunkte können sie dann wieder einlösen. Im Prinzip ist es eine ähnliche Strategie wie auch bei Miles & More mit dem Unterschied, dass sich ein Kundenclub immer nur ganz speziell auf den jeweiligen Online-Shop bezieht und Sie als Kunde nur bei diesem Online-Shop Punkte sammeln und einlösen können. Dadurch nimmt aber auch für die Kunden die Attraktivität ein Stück weit ab, da sie nicht auch bei Partnern durch Einkäufe profitieren können.

Wenn Sie als Shop-Betreiber nun die Bindung zu Ihren Kunden stärken möchten, eignet sich die Etablierung eines der genannten Systeme. Letztendlich müssen Sie Ihren Kunden Vorteile bieten, wenn sie bei Ihnen einkaufen. Der primitivste Vorteil liegt in der Rückvergütung. Besonders hervorzuheben ist an dieser Stelle aber das Beispiel von Breuninger, die letztendlich sehr exklusive und interessante Services bieten, sobald ein jährliches Einkaufslimit erreicht ist. Das spornt Kunden dazu an, bei Breuninger einzukaufen, um eben in den Genuss dieser exklusiven Vorteile zu kommen.

18.4 Kundenportale und Selfservice-Ansätze

Das Bindeglied zwischen gutem Kunden-Support und Kundenbindung ist sicherlich ein umfangreiches Kundenportal. Kundenportale stehen gerade sehr im Trend und werden vor allem von Unternehmen aus dem B2B stark favorisiert. Stellen Sie sich einen klassischen Maschinenbauer vor. Der Vertrieb der Maschinen mittels Webshops ist komplex, aber diese Unternehmen können dennoch etwas tun und beispielsweise die Kundenzufriedenheit steigern und Prozesskosten senken. Obendrein auch Dienstleistungen und Zubehör vertreiben, aber oftmals ist das nicht der erste Schritt. Aber auch für klassische Händler und E-Commerce Pure Player spielen Kundenportale eine immer wichtigere Rolle. Denn durch den Selfservice-Ansatz, der zwangsläufig mitschwingt, ermöglichen Sie den Nutzern, alles selbst zu erledigen, ganz ohne einen Anruf oder Live-Chat starten zu müssen.

Amazon ist auch an dieser Stelle wieder ein gutes Beispiel, denn praktisch müssen Sie für kein Problem mit dem Support sprechen. Außer eben es ist sehr komplex und Sie wünschen eine individuelle Lösung. Davon abgesehen erlaubt Ihnen Amazon aber folgende Möglichkeiten im Rahmen eines Selfservice-Ansatzes, wie Sie auch in Abbildung 18.14 sehen:

- Anlage und Verwaltung von Adressen
- Management der Stammdaten
- Hinzufügen, Aktualisieren und Löschen von Zahlungsdaten
- automatisierter Anstoß und Überwachung von Retouren
- Aufgeben und Stornieren von Bestellungen
- Reklamation direkt über vorhandene Formulare

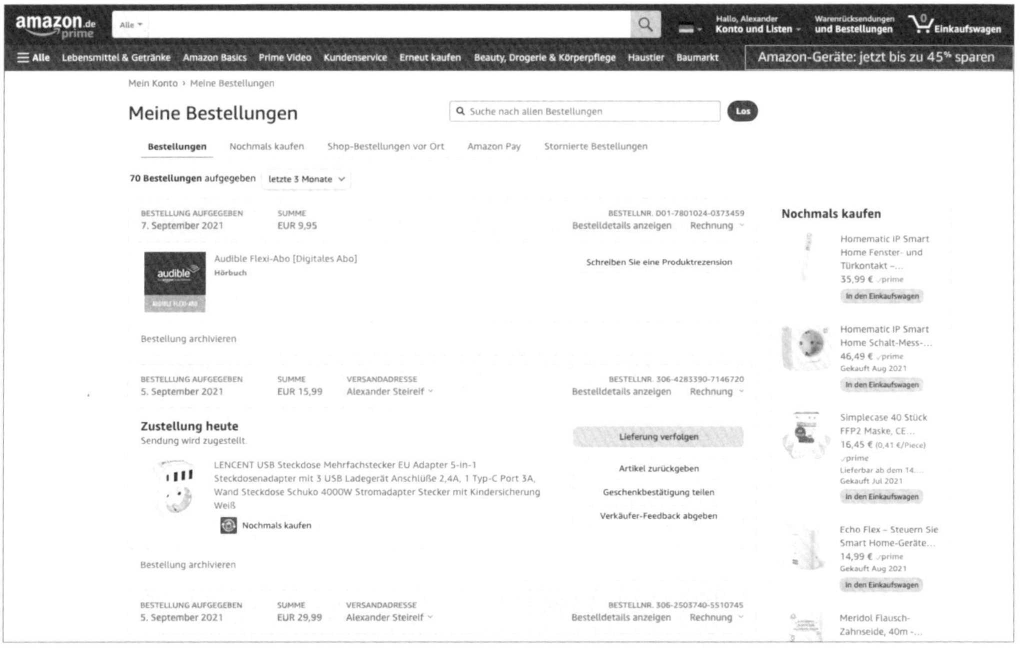

Abbildung 18.14 Im Amazon-Kundenkonto können Sie praktisch alles selbst tun.

An dieser Stelle ließe sich die Liste sicherlich noch weiterführen, aber Sie sehen, worauf wir hinausmöchten. Steht ein umfangreiches Kundenportal samt Selfservice-Ansatz zur Verfügung, können Sie als Kunde bei Problemen direkt interagieren und diese lösen. Es ist von Vorteil, wenn Sie gar nicht erst den Support anrufen müssen!

18.5 Kunden- und Support-Management-Lösungen

Sie haben im Verlauf dieses Kapitels viele Beispiele und Methoden aus der Praxis kennengelernt. Auf den folgenden Seiten möchten wir Ihnen nun zwei Softwarelösungen zeigen, diese exemplarisch behandeln und Ihnen den Einstieg erleichtern. Unabhängig von der Branche und der Zielgruppe, die Sie anvisieren, werden Sie beide Tools mit sehr hoher Wahrscheinlichkeit einsetzen können und von den Mehrwerten profitieren.

18.5.1 Support-Lösung auf Basis von Zendesk

Um Kunden an Ihr Unternehmen zu binden, ist ein guter Support eine wichtige Komponente. Guter Support bedeutet letztendlich, dass Sie bzw. Ihr Team zeitnah auf Fragen antworten, Kunden ihre Fragen recht einfach übermitteln und Sie als Unternehmen diesen ganzen Prozess zudem messen und optimieren können. Wenn Sie die durchschnittliche Reaktionszeit auf Knopfdruck auswerten möchten, können Sie den Support per E-Mail aber vergessen. Denn wenn jeder aus Ihrem Team einfach vor einem E-Mail-Client sitzt, haben Sie solche Werte nicht. Auch ist die Abstimmung innerhalb Ihres Teams schwierig.

Um dieses Problem zu lösen, können Sie auf eine Anwendung wie Zendesk setzen. Das Unternehmen Zendesk bietet verschiedenste Support-Lösungen wie ein Ticketsystem, aber auch eine Chat-Lösung an. Bei den Anwendungen handelt es sich dabei um Cloud-Anwendungen, die in Software-as-a-Service-Manier vertrieben werden. Sprich, Sie selbst müssen sich um nichts kümmern und können die Anwendungen direkt via Browser nutzen. Auch wenn Zendesk viele interessante Lösungen vertreibt, möchten wir Ihnen an dieser Stelle im Schnelldurchgang das Ticketsystem zeigen, denn mit diesem können Sie Ihren Kunden einen guten, einfachen und schnellen Support bieten.

Unter *www.zendesk.de/support* finden Sie alle Informationen zur angesprochenen Lösung. Sie können sich diese gerne in Ruhe durchlesen. Vermutlich interessieren Sie sich neben dem Funktionsumfang vor allem für den Preis. Zendesk lizenziert pro Nutzer, und je nach Funktionsumfang können Sie mit monatlichen Kosten pro Nutzer zwischen 5 und 199 € rechnen. In der Regel buchen Unternehmen eine der mittleren Varianten, bei denen ein Nutzer zwischen 49 und 99 € pro Monat kostet.[1] Natürlich summieren sich diese Kosten, je nachdem, wie groß Ihr Team ist, auf der anderen Seite bekommen Sie von Zendesk auch recht viel geboten.

Stellen Sie das Thema der Kosten aber für einen Moment hintan, und registrieren Sie sich für eine kostenfreie Testversion. Bei Zendesk müssen Sie nicht die Katze im Sack kaufen, sondern können die Lösung erst einmal testen. Um mit der kostenlosen Testphase zu beginnen, rufen Sie die URL *www.zendesk.de/register/?source=zendesk_support* auf. Nachdem Sie eine E-Mail-Adresse und ein Passwort für die Anmeldung definiert haben, müssen Sie zudem Ihren Firmennamen hinterlegen, die Anzahl der Mitarbeiter angeben und Ihre persönlichen Daten speichern. Haben Sie diese Schritte hinter sich gebracht, muss im letzten Schritt noch ein Name gewählt werden, der die URL zu Ihrer Login-Maske definiert. In Summe sollten Sie für den kompletten Registrierungsprozess keine Minute benötigen, da dieser wirklich sehr einfach und simpel gehalten ist.

Nach der erfolgreichen Registrierung des Test-Accounts können wir uns Zendesk ein wenig genauer anschauen. Sie müssen hierfür zuerst wissen, dass sich Zendesk in einen Bereich für die Kunden und in einen Bereich für die sogenannten Agenten, also die Support-Mitarbeiter, unterteilt. Lassen Sie uns mit letzterem Bereich starten. Dort angekommen, müssen Sie zuallererst eine E-Mail-Adresse definieren, über die Sie Support-Nachrichten empfangen möchten. Wir wählen in unserem Fall die E-Mail-Adresse *test@steireif.zendesk.com*.

Eigene Domain kann verwendet werden

Sie können Ihre eigene Domain für den produktiven Einsatz dahingehend konfigurieren, dass sie in Zendesk genutzt werden kann und Sie somit eine E-Mail-Adresse wie *support@ihredomain.de* verwenden können.

Sobald Sie die E-Mail-Adresse eingerichtet haben, können Sie innerhalb von Zendesk Nachrichten empfangen und verwalten. Sie können dies exemplarisch in Abbildung 18.15 sehen.

Das heißt, jede E-Mail, die an die definierte Support-E-Mail-Adresse gesendet wird, taucht in der Übersicht in Zendesk auf. Hier sehen Sie direkt den Betreff, wie lange der E-Mail-Eingang bereits zurückliegt, welche Priorität die E-Mail hat und um was für eine Art Vorfall es sich handelt. Wenn Sie nun auf diese Nachricht klicken, können Sie die Details direkt einsehen (siehe Abbildung 18.16).

1 Eine Auflistung aller Varianten und Preise finden Sie unter: *www.zendesk.de/support/pricing/#pricing*

Abbildung 18.15 Innerhalb von Zendesk haben Sie Zugriff auf alle Nachrichten, die per E-Mail gesendet wurden.

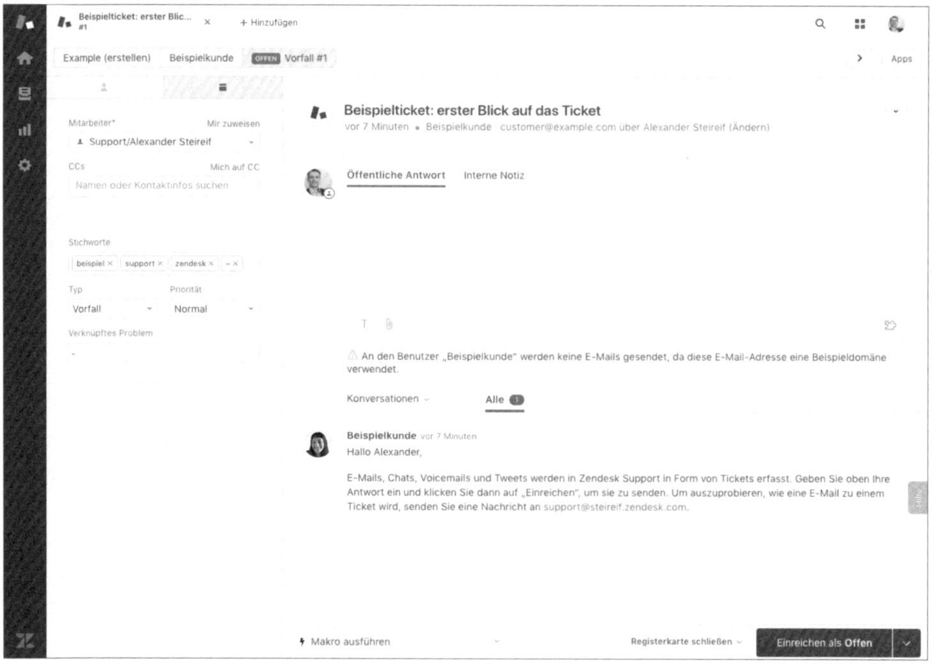

Abbildung 18.16 Innerhalb der Detailansicht können Sie mit der Nachricht arbeiten.

Dort sehen Sie aber nicht nur die Details der E-Mail, sondern können direkt mit der Nachricht arbeiten. Beispielsweise können Sie diese E-Mail einem Kollegen zuweisen, wenn Sie selbst keine Antwort auf das Thema haben. Hierbei lässt sich direkt eine private Notiz anfügen, die nur Ihr Kollege, aber nicht der Kunde lesen kann. Ebenso lässt sich die Nachricht mit Schlagwörtern versehen, eine Priorität und ein Typ bestimmen. Wenn es sich beispielsweise um ein heikles Zahlungsthema handelt, können Sie die Priorität erhöhen und den Typ des Vorfalls auf »Aufgabe« setzen. Da es sich bei Nachrichten oft um ganze Konversationen handelt, sehen Sie zudem direkt alle Nachrichten, die mit diesem Thema zusammenhängen. Sie sehen hierbei die Antworten von Ihnen bzw. Ihren Kollegen, aber auch die Antworten von Ihrem Kunden.

Auch können Sie mit Makros bereits Antworten hinterlegen und automatisiert Aufgaben ausführen, aber das führt hier zu weit. Sie müssen an dieser Stelle nur wissen, dass Sie eben mithilfe von Zendesk kollaborativ an Support-Fällen arbeiten können, die per E-Mail erstellt wurden. Das ist der große Unterschied und der große Nutzen gegenüber einem einfachen E-Mail-Client.

Ergänzend verfügt Zendesk über Berichte, die Rückschlüsse auf die Qualität Ihres Supports zulassen. Sie sehen sofort, wie schnell die Reaktionszeiten sind, wie viele Support-Anfragen eintrudeln, welche Mitarbeiter am meisten Support-Fälle lösen, und haben somit einen guten Einblick in die Arbeit Ihres Support-Teams. Das ist für Sie enorm wichtig, um die Qualität des Supports zu sichern.

Wie eingangs erwähnt, verfügt Zendesk über zwei Bereiche. Den Bereich für die Agents haben Sie in den vorherigen Abbildungen gesehen. Zusätzlich gibt es aber auch einen Bereich für Ihre Kunden. Mithilfe von Zendesk können Sie daher auch das Interface für Ihre Nutzer erstellen und ihnen dort nicht nur die Möglichkeit bieten, Nachrichten zu schreiben, sondern auch eine Art FAQ aufzubauen. Sie sehen dies in Abbildung 18.17 anhand des Online-Shops *apfelkiste.ch*, der bei seinem Support-Portal auf Zendesk setzt.

Das User Interface ist immer dann interessant, wenn ein Kunde keine E-Mail per Webmailer oder E-Mail-Client senden möchte. Er kann direkt im Hilfecenter, das von Zendesk bereitgestellt wird, eine Nachricht erstellen und auch deren Verlauf verfolgen und einsehen. Als Shop-Betreiber haben Sie zudem die Möglichkeit, einen Hilfebereich aufzubauen und diesen mit wichtigen Informationen zu füllen. All dies können Sie mit Zendesk machen – das war allerdings nur ein Auszug aus den wichtigsten Funktionen und Möglichkeiten.

An sich empfiehlt sich der Einsatz von Zendesk oder auch einer Alternative, um Support-Nachrichten zu verfolgen, im Team zu bearbeiten und auch die Qualität des Service auszuwerten. Vom reinen Support via E-Mail raten wir ganz klar ab, da dies einfach nichts mit einem professionellen Support zu tun hat.

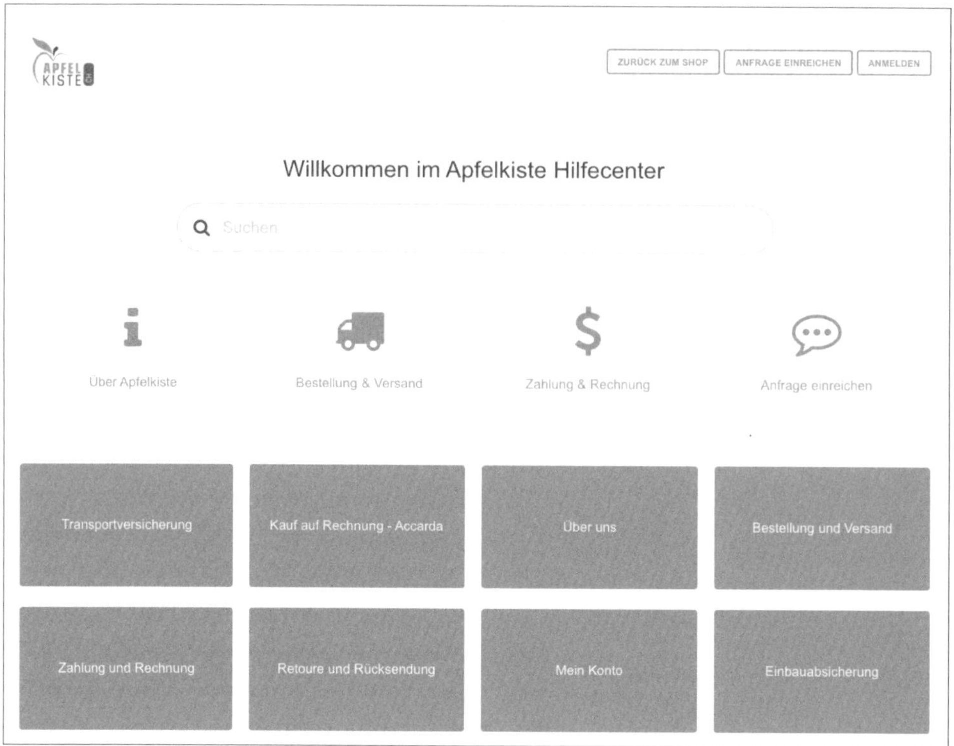

Abbildung 18.17 Zendesk bietet auch die Möglichkeit, einen FAQ-Bereich aufzubauen.

Wenn Sie Ihren Kunden schnellen und qualitativ hochwertigen Support bereitstellen möchten, werden Sie um eine Ticketsoftware wie Zendesk nicht herumkommen. Bei den überschaubaren Lizenzkosten handelt es sich um gut investiertes Geld.

18.5.2 Customer Relationship Management mit Salesforce

Der gute Support ist sicherlich das Fundament, auf dem die Kundenbindung und Ihre Kundenbeziehung beruhen. Aber guter Support allein bringt Ihr Unternehmen auch nicht weiter. Langfristig ist es wichtig, dass Sie Ihre Kunden samt Vorlieben, Historie und Eigenschaften kennen. Es geht nicht nur darum, Produkte an anonyme Personen zu verkaufen. Vielmehr müssen Sie alle Details Ihrer Kunden kennen, um diesen Kunden eine noch bessere Shopping-Experience bieten zu können. Ohne Details über Ihre Kunden sind Sie aufgeschmissen und stehen vor großen Herausforderungen, die Sie nicht lösen können.

Egal welche Online-Shop-Software Sie einsetzen, sei es Magento, OXID oder Shopware: Keine kann wirklich gut mit Kunden umgehen. Natürlich können Sie damit Kunden speichern und Adressen verwalten. Aber können diese Lösungen Sie auch daran erinnern, wann Ihre Kunden Geburtstag haben und automatisiert eine E-Mail samt Gutscheincode zusenden? Können Ihnen diese Lösungen anzeigen, wie hoch die Wahrscheinlichkeit ist, dass Ihr Kunde in Zukunft wieder eine Bestellung bei Ihnen aufgibt? Wohl eher nicht, denn es handelt sich nicht um CRM-, also Customer-Relationship-Management-Lösungen, sondern um einfache Online-Shops. Mittels eines CRM können Sie nun viele wichtige Informationen zu Ihren Kunden sammeln und damit Ihre Kunden besser kennenlernen.

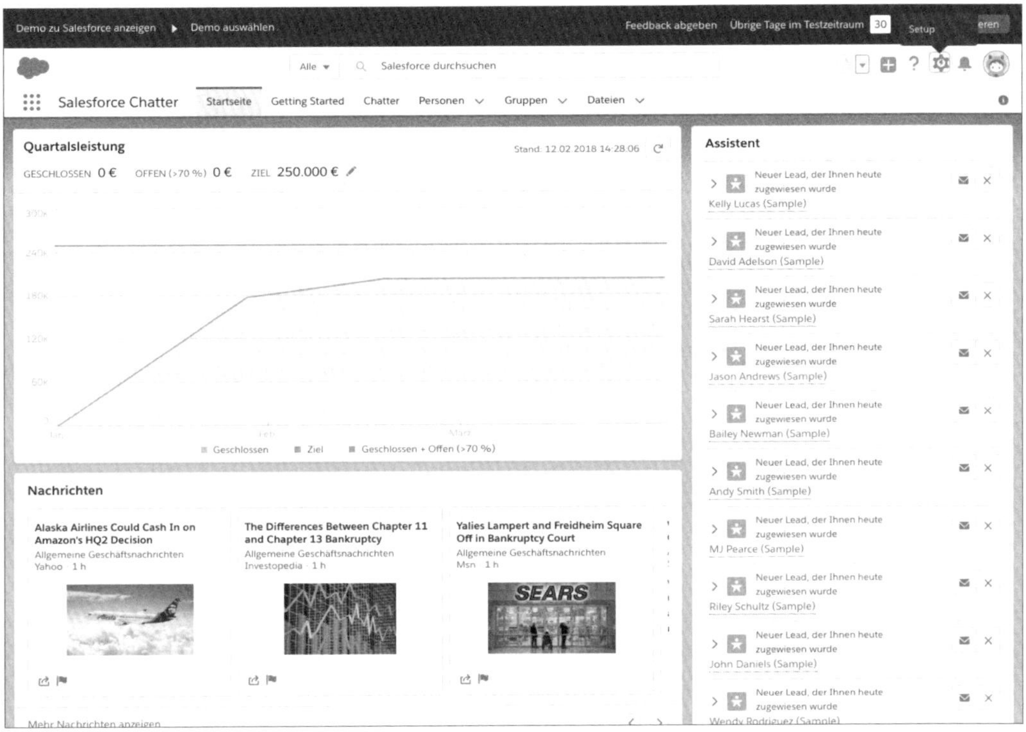

Abbildung 18.18 Nach der erfolgreichen Registrierung landen Sie im Dashboard.

Eine Lösung – wenn nicht gar die populärste – im Bereich CRM stammt von Salesforce. Eigentlich ist Salesforce der Inbegriff von Kundenmanagement, weswegen wir Ihnen im Folgenden einen kurzen Einblick in Salesforce geben möchten. Genau wie bei Zendesk handelt es sich bei Salesforce um eine Cloud-Anwendung, die als Software as a Service vertrieben wird. Sie müssen nichts installieren und können direkt loslegen. Salesforce bietet viele verschiedene Lösungen an, auch hier gibt es Parallelen zu Zendesk. In diesem Fall werfen wir aber nur einen Blick auf die CRM-Lösung, die Sie unter *www.salesforce.com/de/solutions/small-business-solutions/overview* finden. Salesforce lizenziert nach Nutzer, wobei die monatlichen Kosten zwischen 25 und 300 € liegen. Um einen kostenlosen Test-Account zu erstellen, rufen Sie bitte die Seite *www.salesforce.com/de/form/signup/freetrial-sales-essentials.jsp?d=7010M000000mQjJ* auf und hinterlegen die notwendigen Daten, um die Registrierung abzuschließen. Die Registrierung ist recht einfach gehalten, Sie sollten dafür nur eine knappe Minute benötigen. Nachdem Sie die Registrierung abgeschlossen haben, landen Sie im Salesforce Dashboard, das Sie auch in Abbildung 18.18 sehen.

Salesforce bietet Ihnen speziell in der Testversion einen enormen Funktionsumfang, den Sie aber größtenteils nicht benötigen werden. Es fällt vermutlich anfangs etwas schwer, sich auf das Wesentliche zu konzentrieren, aber das liegt nur an den nicht limitierten Features. Klicken Sie nun auf ACCOUNTS, um die Auflistung aller vorhandenen Unternehmen einzusehen. Da es sich um einen Test-Account handelt, werden Sie eine leere Liste vorfinden. Wenn Sie jedoch auf NEU klicken, können Sie, wie Sie in Abbildung 18.19 sehen, relativ einfach ein neues Unternehmen erstellen. Füllen Sie die Felder aus, und klicken Sie auf SPEICHERN. Anschließend haben Sie das neue Unternehmen erfolgreich angelegt und gelangen in die Detailansicht. Die Detailansicht enthält Informationen zu den Kontakten, Opportunities, Kundenvorgängen, Notizen sowie Dateien. Auch sehen Sie aktuelle und vergangene Aktivitäten wie E-Mails und Anrufe. Neben Unternehmen sind vor allem die Kontakte, also die direkten Ansprechpartner, die einem Unternehmen zugeordnet werden, wichtig, um den Kunden besser zu verstehen. So können Sie nun Ihrem erstellten Unternehmen weitere Kontakte hinzufügen, beispielsweise die Personen, die in Ihrem Online-Shop bereits Waren und Dienstleistungen eingekauft haben.

Diesen Kontakten können Sie wiederum Notizen, Vorgänge etc. zuordnen. Sie betrachten daher immer das Unternehmen oder eben den jeweiligen Kontakt, der einem Unternehmen zugeordnet wurde.

Interessant wird es nun, wenn Sie Salesforce Ihren eigenen Bedürfnissen anpassen. Denn es geht nun darum, zu definieren, welche Informationen Sie bei einer Person (Kontakt) oder einem Unternehmen (Account) speichern möchten. Bei einer Person können Sie beispielsweise Informationen hinterlegen wie den durchschnittlichen Warenkorbwert pro Bestellung, das Datum des letzten Einkaufs und die Anzahl an stehen gelassenen Warenkörben. Bei dem zugeordneten Unternehmen können Sie hingegen eine Ebene höher gehen und Metainformationen wie den aggregierten Umsatz aller Personen der letzten Jahre hinterlegen. Schon alleine diese Informationen würden Ihnen dabei helfen, Unternehmen und Kunden gezielter anzusprechen und zu verstehen, welche Kunden bei Ihnen Geld ausgeben und welche Unternehmen nur über Accounts verfügen, aber gar keine Bestellungen platzieren.

Salesforce-Registrierung

Bitte beachten Sie, dass sich bei Salesforce relativ häufig gewisse optische Änderungen einschleichen, vermutlich sieht bei Ihnen die Maske etwas anders aus als hier im Buch. Die grundsätzliche Vorgehensweise ist aber vermutlich identisch, lassen Sie sich daher von kleineren Abweichungen nicht ablenken.

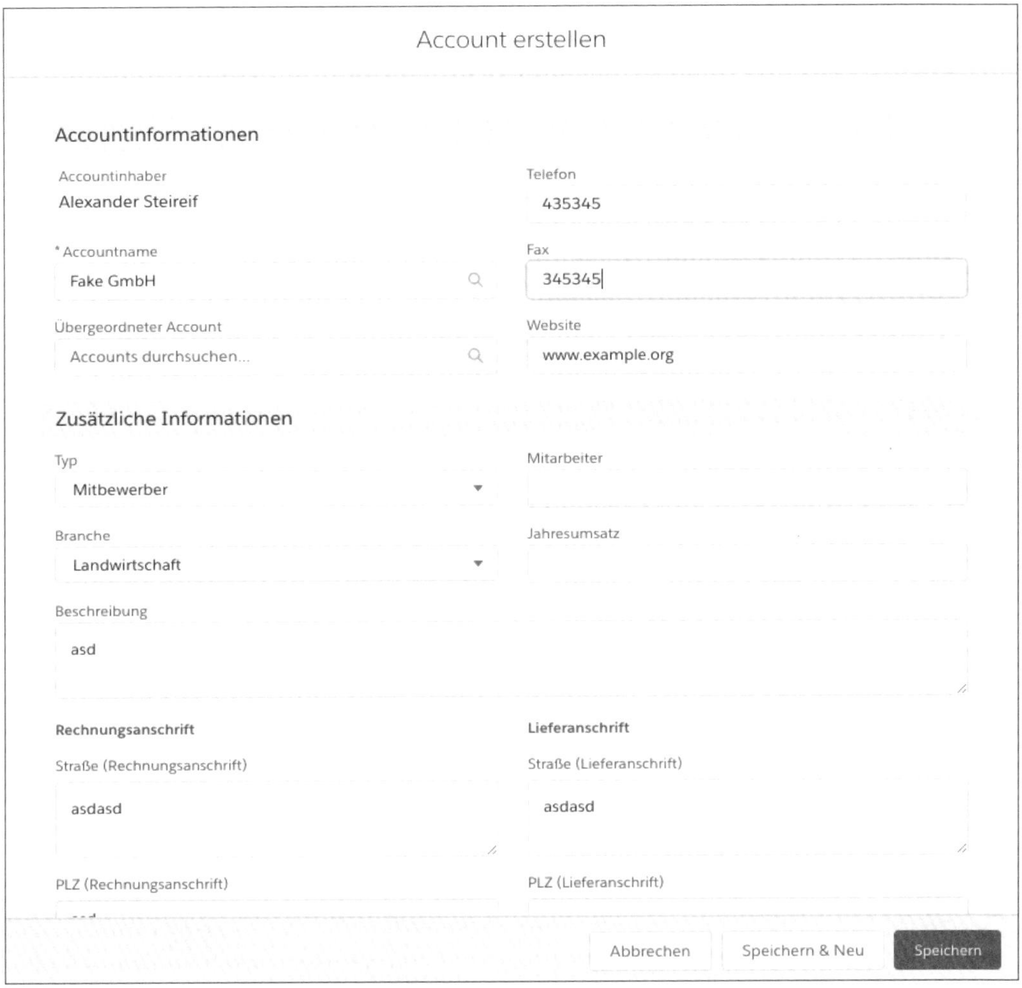

Abbildung 18.19 Mittels weniger Felder können Sie ein neues Unternehmen erstellen.

Diese Informationen können Sie dann wiederum in Marketingkampagnen verwenden oder gar, um personalisierte Inhalte innerhalb des Online-Shops auszuliefern. Salesforce kann hierbei die zentrale Datenquelle sein, die Ihr Online-Shop befüttert und innerhalb derer Sie Auswertungen erstellen können.

Im Gegensatz zum Set-up eines Ticketsystems müssen Sie bei der Einführung eines CRM wesentlich mehr Zeit und Aufwand investieren. CRM-Systeme wie Salesforce sind am Anfang leere Hüllen, die angepasst werden müssen. Sie müssen sich überlegen, welche Informationen Sie benötigen, welche Sie speichern möchten und woher diese Informationen stammen. Anschließend können Sie damit beginnen, eine Schnittstelle zwischen Ihrem Online-Shop und Salesforce herzustellen, damit genau diese Informationen übertragen werden. Zusätzlich zu den Daten aus dem Online-

Shop fließen weitere Informationen zu Ihren Kunden ein, beispielsweise E-Mails oder Telefonate. Dadurch ergibt sich innerhalb des CRM ein Gesamtbild Ihres Kunden. Mit diesen Informationen können Sie anschließend Strategien entwickeln, um den Kunden personalisiert und optimiert Mehrwerte zu bieten und dadurch diese Kunden noch stärker an Ihr Unternehmen zu binden.

18.6 Die perfekte Strategie entwickeln und umsetzen

Wir haben Sie in diesem Kapitel zum einen auf die Kundenbindungsansätze von Unternehmen, zum anderen auch auf mögliche Softwarelösungen wie Zendesk aufmerksam gemacht. Am Ende des Tages geht es letztendlich darum, dass Sie die Kundenbindung stärken und aus Kunden Stammkunden machen. Dies geschieht aber nicht von heute auf morgen, und es geschieht auch nicht, indem Sie einfach eine Software wie Zendesk einführen. Vielmehr müssen Sie Ihre gesamte Organisation auf Ihre Kunden ausrichten und nicht auf Ihre Produkte. Der Kunde muss in Zukunft im Mittelpunkt stehen, denn nur so erzeugen Sie eine starke Kundenbindung.

Hierfür ist es notwendig, dass Sie so viele Informationen wie möglich über Ihre Kunden sammeln und diese an einer zentralen Stelle verwalten. Die Einführung eines CRM-Systems ist also die Basis. Es muss nicht direkt eine umfangreiche Lösung wie Salesforce sein, aber Sie benötigen eine Software, um alle Kunden samt Details abbilden zu können. Nachdem Sie diese technologische Basis geschaffen haben, geht es darum, Ihren Kunden Kontaktmöglichkeiten bzw. Kanäle zu schaffen, die vor und nach einer Bestellung genutzt werden können. Es muss Ihren Kunden leichtfallen, in Kontakt mit Ihnen zu treten. Anfangs, speziell wenn Sie noch nicht über genügend personelle Ressourcen verfügen, kann dies per E-Mail bzw. Kontaktformular oder Rückrufservice erfolgen. Nutzen Sie hierbei direkt die Möglichkeit, und verknüpfen Sie Anfragen per E-Mail mit dem CRM-System. So sehen Sie direkt, wenn Sie sich den Kunden in Ihrem CRM-System anschauen, welche Support-Anfragen offen sind bzw. mit welchen Problemen der Kunde in der Vergangenheit zu kämpfen hatte. Etablieren Sie zudem ein Regelwerk, in welchem Zeitraum ein Kunde eine Antwort erhalten soll, und verfolgen Sie diese Regeln knallhart nach. Wenn Sie diese Basisarbeit geschafft haben, können Sie sich zudem überlegen, ob Sie nicht langfristig im Bereich eines Kundenclubs bzw. Prämienprogramms aktiv werden, um Ihre Kunden über eine Rückvergütung an sich zu binden. Letztendlich geht es darum, dass Sie Ihren Kunden einen Mehrwert bieten, wenn sie bei Ihnen einkaufen. Die Rückvergütung ist hierbei das einfachste, aber auch effektivste Mittel.

Wenn Sie diese Ratschläge beherzigen, werden Sie durch einen guten Kunden-Support, ein gutes Verständnis Ihrer Kunden und durch attraktive zusätzliche Leistungen die Kundenzufriedenheit und die Kundenbindung signifikant steigern.

18.7 Fazit

Dieses Kapitel begann mit der Frage, warum es wichtig ist, Kunden langfristig zu binden. Die einfache Antwort lautet: Weil es günstiger für Sie ist, mit Bestandskunden Geschäfte zu tätigen, als auf Teufel komm raus Neukunden zu akquirieren und dabei viel Geld in die Hand zu nehmen. Glücklicherweise handelt es sich bei der Kundenbindung um eine Win-win-Situation: Ein Kunde bindet sich an Ihr Unternehmen, wenn er glücklich und zufrieden ist. Sie als Shop-Betreiber möchten Bestandskunden, da die Neukundengewinnung oftmals nicht lukrativ ist, wenn der Kunde nicht zukünftig auch bei Ihnen bestellt. Beide Seiten haben also ein Interesse an einer langfristigen Kundenbeziehung. Genau aus diesem Grund sollten Sie sich auch mit dem Thema Kundenzufriedenheit und Kundenbindung in Ihrem Online-Shop beschäftigen und zu Beginn den Grundstein dafür legen, dass Sie in Zukunft viele Stammkunden besitzen, die gerne und häufig in Ihrem Online-Shop bestellen.

Kapitel 19
Was Sie über Buchhaltung wissen sollten

Auch wenn es sicherlich nicht zu Ihren Lieblingstätigkeiten als Shop-Betreiber zählen wird, so müssen Sie sich früher oder später mit dem Thema Buchhaltung beschäftigen. Erfahren Sie in diesem Kapitel alle relevanten und wichtigen Informationen und Details, die Sie bei der Buchführung beachten müssen.

Als Betreiber eines Online-Shops sind Sie neben allen anderen wichtigen Themen auch für die ordnungsgemäße Buchführung verantwortlich. Diese Verantwortung wird jedoch leider von vielen Unternehmern – gerade bei Start-ups oder kleinen Unternehmen – häufig nicht ganz so ernst genommen, da sie sich primär auf das Beraten der Kunden und das Verkaufen ihrer Produkte und Dienstleistungen konzentrieren wollen. Dabei denken sie oft, dass das mit der Buchhaltung »ja noch Zeit hat« – ein Trugschluss!

Als neuer Shop-Betreiber sollten Sie deshalb beim Aufbau Ihres Unternehmens genau planen, wie Sie Ihre Buchhaltung organisieren, das heißt, welche Arten von Einnahmen und Ausgaben Sie haben, welche Software Sie verwenden wollen, wie Sie Ihre Belege sortieren und wie Sie überprüfen, ob Ihre Buchhaltung korrekt ist. Sollten Sie bereits ein erfolgreicher Shop-Betreiber sein und eine bestehende IT-Lösung im Einsatz haben, müssen Sie sich Gedanken machen, wie Sie Ihre neue E-Commerce-Lösung an dieses System anbinden, damit Sie auch weiterhin Ihre Buchhaltung reibungslos durchführen können, ohne in separaten Systemen arbeiten zu müssen.

19.1 Buchhaltung für Online-Shops

Wenn man das erste Mal ein Unternehmen gründet, ist man am Anfang erst einmal ziemlich erstaunt über die notwendige Bürokratie und davon überfordert. Man kann sich nicht nur seinem E-Commerce-Projekt widmen, sondern muss sich nun auch mit Themen rund um das Finanzamt, die Buchhaltung etc. beschäftigen. Aus diesem Grund wollen wir Ihnen in diesem Abschnitt einen Grundkurs über die Buchhaltung für Online-Shops geben.

19.1.1 Einführung in die Buchhaltung

Viele Existenzgründer und Shop-Betreiber werden zu Beginn mit der *Einnahmenüberschussrechnung* (EÜR) die einfachere Form der Buchhaltung durchführen können. Hierbei werden die Einnahmen den Kosten gegenübergestellt und der Gewinn ermittelt. Doch beachten Sie: Beträgt der Umsatz mehr als 500.000 € oder ist die Rechtsform des Unternehmens eine Kapitalgesellschaft (zum Beispiel GmbH oder AG), so sind Sie automatisch zu der Erstellung einer *Bilanz* sowie zur doppelten Buchführung verpflichtet. Diese ist jedoch deutlich komplexer und aufwendiger als eine Einnahmenüberschussrechnung. Sie sollten sich deshalb im Vorfeld überlegen, ob Sie diese Arbeit nicht von vornherein einem Profi überlassen. Im Zweifel sollten Sie aber auch bei einer Einnahmenüberschussrechnung die Hilfe und den Rat von zuverlässigen Buchhaltern oder Steuerberatern suchen.

In diesem Abschnitt wollen wir Sie mit den wichtigsten begrifflichen und technischen Grundlagen vertraut machen.

Ausgangsrechnungen und Eingangsrechnungen

Für Ihre Buchhaltung gilt ein eisernes Prinzip, das Sie unter keinen Umständen vergessen sollten: **Keine Buchung ohne Beleg!**

Dies bedeutet konkret, dass Sie keine Betriebsausgabe geltend machen können, wenn Ihnen die entsprechende Rechnung nicht vorliegt. Sie müssen diese Belege mehrere Jahre lang aufbewahren dem Finanzamt vorlegen können.

Die Belege werden überwiegend in drei wesentliche Belegarten unterteilt:

- **Ausgangsrechnungen**
  Ausgangsrechnungen sind Belege, die Ihr Unternehmen verlassen. Klassischerweise sind das also die Rechnungen, die Sie Ihren Kunden übergeben und dafür den entsprechenden Geldbetrag für Ihre Waren erhalten.
- **Eingangsrechnungen**
  Eingangsrechnungen sind Belege, die Ihr Unternehmen erhält. Klassischerweise sind das also die Rechnungen, die Sie von Ihren Lieferanten erhalten, zum Beispiel für den Kauf von Waren.
- **Bankbelege**
  Bankbelege sind Kontoauszüge, PayPal-Auszüge etc., die den Buchungsverlauf einer bestimmten Zeit darstellen.

Neben den gerade genannten, wichtigsten Belegarten können auch noch weitere Belege, wie zum Beispiel Gutschriften, Kassenbewegungen (Bartransaktionen), Lieferscheine, Lohn- und Gehaltsabrechnungen, Kreditkartenbewegungen etc. weitere wichtige Belege sein. All diese Belegarten müssen Sie entsprechend einem Zeitabschnitt sortieren, ordnen und zuweisen. Dies bedeutet, dass Sie zum Beispiel einen Ordner mit Ausgangsrechnungen anlegen, wo Sie alle Rechnungen, nach Monat sortiert, zusammenhalten, einen Ordner mit Eingangsrechnungen, wo Sie alle Eingangsrechnungen, nach Monat sortiert, zusammenhalten. Die Belege müssen dann innerhalb eines Monats nach dem Buchungsdatum sortiert und nummeriert werden. Die Nummerierung Ihrer Belege können Sie selbst festlegen, jedoch sollte diese selbsterklärend sein, sodass eine dritte Person (zum Beispiel Finanzamt) sie ohne große Probleme nachvollziehen kann.

Wichtig: Aufbewahrungsfristen!

Jeder Unternehmer ist verpflichtet, seine geschäftlichen Unterlagen über einen bestimmten Zeitraum hinweg aufzubewahren. Man unterscheidet hierbei Fristen von sechs und zehn Jahren: sechs Jahre für Handelsbriefe etc., zehn Jahre für Buchungsbelege, Ausgangs- und Eingangsrechnungen etc. Stellen Sie deshalb sicher, dass Sie eine Möglichkeit schaffen, wie Sie die Originalbelege über diesen Zeitraum hinweg aufbewahren können.

Buchung

Um eine Buchung korrekt durchführen zu können, benötigen Sie einerseits den Beleg und ein entsprechendes Buchungskonto. Der Begriff »Buchungskonto« kann hier etwas verwirrend sein, da man sich darunter gleich ein Bankkonto vorstellt. Vereinfacht gesagt handelt es sich dabei um eine einfache Tabelle, in der Sie die Buchungen mit ihrem Wert entsprechend erfassen können. So ein Buchungskonto dient also ausschließlich der Strukturierung der Buchungen, damit auch Dritte sich schneller einen Überblick über die Buchungen verschaffen können.

19

Der SKR03 (Standardkontenrahmen 03) oder der SKR04 (Standardkontenrahmen 04) wird hierfür oftmals als Vorlage verwendet und ist häufig auch in den gängigen Buchhaltungsprogrammen enthalten.[1] So gelingt die Gruppierung der Buchungen recht leicht. Sollten Sie hier unsicher sein, nehmen Sie den Rat von erfahrenen Buchhaltern oder Steuerberatern in Anspruch, bevor Sie einen Fehler machen, der letztendlich Probleme mit dem Finanzamt hervorrufen kann.

Beispiel einer Buchung

Sie haben einem Kunden am 15.09.2021 eine Rechnung (Rechnungs-Nr. 2109000001) in Höhe von 119,99 € zukommen lassen, die am 30.09.2021 vom Kunden bezahlt wurde (Eingang auf Ihrem Konto).

1 Beide Kontenrahmen können Sie sich kostenfrei im DATEV-Shop (*https://www.datev.de/web/de/datev-shop*) herunterladen.

Der Tag, an dem der Rechnungsbetrag auf Ihrem Geschäftskonto verbucht wurde, ist folglich auch der Buchungstag. Zur besseren Nachvollziehbarkeit sollten Sie den Buchungstag auf Ihrer Rechnung vermerken, da die Rechnungen jeden Monat chronologisch nach Buchungseingängen sortiert werden sollten.

Das gleiche Prinzip gilt selbstverständlich auch für die Eingangsrechnungen, die Ihr Unternehmen erhält. Hier ist der Tag, an dem das Geld von Ihrem Geschäftskonto abgeht, der Buchungstag.

Konten

Alle Belege eines Unternehmens müssen auf entsprechende Konten gebucht werden. Durch ein Konto wird für Sie nachvollziehbar dokumentiert, wie sich die Werte Ihres Unternehmens über die Anzahl der Buchungen hinweg verändern. Eine Buchung auf Konten hat immer zwei Seiten: »von woher« und »nach wohin« sich ein Wert verändert hat. Daher kommt der Begriff der »doppelten Buchführung«.

Beispiel für eine doppelte Buchführung

Nehmen wir an, Sie kaufen bei Ihrem Lieferanten neue Ware. Auf der einen Seite bezahlen Sie Geld dafür und im Gegenzug haben Sie einen Wareneingang, sprich, Sie erhalten die Ware. Bei der doppelten Buchführung müssen beide Aktionen – also einmal das Zahlen von Geld und einmal das Erhalten der Ware – berücksichtigt werden. So würden Sie auf dem Bankkonto einen Abgang verbuchen und im Anlagevermögen einen Zugang.

Das Prinzip »Umsatzsteuer«

Als Endverbraucher ist man mit der Umsatzsteuer relativ wenig konfrontiert – außer, dass man sie natürlich mit jeder Rechnung bezahlen muss. Für den Endverbraucher ist dies dann aber nicht weiter von Bedeutung, da er die Umsatzsteuer nicht direkt an das Finanzamt abführen muss. Hierfür wird nach dem Kauf jedoch aufseiten des Verkäufers im Hintergrund ein Vorgang angestoßen, der sich darum kümmert, dass die Umsatzsteuer korrekt an das Finanzamt abgeführt (= bezahlt) wird. Wenn Sie Waren oder Dienstleistungen einkaufen und hierfür Umsatzsteuer bezahlen müssen, kann man diese wiederum als Vorsteuer mit der bezahlten Umsatzsteuer gegenrechnen. Umsatzsteuer? Vorsteuer? Wie bitte? Keine Sorge, dabei handelt es sich prinzipiell um das Gleiche, die Begriffe werden nur in einem unterschiedlichen Kontext verwendet:

Die Mehrwertsteuer, die man als Unternehmen einem Kunden selbst in Rechnung stellt, also bei einem Verkauf, bezeichnet man auch als Umsatzsteuer. Die Mehrwertsteuer, die man als Unternehmen bei einer Rechnung eines Lieferanten bezahlt, bezeichnet man auch als Vorsteuer.

Umsatzsteuerbefreiung für Kleinunternehmen

Wenn Sie als Unternehmen in einem Kalenderjahr den Umsatz von aktuell 22.000 € nicht übersteigen, können Sie gemäß § 19 Umsatzsteuergesetz die sogenannte Kleinunternehmerregelung in Anspruch nehmen. Hierbei müssen Sie keine Umsatzsteuer auf Ihren Rechnungen ausweisen, können jedoch auch keine Vorsteuer geltend machen. Es handelt sich um eine Vereinfachungsregelung und um eine Reduzierung des bürokratischen Verwaltungsaufwands, da keine Umsatzsteuer-Voranmeldungen abgegeben werden müssen.

Besteuerungsarten

Bei der Besteuerung eines Unternehmens unterscheidet man weiterhin auch zwischen drei verschiedenen Besteuerungsarten:

- Umsatzsteuerbefreiung
- Soll-Versteuerung
- Ist-Versteuerung

Die **Umsatzsteuerbefreiung** trifft auf alle Unternehmer zu, die von der sogenannten Kleinunternehmerregelung Gebrauch machen. Sie müssen hierbei keine Umsatzsteuervoranmeldung vornehmen, sondern fakturieren alles ohne Umsatzsteuer.

Wenn Sie als Unternehmer Umsatzsteuer abführen, müssen Sie monatlich oder quartalsweise (je nachdem, wie es das Finanzamt für Ihr Unternehmen festgelegt hat) eine Umsatzsteuervoranmeldung abgeben. Bei der Umsatzsteuer-Voranmeldung unterscheidet man dann noch zwischen Ist- und Soll-Versteuerung und definiert im Endeffekt nichts anderes als den Zeitpunkt, an dem Sie die Umsatzsteuer an das Finanzamt abführen müssen.

Bei der **Soll-Versteuerung** müssen Sie die Umsatzsteuer dann an das Finanzamt abführen, wenn Sie die Rechnung an den Kunden erstellen. Müssen Sie hier mehrere Wochen/Monate auf das Bezahlen warten, müssen Sie die Umsatzsteuer vorstrecken, da es nicht relevant ist, ob der Kunde bereits bezahlt hat oder nicht. Je nach Höhe der Rechnungsbeträge benötigen Sie hier ein gutes Zahlungsverhalten Ihrer Kunden bzw. ein exzellentes Forderungsmanagement, um hier nicht in Liquiditätsengpässe zu geraten.

Die **Ist-Versteuerung** bietet hier mehr Vorteile, da Sie im Gegensatz zu der Soll-Versteuerung die Umsatzsteuer erst dann an das Finanzamt abführen müssen, wenn Sie den Geldeingang tatsächlich verbuchen können. Dies hat den Vorteil, dass Sie das Risiko der Liquiditätsengpässe reduzieren.

Sollten Sie als Unternehmen mit Unternehmen in einem anderem europäischen Land Handel treiben, besteht auch die Möglichkeit der sogenannten *innergemeinschaftlichen Lieferung*. Dabei müssen Sie als Unternehmen keine Umsatzsteuer auf Ihren Rechnungen ausweisen und der Empfänger der Rechnung muss dann seinerseits die erworbenen Produkte und Dienstleistungen besteuern. Dies gilt jedoch nur dann, wenn der Empfänger auch eine Umsatzsteuer-Identifikationsnummer in seinem Land besitzt – also vornehmlich Unternehmen.

19.1.2 Anforderungen an die (digitale) Rechnung

Als Rechnung wird ein Dokument bezeichnet, mit dem eine Lieferung oder sonstige Leistung abgerechnet wird. Doch wie in so vielen Bereichen gibt es hier seitens des Gesetzgebers auch entsprechende Anforderungen, wie so eine Rechnung auszusehen hat. Gerade auch bei dem Versand einer Rechnung über das Internet gibt es weitere, zusätzliche Anforderungen.

Wichtige Punkte, bevor Sie eine Rechnung schreiben

Bevor wir uns die genauen rechtlichen Anforderungen an die Rechnung ansehen, haben wir Ihnen hier noch ein paar Punkte zusammengestellt, die Sie beachten sollten, bevor Sie mit dem Schreiben einer Rechnung starten:

- Rechnungen an Unternehmen müssen innerhalb von sechs Monaten nach Leistungserbringung gestellt werden, bei Privatpersonen gibt es keine Frist.
- Geben Sie Ihre Bankverbindung und ein Zahlungsziel auf der Rechnung an. Dies reduziert Nachfragen und kommuniziert klar, bis wann das Geld zu bezahlen ist.
- Rechnungen erfordern keine Unterschrift, Sie müssen sie also nicht extra unterschreiben.
- Lassen Sie Ihre Rechnungsvorlage von einem Experten (Buchhalter, Steuerberater) prüfen.
- Wird die Kleinunternehmerregelung in Anspruch genommen, dürfen Sie keine Umsatzsteuer ausweisen.

Pflichtangaben auf einer Rechnung

Gemäß § 14 Umsatzsteuergesetz (UStG) muss eine Rechnung – egal, ob sie schriftlich oder elektronisch erstellt und verschickt wurde – folgende Pflichtangaben enthalten:

- alle Angaben Ihres Unternehmens (Name, Anschrift)
- alle Angaben des Rechnungsempfängers (Name, Anschrift)
- Steuernummer: Entweder die vom Finanzamt erteilte Steuernummer oder die vom Bundeszentralamt für Steuern erteilte Umsatzsteuer-Identifikationsnummer.

Bei Rechnungen ins europäische Ausland muss immer die Umsatzsteuer-Identifikationsnummer angegeben werden.

- das Ausstellungsdatum der Rechnung
- Rechnungsnummer: Eine fortlaufende Nummer mit einer oder mehreren Zahlenreihen und, wenn gewünscht, auch Buchstaben. Die Rechnungsnummer darf nur einmalig verwendet werden!
- die Menge und die Art der gelieferten Produkte oder Dienstleistungen
- Der Zeitpunkt der Leistungserbringung, Lieferung oder sonstiger Leistung muss ebenso auf der Rechnung angegeben werden.
- Der Rechnungsbetrag muss aufgeschlüsselt nach Nettobetrag, Angabe des Steuersatzes und des Steuerbetrags und als Gesamtbetrag angegeben werden. Wenn Sie der Kleinunternehmerregelung unterliegen, müssen Sie einen Hinweis zu der Steuerbefreiung abdrucken.
- Zahlungsbedingungen (zum Beispiel Rabatte und Skonti) müssen ebenso angegeben werden, sofern sie noch nicht in das Entgelt eingerechnet sind.

Besonderheiten bei der elektronischen Rechnung

Grundsätzlich steht es Ihnen frei, Ihre Rechnungen elektronisch oder per Post zu versenden. Dennoch gibt der Gesetzgeber mit auf den Weg, dass ein Rechnungsempfänger dem Empfang einer elektronischen Rechnung zugestimmt haben muss, bevor er diese elektronisch zugesendet bekommt. Diese Zustimmung erfordert derzeit allerdings noch keine bestimmte Form und kann daher beispielsweise durch eine Regelung in den Allgemeinen Geschäftsbedingungen oder eine explizite Zustimmungserklärung im Vorfeld oder im Nachhinein abgedeckt werden. Der Versand der elektronischen Rechnung gilt auch dann als akzeptiert, wenn dies die alltägliche Praxis ist und diese stillschweigend gebilligt wird.

Zusätzlich zu den im vorherigen Abschnitt beschriebenen Anforderungen an die Rechnung müssen bei einer elektronischen Rechnung noch folgende Anforderungen berücksichtigt werden:

- Die Echtheit der Rechnungsherkunft der Rechnung muss geprüft werden können.
- Die Unversehrtheit des Rechnungsinhalts muss verifiziert werden können.
- Die Lesbarkeit muss gewährleistet sein.

Als Unternehmer können Sie selbst festlegen, durch welche Verfahren Sie die drei genannten Faktoren für die elektronische Rechnung gewährleisten können. Dies können beispielsweise einfache innerbetriebliche Kontrollen sein. Bei der Prüfung der elektronischen Rechnung geht es darum, dass Sie als Shop-Betreiber sicherstellen, dass die Rechnung inhaltlich korrekt ist und keine Leistungen aufgeführt wurden, die nicht erbracht wurden. Auch geht es darum, dass die richtigen Unternehmen und die richtigen Zahlungsbedingungen aufgeführt sind. Erst wenn das alles gewährleistet ist, kann man davon ausgehen, dass die elektronische Rechnung echt und nicht verfälscht ist.

Auch gibt es am Markt diverse Anbieter von elektronischen Signaturen, die es Ihnen ermöglichen, die oben genannten Anforderungen mit einer Lösung abzudecken. Diese Variante ist aber deutlich aufwendiger, da weitere technische Geräte benötigt werden, mit denen eine Rechnung digital »unterschrieben« und die Echtheit einer Rechnung überprüft werden kann.

ZUGFeRD

Das Akronym *ZUGFeRD* bedeutet *Zentraler User Guide des Forums elektronische Rechnung Deutschland* und ist eine technische Spezifikation für das gleichnamige Format elektronischer Rechnung. Ziel ist, dass Rechnungen zwischen Unternehmen sowie zwischen Unternehmen und der öffentlichen Verwaltung schnell, komfortabel und einfach elektronisch ausgetauscht werden können. Diese Art von elektronischer Rechnung ist seit November 2020 insbesondere dann verpflichtend, wenn Sie Rechnungen und Gutschriften an Kunden aus den öffentlichen Behörden und Verwaltung schreiben wollen.

19.2 Den wirtschaftlichen Erfolg im Blick

Als Unternehmer, oder wenn Sie einen Unternehmer in Ihrem Bekanntenkreis kennen, kennen Sie wahrscheinlich folgende Situation: Am Anfang des Unternehmens steht eine aussichtsreiche Geschäftsidee, die den Markt revolutionieren soll. Voller Elan und Spaß bei der Arbeit ist die Motivation überströmend. Über mangelnde Erträge sieht man am Anfang großzügig hinweg und denkt sich: »Am Anfang muss man auch etwas investieren und zurücktreten.« Man arbeitet 12 bis 16 oder mehr Stunden, jedoch scheint sich die Lage nicht zu verbessern, sondern wird immer aussichtsloser. Die gewünschten Umsätze und Gewinne bleiben aus. Viele Unternehmer verlieren so nicht nur ihren Traum vom »Sein eigener Chef sein«, sondern verschenken dabei auch oft Geld, Ressourcen und Potenziale, die man auch hätte anderweitig einsetzen können. Doch ist die Krise erst einmal da, ist es oftmals leider schon zu spät. Die Gründe dafür können sehr vielfältig sein, doch oft hat es einen einfachen Grund: fehlende strategische Finanzplanung, keine betriebswirtschaftlichen Auswertungen, kein regelmäßiges Controlling. Kurzum: Der wirtschaftliche Erfolg ist aus dem Blick geraten.

Jede Zahl erzählt dabei eine Geschichte bzw. stellt ein kleines Puzzleteil der ganzen Unternehmung dar und sollte deshalb kontinuierlich immer wieder hinterfragt und im Gesamtkontext berücksichtigt und interpretiert werden – sie erzählt eine Geschichte des Erfolgs oder auch des Scheiterns. Bei vielen Unternehmen ist das Scheitern ein langwieriger, zermürbender Prozess, der meist nicht »über Nacht« hereinbricht, sondern sich schon über Monate hinweg erkennen lassen könnte. Deshalb sollten Sie als (angehender) Unternehmer genau darauf achten und sich regelmäßig alle Ihre Kennzahlen ansehen und nicht nur im Rahmen der Erstellung des Jahresabschlusses oder der Einkommensteuererklärung nach dem Gewinn schauen.

19.2.1 Controlling-Reports

Ein regelmäßiges Controlling unterstützt Sie als Unternehmer, die richtigen Entscheidungen auf Basis aktueller Kennzahlen zu treffen. Wichtige strategische Fragen des Controllings sind:

- Stimmt Ihre Ausrichtung des Unternehmens noch?
- Wie gut erreichen Sie Ihre gesetzten Ziele? Welche Punkte laufen in Ihrem Unternehmen gut, welche weniger gut?
- An welcher Stelle werden übermäßig viele Ressourcen eingesetzt? Welche davon können Sie einsparen oder besser nutzen?

Diese Fragen können oft mit einfachen Mitteln beantwortet werden und können bei einem rechtzeitigen Betrachten Probleme vermeiden, bevor sie entstehen. Controlling sollte also keine lästige Pflicht sein, sondern der positive Kern eines unternehmerisch-visionären Handelns und Gestaltens sein. Kern des Unternehmertums ist es, Entscheidungen zu treffen, neue Dinge auszuprobieren und anhand der entsprechenden Kennzahlen nachvollziehen zu können, wie die eigenen Planungen Realität werden und man seinem Ziel Schritt für Schritt näher kommt. Hierbei ist es unablässig, dass Sie regelmäßig eine Soll-Ist-Analyse der geplanten und tatsächlichen Werte durchführen oder eine Analyse zu bestimmten Kennzahlen erstellen.

Während Controlling-Reports für das Finanzamt und die Bank oftmals leblose Darstellungen der Vergangenheit sind, sind sie für einen Unternehmer aber die wichtige Basis für die Planung der Zukunft und helfen ihm, Entscheidungen nicht nur aus dem Bauch heraus zu treffen, sondern Entscheidungen anhand von Zahlen zu validieren und transparent zu treffen. Damit jedoch die Auswertungen, Plan-, Soll- und Ist-Kennzahlen auch entsprechend für die Analysen herangezogen werden können, reicht es nicht, wenn Sie als Unternehmer nur den Weg kennen. Sie müssen das Ziel kennen und den Weg dorthin entsprechend anpassen!

Es empfiehlt sich daher, dass Sie bereits beim Einstieg in das E-Business festlegen, welche Kennzahlen Sie betrachten, analysieren und bewerten wollen. Beachten Sie dabei jedoch, dass solche Kennzahlen immer unternehmens- und umfeldspezifisch sind und sich von Branche zu Branche unterscheiden und deshalb auch unterschiedlich wichtig gewertet werden können.

Wir haben Ihnen deshalb im nächsten Abschnitt beispielhaft einige wichtige *Key Performance Indicators* (KPIs) aufgestellt, die für Ihr tägliches Geschäft im E-Business von Bedeutung sein könnten.

19.2.2 Wichtige Key Performance Indicators im E-Commerce

Wenn sich ein Unternehmer mit wichtigen Kennzahlen für seine Branche beschäftigt, stolpert er über den Begriff KPI – Key Performance Indicator. Solche KPIs stellen wichtige Kennzahlen in Bezug auf die Leistung oder den Erfolg in einem bestimmten Bereich des Unternehmens dar und sind eng mit den Unternehmenszielen verknüpft.

Gerade im E-Commerce ist es anfangs schwierig, die richtigen KPIs zu identifizieren, jedoch lassen sich dank professioneller E-Commerce-Controlling-Tools relativ einfach viele Kennzahlen transparent und nachvollziehbar darstellen. Mithilfe der Kennzahlen können Sie dann sehr schnell sehen, ob die durchgeführten Änderungen Erfolg gehabt haben oder ob sie eher erfolglos waren. Nichtsdestotrotz liefern sie entsprechende Aussagen, womit Sie Ihren Online-Shop weiter feinjustieren und optimieren können.

Nachfolgend haben wir Ihnen einige KPIs zusammengestellt, die Sie bei Ihrem Geschäft berücksichtigen können bzw. sollten. Doch beachten Sie, dass solch ein KPI seine wahre Aussagekraft erst durch den Vergleich mit anderen Daten entfaltet – zum Beispiel Planzahlen, Zahlen aus der Vergangenheit, Zahlen von Wettbewerbern etc.

Eindeutige Besucher/Seitenaufrufe

Unter eindeutigen Besuchern (*Unique Visitors*) versteht man die Anzahl an Besuchern, die Ihre Website besuchen. Hierbei wird im Gegensatz zu den Seitenaufrufen nur der erste Besuch des Kunden gezählt. Unter den Seitenaufrufen (auch *Page Impressions* genannt) versteht man die Anzahl der Seiten, die der Kunde während dieses Besuchs in Ihrem Online-Shop aufgerufen hat. Je mehr Besucher eine Seite besuchen und je mehr Seiten ein Kunde während seines Besuches aufruft, als desto attraktiver kann man die Seite für den Kunden ansehen.

Durchschnittlicher Warenkorbwert

Der Warenkorb ist für Shop-Betreiber die zentrale Anlaufstelle, da er einen ganz entscheidenden Einfluss auf den wirtschaftlichen Erfolg hat. Mit dem Warenkorb beginnt der erste Schritt des Bestellvorgangs. Hierbei unterscheidet man zum einen die Anzahl an Produkten, die im Durchschnitt in den Warenkorb gelegt werden, und zum anderen auch den Wert, also den Umsatz, den man durchschnittlich mit einem Warenkorb generieren würde.

Abbruchraten/stehen gelassene Warenkörbe

Unter dieser Kennzahl verbirgt sich die Zahl an Kunden, die Produkte in den Warenkorb gelegt haben und den Warenkorb besucht haben, sich anschließend aber gegen einen Einkauf in Ihrem Online-Shop entschieden und den ganzen Vorgang abgebrochen haben. Diese Kennzahl sollte man immer im Auge behalten (insbesondere nach Anpassungen am Online-Shop), da eine Verschlechterung der Zahl bedeuten kann, dass Sie Umsatz verlieren.

Conversion-Rate

Die wohl wichtigste Kennzahl im E-Commerce ist die Conversion-Rate, also die Anzahl der Besucher, die Ihren Online-Shop besucht haben und einen Kauf getätigt haben. Wenn beispielsweise 100 Kunden den Shop besucht haben und zwei davon einen Kauf durchführen, haben Sie eine Conversion-Rate von 2 %. Je höher diese Kennzahl ausfällt, desto besser ist natürlich das Ergebnis für Sie.

Durchschnittlicher Bestellwert

Eine deutlich aussagekräftigere Kennzahl als der durchschnittliche Warenkorb ist der durchschnittliche Bestellwert. Hier hat ein Kunde bereits einen Kauf abgeschlossen, sodass man über die Anzahl der Bestellungen hinweg einen Rückschluss darauf ziehen kann, wie viel Umsatz man im Schnitt mit einer Bestellung macht.

Nettogewinn

Ein Unternehmen lebt nicht vom Umsatz allein, sondern das, was letztendlich am Ende des Tages zählt und auch die nötigen Mittel für weitere Investitionen bereitstellt, ist der Nettogewinn. Den Nettogewinn ermittelt man, indem man die Kosten von den Einnahmen subtrahiert. Der Nettogewinn verrät Ihnen mehr darüber, ob Ihr Unternehmen trotz aller laufenden Kosten profitabel ist und ob sich Ihr Geschäft lohnt oder ob Sie jeden Monat draufzahlen. Behalten Sie deshalb diese Kennzahl ebenfalls immer im Blick.

Retourenquote

Eine ebenfalls nicht zu unterschätzende Kennzahl ist die Retourenquote, sprich das Verhältnis zwischen der Anzahl der versendeten Artikel und der Zahl der zurückgesendeten Artikel. Kein Unternehmen wird auf Dauer erfolgreich sein, wenn es sehr viele Artikel verkauft, von denen die meisten wieder zurückgesendet werden, insbesondere weil so eine Retoure immer auch mit Zeit und Aufwand verbunden ist, sodass je nach Anzahl der Retouren auch die Marge schrumpfen kann und Sie als Shop-Betreiber am Ende bei einer Bestellung noch drauflegen.

19.2.3 Betriebswirtschaftliche Auswertungen

Kaufmann ist, wer ein Handelsgewerbe betreibt, und ist damit per Gesetz verpflichtet, seine Geschäfte ordentlich zu führen. Dazu benötigt der Kaufmann eine Buchführung, die den Grundsätzen ordnungsgemäßer Buchführung entspricht. Alle Geschäftsvorfälle, die im Alltagsgeschäft entstehen, müssen dabei gebucht werden, damit auch später eine lückenlose Auswertung erfolgen kann. Beispiele für Geschäftsvorfälle sind: Einkauf von Waren, Zahlung von Löhnen und Gehältern, Abschreibung von Waren, Ausgaben für Server-Hosting, Ausgaben für Marketing etc.

Die Geschäftsvorfälle Ihres Unternehmens können Sie selbst buchen, oder Sie übergeben alle Belege an Ihren Buchhalter oder Steuerberater, der sich anschließend um die Verbuchung der Belege kümmert. Nach dem Verbuchen der Belege für einen Monat können Sie sich eine Auswertung mit der kurzfristigen Erfolgsrechnung erstellen. Diese Erfolgsrechnung wird dabei auch *Betriebswirtschaftliche Auswertung* (*BWA*) genannt, die exemplarisch in Abbildung 19.1 dargestellt ist.

29098/55003/2014
Musterholz GmbH

Kanzlei-Rechnungswesen pro V.4.3A
Kurzfristige Erfolgsrechnung März 2014 - Handelsrecht
SKR 03 BWA-Nr. 1 BWA-Form DATEV-BWA Wareneinsatz KG3

05.05.2014
Blatt 1

Bezeichnung		Mrz/2014	% Ges.-Leistg.	% Ges.-Kosten	% Pers.-Kosten	Auf-schlag	Jan/2014 - Mrz/2014	% Ges.-Leistg.	% Ges.-Kosten	% Pers.-Kosten	Auf-schlag
Umsatzerlöse	❶	378.460,06	99,78				1.090.391,32	99,98			
Best.Verdg. FE/UE		837,23	0,22				172,27	0,02			
Akt.Eigenleistungen		0,00					0,00				
Gesamtleistung		379.297,29	100,00	213,04	313,95		1.090.563,59	100,00	197,18	302,40	
Mat./Wareneinkauf	❷	184.206,71	48,57	103,46	152,47	100,00	515.117,40	47,23	93,13	142,84	100,00
Rohertrag	❸	195.090,58	51,43	109,58	161,48	105,91	575.446,19	52,77	104,04	159,57	111,71
So. betr. Erlöse		294,12	0,08	0,17	0,24		882,36	0,08	0,16	0,24	
Betriebl. Rohertrag		195.384,70	51,51	109,74	161,72	106,07	576.328,55	52,85	104,20	159,81	111,00
Kostenarten:	❹										
Personalkosten		120.814,66	31,85	67,86	100,00		360.631,58	33,07	65,20	100,00	
Raumkosten		15.417,40	4,06	8,66	12,76		48.486,61	4,45	8,77	13,44	
Betriebl. Steuern		568,00	0,15	0,32	0,47		2.110,00	0,19	0,38	0,59	
Versich./Beiträge		3.371,52	0,89	1,89	2,79		17.275,56	1,58	3,12	4,79	
Besondere Kosten		0,00					0,00				
Kfz-Kosten (o. St.)		8.713,61	2,30	4,89	7,21		35.665,36	3,27	6,45	9,89	
Werbe-/Reisekosten		4.668,81	1,23	2,62	3,86		11.931,50	1,09	2,16	3,31	
Kosten Warenabgabe		2.056,39	0,54	1,16	1,70		5.901,61	0,54	1,07	1,64	
Abschreibungen		8.392,63	2,21	4,71	6,95		25.036,21	2,30	4,53	6,94	
Reparatur/Instandh.		2.611,34	0,69	1,47	2,16		7.680,88	0,70	1,39	2,13	
Sonstige Kosten		11.425,96	3,01	6,42	9,46		38.371,60	3,52	6,94	10,64	
Gesamtkosten		178.040,32	46,94	100,00	147,37		553.090,91	50,72	100,00	153,37	
Betriebsergebnis	❺	17.344,38	4,57				23.237,64	2,13			
Zinsaufwand		6.217,35	1,64				11.427,60	1,05			
Sonst. neutr. Aufw		0,00					420,00	0,04			
Neutraler Aufwand		6.217,35	1,64				11.847,60	1,09			
Zinserträge		48,96	0,01				48,96				
Sonst. neutr. Ertr		0,00					0,00				
Verr. kalk. Kosten		0,00					0,00				
Neutraler Ertrag		48,96	0,01				48,96				
Kontenkl. unbesetzt		0,00					0,00				
Ergebnis vor Steuern		11.175,99	2,95				11.439,00	1,05			
Steuern Eink.u.Ertr		15.425,00	4,07				30.675,00	2,81			
Vorläufiges Ergebnis		-4.249,01	-1,12				-19.236,00	-1,76			

Das vorläufige Ergebnis entspricht dem derzeitigen Stand der Buchführung. Abschluss-/Abgrenzungsbuchungen können es noch verändern.

Status 2014*FA5*B1AS
Werte in: EUR

Abbildung 19.1 Beispielhafte Betriebswirtschaftliche Auswertung (Quelle: DATEV)

Auf den ersten Blick sehen Sie hier erst einmal viele Zahlen, die in diversen Spalten und Zeilen angeordnet sind. In den Zeilen finden Sie üblicherweise die Umsätze und die Kosten, während Sie in den Spalten das kumulierte Ergebnis und den Vorjahresvergleich finden. Doch welche Zahlen davon sind aussagekräftig, bzw. mit welchen Zahlen sollten Sie Ihre Analyse beginnen?

Wir haben einmal die fünf wichtigsten Bereiche gekennzeichnet, mit denen Sie schnell einen Überblick über die wichtigsten Kennzahlen bekommen, Umsatzerlöse, Wareneinkauf, Rohertrag, Kostenarten und Betriebsergebnis:

- Die *Umsatzerlöse* ❶ stellen hierbei die Summe aus allen Ausgangsrechnungen dar, die Ihr Unternehmen in dem genannten Zeitraum (Monat/Jahr) erwirtschaftet hat.
- Als *Wareneinkauf* ❷ bezeichnet man den Erwerb der für die Produktion oder das Lager des Unternehmens notwendige Güter, sprich alle Einkäufe, die man für die Produktion und die Herstellung seiner eigenen Produkte benötigt. Wenn man beispielsweise in einem produzierenden Unternehmen tätig ist, werden diese Werte höher sein, als in einem Dienstleistungsunternehmen. Im E-Commerce-Bereich sollten Sie (logischerweise) darauf achten, dass der Wareneinkauf nicht mehr kostet, als die Umsatzerlöse einbringen, da Sie sonst drauflegen. Auch sollten Sie darauf achten, dass genügend Geld für die weiteren Kosten übrig bleibt.
- Dies bringt uns zum *Rohertrag* ❸. Dieser berechnet sich aus den Umsatzerlösen abzüglich der Kosten für den Wareneinkauf. Es ist die sogenannte Marge, die Sie global auf das Unternehmen gesehen haben, von der anschließend alle weiteren Kosten abgezogen werden.
- Die *Kostenarten* ❹ stellen die sich direkt auf das Betriebsergebnis auswirkenden Kosten dar. Es handelt sich also um alle Kosten, die vom Rohertrag abgezogen werden, um das Betriebsergebnis, auch Jahresüberschuss oder Gewinn genannt, zu berechnen. Die gebuchten Belege (Eingangsrechnungen etc.) werden dabei bestimmten Kostenarten zugeordnet, die dann in der BWA dargestellt werden. Beispiele für die Kostenarten sind:
  - Personalkosten (Löhne und Gehälter)
  - Raumkosten (Büro, Lager, Ladenfläche)
  - Werbekosten (Google & Co.)
  - Reparatur/Instandhaltung
  - Versicherungen
  - sonstige Kosten (alles, was den anderen Kostenarten nicht zugeordnet werden kann)

Nachdem Sie die Kosten vom Rohertrag abgezogen haben, gelangen Sie zum *Betriebsergebnis* ❺. Dieses stellt mehr oder weniger den Jahresüberschuss bzw. Gewinn dar. Dieser wird anschließend nur noch um die Zinsaufwände und -erträge sowie die

Steuern reduziert, sodass Sie am Ende zum vorläufigen Ergebnis gelangen. Dieses ist vorbehaltlich der finalen Buchungen am Jahresabschluss. Je besser die BWA erstellt wird, desto genauer sollte dieses Ergebnis mit dem »echten« Ergebnis im Jahresabschluss übereinstimmen.

Heilmittel BWA?

Viele erachten die BWA als das Heilmittel aller Auswertungen und Analysen – ein Trugschluss! Die BWA an sich berücksichtigt nicht alle wichtigen Kennzahlen und kann daher mitunter zu irreführenden Analysen führen. Unter anderem werden die Bestandsveränderungen zum Beispiel im Lager nicht berücksichtigt, was unterjährig zu einem positiven Ergebnis führen, jedoch am Ende des Geschäftsjahres einen Verlust darstellen könnte. Deshalb ist es wichtig, auch andere Kennzahlen zu analysieren und nicht nur die BWA zu verwenden.

19.3 Fazit

Der Aufbau eines eigenen Online-Shops hat viele verschiedene Facetten, von denen einige, subjektiv betrachtet, weniger wichtig, andere umso wichtiger erscheinen. Einen Bereich, den Sie dabei nie vernachlässigen sollten, ist die Buchhaltung Ihres Unternehmens. Wie Sie kennengelernt haben, gibt es einige Kennzahlen, die Sie bei der Gründung und beim Führen Ihres Unternehmens unbedingt überwachen sollten. Auch haben Sie die Betriebswirtschaftliche Auswertung kennengelernt, die Sie ebenfalls mindestens monatlich analysieren sollten, um mögliche positive und negative Entwicklungen frühzeitig erkennen und gegebenenfalls gegensteuern zu können. Ein bekanntes Sprichwort sagt zwar: »Traue keiner Statistik, die du nicht selbst gefälscht hast.« Dennoch raten wir Ihnen dringend hiervon ab: Reden Sie sich Ihre Unternehmenskennzahlen nicht schön, sondern betrachten Sie die Zahlen nüchtern und ehrlich, und treffen Sie notfalls auch harte Entscheidungen, sollte sich das Unternehmen nicht so entwickeln, wie gedacht. Nur so können Sie auf alle Unwägbarkeiten des Alltagsgeschäfts angemessen reagieren und einen guten Plan für Ihr Unternehmen aufstellen.

Kapitel 20
Tipps und Tricks für Ihren Erfolg

Sie haben es geschafft! Ihr Webshop ist online, die Marketingkampagnen sind gestartet, und die ersten Kunden haben (hoffentlich) schon in Ihrem Shop bestellt. In diesem Kapitel erfahren Sie, was erfolgreiche Shops ausmacht und was Sie unbedingt vermeiden sollten.

Glückwunsch! Wenn Sie im Buch keine Seiten übersprungen haben, konnten Sie sich einen umfassenden Überblick über die verschiedenen Bereiche verschaffen, die zum Betrieb eines Online-Shops notwendig sind. Die Frage ist nun, wie Sie am besten in den E-Commerce starten. Aller Anfang ist schwer, doch mit dem richtigen Plan erreichen Sie gut strukturiert Ihr Ziel. Mit diesem Buch haben Sie einen Einblick in die verschiedenen Disziplinen des Online-Handels erhalten. Wenn Sie es mit einem Kochbuch vergleichen, wissen Sie nun, welche Zutaten zum Gelingen notwendig sind. Für das Mischungsverhältnis allerdings gibt es kein Rezept, denn das ist von Projekt zu Projekt unterschiedlich. Außerdem hängt das Gelingen auch von dem Koch ab, und das sind in diesem Fall Sie. In diesem Kapitel erfahren Sie, wie Sie am besten starten, welche Fehler Sie vermeiden sollten und welche Faktoren über den Erfolg entscheiden.

20.1 Aller Anfang ist schwer – so starten Sie richtig

Ein Zitat von Johann Wolfgang von Goethe lautet:

> *»Erfolg hat drei Buchstaben: TUN!«*

Diese Weisheit hat auch in gewisser Weise im E-Commerce ihre Berechtigung. Sie haben in diesem Buch erfahren, welche Faktoren zum Erfolg im E-Commerce beitragen. Ob Sie mit Ihrer konkreten Idee erfolgreich sein werden, kann allerdings nicht vorausgesagt werden. Wenn Sie jedoch die Tipps in diesem Buch beherzigen, sind Sie garantiert auf dem richtigen Weg. Wir können Ihnen nur einen guten Ratschlag geben: Tun Sie es. Starten Sie in den Online-Handel, und verwirklichen Sie Ihre Ideen und Träume.

Es ist nicht notwendig, direkt ein größeres Risiko und hohe Investitionen im fünfstelligen Bereich in Software und Lagerbestand zu investieren. Über Marktplätze, wie zum Beispiel eBay und Amazon, können Sie mit einem überschaubaren Aufwand und Risiko in den E-Commerce einsteigen. Jedoch ist auch bei einem solchen »sanften« Einstieg die richtige Planung das A und O für den künftigen Erfolg. Beginnen Sie also zuerst mit einer Bestandsanalyse: Wo stehen Sie aktuell, welche Voraussetzungen sind bereits gegeben und welche müssen noch geschaffen werden? Stellen Sie sich genau diese Frage und vor allem beantworten Sie diese ehrlich. Nichts ist riskanter als eine falsche oder nicht ganz korrekte Selbsteinschätzung.

Betreiben Sie bereits einen stationären Handel und haben Sie dadurch schon Produkte ab Lager, sind die Eintrittshürden in den E-Commerce natürlich niedriger. Auch wenn Sie kein zusätzliches Lager besitzen, können Sie die Produkte, die Sie im Laden anbieten, natürlich auch online einstellen. Dies sorgt für eine höhere Lagerumschlagshäufigkeit, einen höheren Umsatz, und Ihre Fläche kann optimal und ertragreich genutzt werden. Ein zusätzlicher Effekt, von dem sowohl ihr Online- als auch Ihr Ladengeschäft profitieren, ist, dass Sie in der Kombination online und Laden einen höheren Absatz erwirtschaften können. Dadurch profitieren Sie von höheren Rabatten, Skonti und Boni bei Ihren Lieferanten und können so Ihren Deckungsbeitrag steigern.

Dass diese Rechnung aufgeht, setzt aber voraus, dass der Online-Umsatz zusätzlich zum Ladengeschäft erwirtschaftet wird. Die beiden Vertriebskanäle dürfen sich also nicht »kannibalisieren«. Das führt Sie zu der Frage, ob es sinnvoll ist, online und offline den gleichen Namen zu führen und die Vertriebskanäle gegenseitig zu bewerben. Beide Methoden haben Vor- und Nachteile, die Sie gewissenhaft abwägen müssen.

Vorteile:

- Wenn Sie in Ihrem stationären Geschäft Werbung für den Online-Shop machen, haben Sie ohne große Kosten Werbung in der relevanten Zielgruppe gemacht.
- Die beiden Vertriebskanäle können sich ergänzen, zum Beispiel online bestellen und im stationären Geschäft abholen.
- Werbemaßnahmen können für beide Kanäle gleichzeitig erfolgen. Dadurch erreichen Sie eine Kostenreduktion im Marketing.
- Das Corporate Design kann für beide Vertriebsformen genutzt werden.

Nachteile:

- Kannibalisierung: Umsätze verschieben sich, weil Kunden, die früher im Ladengeschäft eingekauft haben, nun online in Ihrem Shop kaufen.
- Inflexibilität in den Preisen. Um die Kunden nicht zu verärgern, sollten die Preise on- und offline gleich sein. Andernfalls ist es umso schwerer, auf Preisänderungen der Konkurrenz zu reagieren.
- Im stationären Handel können Sie unter Umständen Preise erzielen, die im Online-Shop aufgrund der größeren Konkurrenz eher unrealistisch sind.

Ganz egal, für welche Methode Sie sich entscheiden, bedenken Sie, dass ein Wechsel nicht ohne Weiteres möglich ist. Wenn Sie sich dafür entschieden haben, die beiden Kanäle unter einem Namen zu betreiben, lässt sich das nicht mehr so einfach ändern.

Wenn Sie online ohne einen stationären Laden starten möchten, benötigen Sie als Erstes Lieferanten, die Ihnen die Artikel zu einem guten Preis liefern. Zwei gute Quellen, um Lieferanten zu finden, sind *www.alibaba.com* und *www.zentrada.de*. Beides sind bekannte B2B-Plattformen, auf denen Hersteller und Großhändler ihre Waren anbieten. Während Alibaba.com den Fokus hauptsächlich auf asiatischen Anbietern hat, auch wenn es mittlerweile Anbieter mit Lagern in Europa gibt, finden Sie auf Zentrada.de primär deutsche bzw. europäische Anbieter, bei denen es sich auch lohnt, kleinere Stückzahlen abzunehmen, ohne dass die Versandkosten zu sehr ins Gewicht fallen. Zudem haben sich immer mehr Dropshipping-Plattformen entwickelt, die Ihnen den Zugang zu einer Vielzahl von Produkten bieten, zum Beispiel *http://www.bigbuy.eu/* (siehe Abbildung 20.1). Auch ein Blick in Online-Branchenbücher wie *www.wlw.de* oder *www.gelbe-seiten.de* hilft beim Finden von Lieferanten weiter.

Abbildung 20.1 Dropshipping erlaubt den Versand ohne eigenes Lager und Logistik, wie zum Beispiel BigBuy.

Wenn Sie einen Lieferanten gefunden haben, stehen Sie vor der Überlegung, ob Sie ein komplettes Sortiment anbieten möchten oder ob Sie sich auf Teilbereiche konzentrieren (breites und/oder tiefes Sortiment).

Neben den niedrigeren Lagerkosten und den geringeren Investitionen, die natürlich ein schmales Sortiment mitbringt, kann es auch aus Marketingsicht sinnvoll sein, nicht das komplette Sortiment anzubieten. So können Sie sich als Experte eines bestimmten Teilbereichs profilieren und Ihre Expertise hervorheben.

Wenn geklärt ist, was Sie anbieten möchten, geht es im nächsten Schritt um das Wie und Wo. Wie viele Ressourcen stehen Ihnen zur Verfügung, um das Thema anzugehen? Wenn Sie ein kleines Sortiment auf Marktplätzen anbieten möchten, können Sie dies sicherlich noch neben Ihrem Hauptgeschäft gut bewältigen. Einen eigenen Online-Shop zu eröffnen und zu betreiben, ist jedoch ein komplexeres Thema und erfordert den Aufbau von internen Ressourcen oder das Hinzuziehen einer externen Agentur. Beide Möglichkeiten setzen einen höheren Einsatz von zeitlichen und/oder finanziellen Mitteln voraus. Wenn Sie sich dazu entschließen, die Kompetenzen selbst aufzubauen, also zusätzliche Mitarbeiter einzustellen, bedenken Sie auch, dass diese in der Regel durch gesetzliche Vorgaben geschützt sind und nicht einfach nach Projektende wieder entlassen werden können. Außerdem haben Sie in diesem Buch erfahren, dass der E-Commerce aus vielen verschiedenen Bereichen besteht. Sie werden als Mitarbeiter nur schwer jemanden finden, der über großes Wissen in allen Bereichen verfügt. Aus den eben genannten Gründen empfiehlt es sich daher, für die Erstellung und Einrichtung des Shops eine Agentur zu beauftragen.

In Kapitel 2, »Welcher Shop ist der richtige? Technische Lösungen und Möglichkeiten«, konnten Sie eine Menge über die Unterschiede der einzelnen Shop-Systeme erfahren. Anhand dieser Informationen können Sie auch schon eine Vorauswahl treffen, welche Shop-Systeme bzw. E-Commerce-Plattformen für Sie prinzipiell infrage kommen, und Agenturen kontaktieren, die auf die jeweiligen Shop-Systeme spezialisiert sind. Referenzen in der gleichen Branche sind zwar definitiv ein Pluspunkt, aber keine Voraussetzung für eine gute Zusammenarbeit. Im nächsten Schritt folgen dann Gespräche über Ihre Vorstellungen und Wünsche. Nur wenn Sie diese kennen, kann Ihnen die Agentur ein präzises Angebot erstellen.

Der Preis hängt von vielen Faktoren ab, über die Sie sich als Vorbereitung Gedanken machen sollten. Andernfalls ist es so, als ob Sie einen Autohändler fragen, wie viel ein Auto kostet. Er wird Ihnen wahrscheinlich auch eine Spanne von mehreren zehntausend Euro nennen, weil Sie Ihre Anforderungen nicht weiter spezifiziert haben.

Als Vorbereitung machen Sie sich Gedanken über folgende Fragen:

- Was sind Ihre bisherigen Zielgruppen?
- Was wollen Sie im Internet erreichen?
- Wen wollen Sie im Internet erreichen?
- Über welche Kanäle wollen Sie kurz- und langfristig verkaufen?
- Wie wollen Sie die Zielgruppe online erreichen?
- Welche bestehenden Systeme, wie zum Beispiel Warenwirtschaft oder Lieferantenmanagement, müssen einbezogen werden?

- Welches Budget planen Sie heute und künftig für Ihren Internetauftritt ein?
- Wie viele Ressourcen können Sie permanent investieren?
- Welche Abteilungen sind einzubeziehen?
- Soll die Agentur die komplette Erstellung und den Betrieb des Shops übernehmen oder möchten Sie einzelne Punkte selbst durchführen?
- Wie sieht der Zeitplan für den ersten Schritt aus?

Sie entscheiden sich für eine Agentur: Im nächsten Schritt wird dann die Agentur ihr Angebot und ihr Konzept präsentieren. Achten Sie bei den Angeboten auf eine klare Beschreibung der Aktivitäten und Leistungen, die Zuordnung von Zeitumfang und Kosten je Leistung, den zeitlichen Ablaufplan, das weitere Vorgehen und die Einplanung weiterer optionaler Erweiterungen und Funktionen. Einige Funktionen werden Sie vielleicht in der Anfangszeit noch nicht benötigen. Trotzdem ist es wichtig, dass Sie einige Schritte weiter denken, um nicht nach kurzer Zeit mit Ihrem Shop an Grenzen zu stoßen.

Erfahrungsgemäß verhält es sich mit einem Online-Shop ähnlich wie mit dem Bau einer Modelleisenbahn-Landschaft. Er wird nie fertig sein, und Sie werden immer wieder neue »Baustellen« entdecken, die es zu beheben gilt. Der Spruch »Besser geht immer« sollte Ihr Motto werden, damit Sie Ihren Shop kontinuierlich optimieren und den aktuellen Anforderungen anpassen.

20.2 Häufige Fehler, die Sie nicht machen sollten

Leider werden gerade in der Anfangszeit häufig aus Unwissenheit immer die gleichen Fehler gemacht. Angefangen bei rechtlichen Vorgaben bis hin zu Usability-Themen gibt es im E-Commerce einige Herausforderungen zu meistern. Sie werden es nicht schaffen, Ihren Shop komplett ohne Fehler zu betreiben. Die häufigsten Fehler wurden aber schon von vielen anderen vor Ihnen gemacht, und es gibt keinen Grund, dass Sie die gleichen Fehler noch einmal machen.

20.2.1 Unklare Zielsetzung und Intention

Werden Sie sich im ersten Schritt klar, was Sie mit Ihrem Online-Shop erreichen wollen und was Ihre Ziele sind. Geht es um den Verkauf des gesamten Produktsortiments? Oder möchten Sie nur ein Teilsortiment vertreiben, aber Ihre potenziellen Kunden über alle möglichen Services und Leistungen informieren, die anschließend vor Ort oder telefonisch bezogen werden können? Letztendlich sind ein sauberer Fahrplan und eine Strategie essenziell, denn daraus leiten sich viele Ihrer weiteren Handlungen ab.

20.2.2 Rechtliche Angaben unvollständig oder fehlerhaft

Die rechtlichen Angaben wie Impressum und Widerrufsbelehrung sind notwendige Übel und werden deshalb oftmals nicht mit der erforderlichen Sorgfalt behandelt. Auch die Einbindung von Cookie-Bannern und die Erfüllung aller DSGVO-Maßnahmen wird zu oft zu lasch gehandhabt. Sie riskieren bei falschen bzw. fehlenden Angaben bzw. Umgang aber eine Abmahnung, die Sie schnell ein kleines Vermögen kosten kann. Anbieter wie janolaw, der Händlerbund oder Protected Shops sorgen gegen eine relativ geringe Gebühr dafür, dass diese Angaben in Ihrem Shop automatisch auf dem aktuellen Stand gehalten werden.

- *www.janolaw.de*
- *www.haendlerbund.de*
- *www.protectedshops.de*

20.2.3 Falsche Angaben zur Lieferzeit

Eine kurze Lieferzeit gehört zu den Erfolgsfaktoren eines Online-Shops. Als Shop-Betreiber ist die Versuchung daher groß, die Lieferzeit im Shop kürzer anzugeben, als sie eigentlich ist. Wenn ein Artikel in Ihrem Shop mit »sofort verfügbar« gekennzeichnet ist, gehen Gerichte davon aus, dass dieser innerhalb von fünf Tagen lieferbar ist. Ist dies nicht der Fall, riskieren Sie auch hier eine Abmahnung Ihrer Wettbewerber. In diesem Fall stellt aber nicht nur die Abmahnung ein Risiko dar. Sie verärgern auch Ihre Kunden, wenn Sie diese mit falschen Lieferzeiten locken, die Sie nicht einhalten können.

20.2.4 Fehler bei Preisangaben und Versandkosten

Bei Shops für Endverbraucher müssen die Preise immer brutto, also inklusive der Umsatzsteuer, angegeben werden. Auch die Versandkosten müssen klar ersichtlich sein, entweder durch einen fixen Betrag oder variabel für den Kunden berechenbar. Wenn Sie keinen fixen Betrag angeben, muss der Kunde die Möglichkeit haben, diesen in Abhängigkeit von zum Beispiel Zielland und Gewicht selbst zu berechnen. Auch wenn die Versandkosten von verschiedenen Faktoren abhängig sind, ist es unzulässig, wenn die Versandkosten von Ihrem Kunden erst angefragt werden müssen. Auch hier besteht die Gefahr von Abmahnung und Kaufabbruch des Kunden!

Sollten Sie noch über lokale Filialen verfügen, so ist auch darauf zu achten, dass Sie Ihre Produkte überall zum gleichen Preis anbieten. Andernfalls besteht die Gefahr, dass Sie Ihre Kunden verärgern. Sollte es notwendig sein, dass Sie aus strategischen Gründen unterschiedliche Preise benötigen, gibt es die Möglichkeit, mit Gutscheinen oder Sonderaktionen zu arbeiten. Bieten Sie zum Beispiel sonntags, wenn Ihre Filialen geschlossen sind, in Ihrem Online-Shop Angebote an, oder versenden Sie Rabattgutscheine an Kunden, die außerhalb Ihres Filialgebietes wohnen.

20.2.5 Newsletter ohne vorheriges Einverständnis versenden

Der Newsletter ist eine effiziente und kostengünstige Möglichkeit, Kunden in den Shop zu bekommen. Bedenken Sie aber unbedingt, dass jeder Newsletter-Empfänger ausdrücklich dem Empfang zustimmen muss. Das gängige Verfahren, dieses Einverständnis einzuholen, ist das Double-Opt-in-Verfahren. Das bedeutet, dass der Empfänger zuerst eine E-Mail mit einem Bestätigungslink zugesendet bekommt. Erst nach einem Klick auf diesen Link wird er in den Verteiler aufgenommen. Versenden Sie die Newsletter ohne Einverständnis, riskieren Sie eine Abmahnung wegen Spam und genervte Kunden.

20.2.6 DSGVO-konforme Cookie-Banner

Da es nicht nur ein rein textliches Thema ist, sei an dieser Stelle die Notwendigkeit der Cookie-Banner nochmals fix erwähnt. Sie müssen in Ihrem Online-Shop ein sogenanntes Cookie-Banner integrieren (siehe Abbildung 20.2).

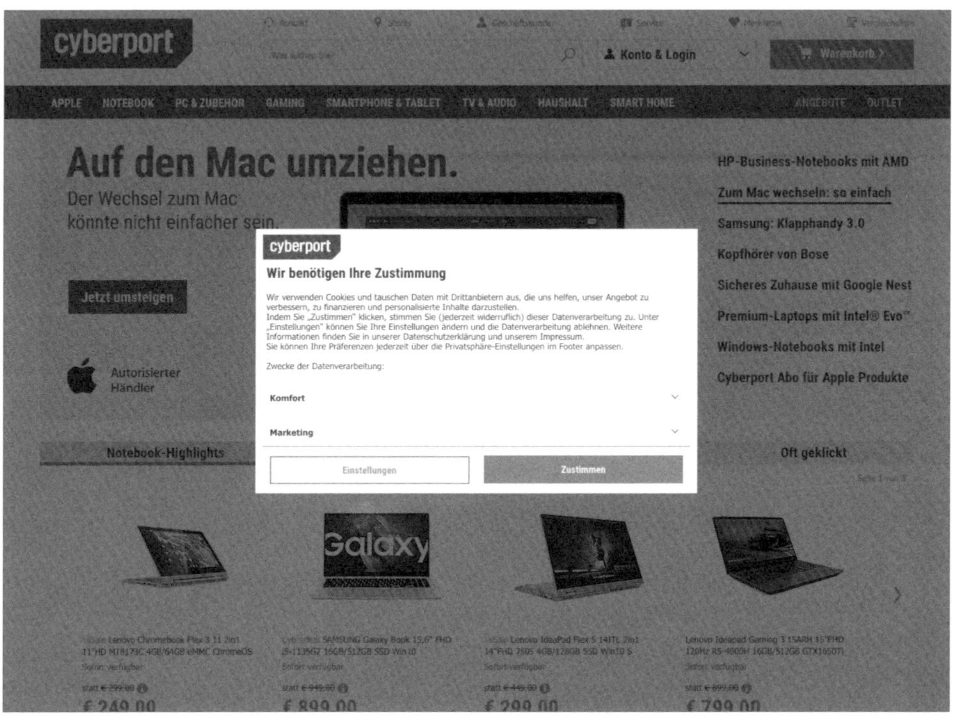

Abbildung 20.2 Fast jeder Online-Shop verwendet Cookies. Nur müssen Ihre Nutzer explizit zustimmen, damit Ihr System diese setzen darf.

Dieses muss den Nutzern angezeigt werden, und erfolgt keine positive Zustimmung, dürfen keine Cookies gesetzt werden. Hierfür gibt es zwar Ausnahmen, beispielsweise Cookies, die für den technischen Betrieb Ihres Online-Shops notwendig sind, aber ein Großteil der Cookies von Facebook, Google & Co. sind zustimmungspflichtig. Vergessen Sie dies bei der technischen Implementierung Ihres Online-Shops nicht, es ist ein Fehler, der Ihren Mitbewerbern sicherlich sehr schnell auffallen wird.

20.2.7 Fremde Produktfotos ohne Einverständnis verwenden

Professionelle Produktfotos sorgen für eine optimale Präsentation der Ware und somit für Abverkauf. Leider ist die Erstellung der Produktbilder mit hohem Aufwand und Kosten verbunden, sodass Shop-Betreiber hier auf bestehende Bilder zurückgreifen. Während wohl jeder Shop-Betreiber Verständnis dafür hat, dass es nicht gestattet ist, von anderen Online-Shops Bilder zu kopieren, ist das Rechtsempfinden bei Herstellerbildern ein anderes. Aber auch wenn Sie die Produktbilder verwenden, die der Hersteller zum Beispiel auf seiner Website verwendet, brauchen Sie eine ausdrückliche Genehmigung, dass Sie diese auch in Ihrem Online-Shop verwenden dürfen. Die Firma Schwalbe, Hersteller von Fahrradreifen, hat in der Vergangenheit eine Reihe von Online-Händlern abgemahnt, die ohne Genehmigung Produktbilder verwendet haben. Um eine Abmahnung zu vermeiden, sollten Sie daher entweder nur auf eigene Bilder zurückgreifen oder sich die Verwendung von Herstellerbildern explizit genehmigen lassen. Die Wahrscheinlichkeit, dass der Hersteller einer Verwendung zustimmt, ist recht hoch. Denn auch der Hersteller ist natürlich daran interessiert, dass seine Produkte optimal präsentiert werden.

20.2.8 Schlechte Produktbilder

Produktbilder sind das Schaufenster des Online-Shops. Diese werden noch vor der Artikelbeschreibung wahrgenommen und haben einen hohen Anteil am Verkaufserfolg. Denken Sie daran, dass Sie bei jedem Shop-System die Möglichkeit haben, mehrere Produktbilder zu hinterlegen. Das Hauptbild sollte in erster Linie Aufmerksamkeit wecken, da es noch vor der Produktbeschreibung wahrgenommen wird. Um die Kaufentscheidung dann auszulösen oder zu festigen, sind jedoch weitere Bilder notwendig. Hier können Sie dann gerne auf Details eingehen und diese extra in Szene setzen. Machen Sie zum Beispiel Nahaufnahmen vom Stoff einer Bluse, um die Stoffstruktur zu zeigen. Auch bei technischen Geräten sagt ein Bild von der Rückseite oft mehr als tausend Worte. Hier können die zur Verfügung stehenden Anschlüsse auf einen Blick erkannt werden. In Abbildung 20.3 und Abbildung 20.4 sehen ein Beispiel dazu. Während Abbildung 20.3 auf den ersten Blick erkennen lässt, dass es sich bei dem Produkt um einen Desktop-PC handelt, geht Abbildung 20.4 auf die Details ein und zeigt die diversen Anschlussmöglichkeiten. Viele Kunden können mit Begriffen wie HDMI- oder USB-Anschluss nichts anfangen. Mit einem Bild von diesen Anschlüssen wird es aber klarer.

Abbildung 20.3 Hauptbild eines Desktop-PCs von http://www.notebooksbilliger.de/

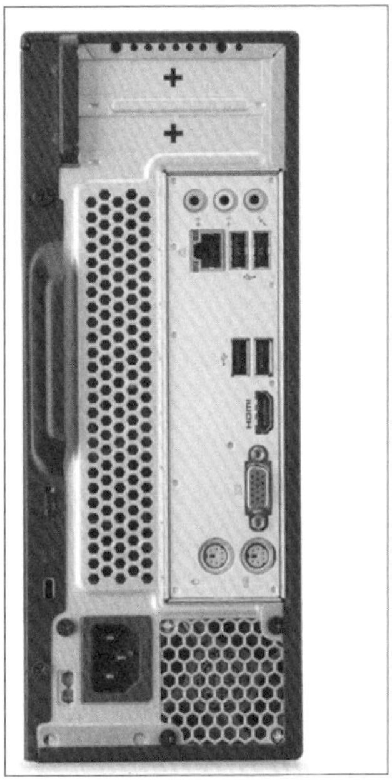

Abbildung 20.4 Detailansicht des gleichen PCS auf www.notebooksbilliger.de

Im Fashionbereich hat es sich auch bewährt, die Maße des Models und die getragene Größe mit anzugeben. So kann sich der Kunde besser ein Bild machen, wie der Artikel wohl an ihm aussehen wird. Produktbilder ersetzen das Anfassen im Laden und müssen deshalb aus unterschiedlichen Perspektiven auch feine Details zeigen.

20.2.9 Fehlende Produktinformationen

Auch wenn, wie im vorherigen Abschnitt geschrieben, ein Bild oft mehr als tausend Worte sagt, ersetzt es aber auf keinen Fall den Text. Sie müssen den Kunden mit möglichst vielen Informationen versorgen. Auch wenn für Sie vielleicht ein Bild ausreicht, um Details zu erkennen, ist der Kunde vielleicht eher unschlüssig. Denken Sie dabei zum Beispiel an Farben. Nicht auf jedem Monitor lässt sich der Unterschied zwischen Dunkelblau und Schwarz erkennen. Erwähnen Sie eine Information lieber doppelt, als den Kunden über wichtige Details im Ungewissen zu lassen. Sorgen Sie zudem für eine strukturierte Darstellung der Informationen. Fließtext ist schön und gut, aber oftmals helfen Tabellen zur einfachen und schnellen Erfassung von Informationen weiter (siehe Abbildung 20.5).

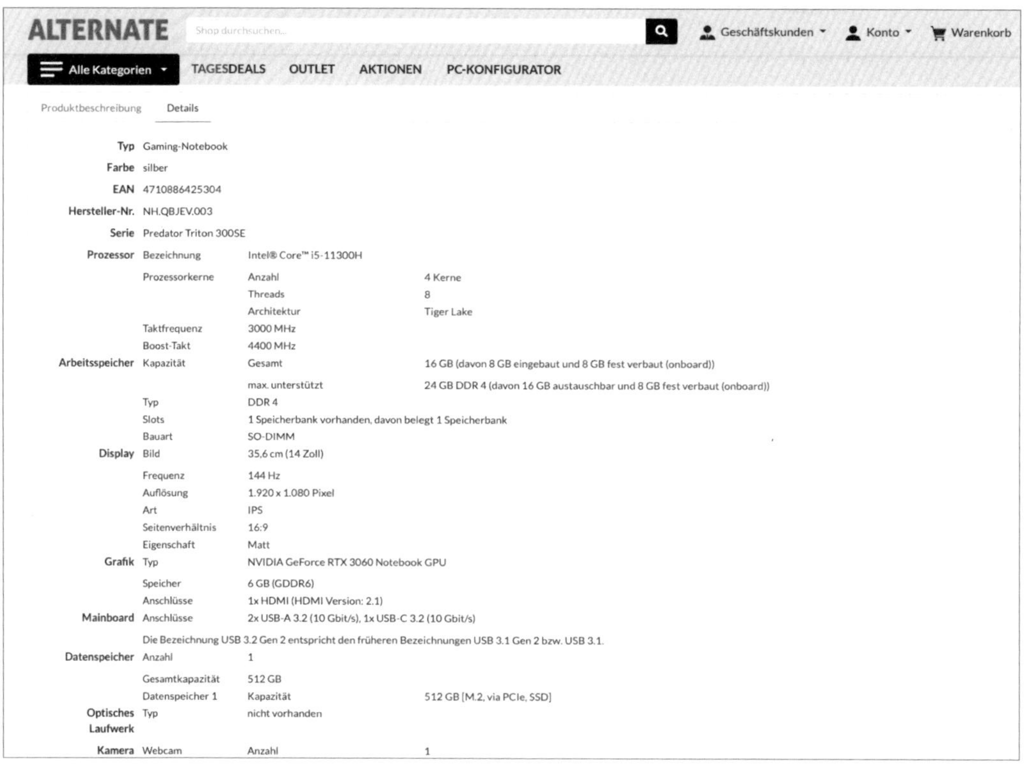

Abbildung 20.5 Tabellen und strukturierte Informationen lassen sich für Nutzer viel einfacher und schneller erfassen.

20.2.10 Unauffindbare Kontaktdaten

Nicht nur über das Produkt möchte der Kunde Informationen haben. Er möchte auch wissen, wer sich hinter dem Online-Shop verbirgt und wen er bei eventuellen Problemen kontaktieren kann. Platzieren Sie daher Ihre Kontaktdaten an prominenter Stelle im Shop, um dem Kunden eine einfache Kontaktaufnahme zu ermöglichen. Neben den Pflichtangaben, die auch im Impressum zu finden sind, sollten Sie auch ein Kontaktformular und einen Rückrufservice anbieten. Je mehr Möglichkeiten Ihr Kunde hat, um Sie zu kontaktieren, desto besser fühlt er sich in Ihrem Shop betreut. Auch eine Seite ÜBER UNS nutzt Ihnen, um Ihr Unternehmen beim Kunden vorzustellen und Vertrauen aufzubauen. Zeigen Sie dort auch gerne Bilder von sich und Ihren Mitarbeitern. Das baut eine persönlichere Ebene auf und gibt Ihrem Shop im wahrsten Sinne des Wortes ein Gesicht.

20.2.11 Keine Gastbestellungen

Bieten Sie in Ihrem Shop unbedingt die Möglichkeit, ohne vorheriges Eröffnen eines Kontos eine Bestellung abzugeben. Gerne können Sie auf die Vorteile einer Kontoeröffnung hinweisen, die Entscheidung, ob ein Konto eröffnet werden soll, muss aber beim Kunden liegen. Wenn Sie auf das Eröffnen eines Kontos bestehen, riskieren Sie einen Bestellabbruch. Jedes Shop-System bietet die Möglichkeit, Bestellungen als Gast zuzulassen.

20.2.12 Umfangreiche Prüfprozesse

So wie die fehlende Möglichkeit, als Gast zu bestellen, ein Ärgernis darstellt, so sind auch umfangreiche Prüfprozesse oftmals pures Gift für die Conversion-Rate. Natürlich hätten Sie, zum Beispiel im B2B-Umfeld, gerne eine Gewerbeanmeldung gesehen. Auch möchten Sie die UST-ID direkt prüfen, aber oftmals sind das Informationen, die ein Nutzer in dem Moment nicht zur Hand hat. Wenn die Bestellung schnell gehen soll und es die erste Bestellung in Ihrem Online-Shop ist, wird man bei fehlenden Informationen einfach zur Konkurrenz ausweichen. Finden Sie daher ein gesundes Maß an wichtigen und relevanten Informationen für Sie als Shop-Betreiber und dem, was Sie Ihren Gästen und potenziellen Kunden zumuten können.

20.2.13 Erfinden Sie das Rad nicht neu

Heben Sie sich von Ihren Wettwebern durch den Service ab, die detaillierte Produktpräsentation oder Ihre gute Sortimentspolitik. Es gibt aber im E-Commerce einige gelernte Standards, die Sie nicht ändern sollten. So ist zum Beispiel der Warenkorb immer im oberen rechten Bereich, und die Navigation befindet sich ebenfalls oben und/oder auf der linken Seite. Da sich die Kunden an solche Standards gewöhnt haben, sollten Sie sich auch daran orientieren. Hier bringt es nichts, besonders ausgefallen zu sein und damit vielleicht Besucher zu vergraulen.

20.2.14 Fehlender USP

Warum sollte der Kunde genau in Ihrem Shop einkaufen? Während die Top-Shop-Betreiber auf diese Frage sofort eine Antwort parat haben, folgt bei vielen durchschnittlichen Shop-Betreibern auf diese Frage ein langes Schweigen. Machen Sie sich über die Vorteile Ihres Shops Gedanken, und heben Sie die Vorteile in der Kommunikation mit Ihren Kunden hervor. Sie können nicht alle Anforderungen erfüllen, deshalb konzentrieren Sie sich auf Ihre Stärken. Wollen Sie den Shop mit den günstigsten Preisen, dem größten Sortiment oder dem besten Service? Die Aussage soll aber keine leere Phrase sein, sondern muss von Ihnen auch gelebt werden.

20.3 8 Punkte, die über Ihren Erfolg entscheiden

Nachdem Sie im vorherigen Abschnitt erfahren haben, was Sie im E-Commerce besser vermeiden sollten, möchten wir Ihnen in diesem Abschnitt einige Faktoren nennen, die entscheidend zum Erfolg im E-Commerce beitragen können. Das ECC Köln hat mit der Studie »Erfolgsfaktoren im E-Commerce – Deutschlands Top-Online-Shops« die verschiedenen Erfolgsfaktoren untersucht und in sieben verschiedene Gruppen eingeteilt. In Abbildung 20.6 sehen Sie die verschiedenen Kriterien, die zum Erfolg beitragen. Einen weiteren Punkt möchten wir hier noch ergänzen, die Kundenbindung (siehe Abschnitt 20.3.8).

Abbildung 20.6 Die sieben Erfolgsfaktoren laut der ECC-Studie »Erfolgsfaktoren im E-Commerce – Deutschlands Top-Online-Shops«

Bevor wir jedoch tiefer in die einzelnen Faktoren einsteigen, noch ein Hinweis, der leider viel zu häufig vergessen wird. Auch wenn es banal klingt, verliert man sehr schnell den Blick für das Wesentliche. Vergessen Sie nie, dass der Erfolg Ihres Online-Shops von der Akzeptanz bei den Kunden abhängt. Richten Sie daher alle Optimierungen, die Sie im Shop vornehmen, am Kunden aus. Fragen Sie sich bei jedem einzelnen Punkt, was Ihre Kunden wollen und wie Sie Ihre Aktionen auf deren Bedürfnisse ausrichten können.

Auch dafür ist Amazon ein sehr gutes Beispiel. Jeff Bezos, der Gründer von Amazon und zurückgetretener CEO, hat sehr schnell begriffen, dass der Kunde über allem stehen muss. Nur wenn seine Anforderungen erfüllt werden, wird er in Ihrem Shop bestellen und somit zu Ihrem Erfolg beitragen. Die meisten Unternehmen orientieren sich am Wettbewerb und laufen dabei stets der Entwicklung hinterher, da man ja nur etwas kopiert, das ein anderer bereits vorher eingeführt hat. Der Weg von Amazon, der ja ohne Zweifel ein sehr erfolgreicher ist, ist von dem Streben nach Innovationen geprägt. Einer der ersten erfolgreichen Schritte war die Erweiterung des Sortiments über Bücher hinaus, der nächste die Öffnung des Marktplatzes für andere Händler. Mit beidem wurde das Ziel verfolgt, seinen Kunden das größte Sortiment im Internet zu bieten. Gedankt wurde es durch eine extrem hohe Kundenzufriedenheit.

Sehen Sie die folgenden Hinweise tatsächlich als Tipp, und passen Sie diese gegebenenfalls den Wünschen Ihrer Kunden an.

20.3.1 Website-Gestaltung

Die Gestaltung des Online-Shops ist das Erste, was dem Kunden in Ihrem Shop auffallen wird. Es ist der erste Eindruck, den er von Ihrem Shop hat und über den der Kunde Ihren Shop einordnet. Dabei muss auch die Ausrichtung Ihres Shops auf den ersten Blick erkennbar sein. Was verkaufen Sie, und wer ist Ihre Zielgruppe? Findet man in Ihrem Online-Shop günstige Ware »made in China«, muss die Gestaltung anders sein als bei hochpreisigen Elektroartikeln. Schauen Sie sich Abbildung 20.7 und Abbildung 20.8 an. Sicherlich können Sie, auch ohne die jeweiligen Shops zu kennen, auf den ersten Blick sehen, welcher Shop eher hochpreisige Produkte und welcher Shop die günstigen Elektroartikel verkauft.

Hier gibt es kein Richtig oder Falsch, sondern lediglich passendes oder unpassendes Design. Das Design ist Ihr erster Eindruck, und dieser muss zum Shop passen. Oftmals ist ein zu exklusives Design auch unangebracht, weil es einfach nicht zum Sortiment passt.

Abbildung 20.7 Anbieter von niedrigpreisigen Elektroartikeln (http://www.pearl.de/)

Abbildung 20.8 apple.com mit sehr hochwertigen Aufmachungen der Produkte

20.3.2 Benutzerfreundlichkeit (Usability)

Der Usability wurde im Buch ein ganzes Kapitel gewidmet (siehe Kapitel 4). Auch wenn der Kunde einen guten ersten Eindruck des Shops hat, muss er diesen auch noch bedienen können. Er muss Artikeldetailseiten aufrufen können, er muss Produkte in den Warenkorb legen, und er muss ohne Probleme den Kaufprozess durchlaufen. Alle Maßnahmen, die die Bedienung des Shops betreffen, fließen in die Usability mit ein. Es haben sich Standards für den E-Commerce etabliert, die dafür sorgen, dass die Bedienung des Shops vertraut wirkt, obwohl der Kunde nie zuvor in Ihrem Shop war.

20.3.3 Sortiment

Übertragen auf ein klassisches Kaufhaus ist die Gestaltung des Shops das Gebäude, und die Benutzerfreundlichkeit ist die Wegführung, die dafür sorgt, dass der Kunde schnell das findet, wonach er sucht. Herzstück von jedem Shop, egal, ob on- oder offline, ist jedoch das Sortiment. Seinetwegen kommt der Kunde in den Laden, und über die Produkte wird letztlich auch der Umsatz generiert. Der »schönste« Online-Shop mit der besten Usability nutzt also nichts, wenn das Sortiment nicht passt. Haben Sie bereits einen stationären Handel, können Sie sich an den Verkaufszahlen von dort orientieren und darüber Ihr Sortiment zusammenstellen. Da Sie Ihre Kunden jedoch nur schwer fragen können, welche Produkte sie sich im Online-Shop wünschen, müssen Sie auf andere Möglichkeiten zurückgreifen. Eine ist der Blick zur Konkurrenz. Nahezu jeder Online-Shop bietet die Möglichkeit, Artikel nach Beliebtheit zu sortieren. Dies gibt Ihnen einen Anhaltspunkt über die verkauften Stückzahlen. Bei Amazon finden Sie auch Bestseller-Ränge der meistverkauften Produkte. Beachten Sie aber, dass diese Methode nur als Anhaltspunkt genutzt werden kann. Produktkenntnisse sind also auch im E-Commerce unerlässlich, um ein passendes Sortiment zusammenzustellen.

20.3.4 Preis-Leistungs-Verhältnis

Das Preis-Leistungs-Verhältnis gehört zu den Hauptfaktoren, die über den Verkauf entscheiden. Da Ihr Wettbewerb immer nur einen Mausklick entfernt ist, ist auch der Preis im Internet sehr transparent. Beim Preis-Leistungs-Verhältnis spielt aber nicht nur der Preis eine Rolle, sondern eben auch die Leistung. Der Kunde wird dort kaufen, wo er das beste »Gesamtpaket« bekommt. Stellen Sie daher neben dem Preis auch die Leistung, die Sie für den Kunden erbringen, in den Vordergrund.

20.3.5 Service

Zum Service zählt alles, was Sie dem Kunden zusätzlich zum reinen Warenversand anbieten. Dazu zählt sowohl die Beratung vor dem Kauf als auch der Aftersales-Service. Gerade für kleine und mittlere Shops kann der Service zum Erfolgsfaktor werden. Warum werden denn oft kleine, stationäre Fachhändler den großen Kaufhäusern vorgezogen? Genau, weil diese einen besonderen Service bieten, den ein großes Kaufhaus nicht bieten kann. Der Kunde schätzt es, wenn er individuell beraten wird und wenn er im Shop nicht nur eine Nummer ist. Leider ist dieser besondere Service im E-Commerce zum großen Teil auf der Strecke geblieben. Dort geht es leider mehr um Automatisierung als um Kundennähe. Dabei ist der Service doch genau das, womit Sie sich von Ihrem Wettbewerb und speziell auch von den großen Playern abheben können. Überraschen Sie Ihre Kunden mit einem außergewöhnlich guten Service. Bieten Sie zum Beispiel einen Live-Chat an, um dem Kunden zu helfen, das richtige Produkt zu finden. Verlängern Sie Widerrufsfristen und Garantie, um dem Kunden bereits vor dem Einkauf ein gutes Gefühl zu geben, und stehen Sie auch nach dem Kauf noch für Fragen zur Verfügung. Neben der Steigerung der Bestellungen hat ein guter Service noch einen weiteren Vorteil. Gerade durch eine Beratung vor dem Kauf können Sie Ihre Retourenquote deutlich senken, was wiederum zu einer Kostenreduktion beiträgt.

20.3.6 Bezahlung

Wie Sie in Kapitel 6, »Die richtigen Zahlungsmethoden für Ihre Kunden«, erfahren haben, hat jede Zahlungsart für Sie oder Ihre Kunden ganz individuelle Vor- und Nachteile. Dabei haben die angebotenen Zahlungsarten einen enormen Anteil am Erfolg des Online-Shops. Pauschal kann man sagen, dass mit jeder angebotenen Zahlungsart die Conversion-Rate steigt. Da aber die Einführung einer neuen Zahlungsart in der Regel zusätzlichen Aufwand und Kosten verursacht, sollten Sie bei einer jeden sorgfältig prüfen, ob die Steigerung der Conversion-Rate den zusätzlichen Aufwand rechtfertigt.

Es spielt jedoch nicht nur die reine Anzahl an unterschiedlichen Bezahlmethoden, sondern auch das generelle Vertrauen in Ihren Shop eine Rolle. Sind im Shop zum Beispiel Gütesiegel und Bewertungen von anderen Kunden zu finden, wird dies das Vertrauen in den Shop deutlich steigern. In diesem Fall ist der Kunde eher bereit, sensible Zahlungsinformationen einzugeben oder gar eine Lieferung per Vorkasse zu bezahlen.

20.3.7 Versand und Lieferung

Hier kommt es auf die angebotenen Waren an, welche Rolle Versand und Lieferung für den Kunden spielen. Bei einem Produkt mit einer generell langen Lieferzeit ist es dem Kunden wahrscheinlich egal, ob noch einmal drei Tage mehr für den Versand benötigt werden. Eine Expresslieferung ist in diesem Fall wohl eher uninteressant. Genauso verhält es sich auch mit der Verpackung. Bei einer Handyhülle für 5 € legt der

Kunde sicherlich nicht so viel Wert auf die Verpackung wie bei einer empfindlichen Porzellantasse. Der Kunde erwartet eine rechtzeitige, vollständige und fehlerfreie Lieferung. Sorgen Sie also durch Auswahl des richtigen Spediteurs bzw. Versanddienstleisters und der optimalen Verpackung dafür, dass diese Erwartung erfüllt wird.

20.3.8 Kundenbindung

Einen neuen Kunden für Ihren Online-Shop zu gewinnen, kostet Geld, meistens sogar sehr viel Geld. Umso wichtiger ist es hier, dass Neukunden zu Stammkunden gemacht werden. Nur zufriedene Kunden werden ein zweites Mal in Ihrem Shop bestellen, weshalb diese sieben Erfolgsfaktoren aus Abbildung 20.6 natürlich nicht nur in Bezug auf Neukunden gelten. Sorgen Sie daher für ein positives Gefühl bei Ihren Kunden. Legen Sie dem Paket zum Beispiel ein kleines Dankeschön bei. Das kann auch durchaus eine Produktprobe sein, um so schon einmal auf eine neue Bestellung hinzuarbeiten. Aber auch ganz einfache Dinge, wie zum Beispiel die Befragung zur Kundenzufriedenheit, spielen dabei eine Rolle. Bleiben Sie also stets mit Ihren Kunden in Kontakt. Nur so können Sie herausfinden, was aktuell von Ihrem Shop erwartet wird. Natürlich ist es nicht möglich, sich mit jedem Kunden intensiv auszutauschen. Warum nehmen Sie sich aber nicht vor, jeden Tag mit einem Kunden ein kurzes Gespräch zu führen? Fragen Sie, wie zufrieden er mit dem Shop war, ob die Lieferung pünktlich ankam und ob er mit dem Produkt zufrieden war. Im Anschluss bieten Sie ihm einen kleinen Gutschein für seine Mühe, den er bei der nächsten Bestellung einlösen kann, und einen Gutschein, den er an einen Bekannten weitergeben darf. Sie werden sich wundern, wie überrascht der Kunde von diesem Anruf ist und wie positiv dieser seinen Bekannten von Ihrem Shop erzählen wird. Probieren Sie es aus, Sie haben nichts zu verlieren.

20.4 Downloads und weiterführende Websites

Tipps und Tricks sind schön und gut, konkrete Arbeitsmaterialien und Downloads aber sicherlich besser. Daher erhalten Sie an dieser Stelle einen Überblick über interessante und relevante Materialen, die Ihnen beim Aufbau und Betrieb Ihres Online-Shops weiterhelfen können. Bitte beachten Sie, dass es sich hierbei um primär kostenlose Unterstützungen, Tools und Dateien handelt. Sie müssen also kein zusätzliches Budget zur Verfügung stellen oder durch langwierige Check-out-Prozesse.

20.4.1 fuer-gruender.de

Auf dem Portal *http://www.fuer-gruender.de/* finden Sie weiterführende Informationen und Hilfestellungen, wenn es um den Aufbau und Betrieb eines Online-Shops geht. Die Website richtet sich vor allem an Gründer, also Unternehmen, die in den E-Commerce starten wollen. Zudem gibt es Kooperationen und Partnerschaften mit Software- und Dienstleistungsunternehmen, die sich in erster Linie an Gründer richten. Ein Blick auf die Website schadet sicherlich nicht, um einen aktuellen Einblick, zugegebenermaßen aus einem anderen Blickwinkel, in das Thema E-Commerce zu erhalten.

20.4.2 Shopify Learn

Hierbei handelt es sich um eine englischsprachige Informationsplattform, die von Shopify betrieben wird. Sie werden nun vermutlich denken, dass es sich letztendlich um eine reine Werbeveranstaltung handelt. Aber Shopify Learn findet eine gute Mischung aus neutralen Informationen, aber ja, natürlich schwingt immer eine gewisse Prise Marketing und Shopify-Branding mit. Wenn Sie dies aber nicht stört, werden Sie sicherlich die eine oder andere spannende Information mitnehmen. Denken Sie auch daran, gerade in den USA sind uns die Unternehmen immer um ein paar Jahre voraus. Bei Shopify Learn sind Sie also am Puls der Zeit, was auch für Ihren Webshop und Ihr Business zukünftig spannend und relevant werden könnte: *http://www.shopify.com/learn*.

20.4.3 Webshop-anbieter.de

Die Intention ist klar: Aufgrund der umfangreichen Inhalte zu den verschiedenen E-Commerce-Lösungen erhofft sich der Betreiber bei der Auswahl der geeigneten Shop-Software unterstützen zu können. Sie müssen aber nicht zwangsläufig anfragen, um auf Webshop-Software-Reviews zugreifen zu können. Wenn Sie die Website *webshop-anbieter.de* besuchen, haben Sie die Möglichkeit, mehr über die jeweiligen Systeme zu erfahren, in dem Sie auf das jeweilige Logo klicken. Anschließend erhalten Sie Detailinformationen mit weiteren Vor- und Nachteilen zur ausgewählten Lösung (siehe Abbildung 20.9).

Wenn Sie vor der Auswahl Ihrer Webshop-Software stehen, kann sich ein Blick daher sicherlich als Ergänzung zu diesem Buch lohnen.

20.4.4 Steireif E-Commerce Academy

Verstehen Sie die Erwähnung an dieser Stelle nicht als Werbeblock, sondern als ernst gemeintes Angebot für guten und kostenfreien Inhalt. Innerhalb der E-Commerce Academy *http://www.steireif.academy/* finden Sie neben einer Vielzahl von Webinaren, Videos und Aufzeichnungen von Veranstaltungen kostenfreie Inhalte und Downloads, unter anderem eine Vorlage für User Stories (Anforderungen), einen Projektplan, einen Statusreport und eine Kostenindikation.

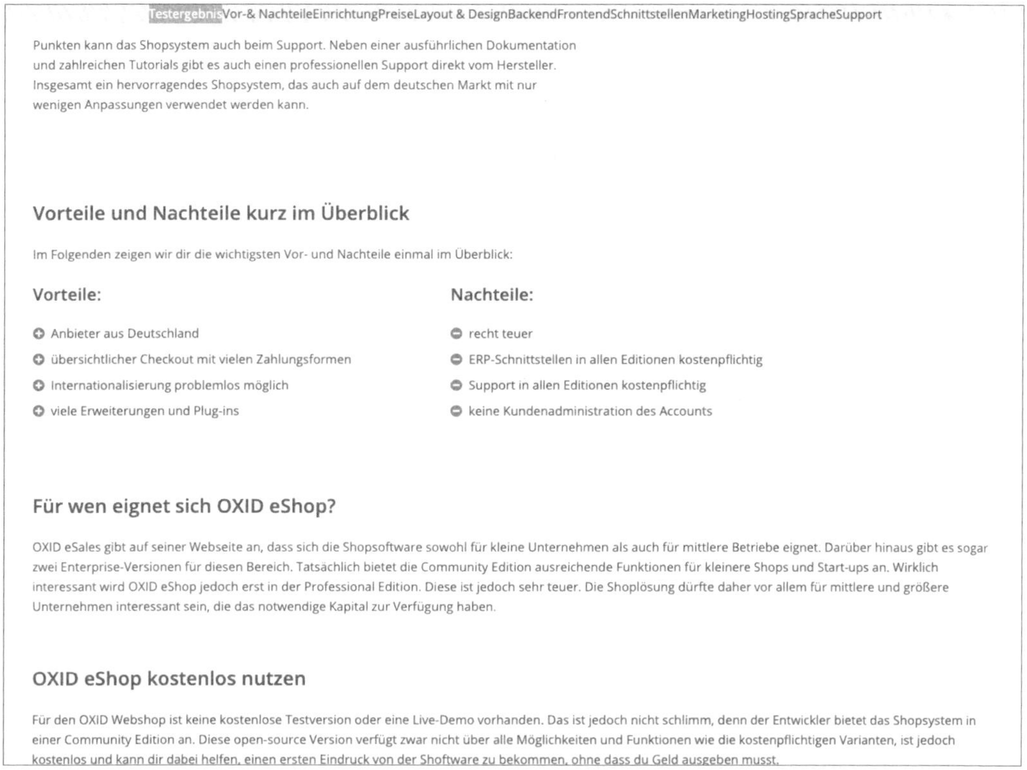

Testergebnis Vor-& Nachteile Einrichtung Preise Layout & Design Backend Frontend Schnittstellen Marketing Hosting Sprache Support

Punkten kann das Shopsystem auch beim Support. Neben einer ausführlichen Dokumentation und zahlreichen Tutorials gibt es auch einen professionellen Support direkt vom Hersteller. Insgesamt ein hervorragendes Shopsystem, das auch auf dem deutschen Markt mit nur wenigen Anpassungen verwendet werden kann.

Vorteile und Nachteile kurz im Überblick

Im Folgenden zeigen wir dir die wichtigsten Vor- und Nachteile einmal im Überblick:

Vorteile:

- Anbieter aus Deutschland
- übersichtlicher Checkout mit vielen Zahlungsformen
- Internationalisierung problemlos möglich
- viele Erweiterungen und Plug-ins

Nachteile:

- recht teuer
- ERP-Schnittstellen in allen Editionen kostenpflichtig
- Support in allen Editionen kostenpflichtig
- keine Kundenadministration des Accounts

Für wen eignet sich OXID eShop?

OXID eSales gibt auf seiner Webseite an, dass sich die Shopsoftware sowohl für kleine Unternehmen als auch für mittlere Betriebe eignet. Darüber hinaus gibt es sogar zwei Enterprise-Versionen für diesen Bereich. Tatsächlich bietet die Community Edition ausreichende Funktionen für kleinere Shops und Start-ups an. Wirklich interessant wird OXID eShop jedoch erst in der Professional Edition. Diese ist jedoch sehr teuer. Die Shoplösung dürfte daher vor allem für mittlere und größere Unternehmen interessant sein, die das notwendige Kapital zur Verfügung haben.

OXID eShop kostenlos nutzen

Für den OXID Webshop ist keine kostenlose Testversion oder eine Live-Demo vorhanden. Das ist jedoch nicht schlimm, denn der Entwickler bietet das Shopsystem in einer Community Edition an. Diese open-source Version verfügt zwar nicht über alle Möglichkeiten und Funktionen wie die kostenpflichtigen Varianten, ist jedoch kostenlos und kann dir dabei helfen, einen ersten Eindruck von der Shoftware zu bekommen, ohne dass du Geld ausgeben musst.

Abbildung 20.9 Zu den meisten populären Webshop-Lösungen gibt es weiterführende Informationen und Hinweise.

Diese Vorlagen können Sie im Projekt nutzen, beispielsweise innerhalb der Abstimmung mit einem Dienstleister oder Ihrer betreuenden Agentur.

20.4.5 Shopify – kostenlose Tools

Neben Shopify Learn bietet Shopify in Deutschland noch zusätzliche und kostenfreie Tools. Auf diese können Sie unter der URL *http://www.shopify.de/tools* zugreifen. Zur Verfügung stehen Stand heute folgende kostenfreien Helfer und systemunabhängigen Werkzeuge:

- Logo-Generator
- Firmennamen-Generator
- Impressum-Generator
- Domaincheck
- WHOIS Domainabfrage
- QR-Code-Generator

- Slogan-Finder
- Visitenkartenersteller
- Geschenkgutscheinvorlage
- Strichcodegenerator
- Exchange Marketplace
- Designer für Schaufensterschilder

Wie Sie sehen, stehen Ihnen verschiedenste Möglichkeiten zur Verfügung, von Designvorlagen bis hin zu technischen Werkzeugen wie Domainabfragen. Der Exchange Marketplace erlaubt Ihnen zudem, ganze Webshops samt Inventar, Konzept und weiteren Leistungen zu beziehen.

20.4.6 Weitere Quellen

Zudem lohnt sich immer ein regelmäßiger Blick in die Blogs und News-Bereiche der einschlägigen Dienstleister und Unternehmen, wie zum Beispiel des Händlerbundes. Der Händlerbund betreibt beispielsweise einen Marketplace, innerhalb dessen Sie viele kostenfreie Webinare und Anleitungen zu E-Commerce-relevanten Themen finden. Mehr Informationen hierzu erhalten Sie unter *https://marketplace.haendlerbund.de/e-learning/webinare*.

20.5 Statt eines Fazits – Plädoyer für den Online-Handel

Die gute Nachricht zuerst: Es ist auch in Zeiten von Zalando, Amazon & Co. für kleine und mittlere Online-Shops möglich, erfolgreich im E-Commerce zu bestehen. Auch für das Jahr 2022 wird von Experten wieder ein starkes Umsatzwachstum prognostiziert, wobei sicherlich auch die Corona-Pandemie den E-Commerce-Markt sehr stark beflügelt. Der Umsatzkuchen ist groß, und er wächst im Vergleich zum stationären Handel stark. Die schlechte Nachricht für Sie ist jedoch, dass hinter jedem erfolgreichen Online-Shop auch eine Menge Arbeit steckt. Das Motto »ohne Fleiß kein Preis« gilt also sowohl für stationäre Geschäfte als auch für Online-Shops. Wobei aber wahrscheinlich der kleine Händler in einer deutschen Fußgängerzone nie auf die Idee käme, seine Waren nicht auszupacken und nicht in die Regale zu räumen. Verständlich wäre es ja, denn diese Tätigkeiten bedeuten einen großen Aufwand, dem kein direkter Verkauf gegenübersteht. Wahrscheinlich jeder wird mit Recht dem Händler, der auf das Einräumen und Arrangieren der Waren verzichtet, keine große Zukunft prognostizieren. Im Online-Handel sieht das aber leider anders aus. Sie werden nicht glauben, wie oft uns Händler schon gesagt haben, dass sie auf eine ausführliche Produktbeschreibung verzichten, da es ja sehr viel Arbeit bedeutet, für all die tausend Produkte eine zu erstellen. Viele Online-Händler glauben anscheinend immer noch, dass im

Internet das Geld im Schlaf verdient werden kann. Wenn Sie der gleichen Meinung sind, ist der Online-Handel eher weniger für Sie geeignet. Wenn Sie aber ein solides Unternehmen aufbauen möchten und auch bereit sind, dafür etwas zu tun, dann können Sie im E-Commerce sehr erfolgreich sein.

Im Internet können Sie rund um die Uhr mit der ganzen Welt handeln. Es erwartet Sie dort also auf der einen Seite eine riesige Nachfrage, auf der anderen aber auch eine sehr hohe Konkurrenzdichte. Sie können dort nur bestehen, wenn Sie kontinuierlich an Ihrem Shop und an Ihrem Angebot arbeiten. Die Eintrittshürden in den E-Commerce sind im Vergleich zum stationären Handel sehr gering. Sie brauchen kein Ladengeschäft mit teuren Mieten, sondern können langsam mit überschaubarem finanziellen Aufwand starten. Auch teure Lagerhaltung kann entfallen, wenn Sie Großhändler finden, die die Ware in Ihrem Namen direkt an die Kunden versenden. Sie brauchen also die Ware, die Sie verkaufen, noch nicht einmal selbst ab Lager zu halten. Diese Vorteile haben im Laufe der Zeit auch dafür gesorgt, dass sehr viele Anbieter an diesem Geschäft mitverdienen wollen. Neben den bekannten Anbietern wie Zalando & Co. gibt es gerade auf den Marktplätzen sehr viel Konkurrenzdruck von kleinen Anbietern, die Ware direkt von Fernost beziehen und dann zu sehr günstigen Preisen anbieten. Doch wenn es Ihnen gelingt, sich von Ihren Wettbewerbern abzuheben, den großen wie den kleinen, steht einer goldenen Zukunft im E-Commerce nichts mehr im Weg!

Index

H

I

J

K

L

M

N

O

P

T

U

Online werben, lokal verkaufen

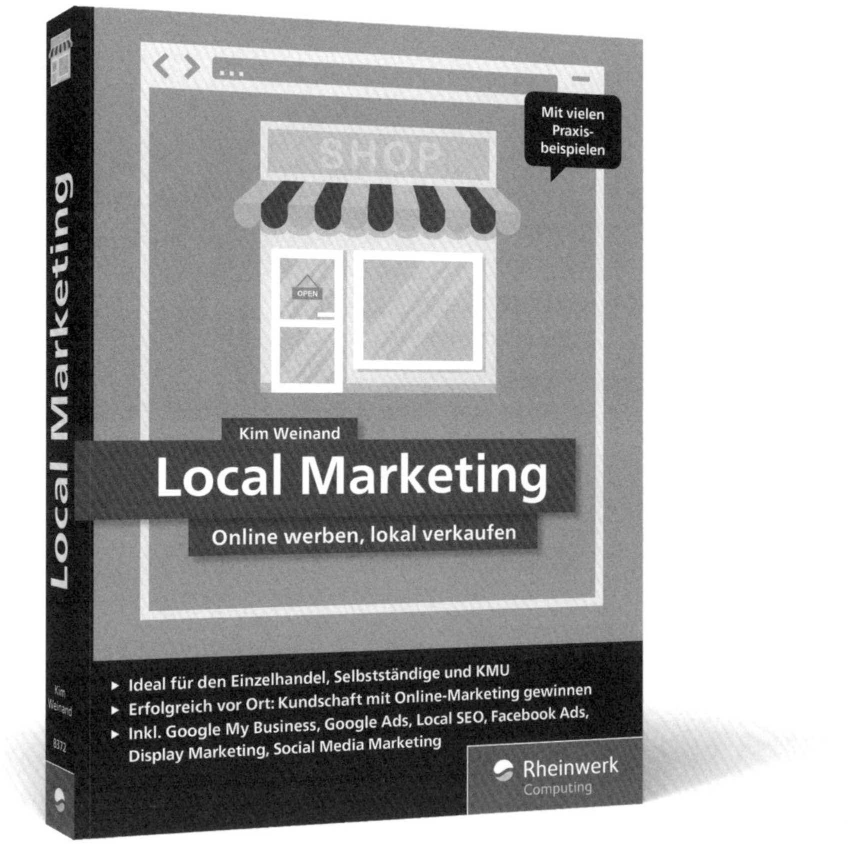

Führen Sie neue Kundschaft aus der digitalen Welt direkt in Ihr lokales Geschäft! Kim Weinand zeigt Ihnen, wie Sie Ihre Produkte und Dienstleitungen im Web so präsentieren, dass Sie bei lokalen Online-Recherchen gefunden werden. Hier erfahren Sie, wie Sie Ihre Zielgruppe verstehen und die richtigen Online-Maßnahmen finden. So stärken Sie mithilfe von Google My Business, Facebook Ads, Social Media Marketing und Suchmaschinen-Optimierung Ihre Marke.

312 Seiten, broschiert, in Farbe, 34,90 Euro, ISBN 978-3-8362-8372-4
www.rheinwerk-verlag.de/5313

Erfolgreich verkaufen auf Amazon

Lernen Sie, welche Produkte sich für den Vertrieb auf Amazon eignen, was gute Produktlistings auszeichnet und wie Sie Produkte europaweit anbieten. Damit Ihre Produkte auch gefunden werden, erfahren Sie, wie der Amazon-Algorithmus funktioniert und wie Sie mithilfe von Anzeigen, Gutscheinen oder Blitzangeboten für mehr Absatz sorgen, und es auf die vorderen Plätze der Amazon-Suche schaffen. Inkl. Tipps zu Selbstorganisation, Markenführung,Erfolgsmessung, Prozessautomatisierung und Recht.

660 Seiten, gebunden, 49,90 Euro, ISBN 978-3-8362-8074-7
www.rheinwerk-verlag.de/5253

Inbound Marketing auf den Punkt erklärt

Profitipps für Ihre Marketingstrategie! Erfahren Sie, wie Sie langfristige Kundenbeziehungen aufbauen und Kunden im Internet gewinnen. Hier lernen Sie die erforderlichen Kenntnisse über Inbound Marketing und stimmen Ihre neue Strategie auf bereits etablierte Instrumente wie etwa E-Mail-Marketing, Content Marketing oder Social Media ab. So gestalten Sie ein integriertes, nachhaltiges Kundenerlebnis. Auch als erfahrener Marketing-Profi, SEO-Experte oder Content-Stratege werden Sie viel Neues erfahren.

665 Seiten, gebunden, 49,90 Euro, ISBN 978-3-8362-7336-7

www.rheinwerk-verlag.de/5001

Das große SEO-Standardwerk

Die neue Auflage des SEO-Bestsellers von Sebastian Erlhofer. Setzen Sie auf das Wissen des Experten und bringen Sie Ihre Web sites bei Google und Co. ganz nach vorne. Lernen Sie, wie Sie Texte schreiben, die Google liebt (und Ihre Besucher auch). Machen Sie sich mit den Werkzeugen der SEO-Profis vertraut, durchleuchten Sie Ihre Seite gezielt auf Schwachstellen und erfahren Sie, wie Sie SEO-Fehler und Schwachstellen schnell und sicher beheben. Unverzichtbar in der Online-Marketing-Ausbildung!

1.100 Seiten, gebunden, 49,90 Euro, ISBN 978-3-8362-7674-0

www.rheinwerk-verlag.de/5116